여러분의 합격을 응원하는
해커스공무원의 특별 혜택

FREE 공무원 한국사 최신 기출해설 특강

해커스공무원(gosi.Hackers.com) 접속 후 로그인 ▶ 상단의 [무료강좌 → 기출문제 해설특강] 클릭하여 이용

회독용 답안지(PDF)   추가 기출문제 8회분(PDF)

해커스공무원(gosi.Hackers.com) 접속 후 로그인 ▶ 상단의 [교재·서점 → 무료 학습 자료] 클릭 ▶
본 교재의 [자료받기] 클릭

해커스공무원 온라인 단과강의 20% 할인쿠폰

BF3576D93A848S87

해커스공무원(gosi.Hackers.com) 접속 후 로그인 ▶ 상단의 [나의 강의실] 클릭 ▶
좌측의 [쿠폰등록] 클릭 ▶ 위 쿠폰번호 입력 후 이용

* 등록 후 7일간 사용 가능(ID당 1회에 한해 등록 가능)

쿠폰 이용 관련 문의 **1588-4055**

공무원 교육 1위* 해커스공무원
모바일 자동 채점 + 성적 분석 서비스

한눈에 보는 서비스 사용법

Step 1.
교재 구입 후 시간 내 문제 풀어보고
교재 내 수록되어 있는 QR코드 인식!

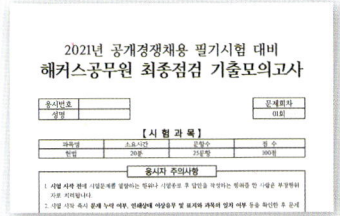

Step 2.
모바일로 접속 후 '지금 채점하기'
버튼 클릭!

Step 3.
OMR 카드에 적어놓은 답안과 똑같이
모바일 채점 페이지에 입력하기!

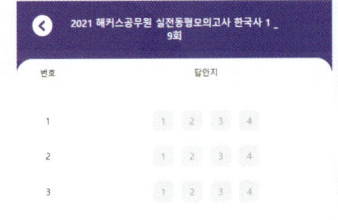

Step 4.
채점 후 내 석차, 문제별 점수, 회차별
성적 추이 확인해보기!

**실시간 성적 분석
결과 확인**

**문제별 정답률 및
틀린 문제 난이도 체크**

**회차별 나의 성적
변화 확인**

* [공무원 교육 1위 해커스공무원] 한경비즈니스 2024 한국품질만족도 교육(온·오프라인 공무원학원) 1위

해커스공무원 gosi.Hackers.com

회독 학습 점검표

_____월 _____일까지 회독 완료!

회독이 끝나면 □박스에 체크하고 틀린 문항의 번호는 적어서 복습해 보세요.

회차	다시 풀어볼 문항 체크		
	1 회독	2 회독	3 회독
예시	☐ 5, 9, 10, 14	☐ 5, 9	☐ 9
1회	☐	☐	☐
2회	☐	☐	☐
3회	☐	☐	☐
4회	☐	☐	☐
5회	☐	☐	☐
6회	☐	☐	☐
7회	☐	☐	☐
8회	☐	☐	☐
9회	☐	☐	☐
10회	☐	☐	☐
11회	☐	☐	☐
12회	☐	☐	☐
13회	☐	☐	☐
14회	☐	☐	☐
15회	☐	☐	☐
16회	☐	☐	☐
17회	☐	☐	☐
18회	☐	☐	☐
19회	☐	☐	☐
20회	☐	☐	☐

회차	다시 풀어볼 문항 체크		
	1 회독	2 회독	3 회독
21회	☐	☐	☐
22회	☐	☐	☐
23회	☐	☐	☐
24회	☐	☐	☐
25회	☐	☐	☐
26회	☐	☐	☐
27회	☐	☐	☐
28회	☐	☐	☐
29회	☐	☐	☐
30회	☐	☐	☐
31회	☐	☐	☐
32회	☐	☐	☐
33회	☐	☐	☐
34회	☐	☐	☐
부록 1회	☐	☐	☐
부록 2회	☐	☐	☐
부록 3회	☐	☐	☐

해커스공무원

8개년 기출문제집

한국사

공무원시험전문 해커스공무원
gosi.Hackers.com

차례

해커스공무원 8개년 기출문제집
한국사

[책 속의 책] 문제집

Part 1 국가직 9급

1회	2025년 국가직 9급	6
2회	2024년 국가직 9급	12
3회	2023년 국가직 9급	18
4회	2022년 국가직 9급	24
5회	2021년 국가직 9급	30
6회	2020년 국가직 9급	36
7회	2019년 국가직 9급	42
8회	2018년 국가직 9급	48

Part 2 지방직 9급

9회	2025년 지방직 9급	56
10회	2024년 지방직 9급	62
11회	2023년 지방직 9급	68
12회	2022년 지방직 9급	74
13회	2021년 지방직 9급	80
14회	2020년 지방직 9급	86
15회	2019년 지방직 9급	92
16회	2018년 지방직 9급	98

Part 3 서울시 9급

17회	2025년 서울시 9급	106
18회	2024년 서울시 9급	112
19회	2024년 서울시 9급(추가 시험)	118
20회	2023년 서울시 9급	124
21회	2022년 서울시 9급	130
22회	2022년 서울시 9급(추가 시험)	134
23회	2021년 서울시 9급	140
24회	2020년 서울시 9급	146
25회	2019년 서울시 9급	152
26회	2018년 서울시 9급	158

Part 4 법원직 9급

27회	2025년 법원직 9급	166
28회	2024년 법원직 9급	172
29회	2023년 법원직 9급	178
30회	2022년 법원직 9급	184
31회	2021년 법원직 9급	190
32회	2020년 법원직 9급	196
33회	2019년 법원직 9급	202
34회	2018년 법원직 9급	208

[부록] 실력 향상 고난도 기출

1회	2023년 계리직(상용한자 제외)	216
2회	2020년 국가직 7급	222
3회	2020년 지방직 7급	228

공무원시험전문 해커스공무원
gosi.Hackers.com

1분만에 파악하는 국가직 9급 기출 트렌드

1. 최근 8개년 기출 트렌드(2018~2025)

- 국가직 9급 시험은 2017년 추가 시험과 2018년 시험이 연속으로 어렵게 출제된 이후, 최근 전체적으로는 평이하면서도 1~2문제 정도 변별력 있게 출제되고 있습니다.
- 가장 최근 시험인 2025년 국가직 9급의 경우 변별력 있는 1문제를 제외한 나머지 문제는 쉬운 난이도로 출제되었습니다.

* 최근 8개년 시험 연도별 예상 합격선

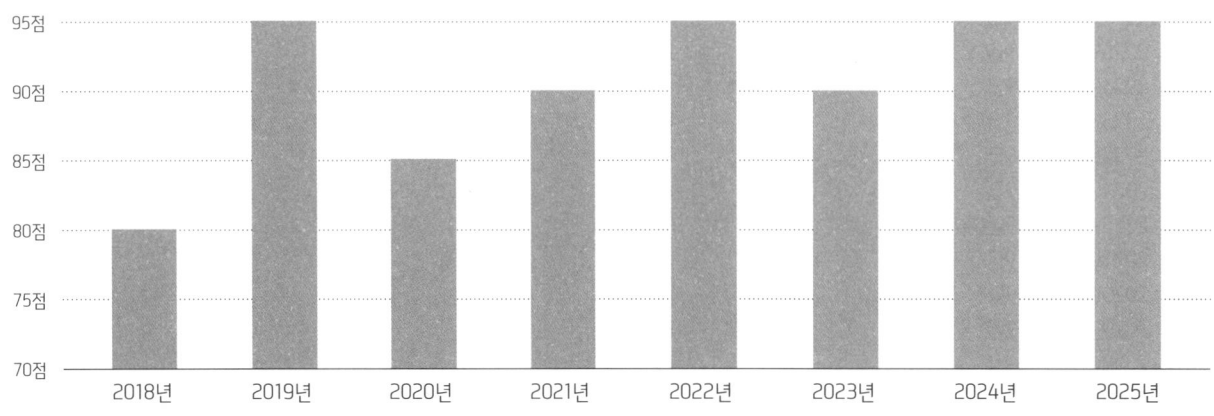

해커스공무원 8개년 기출문제집
한국사

Part 1
국가직 9급

2. 시대별/분류사별 기출 트렌드

- 시대별로는 고대가 17%(평균 3~4문제)로 가장 많이 출제되고 있으며, 그 다음으로는 고려 시대가 16%(평균 3문제)로 많이 출제되었습니다.
- 분류사별로는 정치사가 59%(평균 11~12문제)로 가장 많이 출제되며, 그 다음으로는 문화사가 19%(평균 3~4문제)로 많이 출제되었습니다.

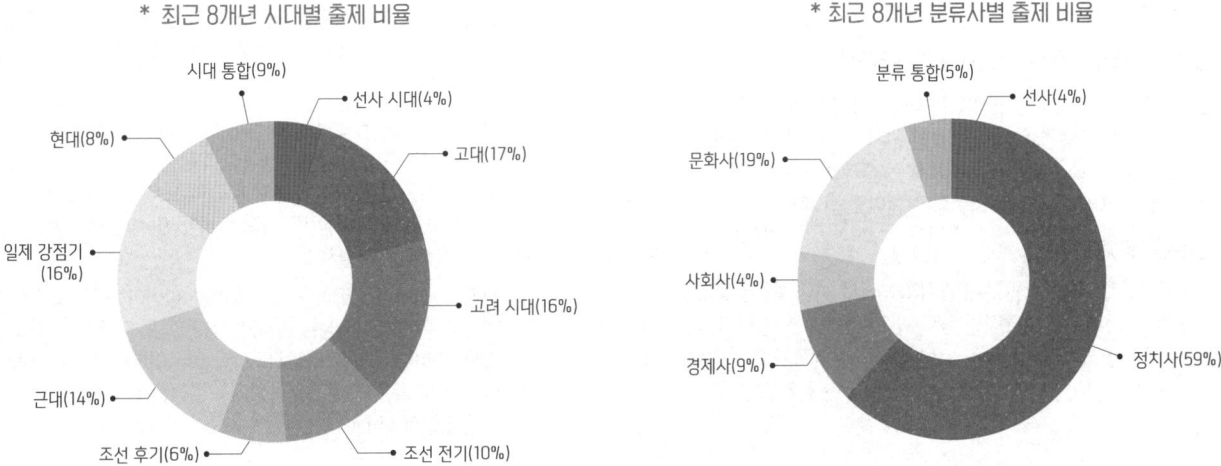

* 최근 8개년 시대별 출제 비율

시대 통합(9%), 선사 시대(4%), 고대(17%), 고려 시대(16%), 조선 전기(10%), 조선 후기(6%), 근대(14%), 일제 강점기(16%), 현대(8%)

* 최근 8개년 분류사별 출제 비율

분류 통합(5%), 선사(4%), 정치사(59%), 경제사(9%), 사회사(4%), 문화사(19%)

1회 2025년 국가직 9급

2025년 4월 5일 시행

문제집 12쪽

정답

01	④ 선사 시대	11	② 고대
02	① 조선 후기	12	③ 근대
03	④ 고대	13	④ 조선 후기
04	③ 조선 전기	14	③ 근대
05	② 고려 시대	15	② 고대
06	② 시대 통합	16	③ 일제 강점기
07	④ 근대	17	④ 고려 시대
08	① 고려 시대	18	② 근대
09	② 조선 후기	19	③ 일제 강점기
10	① 고대	20	③ 현대

취약 시대 분석표

시대	맞힌 개수
선사 시대	/ 1
고대	/ 4
고려 시대	/ 3
조선 전기	/ 1
조선 후기	/ 3
근대	/ 4
일제 강점기	/ 2
현대	/ 1
시대 통합	/ 1
총합	/ 20

기출 총평

"합격선 95점, 전반적으로 쉽게 출제!"

- **난이도:** 시험 전체적인 난이도는 하로, 쉽게 출제되었습니다. 한 번도 단독으로 출제되지 않았던 선사 시대 유적 문제가 출제되었으나, 그 외에는 자주 출제되는 출제 포인트 및 익숙한 선택지가 많아 체감 난이도는 쉬운 편이었습니다.

- **고난도 문제**
  - 01번 울주 대곡리 반구대 암각화: 선사 시대 유적들을 꼼꼼하게 공부하지 않았다면 풀기 까다로운 문제였습니다. 특히 비슷한 시기에 만들어진 고령 장기리 암각화가 오답 선택지로 포함되어 있어 더욱 혼란을 줄 수 있는 문제였습니다.

01 선사 시대 울주 대곡리 반구대 암각화   난이도 상 ●●●

자료분석 제시문에서 고래 잡는 사람, 호랑이, 사슴, 물을 뿜고 있는 고래, 작살이 꽂혀 있는 고래 등이 바위에 묘사되어 있다는 것을 통해 울주 대곡리 반구대 암각화에 대한 설명임을 알 수 있다.

정답설명 ④ 울주 대곡리 반구대 암각화는 우리나라에서 발견된 선사 시대 암각화 유적 중에 가장 오래된 것으로, 신석기 시대 말기~청동기 시대 초기에 그려진 것으로 추정된다. 또한 바위에 새겨진 그림 중에서 고래를 사냥하는 모습은 현존하는 가장 오래된 고래 사냥 그림으로 평가되고 있다.

오답분석
① 고령 장기리 암각화: 고령 장기리 암각화는 경상북도 고령군에 있는 청동기~초기 철기 시대의 암각화로, 동심원과 이를 에워싸는 여러 개의 가면 무늬 등이 그려져 있다. 이러한 기하학적 무늬는 태양 숭배 의식을 표현한 것으로 알려져 있다.

② 황해 안악 3호분 행렬도: 황해 안악 3호분 행렬도는 고구려 안악 3호분의 회랑벽에 그려진 벽화로, 당시 대규모 행렬에 참가한 인물들의 몸짓이나 자세를 매우 사실적으로 묘사하였다.

③ 경주 천마총 장니 천마도: 경주 천마총 장니 천마도는 신라 천마총에서 출토된 회화 유물로, 자작나무 껍질로 만든 말꾸미개 장식에 천마가 그려진 그림이다.

👍 이것도 알면 합격!

청동기·철기 시대의 암각화(바위그림)

울주 대곡리 반구대 암각화	고래, 사슴, 호랑이, 거북 등을 사실적으로 묘사
고령 장기리 암각화	태양을 상징하는 동심원, 십자형, 삼각형 등의 기하학적 무늬를 상징적으로 표현
울주 천전리 암각화	사슴, 늑대, 동심원 등 다양한 종류의 그림을 새김

02 조선 후기 비변사   난이도 하 ●○○

자료분석 제시문에서 여진족과 왜구의 침입에 대비하기 위해 만든 임시회의 기구였으며, 임진왜란을 거치면서 군사 문제뿐 아니라 외교, 재정, 인사 등 국정 전반을 다루었다는 내용을 통해 (가)에 해당하는 기구가 비변사임을 알 수 있다.

정답설명 ① 비변사는 중종 때 삼포왜란이 일어나자 외적의 침입에 대비하기 위한 임시 회의 기구로 설치되었으며, 명종 때 일어난 을묘왜변을 계기로 상설 기구화 되었다. 이후 임진왜란을 거치면서 군사·외교·재정 등 국정 전반을 총괄하는 국가 최고 정무 기구로 발전하였다.

오답분석
② 삼군부: 삼군부는 고려 말 이성계가 병권을 장악하기 위하여 설치된 삼군도총제부를 조선 건국 후 개편한 기구로, 조선 초기 군령과 군정을 총괄하였다. 이후 세조 때 오위도총부로 체제로 바뀌었으며, 고종 대에 이르러 흥선 대원군이 비변사의 기능을 축소·폐지하면서 부활시켰다.

③ 상서성: 상서성은 고려 시대에 정책을 집행하는 기능을 담당하였던 기구이다. 상서성은 중서문하성과 함께 고려의 2성으로 불렸으며, 하부 기관으로 상서도성과 6부(이부·병부·호부·형부·예부·공부)를 두고 중서문하성에서 결정된 정책을 집행하는 기능을 담당하였다.

④ 집사부: 집사부는 신라의 왕명 출납과 기밀 사무를 관장하였던 기구로, 진덕 여왕 때 국가 재정 업무를 담당하던 품주를 개편하여 설치되었다.

이것도 알면 합격!

비변사

설치	중종 때 삼포왜란을 계기로 임시 회의 기구로 설치
상설 기구화	명종 때 을묘왜변 이후 상설 기구화 됨
발전 및 강화	임진왜란 이후 외교·재정·사회·인사 등을 총괄하는 국가 최고 정무 기구로 발전
폐지	흥선 대원군에 의해 약화·폐지됨

03 고대 발해 난이도 하 ●○○

자료분석 제시문에서 고구려의 옛 땅이며 그 백성은 말갈인이 많다는 내용을 통해 밑줄 친 '이 나라'가 발해임을 알 수 있다. 발해는 고구려 유민 출신인 대조영이 만주 지린의 동모산에서 세운 국가로, 발해 주민은 소수의 지배층인 고구려 유민과 다수의 말갈인으로 구성되었다.

정답설명 ④ 발해는 선왕 때 지방 행정 구역을 5경 15부 62주로 정비하였으며, 대부분의 말갈족을 복속하고 요동 지방으로 진출하는 등 전성기를 맞아 중국으로부터 '바다 동쪽의 융성한 나라'라는 뜻의 해동성국으로 불리었다.

오답분석
① 신라: 골품제를 실시한 나라는 신라이다. 신라는 골품제를 시행하여 각 골품마다 승진할 수 있는 관등의 상한선을 제한하였으며, 가옥의 크기와 수레의 크기 등 일상 생활까지 제한하였다.
② 신라: 군사 조직으로 9서당과 10정을 둔 나라는 신라이다. 신라는 삼국 통일 이후 신문왕 때 군사 체제를 정비하여 중앙군인 9서당을 편성하고, 지방군은 종래의 6정을 10정으로 확대·개편하였다. 한편, 신라는 민족 융합 정책의 일환으로 9서당에 신라인은 물론 고구려, 백제, 말갈 등의 피정복민을 모두 포함시켰다.
③ 고구려: 영락이라는 독자적인 연호를 사용한 국가는 고구려이다. 고구려는 광개토 대왕 때 영락이라는 독자적인 연호를 사용하여 자주 국가로서의 면모를 보였다.

이것도 알면 합격!

발해의 중앙 정치 체제

3성	· 정당성: 국가 최고 회의 기구, 정책 집행 · 선조성: 정책 심의 · 중대성: 정책 수립
6부	· 좌사정: 충부(문관 인사), 인부(조세·재정), 의부(의례·교육) · 우사정: 지부(국방·무관 인사), 예부(법률·형법), 신부(건설·토목)
기타	중정대(관리 감찰), 문적원(서적 관리), 주자감(국립 대학), 항백국(후궁의 명령 전달), 7시(궁중 실무)

04 조선 전기 세종 재위 기간의 모습 난이도 중 ●●○

자료분석 제시문에서 『농사직설』을 편찬하였으며, 4군 6진을 개척하였다는 내용을 통해 세종의 업적임을 알 수 있다. 세종은 정초, 변효문 등으로 하여금 삼남 지방의 농법을 정리한 『농사직설』을 편찬하게 하였으며, 최윤덕과 김종서를 파견하여 여진을 정벌하고 4군 6진을 개척하게 함으로써 압록강에서 두만강을 경계로 하는 오늘날의 국경선을 확보하였다.

정답설명 ③ 세종 재위 기간에는 전분 6등법(토지 비옥도 기준)과 연분 9등법(풍흉 기준)을 골자로 하는 공법을 제정하기에 앞서 조정의 신하와 지방의 촌민에 이르기까지 의견을 묻는 등 전국적인 여론 조사를 실시하였다.

오답분석 모두 세종 재위 기간에 볼 수 없는 모습이다.
① 송파장 등의 시장에서 담배를 판매하기 시작한 것은 조선 후기의 사실이다. 담배는 임진왜란 이후인 17세기부터 유입되어 상품 작물로 재배되기 시작하였다.
② 정조: 시전 상인들이 난전을 금지시킬 수 있었던 금난전권이 폐지된 것은 정조 때이다. 조선 후기 정조 때 신해통공을 반포하여 육의전을 제외한 다른 시전 상인들의 금난전권을 폐지하였고, 이로 인해 사상의 자유로운 상업 활동이 보장되었다.
④ 정조: 유생 윤지충이 천주교 신자가 되어 유교식 제사를 거부하고 조상의 신주를 불사른 뒤 모친상을 천주교식으로 장례를 치른 사건(진산 사건)이 일어난 것은 정조 때이다.

05 고려 시대 공민왕 재위 기간의 사실 난이도 하 ●○○

자료분석 제시문에서 신돈이 힘 있는 자들이 나라의 토지와 약한 자들의 토지를 모두 빼앗고 양민을 자신들의 노비로 삼고 있는 현실을 지적하였으며, 관청을 만들어 개혁하려고 했다는 내용을 통해 밑줄 친 '왕'이 공민왕임을 알 수 있다. 공민왕 때 신돈이 전민변정도감의 설치를 건의하고 스스로 판사가 되어 억울하게 노비가 된 자들을 해방시키고 불법 취득한 토지는 원래 주인에게 돌려주었다.

정답설명 ② 공민왕은 반원 자주 정책의 일환으로 고려의 내정을 간섭하던 정동행성 이문소를 폐지하였다. 정동행성 이문소는 본래 원나라와 관계된 범죄를 단속하는 사법 기관이었으나, 반원 세력을 억압하고 친원 세력의 이익을 대변하는 기구로 전락하여 그 폐단이 심하였다. 이에 공민왕이 정동행성 이문소를 폐지하였다.

오답분석
① 태조 왕건: 사심관 제도를 실시한 것은 태조 왕건 때이다. 사심관 제도는 지방 호족 세력을 통제하기 위해 중앙 고관을 출신 지역에 사심관으로 임명하여 관할 지역의 치안과 행정에 대해 연대 책임을 지도록 하는 제도이다.
③ 고려 광종: 광덕, 준풍 등의 연호를 사용한 것은 고려 광종 때이다. 광종은 대내적으로는 황제라 칭하고, 광덕, 준풍 등의 독자적인 연호를 사용(칭제건원)하며 자주 국가로서의 면모를 과시하였다.
④ 고려 성종: 최승로의 시무 28조 건의를 수용한 것은 고려 성종 때이다. 고려 성종은 유교 정치 이념이 담긴 최승로의 시무 28조를 수용하여 국가의 대규모 불교 행사인 연등회를 축소하고 팔관회를 폐지하였으며, 전국의 주요 지역에 12목을 설치하고 지방관인 목사를 파견하였다.

이것도 알면 합격!

공민왕의 개혁 정치

반원 자주 정책	· 기철 등 친원 세력 제거, 정동행성 이문소 폐지 · 원의 연호와 풍습 폐지, 관제 복구
왕권 강화 정책	· 정방 폐지(인사권 회복), 내재추제 신설 · 성균관 정비(유교 교육 강화)

06 시대 통합 강화도 난이도 하 ●○○

자료분석 제시문에서 고인돌 유적이 유네스코 세계 문화유산에 등재되었으며, 고려 정부가 천도하여 몽골의 침략에 대항하였다는 내용을 통해 밑줄 친 '이곳'이 강화도임을 알 수 있다.

정답설명 ② 강화도는 후금이 폐위된 광해군을 위해 보복한다는 명분으로 정묘호란을 일으켜 황해도 평산까지 쳐들어오자 인조가 피신한 곳이다.

오답분석
① 완도: 장보고가 청해진을 설치한 곳은 완도이다. 통일 신라 시기 장보고가 지금의 완도에 해상 무역 기지인 청해진을 설치하고 해적을 소탕하여 남해와 황해의 해상 교통권을 장악한 후, 당·신라·일본을 잇는 해상 무역을 전개하였다.
③ 제주도: 원나라가 탐라총관부를 두었던 곳은 제주도이다. 원나라는 제주도에서 항쟁하던 삼별초를 진압한 후 목마장을 운영하기 위해 탐라총관부를 설치하였다.
④ 거문도: 영국군이 러시아를 견제한다는 구실로 주둔한 곳은 거문도이다. 영국은 러시아의 남하 정책을 저지한다는 구실로 거문도를 1885년부터 1887년까지 약 2년간 불법 점령하였다.

👍 이것도 알면 합격!

강화도의 역사

통일 신라	혈구진(군사 기지) 설치
고려	최우의 강화 천도, 팔만대장경 조판, 삼별초의 항쟁(강화도 → 진도 → 제주도)
조선	인조 피난(정묘호란), 참성단 설치(마니산), 외규장각 건설(정조), 정제두의 강화 학파(양명학) 형성

07 근대 통리기무아문 난이도 하 ●○○

자료분석 제시문에서 개항 이후 정세 변화에 대응하여 개혁을 추진하기 위해 설립된 기구라는 내용과 그 아래 12사를 두었다는 내용을 통해 통리기무아문에 대한 설명임을 알 수 있다.

정답설명 ④ 통리기무아문은 개항 이후 고종이 국내외 정세 변화에 대응하고 개화 정책을 추진하기 위해 청의 제도(총리각국사무아문)를 모방하여 설치한 기구이다. 통리기무아문은 군국 기밀과 일반 정치를 총괄하였으며 그 아래에는 군사·외교·통상 등의 업무를 담당하는 12사를 두었다.

오답분석
① 교정청: 교정청은 조선 정부가 동학 농민군의 요구 사항을 수용하고 자주적 개혁을 추진하기 위해 설치한 기구이다.
② 삼정이정청: 삼정이정청은 철종 때 임술 농민 봉기가 일어나자, 삼정의 문란(전정·군정·환곡)을 바로잡기 위해 설치한 기관이다.
③ 군국기무처: 군국기무처는 제1차 갑오개혁 때 개혁 수행을 위해 설치된 최고 정책 결정 기관으로, 국가의 주요 정책에 대한 개혁을 추진하였다.

08 고려 시대 만적의 난 이후의 사실 난이도 중 ●●○

자료분석 제시문에서 노비 만적 등이 노비들을 불러 반란을 모의하였다는 내용을 통해 만적의 난(1198)임을 알 수 있다. 최씨 무신 정권 시기에 최충헌의 노비였던 만적은 신분 해방을 목적으로 개경에서 반란을 모의하였으나, 계획이 누설되어 실패하였다.

정답설명 ① 만적의 난 이후인 1225년에 최우가 자신의 집에 정방을 설치하여 관리의 임명과 해임, 승진과 좌천 등 인사 행정에 관한 모든 권한을 장악하였다.

오답분석 모두 만적의 난 이전에 있었던 사실이다.
② 고려 예종 때 윤관이 별무반을 이끌고 여진을 정벌하여 웅주·길주·공험진 등에 동북 9성을 축조하였다(1107~1109).
③ 고려 광종 때 억울하게 노비가 된 사람들을 양인으로 회복시키는 노비안검법을 실시하였다(956). 노비안검법으로 노비들이 조세와 부역의 의무를 지는 양인이 됨에 따라 공신과 호족들의 경제적·군사적 기반은 약화된 반면, 국가 수입 기반이 확대되어 왕권이 강화되었다.
④ 통일 신라 시기에 지방 호족 세력을 견제하기 위하여 지방 향리를 일정 기간 동안 수도인 경주에 머물게 하는 상수리 제도를 실시하였다.

09 조선 후기 박지원 난이도 중 ●●○

자료분석 제시문에서 『양반전』을 지어 양반 사회의 허위의식을 고발하였다는 내용과 수레와 선박의 이용 등에 대해 주목하였다는 내용을 통해 밑줄 친 '그'가 박지원임을 알 수 있다.

정답설명 ② 박지원은 우리나라의 농학과 중국의 농학을 비교 연구한 『과농소초』를 편찬하였으며, 토지 소유에 상한선을 두어야 한다는 한전제를 주장하였다. 그는 토지 소유의 상한선을 설정하여 일정 규모 이상의 토지 소유를 금한다면 수십 년 후 매매와 상속을 통해 균등한 토지 소유가 가능해 질 것으로 보았다.

오답분석
① 송시열, 이완 등: 병자호란의 치욕을 벗기 위해 청나라를 정벌하자는 북벌론을 주장하여 효종의 북벌 운동을 지지한 인물은 송시열, 이완 등이다. 한편, 박지원은 청나라의 문물과 제도를 수용하여 개혁하자는 북학론을 주장하였다.
③ 정약용: 수원 화성 건설을 위해 서양 선교사 요하네스 테렌츠가 지은 『기기도설』을 참고하여 거중기를 설계한 인물은 정약용이다.
④ 안정복: 단군 조선부터 고려 말까지의 역사를 편년체로 기술하여 우리 역사를 체계화한 『동사강목』을 저술한 인물은 안정복이다.

10 고대 신문왕 대의 사실 난이도 하 ●○○

자료분석 제시문에서 김흠돌의 난을 계기로 진골 귀족 세력을 숙청하였다는 것과 녹읍을 폐지하였다는 내용을 통해 신문왕 대에 대한 설명임을 알 수 있다. 신문왕은 장인인 김흠돌이 반란을 일으키자 이를 진압하였으며, 문무 관료전을 지급하고 녹읍을 폐지함으로써 귀족의 경제적 기반을 약화시켰다.

정답설명 ① 신문왕 때 유교 정치 이념을 확립하기 위해 유학 교육 기관인 국학을 설립하여 인재를 양성하였다.

오답분석
② 법흥왕: 이차돈의 순교를 계기로 불교를 공인한 것은 법흥왕 때이다. 신라에서는 눌지 마립간 때 고구려 승려 묵호자에 의해 불교가 전래되었으나 민간에서만 전파되다가, 법흥왕 때 이차돈의 순교를 계기로 불교가 공인되었다.
③ 원성왕: 독서삼품과를 시행한 것은 원성왕 때이다. 독서삼품과는 국학의 학생을 대상으로 유교 경전의 이해 수준을 시험하여 이를 관리 임용에 참고한 제도이다.

④ 지증왕: 이사부를 보내 우산국(울릉도)을 정벌하여 신라의 영토로 편입한 것은 지증왕 때이다.

이것도 알면 합격!

신문왕 대의 사실

김흠돌의 난 진입	김흠돌의 난을 계기로 귀족 세력을 숙청하고 왕권 강화
감은사 완공	아버지인 문무왕의 뜻을 이어 감은사 완공
국학 설립	유교 교육을 강화하기 위해 국학 설치
금마저의 반란 진압	안승의 조카 대문이 금마저를 중심으로 일으킨 반란을 진압함

11 고대 광개토 대왕의 신라 구원과 관산성 전투 사이의 사실   난이도 중 ●●○

자료분석 (가)는 왕이 군사 5만 명을 보내 신라를 구원하게 하였다는 내용을 통해 고구려 광개토 대왕이 원군을 보내 신라에 침입한 백제와 왜의 연합군을 격퇴하여 신라를 구원한 사건(400)임을 알 수 있다. (나)는 백제 왕(성왕)이 관산성을 공격하였다는 것과 도도가 백제 왕을 죽였다는 내용을 통해 관산성 전투(554)임을 알 수 있다.

정답설명 ② (가)와 (나) 사이 시기인 532년에 신라의 법흥왕은 금관가야를 병합하여 영토를 확장하였다.

오답분석
① (가) 이전: 고구려가 낙랑군을 한반도에서 몰아낸 것은 미천왕 때인 313년으로, (가) 시기 이전의 사실이다. 고구려는 미천왕 때 중국이 5호 16국 시대로 혼란한 틈을 타 낙랑군을 몰아내고 대동강 유역을 차지하였다.
③ (나) 이후: 고구려가 안시성에서 당군을 물리친 것은 645년으로, (나) 시기 이후의 사실이다. 당 태종이 고구려를 침략해오자 안시성에서 고구려의 군·민이 협력하여 당의 대군을 격퇴하였다.
④ (가) 이전: 백제가 평양성에서 고국원왕을 전사시킨 것은 371년으로, (가) 시기 이전의 사실이다. 황해도 지역을 놓고 고구려와 대립하던 백제의 근초고왕은 고구려의 평양성을 공격하여 고국원왕을 전사시켰다.

12 근대 신민회   난이도 중 ●●○

자료분석 제시문에서 남만주로 집단 이주하려고 기도하고, 무관 학교를 설립하였으며 독립 전쟁을 일으켜 구한국의 국권을 회복하려고 하였다는 내용을 통해 신민회임을 알 수 있다.

정답설명 ③ 신민회는 안창호, 양기탁, 신채호 등이 국권 회복을 위해 창립한 비밀 결사 단체로, 남만주 삼원보를 개척하여 신한민촌을 건설하고 신흥 무관 학교를 설립하여 독립군을 양성하였다. 한편, 신민회는 일제가 날조한 데라우치 총독 암살 미수 사건으로 인해 신민회 회원들과 민족 운동가들이 체포되었고, 그중 105인이 유죄 판결을 받은 105인 사건으로 인해 결국 신민회는 와해되었다.

오답분석
① 독립 협회: 만민 공동회를 개최한 단체는 독립 협회이다. 독립 협회는 만민 공동회를 통해 한러 은행 폐쇄와 러시아 재정 고문 및 군사 교관의 철수 등을 주장하며 러시아의 내정 간섭과 이권 요구를 규탄하였다.

② 민립 대학 기성회: 민립 대학 설립 운동을 추진한 단체는 민립 대학 기성회이다. 민립 대학 기성회는 '한민족 1천만이 한 사람이 1원씩'이라는 구호를 내걸고 모금 운동을 전개하며 민립 대학 설립 운동을 추진하였다.
④ 신간회: 광주 학생 항일 운동이 일어나자 진상 조사단을 파견하고 전국적인 민중 대회를 계획한 단체는 신간회이다.

이것도 알면 합격!

신민회

조직	안창호, 윤치호, 신채호 등을 지도부로 사회 각계각층의 인사들을 망라하여 평양을 중심으로 조직된 비밀 결사 단체
목표	실력 양성을 통한 국권 회복과 공화 정치 체제의 근대 국가 수립
해산	일본이 날조한 105인 사건으로 와해

13 조선 후기 광해군 재위 기간의 사실   난이도 중 ●●○

자료분석 이원익이 방납인에 의한 폐단이 크며, 토지 1결마다 8두씩 쌀로 거두 이것을 방납인에게 주어 물품을 구입하게 하자고 건의하였다는 내용을 통해 밑줄 친 '왕'이 광해군임을 알 수 있다. 광해군 때 중앙 관청의 서리나 상인들이 공물을 대신 납부하고 그 대가를 많이 챙기는 방납의 폐단이 나타나자, 이를 해결하기 위해 집집마다 토산물을 징수하는 대신 소유한 토지 결수에 따라 쌀, 무명, 삼베 등을 납부하도록 하게 하는 대동법을 실시하였다.

정답설명 ④ 광해군 재위 시기에는 임진왜란 이후 관계가 단절되었던 일본과 세사미두 100석, 세견선 20척 등 제한된 범위의 무역을 허용하는 기유약조를 맺었다.

오답분석
① 선조: 삼수병으로 구성된 훈련도감을 설치한 것은 선조 때이다. 훈련도감은 임진왜란 당시 유성룡의 건의로 포수·살수·사수의 삼수병으로 구성되어 설치되었다.
② 중종: 조광조 등 사림을 등용하여 훈구 세력을 견제한 것은 중종 때의 사실이다. 중종 때 등용된 조광조 등의 사림은 반정 공신들에 대한 위훈 삭제 등 급진적인 개혁 정책을 추진하였다. 이에 반발한 훈구 세력은 조광조가 반역을 모의했다는 '주초위왕' 사건을 꾸며 조광조를 비롯한 많은 사림을 정계에서 제거하였다(기묘사화).
③ 정조: 유능한 관료를 재교육하는 초계문신 제도를 시행한 것은 정조 때이다. 초계문신 제도는 37세 이하의 당하관 중 젊고 유능한 문신들을 선발하여 규장각에서 교육을 시키고, 40세가 되면 졸업시키는 제도였다.

이것도 알면 합격!

광해군의 정책

부국책	토지 대장과 호적 정리, 대동법 실시(경기도)
강병책	성곽과 무기 수리, 군사 훈련 실시
문화 시책	『동의보감』(허준) 편찬, 5대 사고 정비
대외 정책	기유약조 체결, 명과 후금 사이에서 중립 외교 전개

14 근대 제2차 갑오개혁   난이도 하 ●○○

자료분석 제시문에서 의정부를 내각으로, 8아문을 7부로, 지방 8도는 23부로 개편하였다는 내용을 통해 밑줄 친 '이 개혁'이 제2차 갑오개혁임을 알 수 있다.

정답설명 ③ 제2차 갑오개혁 때 교육 입국 조서에 따라 교원 양성을 위한 한성 사범 학교 관제를 발표하였으며, 이후 1895년에 한성 사범 학교가 설립되었다.

오답분석
① 외국어 통역관 양성을 위해 동문학을 세운 것은 제2차 갑오개혁이 실시되기 이전인 1883년의 사실이다.
② 미국인 교사인 헐버트, 길모어 등을 초빙한 육영 공원을 창립한 것은 제2차 갑오개혁이 실시되기 이전인 1886년의 사실이다. 육영 공원은 우리나라 최초의 근대식 관립 학교로, 양반 및 고관 자제들에게 외국어와 근대 학문을 가르쳤다.
④ 광무 개혁: 상공 학교와 광무 학교 등의 실업 학교를 설립한 것은 광무 개혁이다. 광무 개혁 때 기존의 유학 교육을 대신하여 실제 생활에 필요한 실업 교육을 실시하기 위해 상공 학교와 광무 학교를 설립하였다.

15 고대 공주 지역의 문화유산   난이도 중 ●●○

자료분석 제시문에서 백제가 고구려의 공격으로 한강 유역을 상실하면서 수도가 함락되어 도읍을 옮겼다는 내용을 통해 밑줄 친 '이 지역'이 공주(웅진)임을 알 수 있다. 백제는 고구려 장수왕의 공격으로 개로왕이 전사하고 수도인 한성이 함락되자 개로왕의 뒤를 이어 즉위한 문주왕이 공주(웅진)로 천도하였다.

정답설명 ② 무령왕릉은 공주에 있는 대표적인 백제의 문화유산이다. 무령왕릉은 중국 남조의 영향을 받아 벽돌무덤 양식으로 축조되었으며, 일본산 금송으로 만들어진 관을 통해 당시 백제가 중국 남조, 일본 등과 교류했음을 확인할 수 있다.

오답분석
① 서울: 몽촌토성은 서울에 있는 백제의 문화유산이다. 몽촌토성은 고구려 장수왕의 남진 정책으로 수도인 한성이 함락되기 전까지 백제의 도성으로 기능하였을 것으로 보고 있다.
③ 익산: 미륵사지 석탑은 익산에 있는 백제의 문화유산이다. 미륵사지 석탑은 현존하는 우리나라 최고(最古)의 석탑으로, 이 석탑에서 백제 무왕의 비인 사택 왕후가 사리를 봉안하였다는 내용의 글이 발견되었다.
④ 서산: 용현리 마애여래삼존상은 서산에 있는 백제의 문화유산으로, '백제의 미소'라는 별칭을 지니고 있다.

16 일제 강점기 연해주   난이도 중 ●●○

자료분석 제시문에서 권업회라는 독립운동 단체가 조직되고, 대한 광복군 정부를 만들었다는 내용을 통해 밑줄 친 '이 지역'이 연해주임을 알 수 있다. 러시아 연해주에서 계몽 운동 계열과 의병 계열의 합작으로 독립운동 단체인 권업회가 조직되었으며, 권업회의 주도로 이상설과 이동휘를 정·부통령으로 하는 대한 광복군 정부가 수립되었다.

정답설명 ③ 러시아 연해주에서는 을사늑약이 체결된 이후 망명해 온 민족 운동가들을 중심으로 신한촌과 같은 한인 집단촌이 형성되었다. 또한 성명회, 권업회, 13도 의군, 대한 광복군 정부 등의 독립운동 단체들이 조직되어 독립운동이 활발하게 전개되었다.

오답분석
① 상하이: 동제사가 창립된 지역은 중국 상하이이다. 동제사는 신규식, 박은식, 조소앙 등을 중심으로 조직된 독립운동 단체로, 박달 학원 설립 등 청년 교육에 주력하였다.
② 서간도: 경학사가 조직된 지역은 서간도이다. 경학사는 서간도에서 이회영 등의 신민회 인사들이 독립운동 기지를 건설하기 위하여 삼원보를 개척한 이후 조직한 한인 자치 기관이다.
④ 하와이: 대조선 국민 군단이 창설된 지역은 하와이이다. 대조선 국민 군단은 박용만이 독립군 양성을 목적으로 조직한 군사 단체이다.

17 고려 시대 의천   난이도 중 ●●○

자료분석 제시문에서 문종의 넷째 아들이자, 송나라로 유학을 가서 천태학을 공부하고, 이후 천태종을 창립하였다는 내용을 통해 밑줄 친 '그'가 의천임을 알 수 있다.

정답설명 ④ 의천은 흥왕사에 교장도감을 설치하고 송·요·일본 등의 불교 자료를 수집하여 정리한 『신편제종교장총록』을 편찬하였다.

오답분석
① 혜심: 유·불 일치설을 주장한 인물은 혜심이다. 혜심은 불교와 유교 모두 도를 추구한다는 점에서 같다는 유·불 일치설을 주장하였으며, 이는 성리학이 고려 사회에 수용될 수 있는 사상적 토대가 되었다.
② 요세: 백련사(만덕사)에서 신앙 결사를 조직한 인물은 요세이다. 요세는 자신의 행동에 대한 진정한 참회를 강조하는 법화 신앙을 중심으로 복잡한 이론보다는 종교적 수행과 실천을 강조하는 백련 결사 운동을 전개하였다.
③ 지눌: 정혜쌍수의 수행법을 제시한 인물은 지눌이다. 지눌은 선정과 지혜를 나란히 수행하자는 정혜쌍수와 단번에 깨달은 바를 꾸준히 수행하자는 돈오점수의 수행법을 주장하였다.

👍 이것도 알면 합격!

의천의 활동

교단 통합	· 흥왕사를 근거지로 삼아 화엄종을 중심으로 교종 통합 시도 · 교종 중심으로 선종 통합(교관겸수, 내외겸전) · 국청사 창건 · 천태종 창시
화폐 사용 주장	화폐 사용을 주장하는 의천의 건의로 세워진 주전도감에서 삼한통보, 해동통보, 해동중보를 발행
저서	『신편제종교장총록』, 『교장』(속장경), 『천태사교의주』, 『석원사림』 등

18 근대 유길준   난이도 중 ●●○

자료분석 제시문에서 우리나라가 아시아의 중립국이 된다면 러시아를 방어하는 큰 기틀이 될 것이라는 내용과 여러 나라가 서로 보전하는 계책도 될 것이라는 내용을 통해 유길준이 주장한 조선 중립화론임을 알 수 있다. 유길준은 열강이 조선의 안전을 보장하는 조선 중립화론을 주장하였으나, 받아들여지지 않았다.

정답설명 ② 유길준은 조·미 수호 통상 조약 이후 미국 푸트 공사의 조선 파견에 대한 답례로 미국에 파견된 보빙사의 일원이었다. 한편, 유길준은 보빙사로 다녀온 이후 미국에서 보고 느낀 것들을 기록한 『서유견문』을 저술하였다.

오답분석
① 이만손: 영남 만인소 사건을 주도한 인물은 이만손이다. 『조선책략』이 국내에 소개되자 이만손 등 영남 유생들은 정부의 개화 정책에 반발하고, 『조선책략』을 들여온 김홍집의 처벌을 요구하며 영남 만인소를 올려 개화 반대 운동을 전개하였다.
③ 김홍집: 제2차 수신사로 『조선책략』을 조선에 가지고 온 인물은 김홍집이다. 한편, 『조선책략』은 일본에 있는 중국(청나라) 공사관의 외교관인 황쭌셴이 저술한 책으로, 러시아의 남하를 견제하기 위하여 조선에게 중국과 친하게 지내며 미국과 연대하고 일본과의 관계를 돈독히 할 것을 제시하였다.
④ 최익현: 일본과 서양 세력은 실체와 의도가 동일하다는 왜양 일체론을 내세우며 개항 반대 운동을 전개한 인물은 최익현이다.

이것도 알면 합격!

한반도 중립화론

배경	· 한반도를 둘러싼 열강들의 경쟁 심화 · 거문도 사건(1885 ~ 1887)
내용	· 부들러: 청과 일본의 충돌에 대비하기 위한 한반도 영세 중립화안을 조선 정부에 제안 · 유길준: 열강의 침략으로부터 조선의 안전을 보장받기 위해 청·러·미·일·영 등 열강이 보장하는 조선 중립화론 주장

19 일제 강점기 대한 광복회 난이도 중 ●●○

자료분석
제시문에서 부호의 의연금 및 일본인이 불법 징수하는 세금을 압수하여 무장을 준비한다는 내용과 일본인 고관 및 한국인 반역자를 처단하는 행형부를 둔다는 내용을 통해 대한 광복회의 강령임을 알 수 있다.

정답설명
③ 대한 광복회는 의병 계열의 대한 광복단(풍기 광복단)과 애국 계몽 운동 계열의 조선 국권 회복단의 일부 인사가 연합하여 대구에서 조직한 단체로, 박상진을 총사령으로 하였으며 국권 회복과 공화주의 이념을 따르는 공화정체를 지향하였다.

오답분석
① 의열단: 신채호가 작성한 「조선혁명선언」을 활동 지침으로 삼은 단체는 의열단이다. 의열단은 개인의 폭력 투쟁을 통한 독립 쟁취를 주장하며, 5파괴(5가지의 파괴 대상) 7가살(7가지의 암살 대상)을 목표로 활동하였다.
② 독립 의군부: 일본에 국권 반환 요구서를 보내려 한 단체는 독립 의군부이다. 독립 의군부는 임병찬이 고종의 밀지를 받아 조직한 단체로 왕정의 복고를 목적으로 하는 복벽주의를 내세웠고, 조선 총독부와 일본 정부에 국권 반환 요구서를 보내려고 하였으며 의병 전쟁을 계획하였다.
④ 한인 애국단: 대한민국 임시 정부의 김구가 중심이 되어 창설한 단체는 한인 애국단이다. 한인 애국단은 김구가 당시 침체된 임시 정부의 상황을 타개하기 위해 상하이에서 창설하였으며, 단원인 이봉창과 윤봉길이 각각 도쿄와 상하이에서 의거를 일으켰다.

20 현대 제헌 헌법 공포 이후의 사실 난이도 하 ●○○

자료분석
제시문에서 제헌 국회가 헌법을 공포하였다는 내용을 통해 밑줄 친 '이 헌법'이 제헌 헌법임을 알 수 있다. 제헌 헌법은 5·10 총선거에 의해 구성된 제헌 국회에서 1948년 7월 17일에 공포한 헌법으로, 삼권 분립과 대통령제 등을 명시하였다.

정답설명
③ 제헌 헌법 공포 이후인 1948년 9월에 제헌 국회에서 반민족 행위 처벌법이 공포되었다. 제헌 국회에서는 반민족 행위자를 처벌하여 일제의 잔재를 청산하기 위해 반민족 행위 처벌법을 제정하고, 법령을 추진하기 위한 반민족 행위 특별 조사 위원회(반민특위)와 특별 재판부를 구성하였다.

오답분석
모두 제헌 헌법 공포 이전의 사실이다.
① 미 군정청은 해방 직후인 1945년 9월에 설치되어 아놀드 소장을 군정 장관으로 임명하고 1948년 8월 15일 대한민국 정부가 수립될 때까지 남한을 통치하였다.
② 5·10 총선거는 유엔 한국 임시 위원단의 감시 하에 1948년 5월 10일에 실시된 선거로, 만 21세 이상 모든 남녀 국민에게 투표권이 부여된 우리나라 최초의 보통 선거였다. 5·10 총선거에 의해 대한민국 최초의 국회인 제헌 국회가 구성되었으며, 제헌 국회는 삼권 분립과 대통령제 등을 명시한 제헌 헌법을 제정 후 1948년 7월 17일에 이를 공포하였다.
④ 카이로 회담은 1943년에 이집트 카이로에서 미국·영국·중국의 세 지도자가 개최한 국제 회담으로, 한국을 '적당한 시기(in due course)'에 독립시킬 것을 결의하였다. 이 회담은 제2차 세계 대전 중 최초로 한국의 독립을 국제적으로 보장한 회담이었다.

이것도 알면 합격!

제헌 헌법

제1조	대한민국은 민주 공화국이다.
제53조	대통령과 부통령은 국회에서 무기명 투표로써 각각 선거한다.
제55조	대통령과 부통령의 임기는 4년으로 한다. 단, 재선에 의하여 1차 중임할 수 있다.
제102조	이 헌법을 제정한 국회는 이 헌법에 의한 국회로서의 권한을 행하며 그 위원의 임기는 국회 개회일로부터 2년으로 한다.

사료 분석 | 제헌 국회는 대한민국 임시 정부의 법통을 계승한 민주 공화국 체제의 헌법을 제정하였다. 당시 헌법은 대통령 중심제였고, 대통령은 국회에서 간선제로 선출하였다.

2회 2024년 국가직 9급

2024년 3월 23일 시행

문제집 16쪽

정답

01	① 고대	11	③ 현대
02	② 고려 시대	12	① 고대
03	③ 근대	13	④ 조선 전기
04	④ 근대	14	③ 일제 강점기
05	④ 고려 시대	15	③ 일제 강점기
06	④ 근대	16	④ 고려 시대
07	③ 조선 전기	17	① 일제 강점기
08	③ 고대	18	② 일제 강점기
09	① 조선 전기	19	④ 고려 시대
10	② 시대 통합	20	④ 일제 강점기

취약 시대 분석표

시대	맞힌 개수
선사 시대	/ 0
고대	/ 3
고려 시대	/ 4
조선 전기	/ 3
조선 후기	/ 0
근대	/ 3
일제 강점기	/ 5
현대	/ 1
시대 통합	/ 1
총합	/ 20

기출 총평

"합격선 95점, 전반적으로 쉽게 출제!"

- **난이도:** 시험 전체적인 난이도는 하로, 쉽게 출제되었습니다. 문화사 문제 중 생소한 사료로 까다롭게 출제된 1문제를 제외하고 문답형 문제와 단답형 선택지의 문제가 많이 출제되어 체감 난이도는 쉬웠습니다.

- **고난도 문제**
  - 12번 익산 미륵사: 익산 미륵사에 대한 생소한 사료로 출제되었으며, '가람'이라는 낯선 용어로 인해 정답을 유추하기 어려웠던 문제였습니다.

01 고대 대가야

난이도 하 ●○○

자료분석 제시문에서 5세기 후반 가야의 주도 세력으로 성장하였으며, 후기 가야 연맹의 맹주가 되었다는 내용을 통해 밑줄 친 '이 나라'가 대가야임을 알 수 있다.

정답설명 ① 대가야는 진흥왕에 의해 멸망하였다. 대가야는 지리적 이점과 풍부한 철을 활용하여 5세기 후반 후기 가야 연맹의 맹주로 급성장하였으나, 6세기에 이르러 진흥왕이 파견한 이사부와 사다함에 의해 멸망하였다.

오답분석
② 백제: 사비로 천도하고 국호를 남부여로 한 나라는 백제이다. 백제는 성왕 때 수도를 웅진(공주)에서 사비(부여)로 옮기고 백제의 중흥을 꾀하며 국호를 남부여로 바꾸었다.
③ 발해: 지방 행정 구역을 5경 15부 62주로 나누었던 나라는 발해이다. 발해는 전략적 요충지에 5경과 지방 행정 중심지에 15부를 설치하였고, 부 아래에 62주와 현, 촌을 두었다.
④ 고구려: 평양으로 수도를 옮기고 남진 정책을 추진한 나라는 고구려이다. 고구려는 장수왕 때 국내성에서 평양으로 수도를 옮기고, 남진 정책을 추진하여 백제의 수도 한성을 함락시키고 한강 유역을 차지하였다.

👍 **이것도 알면 합격!**

대가야(후기 가야 연맹의 중심체)

건국	이진아시왕이 고령 지역에서 건국
재편성	대가야를 중심으로 후기 가야 연맹 형성(5세기 후반)
발전 및 쇠퇴	· 중국 남제와 수교, 호남 동부 지역까지 진출 · 신라(법흥왕)와 결혼 동맹 체결(522) · 백제를 도와 관산성 전투에 참여 → 신라군에 대패
멸망	신라 진흥왕의 공격으로 멸망(562)

02 고려 시대 고려의 경제 상황

난이도 하 ●○○

정답설명 ② 고려는 성종 때 우리나라 최초의 화폐인 건원중보가 발행되었으나, 널리 이용되지 못하고 다점·주점 등의 관영 상점에서만 제한적으로 사용되었다. 이외에도 고려 시대에는 숙종 때 삼한통보, 해동통보, 해동중보 등의 화폐가 주조되었으나 마찬가지로 널리 이용되지는 못하였다.

오답분석
① 고구려: 진대법이라는 구휼 제도를 시행한 것은 고구려이다. 고구려는 고국천왕 때 흉년과 고리대로 몰락한 농민(빈민)을 구휼하기 위해 춘궁기에 곡식을 빌려주고 추수기에 갚도록 하는 진대법을 시행하였다.
③ 조선 후기: 광산 경영 방식에서 덕대제가 유행하기 시작한 것은 조선 후기이다. 조선 후기에는 광산 경영 전문가인 덕대가 상인 물주에게 자본을 조달 받아 채굴 노동자, 제련 노동자 등을 고용하여 광산을 운영하는 덕대제가 유행하였다.
④ 조선 전기: 전통적 농업 기술을 정리한 『농사직설』이 편찬된 것은 조선 전기이다. 『농사직설』은 조선 세종 때 정초, 변효문 등이 왕명에 의해 농민들의 실제 경험을 토대로 우리나라 풍토에 맞는 전통적인 농법을 정리한 농서이다. 한편, 고려 시대에는 중국 원나라에서 화북 지방의 농법 등을 정리한 농서인 『농상집요』가 이암에 의해 전래되었다.

이것도 알면 합격!

고려 시대의 화폐 발행

성종	우리나라 최초의 화폐인 건원중보 주조
숙종	은병(활구), 해동통보, 삼한통보 등 주조
원 간섭기	원의 지폐인 보초가 유입되어 유통
공양왕	우리나라 최초의 지폐인 저화 발행

이것도 알면 합격!

조·청 상민 수륙 무역 장정의 주요 내용

- 조선이 청의 속방임을 규정
- 조선 국왕과 청의 북양 대신이 대등한 지위를 가짐을 명시
- 개항장에서 청의 영사 재판권 규정(치외 법권 인정)
- 청나라 사람들의 조선 연안 어업권 보장
- 서울 양화진에서 청 상인의 상업 활동 허용(내륙 진출)

---

03 근대 『조선책략』 난이도 중 ●●○

자료분석 제시문에서 러시아를 막을 수 있는 조선의 책략은 중국과 친하며, 일본과 맺고, 미국과 연합함으로써 자강을 도모하는 길뿐이라는 내용을 통해 『조선책략』의 내용임을 알 수 있다. 『조선책략』은 일본 주재 청나라 공사관의 외교관인 황준헌(황쭌셴)이 저술한 것으로, 러시아의 남하정책에 대비하기 위한 조선, 일본, 청 등 동양 3국의 외교 정책에 대한 내용을 담고 있다.

정답설명 ③ 『조선책략』이 국내에 소개되자 이만손 등 영남 유생들은 정부의 개화 정책에 반발하고, 김홍집의 처벌을 요구하며 영남 만인소를 올려 개화 반대 운동을 전개하였다.

오답분석
① , ④ 『조선책략』은 강화도 조약 체결(1876) 이후인 1880년에 일본에 2차 수신사로 파견되었던 김홍집에 의해 소개되어 조선에 널리 퍼지게 되었다.
② 흥선 대원군이 척화비를 세우는 계기가 된 것은 신미양요로, 『조선책략』과는 관련이 없다. 흥선 대원군은 신미양요 직후 서양 세력에 대한 척화 의지를 표명하는 척화비를 전국 여러 곳에 세우도록 하였다.

04 근대 조·청 상민 수륙 무역 장정 난이도 하 ●○○

자료분석 제시문에서 구식 군인들이 난을 일으키고(임오군란) 청군에 의해 진압된 이후에 체결하여 조선이 청의 속방임을 명문화하고 청 상인의 내륙 진출을 인정받았다는 내용을 통해 (가)가 조·청 상민 수륙 무역 장정임을 알 수 있다.

정답설명 ④ 조·청 상민 수륙 무역 장정은 임오군란의 결과 조선과 청 사이에 체결된 조약으로, 조약의 전문에 조선을 청의 속방으로 규정하여 조선에 대한 청의 종주권을 명문화 하였다. 또한 한성과 양화진에서 청 상인의 통상을 허용한다는 규정을 포함시켜 청 상인의 내륙 진출을 허용하였다.

오답분석
① 한성 조약: 한성 조약은 갑신정변 이후 조선과 일본이 체결한 조약으로, 조선이 일본에 배상금을 지불하고, 일본 공사관 신축 비용을 조선이 부담한다는 내용을 담고 있다.
② 텐진 조약: 텐진 조약은 갑신정변 이후 청과 일본이 체결한 조약으로, 청·일 양국 군대의 동시 철병과 조선으로 출병할 시 상대국에게 미리 알릴 것을 규정하였다.
③ 제물포 조약: 제물포 조약은 임오군란이 진압된 이후 조선과 일본이 체결한 조약으로, 일본에 배상금 지불 및 일본 공사관 경비를 위한 일본군 주둔을 허용하는 내용을 담고 있다.

05 고려 시대 위화도 회군 이후의 사실 난이도 하 ●○○

정답설명 ④ 황산 대첩에서 이성계가 왜구를 토벌한 것은 1380년으로, 위화도 회군(1388) 이전에 있었던 사실이다. 고려 말에는 원의 간섭으로 국방력이 약화되어 왜구의 침입이 심해졌으며, 이에 홍산 대첩(1376), 진포 대첩(1380), 황산 대첩(1380) 등에서 최영, 이성계 등이 왜구들을 격퇴하였다.

오답분석 모두 위화도 회군 이후에 있었던 사실이다.
① 위화도 회군 이후 권력을 잡은 이성계와 혁명파 사대부 세력은 1391년에 과전법을 실시하여 신진 사대부의 경제적 기반을 마련하였다.
② 정몽주는 정도전과 조준 등의 이성계 일파가 역성 혁명을 통해 새 왕조를 개창하려는 음모를 알아내고 그들을 숙청하려 하였다. 그러나 이를 눈치 챈 이방원에 의해 1392년 개성 선죽교에서 살해되었다.
③ 이성계(태조)가 개경에서 조선을 건국(1392)하고 2년 뒤인 1394년에 한양으로 도읍을 이전하였다.

06 근대 장지연 난이도 중 ●●○

자료분석 제시문에서 '이 날을 목놓아 우노라'라는 내용을 통해 시일야방성대곡임을 알 수 있으며, 이 논설을 작성한 인물은 장지연이다. 장지연은 을사늑약의 체결 경위와 부당함을 알리기 위해 시일야방성대곡을 작성하였다.

정답설명 ④ 장지연은 1898년에 창간된 황성신문의 기자로 활동하였으며, 1901년에는 황성신문의 주필을 역임하였다. 그는 을사늑약이 일제에 의해 강제로 체결되자 '시일야방성대곡'이라는 논설을 황성신문에 게재해 전국에 배포하였다.

오답분석
① 한성순보를 창간한 것은 박문국으로, 장지연과는 관련이 없다. 한성순보는 정부의 개화 정책 취지를 전달하는 등 관보적 성격을 가진 순 한문체 신문으로, 10일에 한 번씩 간행되었다.
② 박은식: 『한국통사』를 저술한 인물은 박은식이다. 박은식은 『한국통사』에서 나라는 형(형체)이고 역사는 신(정신)이며, 나라의 형체는 사라졌지만 그 정신(국혼)은 사라지지 않음을 강조하며 우리 민족의 독립 의식을 고취하였다.
③ 신채호: 「독사신론」을 발표한 인물은 신채호이다. 신채호는 「독사신론」에서 역사 서술의 주체를 민족으로 설정하여 왕조 중심의 전통 사관을 극복하였으며, 일본의 식민주의 사학에 대항할 수 있는 민족주의 사학의 방향을 제시하였다.

2회 2024년 국가직 9급 13

07 조선 전기 성종 재위 기간에 편찬된 서적 난이도 중 ●●○

자료 분석 제시문에서 홍문관을 설치하고 경연을 다시 열었다는 내용과 훈구 세력을 견제하기 위해 사림 세력을 등용하였다는 내용을 통해 밑줄 친 '왕'이 성종임을 알 수 있다. 성종은 홍문관에 경연과 학술·언론 기능을 부여하여 집현전의 기능을 계승한 언론 기관의 역할을 하게 하였으며, 훈구 세력을 견제하기 위해 김종직 등의 사림 세력을 등용하였다.

정답 설명 ③ 성종 재위 기간에 노사신, 강희맹 등이 군현의 연혁·지세·인물·풍속 등을 자세하게 서술한 인문 지리서인 『동국여지승람』이 편찬되었다.

오답 분석
① 정조: 『대전통편』은 정조 때 편찬된 법전으로, 『경국대전』, 『속대전』 및 그 이후의 법령들을 통합하여 왕조의 통치 규범을 전반적으로 재정리하였다.
② 정조: 『동사강목』은 정조 때 편찬된 역사서로, 안정복이 고조선으로부터 고려 말까지의 역사를 강목체 형식의 편년체 통사로 편찬하였다.
④ 영조: 『훈민정음운해』는 영조 때 편찬된 국어 음운 연구서로, 신경준이 훈민정음의 음운 원리를 풀이하여 설명하였다.

08 고대 김헌창의 난 난이도 중 ●●○

자료 분석 제시문에서 웅천주 도독 헌창이 반란을 일으켰다는 내용을 통해 밑줄 친 '반란'이 신라 하대 헌덕왕 때 일어난 김헌창의 난임을 알 수 있다.

정답 설명 ③ 옳은 것을 모두 고르면 ㄴ, ㄷ이다.
ㄴ, ㄷ 김헌창은 아버지인 김주원이 왕이 되지 못한 데에 불만을 품고 웅천주(공주)에서 국호를 '장안', 연호를 '경운'이라 하여 반란을 일으켰으나 실패하였다.

오답 분석
ㄱ 김헌창의 난은 신라 하대에 진골 귀족들이 일으킨 왕위 쟁탈전으로, 신분 해방 운동과는 관련이 없다. 한편, 천민이 중심이 된 신분 해방 운동 성격을 가진 대표적인 반란으로는 고려 시대에 일어난 만적의 난 등이 있다.
ㄹ 김지정의 난: 무열왕 직계가 단절되고 내물왕계가 다시 왕위를 차지하는 결과를 가져온 것은 김지정의 난이다. 혜공왕 때 내물왕의 10대손인 김양상이 권력을 장악하자, 나라의 기강을 바로 잡는다는 명분으로 이찬 김지정이 반란을 일으켰으나 실패하였다. 이 과정에서 무열왕계인 혜공왕이 피살되고 뒤이어 김양상이 선덕왕으로 즉위하면서 무열왕 직계가 단절되고 내물왕계가 다시 왕위를 차지하였다.

이것도 알면 합격!

김헌창의 난(822)

> 헌덕왕 14년 3월 웅천주 도독 김헌창은 그 아버지 주원이 왕이 되지 못한 이유를 내세워 반란을 일으켜 나라 이름을 장안이라 하고 연호를 경운이라 하였다. 무진주, 완산주, 청주, 사벌주의 4주 도독과 국원경, 서원경, 금관경의 사신과 여러 군현의 수령들을 위협하여 자기의 소속으로 삼았다. - 『삼국사기』

사료 분석 | 김헌창의 난은 전국의 여러 주군이 가담하고, 국호와 연호를 제정하는 등 전국적인 규모의 내란으로 커졌으나, 결국 중앙군에 의해 토벌되었다.

09 조선 전기 병자호란 이후의 사실 난이도 중 ●●○

자료 분석 제시문에서 대청국의 황제가 이번에 정벌하러 왔다는 내용을 통해 병자호란에 대한 설명임을 알 수 있다. 후금은 나라 이름을 청으로 바꾸고 조선에 군신 관계를 요구하였다. 그러나 조선에서는 주전론이 우세해 청의 요구를 거부하자, 청 태종은 직접 군사를 이끌고 조선을 침략하였다(병자호란, 1636).

정답 설명 ① 병자호란 이후인 1637년에 삼전도비가 세워졌다. 병자호란 때 남한산성에서 항전을 계속하던 인조는 결국 1637년 1월에 삼전도(현재 서울 송파구 부근)로 나아가 청 태종 앞에 무릎을 꿇고 굴욕적인 항복을 하였다. 그 결과 많은 신하들과 왕자들이 인질로 붙잡혀 갔고, 삼전도에 대청 황제의 공덕을 기리는 삼전도비(대청 황제 공덕비)가 세워졌다.

오답 분석 모두 병자호란 이전의 사실이다.
② 이괄이 난을 일으킨 것은 1624년의 사실이다. 인조반정 후 논공행상에 대한 불만을 가진 이괄은 난을 일으켰으나 실패하였다.
③ 인조가 강화도로 피난한 것은 정묘호란 때인 1627년의 사실이다. 후금이 광해군을 위해 보복한다는 명분으로 정묘호란을 일으켜 황해도 평산까지 쳐들어 오자 인조는 강화도로 피난하였다.
④ 정봉수가 용골산성에서 항전한 것은 정묘호란 때인 1627년의 사실이다. 정묘호란 때에는 용골산성에서 정봉수가, 의주에서 이립 등이 의병을 일으켜 후금에게 항전하였다.

이것도 알면 합격!

삼전도의 굴욕

> 30일 해도 빛을 잃었다. 임금(인조)이 세자와 함께 푸른 옷을 입으시고 서문으로 나가셨다. 성에 있던 사람들이 통곡하니 울부짖는 소리가 하늘에 사무쳤다. …… '황제 앞에서 어찌 감히 자신을 높이리오.' 세 번 절하고 아홉 번 고개를 조아리는 예를 행하시고 성에 오르셔서 쪽을 향하여 제단 위에 앉으셨다. - 『산성일기』

사료 분석 | 인조는 남한산성에서 항전하였지만 결국 청에 항복하게 되었고, 삼전도에서 청 태종에게 굴욕적인 항복을 하였다.

10 시대 통합 시기별 군사 조직 난이도 중 ●●○

정답 설명 ② 시기순으로 나열하면 (나) 10정(통일 신라) → (라) 2군 6위(고려) → (다) 장용영(1793, 정조) → (가) 13도 창의군(1907, 순종)이 된다.

(나) 10정: 지방군을 10정으로 조직한 것은 통일 신라 시대이다. 통일 신라는 신문왕 때 군사 조직을 정비하여 중앙군인 9서당과 지방군인 10정을 조직하였다.

(라) 2군 6위: 중앙군을 2군 6위제로 운영한 것은 고려 시대이다. 고려 시대에는 중앙군으로 국왕의 친위 부대인 2군(응양군·용호군)과, 수도 경비와 국경 방어를 담당한 6위(신호위·좌우위·흥위위·금오위·천우위·감문위)로 구성하였다.

(다) 장용영: 국왕의 친위 부대인 장용영을 설치한 것은 조선 후기 정조 때이다. 정조는 국왕의 친위 부대인 장용영을 설치하여 군사권을 장악하고, 왕권을 뒷받침하는 군사적 기반으로 삼았다.

(가) 13도 창의군: 13도 창의군이 결성된 것은 조선 후기 순종 때이다. 고종이 일본에 의해 강제 퇴위 당하고, 대한 제국의 군대가 해산되자 이인영, 허위 등의 양반 의병장 중심으로 연합 의병 부대인 13도 창의군이 결성되었다. 이들은 서울 진공 작전을 전개하였으나 일본군에게 패배하였다.

11 현대 모스크바 3국 외상 회의 이후의 사실   난이도 중 ●●○

자료분석 제시문에서 미국, 영국 소련 3국의 외무 장관이 모였다는 내용과 한국의 민주주의적 임시 정부 수립 등이 결정되었다는 내용을 통해 밑줄 친 '이 회의'가 모스크바 3국 외상 회의(1945. 12.)임을 알 수 있다.

정답설명 ③ 조선 건국 준비 위원회가 결성된 것은 모스크바 3국 외상 회의가 개최되기 이전인 1945년 8월의 사실이다. 조선 건국 준비 위원회는 해방 직후 여운형 등의 중도 좌파와 안재홍 등의 중도 우파가 연합하여 조선 건국 동맹(1944)을 기반으로 조직한 단체로, 조선 총독부로부터 치안 유지권과 일부 행정권을 인수받았다.

오답분석 모두 모스크바 3국 외상 회의 이후의 사실이다.
① 5·10 총선거가 실시된 것은 1948년 5월이다. 유엔에서는 1947년에 인구 비례에 따른 남북한 총선거 실시를 결의하였다. 그러나 북한과 소련이 유엔 임시 위원단의 입북을 거부하여 총선거가 불가능해지자 유엔 소총회에서 선거가 가능한 남한에서만의 총선거 실시가 결정되었다. 이에 따라 1948년 5월에 5·10 총선거가 실시되었다.
② 좌·우 합작 7원칙이 발표된 것은 1946년 10월이다. 제1차 미·소 공동 위원회가 결렬되고 이승만이 단독 정부 수립 운동을 전개하는 등 분단의 위험성이 대두되자 중도 세력은 좌·우 합작 위원회를 조직하고 1946년 10월에 좌·우 합작 7원칙을 발표하였다.
④ 반민족 행위 특별 조사 위원회가 구성된 것은 1948년 10월이다. 반민족 행위 특별 조사 위원회는 대한민국 정부 수립 이후 이승만 정부가 친일파 청산을 위하여 구성하였다.

12 고대 익산 미륵사   난이도 상 ●●●

자료분석 제시문에서 우리 왕후께서는 좌평 사택적덕의 따님이라는 내용과 기해년에 사리를 받들어 맞이하였다는 내용을 통해 익산 미륵사지 석탑의 해체 과정에서 발견된 금제 사리 봉안기의 내용임을 알 수 있다. 따라서 밑줄 친 '가람(사찰)'은 익산 미륵사이다.

정답설명 ① 익산 미륵사에는 목탑의 양식을 가진 익산 미륵사지 석탑이 있다. 익산 미륵사지 석탑은 목탑에서 석탑으로 넘어가는 과도기 형태의 석탑으로 목탑의 모습을 많이 지니고 있다.

오답분석
② 개성 경천사, 서울 원각사: 대리석으로 만든 10층 석탑이 있는 사찰은 개성 경천사, 서울 원각사이다. 개성 경천사에는 원나라의 영향을 받아 고려 충목왕 때 대리석으로 만들어진 10층 석탑인 경천사지 10층 석탑이 있었다. 또한 서울 원각사에는 경천사지 10층 석탑의 영향을 받아 조선 세조 때 만들어진 원각사지 10층 석탑이 있었다.
③ 보령 성주사: 선종 9산 중 하나인 성주산문을 개창한 낭혜 화상의 탑비가 있는 사찰은 보령 성주사이다.
④ 경주 분황사: 돌을 벽돌 모양으로 깎아 쌓은 모전 석탑이 있는 사찰은 경주 분황사이다.

13 조선 전기 세조 대의 사실   난이도 하 ●○○

정답설명 ④ 옳은 것을 모두 고르면 ⓒ, ⓔ이다.
ⓒ 세조 때 집현전 일부 학자들이 단종 복위를 도모한 것이 발각되자 집현전을 폐지하고, 임금에게 유학의 경서를 강론하는 경연도 폐지하였다.
ⓔ 세조는 국왕 중심의 통치 체제를 강화하기 위하여 6조의 업무를 의정부를 거치지 않고 직접 왕에게 재가를 받도록 하는 6조 직계제를 시행하였다.

오답분석
㉠ 정종: 사병을 혁파한 것은 정종 대의 사실이다. 정종 때 세자로 책봉된 이방원(태종)은 사병을 모두 혁파하고 중앙·지방의 군권을 삼군부로 집중시켜 국왕이 군사권을 장악할 수 있도록 하였다.
㉢ 성종: 『경국대전』을 완성한 것은 성종 대의 사실이다. 성종 대에는 세조 때부터 편찬되기 시작한 『경국대전』을 완성하여 반포함으로써 조선의 기본 통치 방향을 확립하였다.

👍 이것도 알면 **합격!**

세조의 업적

6조 직계제 실시	의정부 서사제를 폐지하고 6조 직계제를 실시
군사 제도 정비	중앙군인 5위를 정비하고, 지역 단위의 방어 체제인 진관 체제를 실시
불교 진흥책	원각사와 원각사지 10층 석탑을 건립하는 등 불교 진흥책 전개

14 일제 강점기 대한민국 임시 정부의 사실   난이도 중 ●●○

정답설명 ③ 시기순으로 나열하면 (다) 국민 대표 회의 개최(1923) → (가) 한인 애국단 창설(1931) → (나) 한국광복군 창설(1940) → (라) 주석·부주석제로 개헌(1944)이 된다.

(다) 국민 대표 회의 개최: 대한민국 임시 정부는 국내외의 독립 운동 상황을 점검하고 독립운동 전선의 통일과 독립운동의 방향 전환을 위해 상하이에서 국민 대표 회의를 개최하였다(1923).
(가) 한인 애국단 창설: 대한민국 임시 정부의 김구는 만보산 사건 이후 악화된 한·중 관계를 개선하고, 침체에 빠진 독립운동을 활성화하기 위해 비밀 조직인 한인 애국단을 조직하였다(1931).
(나) 한국 광복군 창설: 충칭에 정착한 대한민국 임시 정부는 대일 항전을 전개하기 위해 한국광복군을 창설하였다(1940).
(라) 주석·부주석제로 개헌: 대한민국 임시 정부는 제5차 개헌을 통해 주석·부주석 체제로 개편하여 김구를 주석, 김규식을 부주석으로 선출하였다(1944).

👍 이것도 알면 **합격!**

1930년 이후 임시 정부의 주요 활동

한인 애국단 조직 (1931)	임시 정부의 침체를 극복하기 위해 김구가 조직
한국 국민당 창당 (1935)	김구를 중심으로 창당, 민족 혁명당에 불참한 임시 정부 인사 중심으로 조직
한국 독립당 결성 (1940)	· 한국 국민당(김구) + 조선 혁명당(지청천) + 한국 독립당(조소앙) · 조소앙의 삼균주의를 바탕으로 건국 강령 발표 (1941)
한국광복군 창설 (1940)	충칭 임시 정부가 중국 정부의 지원을 받아 창설 (총사령관 지청천)

15 일제 강점기 제1차 조선 교육령 발표와 제2차 조선 교육령 발표 사이의 사실 난이도 중 ●●○

자료분석 제시된 자료에서 (가) 시기는 1911년(제1차 조선 교육령 발표)에서 1922년(제2차 조선 교육령 발표)까지의 시기임을 알 수 있다.

정답설명 ③ (가) 시기인 1919년에 일본 유학생들을 중심으로 조직된 조선 청년 독립단에서 한국의 독립을 요구하는 2·8 독립 선언서를 발표하였다.

오답분석
① (가) 이후: 경성 제국 대학이 설립된 것은 1924년으로, (가) 시기 이후의 사실이다. 경성 제국 대학은 일제가 조선인들의 민립 대학 설립 운동을 무마시키고, 조선에 거주하는 일본인들의 고등 교육을 위해 설립하였다.
② (가) 이전: 근대 교육 기관인 육영 공원이 설립된 것은 1886년으로, (가) 시기 이전의 사실이다. 육영 공원은 상류층 자제들을 대상으로 외국어와 근대 학문을 가르치기 위해 설립된 우리나라 최초의 근대식 관립 학교이다.
④ (가) 이전: 보안회의 주도로 일본의 황무지 개간권 반대 운동이 일어난 것은 1904년으로, (가) 시기 이전의 사실이다. 보안회는 일제가 대한 제국 정부에 황무지 개간권을 요구하자 이에 반대하는 원세성, 송수만 등의 유생 관료 출신들을 중심으로 결성된 조직으로, 보안회의 활동으로 일본의 황무지 개간권 요구가 저지되었다.

👍 이것도 알면 합격!

조선 교육령

구분	내용
제1차 조선 교육령 (1911)	· 보통학교의 수업 연한 단축(6년 → 4년) · 보통·실업 교육 중심 · 일본어를 국어라 하여 시수 확대
제2차 조선 교육령 (1922)	· 보통학교의 수업 연한 연장 (4년 → 6년) · 한국어를 필수 과목화 · 3면 2교 정책으로 보통학교의 수를 늘림
제3차 조선 교육령 (1938)	· 보통학교와 소학교를 심상소학교로 변경 · 한국어 과목은 수의(선택) 과목화
제4차 조선 교육령 (1943)	· 수업 연한을 4년으로 단축 · 한국어·한국사 교육 완전 폐지

16 고려 시대 고려 현종 재위 기간의 사실 난이도 중 ●●○

자료분석 제시문에서 강조가 목종을 폐위하여 양국공으로 삼고, 김치양 부자 등을 죽였다는 내용을 통해 (가)가 고려 현종임을 알 수 있다. 서북면 도순검사 강조는 목종의 어머니인 천추태후와 김치양이 자신들 사이에서 태어난 자식을 왕으로 세우려 하자, 정변을 일으켜 김치양 일파를 제거 후 목종을 폐위시키고 현종을 옹립하였다.

정답설명 ④ 고려 현종 재위 기간에 거란이 침입해오자 부처의 힘을 빌려 거란에 대항하기 위해 불교 경전을 집대성한 초조대장경의 조판이 시작되었다.

오답분석
① 고려 숙종: 윤관이 별무반 편성을 건의한 것은 고려 숙종 때이다. 고려 숙종 때 윤관이 여진 정벌을 위해 별무반의 편성을 건의하였고, 고려 예종 때에는 별무반을 이끌고 여진을 정벌한 후 동북 9성을 설치하였다.
② 공민왕: 외적이 침입하여 국왕이 복주(안동)로 피난한 것은 공민왕 때이다. 공민왕 때 홍건적의 침입으로 개경이 함락되자 왕은 복주로 피난하였다. 한편, 현종은 거란의 2차 침입 당시 개경이 함락되자 나주로 피난하였다.
③ 고려 성종: 서희의 외교 담판으로 강동 6주 지역을 획득한 것은 고려 성종 때이다. 고려 성종 때 거란의 소손녕이 수십만 대군을 이끌고 고려에 침입(1차 침입)하자, 서희가 협상을 통해 강동 6주 지역을 확보하였다.

17 일제 강점기 6·10 만세 운동과 광주 학생 항일 운동 사이의 사실 난이도 중 ●●○

자료분석 (가)는 순종의 인산을 기하여 '동양 척식 주식회사를 철폐하라!' 등의 격문을 내건 운동이라는 내용을 통해 6·10 만세 운동(1926)임을 알 수 있다.

(나)는 광주에서 한국인 학생과 일본인 학생 사이에 일어난 충돌을 계기로 일어났다는 내용을 통해 광주 학생 항일 운동(1929)임을 알 수 있다.

정답설명 ① (가)와 (나) 사이 시기인 1927년에는 신간회가 창설되었다. 6·10 만세 운동의 준비 과정에서 민족주의 계열과 사회주의 계열의 단체들이 연대하였던 것을 계기로 민족 협동 전선인 신간회가 창립되었다. 이후 신간회는 광주 학생 항일 운동이 일어나자 사건의 진상을 규명하고자 광주에 조사단을 파견하였다.

오답분석
② (나) 이후: 진단 학회가 설립된 것은 1934년으로, (나) 시기 이후의 사실이다. 진단 학회는 청구 학회의 한국사 왜곡에 맞서 조직된 이병도와 손진태 등이 조직한 단체로, 『진단학보』를 발행하고, 객관적인 연구 활동을 전개하였다.
③ (가) 이전: 진주에서 조선 형평사가 창립된 것은 1923년으로, (가) 시기 이전의 사실이다. 조선 형평사는 이학찬 등이 진주에서 조직한 단체로, 백정에 대한 사회적 차별 철폐와 신분 해방을 주장하는 형평 운동을 전개하였다.
④ (가) 이전: 대구에서 국채 보상 운동이 시작된 것은 1907년으로, (가) 시기 이전의 사실이다. 국채 보상 운동은 일본으로부터 도입한 차관을 국민의 모금으로 갚기 위하여 전개된 운동으로, 대구에서 서상돈 등의 주도로 시작되었다.

👍 이것도 알면 합격!

6·10 만세 운동

배경	일제의 수탈과 식민 교육에 대한 반발 심화
전개	· 순종의 인산일을 계기로 대규모 군중 시위 운동 전개 · 일제의 무차별 살상·투옥으로 좌절됨
의의	· 대중적인 항일 민족 운동으로 발전, 학생 운동의 성장 · 신간회 창립(1927)에 기여

18 일제 강점기 1930년대의 사실 난이도 중 ●●○

정답설명 ② 1930년대에 중국 국민당의 지원을 받아 중국 관내에서 조선 의용대가 창설(1938)되었다. 조선 의용대는 김원봉이 한커우에서 조선 민족 전선 연맹의 산하 군대로 창설한 단체로, 중국 관내에서 결성된 최초의 한인 무장 단체였다.

| 오답분석 | ① **1940년대**: 비밀 결사인 조선 건국 동맹이 결성된 것은 1944년이다. 조선 건국 동맹은 광복 직전 여운형이 일제가 패망할 것을 대비하여 국내 좌·우익 세력을 모아 비밀리에 조직한 단체로, 광복 이후에 조선 건국 준비 위원회로 개편되었다.
③ **1910년대**: 연해주 지역에 대한 광복군 정부가 설립된 것은 1914년이다. 대한 광복군 정부는 이상설을 중심으로 연해주 블라디보스토크에서 수립된 정부로, 시베리아와 만주 지역에서 독립운동을 주도하면서 군사 훈련을 통해 독립 전쟁을 준비하였다.
④ **1920년대**: 서일을 총재로 하는 대한 독립 군단이 조직된 것은 1920년이다. 1920년대에 일제가 독립군 소탕을 명분으로 간도 참변을 일으키고 독립군을 추격하자, 이를 피해 밀산부에 집결한 독립군 부대들은 서일을 총재로 대한 독립 군단을 조직(1920. 12.)하고 러시아 영토인 자유시로 이동하였다(1921). |

19 고려 시대 고려의 문화유산 난이도 하 ●○○

자료분석	제시문에서 송나라 사신 서긍이 자신의 저술에서 도자기의 빛깔이 푸른 것을 사람들은 비색이라고 부른다는 내용을 통해 고려 청자임을 알 수 있다. 따라서 밑줄 친 '이 나라'는 고려이다.
정답설명	② 구례 화엄사 각황전은 조선 후기의 대표적인 불교 건축물로, 다층 건물이나 내부가 하나로 통하는 구조로 되어 있다.
오답분석	모두 고려의 문화 유산이다. ① 안동 봉정사 극락전은 주심포 양식과 맞배 지붕, 배흘림 기둥 양식으로 지어진 목조 건축물로, 우리나라에서 현존하는 가장 오래된 목조 건물로 보고 있다. ③ 예산 수덕사 대웅전은 주심포 양식과 맞배 지붕, 배흘림 기둥으로 지어진 목조 건축물로, 균형 잡힌 외관과 잘 짜여진 각 부분이 치밀하게 배치되어 있다. ④ 영주 부석사 무량수전은 주심포 양식과 팔작 지붕, 배흘림 기둥 양식으로 지어진 목조 건축물이다.

👍 이것도 알면 합격!

고려와 조선 시대의 주요 불교 건축물

고려 시대	・안동 봉정사 극락전: 주심포 양식, 맞배 지붕, 배흘림 기둥, 현존하는 우리나라 최고(最古)의 목조 건축물 ・예산 수덕사 대웅전: 주심포 양식, 맞배 지붕, 배흘림 기둥 ・영주 부석사 무량수전: 주심포 양식, 팔작 지붕, 배흘림 기둥 ・황해 성불사 응진전: 다포 양식, 맞배 지붕, 배흘림 기둥
조선 전기	합천 해인사 장경판전: 팔만대장경을 보관하기 위해 건축됨
조선 후기	・보은 법주사 팔상전: 5층 구조, 주심포 양식과 다포 양식 혼합, 통층 구조(내부가 하나로 통하는 구조) ・김제 금산사 미륵전: 3층 구조, 다포 양식, 통층 구조 ・구례 화엄사 각황전: 2층 구조, 다포 양식, 통층 구조

20 일제 강점기 조선어 연구회 난이도 중 ●●○

자료분석	제시문에서 '가갸날'을 제정하였고, 기관지인 『한글』을 창간하였다는 내용을 통해 조선어 연구회에 대한 설명임을 알 수 있다.
정답설명	④ 조선어 연구회는 주시경의 제자인 임경재, 장지영 등을 중심으로 조직된 단체로, 한글 창제를 기념하는 가갸날을 제정하고 기관지인 『한글』을 창간하여 한글 대중화에 기여하였다.
오답분석	① **국문 연구소**: 국문 연구소는 대한 제국 학부에 설치되었던 한글 연구 기관으로 주시경·지석영을 중심으로 국문의 정리와 국어의 이해 체계 확립을 위한 연구를 전개하였다. ② **조선 광문회**: 조선 광문회는 최남선과 박은식 등을 중심으로 설립된 한국 고전 간행 단체로, 실학자의 저서나 민족의 고전을 정리하여 간행하였다. ③ **대한 자강회**: 대한 자강회는 윤효정과 장지연 등을 중심으로 설립된 애국 계몽 단체로, 『월보』를 간행하여 식산 흥업을 강조하고, 국내외의 학문과 소식을 전달하는 등 국민 계몽에 힘썼다.

3회
2023년 국가직 9급

2023년 4월 8일 시행

문제집 20쪽

정답

01	① 선사 시대	11	③ 근대
02	② 고대	12	④ 일제 강점기
03	③ 고려 시대	13	④ 현대
04	④ 고려 시대	14	② 조선 후기
05	③ 시대 통합	15	① 조선 전기
06	③ 고대	16	④ 일제 강점기
07	③ 고대	17	② 현대
08	①, ② 고려 시대	18	① 근대
09	② 시대 통합	19	① 근대
10	② 조선 후기	20	③ 일제 강점기

취약 시대 분석표

시대	맞힌 개수
선사 시대	/ 1
고대	/ 3
고려 시대	/ 3
조선 전기	/ 1
조선 후기	/ 2
근대	/ 3
일제 강점기	/ 3
현대	/ 2
시대 통합	/ 2
총합	/ 20

기출 총평

"합격선 90점, 평이하게 출제!"

- **난이도:** 시험 전체적인 난이도는 중으로, 평이한 난이도였습니다. 생소한 자료가 2문제 출제되었으나, 이외의 문제는 평이하게 출제되어 시험의 전체적인 난이도는 높지 않았습니다.

- **고난도 문제**
  - 04번 서희: 자료를 꼼꼼하게 읽지 않고 '여진'이라는 키워드만 보고 정답을 골랐으면 함정 선택지를 고르게 되어 틀릴 가능성이 높은 문제였습니다.
  - 14번 남인: 남인과 관련한 생소한 자료가 제시되어, 자료를 꼼꼼하게 읽고 주장하는 내용이 무엇인지 정확하게 파악하여야 풀 수 있는 까다로운 문제였습니다.

01 선사 시대 청동기 시대
난이도 하 ●○○

자료분석 제시된 미송리식 토기, 팽이형 토기, 붉은 간 토기는 모두 청동기 시대의 유물이다.

정답설명 ① 청동기 시대에는 비파(악기) 모양의 청동기 유물인 비파형동검이 무기 또는 제기로 사용되었다. 비파형동검은 중국 요령 지방에 주로 분포하기 때문에 '요령식 동검'이라고도 한다.

오답분석
② 철기 시대: 오수전 등의 중국 화폐가 사용된 시대는 철기 시대이다. 철기 시대에는 중국과의 교류를 통해 명도전, 오수전, 반량전 등의 중국 화폐가 사용되었다.
③ 구석기 시대: 아슐리안형 주먹 도끼가 사용된 시대는 구석기 시대이다. 한편, 아슐리안형 주먹 도끼는 전기 구석기 시대의 대표적인 유물로 연천 전곡리 유적에서 출토되었다.
④ 철기 시대: 철이 많이 생산되어 낙랑과 왜에 수출된 시대는 철기 시대이다. 철기 시대에 성장한 삼한 중 변한과 가야에서는 철이 많이 생산되어 낙랑과 왜에 수출되었고, 교역할 때 철을 화폐처럼 사용하기도 하였다.

👍 이것도 알면 **합격!**

비파형동검

- 청동기 시대의 대표적인 유물
- 중국의 요령 지방에 주로 분포하여 '요령식 동검'이라고도 불림
- 탁자식 고인돌, 미송리식 토기 등과 함께 고조선의 세력 범위를 짐작하게 하는 유물

02 고대 고국천왕
난이도 하 ●○○

자료분석 제시문에서 매년 봄 3월부터 가을 7월까지 곡식을 차등 있게 빌려주었다가, 10월에 이르러 상환하게 한다는 내용을 통해 밑줄 친 '왕'이 고국천왕(179~197)임을 알 수 있다.

정답설명 ② 고국천왕은 흉년과 고리대로 인하여 몰락한 빈민을 구휼하기 위해 춘궁기에 곡식을 빌려주고 추수기에 상환하게 하는 제도인 진대법을 시행하였다.

오답분석
① **미천왕**: 낙랑군을 축출한 왕은 미천왕이다. 미천왕은 낙랑군을 축출(313)하고 이듬해 대방군을 차지(314)함으로써, 대동강 유역을 확보하고 한반도에서 한 군현 세력을 몰아냈다.
③ **고국원왕**: 백제의 침입으로 전사한 왕은 고국원왕이다. 고국원왕은 황해도 지역을 놓고 백제의 근초고왕과 대결하다가, 백제군의 침입을 막던 도중 평양성 전투에서 전사하였다(371).
④ **광개토 대왕**: 영락이라는 독자적인 연호를 사용한 왕은 광개토 대왕이다. 광개토 대왕은 우리나라 최초로 영락이라는 독자적인 연호와 태왕이라는 호칭을 사용하여 자주성을 대외적으로 표출하였다.

👍 이것도 알면 **합격!**

고국천왕

왕권 강화	• 왕위의 부자 상속제 확립 • 부족적 성격의 5부를 행정적 성격의 5부로 개편 • 기존 세력 통제를 위해 을파소를 국상으로 등용
사회 정책	• 흉년과 고리대로 인하여 몰락한 빈민을 구제하기 위해 진대법 실시

03 고려 시대 | 전민변정도감 | 난이도 하 ●○○

자료분석 제시문에서 신돈이 설치를 요청하였다는 내용과, 권세가 중에 전민을 빼앗은 자들이 주인에게 돌려주었다는 내용을 통해 (가)가 공민왕 때 설치된 전민변정도감임을 알 수 있다.

정답설명 ③ 전민변정도감은 권문세족에 의해 불법적으로 점유된 토지나 농민을 조사하고, 이를 바로잡아 권문세족의 경제적 기반을 약화시키기 위해 설치된 임시 개혁 기관이다. 한편, 전민변정도감은 원종, 충렬왕, 공민왕, 우왕 때 설치되는 등 권문세족의 반대로 설치와 폐지가 반복되었다.

오답분석
① 경시서: 고려 시대에 매점매석 등 시전의 상행위와 물가를 감독·조절하는 임무를 담당한 기관은 경시서이다.
② 삼사(고려): 고려 시대에 화폐와 곡식 등 국가 재정의 출납과 회계 등을 담당한 기구는 삼사이다. 한편 삼사는 송의 제도를 참고한 것이었으나, 송과 달리 단순 회계 기구의 역할만을 담당하였다.
④ 부족한 녹봉을 보충하고자 관료에게 녹과전을 지급한 것은 고려 고종 때부터로, 전민변정도감과는 관련이 없다. 녹과전은 무신집권기를 거치면서 전시과 제도가 붕괴되고 관리에게 녹봉조차 제대로 지급하지 못하게 되자 지급한 토지로, 현직 관료 위주로 경기 8현에 한정하여 지급되었다.

04 고려 시대 | 서희 | 난이도 상 ●●●

자료분석 제시문에서 우리나라가 곧 고구려의 옛 땅이라고 하는 내용과, 여진을 내쫓고 옛 땅을 되찾으면 사신을 보낸다는 내용을 통해 거란의 소손녕과 외교 담판을 하였던 고려의 서희임을 알 수 있다.

정답설명 ④ 서희는 거란이 1차 침입하자, 거란의 장수인 소손녕과 외교 담판을 통해 송과의 관계를 끊는 대가로 압록강 하류 동쪽의 강동 6주를 획득하였다.

오답분석
① 강조: 정변을 일으켜 목종을 폐위하고 현종을 옹립한 인물은 강조이다. 강조는 목종의 어머니인 천추태후와 김치양이 자신들 사이에서 태어난 자식을 왕으로 세우려 하자, 정변을 일으켜 김치양 일파를 제거한 후 목종을 폐위하고 현종을 옹립하였다.
② 강감찬: 귀주에서 거란군을 물리친 인물은 강감찬이다. 거란은 현종이 입조 약속을 불이행하고, 강동 6주의 반환도 거부하자 고려에 3차 침입하였다. 이때 강감찬이 귀주에서 퇴각하던 거란군을 크게 물리쳤다.
③ 윤관: 별무반을 이끌고 여진을 몰아낸 후, 동북 9성을 쌓은 인물은 윤관이다. 윤관은 여진 정벌을 위해 고려 숙종에게 별무반의 편성을 건의하였고, 고려 예종 때 별무반을 이끌고 여진을 몰아낸 후 동북 9성을 쌓았다.

05 시대 통합 | 평양 | 난이도 하 ●○○

자료분석 제시문에서 장수왕이 남진 정책의 일환으로 천도하였다는 내용과, 묘청이 이곳으로 수도를 옮길 것을 주장했다는 내용을 통해 밑줄 친 '이곳'이 평양임을 알 수 있다.

정답설명 ③ 평양에서는 제너럴셔먼호 사건이 발생하였다. 제너럴셔먼호 사건은 미국 상선 제너럴셔먼호가 통상을 요구하였으나 거부당하자 관리를 살해하고 민가를 약탈하다가, 평안도 관찰사 박규수와 평양 주민들에 의해 침몰된 사건이다.

오답분석
① 영흥: 원이 철령 이북 지역을 직접 통치하기 위해 설치한 통치 기구인 쌍성총관부가 설치된 지역은 영흥이다. 한편, 평양에는 원에 의해 동녕부가 설치되었다.
② 공주: 망이·망소이가 반란을 일으킨 지역은 공주이다. 공주의 명학소에서는 망이와 망소이가 신분 차별에 반대하며 반란을 일으켰으며, 이후 명학소가 일시적으로 충순현으로 승격되면서 향·부곡·소가 점차 소멸되는 계기가 마련되었다.
④ 진주: 1923년에 조선 형평사가 결성된 지역은 진주이다. 진주에서는 이학찬 등을 중심으로 조선 형평사가 결성되어 백정들에 대한 사회적 차별 철폐를 주장하였다.

06 고대 | 매소성 전투 이후에 일어난 사건 | 난이도 중 ●●○

자료분석 제시문에서 이근행이 대군을 이끌고 매소성에 머물렀는데, 우리 군사가 공격하여 달아나게 하였다는 내용을 통해 나·당 전쟁의 과정에서 일어난 매소성 전투(675)임을 알 수 있다.

정답설명 ③ 옳은 것을 모두 고르면 ㄴ, ㄷ이다.
ㄴ 신문왕 때인 681년에 왕의 장인인 김흠돌이 반란을 일으켰다가 처형되었다. 한편, 신문왕은 김흠돌의 반란 사건을 진압하는 동시에 귀족 세력을 숙청하고 정치 세력을 재편성하여 왕권을 강화하였다.
ㄷ 신문왕 때인 682년에 유교 교육을 진흥시키고, 유교 정치 이념을 확립하여 왕권을 강화하기 위해 국립 교육 기관인 국학이 설치되었다.

오답분석 모두 매소성 전투 이전에 일어난 사건이다.
ㄱ 웅진 도독부가 설치된 것은 660년이다. 신라와 연합하여 백제를 멸망시킨 당은 백제의 옛 땅을 통치하기 위해 공주(웅진)에 웅진 도독부를 설치하였다.
ㄹ 복신과 도침이 부여풍과 함께 백제 부흥 운동을 일으킨 것은 백제 멸망(660) 이후이다. 백제가 멸망하자 복신과 도침은 주류성을 근거지로 백제 부흥 운동을 일으키고, 일본에 체류하고 있던 왕자 부여풍을 왕으로 옹립하였다. 이후 백제 부흥 운동은 복신이 도침을 죽이고, 다시 부여풍이 복신을 죽이는 등 지도층 내부의 분열과 백강 전투 패배 등으로 인하여 실패하였다.

07 고대 | 고대사의 전개 | 난이도 하 ●○○

정답설명 ③ 시기순으로 바르게 나열하면 (나) 고구려의 서안평 점령(311) → (가) 신라의 우산국 복속(512) → (라) 신라의 금관가야 병합(532) → (다) 백제의 대야성 점령(642)이 된다.

(나) **고구려의 서안평 점령**: 고구려는 미천왕 때 중국이 5호 16국 시대로 인해 혼란스러운 틈을 타 요동 지역의 서안평을 점령하였다(311).

(가) **신라의 우산국 복속**: 신라는 지증왕 때 이사부를 파견하여 우산국(울릉도)을 복속시키고 신라의 영토로 편입하였다(512).

(라) **신라의 금관가야 병합**: 신라는 법흥왕 때 전기 가야 연맹을 주도한 금관가야를 병합하였다(532).

(다) **백제의 대야성 점령**: 백제는 의자왕 때 윤충을 보내 신라를 공격하여 대야성을 비롯한 40여 성을 점령하였다(642).

08 고려 시대　고려 시대의 문화유산　난이도 하 ●○○

정답 설명
(해당 문제는 오타로 인해 복수 정답으로 처리되었습니다.)
① 대표적인 고려 시대의 다포 양식 건물은 성불사 응진전이 아닌 황해도 사리원 성불사 응진전이다. 한편, 다포 양식은 공포가 기둥 위뿐만 아니라 기둥 사이에도 짜여 있는 양식으로 원의 영향을 받았으며, 주로 웅장한 지붕을 얹거나 건물을 화려하게 꾸밀 때 사용되었다.
② 월정사 8각 9층 석탑은 원이 아닌 송의 석탑을 모방하여 제작된 다각 다층 탑이다. 한편, 원의 석탑을 모방하여 제작된 탑은 경천사지 10층 석탑이다.

오답 분석
③ 여주 고달사지 승탑은 고려 시대의 승탑으로, 통일 신라 승탑의 전형적인 형태인 팔각원당형 양식을 계승하였다.
④ 『직지심체요절』은 고려 우왕 때 청주 흥덕사에서 간행된 것으로, 유네스코 세계 기록유산으로 등재된 현존하는 가장 오래된 금속 활자본이다.

🖒 이것도 알면 **합격!**

월정사 8각 9층 석탑

- 국보 48-1호, 강원도 평창군에 위치
- 고려 전기에 제작됨
- 송의 영향을 받은 다각 다층 탑
- 2단의 기단 위에 탑신부와 상륜부를 세웠으며, 탑 앞에는 월정사 석조보살좌상(국보 48-2호)이 있음

09 시대 통합　조선 시대 지도와 천문도　난이도 중 ●●○

정답 설명
② 혼일강리역대국도지도는 중국에서 들어온 곤여만국전도를 참고하지 않았다. 혼일강리역대국도지도는 조선 전기 태종 때 이회, 이무 등이 제작한 지도로, 중국에서 곤여만국전도를 들여오기 이전에 제작되었다. 한편 곤여만국전도는 마테오 리치가 제작한 세계 지도로, 선조 때 이광정에 의해 우리나라에 전래되었다.

오답 분석
① 대동여지도는 철종 때 김정호가 제작한 전국 지도로 산맥, 하천, 포구 등을 정밀하게 표시하였으며, 거리를 알 수 있도록 10리마다 눈금을 표시하였다.
③ 천상열차분야지도는 고구려의 천문도를 바탕으로 태조 때 제작된 천문도로, 하늘을 여러 개의 구역으로 나누고 별자리를 표시하였다.
④ 동국지도는 영조 때 정상기가 제작한 지도로, 우리나라에서 처음으로 실제 거리 100리를 1척으로 줄인 백리척을 적용하여 제작하였다.

10 조선 후기　대동법　난이도 하 ●○○

자료 분석
제시문에서 유성룡이 미곡을 거둘 것을 주장하였으나 성취되지 못하였고, 1608년에 이원익의 건의로 시행하였다는 내용을 통해 (가)가 대동법임을 알 수 있다.

정답 설명
② 지주에게 결작을 부과한 것은 영조 때 시행된 균역법에 대한 설명이다. 균역법의 시행으로 군포 징수액이 절반으로 감소하자, 재정 보충책으로 지주(토지 소유자)에게 토지 1결당 미곡 2두의 결작을 부과하였다.

오답 분석
①, ④ 대동법의 시행 이후 국가가 특허 상인인 공인에게 비용을 지급하고 관청에 필요한 물품을 대신 구매하여 조달하게 하였으며, 이러한 공인의 활동은 지방 장시의 확대와 상품 화폐 경제의 발달에 기여하였다.
③ 대동법은 공납의 폐단을 막기 위해 실시되었다. 중앙 관청의 서리나 상인들이 공물을 대신 납부하고 그 대가를 많이 챙기는 방납의 폐단이 나타나자, 이를 해결하기 위해 대동법이 실시되었다. 대동법은 집집마다 토산물을 징수하는 대신 소유한 토지 결수에 따라 쌀, 무명, 삼베 등을 납부하도록 하였다.

🖒 이것도 알면 **합격!**

대동법의 실시

목적	부족한 국가 재정 보완, 농민의 부담 완화
실시 과정	광해군 때 경기도 지역에 시험 실시한 후 100년에 걸쳐 전국(평안도, 함경도, 제주 제외)으로 확대 실시
부과 기준	가호 기준에서 토지 결수에 따라 쌀, 삼베, 무명, 동전 등을 납부하는 방식으로 변화

11 근대　흥선 대원군의 정책　난이도 하 ●○○

자료 분석
제시문에서 선비들이 만동묘와 서원을 다시 설립할 것을 청하니, 크게 노하여 천여 곳의 서원을 철폐하고 그 토지를 몰수하여 관에 속하게 하였다는 내용을 통해 (가) 인물이 흥선 대원군임을 알 수 있다.

정답 설명
③ 흥선 대원군은 정치 제도를 개혁하기 위하여 세도 정치 시기의 핵심 기구였던 비변사의 기능을 축소·폐지하고, 의정부와 삼군부의 기능을 부활시켜 각각 정치와 군사의 최고 기관으로 삼았다.

오답 분석
① 흥선 대원군은 고리대로 변질되어 농민들을 괴롭히던 환곡의 폐단을 해결하기 위해 향촌민들이 자치적으로 환곡을 운영하도록 하는 사창제를 실시하였다.
② 흥선 대원군은 통치 기강을 바로 세우고자 『대전통편』 이후 발표된 국왕의 명령, 각종 조례 등을 정리한 법전인 『대전회통』과, 6조의 역할에 관한 규칙을 정리한 『육전조례』를 편찬하였다.
④ 흥선 대원군은 외세의 침투를 막기 위해 대외적으로 다른 나라와의 통상 및 교역을 허용하지 않는 통상 수교 거부 정책을 시행하였다.

🖒 이것도 알면 **합격!**

흥선 대원군의 정책

비변사 축소·폐지	비변사를 축소·폐지하여 의정부(정치)와 삼군부(군사)의 기능 부활
법전 정비	『대전회통』, 『육전조례』 편찬
경복궁 중건 사업	경복궁을 중건하여 왕실의 권위를 회복하려 하였으나 원납전 징수, 당백전 남발, 백성의 부역 강제 동원 등으로 인해 양반과 백성 모두의 원성이 높아짐
서원 철폐	전국 600여 개의 서원을 47개로 축소, 만동묘 철폐
삼정의 문란 시정	전정(→ 양전 사업 시행), 군정(→ 호포법 실시), 환곡(→ 사창제 실시)의 문란 시정

12 일제 강점기 대한민국 임시 정부의 정책   난이도 하 ●○○

자료분석 제시문에서 민국 원년 3월 1일 대한민족이 독립을 선언하였다는 내용과, 국토 광복을 이룰 것을 선서한다는 내용을 통해 대한민국 임시 헌장 선포문을 발표하면서 성립한 대한민국 임시 정부임을 알 수 있다.

정답설명 ④ 재정 확보를 위하여 전환국을 설립한 것은 조선 정부의 초기 개화 정책이다. 조선 정부는 개화 비용과 외국에 대한 배상금 등으로 재정이 악화되자 재정 확보를 위하여 화폐 주조 기관인 전환국을 설립하였다.

오답분석
① 대한민국 임시 정부는 독립운동을 위한 자금을 마련하기 위해 중국과 미국 등 국외에 거주하는 동포들에게 독립 공채를 발행하였다.
② 대한민국 임시 정부는 기관지로 이광수를 주필로 하는 독립신문을 발간하여 국내외에 독립운동과 관련된 사실을 보도하였다.
③ 대한민국 임시 정부는 정부 문서 전달, 정보 수집, 군자금 조달 등을 위해 국내외를 연결하는 비밀 행정 조직인 연통부를 설치하였다.

13 현대 박정희가 집권하여 추진한 사실   난이도 중 ●●○

자료분석 제시된 자료에서 '공산품 수출을 진흥시키는 데 노력', '제1차 수출의 날 기념식(1964)' 등의 내용을 통해 밑줄 친 '나'가 박정희임을 알 수 있다. 박정희는 1963년에 시행된 제5대 대통령 선거에서 대통령으로 당선되면서 집권하였다.

정답설명 ④ 박정희는 1966년에 베트남 파병에 대한 대가로 미국과 브라운 각서를 체결하였다. 박정희는 미국의 요청으로 베트남에 추가 파병하는 대신 한국군의 현대화 및 경제 발전을 위한 원조를 제공받기로 명시한 브라운 각서를 체결하였다.

오답분석
① 이승만, 전두환: 대통령 직선제 개헌을 추진한 인물은 이승만, 전두환이다. 한편, 박정희는 1972년에 장기 집권을 위해 통일 주체 국민회의에서 대통령을 선출하는 대통령 간선제 개헌(7차 개헌)을 추진하였다.
② 윤보선, 김대중 등: 유신 체제에 대한 저항으로 긴급 조치 철폐, 박정희 정권 퇴진, 민족 통일 추구 등을 요구하는 3·1 민주 구국 선언을 발표한 인물은 윤보선, 김대중 등이다.
③ 박정희는 반민족 행위 특별 조사 위원회를 구성하지 않았다. 한편, 반민족 행위 특별 조사 위원회는 친일파의 반민족 행위를 처벌하기 위하여 제헌 국회에 설치되었던 특별 기구이다.

이것도 알면 합격!
박정희 정부의 정책

정치	· 한·일 기본 조약 체결(1965) · 베트남 파병 → 브라운 각서 체결(1966) · 개헌: 3선 개헌(1969), 유신 헌법 공포(1972)
경제	· 제1·2차 경제 개발 5개년 계획: 경공업 육성, 사회 간접 자본 확충 · 제3·4차 경제 개발 5개년 계획: 중화학 공업 육성, 중동 건설 · 수출 100억 달러 달성
사회·문화	· 새마을 운동(1970) 추진 · 교육 정책: 국민 교육 헌장 선포(1968), 중학교 무시험 진학제 도입(1969), 고교 평준화 정책 실시(1974) · 프레스 카드제 실시(언론 탄압)

14 조선 후기 남인   난이도 상 ●●●

자료분석 제시문에서 상복 절차에 대하여 논했다는 내용과, 할아버지(인조)와 아버지(효종)의 뒤를 이은 '정체'이지, 꼭 첫째이기 때문에 3년복을 입는 것은 아니라는 내용을 통해 기해예송 때 자의 대비(조대비)가 3년복을 입어야 한다고 주장한 남인임을 알 수 있다.

정답설명 ② 옳은 것을 모두 고르면 ㉠, ㉢이다.
㉠ 남인은 숙종 때 희빈 장씨 아들(경종)의 원자(왕의 적장자) 책봉 문제로 발생한 기사환국으로 정권을 장악하였다. 기사환국 때 남인 계열인 희빈 장씨의 아들을 원자로 책봉하는 문제에 대해 송시열 등의 서인이 반대하자 숙종이 서인을 몰아내고 서인 계열인 인현 왕후를 폐출시키면서, 남인이 정권을 장악하게 되었다.
㉢ 남인은 정조 때 탕평 정치의 한 축을 이루었다. 정조는 적극적인 탕평책인 준론 탕평을 실시하여 영조 통치 후반에 강해진 외척 세력을 억누르고, 노론, 소론, 남인을 고루 등용하였다.

오답분석
㉡ 서인: 인조반정을 주도하여 광해군과 북인 세력을 몰아내고 집권 세력이 된 붕당은 서인이다.
㉣ 서인: 이이와 성혼의 문인을 중심으로 형성된 붕당은 서인이다. 서인은 이이와 성혼 등의 학풍을 계승한 기호 학파를 중심으로 형성되었으며, 남인은 이황의 학풍을 계승한 영남 학파를 중심으로 형성되었다.

이것도 알면 합격!
예송 논쟁

구분	서인	남인
기본 입장	왕과 사대부는 같은 예법을 따라야 함	왕과 사대부를 다른 예법을 따라야 함
기해예송 (1차, 효종 사후)	기년설(1년설) → 채택	3년설
갑인예송 (2차, 효종비 사후)	대공설(9개월설)	기년설(1년설) → 채택

15 조선 전기 삼포왜란과 임진왜란 사이의 사실   난이도 중 ●●○

자료분석 제시된 자료에서 (가) 삼포왜란이 발발한 것은 1510년이고, (다) 임진왜란이 발발한 것은 1592년이다. 따라서 (나) 시기는 1510년~1592년이다.

정답설명 ① (나) 시기인 1545년에 명종의 외척인 소윤 세력(윤원형 등)이 선왕인 인종의 외척인 대윤 세력(윤임 등)을 역적으로 몰아 숙청한 을사사화가 일어났다. 을사사화는 외척 간의 세력 다툼이었으나 이와 연계된 사림들이 막대한 피해를 입었다.

오답분석 모두 (가) 이전의 사실이다.
② 『경국대전』이 반포된 것은 성종 때인 1485년이다. 『경국대전』은 「이전」, 「호전」, 「예전」, 「병전」, 「형전」, 「공전」의 6전으로 구성된 조선의 기본 법전으로 세조 때부터 편찬되기 시작하여 성종 때 반포되었으며, 조선 후기까지 조선의 법률 체계의 골격을 형성하였다.
③ 『향약집성방』이 편찬된 것은 세종 때인 1433년이다. 『향약집성방』은 우리 풍토에 알맞은 7백여 종의 약재와 1천 종의 병에 대한 치료 및 예방법을 소개한 의서이다.

④ 주자소에서 금속 활자인 갑인자가 주조된 것은 세종 때인 1434년이다. 세종 때에는 태종 때 제작된 계미자를 개량한 갑인자, 경자자 등의 금속 활자가 주조되었으며, 밀랍 대신 식자판을 조립하는 방법이 창안되어 인쇄 능률이 크게 향상되었다.

16 일제 강점기 회사령 시행 시기의 사실 난이도 하 ●○○

자료분석 제시문에서 회사의 설립은 조선 총독의 허가를 받아야 한다는 내용과, 조선 총독이 회사의 해산을 명할 수 있다는 내용을 통해 회사령임을 알 수 있다. 회사령은 1910년에 제정되어 1911년 1월부터 1920년 3월까지 시행되었다.

정답설명 ④ 회사령이 시행되던 시기인 1911년 8월에 보통학교의 수업 연한을 4년으로 정한 제1차 조선 교육령이 공포되었다.

오답분석 모두 회사령 폐지 이후의 사실이다.
① 경제 대공황으로 일본 지주들이 쌀 수입을 반대하면서 산미 증식 계획이 폐지된 것은 1934년의 일이다. 산미 증식 계획은 일제가 자국의 부족한 식량을 한반도에서 보충하기 위해 1920년에 실시한 쌀 증식 정책으로 1934년에 폐지되었으나, 중·일 전쟁 발발 이후 군량 확보를 위해 1940년에 재개되었다.
② 국가 총동원법이 제정된 것은 1938년의 사실이다. 중·일 전쟁 발발 이후 일제는 국가 총동원법을 제정하여 전쟁 수행에 필요한 인적·물적 자원의 수탈을 강화하였다.
③ 공업 원료 확보를 위한 남면북양 정책이 추진된 것은 1930년대의 사실이다. 남면북양 정책은 일제가 공업 원료를 확보하고 한반도를 대륙 침략의 병참 기지로 활용하기 위해 남부 지방에서는 면화를 재배하고, 북부 지방에서는 양을 기르도록 강요한 정책이다.

👍 이것도 알면 합격!

무단 통치(헌병 경찰 통치, 1910~1919)

조선 총독부 설치	· 조선 총독부의 총독은 일본 국왕에 직속된 관직 · 외교권을 제외한 행정권, 입법권, 사법권 및 군사 통수권을 가짐
헌병 경찰제 실시	헌병 사령관이 경찰 업무를 수행하고 각종 사법권도 관여하며 범죄 즉결례(1910), 조선 태형령(1912), 경찰범 처벌 규칙(1912)을 행사
제복의 착용과 착검	일반 관리 및 교원들까지 제복과 칼을 착용
기본권 박탈	보안법, 신문지법, 출판법을 적용하여 언론·출판·집회·결사의 자유를 박탈
독립운동 탄압	안악 사건(1910), 105인 사건(1911) 등 국내의 민족 독립운동을 철저하게 탄압

17 현대 유엔 소총회의 남한만의 단독 총선거 결의 난이도 하 ●○○

자료분석 제시문에서 소총회, 한국 인민의 대표가 중앙 정부를 수립할 수 있도록 선거 시행, 국제 연합 한국 임시 위원단이 접근할 수 있는 지역에서 시행한다는 내용을 통해 유엔 소총회의 남한만의 단독 총선거 결의문(1948. 2.)임을 알 수 있다.

정답설명 ② 유엔 소총회의 남한만의 단독 총선거 결의에 근거하여 1948년 5월 10일에 우리나라 최초의 민주적인 보통 선거인 5·10 총선거가 실시되었다.

오답분석 모두 유엔 소총회의 남한만의 단독 총선거 결의와 관련이 없다.
① 미 군정청이 설치된 것은 1945년 9월이다. 미 군정청은 1945년 9월부터 대한민국 정부가 수립된 1948년 8월 15일까지 존속하였으며, 광복 이후 한반도 남쪽에 진주한 미군에 의해 설치되었다.
③ 좌·우 합작 위원회가 구성된 것은 1946년 7월이다. 좌·우 합작 위원회는 남북 분단의 위기가 고조되는 상황에서 좌·우 합작에 의한 통일 정부 수립을 위해 김규식·여운형 등 중도 세력을 중심으로 구성되었다.
④ 미·소 공동 위원회가 개최된 것은 1946년 3월(제1차)과 1947년 5월(제2차)이다. 모스크바 3상 회의 결정 사항의 구체적 실행 방안을 마련하기 위해 제1차 미·소 공동 위원회가 개최되었지만 미국과 소련의 의견 대립으로 무기한 연기되었고, 이후 개최된 제2차 미·소 공동 위원회도 이견을 좁히지 못한 채 결국 결렬되었다.

👍 이것도 알면 합격!

대한민국 정부 수립 과정

광복(1945. 8) → 미·소 군정 실시 → 모스크바 3국 외상 회의(1945. 12.) → 제1차 미·소 공동 위원회 개최(1946. 3.) → 정읍 발언(1946. 6.) → 좌·우 합작 위원회 조직(1946. 7.) → 좌우 합작 7원칙 발표(1946. 10.) → 남조선 과도 입법 의원 창립(1946. 12.) → 제2차 미·소 공동 위원회 개최(1947. 5.) → 유엔 총회 결의(남북한 총선거 실시 결의, 1947. 11.) → 유엔 소총회 결의(접근 가능한 지역(남한)에서만의 단독 총선거 실시 결의, 1948. 2.) → 5·10 총선거 실시(1948. 5.) → 대한민국 정부 수립(1948. 8.)

18 근대 강화도 조약과 조·청 상민 수륙 무역 장정 사이의 사실 난이도 하 ●○○

자료분석 (가)는 일본인이 조선에서 죄를 범한 것이 조선인에 관계되는 사건일 때는 일본 관원이 재판한다는 내용을 통해 1876년 2월에 체결된 강화도 조약임을 알 수 있다.
(나)는 중국 상인의 내륙 행상이 필요한 경우 지방관의 허가서를 받아야 한다는 내용을 통해 1882년에 체결된 조·청 상민 수륙 무역 장정임을 알 수 있다.

정답설명 ① 강화도 조약 체결 이후인 1876년 7월에 조·일 수호 조규 부록이 체결되어 개항장 내에서 일본 화폐의 통용이 허용되었다. 조·일 수호 조규 부록은 강화도 조약을 보완하기 위해 체결된 조약으로, 일본 외교관의 내지 여행을 허용하고, 개항장에서 일본 거류민의 거주 지역 설정과 일본 상인의 활동 범위를 개항장 사방의 10리로 설정하였으며, 일본 화폐의 유통을 허용하였다.

오답분석 모두 (나) 이후의 사실이다.
② 러시아가 압록강 유역의 삼림 채벌권을 획득한 것은 1896년의 사실이다. 러시아는 아관 파천으로 조선과의 관계에서 주도권을 잡게 되면서 압록강과 두만강, 울릉도의 산림 채벌권, 경원·종성 광산 채굴권 등의 이권을 획득하였다.
③ 외국 상인의 상권 침탈에 대항하여 시전 상인들이 황국 중앙 총상회를 조직하고 상권 수호 운동을 전개한 것은 1898년의 사실이다.
④ 함경도의 방곡령 선포에 불복하여 일본 상인이 손해 배상을 요구한 것은 1889년 이후의 사실이다. 함경도 관찰사 조병식이 흉년을 이유로 1889년에 방곡령을 선포하자, 일본 상인들은 '방곡령을 시행하기 1개월 전에 통고해야 한다'는 조·일 통상 장정 개정(1883)의 규정을 구실로 조선 정부에 손해 배상을 요구하였다.

19 근대 홍범 14조   난이도 중 ●●○

자료분석 제시문에서 14개 조목의 홍범이라는 내용을 통해 밑줄 친 '14개 조목'이 제2차 갑오개혁 때 고종이 발표한 홍범 14조임을 알 수 있다.

정답설명 ① 옳은 것을 모두 고르면 ㉠, ㉡이다.
- ㉠ 홍범 14조의 제7조에는 조세의 부과는 탁지아문의 관할에 속한다는 내용이 포함되어 있다. 고종은 이를 통해 재정의 일원화를 추구하였다.
- ㉡ 홍범 14조의 제4조에는 왕실 사무와 국정 사무를 분리한다는 내용이 포함되어 있다. 고종은 이를 통해 근대적 내각 제도의 확립을 추구하였다.

오답분석
- ㉢ 지계 발급을 위해 지계아문을 설치한다는 것은 대한 제국 시기에 실시된 양전 사업과 관련된 내용으로, 홍범 14조와는 관련이 없다. 한편 대한 제국은 전국의 토지를 측정하고자 양지아문을 설치해 양전 사업을 착수하였으며, 지계아문을 설치하고 토지 소유자에게 토지의 소유권을 법적으로 인정하는 문서인 지계를 발급하였다.
- ㉣ 대한천일은행은 개항 이후 일본의 금융 기관이 침투하고, 일본 상인의 고리대금업이 성행하자 이에 대응하기 위하여 민족 자본으로 설립된 민간 은행으로, 홍범 14조와는 관련이 없다.

👍 이것도 알면 합격!

홍범 14조

> 제1조 청에 의존하는 생각을 버리고 자주 독립의 기초를 세운다.
> 제2조 왕실 전범을 제정하여 왕위 계승의 법칙 및 종친과 외척과의 구별을 명확히 한다.
> 제3조 임금은 각 대신과 의논하여 정사를 행하고 종실, 외척의 내정 간섭을 용납하지 않는다.
> 제4조 왕실 사무와 국정 사무를 나누어 혼동하지 않는다.
> 제5조 의정부 및 각 아문의 직무, 권한을 명백히 규정한다.
> 제6조 납세는 법으로 정하고 함부로 세금을 징수하지 아니한다.
> 제7조 조세의 징수와 경비 지출은 모두 탁지아문의 관할에 속한다.
> 제8조 왕실의 경비는 솔선하여 절약하고, 이로써 각 아문과 지방관의 모범이 되게 한다.
> 제9조 왕실과 관부의 1년 회계를 예정하여 재정의 기초를 확립한다.
> 제10조 지방 제도를 개정하여 지방 관리의 직권을 제한한다.
> 제11조 총명한 젊은이들을 파견하여 외국의 학술, 기예를 견습시킨다.
> 제12조 장교를 교육하고 징병을 실시하여 군제의 근본을 확립한다.
> 제13조 민법, 형법을 제정하여 인민의 생명과 재산을 보전한다.
> 제14조 문벌을 가리지 않고 인재 등용의 길을 넓힌다.

② 황국 신민 서사는 1937년에 제정되었다. 일제는 민족 말살 정책의 일환으로 일본 천황에게 충성을 다짐하는 내용의 황국 신민 서사를 제정하고, 이를 강제로 암송하게 하였다.

④ 한국 독립당 산하의 한국 독립군이 쌍성보에서 일본군에 항전한 쌍성보 전투는 1932년에 일어났다. 한국 독립당의 산하 부대인 한국 독립군은 중국군과 연합하여 쌍성보 전투에서 일본군을 상대로 승리하였다.

20 일제 강점기 만주 사변과 태평양 전쟁 사이에 볼 수 있는 모습   난이도 하 ●○○

자료분석 제시된 자료에서 만주 사변 발생은 1931년, 태평양 전쟁 발발은 1941년이다. 따라서 (가) 시기는 1931년~1941년이다.

정답설명 ③ 제국신문은 1898년에 창간되어 1910년까지 발행되었으므로, (가) 시기에 볼 수 없다. 한편, 제국신문은 이종일이 창간한 신문으로, 순 한글판으로 발간되어 부녀자 및 일반 서민들에게 인기가 많았다.

오답분석 모두 (가) 시기에 볼 수 있었던 모습이다.
① 소학교는 1938년에 발표된 제3차 조선 교육령을 통해 조선인이 다녔던 보통학교가 개칭된 명칭으로, 1941년의 국민학교령에 의해 국민학교로 변경되었다.

4회
2022년 국가직 9급

2022년 4월 2일 시행

문제집 24쪽

정답

01	① 선사 시대	11	① 일제 강점기
02	③ 고대	12	④ 현대
03	④ 조선 전기	13	① 현대
04	① 일제 강점기	14	② 근대
05	② 고대	15	② 고대
06	③ 고대	16	② 고려 시대
07	④ 시대 통합	17	② 근대
08	② 조선 전기	18	③ 고려 시대
09	③ 시대 통합	19	② 고려 시대
10	③ 조선 후기	20	④ 근대

취약 시대 분석표

시대	맞힌 개수
선사 시대	/ 1
고대	/ 4
고려 시대	/ 3
조선 전기	/ 2
조선 후기	/ 1
근대	/ 3
일제 강점기	/ 2
현대	/ 2
시대 통합	/ 2
총합	/ 20

기출 총평

"합격선 95점, 전반적으로 무난하게 출제!"

- **난이도:** 시험 전체적인 난이도는 하로 쉬운 시험이었습니다. 전근대사, 근현대사 모두 시험에 자주 출제되었던 빈출 개념을 물어보는 문제들이 출제되었습니다.

- **고난도 문제**
  - 10번 박지원이 저술한 책: 생소한 사료인 한전론을 제시하였지만, 오답 선택지들이 명확하여 답을 고르기 어렵지는 않았습니다.

---

01 선사 시대 옥저   난이도 하 ●○○

자료 분석 제시문에서 가족이 죽으면 시체를 가매장하였다가 나중에 그 뼈를 추려서 가족 공동 무덤인 커다란 목곽에 안치하고, 목곽 입구에는 쌀을 담은 항아리를 매달아 놓기도 하였다는 내용을 통해 골장제의 풍습이 있었던 옥저임을 알 수 있다.

정답 설명 ① 옥저에는 여자가 어렸을 때 남자 집에 살다가 성장한 후 남자가 여자 집에 예물을 치르고 혼인을 하는 민며느리제라는 혼인 풍습이 있었다.

오답 분석
② 부여: 제가가 별도로 사출도를 다스린 나라는 부여이다. 부여는 왕 아래에 마가, 우가, 구가, 저가라는 가(加)들이 있었고, 이들은 저마다 별도의 행정 구획인 사출도를 다스렸다.
③ 삼한: 소도라는 신성 구역이 존재한 나라는 삼한이다. 삼한은 정치적 지배자인 군장 이외에도 제사장인 천군이 있어 소도에서 종교와 농경에 대한 의례를 주관하였다. 소도는 천군이 주관하는 별읍(別邑)이며 군장의 세력이 미치지 못하는 신성 구역으로, 죄인이 도망하여 이곳에 오면 잡아가지 못하였다.
④ 동예: 매년 10월에 무천이라는 제천 행사를 열었던 나라는 동예이다.

02 고대 우리나라 유네스코 세계 문화유산   난이도 중 ●●○

정답 설명 ③ 백제 역사 유적 지구 중 부여 지구에 속한 능산리 고분군에는 계단식 돌무지무덤이 아닌 굴식 돌방무덤이 있다. 한편 대표적인 백제의 계단식 돌무지무덤으로는 서울의 석촌동 고분이 있다.

오답 분석
① 백제 역사 유적 지구 중 익산 지구에 속한 미륵사지에는 목탑 양식의 석탑인 익산 미륵사지 석탑이 있다. 익산 미륵사지 석탑은 현존하는 우리나라 최고(最古)의 석탑으로, 이 석탑에서 백제 무왕의 비인 사택 왕후가 사리를 봉안하였다는 내용의 글이 발견되었다.
② 백제 역사 유적 지구 중 부여 지구에 속한 정림사지에는 백제의 부여 정림사지 5층 석탑이 남아 있다. 부여 정림사지 5층 석탑은 조화미와 균형미가 뛰어나다는 특징이 있으며, 1층 탑신에 당나라 장수 소정방이 백제를 평정하였다는 글귀가 새겨져 있어 한때 평제탑이라고 불리기도 하였다.
④ 백제 역사 유적 지구 중 공주 지구에 속한 무령왕릉(송산리 고분군 7호분)에는 무덤의 주인공이 무령왕임을 알려주는 지석이 있다. 한편, 무령왕릉 지석에는 토지신에게 무덤 자리를 매입했다는 표현이 담겨 있어 도교 사상의 영향을 받았음을 알 수 있다.

03 조선 전기 조선 시대의 관청   난이도 하 ●○○

정답 설명 ④ 승정원은 조선 시대 국왕의 비서 기구로, 왕명의 출납을 담당하였던 관청이다.

오답 분석
① 예문관: 국왕의 교지를 작성한 관청은 예문관이다. 한편, 사간원은 왕에게 간쟁과 논박을 하며 정사를 비판하는 역할을 하였다.
② 춘추관: 『시정기』를 편찬한 관청은 춘추관이다. 춘추관은 역사서의 편찬과 보관을 담당한 관서로, 각 관청에서 작성한 업무 일지인 『등록』을 모아 『시정기』를 정기적으로 편찬하였다. 한편, 한성부는 서울의 행정과 치안 및 관련 재판을 담당하였다.
③ 승문원: 외교 문서를 작성한 관청은 승문원이다. 승문원은 외교 문서를 작성하고, 외교 문서에 쓰이는 문체인 이문의 교육을 담당하였다.

이것도 알면 합격!

승정원

> 승정원(承政院)은 임금의 후설(喉舌, 목구멍과 혀)이 되는 곳으로서 그 임무가 매우 중요하고 임금과 가깝기 때문에, 나라에서 이를 중시하여 당상관으로 이조나 대사간을 거쳐야 겨우 이를 맡을 수 있었다. ……승정원은 왕명을 출납하므로 그 책임이 가장 막중하여, 승지에 임명되는 자는 마치 신선과 같아서 세속 사람들이 '은대 학사'라고 부른다.
> - 이유원, 『임하필기』

사료 분석 | 승정원은 국왕의 비서 기구로 정원, 후원, 은대, 대언사라고 불렸다.

이것도 알면 합격!

의상의 화엄 사상

> 하나가 곧 일체이며, 한 작은 티끌 속에 시방(전 우주)이 있는 것이요, 한 찰나가 곧 영원이다. 양에 있어서 셀 수 없이 많은 것이지만 그것은 실은 하나이며, 공간은 시방으로 너르게 되어 있지만 그것이 한 작은 티끌 속에 포함되어 있으며, 시간에 있어서 영원한 것도 한 찰나이다.
> - 『화엄일승법계도』

사료 분석 | 의상은 『화엄일승법계도』에서 모든 존재가 상호 의존적이면서 서로 조화를 이루고 있다는 화엄 사상을 주장하였다.

04 일제 강점기 대한민국 임시 정부   난이도 하 ●○○

자료 분석 제시문에서 3·1 운동 직후에 만들어져 연통제라는 비밀 행정 조직을 만들었으며, 국내 인사와의 연락을 위해 교통국을 두었다는 내용을 통해 (가)가 대한민국 임시 정부임을 알 수 있다.

정답 설명 ① 대한민국 임시 정부는 외교 운동을 위해 미국 워싱턴에 구미 위원부를 설치하여 우리나라의 독립 문제를 국제 여론화시키기 위해 노력하였다.

오답 분석 모두 대한민국 임시 정부와 관련이 없는 설명이다.
② 독립 의군부는 1912년에 의병장 출신 임병찬이 고종 황제의 비밀 지령을 받아 의병과 유생을 규합하여 결성한 단체이다.
③ 이인영, 허위 등을 중심으로 서울 진공 작전을 추진한 것은 정미 의병 때 결성된 13도 창의군이다.
④ 대한매일신보는 1904년에 양기탁과 영국인 베델에 의해 창간되었으며, 영국인 베델이 발행인으로 있었기 때문에 일본의 검열을 피할 수 있어 다른 신문보다 자유롭게 기사를 게재할 수 있었다.

05 고대 의상과 자장   난이도 중 ●●○

자료 분석
(가)는 중국 유학에 돌아와 부석사를 비롯한 여러 사원을 건립하였으며, 문무왕이 경주에 성곽을 쌓으려 할 때 만류하였다는 내용을 통해 의상임을 알 수 있다.
(나)는 대국통을 역임하였으며, 선덕 여왕에게 황룡사 9층탑의 건립을 건의하였다는 내용을 통해 자장임을 알 수 있다.

정답 설명 ② 의상은 『화엄일승법계도』를 만들어 모든 존재가 상호 의존적인 관계에 있으면서 서로 조화를 이루고 있다는 화엄 사상을 정립하였다.

오답 분석
① 원효(신라): 모든 것이 한마음에서 나온다는 일심 사상을 제시한 승려는 원효이다. 원효는 일심 사상을 바탕으로 다른 종파들과 사상적 대립을 조화시키고 분파 의식을 극복하고자 하였다.
③ 혜초(신라): 인도와 중앙아시아를 여행하여 『왕오천축국전』이라는 여행기를 남긴 승려는 혜초이다. 혜초는 인도와 중앙아시아를 순례한 뒤 그 지역의 풍습, 언어, 종교 등을 기록한 여행기인 『왕오천축국전』을 저술하였다.
④ 의천(고려): 이론의 연마와 실천을 같이 강조하는 교관겸수를 제시한 승려는 의천이다. 의천은 교종과 선종의 사상적 통합을 위해 이론의 연마와 실천을 아울러 강조하는 교관겸수와, 내적인 공부와 외적인 공부를 모두 갖추어 조화를 이루어야 한다는 내외겸전을 제창하였다.

06 고대 발해 무왕   난이도 하 ●○○

자료 분석 제시문에서 대조영이 죽고 뒤이어 왕위에 올랐으며, 연호를 인안(仁安)으로 고쳤다는 내용을 통해 (가) 왕이 발해 무왕임을 알 수 있다.

정답 설명 ③ 발해 무왕은 당과 흑수말갈이 연합하려는 움직임을 보이자 장문휴의 수군을 시켜 당의 등주(산둥성)를 선제공격하였다.

오답 분석
① 문왕·성왕: 수도를 상경성으로 옮긴 왕은 발해 문왕과 성왕이다. 문왕(3대)은 755년경에 수도를 중경성에서 상경성으로 옮겼다가, 수도를 다시 상경성에서 동경성으로 옮겼다. 이후 성왕(5대)은 794년에 수도를 동경성에서 상경성으로 옮겼다.
② 선왕: '해동성국'이라고 불릴 만큼 전성기를 이루었던 왕은 발해 선왕이다. 발해는 선왕 대에 대부분의 말갈족을 복속시키고 랴오동(요동) 지역으로 진출하며 전성기를 맞이하였고, 당으로부터 '바다 동쪽의 융성한 나라'라는 뜻의 해동성국이라 불렸다.
④ 고왕(대조영): 고구려 유민과 말갈족을 이끌고 동모산에 도읍을 정한 왕은 고왕(대조영)이다. 고왕은 고구려 유민과 말갈족을 이끌고 동모산에 도읍을 정하여 나라를 세우고, 국호를 '진'이라 하였다. 이후 고왕은 당으로부터 발해 군왕으로 책봉되었으며 국호를 발해로 고쳤다.

이것도 알면 합격!

발해 무왕의 대당 강경책

> 대무예가 장수 장문휴를 보내 해적을 이끌고 등주 자사 위준을 공격하자, 당이 문예를 보내 병사를 징발하여 토벌하게 하였다. 이어 김사란을 신라로 보내 병사를 일으켜 발해 남쪽 국경을 공격하게 하였다.
> - 『신당서』

사료 분석 | 발해 무왕(대무예)은 당의 등주를 선제공격하여 등주 자사 위준을 전사시켰다. 이에 당은 당시 발해와 적대 관계이던 신라로 하여금 발해를 공격하도록 하였다.

07 시대 통합 성종·영조·정조·고종 대의 사실   난이도 중 ●●○

자료 분석 제시문에서 『경국대전』이 완성되었다는 내용을 통해 (가)는 성종임을 알 수 있으며, 『속대전』을 편찬하였다는 내용을 통해 (나)는 영조, 『대전통편』을 편찬하였다는 내용을 통해 (다)는 정조, 『대전회통』을 편찬하였다는 내용을 통해 (라)는 고종임을 알 수 있다.

정답 설명 ④ 삼정의 문란을 바로잡기 위해 삼정이정청을 설치한 것은 철종 대의 사실이다. 철종 때 삼정의 문란으로 인하여 임술 농민 봉기가 일어나자 이를 바로잡기 위해 정부는 삼정이정청을 설치(1862)하였으나, 얼마 지나지 않아 폐지되면서 근본적인 해결책을 마련하지는 못하였다.

오답
분석
① 성종 때 모든 홍문관의 관원이 경연관을 겸하게 하는 등 홍문관의 학술·언론 기능을 강화하였다. 이를 통해 집현전의 기능을 계승한 학술·언론 기관으로서의 홍문관이 성립되었다.
② 영조 때 붕당의 뿌리를 제거하기 위해 산림의 존재를 부정하고, 그들의 근거지였던 서원을 대폭 정리하였다.
③ 정조 때 아버지인 사도 세자의 무덤을 수원으로 옮겨 현륭원이라 하고, 정조의 정치적 이상을 실현하기 위해 화성을 축조하여 정치적·군사적 기능을 부여하였다.

👍 이것도 알면 **합격!**

조선 시대의 법전

법전	편저자	시기
『조선경국전』	정도전	태조(1394)
『경제육전』	조준	태조(1397)
『속육전』	하륜	태종(1413)
『신찬경제속육전』	집현전, 황희	세종(1433)
『경국대전』	최항, 노사신	성종(1485)
『속대전』	김재로	영조(1746)
『대전통편』	김치인	정조(1785)
『대전회통』	조두순	고종(1865)

08 조선 전기 기묘사화   난이도 하 ●○○

자료
분석
제시문에서 조광조가 위훈 삭제를 주장하였으며, 중종도 급진적인 개혁 조치에 부담을 느껴 조광조 등이 제거되었고 사림이 큰 피해를 입었다는 내용을 통해 밑줄 친 '사건'이 기묘사화임을 알 수 있다.

정답
설명
② 기묘사화는 중종 때 조광조가 위훈 삭제 등 급진적인 개혁 정책을 추진하자 이에 반발한 훈구 세력이 조광조가 반역을 모의했다는 '주초위왕' 사건을 꾸며 일으킨 사건이다. 이로 인해 조광조는 유배되어 곧 사약을 받고 죽었으며, 그를 따르던 대부분의 사림 세력이 정계에서 제거되었다.

오답
분석
① 갑자사화: 갑자사화는 연산군 때 임사홍 등이 폐비 윤씨(연산군의 모친) 사사 사건의 경위를 고발하면서 이와 관련된 훈구 세력과 사림 세력이 제거된 사건이다. 이 사건으로 인해 폐비 윤씨 사사 사건을 주도한 훈구 세력과 함께 연루된 김굉필 등의 사림 세력들이 처형되었다.
③ 무오사화: 무오사화는 연산군 때 사림파 김일손이 스승인 김종직의 「조의제문」을 『실록』의 초안인 「사초」에 기록한 것을 훈구가 문제 삼아 김일손 등 다수의 사림 세력이 숙청된 사건이다.
④ 을사사화: 을사사화는 명종이 즉위한 후 명종의 외척인 소윤 세력(윤원형 등)이 선왕인 인종의 외척인 대윤 세력(윤임 등)을 역적으로 몰아 숙청한 사건이다.

09 시대 통합 『삼국사기』와 『발해고』   난이도 중 ●●○

자료
분석
(가)는 고려 인종 때 김부식이 쓴 『삼국사기』의 서문이다. 김부식은 인종의 명으로 『삼국사기』를 편찬하여 우리의 역사를 제대로 알리고 정치적 교훈으로 삼고자 하였다.

(나)는 김씨의 신라가 남에 있고, 대씨의 발해가 북에 있으니 이것이 남북국이라는 내용을 통해 유득공이 저술한 『발해고』임을 알 수 있다.

정답
설명
③ 조선 후기에 유득공이 저술한 『발해고』는 한반도 중심 사관을 극복하여 만주 지방까지 우리 역사의 범위를 확장하였으며, 통일 신라와 발해의 역사를 남북국의 역사로 체계화하면서 남북국 시대라는 용어를 처음으로 사용하였다.

오답
분석
① 『동명왕편』: 동명왕(주몽)의 업적을 칭송하고, 고구려 건국 설화를 5언시체로 재구성한 영웅 서사시는 이규보가 저술한 『동명왕편』이다.
② 『삼국유사』: 불교를 중심으로 고대 설화와 신화를 수록한 역사서는 일연이 저술한 『삼국유사』이다.
④ 『동국통감』 등: 고조선부터 고려 말까지의 역사를 정리한 사서로는 조선 시대에 편찬된 『동국통감』, 『동사강목』 등이 있다.

10 조선 후기 박지원이 저술한 책   난이도 상 ●●●

자료
분석
제시문에서 토지의 소유를 제한하는 법령을 세워 제한된 면적을 초과해 소유한 자는 더는 토지를 점하지 못하게 하고, 법령을 공포한 이후에 제한을 넘어 더 점한 자는 적발한 자에게 주거나 관에서 몰수한다는 내용을 통해 박지원이 주장한 한전론임을 알 수 있다. 박지원은 토지 소유의 상한선을 설정하면, 상한선을 초과하는 토지는 자연스럽게 분배될 것이라고 주장하였다.

정답
설명
③ 『열하일기』는 박지원이 청나라에 다녀온 후 작성한 기행문이다. 박지원은 『열하일기』에서 청나라의 선진 문물을 소개하고 상공업의 진흥을 강조하며, 수레와 선박 등을 이용할 것을 주장하였다.

오답
분석
① 유형원: 『반계수록』을 저술한 인물은 유형원이다. 유형원은 『반계수록』에서 토지 국유를 전제로 관리, 선비, 농민 등에게 신분에 따라 차등 있게 토지를 지급하는 균전론을 내세워 자영농 육성을 주장하였다.
② 이익: 『성호사설』을 저술한 인물은 이익이다. 이익은 『성호사설』에서 화폐 사용을 중지할 것을 주장하였다. 한편, 이익은 한전론을 주장하여 한 가정의 생활 유지에 필요한 최소한의 토지를 영업전으로 설정하고 매매를 금지하여, 점진적으로 토지 소유의 평등을 이루고자 하였다.
④ 정약용: 『목민심서』를 저술한 인물은 정약용이다. 정약용은 『목민심서』에서 지방 행정의 개혁 및 수령이 지켜야 할 규범을 제시하였다.

👍 이것도 알면 **합격!**

이익과 박지원의 한전론

이익	· 토지 소유의 하한선 설정 주장 · 한 가정의 생활을 유지하는 데 필요한 일정한 토지를 영업전으로 하고, 그 밖의 토지는 매매할 수 있게 하여 점진적으로 토지 소유의 균등을 이루고자 함
박지원	· 토지 소유의 상한선 설정 주장 · 토지 소유의 상한선을 설정한 후 그 이상의 토지 소유를 금지하여 점진적으로 토지 소유의 균등을 이루고자 함

11 일제 강점기 | 무단 통치 시기(1910~1919)에 있었던 사실 | 난이도 하 ●○○

자료분석
제시문에서 헌병 경찰제를 시행하고 정식 재판 없이 한국인에게 태형을 처할 수도 있었으며, 일제가 한국을 병합한 직후부터 3·1 운동이 벌어진 때까지라는 내용을 통해 (가) 시기는 무단 통치 시기(1910~1919)임을 알 수 있다.

정답설명
① 일제는 무단 통치 시기인 1912년에 근대적인 토지 제도의 확립을 통한 세원 확보와 토지 약탈을 위해 토지 조사령을 공포하여 토지 조사 사업을 시작하였다.

오답분석
② 민족 말살 통치 시기: 창씨개명 조치가 시행된 것은 민족 말살 통치 시기(1931~1945)에 있었던 사실이다. 일제는 창씨개명 조치를 시행하여 한국인의 성과 이름을 일본식으로 바꾸도록 강요하였다(1939). 당시 한국인은 창씨개명을 거부할 경우 자녀를 학교에 보낼 수 없었고, 식량 배급도 받지 못하는 등 불이익을 받았다.
③ 민족 말살 통치 시기: 초등 교육 기관의 명칭이 국민학교로 변경된 것은 민족 말살 통치 시기(1931~1945)에 있었던 사실이다. 일제는 국민학교령을 제정하여 초등 교육 기관의 명칭을 소학교에서 '황국 신민의 학교'를 의미하는 '국민학교'로 변경하였다(1941).
④ 민족 말살 통치 시기: 전쟁 물자 동원을 내용으로 한 국가 총동원법이 적용된 것은 민족 말살 통치 시기(1931~1945)에 있었던 사실이다. 일제는 만주 사변(1931)을 시작으로 대륙 침략을 강행하였고, 중·일 전쟁(1937)을 일으켜 대륙 침략을 본격화하였다. 이후 일제는 전쟁 수행에 필요한 인적·물적 자원을 마련하기 위해 국가 총동원법을 제정하고, 이를 식민지 조선에도 동일하게 적용하였다(1938).

12 현대 | 김구 | 난이도 하 ●○○

자료분석
제시문에서 한국 독립당을 결성해 항일 운동을 주도하고, 광복 직후 정부 수립을 위한 활동을 이어나가고 김규식과 더불어 남북 협상을 위해 평양을 방문했다는 내용을 통해 밑줄 친 '그'가 김구임을 알 수 있다.

정답설명
④ 김구는 모스크바 3국 외상 회의에서 미국·소련·영국·중국 4개국이 최고 5년간 한국을 신탁 통치할 것을 결정하였다는 소식이 알려지자, 신탁 통치를 또 다른 식민지 지배로 보고 전국적으로 신탁 통치 반대 운동을 전개하였다.

오답분석
① 여운형, 김규식 등: 좌·우 합작 위원회를 구성해 좌·우 합작 7원칙을 발표한 인물은 여운형, 김규식 등이다. 한편, 김구는 좌·우 합작 7원칙을 지지하였으나 좌·우 합작 위원회에 참여하지는 않았다.
② 여운형: 광복 직후 안재홍 등과 함께 조선 건국 준비 위원회를 만든 인물은 여운형이다. 광복 직후 조선 건국 동맹(1944)을 기반으로 안재홍 등의 중도 우파와 여운형 등의 중도 좌파가 합작하여 조선 건국 준비 위원회를 조직하였다. 이후 조선 건국 준비 위원회는 조선 인민 공화국을 선포하였으나, 미 군정의 인정을 받지 못하였다.
③ 박용만: 무장 항일 투쟁을 위해 하와이로 건너가 대조선 국민 군단을 결성한 인물은 박용만이다. 박용만은 하와이에서 대조선 국민 군단(1914)을 창설하여 군사 훈련을 실시하였다.

이것도 알면 합격!

신탁 통치 문제를 둘러싼 좌·우 대립

구분	신탁 통치	정부 수립
우익 – 김구 계열	반탁	통일 정부
우익 – 이승만 계열	반탁	남한 단독 정부
중도 계열	일단 보류	우선 통일된 임시 정부
좌익 계열	찬탁	통일 정부

13 현대 | 제헌 국회(1948~1950) | 난이도 하 ●○○

정답설명
① 1948년 5·10 총선거를 통해 구성된 제헌 국회에서는 일제의 잔재를 청산하기 위하여 반민족 행위 처벌법을 제정(1948. 9.)하였으며, 이 법령에 따라 반민족 행위 특별 조사 위원회와 특별 재판부를 구성하였다.

오답분석
모두 제헌 국회와는 관련이 없는 설명이다.
② 한·일 기본 조약 체결에 반대하는 성명을 내놓은 것은 박정희 정부 시기에 일어난 6·3 항쟁(1964)에 대한 설명이다. 박정희 정부 시기에 한·일 기본 조약 체결을 통한 일본과의 국교 정상화에 반대하여 국민들은 대일 굴욕 외교 반대 범국민 투쟁 위원회를 결성하고 6·3 항쟁을 전개하였다.
③ 자주·평화·민족적 대단결이라는 통일 3대 원칙이 언급된 7·4 남북 공동 성명(1972)을 발표한 것은 박정희 정부 시기의 사실이다.
④ 통일 주체 국민회의에서 대통령을 뽑는다는 내용의 개헌안(유신 헌법, 1972)을 통과시킨 것은 박정희 정부 시기의 사실이다.

이것도 알면 합격!

제헌 국회에서 제정한 법령

반민족 행위 처벌법	친일파를 처벌하고 공민권을 제한함
농지 개혁법	3정보 이상의 토지 소유를 금지하고 지주들의 땅을 유상 매입하여 농민들에게 유상 분배함
귀속 재산 처리법	국공유 재산을 제외한 귀속 재산의 불하 사업을 추진함

14 근대 | 흥선 대원군 | 난이도 하 ●○○

자료분석
제시문에서 고종이 즉위한 직후에 실권을 장악하고 병인박해를 일으켰으며, 고종의 친정에 따라 물러났다가 임오군란이 일어났을 때 잠시 권력을 장악하였다는 내용을 통해 밑줄 친 '그'가 흥선 대원군임을 알 수 있다.

정답설명
② 흥선 대원군은 신미양요 직후 서양 세력에 대한 척화 의지를 표명하는 척화비를 전국 여러 곳에 세우도록 하였다.

오답분석
① 고종: 미국에 보빙사라는 사절단을 파견한 것은 고종이다. 고종은 조·미 수호 통상 조약 체결 이후 미국 공사의 파견에 대한 답례로 민영익, 홍영식, 서광범 등을 보빙사로 파견하였다.
③ 숙종: 청과의 국경을 획정하고자 백두산 정계비를 세운 것은 숙종이다. 숙종 때 조선과 청은 대표를 파견하여 서쪽으로 압록

강, 동쪽으로 토문강을 경계로 국경을 확정하고 백두산 정계비를 건립하였으나, 이후 정계비 구문의 해석을 둘러싸고 영토 분쟁이 발생하였다.

④ 고종: 통리기무아문을 설치하고 그 아래에 12사를 둔 것은 고종이다. 고종은 개화 정책을 추진하는 기구로 통리기무아문을 설치하고 그 아래에 군사, 통상, 재정 등의 업무를 담당하는 12사를 두었다.

👍 이것도 알면 **합격!**

척화비

- 서양 오랑캐가 침입하는데 싸우지 않으면 화친하는 것이요, 화친을 주장하는 것은 나라를 파는 것이다.
- 우리들 만대 자손에게 경고하노라! 병인년에 짓고, 신미년에 세운다.

사료 분석 | 흥선 대원군은 서양 세력의 침입에 대한 척화 의지를 표명하고 민심의 결속을 강화하기 위해 신미양요가 종결된 이후인 1871년에 전국 각지에 척화비를 건립하였다.

15 고대 장수왕   난이도 중 ●●○

자료 분석 제시문에서 백제 개로왕이 도림의 말을 듣고 사람들을 징발하여 성을 쌓자 창고가 비고 백성이 곤궁해졌으며, 그제야 도림이 도망을 쳐 실정을 고하자 백제를 치기 위해 장수에게 군사를 나누어 주었다는 내용을 통해 밑줄 친 '이 왕'이 장수왕임을 알 수 있다. 고구려 장수왕의 밀사인 도림은 백제로 들어가 바둑으로 개로왕의 신임을 얻었고, 이후 개로왕은 도림의 권유에 따라 대규모 토목 공사를 벌였다. 이로 인해 백제의 국력이 소진되었으며 이는 백제의 한성이 함락되는 주요 요인으로 작용하였다.

정답 설명 ① 장수왕은 국내성에 기반을 둔 5부 귀족 세력을 약화시키고, 적극적인 남하 정책을 추진하기 위해 평양으로 천도하였다.

오답 분석
② 고국천왕: 춘궁기에 곡식을 빌려주고 추수기에 갚도록 하는 진대법을 처음으로 시행한 왕은 고국천왕이다.
③ 미천왕: 낙랑군을 점령하고 한 군현 세력을 몰아낸 왕은 미천왕이다. 미천왕은 중국이 5호 16국 시대로 인해 혼란스러운 틈을 타 한반도에서 낙랑군과 대방군을 축출하여 대동강 유역을 차지하였다.
④ 광개토 대왕: 신라에 침입한 왜군을 낙동강 유역에서 물리친 왕은 광개토 대왕이다. 광개토 대왕은 신라 내물 마립간의 요청에 따라 군사를 파견하여 신라에 침입한 왜군을 물리쳤다.

👍 이것도 알면 **합격!**

장수왕의 업적

평양 천도	국내성에 기반을 둔 5부 귀족 세력을 약화시키고, 적극적인 남하 정책을 추진하기 위해 평양으로 천도함
영토 확장	• 평양 천도를 기반으로 남하 정책을 추진하여 백제 수도 한성을 함락하고, 남한강 지역(죽령 일대~남양만)까지 차지 • 지두우 지역을 분할 점령하여 흥안령 일대의 초원 지대 장악
비석 건립	광개토 대왕릉비: 아버지 광개토 대왕의 업적을 기리기 위해 국내성 지역에 건립

16 고려 시대 안동 봉정사 극락전   난이도 하 ●○○

자료 분석 제시문에서 주심포 양식에 맞배 지붕 건물로 지어졌고, 우리나라에서 가장 오래된 목조 건물이라는 내용을 통해 안동 봉정사 극락전에 대한 내용임을 알 수 있다.

정답 설명 ② 안동 봉정사 극락전은 고려 시대에 주심포 양식과 맞배 지붕, 배흘림 기둥 양식으로 지어진 목조 건축물로, 1972년 보수 공사 과정에서 공민왕 때 중창(1363)하였다는 상량문(새로 짓거나 고친 집의 내력과 그 까닭 등을 적어둔 글)이 발견되어 우리나라에서 현존하는 가장 오래된 목조 건물로 보고 있다.

오답 분석
① 서울 흥인지문: 서울 흥인지문은 한양의 도성 4대문 중 동쪽의 대문이다.
③ 영주 부석사 무량수전: 영주 부석사 무량수전은 주심포 양식과 팔작 지붕, 배흘림 기둥 양식으로 지어진 고려 시대의 목조 건축물이다.
④ 합천 해인사 장경판전: 합천 해인사 장경판전은 고려 시대 때 제작된 팔만대장경을 보관하기 위해 조선 전기에 만들어진 건축물로, 1995년에 유네스코 세계 문화유산으로 등재되었다.

👍 이것도 알면 **합격!**

고려와 조선 시대의 불교 건축물

고려 시대	• 안동 봉정사 극락전: 주심포 양식, 맞배 지붕, 배흘림 기둥, 현존하는 우리나라 최고(最古)의 목조 건물 • 영주 부석사 무량수전: 주심포 양식, 팔작 지붕, 배흘림 기둥
조선 전기	합천 해인사 장경판전: 팔만대장경을 보관하기 위해 건축됨
조선 후기	• 보은 법주사 팔상전: 내부가 하나로 통하는 통층 구조 • 김제 금산사 미륵전: 다포 양식, 팔작 지붕, 통층 구조

17 근대 독립 협회   난이도 하 ●○○

자료 분석 제시문에서 서재필 등이 만들었으며, 만민 공동회를 개최하여 외국의 간섭과 일부 관리의 부정부패를 비판하였다는 내용을 통해 (가) 단체가 독립 협회(1896~1898)임을 알 수 있다.

정답 설명 ② 독립 협회는 기존에 중국 사신을 맞이하던 모화관 앞의 영은문을 없애고 그 자리에 독립 의식 고취를 위한 독립문을 세웠다.

오답 분석 모두 독립 협회와는 관련이 없는 설명이다.
① 교육 입국 조서를 작성해 공포(1895)한 것은 제2차 갑오개혁 때로 독립 협회와는 관련이 없다. 고종은 교육 입국 조서를 반포하여 근대적 교육 제도를 마련하였으며, 이에 따라 한성 사범 학교가 설립되었다.
③ 개혁의 기본 강령인 홍범 14조를 발표(1894. 12.)한 것은 제2차 갑오개혁 때로 독립 협회와는 관련이 없다. 고종은 문무 백관을 거느리고 종묘에 나가 국가의 전반적인 제도와 근대적 개혁안을 담은 홍범 14조를 발표하였다.
④ 일본에 진 빚을 갚자는 국채 보상 운동(1907)을 일으킨 것은 서상돈, 김광제 등으로, 독립 협회와는 관련이 없다. 국채 보상 운동은 대구에서 서상돈, 김광제 등의 주도로 시작되어 전국민적인 모금 운동으로 확산되었다.

18 고려 시대 | 무신 정권 몰락과 공민왕 즉위 사이의 사실 | 난이도 하 ●○○

자료분석 제시된 자료에서 무신 정권이 몰락한 것은 1270년이고, 공민왕이 즉위한 것은 1351년이다. 따라서 (가) 시기는 1270~1351이다.

정답설명 ③ 쌍성총관부가 수복된 것은 1356년으로 (가) 시기 이후의 사실이다. 공민왕은 유인우를 동북면 병마사에 임명하여 쌍성총관부를 무력으로 수복하게 하였다. 한편, 쌍성총관부는 원이 철령 이북 지역을 직접 지배하기 위해 고려의 화주 지역에 설치한 것이다.

오답분석 모두 (가) 시기의 사실이다.
① (가) 시기인 1314년에 학문 연구소인 만권당이 만들어졌다. 충선왕은 왕위를 충숙왕에게 물려주고(1313), 그 다음 해에 원의 연경(베이징)에 학문 연구소인 만권당을 설치하여 조맹부 등 원의 학자와 고려의 이제현 등을 불러 경서를 연구하게 하였다.
② (가) 시기인 1280년에 정동행성이 설치되었다. 정동행성은 일본 원정을 위해 원이 고려에 설치한 기구로, 일본 원정 실패 이후에도 내정 간섭 기구로 존속하였다.
④ (가) 시기인 1287년에 『제왕운기』가 저술되었다. 『제왕운기』는 이승휴가 칠언과 오언 형식으로 편찬한 역사서로, 단군부터 시작되는 우리나라의 역사를 서술하였으며 우리 역사를 중국사와 대등하게 파악하였다. 또한 발해를 고구려의 계승자로 보고 우리 역사에 포함시켰다.

19 고려 시대 | 고려의 경제 상황 | 난이도 하 ●○○

자료분석 제시문에서 전시과, 소를 이용한 깊은갈이, 2년 3작의 윤작법 보급 등의 내용을 통해 밑줄 친 '이 나라'는 고려임을 알 수 있다.

정답설명 ② 공물 부과 기준이 가호에서 토지로 바뀐 것은 대동법 실시의 결과로, 조선 후기의 경제 상황에 대한 설명이다. 조선 후기에는 대동법이 실시되면서 기존에 가호를 기준으로 토산물이나 특산물을 현물로 납부하던 공물 납부 방식 대신, 토지 결수를 기준으로 1결당 쌀 12두, 혹은 삼베·동전 등으로 납부하게 하였다.

오답분석 ① 고려 시대에는 재정을 운영하는 관청으로 삼사를 두었다. 삼사는 화폐와 곡식의 출납과 회계 등을 담당하였다.
③ 고려 시대에는 민전을 경작하는 농민들에게 생산량의 10분의 1에 해당하는 조세를 거두었다.
④ 고려 시대에는 '소'라는 특수 행정 구역의 주민들이 국가에서 필요로 하는 특정 물품을 생산하였으며, 생산된 물품은 국가에 공물로 바쳤다.

20 근대 | 신미양요와 갑오개혁 사이의 사실 | 난이도 하 ●○○

자료분석 제시된 자료에서 신미양요는 1871년, 갑오개혁은 1894년에 일어났다. 따라서 (가) 시기는 1871~1894년이다.

정답설명 ④ (가) 시기인 1882년에 조·미 수호 통상 조약이 체결되었다. 조·미 수호 통상 조약은 조선과 서양이 맺은 최초의 근대적 조약이며, 치외 법권과 최혜국 대우 등이 규정된 불평등 조약이었다.

오답분석 ① (가) 이후: 을사늑약이 체결된 것은 1905년으로, (가) 시기 이후의 사실이다. 일제는 을사늑약을 통해 대한 제국의 외교권을 박탈하고 대한 제국을 일제의 보호국으로 만들었다.
② (가) 이후: 정미의병이 일어난 것은 1907년으로, (가) 시기 이후의 사실이다. 정미의병은 고종의 강제 퇴위와 한·일 신협약의 부속 조약으로 인한 군대 해산에 반발하여 일어났다. 정미의병 때 해산당한 군인들이 합류하여 의병 운동이 의병 전쟁으로 확산되었다.
③ (가) 이전: 오페르트 도굴 미수 사건이 일어난 것은 1868년으로, (가) 시기 이전의 사실이다. 독일 상인 오페르트가 조선에 통상을 요구하였다가 거절당하자, 흥선 대원군의 부친인 남연군의 묘를 도굴하여 유해와 부장품을 미끼로 다시 통상을 요구하려고 하였으나 실패하였다.

5회 2021년 국가직 9급

2021년 4월 17일 시행

문제집 28쪽

정답

01	③ 고대	11	④ 현대
02	② 고려 시대	12	③ 일제 강점기
03	③ 조선 전기	13	② 근대
04	① 조선 전기	14	④ 고려 시대
05	① 선사 시대	15	② 조선 전기
06	④ 고대	16	① 현대
07	④ 시대 통합	17	④ 일제 강점기
08	③ 시대 통합	18	② 일제 강점기
09	③ 고대	19	② 근대
10	① 고려 시대	20	③ 근대

취약 시대 분석표

시대	맞힌 개수
선사 시대	/ 1
고대	/ 3
고려 시대	/ 3
조선 전기	/ 3
조선 후기	/ 0
근대	/ 3
일제 강점기	/ 3
현대	/ 2
시대 통합	/ 2
총합	/ 20

기출 총평

"합격선 90점, 평이하게 출제!"

- **난이도**: 시험 전체적인 난이도는 중으로, 평이한 난이도였습니다. 변별력 있는 문제도 2문제 출제되었으나, 이외의 문제는 평이하게 출제되어 시험의 전체적인 난이도는 높지 않았습니다.

- **고난도 문제**
  - 09번 발해의 수도와 유적: 탐구 자료를 제시한 새로운 유형이었으며, 발해의 옛 수도의 현재 지명을 모르면, 아예 풀지 못하는 어려운 문제였습니다.
  - 19번 개항기 무역: 개항기에 청나라와 일본의 상권 경쟁이 극심하였다는 사실과 함께, 양국의 무역 규모를 정확히 알지 못하면 틀릴 가능성이 높은 문제였습니다.

01 고대 유리왕 재위 기간의 사실 난이도 중 ●●○

자료분석 제시문은 고구려 제2대 유리왕이 지은 황조가이다. 황조가는 꾀꼬리가 날아 모이는 것을 본 유리왕이 후궁들간의 다툼을 말리지 못한 자신의 처지를 생각하며 지었다고 전해지는 4언 4구의 한역시이다.

정답설명 ③ 고구려 유리왕 재위 기간에 졸본에서 국내성으로 천도하였다. 고구려는 초기에 졸본을 수도로 삼았지만, 졸본은 산악 지대로 식량 공급이 어려웠기 때문에 유리왕 때 평야 지대인 국내성으로 수도를 옮겼다.

오답분석 ① 고국천왕: 진대법을 시행한 것은 고국천왕 재위 기간의 사실이다. 진대법은 흉년과 고리대로 몰락한 농민(빈민)을 구제하기 위해 춘궁기에 곡식을 빌려주고 추수기에 갚도록 한 제도이다.

② 미천왕: 낙랑군을 축출한 것은 미천왕 재위 기간의 사실이다. 미천왕은 낙랑군을 축출(313)하고 대방군을 차지(314)하여 대동강 유역을 확보함으로써, 남쪽으로 진출할 수 있는 발판을 마련하였다.

④ 소수림왕: 율령을 반포하여 중앙 집권 체제를 강화한 것은 소수림왕 재위 기간의 사실이다. 소수림왕은 율령 반포, 태학 설립, 불교 수용 등을 통해 고구려의 중앙 집권 체제를 강화하였다.

👍 이것도 알면 **합격!**

1~4세기의 고구려 왕

유리왕	• 졸본에서 국내성으로 천도 • 선비족 토벌
고국천왕	• 왕위의 부자 상속제 확립 • 부족적 5부(수평적 구조) → 행정적 5부(수직적 구조) 개편 • 을파소를 국상으로 기용, 진대법 실시(194, 왕권 강화, 귀족 견제, 농민 경제 안정 목적)
미천왕	• 서안평 점령(311) • 낙랑군·대방군 축출(313~314)
소수림왕	• 전진과 수교(372, 백제 견제 목적) • 중앙 집권 체제 강화: 전진에서 불교 수용·공인(372, 삼국 중 최초), 태학 설립(372, 최초의 국립 대학), 율령 반포(373)

02 고려 시대 안향 난이도 하 ●○○

자료분석 제시문에서 풍기 군수 주세붕이 밑줄 친 유학자의 고향인 백운동에 서원을 건립하였다는 내용을 통해 밑줄 친 '유학자'가 안향임을 알 수 있다. 조선 중종 때 풍기 군수 주세붕은 우리나라에 성리학을 처음 소개한 안향을 제사 지내기 위해 우리나라 최초의 서원인 백운동 서원을 세웠다.

정답설명 ② 안향은 원 간섭기에 성리학을 국내로 소개한 인물이다. 충렬왕 때 안향은 원에서 『주자전서』와 공자와 주자의 초상화를 베껴 고려에 돌아와 국내에 처음으로 성리학을 소개하였다.

오답분석 ① 이이: 해주 향약을 보급한 인물은 이이이다. 향약이 중종 때 조광조에 의해 처음 시행된 이후 이이는 향약을 우리나라 실정에 맞게 토착화한 해주 향약을 만들어 보급하였다.

③ 이황: 『성학십도』를 저술하여 경연에서 강의한 인물은 이황이다. 이황은 성리학의 원리를 10개의 도식으로 설명한 『성학십도』를 저술하고, 선조에게 올려 군주가 스스로 성학을 따를 것(성학군주론)을 주장하였다.

④ 신숙주: 『해동제국기』를 저술한 인물은 신숙주이다. 조선 세종 때 일본에 다녀온 신숙주는 성종의 명을 받아 일본의 정치·외교 관계·사회·풍속·지리 등을 종합적으로 기록한 『해동제국기』를 저술하였다(1471).

이것도 알면 합격!

안향의 성리학 수용

> 안향은 학교가 날로 쇠퇴함을 근심하여 양부(兩府)에 의논하기를 "재상의 직무는 인재를 교육하는 것보다 우선하는 것이 없습니다." …… 만년에는 항상 회암 선생(주자)의 초상화를 걸어 놓고 경모하였으므로 드디어 호를 회헌이라 하였다. - 『고려사』

사료 분석 | 우리나라의 성리학은 고려 말 충렬왕 때 원에 갔던 안향이 『주자전서』를 가져와 연구하기 시작한 것에서 비롯되었다.

03 조선 전기 세조 | 난이도 하 ●○○

자료 분석 제시문에서 탑골 공원에 있으며 경천사 10층 석탑의 영향을 받았다는 내용을 통해 공원에 있는 탑이 원각사지 10층 석탑임을 알 수 있으며, 원각사지 10층 석탑은 조선 세조 때 건립되었으므로 밑줄 친 '왕'은 세조임을 알 수 있다.

정답 설명 ③ 세조는 6조의 업무를 의정부를 거치지 않고 직접 왕에게 재가를 받도록 하는 6조 직계제를 실시하여 국왕 중심의 정치 체제를 구축하였다.

오답 분석
① 조선 문종: 고조선부터 고려 말까지의 우리나라 전쟁사를 정리한 『동국병감』을 편찬한 왕은 조선 문종이다.
② 조선 성종: 삼국 시대부터 조선 초까지 우리나라의 시와 산문 중 뛰어난 작품을 선별하여 『동문선』을 편찬한 왕은 조선 성종이다.
④ 조선 태종: 조선 정종 때 개경으로 옮겼던 수도를 한양으로 다시 옮기면서 경복궁의 이궁으로 창덕궁을 창건한 왕은 조선 태종이다.

04 조선 전기 조광조 | 난이도 하 ●○○

자료 분석 제시문에서 현량과와 여러 사람을 천거한다는 내용을 통해 (가) 인물이 조광조임을 알 수 있다. 조광조는 중앙과 지방의 관리들이 능력 있는 인재를 관리 후보자로 천거한 후, 이들을 모아 왕이 보는 가운데 시험을 보게 하는 현량과를 통해 신진 사림을 등용하고자 하였다.

정답 설명 ① 조광조는 성리학 이념을 바탕으로 하는 도학 정치를 주장하며 위훈 삭제 등의 급진적 개혁을 시도하였으나, 위훈 삭제에 반발하는 훈구 세력이 일으킨 기묘사화로 탄압받았다. 기묘사화로 인해 조광조는 유배되어 곧 사약을 받고 죽었으며, 그를 따르던 대부분의 사림도 정계에서 제거되었다.

오답 분석
② 김일손: 세조의 왕위 찬탈을 비난한 「조의제문」을 「사초」에 실은 인물은 김일손이다. 사림 세력인 김일손이 스승 김종직의 「조의제문」을 『실록』의 초안인 「사초」에 실었고, 이로 인해 연산군이 김종직을 부관참시하고 김일손 등을 처형하였다(무오사화).
③ 윤원형 등: 문정 왕후의 수렴청정을 지지한 인물은 윤원형 등의 소윤이다. 명종이 어린 나이로 즉위하자 명종의 어머니인 문정 왕후가 수렴청정을 하였고, 문정 왕후의 동생인 윤원형 등이 정국을 주도하였다.

④ 한명회 등: 연산군의 생모 윤씨를 폐비하는 데 동조한 인물은 한명회 등의 훈구 세력이다. 연산군은 즉위 이후 임사홍에게 폐비 윤씨 사사 사건의 경위를 듣게 되었고, 사건을 주도한 한명회 등의 훈구파와 함께 연루된 김굉필 등의 사림파들을 처형하였다.

이것도 알면 합격!

조광조의 개혁 정치

성리학적 도학 정치	· 현량과 실시(신진 사림 등용), 소격서 폐지 주장 · 향약 실시(향촌 자치와 안정화 추구), 『이륜행실도』·『소학』 등 보급 · 경연 강화
민생 안정	· 내수사의 장리 폐지 주장 · 토지 겸병 반대, 한전제·균전제 실시 주장 · 방납의 폐단 시정을 위해 수미법 실시 주장

05 선사 시대 신석기 시대의 유적과 유물 | 난이도 하 ●○○

정답 설명 ① 바르게 연결한 것을 모두 고르면 ㉠, ㉡이다.
㉠ 양양 오산리 유적은 신석기 시대 유적으로 덧무늬 토기, 이른 민무늬 토기 등이 출토되었으며, 한반도에서 가장 오래된 신석기 시대 집터 유적지가 발견되었다.
㉡ 서울 암사동 유적은 신석기 시대 유적으로 곡물을 담는 데 이용된 빗살무늬 토기가 발견되었으며, 신석기 시대 집터가 다수 발견되었다.

오답 분석
㉢ 공주 석장리 유적은 광복 이후 남한에서 최초로 발견된 구석기 시대 유적이며, 미송리식 토기는 청동기 시대의 유물이다.
㉣ 부산 동삼동 유적은 신석기 시대 유적이 맞지만, 아슐리안형 주먹 도끼는 연천 전곡리 유적에서 발굴된 구석기 시대의 유물이다.

이것도 알면 합격!

신석기 시대의 유적지

황해 봉산 지탑리 유적	탄화된 좁쌀 출토
서울 암사동 유적	신석기 시대의 집터, 빗살무늬 토기 등 출토
강원 양양 오산리 유적	한반도에서 가장 오래된 신석기 시대 집터 유적지 발견
제주 한경 고산리 유적	이른 민무늬 토기, 덧무늬 토기 등 출토

06 고대 웅진 천도와 사비 천도 사이에 신라에서 있었던 사실 | 난이도 하 ●○○

자료 분석 제시문에서 고구려의 침입으로 한성이 함락되자, 수도를 웅진으로 옮긴 것은 백제 문주왕 때인 475년이고, 성왕이 사비로 도읍을 옮긴 것은 538년이다. 따라서 (가) 시기는 475년~538년이다.

정답 설명 ④ (가) 시기인 527년에 신라에서는 이차돈의 순교를 계기로 불교가 공인되었다.

오답 분석 모두 (가) 시기 이후의 사실이다.
① 대가야를 정복한 것은 신라 진흥왕 때인 562년으로, 진흥왕은 장군 이사부를 파견하여 고령 지역의 대가야를 정복하였다.

② 황초령 순수비를 세운 것은 신라 진흥왕 때인 568년으로, 황초령 순수비는 신라 진흥왕이 함경도 지방에 진출한 후 이를 기념하기 위해 세운 비석이다.
③ 거칠부가 신라 왕조의 역사를 정리한 역사서인 『국사』를 편찬한 것은 신라 진흥왕 때인 545년의 사실이다.

07 시대 통합 시기별 대외 교류 난이도 하 ●○○

정답설명
④ 조선 전기에는 명나라와 사신을 통한 일종의 공무역을 전개하였고, 후기가 되어서야 청나라와의 무역이 활발해지면서 중강 개시와 책문 후시를 통한 교류가 전개되었다.

오답분석
① 백제는 성왕 때 노리사치계를 일본에 파견하여 불경과 불상 등을 전달하였다.
② 통일 신라 흥덕왕 때 장보고가 완도에 청해진을 설치하고 해적을 소탕함으로써 해상 무역권을 장악하였다.
③ 고려 시대에는 송나라, 요(거란), 금(여진), 일본은 물론 아라비아 상인 등 여러 국가와 교류가 활발해지고, 점차 국내 상업이 안정되면서 개경과 가까운 예성강 하구의 벽란도가 국제 무역항으로 번성하였다.

08 시대 통합 우리나라 세계 유산과 세계 기록유산 난이도 중 ●●○

정답설명
③ 옳은 것을 모두 고르면 ㉠, ㉡, ㉢이다.
㉠ 공주 송산리 고분군은 2015년에 공주시, 부여군, 익산시의 여러 백제 문화재들과 함께 유네스코 세계 문화유산으로 선정되었다. 이곳에는 중국 남조의 영향을 받은 전축분(벽돌무덤)인 송산리 6호분과 무령왕릉(송산리 7호분)이 있다.
㉡ 양산 통도사는 2018년에 영주 부석사, 보은 법주사 등과 함께 유네스코 세계 문화유산으로 선정된 곳으로, 신라 승려 자장이 중국 유학을 마치고 귀국한 뒤 창건한 절이다. 양산 통도사에는 자장이 중국에서 가져온 석가모니의 사리를 봉안하기 위한 금강계단과 불사리탑이 있다.
㉢ 남한산성은 2014년에 유네스코 세계 문화유산으로 선정된 곳으로, 조선 시대에 한양 방어 및 유사시 임시 수도의 역할을 담당하였으며, 청나라가 조선을 침입한 병자호란 당시 인조가 피난했던 곳이다.

오답분석
㉣ 역대 왕의 훌륭한 언행을 『실록』에서 뽑아 만든 사서는 『승정원일기』가 아니라 『국조보감』이다. 『승정원일기』는 왕의 비서 기관인 승정원에서 왕과 신하 간에 오고 간 문서와 왕의 일과를 기록한 것으로, 2001년에 유네스코 세계 기록유산으로 등재되었다.

이것도 알면 합격!

유네스코 세계 기록유산

『조선왕조실록』	태조~철종까지의 통치 내용을 기록한 편년체 역사서
『직지심체요절』	· 청주 흥덕사에서 금속 활자로 인쇄(1377) · 현존하는 세계에서 가장 오래된 금속 활자 인쇄본
『승정원일기』	승정원에서 업무 내용을 일지 형식으로 기록한 서적
『의궤』	조선 왕실의 주요 행사에 대해 기록한 서적

09 고대 발해의 수도와 유적 난이도 상 ●●●

자료분석
제시된 자료의 ㉠~㉣ 지역을 발해 수도와 연결 지으면 ㉠ 돈화는 동모산, ㉡ 화룡은 중경, ㉢ 영안은 상경, ㉣ 훈춘은 동경 지역이다.

정답설명
③ 옳은 것을 모두 고르면 ㉡, ㉢이다.
㉡ 용두산 고분군은 화룡(중경)에 위치한 발해 유적으로, 이곳에는 벽돌무덤 양식으로 만들어진 정효 공주 무덤을 포함하여 발해 왕실 20여 기의 무덤이 남아 있다.
㉢ 오봉루 성문터는 영안(상경)에 위치한 발해 유적으로, 오봉루는 당의 수도인 장안을 본떠 건설한 계획 도시인 상경성의 정문 명칭이다.

오답분석
㉠ 정효 공주 무덤은 돈화(동모산)가 아니라 화룡(중경)에 위치한 용두산 고분군에 있다. 정효 공주 무덤은 벽돌로 쌓은 네 벽면에 석회가 칠해져 있으며, 그 위에 무사, 시위, 내시, 악사 등 공주를 모시는 인물을 그린 벽화가 남아 있다.
㉣ 정혜 공주 무덤은 훈춘(동경)이 아니라 돈화(동모산) 인근 육정산 고분군에 있다. 정혜 공주 무덤은 고구려 양식인 굴식 돌방무덤과 모줄임 구조로 축조되었고, 돌사자상이 출토되었다.

이것도 알면 합격!

발해의 수도와 유적

동모산 (건국 초기)	정혜 공주 묘(고구려 양식을 계승한 모줄임 천장 구조의 굴식 돌방무덤, 돌사자상 출토)
중경 (무왕~문왕)	정효 공주 묘(당나라 양식과 고구려 양식을 결합한 형태의 벽돌 무덤, 벽화 존재)
상경 (문왕, 성왕~)	오봉루 성문터(상경성 궁성의 정문), 온돌 시설(상경성 내 궁궐터), 발해 상경 용천부 석등
동경 (문왕~성왕)	이불 병좌상(고구려 양식을 계승한 불상)

10 고려 시대 고려 성종 대의 사실 난이도 하 ●○○

자료분석
제시문에서 석교(불교)를 행하는 것은 수신의 근본이고, 유교를 행하는 것은 이국의 근원이라는 내용을 통해 최승로의 시무 28조임을 알 수 있다. 최승로가 유교 이념을 바탕으로 국가를 운영할 것을 주장하며 시무 28조를 올린 것은 고려 성종 대의 사실이다.

정답설명
① 고려 성종 대에 양경(개경과 서경), 12목에 물가 조절 기구인 상평창을 설치하였다. 상평창은 풍년일 때는 곡물을 사들여 값을 올리고, 흉년이면 팔아서 값을 내림으로써 물가의 안정을 꾀하였다.

오답분석
② 고려 광종: 균여를 귀법사의 주지로 삼아 불교를 정비한 것은 고려 광종 대의 사실이다. 광종은 귀법사를 창건하고, 화엄종 승려인 균여를 귀법사의 주지로 삼아 화엄종을 중심으로 교종의 여러 종파를 통합하는 등 불교를 정비하였다.
③ 고려 예종: 국자감(국학)에 7재를 두어 관학을 부흥하고자 한 것은 고려 예종 대의 사실이다. 예종은 최충의 9재 학당을 모방하여 국자감(국학) 내에 과거를 준비하기 위한 전문 강좌인 7재를 설치함으로써 관학을 부흥시키고자 하였다.
④ 고려 문종: 전지와 시지를 지급하는 경정 전시과를 실시한 것은 고려 문종 대의 사실이다. 문종은 경정 전시과를 실시하여 실직이 없는 산관을 분급 대상에서 제외하고, 현직 관리들에게만 전지와 시지를 지급하였다.

> 이것도 알면 **합격!**

성종의 정책

최승로의 시무 28조 수용	최승로의 건의를 수용하여 유교 사상을 정치의 근본 이념으로 삼아 통치 체제를 정비
통치 체제 정비	· 중앙 　- 2성 6부(당 관제 모방), 중추원·삼사(송 관제 모방), 도병마사·식목도감 설치 · 지방 　- 12목 설치(지방관인 목사 파견), 향리 제도 마련(지방 중소 호족을 향리로 편입), 문산계(중앙 문·무관)와 무산계(향리·노병 등)를 부여하여 관료와 호족 서열화
사회 정책 시행	의창 설치, 상평창 설치(개경·서경·12목), 재면법 실시, 자모상모법 시행, 연등회·팔관회 폐지

> 이것도 알면 **합격!**

황국 신민화 정책

민족 정신 말살	· 내선일체, 일선동조론 선전 · 아침마다 천황이 사는 궁을 향해 절하는 궁성 요배 강요 · 천황에 충성을 맹세하는 황국 신민 서사 암송 강요 · 소학교의 명칭을 황국 신민의 학교를 의미하는 국민학교로 변경
민족 문화 말살	· 제3차 조선 교육령을 반포하여 한국어를 수의(선택) 과목으로 지정 · 조선·동아일보 등의 한글 신문 폐간
민족 근원 말살	성과 이름을 일본식으로 바꾸는 창씨개명 강요

11 현대　이승만 정부의 경제 정책　난이도 하 ●○○

정답설명 ④ 제1차 경제 개발 5개년 계획을 추진한 것은 박정희 정부이다. 박정희 정부는 1962년부터 1966년까지 의류·신발 등 노동 집약적인 경공업과 사회 간접 자본 확충을 위한 비료·시멘트·정유 산업 등을 중점적으로 육성하는 제1차 경제 개발 5개년 계획을 추진하였다.

오답분석 모두 이승만 정부의 경제 정책에 해당된다.
① 이승만 정부는 1948년 12월 한·미 원조 협정을 체결하여, 한국의 경제적 위기를 극복하고 국력 부흥을 위해 미국 정부가 한국 정부에게 제공할 재정적·기술적 원조와 관련한 원칙과 기준 등을 명문화하였다.
② 이승만 정부는 농지 개혁에 따라 농지를 매각한 지주에게 지가 증권을 발행하여, 지주층의 토지 자본을 산업 자본으로 전환하려 하였다. 하지만 지가 증권의 현금화가 제대로 이루어지지 않아 산업 자본으로의 전환에 실패하였다.
③ 이승만 정부는 미국의 원조 물품인 밀, 원당, 목화를 원료로 한 제분·제당·면방직 사업(삼백 산업) 등 소비재 산업을 적극 지원하였다.

12 일제 강점기　중·일 전쟁 이후 시행된 민족 말살 정책　난이도 하 ●○○

정답설명 ③ 남면북양 정책은 조선 총독부가 중·일 전쟁 이전에 시행한 정책이다. 조선 총독부는 만주 사변(1931) 이후 공업 자원을 확보하기 위해 한반도 남부 지방에는 강제로 면화를 재배하도록 하고, 북부 지방에는 양을 기르도록 하였다.

오답분석 모두 중·일 전쟁 이후 조선 총독부가 시행한 민족 말살 정책(황국 신민화 정책)이다.
① 조선 총독부는 아침마다 일본 천황이 있는 궁성을 향해 절을 하는 궁성 요배를 강요하였다.
② 조선 총독부는 아동은 물론 성인에게도 일본 천황에게 충성을 다짐하는 내용의 황국 신민 서사를 암송하도록 강요하였다.
④ 조선 총독부는 황국 신민 의식을 강화하고자 소학교의 명칭을 '황국 신민의 학교'를 의미하는 '국민학교'로 변경하였다.

13 근대　조·미 수호 통상 조약　난이도 하 ●○○

자료분석 제시문에서 미국 대통령 루스벨트에게 1882년 맺은 조약의 거중조정 조항(두 나라 중 한 나라가 제3국의 위협을 받을 경우 도와주는 조항)에 따른 지원을 부탁한다는 내용을 통해 밑줄 친 '조약'이 조·미 수호 통상 조약임을 알 수 있다.

정답설명 ② 임오군란(1882. 6.)을 계기로 체결한 조약은 제물포 조약, 조·청 상민 수륙 무역 장정 등이다. 조·미 수호 통상 조약은 임오군란이 발생하기 전인 1882년 4월에 체결되었으며, 조선이 서양 국가와 최초로 맺은 조약이다.

오답분석 ① 조·미 수호 통상 조약은 제4관을 통해 영사 재판권을 인정하였다. 영사 재판권이란 국제법상 외국인이 범죄를 지었을 경우 체류하고 있는 국가의 국내법 적용으로부터 면제되고 자국의 영사 및 관원이 자국의 법률에 따라 재판하는 권리이다.
③ 조·미 수호 통상 조약의 제14관에는 최혜국 대우 조항이 포함되었다. 최혜국 대우는 한 나라가 어떤 외국에 부여하고 있는 가장 유리한 대우를 최혜국 대우를 체결한 상대국에게도 부여하는 것을 의미한다.
④ 조·미 수호 통상 조약은 제2차 수신사(1880)로 일본을 다녀온 김홍집이 가져온 황쭌셴의 『조선책략』의 영향을 받아 체결되었다. 『조선책략』에는 중국과 친하게 지내고 일본과 결탁하고 미국과 연합을 맺자는 내용이 있었는데, 특히 미국과 연합해야 한다는 내용을 조선 정부가 수용하여 청의 알선을 통해 미국과 수교하게 되었다.

14 고려 시대　고려 시대의 향리　난이도 중 ●●○

정답설명 ④ 옳은 것을 모두 고르면 ㉠, ㉡, ㉢, ㉣ 이다.
㉠ 고려 시대에 부호장 이하의 향리는 사심관의 감독을 받았다. 고려 시대에 출신 지역의 사심관으로 임명된 중앙 고관에게는 부호장 이하의 향리 임명권이 부여되었고, 이를 토대로 사심관은 관할 지역의 향리를 감독·통제하였다.
㉡ 고려 시대 상층 향리는 지방의 실질적 지배층으로, 과거를 통해 중앙 관료로 진출할 수 있었다.
㉢ 고려 시대 일부 향리의 자제들은 기인으로 선발되어 개경으로 보내졌다. 이는 지방 세력을 견제하기 위한 일종의 인질 제도로, 통일 신라의 상수리 제도를 계승한 것이다.

ⓔ 고려 시대에는 지방관이 파견되지 않은 속현이나 속군의 행정 실무는 향리가 담당하였다. 향리는 주로 호구(戶口)를 관리하고 조세를 징수하는 등의 실질적인 행정 사무를 담당하였다.

👍 이것도 알면 **합격!**

고려 시대 향리의 종류

상층 향리 (호장, 부호장)	· 지방 호족 출신으로, 지방의 실질적인 지배층 · 상층 향리들은 과거를 통해 중앙 관리로 진출 가능 → 고려 말 신진 사대부를 형성
하층 향리	말단 행정직으로 직역 세습, 행정 실무 담당

---

15 조선 전기 이앙법 난이도 하 ●○○

자료분석 제시문에서 옛 흙을 떠나 새 흙으로 간다는 것과 논에 물을 댈 수 있는 하천이나 저수지가 꼭 필요하다는 내용을 통해 밑줄 친 '이 농법'이 이앙법임을 알 수 있다.

정답설명 ② 옳은 것을 모두 고르면 ㉠, ㉢ 이다.
㉠ 세종 때 편찬된 『농사직설』에서는 이앙법을 소개하고 있다. 이앙법은 조선 전기에도 소개되었으나 가뭄에 취약하다는 단점 때문에 일부 남부 지방에 제한적으로 보급되었으며, 수리 시설이 어느 정도 확충된 조선 후기에 이르러서야 전국적으로 보급되었다.
㉢ 이앙법은 못자리에서 모를 어느 정도 키운 다음 논으로 옮겨 심는 방법이기 때문에 씨를 논에 직접 뿌리는 직파법보다 풀 뽑는 노동력을 절약할 수 있었다.

오답분석 ㉡ 견종법: 고랑에 작물을 심도록 한 것은 조선 후기에 보급된 밭농사 재배법인 견종법에 대한 설명이다. 견종법은 이랑에 작물을 심도록 하는 농종법에 비하여 가뭄에 강하고, 제초가 쉽다는 장점이 있다.
㉣ 『경국대전』이 편찬된 조선 전기에는 가뭄에 취약한 이앙법을 권장하지 않았으므로 수령 칠사에 이앙법과 관련된 내용은 없다. 한편 수령 칠사는 조선 시대 지방관인 수령이 해야 하는 일곱 가지 업무를 제시한 것으로, 그 내용으로는 ① 농업과 양잠 장려(농상성), ② 교육의 진흥(학교흥), ③ 소송을 간명하게 함(사송간), ④ 간교한 풍속을 없앰(간활식), ⑤ 군사 훈련 실시(군정수), ⑥ 호구를 늘림(호구증), ⑦ 부역의 균등(부역균)이 있다.

---

16 현대 유신 헌법 시행 시기의 사건 난이도 하 ●○○

자료분석 제시문에서 긴급 조치와 입법, 사법, 행정 3권을 한 사람의 집권자에게 집중시키고 있다는 내용을 통해 밑줄 친 '헌법'이 유신 헌법임을 알 수 있다. 유신 헌법은 박정희 정부 시기인 1972년 12월부터 시행되어 8차 개헌(1980) 전까지 시행되었다.

정답설명 ① 유신 헌법 시행 시기인 1979년 10월에 부산·마산 등지에서 유신 독재 반대 시위인 부·마 민주 항쟁이 일어났다.

오답분석 모두 유신 헌법 시행 이전의 사건이다.
② 1968년에 선포된 국민 교육 헌장은 우리 교육이 지향해야 할 이념과 목표를 제시한 것으로, 민족 주체성 확립과 새로운 민족 문화 창조, 반공 민주주의 정신 강조 등의 내용을 담고 있다.
③ 1972년 7월에 발표된 7·4 남북 공동 성명에서는 자주·평화·민족적 대단결이라는 통일의 3대 원칙을 합의하였다. 이를 계기로 남북은 서울과 평양 사이에 상설 직통 전화를 개설하고 남북 조절 위원회를 설치하였다.
④ 1964년에 박정희 정부가 한·일 협정을 체결하려 하자 국민들은 대일 굴욕 외교 반대 범국민 투쟁 위원회를 결성하고, 일본의 사과와 정당한 보상을 요구하는 6·3 시위를 벌였다. 이에 대해 정부는 계엄령을 선포하여 무력으로 시위를 진압하였다.

---

17 일제 강점기 국민 대표 회의 난이도 중 ●●○

자료분석 제시문에서 독립 운동이 나아갈 방향을 확립하고 통일적 기관을 만들고자 하는 내용을 통해 밑줄 친 '회의'가 국민 대표 회의임을 알 수 있다. 국민 대표 회의는 독립 운동 전선의 통일과 독립 운동의 방향 전환을 논의하기 위해 상하이에서 1923년에 개최되었다.

정답설명 ④ 국민 대표 회의에서 임시 정부의 독립 운동 방향을 두고 무력 항쟁을 강조하는 박용만, 신채호 등의 창조파는 임시 정부를 해체하고 이를 대체할 새로운 정부 수립을 주장하였다.

오답분석 모두 국민 대표 회의 이후의 사실이다.
① 대한민국 건국 강령이 상정된 것은 1941년의 사실이다. 충칭에 정착한 대한민국 임시 정부는 정치·경제·교육의 균등을 주장하는 조소앙의 삼균주의를 바탕으로 대한민국 건국 강령을 발표하였다.
② 박은식이 임시 대통령으로 선출된 것은 국민 대표 회의가 결렬된 후인 1925년의 사실이다. 국민 대표 회의가 결렬된 이후 대한민국 임시 정부는 이승만을 탄핵하여 박은식을 제2대 대통령으로 추대하고, 헌법 개정(제2차 개헌)을 통해 국무령 중심의 내각 책임제로 개편한 후 이상룡을 국무령으로 추대하였다.
③ 민족 유일당 운동 차원에서 조선 혁명당이 참가한 것은 1935년에 결성된 민족 혁명당이다. 민족 혁명당은 민족 유일당 건설을 목표로 김원봉의 의열단을 중심으로 조선 혁명당, 한국 독립당, 신한 독립당 등이 참가하였다.

👍 이것도 알면 **합격!**

국민 대표 회의

소집 요구 배경	· 독립운동 방향에 대한 갈등이 심화 · 신채호 등 중국 관내 세력과 만주, 연해주의 무장 세력이 독립운동·전선의 통일과 독립운동의 방향 전환을 위해 회의 소집 요구
노선 구분	· 창조파: 신채호·박용만, 임시 정부 해체 → 무력 투쟁 중심의 새 정부 수립 · 개조파: 안창호, 임시 정부 개혁 → 실력 양성 + 외교 강조 · 현상 유지파: 김구, 임시 정부 유지
결과	· 의견 대립으로 회의 결렬 · 창조파가 이탈

---

18 일제 강점기 토지 조사 사업 난이도 하 ●○○

자료분석 제시문에서 조선 총독이 정한 기한 내에 주소, 성명, 소유지 소재를 임시 토지 조사 국장에게 신고해야 한다는 내용을 통해 토지 조사령(1912)임을 알 수 있으며, 이 법령에 따라 진행된 사업은 토지 조사 사업(1912~1918)이다.

정답설명
② 토지 조사 사업의 결과 조선 총독부는 관청 소유의 역둔토와 왕실 소유의 궁장토를 총독부 소유의 토지로 만들었다. 또한 기한 내 신고하지 못한 토지, 소유주가 불분명하여 신고하지 못한 문중 소유의 토지 등도 조선 총독부 소유로 귀속시켜 전 국토의 약 40%에 달하는 토지가 조선 총독부의 토지가 되었다.

오답분석
① 농상공부는 제2차 갑오개혁 때 농상아문과 공무아문이 합쳐져 농업·상업·공업 및 우체·전신·광산·선박·해원 등의 업무를 관장한 관청으로 토지 조사 사업과는 관련이 없다. 토지 조사 사업은 조선 총독부 산하의 임시 토지 조사국에서 주관하였다.
③ 동양 척식 회사는 토지 조사 사업 실시 이전인 1908년에 일본이 대한 제국의 토지와 자원을 수탈할 목적으로 설립한 회사이다. 동양 척식 회사는 토지의 매매와 임차, 일본인의 조선 이주 및 정착, 식민지 수탈 등의 업무를 수행하였다.
④ 농촌 진흥 운동: 춘궁 퇴치, 농가 부채 근절을 목표로 내세운 것은 1930년대 일본이 추진한 농촌 진흥 운동이다. 일본은 대공황의 여파와 사회주의 확산으로 인해 소작 쟁의가 극심해지자, 농민들을 회유하기 위해 농촌 진흥 운동을 시행하였다.

19 근대 개항기 무역　　　난이도 상 ●●●

정답설명
② 조·청 상민 수륙 무역 장정(1882)의 체결로 점차 조선과 청 사이의 무역 규모가 증가하여 청국에서의 수입액이 일본과 비슷해지기는 했으나, 한 번도 일본을 앞지르지는 못하였다. 한편, 조약 체결로 조선에서의 청과 일본의 상권 경쟁이 심화되었다.

오답분석
① 조·일 수호 조규 부록의 체결(1876)로 일본 상인의 활동 범위가 개항장으로부터 10리 이내로 제한(간행이정)되자, 개항장의 일본 상인과 내륙의 조선 상인을 이어주는 조선인 객주의 중개 활동이 활발하게 전개되었다.
③ 일본 상인은 영국산 면제품을 들여와 조선에 팔고 싼값에 조선의 쇠가죽·쌀·콩 등을 구입하였다.
④ 조·일 통상 장정을 개정(1883)하여 조선 정부가 곡물 수출을 금지하고자 할 때는 1개월 전에 통고해야 한다는 방곡령 규정을 마련하였으며, 1889년에 함경도에서 방곡령을 선포하여 곡물 수출을 금지하기도 하였다.

👍 이것도 알면 합격!

청·일과 체결한 불평등 통상 조약

조·일 수호 조규 부록 (1876. 7. 6.)	· 부산에서 일본인의 간행이정(間行里程) 10리로 한정 · 개항장에서 일본 화폐 유통 허용
조·청 상민 수륙 무역 장정 (1882. 8. 23.)	· 북경과 한성, 양화진에서 청과 조선 양국 상인 무역 허용(지방관이 발행한 여행 허가증이 있으면 내륙까지 들어갈 수 있음) · 책문·의주, 훈춘·회령에서 개시 허용 · 국경 무역에서 홍삼을 제외하고 5% 관세 부과
조·일 통상 장정 개정 (1883, 개정)	· 조선국 항구에 머무는 일본인의 쌀과 잡곡 수출의 권리를 인정 · 자연재해 등으로 방곡령 시행 시, 지방관은 시행 1개월 전에 일본 영사관에 통고 · 조선 화폐에 의한 관세 및 벌금 납입 규정 · 최혜국 대우 적용

20 근대 흥선 대원군　　　난이도 하 ●○○

자료분석
제시문에서 군포의 폐단이 많다는 내용과 귀천이 동일하게 장정 한 사람마다 세납전(동포전)을 거두었다는 내용을 통해 밑줄 친 '그'가 흥선 대원군임을 알 수 있다. 흥선 대원군은 호포법을 실시하여 종래 상민에게만 징수하던 군포를 양반에게도 징수하였다.

정답설명
③ 임오군란의 사태 수습을 위해 일시적으로 재집권한 흥선 대원군은 개화 정책을 추진하던 통리기무아문을 폐지하였으며, 무위영·장어영의 2영을 없애고 5군영과 삼군부를 부활시켰다.

오답분석
① 권상하: 만동묘 건립을 주도한 인물은 권상하이다. 권상하는 송시열의 유언에 따라 조선 숙종 때 명나라 신종과 의종의 제사를 지내기 위한 만동묘 건립을 주도하였다. 한편 흥선 대원군은 만동묘를 철폐하고, 전국 600여 개의 서원을 47개소만 남기고 모두 철폐하였다.
② 김홍집: 군국기무처 총재를 역임한 인물은 김홍집이다. 군국기무처는 1894년 6월에 설치되어 김홍집을 총재로 유길준, 박정양 등으로 내각을 구성하여 제1차 갑오개혁을 주도하였다.
④ 서영보·심상규 등: 『만기요람』을 편찬한 인물은 서영보·심상규 등이다. 1808년 순조의 명으로 서영보·심상규 등은 18세기 후반부터 19세기 초에 이르는 조선 왕조의 재정과 군정에 관한 내용의 『만기요람』을 편찬하였다.

6회
2020년 국가직 9급

2020년 7월 11일 시행

문제집 32쪽

정답

01	③ 선사 시대	11	③ 고대
02	④ 고려 시대	12	① 시대 통합
03	③ 조선 전기	13	② 일제 강점기
04	② 근대	14	① 고대
05	④ 고려 시대	15	③ 조선 후기
06	② 시대 통합	16	② 조선 후기
07	① 근대	17	② 현대
08	④ 고대	18	④ 일제 강점기
09	③ 고려 시대	19	③ 조선 후기
10	④ 현대	20	④ 일제 강점기

취약 시대 분석표

시대	맞힌 개수
선사 시대	/ 1
고대	/ 3
고려 시대	/ 3
조선 전기	/ 1
조선 후기	/ 3
근대	/ 2
일제 강점기	/ 3
현대	/ 2
시대 통합	/ 2
총합	/ 20

기출 총평

"합격선 85점, 생소한 사료들로 약간 어렵게 출제!"

- **난이도**: 시험 전체적인 난이도는 중상으로, 2021년 국가직 9급 시험보다 어렵게 출제되었습니다.
- **고난도 문제**
  - 09번 『제왕운기』: 『제왕운기』 서문이 처음 출제되어 사료 키워드를 통해 내용을 추론해야 풀 수 있었습니다.
  - 10번 광복 직후의 사회 현상: 그래프가 제시되고, 자주 출제되지 않는 내용(미 군정의 화폐 발행, 미곡 수집제 폐지)이 나와 어려웠습니다.
  - 20번 대일 선전 포고 이후의 사실: 1941년 11월과 1941년 12월의 사실의 순서를 구분하는 문제라 난이도가 높았습니다.

01 선사 시대 | 구석기 시대의 생활상

난이도 하 ●○○

자료 분석
제시문에서 함경북도 종성군 동관진에서 한반도 최초로 유물이 발견됐다는 내용을 통해 구석기 시대임을 알 수 있다. 1933년 함경북도 종성군 동관진 유적에서 철도 공사 중 한반도 최초로 석기와 골각기(뼈와 뿔로 만든 도구)가 발견되었다. 한편 이때 일본에서는 구석기 시대의 유물이 출토되지 않은 상황이었기 때문에 일본인 학자들에 의해 구석기 시대의 유적이 아니라는 주장이 제기되기도 하였으나, 지층의 층위와 출토된 유물들을 종합해 볼 때 구석기 시대의 유적으로 인정되고 있다.

정답 설명
③ 구석기 시대에는 뼈 도구와 뗀석기를 이용하여 짐승(수렵)이나 물고기(어로)를 사냥하거나 나무 열매와 뿌리를 채집하였다.

오답 분석
① 청동기 시대: 반달 돌칼을 이용하여 벼를 수확한 시기는 청동기 시대이다. 청동기 시대에는 반달 돌칼, 홈자귀 등의 돌로 만들어진 농기구를 사용하였다.

② 신석기 시대: 나무 열매 등의 곡물 껍질을 벗기는 데 갈돌과 갈판과 같은 조리 도구를 사용한 시기는 신석기 시대이다. 한편 옥수수는 조선 후기 때 우리나라에 처음 유입되어 재배된 것으로 추정된다.

④ 영혼 숭배 사상은 사람은 죽어 없어져도 영혼은 없어지지 않는다는 신앙으로, 이러한 영혼 숭배 사상을 비롯한 애니미즘, 샤머니즘, 토테미즘 등의 원시적인 형태의 신앙은 신석기 시대에 발생하였다. 한편, 사람이 죽으면 흙 그릇 안에 매장한 것은 독무덤의 형태로, 우리나라에서는 청동기 시대에 등장하여 이후 철기 시대의 대표적인 무덤 양식으로 자리 잡았다.

👍 이것도 알면 합격!

구석기 시대의 유적

전기	평남 상원 검은모루 동굴, 충북 단양 금굴, 경기 연천 전곡리
중기	함북 웅기 굴포리, 충북 제천 점말 동굴, 제주 빌레못 동굴
후기	함북 종성 동관진, 충북 단양 수양개, 충북 청원 두루봉 동굴, 충남 공주 석장리(전기~후기)

02 고려 시대 | 최충헌

난이도 하 ●○○

자료 분석
제시문에서 만적이 반란을 모의하고 있는 것을 통해 (가)는 만적의 주인이자 당시 집권자인 최충헌임을 알 수 있다. 만적의 난(1198)은 신분 해방을 넘어 정권 탈취까지 목표로 한 노비 반란이었으나 사전에 발각되어 실패하였다.

정답 설명
④ 최충헌은 이의민을 제거한 후, 무신 정권 초기의 혼란을 극복하고 국가 기반을 확립할 목적으로 명종에게 봉사 10조라는 사회 개혁안을 올렸다.

오답 분석
①, ② 최우: 정방을 설치하여 인사권을 장악하고, 치안 유지를 위해 야별초를 설립한 인물은 최충헌의 아들인 최우이다. 최우는 집권 이후에 자신의 집에 독자적인 인사 기구인 정방을 설치하여 모든 관직의 인사권을 장악하였고, 야간 치안 유지를 위해 야별초를 설치하였다.

③ 정중부: 이의방을 제거하고 권력을 장악한 인물은 정중부이다. 정중부는 이의방을 제거하고 권력을 장악하였으며, 중방을 중심으로 국정을 운영하였다.

👍 이것도 알면 **합격!**

최충헌의 봉사 10조(시무 10조)

목적	무신 정권 초기의 혼란 극복을 위해 발표
내용	① 새 궁궐로 옮길 것, ② 용관(쓸데없는 벼슬)을 철폐할 것, ③ 농민에게 빼앗은 토지를 돌려줄 것, ④ 선량한 관리를 임명할 것, ⑤ 승려의 고리대업을 금할 것, ⑥ 탐관오리를 징벌할 것, ⑦ 관리의 사치를 금할 것, ⑧ 함부로 사찰을 건립하는 것을 금할 것, ⑨ 지방관의 공물 진상을 금할 것, ⑩ 신하의 간언을 용납할 것

03 조선 전기 조선 전기의 문화 난이도 하 ●○○

정답 설명 ③ 조선 전기 성종 때 『동문선』이 편찬되어 우리 문학의 독자성을 강조하였다. 『동문선』은 서거정, 노사신 등이 삼국 시대부터 조선 초까지 시와 산문 중 뛰어난 작품을 선별하여 편찬한 시문집이다.

오답 분석
① 『어우야담』을 비롯한 야담, 잡기류가 성행한 것은 조선 후기의 일이다. 『어우야담』은 광해군 때 유몽인이 저술한 설화집으로, 조선 후기 성행한 야담류의 효시이다. 야담이란 한문으로 기록된 비교적 짤막한 길이의 잡다한 이야기를 의미하고, 잡기는 여러 가지 사물에 관해 기술한 것을 뜻한다.
② 유서로 불리는 백과사전이 널리 편찬된 것은 조선 후기의 일이다. 대표적인 유서(백과사전)로는 이수광의 『지봉유설』이 있다.
④ 중인층을 중심으로 시사가 결성되어 활발하게 문학 활동을 벌인 것은 조선 후기의 일이다. 조선 후기 문학 활동에 참여한 중인들은 위항인이라고 불렸으며, 이들은 시사를 조직하고, 자신들의 시를 모은 시집을 편찬하는 등 활발한 문학 활동을 전개하였다.

04 근대 동도 서기론 난이도 하 ●○○

자료 분석 제시문에서 변혁을 꾀하는 것이 기(器)이지 도(道)가 아니라는 내용을 통해 동도 서기론임을 알 수 있다. 동도 서기론은 온건 개화파의 주장으로, 동양의 도를 유지하면서 서양의 기를 받아들이자는 것으로, 전통적인 유교 사상을 지키면서 서양의 과학 기술은 수용하자는 논리이다.

정답 설명 ② 전통적인 사상과 가치관, 문화와 풍습 등인 동양의 도(道)는 지키면서, 서양의 기술과 기기 등인 서양의 기(器)는 받아들임으로써 점진적으로 개혁을 실시하자는 동도 서기론은 1880년대 초반 우리나라 근대 문물 수용의 사상적 기반이 되었다.

오답 분석
① 왜양 일체론: 일본과 서양 세력은 실체와 의도가 동일하다는 논리로, 1870년대 일본이 운요호 사건을 일으키며 개항을 요구하자 최익현을 비롯한 위정척사 계열의 유생들이 주장하였다.
③ 문명 개화론: 갑신정변을 주도한 급진 개화파의 견해를 대변하는 논리는 문명 개화론이다. 이들은 국가 발전을 위해 서양의 과학 기술과 제도는 물론 사상, 종교까지 받아들여야 한다고 주장하였다.
④ 사회 진화론: 우등한 사회가 열등한 사회를 지배하는 것은 당연하다고 인식하는 논리는 사회 진화론이다. 사회 진화론은 제국주의 열강들의 식민지 침략을 정당화하는 데 이용되었다.

👍 이것도 알면 **합격!**

동도 서기론

동서고금을 막론하고 바뀔 수 없는 것은 도(道)이고, 자주 변화하여 고정될 수 없는 것은 기(器)이다. 삼강, 오상(五常)과 효제충신을 도라 한다. 요순, 주공의 도는 해와 별처럼 빛나서 비록 오랑캐 지방에 가더라도 버릴 수 없다. 무엇을 기라 하는가? 예악(禮樂), 형정(刑政), 복식(服飾), 기용(器用)을 기라 한다. …… 진실로 때에 맞고 백성에 이롭다면 비록 오랑캐 법일지라도 행할 수 있다.
- 곽기락의 상소, 『신기선집』

자료 분석 | 온건 개화파의 주장으로 대표되는 동도 서기론은 전통적인 유교 사상을 지키면서 서양의 과학 기술은 받아들이자는 주장이다.

05 고려 시대 구제도감 난이도 중 ●●○

자료 분석 제시문에서 역질에 걸린 사람들을 치료하고, 시신을 처리하며, 굶주린 백성을 진휼하는 역할을 한다고 한 것을 통해 구제도감임을 알 수 있다.

정답 설명 ④ 구제도감은 예종 때, 개경에 전염병이 크게 유행하여 다수의 사망자가 발생하고 시체가 방치되자, 병자의 치료와 병사자 처리, 빈민 구제를 위해 임시로 설치한 구호 기관이다.

오답 분석
① 의창: 백성을 구휼하기 위한 기관으로, 태조 때 설치한 흑창을 성종 때 확대·개편한 것이다. 평상시 곡물 등을 저장하였다가 흉년에 빈민 구휼에 사용하였다.
② 제위보: 광종 때 설치한 일종의 재단으로, 일정 기금을 만들어 그 이자로 빈민을 구제하였다.
③ 혜민국: 예종 때 백성의 질병을 고치기 위해 설치된 기관으로, 백성들에게 의약품을 제공하였다.

👍 이것도 알면 **합격!**

고려 시대 사회 안정책

흑창·의창	평상시 곡물·소금 등을 저장하였다가 흉년에 빈민 구휼에 사용(태조 때 흑창 → 성종 때 의창으로 개칭)
제위보 (광종)	일정 기금을 만들어 그 이자로 빈민을 구제하는 기구 (공양왕 때 폐지)
상평창 (성종)	물가 조절 기구, 개경·서경·12목에 설치
동·서 대비원	개경(동·서쪽)에 설치, 음식 제공, 빈민 치료, 서경에 분사 설치
혜민국 (예종)	백성의 질병 치료·약 처방
구제도감· 구급도감	· 구제도감은 예종 때 설치(전염병에 대응), 구급도감은 고종 때 설치 · 빈민 구제를 위한 임시 기구로 설치

06 시대 통합 서울(한양)의 역사   난이도 하 ●○○

자료분석 제시문에서 장수왕이 이 지역을 함락시키고, 백제 개로왕을 살해했다는 내용을 통해 밑줄 친 '이 지역'이 백제 한성, 지금의 서울(한양)임을 알 수 있다.

정답설명 ② 서울(한양)은 고려 문종 때 남경(南京)이 설치된 곳이다. 경(京)은 고려 시대의 중요한 도시를 말하는 것으로, 초기에는 고려의 개경, 서경, 동경(지금의 경주)을 3경으로 하였다. 그러나 이후 서울이 풍수지리적으로 좋은 기운이 있다는 주장에 영향을 받아 문종 때에 서울(한양)을 남경으로 승격시키고, 동경 대신 남경을 3경에 편제시켰다.

오답분석
① 공주: 망이·망소이가 반란(1176)을 일으킨 곳은 공주 명학소이다. 망이·망소이는 신분 차별에 반대하며 봉기하였으며, 이후 명학소가 일시적으로 충순현으로 승격되면서 향·부곡·소가 해방되는 계기가 마련되었다.
③ 순천: 보조국사 지눌이 수선사 결사를 주도한 곳은 송광사로, 전남 순천에 위치한다.
④ 평양: 고려 태조가 북진 정책의 전진 기지로 삼은 곳은 서경으로, 지금의 평양이다. 한편 태조는 서경을 중요하게 여겨 서경에 중앙의 주요 관서와 명칭이 같은 별도의 행정 조직을 설치하는 분사 제도를 실시하였다.

07 근대 고종 재위 기간의 사실   난이도 하 ●○○

자료분석 제시문에서 조선군과 미군이 전투를 벌인 점을 통해 신미양요임을 알 수 있으며, 신미양요는 고종 재위 기간에 일어났다.

정답설명 ① 고종 때 흥선 대원군은 군정의 문란을 시정하기 위해 상민에게만 거두던 군포를 양반에게도 징수하는 호포제를 실시하였다.

오답분석
② 금난전권을 제한하려는 통공 정책이 시작된 것은 영조 때이며, 육의전을 제외한 시전 상인의 금난전권을 폐지하는 통공 정책인 신해통공이 반포된 것은 정조 때이다.
③ 영조: 결작세가 신설되어 지주들의 부담이 증가한 것은 영조 때이다. 영조는 균역법을 실시하여 1년에 군포를 2필씩 내던 것을 1필로 감면하였는데, 이로 인해 부족해진 재정을 보충하기 위하여 토지 소유자에게 결작의 명목으로 토지 1결당 미곡 2두를 부과하였고, 이에 따라 지주들의 부담이 증가하게 되었다.
④ 인조: 영정법이 제정되어 풍흉에 관계없이 전세를 토지 1결당 4~6두로 고정하여 전세 방식을 일원화 한 것은 인조 때이다.

08 고대 고대사의 전개   난이도 하 ●○○

자료분석
(가) 낙랑군 축출(313) ~ 광개토 대왕릉비 건립(414)
(나) 광개토 대왕릉비 건립(414) ~ 살수 대첩 승리(612)
(다) 살수 대첩 승리(612) ~ 안시성 전투 승리(645)
(라) 안시성 전투 승리(645) ~ 고구려 멸망(668)

정답설명 ④ 신라가 매소성에서 이근행이 이끄는 당의 20만 대군을 격파한 매소성 전투는 고구려 멸망 이후인 675년으로, (라) 시기 이후의 일이다.

오답분석
① 백제는 (가) 시기 침류왕 때 동진에서 온 인도 승려 마라난타에게서 불교를 수용하였다(384).
② 수나라가 동북쪽으로 세력을 확대하면서 고구려를 압박하자 위협을 느낀 고구려 영양왕은 (나) 시기 말갈군을 동원하여 요서 지방을 선제 공격하였다(598).
③ 백제는 (다) 시기 의자왕 때에 신라 대야성을 공격하여 함락하였다(642).

09 고려 시대 『제왕운기』   난이도 상 ●●●

자료분석 제시문에서 중국은 반고부터 금국에 이르기까지, 우리나라는 단군으로부터 본조에 이르기까지 기록하여 비교하였으며, 요점을 취하고 읊조렸다는 것을 통해 밑줄 친 '이 책'이 『제왕운기』임을 알 수 있다. 『제왕운기』는 고려 후기 문신 이승휴가 편찬한 사서로, 상권에 중국의 역사를 7언시로, 하권에 우리나라 역사를 5언시로 운(韻)율감 있게 서술하였다.

정답설명 ③ 『제왕운기』는 원 간섭기인 충렬왕 때 편찬된 사서로, 중국과 구별되는 우리 역사의 독자성을 강조하였다.

오답분석
① 『사략』: 성리학적 유교 사관이 반영되어 대의명분을 강조한 고려 후기의 역사서로는 이제현의 『사략』이 있다.
② 『동국통감』: 국왕, 훈신, 사림이 공존하며, 서로 합의를 통해 단군 조선부터 고려 말까지의 전시대를 통사(通史) 체계로 구성한 것은 조선 성종 때 편찬된 『동국통감』이다.
④ 『동국세년가』: 왕명으로 단군 조선에서 고려 말까지의 역사를 노래 형식으로 정리한 것은 세종 때 권제가 지은 『동국세년가』이다.

📖 이것도 알면 합격!

고려 후기의 역사서

『동명왕편』	· 명종 때 이규보가 편찬(1193) · 동명왕에 대한 서사시, 체계성 미흡
『삼국유사』	· 충렬왕 때 일연이 편찬(1281) · 기이(신화·설화)·흥법(불교사) 등으로 구성 · 고대의 민간 설화나 전래 기록을 수록, 단군 신화 수록, 14수의 신라 향가 수록
『제왕운기』	· 충렬왕 때 이승휴가 편찬(1287) · 단군 조선부터 기록, 최초로 발해사를 우리의 역사로 기록
『사략』	· 공민왕 때 이제현이 편찬(1357) · 고려 태조부터 숙종까지의 치적 정리(현재 「사론」만 전해짐)

10 현대 광복 직후의 사회 현상   난이도 상 ●●●

자료분석 제시된 그래프는 1945년 8월에서 1946년 1월까지의 물가 지수를 표시한 것이다. 광복 이후에는 일본의 자본과 기술로 운영되었던 산업 활동이 위축되었고, 해외 동포들의 귀환으로 인구가 증가하여 식량이 부족해지면서 식료품과 곡물의 가격이 상승하였다.

정답설명 ④ 미곡 수집제 폐지, 토지 개혁 실시를 주장하는 대규모 시위는 1946년 10월, 대구에서 일어났다. 당시의 한국 경제 상황은 산업 활동의 위축, 식량 부족 등으로 오히려 일제 강점기보다 더 궁핍한 상태에 놓여 있었다. 이와 같은 상황에서 대구에서 미 군정의 식량 정책에 항의하는 대규모 시위가 발생하였다.

오답분석 모두 그래프에 표시된 시기(1945. 8. ~ 1946. 1.)에 일어난 사실이다.
① 광복 이후 독립운동가, 해외 이주민 등 해외로부터의 귀환인이 급증하였고 이에 따라 식량이 부족해졌다.

② 38도선 분할 점령(1945. 9.) 이후 북한이 남한에 대한 전기 공급을 중단하는 등의 조치로 식료품을 비롯한 생산물의 생산이 크게 위축되었다.

③ 38도선 분할 점령(1945. 9.) 이후 미 군정은 재정 적자를 메우기 위해 화폐를 과도하게 발행하였고, 이는 극심한 물가 상승 현상으로 이어졌다.

👍 이것도 알면 합격!

광복 직후와 미 군정기의 경제 상황

산업 활동 위축	· 일본 자본의 이탈로 상당수의 공장 가동 중단 · 남북 분단으로 남북한의 경제 교류 단절 → 북한이 남한에 전기 공급을 중단하여 경제적 타격을 받음
물가 폭등	미 군정이 재정 적자를 메우기 위해 화폐를 과도하게 발행해 물가 폭등
식량 부족	· 광복 직후 해외 동포들의 귀국, 북한 주민의 월남으로 인구가 증가 · 매점매석 등의 원인으로 대규모 식량 부족 사태가 벌어짐

---

11 고대 진성 여왕 재위 시기의 사실   난이도 하 ●○○

자료 분석 제시문에서 원종과 애노가 사벌주에서 반란(889)을 일으켰다는 것을 통해 밑줄 친 '왕'이 진성 여왕임을 알 수 있다. 진성 여왕 때는 사회가 혼란하여 사벌주(상주)에서 일어난 원종과 애노의 난을 시작으로 전국적으로 농민 반란이 발생하였다.

정답 설명 ③ 진성 여왕 때 당나라에서 귀국한 최치원이 왕에게 시무책 10여 조를 건의하였으나 진골 귀족들의 반대로 받아들여지지 않았고, 이에 최치원은 산 중에 은거하며 저술에 몰두하였다.

오답 분석
① 경애왕: 발해가 거란에 의해 멸망한 것은 경애왕 때이다(926).
② 신문왕: 신라의 최고 유교 교육 기관인 국학이 설치된 것은 신문왕 때이다(682).
④ 흥덕왕: 장보고의 건의에 따라 지금의 완도에 청해진이 설치된 것은 흥덕왕 때이다(828). 청해진은 장보고가 건설한 해군 기지이자 무역 기지로, 장보고는 청해진을 설치하고 남해와 황해의 해상 교통권을 장악하여 당, 신라, 일본을 잇는 국제 무역을 주도하였다.

---

12 시대 통합 독도의 역사   난이도 중 ●●○

정답 설명 ① 옳은 것을 모두 고르면 ㉠, ㉡, ㉢이다.
㉠ 『은주시청합기』(1667): 독도에 관한 일본 최초의 문헌으로, 일본 은주 지방의 관리 사이토 호센은 울릉도와 독도가 고려의 영토이고, 일본의 경계는 은기도까지임을 명기하였다.
㉡ 삼국접양지도(1785): 일본인 하야시 시헤이가 1785년 편찬한 지도로, 울릉도와 독도를 조선의 영토로 표시하였다.
㉢ 태정관 지령문(1877): 메이지 정부 최고 행정 기관인 태정관에서 '울릉도 외 1도(독도)는 일본과 관계없음을 명심할 것'이라는 지시를 시마네 현에 내린 지령문이다.

오답 분석 ㉣ 시마네 현 고시(1905): 일본은 국제법상 명백한 불법 영토 침탈 행위임에도 불구하고 시마네 현 고시 제40호를 통해 러·일 전쟁 중 일방적으로 독도를 시마네 현에 편입하였다.

👍 이것도 알면 합격!

독도가 우리나라 영토라는 근거

『은주시청합기』 (1667)	· 독도에 관한 일본 최초의 문헌 · 일본 은주 지방의 관리 사이토 호센은 울릉도와 독도가 고려(조선)의 영토이고 일본의 경계는 은기도까지임을 명기
삼국접양지도 (1785)	울릉도와 독도가 한국 것이라고 표시된 지도
『조선국교제시 말내탐서』 (1870)	메이지 정부가 조선에 조사단을 파견하여 울릉도와 독도가 조선 영토가 된 이유를 조사하고, 이 두 섬을 조선령으로 결론 지음
태정관 지령문 (1877)	메이지 정부 최고 행정 기관인 태정관에 '울릉도 외 1도(독도)는 일본과 관계 없음을 명심할 것'이라는 지시를 시마네 현에 내림

---

13 일제 강점기 동아일보   난이도 하 ●○○

자료 분석 제시문에서 이광수의 「민족적 경륜」을 실었으며, '일장기 말소 사건'을 일으켰다는 것을 통해 (가)가 동아일보임을 알 수 있다. 동아일보는 1920년 문화 통치의 일환으로 한글 신문 발행이 허용되면서 창간되었다. 또한 이광수의 「민족적 경륜」이라는 글을 실었으며, '일장기 말소 사건(1936)'으로 무기 정간 처분도 당하였다.

정답 설명 ② 동아일보는 1931~1934년에 브나로드 운동을 주도하여 학생을 통한 농촌 계몽 운동을 전개하였다. 이 운동은 "배우자! 가르치자! 다 함께 브나로드!"를 구호로 내걸고 전개된 운동으로, 농촌 계몽, 한글 보급, 미신 타파, 구습 제거를 추진하였다.

오답 분석
① 조선일보: 한글 보급 운동에 앞장서 『한글원본』 등의 교재를 제작·배포하였던 곳은 조선일보이다.
③ 천도교: 민중 계몽을 위해 『개벽』, 『신여성』, 『어린이』 등의 잡지를 간행한 곳은 천도교이다.
④ 동아일보와 신간회는 관계가 없다. 이상재, 안재홍 등의 조선일보 계열 인사들이 신간회에서 임원을 담당하는 등 신간회를 중심적으로 이끌었다.

👍 이것도 알면 합격!

조선일보와 동아일보

조선일보	· 문자 보급 운동 전개(1929~1934) · 신채호의 『조선상고사』 연재(1931) · 한글 교재인 『한글원본』 간행·보급 · 1940년 강제로 폐간
동아일보	· 이광수의 「민족적 경륜」 수록(1924) · 브나로드 운동 전개(1931~1934) · 정인보의 「5천년간 조선의 얼」 연재(1935) · 1936년 일장기 말소 사건으로 무기한 정간 처분을 받음 · 1940년 강제로 폐간

14 고대 김유신   난이도 하 ●○○

자료분석 제시문에서 김춘추가 당나라에서 돌아와 만났으며, 백제와 싸워 크게 승리하였다는 것을 통해 (가) 인물이 김유신임을 알 수 있다. 김유신은 김춘추가 당 태종을 만나러 갔을 때 백제와 전쟁을 일으켜 8명의 백제 장수를 사로잡고, 20여 성을 빼앗았으며, 3만여 명을 죽이거나 사로잡는 전공을 세웠다. 또한 김유신은 사로잡은 백제의 장수들과 김춘추의 딸 부부(품석 부부)의 시신을 교환하였다.

정답설명 ① 김유신은 황산벌에서 계백이 이끄는 백제 결사대를 물리쳤다 (660).

오답분석
② 원광: 화랑이 지켜야 할 세속 오계를 제시한 인물은 원광이다. 세속 오계는 진평왕 때 원광 법사가 유교·불교 등의 교리를 내포하여 만든 화랑도의 행동 규범이다.
③ 태종 무열왕(김춘추): 진덕 여왕의 뒤를 이어 신라 왕으로 즉위한 인물은 태종 무열왕 김춘추이다.
④ 김인문: 황제를 호위한다는 명목으로 당의 볼모가 되어 숙위 활동을 하다가 백제가 멸망(660)할 때 당나라의 부사령관인 부대총관으로 신라에 돌아온 인물은 김춘추의 아들이자 문무왕의 동생인 김인문이다.

15 조선 후기 서얼과 중인   난이도 하 ●○○

자료분석 제시문에서 (가)는 조정의 큰 성덕을 입어 관직에 임명되고, (나)는 여전히 관직을 얻지 못했다는 내용을 통해 (가)는 서얼, (나)는 중인임을 알 수 있다. 조선에서는 임진왜란을 거치면서 서얼에 대한 차별이 완화되기 시작하였고, 이에 서얼들은 집단적인 상소 운동을 벌여 19세기 중엽에는 법적으로 허통(과거 응시권), 통청(청요직 진출)의 권리를 획득하였다. 이에 자극을 받은 기술직 중인들도 신분 상승을 추구하며 철종 때 대규모 소청 운동을 전개하였으나 실패하였다.

정답설명 ③ 정조 때 규장각 검서관에 등용된 유득공, 박제가, 이덕무 등은 중인이 아닌 서얼 출신이었다.

오답분석
① 서얼의 신분 상승 운동이 성공하자 기술직 중인들도 자극을 받아 소청 운동을 전개하였다.
② 조선 후기에 서얼들은 납속, 공명첩 등을 통해 과거 응시권을 획득한 후 관직에 진출하였고, 이를 계기로 수 차례에 걸친 집단 상소를 통해 관직 진출의 제한을 없애줄 것을 요청하였다.
④ 중인은 주로 기술직에 종사하며 축적한 재산과 탄탄한 실무 경력을 바탕으로 신분 상승을 추구하였다.

👍 이것도 알면 합격!

기술직 중인들의 소청 운동

배경	· 서얼의 신분 상승 운동에 자극을 받음 · 축적된 재산과 실무 경험을 바탕으로 신분 상승 추구
전개	철종 때 대규모 소청 운동 전개 → 실패
결과	신분 상승 운동은 실패했으나, 향촌 사회에서 재력을 바탕으로 성장

16 조선 후기 동학   난이도 하 ●○○

자료분석 제시문에서 사람이 곧 하늘이라(인내천)는 내용을 통해 동학에 대한 설명임을 알 수 있다. 동학은 1860년 최제우에 의해 창시된 것으로 주로 경상도 지역을 중심으로 발전하였고, 이후 삼남 지방(충청, 전라, 경상) 일대를 중심으로 교세가 확대되었다.

정답설명 ② 동학의 경전인 『동경대전』과 포교 가사집인 『용담유사』는 최제우가 지었으며, 2대 교주인 최시형에 의해 편찬되었다.

오답분석
① 천주교: 순조 즉위 이후 대탄압(신유박해)이 가해진 종교는 천주교이다.
③ 홍경래의 난: 몰락 양반의 지휘 아래 평안도에서 일어난 난은 홍경래의 난으로, 동학과는 관련이 없다.
④ 임술 농민 봉기: 경상도 단성에서 시작되어 진주로 이어진 농민 봉기는 임술 농민 봉기로, 동학과는 관련이 없다.

17 현대 제2차 석유 파동과 경제 협력 개발 기구 가입 사이의 사실   난이도 하 ●○○

자료분석 제시된 자료의 수출액 100억 달러 돌파(1977)와 제2차 석유 파동(1978)은 박정희 정부 때의 사실이다. 경제 협력 개발 기구(OECD) 가입은 1996년의 사실로 김영삼 정부 때의 사실이다. 따라서 (가)에는 1978년~1996년 사이 시기의 사실이 들어가야 한다.

정답설명 ② (가) 시기인 1980년대에 우리나라 경제는 저금리, 저유가, 저달러의 일명 3저 호황으로 물가가 안정되고, 경제 성장을 계속해 나갈 수 있었다.

오답분석
① 제3차 경제 개발 5개년 계획은 1972년부터 1976년에 실시되었던 것으로, 제2차 석유 파동 이전의 사실이다. 제3차 경제 개발 5개년 계획에서는 수출 주도형 중화학 공업 육성 정책을 실행하였고, 이에 따라 포항·광양 제철소, 울산·거제 조선소 등이 건설되었다.
③ 베트남 파병 시작(1964)과 브라운 각서 체결(1966)은 모두 제2차 석유 파동 이전의 일이다. 베트남 전쟁이 확대되자 미국은 한국에 파병을 요청하였다. 이에 박정희 정부는 미국과의 정치·군사 동맹을 강화하고, 경제 개발에 도움을 얻기 위해 파병을 결정하였다. 1964년 베트남 파병을 시작하였고, 1966년 브라운 각서를 체결하여 미국으로부터 한국군의 현대화 및 경제 발전을 위한 원조를 제공받기로 합의하였다.
④ 한·일 기본 조약을 체결(1965)한 것은 제2차 석유 파동 이전의 일이다. 한국은 일본에게 '청구권·경제 협력에 관한 협정'을 포함하는 한·일 기본 조약(한·일 협정)을 통해 독립 축하금 명목의 무상 자금 3억 달러, 정부 차관 2억 달러, 민간 상업 차관 3억 달러를 공여받기로 합의하였다.

👍 이것도 알면 합격!

석유 파동

배경	국제 석유 가격의 상승으로 발생한 세계적인 혼란
제1차 석유 파동 (1973~1974)	중동 건설 사업에 진출하여 극복
제2차 석유 파동 (1978~1980)	· 국내 경기 불황, 국제 수지 악화로 극복하지 못함, 마이너스 경제 성장률 기록 · 유신 체제 몰락에도 영향을 끼침

18 일제 강점기 | 치안 유지법이 실시된 기간의 사실 | 난이도 중 ●●○

자료분석 제시문에서 국체를 변혁 또는 사유 재산제를 부인할 목적으로 결사를 조직하는 자를 처벌하는 것으로 보아 반정부, 반체제 운동을 탄압하기 위한 치안 유지법임을 알 수 있다. 치안 유지법은 1925년 제정되어 광복 이전까지 시행되었는데, 일제는 이를 사회주의자, 민족주의자 뿐만 아니라 항일 민족 운동을 처벌하는 데에도 이용하였다.

정답설명 ④ 중·일 전쟁 이후 육군 특별 지원병령(1938. 2.)을 통해 한국의 청년들을 전쟁에 동원하였던 일제는 1943년 학도 지원병 제도를 통하여 전문 학교 학생들과 대학생들까지 전쟁에 동원하였다.

오답분석 모두 치안 유지법이 실시되기 이전에 있었던 사실이다.
① 조선인에 대해 태형을 실시할 수 있도록 하는 조선 태형령이 공포된 것은 1912년의 일이다.
② 민립 대학 설립에 대한 여론을 무마시키기 위해 일제가 경성 제국 대학을 설립한 것은 1924년의 일이다.
③ 1920년 일제가 회사령을 철폐하고, 한·일 간 관세 철폐 움직임이 일어나자, 조만식, 이상재 등의 민족 자본가를 중심으로 평양에서 평양 물산 장려회가 조직되어 물산 장려 운동이 시작된 것은 1920년의 일이다.

19 조선 후기 | 조선 후기의 향촌 사회 | 난이도 하 ●○○

자료분석 제시문은 조선 후기 향촌 사회에서 구향과 신향 사이에 향권을 두고 벌어진 향전에 대한 내용이다. 조선 후기에 양반층이 분화하고, 부농층들이 납속, 향임직 매매 등을 통해 신분 상승을 하게 되었다. 이에 따라 향촌 사회에서 기존 양반 세력인 구향, 새롭게 성장한 신향 세력이 대립하는 향전이 전개되었다.

정답설명 ③ 경재소는 조선 전기에 유향소와 정부 사이의 연락을 담당하던 기구로, 선조 때에 폐지되었다. 한편, 수령은 경재소와 유향소를 연결하지 않았다.

오답분석 ① 조선 후기에는 향전의 전개 속에서 수령의 권한이 강화되었다. 향전이 전개되면서 기존 재지 사족의 힘은 약화되고, 새로 성장한 부농층을 수령이 포섭하면서 관권이 강화되었다.
② 조선 후기 향촌 사회에서 신향층은 수령과 그를 보좌하는 향리층과 결탁하였고, 향촌 사회에서 영향력을 확대하고자 하였다.
④ 조선 후기 향촌에서 재지 사족은 동계와 동약을 통해 향촌 사회에 대한 영향력을 유지하려고 하였다. 향촌 지배력이 약화된 재지 사족들은 군현 단위의 향약에서 그 범위를 좁혀 촌락 단위의 동계와 동약을 실시하여 향촌 사회에 대한 영향력을 유지하고자 하였다.

👍 이것도 알면 합격!

향전

> 지방 고을의 향전은 마땅히 금지해야 할 것이다. …(중략)… 반드시 가볍고 무거움에 따라 양쪽의 주동자를 먼저 다스려 진정시키고 향전을 없애는 것을 위주로 하는 것이 옳다. …(중략)… 향임을 임명할 때 한쪽 사람을 치우치게 쓰지 않는 것이 좋다. - 『거관대요』

사료 분석 | 신향은 향촌 지배권을 행사하는 데 중요한 역할을 했던 향교를 두고 구향과 다투거나, 구향과 타협하여 향촌 지배에 참여하는 등 다양한 방법으로 향촌 사회에서 자신들의 영향력을 확대해 갔다.

20 일제 강점기 | 대일 선전 포고 이후의 사실 | 난이도 상 ●●●

자료분석 제시문에서 추축국에 선전한다는 내용을 통해 대한민국 임시 정부의 대일 선전 포고문임을 알 수 있다. 대한민국 임시 정부는 태평양 전쟁이 발발한 이후인 1941년 12월, 대일 선전 포고문을 발표하였다.

정답설명 ④ 1940년에 대한민국 임시 정부는 김구를 주석으로 하는 단일 지도 체제를 만들고, 1941년 11월 삼균주의를 바탕으로 한 대한민국 건국 강령을 제정하였다.

오답분석 모두 대한민국 임시 정부의 대일 선전 포고 이후의 사실이다.
① 김원봉이 이끌던 조선 의용대가 한국광복군에 합류한 것은 1942년의 일이다.
② 영국군의 요청에 따라 인도, 미얀마 전선에 한국광복군이 파견된 것은 1943년의 일이다. 한국광복군은 인도, 미얀마 전선에서 포로 심문, 선전 전단 작성, 암호문 번역 등을 주로 담당하였다.
③ 조선 독립 동맹이 조선 의용대 화북 지대를 기반으로 조선 의용군을 조직한 것은 1942년의 일이다.

7회 2019년 국가직 9급

2019년 4월 6일 시행

문제집 36쪽

정답

01	③ 선사 시대	11	③ 시대 통합
02	④ 선사 시대	12	② 고려 시대
03	③ 고려 시대	13	④ 근대
04	③ 일제 강점기	14	① 고대
05	④ 조선 전기	15	③ 시대 통합
06	① 고려 시대	16	④ 조선 전기
07	① 근대	17	① 근대
08	④ 고대	18	② 조선 전기
09	③ 일제 강점기	19	② 일제 강점기
10	① 조선 후기	20	② 현대

취약 시대 분석표

시대	맞힌 개수
선사 시대	/ 2
고대	/ 2
고려 시대	/ 3
조선 전기	/ 3
조선 후기	/ 1
근대	/ 3
일제 강점기	/ 3
현대	/ 1
시대 통합	/ 2
총합	/ 20

기출 총평

"합격선 95점, 변별력 없이 매우 쉽게 출제!"

- **난이도:** 시험 전체적인 난이도는 하로, 매우 쉽게 출제되어 변별력이 없던 시험이었습니다. 기출에서 출제된 적이 있던 개념 위주로 출제되어 기본 개념 학습을 충실히 하였다면 고득점을 획득할 수 있었던 시험이었습니다.
- **고난도 문제**
  - 15번 우리나라의 불교 문화유산: 백제 무왕의 왕후가 사리기를 넣은 탑이 미륵사지 석탑이라는 사실과, 김제 금산사 미륵전의 내부가 하나라는 사실을 담은 선택지가 까다로웠으나, 문화사 학습을 충실하게 하였다면 충분히 맞힐 수 있었던 문제였습니다.

01 선사 시대 | 청동기 시대 | 난이도 하 ●○○

정답설명 ③ 청동기 시대의 유적지인 강화 부근리 유적에서는 청동기 시대의 대표적 무덤 양식인 탁자식(북방식) 고인돌이 발견되었다. 한편 강화의 고인돌 유적은 2000년에 유네스코 세계 문화유산으로 등재되었다.

오답분석 ① 구석기 시대: 연천 전곡리 유적은 구석기 시대의 유적이다. 연천 전곡리에서는 돌의 양쪽 면을 가공해 날을 세우는 방법으로 제작된 아슐리안형 주먹 도끼가 아시아 최초로 출토되었는데, 이를 통해 아슐리안형 주먹 도끼가 유럽·아프리카 대륙에서만 사용되었고 아시아에서는 사용되지 않았다는 모비우스 학설이 폐기되었다.

② 철기 시대: 창원 다호리 유적은 철기 시대의 유적이다. 창원 다호리 유적에서는 문자를 적는 붓이 출토되어 당시에 중국과 교류를 통해 한자를 사용하고 있었음을 알 수 있다.

④ 신석기 시대: 서울 암사동 유적은 신석기 시대의 유적이다. 서울 암사동 유적에서는 곡물을 담는 데 이용된 빗살무늬 토기가 발견되었으며, 신석기 시대의 집터가 다수 발굴되었다.

👍 **이것도 알면 합격!**

청동기 시대의 유적지

평북 의주 미송리 동굴	미송리식 토기 등이 출토됨
경기 여주 흔암리	• 탄화미가 발견되어 청동기 시대에 벼농사가 시작되었음을 보여줌 • 반달 돌칼, 바퀴날 도끼 등이 출토됨
충남 부여 송국리	• 탄화미, 반달 돌칼, 홈자귀, 붉은 간 토기, 송국리식 토기, 비파형동검 등이 출토됨 • 독무덤, 돌널무덤이 발견됨
울산 검단리	환호로 둘러싸인 마을 터가 발견됨

02 선사 시대 | 부여와 동예 | 난이도 하 ●○○

자료분석 (가)는 음력 12월에 영고라는 제천 행사를 지낸다는 내용을 통해 부여임을 알 수 있다.

(나)는 해마다 10월에 무천이라는 제사를 지낸다는 내용을 통해 동예임을 알 수 있다.

정답설명 ④ 동예에는 다른 부족의 영역을 침범하면 노비나 소, 말 등으로 변상하는 책화의 풍습이 있었다.

오답분석 ① 고구려: 5부(계루부·소노부·절노부·순노부·관노부)가 있었으며, 계루부에서 왕위를 차지하였던 나라는 고구려이다. 고구려는 태조왕 때부터 계루부 고씨의 왕위 세습권이 확립되었다.

② 삼한: 정치적 지배자로 신지, 읍차 등이 있었던 나라는 삼한이다. 삼한의 지배자 중 세력이 큰 것은 신지라 하였고, 세력이 작은 것은 읍차 등으로 불렸다.

③ 삼한: 죄를 지은 사람이 소도에 들어가면 잡아가지 못하였던 나라는 삼한이다. 삼한은 제정 분리 사회로, 정치적 지배자인 군장 외에 제사장인 천군이 있어 소도에서 종교와 농경에 대한 의례를 주관하였다. 소도는 천군이 주관하는 별읍(別邑)이며 군장의 세력이 미치지 못하는 신성 지역으로, 죄인이 도망하여 이곳에 오면 잡아가지 못하였다.

03 고려 시대 인종 재위 시기의 사실   난이도 하 ●○○

자료분석 제시된 자료에서 이자겸, 척준경이 금의 사대 요구를 수용하자고 주장하는 내용을 통해 (가) 왕이 고려 인종(1122~1146)임을 알 수 있다. 세력을 키운 금(여진)은 인종 대에 고려에 사대 관계를 요구하였고, 당시 집권 세력이었던 이자겸과 척준경은 권력 유지를 위해 이를 수용하였다(1126).

정답설명 ③ 인종 재위 시기에 묘청이 서경(평양)에 대화궁을 짓는 것과 칭제건원(황제를 칭하고 독자적인 연호 사용)을 주장하였다. 인종은 이자겸의 난으로 실추된 왕권을 회복하기 위해 묘청의 주장을 받아들여 서경에 대화궁을 지었다. 그러나 김부식 등의 반대로 서경 천도가 중단되자 묘청은 국호를 대위국, 연호를 천개로 하고 서경에서 난을 일으켰다(묘청의 난, 1135).

오답분석 ① 충렬왕 이후: 도평의사사를 중심으로 정치를 주도한 것은 충렬왕 이후의 사실이다. 충렬왕은 국방 문제를 논의하던 회의 기구인 도병마사를 도평의사사(도당)로 개편하고 국정 문제를 총괄하게 하였다.

② 충렬왕: 안향을 통해 성리학을 수용한 것은 충렬왕 때이다. 충렬왕 때 안향에 의해 우리나라에 성리학이 소개되었고, 『주자가례』는 성리학이 수용되면서 함께 보급된 것으로 추정된다.

④ 고종: 몽골의 침략에 대응하기 위해 강화도로 도읍을 옮긴 것은 고종 재위 시기(최우 집권기)이다.

04 일제 강점기 3·1 운동 이후의 사실   난이도 하 ●○○

자료분석 제시된 자료에서 조선 민족의 독립 항쟁과 1919년의 독립 만세 운동이라는 내용을 통해 밑줄 친 ㉠은 3·1 운동임을 알 수 있다. 3·1 운동은 무단 통치 시기에 일제의 강력한 탄압에 반발하여 일어난 독립 만세 운동으로, 그 결과 대한민국 임시 정부가 수립되는 계기가 되었고 일제의 통치 방식이 문화 통치로 전환되는 데 영향을 주었다.

정답설명 ③ 독립 의군부가 조직된 것은 1912년으로 3·1 운동 이전의 사실이다. 독립 의군부는 임병찬이 고종의 밀명을 받아 조직한 비밀 결사로, 왕정의 복고를 목적으로 하는 복벽주의를 표방하였다.

오답분석 ① 암태도 소작 쟁의가 일어난 시기는 1923년으로 3·1 운동 이후이다. 암태도 소작 쟁의는 1920년대의 대표적인 소작 쟁의로, 소작인들의 소작료 인하 요구가 받아들여지는 성과를 거두었다.

② 정우회 선언이 발표된 시기는 1926년으로 3·1 운동 이후의 사실이다. 정우회 선언은 사회주의 계열의 정우회가 민족주의 세력과 적극적으로 제휴할 것을 주장하며 발표한 것으로 신간회의 창립에 영향을 주었다.

④ 조선 민립 대학 기성회가 창립된 시기는 1923년으로 3·1 운동 이후의 사실이다. 조선 민립 대학 기성회는 조선 교육회의 주도로 설립된 단체로, 민립 대학 설립 운동을 주도하였다.

05 조선 전기 성종 대에 편찬된 서적   난이도 하 ●○○

자료분석 제시된 자료에서 세조의 뜻을 받들어 여섯 권의 법전을 완성하게 했다는 내용을 통해 밑줄 친 '성상'이 성종임을 알 수 있다. 성종 대에는 6전으로 구성된 『경국대전』을 완성하여 반포함으로써 조선의 기본 통치 방향을 확립하였다.

정답설명 ④ 성종 대에 신숙주, 정척 등이 제사 의식인 「길례」, 관례와 혼례 등의 「가례」, 사신 접대 의례인 「빈례」, 군사 의식에 해당하는 「군례」, 상례 의식인 「흉례」의 다섯 가지 의식(오례)을 정리한 의례서인 『국조오례의』를 편찬하였다.

오답분석 ① 문종: 고조선에서 고려 말까지의 전쟁을 정리한 병서인 『동국병감』은 문종 때 편찬되었다.

② 중종: 오륜의 중요성과 중국과 우리나라의 역사를 담은 아동 교육서인 『동몽선습』은 중종 때 박세무에 의해 편찬되었다.

③ 세종: 모범이 될 만한 효자, 충신, 열녀를 다룬 윤리서인 『삼강행실도』는 세종 때 편찬되었다.

👍 이것도 알면 합격!

성종 대에 편찬된 서적

『동국여지승람』	군현의 연혁·지세·인물·풍속·산물 등을 기록, 단군 신화 수록
『동국통감』	고조선부터 고려 말까지의 역사를 편년체로 기록
『동문선』	삼국 시대부터 조선 초까지 시와 산문 중 뛰어난 작품을 선별
『국조오례의』	국가의 여러 행사에 필요한 의례(군례·빈례·길례·가례·흉례)를 정리
『삼국사절요』	단군 조선에서 삼국 시대 말까지의 역사를 편년체로 정리
『악학궤범』	음악의 원리와 역사, 악기, 무용, 의상 및 소도구까지 망라하여 정리

06 고려 시대 시정 전시과   난이도 중 ●●○

자료분석 제시문에서 비로소 직관과 산관의 각 품을 기준으로 제정하였다는 내용을 통해 (가) 토지 제도가 고려 경종 때 제정된 시정 전시과임을 알 수 있다. 『고려사』에 따르면 경종 때 처음 전시과를 제정하고 인품만을 기준으로 삼았다고 하나, 4색 공복을 기준으로 문반·무반·잡업으로 나누어 토지를 분급한 것을 통해 실제로는 관품과 인품을 모두 고려하여 지급하였음을 알 수 있다.

정답설명 ① 시정 전시과에서는 자·단·비·녹색의 4색 공복을 기준으로 하고, 다시 문반, 무반, 잡업으로 나누어 지급할 토지의 결수를 정하였다.

오답분석 ② 경정 전시과: 산관이 지급 대상에서 제외되었으며, 이전에 비해 무반의 차별 대우가 개선된 것은 문종 때 제정된 경정 전시과이다. 경정 전시과에서는 무신에 대한 대우가 향상되었는데, 이는 거란과의 항쟁 과정에서 무신에 대한 인식이 달라진 것으로 파악된다.

③ 과전법: 전·현직 관료를 대상으로 경기 지방에 한정하여 지급된 것은 과전법이다. 한편, 전시과는 전국의 토지를 대상으로 지급되었다.

④ 역분전: 고려의 건국 과정에서 개국 공신 등에게 충성도와 공로에 따라 차등 지급된 것은 고려 태조 왕건 때 실시된 역분전이다.

👍 이것도 알면 합격!

전시과 제도의 변천

제도	지급 대상	특징
시정 전시과 (경종)	전·현직 관리	· 관품과 인품 반영 · 4색 공복 + 문·무반·잡업으로 나누어 지급
개정 전시과 (목종)	전·현직 관리	· 인품을 배제하고 관품만 고려 · 현직자 우대, 한외과 설치 · 토지 지급량 축소
경정 전시과 (문종)	현직 관리	· 산직이 배제됨 · 공음전, 한인전, 구분전 규정 정비 · 무관 차별 완화, 별정 전시과 정비, 한외과 폐지

07 근대 근대사의 흐름   난이도 중 ●●○

자료 분석 (가) 을미사변 발발(1895) ~ 을사조약(을사늑약) 강제 체결(1905)
(나) 을사조약(을사늑약) 강제 체결(1905) ~ 13도 창의군 서울 진공 작전 전개(1908)

정답 설명 ① (가) 시기에 시전 상인을 중심으로 황국 중앙 총상회가 조직되었다(1898). 시전 상인들은 외국 상인의 상권 침탈에 대항하여 황국 중앙 총상회를 결성한 후 상권 수호 운동을 전개하여 외국인의 불법적인 내륙 상업 활동을 엄단할 것을 요구하였다.

오답 분석 ② (나) 시기 이후: 105인 사건(1911)으로 신민회가 와해된 것은 (나) 시기 이후에 해당한다. 신민회는 국권의 회복과 공화 정치 체제의 근대 국가 수립을 목표로 1907년부터 활동하였으나 일제가 날조한 105인 사건으로 와해되었다.

③ (가) 시기 이전: 함경도 관찰사 조병식이 곡물 수출을 막는 방곡령(1889)을 내린 것은 (가) 시기 이전에 해당한다. 이 시기에 일본으로 많은 곡물이 유출되어 조선 내에 식량이 부족해지자 황해도와 함경도의 관찰사들은 개정된 조·일 통상 장정(1883)을 근거로 방곡령을 선포하였으나, 일본은 규정 위반을 구실로 방곡령의 철회와 배상금을 요구하였다.

④ (가) 시기: 일제의 황무지 개간권 요구를 반대하기 위해 보안회가 창설(1904)된 것은 (가) 시기에 해당한다. 보안회는 송수만, 원세성 등의 유생과 관료 출신들이 중심이 되어 결성된 단체로, 일제의 황무지 개간권 요구 반대 운동을 전개하여 결국 일제의 개간권 요구를 철회시켰다.

👍 이것도 알면 합격!

외국 상인의 내륙 상행위에 대한 황국 중앙 총상회(1898)의 반대

> 근일 외국인이 내지의 각 부 각 군 요지에 점포 가옥을 사서 장사를 하고 또 전답을 구입한다고 하니 이는 외국과 통상에도 없는 것이요, 외국인들이 내지에 와서 점포를 열어 장사를 하고 전답을 사들이면 대한 인민의 상권이 외국인에게 모두 돌아가고 …(중략)… 우리나라 각 부 각 군 지방에 잡거하는 외국 상인을 모두 철거하게 하고, 가옥과 전답 구매를 모두 엄금하여 대한 인민의 상업을 흥왕케 하여 달라.
> — 독립신문

사료 분석 | 황국 중앙 총상회는 외국 상인의 상권 침탈에 대항하여 민족의 권익을 수호하고, 더불어 시전 상인의 독점적인 이익을 지키고 유지하기 위해 설립되었다.

08 고대 발해 무왕 대의 사실   난이도 하 ●○○

자료 분석 제시문에서 흑수말갈이 당과 통하려고 하자 군사를 동원하여 흑수말갈을 치게 하였으며, 일본에 사신을 보내 발해가 고구려의 옛 땅을 회복하고 부여의 옛 습속을 지니고 있음을 자부하였다는 내용을 통해 발해 무왕 대의 사실임을 알 수 있다.

정답 설명 ④ 발해 무왕은 장문휴의 수군으로 하여금 당나라 산둥 지방의 등주(덩저우)를 선제 공격하게 하였다.

오답 분석 ① 고왕(대조영): 국호를 진국에서 발해로 바꾼 왕은 발해를 건국한 고왕(대조영)이다. 고왕(대조영)은 동모산에서 나라를 세우고, 국호를 '진'이라 하였으며, 이후 당으로부터 발해 군왕으로 책봉되고 국호를 발해로 고쳤다.

② 신라에서 급찬 숭정을 발해에 사신으로 보낸 것은 신라 헌덕왕 때인 812년으로, 당시 발해는 정왕(809~812)에서 희왕(812~818)으로 교체되는 시기였다. 한편 발해 무왕 때는 발해와 신라의 관계가 적대적이었으나, 문왕 이후 상설 교통로인 신라도를 통해 무역 활동을 전개하는 등 발해와 신라의 대립이 완화되었다.

③ 문왕: 대흥·보력 등의 독자적인 연호를 사용한 왕은 문왕이다. 무왕은 인안이라는 연호를 사용하였다.

09 일제 강점기 한국 독립군   난이도 하 ●○○

자료 분석 제시된 자료에서 사도하자에서 적군을 격파하였다는 내용을 통해 한국 독립군에 대한 설명임을 알 수 있다. 한국 독립군은 총사령관 지청천을 중심으로 북만주에서 중국 호로군 등과 연합하여 무장 독립 전쟁을 벌였다.

정답 설명 ③ 한국 독립군은 한국 독립당의 산하 부대로, 동경성 전투(1933)에서 일본군에 승리하였다. 이외에도 한국 독립군은 쌍성보 전투(1932), 사도하자 전투(1933), 대전자령 전투(1933) 등에서 일본군을 격파하였다.

오답 분석 ① 조선 혁명군: 양세봉이 총사령관이었던 부대는 조선 혁명군이다. 조선 혁명군은 1930년대에 남만주에서 중국 의용군과 연합하여 영릉가 전투, 흥경성 전투 등에서 승리하였다.

② 한국 독립군은 미쓰야 협정(1925)이 체결된 이후인 1930년대에 활동하였다. 미쓰야 협정은 만주에서 활동하는 한국 독립군 탄압을 위해 만주의 군벌과 조선 총독부 경무국장 미쓰야 사이에 체결된 조약으로, 이 조약으로 만주의 독립군 활동이 위축되었다.

④ 조선 의용대: 조선 민족 전선 연맹이 중국 국민당의 지원을 받아 창설한 부대는 조선 의용대이다. 조선 의용대는 한커우에서 김원봉에 의해 조직(1938)된 단체로, 중국 관내에서 결성된 최초의 한인 무장 단체였다.

👍 이것도 알면 합격!

한국 독립군

조직	북만주에서 한국 독립당의 산하 부대로 조직
활동	· 중국 호로군 등과 연합 작전을 수행(쌍성보·사도하자·동경성·대전자령 등) · 지청천(이청천)과 홍진 등은 임시 정부의 요청으로 중국 관내로 이동 · 임시 정부에 참여(1937)

10 조선 후기　조선 후기의 경제 상황　　난이도 하 ●○○

정답설명 ① 조선 후기 정조 때 신해통공을 반포하여 시전 상인의 금난전권을 폐지한 것은 맞으나, 그 대상에서 육의전은 제외되었다. 신해통공 반포 이후 사상의 자유로운 상업 활동이 일정 부분 보장되었다.

오답분석
② 조선 후기인 17세기에 일본에서 전래된 담배는 인삼과 더불어 조선 후기의 대표적인 상업 작물로 재배되었다.
③ 조선 후기인 18세기에 일본에서 전래된 고구마는 구황 작물로 많이 재배되었으며, 고구마의 재배 방법을 기술한 『감저보』, 『감저신보』 등이 간행되기도 하였다.
④ 밭 이랑과 이랑 사이의 고랑에 거름을 뿌린 후 파종하는 방식인 견종법은 조선 후기 밭농사에서 농업 생산력의 발전을 가져온 농법이다.

👍 이것도 알면 합격!
조선 후기의 농업 변화

광작 실시	이앙법의 확대(노동력 절감)로 광작이 성행함
견종법의 보급	밭 고랑에 씨를 뿌리는 견종법이 보급
작물의 다양화	· 상품 작물 재배: 면화, 채소, 담배, 인삼 등 · 구황 작물 재배: 고구마, 감자
지대 납부 방식	정률 지대인 타조법 대신 정액 지대인 도조법이 확대

11 시대 통합　단군에 대한 인식　　난이도 하 ●○○

정답설명 ③ 이규보의 『동명왕편』은 고려 명종 때 편찬된 역사서로, 고구려 건국 시조인 동명왕의 업적을 칭송한 일종의 영웅 서사시이다. 한편, 단군 이야기가 수록된 고려 시대 역사서로는 일연의 『삼국유사』, 이승휴의 『제왕운기』가 있다.

오답분석
① 이승휴의 『제왕운기』는 고려 충렬왕 때 편찬된 역사서로, 우리의 역사를 단군부터 서술하였다.
② 홍만종의 『동국역대총목』은 조선 후기 숙종 때 편찬된 역사서로, 단군 정통론의 입장에서 단군 조선이 정통 국가의 시작이며, 단군 - 기자 - 마한 - 통일 신라로 정통성이 이어진다고 보았다.
④ 「기미 독립 선언서」에는 단군이 고조선을 세웠다고 전해지는 해(기원전 2333년)를 원년으로 삼는 단군 기년을 사용하여 '조선 건국 4252년'으로 당시 연도(1919)를 표기하였고, 이를 통해 우리나라의 역사가 단군부터 시작됨을 명시하였다.

12 고려 시대　『삼국유사』　　난이도 하 ●○○

자료분석 제시문에서 삼국의 시조들이 모두 신이한 일로 탄생한 것을 강조하며 책 첫머리에 「기이(紀異)」편을 실었다는 내용을 통해 일연이 편찬한 『삼국유사』임을 알 수 있다. 『삼국유사』는 「기이」, 「흥법」, 「탑상」, 「의해」, 「왕력」 등으로 구성되어 있다.

정답설명 ② 『삼국유사』는 불교사를 중심으로 고대의 민간 설화와 전래 기록을 수록한 역사서이다.

오답분석
① 『해동고승전』: 불교 승려의 전기를 수록한 고승전은 각훈이 저술한 『해동고승전』이다. 『해동고승전』은 삼국 시대 이래의 승려들의 전기를 기록한 것으로, 현재 일부만 남아 있다.

③ 『동국통감』: 고조선부터 고려 말까지의 역사를 정리한 사서로는 조선 성종 때 서거정 등이 편찬한 『동국통감』이 있다.
④ 『삼국사기』: 유교적 합리주의 사관에 기초하여 기전체로 서술된 역사서는 김부식이 편찬한 『삼국사기』이다. 『삼국사기』는 우리나라 최고(最古)의 역사서로, 본기, 열전, 지, 표 등으로 구성되어 있다.

13 근대　전주 화약 체결 이후의 사실　　난이도 하 ●○○

자료분석 제시문은 청군과 일본군의 개입으로 사태가 악화되자 동학 농민군이 정부와 전주 화약을 체결(1894. 5.)한 후 해산한 내용이다. 동학 농민군이 전주성을 점령한 이후 조선 정부로부터 군사 파견 요청을 받은 청군이 조선에 출병하자 일본군도 톈진 조약을 근거로 조선에 출병하였다. 이에 동학 농민군은 폐정 개혁안을 제시하며 정부에게 협상을 제의하였으며, 정부가 이에 응하면서 정부와 농민군 사이에 전주 화약이 체결되었고, 동학 농민군은 자진 해산하였다.

정답설명 ④ 전주 화약이 체결된 이후 조선 정부는 청군과 일본군에 동시 철수할 것을 요구하였으나, 일본은 경복궁을 무단 점령하고, 청·일 전쟁을 일으켰다. 이에 전봉준을 중심으로 한 남접군과 손병희를 중심으로 한 북접군이 논산에서 합류(1894. 10.)하여 연합 부대를 형성하고 반외세를 기치로 2차 봉기하였다.

오답분석 모두 전주 화약이 체결되기 이전의 사실이다.
① 동학 농민군이 황토현 전투(1894. 4.)에서 전라 감영군을 격파한 것은 전주 화약이 체결되기 이전인 제1차 동학 농민 운동 시기의 사실이다.
②, ③ 전라도 고부 군수 조병갑이 농민들을 동원하여 만석보를 짓고 과중한 세금을 거두는 등의 횡포를 부리자 전봉준을 중심으로 농민들이 봉기하였다(고부 민란, 1894. 1.). 정부는 이를 수습하기 위해 안핵사 이용태를 파견하여 민란의 진상을 조사하도록 하였는데, 이용태가 농민들을 동학도로 몰아 처벌하면서 농민들의 분노가 폭발하였다.

14 고대　신라 중대의 경제 상황　　난이도 하 ●○○

자료분석 제시된 연표에서 국호 '신라' 확정은 지증왕 때인 503년, 9주 5소경 설치는 신문왕 때인 685년, 대공의 난 발발은 혜공왕 때인 767년 혹은 768년, 독서삼품과 실시는 원성왕 때인 788년이다. 따라서 (가)는 685년부터 767년 혹은 768년 사이의 시기이다.

정답설명 ① (가) 시기인 신라 중대에 성덕왕이 백성에게 정전을 처음으로 지급하였다. 성덕왕은 왕토 사상에 근거하여 일반 백성들에게 정전을 지급(722)하여 국가의 토지 지배력을 강화하였다.

오답분석
② (가) 시기 이전: 시장을 감독하는 관청인 동시전을 신설(509)한 것은 지증왕 때로 (가) 이전이며, 9주 5소경 설치 이전의 사실이다.
③ (가) 시기 이전: 고구려의 고국천왕이 백성의 구휼을 위하여 진대법을 시행(194)한 것은 (가) 이전으로, 국호 '신라'가 확정되기 이전의 사실이다.
④ (가) 시기 이후: 청주(지금의 경상남도 진주)의 거로현을 국학생의 녹읍으로 삼은(799) 것은 소성왕 때로 (가) 이후이며, 독서삼품과 실시 이후의 사실이다.

이것도 알면 합격!

신라의 토지 제도와 정치 상황

구분	토지 제도	정치 상황
통일 전	녹읍제	귀족 세력 강화
통일 후	· 관료전 지급 · 녹읍 폐지 · 정전 지급	· 전제 왕권 확립 · 귀족 세력 약화
경덕왕 이후	녹읍 부활	귀족 세력 강화 → 왕위 쟁탈전 전개

이것도 알면 합격!

조선 시대 서원

기원	주세붕이 세운 백운동 서원(1543, 중종)이 시초 → 이황의 건의로 최초의 사액 서원(소수 서원)으로 공인(1550, 명종)
역할	성리학 연구, 선현에 대한 제사와 교육의 역할 담당
영향	유교 윤리 보급, 향촌 사림 결집 및 강화

15 시대 통합 우리나라의 불교 문화유산   난이도 상 ●●●

정답설명 ③ 백제 무왕의 부인인 사택 왕후가 사리를 봉안하였다는 내용이 적혀 있는 금제 사리기가 발견된 것은 익산 미륵사지 석탑이다. 미륵사지 석탑은 무왕 때 건립된 것으로 추정되는 현존하는 우리나라 최고(最古)의 석탑이며, 목탑에서 석탑으로 넘어가는 과도기의 탑이기 때문에 목탑의 양식이 많이 남아있는 것이 특징이다. 한편 부여 정림사지 5층 석탑은 뛰어난 균형미가 특징인 백제의 석탑으로, 1층 탑신에 당나라 장수 소정방이 백제를 평정하였다는 글귀를 새겨놓아 한때 평제탑이라고 불리기도 했다.

오답분석
① 개성 경천사지 10층 석탑은 원의 영향을 받은 고려 후기의 석탑이다. 이 석탑은 이후 조선 세조 때 제작된 원각사지 10층 석탑에 영향을 주었다.
② 영주 부석사 무량수전은 고려 시대 주심포 양식의 목조 건축물이다. 이외에 고려 시대의 주심포 양식 건축물로는 안동 봉정사 극락전, 예산 수덕사 대웅전 등이 있다.
④ 김제 금산사 미륵전은 조선 후기의 대표적인 불교 건축물로 다층 건물이나 내부가 하나로 통하는 구조로 되어 있다. 조선 후기에는 불교의 사회적 지위가 높아지며 거대한 규모의 불교 건축물이 세워졌는데, 김제 금산사 미륵전, 구례 화엄사 각황전, 보은 법주사 팔상전 등이 대표적이다.

16 조선 전기 서원   난이도 하 ●○○

자료분석 제시문에서 주세붕이 창건하였으며, 최충, 정몽주, 김종직 등이 살던 곳에 건립될 것이라는 내용을 통해 (가) 교육 기관이 서원임을 알 수 있다. 최초의 서원은 중종 때 풍기 군수 주세붕이 안향을 제사 지내기 위해 설립한 백운동 서원이며, 백운동 서원은 명종 때 이황의 건의로 소수 서원으로 사액되었다.

정답설명 ④ 서원은 학문의 연구와 선현의 제사를 위해 설립된 사설 교육 기관이며, 향촌 사회의 교화와 결속력 강화를 위해 향음주례, 향사례 등을 주관하기도 하였다.

오답분석
① 향교: 지방의 군현에 있던 유일한 관학(국립 교육 기관)은 향교이다. 향교는 전국의 부·목·군·현에 각각 설립되었으며, 중앙에서는 향교에 교수와 훈도를 파견하였다.
② 서당: 선비와 평민의 자제에게 『천자문』, 『동몽선습』 등을 가르친 것은 초등 교육을 담당하는 사립 교육 기관인 서당이다.
③ 성균관: 성적 우수자에게 문과(대과)의 초시를 면제해 준 것은 국립 고등 교육 기관인 성균관이다.

17 근대 조·일 무역 규칙과 조·미 수호 통상 조약   난이도 하 ●○○

자료분석 (가)는 강화도 조약(1876. 2.)에 이어 몇 달 뒤에 체결되었으며 양곡의 무제한 유출을 가능하게 하고, 일본 선박의 항세를 면제하였다는 규정을 통해 조·일 무역 규칙(1876. 7.)에 대한 내용임을 알 수 있다.

(나)는 김홍집이 가져 온 황준헌의 『조선책략』의 영향과 청의 알선으로 체결되었으며, 한 나라가 제3국의 압박을 받을 경우 서로 도와줄 것을 규정한 거중조정과 최혜국 대우의 규정이 포함되었다는 내용을 통해 조·미 수호 통상 조약(1882)에 대한 내용임을 알 수 있다.

정답설명 ① 옳게 짝지은 것은 (가) 조·일 무역 규칙, (나) 조·미 수호 통상 조약이다.

오답분석
· 조·일 수호 조규 부록: 조·일 수호 조규 부록(1876. 7.)은 강화도 조약(조·일 수호 조규)의 부속 조약으로, 이 조약을 통해 일본 외교관의 내지 여행과 일본 화폐의 유통이 허용되었고, 일본 상인의 활동 범위(거류지, 간행이정)가 설정되었다.
· 조·러 수호 통상 조약: 조·러 수호 통상 조약(1884)은 청의 알선으로 체결된 미국, 영국, 독일 등과의 통상 조약과는 달리, 조선 정부가 청의 내정 간섭에서 벗어나고자 독자적으로 교섭을 전개하여 체결한 조약이다. 당시 외교 고문이던 독일인 묄렌도르프가 양국의 교섭을 주선하였으며, 최혜국 대우와 치외 법권 등이 규정되었다.

18 조선 전기 조선의 중앙 정치 조직   난이도 하 ●○○

자료분석 제시된 자료는『동호문답』, 『성학집요』를 저술한 율곡 이이의 연보이다.

정답설명 ② 이조의 정6품 좌랑은 정5품 정랑과 함께 이조 전랑으로 불리었으며, 이조 전랑에게는 삼사(사간원, 사헌부, 홍문관)의 관리를 추천·선발할 권한(통청권)이 있었다. 또한 이조 전랑에게는 후임자 추천권(자대권)과 재야의 인재를 추천할 수 있는 권한(낭천권)이 부여되는 등 그 권한이 매우 강하였으며, 이러한 이유 때문에 선조 때 이조 전랑의 임명을 둘러싸고 동·서 분당이 일어나기도 하였다.

오답분석
① 승정원: 왕명 출납을 담당하면서 왕의 비서 기관의 업무를 한 것은 승정원이다. 사간원은 왕의 정책을 간쟁하는 역할을 하였다.
③ 대간(사간원, 사헌부): 왕의 정책을 간쟁한 것은 사간원, 관원의 비행을 감찰한 것은 사헌부로, 사간원과 사헌부는 대간(양사)이라고 불리었으며, 대간은 5품 이하 관리 임명에 대한 동의권(서경권)을 행사하였다. 한편 사간원·사헌부·홍문관의 삼사는 권력의 독점과 부정을 방지하는 조선 시대의 언론 기관이었다.

④ 교서관: 궁중의 서적 출판 및 간행의 업무를 전담한 것은 교서관이다. 홍문관은 국왕의 정책에 대한 자문을 담당한 기관으로, 경연과 서연을 주관하였다.

👍 이것도 알면 **합격!**

조선의 중앙 정치 조직

의정부	조선 최고 관부, 재상들의 합의로 국정을 총괄 및 운영
6조	왕의 명령을 집행하는 행정 기관
승정원	왕명 출납을 담당하는 국왕 직속의 비서 기관, 왕권 강화에 기여
의금부	국왕 직속의 상설 사법 기관, 대역·모반죄 등의 중죄 처결, 왕권 강화에 기여
기타	· 4관: 예문관(국왕의 교지 작성), 승문원(외교 문서 작성), 성균관(최고 교육 기관, 국립 대학), 교서관(궁중의 서적 간행) · 춘추관: 역사서 편찬·보관 담당, 실록청을 설치하여 왕조 실록을 편찬 · 한성부: 수도(서울)의 행정과 치안 담당, 토지·가옥에 관한 소송

19 일제 강점기 박은식   난이도 하 ●○○

자료분석 제시문에서 유교가 발전하지 못한 3대 문제를 지적하며 이를 개량하고 구신해야 유교가 부흥할 수 있음을 주장하는 것을 통해 박은식이 저술한 「유교구신론」의 내용임을 알 수 있다. 박은식은 「유교구신론」에서 성리학의 한계를 지적하고 새로운 시대에 맞게 유교를 전승시키려면 실천적인 양명학을 보급해야 한다고 주장하였다.

정답설명 ② 박은식은 『한국통사』에서 나라는 형(형체)이고 역사는 신(정신)이며, 나라의 형체는 사라졌지만 그 정신(국혼)은 사라지지 않음을 강조하며 우리 민족의 독립 의식을 고취하였다. 또한 박은식은 『한국독립운동지혈사』를 저술하여 3·1 운동 등의 항일 민족 운동의 역사를 정리하였다.

오답분석
① 정인보: 조선얼을 강조하며 조선학 운동을 전개한 인물은 정인보이다. 조선학 운동은 정인보, 문일평, 안재홍 등의 민족주의 사학자들이 다산 서거 99주기를 맞아 『여유당전서』를 간행한 것이 계기가 되어 전개된 것으로, 한글, 실학 연구 등을 통해 우리 민족 문화의 자주성을 찾으려고 하였다.
③ 김구: 주석·부주석 체제하의 대한민국 임시 정부에서 주석을 역임한 인물은 김구이다. 대한민국 임시 정부의 제5차 개헌(1944)으로 정치 체제가 주석·부주석 체제로 개편되며 주석에 김구, 부주석에 김규식이 취임하였다.
④ 신채호: 「독사신론」에서 민족을 역사 서술의 주체로 설정하고 사대주의를 비판한 인물은 신채호이다.

👍 이것도 알면 **합격!**

박은식

특징	· "나라는 형체이고 역사는 정신이다." · 민족 정신으로 '혼' 강조
대표 저서	· 『한국통사』: 근대 이후의 일본의 침략 과정을 저술 · 『한국독립운동지혈사』: 민족의 독립운동 정리

20 현대 대한민국 정부 수립 과정   난이도 하 ●○○

정답설명 ② 시기 순으로 나열하면 (나) 조선 건국 준비 위원회 결성(1945. 8.) → (다) 모스크바 3국 외상 회의 개최(1945. 12.) → (가) 좌·우 합작 7원칙 발표(1946. 10.) → (라) 남북 협상(1948. 4.)이 된다.

(나) **조선 건국 준비 위원회 결성**: 해방 직후 여운형 등의 중도 좌파와 안재홍 등의 중도 우파가 연합하여 조선 건국 준비 위원회를 조직(1945. 8.)하고, 조선 총독부로부터 치안 유지권과 일부 행정권을 인수받았다.

(다) **모스크바 3국 외상 회의 개최**: 미국·영국·소련의 3국 외상은 한반도 문제에 대해 협의하기 위해 모스크바 3국 외상 회의를 개최하였다(1945. 12.). 이 회의의 결과 미·소 공동 위원회 설치, 임시 민주 정부의 수립 지원 약속, 신탁 통치 실시 등이 결정되었다.

(가) **좌·우 합작 7원칙 발표**: 제1차 미·소 공동 위원회가 결렬되고 남한만의 단독 정부를 수립하려는 움직임이 확산되자, 김규식과 여운형을 비롯한 중도 좌·우익 세력은 좌·우 합작 위원회를 조직(1946. 7.)하고 좌·우 합작 7원칙을 발표(1946. 10.)하였다.

(라) **남북 협상**: 유엔 소총회에서 남한만의 단독 총선거 실시가 결정되자 김구, 김규식 등은 김일성, 김두봉 등에게 남북 협상을 제의하였고, 그 결과 평양에서 남북 협상이 개최되었다(1948. 4.).

8회 2018년 국가직 9급

2018년 4월 7일 시행

문제집 40쪽

정답

01	① 시대 통합	11	④ 조선 전기
02	③ 고려 시대	12	③ 고대
03	① 고대	13	② 고대
04	③ 현대	14	④ 고대
05	③ 고려 시대	15	③ 근대
06	① 조선 후기	16	③ 조선 전기
07	① 조선 전기	17	④ 일제 강점기
08	② 일제 강점기	18	③ 현대
09	④ 근대	19	② 고려 시대
10	② 일제 강점기	20	③ 시대 통합

취약 시대 분석표

시대	맞힌 개수
선사 시대	/ 0
고대	/ 4
고려 시대	/ 3
조선 전기	/ 3
조선 후기	/ 1
근대	/ 2
일제 강점기	/ 3
현대	/ 2
시대 통합	/ 2
총합	/ 20

기출 총평

"합격선 80점, 생소한 개념들로 까다롭게 출제!"

- **난이도**: 시험 전체적인 난이도는 상으로, 까다로운 문제들이 많이 출제되어 매우 어려웠던 시험이었습니다.
- **고난도 문제**
  - 14번 문무왕: 잘 출제되지 않는 포인트였으며, 지수신이라는 생소한 인물이 나와 난이도가 높았습니다.
  - 16번 조선 성리학의 학설과 동향: 생소한 개념인 서경덕의 태허설이 제시되고, 순서도 맞춰야 해 어려웠습니다.
  - 18번 한·일 회담과 브라운 각서 사이의 사실: 선택지의 모든 연도를 외워야만 풀 수 있는 문제라 어려웠습니다.
  - 19번 이규보: 진화가 고려 어느 시기의 인물인지 알 수가 없어 답을 맞출 수 없었던 문제였습니다.

01 시대 통합 시대별 지방 행정 제도   난이도 하 ●○○

정답 설명 ① 통일 신라의 말단 행정 구역인 촌에는 지방관이 따로 파견되지 않았고, 토착 세력인 촌주가 촌의 행정을 담당하였다.

오답 분석
② 조선 시대: 전국 330여 개의 모든 군현에 수령을 파견한 것은 조선 시대의 사실이다. 발해는 지방을 5경 15부 62주로 나누어 지방관을 파견하고, 말단 행정 구역인 촌락은 토착 세력인 촌장을 통해서 지배하였다.
③ 조선 시대: 촌락 지배 방식으로 면리제가 확립된 것은 조선 시대의 사실이다.
④ 지방 세력을 통제하기 위해 중앙의 고급 관리를 자기 출신지의 사심관으로 임명한 것은 고려 시대의 사실이며, 사심관은 지방에 파견되지 않고 중앙에 거주하였다. 한편 조선 시대에는 전국의 모든 군현에 수령이 파견되었고, 조선 시대의 향리는 수령을 보좌하며 행정 실무를 담당하는 아전의 역할을 하였다.

02 고려 시대 외교 담판 이후 서희의 활동   난이도 중 ●●○

자료 분석 제시문에서 (갑)은 신라 땅에서 일어난 그대들(고려)이 자신들의 영역인 고구려 땅을 침범하였다는 내용을 통해 고려를 침입한 거란의 장수 소손녕임을 알 수 있다. (을)은 자신의 나라가 고구려를 계승하여 나라 이름도 고려라 하였다는 내용을 통해 거란과 외교 담판을 하였던 고려의 서희임을 알 수 있다. 서희는 거란과의 외교 담판에서 고려와 거란이 통교하지 못하는 이유로 국경 지역의 여진의 방해 때문임을 강조하였다.

정답 설명 ③ 거란의 1차 침입 때 외교 담판으로 거란으로부터 강동 6주의 소유권을 인정받은 후 서희는 군사를 이끌고 강동 6주 지역의 여진족을 몰아내고 성을 쌓아 고려의 영토로 편입하였다. 이를 통해 고려의 국경이 압록강까지 확장되었다.

오답 분석
① 고려가 9성을 설치한 것은 고려 예종 때 윤관이 여진족을 정벌한 이후이다. 예종 때 윤관은 별무반을 이끌고 여진족을 정벌한 뒤 한반도 동북 지역 일대에 9성을 설치하였다(1107).
② 귀주 대첩은 거란의 3차 침입 때의 사실이다. 거란의 2차 침입 때 강화의 조건으로 약속한 현종의 입조가 지켜지지 않자 거란이 고려에 다시 침입하였다(거란의 3차 침입, 1018). 그러나 거란군은 고려의 저항으로 퇴각하던 중 귀주에서 강감찬에게 섬멸되었다(1019).
④ 천리장성은 거란의 3차 침입 이후에 축조되었다. 거란의 침입 이후 고려는 거란과 여진의 침입에 대비하기 위해 압록강에서 도련포에 이르는 고려의 북쪽 국경 지대에 천리장성을 축조하였다(1033~1044).

03 고대 광개토 대왕의 신라 구원   난이도 하 ●○○

자료 분석 제시된 자료에서 영락이라는 연호가 사용된 것과 백제 왕(아신왕)이 항복하였다는 내용을 통해 고구려의 광개토 대왕 시기의 사실임을 알 수 있으며, 왕이 병사를 보내 신라를 구원하게 하였다는 ㉠의 내용은 광개토 대왕이 군사를 보내 신라를 구원한 사건임을 알 수 있다.

정답 설명 ① 광개토 대왕이 신라 내물 마립간의 요청에 따라 군사를 파견 (400)하여 신라에 침입한 왜군을 물리친 이후 고구려는 신라에 군대를 주둔시키는 등 신라에 대한 내정 간섭을 강화하였고, 한반도 남부까지 영향력을 확대하였다.

오답분석
② 황해도 지역을 놓고 고구려와 대립하던 백제의 근초고왕이 고구려의 평양성을 공격하여 고국원왕을 전사시킨 것(371)은 광개토 대왕의 신라 구원 이전의 사실이다.
③ 신라군이 관산성 전투에서 백제 성왕을 살해한 것은 광개토 대왕의 신라 구원과 관련이 없다. 백제 성왕과 신라 진흥왕은 연합하여 고구려가 차지하고 있던 한강 유역을 확보하였으며, 이후 신라 진흥왕은 백제와의 연합을 깨고 한강 하류까지 차지하였다(553). 이에 분노한 성왕은 신라를 공격하였으나 관산성 전투에서 전사하였다(554).
④ 금관가야가 가야 지역의 중심 세력으로 대두한 것은 2~3세기의 사실이다. 이후 4~5세기경에 신라를 구원하기 위해 출병한 광개토 대왕의 고구려군이 낙동강 유역까지 남하하면서 금관가야가 타격을 입고 전기 가야 연맹이 해체되었다.

04 현대 이승만과 김구 난이도 중 ●●○

자료분석 제시문에서 (가)는 남방만이라도 임시 정부 혹은 위원회 같은 것을 조직하자는 내용을 통해 남한의 단독 정부 수립을 주장한 이승만의 '정읍 발언(1946. 6.)'임을 알 수 있다. (나)는 통일된 조국을 달성하려다 38도선을 베고 쓰러질지언정 단독 정부를 세우는 데는 협력하지 아니하겠다는 내용을 통해 김구의 '삼천만 동포에게 읍고함'임을 알 수 있다.

정답설명 ③ 김구는 한반도의 신탁 통치를 저지하기 위해 탁치 반대 국민 총동원 위원회를 조직하였다.

오답분석
① 김구: 남북 통일 정부 수립을 주장하며 5·10 총선거에 불참한 대표적인 인물은 김구이다. 김구와 김규식 등 남북 협상파와 좌익 세력은 남한의 단독 정부 수립에 반대하여 5·10 총선거(1948)에 참여하지 않았다.
② 김구: 좌·우 합작 7원칙을 지지한 인물은 김구이다. 김구는 좌·우 합작 7원칙을 광복 이후 민족이 거둔 최대 수확이라고 평가하며 지지하였다. 한편, 이승만은 좌·우 합작 7원칙에 대해 지지가 아닌 조건부 찬성의 입장을 표방하였으며, 좌익과의 협조를 거부하였다.
④ 김규식: 남조선 과도 입법 의원의 의장을 역임한 인물은 김규식이다. 남조선 과도 입법 의원(1946. 12.)은 통일 임시 정부를 구성할 때까지 사용될 법령의 초안을 작성하기 위해 미 군정의 주도로 설립된 기관으로, 김규식은 이 기관의 의장으로 선출되었다.

05 고려 시대 팔관회 난이도 상 ●●●

자료분석 제시된 자료에서 성종 때 (가)의 시행에 따른 잡기가 정도(正道)에 어긋난다 하여 폐지하였던 것을 30여 년 후 부활시켰다는 내용을 통해 (가)가 팔관회임을 알 수 있다. 팔관회는 우리나라의 토착 신앙과 도교의 행사에 불교가 결합한 국가 행사로, 고려 성종 때 불교 행사인 연등회와 함께 폐지되었다가, 고려 현종 때 다시 시행되었다.

정답설명 ② 정월 보름에 개최된 것은 불교 행사인 연등회이다. 한편 팔관회의 경우 서경에서는 10월 15일에, 개경에서는 11월 15일에 개최되었다.

오답분석
① 팔관회가 개최되면 송나라, 탐라, 여진, 아라비아 등 여러 나라의 사신과 상인들의 방문으로 국제 무역이 이루어지기도 하였다.
③ 팔관회에서는 부처뿐 아니라 하늘, 산신, 물의 신, 용신 등의 토속신에게 제사를 지내며 나라의 안녕과 평화를 기원하였다.
④ 태조 왕건이 남긴 훈요 10조에서 연등회와 더불어 팔관회의 시행을 강조하였으며, 이에 따라 연등회와 팔관회는 고려의 중요 의례로 자리잡았다.

👍 이것도 알면 합격!

고려의 불교 행사

구분	연등회	팔관회
성격	불교 행사	도교와 토착 신앙 행사에 불교가 결합
개최 장소	전국	개경과 서경
시기	1월 15일(→ 2월 15일)	· 개경: 11월 15일 · 서경: 10월 15일
특징	다과를 차리고 군신이 함께 즐김	· 국가와 왕실의 태평을 기원 · 외국 상인에게 무역의 장이 되기도 함

06 조선 후기 정조 난이도 중 ●●○

자료분석 제시된 자료는 정조가 지은 「만천명월주인옹자서」이다. 정조는 「만천명월주인옹자서」에서 자신을 달로 비유하고 수많은 백성들을 냇물의 갈래로 표현하여 군주의 초월성을 강조하고, 모든 백성들을 보살피고자 하는 자신의 정치 철학을 나타내었다.

정답설명 ① 정조는 서호수에게 우리나라 농학을 중심으로 중국의 농업 기술을 수용하여 체계화한 농업 기술서인 『해동농서』를 편찬하도록 하였다. 『해동농서』에서는 우리나라의 자연 환경과 중국의 자연 환경이 다름을 지적하고, 각자 지역 조건에 맞는 농법을 선택하여 개량할 것을 주장하였다.

오답분석
② 허적 등: 갑인예송에서 왕권을 강조하며 기년복을 주장한 것은 허적 등의 남인이다. 허적 등의 남인 세력은 현종 때 발생한 갑인예송(1674)에서 왕실의 예법이 사대부와 다름을 강조하며 효종비의 장례에 대하여 자의 대비(인조의 계비)의 상복 기간을 기년복(1년복)으로 할 것을 주장하였다.
③ 숙종: 이순신의 사당에 현충이라는 시호를 내리고 강감찬 사당을 건립한 것은 숙종이다. 숙종은 아산에 이순신 사당을 건립하고 현충이라는 시호를 내렸으며, 의주에는 강감찬 사당을 건립하였다.
④ 효종: 민간의 광산 개발 참여를 허용하는 설점수세제를 처음 실시한 것은 효종이다. 효종은 국가 재정을 보충하고 중국과의 무역을 활성화하기 위해 민간의 광산 경영을 허가하고 세금을 거두는 설점수세제를 시행하였다.

07 조선 전기 중종 재위 기간의 사실 난이도 중 ●●○

자료분석 제시된 자료에서 이륜행실(二倫行實)을 간행할 것을 청했다는 내용을 통해 밑줄 친 '국왕'이 조선 중종임을 알 수 있다. 중종은 김안국의 건의에 따라 백성의 교화를 목적으로 『이륜행실도』를 편찬하였다.

정답 설명
① 조선 중종 때는 풍기 군수 주세붕이 우리나라에 성리학을 처음 소개한 안향을 제사 지내기 위해 우리나라 **최초의 서원인 백운동 서원**을 세웠다. 이후 명종 때 풍기 군수로 부임한 이황의 건의로 백운동 서원이 소수 서원으로 사액되면서 최초의 사액 서원이 되었다.

오답 분석
② 김시습이 『금오신화』를 저술한 것은 세조~성종 때로 추정된다. 우리나라 최초의 한문 소설인 『금오신화』는 평양, 경주, 개성 등 옛 도읍지를 배경으로 우리나라 고유 신앙과 연결된 민중의 생활 감정 등을 표현하였다.
③ 성종: 『국조오례의』가 편찬되고 『동국여지승람』이 만들어진 것은 조선 성종 때이다. 조선 성종 때에는 국가의 주요 행사인 길례, 혼례, 빈례, 군례, 흉례 등 '오례'에 관해 정리한 『국조오례의』가 편찬되었으며, 군현의 연혁, 지세, 인물, 풍속, 성씨 등을 수록한 관찬 인문 지리서인 『동국여지승람』이 편찬되었다.
④ 세종: 문화와 제도를 유교식으로 갖추기 위해 집현전을 확대·창설한 것은 조선 세종 때이다. 세종은 고려 때부터 있었던 학문 연구 기관인 집현전의 기능을 확대하고, 유학자를 양성하였다.

👍 이것도 알면 **합격!**

중종 재위 시기의 사실

정치	· 삼포왜란을 계기로 임시 회의 기구인 비변사 설치 · 위훈 삭제, 주초위왕 사건을 계기로 조광조 등의 사림 세력들이 제거된 기묘사화 발생 · 군역 부담자가 국가에 군포를 납부하고 군역을 면제받는 군적수포제 시행 · 세견선 25척, 세사미두 100석으로 무역 규모를 제한한 임신약조가 체결됨
사회	주세붕이 우리나라 최초의 서원인 백운동 서원을 건립함
문화	연장자와 연소자·친구 사이에서 지켜야 할 윤리를 강조한 『이륜행실도』 간행

08 일제 강점기 국가 총동원법   난이도 중 ●●○

자료 분석
제시된 자료에서 정부는 전시에 국가 총동원상 필요하다고 인정될 때 제국 신민을 징용할 수 있다는 내용을 통해 1938년 4월에 제정된 국가 총동원법임을 알 수 있다.

정답 설명
② 일제가 육군 특별 지원병령을 제정하여 지원병을 선발한 것은 국가 총동원법이 제정되기 이전인 1938년 2월이다. 중·일 전쟁이 발발(1937)하자 일제는 병력 보급을 위하여 육군 특별 지원병령을 공포하여 지원병을 모집하였다. 이후 일제는 지원병 제도를 해군으로까지 확대하였다(1943. 7.).

오답 분석
① 물자 통제령(1941)은 국가 총동원법을 근거로 제정되었다. 일제는 물자 통제령을 통해 식량에만 적용되던 배급제를 확대하였고, 전쟁 물자를 비롯한 생필품의 생산, 배급, 소비, 가격 등에 대해 국가의 통제를 강화하였다.
③ 금속류 회수령(1941)은 국가 총동원법을 근거로 제정되었다. 일제는 금속류 회수령을 제정하여 무기 생산을 위한 관민 소유의 금속 자원을 강제로 공출하였다.
④ 국민 징용령(1939)은 국가 총동원법을 근거로 제정되었다. 일제는 국민 징용령을 통해 주요 군수 공장과 광산, 비행장 공사 등에 한국인을 강제로 동원하였다.

👍 이것도 알면 **합격!**

병참 기지화 정책

배경	경제 공황 극복을 위한 일본의 대외 침략이 중·일 전쟁(1937) 이후 본격화
내용	국가 총동원법을 제정(1938)하여 조선의 물적·인적 자원 수탈 강화
인적 수탈	· 징병: 학도 지원병제(1943), 징병제(1944) · 징용: 국민 징용령(1939), 근로 보국대 조직(1938, 몸빼 장려, 농촌 여성 노동력 동원 목적), 국민 근로 보국령(1941), 여자 정신대 근무령(1944)
물적 수탈	· 산미 증식 계획 재개(1940), 가축 증식 계획 수립(군수품 조달 목적) · 공출제, 배급제 시행(1939) → 금속류 회수령(1941), 식량 관리령(1943, 공출제 강화), 물자 통제령(1941, 배급제 확대)

09 근대 제1차 동학 농민 운동   난이도 중 ●●○

자료 분석
(가) 시기 이전의 자료는 안핵사 이용태가 보고하였다는 것을 통해 1894년 1월에 발생한 고부 농민 봉기 시기임을 알 수 있다. (가) 시기 이후의 자료는 전봉준이 (전라)우도, 김개남이 (전라)좌도를 통솔하였다는 것을 통해 전주 화약(1894. 5.) 이후 동학 농민군이 집강소를 설치한 시기임을 알 수 있다. 따라서 (가)는 고부 농민 봉기와 집강소 설치 사이의 시기이다.

정답 설명
④ (가) 시기인 1894년 3월에 전봉준을 중심으로 한 동학군은 백산에 집결하여 보국안민의 뜻을 담은 격문과 4대 강령 등을 발표하였다. 고부 농민 봉기를 조사하기 위해 파견된 안핵사 이용태가 고부 민란에 참여한 농민들을 탄압하자, 전봉준 등은 무장에서 보국안민과 제폭구민을 구호로 창의문을 발표하고, 농민군을 백산으로 소집하여 봉기하였다.

오답 분석
① 논산에서 남·북접의 동학군이 집결한 것(1894. 10.)은 집강소 설치 이후인 제2차 동학 농민 운동 시기의 사실이다. 톈진 조약을 근거로 조선에 상륙한 일본군이 무력으로 경복궁을 점령하고 내정을 간섭하자 동학 농민군은 다시 봉기하였고, 이때 전봉준이 이끄는 남접과 손병희가 이끄는 북접이 논산에서 집결하였다.
② 우금치 전투(1894. 11.)에서 동학군이 일본군과 격전을 벌인 것은 집강소 설치 이후인 제2차 동학 농민 운동 시기의 사실이다.
③ 동학 교도가 궁궐 앞에서 교조 신원 운동을 벌인 것은 고부 농민 봉기 이전의 사실이다. 동학 교도들은 1893년 2월에 궁궐 앞에서 동학 교조 최제우의 명예를 회복하기 위한 교조 신원 운동을 전개하였다(복합 상소).

10 일제 강점기 임시 토지 조사국 존속 시기의 사실   난이도 중 ●●○

자료 분석
제시된 자료에서 지주는 조선 총독이 정하는 기간 내에 (가)에 신고해야 한다는 내용을 통해 (가)는 토지 조사 사업을 전담한 임시 토지 조사국임을 알 수 있다. 따라서 임시 토지 조사국이 존속했던 1910~1918년까지의 사실을 선택지에서 고르면 된다. 일제는 임시 토지 조사국을 설치(1910)하고, 토지 조사령을 공포(1912)하여 토지 조사 사업을 실시하였다.

정답설명	② 「무정」은 임시 토지 조사국이 존속하였던 1917년 1월부터 6월까지 연재되었다. 「무정」은 이광수가 매일신보에 연재한 우리나라 최초의 현대 장편 소설이다.
오답분석	① 조선 청년 연합회가 조직된 것은 임시 토지 조사국 폐지 이후인 1920년이다. 조선 청년 연합회는 3·1 운동 이후 전국의 청년회를 결집하여 민족 운동의 동력으로 삼고자 서울에서 조직된 청년 운동 단체이다. ③ 연초 전매 제도가 제정된 것은 임시 토지 조사국 폐지 이후인 1921년이다. 조선 총독부는 1921년 7월에 연초 전매 제도를 실시하여 연초 재배업, 제조업, 판매업의 모든 부분을 통제하여 조선의 연초 경작 농민과 연초 판매 상인들을 몰락시켰다. ④ 의열단이 조직된 것은 임시 토지 조사국 폐지 이후인 1919년이다. 의열단은 1919년에 만주 길림성에서 김원봉, 윤세주 등이 폭력 투쟁을 통한 일제의 타도와 독립 쟁취를 목적으로 설립한 단체이다.

11 조선 전기 혼일강리역대국도지도   난이도 하 ●○○

자료분석	제시된 자료에서 중국에서 수입한 '혼일강리도' 등을 기초로 하였으며, 우리나라와 일본의 지도를 합해서 1402년에 제작하였다는 내용을 통해 밑줄 친 '이 지도'가 혼일강리역대국도지도임을 알 수 있다. 혼일강리역대국도지도는 조선 태종 때 김사형과 이회 등이 제작하고 권근이 발문을 작성한 지도로, 원나라에서 들여온 성교광피도와 혼일강리도에 일본에서 가져온 지도를 합해서 완성하였다.
정답설명	④ 100리 척을 사용하여 과학화에 기여한 지도는 정상기가 제작한 동국지도이다. 조선 후기의 지리학자인 정상기는 영조 때 우리나라 최초로 100리 척을 사용한 동국지도를 제작하였다.
오답분석	① 혼일강리역대국도지도는 중국, 한반도, 일본과 함께 유럽과 아프리카 대륙까지 묘사되어 있다. ② 혼일강리역대국도지도는 중국이 중앙에 위치해 있으며 실제 크기보다 크게 그려져 있어 중국이 세계의 중심이라는 중화 사상이 반영되어 있음을 알 수 있다. ③ 혼일강리역대국도지도는 이슬람 지도학의 영향을 받아 제작된 원나라의 세계 지도에 우리나라와 일본의 지도를 더해 제작되었다.

이것도 알면 합격!
조선 전기의 지도

혼일강리역대국도지도	· 조선 태종 때 김사형·이회·이무가 제작한 우리나라 최초의 세계 지도(1402) · 현존하는 동양 최고(最古)의 세계 지도, 현재 필사본이 일본에 남아 있음
팔도도	· 조선 태종 때 이회가 제작한 전국 지도(1402) · 조선 세종 때 정척이 북방 영토를 실측하여 제작한 전국 지도
동국지도	· 조선 세조 때 양성지 등이 전국의 실측 지도를 모아 제작한 지도 · 압록강 이북까지 기록
조선방역지도	8도를 각각 다른 색으로 표시, 만주와 대마도를 우리 영토로 표시

12 고대 신문왕 재위 기간의 사실   난이도 하 ●○○

자료분석	제시된 자료에서 김흠돌 등이 반역을 도모하다가 사형을 당하였으며, 왕이 달구벌(지금의 대구)로 서울을 옮기려다 실현하지 못하였다는 내용을 통해 통일 신라의 신문왕임을 알 수 있다.
정답설명	③ 신문왕은 유학 교육 기관인 국학을 설립하였다(682). 신문왕은 국학 설립을 통해 유교 정치 이념을 확립하여 왕권을 강화하고자 하였다.
오답분석	① 소지 마립간: 사방에 우역을 설치한 것은 신라의 소지 마립간 때의 사실이다. 소지 마립간은 사방에 국가의 공문을 전달하고 말을 공급하는 우역을 설치하고, 국가가 관리하는 도로인 관도를 수리하고 증축하였다(487). ② 효소왕: 수도에 서시와 남시를 설치한 것은 통일 신라 효소왕 때의 사실이다. 통일 이후 인구의 증가 등으로 지증왕 때 설치된 동시만으로는 상품의 수요를 감당할 수 없게 되자 효소왕은 서시와 남시를 추가로 설치하였다(695). ④ 경덕왕: 녹읍이 부활한 것은 통일 신라 경덕왕 때의 사실이다. 경덕왕 때에는 신문왕 때 폐지되었던 녹읍이 다시 지급되었다(757).

13 고대 발해가 고구려를 계승하였다는 증거   난이도 하 ●○○

자료분석	제시문은 발해를 당 왕조에 예속된 지방 민족 정권으로 파악하는 중국의 주장과, 발해가 중앙 아시아나 남부 시베리아의 영향을 받았음을 강조하는 러시아의 주장이다. 이를 반박하기 위해서는 발해 문화가 고구려의 문화를 계승하였음을 보여주는 유물이나 유적을 증거로 찾으면 된다.
정답설명	② 발해의 왕경 터인 상경성에서 출토된 온돌 장치는 고구려의 주거 양식을 계승한 것으로, 고구려의 것보다 온돌의 면적을 넓혀 난방의 효율을 높였다. 이 밖에도 발해가 고구려의 문화를 계승하였다는 증거로는 정혜 공주 묘의 고분 양식(굴식 돌방 무덤, 모줄임 천장 구조), 발해가 일본으로 보낸 외교 문서, 연꽃무늬 수막새 등이 있다.
오답분석	① 발해와 신라 간의 교통로인 신라도는 발해사가 우리 역사라는 증거와 거리가 멀다. 신라도는 상경에서부터 시작하여 동경을 거쳐 동해안을 통해 경주로 이어진다. ③ 발해의 유학 교육 기관인 주자감은 당나라 제도의 영향을 받아 설치된 기관이다. ④ 발해의 중앙 행정 조직인 3성 6부는 당나라 제도의 영향을 받아 정비되었다. 발해의 3성 6부 제도는 당나라의 중앙 제도를 모방하였지만 각 기관의 명칭과 운영에서는 발해만의 독자성을 유지하였다.

이것도 알면 합격!
발해의 고구려 계승 증거

· 중국 기록인 『구당서』에 발해를 세운 대조영이 고구려 출신으로 기록되어 있음
· 발해 지배층의 성씨: 고구려 성씨가 많았음(대·고·장·양·두·오·이씨)
· 일본에 보낸 국서: 무왕(고구려 계승 국가임을 표방), 문왕('고려 국왕' 칭호 사용)
· 정혜 공주 묘: 고구려의 양식을 계승한 모줄임 천장 구조의 굴식 돌방무덤
· 고구려와 비슷한 문화적 요소: 상경성의 온돌 장치, 연꽃 무늬 장식 기와, 이불 병좌상, 석등

14 고대 문무왕　난이도 상 ●●●

자료분석 제시된 자료는 신라 문무왕의 유언으로 밑줄 친 ㉠은 백제 정벌, ㉡은 고구려 정벌, ㉢은 백제 부흥 운동 세력의 토벌, ㉣은 신라에 항복하는 세력의 포용에 관한 내용이다. 문무왕은 고구려를 멸망시키고 당나라와의 전쟁에서 승리하면서 삼국 통일을 완수하였다.

정답설명 ④ 임존성에서 백제 부흥 운동을 전개한 백제의 장군인 지수신은 신라 문무왕에게 투항하지 않고 고구려로 망명하였다. 백강 전투(663)에서 패배하고, 부흥 운동의 본거지인 주류성이 공격 당하자 흑치상지 등은 당나라에 항복하였다. 그러나 지수신은 임존성에서 홀로 항거하다 결국 고구려로 도망하였는데, 이로써 백제 부흥 운동의 실질적인 활동은 끝나게 되었다.

오답분석
① 문무왕은 태자로서 백제 정벌에 참여하여 백제의 수도인 사비성을 함락시키고, 백제를 멸망시켰다(660).
② 문무왕은 당나라와 함께 고구려의 수도인 평양성을 함락시키고 고구려를 멸망시켰다(668).
③ 문무왕은 복신과 도침의 백제 부흥군이 주둔하던 주류성을 공격하였다(663).

15 근대 농광 회사　난이도 중 ●●○

자료분석 제시된 자료에서 국내 진황지 개간 등에 종사한다는 내용을 통해 밑줄 친 '이 회사'가 대한 제국 시기인 1904년에 설립된 농광 회사임을 알 수 있다. 일본의 토지 침탈에 맞서 설립된 농광 회사는 개간 사업은 물론 산림 채벌·관개 사업·광산 및 석유 채굴 사업을 시도하였으나 실현하지 못하였다.

정답설명 ③ 농광 회사는 일본의 황무지 개간권 요구에 대응하여 우리 손으로 직접 황무지를 개간하기 위해 설립된 특허 회사이다. 일본이 황무지 개간권을 요구하자 보안회를 중심으로 반대 운동이 전개되었고, 일부 민간 실업인과 관리들은 농광 회사를 설립하여 직접 황무지를 개간할 것을 주장하였다.

오답분석
① 종로 직조사: 종로의 백목전 상인이 주도가 된 직조 회사는 종로 직조사이다(1900). 청·일 전쟁 이후 일본산 면포가 조선에 대거 유입되자 이에 대항하기 위해 종로 직조사, 한성 제직 회사(1901) 등이 설립되었다.
② 동양 척식 주식회사: 역둔토나 국유 미간지를 약탈하기 위해 일본이 세운 국책 회사는 동양 척식 주식회사이다(1908). 일본은 동양 척식 주식 회사를 통해 토지의 매매와 임차, 일본인의 조선 이주 및 정착, 식민지 수탈 등의 업무를 수행하였다.
④ 외국 상인과 상권 경쟁을 위해 시전 상인이 만든 회사는 황국 중앙 총상회(1898)이나, 이는 척식 회사가 아니다. 서울의 시전 상인들은 외국 상인들의 국내 진출을 저지하고 국내 상인들의 권익을 보호하고자 황국 중앙 총상회를 설립하여 상권 수호 운동을 전개하였다.

👍 **이것도 알면 합격!**

농광 회사

설립 목적	일본의 토지 침탈에 맞서 개간 사업을 목적으로 일부 민간 실업인과 관리들이 설립
활동	· 황무지를 우리 손으로 개간할 것을 주장함 · 각종 채굴 사무에도 종사할 것을 규정함
결과	일본이 황무지 개간권 요구를 철회하고 회사의 해체를 요구하면서 본격적 활동은 하지 못함

16 조선 전기 조선 성리학의 학설과 동향　난이도 상 ●●●

정답설명 ③ 순서대로 나열하면 ㉣ 조광조의 향약 보급 운동(중종) → ㉡ 서경덕의 태허설(인종) → ㉢ 이황과 기대승의 사단칠정 논쟁(명종) → ㉠ 이이의 경장설(선조)이 된다.

㉣ 조광조의 향약 보급 운동: 중종에 의해 중용된 조광조는 유교적 실천 윤리가 담긴 『소학』을 중시하였으며, 백성을 교화시키기 위해 중국의 『여씨향약』을 소개하여 보급하고자 하였다.

㉡ 서경덕의 태허설: 주기론의 선구자인 서경덕은 우주를 존재와 비존재, 생성과 소멸의 연속성을 가진 무한하고 영원한 기(氣)와 허(虛)로 인식하는 태허설을 인종 때 제기하였다.

㉢ 이황과 기대승의 사단칠정 논쟁: 명종 때 이황과 기대승은 정지운의 『천명도설(천명도)』에 대한 해석을 둘러싸고 8년간 사단칠정(四端七情) 논쟁을 전개하였다. 이 논쟁은 사단과 칠정, 이와 기에 대한 논쟁으로, 결국 이황이 자신의 학설을 수정하며 마무리되었다.

㉠ 이이의 경장론: 이이는 선조 때 경험적 현실 세계를 중시하면서 국가도 달라진 시대에 맞게 제도를 개혁해야 한다는 경장론을 주장하였다. 이이는 선조에게 자신의 경장론을 담은 『동호문답』이나 「만언봉사」 등을 올리며 10만 양병설, 수미법 등의 사회 개혁론을 제시하였다.

👍 **이것도 알면 합격!**

성리학 연구의 선구자

서경덕	· 주기론 주장: 기가 스스로 작용하여 우주 만물을 존재하게 하며, 우주 자연이 기로 구성되어 있다고 주장(기일원론) · 불교·노장 사상에 개방적인 태도 · 「이기설」·「태허설」 저술
조식	· 노장 사상에 개방적인 태도 · 학문의 실천성 강조(경과 의)
이언적	· 주리론 주장 · 중종에게 「일강십목소」(나라를 다스리는 10가지 대책)를 바침

17 일제 강점기 일제 강점기 조선인의 생활 모습　난이도 중 ●●○

정답설명 ④ 영단 주택은 상류층이 아닌 도시의 서민들이 주로 모여 살던 곳이다. 영단 주택은 1940년대에 일제가 도시민, 특히 군수 공장에서 일하는 서민 노동자들의 주거 문제를 해결하기 위해 건설한 일종의 국민 연립 주택이다. 영단 주택은 일본식 개량 주택에, 바닥에 다다미와 온돌이 함께 깔려 있는 등 일본과 한국의 건축 양식이 혼용되어 있었다.

오답분석
① 일제 강점기에 도시 외곽에는 빈민들이 토막집을 짓고 모여 사는 토막촌이 형성되었다.
② 일제 강점기인 1920년대에 도시를 중심으로 서양식 의복과 새로운 머리 스타일을 한 최신 유행의 모던 걸과 모던 보이가 활동하였다.
③ 일제 강점기인 1940년대에 전시 체제가 고착화되자 여성들은 일본 농촌 여성의 작업복인 몸뻬를 입고 근로 보국대에서 강제로 노동을 하였다.

이것도 알면 합격!

일제 강점기의 도시 주택

1920년대	장식적 요소가 가미된 개량 한옥이 중류층을 중심으로 유행
1930년대	상류층을 위한 2층 양옥인 문화 주택 유행
1940년대	도시 서민의 주택난 해결을 위한 국민 연립 주택인 영단 주택 등장

18 현대 한·일 회담과 브라운 각서 사이의 사실 난이도 상 ●●●

자료분석
(가)는 일본 측이 한국 측에 무상 원조 3억 달러와 유상 원조 2억 달러, 은행 차관 1억 달러 등을 제공한다는 내용을 통해 한·일 회담 중 작성된 김종필-오히라 비밀 메모(1962)임을 알 수 있다.

(나)는 미국 정부가 한국에게 1억 5천만 달러의 차관 공여와 AID 차관을 제공한다는 내용을 통해 베트남 추가 파병을 대가로 미국으로부터 차관 제공과 한국군의 현대화 등을 약속 받은 브라운 각서(1966)임을 알 수 있다.

정답설명
③ (가)와 (나) 사이의 시기인 1964년에 울산 정유 공장이 가동되었다. 박정희 정부는 제1·2차 경제 개발 5개년 계획 시기(1962~1971)에 산업 구조 개편과 에너지원 확보, 사회 간접 자본 확충 등을 위해 비료, 시멘트, 정유 산업을 육성하였다.

오답분석
① (나) 이후: 경부 고속 국도가 개통된 것은 (나) 이후인 1970년이다.
② (나) 이후: 마산에 수출 자유 지역이 완공된 것은 (나) 이후인 1973년이다.
④ (가) 이전: 유엔의 지원으로 충주에 비료 공장이 완공된 것은 (가) 이전인 1961년이다. 한국 전쟁으로 설립된 유엔 한국 재건단(UNKRA)의 지원으로 1950년대 후반부터 문경 시멘트 공장, 충주 비료 공장 등의 설립이 추진되었다.

19 고려 시대 이규보 난이도 상 ●●●

자료분석
제시된 자료는 고려 시대의 시인 진화가 금나라에 사신으로 가면서 고려가 금나라보다 문화적으로 우월하다는 자신감을 표현하며 지은 시이다. 한편 진화와 교류를 통해 자부심을 공유한 인물은 이규보이다. 이규보와 진화는 고려의 대표적인 문장가로, 최충헌 집권기에 등용된 문신이다.

정답설명
② 이규보는 『동명왕편』(1193)을 지어 고려가 고구려를 계승한 국가임을 밝히며 민족적 자부심을 고취시키고자 하였다.

오답분석
① 『삼국사기』(1145)는 고려 인종 때 김부식 등이 왕명을 받아 저술한 우리나라에 현존하는 가장 오래된 역사서이다. 김부식은 유교적 합리주의 사관에 바탕을 두고 신라 계승 의식을 반영하여 기전체 역사서인 『삼국사기』를 편찬하였다.
③ 『제왕운기』(1287)는 고려 충렬왕 때 이승휴가 저술한 역사서이다. 이승휴는 『제왕운기』에서 우리나라의 역사를 단군부터 서술하면서, 우리나라의 역사를 중국과 대등하게 파악하려는 자주성을 드러내었다.
④ 『삼국유사』(1281)는 고려 충렬왕 때 승려 일연이 저술한 역사서이다. 일연은 『삼국유사』에 불교사를 중심으로 단군 신화 등의 건국 신화와 고대의 민간 설화, 전래 기록을 수록하였다.

20 시대 통합 해외 견문 기록 난이도 중 ●●○

정답설명
③ 순서대로 나열하면 ② 『해동제국기』(성종, 1471) → ⑤ 『표해록』(성종, 1488) → ⓒ 『열하일기』(정조, 1780) → ⓒ 『서유견문』(고종, 1895)이 된다.

② 『해동제국기』는 세종 때 일본에 다녀온 신숙주가 성종의 명을 받아 저술한 서적으로, 일본의 정치, 외교, 사회, 풍속, 지리 등에 대해 종합적으로 정리한 책이다(1471).

⑤ 『표해록』은 성종 때 최부가 저술한 서적이다. 제주도에 파견되었던 최부는 부친상을 당해 고향으로 돌아오던 중 풍랑을 맞아 표류하였으며, 중국 남부에 도착하여 육로를 통해 조선으로 귀국하였다. 이후 성종의 명으로 귀국 과정을 정리한 『표해록』을 저술하였다(1488).

ⓒ 『열하일기』는 정조 때 중상학파 실학자인 박지원이 청나라에 다녀온 후 작성한 서적으로, 청나라의 선진 문물을 소개하고 상공업의 진흥을 강조하며, 수레와 선박 등을 이용할 것을 주장하였다(1780).

ⓒ 『서유견문』은 고종 때 보빙사로 파견되었던 유길준이 서양에 다녀온 뒤 저술한 것으로, 서양 각국의 지리, 역사, 정치와 교육, 행정, 문화 등을 일목요연하게 정리한 책이다. 한편 『서유견문』은 갑신정변에 연루된 유길준이 연금 생활을 하던 1889년에 완성되었으나 이때 출판되지 못하고, 이후 1895년에 출간되었다.

공무원시험전문 해커스공무원
gosi.Hackers.com

1분만에 파악하는 지방직 9급 기출 트렌드

1. 최근 8개년 기출 트렌드(2018~2025)

- 지방직 9급 시험은 2018년부터 난이도가 점점 평이해져, 변별력 있는 1~2문제 정도가 출제되는 수준입니다.
- 가장 최근 시험인 2025년 지방직 9급의 경우에는 변별력 있는 문제가 2문제 출제되었으며, 특히 김구 문제는 생소한 사료가 제시되어 조금 까다롭게 출제되었습니다.

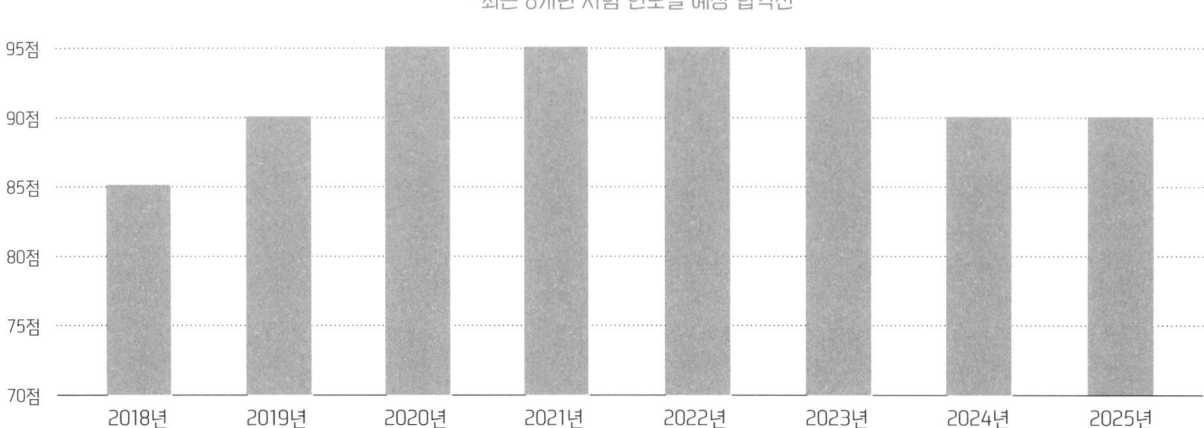

* 최근 8개년 시험 연도별 예상 합격선

해커스공무원 8개년 기출문제집
한국사

Part 2
지방직 9급

2. 시대별/분류사별 기출 트렌드

- 시대별로는 고려 시대가 16%(평균 3~4문제)로 가장 많이 출제되었습니다. 그 다음으로는 고대가 15%(평균 2~3문제)로 많이 출제되었습니다.
- 분류사별로는 정치사가 64%(평균 12~13문제)로 가장 많이 출제되었으며, 그 다음으로는 문화사가 20%(평균 4문제)로 많이 출제되었습니다.

* 최근 8개년 시대별 출제 비율

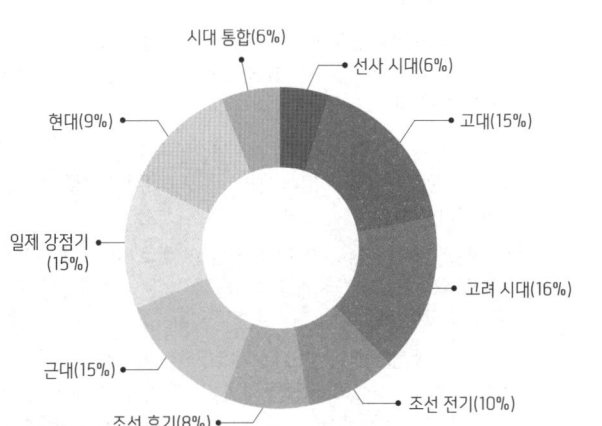

* 최근 8개년 분류사별 출제 비율

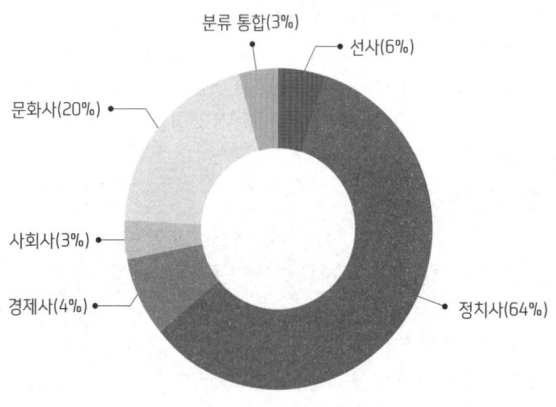

9회 2025년 지방직 9급

2025년 6월 21일 시행

문제집 46쪽

정답

01	① 선사 시대	11	③ 조선 전기
02	② 선사 시대	12	① 근대
03	③ 고대	13	② 근대
04	④ 고대	14	① 일제 강점기
05	③ 고대	15	③ 일제 강점기
06	③ 고려 시대	16	④ 시대 통합
07	② 고려 시대	17	① 일제 강점기
08	② 조선 전기	18	② 현대
09	④ 고려 시대	19	② 근대
10	① 조선 후기	20	④ 근대

취약 시대 분석표

시대	맞힌 개수
선사 시대	/ 2
고대	/ 3
고려 시대	/ 3
조선 전기	/ 2
조선 후기	/ 1
근대	/ 4
일제 강점기	/ 3
현대	/ 1
시대 통합	/ 1
총합	/ 20

기출 총평

"합격선 90점, 평이하게 출제!"

- **난이도**: 시험 전체적인 난이도는 중으로, 전근대사는 쉽게 출제되었으나, 근현대사는 외국과 맺은 조약의 내용과 체결 시기를 정확히 알아야 풀 수 있는 문제가 변별력 있게 출제되었습니다.
- **고난도 문제**
  - 14번 김구: 김구의 『백범일지』에서 그동안 출제되지 않은 「나의 소원」 부분이 사료로 제시된 문제라 풀기 어려웠습니다.
  - 16번 유네스코 세계 문화유산: 최근에 등재된 유네스코 세계 문화유산까지 꼼꼼하게 학습하지 않았다면 틀릴 가능성이 높은 문제였습니다.

01 선사 시대 | 신석기 시대 난이도 하 ●○○

정답설명 ① 옳은 것을 모두 고르면 ㉠, ㉢이다.
- ㉠ 신석기 시대에는 갈돌과 갈판을 사용하여 곡물이나 열매를 갈아 껍질을 벗기거나 가루를 만드는 데 사용하였다.
- ㉢ 신석기 시대에는 뼈바늘과 가락바퀴를 사용하여 옷이나 그물을 만드는 원시적인 수공업 활동을 하였다.

오답분석
- ㉡ 청동기 시대: 반달 돌칼을 사용하여 농작물을 수확한 것은 청동기 시대이다. 청동기 시대에는 돌도끼, 홈자귀, 나무로 만든 농기구를 통해 땅을 개간하여 곡식을 심었고, 가을에는 반달 돌칼로 이삭을 잘라 추수하였다.
- ㉣ 철기 시대: 벼농사를 널리 짓게 된 것은 철기 시대이다. 벼농사는 청동기 시대부터 일부 저습지에서 짓기 시작하였으며, 철기 시대에 철제 농기구가 사용되고 저수지의 축조가 확대되면서 널리 짓게 되었다.

02 선사 시대 | 부여 난이도 하 ●○○

자료분석 제시문에서 비가 오는 것이 고르지 않아 곡식이 익지 않으면 왕에게 그 잘못을 돌려 바꾸거나 죽여야 한다고 말하였다는 내용을 통해 (가) 나라가 부여임을 알 수 있다. 부여에서는 수해나 흉년 등의 이유로 가(加)들이 왕을 폐위하고 새로운 왕을 추대하기도 하였다.

정답설명 ② 부여에서는 마가(馬加), 우가(牛加), 저가(猪加), 구가(狗加)와 같이 가축의 이름을 딴 관리인 대가들이 있었으며, 이들은 주요 국가 정책을 논의하고 별도의 행정 구획인 사출도를 통치하였다.

오답분석
- ① 동예·옥저: 읍락의 우두머리들이 스스로 '삼로(三老)'라고 불렀던 나라는 동예와 옥저이다. 동예와 옥저는 후·읍군·삼로라고 불리는 군장이 피지배층인 하호를 통치하는 군장 국가였다.
- ③ 동예: 사람이 질병으로 죽으면 살던 집을 버리고 다시 새집을 지었던 나라는 동예이다.
- ④ 동예: 다른 읍락의 산천을 침범하면 노비와 소, 말 등으로 배상하게 하는 책화의 풍습이 있었던 나라는 동예이다.

03 고대 | 발해 난이도 하 ●○○

자료분석 제시문에서 무예(발해 무왕)가 고구려의 옛 터전을 회복하고, 부여의 유속을 가지게 되었다는 내용을 통해 발해가 작성한 외교 문서임을 알 수 있다. 발해 무왕은 일본에 보내는 외교 문서에 발해가 고구려를 계승한 국가임을 강조하였다.

정답설명 ③ 집사부 장관인 시중이 왕명을 받들어 행정을 총괄하였던 나라는 신라이다. 한편, 발해는 정당성의 장관인 대내상이 국가 행정을 총괄하였다.

오답분석
- ① 발해는 무왕 때 당이 흑수말갈과의 연결을 시도하며 발해를 견제하자, 장문휴의 수군을 보내 당의 등주(덩저우) 지역을 선제 공격하였다.
- ② 발해는 선왕 때 행정 구역을 5경 15부 62주로 나누었다. 발해는 전략적 요충지에 5경, 지방 행정의 중심지에는 15부를 설치하였고, 부 아래에는 62주와 현과 촌을 두었다.
- ④ 발해는 무왕 때 '인안', 문왕 때 '대흥', 선왕 때 '건흥' 등의 독자적인 연호를 사용하고, 국왕을 황제라는 뜻의 '황상'이라고 부르기도 하였다. 이는 발해가 대외적으로 자주 국가임을 표출하고 대내적으로 강력한 왕권을 표현하기 위함이었다.

👍 이것도 알면 합격!

발해가 일본에 보낸 국서

무왕	"우리는 고구려의 옛 땅을 회복하고, 부여의 전통을 이어 받았다"
문왕	· 자신을 '고려 국왕 대흠무'라고 칭함 · 일본에서도 발해의 왕을 '고려 국왕'으로 부름

---

04 고대 | 법흥왕의 업적   난이도 중 ●●○

자료분석
제시문에서 이차돈의 머리를 베니 하얀 젖이 한 길이나 솟았다는 내용을 통해 밑줄 친 '국왕'이 법흥왕임을 알 수 있다. 법흥왕은 불교를 크게 일으키려 하였으나 귀족들의 반대로 뜻을 이루지 못하고 있다가 이차돈의 순교를 계기로 국가적으로 공인하였다.

정답설명
④ 국호를 '신라'로 정하고 우산국을 정벌한 왕은 지증왕이다. 지증왕은 사라·사로 등으로 불리던 국호를 '왕의 덕업이 날로 새로워져서 널리 사방을 망라한다'라는 뜻의 신라로 정하였다. 또한 이사부를 보내 우산국(울릉도)을 정벌하여 신라의 영토로 편입하였다.

오답분석
① 법흥왕은 율령을 반포하여 국가 체제를 정비하고, 화백 회의의 주관자이자 귀족들의 대표인 상대등을 설치하여 정치 조직을 강화하였다.
② 법흥왕은 군사권을 장악하기 위하여 중앙 부서로 병부를 설치하고, 금관가야를 병합하여 영토를 확장하였다.
③ 법흥왕은 '건원'이라는 신라 최초의 독자적인 연호를 사용하였다.

👍 이것도 알면 합격!

법흥왕의 업적

골품제 정비	신라의 신분 제도인 골품제 정비
불교 공인	이차돈의 순교를 통해 불교 공인
금관가야 정복	금관가야를 정복하여 영토 확장
연호 사용	'건원(建元)'이라는 신라 최초의 연호를 사용

---

05 고대 | 태학 설립과 평양 천도 사이의 사실   난이도 중 ●●○

자료분석
제시문에서 태학 설립이 있었던 시기는 소수림왕 때인 372년이고, 평양 천도가 있었던 시기는 장수왕 때인 427년이다. 따라서 (가) 시기는 372년~427년 사이의 시기이다.

정답설명
③ (가) 시기인 402~407년에 고구려 광개토 대왕은 후연을 격파하고 요동 지역을 차지하였다. 5세기 초에 광개토 대왕은 활발한 정복 활동을 통해 후연뿐만 아니라 숙신과 비려를 정벌하여 요동 지역을 포함한 만주 일대를 장악하였다.

오답분석
① (가) 이전: 고구려가 동옥저를 정벌한 것은 56년으로, (가) 시기 이전의 사실이다. 고구려는 태조왕 때 동옥저를 복속하고, 현도군을 공격하는 등 활발한 정복 활동을 전개하였다.
② (가) 이전: 전연의 침입으로 고구려의 도성이 함락된 것은 342년으로, (가) 시기 이전의 사실이다. 고국원왕 때 요동 지방을 놓고 중국의 전연과 공방전을 전개하다가 전연 모용황의 침공으로 도성인 환도성이 함락되었다.

④ (가) 이후: 백제의 수도 한성을 함락하고 개로왕을 살해한 것은 475년으로, (가) 이후의 사실이다. 장수왕 때는 남하 정책을 추진하여 백제의 수도 한성을 함락하고 개로왕을 죽여 한강 유역을 차지하였다.

👍 이것도 알면 합격!

소수림왕의 중앙 집권 체제 강화

· 왕 2년(372)에 전진왕 부견이 사신과 승려 순도를 시켜 불상과 경문을 보내왔다. …… 태학을 세우고 자제를 교육시켰다.
· 왕 3년(373)에 처음으로 율령을 반포하였다.   - 『삼국사기』

사료 분석 | 소수림왕은 불교 공인, 태학 설립, 율령 반포 등을 통해 고구려 발전의 토대를 마련하였다.

---

06 고려 시대 | 태조 왕건의 업적   난이도 중 ●●○

자료분석
제시문에서 김부를 경주의 사심관으로 임명하여 부호장 이하의 관직 등에 관한 일을 맡게 하였다는 내용을 통해 (가) 국왕이 태조 왕건임을 알 수 있다. 태조 왕건은 신라의 경순왕(김부)이 투항해오자 그를 경주의 사심관으로 임명하여 부호장 이하의 향리 임명권, 풍속 교정 등의 의무를 부여하였다.

정답설명
③ 수도인 개경을 '황도'라고 불렀던 왕은 광종이다. 광종은 대내적으로 황제라 칭하며 국왕의 권위를 높이고, 수도 개경을 황제의 도시라는 뜻의 '황도'로 격상시켜 불러 황제국으로서의 위상을 강화하였다.

오답분석
① 태조 왕건은 지방 향리의 자제를 수도에 데려와 기인으로 삼고 출신 지방의 행정과 관련된 일을 담당하게 한 기인 제도를 시행하였다.
② 태조 왕건은 발해의 세자 대광현이 수만 명의 발해 유민을 이끌고 오자 이들을 받아들이고, 대광현에게는 왕계라는 이름을 하사하여 왕족으로 대우하였다.
④ 태조 왕건은 후대 왕들이 나라를 다스리는 데 참고해야 할 정책 방안을 담은 훈요 10조를 남겼다. 훈요 10조에는 유교 정치의 진흥, 농민 생활의 안정, 불교 보호, 풍수지리 사상 존중 등의 내용이 담겨 있다.

---

07 고려 시대 | 서희의 외교 담판이 있었던 시기   난이도 중 ●●○

자료분석
(가) 고려 건국(918) ~ 귀주 대첩(1019)
(나) 귀주 대첩(1019) ~ 무신 정변(1170)
(다) 무신 정변(1170) ~ 개경 환도(1270)
(라) 개경 환도(1270) ~ 위화도 회군(1388)

제시문에서 소손녕과 서희의 대화를 통해 거란의 1차 침입 당시에 있었던 서희의 외교 담판(993)임을 알 수 있다.

정답설명
① 서희는 (가) 시기인 993년에 거란의 소손녕과의 담판을 통해 거란군이 물러가도록 하였다. 고려 성종 때 거란이 고려가 차지하고 있는 옛 고구려 땅을 내놓을 것과 송과의 외교를 단절하고 자신들과 교류할 것을 요구하며 고려를 침입하였다(1차 침입). 이때 서희는 외교 담판을 통해 송과의 관계를 끊는 대가로 압록강 하류 동쪽의 강동 6주를 획득하였다.

08 조선 전기 세종   난이도 중 ●●○

자료 분석 제시문에서 친히 언문 28자를 지었으며 이를 '훈민정음'이라고 한다는 내용을 통해 밑줄 친 '국왕'이 세종임을 알 수 있다. 세종은 신숙주, 성삼문 등의 집현전 학자들의 협력을 받아 새롭게 28자의 글자를 창제하고, 그 이름을 '백성을 가르치는 바른 소리'라는 뜻의 훈민정음이라고 하였다.

정답 설명 ② 세종은 백성들을 교화시키기 위해 모범이 될 만한 충신, 효자, 열녀 등의 행적을 그림으로 그리고 설명을 붙인 『삼강행실도』를 편찬하였다.

오답 분석
① 성종: 『경국대전』을 반포한 왕은 성종이다. 『경국대전』은 「이전」, 「호전」, 「예전」, 「병전」, 「형전」, 「공전」의 6전으로 구성된 조선의 기본 법전으로 세조 때부터 편찬되기 시작하여 성종 때 완성 및 반포하였다.

③ 성종: 『국조오례의』를 간행한 왕은 성종이다. 『국조오례의』는 세종 때 편찬을 시작하여 성종 때 완성된 의례서로, 국가의 여러 행사에 필요한 오례(길례·가례·빈례·군례·흉례)의 예법과 절차를 정리한 것이다.

④ 성종: 『동국여지승람』을 편찬한 왕은 성종이다. 『동국여지승람』은 군현의 연혁·지세·인물·풍속 등을 자세하게 서술한 인문 지리서이다.

이것도 알면 합격!

조선 전기의 윤리·의례서

『삼강행실도』 (세종)	모범이 될만한 충신·효자·열녀 등의 행적을 그림으로 그리고 설명을 붙인 윤리서
『국조오례의』 (성종)	국가의 여러 행사에 필요한 의례를 정비한 의례서
『이륜행실도』 (중종)	연장자와 연소자·친구 사이에서 지켜야 할 윤리를 강조한 윤리서

09 고려 시대 지눌   난이도 중 ●●○

자료 분석 제시문에서 불교의 세속화를 비판하면서 불교 본연의 정신을 확립하자는 결사 운동을 주도하여 수선사를 결성하였다는 내용과 깨달음을 얻은 뒤에도 수행을 게을리하지 않아야 한다는 돈오점수를 내세웠다는 내용을 통해 (가) 인물이 지눌임을 알 수 있다.

정답 설명 ④ 지눌은 선과 교학을 나란히 수행하되 선을 중심으로 교학을 포용하자는 정혜쌍수라는 실천 수행 방법을 제시하였다.

오답 분석
①, ③ 의천: 천태종을 창시하였으며 교종의 입장에서 선종을 통합하려 하였던 인물은 의천이다. 의천은 교종을 중심으로 선종을 통합하기 위해 국청사를 창건하고 해동 천태종을 창시하였다. 한편, 지눌은 선종을 중심으로 교종을 통합하려는 선·교 일치 사상을 정립하였다.

② 보우: 임제종을 도입한 인물은 보우이다. 보우는 고려 후기에 원으로부터 선종 종파인 임제종을 들여와 전파시켰으며, 이후 임제종은 조선 시대 선종 불교의 주류가 되었다.

이것도 알면 합격!

지눌의 정혜결사문

> 지금의 불교계를 보면 아침저녁으로 행하는 일들이 비록 부처의 법에 의지하였다고 하나 자신을 내세우고 이익을 구하는 데 열중하며 세속의 일에 골몰한다. 도덕을 닦지 않고 옷과 밥만 허비하니 비록 출가하였다고 하나 무슨 덕이 있겠는가. 하루는 같이 공부하는 사람 10여 인과 약속하였다. 마땅히 명예와 이익을 버리고 산림에 은둔하여 같은 모임을 맺자.

사료 분석 | 정혜결사는 지눌이 만든 신앙 결사 단체이다. 결사란, 뜻을 같이 하는 도반(道伴)들이 자신들의 신앙 수행을 위하여 맺은 단체라는 의미로, 이러한 모임의 사원을 '사(寺)'라고 불렀다.

10 조선 후기 영조의 정책   난이도 하 ●○○

자료 분석 제시문에서 탕평비를 세웠다는 내용을 통해 밑줄 친 '국왕'이 영조임을 알 수 있다. 영조는 성균관 입구에 붕당의 폐단을 경계하라는 내용이 담긴 탕평비를 세워 탕평 정치의 의지를 드러냈다.

정답 설명 ① 영조는 군역의 폐단을 시정하고 백성들의 군포 부담을 줄이기 위해 1년에 2필씩 징수하던 군포를 1필로 줄이는 균역법을 시행하였다.

오답 분석
② 정조: 수원 화성을 건설한 왕은 정조이다. 정조는 수원 화성을 건설하고, 여기에 정치적·군사적 기능을 부여한 후 상공인을 유치하여 자신의 정치적 이상을 실현하는 상징적인 도시로 육성하고자 하였다.

③ 정조: 초계문신제를 시행한 왕은 정조이다. 정조는 신진 인물이나 중·하급 관리 중에서 유능한 인사를 재교육시키는 초계문신제를 시행하였다.

④ 흥선 대원군: 『대전회통』을 편찬한 인물은 고종 때 흥선 대원군이다. 흥선 대원군은 고종 즉위 초기에 통치 기강을 바로 세우기 위하여 조선의 법전을 정리한 『대전회통』을 편찬하였다.

이것도 알면 합격!

영조와 정조의 탕평 정치

영조	'완론' 탕평 - 붕당(당색)을 인정하지 않고, 탕평 정치에 강경적인 인물은 배제 - 온건하고 타협적인 인물(탕평파)을 중심으로 정국을 운영 → 정쟁을 억제
정조	'준론' 탕평 - 각 붕당의 주장이 옳고 그른지를 명백히 가리고, 인재를 고루 등용하는 적극적인 탕평책 - 의리와 명분, 절의를 강조 - 척신 세력을 정치에서 배제

11 조선 전기 이황   난이도 중 ●●○

자료 분석 제시문에서 『성학십도』를 만들어서 각 그림 아래에 의견을 덧붙였다는 내용을 통해 (가) 인물이 이황임을 알 수 있다. 이황은 성리학의 원리를 10개의 도식으로 설명한 『성학십도』를 만들어 군주가 스스로 성학을 따를 것을 주장하였다.

정답 설명	③ 이황이 주장한 이기이원론, 이기호발설 등의 학문은 유성룡, 김성일 등에게 이어져 영남 학파가 형성되었다.
오답 분석	① **이익·박지원**: 한전론을 주장하여 토지 소유를 균등하게 하려고 한 인물은 이익과 박지원이다. 이익은 토지 소유의 하한선을 설정하여 생활에 필요한 최소한의 토지를 영업전으로 삼고, 영업전 이외의 토지의 매매만 허용하게 하는 한전론을 주장하였다. 한편, 박지원은 토지 소유의 상한선을 설정한 후 그 이상의 토지 소유를 금하는 한전론을 주장하였다. ② **이이**: 김장생, 조헌 등에게 이어져 기호 학파가 형성된 것은 이이의 영향이다. ④ **정약용**: 여전제를 주장하여 토지를 마을 단위로 공동 소유하게 하였던 인물은 정약용이다. 정약용은 토지 개혁안으로 1여의 토지를 마을 단위로 공동 소유하고, 여장의 감독하에 공동으로 경작한 뒤 노동량에 따라 수확물을 여민에게 분배하자는 여전제를 주장하였다.

👍 이것도 알면 합격!

이황과 이이

구분	이황	이이
계열	주리론	주기론
붕당	영남 학파 → 동인	기호 학파 → 서인
특징	· 도덕적 행위의 근거로 인간의 심성 중시 · 근본적, 이상주의적 · 경(敬)의 실천 중시	· 현실주의, 개혁주의적 · 다양한 개혁 방안 제시(10만 양병, 수미법 등)

12 근대 한·일 신협약이 체결된 이후의 사실 　난이도 중 ●●○

자료 분석	제시문에서 '시정 개선에 관하여 통감의 지도를 받을 것', '통감이 추천하는 일본인을 한국 관리에 임명할 것' 등의 내용을 통해 1907년 7월에 체결된 한·일 신협약(정미 7조약)임을 알 수 있다.
정답 설명	① 고종이 강제 퇴위당한 것은 한·일 신협약이 체결되기 이전의 사실이다. 일본은 고종이 을사늑약의 부당함을 알리기 위해 헤이그에 특사를 파견한 사건을 구실로 고종을 강제 퇴위시키고, 뒤를 이어 즉위한 순종에게 한·일 신협약의 체결을 강요하였다.
오답 분석	모두 한·일 신협약이 체결된 이후의 사실이다. ② 한·일 신협약과 함께 작성된 비밀 부수 각서에 따라 일본에 의해 대한 제국의 군대가 강제로 해산되었다. ③ 1909년에 안중근이 초대 통감인 이토 히로부미를 만주 하얼빈 역에서 저격하였다. ④ 13도 창의군의 서울 진공 작전(1908)이 실패한 이후에도 호남 지방을 중심으로 의병 운동이 지속되자, 1909년에 일본은 '남한 대토벌 작전'을 전개하여 의병들을 대대적으로 탄압하였다.

13 근대 조·일 통상 장정 개정 　난이도 중 ●●○

자료 분석	제시문에서 본 조약에 첨부된 세칙에 따라 관세를 납부해야 한다는 내용과 쌀 수출을 금지하려고 할 때에는 1개월 전에 지방관이 일본 영사관에 통지하여야 한다는 내용(방곡령)을 통해 조·일 통상 장정 개정(1883)임을 알 수 있다.

정답 설명	② 조·일 통상 장정 개정의 제42관에는 조선 정부가 일본 관리와 백성에 대한 최혜국 대우를 인정한다는 내용을 담고 있다. 최혜국 대우는 한 나라가 어떤 외국에 부여하고 있는 가장 유리한 대우를 최혜국 대우를 체결한 상대국에게도 동일하게 부여하는 것을 의미한다.
오답 분석	① 조·일 통상 장정 개정은 갑신정변(1884)이 일어나기 이전인 1883년에 체결되었다. 한편, 갑신정변의 영향으로 체결된 조약으로는 한성 조약, 톈진 조약이 있다. ③ **제물포 조약**: 일본 경비병의 공사관 주둔을 명시한 조약은 제물포 조약이다. 제물포 조약은 임오군란 이후 조선과 일본이 체결한 조약으로, 조선 정부가 일본 정부에게 배상금을 지불할 것과 일본 공사관의 경비병 주둔을 허용하는 내용을 명시하였다. ④ **강화도 조약**: 부산 외 2곳에 개항장이 설치되는 결과를 가져온 조약은 강화도 조약(조·일 수호 조규)이다. 강화도 조약에 따라 부산 외에 원산과 인천에 추가로 개항장이 설치되었다.

👍 이것도 알면 합격!

조·일 통상 장정

구분	시기	내용
조·일 통상 장정 (조·일 무역 규칙)	1876년 체결	· 양곡의 무제한 유출 허용 · 수출입 상품에 대한 관세 없음
조·일 통상 장정 개정	1883년 개정	· 관세 및 최혜국 대우 규정 · 방곡령 규정(시행 1개월 전에 통고해야 함)

14 일제 강점기 김구 　난이도 상 ●●●

자료 분석	제시문은 김구가 집필한 『백범일지』에 수록된 「나의 소원」의 내용이다. 「나의 소원」은 '민족국가', '정치이념', '내가 원하는 우리나라' 각 3편으로 이루어져 있으며 김구의 정치 철학과 사상이 담겨있다.
정답 설명	① 옳은 것을 모두 고르면 ㉠, ㉡이다. ㉠ 김구는 1940년부터 대한민국 임시 정부의 주석을 역임하며 독립운동을 전개하였다. ㉡ 김구는 만보산 사건 이후 악화된 한·중 관계를 개선하고, 침체에 빠진 독립운동을 활성화하기 위해 상하이에서 한인 애국단을 조직하였다.
오답 분석	㉢ **김원봉**: 조선 의용대를 창설하여 항일 무장 투쟁을 전개한 인물은 김원봉이다. 김원봉은 중국 국민당 정부의 지원을 받아 한커우에서 조선 의용대를 창설하고, 중국 국민당군과 연합하여 일본군에 대한 포로 심문·첩보 활동 등의 활동을 전개하였다. ㉣ **양세봉**: 조선 혁명군을 지휘하여 영릉가 전투를 승리로 이끌었던 인물은 양세봉이다. 양세봉은 조선 혁명군의 총사령관을 역임하며 중국 의용군과 연합하여 영릉가·흥경성 전투 등에서 활약하였다.

15 일제 강점기 3·1 운동 　난이도 중 ●●○

| 자료 분석 | 제시문에서 조선이 독립국이고 조선인이 자주민임을 선언한다는 내용을 통해 3·1운동 때 발표된 3·1 독립 선언서(기미 독립 선언서)임을 알 수 있다. 3·1 운동은 무단 통치 시기에 일제의 강력한 탄압에 대한 저항 의식이 고조되고 있던 상황에서 제1차 세계 대전 이후 |

미국 대통령 윌슨이 주창한 민족 자결주의와 일본에서 일어난 2·8 독립 선언 등의 영향으로 일어났다.

정답설명 ③ 3·1 운동 이후 일제는 기존의 무단 통치로는 한민족을 억압할 수 없다고 판단하여 이른바 '문화 통치'로 통치 방식을 바꾸었다. 일제의 문화 통치는 친일파를 양성하여 우리 민족을 이간시키는 민족 분열책이었다.

오답분석 ① 3·1 운동은 형평 운동(1923)과는 다른 연도인 1919년에 발생하였다. 한편, 형평 운동은 백정의 사회적 차별 철폐를 요구하며 전개된 신분 해방 운동으로, 이후 사회주의 계열과 연계하여 파업과 소작 쟁의에 참여하는 등 민족 해방 운동으로까지 발전하였다.

② 광주 학생 항일 운동: 신간회에서 진상 조사단을 파견한 것은 광주 학생 항일 운동이다. 광주 학생 항일 운동이 일어나자 신간회는 진상 조사단을 파견하였으며 대규모 민중 대회를 계획하였으나, 사전에 일제에 발각되어 실패하였다.

④ 6·10 만세 운동: 운동 준비 과정에서 민족주의 세력과 사회주의 세력이 연대한 운동은 6·10 만세 운동이다. 6·10 만세 운동은 천도교 중심의 민족주의 세력과 사회주의 세력들이 함께 준비하였으며, 이는 이후 민족 유일당 운동이 전개되는 계기를 마련하였다.

16 시대 통합 유네스코 세계 문화유산 난이도 상 ●●●

정답설명 ④ 옳은 것을 모두 고르면 ㄴ, ㄹ이다.
ㄴ 남한산성은 조선 시대에 임시 수도의 역할을 담당하도록 축조된 산성으로, 2014년에 유네스코 세계 문화유산으로 등재되었다.
ㄹ 가야 고분군은 김해 대성동 고분군, 고령 지산동 고분군, 함안 말이산 고분군 등 총 7개의 대표적인 가야의 고분군들로 이루어졌으며, 2023년에 유네스코 세계 문화유산으로 등재되었다.

오답분석 모두 유네스코 세계 문화유산에 등재되지 않았다.
ㄱ 경복궁은 조선 태조 때 건립된 궁으로, 조선의 법궁이며 북궐이라고도 불린다. 임진왜란 때 소실되었고, 흥선 대원군 때에 이르러 중건되었다. 한편, 조선 시대의 궁궐 중 유네스코 세계 문화유산으로 등재된 것은 창덕궁이다.
ㄷ 석촌동 고분군은 계단식 돌무지 무덤 형태로 만들어진 백제의 대표적인 고분군으로, 고구려의 초기 무덤 형태와 유사하여 백제 건국 세력이 고구려와 관계가 있음을 보여 준다.

👍 이것도 알면 합격!

유네스코 세계 문화유산 등재 목록(2025년 등재 기준)

1995년: 해인사 장경판전, 종묘, 석굴암과 불국사
1997년: 창덕궁, 수원 화성
2000년: 경주 역사 유적 지구, 고창·화순·강화 고인돌 유적
2007년: 제주 화산섬과 용암 동굴
2009년: 조선 왕릉
2010년: 한국의 역사 마을(하회와 양동)
2014년: 남한산성
2015년: 백제 역사 유적 지구
2018년: 산사, 한국의 산지 승원
2019년: 한국의 서원
2021년: 한국의 갯벌
2023년: 가야 고분군
2025년: 울산 반구천 암각화

17 일제 강점기 한국광복군 난이도 중 ●●○

자료분석 제시문에서 대한민국 원년에 정부가 공포한 군사 조직법에 의거하여 조직하였다는 내용과 일본 제국주의자들을 타도하기 위해 연합군의 일원으로 항전을 계속한다는 내용을 통해 (가)가 한국광복군임을 알 수 있다.

정답설명 ① 중국군과 연합하여 쌍성보 전투에서 승리한 것은 한국 독립군이다. 한국 독립군은 지청천의 지휘 아래 중국 호로군 등과 연합하여 쌍성보 전투, 사도하자 전투, 대전자령 전투 등에서 일본군에게 승리하였다.

오답분석 ② 한국광복군은 1940년대에 김원봉이 이끄는 조선 의용대의 일부가 합류하여 군사력이 한층 더 강화되었다.
③ 한국광복군은 중국 충칭으로 이동한 대한민국 임시 정부가 중국 국민당 정부의 지원을 받아 창설한 독립군 부대이다.
④ 한국광복군은 영국군의 협조 요청으로 미얀마, 인도 전선에 파견되어 포로 심문, 선전 전단 작성, 암호문 번역 등을 주로 담당하였다.

👍 이것도 알면 합격!

한국광복군

창설	1940년 지청천과 김구 등이 충칭에서 창설
강화	김원봉의 조선 의용대 일부를 흡수하여 군사력 강화
활동	대일 선전 포고, 미얀마·인도 전선에 파견, 국내 진공 작전 계획

18 현대 한·미 상호 방위 조약 체결 이후의 사실 난이도 중 ●●○

자료분석 제시문에서 미합중국의 육군, 해군, 공군을 대한민국의 영토 내와 그 부근에 배치하는 권리를 대한민국이 허가한다는 내용을 통해 1953년 10월에 체결된 한·미 상호 방위 조약임을 알 수 있다. 한·미 상호 방위 조약은 6·25 전쟁을 휴전하는 것에 반대하는 이승만 정부를 안심시키고자 미국이 준비한 조약으로, 북한의 재침 방지와 한국 문제에 대한 미국의 개입을 정식으로 보장하였다.

정답설명 ② 한·미 상호 방위 조약 체결 이후인 1965년에 베트남에 한국군 전투 부대가 파견되었다. 미국은 베트남 전쟁이 확대되자 한국에 파병을 요청하였다. 이에 박정희 정부는 1964년부터 후방 지원 부대 위주로 베트남 파병을 시작하였고, 이듬해인 1965년에는 전투 부대를 파병하기 시작하였다.

오답분석 모두 한·미 상호 방위 조약 체결 이전의 사실이다.
① 6·25 전쟁이 점차 확대될 조짐이 보이자 이를 우려한 소련의 제의로 1951년부터 휴전 회담이 진행되었고, 약 2년에 걸쳐 협상이 진행된 결과 1953년 7월에 판문점에서 정전 협정이 체결되었다.
③ 휴전 회담이 시작된 이후 휴전에 불만을 품은 이승만 정부는 1953년 6월에 회담의 쟁점이었던 2만 7천 여명의 반공 포로를 석방하였다.
④ 낙동강을 사이에 두고 북한군과 치열하게 전투를 벌이던 상황에서 전세를 역전시키기 위하여 1950년 9월에 유엔군 총사령관 맥아더가 인천 상륙 작전을 감행하였다.

19 근대 대한 제국 난이도 중 ●●○

자료분석 제시문에서 지계아문은 한성부와 13도 각 부·군의 산림, 토지, 전답 등을 바로 잡기 위해 임시로 설치할 것이라는 내용을 통해 (가) 국가가 대한 제국임을 알 수 있다. 대한 제국은 양전 사업의 일환으로 양지아문과 지계아문을 설치하고 토지를 가진 사람에게 토지의 소유권을 법적으로 인정하는 문서인 지계를 발급하였다.

정답설명 ② 교육 입국의 조서를 반포한 것은 대한 제국이 선포(1897)되기 이전인 1895년의 사실이다. 교육 입국 조서는 제2차 갑오개혁 때 고종이 교육의 중요성을 강조하며 반포한 조서로, 근대식 학제가 마련되고 한성 사범 학교가 설립되는 계기가 되었다.

오답분석
① 대한 제국은 황제국임을 표방하면서 '광무'라는 독자적인 연호를 사용하였다.
③ 대한 제국은 '옛 것을 근본으로 삼고 새 것을 참고한다.'는 구본신참의 원칙하에 복고성과 개혁성을 절충하여 개혁을 추진하였다.
④ 대한 제국은 미국인 콜브란과 합작으로 세운 한성 전기 회사를 통해 서대문과 청량리 사이에 전차를 부설하였다.

👍 이것도 알면 합격!

대한 제국의 성립 배경

대내적	안으로는 외세의 간섭을 막고 자주 독립의 근대 국가를 세우려는 국민적인 자각
대외적	· 조선에서 러시아의 세력 독점을 견제하려는 국제적 여론 · 일본과 러시아의 세력 균형

👍 이것도 알면 합격!

흥선 대원군 집권 시기 외세의 침입과 항전

제너럴셔먼호 사건(1866. 7.)	· 전개: 미국 상선 제너럴셔먼호가 조선에 통상을 요구했다가 거부당하자 평양의 관리를 납치하고 민가를 약탈함 · 결과: 평안도 관찰사 박규수와 평양 주민들이 제너럴셔먼호를 공격함
병인양요(1866. 9.)	· 배경: 프랑스가 병인박해를 구실로 삼아 조선과의 통상 수교 시도 · 전개: 프랑스군은 강화도를 점령하고 한성으로 진격하려 하였으나 한성근 부대가 문수산성에서 항전하고, 양헌수 부대가 정족산성에서 승리함 · 결과: 프랑스군이 퇴각 과정에서 외규장각의 도서(『의궤』) 등 문화재 약탈
오페르트 도굴 사건(1868)	· 배경: 독일인 오페르트가 조선과의 통상을 요구하였으나 실패 · 전개: 오페르트가 남연군(흥선 대원군의 아버지)의 무덤을 도굴하려다 실패
신미양요(1871)	· 배경: 미국이 제너럴셔먼호 사건을 구실로 조선과의 통상 수교 시도 · 전개: 미군이 강화도로 침입하여 초지진·덕진진을 점령하고 광성보를 공격하였으나 어재연이 이끄는 조선 수비대가 결사적으로 저항 · 결과: 미군이 수자기 등을 약탈하였고, 대원군은 전국에 척화비를 건립

20 근대 근대사의 전개 난이도 중 ●●○

정답설명 ④ 시기가 이른 것부터 나열하면 (라) 제너럴셔먼호 사건(1866. 7.) → (나) 병인양요(1866. 9.) → (다) 오페르트 도굴 사건(1868) → (가) 신미양요(1871)가 된다.

(라) **제너럴셔먼호 사건**: 미국 상선 제너럴셔먼호가 대동강을 통해 평양 부근까지 들어와 통상을 요구하였다. 그러나 조선이 통상을 거부하자 제너럴셔먼호 선원들은 평양 주민을 약탈하고 조선인 관리를 살해하였다. 이에 평안도 관찰사 박규수와 평양 주민들은 제너럴셔먼호를 공격하여 불태웠다(1866. 7.).

(나) **병인양요**: 병인박해를 구실로 프랑스군이 강화도를 공격한 병인양요가 발생하자 양헌수의 부대가 정족산성에서 프랑스군을 물리쳤다(1866. 9.).

(다) **오페르트 도굴 사건**: 독일인 오페르트가 조선에 통상을 요구하였다가 거절당하자, 흥선 대원군의 부친인 남연군의 묘를 도굴하여 유해와 부장품을 미끼로 다시 통상을 요구하려고 하였으나 실패하였다(1868).

(가) **신미양요**: 미국이 제너럴셔먼호 사건을 구실로 통상 수교를 요구하기 위해 강화도에 침입하여 초지진을 함락하고 광성보를 공격하였다(신미양요). 이때 어재연의 부대가 광성보에서 미국군에게 격렬하게 항전하였으나, 결국 전력의 열세로 패하였다(1871).

10회 2024년 지방직 9급

2024년 6월 22일 시행

문제집 50쪽

정답

01	② 선사 시대	11	③ 고려 시대
02	① 선사 시대	12	② 조선 전기
03	① 고대	13	② 시대 통합
04	④ 고대	14	② 시대 통합
05	④ 고려 시대	15	① 조선 후기
06	③ 고려 시대	16	④ 일제 강점기
07	③ 근대	17	③ 근대
08	① 일제 강점기	18	④ 시대 통합
09	① 일제 강점기	19	④ 근대
10	② 근대	20	③ 현대

취약 시대 분석표

시대	맞힌 개수
선사 시대	/ 2
고대	/ 2
고려 시대	/ 3
조선 전기	/ 1
조선 후기	/ 1
근대	/ 4
일제 강점기	/ 3
현대	/ 1
시대 통합	/ 3
총합	/ 20

기출 총평

"합격선 90점, 평이하게 출제!"

- **난이도:** 시험 전체적인 난이도는 중으로, 변별력 있는 2문제를 제외하고 기본 개념을 다룬 문제들로 평이하게 출제되었습니다.
- **고난도 문제**
  - 13번 영주 부석사 무량수전과 보은 법주사 팔상전: 우리나라의 불교 건축물의 주요 특징이나 건축 양식을 정확하게 알지 못하면 틀릴 가능성이 높은 문제였습니다.
  - 19번 조청 상민 수륙 무역장정과 시모노세키 조약 체결 사이의 사실: 시모노세키 조약의 구체적인 내용이 처음 출제되었으며, 제시문을 읽고 청·일 전쟁을 떠올리지 못했다면 풀기 어려운 문제였습니다.

01 선사 시대 신석기 시대   난이도 하 ●○○

정답 설명
② 군장이 죽으면 그의 권력을 상징하는 고인돌을 만든 것은 청동기 시대이다. 고인돌은 청동기 시대의 대표적인 무덤 양식으로, 고인돌 제작에는 많은 노동력이 필요로 했기 때문에 당시 군장이 가진 정치 권력과 경제력을 상징한다.

오답 분석
① 신석기 시대에는 가락바퀴를 이용하여 식물에서 뽑은 가느다란 섬유를 꼬아서 실을 만들었으며, 이렇게 만들어진 실을 뼈바늘을 사용해 옷이나 그물을 제작하는 원시 수공업이 발달하였다.
③ 신석기 시대에는 동물 뼈나 조개껍데기로 된 목걸이나 팔찌를 만들어 장신구로 착용하였는데, 당시 장신구나 가면은 대개 악귀를 쫓는 데 쓰였다. 이를 통해 신석기 시대 사람들의 세계관과 주술적 신앙을 알 수 있다.
④ 신석기 시대에는 일부 지역에서 농경이 시작되어 조, 피, 수수 등의 잡곡류를 재배하는 초보적인 농경이 이루어졌다.

👍 이것도 알면 합격!

신석기 시대

시기	우리나라에서는 기원전 8000년경 시작됨
생활	• 돌을 갈아서 만든 간석기 사용 • 빗살무늬 토기, 이른 민무늬 토기, 덧무늬 토기 등 제작 • 바닥이 둥근 움집을 지었으며, 움집 중앙에는 화덕을 둠 • 조, 피, 수수 등을 재배하는 농경과 목축이 시작됨

02 선사 시대 고조선   난이도 하 ●○○

자료 분석
제시문에서 사람을 죽이면 즉시 사형에 처하고, 남에게 상처를 입히면 곡식으로 배상하며, 남의 물건을 훔친 자는 노비로 삼고, 죄를 면제받고자 하면 50만을 내야 한다는 내용을 통해 고조선의 8조법임을 알 수 있다.

정답 설명
① 동맹이라는 제천 행사가 있었던 나라는 고구려이다. 고구려에서는 매년 10월에 동맹이라는 제천 행사를 개최하고, 왕과 신하들이 국동대혈에서 모여 제사를 지냈다.

오답 분석
② 고조선은 왕 아래에 상, 대부, 장군, 박사, 대신 등의 관직을 두었다.
③ 기원전 2세기 초에 위만이 준왕을 몰아내고 고조선의 왕이 되었다. 고조선으로 망명해 온 위만은 준왕의 신임을 받아 서쪽 변경을 수비하는 임무를 맡았고, 이곳에 거주하는 이주민 세력을 통솔하면서 자신의 세력을 점차 확대하였다. 이후 위만은 준왕을 몰아내고 스스로 왕위에 올랐다.
④ 고조선은 지리적 이점을 이용하여 중국의 한(漢)과 한반도 남부의 진(辰) 사이에서 중계 무역을 전개하여 경제적 이익을 독점하였다.

👍 이것도 알면 합격!

고조선의 8조법

기록	후한 때 반고가 지은 『한서』 「지리지」에 3개의 조항만이 기록됨
내용	살인죄·상해죄·절도죄, 여자의 정절 중시(간음죄)
의미	형벌과 노비 제도가 발생, 생명·노동력을 중시, 재산의 사유가 이루어짐, 가부장적 가족 제도가 확립됨
성격	지배층이 사회 질서를 유지하면서 지배력을 강화하기 위한 수단으로 작용

03 고대 | 백제 | 난이도 하 ●○○

자료 분석
제시문에서 정사암이란 바위가 있다는 내용과 나라에서 재상을 의논할 때 후보 서너 명의 이름을 써서 상자에 넣고 봉해서 바위(정사암) 위에 두었다는 내용을 통해 (가) 국가가 백제임을 알 수 있다.

정답 설명
① 백제는 3세기 중엽 고이왕 시기에 중앙 관제를 정비하여 6좌평(내신·내두·내법·위사·조정·병관좌평)과 16관등제를 마련하였다. 또한 품계에 따라 옷의 색을 자·비·청색으로 구별하여 입도록 하는 공복제를 실시하였다.

오답 분석
② 고구려: 태학이라는 교육 기관을 설립한 국가는 고구려이다. 고구려는 소수림왕 때 유학 교육 기관으로 태학을 설립하고 귀족의 자제에게 유교 경전을 가르쳤다.
③ 발해: 인안이라는 독자적인 연호를 사용한 국가는 발해이다. 발해는 무왕 때 인안이라는 독자적인 연호를 사용하여 대외적으로 자주 국가임을 표출하였다.
④ 신라: 골품에 따라 관등이나 관직 승진에 제한이 있었던 나라는 신라이다. 신라는 신분 제도로 골품제를 두어 각 골품마다 승진할 수 있는 관등의 상한선을 제한하였으며, 가옥의 크기, 수레의 크기 등 일상 생활까지 제한하였다.

👍 이것도 알면 합격!

삼국의 중앙 행정 조직과 관등제

구분	고구려	백제	신라
수상	대대로(대막리지)	상좌평(내신좌평)	상대등
중앙 조직	내평, 외평, 주부	6좌평제, 22부	10부
관등	10여 관등	16관등	17관등

04 고대 | 혜초 | 난이도 하 ●○○

자료 분석
제시문에서 중앙아시아와 인도 지역의 다섯 천축국을 순례하고 각국의 지리, 풍속, 산물 등에 관한 기행문을 남겼다는 내용을 통해 (가) 인물이 혜초임을 알 수 있다.

정답 설명
④ 혜초는 중앙아시아와 인도를 순례한 뒤 그 지역의 지리, 풍속, 언어, 종교 등을 기록한 기행문인『왕오천축국전』을 저술하였다.

오답 분석
① 원광: 원광은 진평왕 때 주로 활동한 승려로, 화랑이 지켜야 할 세속오계를 제시하고, 부처의 힘으로 인해 나라가 평안해질 수 있다는 호국 불교의 전통을 세웠다.
② 원효: 원효는 통일 신라의 대표적인 6두품 출신의 승려로, 무애가를 짓고 널리 유행시켜 백성들을 교화하는 등 불교의 대중화에 기여하였다.
③ 의상: 의상은 당에 유학을 가 중국 화엄종 승려인 지엄에게서 수학한 승려로, 화엄 사상의 요지를 간결한 시로 축약하여『화엄일승법계도』를 저술하였다.

👍 이것도 알면 합격!

『왕오천축국전』

한 달 뒤에 쿠시나가라에 도착했다. 부처님이 열반에 드신 곳이다. …… 부처님이 열반에 드신 곳에 탑을 세웠는데, 스님 한 분이 그곳을 깨끗이 청소하고 있다. 매년 8월 8일이 되면 스님과 여승, 도인과 속인이 모두 그리로 모여 대대적으로 불공을 드린다. – 혜초,『왕오천축국전』

사료 분석 | 혜초는 인도, 아프가니스탄, 중앙아시아 일대까지 답사하고 신라에 돌아온 뒤『왕오천축국전』을 저술하였다.

05 고려 시대 | 화통도감 | 난이도 하 ●○○

자료 분석
제시문에서 판사 최무선의 말을 따라 설치했다는 내용을 통해 (가) 기구가 화통도감임을 알 수 있다.

정답 설명
④ 화통도감은 고려 우왕 때 최무선의 건의로 설치된 기구로, 화약 및 화기의 제조를 담당하였다. 한편, 화통도감에서 만들어진 화약과 화기는 진포 해전 등에서 왜구를 격퇴하는 데 사용되었다.

오답 분석
① 교정도감: 교정도감은 최충헌 이래 무신 정권의 최고 정치 기구이다. 교정도감은 본래 최충헌 부자의 살해를 모의한 관련자를 색출하고 처벌하기 위하여 설치되었으나, 점차 모든 국정을 관장하는 무신 정권 최고의 권력 기구가 되었다.
② 대장도감: 대장도감은 최우 무신 집권기에 부처의 힘으로 몽골의 침입을 극복하고자 만든 재조대장경(팔만대장경)의 판각 업무를 위해 강화도에 설치한 기구이다.
③ 식목도감: 식목도감은 법의 제정이나 각종 시행 규정을 논의하였던 고려의 독자적인 회의 기구이다.

06 고려 시대 |『직지심체요절』| 난이도 중 ●●○

자료 분석
제시문에서 1377년 청주 흥덕사에서 인쇄한 것이며, 구텐베르크가 인쇄한 책보다 70여 년 앞서 간행된 것으로 밝혀졌다는 내용을 통해 (가) 문화유산이『직지심체요절』임을 알 수 있다.

정답 설명
③『직지심체요절』은 서양 최초로 금속 활자 인쇄술을 발명한 구텐베르크의 것보다 약 70여 년 앞선 1377년에 인쇄된 것으로 밝혀져, 현존하는 금속 활자본 중에서 가장 오래된 것으로 공인받았다.

오답 분석
①『상정고금예문』: 최윤의 등이 지은 의례서를 인쇄한 것은『상정고금예문』이다.『상정고금예문』은 고려 인종 때 최윤의 등이 고금의 예문(예의 자료)을 수집·고증하여 엮은 의례서로, 강화도 천도 당시 이 책을 가져오지 못하자 최우의 소장본을 바탕으로 강화도에서 금속 활자로 28부를 인쇄하였다.
② 재조대장경: 몽골의 침략을 물리치려는 염원을 담고 있는 것은 재조대장경이다. 재조대장경은 최우 무신 집권기에 몽골이 침략해오자 이를 부처의 힘으로 극복하고자 하는 염원을 담아 강화도에 대장도감을 설치하여 제작하였다.
④『향약집성방』: 우리나라 풍토에 맞는 처방과 약재 등이 기록되어 있는 것은 조선 세종 때 편찬된 의서인『향약집성방』이다.

07 근대 | 병인양요 | 난이도 하 ●○○

정답 설명
③ 어재연이 강화도 광성보 전투에서 전사한 것은 신미양요이다. 미국이 제너럴셔먼호 사건을 구실로 통상을 요구하며 강화도에 침입한 신미양요 때 어재연이 이끄는 부대가 광성보에서 항전하였으나, 전력의 열세로 결국 어재연은 전사하였다.

오답 분석
①, ②, ④ 병인양요는 프랑스 선교사와 천주교도가 처형당한 병인박해가 원인이 되어 발생한 사건으로, 로즈 제독이 이끄는 프랑스 함대는 우세한 화력을 앞세워 강화부를 점령하였다. 이에 정족산성에서 양헌수, 문수산성에서 한성근의 활약으로 프랑스군을 물리쳤으나, 프랑스군은 퇴각 과정에서 외규장각 등의 주요 시설을 불태우고『의궤』등을 약탈하였다.

🖒 이것도 알면 **합격!**

병인양요 때 양헌수의 활약

> 양헌수가 순무중군으로 있었다. …… 광성보에서 몰래 전등사로 가서 주둔하였다. …… 전등사는 높은 산 위라 매복하고 있다가 한꺼번에 북과 나발을 불며 좌우에서 총을 쏘았다. 혼쭐이 난 서양인들을 쫓아가니 제 동료의 시체를 옆에 끼고 급히 본진으로 도망갔다.

사료 분석 | 병인양요 때 양헌수 부대는 정족산성에서 프랑스군을 물리쳤다.

08 일제 강점기 한인 애국단 난이도 중 ●●○

자료 분석 제시문에서 김구가 윤봉길이 휴대한 폭탄 두 개는 자신이 특수 제작하여 직접 건넨 것이라고 하였다는 내용을 통해 밑줄 친 '이 의거'가 윤봉길 의거임을 알 수 있으며, 윤봉길 의거는 한인 애국단이 일으킨 독립운동이다.

정답 설명 ① 한인 애국단에는 이봉창이 단원으로 활동하였으며, 그는 도쿄에서 일본 국왕 히로히토의 마차를 향해 폭탄을 투척하는 의거를 일으켰으나 실패하였다.

오답 분석
② 독립 의군부: 고종의 밀명을 받아 결성된 단체는 독립 의군부이다. 독립 의군부는 의병장 출신 임병찬이 고종의 밀명을 받아 결성한 독립운동 단체로, 왕정의 복고를 목적으로 하는 복벽주의를 표방하였다.
③ 의열단: 신채호가 작성한 「조선혁명선언」을 활동 지침으로 삼은 단체는 의열단이다. 의열단은 개인의 폭력 투쟁을 통한 독립 쟁취를 주장하며, 5파괴(5가지의 파괴 대상) 7가살(7가지의 암살 대상)을 목표로 활동하였다.
④ 신민회: 일제가 날조한 105인 사건으로 와해된 단체는 신민회이다. 일제가 날조한 총독 암살 미수 사건으로 인해 신민회 회원들과 민족 운동가들이 체포되었고, 그중 105인이 유죄 판결을 받는 105인 사건으로 인해 결국 신민회는 와해되었다.

🖒 이것도 알면 **합격!**

한인 애국단

배경	· 국민 대표 회의 결렬 이후 대한민국 임시 정부가 침체에 빠짐 · 만보산 사건으로 한·중 국민 사이의 감정이 악화되어 중국 관내에서 독립운동을 전개하는 것이 어려워짐
결성	임시 정부의 위상을 높이고 독립운동을 활성화시키기 위해 김구가 상하이에서 결성
주요 의거	· 이봉창: 도쿄에서 일왕에게 폭탄 투척 · 윤봉길: 상하이 훙커우 공원에서 폭탄 투척

09 일제 강점기 3·1 운동 난이도 중 ●●○

자료 분석 제시문은 3·1 독립 선언서(기미 독립 선언서)의 일부인 공약 3장의 내용으로, 다음 주장을 내세운 민족 운동은 3·1 운동이다. 3·1 운동은 민족 자결과 자주 독립의 정신을 바탕으로 평화적이고 정의와 인도에 입각하여 전개할 것을 원칙으로 내세웠다.

정답 설명 ① 3·1 운동은 무단 통치 시기에 일제의 강력한 탄압에 반발하여 일어난 독립 만세 운동으로, 민족 대표 33인 중 29인(4명은 지방에 있어 불참)은 탑골 공원에서 독립 선언식을 가지려 했으나, 시위가 격화될 것을 우려하여 태화관에서 독립 선언서를 낭독하였다. 또한 3·1 운동 당시 시민들과 학생들은 탑골 공원에 모여 독립선언문을 낭독하고 만세 시위를 전개하였다.

오답 분석
② 6·10 만세 운동: 6·10 만세 운동은 순종의 인산일에 맞춰 민족주의 계열인 천도교와 사회주의 계열의 단체, 조선 학생 과학 연구회를 중심으로 한 학생들이 함께 추진하여 일으킨 독립운동으로, 이후 민족 유일당 운동이 전개되는 계기를 마련하였다.
③ 물산 장려 운동: 물산 장려 운동은 1920년대 일본의 회사령 철폐와 관세 철폐 움직임에 대항하여 시작된 경제적 구국 운동이다. 물산 장려운동은 자급자족과 국산품 애용을 강조하였으며, 나아가 생활 개선과 금주·단연 운동으로 확대되었다.
④ 민립 대학 설립 운동: 민립 대학 설립 운동은 일제의 식민지 차별 교육에 대항하여 우리 민족의 힘으로 대학을 설립하고자 일어난 민족 운동이다. 이를 위해 이상재 등을 중심으로 기성회가 조직되고 "한민족 1천만이한 사람 1원씩"이라는 구호로 모금 운동이 전개되었다.

🖒 이것도 알면 **합격!**

3·1 운동의 전개

구분	1단계	2단계	3단계
지역	주요 도시	도시를 중심으로 확산	농촌, 국외로 확산
주도층	민족 대표(종교계), 학생	학생 주도, 상인, 노동자	농민의 적극적 참여
특징	독립 선언서 배포, 비폭력 주의, 만세 시위	만세 시위, 철시	무력적인 저항

10 근대 제1차 동학 농민 운동 난이도 중 ●●○

자료 분석 제시문에서 고부성을 격파하고 군수 조병갑의 목을 베어 매달 것과 전주 감영을 함락하고 서울로 곧바로 향할 것이라는 내용을 통해 고부 민란 당시의 결의 사항(사발통문)임을 알 수 있다. 고부 민란이 일어나자 정부는 이를 수습하기 위해 안핵사 이용태를 파견하였으나, 이용태는 고부 민란의 주모자를 색출하여 가혹하게 처벌하였다. 이에 불만이 폭발한 농민들은 제1차 동학 농민 운동을 일으켰다.

정답 설명 ② 제1차 동학 농민 운동 당시 전주성을 점령한 동학 농민군은 전라도 지역에 농민 자치 기구인 집강소를 설치하였다. 집강소에서는 치안과 행정을 담당하였고, 노비 문서 소각, 탐관오리 엄징, 과부의 재가 허용, 토지의 평균 분작, 관리 채용에 지벌 타파 등의 폐정 개혁을 추진하였다.

오답 분석
① 갑신정변: 혜상공국 폐지 등의 정강을 발표한 것은 갑신정변이다. 갑신정변을 일으킨 급진 개화파는 보부상을 총괄하는 기관인 혜상공국을 폐지하고, 재정은 호조에서 관할할 것을 주장하는 등의 14개조 혁신 정강을 발표하였다.
③ 임오군란: 신식 군대인 별기군에 비해 차별을 받던 구식 군인들이 일으킨 것은 임오군란이다.

④ **정미의병**: 13도 창의군을 조직하고 서울 진공 작전을 추진한 것은 정미의병이다. 정미의병 때 이인영을 총대장으로, 허위를 군사장으로 하는 13도 창의군을 조직하고 서울 진공 작전을 전개하여 서울 근교까지 진격하였으나 일본군의 반격으로 실패하였다.

11 고려 시대 고려 성종 대의 사실   난이도 중 ●●○

자료분석
제시문에서 불교는 몸을 닦는 근본이며 유교는 나라를 다스리는 근원이라는 내용을 통해 최승로가 작성한 상소문인 시무 28조의 내용임을 알 수 있다. 시무 28조는 고려 성종 때 최승로가 유교 이념을 바탕으로 국가를 운영할 것을 주장하며 작성한 상소문이다.

정답설명
③ 고려 성종 대에는 지방 주요 지역에 12목을 설치하고, 12목에 지방관인 목사를 파견하였다.

오답분석
① **고려 현종**: 개경에 나성을 쌓은 것은 고려 현종 때이다. 고려 현종 때에는 외적의 침입에 대비하고자 개경의 외성인 나성을 쌓아 도성 수비를 강화하였다.
② **고려 경종**: 전시과 제도를 처음 실시한 것은 고려 경종 때이다. 전시과 제도는 관리에게 관직 복무와 직역의 대가로 전지(논밭)와 시지(땔감을 얻을 수 있는 땅)에 대한 수조권(세금을 거둘 수 있는 권리)을 차등적으로 지급하는 제도이다.
④ **고려 광종**: 노비안검법을 실시하여 호족 세력을 약화시킨 것은 고려 광종 때이다. 고려 광종 때는 후삼국 시대에 불법으로 노비가 된 자를 조사하여 양인으로 해방시키는 노비안검법을 시행하여 국가의 재정을 확충하고, 호족의 경제적·군사적 기반을 약화시키고자 하였다.

12 조선 전기 광해군 재위 시기의 사실   난이도 중 ●●○

자료분석
제시문에서 강홍립에게 비밀리에 명령을 내려 오랑캐와 몰래 통하게 하였다는 내용을 통해 밑줄 친 '왕'이 광해군임을 알 수 있다. 명과 후금 사이에서 중립 외교를 펼치던 광해군은 후금의 침략을 받은 명이 조선에 군사를 요청하자 도원수로 강홍립을 파견하면서 상황에 따라 유연하게 대처하도록 명하였다.

정답설명
② 광해군 재위 시기에 허준이 우리나라의 전통 한의학을 체계적으로 정리한 의서인 『동의보감』을 편찬하였다. 한편, 『동의보감』은 우리나라뿐 아니라 중국과 일본에서도 간행되어 뛰어난 의학서로 인정받았으며, 2009년에 유네스코 세계 기록유산에 등재되었다.

오답분석
① **숙종**: 전국에 대동법을 실시한 것은 숙종 때이다. 대동법은 광해군 때 경기도에서 처음 실시되었으며, 이후 숙종 때 평안도·함경도·제주도를 제외한 전국으로 확산·실시되었다.
③ **현종**: 자의 대비의 복상 문제로 예송이 일어난 것은 현종 때이다. 현종 때 효종과 효종비의 죽음에 대해 인조의 계비인 자의 대비가 몇 년 간 상복을 입어야 하는지를 둘러싸고 서인과 남인 사이에 두 차례의 예송(기해예송, 갑인예송)이 일어났다.
④ **숙종**: 청과 국경을 정하기 위해 백두산 정계비를 세운 것은 숙종 때이다. 숙종 때 조선의 대표 박권과 청의 대표 목극등이 백두산 일대를 답사한 뒤 국경을 확정한 백두산 정계비를 세웠다.

13 시대 통합 영주 부석사 무량수전과 보은 법주사 팔상전   난이도 상 ●●●

정답설명
② 옳게 짝지은 것은 (가) 영주 부석사 무량수전, (나) 보은 법주사 팔상전이다.
(가) 영주 부석사 무량수전은 고려 시대의 대표적인 불교 건축물로, 배흘림 기둥(기둥의 중간이 가장 굵고 위·아래로 갈수록 점차 얇아지는 양식)과 주심포 양식(공포가 기둥 위에만 짜여져 있는 양식)으로 단아하면서도 세련된 아름다움을 담고 있다.
(나) 보은 법주사 팔상전은 우리나라에 남아 있는 조선 시대 건축물 중 유일한 5층 목탑으로, 조선 후기를 대표하는 불교 건축물이다.

오답분석
- **합천 해인사 장경판전**: 합천 해인사 장경판전은 고려 시대 때 제작된 팔만대장경(재조대장경)을 보관하기 위해 조선 전기에 만들어진 건축물이다.
- **김제 금산사 미륵전**: 김제 금산사 미륵전은 조선 후기인 17세기에 지어진 건축물로, 팔작 지붕과 다포 양식이 사용되었으며 내부는 3층의 통층 구조로 되어있다.

이것도 알면 합격!
주심포 양식과 다포 양식

주심포 양식	· 송의 영향을 받음 · 지붕의 무게를 받치기 위한 공포가 기둥 위에만 있는 양식 · 단아하면서도 세련된 특징을 보여줌
다포 양식	· 원의 영향을 받음 · 공포를 기둥 위뿐만 아니라 기둥 사이에도 배치한 양식 · 웅장한 지붕을 얹거나 건물을 화려하게 꾸밀 때 사용됨

14 시대 통합 시대별 수취 제도   난이도 중 ●●○

정답설명
② 시기 순으로 나열하면 (다) 과전법 시행(1391, 공양왕) → (라) 공법 제정(1444, 세종) → (나) 영정법 시행(1635, 인조) → (가) 결작 시행(1751, 영조)이 된다.

(다) **과전법 시행**: 공양왕 때 과전법을 시행하여 토지 1결당 최대 300두의 쌀을 생산할 수 있는 토지의 면적을 1결로 계산하고, 토지 1결당 수확량의 1/10인 30두를 조세로 수취하는 것을 원칙으로 삼았다(1391).

(라) **공법 제정**: 세종 때 합리적인 조세 수취를 위해 토지 비옥도를 기준으로 하는 전분 6등법과 풍흉을 기준으로 하는 연분 9등법의 공법을 제정하였다(1444). 이때 조세 액수는 1결당 최고 20두에서 최저 4두로 정하였다.

(나) **영정법 시행**: 인조 때 전세를 풍흉에 관계없이 토지 1결당 미곡 4~6두로 납부하도록 법제화 한 영정법을 시행하였다(1635).

(가) **결작 시행**: 영조 때 균역법이 시행(1750)되면서 군포 납부액 2필에서 1필로 절반으로 줄어들자, 정부는 이를 보충하기 위해 결작이라 하여 토지 1결당 미곡 2두씩을 부담시켰다(1751).

15 조선 후기 · 박제가   난이도 중 ●●○

자료분석 제시문에서 대체로 재물은 우물과 같다는 내용을 통해 박제가의 주장임을 알 수 있다. 박제가는 『북학의』에서 생산과 소비의 관계를 우물에 비유하며 소비를 권장하였다.

정답설명 ① 박제가는 중상학파 실학자로 청과의 통상을 통해 청의 문물을 적극적으로 수용할 것을 주장하였으며, 상공업 발달을 위해 수레와 선박의 이용을 확대할 것을 주장하였다.

오답분석
② 정제두: 양명학을 연구하여 강화 학파를 형성한 인물은 정제두이다. 정제두는 양명학을 본격적으로 연구하여 학문적으로 체계화하였으며, 강화도에서 후학을 양성하면서 강화 학파를 형성하였다.
③ 이익: 토지의 매매를 제한하는 한전론을 주장한 인물은 이익이다. 이익은 한전론을 통해 한 가정의 생활에 필요한 최소한의 토지를 영업전으로 설정하여 매매를 금지하고, 영업전 이외의 토지의 매매만을 허용할 것을 주장하였다.
④ 홍대용: 지전설을 주장하여 중국 중심의 세계관을 비판한 인물은 홍대용이다. 홍대용은 『의산문답』에서 지구가 자전한다는 지전설과 지구가 우주의 중심이 아니라 무수한 별 중 하나라는 무한 우주론을 바탕으로 중국 중심의 세계관을 비판하였다.

👍 **이것도 알면 합격!**

중농학파와 중상학파

구분	중농학파	중상학파
출신	남인 계열	노론 계열
인물	유형원, 이익, 정약용	유수원, 홍대용, 박지원, 박제가
주장	· 경세치용(각종 제도의 개혁) · 토지 개혁을 통한 자영농 육성 · 화폐 사용에 부정적	· 이용후생(기술 혁신, 부국강병) · 상공업 육성 · 기술 혁신을 통한 농업 생산력 증대
공통점	부국강병, 민생 안정, 농업 진흥(방법론이 다름) 추구, 문벌 제도와 자유 상공업 비판	

16 일제 강점기 · 근우회   난이도 중 ●●○

자료분석 제시문에서 조선 자매 전체의 역량을 공고히 단결하자는 내용을 통해 근우회가 발표한 창립 취지문임을 알 수 있다.

정답설명 ④ 근우회는 김활란 등이 중심이 되어 여성 단체들을 통합하여 신간회의 자매 단체로 창립된 단체로, 여성 계몽 활동과 여성 노동자 권익 옹호 운동을 전개하며 봉건적 인습(예전의 풍습) 타파와 여성 노동자의 임금 차별 철폐 등을 주장하였다.

오답분석
① 호주제 폐지 운동과 근우회는 관련이 없다. 한편, 호주제(호주를 중심으로 가족 구성원들의 신분 변동을 기록하는 제도)가 폐지된 것은 노무현 정부 시기의 사실이다.
② 여학교 설립을 주장하는 「여권통문」이 발표된 것은 근우회가 창립되기 이전인 1898년으로, 근우회와는 관련이 없다. 「여권통문」은 서울 북촌 양반 여성들의 주도로 발표된 우리나라 최초의 여성 인권 선언서로, 여학교 설립 및 여성의 평등한 교육권 등을 주장하였다.
③ 천도교 소년회: 어린이날을 제정하고 소년 잡지 『어린이』를 창간한 단체는 천도교 소년회이다.

👍 **이것도 알면 합격!**

근우회 행동 강령

① 여성에 대한 사회적·법률적 일체 차별 철폐
② 일체 봉건적인 인습과 미신 타파
③ 조혼 폐지 및 결혼의 자유
④ 인신 매매 및 공창(公娼) 폐지
⑤ 농촌 부인의 경제적 이익 옹호
⑥ 부인 노동의 임금 차별 철폐 및 산전·산후 임금 지불
⑦ 부인 및 소년공의 위험 노동 및 야업 금지

사료 분석 | 근우회는 순회 강연, 부인 강좌, 야학 등을 통해 여성의 권리에 대한 인식을 확산시켰고, 여성 노동자·농민의 조직화, 여학생 운동 지원 등 사회 운동에도 적극적으로 참여하였다.

17 근대 · 대한국 국제가 발표된 시기   난이도 중 ●●○

자료분석 제시문에서 대한국은 세계 만국에 공인된 자주 독립한 제국이라는 내용과 대한국 대황제는 무한한 군권을 향유한다는 내용을 통해 대한국 국제임을 알 수 있다.

(가) 갑신정변 발생(1884) ~ 갑오개혁 실시(1894)
(나) 갑오개혁 실시(1894) ~ 독립협회 해산(1898)
(다) 독립협회 해산(1898) ~ 러·일 전쟁 발발(1904)
(라) 러·일 전쟁 발발(1904) ~ 을사늑약 체결(1905)

정답설명 ③ 대한국 국제는 (다) 시기인 1899년에 반포되었다. 고종은 대한 제국을 선포한 뒤 1899년에 일종의 헌법인 대한국 국제를 반포하여 대한 제국이 전제 정치 국가이며 황제권이 무한함을 강조하고, 통수권·입법권·행정권·사법권·외교권 등을 모두 황제의 대권으로 규정하여 전제 군주 체제를 더욱 강화하였다.

18 시대 통합 · 시기별 민중 봉기   난이도 중 ●●○

정답설명 ④ 시기 순으로 나열하면 (다) 원종과 애노의 난(889, 진성 여왕) → (가) 김사미·효심의 난(1193, 고려 명종) → (라) 홍경래의 난(1811, 순조) → (나) 임술 농민 봉기(1862, 철종)가 된다.

(다) 원종과 애노의 난: 신라 하대 진성 여왕 때 정부의 강압적인 조세 징수와 진골 귀족의 농민 수탈 심화 등으로 농민의 불만이 심화되면서 원종과 애노가 사벌주(상주)를 근거지로 반란을 일으켰다(889).
(가) 김사미·효심의 난: 고려 명종 때 김사미가 운문(청도), 효심이 초전(울산)에서 신라 부흥을 표방하며 봉기하였다(1193).
(라) 홍경래의 난: 순조 때 평안도 지역에 대한 차별 대우가 극심해지자 몰락 양반인 홍경래가 평서 대원수라 칭하며 난을 일으켰다(1811). 홍경래 등의 반란 세력은 선천, 정주 등 청천강 이북 지역을 거의 장악하기도 하였으나, 5개월 만에 관군에 의해 진압되었다.
(나) 임술 농민 봉기: 철종 때 경상 우병사 백낙신이 탐욕을 부려 백성들의 수탈이 심해지자, 이를 견디다 못한 진주 백성들이 임술 농민 봉기를 일으켰다(1862).

19 근대 조·청 상민 수륙 무역 장정과 시모노세키 조약 체결 사이의 사실   난이도 상 ●●●

자료 분석

(가)는 이번에 제정한 수륙 무역 장정은 중국이 속방을 우대하는 뜻이라는 내용을 통해 1882년에 체결된 조·청 상민 수륙 무역 장정임을 알 수 있다.

(나)는 청국은 조선국이 완전무결한 독립 자주국임을 확인하고, 조선의 청에 대한 공물 헌납 등을 완전히 폐지한다는 내용과 청국은 군비 배상금으로 은 2억 냥을 일본국에 지불한다는 내용을 통해 1895년 4월에 체결된 시모노세키 조약임을 알 수 있다.

정답 설명

② 한·청 통상 조약이 체결된 것은 (나) 이후인 1899년의 사실이다. 한·청 통상 조약은 대한 제국이 성립된 이후에 대한 제국 황제와 청 황제가 속방이 아닌 대등한 위치에서 체결하였다는 의의를 지닌 조약이다.

오답 분석

모두 조·청 상민 수륙 무역 장정 체결과 시모노세키 조약 체결 사이의 사실이다.

① 영국이 러시아의 남하를 견제한다는 구실로 거문도를 불법 점령한 것은 1885년 3월의 사실이다.

③ 김옥균 등의 급진 개화파들이 갑신정변을 일으킨 것은 1884년의 사실이다.

④ 청과 일본 사이에 전쟁이 발발(청·일 전쟁)한 것은 1894년의 사실이다. 한편, 청·일 전쟁의 결과 청은 일본에게 패배하였고, 청과 일본 사이에 시모노세키 조약이 체결되었다. 이 조약을 통해 청은 일본에 배상금을 지불하고, 랴오둥(요동) 반도와 타이완 할양, 조선에 대한 종주권을 포기하였다.

👍 이것도 알면 **합격!**

시모노세키 조약

체결 배경	청·일 전쟁에서 패배한 청은 일본과 시모노세키 조약을 체결
주요 내용	• 조선이 자주국임을 확인(청의 종주권 부인) • 청은 일본에게 타이완, 랴오둥 반도, 펑후섬 등을 일본에게 할양할 것 • 청은 배상금 2억 냥을 일본에게 지급할 것 • 청은 일본 정부 및 국민에게 최혜국 대우를 부여할 것

20 현대 농지 개혁   난이도 중 ●●○

자료 분석

제시문에서 농지를 농민에게 적정히 분배한다는 내용과 1가(구)당 총 경영 면적 3정보를 초과하지 못한다는 내용을 통해 농지 개혁법에 대한 설명임을 알 수 있다. 농지 개혁법은 농사를 짓는 사람이 땅을 가져야 한다는 경자유전의 원칙에 입각하여 1949년 6월에 제정된 법령으로, 1950년 3월에 법의 일부가 개정되고 시행됨으로써 농지 개혁이 본격적으로 실시되었다.

정답 설명

③ 농지 개혁은 3정보를 상한으로 하여 그 이상의 보유 농지를 국가에서 유상으로 매수하고, 유상으로 농민에게 분배하는 방식으로 시행되었다.

오답 분석

① 한국 민주당은 농지 개혁이 시작되기 전인 1949년 2월에 해체되었다. 또한 농지 개혁은 지주층의 반발이 아닌 6·25 전쟁으로 잠시 중단되었으나, 휴전 이후 재개되었다.

② 새마을 운동: 주택 개량, 도로 및 전기 확충 등을 추진한 것은 박정희 정부 시기에 추진된 새마을 운동이다. 한편, 농지 개혁은 자영농을 육성하기 위해 시행된 토지 개혁 정책으로 농지만을 대상으로 하였다.

④ 농지 개혁의 결과 농민 중심의 토지 제도가 확립되어 자작농이 증가하였으며, 지주제가 점차 소멸하였다.

👍 이것도 알면 **합격!**

남한의 농지 개혁과 북한의 토지 개혁 비교

구분	남한	북한
개혁안	농지 개혁법	토지 개혁법
대상	산림이나 임야를 제외한 토지	모든 토지
농지 개혁법 공포	1949년 6월 제정 (1950년 시행)	1946년 3월 제정
원칙	유상 매입, 유상 분배	무상 몰수, 무상 분배
토지 상한	3정보	5정보
특징	6·25 전쟁으로 중단, 1953년 완성	농촌 위원회가 주체

11회 2023년 지방직 9급

2023년 6월 10일 시행

문제집 54쪽

정답

01	① 선사 시대	11	① 고려 시대
02	③ 고려 시대	12	④ 시대 통합
03	② 근대	13	① 시대 통합
04	② 근대	14	③ 조선 후기
05	③ 고대	15	② 조선 전기
06	② 고대	16	④ 일제 강점기
07	③ 조선 전기	17	④ 고려 시대
08	④ 근대	18	③ 일제 강점기
09	④ 조선 전기	19	④ 일제 강점기
10	④ 현대	20	④ 현대

취약 시대 분석표

시대	맞힌 개수
선사 시대	/ 1
고대	/ 2
고려 시대	/ 3
조선 전기	/ 3
조선 후기	/ 1
근대	/ 3
일제 강점기	/ 3
현대	/ 2
시대 통합	/ 2
총합	/ 20

기출 총평

"합격선 95점, 매우 쉽게 출제!"

- **난이도:** 시험 전체적인 난이도는 하로, 전반적으로 평이한 난이도의 문제들이 출제된 쉬운 시험이었습니다. 단답형 선택지의 비중이 높아 체감 난이도가 낮았으며, 기본 개념 학습이 충실히 된 수험생이라면 고득점을 획득할 수 있었던 시험이었습니다.
- **고난도 문제**
  - 09번 조선 시대의 문과: 조선 시대 문과를 주관하는 기관과 식년시에 대한 지엽적인 개념까지 정확하게 알고 있어야 문제를 풀 수 있어 까다롭게 느껴졌을 문제였습니다.

01 선사 시대 구석기 시대   난이도 하 ●○○

자료 분석 제시문에서 경기도 연천군 한탄강 언저리에 넓게 위치하고 있다는 것과 모비우스 학설을 무너뜨리는 결정적 증거가 되었다는 내용을 통해 밑줄 친 '주먹도끼'는 연천 전곡리에서 발견된 아슐리안형 주먹 도끼임을 알 수 있다. 아슐리안형 주먹 도끼가 사용된 시대는 구석기 시대이다.

정답 설명 ① 구석기 시대에는 식량을 찾아 다니며 이동 생활을 하였기 때문에 동굴이나 바위 그늘, 강가의 막집 등에서 살았다.

오답 분석
② 신석기 시대: 내부에 화덕이 있는 움집이 일반적인 주거 형태였던 시대는 신석기 시대이다. 신석기 시대의 움집은 바닥이 원형 또는 모서리가 둥근 사각형이었으며, 내부의 중앙에는 불씨를 보관하거나 취사와 난방을 위한 화덕이 위치하였다.
③ 구석기 시대에는 토기를 사용하지 않았다. 한편, 신석기 시대부터 흙을 빚어 불에 구워 만든 용기인 토기를 만들어 음식을 조리하거나 식량을 저장하였다.
④ 청동기 시대: 구릉에 마을을 형성하고, 그 주변에 도랑을 파고 목책을 둘렀던 시대는 청동기 시대이다. 잉여 생산물과 농경지를 둘러싼 대립이 빈번해지자 청동기 시대의 사람들은 방어에 유리한 구릉에 마을을 형성하고, 그 주변에 도랑(환호)과 목책을 둘렀다.

02 고려 시대 삼별초   난이도 하 ●○○

자료 분석 제시문에서 고려 정부의 개경 환도에 반대하고 반란을 일으켰다는 것과 진도로 근거지를 옮기면서 항쟁을 전개하였다는 내용을 통해 (가)는 삼별초임을 알 수 있다.

정답 설명 ③ 삼별초는 최우가 도적을 잡기 위해 설치한 야별초에서 시작되었다. 최씨 정권의 지원을 받은 야별초 조직이 확대되자 이를 좌별초와 우별초로 나누었고, 이후 대몽 항쟁 과정에서 몽골에 포로로 잡혔다가 탈출한 병사들로 구성된 신의군을 창설하면서 이들을 합하여 삼별초가 조직되었다.

오답 분석
① 훈련도감: 포수(조총), 사수(활), 살수(창·검)의 삼수병으로 편제된 것은 조선 시대에 설치된 훈련도감이다.
② 별무반: 윤관의 건의로 편성된 기병 중심의 부대는 별무반이다. 별무반은 기병으로 구성된 여진족에 대항하기 위하여 고려 숙종 때 윤관의 건의로 조직된 임시 군사 조직으로, 기병 부대인 신기군과 보병인 신보군, 승병인 항마군으로 구성되었다.
④ 주진군: 양계 지방(북계와 동계)에서 국경 지역 방어를 맡았던 상비적인 전투 부대는 주진군이다.

👍 **이것도 알면 합격!**

삼별초

성립	최우가 치안 유지를 위해 창설한 야별초에서 비롯됨
확대	야별초가 좌별초와 우별초로 분리되고, 몽골에 포로로 잡혔다가 돌아온 병사를 중심으로 조직된 신의군이 포함되면서 삼별초로 정비됨
대몽 항쟁 전개	· 강화도: 개경 환도에 반대하며 왕족 승화후 온을 왕으로 삼고 항몽 정권 수립 · 진도: 용장성에서 배중손의 지휘 아래 항전, 일본에 국서를 보내 대몽 연합 전선 제의 · 제주도: 애월 항파두리성에서 김통정의 지휘 아래 항전

03 근대 최익현 · 난이도 중 ●●○

자료분석 제시문에서 저들이 비록 왜인이라고 하나 실은 양적이라는 내용을 통해 왜양 일체론을 주장한 최익현임을 알 수 있다.

정답설명 ② 최익현은 위정 척사파의 대표적인 인물로, 1870년대에 일본이 운요호 사건을 일으키며 개항을 요구하자 일본도 서양과 다를 바 없다는 왜양 일체론을 주장하며 개항 반대 운동을 전개하였다.

오답분석
① 박규수: 박규수는 문호를 개방하고 서양과 통상해야 한다는 개국 통상론을 주장한 대표적인 인물로, 일본이 운요호 사건을 빌미로 일본이 수교를 요구하자 최익현 등의 척화 주장을 물리치고 일본과의 수교를 주장하여 강화도 조약을 맺게 하였다.
③ 김홍집: 김홍집은 온건 개화파의 대표적인 인물로, 제1차 갑오개혁을 추진한 최고 정책 결정 기관인 군국기무처의 총재를 역임하며 개혁을 주도하였다.
④ 김윤식: 김윤식은 온건 개화파의 대표적인 인물로, 청의 무기 제조법을 배우기 위하여 영선사로 청에 파견되었다.

04 근대 독립신문 · 난이도 하 ●○○

자료분석 제시문에서 서재필이 정부 지원을 받아 창간하였다는 것과 한글판과 영문판을 발행하였다는 내용을 통해 독립신문임을 알 수 있다.

정답설명 ② 독립신문은 우리나라 최초의 민간 신문으로 서재필이 정부의 지원을 받아 1896년에 창간하였다. 독립신문은 한글판과 영문판의 두 종류로 발행되어 국민을 계몽하고, 국내의 사정을 외국인에게도 전달하였다.

오답분석
① 제국신문: 제국신문은 이종일 등이 창간하였으며, 순한글로 발행되어 주로 서민층과 부녀자들에게 인기가 많았다.
③ 한성순보: 한성순보는 우리나라 최초의 신문으로 박문국에서 순한문체로 10일에 한 번씩 발행되었으며, 정부의 개화 정책을 홍보하고 전달하는 관보적 성격을 띠었다.
④ 황성신문: 황성신문은 남궁억 등이 창간하였으며, 국한문 혼용체로 발행되어 주로 유학자들의 계몽에 앞장섰다. 또한, 1905년에 장지연의 '시일야방성대곡'을 게재하여 을사늑약을 비판하고 민족 의식을 고취하였다.

👍 이것도 알면 합격!
독립신문

창간	우리나라 최초의 민간 신문으로 서재필이 정부의 지원을 받아 창간(1896)
성격	한글판과 영문판을 함께 발행하여 국민을 계몽하고, 외국인에게 국내 사정을 알리는 역할 담당
영향	· 띄어쓰기를 실시하여 한글 발전에 공헌 · 신문의 역할과 중요성을 널리 인식시켜 이후 여러 신문이 창간되는 데 영향을 끼침 · 사설과 기사를 통해 열강의 이권 침탈을 비판하여 이권 수호 운동 전개에 기여
폐간	독립 협회가 해산된 이후 폐간(1899)

05 고대 근초고왕과 진흥왕의 업적 · 난이도 하 ●○○

자료분석
(가)는 백제에서 고흥이 『서기』를 편찬하였다는 내용을 통해 근초고왕임을 알 수 있다.
(나)는 신라에서 거칠부가 『국사』를 편찬하였다는 내용을 통해 진흥왕임을 알 수 있다.

정답설명 ③ 진흥왕은 인재 양성을 위해 청소년 집단이었던 화랑도를 국가적 조직으로 개편하였다. 화랑도는 원광이 지은 세속 5계(사군이충, 사친이효, 교우이신, 임전무퇴, 살생유택)를 행동 규범으로 삼아 활동하였으며, 이후 신라가 삼국을 통일하는 데 크게 기여하였다.

오답분석
① 성왕: 국호를 남부여로 바꾼 왕은 성왕이다. 성왕은 수도를 웅진에서 사비로 옮기고 백제의 중흥을 꾀하며 국호를 남부여로 바꾸었다.
② 침류왕: 동진으로부터 불교를 받아들여 공인한 왕은 침류왕이다. 침류왕은 동진에서 온 인도 승려 마라난타를 통해 불교를 받아들이고 공인하였다.
④ 법흥왕: 병부를 처음으로 설치하여 군권을 장악한 왕은 법흥왕이다. 법흥왕은 군사에 관한 사무를 관장하는 관청인 병부를 설치하여 군권을 장악하였다.

06 고대 삼국의 문화재 · 난이도 중 ●●○

정답설명 ① 사택지적비를 통해 백제가 영산강 유역까지 영역을 확장하였는지 알 수 없다. 한편, 사택지적비는 의자왕 때 대좌평의 고위직을 역임한 사택지적이라는 인물이 말년에 늙어가는 것을 탄식하여 불교에 귀의하고 불당과 탑을 건립한 것을 기록한 비석으로, 노장 사상이 반영된 내용도 표현되어 있어 당시 백제가 도가(道家)에 대한 이해를 하고 있었음을 알 수 있다.

오답분석
② 임신서기석은 신라에서 청년들이 유교 경전을 공부하였다는 사실을 알려주는 비석이다. 임신서기석에는 신라의 두 청년이 나라에 충성할 것과 『시경』, 『예기』 등의 유교 경전을 학습할 것을 맹세하는 내용이 새겨져 있다.
③ 충주 고구려비는 국내에 유일하게 남아 있는 고구려의 비석으로, 고구려가 5세기에 남한강 유역까지 진출하였음을 알려주는 비석이다. 충주 고구려비에는 당시 고구려 군대가 신라 영토 내에 주둔하며 영향력을 행사하고, 고구려가 신라 매금(신라 왕)에게 의복을 하사였다는 내용 등이 기록되어 있다.
④ 호우명 그릇은 5세기 초 고구려와 신라가 밀접한 관계를 맺고 있음을 알려주는 유물이다. 1946년에 신라의 수도인 경주에서 돌무지덧널무덤(호우총)이 발견되었는데, 이곳에서는 '을묘년국강상광개토지호태왕호우십'이라는 문구가 새겨진 호우명 그릇이 출토되었다. 이는 5세기 초인 을묘년(415)에 광개토 대왕을 기리기 위해 제작한 그릇으로, 당시 고구려와 신라가 밀접한 관계를 맺고 있었음을 알려준다.

👍 이것도 알면 합격!
사택지적비

> 갑인년 정월 9일 내지성의 사택지적은 몸이 날로 늙어 가고 지난 세월을 돌이킬 수 없음을 한탄하고 슬퍼하여, 금을 뚫어 진귀한 당을 세우고 옥을 깎아 보배로운 탑을 세우니, 외한 자비로운 모습은 신광(神光)을 토하여 구름을 보내는 듯하고 ……

사료 분석 | 사택지적은 의자왕 때의 대신으로, 사택지적비에는 지난날의 영광과 세월의 덧없음을 한탄하는 내용이 4·6 변려체와 구양순체로 세련되게 기록되어 있다.

07 조선 전기 곽재우 난이도 중 ●●○

자료분석 제시문의 밑줄 친 곽재우는 임진왜란 당시 활약한 대표적인 의병장으로, 1차 진주성 전투(진주 대첩) 등에서 활약하였다.

정답설명 ③ 행주산성에서 일본군을 크게 무찔렀던 인물은 권율이다. 권율은 평양성 탈환 이후 명군과 합세하여 한양(서울)을 되찾기 위해 병력을 이끌고 북상하다가 행주산성에서 일본군에 포위되었으나, 관군과 의병 등을 지휘하며 일본군을 크게 무찔렀다.

오답분석
① 곽재우는 임진왜란 때 여러 전투에서 붉은 옷을 입고 의병을 지휘하며 스스로 홍의장군이라 칭하였다.
②, ④ 곽재우는 임진왜란이 일어나자 경상도 의령을 거점으로 봉기하였으며 의령, 창녕, 진주 등 주로 낙동강 일대의 지역에서 활동하며 익숙한 지리를 활용한 기습 작전으로 일본군에 타격을 주었다.

👍 이것도 알면 합격!

임진왜란 때 활약한 주요 의병

곽재우	· 경상도 의령에서 의병을 일으킴 · 붉은 옷을 입고 전투에 참여하여 홍의장군이라 불림 · 제1차 진주성 전투에 참여
김천일	· 전라도 나주에서 의병을 일으킴 · 제2차 진주성 전투에 참여
고경명	전라도 담양에서 의병을 일으킴
정인홍	경상도 합천에서 의병을 일으킴
조헌	충청도 옥천에서 의병을 일으킴

08 근대 국채 보상 운동 난이도 하 ●○○

자료분석 제시문에서 국채 1,300만원은 우리 대한 제국의 존망에 직결되고, 지금 국고에서는 도저히 갚을 능력이 없다는 내용을 통해 국민의 모금으로 나라의 빚을 갚고 국권을 지키자는 취지로 전개된 국채 보상 운동임을 알 수 있다.

정답설명 ④ 국채 보상 운동은 일본으로부터 도입한 차관을 국민의 모금으로 갚기 위하여 전개된 운동으로, 1907년 대구에서 서상돈 등의 주도로 시작되었으며 대한매일신보, 황성신문 등 언론 기관의 적극적인 호응으로 전국으로 확산되었다.

오답분석 모두 국채 보상 운동과는 관련이 없는 설명이다.
① 조선 형평사는 이학찬 등이 진주에서 조직한 단체로, 백정에 대한 사회적 차별 철폐와 신분 해방을 주장하는 형평 운동을 전개하였다.
② 조선 물산 장려회는 1920년과 1923년 평양과 서울에서 각각 조직된 국산품 장려 단체이다. 조만식 등은 1920년에 평양에서 조선 물산 장려회를 조직하여 물산 장려 운동을 시작하였고, 1923년에는 서울에서도 조선 물산 장려회가 조직되어 물산 장려 운동이 전국적으로 확산되었다.
③ 신사 참배 거부 운동은 1930년대 후반부터 1945년 광복이 되기까지 주로 기독교인들이 중심이 되어 전개한 운동이다.

👍 이것도 알면 합격!

국채 보상 운동

배경	일본의 차관 도입에 따라 대한 제국의 재정이 일본에 예속됨
전개	· 대구에서 시작, 서울에서 국채 보상 기성회가 조직됨 · 대한매일신보, 황성신문 등 언론 기관들의 후원 · 금주, 금연 및 반지와 비녀 모으기 등의 모금 운동 전개
결과	국채 보상 기성회의 간사인 양기탁에게 공금을 횡령했다는 혐의를 씌워 구속하는 등 일진회와 통감부의 방해·탄압으로 실패

09 조선 전기 조선 시대의 문과 난이도 상 ●●●

정답설명 ④ (가), (나)에 들어갈 말을 바르게 연결하면 (가) 예조, (나) 3년이다.
(가) 조선 시대의 과거 제도 중 문과 시험 업무는 예조에서 주관하였다. 예조는 조선 시대에 예악·제사·조빙·학교·과거 등의 업무를 담당한 기관이다. 한편, 무과는 병조, 잡과는 해당 관청에서 주관하였다.
(나) 조선 시대에 정기적으로 시행된 과거 시험인 식년시는 3년마다 실시되는 것이 원칙이었다. 12지 가운데 자(子)·묘(卯)·오(午)·유(酉)가 드는 해를 식년(式年)이라고 칭하며, 3년에 한 번씩 돌아오는 이 해에 정기적으로 과거 시험을 실시하였다. 한편, 정기 시험인 식년시 외에 부정기적으로 실시되는 증광시(나라에 경사가 있을 때 실시)와 알성시(임금이 문묘를 참배할 때 성균관에서 실시) 등의 별시가 있었다.

오답분석
· 이조: 조선 시대의 이조는 문관의 인사 고과 및 포상 등의 업무를 담당하는 기구로, 동전(東銓)·천관(天官) 등으로 불리기도 하였다.

👍 이것도 알면 합격!

조선 시대의 문과

주관	예조에서 주관
시행 시기	· 정기 시험인 식년시는 3년마다 실시하는 것이 원칙 · 부정기적으로 실시되는 증광시, 알성시 등이 있음
응시 자격	· 법제상 양인 이상이면 누구나 응시 가능 · 탐관오리의 아들, 재가녀의 자손, 서얼 등은 응시 제한

10 현대 좌·우 합작 7원칙 발표 이후의 사실 난이도 중 ●●○

자료분석 제시문에서 좌우 합작으로 민주주의 임시 정부를 수립한다는 것과 토지 개혁에 있어서 몰수, 유조건 몰수, 체감매상 등으로 농민에게 무상으로 나누어 준다는 내용 등을 통해 좌·우 합작 위원회가 1946년 10월에 발표한 좌·우 합작 7원칙임을 알 수 있다.

정답설명 ④ 임시 민주 정부 수립을 논의하기 위해 제1차 미·소 공동 위원회가 개최된 것은 좌·우 합작 7원칙이 발표되기 이전인 1946년 3월의 사실이다. 제1차 미·소 공동 위원회는 덕수궁 석조전에서 임시 정부 수립 문제를 논의하기 위해 개최되었지만, 임시 정부 수립을 위한 협의 대상 선정 문제를 쟁점으로 양국이 대립하였다. 반탁 운동을 전개하는 우익 세력을 협의 대상에 포함시키자는 미국과 이에 반대하는 소련의 주장이 엇갈리면서 결국 제1차 미·소 공동 위원회는 무기한 휴회에 돌입하였다.

오답분석 모두 좌·우 합작 7원칙 발표 이후의 사실이다.

① 3·15 부정 선거에 대항하여 4·19 혁명이 일어난 것은 1960년이다. 이승만과 자유당이 고령의 이승만이 사망할 경우 대통령직을 승계 받는 부통령에 자유당의 이기붕을 당선시키기 위해 3·15 부정 선거를 일으키자, 이에 대항하여 4·19 혁명이 일어났다.

② 친일파를 청산하기 위한 반민족 행위 처벌법이 공포된 것은 1948년 9월이다. 반민족 행위 처벌법은 우리 민족의 정기를 바로잡기 위해 일제 강점기 때 일본에 협력한 반민족 행위자들을 처벌하고자 제헌 국회에서 제정·공포되었다.

③ 제헌 국회에서 대통령에 이승만, 부통령에 이시영을 선출한 것은 1948년 8월이다. 5·10 총선거로 구성된 제헌 국회는 대한민국의 초대 대통령으로 이승만, 부통령에 이시영을 선출하였다.

11 고려 시대 의천 난이도 중 ●●○

자료분석 제시문에서 화엄종을 중심으로 교종을 통합하고 해동 천태종을 창시하여 선종까지 포섭하려 하였다는 내용을 통해 밑줄 친 '그'는 의천임을 알 수 있다.

정답설명 ① 의천은 해동 천태종을 창시하여 교종을 중심으로 선종을 포섭하고자 하였고, 이론적인 교리 공부와 실천적인 수행을 아울러 강조한 교관겸수를 주장하였다.

오답분석 ② 지눌: 참선과 독경은 물론 노동에도 힘을 쓰자고 하면서 결사를 제창한 인물은 지눌이다. 지눌은 당시 타락한 불교계의 각성을 촉구하고 승려 본연의 자세로 돌아가 독경과 참선, 노동에 힘쓸 것을 강조하면서 수선사 결사 운동을 전개하였다.

③ 각훈: 삼국 시대 이래 고승들의 전기를 정리하여 『해동고승전』을 편찬한 인물은 각훈이다. 각훈은 왕명을 받아 삼국 시대부터 고려 고종 때까지 고승들의 전기를 정리한 『해동고승전』을 편찬하였는데, 현재는 삼국 시대의 고승 30여 명에 관한 기록만 남아있다.

④ 요세: 백련사를 결성하여 극락왕생을 기원하는 참회와 염불 수행을 강조한 인물은 요세이다. 요세는 극락왕생을 기원하는 참회와 염불 수행을 강조하여 글을 읽지 못하거나 참선할 여유가 없었던 백성의 환영을 받았다.

12 시대 통합 임진왜란과 병자호란 사이의 사실 난이도 하 ●○○

자료분석 제시된 자료에서 임진왜란은 1592년에 발생하였으며, 병자호란은 1636년에 발생하였다. 따라서 (가) 시기는 1592~1636년이다.

정답설명 ④ 청에 인질로 끌려갔던 봉림 대군(이후 효종)이 귀국한 것은 1645년 5월로, (가) 이후의 사실이다. 병자호란의 결과 소현 세자와 봉림 대군은 인질로 청으로 끌려가게 되었고, 이후 1644년에 명나라가 망하게 되자 청은 소현 세자의 귀국을 허락하였다. 소현 세자는 1645년 2월에 먼저 귀국하였지만 두 달 만에 사망하였고, 봉림 대군은 1645년 5월에 귀국하였다.

오답분석 모두 (가) 시기에 있었던 사실이다.

① 인조반정은 1623년에 발생하였다. 인조반정은 서인이 광해군을 폐위시키고 인조를 왕으로 옹립한 사건이다.

② 선조의 계비 인목 대비의 아들인 영창 대군은 1614년에 사망하였다. 서자 출신으로 왕위에 오른 광해군은 이이첨 등의 대북파의 요청에 따라 정비의 소생으로 왕권을 위협하던 이복 동생인 영창 대군을 제거하였다.

③ 강홍립은 1619년에 후금에 항복하였다. 명과 후금 사이에서 중립 외교를 펼치던 광해군은 명이 조선에 군사를 요청하자 강홍립을 파견하면서 상황에 따라 유연하게 대처하도록 명하였다. 강홍립은 조선과 명나라 연합군이 전투에서 패배하자, 조선군의 출병이 부득이 이루어졌다는 사실을 밝히며 군사를 이끌고 후금에 항복하였다.

13 시대 통합 강화도의 유적지 난이도 하 ●○○

정답설명 ① 외규장각은 정조가 왕실 관련 서적을 보관할 목적으로 강화도에 설치한 규장각의 부속 도서관으로, 동학 농민 운동과 관련이 없다. 한편, 외규장각에 보관되어 있던 『의궤』와 여러 서적은 병인양요 때 프랑스군에 의해 약탈당하였다.

오답분석 ② 고려궁지는 고려가 몽골의 침입에 대항하여 개경에서 강화도로 천도한 시기(1232~1270)에 사용하던 궁궐 터이다. 최우에 의해 창건된 강화도의 고려궁은 1270년에 고려가 개경으로 환도할 때 모두 허물어졌으며, 현재는 조선 시대 관아 건물 몇 채와 복원된 외규장각이 남아 있다.

③ 고인돌은 강화도에 많은 수가 분포해있으며, 대표적인 유적으로는 강화도 부근리, 삼거리, 오상리 유적 등이 있다. 고인돌은 청동기 시대 지배 계층의 무덤으로, 규모가 큰 수십 톤 이상의 덮개돌을 채석하여 운반하고 무덤에 설치하기까지 많은 인력이 필요하였기 때문에 당시 지배층이 가진 정치 권력과 경제력을 반영하고 있다.

④ 광성보는 강화 해협을 지키는 중요한 요새로, 신미양요 때 격전이 벌어졌다. 미국이 제너럴셔먼호 사건을 구실로 통상을 요구하며 강화도에 침입한 신미양요 때 어재연이 이끄는 부대가 광성보에서 항전하였지만 전력의 열세로 결국 어재연은 전사하였다.

14 조선 후기 조선 시대 붕당의 상황 난이도 중 ●●○

정답설명 ③ 인조 때는 인조반정을 통해 정권을 잡은 서인이 남인 일부와 함께 국정을 운영하였다.

오답분석 ① 선조 때는 척신 정치의 청산 문제 등을 둘러싸고 사림이 동인과 서인으로 분열하면서 붕당 정치가 시작되었다. 김효원을 중심으로 한 신진 사림은 철저한 척신 정치의 청산을 강조하며 동인을 형성하였고, 척신 정치 청산에 소극적이었던 심의겸을 중심으로 한 기성 사림은 서인을 형성하였다.

② 광해군 때는 북인이 집권하였다. 북인은 임진왜란 때 적극적으로 의병에 참여하고 일본과 끝까지 싸워야 한다는 주전론을 내세웠던 인물들로 구성되었으며, 광해군 즉위 이후에는 집권하여 정국을 주도하였다.

④ 숙종 때 경신환국을 통해 정국을 주도한 서인은 남인에 대한 처벌을 둘러싸고 강경론을 주장한 송시열 중심의 노론과 온건론을 주장한 윤증 중심의 소론으로 갈라졌다.

15 조선 전기 조선 세종 대에 있었던 사실 난이도 하 ●○○

정답설명 ② 화통도감을 설치한 것은 세종 때가 아닌 고려 우왕 때이다. 화통도감은 화약 및 화기의 제조를 담당하는 관청으로 최무선의 건의에 따라 설치되었다.

오답분석 ① 세종 때는 경자자, 갑인자, 병진자 등의 여러 활자를 주조하였다. 갑인자는 기존의 경자자가 가늘고 빽빽하여 보기가 어려워지자 좀 더 큰 활자가 필요하다고 하여 갑인년(1434)에 왕명으로 주조된 활자이다.
③ 세종 때는 역법서인 『칠정산』을 편찬하였다. 『칠정산』은 우리나라 역사상 최초로 한양을 기준으로 천체 운동을 정확하게 계산한 역법서로, 「내편」은 중국의 수시력을, 「외편」은 아라비아의 회회력을 참고하여 제작하였다.
④ 세종 때는 경복궁에 간의대를 축조하고 천문 관측 기기인 간의를 만들어 천체를 관측하였다.

이것도 알면 합격!

세종 대의 과학 기술 발달

배경	부국강병과 민생 안정을 위한 과학 기술의 중요성 인식
천문학	· 혼의와 간의: 천체 관측 기구 · 자격루와 앙부일구: 시간 측정 기구 · 측우기: 강우량 측정 기구 · 『칠정산』: 서울을 기준으로 천체 운동을 계산한 역법서
활자 인쇄술	· 갑인자, 경자자, 병진자 주조 · 밀랍 대신 식자판을 조립하여 인쇄 능률 향상

16 일제 강점기 신간회   난이도 하 ●○○

자료분석 제시문에서 정치적, 경제적 각성을 촉진하며, 기회주의를 일체 부인한다는 내용을 통해 신간회가 발표한 강령임을 알 수 있다.

정답설명 ④ 신간회는 1929년 11월에 광주 학생 항일 운동이 일어나자 광주에 조사단을 파견하고 일제의 학생 운동 탄압에 항의하였다.

오답분석 모두 신간회의 활동과 관련이 없다.
① 조선 민립 대학 기성회는 신간회가 창립(1927)되기 이전인 1923년에 창립되었다. 조선 민립 대학 기성회는 '한민족 1천만이 한 사람이 1원씩'이라는 구호를 내걸고 모금 운동을 전개하며 민립 대학 설립 운동을 주도하였다.
② 신한청년당: 파리 강화 회의에 대표를 파견한 단체는 신한청년당이다. 중국 상하이에서 활동하던 신한청년당은 김규식을 파리 강화 회의에 대표로 파견하여 한국인의 독립 의지를 알렸다.
③ 6·10 만세 운동은 신간회가 창립(1927)되기 이전인 1926년에 전개되었다. 한편, 6·10 만세 운동은 조선 공산당과 학생 단체, 천도교 일부 세력이 연합하여 순종의 장례일인 6월 10일에 대규모 만세 시위를 계획하였다. 그러나, 사전에 계획이 발각되어 많은 지도자들이 체포되면서 학생들을 중심으로 전개되었다.

이것도 알면 합격!

신간회

지난 3일 광주에서 일어난 고보학생 대 중학생의 충돌 사건에 대하여 신간회 본부에서는 장성, 송정, 광주 세 지회에 대하여 긴급 조사 보고를 지시하였으며 …… 사건 내용을 조사하고 구금된 학생들의 석방을 교섭하기 위해 중앙 집행 위원장 허헌, 서기장 황상규 등을 광주로 특파하기로 하였다.

사료 분석 | 신간회는 광주 학생 항일 운동이 일어나자 조사단을 파견하고 구금된 학생들의 석방을 교섭하고자 하였다.

17 고려 시대 이규보   난이도 하 ●○○

자료분석 제시문에서 『동명왕 본기』를 보았다는 것과 점점 근원에 들어가니 귀신이 아닌 신성한 이야기라는 내용을 통해 이규보의 『동명왕편』 서문임을 알 수 있다. 『동명왕편』은 이규보가 고구려를 건국한 동명왕의 업적을 칭송한 영웅 서사시로, 『동국이상국집』에 수록되어 전한다.

정답설명 ④ 이규보는 김부식의 『삼국사기』에 고구려 동명왕(주몽)의 신이한 사적이 생략되어 있다고 평하였다. 이규보는 『구삼국사』의 내용과 당시 전해지는 구전 설화를 참고하여 동명왕의 업적을 서사시의 형태로 기록함으로써 고려가 위대한 고구려를 계승하고 있는 자부심을 널리 전하고자 하였다.

오답분석 ① 이규보는 사실의 기록보다 평가를 강조한 강목체 사서를 편찬하지 않았다. 한편, 강목체 사서를 편찬한 인물로는 『본조편년강목』을 편찬한 민지, 『동사강목』을 편찬한 안정복 등이 있다.
② 이승휴: 단군부터 고려 충렬왕 때까지의 역사를 서사시로 기록한 인물은 이승휴이다. 이승휴는 상권에서는 중국의 역사를 7언시로, 하권에서는 단군부터 고려 충렬왕 때까지의 역사를 5언시 형식의 서사시로 기록한 『제왕운기』를 저술하였다.
③ 일연: 단군 신화와 전설 등 민간에서 전승되는 자료를 광범위하게 수록한 인물은 일연이다.

이것도 알면 합격!

이규보의 저서

『동명왕편』	· 고구려 동명왕(주몽)에 대한 영웅 서사시 · 고구려 계승 의식을 반영하여 고구려의 전통을 노래함
『백운소설』	삼국 시대부터 고려 시대까지의 시화를 모아 놓은 시화집(패관 문학)
『국선생전』	사물을 의인화하여 일대기를 구성한 가전체 문학

18 일제 강점기 1910년대에 있었던 사실   난이도 하 ●○○

정답설명 ③ 1910년대에 임병찬이 주도한 독립 의군부는 항일 운동을 전개하였다. 독립 의군부는 고종의 밀명을 받은 의병장 출신 임병찬이 조직(1912)한 단체로, 왕정의 복고를 목적으로 하는 복벽주의를 표방하였으며 일본 정부와 조선 총독부에 국권 반환 요구 운동을 계획하였다.

오답분석 ① 1940년대: 중국 화북 지방에서 조선 독립 동맹이 결성(1942)된 것은 1940년대의 사실이다. 조선 독립 동맹은 화북 조선 청년 연합회가 김두봉을 위원장으로 하여 확대·개편한 단체로, 보통 선거에 의한 민주 정권 건립, 남녀 평등 실현, 일제와 친일 대기업의 자산 및 토지 몰수 등을 강령으로 내세웠다.
② 1920년대: 만주에서 참의부(1923), 정의부(1924), 신민부(1925) 등 3부가 조직된 것은 1920년대의 사실이다. 간도 참변과 자유시 참변으로 큰 타격을 입은 만주의 독립운동 세력은 흩어진 조직을 정비하기 위하여 노력하였고, 그 결과 참의부, 정의부, 신민부 등 3부가 조직되었다.
④ 1930년대: 조선 혁명군이 양세봉의 지휘 아래 영릉가에서 일본군을 격파(1932)한 것은 1930년대의 사실이다. 조선 혁명당의 산하 군대로 조직된 조선 혁명군은 중국 의용군 등과 연합하여 양세봉의 지휘 아래 영릉가에서 일본군을 격파하였다.

19 일제 강점기 | 백남운   난이도 중 ●●○

자료분석 제시문에서 조선의 역사적 발전의 전 과정은 세계사적인 일원론적 역사 법칙에 의해 다른 민족과 거의 같은 궤도로 발전 과정을 거쳐 왔다는 내용을 통해 백남운의 주장임을 알 수 있다.

정답설명 ③ 백남운은 마르크스의 유물 사관을 바탕으로 한국사를 연구하였으며, 한국의 역사가 세계의 여러 나라와 마찬가지로 보편적인 법칙에 따라 발전하였다고 강조하며 식민 사관의 정체성론을 비판하였다.

오답분석
① 박은식: 민족 정신으로 조선 국혼을 강조한 인물은 박은식이다. 박은식은 『한국통사』에서 나라는 형(형체)이고 역사는 신(정신)이며, 나라의 형체는 사라졌지만 그 정신(국혼)은 사라지지 않음을 강조하며 우리 민족의 독립 의식을 고취하였다.
② 정인보: 민족주의 사학을 계승하여 조선의 얼을 강조한 인물은 정인보이다. 정인보는 신채호와 박은식의 민족주의 사학을 계승하였으며, 민족 정신으로 조선의 얼을 강조하였다.
④ 이병도, 손진태 등: 진단 학회를 조직하여 문헌 고증을 중시하는 실증주의 사학을 정립한 인물은 이병도와 손진태 등이다. 이병도와 손진태는 조선인에 의한 조선의 역사와 문화 연구를 표방하는 진단 학회를 조직하여 역사가의 주관적인 판단 없이 문헌 고증으로 객관적인 역사 서술을 강조하는 실증주의 사학을 정립하였다.

20 현대 | 6·25 전쟁 중 있었던 사실   난이도 하 ●○○

정답설명 ④ 미국이 한반도를 미국의 태평양 지역 방위선에서 제외한다는 애치슨 선언을 발표한 것은 6·25 전쟁 발발 이전인 1950년 1월의 사실이다. 애치슨 선언이 발표되자 북한은 남한을 공격하여도 미국이 개입하지 않을 것이라고 판단하게 되었고, 이는 6·25 전쟁이 일어나는 계기 중 하나가 되었다.

오답분석 모두 6·25 전쟁(1950. 6. 25. ~ 1953. 7. 27.) 중 있었던 사실이다.
① 국군과 유엔군이 인천 상륙 작전을 감행한 것은 1950년 9월이다. 낙동강을 사이에 두고 북한군과 치열하게 전투를 벌이던 국군과 유엔군은 맥아더의 지휘 아래 인천 상륙 작전을 감행하여 전세를 역전시켰다.
② 임시 수도인 부산에서 대통령 직선제를 포함한 발췌 개헌안이 국회에서 통과된 것은 1952년 7월이다. 1950년 5월에 시행된 제2대 국회의원 선거에서 반(反) 이승만 성향의 후보자들이 대거 당선되자, 이승만은 국회에서 치르는 간선제로는 대통령 재임이 힘들다고 생각하였다. 이에 이승만은 대통령 직선제 개헌을 추진하였고, 대통령 직선제를 골자로 하는 여당의 개헌안과 내각 책임제를 골자로 하는 야당 측 개헌안을 발췌하여 절충한 발췌 개헌안이 국회에서 기립 투표로 통과되었다.
③ 이승만 정부가 북한 송환을 거부하는 반공 포로를 석방한 것은 1953년 6월이다. 이승만 정부는 휴전 협정 체결에 반대하며 북한 송환을 거부하는 반공 포로를 일방적으로 석방하였다.

👍 이것도 알면 합격!

6·25 전쟁 과정

6·25 전쟁 발발(1950. 6. 25.) → 유엔군 참전(1950. 7.) → 인천 상륙 작전(1950. 9. 15.) → 서울 수복(1950. 9. 28.) → 평양 탈환(1950. 10. 19.) → 중국군 개입(1950. 10. 25.) → 국군과 유엔군 서울 철수(1951. 1. 4.) → 휴전 회담(1951. 7.) → 휴전 협정 체결(1953. 7.)

12회
2022년 지방직 9급

2022년 6월 18일 시행

문제집 58쪽

정답

01	② 고대	11	① 근대
02	② 고대	12	④ 고려 시대
03	③ 고대	13	③ 일제 강점기
04	① 조선 전기	14	② 현대
05	③ 조선 후기	15	④ 고대
06	① 고려 시대	16	③ 고려 시대
07	① 현대	17	② 조선 전기
08	② 고려 시대	18	④ 근대
09	③ 시대 통합	19	② 현대
10	④ 조선 후기	20	④ 일제 강점기

취약 시대 분석표

시대	맞힌 개수
선사 시대	/ 0
고대	/ 4
고려 시대	/ 4
조선 전기	/ 2
조선 후기	/ 2
근대	/ 2
일제 강점기	/ 2
현대	/ 3
시대 통합	/ 1
총합	/ 20

기출 총평

"합격선 95점, 전반적으로 쉽게 출제!"

- **난이도:** 시험 전체적인 난이도는 하로, 쉽게 출제되었습니다. 어려운 문제가 1문제 출제되었으나, 나머지 문제는 시험에 자주 나오는 익숙한 개념이었으며, 문제 난이도도 높지 않아 쉬운 시험이었습니다. 한편 이 시험에서는 인물사가 5문제나 출제되었습니다.

- **고난도 문제**
  - 18번 안중근: 안중근의 의병 활동과 저술, 재판 과정 등을 제시하여 안중근에 대한 내용을 정확히 숙지하지 못하면 풀기 어려웠던 문제였습니다.

01 고대 김유신 　　난이도 하 ●○○

자료 분석 제시문에서 황산 전투를 치르고 왔다는 내용을 통해 밑줄 친 '그'가 신라의 김유신임을 알 수 있다. 김유신은 황산벌에서 백제 계백의 결사대를 격파(황산벌 전투)한 후, 소정방이 이끄는 당군과 함께 백제의 사비성을 함락시켰다.

정답 설명 ② 김유신은 김춘추와 제휴하여 권력을 장악한 후, 김춘추의 신라 왕위 계승을 지원하여 무열왕으로 즉위하는 데 기여하였다.

오답 분석
① 을지문덕: 살수에서 수의 군대를 물리친 인물은 고구려의 을지문덕이다. 을지문덕은 수 양제가 대군을 이끌고 고구려를 침공하자, 적을 유인해 살수(청천강)에서 수의 군대를 크게 격파하였다(살수 대첩).
③ 장보고: 청해진을 설치하고 해상 무역을 전개한 인물은 통일 신라의 장보고이다. 장보고는 흥덕왕에게 건의하여 지금의 완도에 청해진을 설치하고 해적을 소탕하여 남해와 황해의 해상 교통권을 장악한 후, 당, 신라, 일본을 잇는 해상 무역을 전개하였다.
④ 진흥왕: 대가야를 정벌하여 낙동강 유역을 확보한 인물은 신라의 진흥왕이다. 진흥왕은 이사부와 사다함을 파견하여 대가야를 정벌하고 낙동강 유역까지 영토를 넓혔다.

02 고대 지증왕 　　난이도 하 ●○○

자료 분석 제시문에서 이찬 이사부가 우산국 사람들의 항복을 받았다는 것을 통해 신라 지증왕에 대한 내용임을 알 수 있다.

정답 설명 ② 지증왕은 이전에 사라·사로·신라 등으로 사용되던 국호를 '왕의 덕업이 날로 새로워져서 널리 사방을 망라한다'라는 뜻의 신라로 확정하였다.

오답 분석
① 원성왕(통일 신라): 독서삼품과를 실시한 왕은 통일 신라 원성왕이다. 원성왕은 국학의 학생들을 대상으로 유교 경전의 이해 정도를 시험하고, 이를 관리 임용에 참고하는 독서삼품과를 실시하였다.
③ 신문왕(통일 신라): 관료전을 지급하고 녹읍을 폐지한 왕은 통일 신라 신문왕이다. 신문왕은 관료전을 지급하고 녹읍을 혁파하여 귀족 세력의 경제적 기반을 약화시키고 국가의 경제력을 강화하였다.
④ 무왕(발해): 장문휴를 보내 당의 등주를 공격한 왕은 발해 무왕이다. 무왕은 당이 흑수말갈과의 연결을 시도하며 발해를 견제하자, 장문휴를 보내 당 산둥 지방의 등주를 선제공격하였다.

👍 이것도 알면 **합격!**

지증왕의 업적

한화 정책	· 중국 제도를 채택하여 정치 제도 정비 · 국호를 신라로 정하고, 왕호를 마립간에서 왕으로 개칭
행정 구역 정비	· 지방의 주·군을 정비하고 주에 군주 파견 · 아시촌소경 설치
우산국 정벌	이사부를 파견하여 우산국 복속
산업 발전	· 농업 생산력 증대: 우경 장려, 수리 사업 전개 · 동시전 설치: 시장(동시) 관리 감독 기관인 동시전 설치
순장 금지	농업 노동력 확보를 위해 순장 금지

03 고대 발해 난이도 하 ●○○

자료분석 제시문에서 솔빈부의 말 등을 귀하게 여겼으며, 영주의 동쪽 2천 리에 있고 남으로는 신라와 접한다는 것을 통해 밑줄 친 '이 나라'가 발해임을 알 수 있다.

정답설명 ③ 발해는 선왕 때 지방 행정 구역을 5경 15부 62주로 편성하였다. 5경은 전략적 요충지에, 15부는 지방 행정의 중심지에 설치되었고, 부 아래에는 62주와 현, 촌이 있었다.

오답분석
① 백제: 중앙에 6좌평의 관제를 마련한 나라는 백제이다. 백제는 고이왕 때 중앙 관제를 정비하여 6좌평과 16관등제를 마련하고, 관리의 공복을 제정하였다.
② 통일 신라: 9서당 10정의 군사 조직을 갖춘 나라는 통일 신라이다. 통일 신라는 신문왕 때 군사 조직을 정비하여 중앙군인 9서당과 지방군인 10정을 편성하였다.
④ 고구려: 귀족 회의인 제가 회의에서 국가의 중대사를 결정하였던 나라는 고구려이다.

👍 이것도 알면 합격!

발해의 지방 행정 조직

5경	전략적 요충지에 설치(상경, 중경, 동경, 서경, 남경)
15부	지방 행정을 총괄하는 도독을 파견
62주	자사를 파견
현	주 아래의 말단 행정 단위, 현승을 파견
촌	지방 행정의 말단 조직, 토착 세력인 촌장을 두어 관리

04 조선 전기 세종의 업적 난이도 하 ●○○

자료분석 제시문에서 왕이 정초와 변효문 등을 시켜 『농사직설』을 편찬하게 하였다는 것을 통해 밑줄 친 '왕'이 세종임을 알 수 있다.

정답설명 ① 세종은 전분 6등법과 연분 9등법의 공법을 제정하여 조세 제도를 개편하였다. 전분 6등법은 토지를 비옥도에 따라 6등급으로 구분한 것이고, 연분 9등법은 수확한 해의 풍흉의 정도에 따라 군현의 토지를 9등급으로 구분하고 조세 액수를 토지 1결당 4~20두로 정한 것이다.

오답분석
② 태조: 한양으로 도읍을 옮긴 왕은 태조 이성계이다. 태조는 고려 시대에 남경이었던 한양으로 도읍을 옮기면서 한양 도성 및 경복궁을 비롯한 궁궐과 관아·4대문·종묘와 사직 등을 건설하였다.
③ 성종: 『경국대전』을 완성한 왕은 성종이다. 성종은 세조 때 편찬을 시작한 『경국대전』을 완성하여 반포하였다.
④ 중종: 조광조를 등용하여 개혁 정치를 실시한 왕은 중종이다. 중종은 반정으로 왕위에 오른 후, 공신 세력을 견제하기 위해 조광조 등의 신진 사림을 등용하여 개혁 정치를 실시하였다.

👍 이것도 알면 합격!

공법

전분 6등법	토지를 비옥도 기준으로 6등급으로 나눔(풍흉과 무관)
연분 9등법	각 군현의 토지를 풍흉에 따라 9등급으로 나눔

05 조선 후기 서얼 난이도 하 ●○○

자료분석 제시문에서 경대부의 자식인데 오직 어머니가 첩이라는 이유만으로 대대로 이들의 벼슬길을 막았다는 것을 통해 밑줄 친 '이들'이 서얼임을 알 수 있다.

정답설명 ③ 서얼은 『경국대전』에서 차별을 법제화한 이후 문과에 응시하는 것이 금지되었고, 잡과에 응시하거나 간혹 무반직에 급제하여도 한품서용이라 하여 승진이 제한되었다.

오답분석
① 향리: 조선 시대의 향리들은 수령을 보좌하고 행정 실무를 담당하였으며, 과거 응시에 있어서도 문과 응시에 제한을 받는 등 신분 상승에도 제약이 있었다.
② 노비: 노비는 천민의 대다수를 구성하였으며, 재산으로 취급되어 매매·상속·증여의 대상이 되었고 법적으로 과거에 응시할 수 없었다.
④ 백정: 백정은 도축업에 종사하는 천민이다. 백정은 고려 시대에는 일반 농민을 가리키는 말이었으나, 조선 시대에는 도축업을 하는 천민을 가리키는 말로 변했다.

👍 이것도 알면 합격!

서얼허통론

> 영조 45년 이수득이 상소를 올려 서얼의 허통을 청하기를, "옛날에는 융숭한 예와 폐백으로 이웃 나라 선비를 대우하였습니다. 그러고도 그들이 오지 않을까 걱정하였습니다. 지금은 법으로 나라 안 인재를 묶었습니다. 그런데도 이들이 등용되면 어떻게 할까 염려합니다. …… 시골 천인의 자식은 때때로 훌륭한 벼슬을 하는데 세족, 명가의 서얼들은 자자손손 영원히 묶여 있습니다. 인재를 버리고 등용하는 것이 너무나 앞뒤가 맞지 않습니다."라고 하였다. - 『규사』

사료 분석 | 제시된 사료는 영조 45년(1769)에 이수득이 올린 서얼 허통에 관한 상소로, 서얼들의 과거(문과) 응시 제한을 없애줄 것(허통)을 요구하였다.

06 고려 시대 광종 난이도 하 ●○○

자료분석 제시문에서 대상 준홍과 좌승 왕동이 반역을 꾀해 내쫓았다는 것과, 쌍기의 건의를 받아들여 처음으로 과거를 실시했다는 것을 통해 밑줄 친 '왕'이 광종임을 알 수 있다.

정답설명 ① 광종 때 노비안검법을 시행하여 후삼국 시대의 혼란기에 억울하게 노비가 된 자들을 양인으로 해방시키고 공신과 호족들의 경제적·군사적 기반을 약화시켰다.

오답분석
② 원종·충렬왕·공민왕·우왕: 권세가에게 점탈된 토지나 농민을 되찾아 바로잡기 위해 전민변정도감을 처음 설치한 것은 원종 때이다. 이후 전민변정도감은 폐지되었다가 충렬왕, 공민왕, 우왕 때 다시 설치되었다. 전민변정도감은 권문세족의 반대로 설치와 폐지가 반복되었다.
③ 경종: 토지 제도로 전시과를 처음 시행한 것은 경종 때이다. 경종 때 전·현직 관리의 인품과 관품을 고려하여 전지와 시지를 지급하는 시정 전시과가 처음 실시되었으며, 목종 때 인품을 배제하고 관직만을 고려하는 개정 전시과로 개편되었다. 이후 문종 때 현직 관리에게만 지급하는 경정 전시과가 시행되었다.

④ 성종: 12목을 설치하고 지방관을 파견한 것은 성종 때이다. 성종은 최승로의 건의를 수용하여 전국의 주요 지역에 12목을 설치하고, 지방관인 목사를 파견하였다.

👍 이것도 알면 합격!

노비안검법

> 광종 7년(956), (억울하게) 노비가 된 자를 조사해서 옳고 그름을 분명히 밝히도록 명령하였다. 이 때문에 주인을 배반하는 노비들을 도저히 억누를 수 없었으므로, 주인을 업신여기는 풍속이 크게 유행하였다. 사람들이 다 수치스럽게 여기고 원망하였다. 왕비도 간절히 말렸지만 받아들이지 않았다. - 『고려사절요』

사료 분석 | 광종은 노비안검법을 시행하여 후삼국 시대의 혼란기에 불법적으로 노비가 된 자를 조사하여 양인으로 해방시켜 주었다.

07 현대 4·19 혁명   난이도 하 ●○○

자료 분석 제시문은 대학 교수단이 4·19 혁명 당시에 3·15 부정 선거와 폭력적인 시위 진압을 규탄하며 발표한 대학 교수단 4·25 선언문이다.

정답 설명 ① 3·15 부정 선거를 계기로 4·19 혁명이 일어나자 이승만 정부는 점차 확산되는 시위를 해산하기 위해 계엄령을 선포하고 군대를 동원하였다. 이에 서울 시내 대학교수들이 이승만 대통령의 퇴진을 요구하는 시국 선언문을 발표하고, 국회 앞까지 시위를 전개하였다.

오답 분석
② 5·18 민주화 운동: 5·18 민주화 운동은 12·12 사태로 실권을 장악한 신군부가 전국에 비상 계엄을 확대하자, 광주 지역의 학생들과 시민들이 이에 반발하여 민주화 운동을 전개한 것이다.
③ 6·3 시위: 6·3 시위는 한·일 국교 정상화를 위한 한·일 회담에 반대하여 일어난 것으로, 박정희 정부는 계엄령을 선포하여 이를 철저하게 탄압하였다.
④ 6·29 민주화 선언: 6·29 민주화 선언은 6월 민주 항쟁의 결과, 여당 대통령 후보였던 노태우가 직선제 개헌을 약속한 선언으로, 이를 통해 5년 단임의 대통령 직선제를 골자로 한 제9차 개헌이 이루어졌다.

👍 이것도 알면 합격!

4·19 혁명 선언문

> 상아의 진리탑을 박차고 거리에 나선 우리는 질풍과 같은 역사의 조류에 자신을 참여시킴으로써 이성과 진리, 그리고 자유의 대학 정신을 현실의 참담한 박토에 뿌리려 하는 바이다. …… 무릇 모든 민주주의 정치사는 자유의 투쟁사다. 그것은 또한 여하한 형태의 전제로 민중 앞에 군림하던 '종이로 만든 호랑이'같이 헤슴픈 것임을 교시한다. …… 근대적 민주주의의 근간은 자유다. …… 정당히 가져야 할 권리를 탈환하기 위한 자유의 전역은 바야흐로 풍성해 가고 있는 것이다. …… 보라! 우리는 기쁨에 넘쳐 자유의 횃불을 올린다. 보라! 우리는 캄캄한 밤의 침묵에 자유의 종을 난타하는 타수(打手)의 일익(一翼)임을 자랑한다. - 서울대 문리대 학생회

사료 분석 | 4·19 혁명은 학생과 시민이 합세하여 이승만 독재 정권을 타도한 민주주의 혁명으로, 우리나라의 민주주의 발전에 크게 기여하였다.

08 고려 시대 고려 시대의 사실   난이도 하 ●○○

자료 분석 제시문에서 하남 하사창동 철조 석가여래 좌상과 논산 관촉사 석조 미륵보살 입상 등의 내용을 통해 밑줄 친 '이 시기'가 고려 시대임을 알 수 있다.

정답 설명 ② 고려 시대에는 지방 세력으로 호족이 존재하였다. 신라 말 중앙 정부의 지방에 대한 통제력이 약화되면서 지방 세력으로 호족이 성장하여 고려 초기까지 존재하였으며, 이들은 고려 성종 때 향리제를 통해 지방의 향리로 편입되었다.

오답 분석
① 신라 상대: 성골 출신의 국왕이 재위한 것은 신라 상대이다. 신라 상대에 골품제가 성립되면서 성골이 왕위에 올랐다. 한편 성골은 왕이 될 수 있는 자격을 가진 최고의 신분이었으나 진덕 여왕을 마지막으로 단절되었고, 무열왕 때부터는 진골 출신이 왕위에 오르게 되었다.
③ 조선 후기: 풍양 조씨 등 특정 가문이 정권을 장악한 것은 조선 후기 세도 정치 시기이다. 정조 사후 순조·헌종·철종의 3대 60여 년 동안 안동 김씨, 풍양 조씨 등 왕의 외척 세력이 정권을 장악하였다.
④ 조선 전기: 성리학에 투철한 사림 세력이 정국을 주도한 것은 조선 전기인 16세기부터이다.

09 시대 통합 우리나라의 역사서   난이도 하 ●○○

정답 설명 ③ 옳은 것을 모두 고르면 ⓒ, ㉣이다.
ⓒ 이규보의 『동명왕편』은 고구려 건국 시조인 동명왕의 업적을 칭송한 일종의 영웅 서사시로, 고구려 계승 의식을 강조하였다.
㉣ 유득공의 『발해고』에는 남북국이라는 용어가 사용되었다. 유득공은 통일 신라와 발해가 공존한 시기를 남북국 시대로 설정하여 발해를 우리 역사에 포함시켰다.

오답 분석
㉠ 김부식의 『삼국사기』에는 단군 신화가 수록되어 있지 않다. 단군 신화가 수록되어 있는 역사서는 이승휴의 『제왕운기』, 일연의 『삼국유사』 등이 있다.
ⓒ 안정복의 『동사강목』은 기사본말체가 아닌 강목체로 서술되어 있다. 한편 기사본말체로 서술된 역사서는 이긍익의 『연려실기술』 등이 있다.

10 조선 후기 영조 재위 기간의 사실   난이도 하 ●○○

자료 분석 제시문에서 탕평책을 실시하였고, 균역법을 실시하였으며, 청계천을 준설하였다는 것을 통해 밑줄 친 '나'가 영조임을 알 수 있다.

정답 설명 ④ 영조 재위 기간에는 우리나라의 역대 문물제도를 분류하고 정리한 백과사전적인 관찬 서적인 『동국문헌비고』가 편찬되었다.

오답 분석
① 정조: 장용영이 창설된 것은 정조 때이다. 정조는 국왕의 친위 부대인 장용영을 창설하여 왕권을 강화하고자 하였다.
② 효종: 나선 정벌이 단행된 것은 효종 때이다. 효종 때 청의 요청으로 러시아 정벌을 위해 두 차례에 걸쳐 청에 조총 부대를 파견하였다[1654(1차, 변급), 1658(2차, 신유)].
③ 순조: 홍경래의 난이 발생한 것은 순조 때이다. 세도 정치 시기에 평안도 지역의 차별 대우에 반발한 몰락 양반 홍경래가 난을 일으켜 청천강 이북을 점령하였으나, 5개월 만에 관군에 의해 진압되었다.

이것도 알면 **합격!**

영조의 탕평 교서

> 붕당의 폐해가 요즘보다 심한 적이 없었다. 처음에는 유학 내에서 시비가 일어나더니 이제는 한쪽 편 사람들을 모두 역당으로 몰아붙이고 있다. …… 유배된 사람은 경중을 헤아려 다시 등용하되 탕평의 정신으로 하라. 지금 나의 이 말은 위로는 종사를 위하고 아래로 조정을 진정하려는 것이니, 이를 어기면 종신토록 가두어 내가 그들과는 나라를 함께 할 뜻이 없음을 보이겠다. 너희 여러 신하들은 성인께서 잘못한 자를 바로잡는 뜻을 따라 당습을 버리고 공평하기에 힘쓰라.

사료 분석 | 숙종 이후 일당 전제화의 경향이 대두하자 영조는 온건하고 타협적인 인물을 등용하는 완론 탕평을 실시하여 노론·소론·남인을 가리지 않고 등용하였다.

이것도 알면 **합격!**

고려 말 우왕·창왕·공양왕 대의 사실

우왕	· 홍산 대첩(1376): 최영이 홍산에서 왜구를 격퇴 · 『직지심체요절』 간행(1377) · 진포 대첩(1380): 최무선이 화통도감에서 제조한 화포로 왜선을 격침 · 황산 대첩(1380): 이성계가 황산에서 왜구를 섬멸 · 위화도 회군(1388): 우왕과 최영이 요동 정벌을 단행하자, 이성계가 위화도에서 회군하여 정권을 장악
창왕	대마도 정벌(1389): 박위가 왜구의 소굴이었던 대마도(쓰시마 섬) 정벌
공양왕	· 과전법 실시(1391) · 고려 멸망(1392)

11 근대 을미사변과 러·일 전쟁 사이의 사실   난이도 하 ●○○

자료 분석 제시된 자료에서 을미사변은 1895년, 러·일 전쟁은 1904년의 일이다. 따라서 (가) 시기에는 을미사변(1895)과 러·일 전쟁(1904) 사이의 사실이 들어갈 수 있다.

정답 설명 ① (가) 시기인 1897년에 독립 협회에 의해 독립문이 건립되었다. 독립 협회는 독립 의식 고취를 위해 과거 청의 사신을 맞이하던 모화관 앞의 영은문을 헐고, 그 자리에 독립문을 건립하였다.

오답 분석
② (가) 이후: 통감부가 설치된 것은 1906년으로, (가) 이후이다. 을사늑약의 체결 이후 일본에 의해 서울에 통감부가 설치되고, 이토 히로부미가 초대 통감으로 부임하였다.
③ (가) 이후: 동양 척식 주식회사가 설립된 것은 1908년으로, (가) 이후이다. 일본은 대한 제국의 토지와 자원을 수탈할 목적으로 동양 척식 주식회사를 설립하였다.
④ (가) 이전: 임진왜란 때 소실된 경복궁이 중건된 것은 흥선 대원군 집권기인 1868년으로, (가) 이전이다. 흥선 대원군은 왕실의 위엄을 되찾기 위해 1865년부터 임진왜란 때 소실된 경복궁을 중건하기 시작하여 1868년에 완공하였다.

12 고려 시대 고려 우왕 재위 기간의 사실   난이도 하 ●○○

자료 분석 제시문에서 신돈의 여종 반야의 소생이며, 공민왕이 죽은 후 이인임의 추대로 왕위에 올랐다는 내용을 통해 밑줄 친 '왕'이 고려 우왕임을 알 수 있다.

정답 설명 ④ 고려 우왕 때 명이 철령위 설치를 통고하자 고려는 요동 정벌을 단행하였다. 그러나 요동 정벌을 위해 출병한 이성계가 위화도에서 회군하여 우왕과 최영을 몰아내고 권력을 장악하였다(1388).

오답 분석
① 세종(조선): 이종무가 왜구의 소굴인 대마도를 정벌한 것은 조선 세종 때이다.
② 원종(고려): 삼별초가 반란을 일으켜 대몽 항쟁을 계속한 것은 고려 원종 때이다. 원종이 몽골과 강화를 맺고 개경으로 환도하자, 이에 반발한 삼별초가 강화도에서 진도, 제주도로 이동하며 대몽 항쟁을 전개하였다.
③ 공민왕(고려): 쌍성총관부를 공격해 철령 이북 지역을 수복한 것은 공민왕 때이다. 공민왕은 원의 직할지였던 쌍성총관부를 공격하여 원에 빼앗겼던 철령 이북 지역을 무력으로 수복하였다.

13 일제 강점기 물산 장려 운동   난이도 하 ●○○

자료 분석 제시된 자료에서 '조선 물산을 팔고 사자, 먹고 입고 쓰자'라는 것을 통해 일제 강점기에 전개된 물산 장려 운동임을 알 수 있다. 물산 장려 운동에서는 민족 산업의 보호와 육성을 위해 국산품 애용을 주장하였다.

정답 설명 ③ 일부 사회주의자들은 물산 장려 운동을 자본가 계급만을 위한 운동이라고 비판하기도 하였다.

오답 분석
① 민립 대학 설립 운동: 가뭄과 홍수로 인해 중단된 운동은 민립 대학 설립 운동이다. 민립 대학 설립 운동은 일제의 방해와 가뭄, 홍수 등으로 모금 운동을 하기 어려워져 실패하였다.
② 물산 장려 운동은 회사령에 맞서기 위해 전개되지 않았다. 물산 장려 운동은 일제가 회사령을 철폐한 이후에 한·일간 관세 철폐 움직임이 일어나자, 이에 맞서 민족 산업을 육성하기 위해 전개되었다.
④ 물산 장려 운동은 조선에 사는 일본인이 아닌 우리 민족이 일본 자본에 대항하기 위해 일으킨 운동이다.

이것도 알면 **합격!**

물산 장려 운동

배경	일본 상품에 대한 관세 철폐 움직임 속에서 조선인 기업가들의 위기의식 고조
전개	· 평양 물산 장려회 발족(1920): 평양에서 조만식 등의 민족 자본가 중심 · 조선 물산 장려회 조직(1923): 서울에서 설립, 전국 각지에 지부를 형성 · 기타 참여 조직: 자작회, 토산 애용 부인회(여성) 등 전국적으로 다양한 단체 탄생
활동	· 자급자족, 국산품 애용("내 살림 내 것으로", "조선 사람 조선 것으로") · 근검절약, 생활 개선, 금주·단연 운동 전개
한계	· 물가 상승: 늘어난 수요를 뒷받침할 수 있는 자본과 생산 시설의 미흡으로 국산품 가격 폭등 · 사회주의 계열의 운동가들과 일부 민중들이 자본가 계급만을 위한 운동이라고 비판

14 현대 유신 헌법   난이도 하 ●○○

자료분석 제시문에서 대통령은 통일 주체 국민회의에서 토론 없이 무기명 투표로 선거한다는 것을 통해 박정희 정부 때 개정된 유신 헌법(1972, 제7차 개헌)임을 알 수 있다.

정답설명 ② 대통령의 임기는 7년으로 하며, 중임할 수 없다는 것은 전두환 정부 때 개정된 제8차 개헌(1980)이다. 유신 헌법에서는 대통령의 임기를 6년으로 하고, 중임 제한이 없다고 규정하였다.

오답분석 ① 유신 헌법에서는 대통령에게 국회를 해산할 수 있는 권한이 부여되었다.
③ 유신 헌법에서 대법원장은 대통령이 국회의 동의를 얻어 임명할 수 있다고 규정하였다.
④ 유신 헌법에서는 대통령에게 국가의 안전 보장 등 중대한 사태가 발생하였을 때 국민의 기본권을 제한할 수 있는 긴급 조치권이 부여되었다.

👍 이것도 알면 **합격!**

유신 헌법

> 제39조 대통령은 통일 주체 국민회의에서 토론 없이 무기명 투표로 선거한다.
> 제40조 통일 주체 국민회의는 국회의원 정수의 1/3에 해당하는 수의 국회의원을 선거한다. 이 국회의원 후보는 대통령이 일괄 추천한다.
> 제53조 1. 대통령은 천재지변 또는 중대한 재정·경제상의 위기에 처하거나, 국가의 안전 보장 또는 공공의 안녕질서가 중대한 위협을 받거나 받을 우려가 있어 신속한 조치를 할 필요가 있다고 판단할 때에는 …… 긴급 조치를 할 수 있다.
> 2. 대통령은 제1항의 경우에 필요하다고 인정할 때에는 …… 국민의 자유와 권리를 잠정적으로 정지하는 긴급 조치를 할 수 있고, 정부나 법원의 권한에 관하여 긴급 조치를 할 수 있다.
> 제59조 대통령은 국회를 해산할 수 있다.

사료 분석 | 유신 헌법의 기본 성격은 평화적 통일 지향, 한국적 민주주의의 토착화, 자유 경제 질서 확립, 자유와 평화 수호의 재확인 등이었으나 사실상 박정희의 장기 집권을 위한 개헌이었고, 국민의 기본권 침해, 대통령 독재를 가능하게 한 헌법이었다.

15 고대 삼국사의 전개   난이도 하 ●○○

정답설명 ④ 시기순으로 바르게 나열하면 (라) 고구려의 평양 천도(427) → (다) 백제의 웅진 천도(475) → (가) 신라의 한강 유역 확보(553) → (나) 관산성 전투(554)이다.

(라) **고구려의 평양 천도**: 고구려 장수왕은 왕권 강화와 적극적인 남하 정책을 추진하기 위해 국내성에서 평양으로 천도하였다(427).

(다) **백제의 웅진 천도**: 백제 문주왕은 고구려 장수왕의 남하 정책으로 한강 유역을 상실하고 개로왕이 살해당한 후 즉위하여 웅진(공주)으로 천도하였다(475).

(가) **신라의 한강 유역 확보**: 신라 진흥왕은 백제와 연합하여 고구려로부터 한강 상류 지역을 빼앗고(551), 이후 나·제 동맹을 깨고 백제가 차지한 한강 하류 지역마저 빼앗아 한강 유역을 확보하였다(553).

(나) **관산성 전투**: 백제 성왕은 신라 진흥왕에게 빼앗긴 한강 유역을 되찾기 위해 신라를 공격하였으나, 관산성 전투에서 전사하였다(554).

16 고려 시대 강조   난이도 중 ●●○

자료분석 제시문에서 거란군에게 여러 번 승리하였으나 자만하여 결국 포로가 되었다는 내용을 통해 (가) 인물이 강조임을 알 수 있다.

정답설명 ③ 강조는 목종의 어머니인 천추태후와 김치양이 자신들 사이에서 태어난 자식을 왕으로 세우려 하자, 정변을 일으켜 김치양 일파를 제거한 후 목종을 폐위하고 현종을 왕위에 옹립하였다.

오답분석 ① 김부식: 묘청의 난을 진압한 인물은 김부식이다. 김부식은 개경파의 대표적인 인물로, 서경파인 묘청이 반란을 일으키자 관군을 이끌고 이를 진압하였다.
② 윤관: 별무반의 편성을 건의한 인물은 윤관이다. 윤관은 여진 정벌을 위해 숙종에게 별무반의 편성을 건의하였고, 예종 때 별무반을 이끌고 여진을 정벌한 후 동북 9성을 설치하였다.
④ 서희: 거란과 협상하여 강동 6주 지역을 고려 영토로 확보한 인물은 서희이다. 성종 때 거란의 소손녕이 수십만 대군을 이끌고 고려에 침입(1차 침입, 993)하자, 서희가 협상을 통해 강동 6주 지역을 확보하였다.

👍 이것도 알면 **합격!**

강조의 정변

> 강조의 군사들이 궁문으로 마구 들어오자, 목종이 모면할 수 없음을 깨닫고 태후와 함께 목 놓아 울며 법왕사로 옮겼다. 잠시 후 황보유의 등이 대량원군(大良院君) [순(詢)]을 받들어 왕위에 올렸다. 강조가 목종을 폐위하여 양국공으로 삼고, 군사를 보내 김치양 부자와 유행간 등 7인을 죽였다. …… 적성현에 이르자 강조가 사람을 시켜 목종을 죽인 후 자결하였다고 보고하였으며, 그 시신은 문짝으로 만든 관에 넣어 객관에 임시로 안치하였다.

사료 분석 | 목종의 어머니인 천추태후와 김치양이 불륜 관계를 맺고 왕위를 엿보자, 서북면 도순검사 강조가 정변을 일으켜 김치양 일파를 제거하고 목종을 폐위시킨 뒤 현종을 즉위시켰다.

17 조선 전기 이이   난이도 하 ●○○

자료분석 제시문에서 『성학집요』를 지었다는 내용을 통해 밑줄 친 인물이 이이임을 알 수 있다. 이이는 『성학집요』를 저술하여 현명한 신하가 군주에게 성학을 가르쳐 그 기질을 변화시켜야 한다고 주장하였다.

정답설명 ② 이이는 『동호문답』을 저술하여 왕도 정치의 구현을 문답 형식으로 정리하였으며, 방납의 폐단을 시정하기 위한 방안으로 수미법의 실시를 주장하였다.

오답분석 ① 이황: 예안 향약을 만든 인물은 이황이다. 이황은 경북 안동의 예안 지방에서 조광조가 소개한 중국의 여씨 향약을 토대로 예안 향약을 만들어 보급하였다.
③ 주세붕: 백운동 서원을 건립한 인물은 주세붕이다. 주세붕은 풍기 군수로 부임한 후, 우리나라에 성리학을 처음 보급한 안향을 제사 지내기 위해 우리나라 최초의 서원인 백운동 서원을 건립하였다.

④ 정도전, 남은 등: 왕자의 난 때 죽임을 당한 인물은 정도전, 남은 등이다. 정도전이 요동 정벌을 추진하며 사병을 혁파하려 하자, 이에 반발한 이방원이 제1차 왕자의 난(1398)을 일으켜 정도전, 남은 등을 제거하였다.

18 근대 안중근 난이도 상 ●●●

자료분석 제시문은 안중근이 하얼빈에서 이토 히로부미를 처단한 후, 재판 과정에서 진술한 내용이다. 안중근은 자신이 한국의 의병으로서 포로가 된 것이기 때문에 만국공법에 의해 처리해 달라고 요구하였다.

정답설명 ④ 옳은 것을 모두 고르면 ㉢, ㉣이다.
㉢ 안중근은 이토 히로부미를 처단한 직후 체포되어, 옥중에서 『동양평화론』을 집필하였다.
㉣ 안중근은 한·일 신협약이 체결된 이후 러시아 연해주로 이동하여 의병 투쟁을 전개하였다.

오답분석
㉠ 안중근은 일본이 아닌 중국의 뤼순 감옥에서 순국하였다.
㉡ 한인 애국단은 1931년에 김구가 조직한 단체로, 1910년에 순국한 안중근과는 관련이 없다.

👍 이것도 알면 합격!

안중근

활동	· 1904년: 러·일 전쟁이 일어나자 상하이에 망명하였다가 교육 등 실력 양성이 급선무라 생각하고 다음 해 귀국 · 1906년: 삼흥 학교를 설립하고, 돈의 학교를 인수하여 경영 · 1907년: 국채 보상 운동에 참가, 한·일 신협약이 체결되자 연해주로 가서 의병 부대에 가담 · 1909년: 만주 하얼빈에서 초대 통감 이토 히로부미 사살 · 1910년: 중국 뤼순 감옥에서 순국
저술	『동양평화론』: 동양의 평화를 위해 한·중·일이 협력해야 함

19 현대 반민족 행위 처벌법 난이도 하 ●○○

자료분석 제시문에서 한·일 합병에 협력한 자, 한국의 주권을 침해하는 조약 또는 문서에 조인한 자와 모의한 자를 처벌하고 그 재산을 몰수한다는 내용을 통해 반민족 행위 처벌법임을 알 수 있다.

정답설명 ② 반민족 행위 처벌법은 1948년 9월에 제정되었으므로, 농지 개혁법(1949. 6.)이 제정되기 이전에 제정되었다.

오답분석
① 반민족 행위 처벌법은 제헌 국회(1948. 5.~1950. 6.)에서 제정되었다. 제헌 국회는 반민족 행위자를 처벌하여 일제의 잔재를 청산하고, 사회 정의를 확립하기 위해 반민족 행위 처벌법을 제정하였다.
③ 반민족 행위 처벌법이 제정된 후, 이 법률에 의해 반민족 행위 특별 조사 위원회(반민특위)와 특별 재판부가 구성되었다.
④ 반민족 행위 처벌법에 의해 노덕술 등 친일 경력을 지닌 고위 경찰 간부가 체포되었다.

20 일제 강점기 김원봉과 신채호 난이도 중 ●●○

자료분석 제시문에서 민중 직접 혁명의 수단, 강도 일본을 쫓아내야 한다는 내용 등을 통해 의열단의 지침서인 「조선혁명선언」임을 알 수 있으며, 「조선혁명선언」은 김원봉의 부탁을 받고 신채호가 작성한 것이다. 따라서 (가)는 김원봉, (나)는 신채호이다.

정답설명 ④ 김원봉은 의열 투쟁의 한계를 느끼고 황포 군관 학교에 입교하여 군사 훈련을 받았으며, 신채호는 「독사신론」에서 역사 서술의 주체를 우리 민족으로 보고 일본의 식민 사관을 비판함으로써 근대 민족주의 사학의 기본 틀을 제시하였다.

오답분석
① 김원봉이 조선 의용대를 결성한 것은 맞지만, '국혼'을 강조한 인물은 박은식이다. 박은식은 민족 정신을 '국혼'으로 파악하였고, 혼이 담겨있는 민족사의 중요성을 강조하였다.
② 신흥 무관 학교를 세운 인물은 이동녕, 이회영 등의 신민회 인사들이고, 형평사를 창립한 인물은 이학찬이다.
③ 조선 건국 동맹을 조직한 인물은 여운형이고, 식민 사학의 한국사 정체성론을 반박한 인물은 백남운이다.

👍 이것도 알면 합격!

김원봉의 활동

· 1919년: 만주 지린(길림)에서 의열단 조직
· 1926년: 황포(황푸) 군관 학교 훈련생으로 입교
· 1932년: 난징에서 조선 혁명 간부 학교 창설
· 1935년: 중국 관내에서 신한 독립당, 조선 혁명당, 의열단 등 5개 단체를 규합하여 민족 혁명당 조직
· 1938년: 조선 의용대 창설
· 1942년: 한국광복군에 합류, 1944년 광복군 제1지대장 및 부사령관 역임
· 광복 이후: 좌·우 합작 운동을 추진하였으나 여운형이 암살되고 남한 단독 정부 수립이 본격화되자 월북함

13회 2021년 지방직 9급

2021년 6월 5일 시행

문제집 62쪽

정답

01	③ 선사 시대	11	② 고려 시대
02	① 고대	12	② 고대
03	④ 고려 시대	13	③ 조선 후기
04	① 고려 시대	14	② 근대
05	① 조선 전기	15	② 일제 강점기
06	② 고대	16	③ 근대
07	③ 고대	17	④ 일제 강점기
08	③ 조선 후기	18	④ 근대
09	③ 고려 시대	19	① 현대
10	④ 고려 시대	20	② 현대

취약 시대 분석표

시대	맞힌 개수
선사 시대	/ 1
고대	/ 4
고려 시대	/ 5
조선 전기	/ 1
조선 후기	/ 2
근대	/ 3
일제 강점기	/ 2
현대	/ 2
시대 통합	/ 0
총합	/ 20

기출 총평

"합격선 95점, 변별력 없이 매우 쉽게 출제!"

- **난이도:** 시험 전체적인 난이도는 하로, 자주 출제되는 개념 위주로 출제되었습니다. 헷갈리는 선택지를 출제하지 않았고, 단답형 선택지의 문제들도 3문제 출제되어 한국사 학습을 충실히 한 수험생이라면 빠르게 문제의 답을 찾을 수 있었던 시험이었습니다.

- **고난도 문제**
  - 06번 연개소문: 다른 시험의 난이도 상 문제만큼 어렵지는 않으나, 연개소문의 도교 장려 정책이 잘 나오지 않는 개념이라 까다롭게 느껴질 수도 있는 문제였습니다.

01 선사 시대 — 부여 난이도 하 ●○○

자료 분석 제시문에서 은력(殷曆) 정월에 영고라는 제천 행사를 거행하였다는 내용과 흰색을 숭상하고 흰 베로 만든 옷을 입는다는 내용을 통해 부여에 대한 설명임을 알 수 있다.

정답 설명 ③ 부여는 왕 아래에 가축 이름을 딴 부족장인 마가, 우가, 저가, 구가 등의 가(加)들이 있었다. 이들은 저마다 사출도라는 별도의 행정 구획을 통치하였다.

오답 분석
- ① 옥저: 사람이 죽으면 가매장한 다음 뼈만 추려 가족 공동 무덤인 목곽에 안치하는 골장제의 풍습이 있었던 나라는 옥저이다.
- ② 옥저·동예: 읍군이나 삼로라고 불린 군장이 자기 영역을 다스린 나라는 옥저와 동예이다.
- ④ 삼한: 천신을 섬기는 제사장인 천군이 있었던 나라는 삼한이다. 삼한은 정치적 지배자인 군장 외에 제사장인 천군이 있어 소도에서 종교와 농경에 대한 의례를 주관하였다.

02 고대 — 금관가야 난이도 하 ●○○

자료 분석 제시문에서 구지에서 금으로 만든 상자를 열었더니 황금알 여섯 개가 있었고, 가장 큰 알에서 태어난 수로가 왕위에 올라 나라를 세웠다는 내용을 통해 (가) 나라가 금관가야임을 알 수 있다.

정답 설명 ① 금관가야는 해상 교역을 통해 낙랑, 일본 규슈에 우수한 철을 수출하였다. 금관가야에서는 철이 풍부하게 생산되어 대외 교역에 철로 만든 덩이쇠를 화폐와 같은 교환 수단으로 이용하기도 하였다.

오답 분석
- ② 신라: 박, 석, 김씨가 교대로 왕위를 계승한 나라는 신라이다. 신라는 4세기 내물 마립간에 의해 김씨가 독점적으로 왕위를 계승하기 전까지 박, 석, 김씨가 교대로 왕위를 계승하였다.
- ③ 고구려: 경당을 설치하여 학문과 무예를 가르친 나라는 고구려이다. 경당은 고구려 장수왕 때 평양으로 천도한 이후 설립된 사립 교육 기관으로, 청소년에게 한학과 무술을 가르쳤다.
- ④ 백제: 정사암 회의를 통해 재상을 선발한 나라는 백제이다. 백제에서는 국가의 중대사를 귀족 회의인 정사암 회의에서 결정하였다.

03 고려 시대 — 식목도감 난이도 하 ●○○

자료 분석 제시문에서 고려 시대 중서문하성과 중추원의 고위 관료들이 국가의 중요한 일을 논의하고 제도와 격식을 만들었다는 내용을 통해 (가) 기구가 식목도감임을 알 수 있다.

정답 설명 ④ 식목도감은 법의 제정이나 각종 시행 규정을 논의하였던 고려의 독자적인 회의 기구로, 중서문하성과 중추원의 고관인 재추(재신과 추밀)가 주요 구성원이었다.

오답 분석
- ① 삼사(고려): 고려 시대의 삼사는 화폐와 곡식의 출납과 회계 등을 담당한 기구로, 송의 제도를 참고한 것이었으나 송과 달리 단순 회계 기구의 역할을 담당하였다.
- ② 상서성: 상서성은 정책을 집행하는 기능을 담당한 기구로, 그 밑에 상서도성과 6부(이부·병부·호부·형부·예부·공부)를 두었다. 상서성은 중서문하성과 함께 고려의 2성으로 불렸다.
- ③ 어사대: 어사대는 정치의 잘잘못을 논의하고 풍속을 교정하며 백관을 규찰하고 탄핵하는 언관의 역할을 담당한 기구이다. 어사대의 관원(대관)은 중서문하성의 낭사(간관)와 함께 대간으로 불렸으며, 대간은 서경·봉박·간쟁의 권한을 행사하였다.

04 고려 시대 | 거란의 침입　　　　　　　　난이도 하 ●○○

자료분석 제시문에서 발해를 멸망시키고 고려에 여러 차례 침입했다는 내용을 통해 (가)가 거란임을 알 수 있다. 거란은 송과 대립하였고, 고려에 송과의 관계를 단절하고 거란과 수교할 것을 요구하며 여러 차례 침입하였다.

정답설명 ① 거란은 강조의 정변(서북면 도순검사 강조가 김치양의 반역을 들어 목종을 폐위시키고 현종을 왕위에 올린 사건)을 구실로 고려를 침략(제2차)하였으며, 현종의 입조(고려 왕이 중국 조정에 문안 인사를 가는 것)를 조건으로 물러났다.

오답분석
② 여진: 고려에 동북 9성을 돌려달라고 요구한 것은 여진이다. 고려는 여진족을 토벌하여 동북 지방 일대에 9성을 설치하였으나, 여진의 계속되는 반환 요구와 방어의 어려움으로 동북 9성을 여진에게 돌려주었다.
③ 몽골: 다루가치를 배치하여 고려의 내정을 간섭한 것은 몽골이다. 몽골은 고려의 내정 간섭을 위해 감찰관인 다루가치를 설치하고 공물 징수 등을 담당하게 하였다.
④ 몽골: 고려의 화주(지금의 함경남도 영흥) 지역을 통치하기 위해 쌍성총관부를 설치하여 철령 이북의 땅을 직접 지배한 것은 몽골이다.

👍 **이것도 알면 합격!**

거란의 침입

1차 (993)	· 전개: 옛 고구려 땅을 내놓을 것과 송과의 외교 관계 단절 및 거란과의 수교를 요구하며 침입 → 서희의 외교 담판 · 결과: 강동 6주를 획득하여 국경 확장
2차 (1010)	· 전개: 강조의 정변을 구실로 침입 → 양규의 활약(흥화진 전투) · 결과: 거란과의 강화 체결
3차 (1018)	· 전개: 현종의 입조 약속 불이행 → 거란의 침입 → 강감찬의 귀주 대첩(1019) · 결과: 귀주에서 거란군 크게 격파

05 조선 전기 | 사헌부　　　　　　　　난이도 하 ●○○

자료분석 제시문에서 관직을 받는 자가 5품 이하일 때 서경을 한다는 내용과 모든 관원을 규찰하고 풍속을 바르게 하는 등의 일을 맡는다는 내용을 통해 (가)에 들어갈 기구가 사헌부임을 알 수 있다.

정답설명 ① 사헌부는 시정 논의, 관리 감찰 및 탄핵, 풍속 교정 등을 담당한 기구로, 사간원과 함께 양사(대간)이라고 불리었으며, 양사의 관리인 대간은 5품 이하 관리 임명에 대한 동의권(서경권)을 행사하였다.

오답분석
② 교서관: 교서관은 궁중의 서적을 간행하고 제사 때 쓰이는 향과 제사용 축문·도장 등을 담당한 기구로, 조선 후기 정조 때 규장각에 편입되었다.
③ 승문원: 승문원은 외교 문서의 작성을 담당한 기구로, 외교 문서에 쓰이는 문체인 이문의 교육을 담당하기도 하였다.
④ 승정원: 승정원은 국왕의 비서 기구로, 왕명의 출납 업무를 담당하였으며 도승지 이하 6명의 승지가 6조를 각각 분담하였다.

👍 **이것도 알면 합격!**

4관

예문관	임금의 교지(교서) 작성 담당, 「사초」 작성
승문원	외교 문서 작성과 외교 문서에 쓰이는 이문(吏文)의 교육 담당
성균관	조선의 최고 교육 기관으로 유학 교육 담당
교서관	경적의 간행과 제사 때 사용하는 향과 축문 등 관장

06 고대 | 연개소문　　　　　　　　난이도 상 ●●●

자료분석 제시문에서 왕에게 아뢰어 당에 사신을 보내 도교를 구해 와서 나라 사람들을 가르치게 하자는 내용을 통해 밑줄 친 '그'가 고구려의 연개소문임을 알 수 있다. 연개소문은 기존의 귀족 세력과 결탁한 불교를 억누르기 위해 보장왕에게 도교를 받아들일 것을 건의하였다.

정답설명 ② 연개소문은 영류왕 때 천리장성의 축조를 관리·감독하였다. 이 과정에서 세력을 키운 연개소문은 쿠데타를 일으켜 영류왕을 제거하고 보장왕을 옹립하여 스스로 대막리지가 되었고, 정권을 장악하였다.

오답분석
① 김춘추: 당나라와 동맹을 체결한 인물은 신라의 김춘추이다. 김춘추는 처음에 고구려와 동맹을 체결하여 백제를 막으려고 하였으나 고구려와의 동맹에 실패하였고, 이후 당으로 건너가 나·당 동맹을 체결하였다.
③ 을지문덕: 수나라의 군대를 살수에서 격퇴한 인물은 고구려의 을지문덕이다. 을지문덕은 수 양제가 113만 대군을 이끌고 고구려를 침공하자, 적을 유인해 살수(청천강)에서 수나라의 군대를 크게 격파하였다.
④ 장수왕: 남진 정책을 추진하여 한성을 점령한 인물은 고구려의 장수왕이다. 장수왕은 수도를 국내성에서 평양으로 옮기고 남진 정책을 추진하여 백제의 수도 한성을 함락시키고 한강 유역을 차지하였다.

👍 **이것도 알면 합격!**

연개소문

· 천리장성의 축조 감독관으로 있던 중, 랴오둥(요동) 지방의 군사력을 바탕으로 쿠데타를 일으켜 영류왕을 제거하고 보장왕을 옹립함
· 대막리지가 되어 정권을 장악한 후 대당 강경책을 추진함
· 불교와 결탁한 귀족 세력을 견제하기 위해 도교를 장려함

07 고대 | 원광　　　　　　　　난이도 하 ●○○

자료분석 제시문의 (가) 인물은 세속 5계를 지은 원광이다. 원광은 충성으로써 임금을 섬기는 것(사군이충), 효도로써 어버이를 섬기는 것(사친이효), 신의로써 벗을 사귀는 것(교우이신), 싸움에 임하여 물러서지 않는 것(임전무퇴), 생명 있는 것을 죽이되 가려서 한다(살생유택)는 내용을 담은 화랑도의 행동 규범인 세속 5계를 지었다.

정답설명 ③ 원광은 고구려가 여러 차례 영토를 침범해 오자 진평왕의 명으로 수나라에 군사를 청하는 글인 걸사표를 지었다. 이에 수나라 양제는 군사를 일으켜 고구려에 침입하였다.

오답분석
① **원효**: 모든 것이 한마음에서 나온다는 일심 사상을 제시한 인물은 원효이다. 원효는 일심 사상을 바탕으로 다른 종파들과 사상적 대립을 조화시키고 분파 의식을 극복하고자 하였다.
② **의상**: 화엄 사상을 연구하여 『화엄일승법계도』를 작성한 인물은 의상이다. 『화엄일승법계도』는 모든 존재가 상호 의존적인 관계에 있으면서 서로 조화를 이룬다는 화엄 사상의 요지를 간결한 시로 축약한 것이다.
④ **혜초**: 인도를 여행하여 『왕오천축국전』을 쓴 인물은 혜초이다. 혜초는 인도와 중앙아시아를 순례한 뒤 그 지역의 풍습, 언어, 종교 등을 기록한 기행문인 『왕오천축국전』을 저술하였다.

08 조선 후기 박제가와 한치윤 난이도 하 ●○○

정답설명
③ (가), (나)에 들어갈 인물을 바르게 나열하면 (가) 박제가, (나) 한치윤이다.

(가) 박제가는 청에 다녀온 경험을 토대로 『북학의』를 저술하여 청의 선진 기술을 적극적으로 수용하고 상공업 육성 등을 주장하였다. 또한 『북학의』에서 청과의 통상을 확대하고 수레나 선박의 사용을 늘릴 것을 주장하였으며, 생산과 소비의 관계를 우물에 비유하여 소비를 권장하였다.

(나) 한치윤은 540여 종의 중국 및 일본의 방대한 자료를 참고하여 고조선부터 고려 말까지의 역사를 고증하고 이를 기전체로 저술한 『해동역사』를 편찬하였다. 『해동역사』는 풍부한 자료를 참고하여 실증주의적 방법으로 새로운 통사의 체계를 세우려고 했다는 데 의의가 있다.

오답분석
- **박지원**: 조선 후기의 실학자로, 청나라에 다녀온 후 『열하일기』를 저술하였다. 박지원은 이 책에서 청나라의 선진 문물을 소개하고 상공업의 진흥을 강조하며, 수레와 선박 등을 이용할 것을 주장하였다.
- **안정복**: 조선 후기의 실학자로, 중국 서적 17종 등 여러 자료들을 참고, 비교, 검토하여 고조선부터 고려 말까지의 역사를 강목체 형식의 편년체 통사로 서술한 『동사강목』을 편찬하였다.

👍 이것도 알면 **합격!**

박제가와 한치윤

박제가	• 수레, 선박의 이용 주장 • 절약보다 소비 중시, 생산과 소비의 관계를 우물에 비유 • 대표 저서: 『북학의』(청의 문물 수용 주장, 신분 차별 타파, 소비 권장), 『종두방서』(정약용과 함께 종두법 연구)
한치윤	• 청나라에 다녀온 후 고증학의 영향을 받아 실증주의적 방법으로 역사 서술 • 대표 저서: 『해동역사』(고조선~고려 말의 역사를 고증하고 이를 기전체 형식으로 서술)

09 고려 시대 고려 시대의 역사적 사건 난이도 하 ●○○

정답설명
③ 순서대로 나열하면 (라) 이자겸의 난(1126) → (가) 무신 정변(1170) → (나) 최충헌 집권(1196) → (다) 충주성 전투(1253, 몽골의 5차 침입)가 된다.

(라) **이자겸의 난**: 문벌 귀족인 이자겸은 예종과 인종의 장인이 되어 막강한 권력을 차지하였다. 이에 위협을 느낀 인종이 이자겸을 제거하려 하였고, 이자겸과 척준경은 왕의 측근 세력을 제거하고 반란을 일으켰다(1126).

(가) **무신 정변**: 고려 의종 때 무신 차별에 불만을 가진 정중부, 이의방 등의 무신들이 보현원에서 정변을 일으켜 문신들을 제거하였다(1170).

(나) **최충헌 집권**: 최충헌이 당시 권력자였던 이의민을 제거하고 정권을 장악하였다(1196). 최충헌은 이의민을 제거하고 무신 정권 초기의 혼란을 수습함으로써 4대 60년에 걸친 최씨 무신 정권의 기반을 마련하였다.

(다) **충주성 전투**: 몽골의 5차 침입 때 몽골군이 충주성을 공격하자, 충주성의 방호별감이었던 김윤후의 지휘 아래 민병과 관노, 잡류별초 등이 항전하여 몽골군의 침입을 격퇴하였다(1253, 몽골의 5차 침입).

10 고려 시대 서경(평양) 난이도 중 ●●○

자료분석
제시문은 태조 왕건이 후대 왕들에게 지켜야 할 것을 당부한 훈요 10조이며, 이를 통해 (가) 지역이 평양임을 알 수 있다. 태조 왕건은 북진 정책의 전진 기지로 삼은 곳인 서경을 중요하게 여겨 서경에 중앙의 주요 관서와 명칭이 같은 별도의 행정 조직을 설치하는 분사 제도를 실시하였으며, 후대 왕들에게 100일 이상 머물 것을 당부하였다.

정답설명
④ 서경에 몽골이 동녕부를 두었다. 몽골은 자비령 이북 지역을 통치하기 위해 1270년 서경(평양)에 동녕부를 설치하였고, 동녕부는 충렬왕 때인 1290년 고려에 반환되었다.

오답분석
① **강화도**: 대장도감이 설치되어 재조대장경을 만든 곳은 강화도이다. 강화도는 고려가 몽골과의 항쟁을 위해 천도한 곳으로, 당시 집권자였던 최우가 부처의 힘으로 몽골을 물리치고자 이곳에서 재조대장경의 제작을 추진하였다.
② **순천**: 지눌이 수선사 결사 운동을 전개한 곳은 전라남도 순천이다. 지눌은 타락한 불교계의 각성을 촉구하고 승려 본연의 자세로 돌아가 독경과 참선, 노동에 힘쓸 것을 강조하면서 순천 송광사(길상사 → 수선사 → 송광사)를 중심으로 수선사 결사 운동을 전개하였다.
③ **공주**: 망이·망소이가 신분 차별에 반발하여 봉기를 일으킨 곳은 충청남도 공주이다. 한편 망이·망소이는 신분 차별에 반대하여 공주 명학소에서 봉기하였으며, 이후 명학소가 일시적으로 충순현으로 승격되면서 향·부곡·소가 해방되는 계기가 마련되었다.

👍 이것도 알면 **합격!**

평양의 역사

고대	• 고구려 고국원왕이 백제 근초고왕의 공격을 막다가 전사(371) • 고구려 장수왕 때 천도(안학궁 건립) • 당이 안동 도호부 설치(668)
고려	• 서경 천도 계획(정종), 분사 설치(태조 때 시작 ~ 성종 때 정비) • 묘청의 서경 천도 운동(1135) • 서경 유수 조위총의 난(1174), 최광수의 난(1217) • 동녕부 설치(원 간섭기)
조선	유상의 활동 거점
근대	• 제너럴셔먼호 사건 발발(1866) • 대성 학교 설립(1908, 안창호)
일제 강점기	• 송죽회 조직(1913, 비밀 여성 독립운동 단체) • 물산 장려 운동 시작(조만식)

11 고려 시대 『삼국사기』   난이도 하 ●○○

자료분석 제시문은 고려 인종 때 김부식이 쓴 『삼국사기』 서문이다. 김부식은 인종의 명으로 『삼국사기』를 편찬하여 우리의 역사를 제대로 알리고 정치적 교훈으로 삼고자 하였다. 『삼국사기』는 『신라본기』 12권, 『고구려본기』 10권, 『백제본기』 6권과 연표, 지, 열전으로 구성되었다.

정답설명 ② 『삼국사기』는 고려 인종 때 김부식이 왕명을 받아 편찬한 현존하는 우리나라 최고(最古)의 역사서로, 고려 초에 쓰여진 『구삼국사』를 바탕으로 유교적 합리주의 사관에 따라 기전체로 서술되었다.

오답분석
① 『삼국유사』(고려): 불교를 중심으로 신화와 고대의 민간 설화를 정리한 역사서는 일연이 편찬한 『삼국유사』이다.
③ 『동국통감』(조선): 단군 조선을 우리 역사의 시작으로 보고 고려 말까지의 전 시대를 통사 체계로 구성한 역사서는 조선 성종 때 서거정 등이 편찬한 『동국통감』이다. 한편 김부식이 저술한 『삼국사기』에는 단군 조선에 관련된 내용이 들어 있지 않다.
④ 『국사』(신라): 진흥왕의 명을 받아 거칠부가 신라 왕조의 역사를 정리해 편찬한 역사서는 『국사』이다.

이것도 알면 합격!

역사 서술 체제

기전체	본기, 세가, 지, 연표, 열전으로 분류하여 서술(『삼국사기』, 『고려사』, 『해동역사』)
편년체	연월에 따라 사실의 발생 과정 서술(『7대실록』, 『조선왕조실록』, 『동국통감』)
기사본말체	사건의 발생과 결과 등 서술(『연려실기술』)
강목체	강과 목으로 나누어 서술(『동사강목』)

12 고대 신문왕   난이도 하 ●○○

자료분석 제시문에서 문무왕의 뒤를 이어 즉위하였다는 내용과 감은사 공사를 마무리하였다는 내용을 통해 밑줄 친 '이 왕'이 신문왕임을 알 수 있다. 감은사는 불교의 힘으로 동해의 왜병을 진압하기 위해 창건된 절로 문무왕 때 건립되기 시작하여 신문왕 때 완공되었다.

정답설명 ② 신문왕은 유학 교육 기관인 국학을 설립하였다(682). 신문왕은 국학 설립을 통해 유학을 교육하고 유교 정치 이념을 확립하여 왕권을 강화하고자 하였다.

오답분석
① 법흥왕: 건원이라는 독자적인 연호를 사용한 왕은 법흥왕이다. 법흥왕은 율령 반포, 상대등 설치, 금관가야 정복 등을 통해 신라 발전의 기반을 마련한 후, 신라 최초의 연호를 사용하였다.
③ 성덕왕: 백성에게 처음으로 정전을 지급한 왕은 성덕왕이다. 성덕왕은 백성들에게 정전을 지급함으로써 국가의 토지 지배력을 강화하였다.
④ 무열왕: 진골 출신으로 처음 왕위에 오른 왕은 무열왕이다. 신라의 왕이 될 수 있었던 신분은 성골과 진골로 무열왕 이전까지는 성골 출신이 왕위를 차지하였으나, 진덕 여왕 이후 성골이 소멸되어 진골 출신이었던 무열왕이 왕위에 오르게 되었다.

이것도 알면 합격!

신문왕의 업적

왕권 강화	김흠돌의 모역 사건을 계기로 귀족 세력을 숙청하고 정치 세력을 왕권 중심으로 재편성
체제 정비	· 중앙 관제 정비: 집사부 이하 14관부 완성 · 지방 제도 정비: 9주 5소경 체제 완비 · 군사 조직 정비: 9서당 10정 편성 · 교육 기관 정비: 국학을 설치하여 유학 교육 실시 · 토지 제도 개편: 관료전을 지급하고 녹읍 폐지

13 조선 후기 정조 재위 기간의 사실   난이도 하 ●○○

자료분석 제시문에서 젊은 관료들을 재교육하기 위해 초계문신제를 시행하였고, 서얼 출신의 유능한 인사를 규장각 검서관으로 등용하였다는 내용을 통해 밑줄 친 '왕'이 정조임을 알 수 있다.

정답설명 ③ 정조 때는 시전 상인들이 난전을 단속할 수 있는 권리인 금난전권을 폐지하는 신해통공이 시행되었다. 정조는 금난전권으로 사상들의 활동이 억압되고 물가가 상승하자 육의전을 제외한 시전 상인들의 금난전권을 폐지하였고, 이로 인해 사상들의 자유로운 상업 활동이 보장되었다.

오답분석
① 철종: 최제우에 의해 동학이 창시된 것은 철종 때의 일이다 (1860).
② 고종: 법전인 『대전회통』이 편찬(1865)된 것은 고종 때의 일이다. 정조 때는 왕조의 통치 규범을 전반적으로 재정리한 법전인 『대전통편』이 편찬되었다.
④ 순조: 평안도 몰락 양반인 홍경래를 중심으로 홍경래의 난이 발생(1811)한 것은 순조 때의 일이다. 세도 정치 시기에 평안도 지역의 차별 대우가 극심해지자 이에 반발하여 홍경래가 봉기를 일으켰다. 봉기 세력은 청천강 이북을 거의 점령하였으나 5개월 만에 관군에 의해 진압되었다.

14 근대 흥선 대원군   난이도 하 ●○○

자료분석 제시문에서 고종의 아버지라는 내용과 임진왜란 때 불탄 경복궁을 중건하고 원납전을 징수하였다는 내용을 통해 (가) 인물이 흥선 대원군임을 알 수 있다.

정답설명 ② 흥선 대원군은 면세·면역의 특권을 향유하며 국가 재정을 악화시키고 백성을 수탈해 온 서원을 전국 600여 개 중 47개만 남겨두고 모두 철폐하는 정책을 추진하였다.

오답분석
① 고종: 대한국 국제를 만들어 공포한 인물은 고종이다. 고종은 1899년에 일종의 헌법인 대한국 국제를 반포하여 대한 제국이 전제 정치 국가이며 황제권이 무한함을 강조하고, 통수권·입법권·행정권·사법권·외교권 등을 모두 황제의 대권으로 규정하여 전제 군주 체제를 더욱 강화하였다.
③ 김옥균·박영효 등: 우정총국 개국 축하연을 이용해 정변을 일으킨 사람은 김옥균·박영효 등이다.
④ 김홍집: 황쭌셴(황준헌)의 『조선책략』을 가져와 널리 유포한 사람은 김홍집이다. 김홍집은 2차 수신사로 일본에 다녀오면서 '친중국·결일본·연미국'을 주장한 황쭌셴(황준헌)의 『조선책략』을 들여왔다.

15 일제 강점기 | 대한민국 임시 정부 | 난이도 하 ●○○

자료 분석
제시문에서 만세 운동을 계기로 독립운동을 더욱 조직적으로 전개하자는 공감대가 형성되어 만들어졌다는 내용과 구미 위원부를 설치하였다는 내용을 통해 (가) 단체가 대한민국 임시 정부임을 알 수 있다.

정답 설명
② 대한민국 임시 정부는 국내와의 연락을 위해 교통국을 설치하고 비밀 행정 조직인 연통제를 실시하였다.

오답 분석
① 대동 단결 선언은 대한민국 임시 정부가 조직되기 이전인 1917년에 발표되었다. 신규식, 박은식, 신채호, 조소앙 등 14명의 지식인들은 공화주의를 표방하며 임시 정부 성립의 필요성을 제기한 대동 단결 선언문을 발표하였다.
③ 신흥 무관 학교를 설립한 단체는 신민회로 대한민국 임시 정부와 관련이 없다. 신흥 무관 학교는 서간도 지역에서 이회영 등이 설립한 독립군 양성 기관으로, 처음에는 신흥 강습소로 불리다가 1919년에 신흥 무관 학교로 개편되었다.
④ 의열단: 신채호가 작성한 「조선혁명선언」을 강령으로 삼아 의열 투쟁을 전개한 단체는 의열단이다.

👍 이것도 알면 합격!
대한민국 임시 정부의 초기 활동

분야	활동
행정	· 연통제(비밀 행정 조직망, 정부 문서 전달, 군자금 조달) · 교통국(비밀 통신망, 정보 수집 및 연락 업무 담당) · 독립운동 자금 모금: 독립 공채 발행, 의연금 모금
외교	파리 위원부(김규식), 구미 위원부(이승만) 설치
문화	독립신문 발간, 사료 편찬소 설치(『한·일 관계 사료집』 간행)
군사	군무부 설치, 육군 무관 학교 설립

16 근대 | 제너럴셔먼호 사건과 신미양요 사이의 사실 | 난이도 하 ●○○

자료 분석
제시된 자료에서 제너럴셔먼호 사건은 1866년, 미군이 광성보를 공격해 점령한 신미양요는 1871년의 일이다. 따라서 (가) 시기는 1866년부터 1871년이다.

정답 설명
③ (가) 시기인 1868년에 독일 상인 오페르트가 조선에 통상을 요구하였다가 거절당하자, 흥선 대원군의 부친인 남연군의 묘를 도굴하여 유해와 부장품을 미끼로 다시 통상을 요구하려고 하였으나 실패하였다.

오답 분석
모두 신미양요(1871) 이후의 사실이다.
① 고종이 문무 백관을 거느리고 종묘에 나가 국가의 전반적인 제도와 근대적 개혁안을 담은 홍범 14조를 발표한 것은 2차 갑오개혁 때인 1894년 12월의 일이다.
② 일본의 운요호가 강화도의 초지진을 포격한 것은 1875년의 일이다. 일본은 조선의 문호를 개방하기 위해 군함 운요호를 조선 연해에 보냈다. 일본의 도발에 대응하여 조선의 수비대가 경고 사격을 하자 운요호는 강화도 초지진에 함포 공격을 가하였다(운요호 사건). 이 사건을 계기로 조선은 일본과 강화도 조약을 체결하게 되었다.
④ 신식 군대인 별기군과의 차별 대우에 불만을 품은 구식 군인이 임오군란을 일으킨 것은 1882년의 일이다.

17 일제 강점기 | 신간회 | 난이도 하 ●○○

자료 분석
제시된 자료에서 사회주의 세력이 정우회 선언을 발표해 비타협적 민족주의 세력과의 제휴를 주장하였다는 내용을 통해 밑줄 친 '이 단체'가 신간회임을 알 수 있다.

정답 설명
④ 신간회는 광주 학생 항일 운동의 진상을 조사하고자 광주에 조사단을 파견하였다. 또한 신간회는 이 운동을 확산시키기 위해 대규모의 민중 대회를 계획하였으나, 일제의 방해로 실패하였다.

오답 분석
① 물산 장려 운동은 신간회와 관련이 없다. 1920년 일제가 회사령을 철폐하고, 한·일 간 관세 철폐 움직임이 일어나자 조만식, 이상재 등의 민족 자본가들이 평양에서 조선 물산 장려회를 조직하고 물산 장려 운동을 펼쳤다.
② 조선 민립 대학 기성회: 고등 교육 기관을 설립하기 위해 민립 대학 설립 운동을 시작한 것은 조선 민립 대학 기성회이다. 조선 민립 대학 기성회는 일제의 식민지 차별 교육에 대항하여 한국인 본위의 고등 교육 기관을 설립하고자 모금을 실시하는 등 민립 대학 설립 운동을 전개하였다.
③ 동아일보: 문맹 퇴치와 미신 타파를 목적으로 브나로드 운동을 전개한 것은 동아일보이다. 브나로드 운동(1931~1934)은 "배우자! 가르치자! 다 함께 브나로드!"를 구호로 내걸고 전개된 운동으로, 동아일보의 주도 아래 학생을 통한 농촌 계몽 운동을 전개하여 농촌 계몽, 한글 보급, 미신 타파, 구습 제거를 추진하였다.

👍 이것도 알면 합격!
신간회의 활동

일제에 대한 저항	한국인 착취 기관 철폐, 조선인 본위의 교육 시행 주장
사회 운동 지원	원산 노동자 총파업 지원, 소작 쟁의 지원 등
학생 운동 후원	광주 학생 항일 운동에 대한 진상 조사단 파견
민중 계몽 운동	· 순회 강연단을 구성 · 노동 야학 참여, 교양 강좌 설치 등 민중 계몽 운동 전개

18 근대 | 을사늑약 | 난이도 하 ●○○

자료 분석
제시문에서 한국 황제 밑에 1명의 통감을 두고, 통감은 전적으로 외교에 관한 사항을 관리하기 위해 경성에 주재한다는 내용을 통해 을사늑약(제2차 한·일 협약)임을 알 수 있다.

정답 설명
④ 을사늑약에는 일본의 중재 없이 국제적 성격을 가진 조약을 체결할 수 없다는 내용이 담겨 있다. 일본은 을사늑약을 통해 대한 제국의 외교권을 박탈하고 대한 제국을 일본의 보호국으로 만들었다.

오답 분석
① 을사늑약과 조선 총독부 설치는 관련이 없다. 을사늑약에서는 대한 제국 황제 아래에 통감을 두는 것을 규정하였으며, 이에 따라 서울에 통감부가 설치되었다.
② 정미 7조약(한·일 신협약): 헤이그 특사 사건 직후 일제의 강요로 체결된 것은 정미 7조약(한·일 신협약)이다(1907). 헤이그 특사 사건을 빌미로 고종을 강제로 퇴위시킨 일제는 고종의 뒤를 이어 즉위한 순종에게 한·일 신협약의 체결을 강요하였다.

③ 조·일 통상 장정 개정: 방곡령 시행 1개월 전에 지방관이 일본 영사관에 미리 통보해야 한다는 합의가 실려 있던 것은 조·일 통상 장정 개정이다(1883).

19 현대 미·소 공동 위원회　난이도 하 ●○○

자료분석 제시문에서 미국과 소련이 민주주의 임시 정부 수립 문제에 대해 논의하기로 하였고, 합의에 따라 1946년 3월에 서울에서 시작되었다는 내용을 통해 (가)가 미·소 공동 위원회임을 알 수 있다.

정답설명 ① 미·소 공동 위원회는 반탁 운동을 펼치는 우익 세력을 협의 대상에 포함시키자는 미국과 신탁 통치에 반대하는 정당·단체와는 협의할 수 없다는 소련의 의견 차이로 인해 결렬되었다.

오답분석
② 조선 건국 준비 위원회는 여운형이 조직한 조선 건국 동맹이 광복 직후 개편된 단체로, 미·소 공동 위원회 개최 이전인 1945년 8월에 조직되었다.
③ 제헌 국회: 민주 공화제를 핵심으로 한 제헌 헌법을 만든 것은 제헌 국회이다. 제헌 국회는 1948년 5월 10일 총선거에 의해 구성된 대한민국 최초의 국회로, 삼권 분립, 대통령제 등을 명시한 제헌 헌법을 제정하고 1948년 7월 17일에 이를 공포하였다.
④ 유엔 총회: 유엔 감시하의 남북한 총선거로 정부를 수립한다는 결정을 내린 것은 1947년 11월에 열린 유엔 총회이다. 두 차례에 걸친 미·소 공동 위원회가 결렬된 후 미국은 한반도 문제를 유엔에 이관하였고, 유엔은 인구 비례에 의한 남북한 총선거 실시를 결정하였다.

👍 이것도 알면 합격!
미·소 공동 위원회 개최

제1차 (1946. 3.~5.)	· 미국: 반탁 운동을 펼치는 우익을 협의 대상에 포함시킬 것을 주장 · 소련: 신탁 통치에 반대하는 정당·단체와는 협의할 수 없다고 주장 · 휴회 돌입: 의견 차이로 무기한 휴회에 돌입
제2차 (1947. 5.~10.)	· 냉전 격화: 트루먼 독트린으로 미·소 간의 냉전 격화 · 회담 결렬: 자국에 우호적인 정당을 세우려는 미·소의 정책으로 회담이 결렬 · 유엔에 이관: 미국이 한반도 문제를 유엔에 이관(1947. 9.)

20 현대 4·19 혁명과 유신 헌법 공포 사이의 사실　난이도 하 ●○○

자료분석 제시된 자료를 통해 (가) 시기는 1960년(4·19 혁명)에서 1972년 12월(유신 헌법 공포)까지의 시기임을 알 수 있다.

정답설명 ② (가) 시기인 1972년 7월에 자주·평화·민족 대단결의 통일 원칙을 세운 7·4 남북 공동 성명이 발표되었다. 한편 박정희 정부는 7·4 남북 공동 성명 직후인 1972년 10월에 독재 체제를 강화하기 위해 대통령에게 강력한 통치권을 부여하는 10월 유신을 단행하였고, 유신 헌법을 제정하여 12월에 이를 공포하였다.

오답분석
① 4·19 혁명 이전: 반민족 행위 처벌법이 제정된 것은 1948년 9월로, 4·19 혁명 이전의 사실이다. 제헌 국회는 반민족 행위자를 처벌하여 일제의 잔재를 청산하고, 사회 정의를 확립하기 위해 반민족 행위 처벌법을 제정하였다.

③ 유신 헌법 공포 이후: 남북한이 유엔에 동시 가입한 것은 1991년 9월로, 유신 헌법 공포 이후의 사실이다. 1991년 9월에 열린 유엔 총회에서 남북이 각각 독립된 국가의 자격으로 동시에 유엔의 회원국이 되었다.
④ 유신 헌법 공포 이후: 5·18 민주화 운동이 일어난 것은 1980년 5월로, 유신 헌법 공포 이후의 사실이다. 12·12 사태(1979)로 실권을 장악한 전두환 등의 신군부 세력이 전국에 비상 계엄을 확대하고 김대중을 비롯한 정치 인사들을 구속하자, 광주 지역의 학생들과 시민들이 이에 반발하여 민주화 운동을 전개하였다(5·18 민주화 운동).

14회 2020년 지방직 9급

2020년 6월 13일 시행

문제집 66쪽

정답

01	④ 고대	11	② 조선 후기
02	① 고려 시대	12	③ 조선 전기
03	② 일제 강점기	13	② 근대
04	① 일제 강점기	14	③ 시대 통합
05	④ 시대 통합	15	② 근대
06	① 선사 시대	16	② 일제 강점기
07	② 조선 전기	17	④ 현대
08	③ 고려 시대	18	① 고려 시대
09	③ 고대	19	① 조선 후기
10	④ 고대	20	③ 현대

취약 시대 분석표

시대	맞힌 개수
선사 시대	/ 1
고대	/ 3
고려 시대	/ 3
조선 전기	/ 2
조선 후기	/ 2
근대	/ 2
일제 강점기	/ 3
현대	/ 2
시대 통합	/ 2
총합	/ 20

기출 총평

"합격선 95점, 매우 쉽게 출제!"

- **난이도:** 시험 전체적인 난이도는 하로, 변별력 있는 문제가 출제되었으나 전체적으로 쉬운 시험이었습니다. 단답형의 선택지의 문제들도 7문제나 출제되어, 시험의 체감 난이도를 더욱 낮췄습니다.

- **고난도 문제**
  - 10번 발해 문왕 때 통일 신라의 상황: 발해 문왕과 관련된 제시문을 제시하여 문왕임을 알아내고, 동시에 문왕의 재위 시기와 겹치는 통일 신라의 왕들을 알아야 풀 수 있어 까다로웠습니다. 이 시험에서 처음 출제되었던 유형이라 어렵게 느껴졌을 문제입니다.

---

01 고대 진흥왕 재위 기간의 사실 난이도 하 ●○○

자료분석 제시문에서 이찬 이사부가 건의하고, 대아찬 거칠부 등이 역사서를 편찬하였다는 내용을 통해 진흥왕 때의 사실임을 알 수 있다. 진흥왕은 이사부의 건의에 따라 거칠부에게 역사서인 『국사』를 편찬하도록 하였다.

정답설명 ④ 진흥왕 때 북한산 순수비가 건립되었다. 진흥왕은 직접 개척한 영토를 순행하고 이를 기념하기 위하여 북한산 순수비 외에도, 창녕비, 황초령비, 마운령비 등의 순수비를 건립하였다.

오답분석
① 성덕왕: 백성들에게 정전이라는 토지를 지급한 것은 성덕왕 때의 일이다. 성덕왕은 백성들에게 정전을 지급함으로써 국가의 토지 지배력을 강화하였다.

② 신문왕: 유교 정치 이념을 확립시키기 위해 국학이라는 최고 유학 교육 기관이 설치된 것은 신문왕 때의 일이다.

③ 선덕 여왕: 천문 관측 시설인 첨성대가 건립된 것은 신라 선덕 여왕 때의 일이다.

👍 **이것도 알면 합격!**

진흥왕 순수비

북한산비	신라의 한강 하류 진출 사실을 알려줌, 조선 후기에 김정희가 고증
창녕비	비화가야 정복 후 건립, 갈문왕·대등·당주·촌주 등 관직명 등장
황초령비	가장 먼저 발견된 순수비, 조선 후기에 김정희가 고증
마운령비	• 진흥왕의 국경 지대 순시 사실과 비석 건립 내력 기록 • 태창이라는 연호 사용, 6부명, 관직과 관등, 인명 등 기록

02 고려 시대 광종 대의 사실 난이도 하 ●○○

자료분석 제시문에서 광덕, 준풍 등의 연호를 사용하였고, 개경을 황도로, 서경을 서도라고 하였다는 내용을 통해 고려 광종임을 알 수 있다. 광종은 개경을 황도로, 서경을 서도로 칭하고, 광덕, 준풍 등의 독자적인 연호를 사용하여 자주 국가로서의 면모를 과시하였다.

정답설명 ① 광종 때 왕권을 강화하고 공신과 호족들의 경제적·군사적 기반을 약화시키기 위하여 노비안검법을 시행하였다. 노비안검법이 실시되자 노비들이 조세와 부역의 의무를 지는 양인이 되어 국가 재정이 안정적으로 확보되었고, 국가 수입 기반이 확대되어 왕권이 강화되는 결과로 이어졌다.

오답분석
② 경종: 관리에게 전지와 시지에 대한 수조권을 지급하는 전시과 제도가 처음으로 실시된 것은 경종 때이다(시정 전시과, 976).

③, ④ 성종: 개경에 국립 대학인 국자감이 설립(992)되고, 지방 주요 지역에 12목을 설치하고 지방관이 파견된 것은 성종 때이다.

03 일제 강점기 박은식 난이도 하 ●○○

자료분석 제시문에서 대한매일신보에 애국적인 논설을 썼다는 것, 「유교구신론」을 집필하였다는 내용을 통해 박은식에 대한 설명임을 알 수 있다. 박은식은 대한매일신보의 주필로 활동하면서 대한매일신보에 애국적인 논설을 작성하였고, 「유교구신론」을 저술하여 실천적인 유교 정신의 회복을 주장하였다.

정답 설명	② 박은식은 민족주의를 대표하는 역사학자로, 일본의 침략상을 폭로하는 『한국통사』를 저술하였다. 또한 3·1 운동 직후인 1920년에는 우리 민족의 독립운동사를 정리한 『한국독립운동지혈사』를 저술하여 일제의 불법적인 침략 행위를 규탄하였다.
오답 분석	① 김구: 적극적인 의열 활동을 위해 한인 애국단을 만든 인물은 김구이다. 한인 애국단은 김구가 임시 정부의 위상을 높이고 침체에 빠진 독립운동을 활성화하기 위하여 조직한 비밀 조직이다. ③ 이병도, 손진태 등: 실증 사학의 입장에서 연구하는 진단 학회를 조직한 사람은 이병도, 손진태 등이다. 진단 학회는 청구 학회의 한국사 왜곡에 맞서 조직된 단체로, 『진단학보』를 발행하고 객관적인 연구 활동을 전개하였다. ④ 신채호: 김원봉의 요청을 받아들여 「조선혁명선언」을 작성한 사람은 신채호이다. 「조선혁명선언」은 신채호가 작성한 의열단의 지침서로, 무정부주의를 바탕으로 개인 폭력 투쟁을 통한 민중의 직접 혁명과 독립을 주장하였다.

04 일제 강점기 근우회   난이도 하 ●○○

자료 분석	제시문에서 조선 자매 전체의 역량을 공고히 단결한다는 내용을 통해 (가) 단체가 근우회임을 알 수 있다.
정답 설명	① 근우회는 김활란 등이 중심이 되어 여성 단체들을 통합하여 신간회의 자매 단체로 창립된 단체로, 강연회, 토론회, 야학 설치 등을 통한 여성 계몽 활동과 여성 노동자 권익 옹호 운동 등을 전개하였다. 또한 근우회는 기관지인 『근우』를 발간하였으며, 노동과 농민 여성의 조직화, 여학생 운동을 전개하기도 하였다.
오답 분석	② 신간회는 정우회 선언을 계기로 이상재(회장), 홍명희 등이 중심이 되어 비타협적 민족주의 계열과 사회주의 계열의 일부가 연대하여 창립된 단체이다. 신간회는 기회주의자 배격, 민족 대단결, 정치·경제적 각성을 촉구하였다. ③ 신민회는 실력 양성을 통한 국권 회복과 공화 정치 체제의 근대 국가 수립을 목표로 안창호, 이승훈, 양기탁, 이회영 등이 주도하여 비밀 결사 형태로 결성한 단체이다. 신민회는 실력 양성을 통한 국권 회복과 공화 정치 체제의 근대 국가 수립을 목표로 하면서, 민족 교육, 민족 산업 육성, 민족 문화 양성, 국외 독립운동 기지 건설 등을 추진하였다. ④ 정우회는 1926년 화요회, 북풍회, 조선 노동당, 무산자 동맹회의 4개의 단체 합동 위원회가 발전적으로 해체하여 이룬 단체로, 신간회 창립의 계기가 되는 정우회 선언을 발표하였다.

👍 이것도 알면 합격!

근우회

조직	신간회의 자매 단체, 여성계의 민족 유일당 운동의 일환으로 조직
활동	· 기관지인 『근우』 발간, 노동자의 권익 옹호와 신생활 운동 전개 · 강연회, 토론회 개최, 야학 설치 등 여성 계몽 운동 전개

05 시대 통합 덕수궁   난이도 하 ●○○

자료 분석	제시문에서 아관 파천 이후 고종이 머물렀으며, 주요 건물로 중화전, 함녕전, 석조전 등이 있다는 것을 통해 덕수궁에 대한 내용임을 알 수 있다.
정답 설명	④ 덕수궁은 임진왜란 이후 선조가 머물면서 정릉동 행궁으로 불리었고, 광해군 때 경운궁이라 불렸다. 이후 순종에게 양위한 고종이 이곳에 머물면서 고종의 장수를 빈다는 의미에서 덕수궁으로 개칭되었다.
오답 분석	① 경복궁은 조선 태조 때(1395) 건립된 궁으로, 조선의 법궁이며, 북궐이라고도 불린다. 임진왜란 때 소실되었고, 흥선 대원군 때에 이르러 중건되었다. 대표적인 전각으로는 근정전 등이 있다. ② 경희궁은 서궐이라고도 불리며, 광해군 때(1617)에 건립된 궁이다. 대표적인 전각으로는 숭정전, 자정전 등이 있다. ③ 창덕궁은 동궐이라고도 불리며, 태종 때(1405)에 건립된 궁으로 임진왜란 이후 소실된 경복궁을 대신하여 법궁의 역할을 수행하였다. 대표적인 전각으로 인정전, 선정전, 대조전 등이 있으며, 1997년 유네스코 세계 문화유산으로 지정되었다.

👍 이것도 알면 합격!

조선의 궁궐

경복궁	· 태조 때 창건(조선 최초의 궁궐), 백악산 아래에 위치, 이칭은 북궐, 임진왜란 때 소실되어 흥선 대원군 때 중건 · 강녕전·교태전(왕과 왕비의 침전), 근정전(정전, 국가 의식 거행), 동궁(세자가 거처하는 곳), 사정전(편전, 왕이 평상시에 머물며 정사를 보는 곳) · 세종 때 만든 보루각과 간의대가 있었음
창덕궁	태종 때 창건, 임진왜란 때 소실되어 광해군 때 중건, 역대 임금의 초상을 봉안하던 선원전이 있었음
창경궁	성종 때 수강궁(세종)을 수리·확장, 임진왜란 때 소실되었으나 이후 중건
경희궁	광해군 때 경덕궁으로 창건되었으나 영조가 경희궁으로 개칭, 이칭은 서궐
덕수궁 (경운궁)	· 순종 때 덕수궁으로 개칭, 대한 제국의 법궁 · 중명전(을사늑약이 체결된 곳), 석조전(미·소 공동 위원회가 개최된 곳)

06 선사 시대 옥저의 모습   난이도 하 ●○○

자료 분석	제시문에서 대군왕이 없고, 장사 지낼 적에 큰 나무 곽을 만드는데 길이가 십여 장이나 된다는 것을 통해 밑줄 친 '이 나라'가 옥저임을 알 수 있다. 옥저는 왕이 없었고, 후, 읍군, 삼로가 자기 부족을 통치하는 군장 국가였다. 또한 옥저에는 가족이 죽으면 시체를 가매장하였다가 나중에 그 뼈를 추려서 가족 공동 무덤인 커다란 목곽에 안치하는 골장제의 풍습이 있었다.
정답 설명	① 옥저에는 여자가 어렸을 때 남자 집에 가서 살다가 성장한 후에 남자가 여자 집에 예물을 치르고 혼인을 하는 민며느리제가 있었다.
오답 분석	② 고조선: 위만은 고조선(위만 조선)의 왕이며, 고조선과 한나라가 전쟁을 치른 것은 위만 때가 아니라 위만의 손자 우거왕 때이다. 우거왕이 한나라의 공격에 맞서 약 1년에 걸쳐 항전하였으나, 고조선은 지배층의 분열로 왕검성이 함락되고 멸망하였다. 한편 고조선은 왕 밑에 상, 경, 대부, 장군, 박사 등의 관직 체계를 가지고 있었다. ③ 삼한: 5월에 수릿날, 10월에 계절제라는 제천 행사를 지내며, 제정이 분리되어 제사장인 천군이 존재했던 나라는 삼한이다. 한편 삼한의 정치적 지배자는 세력이 크면 신지·견지, 세력이 작으면 부례·읍차 등으로 불렸다.

④ 부여: 왕 아래에 마가, 우가, 구가, 저가라는 여러 가들이 있었고, 이들이 국가 중대사를 처리한 나라는 부여이다.

07 조선 전기 명종 재위 기간의 사실   난이도 하 ●○○

자료분석 제시문은 임꺽정의 난에 대한 내용으로 명종 때의 사실이다. 임꺽정은 백정 출신 도적으로, 황해도와 경기 일대에서 주로 활동하였다.

정답설명 ② 명종이 어린 나이로 즉위하자 명종의 어머니인 문정 왕후가 수렴청정을 하였다. 이때 문정 왕후는 불교를 옹호하여 승려 보우를 중용하고, 승과를 다시 실시하였다.

오답분석
① 선조: 동인과 서인의 붕당이 형성된 것은 선조 때이다. 사림은 선조 때에 명망이 높고 신진 사림의 신망을 받던 김효원과 왕실의 외척이면서 기성 사림의 신망을 받던 심의겸이 이조 전랑직을 두고 대립하다가 동인과 서인으로 분열되었다.
③ 중종: 삼포에서 4~5천명의 일본인이 난을 일으킨 것은 중종 때이다. 중종 때 부산포, 제포(내이포), 염포의 삼포에 거주하던 왜인들은 조선 정부의 무역 통제에 반발하여 난(삼포왜란, 1510)을 일으켰다.
④ 중종: 조광조가 내수사 장리의 폐지, 소격서 폐지 등을 주장한 것은 중종 때이다. 조광조는 성리학 이념을 바탕으로 하는 통치 사상인 도학 정치(왕도 정치)를 강조하며, 농민들에게 고리대를 거두고 있던 내수사의 장리를 폐지하고, 도교 행사를 주관하는 소격서의 폐지를 주장하는 등 급진적인 개혁을 단행하였다.

08 고려 시대 별무반   난이도 하 ●○○

자료분석 제시문에서 윤관의 건의에 따라 만들어졌다는 것을 통해 밑줄 친 '이 부대'가 별무반임을 알 수 있다.

정답설명 ③ 별무반은 여진족에 대처하기 위해 윤관의 건의에 따라 편성한 군대로, 신기군(기병), 신보군(보병), 항마군(승병)으로 구성되었다.

오답분석
① 광군: 정종 2년에 거란의 침입에 대비하기 위하여 설치된 군대는 광군이다. 광군은 후에 주현군의 모체가 되었다.
② 귀주 대첩은 별무반이 조직되기 이전의 사실이며, 귀주 대첩에서 크게 활약한 인물은 강감찬이다. 거란은 현종이 입조 약속을 불이행하고, 강동 6주의 반환도 거부하자 이에 불만을 품고 3차 침입을 하였고, 강감찬이 귀주에서 퇴각하던 10만 거란군을 섬멸하였다(귀주 대첩).
④ 고려의 중앙군: 응양군, 용호군, 신호위, 좌우위, 흥위위, 금오위, 천우위, 감문위의 2군 6위는 고려의 중앙군이다.

👍 이것도 알면 합격!

여진의 침입과 고려의 대응

여진의 성장	12세기 초 완옌부를 중심으로 여진족 통합
여진 정벌	· 여진의 기병에 대항하기 위해 윤관의 건의로 별무반 조직 · 별무반을 바탕으로 동북 지방 일대에 9성 축조 → 수비의 어려움으로 여진에 동북 9성 반환
금 건국	여진의 금 건국 → 금이 고려에 사대 요구 → 이자겸이 수용

09 고대 대가야   난이도 하 ●○○

자료분석 제시문에서 고령에 있었고, 남제에 사신을 파견했다는 기록을 통해 밑줄 친 '이 나라'가 대가야임을 알 수 있다. 대가야는 후기 가야 연맹의 맹주로 고령 지방을 중심으로 발전하였고, 5세기 후반에는 중국 남제에 독자적으로 사신을 파견하여 관직을 제수받을 만큼 성장하였다.

정답설명 ③ 대가야는 6세기 초에 소백산맥을 넘어 호남 동부 지역까지 세력을 확장하고, 백제, 신라와 대등하게 경쟁할 만큼 성장하였다.

오답분석
① 백제: 관산성 전투에서 국왕(성왕)이 전사한 나라는 백제이다. 대가야도 관산성 전투에 참전한 것은 맞으나, 국왕이 전사하지는 않았다.
② 신라: 울릉도를 정복해서 영토로 편입한 나라는 신라이다. 신라는 지증왕 때인 512년 이사부를 파견하여 우산국(울릉도)을 복속하였다.
④ 고구려: 신라를 도와 낙동강 유역에 진출한 왜를 격파한 나라는 고구려이다. 고구려는 광개토 대왕 때 백제·가야·왜의 연합군이 신라를 공격하자, 신라를 지원하여 왜를 격퇴하고 금관가야를 공격함으로써 한반도 남부까지 영향력을 확대하였다.

10 고대 발해 문왕 때 통일 신라의 상황   난이도 상 ●●●

자료분석 제시문에서 대흥이라는 독자적인 연호를 사용하였고, 수도를 중경에서 상경으로, 다시 상경에서 동경으로 옮겼으며, 일본에 보낸 외교 문서에 천손이라 표현하였다는 것을 통해 발해 문왕에 대한 내용임을 알 수 있다. 발해 문왕의 재위 시기는 8세기(737~793)로 이 시기 통일 신라의 왕들은 성덕왕, 경덕왕, 혜공왕, 선덕왕, 원성왕이다.

정답설명 ④ 독서삼품과는 통일 신라 원성왕 때 실시된 관리 임용 제도이다. 원성왕은 독서삼품과를 설치하여 유교 경전의 이해 수준을 평가한 뒤 특품과 상·중·하품으로 나누었으며, 이를 관리 임용에 참고하였다.

오답분석
① 녹읍을 폐지(689)한 것은 신문왕 때로, 발해 문왕 이전 시기의 사실이다. 발해 문왕 재위 시기인 8세기 경덕왕 때에는 녹읍이 부활(757)되었다.
② 장보고의 요청에 따라 지금의 완도에 해군 기지이자 무역 기지인 청해진이 설치(828)된 것은 흥덕왕 때로, 발해 문왕 이후 시기의 사실이다. 청해진을 설치한 장보고는 남해와 황해의 해상 교통권을 장악하고 당에는 견당매물사, 일본에는 회역사를 보내는 등 당, 신라, 일본을 잇는 국제 무역을 주도하였다.
③ 승려 대구화상과 각간 위홍이 편찬한 향가집인 『삼대목』이 편찬된 것은 9세기 말 진성 여왕 때로, 발해 문왕 이후의 사실이다.

👍 이것도 알면 합격!

발해 문왕의 업적

왕권 강화	연호 사용: 대흥, 보력
대외 관계	· 당과 친선 관계를 유지하고, 문물을 수용하여 체제 정비 · 일본에 보낸 외교 문서에 '천손'이라 표현
체제 정비	· 당의 체제를 받아들여 3성 6부제 정비 · 교육 기관인 주자감 설치
천도	중경 현덕부 → 상경 용천부 → 동경 용원부

11 조선 후기 박지원의 저술 난이도 하 ●○○

자료 분석 제시문에서 서울의 노론 집안에서 태어나 「양반전」을 짓고, 한전론을 주장했으며, 상공업 진흥에도 관심을 가지고 수레와 선박의 이용 등에 대해서도 주장하였다는 것을 통해 밑줄 친 '그'가 박지원임을 알 수 있다.

정답 설명 ② 박지원의 저술인 『과농소초』는 농법과 농기구의 개량, 상업적 농업 장려와 농업 정책에 관련된 내용을 다룬 농서이다. 『과농소초』는 신속의 『농가집성』과 유중림의 『증보산림경제』를 바탕으로 중국의 농서인 『농정전서』를 참고하여 저술되었다.

오답 분석
① 박제가: 『북학의』를 저술한 인물은 박제가이다. 박제가는 『북학의』를 통해 청의 문물을 적극적으로 수용할 것을 주장하였다.
③ 홍대용: 『의산문답』을 저술한 인물은 홍대용이다. 홍대용은 실옹과 허자의 대화 형식을 빌려 『의산문답』을 저술하였으며, 성리학적 고정관념을 상대주의 논법으로 비판하였다.
④ 이수광: 『지봉유설』을 저술한 인물은 이수광이다. 이수광은 백과사전의 일종인 『지봉유설』을 통해 서구 문화를 폭넓게 다루었으며, 마테오 리치의 『천주실의』를 소개하였다.

👍 이것도 알면 합격!
박지원의 대표 저서

『열하일기』	청의 문물 소개, 상공업의 진흥 강조
『과농소초』	• 영농 방법의 혁신, 상업적 농업의 장려 • 부록인 「한민명전의」에서 토지 소유를 제한하는 한전론 주장
「양반전」, 「호질」, 「허생전」	양반 문벌 제도의 모순 비판

12 조선 전기 이종무의 대마도 정벌과 공법 시행 사이의 사실 난이도 하 ●○○

자료 분석 제시된 시기인 (가)는 이종무의 대마도 정벌(1419)과 공법(전분 6등법·연분 9등법) 시행(1444) 사이의 시기이며, 이 기간은 세종의 재위 기간(1418~1450)에 해당하므로 세종의 업적을 고르면 된다.

정답 설명 ③ (가) 시기인 1429년(세종 11)에는 정초 등에 의해 『농사직설』이 편찬되었다. 『농사직설』은 농민들이 실제 경험한 농법을 종합(씨앗 저장법, 토질 개량법, 모내기법 등)하여 우리나라의 풍토에 맞는 독자적인 농법을 정리한 농서이다.

오답 분석
① (가) 이전: 과전법은 (가) 시기 이전인 1391년에 공포되었다. 고려 말 위화도 회군으로 정권을 장악한 이성계와 신진 사대부는 권문세족이 소유하던 대농장을 해체하고, 자신들의 경제적 기반을 마련하고자 과전법을 실시하였다.
② (가) 이후: 이시애의 반란은 (가) 시기 이후인 1467년 세조 때에 일어났다. 세조가 중앙 집권을 강화하기 위해 각지에 수령을 파견하자 이시애가 지역 차별과 호패법의 강화 등 중앙 집권화에 반발하며 난을 일으켰다.
④ (가) 이전: 정도전의 요동 정벌 추진은 (가) 시기 이전인 조선 태조 때의 일이다. 태조 때 명나라가 정도전이 작성한 표전의 내용을 문제 삼으며 정도전의 압송을 요구하자, 정도전은 요동 정벌을 계획하며 진법서인 『진도』를 편찬하는 등 요동 정벌을 위한 준비를 하였다. 그러나 제1차 왕자의 난으로 정도전이 이방원에게 제거되면서 요동 정벌은 이루어지지 않았다.

13 근대 강화도 조약 체결과 영선사 파견 사이의 사실 난이도 하 ●○○

자료 분석 제시된 자료에서 강화도 조약 체결은 1876년, 청에 영선사를 파견한 것은 1881년의 일이다. 따라서 (가) 시기에는 1876년~1881년의 사실이 들어갈 수 있다.

정답 설명 ② (가) 시기인 1880년에 조선 정부는 개화 정책을 추진할 기구로 통리기무아문을 설치하였다. 통리기무아문은 청의 제도(총리각국사무아문)를 모방하여 설치된 기구로 장관을 총리대신이라고 하였고, 그 아래에 12사를 두어 실무를 분담하게 하였다.

오답 분석 모두 청에 영선사가 파견된 이후의 일이다.
① 군국기무처를 두고 여러 건의 개혁안을 처리한 것은 1차 갑오개혁(1894) 때의 일이다. 군국기무처는 1차 갑오개혁 때의 초정부적 입법·정책 결정 기구로, 1894년 6월 25일 설치되어 같은 해 12월 17일에 폐지되었다.
③ 국정 개혁의 기본 방향을 담은 홍범 14조를 공포한 것은 2차 갑오개혁(1894. 12.) 때의 일이다. 홍범 14조는 2차 갑오개혁 당시 국정 개혁의 기본 강령이었다.
④ 구본신참의 개혁 원칙을 정하고 대한국 국제를 선포(1899)한 것은 대한 제국 시기의 일이다. 대한국 국제는 대한 제국의 일종의 헌법으로, 대한 제국이 전제 정치 국가임과 황제가 무한한 권한을 행사함을 강조하였고, 육해군 통수권·입법권·행정권·사법권·외교권 등을 황제의 대권으로 규정하였다.

14 시대 통합 한국의 유네스코 세계유산 난이도 하 ●○○

정답 설명 ③ 한양 도성은 서울의 주위를 에워싸고 있는 조선 시대의 도성으로, 유네스코 세계유산으로 지정되지 않았다.

오답 분석
① 종묘는 조선 시대 역대의 왕과 왕비 및 추존된 왕과 왕비의 신주를 모신 사당으로, 1995년 유네스코 세계유산에 등재되었다.
② 화성은 정조가 사도세자의 묘를 수원으로 옮기면서 축조한 성곽으로, 1997년 유네스코 세계유산에 등재되었다.
④ 남한산성은 조선 시대에 유사시를 대비하여 임시 수도로서 역할을 담당하도록 건설된 산성으로, 2014년 유네스코 세계유산에 등재되었다.

👍 이것도 알면 합격!
유네스코 세계 문화유산

종묘	조선의 왕과 왕비의 신주를 모시고 제사를 지내는 사당
수원 화성	정조가 건설하려던 이상 도시로 군사적·상업적 기능 보유
조선 왕릉	• 조선의 왕·왕비 및 사후에 추존된 왕·왕비의 무덤과 부속 지역 • 총 40기(북한 지역 및 광해군·연산군 무덤 제외)
남한산성	병자호란 때 인조가 피난한 산성 도시
산사, 한국의 산지 승원	영주 부석사, 안동 봉정사, 보은 법주사, 양산 통도사, 공주 마곡사, 순천 선암사, 해남 대흥사
한국의 서원	영주 소수 서원, 안동 도산 서원, 안동 병산 서원, 함양 남계 서원, 경주 옥산 서원, 장성 필암 서원, 대구 도동 서원, 정읍 무성 서원, 논산 돈암 서원

15 근대 독립 협회　난이도 하 ●○○

자료분석 제시된 자료에서 인민의 교육을 중시하고, 인민의 계몽을 위해 토론회를 개최하는 것을 통해 독립 협회임을 알 수 있다. 독립 협회(1896)는 민중 계몽 운동, 자주 국권 운동, 자유 민권 운동, 자강 개혁 운동(의회 설립 운동) 등을 전개한 단체였다.

정답설명 ② 독립 협회는 국민 계몽을 위해 신문(독립 신문)을 발간하고, 만민 공동회 등 대규모 집회를 개최하였다.

오답분석
① 대한 자강회: 헌정 연구회의 활동을 계승하여 월보를 간행하고 지회를 설치한 단체는 대한 자강회이다. 대한 자강회는 헌정 연구회의 후신으로 윤효정, 장지연을 중심으로 설립되었으며, 전국 각지에 25개 지회를 설치하였고, 교육 진흥·산업 개발·월보 간행·강연회 개최 등의 활동을 전개하였다.
③ 황국 협회: 보부상 중심의 단체로 황권 강화를 통한 부국강병을 행동지침으로 삼은 단체는 황국 협회이다.
④ 보안회: 일본이 황무지 개간을 구실로 토지를 약탈하려 하자 대중적 반대 운동을 일으킨 단체는 보안회이다. 보안회는 원세성, 송수만 등의 유생과 관료 출신들이 중심이 되어 결성하였고, 일본이 황무지 개간권을 요구하자 보국안민을 내세우며 일본의 요구를 저지하였다.

16 일제 강점기 이회영의 활동　난이도 하 ●○○

자료분석 제시된 자료에서 여러 형제들과 함께 만주로 갔다는 점, 신흥 강습소를 설립하였던 점을 통하여 밑줄 친 '그'가 이회영임을 알 수 있다.

정답설명 ② 이회영은 서간도 지역에서 신민회 인사를 중심으로 독립운동 단체인 경학사를 조직하였다. 이회영은 독립운동가로, 1907년 안창호, 양기탁 등과 신민회를 조직하였다. 또한 1910년 국권 피탈 이후에는 전 재산을 정리해 일가족 전체가 만주로 망명하여 1911년에는 경학사와 신흥 강습소를 설립하였고, 1918년 고종의 국외 망명을 계획하였으나, 고종의 서거로 실패하였다.

오답분석
① 조선어 학회 사건으로 옥고를 치른 인물은 이윤재, 최현배 등이며, 이회영 사후에 조선어 학회 사건이 일어났다.
③ 이회영은 3·1 운동 민족 대표로 참여하지 않았다. 민족 대표 33인은 3·1 운동 때 '독립 선언서'에 서명한 33인의 인물을 이르는 말로, 손병희, 이승훈, 한용운 등이 해당한다.
④ '삼균주의'에 입각한 한국 국민당 결성은 김구 등에 의해 이루어졌다. 삼균주의는 개인과 개인, 민족과 민족, 국가와 국가 간의 균등을 이루고자 하는 사상으로, 대한민국 임시 정부의 건국 강령의 바탕이 되기도 하였다.

👍 이것도 알면 **합격!**

이회영의 활동

- 1907년: 안창호·양기탁·이동녕·신채호 등과 신민회 조직
- 1910년: 한·일 병합 이후 전 재산을 정리해 만주로 이동
- 1911년: 경학사 조직, 신흥 강습소 설립
- 1918년: 오세창·한용운·이상재 등과 밀의하여 고종의 국외 망명을 계획하였으나, 1919년 초 고종의 죽음으로 뜻을 이루지 못함
- 1931년: 만주 사변이 발발하자, 중국에 있던 동지들이 상해로 집결하여 조직한 항일 구국 연맹의 의장에 추대됨

17 현대 제3차 개헌　난이도 하 ●○○

자료분석 제시문에서 1960년 6월 15일에 통과된 개헌안이라고 설명하고 있으므로 밑줄 친 '새 헌법'이 제3차 개헌임을 알 수 있다. 제3차 개헌은 4·19 혁명의 결과 이승만이 하야하고, 허정을 수반으로 하는 과도 정부가 출범한 상태에서 이루어진 개헌으로, 내각 책임제와 국회 양원제를 골자로 하였다.

정답설명 ④ 제3차 개헌에서는 민의원과 참의원의 양원제 국회를 규정하였다.

오답분석
① 제1차 개헌(발췌 개헌): 임시 수도 부산에서 개정된 헌법은 제1차 개헌이다. 국회에서 치르는 간선제로는 대통령 재임이 힘들다고 생각한 이승만은 대통령 직선제를 골자로 하는 여당의 개헌안과 내각 책임제를 골자로 하는 야당 측 개헌안을 발췌하여 절충한 발췌 개헌안을 임시 수도인 부산에서 강압적으로 통과시켰다.
② 제2차 개헌(사사오입 개헌): '사사오입'의 논리로 통과된 개헌은 제2차 개헌이다. 자유당은 초대 대통령에 한해 중임 제한을 철폐한다는 내용의 개헌안을 제출하여 국회 표결에 부쳤으나 1표 차이로 부결되었다. 그러나 자유당은 이틀 후에 사사오입의 논리(반올림)를 내세워 개헌안을 강압적으로 통과시켰다.
③ 제7차 개헌(유신 헌법): 통일 주체 국민회의 설치를 규정한 조항이 있는 헌법은 7차 개헌(유신 헌법)이다. 유신 헌법에서는 통일 주체 국민회의에서 간접 선거로 대통령을 선출하도록 하였고, 대통령의 임기를 6년으로 하되 중임 제한을 폐지하는 등 박정희 장기 집권의 발판을 마련하였다.

👍 이것도 알면 **합격!**

제2공화국 헌법(제3차 개헌)

- 제 53조 대통령은 양원 합동 회의에서 선거하고 재적 국회의 3분의 2 이상의 투표를 얻어 당선된다.
- 제 70조 국무총리는 국무 회의를 소집하고 의장이 된다. 국무총리는 법률에서 일정한 범위를 정하여 위임을 받은 사항과 법률을 실시하기 위하여 필요한 사항에 관하여 국무 회의의 의결을 거쳐 국무원령을 발할 수 있다. 국무총리는 국무원을 대표하여 의안을 국회에 제출하고 행정 각부를 지휘, 감독한다.

사료 분석 | 제2공화국 헌법은 내각 책임제와 양원제(참의원, 민의원)의 내용을 담고 있다.

18 고려 시대 홍건적의 2차 침입 이후의 사실　난이도 하 ●○○

자료분석 제시문에서 개경을 떠나 피난 중인 왕이라는 내용을 통해서 제시된 내용이 공민왕 때에 홍건적의 2차 침입임을 알 수 있다. 홍건적은 1359년, 1361년 두 차례에 걸쳐서 고려에 침입하였는데, 2차 침입 때에는 개경이 함락되면서 공민왕이 복주(안동)로 피신하였다.

정답설명 ① 화약 무기를 사용해 진포 해전에서 승리를 거둔 것은 공민왕 이후 우왕 때인 1380년의 일이다.

오답분석 모두 홍건적의 2차 침입 이전의 사실이다.
② 처인성 전투에서 적의 장수 살리타를 사살한 것은 몽골의 2차 침입 때의 일로 1232년의 사실이다. 고려가 강화도로 천도하자 몽골은 고려의 환도를 요구하며 고려에 대한 2차 침입을 시도하였고, 이때 처인성 전투에서 김윤후가 살리타를 사살하였다.

③ 기철 일파를 제거하고 쌍성총관부의 관할 지역을 수복한 것은 공민왕 때이다(1356). 공민왕은 원·명 교체기를 이용하여 반원 자주 정책을 실시하였다.

④ 적의 침략을 물리치기 위한 염원에서 팔만대장경을 조판하기 시작한 것은 몽골의 3차 침입 때의 사실이다. 몽골의 3차 침입 때 고려는 불력으로 몽골을 물리치고자 하는 호국 불교의 염원을 담아 팔만대장경(재조대장경)의 조판을 시작(1236)하였으며 1251년에 완성하였다.

👍 이것도 알면 합격!

고려 말 홍건적의 침입

1차 침입 (1359)	홍건적이 서경을 침입하였으나 이승경·이방실 등이 격퇴
2차 침입 (1361)	홍건적의 공격으로 개경이 함락되고 공민왕은 복주(안동)로 피난을 갔으나, 이방실·정세운·최영·이성계 등이 격퇴

19 조선 후기 경신환국과 갑술환국 사이의 사실   난이도 하 ●○○

자료분석 제시된 (가)는 남인들이 쫓겨나고 허적과 윤휴 등이 처형되었다는 내용을 통해 경신환국(1680)임을 알 수 있다. (나)는 인현 왕후가 복위되고 노론과 소론이 정계에 복귀하였다는 내용을 통해 갑술환국(1694)임을 알 수 있다.

정답설명 ① 송시열과 김수항 등이 처형당한 것은 기사환국(1689)으로 (가)와 (나) 사이의 시기에 있었던 사실이다. 기사환국은 희빈 장씨 아들(경종)의 세자 책봉 문제로 인해 일어난 환국으로, 남인이 집권하게 되었다.

오답분석 모두 (가) 이전의 사실이다.

② 서인과 남인이 효종의 왕위 계승에 대한 정통성을 둘러싸고 두 차례의 예송 논쟁을 벌인 것은 현종 때의 일이다. 1차 예송(기해예송, 1659) 때는 효종 사후 자의 대비의 복상 기간을 둘러싸고 남인은 3년설, 서인은 1년설(기년설)을 주장하여 서인의 주장이 받아들여졌다. 한편 2차 예송(갑인예송, 1674) 때는 효종비 사후 자의 대비의 복상 기간을 둘러싸고 남인은 1년설(기년설), 서인은 9개월설(대공설)을 주장하여 남인의 주장이 받아들여졌다.

③ 정여립이 모반을 일으킨 것은 선조 때이다. 정여립 모반 사건은 정여립이 급진적인 일부 동인과 연결하여 대동계라는 비밀 결사를 조직하고 역성혁명을 준비하였다는 혐의로 처형되고, 이에 연루된 동인들이 대거 제거된 사건이다.

④ 청의 요구에 따라 조총 부대를 영고탑으로 파견한 것(나선 정벌)은 효종 때의 일이다.

20 현대 대한민국 정부 수립 과정   난이도 하 ●○○

정답설명 ③ 순서대로 나열하면 (다) 조선 건국 준비 위원회 조직(1945. 8. 15.) - (라) 제1차 미·소 공동 위원회(1946. 3.) - (나) 좌·우 합작 위원회 조직(1946. 7.) - (가) 제헌 헌법 제정(1948. 7. 17.)이 된다.

(다) 조선 건국 준비 위원회 조직: 1945년 8월 15일 안재홍 등의 중도 우파와 여운형 등의 중도 좌파가 합작하여 조선 건국 동맹(1944)을 기반으로 조선 건국 준비 위원회를 조직하였다.

(라) 제1차 미·소 공동 위원회: 민주주의 임시 정부 수립을 논의하기 위해 제1차 미·소 공동 위원회가 개최(1946. 3.)되었으나, 반탁 운동을 펼치는 우익 세력을 협의 대상에 포함시키자는 미국의 주장과, 신탁 통치에 반대하는 정당·단체와는 협의할 수 없다는 소련의 주장이 맞서면서 제1차 미·소 공동 위원회는 무기한 휴회에 돌입하였다.

(나) 좌·우 합작 위원회 조직: 좌·우 세력의 대립이 격화되는 가운데 제1차 미·소 공동 위원회가 결렬되고, 이승만은 남한만의 단독 정부 수립을 주장하였다. 이에 남북 분단을 우려한 김규식과 여운형 등이 좌·우 합작 위원회(1946. 7.)를 조직하여 좌·우 합작의 임시 정부를 수립하고자 하였다.

(가) 제헌 헌법 제정: 제헌 국회는 3권 분립, 국회의 간접 선거에 의한 대통령 선출 등을 요지로 하는 헌법을 제정하여 공포하였다(1948. 7. 17.).

15회
2019년 지방직 9급

2019년 6월 15일 시행

문제집 70쪽

정답

01	③ 선사 시대	11	① 조선 전기
02	① 고대	12	③ 근대
03	④ 고대	13	② 근대
04	④ 시대 통합	14	② 조선 후기
05	④ 고대	15	④ 일제 강점기
06	③ 고려 시대	16	③ 일제 강점기
07	③ 고려 시대	17	① 일제 강점기
08	① 조선 전기	18	③ 근대
09	② 고대	19	④ 현대
10	② 조선 전기	20	③ 현대

취약 시대 분석표

시대	맞힌 개수
선사 시대	/ 1
고대	/ 4
고려 시대	/ 2
조선 전기	/ 3
조선 후기	/ 1
근대	/ 3
일제 강점기	/ 3
현대	/ 2
시대 통합	/ 1
총합	/ 20

기출 총평

"합격선 90점, 평이하게 출제!"

- **난이도:** 시험 전체적인 난이도는 중으로, 변별력 있는 문제가 2문제 출제되었으나 다른 문제들이 평이하게 출제되어 고득점을 획득한 수험생들이 많았던 시험이었습니다.

- **고난도 문제**
  - 04번 우리나라의 역대 의서: 『향약집성방』과 『의방유취』의 편찬 순서를 정확히 알아야 풀 수 있어 어려운 문제였습니다.
  - 08번 세종 대의 사실: 세종 때 노비에게 출산 휴가를 주었다는 것이 처음 출제된 개념이라 해당 개념을 몰랐으면 풀 수 없었던 문제였습니다.

---

01 선사 시대 옥저와 부여 난이도 하 ●○○

자료분석
(가)는 여자의 나이가 열 살이 되면 서로 혼인을 약속하고, 신랑 집에서는 그 여자를 장성하도록 길러 아내로 삼는 민며느리제의 혼인 풍속이 있었다는 내용을 통해 옥저임을 알 수 있다.
(나)는 은력(殷曆) 정월에 영고라는 제천 행사를 거행하였다는 내용을 통해 부여임을 알 수 있다.

정답설명
③ 부여는 왕 아래에 마가, 우가, 구가, 저가라는 가(加)들이 있었고, 이들이 저마다 다스리는 별도의 행정 구획인 사출도가 있었다.

오답분석
① 동예: 10월에 무천이라는 제천 행사가 있었던 국가는 동예이다.
② 고구려: 계루부 집단이 권력을 장악한 국가는 고구려이다. 고구려에는 소노부(연노부), 계루부 등의 5부가 있었으며, 처음에는 소노부가 왕위를 계승하였으나, 태조왕 때부터 계루부가 왕위를 세습하였다.
④ 변한: 철이 많이 생산되어 낙랑과 왜에 수출한 국가는 삼한 중 변한이다.

이것도 알면 합격!

옥저의 풍속

민며느리제 (예부제)	일종의 매매혼으로 여자를 재산으로 보고, 딸을 줄 때는 물질적으로 보상을 해야 하는 제도
골장제(두벌 묻기, 세골장, 가족 공동묘)	뼈만 추려 나무 곽에 안치하는 가족 공동 무덤 → 목곽 입구에 쌀 항아리를 매달아 놓았음

02 고대 고국원왕~광개토 대왕 사이의 사건 난이도 하 ●○○

자료분석
(가)는 백제 왕(근초고왕)이 고구려 평양성을 공격하여 왕(고국원왕)이 서거하였다는 내용을 통해 고구려 고국원왕이 전사한 371년의 사실이다.
(다)는 왕(광개토 대왕)이 보병과 기병을 보내 신라를 구원하였다는 내용을 통해 고구려 광개토 대왕이 신라를 구원한 400년의 사실이다. 따라서 (나)에는 371년~400년 사이에 일어난 사건이 들어갈 수 있다.

정답설명
① (나) 시기에 고구려 소수림왕은 태학을 설립(372)하고, 율령을 반포(373)하여 중앙 집권적 국가 체제를 강화하였다.

오답분석
② (다) 이후: 고구려가 평양으로 도읍을 옮기고(427), 백제의 수도인 한성을 함락시킨 것(475)은 고구려 장수왕 때로, (다) 이후의 사실이다.
③ (가) 이전: 고구려가 관구검이 이끄는 위나라 군대의 침략을 받은 것은 동천왕 때로, (가) 이전의 사실이다.
④ (다) 이후: 고구려 왕이 직접 말갈 병사를 거느리고 요서 지방을 공격(598)한 것은 고구려 영양왕 때로, (다) 이후의 사실이다.

03 고대 통일 신라의 경제 상황 난이도 하 ●○○

정답설명
④ 시비법과 이앙법 등의 발달로 넓은 토지를 경영하는 광작이 성행한 것은 조선 후기의 사실이다. 통일 신라는 시비법이 발달하지 못하여 적게는 1년, 많게는 수년간 땅을 경작하지 않고 묵혀 두었다.

오답 분석
① 통일 이후 인구와 물자의 증가로 기존의 동시만으로는 상품 수요를 감당할 수 없게 되자 통일 신라 효소왕 때 왕경에 서시와 남시가 추가로 설치되고, 이를 감독하는 기관인 서시전과 남시전이 설치되었다.
② 통일 신라는 어아주, 조하주 등 고급 비단을 생산하여 당나라에 보냈고, 당으로부터는 금띠와 비단 두루마기 같은 귀족 사치품 등을 답례품으로 받기도 하였다.
③ 통일 신라에서는 촌주가 촌락의 토지 결수, 인구 수, 소와 말의 수 등을 매년 파악하여 3년마다 민정 문서를 작성하였다.

이것도 알면 합격!

통일 신라의 경제 상황

대외 무역 발달	국제 무역이 발달하면서 경주와 근접한 울산항이 국제 무역항으로 성장
신라 촌락 문서	조세와 공물, 부역을 징발하고자 촌주가 매년 변동 사항을 조사하여 3년마다 작성
농업 생산량	시비법이 발달하지 못하여 적게는 1년, 많게는 수년간 땅을 경작하지 않고 두었다가 다시 경작하는 휴경법이 일반적

04 시대 통합 우리나라의 역대 의서   난이도 상 ●●●

정답 설명
④ 편찬된 순서대로 나열하면 ⓒ『향약구급방』(고려 고종) → ⓔ『향약집성방』(1433, 조선 세종) → ⊙『의방유취』(1445, 조선 세종) → ⓒ『동의보감』(1610, 조선 광해군)이다.

ⓒ『향약구급방』은 고려 고종(무신 집권기) 때 편찬된 것으로, 현존하는 우리나라 최고(最古)의 의서이다.

ⓔ『향약집성방』은 1433년 세종 때 편찬된 것으로, 우리 풍토에 알맞은 7백여 종의 약재와 1천 종의 질병에 대한 치료 방법을 개발·정리한 의서이다.

⊙『의방유취』는 1445년 세종 때 편찬된 것으로, 우리나라와 중국의 역대 의서를 인용하여 동양 의학을 집대성한 의학 백과사전이다.

ⓒ『동의보감』은 1610년 광해군 때 편찬된 것으로, 허준이 우리나라의 전통 한의학을 체계적으로 정리한 의서이며, 그 우수성을 인정받아 유네스코 세계 기록유산에 등재되었다.

이것도 알면 합격!

조선 시대의 의서

『향약채취월령』	세종 때 편찬, 우리나라 자생 약재 소개
『향약집성방』	세종 때 편찬, 국산 약재 및 병에 대한 치료 예방법 소개
『의방유취』	세종 때 편찬, 동양 의학 집대성(의학 백과사전)
『동의보감』	광해군 때 허준이 편찬, 조선 의학 집대성
『침구경험방』	인조 때 허임이 편찬, 침구술 집대성
『마과회통』	정조 때 정약용이 편찬, 마진(홍역)에 대해 연구, 종두법(우두법)을 처음으로 소개
『동의수세보원』	고종 때 이제마가 편찬, 사상 의학 확립

05 고대 삼국 시대의 문화   난이도 하 ●○○

정답 설명
④ 사신도가 그려진 강서대묘(강서 고분)는 굴식 돌방무덤으로 축조되었다. 돌무지무덤은 돌을 정밀하게 쌓아 올린 고구려 초기의 고분 양식으로, 고구려의 대표적인 돌무지무덤으로는 장군총이 있다.

오답 분석
① 신라는 7세기 선덕 여왕 때 첨성대를 세워 천체를 관측하였다. 한편, 첨성대는 동양에서 현존하는 가장 오래된 천문 관측 시설이다.
② 백제에서는 목탑 양식의 익산 미륵사지 석탑이 건립되었다. 익산 미륵사지 석탑은 목탑에서 석탑으로 넘어가는 과도기 형태의 석탑으로 목탑의 모습을 많이 지니고 있다.
③ 가야금을 만들었다고 전해지는 가야 출신의 우륵이 대가야가 멸망할 무렵인 진흥왕 때 신라에 투항하면서 신라에 가야금이 전파되었다.

06 고려 시대 태조 왕건   난이도 중 ●●○

자료 분석
제시문에서 우리 동방은 중국의 풍속을 따랐으나 꼭 같게 할 필요는 없으며, 거란은 짐승과 같은 나라이니 본받지 말라고 한 내용을 통해 고려 태조 왕건이 남긴 훈요 10조의 내용임을 알 수 있다. 태조 왕건은 후대 왕들이 지켜야 할 정책 방향을 제시한 훈요 10조를 남겼다.

정답 설명
③ 고려 태조 왕건은 지방 호족을 포섭하기 위해 유력한 호족과 혼인을 맺는 혼인 정책을 펼쳤으며, 개국이나 국가 업무에 큰 공이 있는 호족들에게 왕씨 성을 하사하는 사성 정책을 펼치기도 하였다.

오답 분석
① **성종**: 물가 조절을 위해 개경·서경·12목에 상평창을 설치한 왕은 성종이다.
② 태조 왕건이 지방 향리의 자제를 수도에 데려와 지방의 행정과 관련된 일을 담당하게 하는 기인 제도와, 중앙의 관리를 출신지의 사심관으로 삼는 사심관 제도를 실시한 것은 맞지만, 과거제를 실시한 왕은 광종이다. 광종은 중국 후주에서 귀화한 쌍기의 건의를 받아들여 과거제를 시행하였다.
④ **정종**: 거란의 침략에 대비하기 위해 광군 30만을 조직한 왕은 정종이다.

이것도 알면 합격!

태조 왕건의 업적

정치	· 호족 통합: 혼인 정책, 사성 정책 · 호족 견제: 사심관 제도, 기인 제도 · 북진 정책: 고구려 계승 의식 표출, 서경 개척, 영토 확장(청천강~영흥만), 거란 배척(만부교 사건) · 왕권 강화 정책: 훈요 10조 반포
경제·사회	· 토지 제도: 역분전 지급 · 취민유도 정책: 세율 1/10로 경감 · 흑창(구휼 기관) 설치
문화	· 『정계』, 『계백료서』 저술 · 불교 장려: 연등회, 팔관회 강조

07 고려 시대 | 고려 시대의 승려 난이도 하 ●○○

정답 설명 ③ 들어갈 인물을 바르게 나열하면 ㉠ 의천, ㉡ 보우, ㉢ 요세, ㉣ 지눌이다.
- ㉠ 의천은 고려와 송, 요의 대장경에 대한 주석서들을 모은 목록인 『신편제종교장총록』을 편찬하였다. 또한 의천은 『신편제종교장총록』을 완성한 후 흥왕사에 교장도감을 두어 목록에 따라 교장(속장경)을 간행하였다.
- ㉡ 보우는 고려 후기에 원으로부터 선종 종파인 임제종을 들여와 전파시켰다. 이후 임제종은 조선 시대 선종 불교의 주류가 되었다.
- ㉢ 요세는 강진의 만덕사(백련사)에서 자신의 행동을 진정으로 참회하는 법화 신앙에 중점을 둔 백련 결사를 제창하였다.
- ㉣ 지눌은 『목우자수심결』을 지어 선 수행의 요체인 마음을 닦는 비결(수심결)로 선과 교학을 나란히 수행하되 선을 중심으로 교학을 포용하자는 정혜쌍수와, 단번에 깨달은 바를 꾸준히 수행하자는 돈오점수를 내세웠다.

오답 분석
- 수기: 수기는 고려 고종 때의 승려로, 개태사의 주지였으며 재조대장경의 편집과 교정을 주도하였다.
- 각훈: 각훈은 고려 무신 집권기에 활동한 승려로, 고종의 명에 따라 삼국 시대 이래의 승려들의 전기를 기록한 『해동고승전』을 편찬하였다.

👍 이것도 알면 **합격!**

지눌의 교선 통합 노력

이론	· 정혜쌍수: 선과 교학이 근본적으로 둘이 아님(철저한 수행 선도) · 돈오점수: 내가 곧 부처라는 깨달음을 얻기 위한 노력과 함께 꾸준한 수행으로 깨달음을 확인할 것을 강조
성과	선종을 중심으로 교종을 포용하여 선교 일치 사상 완성

08 조선 전기 | 세종 대의 사실 난이도 상 ●●●

자료 분석 제시문에서 관가의 노비가 아이를 낳으면 100일간의 휴가를 더 주게 하였다는 내용을 통해 노비의 출산 휴가를 늘려주었던 세종 대임을 알 수 있다. 세종은 기존에 노비가 출산을 하면 주었던 7일간의 휴가를 100일로 연장하였고, 출산이 임박한 노비에게 1개월의 휴가를 지급하였으며, 출산한 노비의 남편에게도 30일간의 휴가를 주도록 하였다.

정답 설명 ① 세종 대 사형에 대한 판결에는 3심을 거치도록 하는 삼복법을 적용하였다.

오답 분석
- ② 태종: 주자소를 설치하고 구리로 계미자를 주조한 것은 태종 대의 사실이다. 한편 세종 때는 주자소에서 계미자의 단점을 보완한 경자자, 갑인자 등을 주조하였다.
- ③ 세조: 국방력 강화를 위해 군사 제도를 정비하여 진관 체제를 실시한 것은 세조 대부터이다. 진관 체제는 지역 단위의 방위 체제로, 각 도에 한 두 개의 병영을 두고, 병영 밑에 몇 개의 거진을 설치하여 거진의 수령이 그 지역의 군대를 통제하는 체제였다.
- ④ 정종: 도평의사사를 개편하여 의정부를 설치한 것은 정종 대의 사실이다.

👍 이것도 알면 **합격!**

세종의 정책

집현전 개편	집현전을 궁궐 안에 다시 설치하고 정책·학술 연구 기관으로 개편
의정부 서사제 실시	6조 직계제 대신 의정부 서사제 실시
사가 독서 제도 실시	유능한 젊은 문신들에게 휴가를 주어 독서에 전념할 수 있도록 한 사가 독서 제도 실시
공법 실시	전분 6등법(토지 비옥도 기준), 연분 9등법(풍흉 기준)의 공법 실시
형벌 제도 개선	· 삼복법을 제정하여 사형수에 대해 3심을 거치도록 함 · 노비에 대한 주인의 사적인 사형을 금지

09 고대 | 자장 난이도 하 ●○○

자료 분석 제시된 자료에서 국왕(선덕 여왕)에게 황룡사에 9층탑을 세울 것을 건의하였다는 내용을 통해 신라의 승려 자장임을 알 수 있다.

정답 설명 ② 자장은 선덕 여왕 때 대국통으로 임명되어 승려의 규범과 계율을 지키는 일에 힘을 보탰으며, 계율종을 개창하였다.

오답 분석
- ① 원광: 화랑이 지켜야 할 세속오계(사군이충, 사친이효, 교우이신, 임전무퇴, 살생유택)를 지은 승려는 원광이다.
- ③ 의상: 화엄 사상을 강조한 승려는 의상이다. 의상은 모든 만물이 서로 조화를 이루고 있다는 화엄 사상을 정리하였고, 화엄 사상의 핵심을 시로 축약한 『화엄일승법계도』를 저술하여 화엄 사상을 정립하였다. 한편 의상의 화엄 사상은 통일 이후 신라 사회의 통합에 기여하였다.
- ④ 원효: 모든 것이 한 마음에서 나온다는 일심 사상을 주장하여 불교 교리의 대립을 극복하고자 한 승려는 원효이다.

👍 이것도 알면 **합격!**

신라의 주요 승려

원광	· 수나라에 고구려 원정을 청하는 걸사표(乞師表) 작성 · 화랑이 지켜야 할 세속 오계(사군이충, 사친이효, 교우이신, 임전무퇴, 살생유택) 제시
의상	· 당의 승려인 지엄의 문하에서 수학 · 모든 만물은 서로 조화를 이루고 있다(일즉다 다즉일)는 화엄 사상 정립 · 『화엄일승법계도』 저술(화엄 사상의 요지를 축약한 시)로 전제 왕권에 기여 · 아미타 신앙과 함께 현세에서의 고난 구제를 강조하는 관음 신앙을 전파
자장	· 선덕 여왕에게 황룡사 구층 목탑 건립 건의 · 대국통(大國統)에 임명되어 출가자의 규범과 계율 주관
혜초	인도와 중앙아시아를 순례한 뒤 그 지역의 풍습, 언어, 종교 등을 기록한 기행문인 『왕오천축국전』을 저술

10 조선 전기 | 임진왜란　난이도 하 ●○○

자료 분석 제시문에서 경성에 종묘·사직·궁궐이 하나도 남아 있지 않으며, 사대부의 집과 민가들도 모두 불탔다는 내용을 통해 임진왜란 당시의 상황임을 알 수 있다.

정답 설명 ② 임진왜란은 1592년부터 1598년까지 2차례에 걸쳐 조선에 침입한 일본과의 전쟁으로, 1차 침입은 임진년에 일어나 임진왜란이라 부르며, 2차 침입은 정유년에 일어나 정유재란이라 부른다. 임진왜란으로 경복궁, 창덕궁, 창경궁과 종묘, 사직과 불국사 등의 문화재가 소실되었고 수많은 인명 피해가 발생하였다.

오답 분석
① 병자호란: 병자호란(1636)은 세력을 확대한 후금이 국호를 청으로 바꾸고 조선에 군신 관계를 요구하였으나, 청의 요구에 대해 조선에서는 척화 주전론이 우세해지자 청나라가 조선에 침입한 사건이다. 인조는 남한산성으로 피신하여 청군에 대항하였으나 결국 항복하고, 청과 군신 관계를 체결하였다.
③ 삼포왜란: 삼포왜란(1510)은 조선 중종 때 3포에서 거주하고 있던 왜인들이 일으킨 난으로, 이 사건을 계기로 비변사가 임시 기구로 설치되었다.
④ 이괄의 난: 이괄의 난(1624)은 인조반정에 공을 세운 이괄이 논공행상에 불만을 품고 일으킨 난이다. 반란이 실패하자 잔당들이 후금과 내통하여 정묘호란이 일어나는 배경이 되었다.

11 조선 전기 | 정도전　난이도 하 ●○○

자료 분석 제시된 자료에서 남은과 함께 임금에게 요동을 공격하기를 요청하고 『진도』를 익히게 하였다는 내용을 통해 밑줄 친 '그'가 정도전임을 알 수 있다. 태조 때 명나라가 정도전이 작성한 표전의 내용을 문제 삼으며 정도전의 압송을 요구하자, 정도전은 요동 정벌을 계획하며 진법서인 『진도』를 편찬하여 군사를 훈련시켰다. 그러나 제1차 왕자의 난으로 정도전이 이방원에게 제거되면서 요동 정벌은 이루어지지 않았다.

정답 설명 ① 원나라의 수도 연경에 세워진 만권당에서 원의 학자들과 교류한 대표적인 인물은 고려 말의 학자인 이제현이다.

오답 분석
② 고려 말 정도전을 비롯한 조준, 남은 등의 혁명파 사대부는 민심을 잃은 통치자를 다른 덕이 있는 자로 교체할 수 있다는 맹자의 역성 혁명론을 조선 건국에 적용하였다.
③ 정도전은 한양 도성을 설계하면서 경복궁 근정전 등 궁궐의 이름과 도성의 4대문(흥인지문, 숭례문, 돈의문, 숙정문)의 이름을 지었다.
④ 정도전은 『경제문감』을 저술하여 조선 왕조의 정치 조직과 행정안을 제시하고, 재상 중심의 정치 운영을 강조하였다.

👍 이것도 알면 합격!
정도전이 주장한 재상 중심의 정치

> 임금의 직책은 한 사람의 재상을 논정하는 데 있다 하였으니, 바로 총재를 두고 한 말이다. 총재는 위로는 임금을 받들고 밑으로는 백관을 통솔하여 만민을 다스리는 것이니 직책이 매우 크다. 또 임금의 자질에는 어리석은 자질도 있고 현명한 자질도 있으며, 강력한 자질도 있고 유약한 자질도 있어 한결같지 않으니, 임금의 아름다운 점은 순종하고 나쁜 점은 바로 잡으며, 옳은 일은 받들고 옳지 않은 것은 막아서, 임금으로 하여금 가장 올바른 경지에 들게 해야 한다.
> — 정도전, 『조선경국전』

사료 분석 | 조선 초, 문물 제도 정비에 크게 공헌한 정도전은 민본적 통치 규범을 마련하고 재상 중심의 국정 운영을 강조하였다.

12 근대 | 1876년~1883년 사이의 경제 상황　난이도 중 ●●○

자료 분석
(가) 조선국 항구에 머무르는 일본은 쌀과 잡곡을 수출·수입할 수 있으며, 일본국 정부에 소속된 선박은 항세를 납부하지 않는다는 내용을 통해 1876년 체결된 조·일 통상 장정(조·일 무역 규칙)임을 알 수 있다.
(나) 입항하거나 출항하는 화물이 세관을 통과할 때에는 관세를 납부해야 하며, 조선 정부가 쌀 수출을 금지(방곡령)하고자 할 때는 1개월 전에 통고해야 한다는 내용을 통해 1883년에 체결된 개정 조·일 통상 장정임을 알 수 있다.

정답 설명 ③ (가)와 (나) 사이 시기인 1882년 서울 양화진에 청국인 상점 설치를 허용하는 조·청 상민 수륙 무역 장정이 체결되었다.

오답 분석
① (나) 이후: 재정 고문 메가타가 화폐 정리 사업을 실시한 것은 1905년으로, (나) 이후의 사실이다. 제1차 한·일 협약에 따라 재정 고문으로 파견된 메가타는 대한 제국의 경제를 일본에 예속시키기 위해 화폐 정리 사업을 실시하였다.
② (나) 이후: 혜상공국의 폐지 등을 주장한 갑신정변이 발생한 것은 1884년으로, (나) 이후의 사실이다.
④ (나) 이후: 함경도 방곡령 사건(1889)으로 일본과 외교적 마찰이 일어난 것은 (나) 이후의 사실이다. 함경도 지방의 관찰사 조병식이 방곡령을 선포하였으나, 일본은 '방곡령을 시행하기 1개월 전에 통고해야 한다'는 개정 조·일 통상 장정(1883)의 규정을 구실로 방곡령 철회와 거액의 배상금을 요구하였다.

👍 이것도 알면 합격!
개항 초기의 무역 형태

일본의 상권 독점	일본이 강화도 조약과 부속 조약을 통해 조선의 상권 독점
거류지 무역	개항장을 중심으로 한 거류지 무역이 전개되었고, 이때 개항장과 내륙을 이어주는 중개 상인들이 활발하게 활동 → 1880년대부터 외국 상인의 내륙 진출이 허용되어 국내 중개 상인 몰락
일본의 중계 무역	일본은 영국산 면직물을 들여와 팔고 싼값에 곡물을 반출하는 중계 무역 전개 (미면 교환 체계)

13 근대 | 대한 제국 시기에 추진된 정책　난이도 중 ●●○

정답 설명 ② 독립신문이 창간(1896)된 것은 대한 제국이 성립(1897)되기 이전의 사실이다. 독립신문은 우리나라 최초의 민간 신문으로, 한글판과 영문판으로 간행되었으며, 대중을 계몽하고, 외국인에게 국내 사정을 알리는 역할을 담당하였다.

오답 분석
① 대한 제국 정부는 황제를 호위하는 시위대, 서울의 중앙군인 친위대, 지방의 진위대의 군사 수를 증강하였다.
③ 대한 제국 정부는 중앙 은행의 창립을 추진하고 화폐 조례를 제정하여 금 본위 화폐 제도를 추진하였으나 재정 부족 등으로 실패하였다.
④ 대한 제국 정부는 국가(행정) 재정이었던 홍삼 전매, 광산 개발, 철도 부설 등의 수입을 궁내부 산하의 황실 재정 담당 기구인 내장원에서 관할하게 하여 황실 재정을 충당하고, 내장원의 기능을 확대하였다.

14 조선 후기 서학(천주교)   난이도 하 ●○○

정답 설명
② 조선 후기 정조 때 진산에서 천주교 신자인 윤지충이 모친상에서 신주를 불사르고 천주교식으로 장례를 치른 사건(진산 사건)을 계기로 일어난 것은 신해박해(1791)이다. 기해박해(1839)는 헌종 때 벽파인 풍양 조씨가 집권하면서 천주교에 대한 탄압을 강화하여 정하상 등 천주교 신도들과 서양인 신부들이 처형당한 사건이다.

오답 분석
① 이승훈은 정조 때 아버지를 따라 북경에 갔다가 서양인 신부에게 세례(영세)를 받아 한국인 최초의 영세자가 되었다. 이후 활발히 천주교 포교 활동을 전개하던 이승훈은 순조 때 일어난 신유박해 때 이가환, 정약종 등과 함께 처형되었다.

③ 보수적인 성향의 남인 학자인 안정복은 당시 정약용, 정약전 등 남인 소장 학자들이 서학 서적을 가까이하는 것을 안타깝게 여겨 그들의 미혹을 깨우치고자 천주교의 교리를 비판한 『천학문답』을 저술하였다.

④ 최초의 한국인 신부 김대건은 귀국하여 천주교 박해를 무릅쓰고 포교 활동을 하다가 체포되어 처형당하였다(병오박해, 1846).

👍 이것도 알면 합격!

천주교 전파와 탄압

전파	17세기 중국에 다녀온 우리나라 사신들에 의해 학문(서학)으로 유입됨
확산	18세기 후반 남인 계열 실학자(정약용 등)에 의해 신앙으로 수용 → 백성들 사이에서 점차 확산
탄압	신해박해(1791, 정조) → 신유박해(1801, 순조) → 기해박해(1839, 헌종) → 병오박해(1846, 헌종) → 병인박해(1866, 고종)

15 일제 강점기 대한민국 임시 정부   난이도 중 ●●○

자료 분석
제시된 자료에서 건국 시기 헌법상 경제 체계는 국민 각개의 균등 생활 확보(인균) 및 민족 전체의 발전(족균), 국가의 건립·보위(국균)는 서로 연결되어 있다는 삼균주의와, 생산 기관의 국유화를 주장하는 내용을 통해 대한민국 임시 정부의 건국 강령(1941)임을 알 수 있다.

정답 설명
④ 대한민국 임시 정부 산하의 한국광복군은 미군 전략 정보국(OSS) 지원 아래 국내 진공 작전을 준비하였으나, 일제의 패망으로 실현하지 못하였다.

오답 분석
① 이승만을 대통령, 이시영을 부통령으로 선출한 것은 광복 이후 구성된 제헌 국회이며, 이를 통해 대한민국 정부가 수립되었다.

② 자유시 참변을 겪고 러시아 적군에 무장 해제를 당한 것은 1920년대 만주에서 활동하던 독립군이다. 만주 지역에서 활동하던 독립군 단체들은 일제의 탄압을 피해 밀산부에 집결하여 대한 독립 군단을 조직하고 러시아 자유시로 이동하였으나, 독립군 사이에 발생한 내분과 러시아 적군의 무장 해제 요구로 큰 피해를 입었다(1921, 자유시 참변).

③ 광복 이후 좌·우 합작 위원회를 구성하고 좌·우 합작 7원칙을 발표한 것은 김규식 등의 중도 우파와 여운형 등의 중도 좌파 인사들이다.

16 일제 강점기 의열단   난이도 하 ●○○

자료 분석
제시된 자료에서 민중이 우리 혁명의 대본영이며, 폭력이 우리 혁명의 유일한 무기라는 내용을 통해 신채호가 작성한 「조선혁명선언」임을 알 수 있으며, 이 선언문의 강령에 따라 활동한 단체는 의열단이다.

정답 설명
③ 의열단은 난징에서 조선 혁명당(최동오), 한국 독립당(조소앙), 신한 독립당(지청천) 등과 함께 민족 혁명당을 결성하였다(1935).

오답 분석
① 한인 애국단: 침체된 대한민국 임시 정부에 활기를 불어넣고자 결성된 단체는 한인 애국단이다. 김구는 임시 정부의 위상을 높이고 침체된 독립운동을 활성화하기 위해 한인 애국단을 조직(1931)하였는데, 대표적인 한인 애국단의 단원으로는 이봉창, 윤봉길이 있다.

② 북로 군정서군, 대한 독립군 등: 청산리 지역에서 일본군과 접전을 벌여 대승을 거둔 단체는 김좌진이 이끄는 북로 군정서군, 홍범도가 이끄는 대한 독립군 등이다.

④ 원산에서 일본인이 한국인 노동자를 구타한 사건을 계기로 일어난 원산 노동자 총파업(1929)은 의열단과 관련 없다.

👍 이것도 알면 합격!

「조선혁명선언」

작성	신채호가 김원봉의 요청을 수용하여 의열단의 지침서로 작성
내용	· 무정부주의를 바탕으로 한 민중의 직접 혁명을 통한 독립 · 외교론·자치론·문화 운동론·준비론 등 비판

17 일제 강점기 민족 말살 통치 시기 일제의 정책   난이도 중 ●●○

자료 분석
제시문은 민족 말살 통치 시기의 암울한 사회상을 보여주는 신고산 타령의 일부 대목이다. 중·일 전쟁(1937) 이후 일제는 전쟁 수행을 위해 한국을 침략 전쟁 수행의 병참 기지로 만들고 인적·물적 자원의 수탈을 강화하였다. 이에 따라 일제는 지원병 제도(1938), 학도 지원병 제도(1943), 징병제(1944) 등을 실시하였고, 여자 정신대 근무령(1944)을 통해 여성들도 전쟁에 동원하였다.

정답 설명
① 일제는 중·일 전쟁의 장기화와 태평양 전쟁의 발발로 전쟁 병력이 부족해지자 1943년 학도 지원병 제도를 실시하여 학생까지 전쟁에 동원하였다.

오답 분석
② 일제는 처음에는 지원병 제도를 통해 자원 입대 형식으로 인력을 동원했으나, 병력이 부족해지자 징병제(1944)를 실시해 조선인들은 강제로 전쟁터에 동원하였다.

③, ④ 정신대는 여자 정신대 근무령(1944)에 근거하여 여성들을 전쟁에 동원하기 위해 조직되었다. 여자 정신대 근무령에 따라 여성들은 군수 공장 등에 강제 동원되었으며, 정신대로 끌려간 여성 중 일부는 전선으로 끌려가 군 위안부에 동원되기도 하였다. 한편 물자 공출 장려 등을 목표로 결성된 친일 단체는 국민 정신 총동원 조선 연맹(1938, 1940년에 국민 총력 조선 연맹으로 개편) 등이다.

18 근대 고종 재위 시기의 사실   난이도 중 ●●○

자료분석 제시된 자료에서 백성들이 원납전을 바친다는 내용을 통해 밑줄 친 '이때'가 흥선 대원군이 집권한 고종 재위 시기임을 알 수 있다. 흥선 대원군은 임진왜란 때 소실된 경복궁을 중건하는 과정에서 공사비 충당을 위해 원납전을 강제로 징수하여 백성들의 원성을 야기하였다. 원납전은 '스스로 원해서 납부하는 돈'이라는 의미로 일종의 기부금이었으나 실제로는 강제로 징수되었다.

정답설명 ③ 고종 때 흥선 대원군은 비변사를 축소·폐지하고, 삼군부와 의정부의 기능을 부활시켜 각각 군사와 정치의 최고 기관으로 삼았으며, 국방력 강화를 위해 삼수병을 강화하였다.

오답분석
① 헌종: 김정희의 세한도는 헌종 재위 시기에 제작되었다.
② 철종: 삼정이정청이 설치된 것은 철종 때이다. 철종 때 발생한 임술 농민 봉기 때 농민들은 삼정의 문란을 시정할 것을 요구하였고, 정부는 삼정이정청을 설치해 농민의 불만을 해결하고자 하였다.
④ 세도 정치기: 비변사 당상들이 중요한 권력을 장악한 것은 세도 정치기이다. 흥선 대원군이 집권한 고종 때는 비변사가 혁파되었다.

19 현대 농지 개혁법   난이도 중 ●●○

자료분석 제시된 자료에서 정부가 법령 및 조약에 의하여 몰수 또는 국유로 된 토지나 소유권의 명의가 분명하지 않은 농지는 정부에 귀속한다는 내용을 통해 이승만 정부 시기에 시행된 농지 개혁법임을 알 수 있다.

정답설명 ④ 농지 개혁법에 따라 농지를 분배받은 농민들은 연평균 토지 수확량의 30%를 5년간 국가에 상환하도록 하였다.

오답분석
① 농지 개혁법에서는 산림이나 임야를 제외한 농지만을 대상으로 하였다.
②, ③ 신한 공사와 중앙 토지 행정처는 미 군정 산하의 기구이다. 신한 공사는 미 군정 시기에 일제의 귀속 재산의 관리를 위해 설치(1946)된 기구로, 1948년 3월에 중앙 토지 행정처로 개편되었다. 이후 중앙 토지 행정처가 소유하고 있던 일제의 귀속 농지는 대한민국 정부의 농림부에 이관되었다.

20 현대 베트남 파병   난이도 하 ●○○

자료분석 제시된 자료의 밑줄 친 '파병'은 1960년대 박정희 정부 시기에 추진된 베트남 파병이다.

정답설명 ③ 옳은 것을 모두 고르면 ㉡, ㉣이다.
㉡ 베트남 추가 파병의 대가로 박정희 정부는 미국과 브라운 각서를 체결(1966)하여 미국으로부터 한국군의 현대화를 위한 장비, 추가적인 기술·경제적 원조를 약속받았다.
㉣ 베트남 파병의 대가로 미국으로부터 지원받은 차관과, 파병 군인들의 외화 송금, 건설 업체의 베트남 진출로 인한 외화 수입은 1960년대에 박정희 정부가 경제 개발 계획을 추진하는 데 기여하였다.

오답분석
㉠ 발췌 개헌안이 통과된 것은 이승만 정부 시기인 1952년의 사실이다. 이승만 정부는 재선을 위해 여당 측과 야당 측의 개헌안을 절충한 발췌 개헌안을 통과시켰다.
㉢ 대한민국 정부와 미국 정부 간의 경제 및 군사 원조에 관한 협정인 한·미 상호 방위 원조 협정을 체결한 것은 이승만 정부 시기인 1950년의 사실이다.

👍 이것도 알면 합격!

베트남 파병

전개	· 초기에는 비전투 부대를 파병 · 1965년 이후 전투 부대 파병 → 미국의 추가 파병 요청 · 브라운 각서 체결(1966): 한국군의 현대화 지원, 대월남 물자의 한국 조달, 모든 수출 산업 분야의 기술 원조, 추가 파병의 대가로 추가 AID(국제 개발처) 차관 제공
영향	· 베트남 특수로 경제 성장(건설 업체의 베트남 진출) · 베트남 민간인 살상 · 라이따이한(한국계 베트남인) 문제 발생

# 16회 2018년 지방직 9급

2018년 5월 19일 시행
문제집 74쪽

정답

01	③ 선사 시대	11	① 조선 후기
02	② 고대	12	② 근대
03	③ 고려 시대	13	③ 일제 강점기
04	③ 일제 강점기	14	④ 조선 후기
05	① 고대	15	④ 조선 전기
06	② 고대	16	③ 고려 시대
07	① 시대 통합	17	① 일제 강점기
08	④ 시대 통합	18	③ 일제 강점기
09	④ 조선 후기	19	④ 근대
10	① 고려 시대	20	② 현대

취약 시대 분석표

시대	맞힌 개수
선사 시대	/ 1
고대	/ 3
고려 시대	/ 3
조선 전기	/ 1
조선 후기	/ 3
근대	/ 2
일제 강점기	/ 4
현대	/ 1
시대 통합	/ 2
총합	/ 20

기출 총평

"합격선 85점, 생소한 개념으로 까다롭게 출제!"

- **난이도:** 시험 전체적인 난이도는 중상으로, 변별력있게 난이도를 조절한 시험이었습니다.
- **고난도 문제**
  - 05번 문무왕 즉위와 기벌포 전투 사이의 사실: 문무왕의 즉위 연도를 정확히 알아야 풀 수 있어 까다로웠습니다.
  - 08번 각 시대 문화재의 특징: 문화재 건물의 건축 양식까지 알아야 정답을 맞힐 수 있었던 어려운 문제였습니다.
  - 10번 고려에서 행한 국가 제사 문제: 잘 출제되지 않는 지엽적인 개념으로 인해 어려웠습니다.

01 선사 시대   선사 시대의 유물과 사회 모습   난이도 하 ●○○

정답설명 ③ 옳은 것을 모두 고르면 ㉡, ㉢이다.
- ㉡ 붉은 간 토기를 사용한 청동기 시대에는 거친무늬 거울을 사용하여 제사 등의 의식을 거행하였다.
- ㉢ 눌러찍기무늬 토기를 사용한 신석기 시대에는 가락바퀴와 뼈바늘을 이용하여 옷이나 그물을 만들어 사용하는 원시 수공업이 발달하였다.

오답분석
- ㉠ 슴베찌르개는 후기 구석기 시대에 주로 사용되었던 도구이고, 벼농사를 짓기 시작한 것은 청동기 시대이다. 구석기 시대에 사용된 슴베찌르개는 사냥 도구로, 나무 막대와 연결하여 창으로 사용하거나 가죽에 구멍을 뚫는데 사용하였다. 한편 청동기 시대에는 벼농사가 시작되었으며, 농경에는 반달 돌칼·홈자귀와 같은 석제 농기구나 나무로 만들어진 농기구를 사용하였다.
- ㉢ 반달 돌칼이 주로 사용되던 것은 청동기 시대이고, 농경이 시작되었으나 지배와 피지배 관계가 발생하지 않은 것은 신석기 시대이다. 청동기 시대에는 농경이 발달함에 따라 일부 저습지에서 벼농사가 실시되었고, 반달 돌칼과 같은 석제 농기구를 이용하여 곡물의 이삭을 잘라 추수하였다. 또한 청동기 시대에는 농업 생산량이 늘어남에 따라 잉여 생산물이 발생하면서 사유 재산이 생겨났고, 이에 따라 빈부의 격차가 나타나 지배자·피지배자와 같은 계급이 발생하였다.

👍 이것도 알면 **합격!**

선사 시대의 유물

구석기 시대	뗀석기: 주먹도끼, 찍개, 찌르개 등
신석기 시대	• 간석기: 돌괭이, 돌보습, 돌삽 등 • 가락바퀴·뼈바늘 등
청동기 시대	• 간석기: 반달 돌칼, 바퀴날 도끼, 홈자귀 등 • 청동기: 비파형동검, 거친무늬 거울 등
철기 시대	• 철기: 괭이, 낫, 호미, 무기 등 • 독자적 청동기: 세형동검, 잔무늬 거울 등

02 고대   선종의 확산과 승탑의 유행   난이도 하 ●○○

자료분석 제시된 자료에서 개인적 정신 세계를 추구하는 경향이 강하였고, 성주나 장군을 자처하던 자들로부터 큰 호응을 받았다는 내용을 통해 신라 하대에 확산되었던 선종에 대한 내용임을 알 수 있다. 실천적이고 개혁적인 성격을 지닌 선종은 신라 하대에 지방에서 독자적인 세력을 이루어 성주나 장군을 자처하던 호족들에게 큰 호응을 받았다.

정답설명 ② 쌍봉사 철감선사탑은 선종의 영향을 받아 만들어진 신라 하대의 대표적인 승탑이다. 신라 하대에는 참선을 통한 깨달음을 중요시하는 선종 사상이 확산됨에 따라 승려들의 사리를 봉안하는 승탑(부도)과 승려의 일대기를 비석에 새긴 탑비가 유행하였다.

오답분석
- ① 성덕 대왕 신종은 경덕왕이 아버지인 성덕왕의 공덕을 기리기 위해 제작하기 시작한 동종으로, 선종과는 관련이 없다. 성덕 대왕 신종은 경덕왕의 아들인 혜공왕 때 완성되었으며, 봉덕사 종 또는 에밀레 종이라고도 불리운다.
- ③ 경천사지 10층 석탑은 고려 후기에 유행하던 티벳 불교(라마교)의 영향을 받아 제작된 석탑이다. 경천사지 10층 석탑은 조선 세조 때 제작된 원각사지 10층 석탑에 영향을 주었다.

④ 금동 미륵보살 반가 사유상은 삼국 시대에 미륵 사상의 영향을 받아 제작되었다. 미륵 사상은 미래에 미륵불이 내려와 중생들을 구제한다는 사상으로, 삼국 시대부터 미륵불을 표현한 불상이 많이 제작되었다.

이것도 알면 합격!

선종

성격	· 실천적 성격: 구체적인 실천 수행 강조(불립문자) · 좌선·참선 중시: 마음 속에 내재된 깨달음을 얻는 것을 강조
발전	· 신라 하대 귀족 사회의 분열과 지방 세력의 성장으로 지방에 널리 확산 · 호족의 호응과 후원으로 선종 9산(9산 선문) 성립
영향	· 지방 문화의 활성화에 기여하며 고려 왕조 개창의 사상적 기반 마련 · 불교의 형식적 의식과 권위를 부정했기 때문에 조형 미술이 침체되고 승탑, 탑비 유행

03 고려 시대 서경(평양) 난이도 중 ●●○

자료분석 제시된 자료에서 고려 정종 때 천도 계획을 세웠던 곳이며, 문종 때 서경기를 두었다는 내용을 통해 밑줄 친 '이곳'이 서경(평양)임을 알 수 있다. 왕규의 난을 진압하고 즉위한 정종은 자신을 후원하는 왕식렴의 근거지인 서경으로 천도하여 개경 호족 세력을 견제하려 하였으나 공신들의 반대로 실패하였다. 한편 문종 때는 서경의 주변에 개경의 경기에 준하는 서경기 4도가 설치되었다.

정답설명 ③ 서경 유수 조위총은 무신 정변의 주도자인 정중부와 이의방 등을 타도하기 위해 서경에서 반란을 일으켰다.

오답분석
① 청주: 『직지심체요절』이 간행된 곳은 충북 청주의 흥덕사이다. 『직지심체요절』은 고려 우왕 때인 1377년에 청주 흥덕사에서 간행된 현존하는 가장 오래된 금속 활자본이다.
② 순천: 지눌이 수선사 결사 운동을 전개한 곳은 전남 순천의 송광사이다. 지눌은 타락한 불교계의 각성을 촉구하고 승려 본연의 자세로 돌아가 독경과 참선, 노동에 힘쓸 것을 강조하면서 순천 송광사(길상사 → 수선사 → 송광사)를 중심으로 수선사 결사 운동을 전개하였다.
④ 개경: 강조가 군사를 이끌고 와 김치양 일파를 제거한 곳은 개경이다. 목종의 어머니인 천추 태후가 김치양과 불륜 관계를 맺고, 그들 사이에서 태어난 자식을 왕위에 올리려 하였다. 이에 강조는 군사를 이끌고 개경으로 들어가 김치양 일파를 제거하고, 목종을 폐위시킨 뒤 현종을 옹립하였다.

04 일제 강점기 물산 장려 운동 난이도 하 ●○○

자료분석 제시된 자료에서 조선 사람은 조선 사람이 만든 물건만 쓰고 살자는 내용을 통해 밑줄 친 '운동'이 물산 장려 운동임을 알 수 있다.

정답설명 ③ 물산 장려 운동은 조만식, 이상재 등을 중심으로 평양에서 창립된 물산 장려회(1920)를 중심으로 시작되어 전국적으로 확산되었다. 물산 장려 운동은 일본의 자본으로부터 민족 산업을 수호하기 위해 시작된 경제적 구국 운동으로, 자급자족과 국산품 애용을 강조하며 생활 개선과 금주·단연 운동을 전개하였다.

오답분석
① 물산 장려 운동은 일제의 회사령이 폐지된 이후에 전개되었다. 일제는 일본 기업의 조선 진출을 원활하게 하기 위해 1920년에 회사령을 폐지하고 회사 설립을 신고제로 전환하였다. 이로 인해 한국인이 설립한 회사도 증가하게 되었으며, 이는 국산품 애용을 통해 민족의 경제적 자립을 이루고자 한 물산 장려 운동의 배경이 되었다.
② 원산 총파업은 일제 강점기 최대의 노동 운동으로 물산 장려 운동과는 관련이 없다.
④ 조선 노농 총동맹은 1924년에 결성된 노동 운동과 농민 운동을 포괄하는 전국적인 연합체로 물산 장려 운동과는 관련이 없다. 이후 조선 노농 총동맹은 조선 노동 총동맹과 조선 농민 총동맹으로 분리되었다(1927).

05 고대 문무왕 즉위와 기벌포 전투 사이의 사실 난이도 상 ●●●

자료분석 제시된 자료에서 문무왕이 왕위에 오른 것은 661년이고, 신라가 기벌포에서 당의 수군을 격파한 것은 676년에 일어난 일이다. 따라서 661년 ~ 676년 사이에 일어난 사실을 고르면 된다.

정답설명 ① 옳은 것을 모두 고르면 ㉠, ㉡이다.
㉠ 신라는 (가) 시기인 670년에 고구려 왕족인 안승을 고구려 왕에 봉했다. 신라 문무왕은 당을 견제하기 위해 고구려 유민을 금마저(익산)에 머물게 하고 신라에 투항한 안승을 고구려 왕으로 봉하였으며(670), 이후 금마저에 보덕국을 설치하고 안승을 보덕 국왕으로 봉하였다(674).
㉡ 당나라는 (가) 시기인 663년에 신라를 계림 대도독부로 삼았다. 백제 멸망 후 웅진(공주)에 웅진 도독부를 설치(660)한 당나라는 신라까지 당의 지배 하에 두고자 경주에 계림 대도독부를 설치하고, 문무왕을 계림주 대도독으로 임명하였다.

오답분석
㉢ 문무왕 즉위 이전: 황산벌 전투가 일어난 것은 660년으로, 문무왕이 즉위하기 이전의 일이다. 신라 김유신은 황산벌에서 계백이 이끄는 결사대에 승리한 뒤, 당나라군과 함께 백제의 수도인 사비성으로 진격하였다.
㉣ 기벌포 전투 이후: 보장왕이 요동 지역에서 고구려 부흥을 꾀한 것은 기벌포 전투 이후의 일이다. 나·당 전쟁(670 ~ 676) 이후 당나라는 고구려의 마지막 왕인 보장왕을 '요동주 도독 조선군왕'에 봉하여 요동 지역에 거주하는 고구려 유민들을 관리하게 하였다(677). 이에 보장왕은 요동 지역에서 고구려의 유민을 규합하고 말갈과 연합하여 고구려의 부흥을 도모하였으나, 당나라에 발각되어 실패하였다.

이것도 알면 합격!

신라의 삼국 통일 과정

나·당 동맹 체결(648) → 사비성 함락, 백제 멸망(660) → 당이 웅진 도독부 설치(660) → 당이 계림 대도독부 설치(663) → 연개소문 사망(665), 고구려 내분 → 평양성 함락, 고구려 멸망(668) → 당이 안동 도호부 설치(668) → 신라의 소부리주 설치(671) → 매소성 전투, 신라 승리(675) → 기벌포 전투, 신라 승리(676) → 신라의 삼국 통일(676)

06 고대 삼국 시대의 정치 제도 난이도 중 ●●○

정답설명 ② 옳은 것을 모두 고르면 ㉠, ㉢이다.
㉠ 삼국의 관등제와 관직 제도 운영은 신분제에 의해 제약을 받았다. 특히 신라의 경우 골품제라는 신분제를 기준으로 관직의 승

진과 가옥의 크기, 수레의 크기 등 일상 생활까지 제한받았다.

ⓒ 백제는 도성을 5부(상·하·전·후·중)로 나누었으며, 지방에는 5방(동·서·남·북·중)을 두었고 방(方) 아래에는 군(郡)을 두었다. 지방의 5방에는 방령이, 방 아래의 군에는 군장이 파견되었다.

오답분석

ⓒ 고구려가 대성(大城)에 파견한 것은 욕살이고, 그 다음 규모의 성에 파견한 것은 처려근지(또는 도사)이다. 고구려는 지방 통치 조직을 대성(大城)·성(城)·소성(小城)의 3단계로 구분하고, 대성에는 욕살, 성에는 처려근지를 파견하여 지방의 행정과 군사 활동을 관장하게 하였다.

ⓓ 신라의 지방군으로 10정 군단이 설치된 것은 삼국 통일 이후이며, 이전에는 6정의 군단으로 조직되었다. 삼국 통일 이후 신문왕은 군사 체제를 정비하여 중앙군인 9서당을 편성하고, 지방군은 종래의 6정을 10정으로 확대·개편하였다. 이때 10정은 각 주(州)마다 1정씩 배치를 하고, 영역이 넓으면서 국경 지대인 한주에는 특별히 2정을 두어 변경을 방어하도록 하였다.

👍 이것도 알면 합격!

삼국의 지방 행정 조직과 군사 조직

구분	고구려	백제	신라
수도	5부	5부	6부
지방	5부(욕살) → 성(처려근지, 도사)	5방(방령) → 군(군장)	5주(군주) → 군(당주)
특수 구역	3경: 국내성, 평양성, 한성(황해도 재령)	22담로: 왕족 파견	2소경
군사	각 성주가 병력 보유 (유사시 대모달, 말객이 지휘)	방령이 700~1,200명의 군대를 지휘	서당, 6정(군주, 대감, 당주가 지휘)

07 시대 통합 성격이 유사한 정치 제도 난이도 하 ●○○

정답설명

① 고구려의 대대로와 발해의 대내상은 국정을 총괄하는 국가의 최고 관직이었다는 점에서 성격이 유사하다. 대대로는 고구려의 제1관등으로 국정 운영을 총괄하는 재상의 역할을 하였고, 대내상은 발해의 최고 행정 기관인 정당성의 장관으로 국정을 총괄하였다.

오답분석

② 중정대는 관리들의 비리를 관리 감찰하는 발해의 감찰 기구이고, 승정원은 조선 시대 국왕의 비서 기관으로 왕명의 출납 등을 담당하였다. 조선 시대에 관리에 대한 감찰은 사헌부가 담당하였다.

③ 2성 6부는 당나라의 3성 6부제를 모방하여 정비한 고려의 중앙 정치 제도이고, 5경 15부는 발해의 지방 행정 구역이다. 발해는 15부 밑에 62주와 현을 설치하여 각각 자사와 현승을 파견하였다.

④ 기인 제도는 고려의 태조 왕건이 지방 호족들을 견제하기 위해 호족의 자제를 뽑아 개경에서 머물도록 한 인질 제도이고, 녹읍 제도는 국가에서 귀족에게 일정 지역의 토지에 대한 수조권과 노동력 징발권을 부여하는 토지 제도이다.

08 시대 통합 각 시대 문화재의 특징 난이도 상 ●●●

정답설명

④ 덕수궁 석조전은 고딕 양식이 아닌 르네상스식 건축 양식으로 지어진 건물이다. 덕수궁 석조전은 영국인 하딩이 설계하였으며, 1910년에 완성되었다. 한편 높은 첨탑이 특징인 고딕 양식의 건물로는 1898년에 완공된 명동 성당이 있다.

오답분석

① 화엄사 각황전은 조선 후기에 지어진 다층식 외형의 건물로 팔작 지붕의 2층으로 되어 있고, 내부가 통층으로 되어 있어 웅장하고 화려한 것이 특징이다.

② 수덕사 대웅전은 주심포 양식과 배흘림 기둥 양식이 사용된 고려 시대의 건축물이다.

③ 부석사 무량수전은 주심포 양식과 배흘림 기둥 양식이 사용된 고려 시대의 건축물이다. 부석사 무량수전의 내부에는 신라의 불상 제작 양식을 계승한 고려 시대의 불상인 소조 아미타여래 좌상이 있다.

09 조선 후기 서유구 난이도 중 ●●○

자료분석

제시된 자료에서 조선 농학과 박물학을 집대성하고, 전국 주요 지역에 국가 시범 농장인 둔전을 설치하였다는 내용을 통해 서유구임을 알 수 있다. 서유구는 조선 후기의 실학자로 주요 도시에 국가가 운영하는 시범 농장인 둔전을 설치하여 혁신적 농업 기술과 농장 경영으로 수익을 올려서 국가 재정을 보충하고, 부민의 참여를 유도하는 둔전제를 주장하였다.

정답설명

④ 서유구는 농촌 생활 백과사전인 『임원경제지』를 저술하였다. 그는 이 책에서 토지 제도, 수리, 토질, 농사 시기 등의 농업과 관계된 내용을 정리하였다.

오답분석

① 『색경』은 박세당이 토질에 따른 재배 품종과 가축 사육의 방법 등 농가에서 필요한 상식들을 정리한 책이다. 박세당은 『색경』을 통해 작물의 종류에 따른 토질의 특징, 화초와 약초의 재배법, 과수의 접붙이는 법 등을 정리하였다.

② 『산림경제』는 홍만선이 농업과 임업, 축산, 식품 가공과 저장 등 농촌 생활에 필요한 지식들을 체계적으로 정리한 책이다. 홍만선은 『산림경제』를 통해 주택의 선정과 건축, 곡식과 목화 등의 경작법, 채소류·화초류·담배·약초류의 재배법, 양잠법, 흉년에 대비하는 구황법 등을 설명하였다.

③ 『과농소초』는 박지원이 농업 기술과 농업 정책 등을 정리한 책이다. 박지원은 『과농소초』를 통해 농업 생산력의 증대를 위한 영농 방법의 혁신, 상업적 농업의 장려, 수리 시설의 확충 등을 주장하였다.

👍 이것도 알면 합격!

조선의 농서

조선 전기	• 『농서집요』: 태종·중종 때 편찬 • 『농사직설』: 세종 때 정초·변효문 등이 편찬 • 『금양잡록』: 성종 때 강희맹이 편찬
조선 후기	• 『농가집성』: 효종 때 신속이 편찬, 벼농사 중심의 농법 소개 • 『색경』: 숙종 때 박세당이 편찬 • 『산림경제』: 숙종 때 홍만선이 편찬 • 『해동농서』: 서호수가 편찬 • 『임원경제지』: 서유구가 편찬, 농촌 생활 백과사전

10 고려 시대 | 고려에서 행한 국가 제사 　난이도 상 ●●●

정답설명
① 환구단에서 풍년을 기원하는 제사를 올린 것은 고려의 성종 때부터이다. 고려 성종은 환구단(圜丘壇)에서 농사가 잘 되기를 기원하고, 고려의 태조 왕건을 배향하였다.

오답분석
② 고려 성종 때 사직단을 세워 토지의 신과 곡식의 신에게 국가의 안녕과 곡식의 풍요를 기원하는 제사를 지냈다.
③ 고려 숙종 때 고려가 유교적으로 교화된 근원을 기자로 파악하며 서경(평양)에 기자 사당을 세우고 국가적으로 제사를 지냈다.
④ 고려 예종 때 개경의 북쪽에 도교 사원인 복원궁을 건립하고, 하늘에 나라의 안녕과 왕실의 평안을 기원하는 초제를 지냈다.

11 조선 후기 | 효종의 북벌 운동 　난이도 하 ●○○

자료분석
제시된 자료에서 병자년의 일과 오랑캐를 가축과 비단으로 섬겼던 일이라는 내용을 통해 조선 인조 때 일어난 병자호란과 관련된 내용임을 알 수 있으며, 밑줄 친 '대의(大義)'가 효종 때 제기된 북벌론임을 알 수 있다. 조선 효종 때는 병자호란의 치욕을 씻고 오랑캐인 청나라에게 복수하자는 북벌론이 제기되었다.

정답설명
① 효종은 즉위 이후 오랑캐인 청나라를 정벌하자는 북벌 운동을 전개하여 인조 때 설치된 어영청을 중심으로 화포병과 기병 등을 증원하였고, 남한산성의 성곽을 수리하는 등 군사력을 강화하였다.

오답분석
② **숙종**: 훈련별대와 정초군을 통합하여 금위영을 발족한 것은 숙종이다. 숙종은 훈련도감 소속의 별대(별동대)와 정초군을 합하여 국왕 호위 및 궁궐 수비를 담당한 금위영을 조직하였다.
③ **광해군**: 명과 후금 사이에서 중립 외교 정책을 펼친 것은 광해군이다. 임진왜란 이후 명의 세력이 약해지고, 후금이 강해지자 광해군은 두 국가 사이에서 실리를 추구하는 중립 외교를 전개하였다.
④ **인조**: 호위청, 총융청, 수어청 등의 부대를 창설하여 국방력을 강화한 것은 인조이다. 인조는 궁중의 호위를 위해 호위청을 설치하고, 이괄의 난 이후 북한산성과 경기 북부의 수비를 위해 총융청을 조직하였으며, 남한산성과 경기 남부를 수비하기 위해 수어청을 창설하였다.

12 근대 | 대한 제국 정부가 시행한 정책 　난이도 하 ●○○

정답설명
② 대한 제국 정부는 양전 사업을 실시하고자 양지아문을 설치(1898)하고 지계아문을 설치(1901)하여 토지의 소유권을 법적으로 증명하는 지계를 발급하였다.

오답분석
모두 대한 제국이 선포되기 이전에 시행된 정책이다.
① 별기군을 폐지하고 5군영을 복구한 것은 임오군란으로 재집권한 흥선 대원군이 시행한 정책이다. 임오군란(1882)으로 재집권하게 된 흥선 대원군은 2영과 별기군을 폐지하는 등 개화 정책을 중단하고 5군영과 삼군부를 부활시켰다.
③ 통리기무아문을 설치하여 개화 정책을 추진한 것은 1880년대에 조선 정부가 시행한 정책이다. 고종은 개화 정책을 추진하는 핵심 기구로 통리기무아문을 설치하고, 그 밑에 군사, 통상, 재정 등의 업무를 담당하기 위한 12사를 두었다.
④ 신식 화폐 발행 장정은 제1차 갑오개혁(1894) 때 공포되었다. 제1차 갑오개혁 때 신식 화폐 발행 장정을 공포하여 은 본위제로 화폐 제도를 채택하고 조세의 금납제를 시행하였다.

👍 이것도 알면 합격!
대한 제국의 양전·지계 사업

목적	· 근대적 토지 소유권 제도의 확립, 국가 재정 확충 · 외국인 토지 소유 제한
전개	· 양지아문을 설치하여 양전 사업 시작 · 지계아문을 설치하여 지계 발급
결과	러·일 전쟁의 발발과 일본의 간섭으로 중단

13 일제 강점기 | 의열단 　난이도 하 ●○○

자료분석
제시된 자료에서 1922년 3월 중국 상하이에서 일본 육군 대장 타나카 기이치를 암살하고자 하였으며, 1921년 9월 ⊙에 속한 김익상이 조선 총독부 건물에 폭탄을 던졌다는 내용을 통해 ⊙ 조직이 의열단임을 알 수 있다. 의열단(1919)은 만주 길림성에서 김원봉, 윤세주 등이 중심이 되어 조직한 비밀 단체로 암살·파괴·폭력 등에 의한 독립 쟁취를 목표로 하였다.

정답설명
③ 개별 투쟁의 한계를 인식한 의열단은 중국 세력과의 연대와 조직적인 무장 투쟁을 추진하여, 김원봉을 비롯한 일부 의열단원들은 황푸 군관 학교에 입학하여 군사 훈련을 받았다(1926). 이후 이들을 중심으로 중국 국민당 정부의 지원 아래 조선 혁명 간부 학교(1932)를 설립하였다.

오답분석
① 대동 단결 선언은 의열단이 조직되기 이전인 1917년에 발표되었다. 신규식, 박은식, 신채호, 조소앙 등 14명의 지식인들은 공화주의를 표방하며 임시 정부 성립의 필요성을 제기한 대동 단결 선언문을 발표하였다.
② **한인 애국단**: 일왕이 탄 마차 행렬에 폭탄을 던진 이봉창은 한인 애국단 소속이다. 한인 애국단은 김구가 침체된 임시 정부의 활동을 타개하기 위해 조직한 단체로 이봉창, 윤봉길 등이 소속되어 의거 활동을 전개하였다.
④ **노인 동맹단**: 사이토 조선 총독에게 폭탄을 투척한 강우규는 노인 동맹단 소속이다. 노인 동맹단은 1919년 러시아 블라디보스토크에서 조직된 독립운동 단체로 46세 이상 70세까지의 남녀 노인들로 구성되어 있었다.

👍 이것도 알면 합격!
의열단의 활동 변화

방법 전환	1920년대 후반에는 의열 활동을 통한 개별 투쟁의 한계를 인식하고 새로운 운동 방향 모색(중국 혁명 세력과 연계)
군사 훈련 실시	· 의열단원들은 황푸(황포) 군관 학교에 입교하여 군사·정치 교육을 받음(1926). · 중국 국민당 정부의 지원 아래 조선 혁명 간부 학교 설립(1932)
민족 혁명당 결성	민족 유일당 운동의 일환으로 조선 혁명당, 의열단, 신한 독립당, 한국 독립당 등 중국 관내의 독립 단체를 통합하여 결성(1935) → 민족주의 계열과 사회주의 계열이 통합

14 조선 후기 조선 후기의 역사서 난이도 하 ●○○

자료분석 제시된 자료에서 단군으로부터 고려에 이르기까지의 우리 역사를 다룬 통사이며, 마한을 중시하고 삼국을 무통으로 보았다는 것을 통해 안정복의 『동사강목』임을 알 수 있다.

정답설명 ④ 안정복의 『동사강목』은 강목체 형식의 편년체 통사로 서술된 조선 후기의 역사서이다. 안정복은 우리 역사를 연구하고 치밀한 고증을 거쳐 단군 조선부터 고려 말까지의 역사를 정리한 『동사강목』을 저술하였다. 그는 이 책에서 삼국은 무통으로 보고, 단군 조선 → 기자 조선 → 마한 → 통일 신라 → 고려로 이어지는 독자적인 정통론을 세워 우리 역사를 체계화하였다.

오답분석
① 허목의 『동사』는 단군 조선에서 삼국 시대까지 서술한 조선 후기의 기전체 역사서이다. 허목은 『동사』에서 단군을 중심으로 한 조선의 유구한 역사를 강조하여 우리 역사의 독자성을 강조하였다.
② 유계의 『여사제강』은 강목체 형식의 편년체로 고려사를 정리한 조선 후기의 역사서이다. 유계는 『여사제강』에서 고려가 북방 민족에게 강력히 항전한 것을 강조하여 병자호란 이후 대두된 북벌 운동을 고취시켰다.
③ 한치윤의 『해동역사』는 고증학적인 방법으로 고조선부터 고려 시대까지의 역사를 다룬 조선 후기의 역사서이다. 한치윤은 국내와 중국의 서적 500여 종과 일본의 서적 20여 종 등 다양한 외국 자료를 참고하여 『해동역사』를 집필하였으며 민족사 인식의 폭을 넓히는 데 기여하였다.

15 조선 전기 임진왜란의 전개 과정 난이도 중 ●●○

정답설명 ④ 순서대로 나열하면 ⓒ 행주 대첩(1593. 2.) → ⓒ 선조의 한성 귀환(1593. 10.) → ⓔ 칠천량 해전(1597. 7.) → ⓐ 명량 해전(1597. 9.)이 된다.

ⓒ 행주 대첩: 행주산성을 지키던 권율은 백성들과 함께 합심하여 일본군의 공격을 막아내었다(1593. 2.).
ⓒ 선조의 한성 귀환: 행주 대첩 이후 명나라와 일본 간의 휴전 협상이 진행되면서 일본군이 남쪽으로 철수하고 조·명 연합군이 한양을 수복하였다(1593. 4.). 이후 의주로 피난하였던 선조는 한성으로 돌아왔다(1593. 10.).
ⓔ 칠천량 해전: 명나라와 일본간의 휴전 협상이 결렬되자 일본군이 조선을 재침입한 정유재란이 발발(1597)하였다. 이에 원균이 일본 수군을 상대하였지만 칠천량에서 크게 패배하였다(1597. 7.).
ⓐ 명량 해전: 칠천량 해전 이후 이순신이 12척의 배를 이끌고 울돌목(명량)에서 일본 수군을 격파하였다(1597. 9.).

16 고려 시대 고려 전기의 문산계와 무산계 난이도 중 ●●○

정답설명 ③ 고려 전기에 중앙의 무반에게 제수한 것은 무산계가 아닌 문산계이다. 고려는 중앙의 문반과 무반에게 문산계를 지급하고, 지방 향리·탐라의 왕족·여진의 족장·노병 등에게는 무산계를 지급하였다.

오답분석
① 고려 시대에는 문반과 무반에게 문산계를 지급하였다. 문산계는 중앙의 현직 관료는 물론, 휴직이나 퇴직한 중앙 관료 출신자에게도 지급되었다.
② 성종 때 중국의 문·무산계 제도를 정식으로 도입 및 채택하여 유력 호족 출신의 중앙 관료와 지방의 향리 계층을 구분하고자 하였다.
④ 무산계는 향리, 탐라의 왕족, 여진의 족장, 노병, 공장, 악공 등에게 주어졌다.

17 일제 강점기 김구 난이도 중 ●●○

자료분석 제시문에서 국민 대표 회의의 해산을 명하는 내무부령을 공포하였고, 한국 국민당을 조직하였다는 내용을 통해 밑줄 친 '그'가 김구임을 알 수 있다. 또한 김구는 김원봉이 창당한 좌익 계열의 민족 혁명당에 맞서 우익 정당인 한국 국민당을 조직하여 임시 정부의 유지를 옹호하였다(1935).

정답설명 ① 유엔 소총회에서 남한만의 단독 선거 실시가 결정되자(1948. 2.), 김구는 이에 반대하여 김규식, 김일성, 김두봉 등과 평양에서 열린 남북 협상 회의에 참석하였다(1948. 4.).

오답분석
② 김원봉: 조선 민족 혁명당을 조직하고 조선 의용대를 이끈 사람은 김원봉이다. 김원봉은 조선 민족 혁명당을 중심으로 조선 민족 전선 연맹을 조직(1937)하고, 산하 부대인 조선 의용대를 조직(1938)하여 중국 국민당 정부군과 함께 대일전에 참여하였다.
③ 여운형: 안재홍과 함께 조선 건국 준비 위원회를 조직한 것은 여운형이다.
④ 이승만: 대통령 직선제를 골자로 하는 발췌 개헌안을 국회에 제출한 것은 이승만이다. 제2대 총선에서 야당이 대거 당선되자 기존의 대통령 간선제로는 재선이 어려울 것이라고 판단한 이승만은 대통령 직선제, 양원제 등을 골자로 한 발췌 개헌안을 국회에 제출하였다(1952).

👍 **이것도 알면 합격!**

김구의 활동

- 1909년: 신민회 회원으로 활동
- 1919년: 대한민국 임시 정부의 초대 경무국장 역임
- 1931년: 한인 애국단 조직
- 1935년: 한국 국민당 창당
- 1940년: 대한민국 임시 정부 주석에 취임
- 1948년: 남북 협상 주도
- 1949년: 경교장에서 안두희에게 암살당함

18 일제 강점기 한국 독립군 난이도 중 ●●○

자료분석 제시된 자료에서 중국인 부대와 연합하여 동경성 전투를 치르고, 대전자령 전투에서 일본군을 기습 공격하여 승리를 거두었다는 내용을 통해 ⓐ 부대가 한국 독립군임을 알 수 있다.

정답설명 ③ 한국 독립군은 북만주 지역에서 활동했던 한국 독립당의 산하 부대였다. 한국 독립군은 지청천의 지휘 아래 중국 호로군 등과 연합하여 쌍성보 전투, 동경성 전투, 대전자령 전투에서 일본군을 상대로 승리를 거두었다.

오답분석
① 대한인 국민회: 하와이에 대조선 국민 군단을 창설한 것은 대한인 국민회이다. 대한인 국민회 하와이 지방총회 소속의 박용만은 대조선 국민 군단(1914)을 창설하여 군사 훈련을 실시하였다.
②, ④ 조선 혁명군: 양세봉의 지휘하에 중국 의용군과 연합하여 영릉가 전투, 흥경성 전투에서 일본군을 물리친 것은 조선 혁명군

이다. 조선 혁명당의 산하 군사 조직인 조선 혁명군은 중국 의용군과 연합하여 영릉가 전투(1932)와 흥경성 전투(1933)에서 일본군을 상대로 승리하였다.

19 근대 한·일 신협약
난이도 중 ●●○

자료분석 제시된 자료에서 일제가 협약을 체결할 때 대한 제국 군대의 해산을 요구해 관철시켰다는 내용을 통해 밑줄 친 '이 협약'이 한·일 신협약임을 알 수 있다. 고종을 강제로 퇴위시킨 일본은 순종의 동의 없이 한·일 신협약(1907)을 체결하였으며, 부속 조약을 통해 대한 제국의 군대를 해산시켰다.

정답설명 ④ 한·일 신협약은 통감이 추천하는 일본인을 한국 관리에 임명한다는 내용을 담고 있다. 이를 통해 일본인이 대한 제국 정부의 차관으로 임명되었으며, 법령 제정과 관리의 임명, 행정상의 처분 등에 있어 통감의 동의를 받게 되었다.

오답분석
① 제2차 한·일 협약(을사늑약): 고종이 헤이그에 특사를 파견하는 계기가 된 것은 제2차 한·일 협약(을사늑약, 1905)이다. 고종은 을사늑약의 부당함을 알리기 위해 1907년에 네덜란드 헤이그에서 열리는 만국 평화 회의에 이준, 이상설, 이위종을 특사로 파견하였으나 일본의 방해 등으로 실패하였다.

② 제2차 한·일 협약(을사늑약): 최익현이 의병 운동을 처음 시작한 원인이 된 협약은 제2차 한·일 협약(을사늑약)이다. 최익현은 제2차 한·일 협약(을사늑약)이 체결되자 임병찬 등과 함께 의병을 일으켜 태인, 순창, 곡성 등에서 활약하였다.

③ 제1차 한·일 협약: 일본인 재정 고문 메가타가 화폐 정리 사업을 실시하는 근거가 된 것은 제1차 한·일 협약이다. 제1차 한·일 협약을 통해 대한 제국의 재정 고문으로 임명된 메가타는 대한 제국의 경제를 일본에 예속시키기 위하여 화폐 정리 사업을 실시하였다.

👍 이것도 알면 합격!

7·4 남북 공동 성명과 6·15 남북 공동 선언

7·4 남북 공동 성명 (1972)	• 배경: 닉슨 독트린(1969, 냉전 완화), 남북 적십자 예비 회담 제안(1971, 분단 이후 최초의 남북 대화) • 내용: 통일 3대 원칙(자주·평화·민족 대단결)에 합의, 남북 조절 위원회 설치, 서울·평양 간 상설 전화 개설 • 의의: 분단 이후 최초로 남북이 기본 원칙에 합의한 내용을 공동 성명 형식으로 서울과 평양에서 동시 발표 • 한계: 공동 성명 직후 남측은 10월 유신을 단행하고, 북측은 사회주의 헌법을 제정하여 남·북 공동 성명을 독재 체제 강화에 이용
6·15 남북 공동 선언 (2000)	• 내용: 남북은 남북한 통일 방안의 유사성을 인정하고 통일 문제의 자주적 해결, 남북 교류, 경제 협력 활성화 등에 대해 합의 • 의의: 평양에서 처음으로 남북 정상 회담이 이루어졌고, 그 결과 남북 정상에 의해 남북 공동 선언이 채택되면서 남북 간의 긴장 완화와 화해 협력 진전 • 결과: 개성 공단 설치(노무현 정부 때 착공), 경의선 복원 사업, 이산가족 상봉 재개 등을 진행하기로 합의

20 현대 7·4 남북 공동 성명
난이도 중 ●●○

자료분석 제시된 자료에서 통일은 자주적으로 해결하고, 평화적인 방법으로 실현한다는 내용과 남북 적십자 회담의 성사에 적극 협조하겠다는 내용을 통해 7·4 남북 공동 성명임을 알 수 있다. 7·4 남북 공동 성명(1972)을 통해 남북은 자주·평화·민족 대단결의 평화 통일 원칙에 합의하였고, 이산가족 찾기 운동의 추진을 위한 남북 적십자 본회담이 속히 개최될 수 있도록 적극 협조할 것을 합의하였다.

정답설명 ② 7·4 남북 공동 성명에서는 합의 사항의 추진을 위한 남북 조절 위원회를 구성할 것을 합의하였다. 또한 이 성명에는 상호 도발 금지, 서울과 평양 간의 직통 전화 개설 등을 합의한 내용이 담겨 있다.

오답분석
① 남북 기본 합의서는 7·4 남북 공동 성명(1972) 이후인 노태우 정부 시기에 작성되었다(1991).

③ 6·15 남북 공동 선언: 분단 후 최초로 열린 남북 정상 회담의 결과로 발표된 것은 김대중 정부 시기에 발표된 6·15 남북 공동 선언(2000)이다.

④ 금강산 관광 사업은 7·4 남북 공동 성명과 연관이 없다. 햇볕 정책이 추진된 김대중 정부 시기에 현대 그룹의 정주영 회장은 소 1,001마리와 함께 북한을 방문(1998)하여 남북한의 화해 분위기 조성에 기여하였고, 방문의 성과로 현대 그룹은 북한과 금강산 관광 사업에 대해 합의하였다. 이를 계기로 1998년에 금강산 해로 관광이 시작되었다.

공무원시험전문 해커스공무원
gosi.Hackers.com

1분만에 파악하는 서울시 9급 기출 트렌드

1. 최근 8개년 기출 트렌드(2018~2025)

- 서울시 9급 시험은 전체적으로 평이하게 출제되고 있으나, 1~2문제는 어렵게 출제되는 것이 특징입니다.
- 2020년부터는 특수 직렬만 서울시에서 자체 출제하였으며, 가장 최근 시험인 2025년 서울시 9급의 경우 빈출 개념들을 물어보는 무난한 난이도로 출제되었습니다.

* 최근 8개년 시험 연도별 예상 합격선

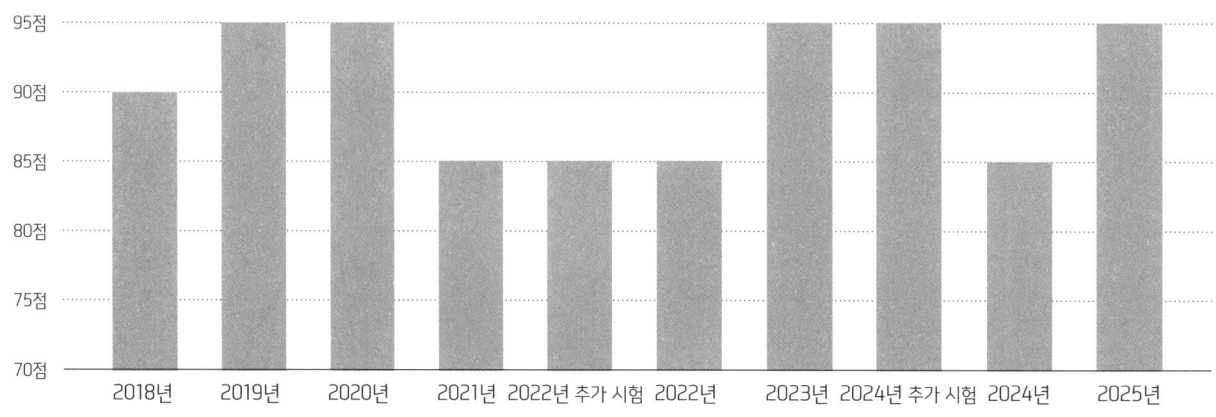

해커스공무원 8개년 기출문제집
한국사

Part 3
서울시 9급

2. 시대별/분류사별 기출 트렌드

- 시대별로는 고려 시대가 18%(평균 3~4문제)로 가장 많이 출제되었으며, 그 다음으로는 고대와 근대가 15%(평균 3문제)로 많이 출제되었습니다.
- 분류사별로는 정치사가 66%(평균 13문제)로 가장 많이 출제되었으며, 그 다음으로는 문화사가 16%(평균 3문제)로 많이 출제되었습니다.

* 최근 8개년 시대별 출제 비율

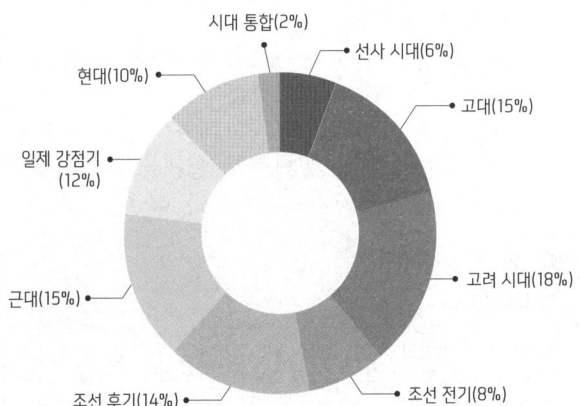

* 최근 8개년 분류사별 출제 비율

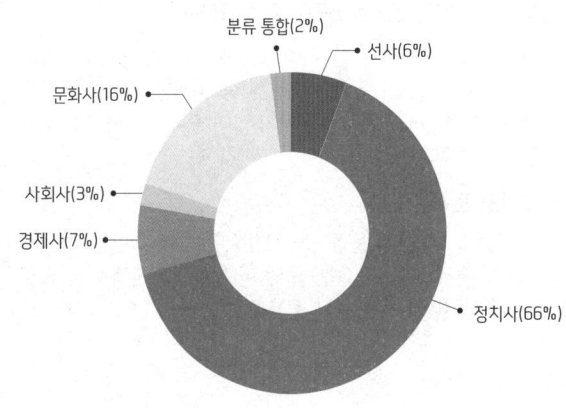

17회 2025년 서울시 9급

2025년 6월 21일 시행

문제집 80쪽

정답

01	② 선사 시대	11	① 조선 후기
02	② 선사 시대	12	② 일제 강점기
03	③ 고대	13	③ 고대
04	④ 고려 시대	14	③ 근대
05	① 고려 시대	15	② 근대
06	④ 조선 전기	16	① 근대
07	① 조선 전기	17	③ 현대
08	④ 고려 시대	18	③ 근대
09	② 고려 시대	19	④ 일제 강점기
10	④ 조선 후기	20	③ 현대

취약 시대 분석표

시대	맞힌 개수
선사 시대	/ 2
고대	/ 2
고려 시대	/ 4
조선 전기	/ 2
조선 후기	/ 2
근대	/ 4
일제 강점기	/ 2
현대	/ 2
시대 통합	/ 0
총합	/ 20

기출 총평

"합격선 95점, 전반적으로 쉽게 출제!"

- **난이도**: 시험의 전체적인 난이도는 하로, 쉽게 출제되었습니다. 일제 강점기의 독립운동 문제 중 생소한 사료로 출제된 1문제를 제외하고 문답형 문제가 많이 출제되어 체감 난이도는 쉬웠습니다.

- **고난도 문제**
  - 19번 6·10 만세 운동: 6·10 만세 운동에 대한 생소한 사료가 출제되었으며, 순종을 융희 황제라고 칭하여 정답을 유추하기 까다로운 문제였습니다.

01 선사 시대 철기 시대의 사회상   난이도 하 ●○○

자료 분석 제시문에서 창원 다호리 고분군에서 한나라의 오수전, 붓 등과 철검 등이 출토되었다는 내용을 통해 철기 시대의 사회상임을 알 수 있다.

정답 설명 ② 옳은 것을 모두 고르면 ㉠, ㉢이다.
- ㉠ 철기 시대에는 중국과의 교류를 통해 한자가 전래되어 사용되고 있었다. 이를 뒷받침하는 유물로 창원 다호리 유적에서 출토된 붓이 있다.
- ㉢ 철기 시대에는 철제 농기구를 사용하여 농사를 지어 농업 생산력이 비약적으로 증대되었다.

오답 분석
- ㉡ **고려 시대**: 독자적으로 화폐를 주조하여 사용한 것은 고려 시대이다. 고려 성종 때 우리나라의 독자적인 화폐인 건원중보를 주조하였으며, 다점·주점 등의 관영 상점에서 제한적으로 사용하였다. 한편, 창원 다호리 고분군 유적에서 발견된 오수전은 중국의 화폐이며, 이를 통해 우리나라가 철기 시대에 중국과 교류하였음을 알 수 있다.
- ㉣ **청동기 시대**: 지배층의 무덤으로 고인돌이 축조된 것은 청동기 시대이다. 고인돌은 청동기 시대의 대표적인 무덤 양식으로, 고인돌 제작에는 많은 노동력이 필요했기 때문에 당시 군장이 가진 정치 권력을 짐작할 수 있다.

👍 **이것도 알면 합격!**

철기 시대 중국과의 교류 증거

화폐 출토	명도전, 반량전, 오수전 등 중국 화폐 출토
붓 출토	경남 창원 다호리 유적에서 붓 출토 → 한자 사용

02 선사 시대 부여   난이도 하 ●○○

자료 분석 제시문에서 가뭄이나 장마가 계속되어 5곡이 영글지 않으면 그 허물을 왕에게 돌려 왕을 바꾸어야 한다거나 죽여야 한다고 하였다는 내용을 통해 부여에 대한 설명임을 알 수 있다. 부여에서는 수해나 흉년 등의 이유로 가(加)들이 왕을 폐위하고 새로운 왕을 추대하기도 하였다.

정답 설명 ② 집마다 부경이라는 작은 창고가 있었던 나라는 고구려이다. 고구려는 대부분 큰 산과 깊은 계곡으로 이루어진 산악 지대였기 때문에 식량이 부족하여 정복 활동을 통해 식량을 조달하였다. 이에 고구려 사람들은 집마다 부경이라는 작은 창고를 두고, 여기에 약탈해온 식량을 저장하였다.

오답 분석
- ① 부여에서는 본격적인 사냥철이 시작되는 매년 12월에 영고라는 제천 행사를 열었다.
- ③ 부여에서는 도둑질한 자에게 도둑질한 물건 값의 12배로 배상하게 하는 1책 12법의 형벌이 있었다.
- ④ 부여에서는 왕 아래에 마가, 우가, 구가, 저가라는 여러 가(加)들이 있었고, 이들은 저마다 별도의 행정 구획인 사출도를 주관하였다.

👍 **이것도 알면 합격!**

부여의 사출도

> 벼슬은 여섯 가축의 이름을 따서 마가·우가·저가·구가 등이라 칭했으며 …… 제가들은 별도로 사출도를 주관하는데 큰 곳은 수천 가이며 작은 곳은 수백 가였다.   - 『삼국지』「위서」 동이전

사료 분석 | 부여에서는 왕 아래의 가(加)들이 각기 관리를 거느리고 자기 부족을 지배하였다.

03 고대 백제 | 난이도 하 ●○○

정답 설명
③ 백제의 왕 중에서 신라와 혼인 동맹을 맺어 고구려에 대항한 왕은 무령왕이 아니라 동성왕이다. 동성왕은 고구려에 대항하기 위하여 신라의 고위 관직인 이벌찬 비지의 딸과 혼인하여 양국 간 동맹 관계를 더욱 공고히 하였다.

오답 분석
① 백제는 고이왕 때 중앙 관제를 6좌평제와 16관등제로 정비하였으며, 아울러 백관의 공복을 제정하여 관리들의 복색을 자색, 비색, 청색으로 구분하였다.
② 백제는 근초고왕 때 활발한 정복 활동을 전개하여 황해도 지역을 놓고 대립하던 고구려의 평양성을 공격하여 고국원왕을 전사시켰다.
④ 백제는 성왕 때 대외 진출이 유리한 사비(부여)로 천도하고 국호를 남부여라 하였다.

👍 이것도 알면 합격!

나·제 동맹

구분	백제	신라
나·제 동맹 체결(433)	비유왕	눌지 마립간
나·제 결혼 동맹 체결(493)	동성왕	소지 마립간
나·제 동맹 결렬(553)	성왕	진흥왕

04 고려 시대 태조 왕건 | 난이도 중 ●●○

자료 분석
제시문에서 신라가 스스로 멸망하였고 고려가 다시 일어나는 운을 타서 고향을 떠나지 않고 곧 대궐을 지었다는 내용과 진한의 옛 땅을 얻어 열아홉 해 만에 천하를 통일하였다는 내용을 통해 (가)가 태조 왕건임을 알 수 있다.

정답 설명
④ 태조 왕건은 『정계』와 『계백료서』를 지어 임금에 대한 신하들의 도리를 강조하고 관리가 지켜야 할 규범을 제시하였다.

오답 분석
① 정종: 광군사를 설치하고 광군 30만 명을 조직하여 거란의 침입에 대비한 왕은 고려 정종(3대)이다.
② 광종: 중국 후주에서 귀화한 쌍기의 건의에 따라 과거 제도를 실시하여 유교적 소양을 갖춘 신진 관리를 채용한 왕은 광종이다.
③ 광종: 후삼국 시대의 혼란기에 불법으로 노비가 된 자를 조사하여 양인으로 해방시키는 노비안검법을 시행한 왕은 광종이다. 광종은 노비안검법을 시행하여 호족들의 노비를 양인으로 해방시켜 호족 세력의 경제적·군사적 기반을 약화시키고, 국가 수입 기반을 확대하고자 하였다.

👍 이것도 알면 합격!

태조 왕건의 『정계』와 『계백료서』 반포

> 왕이 백제로부터 돌아와 위봉루에 임어하여 문무 관리와 백성들의 하례를 받았다. 왕이 이미 삼한을 평정한 후 신하들에게 절개와 의리를 장려하고자 하여 마침내 직접 『정계』 1권과 『계백료서』 8편을 지어 조정과 민간에 반포하였다. - 『고려사절요』

사료 분석 | 태조 왕건 임금에 대한 신하들의 절개와 의리를 강조하기 위해 『정계』와 『계백료서』를 저술하여 관리들이 지켜야 할 규범을 제시하였으나 현전하지 않는다.

05 고려 시대 고려사의 전개 | 난이도 중 ●●○

자료 분석
제시된 사건을 시간 순으로 나열하면 ② 이자겸의 난(1126) → ④ 묘청의 서경 천도 운동(1128) → ③ 망이·망소이의 난(1176) → ① 만적의 난(1198)이 된다.

정답 설명
① 시기상 가장 늦게 일어난 일은 만적의 난이다. 최씨 무신 정권기인 1198년에 최충헌의 사노비인 만적이 신분에 상관없이 누구나 공경대부가 될 수 있다고 주장하며 개경의 공·사노비를 모아 신분 해방과 정권 탈취를 목표로 반란을 모의하였으나, 사전에 발각되어 실패하였다.

오답 분석
② 이자겸의 난: 고려 인종 때 이자겸은 왕위를 찬탈하기 위하여 척준경과 함께 왕의 측근 세력을 제거하고 궁궐을 불태우는 등 난을 일으켰다(1126).
③ 망이·망소이의 난: 정중부 집권기에 공주 명학소에서 망이와 망소이가 신분 차별에 반대하며 난을 일으켰다(1176).
④ 묘청의 서경 천도 운동: 고려 인종 때 묘청은 이자겸의 난 이후 실추된 왕권을 회복한다는 명분과 개경의 땅 기운이 약해졌다는 풍수지리 사상을 이용하여 서경 천도 운동을 추진하였다(1128).

👍 이것도 알면 합격!

만적의 난

> 경계 이후 공경대부는 천예 속에서 많이 나왔다. 장상의 종자가 어찌 따로 있겠는가? 때가 오면 누구나 할 수 있는 것이다. 우리가 어찌 상전의 채찍 밑에서 힘겨운 일에 시달리기만 하겠는가 - 『고려사』

사료 분석 | 만적은 노비의 신분 해방을 주장하며 봉기를 계획하였지만 사전에 발각되어 실패하였다.

06 조선 전기 조선 시대의 중앙 정치 기관 | 난이도 중 ●●○

정답 설명
④ 옳은 것을 모두 고르면 ㉠, ㉡, ㉢, ㉣이다.
㉠ 사헌부는 관리들의 비리를 감찰하고 탄핵, 풍속 교정 등을 담당하는 기관이었다.
㉡ 사간원은 국왕에게 잘못을 논하거나 올바른 정책을 제시하는 간쟁을 하였다. 또한 잘못된 왕명을 시행하지 않고 되돌려보내는 봉박, 5품 이하 관리 임명에 대한 동의권인 서경권을 행사하였다.
㉢ 홍문관은 경연을 주관하며 학술·언론 기능 및 왕의 정책에 대한 자문을 담당하였다.
㉣ 사헌부, 사간원, 홍문관은 합쳐서 '삼사'라고 하였으며, 삼사는 언론 활동을 통해 권력의 독점이나 부정을 방지하려고 하였다.

👍 이것도 알면 합격!

조선의 삼사

- 사헌부: 시정(時政)을 논하여 바르게 이끌고 모든 관원을 규찰하며, 풍속을 바로 잡고, 원통하고 억울한 일을 풀어 주고 외람되고 거짓된 행위를 금하는 등의 일을 맡는다.
- 사간원: 간쟁(諫諍)하고 정사(政事)의 잘못을 논박(論駁)하는 직무를 관장한다.
- 홍문관: 궁궐 내의 경적(經籍)을 관리하고 문한(文翰)을 관리하며, 왕의 고문(顧問)에 대비한다. - 『경국대전』

사료 분석 | 사헌부, 사간원, 홍문관으로 구성된 삼사는 권력의 독점을 견제하는 언론 기능을 담당하였다.

07 조선 전기 태종 난이도 중 ●●○

자료 분석
제시문에서 6조 직계제를 시행하였다는 내용과 호패법을 실시하였으며 창덕궁을 건립하였다는 내용을 통해 밑줄 친 '왕'이 태종임을 알 수 있다.

정답 설명
① 태종은 사병을 모두 혁파하여 중앙·지방의 군권을 삼군부로 집중시킴으로써 왕권을 강화하였다.

오답 분석
② 중종: 비변사를 설치하여 국방 체제를 정비한 왕은 중종이다. 중종은 삼포왜란을 계기로 여진족과 왜구 등 외적의 침입에 대비하기 위한 임시 기구로 비변사를 설치하여 국방 체제를 정비하였다. 이후 비변사는 명종 때 을묘왜변을 계기로 상설 기구화되었다.
③ 성종: 『경국대전』을 반포하여 통치 체제를 정비한 왕은 성종이다. 성종은 세조 때부터 편찬되기 시작한 『경국대전』을 완성하여 반포함으로써 조선의 기본 통치 체제를 정비하였다.
④ 세종: 집현전을 확대·개편하여 학문과 문화를 발전시킨 왕은 세종이다. 세종은 고려 시대부터 있었던 학문 연구 기관인 집현전의 기능을 확대·개편하여 수많은 유학자들을 양성하였고, 이들을 중심으로 유교적 의례와 제도를 체계적으로 정리하였다. 또한 다양한 편찬 사업을 추진함으로써 조선의 학문과 문화를 발전시켰다.

👍 이것도 알면 합격!

태종의 6조 직계제 시행

> 의정부의 사무를 나누어 6조에 귀속시켰다. …… 왕은 의정부의 권한이 너무 큰 것을 염려하여 이를 단행하였다. 이로써 의정부는 사대 문서와 중죄수의 심의만을 관장하게 되었다. – 『태종실록』

사료 분석 | 6조 직계제는 6조가 의정부를 거치지 않고 사대 문서 관리, 중죄수 심의를 제외한 모든 업무를 국왕에게 직접 보고하도록 한 제도로, 태종 때 왕권 강화의 목적으로 시행되었다.

08 고려 시대 고려의 지방 통치 제도 난이도 하 ●○○

정답 설명
④ 고려 성종 때 최승로의 건의를 수용하여 전국의 주요 지역에 12목을 설치하고, 지방관인 목사를 파견하였다.

오답 분석
① 고려 태조 대에 전국에 걸쳐 지방관을 파견하지 않았다. 고려 시대에는 성종 때부터 12목에 지방관을 파견하기 시작하였으며, 예종 때는 지방관이 파견되지 않은 속군·속현에 감무를 파견하였다. 한편, 전국에 걸쳐 지방관을 파견하기 시작한 것은 조선 시대부터이다.
② 고려는 군사적으로 중요한 북쪽 지역에 계수관이 아닌 양계(북계·동계)를 두어 병마사를 파견하였다. 한편, 계수관은 지방의 행정 구역 혹은 그 행정 구역을 담당하는 수령을 가리키는 말로, 고려 시대에는 양계 지역을 제외한 경·목·도호부 등이 계수관으로 칭해졌다.
③ 고려는 전국을 8도가 아닌 5도로 구획하여 안찰사를 파견하였다. 한편, 안찰사는 도내의 주현을 순방하며 수령을 감찰하고 민생을 살피는 역할을 담당하였다.

👍 이것도 알면 합격!

고려 시대의 지방관 파견(최승로의 시무 28조)

> 제7조 태조께서 나라를 통일한 후에 군현에 수령을 두고자 하였으나 대개 초창기에 일이 번다하여 미처 이 일을 시행할 겨를이 없었습니다. 이에 제가 보건대 향리 토호가 늘 공무를 빙자하여 백성들을 침해하고 학대하므로 백성들이 명령을 감당하지 못하니 청컨대 외관(外官)을 두소서.

사료 분석 | 고려 성종 때 12목에 지방관인 목사를 파견함으로써 중앙 집권적 정치 체제를 확립하고, 귀족 관료중심으로 고려의 정치와 사회를 재편성하고자 하였다.

09 고려 시대 전시과 제도 난이도 중 ●●○

자료 분석
(가)는 경종 1년에 처음으로 전시과를 제정하였다는 내용을 통해 시정 전시과에 대한 설명임을 알 수 있다.
(나)는 목종 1년에 문무 양반과 군인들의 전시과를 개정하였다는 내용을 통해 개정 전시과에 대한 설명임을 알 수 있다.
(다)는 문종 30년에 양반 전시과를 경정하였다는 내용을 통해 경정 전시과에 대한 설명임을 알 수 있다.

정답 설명
② 산관이 지급 대상에서 완전히 제외된 것은 개정 전시과가 아닌 경정 전시과이다. 경정 전시과에서는 실직이 없는 산관을 토지 지급 대상에서 제외하고 현직 관리에게만 토지를 지급하였다.

오답 분석
① 시정 전시과에서는 관품과 함께 인품을 지급 기준으로 고려하여 전·현직 관리에게 토지를 지급하였다.
③ 경정 전시과에서는 개정 전시과보다 무반에 대한 대우가 상승하여 무반에게 지급된 토지 지급액이 크게 늘었다. 이는 거란과의 항쟁 과정에서 무반에 대한 인식이 달라진 것으로 파악된다.
④ 개정 전시과와 경정 전시과에서는 지급 대상을 18과로 구분하였다. 한편, 개정 전시과에서는 18과에 들지 못한 계층을 한외과로 분류하여 전지만 17결을 지급하였으나, 경정 전시과에서는 한외과가 소멸되었다.

👍 이것도 알면 합격!

전시과 제도의 특징

수조권 지급	토지의 소유권이 아닌 수조권(세금을 거둘 수 있는 권리)을 지급
전국적 토지 분급	양계 지방을 제외한 전국의 토지를 대상으로 분급
세습 불가의 원칙	퇴직이나 사망 시 국가에 반납하는 것이 원칙이었지만, 점차 직역과 함께 토지를 세습하는 경우가 많아졌음

10 조선 후기 균역법 시행 이후 재정 보충책 난이도 중 ●●○

정답 설명
④ 옳은 것을 모두 고르면 ⓒ, ⓔ이다.
· ⓒ, ⓔ 균역법 시행으로 국가 재정의 수입이 절반으로 감소되자 영조는 일부 상류층에게 '선무군관'이라는 칭호를 주고, 이들로부터 매년 선무군관포라는 군포 1필을 납부하게 하였다. 아울러 어장세, 염전세, 선박세 등의 잡세 수입을 국고로 전환시켜 국가 재정 수입을 보충하게 하였다.

오답분석
㉠ 균역법 시행으로 감소된 재정을 보충하기 위해 지주에게 토지 1결당 미곡 2두의 결작을 부담시켰다.
㉢ 대동법: 공인이라는 어용 상인을 통해 필요한 물품을 사서 납부하게 한 것은 대동법이다. 대동법의 실시로 어용 상인 공인이 국가에서 거두어들인 대동세를 공가로 미리 받아 필요한 물품을 사서 국가에 납부하였다.

👍 이것도 알면 **합격!**

균역법 시행 이후 재정 보충책

결작	토지 소유자(지주)에게 1결당 미곡 2두를 부과
선무군관포	지방의 토호나 일부 부유한 양민에게 선무군관이라는 명예직을 수여하고 1년에 군포 1필 징수
잡세	어장세·염세·선박세 등의 잡세 수입을 균역청에서 관할하여 국고로 전환

11 조선 후기 숙종 재위 시기의 사실   난이도 하 ●○○

정답설명
① 예송 논쟁은 숙종이 아닌 현종 재위 시기에 있었던 사실이다. 현종 재위 시기에는 효종과 효종 비의 죽음에 대해 자의 대비가 몇 년간 상복을 입을지를 두고 두 차례의 예송 논쟁이 벌어졌다. 현종 즉위년에 벌어진 1차 예송 논쟁에서는 서인이 승리하여 집권하였으며, 현종 15년에 벌어진 2차 예송 논쟁에서는 남인이 승리하여 집권하였다.

오답분석
② 숙종 때 서인은 남인인 허적과 그의 서자 허견이 역모를 꾸몄다고 고발하여 허적, 윤휴 등의 남인을 정계에서 대거 축출하고 정권을 잡았다(경신환국).
③ 숙종 때 장희빈이 낳은 왕자를 원자로 정하는 과정에서 송시열 등의 서인들이 이를 반대하자, 숙종은 서인 세력을 제거하고 인현 왕후를 폐위시켰다. 이 과정에서 서인이 몰락하고 남인이 집권하였다(기사환국).
④ 숙종 때 서인에서 분화된 노론과 소론이 폐비 민씨(인현 왕후)의 복위 운동을 전개하자 남인이 이를 탄압하였는데, 숙종이 노론과 소론의 편을 들면서 남인이 몰락하고 노론과 소론이 집권하였다(갑술환국). 이때, 인현 왕후가 복위되고 장씨가 희빈으로 강등되었다.

👍 이것도 알면 **합격!**

기사환국

전교하기를, "나라의 근본이 정해지기 전에는 임금의 물음에 따라 각각 소견대로 진달하는 것이 혹 가하지만, 명호를 이미 정한 지금에 와서 송시열이 산림의 영수로서 상소 가운데 감히 송나라 철종의 일까지 끌어대어서 은연중 '너무 이르다.'고 하였다. …… 마땅히 멀리 귀양 보내야겠지만, 그래도 유신이니, 아직은 가벼운 법을 쫓아서 삭탈관작하고 성문 밖으로 내쫓는다." 하였다.
– 『연려실기술』

사료 분석 | 숙종은 희빈 장씨의 아들을 원자로 정하려는 것에 대해 서인 세력이 반대하자 서인의 중심 인물인 송시열을 삭탈관작하여 제주도로 유배보낸 후 사약을 내렸다.

12 일제 강점기 대한민국 임시 정부의 상하이 시기 활동   난이도 중 ●●○

정답설명
② 대한민국 임시 정부가 삼균주의에 바탕한 대한민국 건국 강령을 선포한 것은 상하이가 아니라 충칭 시기 활동이다. 대한민국 임시 정부는 윤봉길 의사의 훙커우 공원 의거 이후 일본의 탄압이 심해지자 상하이를 떠나 충칭으로 이동하였다. 충칭에 정착한 대한민국 임시 정부는 정치·경제·교육의 균형을 주장하는 조소앙의 삼균주의에 바탕한 대한민국 건국 강령을 선포하였다.

오답분석
모두 대한민국 임시 정부의 상하이 시기 활동이다.
① 대한민국 임시 정부가 조직한 한인 애국단 소속의 윤봉길이 상하이 훙커우 공원에서 열린 일왕 탄생 축하 겸 일본군 전승 축하식에 폭탄을 투척하여 일본 장성과 고관들을 처단하였다.
③ 대한민국 임시 정부는 임시 사료 편찬회를 통해 일본의 침략과 학정, 우리 민족의 독립운동과 관련된 사료를 모아 『한·일 관계 사료집』을 편찬하였다.
④ 대한민국 임시 정부는 미국 워싱턴에 구미 위원부를 설치하여 우리나라의 독립 문제를 국제 여론화시키기 위해 노력하는 등 대미 외교 활동을 전개하였다.

👍 이것도 알면 **합격!**

대한민국 건국 강령

삼균 제도를 골자로 한 헌법을 실시하여 정치·경제·교육의 민주적 시설로 실제상 균형을 도모하며, 전국의 토지와 대생산 기관의 국유가 완성되고 전국의 학령 아동 전체가 고급 교육의 무상 교육이 완성되고 보통 선거 제도가 구속 없이 완전히 실시되어 …… 극빈 계급의 물질과 정신상 생활 정도와 문화 수준이 최고 보장되는 과정을 건국의 제2기라 함.

사료 분석 | 임시 정부의 건국 강령은 새로운 민주주의의 확립과 사회 계급 타파, 경제적 균등 등을 주장하였다.

13 고대 소수림왕의 불교 수용 시기   난이도 중 ●●○

자료분석
㉠ 진대법 실시(194) ~ 낙랑군 축출(313)
㉡ 낙랑군 축출(313) ~ 고국원왕 전사(371)
㉢ 고국원왕 전사(371) ~ 영락 연호 사용(391)
㉣ 영락 연호 사용(391) ~ 평양 천도(427)

정답설명
③ ㉢ 시기인 372년에 소수림왕은 전진(前秦)에서 온 승려 순도로부터 불교를 수용하였고, 374년에는 진(晉)에서 승려 아도를 맞아들였다. 이후 375년에 초문사와 이불란사를 각각 창건하여 순도와 아도를 머무르게 함으로써 불교 보급에 노력하였다.

👍 이것도 알면 **합격!**

소수림왕의 업적

불교 수용	전진에서 불교 수용·공인
태학 설립	국립 교육 기관인 태학을 설립하여 인재 양성
율령 반포	국가 통치의 기본법인 율령 반포

14 근대 화폐 정리 사업의 결과   난이도 중 ●●○

자료분석 제시문에서 구 백동화의 품질, 무게, 문양, 모양이 매우 양호하여 화폐로 인정받을 만한 것은 새로운 화폐로 교환한다는 내용과 부정 백동화는 정부에서 사들인다는 내용을 통해 화폐 정리 사업에 대한 설명임을 알 수 있다. 제1차 한·일 협약에 따라 대한 제국의 재정 고문으로 파견된 메가타는 백동화의 남발로 인한 화폐 제도의 문란을 개선한다는 구실로 화폐 정리 사업을 추진하였다.

정답설명 ③ 화폐 정리 사업의 결과 대한 제국의 백동화가 일본 제일은행권으로 교환되었고, 이에 따라 제일은행권이 법정 통화가 되었다.

오답분석
① 보안회의 반대 시위로 철회된 것은 일본의 황무지 개간권 요구로, 화폐 정리 사업과는 관련이 없다.
② 일본 화폐가 국내에서 처음으로 유통된 것은 조·일 수호 조규 부록(1876) 체결 이후로, 화폐 정리 사업(1905)이 실시되기 이전의 사실이다.
④ 동양 척식 주식회사는 일본이 대한 제국의 토지와 자원을 수탈할 목적으로 만든 식민지 착취 기구로, 화폐 정리 사업과는 관련이 없다.

👍 이것도 알면 **합격!**

화폐 정리 사업

시행	제1차 한·일 협약(1904)의 결과로 파견된 재정 고문 메가타의 주도로 시행(1905)
내용	구 백동화를 일본 제일은행권으로 교환, 이때 백동화에 등급을 매겨 차등 교환
결과	· 국내 중소 상공업자와 금융 기관이 크게 위축됨 · 일본 제일은행이 중앙 은행의 역할을 하게 됨

15 근대 오페르트 도굴 사건이 발생한 시기   난이도 중 ●●○

자료분석 제시문에서 흥선 대원군 부친의 유품들을 수중에 넣는다면 그것을 통해 그와 거래할 수 있을 것이라는 내용과 조약을 체결하여 나라를 개방하겠다는 열강들의 요구에 귀 기울일 수밖에 없을 것이라는 내용을 통해 오페르트 도굴 사건에 대한 내용임을 알 수 있다.

㉠ 제너럴셔먼호 사건(1866. 7.) ~ 병인양요(1866. 9.)
㉡ 병인양요(1866. 9.) ~ 신미양요(1871)
㉢ 신미양요(1871) ~ 강화도 조약(1876)
㉣ 강화도 조약(1876) ~ 임오군란(1882)

정답설명 ② 오페르트 도굴 사건은 ㉡ 시기인 1868년에 발생하였다. 독일인 오페르트는 조선에 통상을 요구하였다가 거절당하자, 흥선 대원군의 부친인 남연군의 묘를 도굴하여 유해와 부장품을 미끼로 다시 통상을 요구하려고 하였으나 실패하였다.

16 근대 대한국 국제 공포 이후의 사건   난이도 중 ●●○

자료분석 제시문에서 대한국은 세계 만국에 공인된 자주 독립한 제국이라는 내용과 대한국 대황제는 무한한 군권을 향유한다는 내용을 통해 1899년에 공포된 대한국 국제임을 알 수 있다. 대한국 국제는 대한 제국의 일종의 헌법으로, 대한 제국이 전제 정치 국가임과 황제가 무한한 권한을 행사함을 강조하였고, 육해군 통수권·입법권·행정권·사법권·외교권 등을 황제의 대권으로 규정하였다.

정답설명 ① 대한국 국제 공포 이후인 1901년에 대한 제국은 지계아문을 설치하여 토지의 소유권을 법적으로 증명하는 지계를 발급하였다.

오답분석 모두 대한국 국제 공포 이전의 사건이다.
② 박문국에서 한성순보를 발행한 것은 1883년부터 1884년까지이다. 한성순보는 박문국에서 순 한문체 신문으로 10일에 한 번씩 발행한 우리나라 최초의 근대 신문이었다. 그러나 갑신정변으로 박문국이 불에 타버리자, 간행이 중단되었다.
③ 우편 제도가 도입되어 우정국이 설치된 것은 1884년이다. 그러나 우정국 개국 축하연을 이용한 갑신정변의 여파로 같은 해에 폐지되었다.
④ 최초의 서양식 병원인 광혜원을 설립한 것은 1885년이다. 광혜원은 미국인 알렌과 조선 정부가 합작하여 설립한 우리나라 최초의 근대식 병원이었다. 광혜원은 설립한 해에 제중원으로 개칭되었다가 1904년에 세브란스 병원으로 개편되었다.

17 현대 좌·우 합작 7원칙 발표 이후의 사실   난이도 중 ●●○

자료분석 제시문의 좌·우 합작 위원회 합작 원칙(좌·우 합작 7원칙)은 1946년 10월에 발표되었다. 남북 분단의 위기가 고조되는 상황에서 김규식·여운형 등 중도 세력은 좌·우 합작 위원회를 결성하였다. 이들은 토지 개혁 및 친일파 청산 문제 등에 대한 좌·우익 세력의 의견을 절충하여 좌·우 합작 7원칙을 발표하였다.

정답설명 ③ 좌·우 합작 7원칙 발표 이후인 1948년에 김구의 '삼천만 동포에게 읍고함'이 발표되었다. 제2차 미·소 공동 위원회가 결렬되고 유엔에서 남한만의 단독 선거가 논의되자, 김구는 이에 반발하여 곧바로 '삼천만 동포에게 읍고함'이라는 성명서를 발표하였다.

오답분석 모두 좌·우 합작 7원칙 발표 이전의 사실이다.
① 제1차 미·소 공동 위원회가 무기한 휴회에 돌입하자, 1946년 6월에 이승만은 정읍에서 남한만의 단독 정부 수립을 주장하는 발언을 하였다(정읍 발언).
② 1946년 3월에 미국과 소련은 모스크바 3상 회의 결정 사항의 구체적 실행 방안을 마련하기 위해 제1차 미·소 공동 위원회를 개최하였다.
④ 1945년 광복 직후에 조선 건국 준비 위원회는 미 군정과의 협상에서 유리한 위치를 차지하기 위해 조선 인민 공화국 수립을 선포하였다. 그러나 미 군정은 조선 인민 공화국을 인정하지 않았다.

18 근대 러시아   난이도 중 ●●○

자료분석 제시문에서 영국이 이 나라를 견제하기 위해 거문도를 불법 점령하였다는 내용과 명성 황후 시해 사건 이후 고종이 이 나라의 공사관으로 처소를 옮겼다는 내용을 통해 밑줄 친 '이 나라'가 러시아임을 알 수 있다.

정답설명 ③ 러시아는 석탄 저장고를 건설할 목적으로 대한 제국 정부에게 절영도 조차를 요구하였다. 그러나 독립 협회의 반대로 무산되었다.

오답분석
① 프랑스: 병인양요를 일으킨 나라는 프랑스이다. 프랑스는 병인박해 때 프랑스 선교사들이 처형된 것을 구실로 강화도에 군함을 파견하여 병인양요를 일으켰다.

② 미국: 신미양요를 일으킨 나라는 미국이다. 미국은 제너럴셔먼호 사건을 구실로 통상을 요구하며 강화도에 군함을 파견하여 신미양요를 일으켰다.
④ 일본: 황무지 개간권을 요구한 나라는 일본이다. 일본은 황무지를 개간한다는 구실로 대한 제국의 토지를 약탈하고자 하였으나, 보안회의 반대로 실패하였다.

19 일제 강점기 6·10 만세 운동 난이도 상 ●●●

자료분석 제시문에서 융희 황제(순종)에 대해 궁검을 사이에 두고 통곡한다는 내용과 피압박민족과 무산자 대중은 모두 함께 보조를 맞춰 나갈 것이라는 내용을 통해 6·10 만세 운동 때 발표된 격문임을 알 수 있다. 6·10 만세 운동은 일제에 대한 불만이 고조되고 있는 상황에서 순종의 인산일에 일어났다.

정답설명 ④ 6·10 만세 운동은 준비 과정에서 천도교 중심의 민족주의 계열과 사회주의 계열이 연대하면서 이후 민족 유일당 운동이 전개되는 계기가 되었다.

오답분석
① 3·1 운동: 일제가 문화 통치를 표방하는 계기가 된 민족 운동은 3·1 운동이다. 3·1 운동 이후 일제는 친일파를 양성하여 우리 민족을 이간시키는 민족 분열책인 문화 통치로 통치 방식을 바꾸었다.
② 6·10 만세 운동은 문화 통치 시기인 1926년에 일어났다. 한편, 민족 말살 통치는 1930년대 일제가 중국 대륙 침략을 본격화하면서 실시한 통치 방식으로, 전시 체제의 원활한 동원을 위해 한국인의 전통과 문화를 말살하여 일본인으로 동화시키고자 하였다.
③ 3·1 운동: 민족 자결주의의 영향을 받아 고종의 인산일에 일어난 민족 운동은 3·1 운동이다. 3·1 운동은 미국 대통령 윌슨이 주장한 '민족 자결주의'와 일본에서 한국 유학생들이 발표한 2·8 독립 선언의 영향을 받아, 고종의 인산일에 일어났다. 한편, 윌슨의 민족 자결주의는 각 민족의 문제는 민족 스스로 결정해야 한다는 주장이다.

👍 이것도 알면 합격!

6·10 만세 운동 때의 격문

> 조선 민중아! 우리의 철천지 원수는 자본·제국주의 일본이다. 2천만 동포야! 죽음을 각오하고 싸우자! 만세 만세 조선 독립 만세! 조선은 조선인의 조선이다. 횡포한 총독 정치를 구축하고 일제를 타도하자. 학교의 용어는 조선어로, 학교장은 조선 사람이어야 한다.

사료 분석 | 6·10 만세 운동으로 학생층이 독립운동의 주체로 성장하였다. 한편 민족주의 계열인 천도교계와 사회주의 계열의 단체가 함께 6·10 만세 운동 추진하면서, 이후 민족 유일당 운동이 전개되는 계기를 마련하였다.

20 현대 현대사의 전개 난이도 중 ●●○

정답설명 ③ 시간순으로 나열하면 ⓒ 발췌 개헌(1952) → ㉠ 사사오입 개헌(1954) → ⓒ 진보당 사건 발생(1958) → ㉣ 3·15 부정 선거(1960)가 된다.
- ⓒ 발췌 개헌: 6·25 전쟁 중 임시 수도 부산의 국회에서 발췌 개헌(제1차 개헌)이 이루어졌다(1952). 이를 통해 대통령 선출 방식이 기존 국회 간선제에서 직선제로 개편되었다.
- ㉠ 사사오입 개헌: 자유당은 초대 대통령에 한해 중임 제한을 철폐한다는 내용의 개헌안을 제출하여 국회 표결에 부쳤으나 1표 차이로 부결되었다. 그러나 자유당은 사사오입의 논리(반올림)를 내세워 개헌안을 강압적으로 통과시켰다(1954).
- ⓒ 진보당 사건 발생: 조봉암이 진보당을 창당하고 평화 통일론을 주장하여 국민들에게 많은 지지를 받자, 이에 위협을 느낀 이승만 정부는 조봉암을 비롯한 진보당 간부들을 북한의 간첩과 내통하였다는 혐의로 구속하였다(진보당 사건, 1958). 이듬해 진보당은 해체되고 조봉암은 간첩 혐의로 처형당하였다.
- ㉣ 3·15 부정 선거: 이승만과 자유당은 고령의 이승만이 사망할 경우 대통령직을 승계받는 부통령에 자유당의 이기붕을 당선시키기 위해 3·15 부정 선거를 일으켰다(1960).

18회 2024년 서울시 9급

2024년 6월 22일 시행

문제집 84쪽

정답

01	③ 고대	11	③ 조선 후기
02	① 고대	12	④ 조선 후기
03	① 고대	13	② 근대
04	③ 고려 시대	14	② 근대
05	② 선사 시대	15	③ 근대
06	④ 고려 시대	16	③ 일제 강점기
07	① 고려 시대	17	④ 일제 강점기
08	② 고려 시대	18	① 현대
09	④ 조선 후기	19	② 현대
10	④ 조선 후기	20	① 현대

취약 시대 분석표

시대	맞힌 개수
선사 시대	/ 1
고대	/ 3
고려 시대	/ 4
조선 전기	/ 0
조선 후기	/ 4
근대	/ 3
일제 강점기	/ 2
현대	/ 3
시대 통합	/ 0
총합	/ 20

기출 총평

"합격선 85점, 다소 변별력 있게 출제!"

- **난이도:** 시험 전체적인 난이도는 중상으로, 생소한 출제 포인트와 사료가 출제되어 체감 난이도가 높았던 시험이었습니다.
- **고난도 문제**
  - 12번 조선 후기 노비 제도: 조선 후기 노비 제도는 잘 출제되지 않는 지엽적인 개념이라 정답을 맞히기 어려웠던 문제였습니다.
  - 17번 민족 혁명당: 민족 혁명당 강령 사료가 처음 출제되어 난이도가 높은 문제였습니다.
  - 18번 제헌 헌법 공포 이후의 사실: 제시된 사료를 읽고 제헌 헌법의 내용임을 유추하지 못하였다면 풀기 어려운 문제였습니다.

01 고대 고대사의 전개 난이도 중●●○

정답설명
③ 시간 순으로 나열하면 ⓒ 근초고왕의 평양성 공격(371) → ㉠ 장수왕의 한성 점령(475) → ⓒ 진흥왕의 한강 유역 차지(553) → ㉣ 가야 연맹 해체(562)이 된다.

- ⓒ 근초고왕의 평양성 공격: 백제의 근초고왕은 남쪽으로 마한의 여러 소국을 복속시키고, 황해도 지역을 놓고 대립하던 고구려의 평양성을 공격하였다. 이 과정에서 고구려의 고국원왕이 전사하였다(371).
- ㉠ 장수왕의 한성 점령: 고구려의 장수왕은 남하 정책을 추진하여 백제의 수도 한성을 점령한 후 개로왕을 죽여 한강 유역을 차지하였다(475).
- ⓒ 진흥왕의 한강 유역 차지: 신라의 진흥왕은 백제 성왕과 연합하여 한강 유역을 차지하고 있던 고구려를 공격하여 몰아냈다. 하지만 한강 유역이 백제의 영토가 되자, 진흥왕은 다시 백제를 공격하여 한강 유역을 차지하였다(553).
- ㉣ 가야 연맹 해체: 가야 연맹은 각 소국이 독자적인 정치 기반을 유지하고 있었기 때문에 중앙 집권 국가로 발전하지 못하였고, 신라 진흥왕에 의해 대가야가 신라에 병합됨으로써 해체되었다(562).

👍 **이것도 알면 합격!**

근초고왕의 평양성 공격

> 왕 26년(371) 겨울, 왕(근초고왕)이 태자와 함께 정예군 3만 명을 거느리고 고구려에 침입하여 평양성을 공격하였다. 고구려 왕 사유(고국원왕)가 필사적으로 항전하다가 날아오는 화살에 맞아 죽었다.
> – 『삼국사기』

사료 분석 | 백제 근초고왕은 황해도 지역을 두고 대립하던 고구려의 평양성을 공격하였다(371). 이 전투에서 고구려 고국원왕이 전사하였다.

02 고대 원종과 애노의 난 이후의 사건 난이도 중●●○

자료분석
제시문에서 원종과 애노 등이 사벌주를 근거지로 하여 반란을 일으켰다는 내용을 통해 진성 여왕 재위 시기에 발생한 원종과 애노의 난(889)에 대한 설명임을 알 수 있다. 진성 여왕 때는 사회가 혼란하여 사벌주(상주)에서 일어난 원종과 애노의 난을 시작으로 전국적으로 농민 반란이 발생하였다.

정답설명
① 원종과 애노의 난 이후인 927년에 후백제의 견훤이 신라의 수도 경주(금성)을 침략하여 경애왕을 살해하고, 경순왕을 신라 왕으로 옹립하였다.

오답분석
모두 원종과 애노의 난 이전에 발생한 사건이다.
② 당나라가 문무왕의 동생 김인문을 신라 왕으로 임명하고 군대를 동원한 것은 문무왕 때인 674년의 사실이다. 당나라가 백제와 고구려가 멸망한 이후 한반도 전체를 지배하려하자 나·당 전쟁이 전개되었다. 이에 당나라는 문무왕의 관작을 삭탈하고 김인문을 신라 왕으로 임명하고 군대를 동원하여 신라를 공격하였다. 그러나 신라는 매소성 전투(675)와 기벌포 전투(676)에서 당나라 군을 섬멸하였다.
③ 백제 의자왕이 신라의 서쪽 지역을 공격하여 대야성 등 40여 성을 함락시킨 것은 642년의 사실이다.

④ 혜공왕을 마지막으로 무열왕계가 단절된 것은 780년의 사실이다. 혜공왕 때 이찬 김지정이 반란을 일으켰고, 이 과정에서 무열왕계인 혜공왕이 피살되고 내물왕 계인 김양상이 선덕왕으로 즉위하면서 무열왕 직계가 단절되었다.

03 고대 발해사의 전개 난이도 중 ●●○

정답 설명 ① 시간 순으로 나열하면 ㉠ 당의 산둥 지방 공격(발해 무왕) → ㉡ 정혜 공주 묘, 정효 공주 묘 건립(발해 문왕) → ㉢ 발해의 전성기(선왕)가 된다.

- ㉠ 당의 산둥 지방 공격: 발해 무왕 때 당이 흑수말갈과의 연결을 시도하며 발해를 견제하자, 장문휴를 보내 당 산둥 지방의 등주를 선제공격하였다.
- ㉡ 정혜 공주 묘, 정효 공주 묘 건립: 발해 문왕 때 정혜 공주 묘가 굴식 돌방무덤 양식과 모줄임 천장 구조로 축조되었으며, 정효 공주 묘는 벽돌무덤 양식과 평행 고임 천장으로 축조되었다.
- ㉢ 발해의 전성기: 발해는 선왕(818~830) 때 남쪽으로는 신라와 국경을 맞댈 정도로 영토를 확장하였는데, 이때 중국인들은 발해를 '바다 동쪽의 융성한 나라'라는 뜻의 해동성국이라 불렀다.

👍 이것도 알면 합격!

발해의 대표적인 고분

정혜 공주 묘	· 육정산 고분군에 위치 · 고구려 양식을 계승한 모줄임 천장 구조의 굴식 돌방무덤 · 묘지의 명문은 발해의 뛰어난 한학 수준을 보여 주며, 돌사자상이 출토됨
정효 공주 묘	· 용두산 고분군에 위치 · 당나라 양식과 고구려 양식을 결합한 형태인 벽돌무덤 · 묘지 명문의 불로장생 사상이 도교적 성격을 보여 주며, 벽화 존재

04 고려 시대 무신 정변 이후의 사건 난이도 중 ●●○

정답 설명 ③ 옳은 것을 모두 고르면 ㉡, ㉢이다.

- ㉡ 무신 정변 이후 권력을 장악한 정중부는 그의 아들 정균을 명종의 딸과 혼인시키려 하였다. 하지만 정중부 부자의 전횡이 심해지자 경대승에 의해 제거되었다.
- ㉢ 최우 집권기에서 문신들의 숙위 기구인 서방이 설치되어 행정 실무 능력을 갖춘 문신들이 등용되었다.

오답 분석 ㉠ 최충헌이 권력 기관으로 삼은 것은 교정도감이다. 최충헌은 모든 국정을 관장하는 최고 권력 기관으로 교정도감을 설치하고, 스스로 교정도감의 장관인 교정별감의 자리에 올라 권력을 장악하였다.

㉣ 연산에 개태사를 세운 것은 무신 정변 이전인 태조 왕건 때의 사실이다. 개태사는 태조 왕건이 후백제를 멸망시키고 이를 기념하기 위하여 후백제 신검의 항복을 받아낸 장소에 세운 사찰이다.

👍 이것도 알면 합격!

무신 정변

> 어느 날 왕이 보현원으로 가 술을 마시고 있다가 대장군 이소응으로 하여금 수박희를 시켰다. 이소응이 이기지 못하고 달아나려 하자 이때 한뢰가 갑자기 나서 이소응의 뺨을 때려 섬돌 아래로 떨어지게 하였다. …… 정중부가 날카로운 소리로 한뢰를 꾸짖었다. "이소응이 비록 무관이나 벼슬이 3품인데 어찌 이렇게 심한 모욕을 주는가."
> - 『고려사』

사료 분석 | 무신 정변은 보현원에서 열린 연회에서 무신인 대장군 이소응이 젊은 문신 한뢰에게 모욕을 당한 것이 직접적인 원인으로 작용하였다.

05 선사 시대 부여 난이도 하 ●○○

자료 분석 제시문에서 12월에 지내는 제천 행사의 이름을 '영고'라 하였다는 내용을 통해 부여에 대한 설명임을 알 수 있다.

정답 설명 ② 부여에서는 국왕을 중심으로 가장 유력한 대가인 우가, 마가, 저가, 구가 등이 주요 국가 정책을 논의하고 별도의 행정 구획인 사출도를 통치하였다.

오답 분석 ① 삼한: 국읍에 천군을 두어 천신에 대한 제사를 주관한 국가는 삼한이다. 삼한은 정치적 지배자인 군장 외에 제사장인 천군이 있어 소도에서 종교와 농경에 대한 의례를 주관하였다.

③ 옥저: 혼인 풍속으로 민며느리제가 있었던 국가는 옥저이다. 민며느리제는 남자 집에서 어린 여자 아이를 데려다가 키운 뒤 장성하면 여자 집에 예물을 치르고 혼인시키는 풍속이다.

④ 고구려: 왕 아래 상가, 대로, 패자, 고추가 등의 관료 조직이 있었던 나라는 고구려이다. 한편, 상가, 고추가 등의 대가들은 각자 사자, 조의, 선인 등의 관리를 거느렸다.

06 고려 시대 고려 시대의 사실 난이도 중 ●●○

정답 설명 ④ 고려 시대의 호장을 포함한 지방 향리들은 직역에 대한 경제적 보수로 외역전이라는 토지를 지급받았다.

오답 분석 ① 고려 시대의 전민변정도감에서는 권세가들이 강제로 빼앗은 토지와 노비 소유권 문제를 바로 잡기 위한 소송을 처리하였다.

② 고려 시대의 왕실은 응방을 통해 매(해동청)를 사육하거나 사냥하여 원에 조공품으로 보내는 등의 경제적 이익을 추구하였다.

③ 고려 시대에는 전시과 제도를 통해 관료에게 곡물을 수취할 수 있는 전지와 땔감을 얻을 수 있는 시지를 지급하였다.

07 고려 시대 몽골의 1차 침입과 공민왕 재위 시기 사이의 사실 난이도 중 ●●○

자료 분석 <보기 1>은 몽고군이 이르니 양반들은 모두 성을 버리고 도망치고 말았고, 노비군과 천민들이 힘을 합하여 몽고군을 물리쳤다는 내용을 통해 몽골의 1차 침입 때 전개된 충주 전투(1231)임을 알 수 있다.

<보기 2>는 원나라 연호인 지정을 쓰지 않고 교지를 내렸다는 내용을 통해 공민왕 재위 시기(1351~1374)의 반원 자주 정책임을 알 수 있다.

| 정답 설명 | ① 화통도감을 설치하여 각종 화약 무기를 제조한 것은 우왕 때인 1377년으로, <보기 2> 이후의 사실이다. 우왕 때 최무선의 건의에 따라 화통도감을 설치하여 화포를 개발하였고, 화포는 진포 해전 때 왜구를 격퇴하는 데 사용되었다. |

| 오답 분석 | 모두 <보기 1>과 <보기 2> 사이의 사실이다.
② 충렬왕 때인 1280년에 원나라가 일본 원정을 위해 정동행성을 설치하였다. 정동행성은 일본 원정이 실패한 이후에도 존속하여 고려의 내정 간섭에 이용되었다.
③ 몽골의 침입 이후인 원 간섭기에 새로운 지배 세력으로 권문세족이 출현하였다. 권문세족은 원 간섭기에 부원 세력으로 성장한 고려 후기의 대표적인 지배 세력이었으며, 이들은 고위 관직을 독점하고 도평의사사(도당)를 장악하였다.
④ 충렬왕 때 『삼국유사』(1281), 『제왕운기』(1287) 등의 역사서가 편찬되었다. |

08 고려 시대 고려 시대의 정책   난이도 중 ●●○

| 자료 분석 | 제시문은 최승로가 왕에게 올린 시무 28조의 내용으로, 고려 시대에 작성되었다. 고려 성종 때에는 유교 이념을 바탕으로 국가를 운영할 것을 주장한 최승로의 시무 28조를 받아들여 지방관으로 목사를 파견하는 등 통치 체제를 정비하였다. |

| 정답 설명 | ② 향촌의 안정을 도모하기 위해 각 군현 밑에 면, 리, 통을 두고 다섯 집을 1통으로 편제하여 다스리는 오가작통제와 16세 이상의 남자에게 호패(일종의 신분증)를 가지고 다니게 하는 호패법을 시행한 것은 조선 시대이다. |

| 오답 분석 | ① 고려 현종 때에는 전국을 5도 양계 및 경기로 나누고 군사적 요충지로서의 4도호부와 일반 행정 구역으로서의 8목 체제로 개편하는 등 지방 행정을 개편하였다.
③ 고려 시대에는 지방관이 파견되는 주현과 지방관이 파견되지 않는 속현으로 군현을 구분하였으며, 속현의 수가 주현의 수보다 많았다.
④ 고려 시대에는 주현의 지방관이 속현까지 관할하는 것이 원칙이었으나, 현실적으로 불가능하였기 때문에 향리가 속현 및 향·부곡·소의 조세, 공물 징수, 노역 징발 등의 행정 업무를 담당하였다. |

👍 이것도 알면 합격!

고려의 지방 조직 정비

12목 설치 (성종)	지방 주요 지역에 12목 설치 → 지방관(목사) 파견
향리 제도 (성종)	지방 중소 호족을 향리(호장, 부호장)로 편입
지방 행정 개편 (현종)	· 4도호부(군사적 요충지), 8목 체제(일반 행정 구역) · 전국을 5도와 양계로 이원화

09 조선 후기 조선 후기의 학문   난이도 중 ●●○

| 자료 분석 | 제시문은 홍대용이 작성한 『의산문답』의 내용으로, 조선 후기에 작성되었다. 홍대용은 지구가 우주의 중심이 아니라 무수한 별 중 하나라는 무한 우주론을 바탕으로 중국 중심의 세계관을 비판하였다. |

| 정답 설명 | ④ 조선 후기에 이긍익은 우리나라의 역대 정치·사회·문화를 백과사전식으로 정리한 기사본말체 역사서인 『연려실기술』을 저술하였다. |

| 오답 분석 | ① 조선 후기에 정약용은 지구 자전설을 주장하지 않았다. 한편, 중국이 세계의 중심이라는 세계관을 거부하고 지구 자전설을 주장한 인물은 김석문, 홍대용 등이다.
② 조선 후기에 요하네스 테렌츠가 쓴 『기기도설』을 참고하여 거중기 등 건축 기계를 제작한 인물은 정약용이다. 정약용이 제작한 거중기는 수원 화성을 건설할 때 사용되어 건축 기간을 단축시키는 데 공헌하기도 하였다.
③ 조선 후기에 청나라에 다녀와 쓴 『열하일기』에서 청 문물을 소개한 인물은 박지원이다. 박지원은 『열하일기』에서 청의 선진 문물을 소개하고 상공업의 진흥을 강조하며, 수레와 선박 등을 이용할 것을 주장하였다. |

10 조선 후기 세도 정치 시기   난이도 중 ●●○

| 자료 분석 | 제시문에서 특정 가문이 권력을 독점하는 정치 형태를 말한다는 내용과 정권은 안동 김씨 또는 풍양 조씨 등 외척의 사유물이 되었다는 내용을 통해 (가) 시기가 세도 정치 시기임을 알 수 있다. 세도 정치 시기는 정조 사후 순조·헌종·철종의 60여 년 동안 안동 김씨, 풍양 조씨 등 특정 가문이 정권을 장악한 시기이다. |

| 정답 설명 | ④ 노비 인구를 제도적으로 줄이기 위해 노비 종모법을 확정하여 노비의 신분과 소속을 모친에 따라 정해지도록 한 것은 영조 때의 사실이다. |

| 오답 분석 | ① 세도 정치 시기인 철종 때 최제우에 의해 창시된 동학은 시천주(누구나 천주를 내재적으로 모신다)와 인내천(사람이 곧 하늘이다) 사상을 통해 인간주의, 평등주의 주장하며 농촌 사회를 중심으로 교세를 확장하였다.
② 세도 정치 시기에 군포를 비롯한 삼정의 문란이 심해지자, 부유한 농민들은 이를 피하기 위하여 불법적으로 족보를 위조하거나 양반 신분을 사들였다.
③ 세도 정치 시기에는 평안도 지역에 대한 부당한 차별 대우와 삼정의 문란이 심각해졌다. 이에 평안도에서는 홍경래의 난이 일어나고, 삼남 지방에서는 임술 농민 봉기가 일어나 지방민의 불만이 표출되었다. |

👍 이것도 알면 합격!

세도 정치의 폐단

> 가을에 한 늙은 아전이 대궐에서 돌아와 처와 자식에게 "요즘 이름 있는 관리들이 모여서 하루 종일 이야기를 하여도 나랏일에 대한 계획이나 백성을 위한 걱정은 전혀 하지 않는다. 오로지 각 고을에서 보내오는 뇌물의 많고 적음과 좋고 나쁨에만 관심을 가지고, 어느 고을의 수령이 보낸 물건은 극히 정묘하고 또 어느 수령이 보낸 물건은 매우 넉넉하다고 말한다. 이름 있는 관리들이 말하는 것이 이러하다면 지방에서 거둬들이는 것이 반드시 늘어날 것이다. 나라가 어찌 망하지 않겠는가." 하고 한탄하면서 눈물을 흘려 마지 않았다.
> - 정약용, 『목민심서』

사료 분석 | 조선 후기에 세도 가문은 권력을 지배층에 집중시켜 전통적인 지배 체제를 유지하고자 하였고, 이로 인해 백성들의 삶은 파탄에 이르게 되었다.

11 조선 후기 | 조선과 후금의 관계　　난이도 중 ●●○

정답 설명
③ 인조반정으로 광해군을 폐위하고 인조를 왕위에 올린 서인들은 광해군과 북인들의 대외 정책을 부정하고 후금과의 관계를 끊었다. 이로 인해 후금에서는 명나라에 이어 조선과도 경제 교류가 끊겨 물자가 부족해지자, 조선에게 시장을 열어 교역을 재개할 것을 요구하였다.

오답 분석
① 후금은 조선에 숙질 관계(삼촌과 조카)가 아닌 형제 관계를 요구하였다. 후금은 광해군을 위하여 보복한다는 명분으로 정묘호란을 일으켰고, 이 전쟁의 결과 조선과 후금은 형제 관계를 체결한다는 내용이 담긴 정묘약조를 체결하였다.
② 조선은 후금의 사신 용골대를 참수하지 않았다. 한편, 조선에서는 후금군에 맞서 용골산성에서 정봉수가, 의주에서 이립 등이 의병을 일으키는 등 항전 의지를 보였다.
④ 후금은 세력이 더욱 커지자 황제를 칭하고 국호를 청으로 바꾸면서 조선에 군신 관계를 요구하였다. 이에 조선에서는 청과 전쟁을 하여야 한다는 주전론이 우세하였지만 명과 연합하여 선전 포고를 하지는 않았다.

12 조선 후기 | 조선 후기 노비 제도　　난이도 상 ●●●

정답 설명
④ 노비 세습제가 폐지된 것은 고종 때인 1886년의 사실이다. 한편, 1894년에 추진된 제1차 갑오개혁에서는 공·사노비 제도를 폐지하여 법적인 신분 제도를 철폐하였다.

오답 분석
① 균역법 실시 이후 양인의 군포 부담이 2필에서 1필로 낮아지자, 공노비의 신공 부담이 상대적으로 무거워졌다. 결국 영조는 공노비에 대해서도 노(남자 노비)의 신공을 1필 반에서 1필로, 비(여자 노비)의 신공을 폐지하였다.
② 공노비의 신공이 양인의 군역 부담과 1필로 동일해지자, 공노비를 부림으로써 얻는 신공의 양이 줄어 실익이 없어졌다.
③ 조선 시대에는 부모 중 한쪽이 노비이면 자녀도 무조건 노비가 되는 일천즉천의 원칙을 따랐다. 그러나 영조 때 조세를 수취할 수 있는 양인의 수를 확보하기 위해 노비의 신분과 소속을 모친의 신분에 따라 결정하는 (노비)종모법을 실시하면서 노비의 해방과 양인의 확대가 촉진되었다.

👍 이것도 알면 합격!
노비에 관한 정책

노비 추쇄도감 설치	• 도망 노비의 색출을 위해 설치 • 세종~명종 때까지 수시로 설치, 효종 때(1655) 국가 재정 확충을 위해 설치
노비 종모법	노비 소생의 자녀가 어머니의 신분을 따르게 한 법 (1731, 영조 확정)
노비 공감법	노(奴)와 비(婢)의 신공을 줄여줌(1755), 이후 비의 신공 폐지(1775)
노비 추쇄관 폐지	모든 공노비의 추쇄관 폐지(1778, 정조)
공노비 해방	중앙 관서의 공노비 해방(1801, 순조)
노비 세습제 폐지	노비의 세습을 법으로 금지(1886, 고종)

13 근대 | 독립 협회　　난이도 중 ●●○

자료 분석
제시문에서 외국인에게 의지하지 말고 관민이 합심하여 황제권을 공고히 할 것이라는 내용과 재정은 탁지부에서 전담하여 맡고 예산과 결산을 국민에게 공포할 것이라는 내용을 통해 헌의 6조임을 알 수 있다. 헌의 6조는 독립 협회의 주도로 개최한 관민 공동회에서 결의된 개혁안이다.

정답 설명
② 태양력과 '건양' 연호를 사용하고 단발령을 실시한 것은 을미개혁(1895) 때 추진된 정책으로, 독립 협회가 설립(1896)되기 이전의 사실이다.

오답 분석
① 독립 협회는 민중 계몽과 국내외 소식을 전하기 위하여 독립신문을 발간하였고, 기존에 중국 사신을 맞이하던 모화관 앞의 영은문을 없애고 그 자리에 독립 의식 고취를 위한 독립문을 건설하였다.
③ 독립 협회는 헌의 6조 중 4조에서 중대한 범죄는 공판하되 피고의 인권을 존중할 것을 주장하였다.
④ 독립 협회는 만민 공동회를 열어 한러 은행 폐쇄와 러시아 재정 고문 및 군사 교관의 철수 등을 주장하며 러시아의 내정 간섭과 이권 요구를 규탄하였다.

👍 이것도 알면 합격!
독립 협회의 러시아 절영도 조차 요구 저지

> 현재 러시아가 우리 대한을 향하여 절영도를 요구하고 있습니다. …… 그 신하된 자가 만약 조그마한 땅이라도 타국인에게 주면 황제 폐하의 역신이며 역대 임금의 죄인이며, 우리 대한 2천만 동포 형제의 원수입니다.
> – 『대한계년사』

사료 분석 | 절영도는 부산 남쪽에 위치한 섬(지금의 영도)으로, 러시아가 석탄고 기지를 건설할 목적으로 대한 제국 정부에 조차를 요구하였다. 그러나 독립 협회의 반대로 결국 무산되었다.

14 근대 | 러시아　　난이도 중 ●●○

자료 분석
제시문에서 본래 우리와 혐의가 없는 나라라는 내용을 통해 (가) 나라가 러시아임을 알 수 있다. 이만손은 영남 만인소에서 러시아와는 아무런 혐의(감정)가 없는데, 『조선책략』의 내용만 따라 배척하게 된다면 전쟁의 원인을 제공할 수 있다고 주장하였다.

정답 설명
② 러시아는 러·일 전쟁에서 패배한 이후 일본과 포츠머스 강화 조약을 맺었다. 포츠머스 조약에서는 일본이 대한 제국의 정치·군사·경제 등에 관한 특수 권익을 갖는 것을 러시아가 인정하고, 이를 간섭하지 않는다고 규정하여 사실상 일본이 대한 제국을 지배하는 것을 인정하였다.

오답 분석
① 영국: 거문도를 불법 점령한 나라는 영국이다. 영국은 러시아의 남하 정책을 저지한다는 구실로 거문도를 약 2년간 불법 점령하였다.
③ 프랑스: 외규장각의 문서와 문화재를 약탈한 나라는 프랑스이다. 프랑스는 병인양요 때 퇴각하는 과정에서 강화도의 외규장각에서 보관 중이던 『의궤』를 비롯한 각종 문서와 문화재를 약탈하였다.
④ 미국: 제너럴 셔먼호 사건을 구실로 광성보를 공격한 나라는 미국이다. 미국은 제너럴셔먼호 사건의 책임을 추궁하고 이를 빌미로 통상 수교를 요구하기 위해 광성보를 공격하였다(신미양요).

👍 이것도 알면 **합격!**

포츠머스 조약

> 제2조 러시아 제국 정부는 일본 제국이 대한 제국에서 정치상, 군사상 및 경제상의 탁월한 이익을 갖는다는 것을 인정하고 일본 제국 정부가 대한 제국에서 필요하다고 인정되는 지도, 보호 및 감리의 조처를 하는 데 이를 저지하거나 간섭하지 않을 것을 약속한다.

사료 분석 | 러·일 전쟁의 전세가 일본 쪽으로 기울자, 러시아가 미국의 중재를 받아 일본과 체결한 조약으로, 이를 통해 일본은 대한 제국에 대한 독점적 지배권을 국제적으로 인정받았다.

15 근대 시일야방성대곡 발표 이후의 사실   난이도 중 ●●○

자료 분석 제시문의 '단군, 기자 이래 4,000년 국민정신이 하룻밤 사이에 갑자기 망하고 말 것인가. 원통하고 원통하다. 동포여! 동포여!' 부분을 통해 장지연이 황성신문에 게재한 '시일야방성대곡'임을 알 수 있다. 1905년에 을사늑약이 체결된 직후 장지연은 '시일야방성대곡'이라는 사설을 황성신문에 게재하여 일제를 규탄하였다.

정답 설명 ③ 일본이 러시아와의 전쟁을 개시한 것은 1904년으로, 시일야방성대곡 발표 이전의 사실이다. 한반도와 만주에 대한 지배권을 둘러싸고 러시아와 일본 사이에 러·일 전쟁이 발발하였고, 일본이 이 전쟁에서 승리하며 한반도에 대한 주도권을 장악하게 되었다.

오답 분석 모두 시일야방성대곡 발표 이후의 사실이다.
① 헤이그에서 열린 제2차 만국 평화 회의에 이준, 이상설, 이위종이 특사로 파견된 것은 1907년이다. 이들은 을사늑약의 불법성과 일본의 한국 침략상을 폭로하기 위해 특사로 파견되었으나 일본의 방해와 열강의 무관심으로 실패하였고, 일본은 이를 구실로 고종을 강제 퇴위시켰다.
② 서울에 통감부가 설치되고, 이토 히로부미가 초대 통감으로 부임한 것은 1906년이다.
④ 일본이 대한 제국 군대를 강제로 해산 시킨 것은 1907년이다. 일본은 고종을 강제로 퇴위 시킨 후 한·일 신협약(정미 7조약)을 체결하였으며, 곧이어 비밀 각서(부속 조약)를 통해 대한 제국의 군대를 강제로 해산시켰다.

16 일제 강점기 일제 강점기 민족 해방 운동   난이도 중 ●●○

정답 설명 ③ 옳은 것을 모두 고르면 ⓒ, ⓒ이다.
ⓒ 일제 강점기에 고종의 밀칙(비밀 지령)을 받은 임병찬을 중심으로 대한 독립 의군부가 조직되었다. 대한 독립 의군부는 비밀 결사 조직으로 왕정의 복고를 목적으로 하는 복벽주의를 표방하였다.
ⓒ 신채호는 「조선혁명선언」에서 무정부주의를 바탕으로 개인 폭력 투쟁을 통한 민중의 직접 혁명론을 주장하였다. 한편, 신채호의 「조선혁명선언」은 의열단의 치침이 되었다.

오답 분석 ㉠ 코민테른이 「조선의 농민 및 노동자의 임무에 관한 테제」(12월 테제)를 통해 민족주의 세력과 결별하고 계급 투쟁으로 정책 노선의 변경을 지시하자, 사회주의자들이 신간회 해소를 선언하며 민족 유일당 운동이 중지되었다.

㉢ 「대한민국건국강령」은 안창호가 아닌 조소앙이 주장한 삼균주의를 이론적 틀로 삼았다. 조소앙의 삼균주의는 중국의 쑨원 삼민주의에서 영향을 받은 정치 사상으로, 개인과 개인, 민족과 민족, 국가와 국가간의 균등을 주장하였다.

17 일제 강점기 민족 혁명당   난이도 상 ●●●

자료 분석 제시문은 민족 혁명당의 강령으로, 민족 혁명당은 민족 유일당 운동 차원에서 1930년대에 난징에서 결성된 단체이다.

정답 설명 ④ 김구는 민족 혁명당에 참여하지 않았다. 민족 혁명당 창당에 불참한 김구는 임시 정부의 유지 및 옹호를 위하여 한국 국민당을 창당하였다.

오답 분석 ① 민족 혁명당은 김원봉의 의열단을 중심으로 조선 혁명당(최동오), 한국 독립당(조소앙), 신한 독립당(지청천) 등이 참여하여 만들어졌다.
② 민족 혁명당은 난징에서 민족주의 계열과 사회주의 계열이 연합하여 창당한 중국 관내 최대 규모의 통일전선 정당이었다.
③ 민족 혁명당은 삼균주의를 표방하며 민주 공화국 수립, 토지 국유화, 대규모 생산기관의 국유화, 민주적 권리의 보장 등을 내걸고 항일 운동을 전개하였다.

18 현대 제헌 헌법 공포 이후의 사실   난이도 상 ●●●

자료 분석 제시문에서 3·1 운동으로 대한민국을 건립하여 세계에 선포한 위대한 독립 정신을 계승하여 이제 민주 독립 국가를 재건한다는 내용을 통해 제헌 헌법(1948. 7.)임을 알 수 있다. 제헌 헌법에서는 대한민국이 3·1 운동을 계기로 수립된 대한민국 임시 정부의 법통을 계승한 민주 공화국 체제임을 명시하였다.

정답 설명 ① 제주 4·3 사건이 발생한 것은 제헌 헌법 공포 이전인 1948년 4월의 일이다. 제주 4·3 사건은 남한만의 단독 정부 수립과 5·10 총선거 실시를 반대한 좌익 세력을 진압하는 과정에서 무고한 제주도민들이 희생된 사건이다.

오답 분석 모두 제헌 헌법 공포 이후의 사실이다.
② 친일 청산을 위해 '반민특위(반민족 행위 특별 조사 위원회)'가 설치된 것은 1948년 10월이다. 이승만 정부 시기에 반민족 행위자를 처벌하여 일제의 잔재를 청산하기 위해 반민족 행위 처벌법을 제정(1948. 9.)하고, 법령을 추진하기 위해 반민특위와 특별 재판부를 구성하였다.
③ 북한에서 김일성을 수상으로, 박헌영을 부수상으로 하는 조선 민주주의 인민 공화국이 수립된 것은 1948년 9월이다.
④ '유상 매수, 유상 분배'의 원칙에 따라 농지 개혁이 실시된 것은 1950년 3월이다. 이승만 정부 시기에 농지 분배를 하기 위하여 농지 개혁법(1949. 6.)을 제정하였고, 1950년 3월에 법의 일부가 개정되어 농지 개혁이 본격적으로 실시되었다.

👍 이것도 알면 **합격!**

제주 4·3 사건

배경	제주에서 좌익 세력이 단독 정부 수립 반대를 주장하며 무장 봉기
전개	유격대(공산주의자)와 토벌대(군·경·우익 세력) 간의 전투
결과	5·10 총선거가 제대로 실시되지 못함, 수많은 양민 학살

19 현대 현대사의 전개   난이도 중 ●●○

정답 설명

② 시간 순으로 나열하면 ⓒ 부마 민주 항쟁(1979. 10.) → ⓛ 12·12 군사 반란(1979. 12.) → ㉠ 5·18 민주화 운동(1980) → ㉣ 4·13 호헌 조치(1987)가 된다.

- ⓒ **부·마 민주 항쟁**: 유신 체제에 비판적이었던 신민당 총재 김영삼이 YH 무역 사건을 계기로 국회에서 제명되자 이에 대한 반발로 부·마 민주 항쟁이 일어났다(1979 10.).
- ⓛ **12·12 군사 반란**: 박정희가 사망한 이후 전두환을 비롯한 신군부 세력이 12·12 군사 반란을 일으켜 군권과 정치적 실권을 장악하였다(1979. 12.).
- ㉠ **5·18 민주화 운동**: 12·12 사태로 실권을 장악한 전두환 등의 신군부 세력이 전국에 비상 계엄을 확대하고 김대중 등의 정치 인사들을 구속하자, 광주 지역의 학생과 시민들이 계엄령 철폐와 김대중 석방을 요구하며 민주화 운동을 전개하였다(5·18 민주화 운동, 1980).
- ㉣ **4·13 호헌 조치**: 전두환 정부는 국민들의 대통령 직선제 요구를 거부하고 기존의 대통령 간선제를 고수하겠다는 취지의 4·13 호헌 조치를 발표하였다(1987).

20 현대 역대 정부의 통일 정책   난이도 중 ●●○

자료 분석

제시된 사건을 시간 순으로 나열하면 ㉣ 남북 조절 위원회 설치(1972) → ⓒ 남북 동시 유엔 가입(1991. 9.) → ㉠ 남북 기본 합의서 채택(1991. 12.) → ⓛ 6·15 남북 공동 선언(2000)이 된다.

정답 설명

① 세 번째에 해당하는 사건은 ㉠ 남북 기본 합의서 채택이다.

- ㉣ **남북 조절 위원회 설치**: 박정희 정부 때 7·4 남북 공동 성명의 합의 사항을 추진하고, 남북 관계를 개선·발전시키기 위해 정치적 협의 기구인 남북 조절 위원회를 설치하였다.
- ⓒ **남북 동시 유엔 가입**: 노태우 정부 때 북방 외교 정책을 추진하여 공산주의 국가와 외교 관계를 형성하였다. 그 일환으로 남북 고위급 회담(1990)이 시작되었고, 남북은 유엔에 동시 가입(1991. 9.)하였다.
- ㉠ **남북 기본 합의서 채택**: 노태우 정부 때 남북의 상호 체제 인정, 상호 불가침, 교류·협력 확대 등을 협의한 남북 기본 합의서(남북 사이의 화해와 불가침 및 교류·협력에 관한 합의서)를 채택하였다(1991. 12.).
- ⓛ **6·15 남북 공동 선언**: 김대중 정부 때 개최된 제1차 남북 정상 회담을 통해 남북이 추구하는 통일 방안의 유사성을 인정하고 남북 교류 및 경제 협력 활성화 등의 내용에 합의한 6·15 남북 공동 선언을 발표하였다(2000).

👍 이것도 알면 합격!

남북 기본 합의서(1991)

제1조	남과 북은 서로 상대방의 체제를 인정하고 존중한다.
제7조	…… 3개월 안에 판문점에 남북 연락 사무소를 설치·운영한다.
제9조	남과 북은 상대방에 대하여 무력을 사용하지 않으며, 상대방을 무력으로 침략하지 아니한다.
제12조	불가침의 이행과 보장을 위하여 …… 남북 군사 공동 위원회를 구성·운영한다.

사료 분석 | 남북 기본 합의서는 1991년 12월 제5차 남북 고위급 회담에서 채택된 것으로, 남북한 정부 당사자가 공식 합의한 최초의 문서이다.

19회
2024년 서울시 9급
(추가 시험)

2024년 2월 24일 시행

문제집 88쪽

정답

01	③ 선사 시대	11	② 근대
02	③ 일제 강점기	12	④ 근대
03	① 고려 시대	13	③ 고대
04	④ 조선 전기	14	② 선사 시대
05	③ 일제 강점기	15	④ 조선 전기
06	② 고대	16	① 일제 강점기
07	② 고려 시대	17	④ 고려 시대
08	① 현대	18	② 조선 후기
09	③ 근대	19	③ 고려 시대
10	① 조선 후기	20	④ 현대

취약 시대 분석표

시대	맞힌 개수
선사 시대	/ 2
고대	/ 2
고려 시대	/ 4
조선 전기	/ 2
조선 후기	/ 2
근대	/ 3
일제 강점기	/ 3
현대	/ 2
시대 통합	/ 0
총합	/ 20

기출 총평

"합격선 95점, 매우 쉽게 출제!"

- **난이도:** 시험 전체적인 난이도는 하로 쉬운 시험이었습니다. 전근대사, 근현대사 모두 시험에 자주 출제되었던 빈출 개념을 물어보는 문제들이 주로 출제되었습니다.

- **고난도 문제**
  - 07번 지눌: 지눌에 대한 문제는 자주 출제되었지만, 지눌이 주장한 내용을 정확하게 숙지하고 있지 않으면 틀릴 가능성이 높은 문제였습니다.

01 선사 시대 · 청동기 시대   난이도 하 ●○○

정답설명 ③ 옳은 것을 모두 고르면 ㉠, ㉢, ㉣이다.

㉠ 청동기 시대에 청동기가 보급된 이후에도 농기구는 주로 돌이나 나무로 만든 보습과 괭이, 반달 돌칼 등을 사용하였다. 한편, 청동은 귀하고 무른 성질 때문에 농기구로 사용되지 못하고 제사용 도구나 장신구 등으로 사용되었다.

㉢ 청동기 시대에는 비파(악기) 모양의 비파형동검을 만들어 무기 또는 제사용 도구로 사용하였으며, 밑바닥이 납작하고 둥근 몸통 양쪽에 손잡이가 하나씩 달려 있는 미송리형 토기를 만들었다.

㉣ 청동기 시대에는 잉여 생산물을 둘러싸고 집단 간의 정복 활동이 전개되어 마을 주변에 방어를 위한 목책(울타리)이나 환호(마을을 둘러싼 도랑) 등을 조성하였다.

오답분석 ㉡ 철기 시대: 중국 화폐인 명도전, 오수전 등이 출토되어 우리나라와 중국의 교역이 활발했음을 알 수 있는 시대는 철기 시대이다.

👍 **이것도 알면 합격!**

청동기 시대의 주거 생활

집터의 형태	직사각형 모양, 움집 → 지상 가옥화
규모의 변화	화덕이 중앙에서 벽면으로 이동
위치	배산임수 취락(구릉 지대와 산간에 위치)
방어 시설 설치	마을 주변에 환호, 목책 설치

02 일제 강점기 · 독립 의군부   난이도 중 ●●○

자료분석 제시문에서 대한 제국의 회복을 추구하는 대표적인 단체라는 내용과 한말에 최익현과 더불어 의병 전쟁에 참가한 바 있던 임병찬이 주도한 단체라는 내용을 통해 (가) 단체가 독립 의군부임을 알 수 있다.

정답설명 ③ 독립 의군부는 임병찬이 고종 황제의 비밀 지령을 받아 의병과 유생을 규합하여 결성한 단체로, 대한 제국의 회복과 왕정복고를 목적으로 하는 복벽주의를 표방하였다.

오답분석
① 신민회: 신민회는 안창호, 이승훈, 양기탁, 이회영 등이 주도하여 결성한 비밀 결사 단체로, 실력 양성을 통한 국권 회복과 공화 정치 체제의 근대 국가 수립을 목표로 하였다.

② 대한 광복회: 대한 광복회는 대한 광복단(풍기 광복단)과 조선 국권 회복단 회원을 중심으로 박상진, 채기중 등이 조직한 단체로, 국권 회복과 공화주의 이념에 따라 공화 정치를 실현하는 것을 목표로 하였다.

④ 대한 광복군 정부: 대한 광복군 정부는 연해주에서 이상설과 이동휘를 중심으로 결성된 독립운동 단체로, 시베리아와 만주 지역의 독립운동을 주도하면서 독립 전쟁을 준비하였다.

👍 **이것도 알면 합격!**

독립 의군부의 국권 반환 요구서

> 제가 생각건대 모든 폐해는 모두 한국을 병합하였기 때문입니다. 첫째, 부역이 너무 많고 과중하여 백성의 피폐함이 극도에 이르렀고 …… 만약 한국을 돌려주고 정족지세로 서서히 천하에 대의를 펴고 동아의 백성들을 보전하면 일본의 광명이 클 것입니다. - 임병찬이 총독 데라우치에게 보내는 글

사료 분석 | 임병찬은 일본 내각 총리 대신 등에게 국권 반환 요구서를 제출하여 합방의 부당함을 국내외에 알리고자 하였다.

03 고려 시대 거란의 침입과 격퇴 난이도 중 ●●○

정답설명 ① 시간 순으로 나열하면 ㉠ 서희의 외교 담판(993) → ㉡ 거란의 2차 침입(1010) → ㉢ 개경 함락과 현종의 나주 피난(1011) → ㉣ 귀주 대첩(1019)이 된다.

- ㉠ **서희의 외교 담판**: 거란의 1차 침입(993) 때 서희는 소손녕과의 외교 담판을 하여 고려가 고구려의 후계자임을 인정받았고, 거란으로부터 강동 6주를 확보하였다.
- ㉡ **거란의 2차 침입**: 거란은 강조의 정변(강조가 목종을 폐위시키고 현종을 왕위에 올린 사건)을 구실로 강동 6주의 반환을 요구하며 고려에 2차 침입하였다(1010).
- ㉢ **개경 함락과 현종의 나주 피난**: 거란의 2차 침입으로 수도인 개경이 함락되자, 현종은 나주로 피난하였다(1011).
- ㉣ **귀주 대첩**: 거란의 3차 침입 때 강감찬이 이끄는 고려군이 귀주에서 퇴각하던 거란군을 크게 격파하였다(귀주 대첩, 1019).

👍 이것도 알면 합격!

서희의 외교 담판

> 우리나라가 곧 고구려의 옛 땅이다. 그리고 압록강의 안팎 또한 우리의 지역인데 지금 여진이 그 사이에 몰래 점거하여 저항하고 교활하게 대처하고 있어서 …… 만일 여진을 내쫓고 우리 옛 땅을 되찾아서 성보(城堡)를 쌓고 도로를 통하도록 하면 우리가 어찌 사신을 보내지 않겠는가?
> - 『고려사』

사료 분석 | 거란은 '신라를 계승한 고려가 자신들의 땅인 고구려 땅을 침범하였고, 자신들과 인접하면서도 바다 건너 송을 섬기고 있다는 점' 등을 들며 고려로 침입하였다. 이에 대해 서희는 고려가 고구려를 계승하였고, 거란과 통교하지 못하는 것은 여진 때문이라고 반박하였다.

04 조선 전기 조선 전기의 토지 제도 난이도 중 ●●○

자료분석 (가)는 조선 왕조 개창 당시 관리의 경제적 기반을 보장하기 위해 시행하였다는 내용을 통해 과전법임을 알 수 있다.

(나)는 관리 사후 아내가 재혼하지 않았으면 지급하였다는 내용을 통해 수신전임을 알 수 있다.

(다)는 부모가 모두 죽고 20세 미만의 자손에게 주어졌다는 내용을 통해 휼양전임을 알 수 있다.

(라)는 세조가 고쳐 시행하여 그 지급 대상을 축소했다는 내용을 통해 직전법임을 알 수 있다.

정답설명 ④ (라)는 세조 때 시행된 '직전법'으로, 현직 관리에게만 토지의 수조권을 지급하였다. 이에 따라 죽은 관리들의 가족들에게 지급되었던 수신전과 휼양전이 폐지되었다.

오답분석
① (가)가 '과전법'인 것은 맞지만, 과전법은 전·현직 관리 모두에게 토지의 수조권을 지급하였다.
② (나)는 '수신전'이다. 한편, 전시과는 고려 시대에 관리에게 관직 복무에 대한 대가로 전지(논밭)와 시지(땔감을 얻을 수 있는 땅)를 지급한 제도이다.
③ (다)는 '휼양전'이다. 한편, 구분전은 고려 시대에 하급 관리나 군인의 유가족에게 수조권을 지급한 토지이다.

👍 이것도 알면 합격!

직전법

배경	신진 관리에게 지급할 토지가 부족해짐
내용	· 현직 관리에게만 수조권 지급 · 수신전과 휼양전 폐지
한계	· 관리들의 토지 사유화 → 농장 확대 초래 · 농민에 대한 관리들의 수조권 남용 심화

05 일제 강점기 일제 강점기의 민족 문화 수호 운동 난이도 중 ●●○

정답설명 ③ 옳은 것을 모두 고르면 ㉠, ㉢, ㉣이다.

- ㉠ 한용운은 『조선 불교 유신론』을 지어 불교를 현대적이고 사회 개혁적인 방향으로 개혁하려고 하였으며, 이를 통해 민족 불교의 자주성을 지키고 일본 불교의 침투에 대항하였다.
- ㉢ 신채호는 대한매일신보에 「독사신론」 등을 발표하여 만주와 부여족을 중심으로 둔 새로운 역사 체계를 세우기 시작하였다. 이는 부여족이 살았던 만주를 우리나라의 영토로 인식화함과 동시에, 일제의 식민주의 사학에 대응하는 민족주의 사학의 연구 방법을 제시한 것이다.
- ㉣ 국어 문법 서적인 『말의 소리』를 지은 주시경은 순종 때 우리 말과 글의 연구·통일·발전을 목표로 국어연구학회를 창립하였다. 국어연구학회는 국권 피탈 이후 일제 강점기에 조직된 조선어 연구회의 모체가 되었다.

오답분석
㉡ 『동사강목』은 조선 후기에 안정복이 강목체로 서술한 역사서로, 단군 조선 → 기자 조선 → 마한 → 통일 신라 → 고려로 이어지는 독자적인 정통론을 세워 우리 역사를 체계화하였다. 한편, 신사체는 서양식 역사 서술 체계를 도입하여 상고(上古) - 중고(中古) - 근고(近古) 등으로 구분하여 역사를 서술하는 방식이다.

06 고대 고대사의 전개 난이도 중 ●●○

정답설명 ② 시간 순으로 바르게 나열하면 ㉠ 진대법 실시(194) → ㉡ 고국원왕 전사(371) → ㉣ 신라의 우산국 복속(512) → ㉢ 신라의 대가야 병합(562)이 된다.

- ㉠ **진대법 실시**: 고구려 고국천왕 때 을파소를 국상으로 등용하여 굶주린 백성을 구휼하기 위한 진대법을 실시하였다(194). 진대법은 가난한 백성에게 춘궁기에 곡식을 빌려 주고 추수기에 갚도록 한 빈민 구제 제도이다.
- ㉡ **고국원왕 전사**: 백제 근초고왕 때 황해도 지역을 놓고 대립하던 고구려의 평양성을 공격하였으며, 이 과정에서 고구려 고국원왕을 전사시켰다(371).
- ㉣ **신라의 우산국 복속**: 신라 지증왕 때 이사부를 파견하여 우산국(울릉도)을 복속시켜 신라의 영토로 편입하였다(512).
- ㉢ **신라의 대가야 병합**: 신라 진흥왕 때 이사부와 사다함을 파견하여 고령 지역의 대가야를 병합하여 낙동강 유역까지 영토를 넓혔다(562).

07 고려 시대 지눌 난이도 상 ●●●

자료 분석 제시문에서 항상 선정을 익히고 지혜를 고르게 하기에 힘쓰고 예불과 독경을 하고 나아가서는 노동하기에도 힘쓰자는 내용을 통해 지눌이 쓴 글임을 알 수 있다. 지눌은 독경, 선 수행, 노동 등 승려 본연의 자세로 돌아갈 것을 주장하는 「권수정혜결사문」을 작성하였다.

정답 설명 ② 지눌은 단번에 깨달은 바를 꾸준히 수행하자는 돈오점수와 선과 교학을 나란히 수행하되 선을 중심으로 교학을 포용하자는 정혜쌍수를 바탕으로 순천 송광사(길상사 → 수선사 → 송광사)에서 수선사 결사 운동을 전개하였다.

오답 분석
① 일연: 불교사를 중심으로 설화와 야사를 수록한 역사책인 『삼국유사』를 저술한 인물은 일연이다. 『삼국유사』는 우리 민족 고유의 문화와 전통을 중시하여 『삼국사기』에서 누락된 고대의 설화와 건국 신화, 야사가 많이 기록되어 있으며, 대표적으로 「기이」편에 단군 신화가 수록되어 있다.
③ 의천: 해동 천태종을 개창하였고, 교종을 중심으로 선종을 통합하고자 한 인물은 의천이다. 그러나 의천이 죽은 후에 교단이 다시 분열되고, 귀족 중심의 불교가 지속되었다.
④ 각훈: 고승들의 전기를 정리한 『해동고승전』을 지은 인물은 각훈이다. 각훈은 왕명을 받아 삼국 시대부터 고려 고종 때까지 고승들의 전기를 정리한 『해동고승전』을 편찬하였는데, 현재는 삼국 시대의 고승 30여 명에 관한 기록만 남아있다.

👍 이것도 알면 합격!

신앙 결사 운동

수선사 결사	• 주도: 지눌 • 장소: 순천 송광사 • 내용: 승려 본연의 자세인 독경과 선 수행, 노동에 힘쓰자는 개혁 운동을 전개
백련 결사	• 주도: 요세 • 장소: 강진 만덕사 • 내용: 천태교학의 법화 신앙을 이론적 기반으로 불교의 혁신 운동 전개

08 현대 김영삼 정부 시기의 사실 난이도 중 ●●○

자료 분석 제시문에서 광역 및 기초 단체장과 의원을 뽑는 이번 선거를 계기로, 우리나라는 전면적인 지방 자치를 실시하게 된다는 내용을 통해 김영삼 정부 시기에 발표된 담화문임을 알 수 있다.

정답 설명 ① 김영삼 정부 시기에는 탈세를 척결하고 투명한 경제 활동을 위해 대통령 긴급 명령으로 금융 실명제를 실시하고, 부정부패를 차단하기 위해 군부 내의 사조직인 하나회를 해체하였다.

오답 분석
② 노태우 정부: 여소 야대 정국을 돌파하기 위하여 여당인 민주 정의당과 야당인 김영삼의 통일 민주당, 김종필의 신민주 공화당의 3당이 합당을 하여 거대 여당인 민주 자유당이 창당된 것은 노태우 정부 시기이다.
③ 김대중 정부: 평양에서 남북 정상 회담을 갖고 6·15 남북 공동 선언을 발표한 것은 김대중 정부 시기이다. 양국 정상은 6·15 남북 공동 선언을 통해 남한(연합제 안)과 북한(낮은 단계의 연방제 안)이 추구하는 통일 방안에 공통성이 있음을 인정하고, 남북 교류, 경제 협력의 활성화와 이산가족 문제의 해결 등에 합의하였다.
④ 노무현 정부: 친일 반민족 행위 진상 규명 위원회를 조직한 것은 노무현 정부 시기이다.

👍 이것도 알면 합격!

김영삼 정부

정치	• 지방 자치제 전면 실시 • 역사 바로 세우기 운동: 신군부 세력 구속, 조선 총독부 건물 철거, 국민학교를 초등학교로 개칭
경제	• 금융 실명제 실시(1993) • 우루과이 라운드(UR) 협정 • 세계 무역 기구(WTO) 출범 • 경제 협력 개발 기구(OECD) 가입(1996) • 외환 위기(IMF 체제)
사회·문화	• 대학 수학 능력 시험 실시 • 전국 민주 노동 조합 총연맹(민주 노총) 결성(1995)

09 근대 신민회 난이도 하 ●○○

자료 분석 제시문에서 안창호, 양기탁, 이승훈이 중심이 되어 조직한 비밀 결사 단체로, 국권을 회복한 뒤 공화정체의 국가를 수립하고자 하였다는 내용과 무엇보다 국민을 새롭게 할 것을 주장하였다는 내용을 통해 신민회에 대한 설명임을 알 수 있다.

정답 설명 ③ 신민회는 평양에 대성 학교, 정주에 오산 학교를 설립하여 교육을 통한 민족 실력 양성 운동을 전개하였다.

오답 분석
① 보안회: 일본의 황무지 개간권 요구에 반대한 단체는 보안회이다. 보안회는 일본이 대한 제국 정부에 황무지 개간권을 요구하자 1904년에 이에 반대하는 원세성, 송수만 등의 유생 관료 출신들을 중심으로 결성된 단체이다. 보안회의 활동으로 일본의 황무지 개간권 요구가 저지되었다.
② 대한 자강회: 교육·산업 진흥을 위한 지회를 설치한 단체는 대한 자강회이다. 대한 자강회는 교육·산업 진흥을 위하여 전국 각지에 25개 지회를 설치하였고, 월보 간행과 강연회 개최 등의 활동을 전개하였다.
④ 국채 보상 기성회 등: 금주·금연을 통한 모금 운동을 전개한 단체는 국채 보상 기성회 등이다. 대구에서 서상돈, 김광제 등의 주도로 시작된 국채 보상 운동은 전국적인 모금 운동으로 확산되어 서울에는 국채 보상 기성회, 평양에서는 평양 국채 보상회가 조직되었다. 이 단체들은 금주, 금연을 통한 모금 운동과 반지와 비녀를 팔아 성금을 마련하였다.

10 조선 후기 정조 난이도 하 ●○○

자료 분석 제시문에서 규장각을 설치하였다는 것과 화성을 건설하였다는 것, 시전 상인의 금난전권을 폐지하는 신해통공을 추진하였다는 내용을 통해 정조에 대한 설명임을 알 수 있다.

정답 설명 ① 정조는 군사 훈련 교범인 『병학통』과 24가지의 전투 동작을 그림과 글로 설명한 종합 무예서인 『무예도보통지』를 편찬하였다.

오답 분석
② 영조: 『경국대전』 이후의 법령을 모아 정리한 『속대전』과 『국조오례의』를 보완한 의례집인 『속오례의』 등을 편찬한 왕은 영조이다.
③ 숙종: 백두산 아래에 정계비를 설치하여 청나라와 경계선을 정한 왕은 숙종이다. 숙종 때 간도 지역을 둘러싸고 청과 국경 분쟁이 발생하자 청의 목극등과 조선의 박권이 만나 백두산 일대를 답사하고 백두산 정계비를 건립하여 국경선을 확정하였다.

④ 영조: 1760년에 청계천 준설 사업을 실시한 왕은 영조이다. 영조는 준천사를 설치하고 청계천 준설 사업을 추진함으로써 서민들에게 일자리를 제공하고, 홍수를 대비하게 하여 주거환경을 개선하였다.

👍 이것도 알면 **합격!**

금난전권의 폐지

백성들이 육전(육의전) 이외에는 허가받은 시전 상인들과 같이 장사를 할 수 있도록 하셨다. 채제공이 아뢰기를 "…… 마땅히 평시서로 하여금 20, 30년 사이에 새로 벌인 영세한 가게 이름을 조사해내어 모조리 없애도록 하고, 형조와 한성부에 분부하여 육전이 아니라면 난전이라 하여 잡혀 오는 자들을 처벌하지 말도록 할 뿐 아니라 잡아 온 자를 처벌하시면, 장사하는 사람들은 서로 매매하는 이익이 있을 것이고 백성들도 가난에 대한 걱정이 없어질 것입니다. 그 원망은 신이 스스로 감당하겠습니다."라고 하니 왕께서 따랐다. - 『정조실록』

사료 분석 | 시전 상인들이 금난전권을 통해 사상의 활동을 통제하고 물가를 상승시키면서 영세 상인, 도시 빈민들의 생활이 어려워지자 결국 정부는 신해통공을 반포하여 육의전을 제외한 시전 상인의 금난전권을 폐지하였다.

11 근대 외세의 침략적 접근 난이도 중 ●●○

자료 분석
제시문에서 병인박해는 1866년 1월, 문수산성·정족산성 전투(병인양요)는 1866년 9월, 신미양요는 1871년에 발생하였다.

정답 설명
② 시간 순으로 바르게 나열하면 (가) 제너럴셔먼호 사건(1866. 7.) → (나) 오페르트 도굴 사건(1868) → (다) 척화비 건립(1871)이 된다.

(가) 제너럴셔먼호 사건: 미국의 상선인 제너럴셔먼호가 대동강을 거슬러 평양까지 와서 통상을 요구하였으나 조선에서는 이를 거부하였다. 이에 제너럴셔먼호는 관리를 살해하고 민가를 약탈하였으나, 당시 평안도 관찰사였던 박규수와 평양 관민들에 의해 불태워졌다(1866. 7.). 이후 미국은 이 사건을 구실로 조선에 통상을 요구하며 강화도를 공격하였다(1871, 신미양요).

(나) 오페르트 도굴 사건: 독일 상인 오페르트가 조선에 통상을 요구하였다가 거절당하자, 흥선 대원군의 부친인 남연군의 묘를 도굴하여 유해와 부장품을 미끼로 다시 통상을 요구하려고 하였으나 실패하였다(1868).

(다) 척화비 건립: 신미양요 직후 흥선 대원군은 서양 세력에 대한 척화 의지를 표명하는 척화비를 전국 여러 곳에 건립하였다(1871).

👍 이것도 알면 **합격!**

오페르트 도굴 사건

너희 나라와 우리나라 사이에는 원래 서로 왕래도 없었고, 은혜를 입거나 원수진 일도 없다. 이번 덕산 묘지에서 저지른 사건은 사람으로서 차마 할 수 있는 일이겠는가! 또한 방비가 없는 것을 엿보다 몰래 들이닥쳐 소동을 일으키며, 무기를 빼앗고 백성들의 재물을 강탈하는 것도 사리로 볼 때 어찌 할 수 있는 일이겠는가? 이런 사태에서 우리나라 신하와 백성들은 있는 힘을 다하여 한 마음으로 네놈들과 같은 하늘을 이고 살 수 없다는 것을 다짐할 뿐이다. - 『고종실록』

사료 분석 | 오페르트는 두 차례에 걸친 조선과의 통상 교섭에 실패하자 흥선 대원군의 아버지인 남연군의 묘를 발굴해 시체와 부장품을 미끼로 조선에 통상을 요구하고자 하였으나, 실패하였다.

12 근대 임오군란과 갑신정변 난이도 중 ●●○

자료 분석
㉠은 대원군이 이 변란으로 인하여 다시 정권을 잡았다는 내용을 통해 임오군란임을 알 수 있다.
㉡은 일류 재사(인재)가 일본인에게 팔려 큰일을 저질렀다는 내용과 김옥균이 망명하여 도쿄에 있으면서 다시 거사를 도모하려 했다는 내용을 통해 갑신정변임을 알 수 있다.

정답 설명
④ 조선이 청과 조·청 상민 수륙 무역 장정을 체결하여 청이 조선에 간섭하는 근거가 된 것은 갑신정변이 아닌 임오군란의 결과이다.

오답 분석
① 청은 민씨 정권의 요청을 받아 군대를 파견하여 임오군란을 진압한 이후, 흥선 대원군을 임오군란 발생의 책임을 물어 청으로 압송하였다.
② 임오군란의 결과, 조선은 일본과 제물포 조약을 체결하여 일본에 배상금을 지불하고, 일본 공사관의 경비 병력 주둔을 허용하였다.
③ 갑신정변의 결과, 청과 일본은 조선에서 양국 군대를 공동 철수하고, 향후 조선에 군대를 파병할 경우 서로 알린다는 내용의 톈진 조약을 체결하였다.

👍 이것도 알면 **합격!**

임오군란의 결과

일본	· 제물포 조약: 조선 정부는 일본 정부에 배상금을 지불, 일본 공사관의 경비 병력 주둔 허용 · 조·일 수호 조규 속약: 일본 상인의 활동 범위 확대
청	· 군대 주둔: 위안스카이가 지휘하는 군대를 상주시킴 · 조·청 상민 수륙 무역 장정: 조선을 속방으로 규정하여 청의 종주권 확인 · 고문 파견: 내정 고문(마젠창)과 외교 고문(묄렌도르프)을 파견하여 조선 내정에 대한 간섭 강화

13 고대 지증왕 재위 시기의 사실 난이도 하 ●○○

자료 분석
제시문에서 (가) 13년에 이 섬을 정벌하여 조선의 영토로 삼은 것이 오늘 우리 땅이 되게 된 시초인 것만은 틀림없다는 내용과 그 당시 우산국이라는 별개의 독립한 나라였다는 내용을 통해 (가) 왕이 지증왕임을 알 수 있다.

정답 설명
③ 지증왕 때는 한화 정책을 실시하여 왕호를 마립간에서 중국식 호칭인 '왕'으로 정하였다.

오답 분석
① 침류왕, 소수림왕, 법흥왕: 불교를 공인한 것은 백제에서는 침류왕, 고구려에서는 소수림왕, 신라에서는 법흥왕 때이다.
② 근초고왕: 마한을 복속시켜 남쪽으로 전라도 지역까지 진출한 것은 백제 근초고왕 때이다.
④ 장수왕: 남진 정책을 펼쳐 국내성에서 평양으로 천도한 것은 고구려 장수왕 때이다. 고구려는 장수왕 때 평양으로 천도하고 남진 정책을 추진하여 백제의 수도 한성을 함락시켜 한강 유역을 장악하였다.

14 선사 시대 고구려 | 난이도 하 ●○○

자료분석 제시문에서 10월에 지내는 제천 행사는 국중 대회로서 동맹이라 부른다는 내용과 혼인을 할 때에는 여자 집에서 본채 뒤에 작은 집을 짓는데 그 집을 서옥이라 부른다는 내용을 통해 고구려에 대한 설명임을 알 수 있다.

정답설명 ② 고구려는 계루부·절노부·소노부·순노부·관노부로 구성된 5부족 연맹체로, 왕 아래에 상가, 고추가 등의 대가들이 각자 사자, 조의, 선인 등의 관리를 거느렸다.

오답분석
① 옥저: 함경도 동해안 지역에 위치하였으며, 민며느리제와 가족 공동 무덤이 있었던 나라는 옥저이다.
③ 동예: 특산물로 단궁, 과하마, 반어피가 유명하였고, 제천 행사로는 무천이 있었으며, 족외혼과 책화의 풍습이 있었던 나라는 동예이다.
④ 부여: 왕 아래 가, 우가, 저가, 구가 등이 별도의 행정 구역인 사출도를 다스렸던 나라는 부여이다.

15 조선 전기 조선 시대의 과학 기술 | 난이도 하 ●○○

정답설명 ④ 향약(우리나라에서 나는 약이나 약재)을 이용하여 처방할 수 있는 방법을 기록한 『향약구급방』이 편찬된 것은 고려 시대이다. 『향약구급방』은 고려 고종 때 편찬된 현존하는 우리나라 최고(最古)의 의학서로, 각종 질병에 대한 처방법과 국산 약재 180여 종을 소개하고 있다.

오답분석
① 조선 시대에는 세종 때 만들어진 측우기를 사용하여 강우량을 과학적으로 측정하였다.
② 조선 시대에는 세종 때 만들어진 해시계인 앙부일구를 통해 시간을 측정하였으며, 앙부일구는 휴대용으로도 제작되어 현재까지 전해져 오고 있다.
③ 조선 세종 때 당시 중국과 국내 의서 등을 참고하여 동아시아 의학을 종합한 의학 백과사전인 『의방유취』가 편찬되었다.

👍 이것도 알면 합격!
조선 전기의 과학 기술

태조	천상열차분야지도(천문도)
세종	간의대(천문대), 혼천의·간의(천문 관측 기구), 자격루(물시계), 앙부일구·현주일구·천평일구(해시계), 측우기(강우량 측정 기구), 규표(방위·절기·시각 측정 기구)
세조	인지의와 규형(토지 측량 기구)

16 일제 강점기 문화 통치 시기의 사실 | 난이도 중 ●●○

자료분석 제시문에서 일본인과 조선인 사이의 차별 대우를 철폐하고 동시에 조선인 소장층 중 유력자를 발탁하는 방법을 강구하였다는 내용을 통해 문화 통치 시기임을 알 수 있다. 3·1 운동 이후 일제는 문관 총독 임명, 한국인의 차별 대우 철폐, 지방 자치제 시행 등의 내용을 담은 시정 방침을 발표하고 문화 통치를 실시하였다.

정답설명 ① 문화 통치 시기인 1925년에 일제는 치안 유지법을 제정하여 국가 체제(천황제)나 사유 재산 제도를 부정하는 사회주의 단체를 단속하였다. 한편, 치안 유지법은 사회주의 단체뿐만 아니라 항일 민족 운동 등을 탄압하는데도 활용되었다.

오답분석
② 민족 말살 통치 시기: 보통학교 명칭을 소학교로 개칭한 것은 제3차 조선 교육령이 발표된 1938년으로, 민족 말살 통치 시기의 사실이다. 일제는 제3차 조선 교육령을 발표하여 기존에 서로 달랐던 한국인 학교와 일본인 학교의 명칭을 (심상)소학교와 중학교로 통일하였고, 내선일체와 일선동조론을 강조하였다.
③ 민족 말살 통치 시기: 조선 사상범 보호 관찰령을 제정하여 독립 운동가에 대한 감시를 강화한 것은 1936년으로, 민족 말살 통치 시기의 사실이다.
④ 무단 통치 시기: 조선 형사령과 조선 태형령을 제정한 것은 1912년으로, 무단 통치 시기의 사실이다.

👍 이것도 알면 합격!
문화 통치의 실상

방침	실상
헌병 경찰 제도를 폐지하고 보통 경찰 제도 실시	· 고등 경찰제, 경찰 인원·장비 3배 증가 · 치안 유지법 제정(1925)
문관 총독 임명 가능	해방까지 단 한명도 임명된 적이 없음
언론·출판·집회·결사의 자유를 허용하여 조선일보·동아일보 간행(1920)	검열, 삭제, 정간, 폐간 자행
지방 행정에 조선인 참여 가능 (부·면 협의회, 도 평의회 설치)	선거권을 제한하여 친일파 및 상층 자산가만 참여, 자문 기관에 불과
교육 기회의 확대 (제2차 조선 교육령)	초등 교육과 기술(실업) 교육 강조

17 고려 시대 원 간섭기의 사실 | 난이도 중 ●●○

정답설명 ④ 원 간섭기에 친원 세력이 고려를 원의 지방 행정 기구인 행성(行省)으로 만들고자 시도한 입성책동 사건을 일으켰다. 입성책동 사건은 원 간섭기인 충선왕 때 처음 일어나 충숙왕, 충혜왕 대에 걸쳐 여러 차례 반복되었으나 실현되지는 않았다.

오답분석
① 충목왕 때 정치도감을 설치하여 부원 세력을 제거하고, 권세가들이 불법으로 빼앗은 토지와 노비를 본 주인에게 돌려주고자 하였다. 그러나 정치도감의 개혁은 권문세족의 극심한 반발과 원의 내정 간섭으로 실패하였다.
② 원 간섭기에 설치된 응방은 원의 조공품으로 바칠 매(해동청)의 사냥과 사육을 담당한 기구로, 관리의 인사를 담당하지 않았다.
③ 원 간섭기에는 원 세조가 내린 세조 구제에 따라 고려의 주권과 풍속을 인정받았지만, 왕실의 용어는 격하되어 '폐하'는 '전하'로, '태자'는 '세자'로, '짐(朕)'은 '고(孤)'로 바뀌었다.

18 조선 후기 조선 후기의 실학과 북학 | 난이도 중 ●●○

정답설명 ② 옳은 것을 모두 고르면 ㉠, ㉢, ㉣이다.
㉠ 유형원은 『반계수록』에서 농촌 사회의 안정을 위해 신분에 따라 토지를 차등 있게 재분배하자는 균전론을 주장하였다.

ⓒ 18세기 중엽 이후 조선에서는 청을 무조건 배척하기보다는 우리에게 이로운 것은 적극적으로 청나라에게서 배우자는 '북학'이라는 학풍이 제기되었다. 한편, 북학은 북경에 다녀온 박지원, 홍대용 등의 인물들을 중심으로 전개되었다.

ⓔ 박지원은 농업 관계 저술인 『과농소초』를 펴내 농기구의 개량과 상업적 농업 장려 및 농업 정책 등을 주장하며 농업 생산력을 증대시키기 위한 여러 가지 방안을 제시하였다.

오답분석

ⓛ 유형원: 전라도 부안의 우반동에서 제자들을 양성한 인물은 유형원이다. 유형원은 일찍부터 과거 응시에는 뜻이 없었고, 문과 시험에 낙방한 뒤로 전라도 부안군 우반동에 '반계서당'을 짓고 은거하여 제자들을 양성하고 『반계수록』을 집필하기 시작하였다.

ⓓ 홍대용은 『우서』가 아닌 『의산문답』에서 지구 자전설을 주장하고, 다른 별에도 우주인이 있을 수 있다는 무한 우주론을 피력했다. 한편, 『우서』는 유수원이 저술한 책으로 중국과 우리나라의 문물을 비교하면서 여러 가지 개혁안의 내용을 담고 있다.

19 고려 시대 고려사의 전개 난이도 중 ●●○

자료분석

(가) 고려 건국(918) ~ 후삼국 통일(936)

(나) 후삼국 통일(936) ~ 노비안검법 실시(956)

(다) 노비안검법 실시(956) ~ 시정 전시과 시행(976)

(라) 시정 전시과 시행(976) ~ 거란의 1차 침입(993)

정답설명

③ (다) 시기인 958년에 고려 광종은 중국 후주에서 귀화한 쌍기의 건의를 받아들여 과거제를 도입하였다. 광종은 과거제의 시행을 통해 유교적 소양을 갖춘 새로운 인재를 등용하고자 하였다.

오답분석

① (나) 시기: 역분전이 지급된 것은 940년으로, (나) 시기의 사실이다. 태조 왕건 때 후삼국 통일 전쟁에 공이 있는 사람들에게 논공행상의 성격으로 역분전이라는 토지를 지급하였다.

② (라) 시기: 12목이 설치된 것은 983년으로, (라) 시기의 사실이다. 고려 성종 때 최승로의 시무 28조를 수용하여 전국의 주요 지역에 12목을 설치하고, 지방관인 목사를 파견하였다.

④ (나) 시기: 광군이 설치된 것은 947년으로, (나) 시기의 사실이다. 고려 정종(3대) 때 거란의 침입에 대비하기 위하여 광군을 설치하고, 지휘부로 광군사를 설치하였다.

20 현대 4·19 혁명의 전개 과정 난이도 중 ●●○

정답설명

④ 시간 순으로 나열하면 ⓔ 마산 의거 전개(1960. 3.) → ⓒ 허정 과도 정부 구성(1960. 4.) → ⓛ 내각 책임제 개헌안 의결 및 총선거 실시(1960. 6~7.) → ⓖ 윤보선 대통령 취임(1960. 8.)이 된다.

ⓔ 마산 의거 전개: 자유당이 고령인 이승만의 사망을 대비하여 부통령에 이기붕을 당선시키기 위해 4할 사전 투표, 3~5인조 공개 투표 등의 부정 선거를 일으키자, 마산 시민들이 3·15 부정 선거 규탄 시위를 전개하였다(1960. 3.). 마산 의거를 시작으로 전국적으로 3·15 부정 선거 규탄 시위가 확산되었으며, 이는 4·19 혁명의 도화선이 되었다.

ⓒ 허정 과도 정부 구성: 4·19 혁명으로 인해 이승만 대통령이 하야하고 자유당 정권이 붕괴되자, 당시 외무 장관 허정을 수반으로 하는 과도 정부가 구성되었다(1960. 4.).

ⓛ 내각 책임제 개헌안 의결 및 총선거 실시: 허정 과도 정부 당시 내각 책임제와 양원제를 골자로 하는 제3차 개헌안이 의결(1960. 6.)되어 제5대 총선거가 실시되었다(1960. 7.).

ⓖ 윤보선 대통령 취임: 제5대 총선거 이후 구성된 의회에서는 대통령으로 윤보선을 선출하였으며, 윤보선이 국무총리에 장면을 임명하면서 장면 내각이 출범하였다(1960. 8.).

20회 2023년 서울시 9급

2023년 6월 10일 시행

문제집 92쪽

정답

01	① 선사 시대	11	② 고대
02	④ 고대	12	④ 고려 시대
03	④ 고려 시대	13	② 근대
04	④ 조선 전기	14	③ 일제 강점기
05	③ 조선 후기	15	③ 일제 강점기
06	④ 일제 강점기	16	③ 고대
07	② 현대	17	① 근대
08	④ 조선 후기	18	③ 고려 시대
09	① 근대	19	① 조선 전기
10	② 조선 전기	20	① 일제 강점기

취약 시대 분석표

시대	맞힌 개수
선사 시대	/ 1
고대	/ 3
고려 시대	/ 3
조선 전기	/ 3
조선 후기	/ 2
근대	/ 3
일제 강점기	/ 4
현대	/ 1
시대 통합	/ 0
총합	/ 20

기출 총평

"합격선 95점, 매우 쉽게 출제!"

- **난이도**: 시험 전체적인 난이도는 하로 쉬운 시험이었습니다. 전근대사, 근현대사 모두 시험에 자주 출제되었던 빈출 개념을 물어보는 문제들이 출제되었습니다.

- **고난도 문제**
  - 13번 동학 농민군의 폐정 개혁 12개 조항: 동학 농민군이 발표한 폐정 개혁안 12개 조항의 내용을 구체적으로 알아야 맞힐 수 있어 까다로웠던 문제였습니다.

01 선사 시대 청동기 시대 난이도 하 ●○○

정답 설명
① 청동기 시대에 금속 도구가 만들어진 것은 맞지만, 석기 농기구가 사라지진 않았다. 청동기 시대에는 청동은 귀하고 무르기 때문에 농기구로 사용되지 못하였고, 여전히 돌보습, 돌괭이, 반달 돌칼 등의 석기 농기구나 나무로 제작한 농기구를 사용하였다.

오답 분석
② 청동기 시대에는 동검과 같은 무기나 지배층의 권위를 드러내는 청동 거울·청동 방울과 같은 제사용 도구, 장신구 등을 제작하였다.
③ 청동기 시대에는 이전 시기에 비해 농업 생산력이 발전함에 따라 잉여 생산물이 발생하면서 사유 재산이 생겨났고, 이에 따라 빈부의 격차가 나타나 지배자·피지배자와 같은 계급이 발생하였다.
④ 청동기 시대에는 일상 생활에서 신석기 시대의 빗살무늬 토기에 비하여 문양이 없거나 적은 민무늬 토기가 이용되었다. 이 외에도 청동기 시대에는 의주 미송리 유적에서 처음 발견된 미송리식 토기, 부여 송국리 유적에서 처음 발견된 송국리식 토기 등도 사용되었다.

👍 **이것도 알면 합격!**

청동기 시대의 주요 토기

민무늬 토기	신석기 시대의 빗살무늬 토기에 비하여 문양이 없거나 적음
미송리식 토기	· 의주 미송리 유적에서 처음 발견됨 · 입구가 넓고 둥근 몸통 양쪽에 손잡이가 하나씩 달려 있음 · 주로 청천강 이북, 요령성과 길림성 일대에 분포
송국리식 토기	· 부여 송국리 유적에서 처음 발견됨 · 몸통에 비해 바닥면이 매우 좁음 · 주로 충청도와 전라도의 서부 지방에 분포

02 고대 고대의 유물과 유적 난이도 하 ●○○

자료 분석
제시된 자료의 (가)는 백제의 무령왕릉, (나)는 발해의 영광탑, (다)는 고구려의 강서 대묘, (라)는 백제의 미륵사지 석탑이다.

정답 설명
④ 『무구정광대다라니경』이 발견된 것은 불국사 3층 석탑(석가탑)이다. 한편, 미륵사지 석탑은 현존하는 우리나라에서 가장 오래된 석탑으로, 2009년에 해체·수리 중에 내부에서 사리장엄구 등이 발견되었다.

오답 분석
① 무령왕릉은 중국 남조의 영향을 받은 벽돌무덤으로 축조되었다. 무령왕릉은 공주 송산리 고분군 내에 있는 백제 무령왕과 왕비의 능으로, 무덤 안에서 무덤의 주인을 알 수 있는 지석과 함께 중국 청자와 일본산 금송으로 만든 관이 발견되어 당시 백제가 중국의 남조 및 일본과 활발히 교류하였음을 보여 준다.
② 영광탑은 당의 영향을 받아 발해 때 세워진 5층 벽돌 탑이다. 영광탑은 중국 길림성에 위치하며 8세기에서 10세기 사이에 건립된 것으로 추정하고 있다.
③ 강서 대묘에는 도교의 영향을 받은 벽화가 그려져 있다. 강서 대묘는 고구려의 대표적인 굴식 돌방무덤으로, 무덤 내부의 벽면에는 도교의 방위신인 사신도(동쪽의 청룡, 서쪽의 백호, 남쪽의 주작, 북쪽의 현무)가 그려져 있다.

03 고려 시대 | 정방　　　　　　　　　　　난이도 하 ●○○

자료분석 제시문에서 최우가 자신의 집에 두고 백관의 인사를 다루었다는 내용을 통해 ㉠이 정방임을 알 수 있다.

정답설명 ④ 정방은 최우가 자기 집에 설치한 인사 담당 기구로 관리의 임명과 해임, 승진과 좌천 등의 인사 행정을 다루었으며, 정당(政堂), 정사당(政事堂), 죽당(竹堂) 등이라고도 하였다.

오답분석
① 교정도감: 교정도감은 최충헌 이래 무신 정권의 최고 정치 기구이다. 교정도감은 본래 최충헌 부자의 살해를 모의한 청교역의 역리와 승도 등을 수색 및 처벌하기 위하여 설치한 임시 기구였지만 이후 계속 존속하면서 최충헌의 반대 세력을 제거할 뿐만 아니라, 서무를 관장하고 모든 지시와 명령을 내리는 등 국정을 총괄하는 중심 기구가 되었다.
② 도방: 도방은 정중부를 제거하고 권력을 장악한 경대승이 자신의 신변 보호를 위해 설치한 사병 집단으로, 최충헌 때 다시 설치되어 최씨 무신 정권의 군사적 기반이 되었다.
③ 중방: 중방은 고려 시대 2군 6위의 지휘관인 상장군과 대장군으로 구성된 회의 기구이다. 중방은 무신 정권 초기인 정중부, 경대승, 이의민의 집권 때는 정치 운영의 중심 기구였지만, 최충헌 집권 때에 교정도감이 설치되면서 위상이 점차 낮아졌다.

👍 이것도 알면 합격!

무신 정권의 권력 기반

구분	권력 기반	내용
정치	교정도감	· 모든 국정을 총괄하는 최씨 무신 정권 시기 최고의 권력 기구 · 장관인 교정별감의 자리는 최씨 일가가 세습
정치	정방	· 최우 집권기에 설치한 인사 기구 · 모든 관직에 대한 독자적인 인사권 행사
정치	서방	· 문신들의 숙위 기구 · 정치 고문 역할 담당 · 능문능리한 사대부 집단 형성
경제	농장	진주 지방을 식읍으로 받는 등 대규모의 농장을 소유하여 전시과 제도의 붕괴 초래
군사	도방	· 최고 권력자의 신변 보호를 위한 사병 집단 · 경대승이 조직, 최충헌이 확대·강화
군사	삼별초	· 좌별초, 우별초, 신의군으로 구성 · 공적인 임무를 띤 최씨 일가의 사병 · 강화도 → 진도 → 제주도로 이동하여 대몽 항쟁 지속

04 조선 전기 | 『칠정산내외편』　　　　　난이도 하 ●○○

자료분석 제시문에서 세종이 정인지 등에게 명하여 지었다는 것과 『수시력』에 빠진 내용을 추보(역법에 따라 계산하는 것)하게 하였다는 것 등을 통해 ㉠에 들어갈 책이 『칠정산내외편』임을 알 수 있다. 『칠정산내외편』에서 '칠정(七政)'은 일곱 천체, 즉 태양, 달, 오행성(수성, 화성, 목성, 토성, 금성)을 가리키고, '산(算)'은 계산한다는 뜻이다.

정답설명 ④ 『칠정산내외편』은 세종 때 한양을 기준으로 천체 운동을 계산한 역법서이다. 세종은 중국의 역법이 우리 실정에 맞지 않는 점이 있자 정인지, 정초 등에게 명하여 한양을 기준으로 천체의 운행을 관측하도록 하고, 원의 수시력과 아라비아의 회회력 등을 자세히 살펴 우리의 실정에 맞게 바로 잡아 『칠정산』 내편과 『칠정산』 외편을 편찬하였다.

오답분석
① 『향약채취월령』: 『향약채취월령』은 세종 때 왕명을 받은 유효통 등이 백성들의 향약 채취와 활용을 위하여 간행한 의서이다. 『향약채취월령』은 우리나라에 자생하는 약재의 이름과 약효, 채취 방법 등을 소개하였으며, 우리나라의 약재를 한자명과 함께 이두로 표기하여 백성들이 쉽게 알아볼 수 있도록 하였다.
② 『의방유취』: 『의방유취』는 조선 세종 때까지의 중국과 우리나라의 최신 의학 이론을 집대성한 의학 백과사전이다.
③ 『농사직설』: 『농사직설』은 세종 때 왕명을 받은 정초, 변효문 등이 우리나라의 풍토에 맞는 농법을 정리한 농서이다. 『농사직설』은 우리나라의 농민들이 실제 경험한 농법을 종합하였으며, 벼의 재배법과 밭작물의 파종법 등을 수록하였다.

05 조선 후기 | 정조가 시행한 정책　　　　난이도 하 ●○○

자료분석 제시문에서 자신의 신변을 보호하기 위한 친위 부대로 장용영을 설치하였다는 내용을 통해 밑줄 친 '이 왕'이 정조임을 알 수 있다.

정답설명 ③ 옳은 것을 모두 고르면 ㉡, ㉢이다.
㉡ 정조는 상공업을 진흥시키기 위해 육의전을 제외한 시전 상인이 소유하고 있던 금난전권(정부의 허가를 받지 않은 상업 행위를 하는 난전을 단속할 수 있는 권한)을 폐지하여 자유로운 상업 활동을 보장하는 통공 정책을 단행하였다.
㉢ 정조는 유능한 인재를 양성하고, 젊은 관료의 재교육을 위해 초계문신제도를 시행하였다. 초계문신제도는 37세 이하의 당하관 중 젊고 재능 있는 문신들을 선발하여 규장각에서 위탁 교육을 시키고, 40세가 되면 졸업시키는 제도이다.

오답분석
㉠ 영조: 탕평의 의지를 반영하여 성균관 입구에 탕평비를 세운 왕은 영조이다. 영조는 성균관 입구에 붕당의 폐단을 경계하라는 내용이 담긴 탕평비를 세워 탕평 정치의 의지를 드러내고, 온건하고 타협적인 인물을 고루 등용하는 완론 탕평을 시행하였다.

👍 이것도 알면 합격!

금난전권의 폐단과 폐지

· 금난전권은 시전이 이익을 독점하도록 한 것인데, 근래 시전의 무리들이 법령을 빙자하여 사상을 침해하는 것이 한 줌의 채소, 누룩에까지 이르고, 난전이라 칭하고 잡아 물건을 압수하여 매매하지 못하게 한다. —『승정원일기』
· 지금 서울 시내의 횡포를 말하자면 시전의 금난전권 행위가 으뜸입니다. …… 그 가게가 아니고서는 다른 곳에서 물건을 살 수가 없습니다. …… 육의전 이외의 시전에는 금난전권을 인정하지 말아야 합니다. —『정조실록』

사료 분석 | 금난전권이 점차 사상의 활동을 통제하고 물가를 상승시키면서 영세 상인, 도시 빈민들의 생활이 어려워졌다. 이에 정조는 신해통공을 반포하여 육의전을 제외한 다른 시전 상인의 금난전권을 폐지하였다.

06 일제 강점기 | 민족 말살 통치 시기의 사실　　　난이도 중 ●●○

자료분석 제시문은 함경도 지역에서 구전되어 온 민요인 신고산 타령의 일부로, 금붙이, 쇠붙이, 밥그릇마저 모조리 긁어 간다는 것과 이름 석자 잃었다는 내용을 통해 각종 물자에 대한 공출과 창씨개명이 이루어진 민족 말살 통치 시기의 사실임을 알 수 있다. 일제는 민족 말살 통치 시기에 전쟁 물자가 부족해지자 금붙이, 쇠붙이뿐만 아니라 가정에서 쓰는 밥그릇과 숟가락 등 각종 물자의 공출을 강행하였고, 조선인의 성과 이름을 일본식으로 바꾸도록 강요하는 창씨개명을 실시하였다.

정답 설명 ④ 일제가 어업령(1911), 삼림령(1911), 광업령(1915) 등을 제정하여 각종 자원을 독점하기 시작한 것은 무단 통치 시기로, 신고산 타령의 배경이 되는 민족 말살 통치 시기와 가장 먼 시기의 사실이다.

오답 분석 모두 민족 말살 통치 시기의 사실이다.
① 일제는 조선 식량 관리령(1943)을 시행하여 곡물을 강제로 공출하였다. 일제는 식량을 관리하고, 식량의 수급 및 가격의 조정과 배급의 통제를 목적으로 조선 식량 관리령을 제정하여 미곡뿐만 아니라 대맥(보리), 소맥(밀) 등까지 공출의 범위를 확대하였다.
② 일제는 여자 정신 근로령(1944)을 통해 12~40세 미만의 미혼 여성 등을 군수 공장 등에 강제로 동원하였다.
③ 일제는 기업 정비령(1942)과 기업 허가령(1941)을 시행하여 기업 통제를 강화하였다.

07 현대 광복 전후의 사건 난이도 중 ●●○

정답 설명 ② 시간순으로 바르게 나열하면 ⓒ 카이로 선언(1943) → ② 얄타 회담(1945. 2.) → ⓒ 포츠담 선언(1945. 7.) → ⓒ 모스크바 3국 외상 회의(1945. 12.) → ⓒ 5·10 총선거(1948. 5.)이다.

• ⓒ 카이로 선언: 카이로 선언은 미국의 루스벨트, 영국의 처칠, 중국의 장제스가 1943년에 이집트 카이로에서 회담을 한 후 발표한 선언이다. 카이로 선언에서는 제1차 세계 대전 이후 일본이 차지한 영토를 회수하며, 한국을 적당한 시기에 자주 독립시킬 것을 결의하였다.
• ② 얄타 회담: 얄타 회담은 미국의 루스벨트, 영국의 처칠, 소련의 스탈린이 1945년 2월에 흑해 연안의 얄타에서 제2차 세계 대전 종전 이후 독일의 처리 등을 논의한 회담으로, 소련의 대일전 참전을 결정하였다.
• ⓒ 포츠담 선언: 포츠담 선언은 미국의 트루먼, 영국의 처칠, 중국의 장제스가 1945년 7월에 일본의 무조건 항복과 카이로 선언에서 결정한 한국의 독립을 재확인한 선언으로, 이후 소련의 스탈린도 선언에 참여하였다.
• ⓒ 모스크바 3국 외상 회의: 모스크바 3국 외상 회의는 1945년 12월에 미국·영국·소련의 3개국 외상이 모스크바에 모여 한반도의 신탁 통치 문제 등을 논의한 회의로, 미국·영국·중국·소련 4개국이 한국을 최고 5년 동안 신탁 통치할 것과 임시 민주 정부의 수립을 지원하기 위한 미·소 공동 위원회를 설치할 것을 결정하였다.
• ⓒ 5·10 총선거: 5·10 총선거는 유엔 한국 임시 위원단의 감시 하에 우리나라 제헌 국회를 구성하기 위하여 1948년 5월 10일에 실시된 선거로, 만 21세 이상 모든 남녀 국민에게 투표권이 부여된 우리나라 최초의 보통 선거였다.

08 조선 후기 정약용 난이도 하 ●○○

자료 분석 제시문에서 1여의 토지는 1여의 사람들이 공동으로 경작하고, 수확물을 일한 것을 기록한 장부에 의거하여 여민들에게 분배한다는 내용을 통해 밑줄 친 '나'는 여전론을 주장한 정약용임을 알 수 있다.

정답 설명 ④ 정약용은 지방 행정의 개혁 방안 및 목민관(수령)이 지켜야 할 지침에 대해 정리한 『목민심서』를 저술하였다.

오답 분석
① 박제가: 『북학의』를 저술한 인물은 박제가이다. 박제가는 『북학의』에서 청과의 통상을 확대하고 수레나 선박의 사용을 늘릴 것을 주장하였으며, 생산과 소비의 관계를 우물에 비유하여 소비를 권장하였다.
② 이익: 『성호사설』을 저술한 인물은 이익이다. 이익은 『성호사설』에서 우리나라의 정치, 경제, 문화, 지리 등을 천지문·만물문·인사문·경사문·시문문의 5문으로 분류하였다.
③ 유형원: 『반계수록』을 저술한 인물은 유형원이다. 유형원은 『반계수록』에서 국가 제도의 개혁 방향을 제시하였으며, 토지 국유화를 전제로 신분에 따라 차등 있게 토지를 분배하자는 균전론을 주장하였다.

👍 이것도 알면 합격!

중농학파 실학자

유형원	• 『반계수록』에서 균전론(신분에 따라 토지를 차등 있게 분배)을 주장 • 토지 측량법으로 결부법(수확량 단위)이 아닌 경무법(면적 단위) 사용 주장 • 양반 문벌제·과거제·노비제의 모순 비판, 병농 일치제 주장
이익	• 『곽우록』에서 한전론(영업전 이외의 토지 매매 허용) 주장 • 6가지 폐단(노비제, 과거제, 양반 문벌제, 사치와 미신 숭배, 승려, 게으름) 비판
정약용	• 여전론(마을 단위로 공동 경작하고, 그 수확물을 노동량에 따라 차등 분배) 주장 → 이후 타협안으로 정전론을 주장 • 『경세유표』, 『목민심서』, 『흠흠신서』 등을 저술, 과학 기술 중시(거중기·배다리 등 제작)

09 근대 갑신정변 난이도 중 ●●○

자료 분석 제시문 (가)에서 개화당이라고 하는 자들은 충의를 모르고 외국인과 연결하여 나라를 팔고 겨레를 배반하였다는 것과 제시문 (나)에서 임오군란 이후 청국이 우리의 자주권을 침해하는 데 분노하여 일으켰다는 내용을 통해 밑줄 친 '이 사건'이 갑신정변임을 알 수 있다.

정답 설명 ① 조·청 상민 수륙 무역 장정은 갑신정변이 아닌 임오군란의 결과로 체결되었다. 임오군란을 진압한 청은 조선의 북경 및 서울의 양화진에서 각각 무역을 허락하는 내용을 담은 조·청 상민 수륙 무역 장정을 체결하였다.

오답 분석
②, ③ 갑신정변을 일으킨 김옥균, 박영효, 홍영식 등의 급진 개화파들은 청과 종속 관계를 청산하여 자주 독립을 확고히 하고자 하였으며, 우정총국의 낙성 축하연을 기회로 정변을 일으켜 새로운 개화당 정부를 수립하였다. 이들은 조선의 자주 독립, 인민 평등권 제정, 내각제 수립 등을 포함한 14개조 혁신 정강을 발표하여 개혁을 추진하고자 하였지만, 청군의 개입으로 3일만에 실패로 끝났다.
④ 갑신정변 이후 청과 일본은 톈진 조약을 체결해 양국 군대가 조선에서 철수하고, 향후 조선으로 군대 파견 시 상대국에게 알리도록 하였다.

👍 이것도 알면 **합격!**

갑신정변

배경	· 임오군란 이후 청의 내정 간섭 심화 · 온건 개화파의 급진 개화파 탄압으로 개화 정책 후퇴 · 김옥균이 일본과의 차관 교섭 실패로 입지가 위축됨 · 청·프 전쟁으로 조선 내 청군이 일부 철수 · 일본 공사가 정변 단행 시 재정 및 군사적 지원을 약속함
전개	김옥균·박영효·서광범 등 급진 개화파는 우정총국 개국 축하연(1884. 10.)을 이용하여 정변을 단행 → 민씨 정권의 고관을 살해 → 고종과 민비의 거처를 창덕궁에서 경우궁으로 옮기고 정권을 장악(개화당 정부 수립)
결과	· 청군의 개입으로 실패 → 홍영식 등 피살, 김옥균·박영효·서광범 등 일본으로 망명 · 청의 내정 간섭 심화

10 조선 전기 과전법 난이도 하 ●○○

자료분석 제시문에서 조준 등이 상소하였고, 도평의사사에서 토지를 지급하는 법을 정할 것을 청하였다는 내용을 통해 밑줄 친 '법'이 과전법임을 알 수 있다.

정답설명 ② 과전법은 경기 지역만을 대상으로 18관등에 따라 전·현직 관리들에게 최고 150결에서 최하 10결까지의 과전에 대한 수조권을 지급하였다.

오답분석
① **전시과**: 전지와 시지를 지급한 것은 고려 시대의 전시과이다. 전시과는 관리들에게 관직 복무와 직역에 대한 대가로 토지(수조권)를 지급한 제도로, 관리에게 전지(곡물을 재배하는 토지)와 시지(땔감을 얻을 수 있는 토지)를 차등적으로 지급하였다.
③ 과전법은 현직 관리뿐만 아니라 전직 관리에게도 지급되었다. 이후 직전법 시행으로 현직 관리에게만 토지의 수조권을 지급하였다.
④ **영정법**: 토지에 부과하는 세금을 4~6두로 고정한 것은 영정법이다.

👍 이것도 알면 **합격!**

과전법

배경	권문세족의 토지 겸병으로 재정 궁핍
목적	· 신진 사대부의 경제적 기반 마련 · 국가 재정 확충
내용	· 경기 지방에 한해 전지만 지급 · 원칙: 관리가 사망하거나 반역할 경우 국가에 반납, 세습할 수 없음 → 예외적으로 수신전, 휼양전 등의 명목으로 세습 허용

11 고대 백제 난이도 중 ●●○

자료분석 제시문에서 재상을 뽑을 때에 후보 서너 명의 이름을 써서 상자에 넣고 봉해 이를 호암사에 있는 바위(정사암)에 두었다는 내용을 통해 정사암 회의가 있었던 백제임을 알 수 있다.

정답설명 ② 백제는 전국을 5방(동·서·남·북·중)으로 나누고, 그 책임자를 방령이라고 불렀다. 방령은 백제의 지방 행정 조직인 방(方)의 행정 및 군사 최고 책임자로, 대개 700~1,200여 명의 군사를 거느렸다.

오답분석
① **고구려**: 지방 통치를 위해 욕살과 처려근지를 파견한 국가는 고구려이다. 고구려는 지방 통치 조직을 대성(大城)·성(城)·소성(小城)의 3단계로 구분하고, 대성에는 욕살, 성에는 처려근지를 파견하여 지방의 행정과 군사 활동을 관장하게 하였다.
③ **신라**: 각 주에 정을 두고 진골 출신의 장군이 지휘한 국가는 신라이다.
④ **고구려**: 제5관등 이상의 귀족들이 모여 주요 국사를 처리한 국가는 고구려이다. 고구려는 제5관등인 조의두대형(위두대형) 이상의 귀족들이 모여 주요 국사를 논의 및 결정하고, 처리하였다.

12 고려 시대 고려 시대의 화폐 난이도 하 ●○○

자료분석 제시문에서 돈에 새기는 글은 해동통보라 한다는 내용을 통해 고려 시대임을 알 수 있다. 해동통보는 화폐 유통을 적극적으로 추진한 고려 숙종 때 주전도감에서 만든 화폐이다.

정답설명 ④ 옳은 것을 모두 고르면 ㉡, ㉣이다.
㉡ 해동중보는 고려 숙종 때 주전도감에서 발행한 화폐로, 해동통보가 주조된 1102년 무렵 또는 그 이후에 주조되었을 것으로 추정된다.
㉣ 삼한통보는 문헌 기록은 남아 있지 않지만, 실물로 남아 있어 주조 사실이 확인되며, 삼한중보와 더불어 고려 숙종 때 주조되었을 것으로 추정된다.

오답분석
㉠ **조선통보**: 조선통보가 주조된 것은 조선 시대이다. 조선통보는 세종 때 처음 주조되었지만 유통이 부진하였고, 인조 때 다시 주조되어 개성 등을 중심으로 유통되었으나, 전국적으로 유통되지는 못하였다.
㉢ **십전통보**: 십전통보가 주조된 것은 조선 시대이다. 십전통보는 동전 유통의 필요성을 강조한 김육의 건의에 따라 국가의 허가를 받은 개성 지역의 민간인에 의해 주조된 것으로 추정된다.

13 근대 동학 농민군의 폐정 개혁 12개 조항 난이도 상 ●●●

정답설명 ② 옳지 않은 것을 모두 고르면 ㉢, ㉤이다.
㉢ 외국인에게 의지하지 말고 관민이 협력하여 전제 황권을 공고히 한다는 것은 관민 공동회에서 결의한 헌의 6조 중 제1조의 내용이다.
㉤ 중대 범죄를 공판하되 피고의 인권을 존중한다는 것은 관민 공동회에서 결의한 헌의 6조 중 제4조의 내용이다.

오답분석
㉠ 횡포한 부호를 엄히 다스린다는 것은 폐정 개혁안 12개 조항 중 제3조의 내용이다.
㉡ 불량한 유림과 양반의 무리를 징벌한다는 것은 폐정 개혁안 12개 조항 중 제4조의 내용이다.
㉣ 무명 잡세를 폐지하는 것은 폐정 개혁안 12개 조항 중 제8조의 내용이다.

14 일제 강점기 한국광복군 난이도 하 ●○○

자료분석 제시문에서 OSS 특별 훈련을 받았고, 국내 지하 공작원으로 진입하려고 하였다는 내용을 통해 이 인물이 소속된 단체가 한국광복군임을 알 수 있다.

정답설명 ③ 한국광복군은 중국 충칭에서 창설된 대한민국 임시 정부 산하의 부대이다. 한국광복군은 미국 전략 사무국(OSS)과 협력하여 국내 정진군을 편성하고 국내 진공 작전을 계획하였으나, 일본의 무조건 항복으로 실현되지 못하고 중단되었다.

오답분석
① 조선 의용군: 조선 의용군은 조선 의용대 화북 지대가 개편된 단체로, 조선 독립 동맹 소속이었다. 조선 의용군은 중국 공산당의 팔로군과 연합하며 대일 항전을 전개하였다.
② 한인 애국단: 한인 애국단은 김구가 대한민국 임시 정부의 위상을 높이고, 침체된 독립운동을 활성화하기 위하여 상하이에서 조직한 단체이다.
④ 동북 항일 연군: 동북 항일 연군은 만주 지방에서 항일 연합 전선을 형성하기 위하여 동북 인민 혁명군을 확대하여 만든 단체로, 김일성, 김책 등 북한 정권 수립 시기의 주요 인물들이 참여하였다. 동북 항일 연군은 선전 활동에 주력하며, 국내 진공 작전을 펼쳐 평안북도 일대에서 여러 전투를 전개하기도 하였다.

15 일제 강점기 황국 신민 서사 발표 이후의 일제 정책 난이도 하 ●○○

자료분석 제시문에서 우리는 황국 신민으로 충성으로 군국에 보답한다는 내용 등을 통해 1937년에 일제가 조선인에게 일본 천황의 신하 된 백성으로서 충성심을 세뇌시키기 위해 외우게 한 맹세인 황국 신민 서사임을 알 수 있다.

정답설명 ③ 황국 신민 서사가 발표된 이후인 1941년에 일제는 조선 사상범 예방 구금령을 제정하였다. 조선 사상범 예방 구금령은 일제가 독립운동을 사전에 차단하기 위하여 제정한 법령으로, 실제적인 행위가 없더라도 범죄를 일으킬 우려가 있다는 자의적인 판단만으로 사상범을 체포·구금할 수 있도록 하였다.

오답분석 모두 황국 신민 서사 발표 이전의 사실이다.
① 일제가 토지 조사 사업을 실시한 것은 1912년이다. 토지 조사 사업은 일제가 전국의 토지 소유권을 확인하여 식민지 지배에 필요한 재정을 확보하고, 일본인이 쉽게 토지를 차지할 수 있도록 하기 위하여 시행되었다.
② 일제가 치안 유지법을 제정한 것은 1925년이다. 치안 유지법은 일제의 국가 체제(천황제)나 사유 재산 제도를 부정하는 자를 단속하기 위해 제정한 법으로, 사회주의 운동뿐만 아니라 농민, 노동 운동, 항일 민족 운동 등을 탄압하는데 활용되었다.
④ 일제가 공업화로 인한 일본 내 식량 부족 문제 해결을 위한 산미 증식 계획을 실시한 것은 1920년이다. 일제는 공업화로 도시 인구가 증가하여 쌀의 수요가 급증하였으나, 농업 생산력은 이에 미치지 못하여 식량이 부족해지자 한국에서 쌀의 생산을 늘려 일본으로 가져가려는 산미 증식 계획을 실시하여 식량 부족 문제를 해결하려 하였다.

16 고대 장보고 난이도 중 ●●○

자료분석 제시문의 견대당매물사라는 내용을 통해 ① 인물이 장보고임을 알 수 있다. 견대당매물사는 통일 신라 시대에 청해진의 대사 장보고가 당과 교역을 하기 위해 파견한 무역 사절이다.

정답설명 ③ 장보고는 당에서 무령군의 소장으로 있을 때 신라인의 왕래가 빈번하였던 산둥(산동)성 적산촌에 법화원이라는 사찰을 건립하였다. 적산 법화원은 당에 거주하는 신라인의 신앙 거점인 동시에 항해의 안전을 기원하는 예배처였다. 이 외에도 신라와의 연락 기관 역할을 하였고, 당으로 건너가는 신라의 승려나 『입당구법순례행기』를 저술한 엔닌 등 일본 승려들에게 도움을 주기도 하였다.

오답분석
① 김대문: 『화랑세기』를 저술한 인물은 김대문이다. 김대문은 진골 귀족 출신으로 화랑들의 행적을 모아 엮은 전기인 『화랑세기』를 저술하였다.
② 장문휴: 당의 등주를 공격한 인물은 장문휴이다. 장문휴는 발해 무왕의 명령에 따라 수군을 이끌고 당의 등주를 공격하여 그곳의 자사인 위준을 죽였다.
④ 김헌창: 웅천주(공주)를 근거지로 반란을 일으킨 인물은 김헌창이다. 김헌창은 아버지인 김주원이 왕이 되지 못한 데에 불만을 품고 웅천주에서 국호를 '장안', 연호를 '경운'이라 하여 반란을 일으켰으나 실패하였다.

17 근대 1904년에 일어난 사건 난이도 중 ●●○

자료분석 제시문에서 대한 제국 황실의 안녕과 영토 보전에 위험이 있을 경우 대일본 제국 정부는 필요한 조치를 취할 수 있고, 대일본 제국 정부가 군사 전략상 필요한 지점을 상황에 따라 수용할 수 있다는 내용을 통해 1904년에 체결된 한·일 의정서임을 알 수 있다.

정답설명 ① 일본은 한·일 의정서가 체결된 해인 1904년에 중국 뤼순 앞바다와 인천 제물포에 있는 러시아 군함을 공격하여 러·일 전쟁을 일으켰다. 러·일 전쟁은 만주와 한반도를 놓고 벌어진 러시아와 일본 간의 주도권 쟁탈전으로, 전쟁에 승리한 일본은 1905년에 러시아와 포츠머스 조약을 체결하여 대한 제국에 대한 지도·보호 및 감독의 권리를 인정받았다.

오답분석
② 일본이 불법으로 독도를 자국 영토로 편입한 것은 1905년이다. 일본은 독도를 어느 국가의 영토로 되어 있지 않은 지역인 무주지로 규정하고 시마네현 고시 제40호를 통해 자국의 영토로 불법 편입하였다.
③ 일본이 대한 제국 군대를 강제 해산시킨 것은 1907년이다. 일본은 한·일 신협약의 비밀 각서(부속 조약)를 통해 대한 제국의 군대를 강제로 해산시켰다.
④ 일본이 헤이그 특사 파견을 빌미 삼아 고종을 강제 퇴위시킨 것은 1907년이다. 고종이 을사늑약 체결의 무효를 선언하고 이를 국제 사회에 알리기 위하여 제2차 만국 평화 회의가 열리고 있던 네덜란드 헤이그에 특사를 파견하자, 일본은 이를 빌미 삼아 고종을 강제로 퇴위시키고 순종을 즉위시켰다.

18 고려 시대 고려 광종 때의 사실 난이도 중 ●●○

자료분석 제시문에서 새로 창건한 귀법사의 주지가 되었으며, 보현십원가를 지었다는 내용을 통해 균여임을 알 수 있으며, 균여는 고려 광종 때 주로 활동하였다.

정답설명 ③ 고려 광종 때는 중국에 승려들을 보내 중국 오월 지역에서 유행한 선종의 일파인 법안종을 수용하였다.

오답분석
① 고려 현종: 강조를 토벌한다는 명분으로 거란이 침략한 것은 고려 현종 때이다. 거란은 정변을 일으켜 목종을 폐위시키고 현종을 옹립한 강조를 토벌한다는 명분으로 고려를 침략(거란의 2차

침입)하여 개경을 함락시키기도 하였으나, 고려 현종의 입조(고려 왕이 중국 조정에 문안 인사를 가는 것)를 조건으로 철수하였다.
② 고려 광종 때는 대장경에 대한 주석서인 교장을 간행하지 않았다. 교장은 의천이 대장경에 대하여 해석한 장소를 수집하여 목록을 정리한 불교 주석서로, 고려 선종 때부터 숙종 때에 걸쳐 간행되었다.
④ **고려 현종**: 현화사를 창건한 것은 고려 현종 때이다. 현화사는 현종이 부모의 명복을 빌기 위하여 창건한 사찰이다.

👍 이것도 알면 **합격!**

대한민국 임시 정부의 개헌 과정

개헌	정치 체제
제1차 개헌(1919) 임시 헌법	대통령 중심제(3권 분립)
제2차 개헌(1925) 임시 헌법	국무령 중심의 내각 책임제
제3차 개헌(1927) 임시 약헌	국무위원 집단 지도 체제
제4차 개헌(1940) 임시 약헌	주석(김구) 중심의 단일 지도 체제
제5차 개헌(1944) 임시 헌장	주석(김구)·부주석(김규식) 체제

19 | 조선 전기 | 임진왜란의 전개 과정 | 난이도 중 ●●○

정답 설명
① 시간순으로 바르게 나열하면 ⓒ 한산도 대첩(1592. 7.) → ⓔ 진주 대첩(1차 진주성 전투, 1592. 10.) → ㉠ 평양성 탈환(1593. 1.) → ⓒ 행주 대첩(1593. 2.)이 된다.

ⓒ **한산도 대첩**: 왜군이 총공격을 가해오자 이순신 함대는 한산도 앞바다로 적을 유인한 뒤, 학이 날개를 펼치는 모습인 학익진 전법으로 대파하였다(1592. 7.).

ⓔ **진주 대첩(1차 진주성 전투)**: 호남으로 가는 길목인 진주에서 목사 김시민은 3,800여 명의 병력으로 2만여 명의 일본군을 맞아 성을 방어하는 데 성공했다(1592. 10.).

㉠ **평양성 탈환**: 이여송이 거느린 5만여 명의 명나라 지원군은 유성룡이 이끄는 조선군과 합하여 왜군으로부터 평양성을 탈환하였다(1593. 1.).

ⓒ **행주 대첩**: 서울을 수복하기 위하여 군대를 이끌고 북상하던 전라도 관찰사 권율은 행주산성에서 1만여 명의 병력으로 전투를 벌여 3만여 명의 병력으로 공격해 온 일본군을 물리쳤다(1593. 2.).

20 | 일제 강점기 | 국무위원제 채택 이전의 대한민국 임시 정부 활동 | 난이도 중 ●●○

자료 분석
제시문은 대한민국 임시 정부가 1927년에 헌법을 개정(제3차 개헌)하여 집단 지도 체제인 국무위원제를 채택한 내용이다.

정답 설명
① 대한민국 임시 정부는 1925년에 대통령인 이승만을 정부 소재지인 상하이에 머문 기간이 6개월에 불과할 정도로 직무 수행이 성실하지 않다는 것과 미국의 윌슨 대통령에게 국제 연맹의 한국 위임 통치를 청원한 사실 등을 이유로 탄핵하고, 박은식을 임시 대통령으로 추대했다.

오답 분석
모두 국무위원제 채택 이후의 사실이다.
② 조소앙의 삼균주의에 기초한 건국 강령을 반포한 것은 1941년이다. 건국 강령은 정치·경제·교육의 균등을 주장한 조소앙의 삼균주의를 기초로 하여 민주 공화정 수립, 보통 선거의 실시 등의 내용이 포함되었다.
③ 의열 투쟁을 전개하고자 한인 애국단을 조직한 것은 1931년이다. 한인 애국단은 일본의 주요 인물을 암살하려는 목적으로 조직되었으며, 대표적인 단원으로는 도쿄에서 일본 국왕을 향해 폭탄을 투척한 이봉창, 중국 상하이 훙커우 공원에서 열린 일왕 생일 축하 겸 전승 축하식에서 폭탄을 투척한 윤봉길 등이 있다.
④ 한국 국민당을 조직하여 정당 정치를 운영한 것은 1935년이다. 한국 국민당은 김구와 이동녕 등이 김원봉의 민족 혁명당에 대항하여 중국 항저우에서 만든 정당으로, 대한민국 임시 정부의 여당 역할을 하였다.

21회 2022년 서울시 9급

2022년 6월 18일 시행

문제집 96쪽

정답

01	④ 선사 시대	11	④ 조선 후기
02	③ 고대	12	② 근대
03	② 일제 강점기	13	① 고려 시대
04	① 현대	14	④ 고대
05	① 고려 시대	15	④ 조선 후기
06	③ 조선 전기	16	② 조선 후기
07	① 근대	17	④ 현대
08	② 일제 강점기	18	④ 고대
09	③ 조선 전기	19	④ 일제 강점기
10	③ 근대	20	② 고대

취약 시대 분석표

시대	맞힌 개수
선사 시대	/ 1
고대	/ 4
고려 시대	/ 2
조선 전기	/ 2
조선 후기	/ 3
근대	/ 3
일제 강점기	/ 3
현대	/ 2
시대 통합	/ 0
총합	/ 20

기출 총평

"합격선 85점, 지엽적인 개념으로 변별력있게 출제!"

- **난이도**: 시험 전체적인 난이도는 중상으로, 지엽적인 개념들이 제시되어 까다로웠습니다.

- **고난도 문제**
  - 08번 연해주 지역의 역사: 스탈린의 강제 이주 정책이라는 생소한 개념이 자료로 제시되어 정답을 맞히기 까다로웠습니다.
  - 16번 호락 논쟁: 호락 논쟁에 대해 정확히 알지 못하면 정답을 맞히기 까다로웠던 문제였습니다.
  - 19번 일제 강점기의 의식주 변화: 왜간장과 조미료의 사용 등 지엽적인 개념이 출제되었으며, 모두 고르는 문제였기 때문에 체감 난이도가 매우 높았습니다.

01 선사 시대 청동기 시대   난이도 하 ●○○

자료분석 제시문에서 벼농사가 보급되고 빈부 차이와 계급이 발생하였다는 내용을 통해 밑줄 친 '이 시대'는 청동기 시대임을 알 수 있다.

정답설명 ④ 슴베찌르개는 주로 구석기 시대 후기에 사용된 도구로, 나무나 뼈에 꽂아서 창처럼 사용하였다.

오답분석
① 고인돌은 청동기 시대의 대표적인 무덤 양식이다. 고인돌의 제작에는 많은 노동력을 필요로 하였기 때문에, 당시에 계급이 발생하였으며 지배층의 정치권력과 경제력이 상당히 높았음을 보여준다.
② 반달 돌칼은 청동기 시대의 대표적인 유물로, 벼와 같은 곡식의 이삭을 자를 때 사용되었다.
③ 민무늬 토기는 청동기 시대의 대표적인 토기이다. 이 외에도 청동기 시대에는 미송리식 토기, 송국리식 토기 등이 사용되었다.

02 고대 법흥왕   난이도 하 ●○○

자료분석 제시된 자료에서 병부와 상대등을 설치하고 금관가야를 정복하였다는 내용을 통해 법흥왕에 대한 설명임을 알 수 있다.

정답설명 ③ 법흥왕은 백관의 공복을 제정하여 귀족을 관료로 등급화시키고 율령을 반포하는 등 국가의 통치 체제를 정비하였다.

오답분석
① 진흥왕: 백제 성왕과 동맹하여 고구려가 장악했던 한강 유역을 차지한 왕은 진흥왕이다. 진흥왕은 한강 상류 지역을 차지한 뒤, 백제가 점령한 한강 하류 지역을 공격하여 차지하였다.
② 지증왕: 이사부를 보내 우산국으로 불리던 울릉도를 정복하여 영토로 편입한 왕은 지증왕이다.
④ 진흥왕: 활발한 정복 활동을 통해 신라 역사상 최대 영역을 확보한 왕은 진흥왕이다.

03 일제 강점기 문화 통치 시기 일제의 정책   난이도 하 ●○○

정답설명 ② 문화 통치 시기에 일제는 자국에서 공업화 정책을 추진하면서 식량이 부족해지자, 한반도의 식량 생산을 대폭 늘려 일본으로 더 많은 쌀을 가져가기 위해 산미 증식 계획을 세워 추진하였다.

오답분석
① 무단 통치 시기: 일제가 토지 조사 사업을 실시하여 근대적 토지 소유 관계를 확립하고, 식민지 지주 소작제를 수립한 것은 무단 통치 시기이다.
③ 민족 말살 통치 시기: 일본 자본가들의 과잉 자본을 조선에 투자하고, 전쟁에 필요한 필수품 조달을 위해 군수 공업을 위주로 하는 공업화 정책이 추진되어 한반도가 병참 기지화된 것은 민족 말살 통치 시기이다.
④ 민족 말살 통치 시기: 일제가 우리 민족을 일본 국민으로 동화시키기 위해 황국 신민 서사 암송, 창씨개명 강요 등의 민족 말살 정책을 추진한 것은 민족 말살 통치 시기이다.

04 현대 한국 전쟁(6·25 전쟁)의 전개 과정   난이도 중 ●●○

정답설명 ① 일어난 순서대로 바르게 나열하면 ㉠ 인천 상륙 작전(1950. 9.) → ㉡ 중국군 개입(1950. 10.) → ㉢ 휴전 회담 시작(1951. 7.) → ㉣ 이승만 정부의 반공 포로 석방(1953. 6.)이다.

- ㉠ 인천 상륙 작전: 유엔군 총사령관 맥아더의 지휘하에 국군과 유엔군이 인천 상륙 작전에 성공하였다(1950. 9.).

ⓒ 중국군 개입: 인천 상륙 작전에 성공한 국군과 유엔군이 압록강까지 진출하자 위기를 느낀 중국군이 북한군을 돕기 위해 대규모의 군대를 파견하였다(1950. 10.).
ⓒ 휴전 회담 시작: 38도선 부근에서 전쟁이 교착 상태에 빠지자 전쟁이 확대될 것을 우려한 소련의 제의로 휴전 회담이 열리기 시작하였다(1951. 7.). 한편 휴전 회담은 처음에 개성에서 시작된 후, 판문점으로 이동하여 진행되었다.
ⓔ 이승만 정부의 반공 포로 석방: 휴전에 반대하는 이승만 정부가 회담의 쟁점이었던 반공 포로를 석방하는 조치를 실행하였다(1953. 6.).

05 고려 시대 고려 시대의 교육 제도 정비   난이도 하 ●○○

정답 설명
① 숙종 대에는 서적 간행의 활성화를 위해 국자감에 서적포라는 국립 출판사를 두고 책을 간행하였다.

오답 분석
② 최충이 사립 학교인 구재(九齋)를 설치한 것은 예종 대가 아닌 문종 대이다.
③ 사학의 융성으로 위축된 관학의 경제적 기반을 강화하기 위하여 양현고라는 장학 재단을 설치하여 운영한 것은 문종 대가 아닌 예종 대이다.
④ 고려의 국립 대학인 국자감이 국학으로 개칭된 것은 충선왕 대가 아닌 충렬왕 대이다.

06 조선 전기 조선 시대의 과거 제도   난이도 중 ●●○

정답 설명
③ 조선 시대에도 음서 제도가 존재하였다. 하지만 조선 시대에는 고려 시대에 비해 음서의 대상이 축소되었으며, 과거에 합격하지 않으면 고위 관직으로 승진하기가 어려웠다.

오답 분석
① 조선 시대에 생원·진사를 선발하는 사마시의 1차 시험인 초시에서는 합격자의 수를 각 도의 인구 비율로 배분하여 생원·진사를 각각 약 700명씩 선발하였다.
② 조선 시대 문과의 정기 시험에는 현직 관원도 응시할 수 있었고, 합격하는 경우 최대 4단계까지 승진할 수 있었다.
④ 조선 시대에 무과의 식년시는 3년에 한 번씩 시행되었으며, 양반의 첩에서 태어난 서얼도 응시할 수 있었다.

07 근대 독립 협회의 활동   난이도 중 ●●○

자료 분석
제시문에서 최초의 민간 신문이자 한글판과 영문판을 발행한 이 신문은 독립신문으로, 독립신문이 ㉠ 단체와 만민 공동회의 활동을 대변하였다는 것을 통해 ㉠ 단체는 독립 협회임을 알 수 있다.

정답 설명
① 대한국 국제를 반포한 것은 고종이다. 고종은 대한 제국 수립 후 일종의 헌법과 같은 대한국 국제를 반포하여 대한 제국이 전제 정치 국가임과 황제가 무한한 권한을 행사함을 강조하였다.

오답 분석
② 독립 협회는 반러 운동을 적극적으로 전개하여 러시아의 절영도 조차 저지, 한러은행 폐쇄, 러시아 재정 고문과 군사 교련단 철수 등을 이끌어 냈다.
③ 독립 협회는 독립 의식의 고취를 위해 독립문 건립과 독립 공원의 조성을 추진하였다.
④ 독립 협회는 계몽적, 사회적, 정치적 주제의 강연회와 토론회를 개최하여 민중들에게 효과적인 의사 표현의 방법과 민주적인 행동 성향, 국권·민권·애국 사상 등을 교육하였다.

08 일제 강점기 연해주 지역의 역사   난이도 상 ●●●

자료 분석
제시문에서 우즈베키스탄으로 강제 이주된 것과 고려인이라는 것을 통해 소련 스탈린의 연해주 한인 강제 이주 정책에 대한 내용임을 알 수 있으며, ㉠ 지역은 연해주이다.

정답 설명
② 연해주에서는 1905년 을사늑약 체결 이후 민족 운동가들이 망명하여 신한촌 등의 한인 집단촌이 형성되고 성명회, 권업회 등의 단체와 한민 학교 등의 학교가 설립되었다. 또한 13도 의군 등의 항일 의병 단체와 대한 광복군 정부 등의 독립운동 단체가 조직되어 독립운동이 활발하게 전개되었다.

오답 분석
① 간도: 일제가 봉오동 전투 등에서 패배한 것에 대해 보복하기 위해 독립군 토벌을 명목으로 조선인 마을을 파괴하고 경신참변(간도 참변)을 일으켜 조선인을 대량 살육한 지역은 간도이다.
③ 일본: 1923년에 관동 대지진이 발생했을 때 조선인들이 우물에 독을 탔다는 유언비어가 퍼져 적어도 6,000여 명의 조선인들이 학살당한 지역은 일본이다.
④ 태평양 전쟁 후에 수백 명의 조선인 청년들이 미군에 입대하여 일본군과 싸운 것과 연해주 지역은 관련이 없다.

🔖 이것도 알면 합격!

1910년대 연해주 지역의 민족 운동

성명회(1910)	한·일 합병의 부당함을 각국 정부에 호소
권업회(1911)	권업신문 발간, 한민 학교, 대전 학교 설립
대한 광복군 정부 (1914)	이상설, 이동휘를 정·부통령으로 하여 수립, 사관 학교 건립

09 조선 전기 세조   난이도 중 ●●○

자료 분석
제시된 자료에서 진관 체제를 실시하고 과전을 직전법으로 바꾸었다는 내용을 통해 세조에 대한 설명임을 알 수 있다.

정답 설명
③ 세조(수양 대군)는 조카인 단종을 몰아내고 왕위를 차지하였으나, 6조 직계제를 부활시키고 이시애의 난을 진압하는 등 왕권을 안정시키고 중앙 집권 체제를 강화하는 데 기여하였다.

오답 분석
① 태종: 왕자들의 권력 투쟁이 일어난 경복궁을 피하여 응봉산 자락에 창덕궁을 새로 건설한 왕은 태종이다.
② 세종: 이종무를 파견하여 왜구의 소굴인 쓰시마(대마도)를 정벌하게 한 왕은 세종이다.
④ 성종: 세조 때부터 시작된 『경국대전』의 편찬을 완료하여 반포하고, 고조선부터 고려 말까지의 역사를 정리한 우리나라 통사인 『동국통감』의 편찬을 완료한 왕은 성종이다.

10 근대 군국기무처   난이도 하 ●○○

자료 분석
제시된 자료에서 1894년에 국정 전반에 걸쳐 개혁을 수행하기 위해 신설된 입법 기구라는 것과, 총재가 김홍집이었다는 내용을 통해 군국기무처에 대한 설명임을 알 수 있다.

정답 설명
③ 군국기무처는 제1차 갑오개혁 때 개혁 수행을 위해 설치된 최고 정책 결정 기관으로, 정치·경제·사회 등 국가의 주요 정책에 대한 개혁을 추진하였다.

오답분석
① 교전소: 교전소는 대한 제국 때 중추원 내에 설치된 기관으로, 신·구법의 절충과 그에 관한 법전을 편찬하기 위해 설치되었다.
② 집강소: 집강소는 동학 농민군이 정치·행정상의 폐단을 개혁하기 위해 전라도 일대의 고을에 설치한 농민 자치 조직이다.
④ 삼정이정청: 삼정이정청은 철종 때 임술 농민 봉기가 일어나자, 삼정의 문란을 바로잡기 위해 설치한 기관이다.

11 조선 후기 『일성록』 난이도 하 ●○○

자료분석 제시된 자료에서 조선 후기 국정 운영 내용을 국왕의 일기 형식으로 작성하였다는 것과, 유네스코 세계 기록유산으로 등재되었다는 것을 통해 『일성록』에 대한 설명임을 알 수 있다.

정답설명 ④ 『일성록』은 정조가 세손 시절부터 쓰던 개인 일기가 즉위 이후 공식 국정 운영 내용을 정리한 일기로 전환된 것으로, 2011년에 유네스코 세계 기록유산으로 등재되었다.

오답분석 ① 『승정원일기』: 『승정원일기』는 국왕의 비서 기관인 승정원에서 왕과 신하 간에 오고 간 문서는 물론 왕의 일상과 업무 내용을 일지 형식으로 기록한 것으로, 2001년에 유네스코 세계 기록유산으로 등재되었다.
② 『비변사등록』: 『비변사등록』은 조선 후기에 최고 국정 기관이었던 비변사에서 논의 및 결정된 사항을 기록한 것으로, 유네스코 세계 기록유산에는 등재되지 않았다.
③ 『조선왕조실록』: 『조선왕조실록』은 태조에서 철종 때까지의 통치 내용을 기록한 편년체 역사서로, 1997년에 유네스코 세계 기록유산으로 등재되었다.

12 근대 『조선책략』 난이도 중 ●●○

자료분석 제시문에서 중국과 친하고, 일본과 맺고, 미국과 연결함으로써 자강을 도모한다는 것을 통해 『조선책략』의 내용임을 알 수 있다.

정답설명 ② 일본과 제물포 조약을 체결한 것은 임오군란(1882)의 결과로, 『조선책략』과 관련이 없다. 임오군란의 결과 조선은 일본과 제물포 조약을 체결하여 배상금을 지불하였으며, 일본 공사관 경비를 위한 일본군의 주둔을 허용하였다.

오답분석 ①, ③, ④ 『조선책략』은 일본 주재 청나라 공사관의 외교관인 황준헌(황쭌셴)이 저술한 것으로, 1880년 2차 수신사로 일본에 파견되었던 김홍집에 의해 조선에 소개되었다. 한편 『조선책략』이 국내에 소개되자 이만손 등은 김홍집의 처벌을 요구하며 영남 만인소를 올려 개화 반대 운동을 전개하였고, 이에 고종은 척사윤음을 내려 유생들의 불만을 달래기도 하였다.

13 고려 시대 고려의 중앙 정치 제도 난이도 하 ●○○

정답설명 ① 국가의 재정과 회계를 담당한 기구는 삼사이다. 한편 식목도감은 중서문하성의 재신과 중추원(추밀원)의 추밀이 모인 합좌 기구로, 대내적인 법제와 각종 시행 규정을 담당하는 일종의 입법 기관이었다.

오답분석 ② 고려는 상서성의 6부가 각기 국무를 분담하였지만, 중서문하성에서 결정된 사항을 상서성의 6부에서 시행하는 상하 관계였기 때문에 중서문하성에 강하게 예속되어 있었다.

③ 고려의 추밀원은 중추원이 개편된 기관으로 추부라고도 불렸는데, 군사 기밀을 관장하고 왕명을 출납하는 등의 기능을 담당하였다.
④ 고려의 중앙 관제는 당의 3성 6부제를 모방하였으나 고려의 실정에 맞게 운영하였는데, 중서성과 문하성을 합해 중서문하성이라는 단일 기구를 만들고 국정을 총괄하는 정치의 최고 관부로 삼았다.

14 고대 고구려사의 전개 난이도 중 ●●○

정답설명 ④ 시간순으로 바르게 나열하면 ② 위군의 침략으로 환도성 함락(동천왕, 244~245) → © 고구려의 낙랑군·대방군 축출(미천왕, 313~314) → © 백제군의 평양성 공격(고국원왕, 371) → ③ 고구려의 평양 천도(장수왕, 427)이다.

② 위군의 침략으로 환도성 함락(동천왕): 고구려 동천왕은 위의 장수 관구검의 침입으로 환도성이 함락되자, 옥저 지역으로 피난하였다(244~245).
© 고구려의 낙랑군·대방군 축출(미천왕): 고구려 미천왕은 중국이 5호 16국 시대로 혼란한 틈을 타 낙랑군을 축출(313)하고, 이후 대방군까지 축출(314)함으로써 대동강 유역을 확보하여 남쪽으로 진출할 수 있는 발판을 마련하였다.
© 백제군의 평양성 공격(고국원왕): 고구려 고국원왕은 황해도 지역을 놓고 백제 근초고왕과 대립하다가 백제군의 평양성 공격으로 전사하였다(371).
③ 고구려의 평양 천도(장수왕): 고구려 장수왕은 왕권 강화와 적극적인 남하 정책을 추진하기 위해 국내성에서 평양으로 천도하였다(427).

15 조선 후기 대동법 난이도 하 ●○○

자료분석 제시문에서 현물로 바치려고 해도 방납하는 것을 이롭게 여겨 협박을 한다는 것을 통해 방납의 폐단임을 알 수 있으며, 방납의 폐단을 해결하기 위해 실시한 정책은 대동법이다.

정답설명 ④ 옳은 것을 모두 고르면 ©, ©이다.
© 대동법은 가호를 기준으로 공물을 징수하던 방식 대신 소유한 토지 결수에 따라 쌀(1결당 12두), 삼베, 무명, 동전 등으로 납부하게 한 법이었다.
© 대동법의 실시로 왕실과 관청 등 정부에서 필요한 관수품을 구해 조달하는 공인이 등장하였다.

오답분석 ③ 영정법: 풍흉에 관계없이 토지 1결당 미곡 4~6두의 세금을 징수한 것은 인조 때 실시한 영정법이다.

16 조선 후기 호락 논쟁 난이도 상 ●●●

정답설명 ② 호락 논쟁(호론과 낙론의 논쟁)에 대한 설명 중 성격이 다른 것은 ©이다. 낙론은 인간과 사물의 본성이 같다고 보는 인물성동론을 바탕으로 중화와 오랑캐를 구분하는 중국 중심의 이분법적인 화이론을 부정하며 청 문물을 수용할 것을 주장하였고, 이는 조선 후기 실학 운동으로 이어지는 사상적 기반이 되었다.

오답분석 ③, ©, @ 모두 호론에 대한 설명이다.
③ 호론은 인간과 사물의 본성을 다르다고 보는 인물성이론을 주장

하였는데, 이는 인간의 본성으로 대변되는 중화와 사물의 본성에 해당되는 청(오랑캐)을 엄격하게 구분하여 조선을 중화로, 청을 오랑캐로 보는 명분론으로 이어졌다.

ⓒ, ⓔ 호론은 주로 충청도 지역의 노론 학자들이 중심이 되어 주장하였는데, 대표적인 인물로는 권상하, 한원진 등이 있다.

이것도 알면 합격!

호락 논쟁

구분	호론	낙론
이론	인물성이론	인물성동론
본성	인간의 본성과 사물의 본성은 다름	인간의 본성은 사물의 본성과 동일함
중심 인물	권상하, 한원진	이간, 이재
지역	호서(충청도) 지역	낙하(서울), 경기 지역
계승	북벌론, 위정척사 사상	북학론, 개화 사상

17 현대 6월 민주 항쟁 이후의 변화 난이도 하 ●○○

자료분석 제시문은 젊은이를 야만적인 고문으로 죽여놓았다는 내용과 4·13 호헌 조치를 철회시키기 위한 민주 장정을 시작한다는 내용을 통해 1987년의 6월 민주 항쟁 때 발표된 6·10 국민 대회 선언문임을 알 수 있다.

정답설명 ④ 6월 민주 항쟁의 결과 여당 대통령 후보인 노태우가 대통령 직선제 개헌을 약속한 6·29 선언을 발표하였고, 제9차 개헌을 통해 연임이 불가능한 5년 단임의 대통령을 직선제로 선출하게 되었다.

오답분석
① 한·일 협정: 해방 이후 단절되었던 일본과의 국교가 정상화된 것은 박정희 정부 때 체결된 한·일 협정의 결과이다.
② 4·19 혁명: 내각 책임제와 양원제 국회를 특징으로 하는 개헌(제3차 개헌)이 이루어진 것은 이승만 정부 때 일어난 4·19 혁명의 결과이다.
③ 경제 개발 5개년 계획은 장면 내각 때 수립한 것으로, 6월 민주 항쟁과 관련이 없다.

18 고대 진흥왕 재위 기간의 사실 난이도 하 ●○○

자료분석 제시문에서 거칠부 등에게 명하여 백제와 함께 고구려를 공격하도록 하였다는 것을 통해 밑줄 친 '왕'이 신라 진흥왕임을 알 수 있다.

정답설명 ③ 자장의 건의를 받아들여 호국의 의지를 담은 황룡사 9층 목탑을 건립한 것은 선덕 여왕 때이다.

오답분석
① 진흥왕 때는 이사부를 보내 대가야를 정벌하여 가야 연맹을 소멸시키고, 신라의 영토를 낙동강 유역까지 확대하였다.
② 진흥왕 때는 인재를 양성하기 위하여 씨족 사회의 청소년 교육 집단이었던 화랑도를 국가적 조직으로 개편하였다.
④ 진흥왕 때 신라의 역사를 정리한 『국사』가 편찬되었다. 진흥왕은 이사부의 건의를 수용하여 거칠부에게 역사서인 『국사』를 편찬하게 하였다.

19 일제 강점기 일제 강점기의 의식주 변화 난이도 상 ●●●

정답설명 ④ 옳은 것을 모두 고르면 ㉠, ㉡, ㉢, ㉣이다.
㉠ 일제 강점기에는 일본의 식재료가 유입되어 음식 조리 과정에서 왜간장이라고 불리는 일본 간장과 조미료 등을 사용하였다.
㉡ 일제 강점기에 도시로 인구가 몰려 도시 인구가 급증하면서 빈민들이 거주하는 토막(土幕)집이 등장하고, 도시의 외곽에는 토막집이 모여 있는 토막촌이 형성되었다.
㉢ 일제 강점기 말인 1940년대에 전시 체제가 확대되면서 여성들이 일본 농촌 여성의 작업복인 몸뻬의 착용을 강요당하였다. 여성들은 몸뻬를 입고 근로 보국대 등에서 강제 노동을 하였다.
㉣ 일제 강점기에 경성(서울)의 경우 청계천을 경계로 북촌에는 조선인이, 남촌에는 일본인이 주로 거주하였다.

이것도 알면 합격!

일제 강점기 경성의 모습

경성 전체의 상가를 보면 남북의 양 촌으로 그 경계선이 너무 분명하게 된 지 오랜 일이다. 그러나 시간이 지나면서 그 경계선이 점점 북촌으로 다가감을 매년 깨달을 수가 있다. 이 말은 일본 사람이 진을 치고 있는 남촌 상가의 구역이 조선인 상점의 집합처인 북촌으로 확대되어 간다는 말이다.   - 『삼천리』 12호, 1931. 2.

사료 분석 | 일제 강점기에 경성은 청계천을 기준으로 한국인 중심의 북촌과 일본인 중심의 남촌으로 나뉘어 도시화가 진행되었다.

20 고대 발해 난이도 하 ●○○

자료분석 제시된 자료는 발해와 신라의 사신 자리 다툼 사건(쟁장 사건)과 관련된 내용이다. 왕자 대봉예가 신라보다 윗자리에 자리 잡기를 청하였다는 내용을 통해 ㉠에 들어갈 나라가 발해임을 알 수 있다.

정답설명 ② 발해는 선왕 때 전성기를 맞이하였으며, 이에 당으로부터 '바다 동쪽의 융성한 나라'라는 뜻의 해동성국이라는 칭호를 듣게 되었다.

오답분석
① 후고구려: 마진·태봉 등의 국호를 사용한 나라는 궁예가 세운 후고구려이다. 궁예는 후고구려를 건국한 후 송악(개성)에서 철원으로 천도하고, 국호도 후고구려에서 마진으로 바꾸었다가 다시 태봉으로 바꾸었다.
③ 후백제: 백제의 부흥을 내걸고 완산주(전주)에 도읍을 정한 나라는 견훤이 세운 후백제이다. 견훤은 신라 하대에 전라도 지역의 군사력과 호족의 후원을 바탕으로 완산주에서 후백제를 건국하였다.
④ 통일 신라: 지금의 황해도 지역에 패강진이라는 군진을 개설한 나라는 통일 신라이다. 통일 신라 선덕왕 때 황해도 지역에 패강진을 개설하고 패강 일대의 땅을 군사 정부의 방식으로 통치하였다.

22회
2022년 서울시 9급
(추가 시험)

2022년 2월 26일 시행

문제집 100쪽

정답

01	④ 선사 시대	11	③ 고려 시대
02	③ 조선 전기	12	③ 조선 후기
03	④ 고대	13	② 일제 강점기
04	② 근대	14	④ 조선 후기
05	② 고대	15	② 일제 강점기
06	④ 일제 강점기	16	③ 근대
07	③ 고대	17	① 고려 시대
08	① 고려 시대	18	① 현대
09	④ 조선 후기	19	③ 일제 강점기
10	② 고려 시대	20	② 조선 후기

취약 시대 분석표

시대	맞힌 개수
선사 시대	/ 1
고대	/ 3
고려 시대	/ 4
조선 전기	/ 1
조선 후기	/ 4
근대	/ 2
일제 강점기	/ 4
현대	/ 1
시대 통합	/ 0
총합	/ 20

기출 총평

"합격선 85점, 생소한 키워드로 변별력있게 출제!"

- **난이도:** 시험 전체적인 난이도는 중상으로, 생소한 내용이 많이 출제되어 어려웠던 시험이었습니다.
- **고난도 문제**
  - 04번 여권 통문: 시험에 잘 나오지 않는 여권 통문이 출제 포인트로 제시되어 어려웠던 문제였습니다.
  - 09번 조선 후기의 문화: 인물과 연구 업적, 그에 대한 내용까지 모두 알고 있어야 문제를 풀 수 있어 체감 난이도를 높였습니다.
  - 12번 천주교 전래와 역사적 사건: 천주교의 전래와 박해에 대해 시기나열형으로 물어보는 생소한 유형의 문제로, 수험생들을 당황하게 하였습니다.

01 선사 시대 동예
난이도 하 ●○○

자료분석 제시문에서 해마다 10월에 하늘에 제사를 지내는 무천이 있었다는 내용을 통해 밑줄 친 '이 나라'가 동예임을 알 수 있다.

정답설명 ④ 동예에는 다른 읍락의 경계를 함부로 침범하면 노비나 소 등으로 변상하게 하는 책화의 풍습이 있었다.

오답분석
① 부여: 마가, 우가, 저가 등의 관직을 둔 나라는 부여이다. 부여에는 왕 아래에 가축의 이름을 딴 가(加)들이 존재하였으며, 이들은 저마다 별도의 행정 구획인 사출도를 다스렸다.
② 변한: 철이 많이 생산되어 왜, 낙랑 등에 수출한 나라는 삼한 중 변한이다. 변한에서는 철이 많이 생산되어 낙랑, 왜 등으로 수출하였고, 교역할 때 철을 화폐처럼 사용하였다.
③ 고구려: 소노부를 비롯한 5부가 정치적 자치력을 갖고 있었던 나라는 고구려이다. 고구려 초기에는 정치적 자치력을 가진 소노부(연노부), 계루부, 절노부, 순노부, 관노부의 5부가 있었다. 이후 고국천왕 때 부족적 성격의 5부가 행정적 성격의 5부로 개편되었다.

02 조선 전기 조선 시대의 지방 행정
난이도 중 ●●○

정답설명 ③ 조선 시대에는 중앙(한양)에 경재소를 설치하여 현직 중앙 관료로 하여금 자기 출신 지역의 유향소를 통제하도록 하였다.

오답분석
① 조선 시대에는 전국 모든 군현에 지방관인 수령이 파견되었으며, 이에 따라 속현이 폐지되고, 향·부곡·소의 특수 행정 구역이 소멸되었다.
② 조선 시대의 향리는 지방 각 군현의 관아에서 중앙의 6조에 상응하는 6방(이·호·예·병·형·공) 체제로 나뉘어 수령의 행정 실무를 보좌하였다.
④ 조선 시대의 수령 7사에 따르면 인구를 늘리는 것이 수령의 중요한 임무 중 하나였다. 수령 7사는 지방관(수령)이 지방에서 해야 할 업무를 제시한 것으로, 백성들을 편하게 일하면서 살 수 있게 하여 사람들이 모여들게 할 것(호구를 늘리는 일)을 강조하였다.

👍 이것도 알면 합격!

조선의 지방 행정 조직

8도	- 관찰사 파견(종2품) - 감찰·행정·사법·군사권 보유 - 1년 임기제(약 360일, 단임) - 일부는 병마절도사, 수군절도사 겸직 - 수령을 지휘·감독
부·목·군·현	수령 파견 - 실제 행정 담당, 수령 7사 업무 수행 - 5년 임기제(약 1800일), 향리를 감독 - 권한 강화: 지방의 행정·사법·군사권 장악
면·리·통	· 수령이 면장(권농, 면), 이정(리), 통주(통) 선발 · 1리 = 5통 · 1통 = 5가구
유향소	· 좌수·별감 선출, 수령 감시·보좌, 향리 규찰, 풍속 교정, 향촌 자치 시행 · 수도에 설치된 경재소를 통해 중앙의 통제를 받음

03 고대 고국원왕   난이도 하 ●○○

자료 분석 제시문에서 박사 고흥을 얻어 『서기』를 갖추게 되었다는 내용을 통해 백제의 근초고왕 대(346~375)임을 알 수 있다. 백제의 근초고왕과 대립했던 고구려 왕은 고국원왕(331~371)이다.

정답 설명 ④ 고국원왕은 황해도 지역을 두고 백제의 근초고왕과 대립하다가 근초고왕의 공격으로 평양성에서 전사하였다(371).

오답 분석
① 동천왕(227~248)은 백제 고이왕 때의 고구려 왕이다. 동천왕은 중국과 낙랑의 연결 통로를 차단하기 위하여 서안평을 공격(242)하기도 하였으나, 관구검이 이끄는 위나라 군대의 침략을 받아 옥저 지역으로 피난하였다(244~245).
② 장수왕(413~491)은 백제 비유왕, 개로왕, 문주왕, 동성왕 때의 고구려 왕이다. 장수왕이 남진 정책을 추진하여 평양으로 천도(427)하자 이에 위협을 느낀 비유왕은 신라와 나·제 동맹을 체결하였다(433). 이후 장수왕의 공격으로 백제의 수도인 한성이 함락되고 개로왕이 전사하였으며(475), 뒤이어 왕위에 오른 문주왕은 웅진으로 천도하였다.
③ 문자명왕(문자왕, 491~519)은 백제 동성왕, 무령왕 때의 고구려 왕이다. 문자명왕(문자왕)은 부여를 복속하여 고구려의 최대 영토를 확보하였다(494).

04 근대 여권 통문   난이도 상 ●●●

자료 분석 제시문에서 문명 개화한 나라는 남녀 평등권이 있다는 것과 여성의 교육권을 주장하는 내용을 통해 1898년에 발표된 여권 통문임을 알 수 있다.

정답 설명 ② 1898년 여성의 참정권·직업권·교육권 등을 주장하는 여권 통문을 발표한 것을 계기로 우리나라 최초의 여성 운동 단체인 찬양회가 조직되었다. 찬양회는 여성 계몽을 위한 연설회와 토론회를 개최하였으며, 여성 교육을 위해 순성 여학교(1899)를 설립하였다.

오답 분석
① 여권 통문은 평양의 양반 부인들이 발표한 것이 아니라 서울 북촌의 양반 부인들이 중심이 되어 발표한 것이다.
③ 교육 입국 조서는 제2차 갑오개혁 때인 1895년에 발표된 것으로, 여권 통문과 관련이 없다.
④ 한성 사범 학교는 제2차 갑오개혁 때 발표된 교육 입국 조서에 따라 설립되었다.

👍 이것도 알면 합격!
여권 통문

첫째, 여성은 장애인이 아닌, 남성과 평등한 권리를 갖는 온전한 인간이어야 한다. 여성은 먼저 의식의 장애로부터 해방되어야 한다.
둘째, 여성도 남성이 벌어다 주는 것에만 의지하여 사는 경제적으로 무능력한 장애에서 벗어나 경제적 능력을 가져야만 평등한 인간 권리를 누릴 수 있다.
셋째, 여성 의식을 깨우치고 사회 진출 능력을 갖기 위해서는 무엇보다 여성들이 남성과 동등한 교육을 받아야 한다.

사료 분석 | 1898년에 서울 북촌의 부인들이 중심이 되어 독립신문과 황성신문에 여성의 참정권·직업권·교육권 등을 주장하는 여권 통문을 발표하고, 찬양회를 조직하였다.

05 고대 신문왕 대의 사실   난이도 하 ●○○

자료 분석 제시문에서 관료의 녹읍을 폐지했다는 것과 1년 단위로 조(租)를 차등 있게 하사한다는 내용을 통해 녹읍을 폐지하고 관료전을 시행한 신문왕에 대한 설명임을 알 수 있다.

정답 설명 ② 신문왕 대에 유교 교육을 강화하고 유교 정치 이념을 확립하기 위해 국학을 설립하였다.

오답 분석
① 원성왕: 독서삼품과를 실시한 것은 원성왕 때이다. 독서삼품과는 유교의 이해 정도를 시험하여 관리 임용에 참고하는 제도로, 골품 위주의 관리 등용 방식을 개선하기 위해 시행되었다.
③ 경덕왕: 국학을 태학감으로 고치고 박사와 조교 등을 둔 것은 경덕왕 때이다. 국학은 경덕왕 때 태학감으로 개칭되었다가 혜공왕 때 다시 국학으로 변경되었다.
④ 성덕왕: 국학에 공자와 10철 등의 화상을 안치하여 유교 교육을 강화한 것은 성덕왕 때이다. 성덕왕 때 왕자 김수충이 당에서 가져온 공자와 10철, 72제자의 화상을 국학에 안치하였다.

06 일제 강점기 대한 광복회   난이도 중 ●●○

자료 분석 제시문에서 조선 국권 회복단의 박상진이 풍기 광복단과 제휴하여 조직했다는 내용을 통해 밑줄 친 '이 단체'가 대한 광복회임을 알 수 있다.

정답 설명 ④ 대한 광복회는 1915년에 의병 계열과 애국 계몽 운동 계열의 비밀 결사가 모여 조직되었으며, 국권 회복과 공화주의 이념에 따라 공화 정치를 실현하는 것을 목표로 하였다.

오답 분석
① 신민회: 독립군 양성을 위한 신흥 강습소를 설치한 단체는 신민회이다. 신흥 강습소는 이회영 등의 신민회 인사들이 독립군 양성을 위해 서간도 지역에 설치한 것으로, 1919년에 신흥 무관 학교로 개편되었다.
② 권업회: 블라디보스토크에 최초의 임시 정부를 수립한 단체는 권업회이다. 권업회는 1914년에 연해주 블라디보스토크에서 이상설을 정통령, 이동휘를 부통령으로 한 대한 광복군 정부를 조직하였다.
③ 무력 항쟁의 의지를 담은 대한 독립 선언서를 발표한 것과 대한 광복회는 관련이 없다. 대한 독립 선언서는 만주에서 독립 운동가 39인이 한국의 독립을 선포한 선언서로, 조소앙이 이를 작성하였다.

👍 이것도 알면 합격!
1910년대 국내의 주요 비밀 결사 단체

독립 의군부 (1912~1914)	· 조직: 임병찬이 고종의 밀명을 받아 의병과 유생을 규합하여 조직, 의병 전쟁을 목표로 활동 · 성향: 복벽주의(왕정 복고 → 고종 복위 주장) · 활동: 조선 총독부와 일본 정부에 국권 반환 요구서 전송 시도 및 전국적인 의병 봉기를 계획
대한 광복회 (1915~1918)	· 조직: 풍기 광복단(대한 광복단)과 조선 국권 회복단 회원 중심으로 박상진 등이 주도하여 군대식으로 조직 · 성격: 공화 정치 체제 지향 · 활동: 군자금 모금과 친일파 색출 및 처단, 만주에 무관 학교와 독립운동 기지 설립 추진

07 고대 최치원과 최치원의 저술　난이도 중 ●●○

자료분석 제시문에서 진성왕(진성 여왕) 때 시무 10여 조를 올렸다는 내용을 통해 (가)가 최치원임을 알 수 있다.

정답설명 ③ 최치원은 진성 여왕에게 정치·사회적 개혁 방향을 담은 시무 10여 조를 건의하였다. 또한 그는 신라의 역사를 연표 형식으로 정리한 『제왕연대력』을 저술하기도 하였다.

오답분석
① 김대문은 화랑들의 전기를 모은 『화랑세기』를 저술하였다. 이 외에 김대문의 대표적인 저술로는 『한산기』, 『계림잡전』, 『고승전』 등이 있다.
② 『계원필경』을 저술한 인물은 김대문이 아닌 최치원이다. 『계원필경』은 최치원의 대표적인 저술 중 하나로, 현존하는 우리나라 최고(最古)의 개인 문집이다.
④ 『한산기』를 저술한 인물은 최치원이 아닌 김대문이다. 『한산기』는 김대문의 대표적인 저술 중 하나로, 한산주 지방(한강 유역)의 역사·지리·풍속 등을 기록한 지리지이지만 현존하지 않는다.

🔖 이것도 알면 합격!
최치원의 저술

『계원필경』	현존하는 최고(最古)의 개인 문집
『제왕연대력』	신라의 역대 왕력을 연표 형식으로 정리한 역사서
『중산복궤집』	당나라 관리로 있을 때 지은 글을 모은 시문집
『법장화상전』	당나라 승려 법장의 전기

08 고려 시대 고려 현종 재위 시기의 사실　난이도 중 ●●○

자료분석 제시문은 강조의 정변에 대한 내용으로, 밑줄 친 '대량원군'은 고려 현종(1009~1031)이다. 강조의 정변은 목종의 어머니인 천추태후와 김치양이 자신들 사이에서 태어난 자식을 왕으로 세우려 하자, 서북면 도순검사 강조가 정변을 일으켜 김치양 일파를 제거하는 한편 목종을 폐위시키고 현종을 옹립한 사건이다.

정답설명 ① 고려 현종은 부모의 명복을 빌기 위해 개경에 현화사를 창건하고 현화사 7층 석탑을 건립하였다.

오답분석
② 고려 정종: 거란의 침입에 대비하기 위하여 광군 30만을 조직한 것은 고려 정종(3대) 때이다.
③ 고려 성종: 강동 6주의 땅을 고려 영토로 편입시킨 것은 고려 성종 때이다. 고려 성종 때 서희의 외교 담판으로 강동 6주의 소유권을 인정받은 후, 이 지역의 여진족을 몰아내고 성을 쌓아 고려의 영토로 편입하였다.
④ 고려 고종: 재조대장경의 각판 사업에 착수한 것은 고려 고종 때이다. 재조대장경(팔만대장경)은 몽골의 2차 침입(1232) 때 소실된 초조대장경을 대신하여 부처의 힘으로 몽골 침입을 극복하고자 조판한 것으로, 1236년에 조판하기 시작하여 1251년에 완성하였다.

09 조선 후기 조선 후기의 문화　난이도 상 ●●●

정답설명 ④ 옳은 것을 모두 고르면 ㉢, ㉣이다.
㉢ 이중환의 『택리지』는 전국의 자연환경과 인물, 풍속, 물산, 인심 등을 분석하여 정리한 인문 지리서로, 각 지역의 경제 생활까지 포함하여 집필되었다.
㉣ 허준의 『동의보감』은 광해군 때 편찬된 의학 서적으로, 예방 의학에 중점을 두고 우리의 전통 한의학을 체계적으로 정리하였으며, 우리나라뿐 아니라 중국 및 일본의 의학 발전에도 큰 영향을 끼쳤다.

오답분석
㉠ 정상기가 최초로 백 리를 한 자로 축소하여 만든 지도는 동국여지도가 아닌 동국지도로, 이를 통해 정확하고 과학적인 지도 제작에 공헌하였다. 한편, 동국여지도는 영조 때 신경준이 제작한 지도로, 모눈을 활용하여 지도의 정밀성을 높였다.
㉡ 조선 후기에 국어 연구의 발달로 유희가 우리말의 음운을 연구한 『언문지』를 지은 것은 맞지만, 『고금석림』을 저술한 인물은 신경준이 아닌 이의봉이다. 이의봉은 『고금석림』을 편찬하여 우리나라 문헌에 기록된 어휘를 비롯한 중국어·몽골어·일본어 등의 해외 언어를 정리하였다.
㉢ 『동사강목』을 지어 고조선부터 고려 말까지의 우리 역사를 체계적으로 정리한 인물은 유득공이 아닌 안정복이다. 한편, 유득공은 발해사를 우리나라의 역사로 체계화할 목적으로 『발해고』를 편찬하였으며, 남북국 시대라는 용어를 처음으로 사용하였다.

10 고려 시대 태조 왕건　난이도 하 ●○○

자료분석 제시문에서 사찰을 지을 때 도선의 풍수 사상에 맞게 지을 것, 연등회와 팔관회를 성실하게 지킬 것 등을 통해 고려 태조 왕건이 지은 훈요 10조임을 알 수 있다.

정답설명 ② 태조 왕건은 귀순한 호족에게 왕씨 성(姓)을 내려주어 포섭하는 사성 정책을 펼치기도 하였다.

오답분석
① 고려 광종: 중국에서 귀화한 쌍기의 건의에 따라 과거(科擧) 제도를 시행한 왕은 고려 광종이다. 광종은 과거 시험을 통해 관리를 선발하여 공신들의 세력을 약화시키고 왕권을 강화하고자 하였다.
③ 고려 경종: 경제 개혁을 수행하여 전시과(田柴科)를 처음 실시(시정 전시과)한 왕은 고려 경종이다. 경종 때 전·현직 관리의 인품과 관품을 고려하여 전지와 시지를 지급하는 시정 전시과가 처음 실시되었으며, 목종 때 인품을 배제하고 관직만을 고려하는 개정 전시과로 개편되었다. 이후 문종 때 현직 관리에게만 지급하는 경정 전시과가 시행되었다.
④ 고려 광종: 관료 제도를 안정시키기 위해 공복(公服)을 등급에 따라 자·단·비·녹으로 제정한 왕은 고려 광종이다.

🔖 이것도 알면 합격!
태조 왕건의 사성 정책

> 왕순식은 명주 사람으로 출신 지역의 장군으로 있었다. …… 그는 아들 장명을 왕건에게 보내어 병졸 600인을 거느리고 숙위케 하였으며, 후에 자제와 더불어 무리를 거느리고 와서 협력할 뜻을 보이니, 태조가 왕씨 성을 하사하고 대광의 벼슬을 내렸다. -『고려사』

사료 분석 | 왕순식의 본명은 김순식이고 본관은 강릉이다. 922년(태조 5)에 고려에 귀순하여 태조로부터 왕씨 성을 하사받았다.

11 고려 시대 별무반　난이도 하 ●○○

자료분석 제시문에서 적들이 모두 말을 탔고, 우리는 보병으로 전투한 까닭에 대적할 수 없어서 만들기로 했다는 내용을 통해 (가)가 별무반임을 알 수 있다.

정답
설명
③ 별무반은 기병이 주축인 여진족에게 대처하기 위해 윤관의 건의에 따라 숙종 때 편성한 군대로, 신기군(기병), 신보군(보병), 항마군(승병)으로 구성되었다.

오답
분석
① 광군: 광군은 거란의 침입에 대비하기 위해 조직된 군대로, 고려 정종(3대) 때 설치되었다.
② 도방: 도방은 경대승이 자신의 신변 보호를 위해 설치한 사병 집단으로, 최충헌 때 다시 설치되어 최씨 무신 정권의 군사적 기반이 되었다.
④ 삼별초: 삼별초는 최우가 도적을 막기 위해 조직한 야별초에서 비롯된 최씨 정권의 사병 집단으로, 좌별초와 우별초, 신의군으로 구성되었다.

👍 이것도 알면 합격!

고려의 특수 군사 조직

광군	· 정종(3대) 때 거란의 침입에 대비하여 조직됨 · 주현군의 모체가 됨
별무반	· 숙종 때 윤관의 건의에 따라 여진 정벌을 위해 조직됨 · 신기군(기병), 신보군(보병), 항마군(승병)으로 구성됨 · 예종 때 여진족을 몰아내고 동북 지역에 9성을 축조함
도방	· 경대승이 처음 설치한 사병 집단 · 최충헌 집권기에 부활하여 최고 권력자의 신변 보호, 비밀 탐지, 반대 세력 탄압 등의 임무를 수행함
삼별초	· 최우가 조직한 야별초에서 비롯됨 · 좌·우별초와 신의군으로 구성됨 · 최씨 정권의 사병 역할 담당 · 몽골과의 화의 이후에도 개경 환도를 거부하며 몽골에 대한 항쟁을 지속함(강화도 → 진도 → 제주도)
연호군	· 우왕 때 왜구의 침입에 대비하기 위해 편성된 지방군 · 양민과 천민으로 구성된 혼성 부대

12 조선 후기 천주교 전래와 역사적 사건 난이도 상 ●●●

정답
설명
③ 순서대로 바르게 나열하면 ⓒ 이수광의 『천주실의』 소개(1614) → ㉠ 이승훈의 세례(1784) → ⓒ 윤지충의 신주 소각 사건(1791, 진산 사건) → ㉣ 황사영 백서 사건(1801)이 된다.

· ⓒ 이수광의 『천주실의』 소개: 이수광이 백과사전의 일종인 『지봉유설』에서 처음으로 마테오 리치의 『천주실의』를 소개하였다(1614).
· ㉠ 이승훈의 세례: 이승훈이 정조 때 아버지를 따라 북경에 갔다가 서양 신부에게 영세(세례)를 받고 돌아왔다(1784).
· ⓒ 윤지충의 신주 소각 사건: 정조 때 천주교 신자였던 윤지충이 모친상에서 조상의 신주를 불사르고 천주교식으로 장례를 치렀다(1791, 진산 사건).
· ㉣ 황사영 백서 사건: 천주교 신자 황사영이 신유박해가 일어나자, 북경에 있는 주교에게 군대를 동원하여 조선에서 신앙과 포교의 자유를 보장받을 수 있도록 청하는 서신을 보내려 하다가 발각되었다(1801).

👍 이것도 알면 합격!

천주교 탄압

박해	시기	내용
신해박해	정조 (1791)	진산 사건(윤지충이 모친의 신주를 불사르고 천주교식으로 장례를 치른 사건)을 일으킨 윤지충, 권상연 처형
신유박해	순조 (1801)	· 노론 벽파가 남인 시파 탄압 목적으로 정약용·정약전 형제를 비롯한 약 400명을 유배보냄 · 중국인 신부 주문모와 이승훈, 정약종 등 처형 · 황사영 백서 사건으로 박해가 더욱 심화됨
기해박해	헌종 (1839)	· 천주교도 색출을 위해 5가작통법 시행 · 척사윤음을 반포, 정하상 등 처형
병오박해	헌종 (1846)	김대건(한국인 최초의 천주교 신부) 처형
병인박해	고종 (1866)	프랑스 선교사와 남종삼 등 수천 명이 순교하였고, 병인양요의 원인이 됨

13 일제 강점기 국가 총동원법 공포 이후의 사실 난이도 하 ●○○

자료
분석
제시문에서 정부는 전시에 국가 총동원상 필요할 때 제국 신민을 징용할 수 있다는 내용을 통해 1938년 4월에 공포된 국가 총동원법임을 알 수 있다.

정답
설명
② 일제가 헌병이 일반 경찰 업무까지 담당하게 하는 헌병 경찰 제도(1910)를 실시한 것은 무단 통치 시기로, 국가 총동원법 공포 이전의 사실이다. 한편 헌병 경찰 제도는 문화 통치 시기에 보통 경찰제로 전환되었다.

오답
분석
① 국가 총동원법 공포 이후에 일제는 전쟁 수행을 위해 학도 지원병제(1943)와 징병제(1944)를 시행하여 한국의 청년들을 강제로 군인으로 동원하였다.
③ 국가 총동원법 공포 이후에 일제는 국민 징용령(1939)을 공포하여 군사 사업에 종사할 한국인 노동자들을 강제로 동원하였다.
④ 국가 총동원법 공포 이후에 일제는 여자 근로 정신령(여자 정신대 근무령, 1944)을 공포하여 젊은 여성들을 정신대라는 이름으로 강제 동원하였다.

👍 이것도 알면 합격!

일제 강점기 일제의 인적 수탈

국가 총동원법(1938. 4.)	전쟁 수행을 위해 국가 총동원법을 한국에도 적용
국민 징용령(1939)	공장이나 탄광 등에 노동력을 강제 동원
국민 근로 보국령(1941)	근로 보국대 조직, 공사 현장에 투입
학도 지원병제(1943)	전문 학교와 대학생들을 전쟁에 동원
징병제(1944)	수많은 한국의 청년들을 강제 징병
여자 정신대 근무령(1944)	여성들을 전쟁에 강제 동원

14 조선 후기　송시열의 북벌론　난이도 하 ●○○

자료분석 제시문에서 신종 황제의 은혜를 입어 임진왜란 때 나라가 폐허가 되었다가 다시 존재하게 되었다는 내용을 통해 송시열이 주장한 북벌론임을 알 수 있다.

정답설명 ④ 청의 문물 수용을 건의한 것은 북벌론이 아닌 북학론이다. 북학론은 청의 중국 지배를 인정하며 청나라의 문물을 받아들이자고 주장하였다.

오답분석 ①, ②, ③ 북벌론은 송시열이 효종에게 올린 글인 「기축봉사」에 수록된 것으로, 임진왜란 때 도움을 준 명에 대한 의리를 지키고 병자호란의 치욕을 씻기 위해 오랑캐인 청에 복수하자는 북벌 정책에 대해 논한 것이다.

👍 이것도 알면 합격!

송시열의 북벌 주장

> 시세를 헤아리지 않고 경솔히 오랑캐와 관계를 끊다가 원수는 갚지 못하고 패배에 먼저 이르게 된다면, 또한 선왕께서 수치를 참고 몸을 굽혀 종사를 연장한 본의가 아닙니다. 삼가 원하건대 전하께서는 마음에 굳게 정하시기를 '이 오랑캐는 임금과 아버지의 큰 원수이니, 맹세코 차마 한 하늘 밑에 살 수 없다.'고 하시어 원한을 축적하십시오. 그리고 원통을 참고 견디며 말을 공손하게 하는 가운데 분노를 더욱 새기고, 금화를 바치며 와신상담을 더욱 절실히 하여 계책의 비밀은 귀신도 엿보지 못하게 하소서. 또한 의지와 기개의 견고함은 분육(賁育)도 빼앗지 못하도록 하시고, 5~7년 또는 10~20년까지도 마음을 늦추지 말고 우리 힘의 강약을 보며 저들 형세의 성쇠를 관찰하소서.
> – 송시열, 『송자대전』

사료 분석 | 송시열은 효종에게 존주대의(중화를 명나라로, 이적을 청나라로 구별하여 밝힘), 복수설치(청나라에 당한 수치를 복수하고 설욕함)를 역설하였다.

---

15 일제 강점기　박은식　난이도 하 ●○○

자료분석 제시문에서 나라는 형체이고 역사는 정신이라는 내용을 통해 박은식이 저술한 『한국통사』임을 알 수 있다.

정답설명 ② 식민 사학 중 정체성론의 근거를 무너뜨리는 데에 기여한 인물은 박은식이 아닌 백남운이다. 사회·경제 사학자인 백남운은 한국사의 발전 과정을 세계사적 역사 발전의 보편성 위에 체계화하여 식민 사학의 정체성론을 반박하는 근거를 제공하였다.

오답분석
① 박은식은 「유교구신론」을 써서 성리학 중심의 유교 학풍을 실천적인 성격의 양명학으로 개혁시킬 것을 주장하였다.
③ 박은식은 이승만이 탄핵당한 이후, 대한민국 임시 정부의 2대 대통령을 역임하였다.
④ 박은식은 갑신정변부터 1920년까지 우리 민족의 독립운동을 정리한 『한국독립운동지혈사』를 저술하였다.

---

16 근대　근대의 주요 사건　난이도 하 ●○○

정답설명 ③ 시간순으로 바르게 나열하면 ⓒ 강화도 조약(1876) → ⊙ 임오군란(1882) → ⓒ 갑신정변(1884) → ⓔ 텐진 조약(1885)이 된다.

- ⓒ 강화도 조약(조·일 수호 조규): 운요호 사건을 계기로 조선과 일본 사이에 조선의 해안을 자유롭게 측량할 수 있는 해양 측량권, 일본인에 대한 치외 법권, 부산 외 2개의 항구를 개항한다는 내용을 담은 강화도 조약(조·일 수호 조규)이 체결되었다(1876).
- ⊙ 임오군란: 구식 군인들이 신식 군대인 별기군과의 차별 대우에 불만을 품고 임오군란을 일으켰다(1882).
- ⓒ 갑신정변: 김옥균, 박영효 등의 급진 개화파가 우정총국 개국 축하연을 이용해 갑신정변을 일으켰으나(1884), 청군의 개입으로 3일 만에 실패하였다.
- ⓔ 텐진 조약: 갑신정변 이후 청과 일본이 조선에서 양국 군의 공동 철수와 조선 파병 시 상대방 국가에 미리 알릴 것을 규정한 텐진 조약을 체결하였다(1885).

---

17 고려 시대　고려 시대의 성리학자　난이도 중 ●●○

정답설명 ① 옳은 것을 고르면 ⊙이다.

- ⊙ 이제현은 충선왕이 원의 수도인 연경(베이징)에 설립한 학문 연구소인 만권당에서 원의 학자들과 교류하면서 성리학에 대한 심도 있는 이해가 가능해져, 성리학이 고려에 전파될 수 있는 토대를 마련하였다.

오답분석
- ⓒ 이색: 공민왕이 중영(정비)한 성균관의 대사성이 된 인물은 이색이다. 이색은 원의 과거에 급제하고 돌아와 공민왕에 의해 성균관 대사성으로 임명되어 성균관을 중심으로 성리학을 확산시켰다.
- ⓒ 안향: 충렬왕 때 고려에 성리학을 본격적으로 소개한 인물은 안향이다. 안향은 충렬왕 때 원에서 『주자전서』와 함께 공자와 주자의 초상화를 베껴 고려에 돌아와 국내에 처음으로 성리학을 소개하였다.
- ⓔ 이제현: 역사서 『사략』을 저술한 인물은 이제현이다. 이제현은 공민왕 때 정통 의식과 대의명분을 강조한 역사서인 『사략』을 저술하였다.

👍 이것도 알면 합격!

이제현과 만권당

> 왕이 만권당을 짓고 학문 연구하는 것으로 즐거움을 삼았다. …… 학사 요수, 염복, 원명선, 조맹부 등이 모두 왕의 문하에서 교유하였는데, 이제현은 그들과 어울리면서 학문이 더욱 진보되었으므로 여러 학자들이 칭찬하였다.
> – 『고려사』

사료 분석 | 이제현은 충선왕이 원의 수도인 연경(베이징)에 설립한 학문 연구소인 만권당에서 원의 학자들과 교류하였고, 귀국 후 이색 등에게 영향을 주어 고려에 성리학이 전파될 수 있는 토대를 마련하였다.

---

18 현대　노태우 정부 시기의 사실　난이도 중 ●●○

자료분석 제시문에서 남북이 나라와 나라의 관계가 아닌 특수한 관계임을 인정한다는 내용을 통해 노태우 정부 시기에 발표된 남북 기본 합의서(1991)임을 알 수 있다.

정답설명 ① 옳은 것을 모두 고르면 ⊙, ⓒ이다.

- ⊙ 노태우 정부 시기인 1991년 9월에 남북한이 동시에 유엔(UN)에 가입하였다.
- ⓒ 노태우 정부 시기인 1988년에 88 서울 올림픽 대회가 개최되었다.

오답분석
- ⓒ 김영삼 정부: 금융 실명제가 실시된 것은 김영삼 정부 시기의 사실이다. 김영삼 정부는 투명한 경제 활동을 위해 대통령 긴급 명령으로 금융 실명제를 실시하였다.

ⓔ **전두환 정부**: 6·29 선언이 발표된 것은 전두환 정부 시기의 사실이다. 6월 민주 항쟁(1987)의 결과, 당시 여당 대통령 후보였던 노태우가 대통령 직선제 개헌, 기본권 보장 등을 주요 내용으로 하는 6·29 민주화 선언을 발표하였다.

👍 이것도 알면 **합격!**

노태우 정부 시기 통일을 위한 노력

7·7 특별 선언 (1988)	남북 관계를 선의의 동반자이며 함께 번영해야 할 민족 공동체 관계로 규정
한민족 공동체 통일 방안 (1989)	• 자주·평화·민주의 통일 3대 원칙 제시 • 점진적, 단계적인 통일 방안 제시(3단계)
남북한 유엔 동시 가입 (1991. 9.)	냉전 체제가 완화되는 국제 정세 속에 남한과 북한이 각각 유엔에 동시 가입함
남북 기본 합의서 (1991. 12. 13.)	• 7·4 남북 공동 성명의 통일 3대 원칙 재확인 • 남북 관계를 잠정적으로 형성된 특수한 관계로 인정 • 남북 화해, 상호 불가침, 교류·협력에 관한 기본 합의
한반도 비핵화 공동 선언 (1991. 12. 31.)	• 남북 기본 합의서 채택 직후 채택 • 핵 에너지를 평화적 목적에만 이용하기로 합의

19 일제 강점기 의열단 난이도 하 ●○○

자료 분석 제시문에서 김원봉이 이끌었다는 것과 1920년대에 국내와 상하이를 중심으로 활발한 의거 활동을 전개하였다는 것을 통해 밑줄 친 '이 조직'이 의열단임을 알 수 있다.

정답 설명 ③ 상하이 훙커우 공원에서 열린 일본군의 상하이 점령 축하 기념 식장에 폭탄을 던져 일본군을 살상한 것은 의열단이 아닌 한인 애국단원 윤봉길이다.

오답 분석 모두 의열단의 활동이다.
① 의열단원인 김상옥은 독립지사들에게 잔인한 고문을 일삼던 종로 경찰서에 폭탄을 던져 큰 피해를 주었다.
② 의열단원인 나석주는 동양 척식 주식회사에 들어가 폭탄을 투척하였으나 터지지 않자 그 간부를 사살하고 경찰과 시가전을 벌이기도 하였다.
④ 의열단원인 김익상은 일제 식민 지배의 중심 기관인 조선 총독부에 폭탄을 던졌다.

20 조선 후기 비변사 난이도 하 ●○○

자료 분석 자료에서 일시적인 전쟁 때문에 설치하였다는 것과 의정부와 6조가 모두 그 직임을 상실하였다는 내용을 통해 (가) 기구가 비변사임을 알 수 있다.

정답 설명 ② 비변사는 고종 때 흥선 대원군에 의해 폐지되었다. 흥선 대원군은 세도 정치 시기의 핵심 기구인 비변사를 폐지하고, 의정부와 삼군부의 기능을 부활시켜 각각 정치와 군사의 최고 기관으로 삼았다.

오답 분석
① 비변사는 군사 문제뿐 아니라 조선 후기의 국정 전반을 담당한 최고 기관이었다.
③ 비변사는 세종 대가 아닌 중종 때 삼포왜란을 계기로 여진족과 왜구의 침입을 대비하기 위한 임시 기구로 처음 설치되었다.
④ 비변사는 임진왜란을 계기로 군사 및 정무 전반을 관할하며 위상이 높아졌고, 기존에 국가 정책을 결정하던 의정부와 정책을 실행하던 6조는 유명무실화되었다.

23회 2021년 서울시 9급

2021년 6월 5일 시행

문제집 104쪽

정답

01	④ 선사 시대	11	④ 근대
02	① 현대	12	④ 고대
03	① 조선 후기	13	① 고대
04	③ 근대	14	② 일제 강점기
05	④ 고대	15	① 조선 후기
06	② 고대	16	③ 고려 시대
07	① 일제 강점기	17	② 고려 시대
08	④ 고려 시대	18	③ 조선 전기
09	② 현대	19	② 조선 후기
10	② 고려 시대	20	③ 근대

취약 시대 분석표

시대	맞힌 개수
선사 시대	/ 1
고대	/ 4
고려 시대	/ 4
조선 전기	/ 1
조선 후기	/ 3
근대	/ 3
일제 강점기	/ 2
현대	/ 2
시대 통합	/ 0
총합	/ 20

기출 총평

"합격선 85점, 생소한 개념으로 변별력있게 출제!"

- **난이도:** 시험 전체적인 난이도는 중상으로, 생소한 개념이 출제되어 체감 난이도가 높게 느껴진 시험입니다.

- **고난도 문제**
  - 08번 이의민: 이의민이 천민 출신이었다는 사실을 알면 바로 정답을 고를 수 있었으나, 사료를 꼼꼼히 해석하지 않았다면 어려움을 느꼈을 문제였습니다.
  - 16번 고려 시대의 회화 작품: 부석사 조사당 벽화 및 예성강도가 생소한 개념이라 난이도가 높았습니다.
  - 17번 무신 집권~몽골 침입 시기의 사건: 무신 집권 시기 하층민의 난과 몽골 침입 시기 사건 모두의 연도를 정확히 파악해야 풀 수 있는 어려운 문제였습니다.

01 선사 시대 - 신석기 시대의 문화유산 난이도 하 ●○○

자료분석 제시문에서 농경 생활을 시작하였고, 조·피 등을 재배하였다는 내용을 통해 신석기 시대에 대한 설명임을 알 수 있다.

정답설명 ④ 빗살무늬 토기는 신석기 시대의 대표적인 문화유산이다. 신석기 시대에는 농경이 시작되어 곡식을 조리하거나 저장하기 위해 토기를 만들어 사용하였다.

오답분석 ① 청동기 시대: 고인돌은 청동기 시대의 대표적인 무덤 양식이다. 청동기 시대에는 잉여 생산물의 분배 과정에서 사유 재산과 계급이 발생하였고, 이로 인해 고인돌과 같은 거대한 크기의 지배층의 무덤이 만들어졌다.

② 청동기 시대 후반~초기 철기 시대: 세형동검은 비파형동검이 한반도에서 독자적으로 발전한 것으로 청동기 시대 후반~초기 철기 시대에 제작되었다.

③ 청동기 시대: 거친무늬 거울은 거울 표면에 줄무늬가 거칠게 새겨진 의식용 거울로 하늘에 제사를 지내거나 의식을 거행할 때 사용되었다.

02 현대 - 대한민국 헌법 개정 과정 난이도 하 ●○○

정답설명 ① (가), (나)에 들어갈 내용으로 옳은 것은 (가) 대통령 간선제, (나) 대통령 직선제이다.

(가) 제8차 개헌의 결과 7년 단임의 대통령 간선제가 시행되었다. 통일 주체 국민회의에서 실시된 선거를 통해 전두환이 제11대 대통령으로 당선된 후, 전두환 정부는 대통령 선거인단에 의한 대통령 간선제와 7년 단임제를 골자로 하는 제8차 개헌을 공포하였다(1980). 이후 제8차 개헌안에 따라 실시된 제12대 대통령 선거에서 전두환이 당선되었다.

(나) 제9차 개헌의 결과 5년 단임의 대통령 직선제가 시행되었다. 전두환 대통령이 대통령 간선제를 유지하겠다는 4·13 호헌 조치를 발표하자, 이에 반대한 국민들은 6월 민주 항쟁을 전개하였다. 그 결과 여당인 민주 정의당 대통령 후보인 노태우가 대통령 직선제를 주요 내용으로 하는 6·29 민주화 선언을 발표하였고, 이후 5년 단임의 대통령 직선제를 골자로 하는 제9차 개헌이 이루어졌다(1987).

03 조선 후기 - 영조의 업적 난이도 중 ●●○

자료분석 제시문에서 군포를 1년에 2필씩 납부하였는데, 군포 부담을 절반으로 줄여 주었다는 것을 통해 밑줄 친 '이 법'이 영조 때 시행된 균역법임을 알 수 있다.

정답설명 ① 영조는 『경국대전』 편찬 이후 공포된 새로운 법령을 정리하여 『속대전』을 편찬하였다.

오답분석 ② 정조: 『대전통편』을 편찬한 왕은 정조이다. 정조는 『경국대전』과 『속대전』 및 그 뒤의 법령들을 통합하여 왕조의 통치 규범을 전반적으로 재정리한 『대전통편』을 편찬하였다.

③ 흥선 대원군: 『대전회통』을 편찬한 것은 고종 때 흥선 대원군이다. 흥선 대원군은 통치 기강을 바로 세우고자 조선의 법전을 정리한 『대전회통』을 편찬하였다.

④ 성종: 『경국대전』을 편찬한 왕은 성종이다. 세조 때 육전상정소를 설치하고 「호전」과 「형전」을 간행하는 등 『경국대전』의 편찬을 시작하였고, 성종 때 이르러 이를 완성하여 반포하였다.

이것도 알면 합격!

영조의 업적

탕평 정책	· 탕평 교서 반포, 성균관 입구에 탕평비 건립 · 서원 정리, 이조 전랑의 3사 선발권(통청권)·후임자 추천권(자대권) 폐지
개혁 정책	· 군역의 부담을 줄이기 위하여 1년에 2필씩 내던 군포를 1필로 줄이는 균역법 실시 · 준천사를 설치하여 청계천 준설 사업 추진 · 압슬형, 낙형 등 가혹한 형벌을 폐지하고, 사형수에 대한 삼복법(삼심제) 시행 · 신문고 제도 부활
편찬 사업	· 『동국문헌비고』, 『속대전』, 『속오례의』, 『속병장도설』 등 편찬

04 근대 동학 농민 운동   난이도 하 ●○○

자료분석
- (가) 고부현 봉기(1894. 1.) ~ 황토현 전투(1894. 4.)
- (나) 황토현 전투(1894. 4.) ~ 전주 화약(1894. 5.)
- (다) 전주 화약(1894. 5.) ~ 삼례 2차 봉기(1894. 9.)
- (라) 삼례 2차 봉기(1894. 9.) ~ 우금치 전투(1894. 11.)

정답설명
③ 청·일 전쟁은 (다) 시기인 1894년 6월에 발발하였다. 제1차 동학 농민 운동을 진압하기 위해 정부는 청에 원병을 요청하였고, 조선의 요청으로 청군이 아산만에 상륙하자 일본군이 톈진 조약을 구실로 제물포(인천)에 상륙하였다. 이에 위기감을 느낀 조선 정부는 동학 농민군과 전주 화약을 체결(1894. 5.)하고 청·일 양군의 철수를 요구하였으나, 오히려 일본군은 경복궁을 점령하고 아산만 인근 풍도 앞바다에서 청 군함을 기습 공격하면서 청·일 전쟁을 일으켰다(1894. 6.). 이를 계기로 동학 농민군은 반외세의 기치 아래 삼례에서 2차 봉기를 일으켰다(1894. 9.).

이것도 알면 합격!

동학 농민 운동의 전개 과정

고부 민란 (1894. 1.~3.)	고부 군수 조병갑의 횡포·착취 → 전봉준의 주도로 고부 관아 습격 → 조병갑 파면, 신임 군수 박원명 파견 → 폐정 시정을 약속받고 농민군 자진 해산 → 정부가 안핵사 이용태 파견
제1차 농민 봉기 (1894. 3.~4.)	안핵사 이용태의 탄압 → 무장에서 창의문 발표 → 백산 봉기(3월) → 고부 황토현 전투(4. 7.)에서 농민군 승리 → 장성 황룡촌 전투(4. 23.)에서 농민군 승리 → 전주성 점령(4. 27.) → 정부가 청에 원병 요청
청·일군의 상륙과 전주 화약 체결 (1894. 5.)	청군의 아산만 상륙 → 일본군도 톈진 조약을 구실로 인천 상륙 → 전주 화약 체결
청·일 전쟁	일본의 내정 개혁 강요 → 조선은 일본의 철수를 요구하며 교정청 설치 → 일본이 조선의 철병 요구 거절 → 일본군의 경복궁 점령(6. 21.) → 일본군이 아산만 풍도의 청국 군함 격침 → 군국기무처 설치(6. 25.), 제1차 갑오개혁 실시
제2차 농민 봉기 (1894. 9.~12.)	일본의 내정 간섭 심화 → 농민군 재봉기(9월, 삼례), 논산에 남접+북접 집결 → 공주 우금치 전투(11월)에서 관군과 일본군에 패배 → 전봉준 체포(12월)·처형

05 고대 장수왕의 한성 함락 시기(5세기)의 사실   난이도 중 ●●○

자료분석
제시문에서 고구려 왕 거련(장수왕)이 한성을 포위하였고, 왕(백제 개로왕)이 살해되었다는 내용을 통해 <보기>의 사건이 5세기 고구려 장수왕이 백제 한성을 함락한 사건임을 알 수 있다. 장수왕은 남하 정책을 전개하여 백제의 수도인 한성을 함락시키고 백제 개로왕을 살해(475)한 후, 죽령 일대로부터 남양만에 이르는 영토를 확보하였다.

정답설명
④ 5세기에 고구려 장수왕은 서쪽 국경을 안정시키기 위해 중국의 남·북조와 동시에 교류하는 한편, 두 나라가 서로 견제하도록 유도하는 등 다면적인 외교 정책을 추진하였다.

오답분석
① 6세기: 백제 성왕이 신라군에게 살해된 것은 6세기의 일이다. 성왕은 신라 진흥왕과 연합하여 한강 하류 지역을 수복하였으나, 진흥왕의 배신으로 한강 하류 지역을 신라에게 빼앗겼다(553). 이에 백제 성왕은 신라의 관산성을 공격하던 도중 신라군의 기습을 받아 전사하였다(관산성 전투, 554).

② 6세기: 신라 법흥왕이 건원이라는 독자적인 연호를 사용(536)한 것은 6세기의 일이다.

③ 7세기: 고구려 을지문덕이 살수에서 수의 군대를 물리친 것은 7세기의 일이다. 을지문덕은 수 양제가 113만 대군을 이끌고 고구려를 침입하였을 때 적군을 유인하여 살수에서 수나라 군대를 크게 격파하였다(살수 대첩).

06 고대 고구려를 계승한 발해의 문화유산   난이도 중 ●●○

정답설명
② 옳은 것을 모두 고르면 ㉠, ㉢이다.

㉠ 발해의 온돌 장치는 고구려의 주거 문화를 계승한 것으로, 발해의 수도인 상경성 내 궁궐터에서는 온돌 장치가 발견되기도 하였다.

㉢ 발해의 굴식 돌방무덤은 고구려의 무덤 양식을 계승하였다. 대표적인 유적으로는 발해 문왕의 둘째 딸인 정혜 공주 묘가 있는데, 굴식 돌방무덤과 모줄임 천장 구조로 축조되었다.

오답분석
㉡ 벽돌무덤: 발해의 벽돌무덤은 고구려가 아닌 당의 영향을 받은 것이다. 대표적인 유적으로는 발해 문왕의 넷째 딸인 정효 공주 묘가 있는데, 벽돌무덤 형식으로 축조되었다.

㉣ 주작대로: 발해의 주작대로는 고구려가 아닌 당의 영향을 받은 것이다. 주작대로는 발해의 수도인 상경성에 있는 큰 도로로, 당의 수도 장안성에 있는 도로를 모방하여 만들었다.

07 일제 강점기 주요 독립운동 단체   난이도 중 ●●○

정답설명
① 한국광복군은 미 전략 사무국(OSS)과 협력하여 국내 정진군을 편성하고 국내 진공 작전을 계획하였으나, 일본의 무조건 항복으로 실현되지 못하고 중단되었다.

오답분석
② 조선 의용대: 중국 관내 최초의 한인 무장 부대로, 중국 국민당 정부의 지원을 받아 결성된 부대는 조선 의용대이다. 한인 애국단은 김구가 대한민국 임시 정부의 침체를 극복하기 위해 상하이에서 조직한 항일 의거 단체로, 이봉창, 윤봉길 등이 주요 단원으로 활동하였다.

③ 조선 혁명군: 양세봉이 이끄는 군대로, 영릉가 전투와 흥경성 전투에서 일본군을 격퇴하였던 부대는 조선 혁명당 산하의 조선 혁명군이다.

④ 한국 독립군: 지청천이 이끄는 군대로, 중국 호로군 등과 연합하

여 쌍성보 전투, 동경성 전투 등에서 일본군을 격퇴한 부대는 한국 독립당 산하의 한국 독립군이다.

08 고려 시대 이의민   난이도 상 ●●●

자료 분석 제시문에서 아버지는 소금을 팔고 어머니는 절의 노비라는 것과, 무신 정변 때 참여하여 장군으로 승진하였다는 것을 통해 이의민에 대한 내용임을 알 수 있다.

정답 설명 ④ 이의민은 천민 출신으로 김보당의 난 때 의종을 시해하였고, 경대승이 죽은 후 집권하였으나 최충헌에 의해 살해되었다.

오답 분석
① 최충헌: 최충헌은 이의민을 제거하고 집권하여 최씨 무신 정권을 확립한 인물로, 교정도감을 설치하고 그 장관인 교정별감이 되어 국정을 총괄하였다.
② 김준: 김준은 최의를 제거하여 최씨 무신 정권을 종결시키고 정권을 장악한 인물이다. 그러나 정권 장악 이후 외교 정책에 대한 노선 차이로 원종과 갈등이 생겨 임연 일파에 의해 제거되었다.
③ 임연: 임연은 김준을 제거하고 집권한 인물로, 집권 이후 원종을 폐위시키고 안경공 창을 왕위에 올렸다가 몽골의 위협으로 다시 원종을 복위시켰다. 한편, 임연의 뒤를 이어 아들 임유무가 정권을 계승하였으나, 원종에 의해 제거되면서 무신 정권이 붕괴되었다.

이것도 알면 합격!

무신 정권 주요 집권자

집권자	주요 내용
정중부 (1170~1179)	· 이의방을 제거하고 권력 장악 · 중방을 중심으로 국정 운영
경대승 (1179~1183)	· 정중부를 제거하고 권력 장악 · 도방(사병 집단) 설치
이의민 (1183~1196)	· 천민 출신으로 김보당의 난 때 의종을 시해하여 정계 진출 · 경대승이 병사한 후 정권 장악, 최충헌에 의해 살해됨
최충헌 (1196~1219)	· 이의민을 제거하고 권력 장악 · 교정도감(국정 총괄 기구) 설치 · 흥녕부 설치
최우 (1219~1249)	· 정방을 설치하여 관직의 인사권 장악 · 문신들의 숙위 기구인 서방 설치 · 강화도 천도
무신 정권 붕괴	김준 집권(무오정변, 1258) → 임연 집권 → 임유무 집권 → 원종 때 임유무가 제거됨 → 무신 정권 붕괴, 몽골과의 강화 성립, 개경 환도

09 현대 긴급 조치 시기의 민주화 운동   난이도 중 ●●○

자료 분석 제시문에서 모두 9차례 발표되었고, 9호에 따르면 헌법을 부정·반대 또는 개정을 요구하거나 이를 보도하면 영장 없이 체포할 수 있었다는 내용을 통해 유신 체제 때 발표된 긴급 조치(1974~1979)임을 알 수 있다.

정답 설명 ② 긴급 조치 시기인 1976년에 3·1 민주 구국 선언이 발표되었다. 당시 윤보선, 김대중 등 재야 인사들이 중심이 되어 명동 성당에서 긴급 조치 철폐, 박정희 정권 퇴진 등을 요구하는 3·1 민주 구국 선언을 발표하였다.

오답 분석
① 3선 개헌 반대 운동이 일어난 것은 1969년으로, 긴급 조치 실시 이전의 사실이다. 박정희 대통령의 장기 집권을 위해 3선 연임을 허용하는 개헌이 추진되자 이에 반대하는 시위가 전개되었으나, 정부는 북한의 도발을 빌미로 반대 여론을 억압하고 3선 개헌을 통과시켰다.
③ 민주 헌법 쟁취 국민 운동 본부가 결성된 것은 1987년으로, 긴급 조치 해제 이후의 사실이다. 전두환 정부가 현행 헌법인 대통령 간선제를 유지한다는 내용의 4·13 호헌 조치를 발표하자, 이에 맞서 민주 세력이 민주 헌법 쟁취 국민 운동 본부를 결성하고 6월 민주 항쟁을 주도하였다.
④ 신민당이 대통령 직선제 개헌을 위한 1천만 명 서명 운동을 전개한 것은 1986년으로, 긴급 조치 해제 이후의 사실이다.

이것도 알면 합격!

유신 체제에 대한 저항과 탄압

김대중 납치 사건 (1973)	일본, 미국 각지에서 유신 체제에 저항하던 김대중 납치
개헌 청원 백만인 서명 운동(1973)	장준하, 함석헌 등 재야 인사 중심으로 개헌 청원 운동 전개
민청학련 사건 (1974)	전국 민주 청년 학생 총연맹이 조직되어 유신 헌법 철폐와 개헌을 요구하는 투쟁을 전개하자, 박정희 정부는 학생들을 간첩이라고 조작하여 탄압
3·1 민주 구국 선언 (1976)	김대중, 함석헌 등이 명동 성당에서 발표한 것으로, 긴급 조치 철폐·박정희 정권 퇴진·민족 통일 추구 등을 요구

10 고려 시대 광종 재위 시기의 사실   난이도 하 ●○○

자료 분석 제시문에서 왕이 노비를 안검하였다는 내용을 통해 밑줄 친 '왕'이 광종임을 알 수 있다. 광종은 노비안검법을 시행하여 후삼국 시대의 혼란기에 억울하게 노비가 된 자들을 양인으로 해방시키고 공신과 호족들의 경제적·군사적 기반을 약화시켰다.

정답 설명 ② 광종은 광덕, 준풍 등의 독자적인 연호를 사용하고, 대내적으로 황제라 칭하여 국왕의 권위를 높이는 등 자주 국가로서의 면모를 과시하였다.

오답 분석
① 정종(3대): 서경 천도를 추진한 왕은 정종이다. 정종은 개경의 공신 세력으로부터 벗어나기 위해 풍수지리설을 내세워 서경 천도를 추진하였다.
③ 성종: 지방관을 파견하고 향리 제도를 마련한 왕은 고려 성종이다. 성종은 지방 행정 조직을 정비하여 주요 지역에 12목을 설치하고 지방관인 목사를 파견하였으며, 중소 호족을 향리로 편입시키는 향리 제도를 실시하고 중앙에서 직접 통제함으로써 지방 세력을 견제하였다.
④ 태조 왕건: 기인 제도를 최초로 실시하여 호족을 통제한 왕은 태조 왕건이다. 태조 왕건은 지방 향리의 자제를 수도에 데려와 기인으로 삼고 출신 지방의 행정과 관련된 업무를 담당하게 하여 지방 호족을 견제하였다.

11 근대 대한국 국제와 헌의 6조   난이도 중 ●●○

자료분석
(가)는 대한 제국의 정치가 불변할 전제 정치라는 것을 통해 고종이 반포한 대한국 국제임을 알 수 있다.
(나)는 관·민이 협력하여 전제 황권을 견고하게 한다는 것을 통해 관민 공동회에서 채택된 헌의 6조임을 알 수 있다.

정답설명
④ 독립 협회가 의회 설립 운동을 전개한 것과 대한국 국제가 반포된 것은 관련이 없다. 대한국 국제는 독립 협회가 해산된 이후 반포되었다.

오답분석
① 고종은 대한국 국제를 통해 대한 제국이 전제 정치 국가임과 입법·사법·행정 등 국가의 모든 권력을 황제가 행사함을 천명하였다.
② 헌의 6조에서는 국가 재정을 탁지부에서 전관하고, 정부의 예산과 결산을 인민들에게 공표하여 국가 재정을 인민의 감시하에 둘 것을 주장하였다.
③ 관민 공동회에서 국정 개혁안인 헌의 6조를 채택하자, 고종은 이를 수용하는 동시에 국정의 쇄신을 다짐하는 조칙 5조를 추가로 반포하였다.

👍 이것도 알면 합격!

대한국 국제와 헌의 6조

대한국 국제 (1899)	· 대한 제국의 일종의 헌법 · 대한 제국이 전제 정치 국가임과 황제가 무한한 권한을 행사함을 강조(국민의 기본권에 대한 규정 X) · 육·해군 통수권, 입법권, 행정권, 사법권, 외교권 등을 황제의 대권으로 규정
헌의 6조 (1898)	· 관민 공동회에서 채택한 6개항의 개혁안 · 국권 수호, 민권 보장, 열강의 이권 침탈 방지 등을 내용으로 포함

12 고대 고국원왕과 광개토 대왕 사이의 사실   난이도 하 ●○○

자료분석
(가) 고구려 고국원왕이 전사하였다는 내용을 통해 371년의 사실임을 알 수 있다.
(나) 왜의 침입을 받은 신라를 구원하기 위해 원병을 보내고 낙동강 하류까지 진출하였다는 내용을 통해 광개토 대왕이 신라를 구원한 400년의 사실임을 알 수 있다.

정답설명
④ (가)와 (나) 사이 시기에, 고구려 소수림왕은 태학을 설립(372)하고 율령을 반포(373)하는 등 국가의 위기 상황을 극복하기 위한 체제 안정화 정책을 실시하였다.

오답분석
① (나) 이후: 고구려가 수도를 평양성으로 옮긴 것(427)은 장수왕 때로, (나) 이후의 사실이다. 장수왕은 국내성에 기반을 둔 5부 귀족 세력을 약화시키기 위해 평양으로 천도하고 적극적인 남하 정책을 추진하였다.
② (가) 이전: 고구려가 낙랑군을 축출하고 대동강 유역을 차지(313)한 것은 미천왕 때로, (가) 이전의 사실이다. 미천왕은 중국이 5호 16국 시대로 인해 혼란스러운 틈을 타 한반도에서 낙랑군과 대방군을 축출하였다.
③ (나) 이후: 고구려가 요서 지역에 대해 선제 공격을 감행(598)한 것은 영양왕 때로, (나) 이후의 사실이다. 수에 의해 중국이 통일되자, 영양왕은 이를 견제하기 위해 전략적 요충지인 중국의 요서 지역을 선제 공격하였다.

13 고대 견훤   난이도 하 ●○○

자료분석
제시문에서 태조(왕건)가 공산 아래에서 (가)를 맞아 크게 싸웠으나 패하였다는 내용을 통해 (가) 인물이 견훤임을 알 수 있다. 견훤은 공산 전투에서 고려군을 크게 무찔렀으나, 이후 고창 전투에서 고려군에 대패함으로써 후삼국의 주도권을 상실하였다.

정답설명
① 견훤은 완산주(전주)에서 후백제를 세우고, 적극적인 대중국 외교를 전개하여 중국의 오월, 후당 등에 사신을 보내 교류하였다.

오답분석
②, ③ 궁예: 기훤, 양길의 휘하에서 세력을 키우고, 송악에서 철원으로 도읍을 옮긴 인물은 궁예이다. 궁예는 신라 하대의 초적 세력인 기훤과 양길의 부하로 있다가 자립하여 송악에서 후고구려를 건국하였다. 이후, 그는 국호를 마진으로 바꾸고 철원으로 천도하였다.
④ 고려 태조 왕건: 예성강을 중심으로 성장한 해상 세력은 고려의 태조 왕건이다. 태조 왕건은 해상 무역을 통해 성장하였고, 궁예의 휘하에서 공을 세워 시중의 자리에 올랐다. 이후 그는 폭정을 자행한 궁예를 축출하고 왕위에 오른 뒤 고려를 건국하였다.

👍 이것도 알면 합격!

견훤과 궁예

견훤	· 전라도 지방의 군사력과 호족 세력을 토대로 완산주(전라북도 전주)에 도읍을 정하고 후백제 건국 · 중국의 오월·후당 및 일본과 적극적인 외교 관계를 맺음 · 신라 금성에 쳐들어가 경애왕을 살해(927)하는 등 신라에 적대적 · 아들 신검에 의해 금산사에 유폐되었다가, 탈출하여 왕건에 투항
궁예	· 신라 왕족의 후예로, 기훤·양길의 휘하에서 세력을 키움 · 송악(개성)을 도읍으로 정하고 후고구려 건국 · 국호를 마진, 태봉으로 변경하였으며 무태(武泰), 성책(聖冊), 수덕만세(水德萬歲) 등의 독자적인 연호 사용 · 국정 총괄 기관인 광평성을 비롯한 여러 관서를 설치하고, 9관등제를 마련함 · 부석사에 있는 신라 왕의 화상을 칼로 훼손하면서 반신라 감정을 드러냄 · 미륵 신앙을 이용한 전제 정치 실시

14 일제 강점기 일제 강점기의 주요 사건   난이도 중 ●●○

정답설명
② 순서대로 나열하면 ⓒ 2·8 독립 선언(1919) - ㉠ 동아일보·조선일보 창간(1920) - ⓒ 6·10 만세 운동(1926) - ㉣ 한글 맞춤법 통일안 발표(1933)이다.

ⓒ 2·8 독립 선언: 일본 도쿄의 유학생들이 비밀 결사인 조선 청년 독립단을 조직하여 독립 선언서와 결의문을 발표하고 시위를 벌였다(1919). 이는 3·1 운동에 영향을 주었다.

㉠ 동아일보·조선일보 창간: 3·1 운동 이후 일제가 문화 통치를 표방하면서 민족 신문에 대한 제한적인 언론·출판의 자유를 허용하였고, 이에 동아일보와 조선일보 등의 한글 신문이 창간되었다(1920).

ⓒ 6·10 만세 운동: 순종의 인산일에 학생 단체의 주도로 6·10 만세 운동이 전개되었다(1926). 한편, 6·10 만세 운동의 전개 과정에서 사회주의 세력과 천도교 계열의 비타협적 민족주의 세력이 연대하게 되었고, 이는 민족 유일당 운동이 전개되는 계기가 되었다.

ⓔ 한글 맞춤법 통일안 발표: 조선어 학회는 한글 교재를 편찬하고 강연회를 통하여 한글을 보급하기 위하여 노력하였으며, 한글 맞춤법 통일안을 발표하였다(1933).

15 조선 후기 붕당 정치의 전개   난이도 하 ●○○

정답설명 ① 순서대로 나열하면 ㉠ 2차(갑인) 예송(1674) – ㉢ 경신환국(1680) – ㉣ 기사환국(1689) – ㉡ 갑술환국(1694)이다.

㉠ 2차(갑인) 예송: 현종 때 효종비가 죽자 인조의 계비인 자의 대비의 복상 기간을 둘러싸고 2차(갑인) 예송이 전개되었다(1674). 이때 서인은 9개월설(대공설), 남인은 1년설(기년설)을 주장하였는데, 남인의 주장이 받아들여짐으로써 서인의 세력이 약화되고 남인이 집권하게 되었다.

㉢ 경신환국: 숙종 때 서인이 남인인 허적의 서자 허견이 역모를 꾀하였다고 고발하여 경신환국이 발생하였다(1680). 이에 허적·윤휴 등의 남인이 대거 축출되었으며, 서인이 집권하게 되었다.

㉣ 기사환국: 숙종 때 희빈 장씨 소생의 왕자의 세자 책봉 문제를 계기로 기사환국이 발생하였다(1689). 이때 서인이 축출되고 남인이 집권하였으며, 서인 계열인 인현 왕후가 폐위되고 남인 계열인 희빈 장씨가 왕비로 책봉되었다.

㉡ 갑술환국: 숙종 때 서인에서 분화된 노론과 소론이 폐비 민씨(인현 왕후)의 복위 운동을 전개하자 남인이 이를 탄압하였는데, 숙종이 노론과 소론의 편을 들어 남인이 몰락하고 노론과 소론이 재집권하였다(1694). 이때, 인현 왕후가 복위되고 장씨가 희빈으로 강등되었다.

16 고려 시대 고려 시대의 회화 작품   난이도 상 ●●●

정답설명 ③ 옳은 것을 모두 고르면 ㉡, ㉢이다.

㉡ 부석사 조사당 벽화는 고려 말의 작품으로, 고려 시대 불화의 특징을 잘 나타내고 있으며 현재 우리나라에 남아 있는 건물 벽화 중 가장 오래된 작품이다.

㉢ 예성강도는 고려 전기의 화가인 이령의 작품으로, 문헌상의 기록으로만 전할 뿐 실물 작품은 현존하지 않는다.

오답분석 ㉠ 고사관수도: 조선 전기의 화가인 강희안의 대표작으로, 깎아 자른듯한 절벽을 배경으로 엎드려 수면을 바라보며 명상을 하는 선비의 유유자적한 모습을 담고 있다.

㉣ 송하보월도: 조선 전기의 화가인 이상좌의 대표작으로, 바위틈에 뿌리박고 비바람을 이겨 내고 있는 늙은 소나무를 통하여 강인한 정신과 굳센 기개를 표현하였다.

👍 이것도 알면 **합격!**

고려 시대의 회화

전기	도화원에 소속된 전문 화원들의 그림이 대표적(이령의 예성강도 등)
후기	· 원대 북화의 영향을 받은 공민왕의 천산대렵도가 그려짐 · 왕실과 권문세족의 구복적 요구에 따라 불화가 많이 그려짐(혜허의 양류관음도) · 우리나라에 남아 있는 건물 벽화 중 가장 오래된 작품인 부석사 조사당 벽화가 그려짐

17 고려 시대 무신 집권 – 몽골 침입 시기의 사건   난이도 상 ●●●

자료분석 제시문에서 충주에 몽골군이 오자 양반들은 성을 버리고 도주하고, 노군과 잡류만이 힘을 합하여 이를 물리쳤다는 내용을 통해 몽골의 1차 침입 때 전개된 충주 전투(1231)임을 알 수 있다.

정답설명 ② 진주의 공·사 노비와 합주의 부곡민이 합세한 것은 최충헌 집권기에 발생한 광명·계발의 난(1200)으로, 충주 전투와 가장 먼 시기의 사실이다. 진주에서 향리의 수탈에 대항하여 공·사 노비가 봉기하였는데, 이를 진압하는 과정에서 토호인 정방의가 반란을 일으켜 살육을 자행하였다. 이에 진주의 사람들은 합주(합천)로 가서 도움을 요청하였고, 광명·계발을 중심으로 한 합주의 부곡민이 진주의 공·사 노비를 지원하였다(1200).

오답분석 ① 처인성 전투: 몽골의 2차 침입 때, 승려 김윤후가 처인성(용인)에서 몽골 장수 살리타를 사살하였다(1232).

③ 강화 천도: 몽골의 1차 침입 이후, 집권자인 최우가 몽골의 과도한 조공 요구에 반발하며 수도를 강화도로 옮기고(1232) 주민들을 산성과 섬으로 피난시켰다. 이에 몽골군은 고려 정부의 개경 환도를 요구하며 2차 침입하였다.

④ 황룡사 9층탑 소실: 몽골의 3차 침입 때(1235~1239), 몽골군에 의해 경주의 황룡사 9층탑이 소실되었다(1238).

👍 이것도 알면 **합격!**

몽골의 침입

구분	시기	침입 내용 및 주요 항쟁
1차	1231년	· 몽골 사신 저고여의 피살 사건(1225)을 구실로 침입함 · 박서의 귀주성 항쟁 · 충주 전투에서 노군, 잡류별초가 몽골군에 항쟁
2차	1232년	· 최우의 강화 천도(1232, 고종)를 구실로 침입함 · 김윤후가 처인성에서 적장 살리타 사살
3차	1235~1239년	· 황룡사 9층탑이 소실되었으며 재조대장경 조판 시작 · 국왕의 친조를 조건으로 강화
4차	1247년	몽골 황제 정종의 사망으로 몽골군이 퇴각
5차	1253년	충주산성 방호별감 김윤후가 충주성에서 몽골군 격퇴
6차	1254~1259년	충주 다인철소 주민들의 항쟁

18 조선 전기 조선 전기의 군사 제도   난이도 중 ●●○

자료분석 제시문에서 군사에게 보인을 지급한다는 내용을 통해 조선 전기의 군역 제도임을 알 수 있다. 조선 전기에는 모든 양인 정남을 현역병으로 복무하는 정군과 정군에 대한 재정적인 부담을 지는 보인으로 편성하였다.

정답설명 ③ 조선 전기에는 지방군이 진관 체제를 바탕으로 조직되었다. 진관 체제는 지역 단위의 방어 체계로, 각 도마다 병영을 두어 병마절도사가 관할 지역의 군대를 통솔하였다. 또한 병영 아래에는 여러 개의 진을 설치하여 진의 수령이 그 지역 군대를 통제하였다.

오답 분석
① 조선 후기: 중앙군을 5군영으로 편성한 것은 조선 후기이다. 조선 후기에는 중앙군을 훈련도감, 어영청, 총융청, 수어청, 금위영의 5개 군영으로 편성하였다.
② 고려 시대: 2군 6위가 중앙과 국경을 수비한 것은 고려 시대이다. 고려 시대의 중앙군은 국왕의 친위 부대인 2군과, 수도 경비와 국경 방어를 담당한 6위로 구성되었다.
④ 조선 후기: 양반부터 노비까지 모두 속오군에 편입시킨 것은 조선 후기이다. 속오군은 임진왜란 중에 정비된 지방 방어 체제로, 다섯 사람을 하나로 묶는 속오법에 따라 정비되었다. 이들은 평상시에 생업에 종사하다가, 적이 침입하면 전투에 동원되었다.

👍 이것도 알면 합격!

조선의 방어 체제

영진군·익군 체제	· 조선 초기에 시행 · 영진군: 해안과 국경 등 군사 요지에 영과 진을 설치 · 익군: 평안도와 함경도에 속해있는 몇 개의 군을 군익도로 나누고 각 도를 중익·좌익·우익의 3익으로 나누어 편성하여 운영
진관 체제	· 15세기 세조 때 부터 시행 · 각 도에 1~2개의 병영을 두고, 병영 아래에 여러 개의 거진을 설치하여 거진의 수령이 그 지역 군대를 통제하는 체제 · 큰 규모의 적이 침입할 때 취약
제승방략 체제	· 16세기 후반(임진왜란 직전)부터 시행 · 유사시에 각 읍의 수령들이 본진을 떠나 지정된 지역으로 가서 방어하는 체제 · 임진왜란을 거친 후 다시 진관 체제로 복구됨

19 조선 후기 박지원   난이도 하 ●○○

자료 분석
제시문에서 제한된 토지보다 많은 자는 더 가질 수 없게 하고, 법령 이후에 제한을 넘어 더 점유한 자는 적발한 자에게 주거나 관에서 몰수한다는 내용을 통해 박지원이 주장한 한전론임을 알 수 있다. 박지원은 토지 소유의 상한선을 설정하면, 상한선을 초과하는 토지는 자연스럽게 분배될 것이라고 주장하였다.

정답 설명
② 박지원은 「양반전」, 「호질」 등의 소설을 통해 놀고먹는 양반 계급의 허위 의식과 부정부패를 비판하였다.

오답 분석
① 박제가: 『북학의』에서 청 문물의 수용을 역설한 인물은 중상학파 실학자인 박제가이다. 박제가는 『북학의』에서 청과의 통상 강화, 수레와 선박의 이용 등을 주장하였다.
③ 이익: 화폐 제도의 문제점을 지적하며 폐전론을 주장한 인물은 중농학파 실학자인 이익이다. 이익은 『곽우록』에서 화폐 유통으로 농민의 파산이 가속화되고 풍속이 각박해졌으므로 화폐 유통을 금지해야 한다는 폐전론을 주장하였다.
④ 정약용: 마을 단위로 토지를 공동 경작하여 분배할 것을 제안한 인물은 중농학파 실학자인 정약용이다. 정약용은 한 마을을 단위로 하여 토지를 공동으로 소유·경작하고 그 수확량을 노동량에 따라 분배하는 일종의 공동 농장 제도인 여전제를 주장하였다.

20 근대 제2차 갑오개혁   난이도 중 ●●○

자료 분석
제시문은 제2차 갑오개혁 때 발표된 홍범 14조의 내용이다. 고종은 홍범 14조를 통해 청의 종주권을 부인하고 근대적 내각 제도의 확립, 재정의 일원화 등을 추진할 것을 천명하였다.

정답 설명
③ 제2차 갑오개혁 때 의정부를 폐지하고 내각제를 도입하였으며, 8아문을 7부로 개편하였다. 또한 8도의 지방 행정 구역을 23부로 개편하고 부·목·군·현 등의 행정 구역 명칭을 군으로 통일하였다.

오답 분석
① 을미개혁: 중앙군으로 친위대, 지방군으로 진위대를 설치하고 건양이라는 연호를 제정한 것은 을미개혁 때이다.
② 갑신정변: 내각 제도를 수립하고, 인민 평등권 확립과 조세 개혁 등을 추진한 것은 갑신정변 때의 일이다.
④ 동학 농민 운동: 전라도의 53개 군에 자치적 민정 기구인 집강소가 설치되었던 것은 동학 농민군과 정부 간 맺어진 전주 화약의 결과이다. 집강소는 수령을 대신해 지방 행정권을 실질적으로 장악했으며 동학 농민군이 내세운 폐정 개혁안을 실천하였다.

👍 이것도 알면 합격!

갑오·을미개혁

제1차 갑오개혁	· 정치: 왕실과 정부 사무 분리, '개국' 기년 사용, 과거제 폐지 · 경제: 재정의 일원화, 은 본위제 실시, 도량형 통일 · 사회: 공·사 노비제 폐지, 조혼 금지, 과부 재가 허용
제2차 갑오개혁	· 정치: 8아문을 내각과 7부로 개편, 8도를 23부로 개편 · 사회: 재판소 설치, 사법권 독립 · 교육: 교육 입국 조서 반포, 외국어 학교 관제 공포
을미개혁	· 정치: 건양 연호 사용, 친위대·진위대 설치 · 사회: 단발령 반포, 태양력 사용, 종두법 시행, 우편 사무 재개 · 교육: 소학교 설치

24회
2020년 서울시 9급

2020년 6월 13일 시행

문제집 108쪽

정답

01	② 고대	11	③ 조선 후기
02	③ 현대	12	④ 선사 시대
03	② 조선 후기	13	① 선사 시대
04	① 조선 후기	14	④ 일제 강점기
05	④ 고려 시대	15	③ 고대
06	① 고려 시대	16	② 고대
07	② 근대	17	① 근대
08	③ 고려 시대	18	③ 조선 전기
09	④ 조선 후기	19	② 근대
10	① 조선 전기	20	④ 일제 강점기

취약 시대 분석표

시대	맞힌 개수
선사 시대	/ 2
고대	/ 3
고려 시대	/ 3
조선 전기	/ 2
조선 후기	/ 4
근대	/ 3
일제 강점기	/ 2
현대	/ 1
시대 통합	/ 0
총합	/ 20

기출 총평

"합격선 95점, 매우 쉽게 출제!"

- **난이도**: 전체적인 난이도는 하로, 쉬운 시험이었습니다. 순서를 맞히는 문제가 4문제가 나왔으나 모두 익숙한 개념들이었으며, 단답형 선택지의 문제도 출제되어 평이한 난이도였습니다.

- **고난도 문제**
  - 04번 조선 후기의 광업: 조선 후기의 전반적인 경제 상황이 빈출되고 조선 후기의 광업의 경우 잘 출제되지 않았던 포인트여서, 이에 대해 깊게 공부하지 않았다면 까다롭게 느껴졌을 문제였습니다.

---

01 고대 원효의 저술   난이도 하 ●○○

자료분석 제시문에서 당나라로 가던 도중 진리를 깨닫고 유학을 포기하였다는 점, 훗날 화쟁국사로 추앙받았다는 점을 통해 밑줄 친 '그'가 원효임을 알 수 있다. 원효는 6두품 출신의 승려로, 의상과 함께 불교의 대중화에 힘쓴 인물이다. 원효의 대표적인 사상으로는 불교 여러 종파의 이론들이 동등한 가치를 지닌 것으로 보고 이를 한 단계 높은 차원에서 통합하려 한 화쟁 사상이 있다. 원효는 이러한 사상으로 인하여 고려 숙종 때 대성화쟁국사라는 시호를 받기도 하였다.

정답설명 ② 원효는 대승 불교의 사상과 체계를 이해하기 쉽게 풀이한 『대승기신론소』를 저술하였다.

오답분석
① 각훈: 『해동고승전』을 저술한 인물은 각훈이다. 각훈은 삼국 시대부터 고려 고종 때까지 고승들의 전기를 정리하여 『해동고승전』을 저술하였으나, 현재는 삼국 시대의 고승 30여 명에 관한 기록만 남아있다.
③ 혜초: 『왕오천축국전』을 저술한 인물은 혜초이다. 혜초는 인도와 중앙아시아를 순례한 뒤 그 지역의 풍습, 언어, 종교 등을 기록한 기행문인 『왕오천축국전』을 저술하였다.
④ 의상: 『화엄일승법계도』를 저술한 인물은 의상이다. 의상은 모든 존재가 상호 의존적인 관계에 있으면서 서로 조화를 이룬다는 화엄 사상의 요지를 간결한 시로 축약한 『화엄일승법계도』를 저술하였다.

👍 이것도 알면 합격!

원효

불교 이해 기준 확립	여러 불교 서적에 대한 폭넓은 이해를 바탕으로 『대승기신론소』, 『금강삼매경론』 등 저술
종파 융합에 기여	일심 사상을 바탕으로 사상적 대립을 조화시키고 분파 의식을 극복하기 위해 『십문화쟁론』 저술
불교 대중화에 기여	나무아미타불만 염불하면 누구나 극락왕생할 수 있다는 아미타 신앙 전파
법성종 개창	화엄학 연구에 노력하면서 교종의 하나인 법성종 창시

02 현대 대한민국의 개헌   난이도 하 ●○○

정답설명 ③ 순서대로 나열하면 ⓒ 제1차 개헌(발췌 개헌, 1952) - ㉠ 제6차 개헌(3선 개헌, 1969) - ㉣ 제7차 개헌(유신 헌법, 1972) - ㉡ 제9차 개헌(현행 헌법, 1987)이 된다.

- ⓒ 제1차 개헌(발췌 개헌): 제1차 개헌은 1952년 6·25 전쟁 중 이루어진 개헌으로, 당시 임시 수도 부산에 계엄령이 선포되고 개헌에 반대하는 의원들을 강제로 연행하는 등 강압적인 분위기 속에서 국회에서 기립 표결로 통과된 개헌안이다. 대통령 직선제, 국회 양원제를 주요 내용으로 한다.
- ㉠ 제6차 개헌(3선 개헌): 제6차 개헌은 1969년에 이루어진 개헌으로, 대통령의 3선 연임을 허용하는 것을 주요 내용으로 한다.
- ㉣ 제7차 개헌(유신 헌법): 제7차 개헌은 1972년에 이루어진 개헌으로, 통일 주체 국민회의에서의 대통령 간선, 대통령 임기 6년, 대통령 중임 제한 철폐 등을 주요 내용으로 한다.
- ㉡ 제9차 개헌(현행 헌법): 제9차 개헌은 1987년 6월 민주 항쟁의 결과 이루어진 개헌으로, 대통령 직선제 및 5년 단임제를 주요 내용으로 한다.

03 조선 후기 박제가   난이도 중 ●●○

자료분석 제시문에서 '검소하다는 것은 물건이 있어도 남용하지 않는 것을 말하는 것이지 자신에게 물건이 없다 하여 스스로 단념하는 것을 말하는 것이 아니다'라는 내용을 통해서 소비를 강조하는 박제가의 주장임을 알 수 있다.

정답설명 ② 박제가는 상공업을 육성하고 선박, 수레, 벽돌 등 발달된 청의 기술을 적극적으로 수용하자고 제안하였다. 또한 청에 무역선을 파견하여 청에서 행해지는 국제 무역에도 참여해야 한다고 주장하였다.

오답분석
① 유형원: 토지 국유를 전제로 관리, 선비, 농민 등에게 신분에 따라 차등 있게 토지를 지급하자는 균전론을 내세워 토지를 분배하여 자영농을 육성할 것을 주장한 인물은 유형원이다.
③ 정약용: 초기에는 여전론을 제시하였으나, 이후에는 현실적인 정전제를 주장하여 자영농 육성을 위한 토지 제도 개혁을 주장한 인물은 정약용이다.
④ 유득공: 통일 신라와 발해가 함께 존재한 시기를 남북국 시대로 설정하여 발해를 한국사의 체계 속으로 포용한 인물은 유득공이다.

이것도 알면 합격!
중상학파 실학자

유수원 (농암)	• 북학 사상의 선구자, 상공업 진흥·기술 혁신 강조 • 사농공상의 직업적 평등화와 전문화 강조 • 토지 제도의 개혁보다는 농업의 상업적 경영과 기술 혁신을 통해 생산성을 높일 것 강조
홍대용 (담헌)	• 『의산문답』에서 실옹과 허자의 대화 형식을 빌려 성리학적 고정 관념을 상대주의 논법으로 비판 • 기술 혁신과 문벌 제도 철폐, 그리고 성리학의 극복이 부국강병의 근본이라고 강조
박지원 (연암)	• 토지 소유의 상한선을 설정하여 그 이상의 토지 소유를 금지한 한전론 주장 • 『열하일기』에서 청의 문물을 소개하였고, 수레와 선박의 이용 및 화폐 유통의 필요성 주장
박제가 (초정)	• 서얼, 규장각 검서관 출신 • 청과의 통상 강화(무역 증대) • 절약보다 소비 중시(우물론), 수레와 선박의 이용 주장

04 조선 후기 조선 후기의 광업   난이도 상 ●●●

정답설명 ① 조선 후기에 정부는 설점수세제, 수령수세제 등을 통해 민간에서 광산을 합법적으로 개발할 수 있도록 하였지만, 광산 개발은 이득이 많았기 때문에 몰래 채굴하는 잠채 또한 성행하였다.

오답분석
② 조선 후기 광업은 자본과 경영이 분리된 방식으로 이루어졌다. 자본은 상인 물주가 제공하였고, 경영은 광산 경영 전문가인 덕대가 담당하여 자본과 경영이 분리되었다.
③ 17세기 이후 청과의 무역으로 은의 수요가 증가하여 은광 개발이 활성화되었다.
④ 조선 초기와 달리 17세기 이후에는 설점수세제, 수령수세제 등의 제도를 통해 민간인의 광산 채굴을 허용하였다.

이것도 알면 합격!
조선 시대 광산 정책의 변화

조선 전기	국가가 독점 채굴(사채 금지), 농민들을 부역에 동원하여 채굴
조선 후기	• 설점수세제(효종): 정부의 감독 아래 민간인의 광물 채굴(사채)을 허용하고 호조의 별장이 세금 징수 • 은광 개발 성행: 은의 수요 급증으로 17세기 말 70여 개소의 은점이 설치됨 • 수령수세제(영조): 사채를 허용하는 대신 징수하던 세금을 수령이 관리 • 잠채 성행: 몰래 광물을 채굴하는 잠채가 성행함

05 고려 시대 고려의 지방 제도   난이도 하 ●○○

정답설명 ④ 고려의 지방 제도에 대해 옳은 것을 모두 고르면 ⓒ, ⓒ, ㉢ 이다.
ⓒ 고려 시대에는 수령이 파견된 주현보다 수령이 파견되지 않은 속현의 수가 더 많았다. 주현의 지방관이 속현까지 관할하는 것이 원칙이었으나, 현실적으로 불가능하였기 때문에 향리가 조세, 공물 징수, 노역 징발 등의 행정 실무를 담당하였다.
ⓒ 고려 성종 때 최승로의 건의를 받아들여 지방의 주요 지역에 12목을 설치하였고, 지방관으로 목사를 파견하였다.
㉢ 고려 시대에는 향·소·부곡 등의 특수 행정 조직이 존재하였다. 향·소·부곡 주민들은 신분상 양인이었으나 일반 농민에 비해 차별을 받아 국자감 입학과 과거 응시가 불가능하였고, 거주 이전의 자유도 없었다.

오답분석 ㉠ 양계 지역은 계수관이 아니라 병마사가 관할하였다. 계수관은 지방의 행정 구역 혹은 그 행정 구역을 담당하는 수령을 가리키는 말로, 고려 시대에는 양계 지역을 제외한 경·목·도호부 등이 계수관으로 칭해졌으며, 3경의 유수·8목의 목사·4도호부의 도호부사가 계수관으로 칭해졌다. 한편 병마사는 양계 지역에 파견되었으며, 주진군의 지휘권을 가지고 있었다.

이것도 알면 합격!
고려의 지방 행정 제도

5도	• 상설 행정 기관이 없는 일반 행정 구역으로, 안찰사가 파견됨 • 도 아래에 주·군·현을 설치하고 지방관을 파견(주·군에는 자사, 현에는 현령 파견 → 현실적으로 모든 군·현에 파견되지 못함) • 지방관이 파견되지 않은 속현의 행정 실무는 향리가 담당, 지방관이 파견된 주현보다 속현의 수가 많았음
양계	군사 행정 구역으로, 병마사가 파견됨
8목, 4도호부	• 8목: 성종 때 설치된 12목을 현종 때 정비 • 4도호부: 군사적 요충지에 설치
말단 조직	• 촌: 군현의 최하 행정 단위로, 촌장(토착 세력)이 자치를 맡음 • 향·부곡·소: 특수 행정 구역으로, 일반 군현민에 비해 차별을 받음

06 고려 시대 | 최충헌 난이도 하 ●○○

자료분석 제시문에서 노비인 만적이 노비 문서를 불태우자고 한 내용을 통해 ⊙이 만적의 주인인 최충헌임을 알 수 있다.

정답설명 ① 최충헌은 교정도감을 설치하여 국정을 장악하였고, 도방을 통해 군사적 기반을 강화하였다. 최충헌은 기존의 무신들이 중방을 통하여 국정을 운영하였던 것과는 달리 교정도감을 설치하고, 스스로 장관인 교정별감의 자리에 올라 국정을 운영하였다.

오답분석
② 광종: 노비안검법을 실시하여 억울하게 노비가 된 자를 해방시킨 인물은 고려 광종이다. 광종은 호족들의 세력 기반을 약화시키고, 국가 수입 기반을 확대하여 왕권을 강화하기 위해 노비안검법을 실시하였다.
③ 묘청: 풍수지리설을 앞세워 서경 천도를 적극 추진한 인물은 묘청이다. 묘청은 서경 길지설, 칭제건원, 금국 정벌을 내세우면서 서경으로 천도할 것을 주장하였다.
④ 이자겸: 딸들을 왕에게 시집 보내어 권력을 잡고 척준경과 함께 난을 일으킨 인물은 이자겸이다. 문벌 귀족 가문인 경원(인주) 이씨의 이자겸은 자신의 딸들을 예종과 인종에게 시집 보냄으로써 권력을 독점하게 되었고 결국 왕위를 찬탈하고자 하였다.

👍 이것도 알면 합격!

최씨 무신 정권의 정치적 권력 기반

교정도감	· 최충헌이 설치, 무신 정권 시기 최고 권력 기구 · 장관인 교정별감은 최씨 정권의 집권자가 차지
정방	최우가 설치, 인사 행정 기구(인사권 장악)
서방	최우가 설치, 문신들의 숙위 기구, 정치 고문을 담당

07 근대 | 을사늑약 체결 난이도 중 ●●○

자료분석 제시문의 '단군, 기자 이래 4,000년 국민정신이 하룻밤 사이에 갑자기 망하고 말 것인가. 원통하고 원통하다. 동포여! 동포여!' 부분을 통해 장지연이 황성신문에 게재한 '시일야방성대곡'임을 알 수 있다. 을사늑약이 체결되자 장지연은 '시일야방성대곡'이라는 논설을 황성신문에 게재하여 일제를 규탄하였다.

정답설명 ② 을사늑약은 일본이 러·일 전쟁에서 승리한 이후 대한 제국의 외교권을 박탈하고, 대한 제국을 보호국화하기 위해 강제로 체결한 조약이다. 을사늑약을 통해 일본은 대한 제국의 외교권을 박탈함과 동시에 통감부를 설치하여 통감 정치를 실시하였다.

오답분석
① 아관 파천: 친러 성향의 내각이 수립되어 러시아의 정치적 간섭이 강화되었고, 열강의 이권 침탈도 심해진 것은 고종이 러시아 공사관으로 거처를 옮긴 아관 파천의 결과이다.
③ 한·일 신협약의 비밀 각서: 일본이 헤이그 특사 파견을 문제 삼아 고종 황제를 강제로 퇴위시키고, 대한 제국의 군대를 해산시킨 조약은 한·일 신협약의 비밀 각서(부속 조약)이다. 일본은 헤이그 특사 파견을 문제 삼아 고종을 강제로 퇴위시키고, 순종을 즉위시킨 뒤 한·일 신협약을 체결하였으며, 곧이어 비밀 각서(부속 조약)를 통해 대한 제국의 군대를 강제로 해산시켰다.
④ 한·일 병합 조약 체결: 총리 대신 이완용과 조선 통감 데라우치 사이에 조약이 체결되어 국권을 상실하게 된 조약은 한·일 병합 조약이다. 일제는 한·일 병합 조약 체결의 결과 조선 총독부를 설치하고, 조선을 식민 통치하기 시작하였다.

👍 이것도 알면 합격!

을사늑약

체결	일본이 덕수궁 중명전에서 고종의 비준 없이 강제로 체결함
내용	· 통감부를 설치하여 통감 정치(보호 정치) 시행, 초대 통감에 이토 히로부미 임명 · 대한 제국의 외교권 박탈
저항	· 항일 순국: 민영환, 조병세 등이 자결 · 5적 암살단 조직: 나철과 오기호는 을사 5적(박제순, 이지용, 이근택, 이완용, 권중현)의 처단을 시도 · 항일 언론: 황성신문 주필 장지연은 '시일야방성대곡'이라는 논설을 게재하여 일제 규탄, 고종은 대한매일신보에 을사늑약이 무효임을 선언하는 친서 발표 · 을사의병 전개: 민종식, 최익현 등 활약

08 고려 시대 | 고려의 토지 제도 난이도 하 ●○○

자료분석 (가)는 왕건이 후삼국을 통일한 이후 공로에 따라 지급한 역분전, (나)는 경종 때 전·현직 관리에게 관품과 인품을 기준으로 전지와 시지를 지급한 시정 전시과, (다)는 목종 때 인품을 배제하고 관직만을 고려하여 지급한 개정 전시과, (라)는 문종 때 현직 관리에게만 토지를 지급하게 한 경정 전시과이다.

정답설명 ③ 실직이 없는 산관이 토지 지급 대상에서 제외된 것은 개정 전시과가 아닌 경정 전시과이다.

오답분석
① 역분전은 후삼국 통일 전쟁에 공이 있는 사람들에게 논공행상의 성격으로 지급한 것이었다.
② 시정 전시과에서는 관품과 인품을 고려하여 전지와 시지를 지급하였다.
④ 경정 전시과에서 실직이 없는 산관은 토지 분급 대상에서 제외되어 현직 관리에게만 토지가 지급되었으며, 이전에 비하여 무반에 대한 차별 대우를 시정하여 무반에게도 관직에 맞는 토지를 지급하였다.

09 조선 후기 | 정조 때의 사실 난이도 하 ●○○

자료분석 제시문에서 백성들이 육의전을 제외한 시전 상인들과 같이 장사를 할 수 있게 했다는 것을 통해 육의전을 제외한 시전 상인들의 금난전권을 폐지한 신해통공(1791)임을 알 수 있으며, 신해통공이 시행된 것은 정조 때이다.

정답설명 ④ 정조는 인재를 양성하기 위해 초계문신제를 시행하였다. 초계문신제는 신진 인물이나 중·하급 관리 중에서 유능한 문신들을 재교육하여 인재를 양성하도록 하는 제도이다.

오답분석
① 영조: 법령을 정비하여 『속대전』을 편찬한 왕은 영조이다. 『속대전』은 『경국대전』 편찬 이후 공포된 새로운 법령을 정리한 법전이다.
② 숙종: 청과 국경선을 정하고 백두산 정계비를 세운 왕은 숙종이다. 숙종 때 간도 지역을 둘러싸고 청과 국경 분쟁이 발생하자 청의 목극등과 조선의 박권이 만나 백두산 일대를 답사하고 백두산 정계비를 건립하여 국경선을 확정하였다.
③ 인조: 조세 제도를 개편하여 영정법을 시행한 왕은 인조이다. 인조는 영정법을 실시하여 전세를 풍흉에 관계없이 토지 1결당 4~6두로 고정하였다.

이것도 알면 합격!

정조의 정책

왕권 강화 정책	· 규장각 설치 후 검서관에 서얼 출신 등용(이덕무, 유득공, 박제가) · 장용영 설치(국왕의 친위 부대), 초계문신제(관료 재교육) 시행, 외규장각 설치 · 수령의 권한 강화(군현 단위의 향약을 수령이 직접 주관) · 수원 화성 건설: 사도 세자 묘를 수원으로 이전, 정치적·군사적 기능 부여, 수원을 유수부로 승격(4도 유수부 완비 - 개성, 강화, 광주, 수원)
경제 정책	· 신해통공을 반포하여 육의전을 제외한 시전 상인의 금난전권 철폐 · 제언절목을 반포하며 저수지 수축 독려
문화 사업	· 문체 반정: 신문체 사용을 금지하고, 신문체 대신 고문체를 사용하게 함(신문체를 주로 사용하던 노론을 견제) · 편찬 사업: 『대전통편』(법전), 『동문휘고』(외교 문서 집대성), 『무예도보통지』(종합 무예서), 『일성록』(국왕의 동정과 국정을 기록, 정조의 개인 일기에서 공식 국정 일기로 전환), 『규장전운』(한자 음운 정리서), 『탁지지』(호조 업무 사례집), 『추관지』(형조 업무 사례집), 『홍재전서』(정조의 시문·편지 정리), 『증보동국문헌비고』, 『자휼전칙』(결식하거나 버려진 아이들을 위한 구호 법령) 편찬, 청나라로부터 『고금도서집성』(중국의 백과사전) 수입

10 조선 전기 『향약집성방』   난이도 하 ●○○

자료 분석 제시문에서 1433년(세종 15)에 편찬되었고, 각종 병(病, 질병)과 처방에 관련된 내용을 기록하였으며, 조선의 약재를 중시하고 전통적인 경험에 기초했다는 것을 통해 세종 때 편찬된 『향약집성방』임을 알 수 있다.

정답 설명 ①『향약집성방』은 세종 때에 저술된 의학서로 7백여 종의 국산 약재와 1천 종의 병에 대한 치료·예방법을 소개하였다.

오답 분석
② 『동의보감』은 허준이 광해군 때에 편찬한 의학서로, 우리의 전통 한의학을 체계적으로 정리한 의서이다. 『동의보감』은 2009년에 유네스코 세계 기록유산으로 지정되었다.
③ 『금양잡록』은 강희맹이 성종 때 편찬한 농서로, 금양(지금의 경기도 시흥)에서 직접 농사 지은 경험을 토대로 저술한 농서이다.
④ 『칠정산』은 세종 때에 만들어진 역법서로, 우리나라 역사상 최초로 한양을 기준으로 천체 운동을 정확히 계산하였다.

이것도 알면 합격!

『향약집성방』

> 명의(名醫)가 병을 진찰하고 약을 쓸 때, 모두 기질에 따라 처방하지 처음부터 한 가지 방법에만 매달리지 않았다. 대개 백 리만 떨어져 있어도 풍속이 같지 않고, 천 리가 떨어져 있으면 풍토가 다르다. …(중략)… 그러므로 옛 성인(聖人)은 모든 풀과 나무의 맛을 보고 각 지역의 환경에 따라 병을 고쳤다. 우리나라 역시 동방(東方)에 한 지역으로 자리 잡아, 산과 바다에는 여러 가지 보화가 있고, 풀과 나무와 약재들이 자란다. 무릇 백성들의 생명을 기르고 병자(病者)를 치료할 만한 조건을 갖추지 못한 것이 아니다. - 『세종실록』 15년, 6월 11일

사료 분석 | 『향약집성방』은 우리 풍토에 맞는 약재와 치료법을 정리한 의서로 세종 때 편찬되었다.

11 조선 후기 대동법   난이도 하 ●○○

자료 분석 제시문에서 공물이 방납인들에 의해 막혀 물건 값이 오르는 폐단이 발생하였다는 것을 통해 밑줄 친 '이 법'이 대동법임을 알 수 있다.

정답 설명 ③ 옳은 것을 모두 고르면 ㉡, ㉢이 된다.
㉡ 대동법은 광해군 때 처음으로 경기도에서 시험적으로 시행되었다.
㉢ 대동법은 가호를 기준으로 현물을 징수하던 방식에서 소유한 토지 결수에 따라 쌀(1결당 12두), 삼베, 무명, 동전 등으로 납부하도록 한 제도이다.

오답 분석
㉠ 대동법의 실시로 정기적으로 납부하던 상공은 없어졌으나, 부정기적인 별공·진상 등이 여전히 존재하여 현물 징수가 완전히 없어지지 않았다.
㉣ 풍흉의 정도에 따라 조세 액수를 조정한 것은 고려 말~조선 초의 답험 손실법이다.

12 선사 시대 신석기 시대   난이도 하 ●○○

자료 분석 제시된 이른 민무늬 토기, 덧무늬 토기, 눌러찍기무늬 토기, 빗살무늬 토기는 모두 신석기 시대의 유물이다.

정답 설명 ④ 신석기 시대에는 갈돌과 갈판 등 간석기를 사용하였다.

오답 분석
① 청동기 시대 후반~초기 철기 시대: 세형동검과 잔무늬 거울 등을 사용한 것은 청동기 시대 후반에서 초기 철기 시대이다. 세형동검은 비파형동검이 한반도에서 독자적으로 발전한 것이며, 청동기 시대의 대표적인 청동 유물인 거친무늬 거울도 청동기 시대 후반~초기 철기 시대에 이르러 잔무늬 거울로 발전하였다.
② 청동기 시대: 고인돌과 돌널무덤은 청동기 시대의 대표적인 무덤 양식이다.
③ 구석기 시대: 공주 석장리 유적과 청원 두루봉 동굴 유적은 구석기 시대의 대표적인 유적지이다.

이것도 알면 합격!

신석기 시대의 유물

도구	· 농기구: 돌괭이, 돌보습, 돌낫, 돌삽 등 · 조리 도구: 갈돌, 갈판 등 · 수공업 도구: 가락바퀴, 뼈바늘 등
토기	빗살무늬 토기, 덧무늬 토기, 이른 민무늬 토기 등

13 선사 시대 부여   난이도 하 ●○○

자료 분석 제시문에서 은력 정월에 영고라고 하는 제천 행사를 시행한다는 것을 통해 부여에 대한 설명임을 알 수 있다.

정답 설명 ① 남에게 상처 입힌 자를 곡식으로 갚게 한 국가는 고조선이다. 고조선의 8조법의 내용이다.

오답 분석 ②, ③, ④ 부여에서는 도둑질을 하면 그 물건 값의 12배를 변상하게 했다(1책 12법). 또한 형벌이 매우 엄하여 사람을 죽인 사람은 사형에 처하고 그 집안 사람은 노비로 삼았으며, 남녀 간에 간음을 하거나 투기하는 부인은 모두 죽였다.

🔖 이것도 알면 **합격!**

부여

건국	쑹화(송화)강 유역의 평야 지대에서 건국
정치 구조	왕 아래에 가축의 이름을 딴 마가, 우가, 저가, 구가라는 가(加)들이 존재하였고, 가(加)들은 사출도라는 행정 구역을 통치
제천 행사	12월에 영고라는 제천 행사를 거행
풍습	· 우제점법: 소를 죽여 그 굽으로 길흉을 점침 · 흰색을 숭상하여 흰 옷을 즐겨 입었으며, 은력(중국의 역법)을 사용 · 형사취수제: 형이 죽으면 동생이 형수를 아내로 삼음

14 일제 강점기 사회·경제 사학   난이도 하 ●○○

자료 분석 제시문에서 우리 조선의 역사적 발전의 전 과정은 독자적인 것은 아니며, 세계사적·일원론적인 역사 법칙에 의해 다른 여러 민족과 거의 같은 궤도로 발전 과정을 거쳐온 것이다라는 내용을 통해 사회·경제 사학자 백남운의 주장임을 알 수 있다.

정답 설명 ④ 백남운과 같은 입장은 한국사의 발전 과정을 사회·경제 사학의 관점에서 서술하였다. 한편 사회·경제 사학은 역사 발전의 원동력을 정신이 아닌 민중에게서 구하였으며, 유물 사관에 입각하여 한국사를 세계사적 보편성 위에 체계화하려는 과정에서 식민 사학의 정체성론을 반박하였다. 사회·경제 사학의 대표적인 학자로는 백남운, 이청원, 전석담 등이 있다.

오답 분석
①, ② 민족주의 사학: 민족 정신을 강조하여 우리의 고유한 특색과 전통을 찾는 입장은 민족주의 사학이다. 민족주의 사학의 대표적인 학자로는 신채호, 박은식, 정인보, 문일평 등이 있다.
③ 실증주의 사학: 역사학의 주관적 해석을 배제하고 문헌 고증을 중시한 입장은 실증주의 사학이다. 실증주의 사학의 대표적인 학자로는 이병도, 손진태 등이 있다.

🔖 이것도 알면 **합격!**

일제 강점기 한국사 연구

민족주의 사학	· 특징: 한민족의 기원을 밝히고, 우리 문화의 우수성과 한국사의 주체적 발전을 강조 · 주요 학자: 신채호, 박은식, 정인보 등
사회·경제 사학	· 특징: 역사 발전의 원동력을 정신이 아닌 민중에게서 구하였으며, 유물 사관에 입각하여 한국사를 세계사적 보편성 위에 체계화하려는 과정에서 식민 사학의 정체성론 반박 · 주요 학자: 백남운, 이청원 등
실증주의 사학	· 특징: 역사적 사실을 실증적·객관적으로 밝히려는 학술 활동 전개 · 주요 학자: 이병도, 손진태 등

15 고대 한국 고대사의 전개   난이도 하 ●○○

정답 설명 ③ 사건들을 시간 순으로 바르게 나열하면 ⓒ 낙랑군 축출(313) – ㉢ 웅진 천도(475) – ㉠ 건원 연호 제정(536) – ⓛ 대가야 멸망(562)이 된다.

ⓒ 낙랑군 축출(313): 미천왕은 중국이 5호 16국 시대로 인해 혼란스러운 틈을 타 서안평을 점령(311)하고, 이어서 낙랑군을 축출(313)하였으며, 대방군을 차지(314)함으로써 대동강 유역을 확보하여 남쪽으로 진출할 수 있는 발판을 마련하였다.
㉢ 웅진 천도(475): 장수왕의 남하 정책으로 한강 유역을 상실하고 개로왕이 살해당하자 문주왕은 웅진(공주)으로 천도하였다.
㉠ 건원 연호 제정(536): 법흥왕은 자주 국가로서의 위상을 세우기 위해 건원이라는 신라 최초의 연호를 사용하였다.
ⓛ 대가야 멸망(562): 신라 진흥왕이 파견한 장군 이사부에 의해 대가야가 멸망(562)하였고, 나머지 가야국들도 신라에 병합되면서 가야 연맹은 완전히 해체되었다.

16 고대 신문왕   난이도 하 ●○○

자료 분석 제시문에서 만파식적이 언급되고 있으므로, 밑줄 친 '왕'이 신문왕임을 알 수 있다. 만파식적은 『삼국유사』에 전해지는 설화로 신문왕이 용에게 얻은 대나무로 피리를 만들어 불었더니 적이 물러나고, 병이 나으며, 날씨가 좋아졌다고 한다. 이를 통해 당시 신라의 정치적 안정과 통일 후의 발전상을 살펴볼 수 있다.

정답 설명 ② 신문왕은 전국을 9주로 나누고, 수도의 편향성을 보완하기 위해 행정·군사상의 요충지에 5소경을 설치하였다.

오답 분석
① 경덕왕: 녹읍을 부활시킨 왕은 경덕왕이다. 한편 신문왕은 관료전을 지급(687)하고, 녹읍을 폐지(689)하였다.
③ 성덕왕: 국가의 토지 지배력을 강화하기 위해 백성들에게 정전을 지급(722)한 왕은 성덕왕이다.
④ 문무왕: 고구려 부흥 운동을 지원한 왕은 문무왕이다. 문무왕은 고구려 유민들을 옛 백제 땅 금마저(익산)에 자리를 잡게 하고, 안승을 보덕국의 왕으로 책봉하여 고구려 유민을 모아 당의 세력을 축출하는데 이용하였다.

🔖 이것도 알면 **합격!**

통일 신라의 주요 국왕

문무왕	· 고구려를 멸망(668)시키고, 나·당 전쟁에서 승리하여 삼국 통일 달성(676) · 지방관을 감찰하기 위해 외사정 파견
신문왕	· 만파식적 설화(강력한 왕권 상징) 전래 · 전국을 9주로 나누고 수도가 경주로 치우친 것을 보완하기 위해 5소경 설치 · 왕권 강화를 위해 달구벌(대구)로 천도 시도 · 감은사 완공 · 안승의 조카인 대문이 금마저(익산)를 중심으로 일으킨 반란 진압
효소왕	서시·남시(시장)를 설치하고, 서시전·남시전(시장 감독 기관) 설치
성덕왕	· 정전 지급, 국학 정비(공자와 72제자의 화상을 국학에 안치), 당과 국교 재개 · 우리나라에 현존하는 최고(最古) 동종인 상원사 종 주조 · 백관잠(관리들이 지켜야 할 계율 덕목) 제시 · 패강 일대에 수자리 설치

17 근대 강화도 조약 체결 이후의 사건 난이도 하 ●○○

자료 분석 제시문에서 조선국은 자주국으로서 일본국과 평등한 권리를 보유한다는 것과 일본의 항해자가 해안 측량권을 가진다는 내용을 통해 강화도 조약(조·일 수호 조규, 1876)임을 알 수 있다. 따라서 강화도 조약이 체결되기 이전의 사실을 고르면 된다.

정답 설명 ① 만동묘가 철폐(1865)된 것은 흥선 대원군 집권기로 강화도 조약 체결 이전의 사실이다. 흥선 대원군은 임진왜란 당시 조선을 도와주었던 명나라 신종과 마지막 황제 의종의 제사를 지내던 만동묘를 철폐하였다.

오답 분석 모두 강화도 조약 이후의 사실이다.
② 대한 제국 시기인 1902년에 이범윤이 간도 시찰원으로 파견되었으며, 이듬해에는 간도 관리사가 되어 간도 지방의 한인을 보호하였다.
③ 조선 정부는 1880년에 개화 정책을 추진하는 기구로 통리기무아문을 설치하고, 군국 기밀과 일반 정치를 총괄하도록 하였다.
④ 1881년에 이만손을 중심으로 하는 영남 유생들이 『조선책략』의 유포에 반대하며 만인소를 올렸다.

18 조선 전기 조선 시대사의 전개 난이도 하 ●○○

정답 설명 ③ 시간 순으로 바르게 나열하면 ⓒ 계유정난(1453) - ㉣ 무오사화(1498) - ㉠ 기묘사화(1519) - ⓛ 을묘왜변(1555)이 된다.
ⓒ 계유정난: 나이 어린 단종이 즉위한 뒤 김종서, 황보인 등이 정권을 주도하면서 왕권이 약해지자, 수양 대군은 김종서, 황보인, 안평 대군 등을 제거하는 계유정난(1453)을 일으켜 권력을 장악하였다. 이후 수양 대군은 단종의 양위를 받아 세조로 즉위하였다.
㉣ 무오사화: 연산군 때 사림파인 김일손이 자신의 스승인 김종직이 쓴 「조의제문」을 「사초」에 기록하였는데, 훈구파가 「조의제문」이 세조의 왕위 찬탈을 비난하는 글이라고 문제 삼았으며, 이에 많은 사림이 화를 입은 무오사화(1498)가 발생하였다.
㉠ 기묘사화: 중종 때의 사림파인 조광조는 위훈 삭제 등의 급진적인 개혁을 추진하여 훈구파와 갈등을 빚은 상황에서 기묘사화(1519)가 일어나 조광조를 비롯한 사림들이 제거되었다.
ⓛ 을묘왜변: 삼포왜란(1510) 이후 조선 정부가 왜에 대한 무역 통제를 강화하자, 명종 때 이에 반발한 왜인들이 선박 70여 척을 동원하여 전라도 남쪽 해안을 침략한 을묘왜변(1555)이 발생하였다.

19 근대 폐정 개혁안 12개조 난이도 중 ●●○

정답 설명 ② 갑오개혁에 반영된 것을 모두 고르면 ㉠, ㉣이 된다.
㉠ 무명의 잡다한 세금은 일체 거두지 않는다는 내용은 갑오개혁 때 홍범 14조의 제6인인 납세는 법으로 정하고 함부로 세금을 징수하지 아니한다는 내용으로 반영되었다.
㉣ 젊어서 과부가 된 여성의 재혼을 허용한다는 내용은 1차 갑오개혁의 법령 중 과부의 재혼은 귀천을 막론하고 자유에 맡긴다는 내용으로 반영되었다.

오답 분석 ⓛ, ⓒ 토지는 균등히 나누어 경작한다는 내용과 왜와 통하는 자는 엄중히 징벌한다는 내용은 갑오개혁에 반영되지 않았다.

이것도 알면 합격!
폐정 개혁안 12개조의 주요 내용

반봉건	• 탐관오리 처벌, 횡포한 부호 엄징, 불량한 유림과 양반 징벌 • 노비 문서 소각, 7종 천인의 대우 개선, 청상 과부의 재가 허용 • 토지 균등 분배, 잡세 폐지, 공·사채 폐지
반외세	왜와 내통하는 자 엄징

20 일제 강점기 국내·국외 독립운동 단체 난이도 중 ●●○

정답 설명 ④ 순서대로 바르게 나열하면 ㉣ 대한 광복회(1915) - ⓛ 의열단(1919) - ⓒ 참의부(1923) - ㉤ 근우회(1927) - ㉠ 조선 의용대(1938)가 된다.
㉣ 대한 광복회: 대한 광복회는 대한 광복단(풍기 광복단)과 조선 국권 회복단의 일부 인사가 연합하여 1915년에 대구에서 조직한 단체이다.
ⓛ 의열단: 의열단은 3·1 운동 이후 무력적 투쟁의 필요성이 대두되면서 조직된 단체로, 김원봉, 윤세주 등이 중심이 되어 신흥 무관 학교 출신 청년들과 더불어 만주의 길림(지린)에서 결성하였다(1919).
ⓒ 참의부: 참의부는 대한 통의부에서 탈퇴한 백광운을 중심으로 결성(1923)된 대한민국 임시 정부 산하의 남만주 군정부로, 압록강 연안을 관할하였다.
㉤ 근우회: 근우회는 신간회의 자매 단체로, 김활란 등이 중심이 되어 여성 단체들을 통합하여 조직되었다(1927).
㉠ 조선 의용대: 조선 의용대는 김원봉을 대장으로 중국 관내(중국 한커우)에서 조선 민족 전선 연맹의 산하 군대로 창설되었다(1938). 조선 의용대는 중국 국민당의 지원 아래 중국 관내에서 조직된 최초의 한국인 군사 조직이었다.

25회 2019년 서울시 9급

2019년 6월 15일 시행

문제집 112쪽

정답

01	② 선사 시대	11	③ 조선 후기
02	② 고대	12	① 조선 후기
03	④ 고대	13	③ 시대 통합
04	③ 고대	14	④ 조선 후기
05	② 고대	15	③ 근대
06	① 고려 시대	16	④ 근대
07	④ 고려 시대	17	④ 근대
08	② 고려 시대	18	③ 일제 강점기
09	① 고려 시대	19	④ 현대
10	① 조선 전기	20	② 현대

취약 시대 분석표

시대	맞힌 개수
선사 시대	/ 1
고대	/ 4
고려 시대	/ 4
조선 전기	/ 1
조선 후기	/ 3
근대	/ 3
일제 강점기	/ 1
현대	/ 2
시대 통합	/ 1
총합	/ 20

기출 총평

"합격선 95점, 까다로운 1문제를 제외하고 쉽게 출제!"

- **난이도:** 시험 전체적인 난이도는 하로, 전반적으로 평이한 난이도의 문제들이 출제된 쉬운 시험이었습니다. 기본 개념 학습이 충실히 된 수험생이라면 고득점을 획득할 수 있었던 시험이었습니다.

- **고난도 문제**
  - 14번 조선 후기의 지도 편찬: 김정호의 대동여지도와 김정호의 청구도에 대한 지엽적인 개념이 출제되어 어려웠던 문제였습니다.

01 선사 시대　고조선　난이도 하 ●○○

정답설명
② 진대법은 고구려에서 실시된 빈민 구제 정책으로 고조선과는 관련이 없다. 진대법은 고구려 고국천왕이 을파소의 건의에 따라 시행한 것으로, 춘궁기에 백성들에게 곡식을 빌려 주고 추수기에 갚도록 한 빈민 구제 정책이었다.

오답분석
① 위만은 중국의 진·한 교체기에 고조선으로 망명해 온 뒤 준왕의 신임을 받아 서쪽 변경을 수비하는 임무를 맡았고, 이후 세력을 확대하여 준왕을 축출하고 스스로 왕위에 올랐다(위만 조선 성립).
③ 『한서』「지리지」에 고조선의 법인 범금 8조(8조법)의 내용이 일부 기록되어 있는데, 이를 통해 인간의 생명과 노동력을 중시하고, 사유 재산을 인정하였던 당시 고조선의 사회상을 유추할 수 있다.
④ 고조선은 청동기 문화를 바탕으로 성장한 나라로, 고조선의 세력 범위는 비파형동검, 거친무늬 거울, 미송리식 토기, 북방식 고인돌의 분포를 통해 짐작할 수 있다.

02 고대　백제사의 전개　난이도 중 ●●○

정답설명
② 순서대로 나열하면 ㉠ 6좌평제·16관등제 및 백관의 공복 제정(고이왕, 234~286) → ㉡ 고구려의 평양성 공격(근초고왕, 371) → ㉣ 불교 수용(침류왕, 384) → ㉢ 지방에 22담로 설치(무령왕, 501~523)가 된다.
- ㉠ 6좌평제·16관등제 및 백관 공복 제정: 고이왕(234~286)은 중앙 집권적 체제 정비의 일환으로 6좌평제(내신·내두·내법·위사·조정·병관좌평)와 16관등제를 정비하고, 백관의 공복(자·비·청색)을 제정하였다.
- ㉡ 고구려의 평양성 공격: 근초고왕은 황해도 지역을 놓고 대립하던 고구려의 평양성을 공격하였고, 이 공격으로 고구려 고국원왕이 전사하였다(371).
- ㉣ 불교 수용: 침류왕 때 중국 동진에서 온 인도 승려 마라난타를 통해 불교가 백제에 전래되었다(384).
- ㉢ 22담로 설치: 무령왕(501~523)은 지방에 22담로를 설치하고 왕족을 파견하여 지방에 대한 통제를 강화하였다.

이것도 알면 합격!

3~4세기의 백제의 왕

고이왕 (234~286)	• 왕권 강화: 왕위의 형제 상속제 확립 • 체제 정비: 6좌평·16관등제·공복제(자·비·청색) 정비, 남당(왕과 귀족이 모여 정사를 보는 관청) 설치, 율령 반포(삼국 중 최초) • 영토 확장: 낙랑군, 대방군(진번) 공격, 한강 유역 완전 장악
근초고왕 (346~375)	• 왕권 강화: 왕위의 부자 상속제 확립 • 정복 활동: 마한 정복(전라도 지역 차지), 고구려 평양성 공격(고구려 고국원왕을 전사시킴, 371) • 대외 관계: 수군을 정비하여 중국의 랴오시(요서)·산둥 지방까지 진출, 동진과 교류, 일본의 규슈 지방 진출, 왜왕에게 칠지도 하사 • 문화 정책: 『서기』 편찬(고흥), 일본에 백제 문화 전파(아직기)
침류왕 (384~385)	동진에서 불교 수용·공인(인도 승려 마라난타, 384)

03 고대 금관가야   난이도 중 ●●○

자료분석 제시된 자료는 『삼국유사』에 기록된 가야의 건국 설화로, 하늘에서 내려온 여섯 개의 알에서 태어난 아이들이 자라 6개의 가야를 세웠으며, 그 중 첫째인 김수로왕은 금관가야를 세웠다고 전해진다.

정답설명 ④ 금관가야는 해상 교통에 유리한 입지 조건과 풍부한 철 생산을 바탕으로 낙랑·대방, 일본 규슈 지방을 연결하는 원거리 교역을 전개하였으며, 이때 철로 만든 덩이쇠를 화폐와 같은 교환 수단으로 이용하기도 하였다.

오답분석
① 백제: 중국 동진으로부터 불교를 받아들여 왕실의 권위를 높인 나라는 백제이다. 백제는 침류왕 때 중국 동진에서 온 인도 승려 마라난타를 통해 불교를 수용하였다.
② 백제: 재상을 뽑을 때 정사암에 모여 후보 이름을 써서 넣은 상자를 봉해두었던 나라는 백제이다. 백제에서는 재상 선출 등의 국가 중대사를 귀족 회의인 정사암 회의에서 결정하였다.
③ 신라: 큰일이 있을 때에는 화백 제도를 통해 여러 사람의 의견을 따랐던 나라는 신라이다. 신라의 귀족 회의인 화백 회의에서는 만장일치제로 국가 중대사를 결정하였으며, 회의의 의장은 상대등이었다.

👍 이것도 알면 합격!

금관가야

건국	김수로가 김해 지역에서 금관가야 건국
경제	· 농경 문화(벼농사)가 발달 · 풍부한 철의 생산과 해상 교통을 이용하여 낙랑과 대방, 규슈 지방을 연결하는 중계 무역 전개
문화	고분: 김해 대성동 고분(금관가야)

04 고대 발해의 사회 모습   난이도 하 ●○○

정답설명 ③ 발해가 당, 신라, 거란, 일본 등과 무역을 전개한 것은 맞으나, 무역의 비중이 가장 컸던 것은 대당 무역이었다. 발해는 초기에 당과 대립하였으나, 8세기 문왕 때부터 당나라와 활발하게 교류하였으며, 산둥 반도 덩저우에 발해 사신들의 숙소인 발해관이 설치되기도 하였다.

오답분석
① 발해의 주민은 고구려 유민과 말갈인으로 구성되었으며, 지배층은 대부분 고구려 유민들이었고 다수의 말갈인은 대체로 피지배층을 형성하였다.
② 발해의 중앙 문화는 고구려 문화를 바탕으로 당의 제도와 문화가 가미된 형태를 보였다.
④ 발해는 유학 교육 기관인 주자감을 설치하여 귀족 자제에게 유교 경전과 한문학을 가르쳤다.

👍 이것도 알면 합격!

발해의 사회 모습

구성	· 주민은 고구려 유민과 말갈인으로 구성 · 지배층의 대부분은 고구려 유민이었으며, 피지배층은 대체로 고구려에 편입된 말갈인이었음
풍속	활쏘기, 말타기, 당나라의 타구와 격구 놀이가 유행
가족 제도	일부일처제가 기본이었으며, 여성의 지위가 비교적 높은 편이었음

05 고대 삼국의 사회와 문화   난이도 중 ●●○

정답설명 ② 당나라에 가서 유식론을 발전시킨 원측은 신라의 승려이다. 원측은 당의 현장으로부터 유식학을 배우고, 중국 서명사에서 서명학파를 형성하였다.

오답분석
① 고구려에는 국초부터 100권으로 이루어진 역사서인 『유기』가 있었으며, 영양왕 때 이문진이 이를 간추려 『신집』 5권을 편찬하였다.
③ 신라 진흥왕은 불교 세계의 이상적인 군주로 일컬어지는 전륜성왕을 자처하였으며, 두 아들의 이름을 동륜과 사륜(금륜)으로 지었다.
④ 백제 말기에는 미래에 미륵이 출현하여 중생을 구제한다는 미륵 신앙이 유행하였으며, 이러한 미륵 신앙을 바탕으로 백제 무왕 때 미륵사가 창건되기도 하였다.

👍 이것도 알면 합격!

원측

- 당의 현장으로부터 유식학을 배우고, 중국 서명사에서 서명학파 형성
- 『해심밀경소』, 『인왕경소』 등을 저술
- 원측의 제자들이 유식학을 계승하여 법상종 성립에 영향

06 고려 시대 고려 시대의 군사 제도   난이도 하 ●○○

정답설명 ① 고려 시대에 북방의 군사 특수 행정 구역인 양계(북계, 동계) 지역에 설치된 지방군은 주진군이다. 주현군은 일반 행정 구역인 5도에 편성된 지방군이다.

오답분석
② 고려 시대의 중앙군인 응양군과 용호군의 2군은 왕의 친위 부대였다.
③ 고려 시대의 중앙군인 6위 중 감문위는 궁궐과 성문의 수비를 담당하였다. 한편 6위 중 좌우위, 신호위, 흥위위는 중앙군의 절반 이상을 차지한 주력 부대로 개경과 국경 방위를 맡았으며, 금오위는 수도의 치안을 담당하였고, 천우위는 일종의 의장대였다.
④ 고려 시대에는 경군(중앙군)에게 군역의 대가로 군인전을 지급하였으며, 그 역은 자손에게 세습되었다.

👍 이것도 알면 합격!

고려 시대의 군사 조직

중앙군	· 국왕의 친위 부대인 2군(응양군, 용호군)과 수도 방위와 국경 방어를 담당하는 6위(좌우위, 신호위, 흥위위, 금오위, 천우위, 감문위)로 구성 · 군적에 올라 군인전을 지급받았고, 그 역은 자손에게 세습됨
지방군	일반 행정 구역인 5도에 편성된 주현군과 군사 행정 구역인 양계에 배치된 주진군으로 구성
특수군	· 광군(정종 때 거란을 막기 위해 조직) · 별무반(숙종 때 윤관의 건의에 따라 여진 정벌을 위해 조직) · 삼별초(최우가 조직한 야별초에서 비롯되었으며 좌·우별초, 신의군으로 구성) · 연호군(우왕 때 왜구 침입 대비)

07 고려 시대 성종 난이도 하 ●○○

자료분석 제시문 (가)에서 외관(지방관)의 파견을 건의한 것을 통해 최승로가 성종에게 건의한 시무 28조임을 알 수 있다. 성종은 시무 28조를 받아들여 지방에 12목을 설치하고 지방관인 목사를 파견하였다. 한편 최승로는 시무 28조에서 유교 정치 이념을 반영하여, 국왕이 예(禮)로써 신하를 대할 때 신하가 충성으로 임금을 섬길 것임을 강조하였다.

정답설명 ④ 성종은 불교 행사의 축소를 주장한 최승로의 건의를 받아들여 국가의 대규모 불교 행사인 연등회를 축소하고 팔관회를 폐지하였다.

오답분석
① 태조 왕건: 호족과의 혼인 정책을 적극적으로 추진한 왕은 태조 왕건이다.
② 광종: 노비안검법을 실시하여 호족의 경제력을 약화시킨 왕은 광종이다.
③ 예종: 국학(국자감)에 장학 재단인 양현고를 설치하고, 도서관 겸 학문 연구소인 보문각과 청연각을 세워 유학을 진흥시킨 왕은 예종이다.

08 고려 시대 고려 시대 불교계의 동향 난이도 중 ●●○

정답설명 ② 재조대장경은 거란이 아닌 몽골의 침입으로 소실된 초조대장경의 판목을 대신하여 다시 제작한 것이다. 당시 집권자였던 최우는 강화도에 대장도감을 설치하고 재조대장경을 제작하여 부처의 힘으로 몽골의 침입을 극복하고자 하였다. 한편 초조대장경은 현종 때 부처의 힘으로 거란의 침입을 극복하기 위하여 제작되기 시작하였고, 선종 때 완성된 후 대구 부인사에서 보관하던 중 몽골의 침입으로 소실되었다.

오답분석
① 강진 만덕사(백련사)에서 백련 결사를 제창한 요세는 자신의 행동에 대한 참회를 강조하는 법화 신앙을 중심으로 복잡한 이론보다는 종교적 수행과 실천을 강조하였다.
③ 각훈은 삼국 시대 이래 우리나라 승려들의 전기를 정리한 『해동고승전』을 저술하였으며, 현재 그 일부만 전해지고 있다.
④ 지눌은 깨달음(돈오)과 더불어 꾸준한 수행(점수)으로 깨달음을 확인할 것을 강조하는 돈오점수를 주장하였다.

09 고려 시대 최충헌 집권기의 사실 난이도 중 ●●●

자료분석 제시문에서 공·사노비를 모아 경인년(무신 정변), 계사년(김보당의 난) 이래에 높은 벼슬이 노비에서 나왔음을 강조하며 신분 해방을 주장하는 내용을 통해 밑줄 친 '그'가 만적임을 알 수 있다. 만적은 최씨 무신 정권 시기의 권력자인 최충헌의 사노비로, 신분 해방을 목표로 반란을 모의하였으나 사전에 발각되어 실패하였다.

정답설명 ① 최충의 9재 학당(문헌공도) 등을 비롯한 사학 12도가 융성하였던 것은 고려 중기로, 최충헌(무신) 집권 시기 이전의 사실이다.

오답분석
② 최충헌 집권 시기(1196~1219)에 경주 일대에서 이비·패좌가 신라 부흥을 표방하며 반란을 일으켰다(1202). 한편 최충헌 집권 이전인 이의민 집권기에도 운문과 초전에서 김사미, 효심 등이 신라 부흥을 표방하며 반란을 일으키기도 하였다.
③ 최충헌 집권기에 정혜쌍수와 돈오점수를 주장하는 지눌의 수선사 결사 운동이 전개되었다. 최충헌은 왕실 및 귀족과 결탁하여 무신 정권에 대항하던 교종을 억압하고 선종 중심의 조계종을 후원하였으며, 지눌의 수선사 결사 운동을 지원하였다.

④ 고려 시대에 특수 행정 구역인 소(所)의 거주민은 금, 은, 철 등의 광업품이나 종이 등의 수공업품, 차와 생강 등을 생산하여 국가에 바쳤다. 한편 향, 부곡, 소 등의 특수 행정 구역은 정중부 집권기에 공주 명학소에서 일어난 망이·망소이의 난을 계기로 점차 소멸되었으며, 조선 시대에 이르러 완전히 소멸되었다.

10 조선 전기 태종의 정책 난이도 중 ●●○

정답설명 ① 태종 이방원은 사섬서를 설치하고 지폐인 저화를 발행하였으나 널리 유통되지는 못하였다. 저화는 고려 말 공양왕 때 원나라의 지폐인 보초를 모방하여 발행되었으나 유통되지 않았고, 이후 조선 태종 때 다시 발행·유통되었으나 화폐 가치의 불안정 등으로 널리 유통되지 못하였다.

오답분석
② 상평통보가 발행·유통된 것은 조선 후기의 사실이다. 상평통보는 인조 때 주조되어 개성을 중심으로 통용되었고, 숙종 때에는 상평통보가 법화로 채택되었다.
③ 고종: 지계를 발급하여 토지 소유권을 공고히 하고자 한 것은 대한 제국의 고종이다. 대한 제국 시기에 고종은 양전 사업을 실시하고 토지 소유권 증명서인 지계를 발급하였다.
④ 세종: 연분 9등법과 전분 6등법의 공법을 시행하여 조세 제도를 개편한 것은 세종이다. 전분 6등법은 토지를 비옥도에 따라 6등급으로 구분한 것이고, 연분 9등법은 수확한 해의 풍흉의 정도에 따라 9등급(상상년~하하년)으로 구분하고 조세 액수를 토지 1결당 최고 20두에서 최저 4두를 징수한 것이다.

👍 이것도 알면 합격!

태종의 정책

왕권 강화책	6조 직계제 실시, 사간원 독립
경제 정책	· 양전 사업: 20년마다 토지를 측량하여 양안 작성 · 호적 작성: 호구를 조사하여 3년마다 호적 작성
사회 정책	· 호패법 실시 · 신문고 설치
문화 정책	주자소 설치: 계미자 주조

11 조선 후기 대동법 난이도 중 ●●○

자료분석 제시문에서 공물을 상납하려 할 때 각 관청의 사주인들이 자신이 가진 물품을 관청에 대신 내고 농민들에게 물건 값을 높게 받는다는 내용을 통해 방납의 폐단을 비판하는 내용임을 알 수 있으며, 방납의 폐단을 해결하기 위해 실시된 제도는 대동법이다.

정답설명 ③ 대동법의 실시로 왕실과 관청에서 필요한 수요품을 구해 납품하는 공인이 등장하였다. 덕대는 조선 후기에 상인 물주에게 자본을 조달 받아 광산을 운영하던 광산 경영 전문가이다.

오답분석
① 대동법은 광해군 때 경기도 지역에서 처음 실시하였다.
② 대동법의 실시로 기존에 호를 기준으로 토산물이나 특산물을 현물로 납부하던 공물 납부 방식 대신, 토지 결수를 기준으로 1결당 쌀 12두, 혹은 삼베·동전 등으로 납부하게 하였다.
④ 대동법의 실시로 정부의 위탁을 받은 공인이 시장에서 물품을 구매함에 따라 상품 수요가 증가하였고, 농민들도 대동세를 납부하기 위해 시장에 토산물이나 특산물을 내다 팔아 쌀·베·돈을 마련함으로써 상품의 수요와 공급이 증가하여 상품 화폐 경제가 발전하게 되었다.

12 조선 후기 　정약용과 이익　　　난이도 중 ●●○

자료분석
㉠은 1여의 토지를 공동으로 경작하게 하는 여전(閭田)의 법을 실시한다는 내용을 통해 정약용이 주장한 여전론의 내용임을 알 수 있다. 한편 ㉡은 토지 몇 부(負)를 한정하여 1호(戶)의 영업전으로 삼고 영업전 이외의 토지를 파는 것을 허가한다는 내용을 통해 이익이 주장한 한전론의 내용임을 알 수 있다.

정답설명
① 바르게 짝지으면 ㉠ 정약용, ㉡ 이익이 된다.
㉠ 정약용은 토지 개혁안으로 1여의 토지를 주민이 공동으로 소유하고, 여장의 감독하에 공동으로 경작한 뒤 노동량에 따라 수확물을 여민에게 분배하자는 여전제를 주장하였다. 또한 그는 토지를 정(井)자 모양으로 구획한 뒤 각 호(戶)마다 한 구역씩 경작하게 하고, 가운데 구역은 공동으로 경작하여 조세로 납부하게 하는 정전제를 제안하기도 하였다.
㉡ 이익은 호(戶)마다 생활을 유지하는 데 필요한 최소한의 토지를 영업전으로 설정하고, 영업전 이외의 토지만 매매가 가능하도록 한 한전제를 주장하였다.

오답분석
- 박지원: 박지원은 토지 개혁안으로 토지 소유의 상한선을 설정하자는 한전론을 제안하였다. 그는 토지 보유의 상한선 이상의 토지는 매매·상속 등을 통해 자연스럽게 분배되어 점진적으로 균등한 토지 소유가 가능해질 것이라고 주장하였다.
- 유형원: 유형원은 토지를 국유화하자는 공전제와 신분에 따라 토지를 차등 있게 분배하자는 균전론을 제안하였다.

👍 이것도 알면 합격!

정약용과 이익

정약용	· 여전론 주장: 마을 단위로 공동 경작하여 여장의 통제 아래 노동량에 따라 수확물을 차등 분배할 것을 주장 → 이후 타협안으로 정전론을 주장 · 과학 기술 중시: 거중기(화성 축조)·주교(배다리) 등 제작
이익	· 한전론 주장: 영업전 매매 금지(그 외의 토지는 매매 허용) · 6좀 지적, 폐전론 주장

13 시대 통합 　우리나라의 의서　　　난이도 중 ●●○

정답설명
③ 편찬된 순서대로 나열하면 ㉢『향약구급방(鄕藥救急方)』(고려 고종, 13세기) - ㉣『의방유취(醫方類聚)』(조선 세종, 15세기) - ㉠『동의보감(東醫寶鑑)』(조선 광해군, 17세기) - ㉡『마과회통(麻科會通)』(조선 정조, 18세기)이 된다.
㉢『향약구급방』:『향약구급방』은 고려 무신 집권 시기인 고종 때 편찬된 의서로, 현존하는 우리나라 최고(最古)의 의서이다.
㉣『의방유취』:『의방유취』(1445)는 조선 전기 세종 때 편찬된 의서로, 중국과 국내 의서들을 참고하여 동양 의학을 집대성한 의학 백과사전이다.
㉠『동의보감』:『동의보감』(1610)은 허준이 선조의 명을 받아 저술한 의서로, 광해군 때 완성하였다.『동의보감』은 우리나라의 전통 한의학을 체계적으로 정리한 의서로, 우리나라뿐만 아니라 중국과 일본에서도 간행되어 뛰어난 의학서로 인정받았으며, 2009년에 유네스코 세계 기록 유산에 등재되었다.
㉡『마과회통』:『마과회통』(1798)은 조선 후기 정조 때 정약용이 홍역(마진)에 대한 의서를 종합하여 편찬한 서적이다. 정약용은 이 책에서 천연두 치료법인 종두법(우두법)을 소개하기도 하였다.

14 조선 후기 　조선 후기의 지도 편찬　　　난이도 상 ●●●

정답설명
④ 김정호의 대동여지도가 나라의 기밀을 누설시킬 우려가 있어 조선 정부에서 판목을 압수·소각하였다는 일설은 일제 강점기에 조작된 사실로, 이후 대동여지도의 판목이 숭실대학교 박물관과 국립 중앙 박물관에서 발견되면서 판목 소각설은 잘못된 것임이 밝혀졌다.

오답분석
① 김정호는 대동여지도를 편찬하기 앞서 지도책 형태의 전국 지도인 청구도를 제작하였다(1834, 순조). 이후 김정호는 분철절첩식(병풍식) 형태의 대동여지도를 제작하였다(1861, 철종).
② 정상기는 영조 때 우리나라 최초로 100리 척을 사용한 동국지도를 제작하였다.
③ 조선 후기에는 거리 및 위치 파악에 용이한 모눈 종이(방안·격자)를 이용한 정밀한 지도가 제작되었다. 모눈 종이를 이용한 대표적인 지도로는 18~19세기에 조선 정부에서 제작한 조선지도와 해동여지도, 김정호가 제작한 청구도와 대동여지도 등이 있다.

👍 이것도 알면 합격!

조선 후기의 지도

동국지도 (정상기)	· 영조 때 우리나라 최초로 100리 척을 사용하여 제작 · 정확하고 과학적인 지도 제작에 공헌
동국여지도 (신경준)	· 영조 때 우리나라 전도(全圖)와 도지도(道地圖), 전국의 읍을 그린 열읍도(列邑圖)를 묶어 제작 · 모눈을 활용하여 지도의 정밀성을 높임
대동여지도 (김정호)	· 철종 때 제작한 지도로, 목판으로 제작 · 산맥·하천·포구·도로망을 정밀하게 표시 · 거리를 알 수 있도록 10리마다 눈금 표시

15 근대 　위정척사 운동　　　난이도 중 ●●○

정답설명
③ 영남 지역의 유생들을 규합하고 만인소를 올린 위정척사론자는 이만손이다. 이만손은 고종에게 영남 만인소를 올려『조선책략』을 들여온 김홍집의 처벌을 주장하였으며, 당시 정부가 추진하던 미국과의 통상 및 개화 정책을 비판하였다. 한편 기정진은 이항로 등과 함께 1860년대에 프랑스 등 서양 국가의 통상 수교 요구에 대항하여 척화 주전론을 주장하며 통상 반대 운동을 전개한 위정척사론자이다.

오답분석
① 최익현은 1870년대에 일본이 운요호 사건을 일으키며 개항을 요구하자 왜양 일체론을 주장하며 개항 반대 운동을 전개하였다.
② 이항로는 1860년대에 프랑스가 통상을 주장하며 강화도에 침입한 병인양요를 일으키자 척화 주전론을 주장하며 서양과의 통상 반대 운동을 전개하였다.
④ 홍재학은 1880년대에 고종에게 상소를 올려 당시 개화 정책을 주도하고 미국과의 통상을 추진한 김홍집 등을 처벌할 것과 서양 물품 및 서적을 소각할 것을 강력하게 주장하였다.

이것도 알면 합격!

위정척사 운동의 전개

1860년대	· 계기: 프랑스가 병인양요를 일으키며 통상 요구 · 전개: 이항로, 기정진 등이 통상 수교 반대 운동 전개
1870년대	· 계기: 일본이 운요호 사건을 일으키며 개항 요구 · 전개: 최익현 등이 왜양 일체론을 주장, 개항 반대 운동 전개
1880년대	· 계기: 정부의 개화 정책 추진과 『조선책략』의 유포 · 전개: 이만손의 영남 만인소를 시작으로 개화 반대 운동 전개
1890년대	· 계기: 을미사변과 단발령 시행 · 전개: 유인석·이소응 등이 항일 의병 운동(을미의병) 전개

16 근대 미국과의 관계   난이도 중 ●●○

자료분석 제시문에서 서구의 근대 문물을 시찰하기 위해 민영익 등을 (가)에 보빙사로 파견하였다는 내용을 통해 (가) 국가가 미국임을 알 수 있다.

정답설명 ④ 아관 파천 이후 열강의 이권 침탈이 본격화되면서 미국은 평안도 운산의 금광 채굴권과 전화·전등·전차 부설권 등을 차지하였다.

오답분석
① 러시아, 독일, 프랑스: 삼국 간섭에 참여하였던 국가는 러시아, 독일, 프랑스이다. 청·일 전쟁 이후 체결된 시모노세키 조약으로 일본이 청으로부터 랴오둥(요동) 반도를 할양받게 되자, 러시아와 독일, 프랑스는 일본에 랴오둥(요동) 반도를 청에 반환할 것을 요구하였다(1895, 삼국 간섭).
② 러시아: 용암포를 강제 점령하고 조차를 요구한 국가는 러시아이다. 적극적인 확장 정책을 전개하던 러시아와 이를 견제하려는 일본의 갈등이 지속되던 상황에서 러시아가 압록강 벌채 사업을 보호한다는 구실로 용암포를 강제 점령하고 이 지역을 러시아의 조차지로 인정해 줄 것을 대한 제국 정부에 요구(1903)하였다. 한편 이 사건은 러·일 전쟁이 일어나는 계기가 되었다.
③ 영국: 러시아의 남하 정책을 견제하기 위하여 거문도를 불법으로 점령(1885~1887)하였던 국가는 영국이다.

이것도 알면 합격!

열강의 이권 침탈

미국	· 운산 금광 채굴권(1896), 전등·전화·전차 부설권 · 경인선 부설권(1896 → 1897: 일본에 양도)
러시아	· 압록강·두만강·울릉도 삼림 벌채권(1896) · 경원·종성 광산 채굴권(1896)
일본	· 직산 금광 채굴권(1900) · 경인선 부설권(1897, 미국으로부터 인수 계약 체결) · 경부선 부설권(1898), 경원선 부설권(1904), 경의선 부설권(1904)
영국	은산 금광 채굴권(1900)
독일	당현 금광 채굴권(1897)
프랑스	· 경의선 부설권(1896, 자금 부족으로 포기 → 대한 제국이 착공 시도 → 일본이 부설권 강탈) · 창성(평북) 금광 채굴권(1901)

17 근대 한·일 신협약(정미 7조약)   난이도 중 ●●○

자료분석 제시문에서 대한 제국 정부는 시정 개선에 관하여 통감의 지도를 받아야 하고, 사법과 행정, 관리 임명 등에 있어 통감의 승인 및 동의를 얻어야 하는 등 통감의 권리가 강화된 것을 통해 한·일 신협약(정미 7조약, 1907)의 내용임을 알 수 있다.

정답설명 ④ 네덜란드 헤이그에서 열린 만국 평화 회의에 이상설, 이준, 이위종이 특사로 파견(1907. 6.)된 것은 한·일 신협약(1907. 7.)이 체결되기 이전의 사실이다. 고종은 을사늑약의 부당성을 알리기 위해 헤이그 만국 평화 회의에 특사를 파견하였으나 일본의 방해 등으로 성과를 거두지 못하였다. 오히려 일본은 헤이그 특사 파견을 구실로 고종을 강제로 퇴위시키고 순종에게 양위하게 한 뒤, 한·일 신협약을 강제로 체결하였다.

오답분석
①, ② 한·일 신협약과 함께 작성된 비밀 부수 각서에 따라 일본인 차관의 채용과 대한 제국의 군대 해산이 약속되었다. 이에 따라 각 부의 차관에 일본인이 임명되어 차관 정치가 시작되었으며, 일본에 의해 대한 제국의 군대가 강제로 해산되었다.
③ 한·일 신협약 체결 이후인 1909년에 체결된 기유각서를 통해 대한 제국의 사법권을 일본에 빼앗겼으며, 1910년에는 경찰권까지 박탈 당하였다.

이것도 알면 합격!

한·일 신협약(정미7조약)과 기유각서

한·일 신협약 (정미7조약, 1907. 7.)	· 체결: 일본이 고종을 강제 퇴위시킨 이후 체결함 · 내용: 통감의 권한 강화, 부속 조약(군대 해산 조칙, 1907. 7.)을 통해 군대 해산
기유각서 (1909. 7.)	사법권·감옥 사무 처리권 박탈

18 일제 강점기 일제 강점기의 항일 운동   난이도 하 ●○○

정답설명 ③ 순서대로 나열하면 ⓒ 3·1 운동(1919) → ㉠ 물산 장려 운동(1920년대 초) → ㉣ 6·10 만세 운동(1926) → ㉢ 광주 학생 항일 운동(1929)이 된다.

· ⓒ 3·1 운동: 무단 통치 시기에 일제의 강력한 탄압에 대한 저항 의식이 고조되고 있던 상황에서 제1차 세계 대전 이후 미국 대통령 윌슨이 주장한 민족 자결주의와 일본에서 일어난 2·8 독립 선언 등의 영향으로 3·1 운동이 일어났다(1919). 3·1 운동의 결과 일제의 통치 방식이 문화 통치로 전환되었으며, 대한민국 임시 정부가 수립되는 계기가 되었다.
· ㉠ 물산 장려 운동: 조만식 등이 평양에서 창립한 물산 장려회(1920)를 중심으로 국산품을 애용하자는 물산 장려 운동이 시작되어 전국적으로 확산되었다. 물산 장려 운동은 일본의 회사령 철폐와 관세 철폐 움직임에 대항하여 시작된 경제적 구국 운동으로, 자급자족과 국산품 애용을 강조하였으며, 나아가 생활 개선과 금주·단연 운동으로 확대되었다.
· ㉣ 6·10 만세 운동: 순종의 인산일에 맞추어 학생 단체들을 중심으로 6·10 만세 운동이 일어났다(1926). 한편 6·10 만세 운동 준비 과정에서 사회주의 계열과 천도교 중심의 민족주의 계열이 연대하면서 이후 민족 유일당 운동이 전개되는 계기가 되었다.
· ㉢ 광주 학생 항일 운동: 광주의 통학 열차 안에서 발생한 한·일 학생 간의 충돌에 대해 일본 경찰이 편파적으로 수사한 것을 계기로 학생들이 식민 차별 교육 철폐, 한국인 본위의 교육 제도 확립 등을 주장하며 광주 학생 항일 운동을 전개하였다(1929).

이것도 알면 합격!

3·1 운동과 6·10 만세 운동

3·1 운동	배경	미국 대통령 윌슨의 민족 자결주의, 2·8 독립 선언, 고종의 서거 등
	전개	민족 대표들이 태화관에서 독립 선언서를 낭독하였고, 탑골 공원에서는 학생과 시민들이 만세 시위 전개 → 지방 도시를 중심으로 만세 시위 확산 → 농촌으로 확산 → 만주, 연해주, 미주 등지에서도 만세 시위 전개
	의의 및 영향	상하이에 대한민국 임시 정부가 수립되는 계기, 일제가 무단 통치에서 문화 통치로 통치 방식을 변화, 우리 민족의 자주 독립 의지와 역량을 전 세계에 천명
6·10 만세 운동	배경	일제의 수탈과 식민 교육에 대한 반발 심화, 순종의 서거로 반발의 분위기 고조
	전개	사회주의 계열이 중심이 되어 만세 운동을 계획하였으나 일제에 의해 사전 발각됨 → 조선 학생 과학 연구회를 비롯한 학생들이 시위를 전개함
	의의 및 영향	학생 운동이 대중적 차원의 항일 민족 운동으로 발전, 민족주의 계열과 사회주의 계열이 연대하는 계기가 되어 신간회 창립에 기여

19 현대 4·19 혁명 이후의 사건 난이도 하 ●○○

자료 분석 제시문은 서울대 문리과 학생들이 1960년 4월에 3·15 부정 선거와 폭력적인 시위 진압을 규탄하며 발표한 4·19 혁명 당시의 선언문이다. 이승만 정부가 자행한 3·15 부정 선거에 반발하여 학생들을 중심으로 시위가 전개되던 상황에서, 실종되었던 김주열의 시신이 마산 앞바다에서 발견되면서 시위가 전국적으로 확대되었다. 이에 이승만 정부는 시위 배후에 공산주의 세력이 있다고 사건을 무마시키고자 하였지만, 시위는 더욱 확산되었다.

정답 설명 ④ 조봉암이 진보당을 결성한 것은 4·19 혁명 이전인 1956년의 사실이다. 진보당은 제3대 대통령 선거(1956)에서 이승만의 강력한 도전자로 떠오른 조봉암을 중심으로 창당된 정당으로, 혁신 정치와 민주적 평화 통일 등을 주장하며 대중적 지지를 얻었다. 이에 위기를 느낀 이승만 정부는 조봉암을 간첩 혐의로 구속하고, 진보당의 정당 등록을 취소하였다(1958).

오답 분석
① 4·19 혁명을 계기로 이승만 대통령이 하야하고 허정 과도 정부가 수립되었다.
② 허정 과도 정부는 내각 책임제와 국회 양원제를 골자로 한 제3차 개헌을 추진하였고, 이 개헌안을 토대로 실시된 제5대 총선에서 민주당이 승리하고 장면이 국무총리로 임명되며 장면 내각이 수립되었다.
③ 4·19 혁명 이후 혁신계 인사들을 중심으로 통일 추진을 위한 민족 자주 통일 중앙 협의회가 조직되었다(1960. 9.).

이것도 알면 합격!

4·19 혁명

배경	· 이승만의 장기 독재와 부정부패 · 미국의 원조 축소로 경제난 가중, 도시 빈민 증가 · 3·15 부정 선거
전개	마산 의거 → 고려대 학생들의 시위 전개 → 귀교 도중 정치 폭력배들의 습격을 받음 → 4·19 혁명이 발발하고, 학생과 시민들이 경무대(오늘날 청와대)로 진입 시도 → 이승만 정부는 시민들을 향해 무차별 총격, 계엄령 선포 → 서울 시내 대학 교수단의 시국 선언문 발표
결과	이승만의 하야와 허정 과도 정부 수립

20 현대 유신 헌법 개정 이후의 사실 난이도 하 ●○○

자료 분석 제시문에서 통일 주체 국민회의에서 대통령을 투표로 선거한다는 내용을 통해 박정희 정부 시기에 제정·공포된 유신 헌법(1972, 제7차 개헌)의 내용임을 알 수 있다. 유신 헌법이 공포되면서 통일 주체 국민회의에서 간접 선거로 대통령을 선출하게 되었으며, 대통령의 중임 제한이 철폐되었다. 또한 유신 헌법으로 대통령에게 국회 해산권, 긴급 조치권 등이 부여되었으며, 통일 주체 국민회의에서 대통령이 추천한 후보(국회 정원의 3분의 1)들을 대상으로 찬반 투표를 실시하여 국회의원을 선출하였다.

정답 설명 ② 1976년에 유신 체제에 대한 저항으로 윤보선, 김대중 등 재야 인사들이 명동 성당에서 긴급 조치 철폐, 박정희 정권 퇴진, 민족 통일 추구 등을 요구하는 3·1 민주 구국 선언을 발표하였다.

오답 분석 모두 유신 헌법이 제정되기 이전의 사실이다.
① 박정희 정부가 추진한 굴욕적인 한·일 회담에 반대하며 학생들을 중심으로 6·3 항쟁이 전개된 것은 1964년의 사실이다.
③ 친일파 청산을 위해 반민족 행위 특별 조사 위원회가 설치된 것은 이승만 정부 시기인 1948년의 사실이다.
④ 민생 안정을 위한 농어촌 부채 탕감과 화폐 개혁 등은 5·16 군사 정변(1961) 이후 정권을 장악한 박정희의 군사 정부에 의해 추진되었다. 이후 대통령 중심제와 단원제를 골자로 한 제5차 개헌 이후 실시된 제5대 대통령 선거에서 박정희가 당선되었다(1963).

26회 2018년 서울시 9급

2018년 6월 23일 시행

문제집 116쪽

정답

01	② 고려 시대	11	④ 고대
02	① 조선 전기	12	③ 일제 강점기
03	④ 고대	13	② 고려 시대
04	① 고려 시대	14	② 현대
05	② 근대	15	④ 시대 통합
06	④ 현대	16	② 근대
07	④ 고려 시대	17	② 조선 전기
08	③ 조선 후기	18	③ 근대
09	① 선사 시대	19	③ 조선 전기
10	④ 고대	20	④ 현대

취약 시대 분석표

시대	맞힌 개수
선사 시대	/ 1
고대	/ 3
고려 시대	/ 4
조선 전기	/ 3
조선 후기	/ 1
근대	/ 3
일제 강점기	/ 1
현대	/ 3
시대 통합	/ 1
총합	/ 20

기출 총평

"합격선 90점, 평이한 수준으로 출제!"

- **난이도:** 시험 전체적인 난이도는 중으로, 2문제 정도가 까다롭게 나왔지만, 평이하게 출제된 시험이었습니다.
- **고난도 문제**
  - 06번 한·일 기본 조약: 조약 체결 배경이나 체결 과정은 출제가 되었으나 조약의 상세한 내용에 대해서는 잘 출제되지 않았던 부분이라 까다로웠습니다.
  - 18번 근대 교육 기관: 근대 교육 기관을 설립한 사람 및 배경까지 알아야 맞힐 수 있어 어려웠던 문제였습니다.

01 고려 시대 고려의 문화   난이도 하 ●○○

정답 설명 ② 고려는 세계 최초로 금속 활자를 발명하여 『상정고금예문』과 『직지심체요절』 등의 금속 활자 인쇄본을 편찬하였다. 『상정고금예문』은 고려 인종 때 최윤의 등이 왕명을 받아 제작한 의례서인데, 몽골의 침입으로 강화도 천도 당시 예관이 이 책을 가져오지 못하자 당시 집권자였던 최우가 다시 금속 활자로 인쇄하도록 하였다는 기록이 남아있다(1234). 또한 『직지심체요절』은 고려 우왕 때 청주 흥덕사에서 간행된 현존하는 가장 오래된 금속 활자본으로, 현재는 프랑스 국립 도서관에서 보관 중이다.

오답 분석 ① 고려의 귀족 문화를 대표하며, 상감 기법이 이용된 자기는 백자가 아닌 청자이다. 고려의 청자는 11세기부터 무늬가 없는 순수 청자를 중심으로 발전하였으며, 12세기 중엽부터는 나전 칠기와 은입사 기술을 응용한 상감 기법을 자기 제작에 접목시켜 고려만의 독특한 상감 청자를 생산하였다.
③ 팔만대장경판은 거란이 아닌 몽골의 침입을 물리치기 위해 만들어졌다. 거란의 침입을 물리치기 위한 염원을 담아 만든 것은 초조대장경이다.
④ 고려는 불교를 숭상하던 국가였으나, 유교를 정치 이념으로 채택하여 국가 운영 측면에서 유교 문화가 발전하였다.

👍 이것도 알면 **합격!**

고려의 금속 활자

『상정고금예문』	몽골과 전쟁 중이던 강화도 피난 시에 금속 활자로 인쇄하였다는 기록이 이규보의 『동국이상국집』에 남아 있지만 현재는 전해지지 않음
『직지심체요절』	청주 흥덕사에서 간행한 현존하는 세계 최고(最古)의 금속 활자본으로, 현재 프랑스 국립 도서관에 소장되어 있음

02 조선 전기 조선 전기에 편찬된 서적   난이도 하 ●○○

정답 설명 ① 『본조편년강목』은 고려 충숙왕 때 편찬된 역사서이다. 『본조편년강목』은 민지가 편찬한 우리나라 최초의 강목체 사서로, 고려 태조 왕건의 증조부부터 고종 때까지의 역사를 서술하였다.

오답 분석 ② 『의방유취』는 조선 전기 세종 때 편찬된 의서로, 중국과 국내 의서 153종을 참고하여 집현전 학자와 의관이 3년간의 연구 끝에 완성한 의학 백과사전이다.
③ 『삼국사절요』는 조선 전기 성종 때 편찬된 역사서로, 노사신과 서거정 등이 왕명을 받아 단군 조선부터 삼국의 멸망까지 편년체로 서술한 역사서이다.
④ 『농사직설』은 조선 전기 세종 때 편찬된 농서로, 삼남 지방 농민들의 경험을 토대로 우리나라의 풍토에 맞는 농법을 정리한 책이다.

03 고대 통일 신라 시대의 경제 제도   난이도 중 ●●○

정답 설명 ④ 순서대로 나열하면 ② 관료전 지급(687) → ⓒ 녹읍 폐지(689) → ⓒ 정전 지급(722) → ③ 녹읍 부활(757)이 된다.
  ② 관료전 지급: 신문왕 때 문무 관료들에게 관직의 높낮이에 따라 차등을 두어 조세 징수만이 가능한 토지인 관료전을 주었다(687).

- ⓒ 녹읍 폐지: 신문왕 때 조세 수취는 물론 노동력 징발까지 가능했던 녹읍을 폐지하여 귀족들의 경제적 기반을 약화시키고, 해마다 관등에 따라 조(租)를 차등 있게 지급하였다(689).
- ⓔ 정전 지급: 성덕왕 때 강화된 국가의 토지 지배력을 바탕으로 모든 토지는 왕의 소유라는 왕토 사상에 근거하여 일반 백성들에게 정전(丁田)을 지급하였다(722).
- ⓐ 녹읍 부활: 경덕왕 때에는 녹봉을 폐지하고 녹읍을 다시 지급하였다(757).

👍 이것도 알면 합격!

통일 신라 토지 제도의 변화

관료전 지급 (신문왕, 687)	관료에게 봉급 대신 관등에 따라 수조권만을 인정하는 관료전 지급
녹읍 폐지 (신문왕, 689)	녹읍을 폐지하여 귀족 세력의 경제 기반을 약화시키고 국가의 토지에 대한 지배권 강화
정전 지급 (성덕왕, 722)	왕토 사상에 근거하여 일반 백성들에게 정전을 지급하고 세금 징수
녹읍 부활 (경덕왕, 757)	신문왕 때 폐지되었던 녹읍을 다시 지급

04 고려 시대 무신 집권기 지방민과 천민의 동요   난이도 중 ●●○

정답설명 ① 무신 집권기에 백제 부흥을 위해 봉기한 인물은 이연년 형제로, 담양에서 백제 부흥을 표방하며 봉기를 일으켰다(1237). 한편 서경 유수 조위총은 무신들의 집권과 의종 시해에 반발하여 서경(평양)을 중심으로 난을 일으켰다(1174).

오답분석
② 망이·망소이의 난은 공주 명학소에서 일어났다. 고려의 특수 행정 구역인 '소(所)'는 일반 군현에 비해 무거운 세금 납부와 신분적 차별 대우를 받았는데, 이러한 차별에 반발하며 망이·망소이가 봉기하였다(1176).
③ 무신 집권기에는 경주를 중심으로 한 지역에서 신라 부흥을 내걸고 이비·패좌의 난이 일어나기도 하였다. 한편, 운문(청도)과 초전(울산)에서 김사미, 효심 등이 신라 부흥을 표방하며 반란을 일으키기도 하였다.
④ 최충헌의 사노비인 만적은 신분에 상관없이 누구나 공경대부가 될 수 있다고 주장하며 개경의 공·사노비를 모아 신분 해방과 정권 탈취를 목표로 반란을 모의하였으나, 사전에 발각되어 실패하였다(1198).

👍 이것도 알면 합격!

무신 집권기 하층민의 봉기

망이·망소이의 난	신분 차별 철폐를 주장하며 공주 명학소에서 봉기
김사미·효심의 난	신라 부흥을 표방하며 일어난 고려 최대 규모의 농민 봉기
만적의 난	신분 해방을 넘어 정권 탈취까지 목표로 한 반란

05 근대 근대사의 전개   난이도 중 ●●○

정답설명 ② 순서대로 나열하면 ⓒ 전주 화약 체결(1894. 5.) → ⓔ 군국기무처 설치(1894. 6.) → ⓓ 홍범 14조 발표(1894. 12.) → ⓐ 아관 파천(1896)이 된다.

- ⓒ 전주 화약 체결: 동학 농민 운동을 진압하고자 조선 정부가 청나라에 군사를 요청하였고, 이를 수락한 청나라가 조선에 군대를 파견하자 텐진 조약에 따라 일본도 조선에 군대를 파견하였다. 이에 위기 의식을 느낀 조선 정부와 동학 농민군은 청나라와 일본의 철군과 폐정 개혁을 조건으로 전주 화약을 체결하였다(1894. 5.).
- ⓔ 군국기무처 설치: 경복궁을 강제로 점거한 일본은 흥선 대원군을 섭정으로 하는 제1차 김홍집 내각을 수립하고, 개혁을 추진하기 위해 초정부적 기구인 군국기무처를 설치(1894. 6.)하여 제1차 갑오개혁을 추진하였다.
- ⓓ 홍범 14조 발표: 고종은 문무백관을 거느리고 종묘에 나가서 자주 독립의 뜻을 담은 독립 서고문을 낭독하고 국가의 전반적인 제도와 근대적 개혁안을 담은 홍범 14조를 발표[1894. 12.(양력 1895. 1.)]하여 제2차 갑오개혁을 실시하였다.
- ⓐ 아관 파천: 고종은 을미사변 이후 일본의 간섭과 위협으로부터 벗어나고자 러시아 공사관으로 거처를 옮기는 아관 파천을 단행하였다(1896).

06 현대 한·일 기본 조약   난이도 상 ●●●

자료분석 제시문은 한·일 국교 정상화를 위해 체결된 한·일 기본 조약의 내용이다. 박정희 정부는 경제 개발 자금 확보와 선진 기술 도입을 위해 일본과의 국교 정상화를 추진하였다. 그 결과 1965년에 한·일 기본 조약이 체결되어 한·일 국교 정상화가 이루어졌다.

정답설명 ④ 한·일 기본 조약과 함께 부속 협정으로 재일 교포의 법적 지위 및 대우에 관한 협정이 체결되어 재일 한국인이 일본 영주권을 획득할 수 있게 되었다. 이와 함께 어업에 관한 협정, 문화재·문화 협력에 관한 협정 등의 부속 협정이 체결되었다.

오답분석
① 한·일 기본 조약에서는 위안부 문제가 논의되지 않았다. 한·일 기본 조약은 일본의 침략 사실 인정과 사죄가 선행되지 않았으며, 위안부 문제와 독도 문제 등이 논의되지 않아 국민들로부터 굴욕적인 외교라는 비판을 받았다.
② 한·일 기본 조약 체결에 반대하여 학생들을 중심으로 일어난 민주 항쟁은 6·3 항쟁이다. 한·일 기본 조약의 체결을 위한 한·일 회담(1962)이 비밀리에 진행되었다는 사실이 폭로되자 학생들을 중심으로 굴욕적인 대일 외교에 반대한 6·3 항쟁이 일어났다(1964).
③ 한·일 기본 조약의 협의를 위해 파견된 사람은 중앙 정보부장 김종필이다. 김종필은 1962년에 일본 외무 대신 오히라 마사요시와 비밀 회담을 갖고 한국의 대일 청구권 자금과 경제 협력 자금 공여에 합의하였다. 한편 중앙 정보부장 이후락은 1972년에 7·4 남북 공동 성명의 합의를 위해 평양으로 파견되었던 인물이다.

이것도 알면 합격!

한·일 기본 조약(1965)

배경	· 경제 개발을 위한 자금 필요 · 동아시아의 안보 질서를 강화하고자 한 미국의 권고
체결 과정	· 한·일 회담(1962, 김종필·오히라 비밀 메모): 경제 개발에 필요한 자금을 마련하기 위해 청구권 협정 진행 · 6·3 항쟁(1964): 한·일 회담 반대 시위를 하였으나 무력으로 진압됨
내용	· 일본이 배상과 사과 대신 독립 축하금 형식으로 '무상 3억 달러, 정부 차관 2억 달러, 상업 차관 3억 달러'를 제공 · 재일 교포의 법적 지위 및 대우, 문화재와 문화 협력, 어업 문제 등의 부속 협정도 함께 체결
한계	식민 지배에 대한 사과와 배상, 독도 문제 등이 제대로 해결되지 못함

07 고려 시대 고려 시대의 경제 생활   난이도 중 ●●○

정답설명 ④ 옳은 설명을 모두 고르면 ㉠, ㉡, ㉢, ㉣이다.
- ㉠ 고려의 성종은 우리나라 최초의 화폐인 건원중보를 주조하여 전국적으로 유통하려 하였으나 성공하지 못하였다.
- ㉡ 고려 전기에는 주로 관수품 위주의 관청 수공업과 소(所)수공업이 발달하였으나, 고려 후기에는 관청 수공업이 쇠퇴하고, 사원이나 농민을 중심으로 한 가내 수공업 형태의 민간 수공업이 발달하였다.
- ㉢ 고려 시대에는 외국과의 교류가 활발해지고, 점차 국내 상업이 안정되면서 개경과 가까운 예성강 하구의 벽란도가 국제 무역항으로 성장하였다.
- ㉣ 고려 시대의 원 간섭기에는 원나라와의 무역이 활발하게 전개되고, 각종 물품이 교역되는 가운데 원의 지폐인 보초가 국내로 유입되어 유통되었다. 이후 공양왕 때에는 보초를 모방하여 우리나라 최초의 지폐인 저화를 발행하였으나, 고려의 멸망으로 유통되지 못하였다. 이후 조선 태종 때 다시 저화를 발행하여 유통시키려 하였으나 실패하였다.

이것도 알면 합격!

고려 시대의 경제 생활

수공업 활동	· 전기: 관수품 위주의 관청 수공업과 소(所) 수공업 발달 · 후기: 가내 수공업 형태의 민간 수공업과 사원 수공업 발달
무역 활동	· 개경과 가까운 예성강 하구의 벽란도가 국제 무역항으로 번성 · 대외 무역 중 송나라와의 무역이 가장 큰 비중을 차지함
화폐 발행	· 성종 때 우리나라 최초의 화폐인 건원중보 주조 · 숙종 때 은병(활구), 해동통보, 삼한통보 등 주조 · 원 간섭기에 원의 지폐인 보초가 유입되어 유통 · 공양왕 때 우리나라 최초의 지폐인 저화 발행

08 조선 후기 조선 후기 국방 정책의 변화   난이도 중 ●●○

정답설명 ③ 순서대로 나열하면 ㉢ 하멜을 통한 서양식 무기 제조(효종) – ㉡ 5군영 제도 성립(숙종) – ㉣ 『수성윤음』 반포(영조) – ㉠ 4유수부 체제 구축(정조)이다.
- ㉢ 하멜의 서양식 무기 제조: 효종 때인 1653년에 제주도에 표류한 하멜은 훈련도감에 배속되었고, 조선 정부는 하멜이 가져온 조총 제작 기술을 도입하여 서양식 무기를 제조하였다.
- ㉡ 5군영 제도 성립: 숙종 때인 1682년에 국왕의 호위와 수도인 한양을 방어하기 위한 군사 조직인 금위영이 설치되었다. 이를 통해 훈련도감, 어영청, 총융청, 수어청, 금위영의 5군영 제도가 성립되었다.
- ㉣ 『수성윤음』 반포: 영조 때인 1751년에 『수성윤음』을 반포하여 한양 내에 거주하는 백성들을 거주지에 따라 훈련도감, 금위영, 어영청의 군영에 각각 배속하고, 유사시 도성을 수비하도록 하여 수도 방어 체계를 강화하였다.
- ㉠ 4유수부 체제 구축: 정조 때인 1793년에 수원 유수부를 설치하면서 4유수부 체제가 구축되었다. 유수부는 조선 시대에 군사적 요충지에 설치한 행정 구역으로, 개성, 강화, 수원, 광주에 설치되었다.

09 선사 시대 구석기 시대 사람들의 생활상   난이도 하 ●○○

정답설명 ① 구석기 시대 사람들은 대체로 동굴이나 바위 그늘에 거주하였으며 강가에 막집을 짓고 살기도 하였다. 또한 구석기 시대 사람들은 불을 이용해 짐승이나 물고기를 조리해 먹기도 하였다.

오답분석
② 단양 수양개, 연천 전곡리, 공주 석장리는 구석기 시대의 유적지가 맞지만, 밭농사가 시작된 것은 신석기 시대이다. 신석기 시대에는 농경이 시작되어 밭에서 조·피·수수 등의 잡곡을 재배하였다.
③ 청동기 시대: 고인돌과 돌널무덤은 청동기 시대의 대표적인 무덤 양식이다. 고인돌 제작에는 많은 노동력을 필요로 했기 때문에 지배층의 무덤으로 추정된다.
④ 주먹 도끼와 가로날 도끼는 구석기 시대의 도구이지만, 민무늬 토기는 청동기 시대에 사용된 도구이다.

이것도 알면 합격!

구석기 시대

시기	· 약 70만 년 전부터 시작 · 석기 제작 방법에 따라 전기, 중기, 후기로 구분
도구	뗀석기(사냥: 주먹 도끼, 찍개 / 조리: 긁개, 밀개 등), 뼈도구
경제 생활	사냥, 채집, 어로
사회	평등 생활, 무리 생활, 이동 생활
주거	동굴, 바위 그늘, 막집

10 고대 통일 신라   난이도 중 ●●○

정답설명 ④ 통일 신라는 넓어진 영토를 관리하기 위해 전국을 9주 5소경으로 나누어 정비하였다. 특히 5소경은 영토의 동남쪽에 치우친 수도의 편향성을 보완하기 위해 군사·행정상의 요충지에 설치되었다.

오답분석
① 9서당은 진골 귀족이 아닌 여러 민족의 유민들이 포함되어 구성된 통일 신라의 중앙군이다. 9서당은 통일 신라의 수도인 경주에 주둔하면서 수도의 방어와 치안을 담당하였으며 신라인과 함께 고구려, 백제, 보덕, 말갈의 피정복민도 포함되었다.
② 천태종은 고려 시대에 의천이 창시한 교종 계열의 불교 종파이다. 통일 신라는 당나라와 교류를 활발하게 진행하면서 폭 넓은 불교 사상을 수용하였으며, 전국적으로 5교 9산이 성립되어 교종과 선종이 두루 발달하였다.
③ 신라 중대 때는 무열왕의 후손들이 즉위하여 강력한 왕권을 행사하였다. 한편 신라 하대에 내물왕의 후손인 김경신(원성왕)이 무열왕의 후손인 김주원을 밀어내고 즉위한 이후에는 원성왕의 후손들이 주로 왕위에 올랐다.

11 고대 신라 하대의 유학자 난이도 중 ●●○

자료분석 제시문의 김운경, 최치원, 최언위, 최승우는 모두 신라 하대의 대표적인 유학자들이다. 특히 6두품 출신인 최치원, 최언위, 최승우는 신라의 '3최'로 불리며 뛰어난 문장가로서 이름을 떨쳤다.

정답설명 ④ 김운경, 최치원, 최언위, 최승우는 모두 당나라의 빈공과에 급제한 후 귀국하였다. 김운경은 헌덕왕(821) 때 신라의 숙위 학생 최초로 빈공과에 합격하였고, 최치원은 경문왕(874), 최승우는 진성 여왕(893), 최언위는 효공왕(906) 때 각각 당나라 빈공과에 합격하였다. 신라의 골품 제도로 인해 관직 승진에 제한을 받던 최치원 등의 6두품 출신들은 당나라로 유학을 가서 빈공과에 응시하였다.

오답분석
① 김운경, 최치원, 최언위, 최승우는 모두 통일 신라 출신의 유학자이다.
② 김운경, 최치원, 최언위, 최승우는 모두 신라 말인 9세기에 활약한 문장가들이다. 김운경은 9세기 중반, 최치원, 최언위, 최승우는 9세기 후반에 주로 활동하였다.
③ 김운경, 최치원, 최언위, 최승우는 당나라의 숙위 학생이 맞지만 당 황제의 호위 무사가 되지는 않았다. 숙위 외교는 신라의 김춘추가 당나라와 동맹을 맺으며 자신의 아들을 당 태종을 호위하게 하면서 시작되어 초기에는 정치·군사적 성격이 강했다. 그러나 통일 이후에 신라 사회와 당나라와의 관계가 안정되면서 유학생 성격의 숙위 학생으로 점차 변모하게 되었다.

👍 이것도 알면 합격!

신라 하대의 유학자

최치원	· 당의 외국인 대상 시험인 빈공과에 급제 · 당에서 반란을 일으킨 황소에게 항복을 권하는 「토황소격문」을 지어 문장가로서 이름을 떨침 · 신라에 귀국 후, 사회 개혁을 위해 진성 여왕에게 시무 10여 조 건의
최승우	· 당의 외국인 대상 시험인 빈공과에 급제 · 후백제 견훤의 책사로 활약 · 고려 왕건에게 서로 화친할 것을 청하는 서신인 「대견훤기고려왕서」 작성
최언위	· 당의 빈공과에 발해의 오광찬보다 높은 성적으로 급제 · 왕건의 책사로 활약 · 고려 태조 때 건립된 낭원대사 오진탑비의 비문 작성

12 일제 강점기 지청천 난이도 하 ●○○

자료분석 제시된 자료에서 대전자령의 공격이라는 내용을 통해 다음 어록을 남긴 인물이 지청천임을 알 수 있다.

정답설명 ③ 지청천은 한국 독립군을 이끌고 중국 호로군 등과 연합하여 쌍성보 전투, 사도하자 전투, 대전자령 전투 등에서 일본군을 격파하였다. 한편 지청천은 대한민국 임시 정부의 군사 조직인 한국광복군의 총사령관으로 활동하기도 하였다.

오답분석
① 김두봉: 화북 조선 독립 동맹의 주석으로 선출되어 활동한 인물은 김두봉이다. 김두봉은 (화북)조선 청년 연합회와 조선 의용대 화북 지대가 결합되어 형성된 화북 조선 독립 동맹의 주석으로 선출되었다(1942). 또한 그를 중심으로 조선 독립 동맹의 산하 군사 조직인 조선 의용군이 창설되었다.
② 양세봉: 조선 혁명군을 이끌고 영릉가 전투에서 대승을 거둔 인물은 양세봉이다. 양세봉의 조선 혁명군은 중국 의용군과 함께 영릉가 전투, 흥경성 전투 등에서 일본군을 상대로 대승을 거두었다.
④ 김원봉: 조선 의용대를 결성하고 대적 심리전 등에서 활약한 인물은 김원봉이다. 김원봉은 중국 한커우에서 조선 민족 전선 연맹의 산하 군사 조직인 조선 의용대를 결성(1938)하고 중국 국민당군과 함께 항일 투쟁을 전개하였다.

👍 이것도 알면 합격!

지청천과 양세봉

지청천	· 정의부 총사령관 역임 · 한국 독립군을 이끌고, 쌍성보·사도하자·대전자령 전투 등에서 일본군 격파 · 한국광복군 총사령관 역임
양세봉	· 광복군 총영에서 활동 · 조선 혁명군을 이끌고, 영릉가·흥경성 전투 등에서 일본군 격파

13 고려 시대 고려 시대 금나라와의 관계 난이도 중 ●●○

자료분석 제시된 자료에서 이 국가를 상국으로 대우하는 일에 이자겸과 척준경이 찬성을 하였다는 내용과 여진은 우리 임금께 조공을 바쳤다는 내용을 통해 빈칸에 들어갈 국가가 여진이 세운 금나라임을 알 수 있다. 12세기에 아구타가 여진 부족을 통일하여 금을 건국하고 고려에게 군신 관계를 요구하자 이자겸은 정권 유지와 민생 안정을 이유로 금의 사대 요구를 수용하였다.

정답설명 ② 묘청은 서경 천도 운동을 전개하며 금나라를 정벌할 것을 주장하였다. 묘청은 고려 인종에게 수도를 서경으로 옮길 것을 건의하였고, 칭제건원(스스로 황제를 칭하고, 연호를 세우는 일)과 금나라를 정벌할 것을 주장하였다.

오답분석
① 고려의 국왕(현종)이 나주로 피난한 것은 거란의 2차 침입 때문이었다. 거란은 강조의 정변을 구실로 강동 6주의 반환을 요구하며 고려에 침입하였다. 이에 현종은 나주까지 피난을 하였으며, 왕이 직접 거란에 입조할 것을 조건으로 강화를 맺었다.
③ 고려와 함께 강동성에 포위된 거란족을 격파한 것은 몽골이다. 13세기 초에 몽골에게 쫓겨 온 거란이 고려를 침입하자, 고려와 몽골 등이 연합하여 평양 동쪽의 강동성에서 거란을 몰아냈다. 이 사건을 계기로 몽골은 고려에 형제 관계의 체결과 막대한 공물을 요구하였다.

④ 고려가 광군을 설치한 것은 거란의 침략을 대비하기 위해서이다. 정종은 거란의 침략에 대비하기 위해 광군을 조직하고, 그 지휘부로 광군사를 설치하였다.

14 현대 평화 통일을 위한 노력   난이도 중 ●●○

자료분석 (가)는 자주적으로 해결, 평화 방법으로 실현, 민족적 대단결이라는 내용을 통해 1972년에 발표된 7·4 남북 공동 성명임을 알 수 있다. (나)는 남측의 연합제 안과 북측의 낮은 연방제 안이 공통성이 있음을 인정하는 내용을 통해 2000년에 발표된 6·15 남북 공동 선언임을 알 수 있다. 따라서 <보기 2>에서 1972년~2000년 사이에 있었던 사실을 고르면 된다.

정답설명 ② 옳은 사실을 모두 고르면 ㉠, ㉡, ㉣이다.
㉠ 김대중 정부 시기에는 햇볕 정책을 통하여 남북 교류와 협력 사업이 확대되었고, 이에 1998년에 금강산 해로 관광이 시작되었다.
㉡ 7·4 남북 공동 성명에서 합의된 사항들을 추진하고, 남북 관계를 개선, 발전시키기 위해 1972년 11월에 남북 조절 위원회가 설치되었다.
㉣ 노태우 정부 시기인 1991년에 남한과 북한은 동시에 유엔에 가입하였다.

오답분석 ㉢ (나) 이후: 경의선과 동해선 철도가 연결된 것은 (나) 이후이다. 6·15 남북 공동 선언으로 남북간의 교류가 더욱 확대되어 경의선과 동해선 철도 연결에 합의하였다. 이후 2000년 9월에 경의선 복구 기공식이 열려 2002년 12월에 완성되었고, 2002년에 경의선·동해선 철도 및 도로 연결 착공식이 열렸다.

15 시대 통합 조선 시대의 대외 관계   난이도 중 ●●○

정답설명 ④ 조선 후기에는 청나라와의 활발한 교역으로 은이 대거 소비되면서 은광 개발이 활발해졌다. 조선 후기에는 민영 수공업의 발달로 그 원료인 금, 은 등 광물의 수요가 급증하였고, 청나라와의 무역으로 인한 은의 수요가 증가하였다. 이에 따라 은광 개발이 활기를 띠어 17세기 말에는 약 70여 개소에 이르는 은점이 설치되었다.

오답분석 ① 북방의 여진족을 몰아내고 4군 6진을 개척한 것은 세종 때의 일이다. 세종은 압록강 방면에 최윤덕을, 두만강 방면에 김종서를 파견하여 여진을 토벌하고 4군 6진을 설치하였다.
② 왜란이 끝난 후 국교 재개를 먼저 요청한 것은 일본이다. 임진왜란 이후 성립된 일본의 에도 막부는 대마도주를 통해 조선에 국교를 재개해 줄 것을 요청하였다. 이에 조선과 일본 사이에 강화가 맺어지고 포로 송환이 이루어졌으며, 에도 막부의 사절 파견 요청에 따라 통신사가 파견되었다. 통신사는 1607년부터 1811년까지 12회에 걸쳐 일본에 파견되었다.
③ 호란 이후 북벌 운동이 전개되었으나 점차 쇠퇴하였고, 이후 청의 문화를 보고 온 지식인들에 의해 북학 운동이 전개되었다.

16 근대 병인양요와 신미양요   난이도 하 ●○○

정답설명 ② 미국 상선 제너럴셔먼호는 대동강을 통해 평양까지 들어와서 통상을 요구하였으며, 조선이 통상을 거부하자 평양 주민을 약탈하고 조선인 관리를 살해하였다(1866). 이에 평안도 관찰사 박규수와 평양 주민들이 제너럴셔먼호를 공격하여 불태웠다. 이후 미국은 이 사건을 구실로 조선에 통상을 요구하며 강화도를 공격하였다(1871, 신미양요).

오답분석 ① 어재연이 이끄는 조선군은 신미양요 때 미국군을 상대로 항전하였다. 신미양요 때 광성보에서 어재연이 이끄는 조선군의 결사 항전으로 미국군이 퇴각하였지만 이 과정에서 어재연이 전사하고, 수(帥)자기를 약탈 당했다. 한편 프랑스군이 조선에 쳐들어온 것은 병인양요 때이다.
③ 양헌수 부대는 병인양요 때 광성보가 아닌 정족산성에서 프랑스군을 상대로 결사 항전하여 승리하였다. 병인박해를 구실로 프랑스군이 강화도를 공격한 병인양요가 발생하자 한성근 부대는 문수산성에서 항전하였으며, 양헌수 부대는 정족산성에서 승리하였다. 한편 광성보에서 결사항전한 것은 신미양요 때 활약한 어재연 부대이다.
④ 박규수는 화공 작전을 펴서 프랑스 군대가 아닌 미국 상선 제너럴셔먼호를 공격하였다. 제너럴셔먼호 사건 당시 평안도 관찰사였던 박규수는 화공 작전을 펼쳐 제너럴셔먼호를 침몰시켰다.

17 조선 전기 조선 시대의 신분제   난이도 중 ●●○

정답설명 ② 조선 시대의 서얼들은 무과나 잡과를 통해 관직에 진출할 수 있었다. 조선 시대의 서얼들은 양반의 첩에서 난 소생들을 말하며 중인과 같은 대우를 받았다. 이들은 서얼 금고법에 의해 문과에는 응시가 불가능했으나 무과나 잡과 등을 통해 관직에 진출할 수 있었다.

오답분석 ① 고려 시대의 향리들은 지방의 실질적인 지배층이었고 과거 응시 자격이 부여되었던 반면, 조선 시대의 향리들은 수령을 보좌하고 행정 실무를 담당하는 아전으로 격하되었으며, 과거 응시가 크게 제한되었다.
③ 조선 시대에는 수군, 역졸, 봉수꾼, 뱃사공 등 신분상으로는 양인에 속하지만 천한 일에 종사하는 신량역천이 존재하였다. 한편 조선 초기에 정부는 도축업 등에 종사하던 백정들을 일반 백성으로 정착시키기 위해 노력하였으나, 이러한 노력에도 불구하고 사회적 천대 등으로 인해 이들은 점차 천민화되었다.
④ 18세기 후반에는 공노비들의 도망과 합법적인 신분 상승으로 인하여 노비안에 노비들의 이름만 적혀있을 뿐 실질적인 신공을 받을 수 없게 되자, 순조는 공노비 중 6만 6천여 명을 양인으로 해방시켰다.

이것도 알면 합격!

조선의 신분 제도

양반	· 관료(문반+무반)를 뜻하였으나 추후 그 가문까지 칭하는 신분으로 정착 · 토지와 노비 소유(지주층), 고위 관직 독점(관료층)
중인	· 중인(서리, 향리, 기술관): 직역 세습, 같은 신분끼리 혼인, 관청 근처 거주 · 서얼(중서): 문과 응시 금지
상민	· 백성의 대다수로 농민, 수공업자, 상인 등을 말함 · 신량역천(칠반천역): 신분은 양인이나 천역을 담당한 계층으로, 조례(관청의 잡역 담당)·나장(형사)·일수(지방고을 잡역)·조졸(조운)·봉수군(봉수 업무)·역졸(역에서 잡역 담당)이 해당됨
천민	· 대다수는 노비였으며, 무당·광대 등으로 구성 · 노비는 재산으로 취급되어 매매·상속·증여의 대상이었음

18 근대 근대 교육 기관   난이도 상 ●●●

정답설명 ③ 고종의 교육 입국 조서에 따라 설립된 관립 학교로는 한성 사범 학교(1895) 등이 있다. 경신 학교(1886)는 미국 선교사 언더우드에 의해 설립된 사립 학교이다.

오답분석
① 배재 학당(1885)은 미국 선교사 아펜젤러가 서울에 설립한 사립 학교로, 우리나라 최초의 근대식 중등 교육 기관이다.
② 동문학(1883)은 우리나라 통역관 양성을 위해 정부가 설립한 외국어 교육 기관이다.
④ 원산 학사(1883)는 덕원 부사 정현석과 덕원·원산 주민들이 기금을 조성하여 설립한 우리나라 최초의 근대식 사립 학교이다.

👍 이것도 알면 합격!
근대의 교육 기관

원산 학사 (1883)	최초의 근대식 사립 학교로 덕원 부사 정현석과 덕원·원산 주민들이 공동으로 설립, 근대 학문과 무술 교육
동문학 (1883)	묄렌도르프가 정부의 지원을 받아 설립한 통역관 양성소
육영 공원 (1886)	• 최초의 근대식 공립 학교, 상류층(양반) 자제를 대상으로 외국어와 근대 학문을 교육 • 헐버트·길모어·벙커 등 외국인 교사 초빙
연무 공원 (1888)	신식 군대와 장교 양성을 위해 정부가 설립한 사관 양성 학교

19 조선 전기 이황   난이도 중 ●●○

정답설명 ③ 왕의 수신 교과서인 『성학십도』를 집필한 이황은 이언적을 계승하여 주리론을 집대성하고, 기보다는 이의 절대성을 강조하였다. 또한 이황은 경북 안동의 예안 지방에서 조광조가 소개한 중국의 『여씨향약』을 토대로 예안 향약을 만들어 보급하였다.

오답분석
① 박세무: 아동용 수신서인 『동몽선습』을 편찬한 인물은 16세기 중종 때의 유학자 박세무이다. 박세무는 『동몽선습』에서 오륜(五倫)의 중요성을 설명하고, 중국 및 한반도의 역사를 약술하였다.
② 이황의 학설을 따르던 영남 학파는 동인을 형성하였다. 서인은 이이와 성혼 등의 학풍을 계승한 기호 학파를 중심으로 형성되었다.
④ 기대승: 『주자대전』을 발췌하여 『주자문록』을 편찬한 인물은 이황과 사단·칠정과 이·기의 관계를 두고 논쟁을 펼쳤던 기대승이다. 한편 이황은 『주자대전』을 발췌하여 『주자서절요』를 편찬하였다.

👍 이것도 알면 합격!
이황

주장 및 영향	주리론 주장, 동인에 영향을 줌
붕당	영남 학파 → 동인
활동	• 예안 향약 실시 • 도산 서당에서 후학 양성 • 백운동 서원이 소수 서원이라는 편액을 하사받도록 명종에게 건의함
저서	『주자서절요』, 『성학십도』, 『전습록논변』 등

20 현대 대한민국의 민주화 여정   난이도 하 ●○○

정답설명 ④ 1997년에 실시된 제15대 대통령 선거에서 야당의 김대중 후보가 당선되면서 최초로 여당과 야당의 평화적인 정권 교체가 이루어졌다.

오답분석
① 사사오입 개헌은 1950년대에 이승만 정부의 주도로 이루어졌다. 1954년에 자유당은 이승만의 장기 집권을 위해 초대 대통령에 한하여 중임 제한을 철폐하는 내용을 담은 개헌안을 사사오입 논리를 내세워 강제로 통과시켰다. 한편 박정희 정부는 장기 집권을 위해 3선 개헌(1969), 유신 헌법 제정(1972) 등을 추진하였으며, 이에 학생과 재야 인사들이 반대 투쟁을 전개하였다.
② 1972년에 제정된 유신 헌법은 민주화의 진전이 아닌 박정희 정부의 장기 집권을 위해 마련된 헌법이다. 박정희 정부는 유신 헌법을 통해 대통령에게 국회 해산권, 법률안 거부권, 긴급 조치권 등 막강한 권한을 부여하였다.
③ 문민 정부는 1992년에 시행된 제14대 대통령 선거 결과 김영삼 후보가 당선되어 30여 년의 군사 정권이 종식되면서 출범하였다. 6월 민주 항쟁 이후 1987년 12월에 치러진 제13대 대통령 선거에서는 야당의 후보 단일화 실패로 군인 출신인 노태우 후보가 당선되었다.

공무원시험전문 해커스공무원
gosi.Hackers.com

1분만에 파악하는 법원직 9급 기출 트렌드

1. 최근 8개년 기출 트렌드(2018~2025)

- 법원직 9급 시험은 지문의 길이가 길고 2~3문제는 변별력 있게 출제되고 있어 일반행정직 시험에 비해 어렵습니다.
- 가장 최근 시험인 2025년 법원직 9급의 경우 두 사건 사이의 사실을 묻는 문제와 시기 나열형 문제들이 어렵게 출제되어 작년 시험보다 난이도가 높았습니다.

* 최근 8개년 시험 연도별 예상 합격선

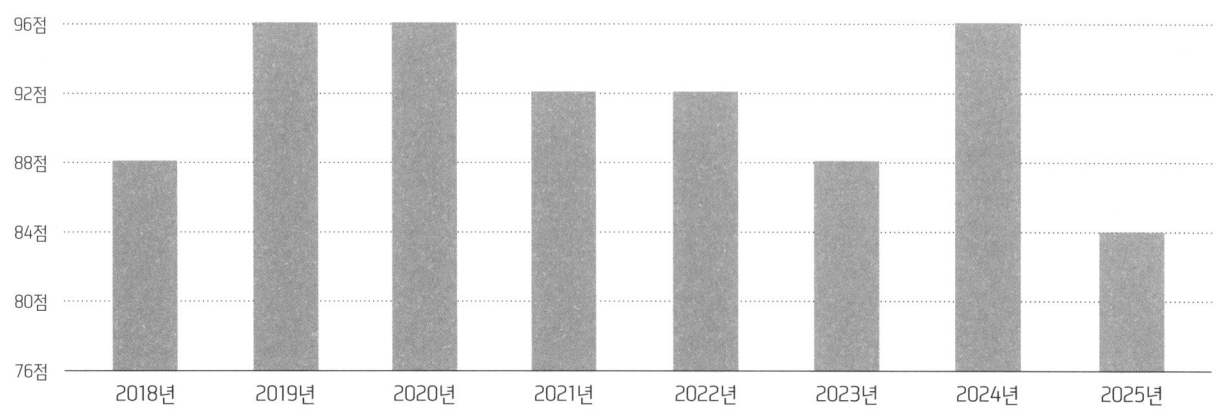

Part 4
법원직 9급

2. 시대별/분류사별 기출 트렌드

- 시대별로는 고려 시대가 18%(평균 4~5문제)로 가장 많이 출제되었으며, 그 다음으로는 조선 후기가 15%(평균 3~4문제)로 많이 출제되었습니다.
- 분류사별로는 정치사가 67%(평균 16~17문제)로 가장 많이 출제되었으며, 그 다음으로는 문화사가 12%(평균 3~4문제)로 많이 출제되었습니다.

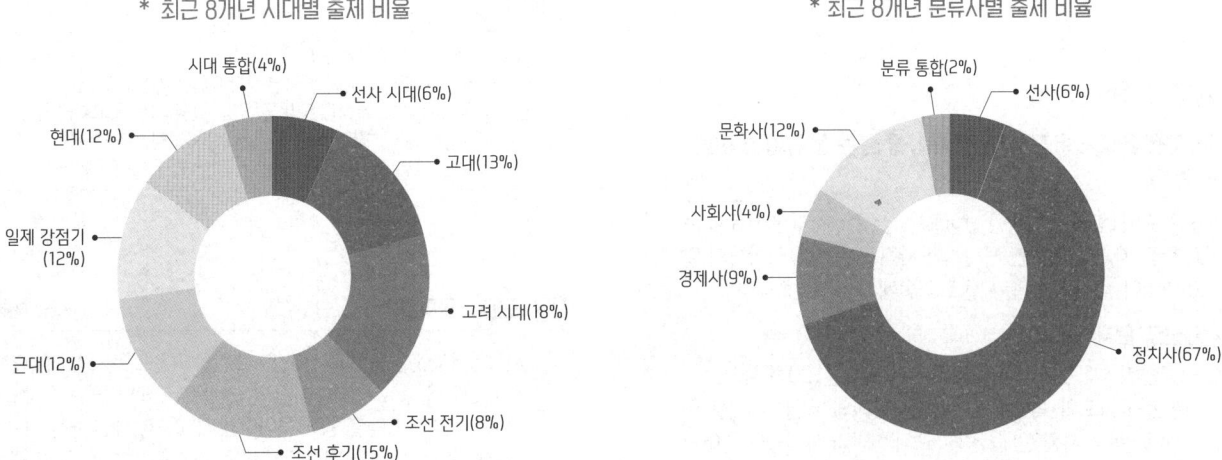

* 최근 8개년 시대별 출제 비율
* 최근 8개년 분류사별 출제 비율

27회 2025년 법원직 9급

2025년 6월 21일 시행

문제집 122쪽

정답

01	② 현대	14	① 조선 전기
02	③ 고대	15	③ 조선 후기
03	① 근대	16	④ 근대
04	② 고려 시대	17	④ 고려 시대
05	④ 일제 강점기	18	③ 조선 후기
06	① 고려 시대	19	② 고려 시대
07	④ 현대	20	② 현대
08	③ 현대	21	① 일제 강점기
09	② 고대	22	④ 고대
10	③ 조선 후기	23	② 고려 시대
11	④ 선사 시대	24	③ 현대
12	① 근대	25	① 조선 전기
13	③ 현대		

취약 시대 분석표

시대	맞힌 개수
선사 시대	/ 1
고대	/ 3
고려 시대	/ 5
조선 전기	/ 2
조선 후기	/ 3
근대	/ 3
일제 강점기	/ 2
현대	/ 6
시대 통합	/ 0
총합	/ 25

기출 총평

"합격선 84점, 특정 시기의 사실을 묻는 문제들이 어렵게 출제!"

- **난이도:** 시험의 전체적인 난이도는 상으로, 제시된 자료를 보고 특정 시기에 있었던 사실이나 사건의 순서를 정확하게 알고 있어야 풀 수 있는 문제들로 어렵게 출제되었습니다.
- **고난도 문제**
  - 07번 제8차 개헌안이 적용된 시기의 사실, 20번 사사오입 개헌안 공포와 혁명 공약 발표일 사이의 사실: 제시문 및 선택지로 제시된 현대사의 주요 개헌안과 사건들이 일어난 시기를 정확히 알지 못하면 풀기 어려운 문제였습니다.

01 현대 5·10 총선거   난이도 중 ●●○

자료분석 제시된 자료에서 1948년에 실시되었다는 내용과 우리 역사상 최초로 실시된 보통 선거라는 내용을 통해 밑줄 친 '이 선거'가 5·10 총선거임을 알 수 있다. 5·10 총선거는 보통·평등·직접·비밀 선거 원칙에 따라 치러진 우리나라 최초의 보통 선거로, 선거 결과 제헌 국회가 구성되었다.

정답설명 ② 김구, 김규식은 남한만의 단독 정부 수립에 반대하며 5·10 총선거 불참을 선언하였다.

오답분석
① 5·10 총선거에서는 임기 2년의 국회의원을 선출하였다.
③ 5·10 총선거는 제헌 국회를 구성하기 위하여 실시된 국회의원 총선거로, 이 선거에서 이승만이 대통령으로 선출되지 않았다. 이승만은 5·10 총선거의 결과로 구성된 제헌 국회에서 치러진 선거를 통해 우리나라 초대 대통령으로 선출되었다.
④ 5·10 총선거에서는 만 21세 이상의 모든 국민에게 투표권이 부여되었다.

02 고대 대가야의 문화유산   난이도 중 ●●○

자료분석 제시문에서 시조가 이진아시왕이라는 점과 진흥 대왕이 공격해 없앴다는 내용을 통해 (가) 나라가 대가야임을 알 수 있다.

정답설명 ③ 지산동 고분군은 대가야의 대표적인 문화유산으로, 많은 양의 가야 토기와 함께 금동관·갑옷 및 투구·칼 및 꾸미개 등이 출토되었다. 한편, 지산동 고분군은 김해 대성동 고분군, 함안 말이산 고분군 등과 함께 '가야 고분군'으로 2023년에 세계 유네스코 문화유산으로 등재되었다.

오답분석
① 백제: 산수문전은 백제의 문화유산으로, 산수화가 새겨진 벽돌이다. 산수문전에는 구름과 산, 냇물이 흐르고 신선들이 사는 세계의 모습이 새겨져 있어 이를 통해 백제가 도교 사상의 영향을 받았음을 추측할 수 있다.
② 신라: 임신서기석은 신라의 문화유산으로, 신라에서 청년들이 유교 경전을 공부하였다는 사실을 알려주는 비석이다. 비석에는 신라의 두 청년이 나라에 충성할 것과 『시경』, 『예기』 등의 유교 경전을 학습할 것을 맹세하는 내용이 새겨져 있다.
④ 고구려: 금동 연가 7년명 여래 입상은 고구려의 문화유산으로, 광배의 뒷부분에 고구려에서 조성되었음을 알 수 있는 명문이 새겨져 있는 불상이다.

👍 **이것도 알면 합격!**

가야 고분군

- 2023년에 유네스코 세계 문화유산에 등재
- 한반도에 존재했던 고대 문명 가야를 대표하는 7개의 고분군
- 전북 남원 유곡리와 두락리 고분군, 경북 고령 지산동 고분군, 경남 김해 대성동 고분군, 경남 함안 말이산 고분군, 경남 창녕 교동과 송현동 고분군, 경남 고성 송학동 고분군, 경남 합천 옥전 고분군

03 근대 을미의병   난이도 중 ●●○

자료분석 제시문에서 춘천 등지에서 백성이 소란을 피운 것은 사변 때 쌓인 울분 때문임을 알 수 있다는 내용과 군대의 무관과 병졸은 즉시 돌아오도록 하라는 내용을 통해 을미의병 때 고종이 내린 해산 권고 조칙임을 알 수 있다. 을미사변과 단발령 시행에 반발하며 경기·충청·

강원도 등 각지에서 을미의병이 일어나자 고종은 단발령을 철회하고 해산 권고 조칙을 내려 의병들을 해산시켰다.

정답설명 ① 을미의병은 을미사변과 단발령의 시행에 반발한 유인석, 이소응 등의 위정척사 사상을 가진 유생들이 주도하여 일으킨 의병이다.

오답분석
② 초대 통감인 이토 히로부미를 만주 하얼빈 역에서 사살한 것은 1909년에 일어난 안중근 의거로, 을미의병과는 관련이 없다.
③ 정미의병: 서울 진공 작전을 전개한 의병은 정미의병이다. 정미의병은 이인영을 총대장, 허위를 군사장으로 하는 의병 연합 부대인 13도 창의군을 결성한 후 서울 진공 작전을 전개하여 서울 근교까지 진격하였으나, 일본군의 반격으로 실패하였다.
④ 을사의병: 외교권 박탈에 항의하여 일어난 의병은 을사의병이다. 대한 제국의 외교권을 박탈하는 을사늑약이 체결되자 민종식, 최익현 등이 이에 반발하여 을사의병을 일으켰다.

04 고려 시대 소(所) 난이도 중 ●●○

자료분석 제시문에서 망이의 고향을 충순현으로 승격시켜 달래었다는 내용과 몽골군을 막는 데 공을 세워 현으로 승격시켰다는 내용을 통해 (가), (나)에 들어갈 행정 구역이 소(所)임을 알 수 있다. 고려 시대에 공주 명학소에서 무거운 세금 납부와 차별 대우에 반발하며 망이·망소이가 난을 일으키자 명학소를 충순현으로 승격시켜 달라주었다. 또한 몽골 침입 당시 충주 다인철소의 주민들이 몽골군을 막는 데 공을 세우자 익안현으로 승격시켜주기도 하였다.

정답설명 ② 고려 시대에는 소(所)를 비롯한 향, 부곡의 특수 행정 구역 거주민들은 일반 군현에 거주하는 사람들에 비해 세금 부담이 컸다. 또한 과거 응시가 금지되고, 거주지 이전이 금지되는 등의 차별 대우를 받았다.

오답분석
① 양계: 군사적인 특수 지역에 설치된 행정 구역은 고려 시대의 양계이다. 고려 시대에는 북방의 외침을 막기 위해 국경 지대인 함경도와 평안도에 양계(북계, 동계)를 설치하였다.
③ 5소경: 원주, 청주 등 다섯 곳에 설치된 행정 구역은 통일 신라 시대의 5소경이다. 통일 신라는 수도인 경주가 동쪽으로 치우친 곳을 보완하기 위해 군사·행정상의 요충지인 원주(북원소경), 충주(중원소경), 김해(금관소경), 청주(서원소경), 남원(남원소경) 총 다섯 곳에 소경을 설치하였다.
④ 5도: 지역 순찰을 위해 안찰사가 파견된 행정 구역은 고려 시대의 5도이다. 고려 시대에는 5도에 안찰사를 파견하여 도내의 군현을 순찰하게 하였다.

👍 이것도 알면 합격!

고려 시대의 특수 집단민

구성	향·부곡민(농업 종사)·소민(수공업·광업·농수산업 등에 종사), 진촌민·역촌민(육로, 수로 교통 종사)
경제적 차별	일반 양민보다 더 과중한 조세와 역의 의무 부담
사회적 차별	과거 응시 불가능, 거주 이전의 자유 X, 국자감 입학 불가능

05 일제 강점기 3·1 운동 난이도 중 ●●○

자료분석 제시문에서 고종의 인산일을 이틀 앞둔 날에 시작되었다는 내용을 통해 밑줄 친 '사건'이 3·1 운동임을 알 수 있다.

정답설명 ④ 3·1 운동을 계기로 독립운동의 구심체 역할을 수행할 단체의 필요성이 대두되었고, 이에 상하이에서 대한민국 임시 정부가 수립되었다.

오답분석
① 광주 학생 항일 운동: 신간회가 진상 조사단을 파견한 것은 광주 학생 항일 운동이다. 광주 학생 항일 운동이 일어나자 신간회는 진상 조사단을 파견하였으며 대규모 민중 대회를 계획하였으나, 사전에 일제에 발각되어 실패하였다.
② 광주 학생 항일 운동: 광주에서 시작되어 전국으로 확대된 것은 광주 학생 항일 운동이다. 광주에서 나주로 가는 통학 열차 안에서 발생한 한·일 학생 간의 충돌에 대해 일본 경찰이 편파적으로 수사한 것을 계기로 학생들이 식민 차별 교육 철폐, 한국인 본위의 교육 제도 확립 등을 주장하며 광주 학생 항일 운동이 일어났다. 이 운동은 전국적으로 확대되어 동맹 휴학 등이 전개되었다.
③ 6·10 만세 운동: 민족 유일당 운동을 추진하는 계기가 되었던 것은 6·10 만세 운동이다. 6·10 만세 운동은 사회주의자들과 천도교 중심의 민족주의자들이 함께 준비하였으며, 이는 이후 민족 유일당 운동을 추진하는 계기가 되었다.

06 고려 시대 최우 난이도 중 ●●○

자료분석 제시문에서 몽골의 원수 살리타이가 쳐들어와서 처인성을 공격하자 김윤후가 그를 활로 쏴 죽였다는 내용을 통해 몽골의 2차 침입 시기의 사실임을 알 수 있으며, 당시의 무신 집권자는 최우였다. 최우 집권기에 몽골 사신 저고여가 피살된 사건을 계기로 몽골은 고려를 침략하기 시작했으며, 무신 정권이 붕괴될 때까지 약 30년 동안 총 6차례에 걸쳐 침입하였다.

정답설명 ① 사병 조직인 도방을 확대한 인물은 최충헌이다. 도방은 경대승이 자신의 신변 보호를 위해 설치한 사병 집단이었으나, 경대승이 죽고 이의민이 집권하자 해체되었다. 이의민의 뒤를 이어 권력을 잡은 최충헌은 도방을 다시 설치하고 그 기능을 크게 확대하여 최씨 무신 정권의 군사적 기반으로 만들었다.

오답분석
② 최우는 본인의 사저에 인사 행정 기구인 정방을 설치하여 모든 관리에 대한 인사권을 장악하였다.
③ 최우는 몽골의 1차 침입 이후 과도한 조공 요구에 반발하며 수도를 강화도로 옮겨 항전하였다. 이에 몽골군은 고려 정부의 개경 환도를 요구하며 2차 침입하였다.
④ 최우는 숙위 기구인 서방을 두어 문학적 소양과 행정 실무 능력이 있는 문신들에게 자문하였다.

👍 이것도 알면 합격!

최우 집권기에 설치된 기구

정방	정방을 설치하여 모든 관직의 인사권을 장악
서방	문신들의 숙위 기구인 서방을 설치하여 최씨 정권의 자문 역할을 담당하게 함
야별초	도성 안의 치안 유지를 위하여 조직 → 삼별초로 확대·정비

07 현대 제8차 개헌안이 적용된 시기의 사실 난이도 상 ●●●

자료분석 제시문에서 대통령은 대통령 선거인단에서 무기명 투표로 선거한다는 내용을 통해 제8차 개헌안임을 알 수 있다. 대통령 선거인단에 의한 간선제와 7년 단임제를 골자로 하는 제8차 개헌안은 1980년부터 1987년까지 적용되었다.

정답설명 ④ 제8차 개헌안이 적용된 전두환 정부 시기(1980. 9~1988. 2.)에는 언론사에 보도 지침이 하달되어 신문과 방송의 기사 내용에 대한 통제와 검열이 강화되었다.

오답분석
① 10월 유신(제7차 개헌)이 단행된 것은 박정희 정부 시기인 1972년이다. 박정희 정부는 독재 체제를 강화하기 위하여 대통령의 긴급 조치권, 국회 해산권 등을 포함하는 유신 헌법(제7차 개헌안)을 공포하였다.
② 제5차 개헌안~제7차 개헌안: 베트남 파병이 이루어진 것은 박정희 정부 시기인 1964년부터 1973년으로, 제5차 개헌안(1962~1969)부터 제7차 개헌안(1972~1980)이 적용되던 시기이다.
③ 제9차 개헌안: 지방 자치제가 전면 실시된 것은 김영삼 정부 시기인 1995년으로, 제9차 개헌안(1987~현재)이 적용되던 시기이다.

08 현대 4·19 혁명과 6월 민주 항쟁의 공통점 난이도 중 ●●○

자료분석 첫 번째 제시문은 3·15 부정 선거와 김주열 사망으로 인해 이승만 정부에 대한 항의 시위라는 내용을 통해 4·19 혁명임을 알 수 있다.
두 번째 제시문은 호헌 철폐를 요구하는 전국적 시위의 결과 6·29 선언이 발표되었다는 내용을 통해 6월 민주 항쟁임을 알 수 있다.

정답설명 ③ 4·19 혁명과 6월 민주 항쟁의 결과는 모두 헌법 개정으로 이어졌다는 공통점이 있다. 4·19 혁명의 결과 내각 책임제와 국회 양원제를 특징으로 하는 제3차 개헌이 이루어졌으며, 6월 민주 항쟁의 결과 5년 단임의 대통령 직선제 개헌을 특징으로 하는 제9차 개헌이 이루어졌다.

오답분석
① 4·19 혁명 때는 비상 계엄이 선포되었지만, 6월 민주 항쟁 때는 비상 계엄이 선포되지 않았다. 한편, 계엄령을 선포하고 모든 정치 활동을 금지시킨 경우는 4·3 사건, 6·25 전쟁, 5·16 군사 정변, 10월 유신 선포, 부마 항쟁 등이 있다.
② 4·19 혁명은 이승만 정부 시기, 6월 민주 항쟁은 전두환 정부 시기에 일어난 민주화 운동으로 유신 체제와는 관련이 없다. 한편, 유신 체제에 저항하여 일어난 민주화 운동으로는 부·마 항쟁 등이 있다.
④ 4·19 혁명의 결과 이승만 대통령이 하야하였지만, 6월 민주 항쟁 때 전두환 대통령은 하야하지 않았다. 6월 민주 항쟁이 전개되자 당시 여당의 대통령 후보였던 노태우가 직선제 개헌과 기본권 보장 등을 주요 내용으로 하는 6·29 선언을 발표하였다.

09 고대 신문왕 난이도 중 ●●○

자료분석 제시문에서 문무 관료들에게 토지를 차등 있게 하사하였다는 내용과 중앙과 지방 관리들이 녹읍을 폐지하였다는 내용을 통해 신문왕이 시행한 제도임을 알 수 있다. 신문왕은 관료전을 지급하고 녹읍을 혁파하여 귀족 세력의 경제적 기반을 약화시켰다.

정답설명 ② 신문왕은 장인인 김흠돌의 난을 진압하는 동시에 귀족 세력을 숙청하고 정치 세력을 재편성하여 왕권을 강화하였다.

오답분석
① 문무왕: 삼국 통일을 완성한 왕은 문무왕이다. 문무왕은 나·당 전쟁에서 승리함으로써 당의 세력을 몰아내고 삼국 통일을 완성하였다.
③ 진흥왕: 단양 신라 적성비를 세운 왕은 진흥왕이다. 진흥왕은 고구려의 영토였던 단양의 적성을 점령한 후 점령 과정에서 도움을 준 주민 야이차를 포상한다는 내용 등을 기록한 단양 신라 적성비를 세웠다.
④ 법흥왕: 국정을 총괄하는 상대등을 두었던 왕은 법흥왕이다. 법흥왕은 화백 회의의 주관자이자 귀족들의 대표인 상대등을 두어 정치 조직을 강화하였다.

10 조선 후기 비변사 난이도 하 ●○○

자료분석 제시문에서 이름은 변방 방비를 위해서라고 하면서 과거나 왕비와 후궁 간택까지 모두 처리한다는 내용을 통해 밑줄 친 '이 기구'가 비변사임을 알 수 있다. 비변사는 국방 문제를 담당하는 임시 기구로 설치되었으나, 임진왜란 이후 국방 문제뿐만 아니라 외교, 재정, 사회, 인사 문제 등의 국정 전반을 관할하였다.

정답설명 ③ 비변사는 3포 왜란 이후 여진족과 왜구 등 외적의 침입에 대비하기 위한 임시 기구로 설치되었다. 이후 을묘왜변을 계기로 상설 기구화되었다.

오답분석
① 이조 전랑: 3사(사헌부·사간원·홍문관) 관리의 추천권(통청권)을 가지고 있었던 것은 이조 전랑이다. 이조 전랑은 6부 중 이조의 정랑과 좌랑을 합쳐 부르는 말로, 통청권(3사 관리 추천), 자대권(자신의 후임 추천), 낭청권(재야 인사 추천) 등을 보유하고 있었다.
② 사간원: 사헌부, 홍문관과 함께 3사로 불렸던 기구는 사간원이다. 사간원은 왕에게 간쟁과 논박을 하며 정사를 비판하는 역할을 하였다.
④ 규장각: 서얼 출신 학자들이 검서관에 등용된 기구는 규장각이다. 규장각은 정조 때 설치된 왕실 도서관이자 학술과 정책을 연구하는 기관으로 박제가, 유득공, 이덕무 등 서얼 출신 학자들이 정조에 의해 검서관으로 등용되었다.

👍 이것도 알면 합격!

비변사의 구성원 확대

> 중앙과 지방의 군국 기무를 모두 관장한다. …… 도제조(都提調)는 현임과 전임 의정이 겸임한다. 제조는 정수가 없으며, 왕에게 아뢰어 차출하되 이조·호조·예조·병조·형조의 판서, 훈련도감과 어영청의 대장, 개성·강화의 유수, 대제학이 예겸한다. - 『속대전』

사료 분석 | 임진왜란 이후 비변사의 구성원에 포함되는 고위 관원들이 점차 늘어나면서 비변사가 국가 최고 정무 기구로 발전하였다.

11 선사 시대 고조선 난이도 하 ●○○

자료분석 제시문에서 다른 사람을 죽인 자는 즉시 죽이고, 남에게 상처를 입힌 자는 곡물로 배상하게 하였다는 내용과 도둑질한 자는 재산을 몰수하고 노비로 삼았다는 내용을 통해 고조선의 8조법임을 알 수 있다.

정답설명 ④ 고조선은 지리적 이점을 이용하여 중국의 한(漢)과 한반도 남부의 진(辰) 사이에서 중계 무역을 전개하여 경제적 이익을 얻었다.

오답분석
① **고구려**: 중대한 범죄자에 대한 처벌 등 국가의 중대사는 귀족 회의인 제가 회의에서 논의되었던 나라는 고구려이다.
② **부여**: 가축 이름을 딴 제가가 별도의 행정구역인 사출도를 다스렸던 나라는 부여이다.
③ **동예**: 읍락을 함부로 침범하면 노비와 소, 말로 배상하게 하는 책화의 제도가 있었던 나라는 동예이다.

12 근대 독립 협회 난이도 중 ●●○

자료분석 제시문에서 백정 박성춘이 연설하였다는 내용과 6개 조항을 만민에게 돌려 찬성을 받았다는 내용을 통해 밑줄 친 '단체'가 독립 협회임을 알 수 있다. 독립 협회가 개최한 관민 공동회에서는 백정 박성춘이 개막 연설을 하였으며, 국정 개혁안인 헌의 6조를 채택하였다.

정답설명
① 독립 협회는 반러 운동을 전개하여 러시아의 절영도 조차를 저지하였으며, 한러은행 폐쇄와 러시아 재정 고문과 군사 교련단 철수 등을 이끌어 냈다.

오답분석
② **보안회**: 일제의 황무지 개간권 요구를 저지한 단체는 보안회이다. 보안회는 일본이 대한 제국 정부에 황무지 개간권을 요구하자 이에 반대하는 원세성, 송수만 등의 유생 관료 출신들을 중심으로 결성된 단체이다.
③ **오적 암살단**: 을사오적(을사늑약에 찬성해 서명한 다섯 명의 대신)을 처단하기 위한 목표를 지녔던 단체는 나철과 오기호 등을 중심으로 조직된 오적 암살단이다.
④ **대한 자강회**: 고종의 강제 퇴위를 반대하는 시위를 주도한 단체는 대한 자강회이다. 대한 자강회는 고종의 강제 퇴위 반대 운동을 주도하다가 강제 해산되었다.

13 현대 김대중 정부의 통일 노력 난이도 중 ●●○

자료분석 제시문에서 처음으로 민주적 정권 교체가 실현되는 자랑스러운 날이라는 내용을 통해 김대중 정부가 발표한 연설문임을 알 수 있다. 제15대 대통령 선거에서 야당의 김대중 후보가 대통령에 당선되면서 대한민국 정부 수립 이후 처음으로 선거를 통한 평화적 정권 교체가 이루어졌다.

정답설명
③ 김대중 정부는 분단 이후 최초로 남북 정상 회담을 개최하고 6·15 남북 공동 선언을 채택하였다. 이때 남북 교류, 경제 협력의 활성화와 이산가족 문제의 해결 등에 합의하였다.

오답분석
① **노무현 정부**: 개성 공업 지구가 조성된 것은 노무현 정부 시기의 사실이다. 개성 공업 지구는 김대중 정부 시기인 2000년에 조성하기로 합의하였으며, 노무현 정부 때인 2004년에 조성되었다.
② **박정희 정부**: 7·4 남북 공동 성명을 합의한 것은 박정희 정부 시기의 사실이다. 7·4 남북 공동 성명은 분단 이후 최초로 남북이 통일에 대한 기본 원칙에 합의한 것으로, 한반도 통일이 자주·평화·민족 대단결의 원칙에 입각하여 이루어져야 함을 합의하였다.
④ **노태우 정부**: 남북한이 동시에 유엔에 가입한 것은 노태우 정부 시기의 사실이다. 1991년에 열린 유엔 총회에서 남북이 각각 독립된 국가의 자격으로 동시에 유엔의 회원국이 되었다.

👍 이것도 알면 합격!

남북한 통일 정책의 전개

명칭	정부	주요 내용
7·4 남북 공동 성명 (1972)	박정희 정부	· 남북한 당국이 최초로 통일과 관련하여 합의 · 자주·평화·민족 대단결의 3대 원칙 천명 · 남북 조절 위원회 구성
남북 기본 합의서 (1991)	노태우 정부	· 남북 관계를 잠정적으로 형성된 특수 관계로 인정 · 남북 화해, 상호 불가침, 교류·협력에 관한 기본 합의
6·15 남북 공동 선언 (2000)	김대중 정부	· 제1차 남북 정상 회담 결과 채택 · 남측의 연합제 안과 북측의 낮은 단계의 연방제 안을 상호 인정 · 경의선 복구, 개성 공단 건설을 합의
10·4 남북 공동 선언 (2007)	노무현 정부	· 제2차 남북 정상 회담 결과 채택 · 6·15 남북 공동 선언 재확인, 경제 협력 사업의 활성화
4·27 판문점 선언 (2018)	문재인 정부	· 제3차 남북 정상 회담 결과 채택 · 남북 관계 개선, 전쟁 위협 해소, 항구적 평화 체제 구축, 남북 공동 연락 사무소 설치 등을 합의

14 조선 전기 4부 학당과 향교 난이도 중 ●●○

자료분석 (가)는 생원·진사시를 준비하는 교육을 받았다는 것과 동학, 서학, 남학, 중학이 있었다는 내용을 통해 4부 학당임을 알 수 있다.
(나)는 성현에 대한 제사와 유생의 교육, 주민의 교화를 위해 부·목·군·현에 하나씩 설치되었다는 내용을 통해 향교임을 알 수 있다.

정답설명
① 4부 학당은 한성에 설치된 중등 교육 기관이었다. 4부 학당에는 8세 이상의 양인 남성이면 입학이 가능하였으며, 교수와 훈도가 『소학』과 사서를 중심으로 교육하였다.

오답분석
② 풍기 군수 주세붕에 의해 처음 세워진 교육 기관은 서원이다.
③ 흥선 대원군 때 전국에 47개소만 남기고 폐지된 교육 기관은 서원이다.
④ 입학하기 위해서는 생원 또는 진사의 지위를 지녀야 했던 교육 기관은 성균관이다. 한편, 향교에는 8세 이상의 양인 남성이면 입학이 가능하였다.

15 조선 후기 균역법 시행에 따른 재정 보충 방안 난이도 중 ●●○

자료분석 제시문에서 양역의 절반을 감하라고 명하였다는 내용과 1필을 감하는 정사로 온전히 돌아가야 할 것이라는 내용을 통해 밑줄 친 '대책'이 균역법 시행에 따른 재정 보충 방안임을 알 수 있다. 균역법 실시 후 군포 징수액이 절반으로 감소하자 영조는 신하들에게 감소한 국가 재정을 보충하기 위한 대책을 강구하도록 명하였다.

정답
설명
③ 옳은 것을 모두 고르면 ⓒ, ㉢이다.
· ⓒ, ㉢ 균역법 시행 이후 군포 수입이 절반으로 감소하자 영조는 지방의 토호나 부유한 평민들에게 '선무군관'이라는 칭호를 부여하고, 이들로부터 매년 선무군관포 1필을 징수하였다. 아울러 어장세, 염세, 선박세 등의 어염선세를 국고로 전환시켜 국가 수입을 확충하였다.

오답
분석
㉠ 원납전을 징수한 것은 흥선 대원군이 경복궁을 중건하는 과정에서 공사비를 충당하기 위한 대책이었다.
ⓒ 삼정이정청을 설치한 것은 조선 후기에 삼정(전정, 군정, 환곡)의 문란으로 인해 임술 농민 봉기가 발생하자 정부가 농민들의 불만을 해소하고 삼정 문제를 해결하기 위한 대책이었다.

16 근대 미국 난이도 상 ●●●

자료
분석
제시문에서 정부가 황쭌셴의 『조선책략』에 따라 서양과 통교하려 한다고 여겨 이를 반대하는 상소를 올렸다는 내용을 통해 밑줄 친 '이 나라'가 미국임을 알 수 있다. 『조선책략』에는 친중·결일·연미의 내용이 있었는데, 특히 미국과 연합해야 한다는 내용을 조선 정부가 수용하여 청의 알선을 통해 미국과의 수교를 추진하였다. 이에 이만손을 비롯한 영남 지역의 유생들이 만인소를 올려 이에 반대하였다.

정답
설명
④ 미국은 러·일 전쟁을 마무리 하기 위해 일본과 러시아의 포츠머스 조약을 중재하였다.

오답
분석
① 일본: 운요호 사건을 일으킨 나라는 일본이다. 일본은 조선의 개항을 강요하기 위해 군함 운요호를 보내 조선을 불법 침입하였다. 이 사건을 계기로 조선은 일본과 강화도 조약(조·일 수호 조규)을 체결하고 강제로 문호를 개방하였다.
② 러시아, 프랑스, 독일: 삼국 간섭에 참여하였던 나라는 러시아, 프랑스, 독일이다. 청·일 전쟁 이후 체결된 시모노세키 조약으로 일본이 청으로부터 랴오둥(요동) 반도를 할양받게 되자, 러시아와 프랑스, 독일은 일본에 랴오둥(요동) 반도를 청에 반환할 것을 요구하였다(삼국 간섭).
③ 프랑스: 외규장각 도서를 약탈한 나라는 프랑스이다. 프랑스는 병인양요 때 강화도에서 퇴각하면서 외규장각에 보관 중이던 『의궤』 등의 많은 도서들과 문화재들을 약탈해 갔다.

17 고려 시대 최우 집권 시기의 사실 난이도 중 ●●○

자료
분석
제시문에서 정방을 자기 집에 설치하고 학문하는 선비들을 선발하여 소속시켰다는 내용을 통해 (가) 인물이 최우임을 알 수 있다. 최우는 본인의 사저에 인사 행정 기구인 정방을 설치하여 모든 관리에 대한 인사권을 장악하였다.

정답
설명
④ 최우 집권 시기에 담양에서 이연년 형제가 백제 부흥을 표방하며 난을 일으켰다.

오답
분석
① 정중부 집권 시기: 명종이 즉위한 것은 정중부 집권 시기의 사실이다. 정중부는 이의방, 이고 등과 함께 무신 정변을 일으켜 의종을 폐위하고 명종을 즉위시켜 정권을 장악하였다.
② 최충헌 집권 시기: 교정도감이 처음 설치된 것은 최충헌 집권 시기의 사실이다.
③ 경대승 집권 시기: 도방이 처음 조직된 것은 경대승 집권 시기의 사실이다.

18 조선 후기 광해군~인조 재위 시기에 일어난 사건 난이도 상 ●●●

정답
설명
③ 일어난 순서대로 나열하면 ⓒ 강홍립 파견(1619) → ⓒ 인조반정(1623) → ㉢ 모문룡 제거(1629) → ㉠ 청과의 군신 관계 체결(1637)이 되며, 그 중에 첫 번째와 세 번째로 일어난 사건은 ⓒ, ㉢이다.
· ⓒ 강홍립 파견: 광해군 때 후금의 침략을 받은 명이 조선에 군사를 요청하자 도원수로 강홍립을 파견하면서 상황에 따라 유연하게 대처하도록 명하였다(1619).
· ㉢ 모문룡 제거: 인조반정으로 광해군이 폐위되자, 후금은 광해군을 위하여 보복한다는 명분으로 정묘호란을 일으켰다(1627). 후금군은 침략 과정에서 가도에 주둔하던 명의 장수 모문룡을 공격하여 쫓아냈다. 이후 정묘호란이 종결되고 후금군이 물러나자 가도로 복귀한 모문룡은 백성들을 대상으로 약탈 행위를 자행하였고, 연이은 후금과의 전투에서 패전하자 명의 신임을 잃어 결국 암살당하여 제거되었다(1629).

오답
분석
㉠ 청과의 군신 관계 체결: 병자호란이 발발(1636)하자 인조는 남한산성으로 피신하여 청군에 대항하였으나, 결국 이듬해 삼전도에 나가 청 태종 앞에서 굴욕적인 항복을 하고 청과 군신 관계를 맺었다(1637).
ⓒ 인조반정: 서인은 중립 외교와 폐모살제(광해군이 계모인 인목대비를 유폐시키고 이복 동생인 영창 대군을 살해한 사건)를 빌미로 광해군을 폐위 시킨 후 인조를 왕으로 세웠다(인조반정, 1623).

19 고려 시대 태조 왕건, 경종, 목종, 문종 난이도 중 ●●○

자료
분석
제시된 자료에서 역분전을 처음 시행한 (가)는 태조 왕건, 시정 전시과를 처음 시행한 (나)는 경종, 개정 전시과를 처음 시행한 (다)는 목종, 경정 전시과를 처음 시행한 (라)는 문종이다.

정답
설명
② 사색 공복 제도를 제정한 왕은 광종이다. 광종은 관리들의 위계 질서를 확립하기 위해 백관의 사색(자색·단색·비색·녹색) 공복을 정하여 등급에 맞는 관복을 착용하도록 하였다.

오답
분석
① 태조 왕건은 후대 왕들이 나라를 다스리는 데 참고해야 할 정책 방안을 담은 훈요 10조를 남겼다.
③ 목종은 서북면 도순검사 강조가 일으킨 정변으로 폐위되었다. 목종 때 천추태후와 김치양이 자신들 사이에서 태어난 자식을 새로운 왕으로 세우려 하자 강조가 정변을 일으켜 김치양 일파를 제거하는 한편, 목종을 폐위시키고 대량원군(현종)을 옹립하였다.
④ 문종은 문벌 귀족인 경원 이씨 이자연의 세 딸을 왕비로 맞이하였다. 한편, 이자연과 이자겸 등 경원 이씨는 왕실과 중첩된 혼인 관계를 맺어 왕의 외척으로서 권력을 독점하였다.

20 현대 사사오입 개헌안 공포와 혁명 공약 발표일 사이의 사실 난이도 상 ●●●

자료
분석
(가)는 대통령의 임기는 4년으로 하며 재선에 의하여 1차 중임할 수 있다는 내용과 이 헌법 공포 당시의 대통령에 대하여는 제한을 적용하지 아니한다는 내용을 통해 1954년에 공포된 사사오입 개헌안(제2차 개헌안)임을 알 수 있다.
(나)는 반공을 국시의 제1의로 삼을 것이라는 내용과 과업이 성취되면 정권을 이양하고 본연의 임무에 복귀할 준비를 갖출 것이라는 내용을 통해 1961년에 5·16 군사 정변을 일으킨 군사 혁명 위원회에서 발표한 혁명 공약임을 알 수 있다.

정답설명 ② 국민 교육 헌장을 제정한 것은 1968년으로 (나) 이후에 있었던 사실이다. 국민 교육 헌장은 박정희 정부 시기에 우리 교육이 지향해야 할 이념과 목표를 제시한 것으로, 민족 주체성 확립과 새로운 민족 문화 창조, 반공 민주주의 정신 강조 등의 내용을 담고 있다.

오답분석 모두 (가)와 (나) 발표일 사이에 있었던 사실이다.
① 1958년에 조봉암이 평화 통일론을 주장하여 국민들에게 많은 지지를 받자, 이에 위협을 느낀 이승만 정부는 조봉암을 비롯한 진보당 간부들을 북한의 간첩과 내통하였다는 혐의로 구속하였다(진보당 사건). 이후 진보당은 해체되고 조봉암은 간첩 혐의로 처형당하였다(1959).
③, ④ 1960년에 4·19 혁명으로 이승만 대통령이 하야한 후 출범한 허정 과도 정부는 내각 책임제와 양원제를 핵심으로 하는 제3차 개헌을 단행했다. 이후 실시된 제5대 국회의원 총선거로 새롭게 구성된 의회에서 윤보선이 제4대 대통령으로 당선되었다.

21 일제 강점기 한국 독립군   난이도 중 ●●○

자료분석 제시문에서 카오펑린 부대와 합작하여 쌍성보를 공격하여 일본군을 섬멸하였다는 내용을 통해 (가) 부대가 한국 독립군임을 알 수 있다. 한국 독립군은 중국 호로군 등과 연합하여 동경성·사도하자·쌍성보·대전자령 전투에서 승리하였다.

정답설명 ① 한국 독립군은 한국 독립당 산하 군사 조직으로, 지청천 장군의 지휘 아래 주로 북만주 지역에서 무장 독립 투쟁을 전개하였다.

오답분석
② 조선 혁명군: 흥경성 전투에서 승리를 거둔 것은 조선 혁명군이다.
③ 조국 광복회: 동북 항일 연군 내 한인들이 결성한 것은 조국 광복회이다. 조국 광복회는 동북 항일 연군 내의 한인 간부들이 반일 민족 연합의 통일 전선을 실현하기 위해 조직한 단체이다.
④ 조선 의용대 화북 지대: 중국 화북에서 조선 의용군으로 개편된 것은 조선 의용대 화북 지대이다. 태항산 지역에서 주로 활동한 조선 의용대 화북 지대는 조선 독립 동맹 산하의 조선 의용군으로 개편된 후 항일전을 지속하였다.

22 고대 신라 하대의 반란   난이도 중 ●●○

정답설명 ④ 일어난 순서대로 나열하면 (다) 김지정의 난(780) → (나) 김헌창의 난(822) → (가) 원종과 애노의 난(889)이 된다.
- (다) 김지정의 난: 혜공왕 때 내물왕의 10대손인 김양상이 권력을 장악하자, 나라의 기강을 바로잡는다는 명분으로 이찬 김지정이 반란을 일으켰으나 실패하였다(780). 이 과정에서 무열왕계인 혜공왕이 피살되고 뒤이어 김양상이 선덕왕으로 즉위하면서 무열왕의 직계가 단절되고 내물왕계가 다시 왕위를 차지하였다.
- (나) 김헌창의 난: 헌덕왕 때 김헌창이 자신의 아버지인 김주원이 왕이 되지 못한 것에 불만을 품고 웅주(공주)에서 국호를 '장안', 연호를 '경운'이라 하여 반란을 일으켰으나 실패하였다(822).
- (가) 원종과 애노의 난: 진성 여왕 때 정부의 강압적인 조세 징수, 진골 귀족의 농민 수탈 강화 등으로 농민의 불만이 심화되면서 원종과 애노가 사벌주(상주)에서 난을 일으켰다(889).

23 고려 시대 시무 28조 건의와 서경 천도 건의 사이의 사실   난이도 중 ●●○

자료분석 (가)는 982년에 최승로가 성종에게 유교 이념을 바탕으로 국가를 운영할 것을 주장하며 올린 시무 28조의 내용이다. 시무 28조에는 지방관의 파견을 통한 호족 세력의 견제, 유교 이념의 실현, 불교 행사와 토속 신앙 규제, 중앙 관제 정비 등의 내용이 담겨 있다.
(나)는 1128년에 묘청이 풍수지리설을 내세워 서경에 궁궐을 짓고 천도할 것을 인종에게 건의한 상소문의 내용이다.

정답설명 ② (가), (나) 시기의 사이인 1019년에 강감찬이 이끄는 고려군은 귀주에서 퇴각하는 거란군을 크게 물리쳤다(귀주 대첩).

오답분석
① (나) 이후: 만적이 신분 해방 운동을 시도한 것은 최충헌 집권 시기인 1198년으로, (나) 시기 이후의 사실이다.
③ (가) 이전: 노비안검법이 실시되어 양민의 수가 늘어난 것은 광종 때인 956년으로, (가) 시기 이전의 사실이다.
④ (나) 이후: 도평의사사가 중앙의 최고 권력 기구로 기능한 것은 1279년 이후로, (나) 시기 이후의 사실이다. 충렬왕 때 도병마사가 도평의사사로 개편되어 국정 전반의 중요 사항을 담당하는 최고 권력 기구가 되었다.

24 현대 김영삼 정부 시기의 사실   난이도 중 ●●○

자료분석 제시문에서 국제 통화 기금 자금 지원을 요청하기로 하였다는 내용을 통해 김영삼 정부 시기의 사실임을 알 수 있다.

정답설명 ③ 김영삼 정부 시기인 1996년에 우리나라는 시장 개방 정책의 일환으로 경제 협력 개발 기구(OECD)에 가입하였다.

오답분석
① 박정희 정부: 전태일 분신 사건이 일어난 것은 박정희 정부 시기의 사실이다.
② 이명박 정부: 다문화 가족 지원법이 제정되어 결혼 이민자와 이주 노동자 및 그 자녀들로 구성되는 다문화 가족을 지원한 것은 이명박 정부 시기의 사실이다.
④ 김대중 정부: 국민 기초 생활 보장법을 제정하여 생활이 어려운 계층의 최저 생활을 보장한 것은 김대중 정부 시기의 사실이다.

25 조선 전기 임진왜란의 전개 과정   난이도 중 ●●○

정답설명 ① 시기순으로 나열하면 (가) 탄금대 전투(1592. 4.) → (나) 한산도 대첩(1592. 7.) → (다) 행주 대첩(1593. 2.) → (라) 선조의 서울 귀환(1593. 10.)이 된다.
- (가) 탄금대 전투: 신립이 충주 탄금대에서 배수진을 치고 왜군과 싸웠지만 패배하였다(1592. 4.).
- (나) 한산도 대첩: 왜군이 총공격을 가해오자 이순신 함대는 한산도 앞바다로 적을 끌어낸 뒤, 학이 날개를 펼치는 모습인 학익진 전법으로 대파하였다(1592. 7.).
- (다) 행주 대첩: 행주산성을 지키던 권율은 백성들과 함께 합심하여 일본군의 공격을 막아내었다(1593. 2.).
- (라) 선조의 서울 귀환: 행주 대첩 이후 명나라와 일본 간의 휴전 협상이 진행되면서 일본군이 남쪽으로 철수하고 조·명 연합군이 서울(한양)을 수복하였다(1593. 4.). 이후 의주로 피난하였던 선조가 서울로 돌아왔다(1593. 10.).

28회 2024년 법원직 9급

2024년 6월 22일 시행

문제집 128쪽

정답

01	① 고대	14	② 고려 시대
02	③ 일제 강점기	15	④ 근대
03	① 조선 전기	16	② 고려 시대
04	③ 조선 후기	17	② 고대
05	③ 고려 시대	18	② 고대
06	③ 고대	19	① 고려 시대
07	③ 조선 전기	20	③ 근대
08	③ 선사 시대	21	③ 근대
09	④ 고대	22	② 일제 강점기
10	② 조선 후기	23	① 조선 후기
11	④ 조선 후기	24	② 고려 시대
12	④ 근대	25	① 조선 후기
13	① 고려 시대		

취약 시대 분석표

시대	맞힌 개수
선사 시대	/ 1
고대	/ 5
고려 시대	/ 6
조선 전기	/ 2
조선 후기	/ 5
근대	/ 4
일제 강점기	/ 2
현대	/ 0
시대 통합	/ 0
총합	/ 25

기출 총평

"합격선 96점, 매우 쉽게 출제!"

- **난이도:** 시험 전체적인 난이도는 하로 쉬운 시험이었습니다. 시험에 자주 나오는 익숙한 개념이 출제되어, 기본 개념 학습을 충실히 하였다면 고득점을 획득할 수 있었던 시험이었습니다.

- **고난도 문제**
  - 16번 고려사의 전개: 제시된 사료만을 읽고 순서를 파악하기 까다로웠던 문제였습니다. 특히 망이·망소이의 난과 관련한 생소한 사료가 출제되어 체감 난이도가 어려웠습니다.

---

01 고대 4세기 말과 6세기 말 사이의 사실 난이도 중 ●●○

자료 분석
(가)는 백제의 수도가 한성이고, 백제의 영토가 황해도 일부 지역까지 확장된 것을 통해 백제의 전성기인 4세기 말임을 알 수 있다.

(나)는 백제의 수도가 사비이고, 고구려의 수도가 평양이라는 것과 신라가 한강 유역을 장악하고 있는 것을 통해 신라의 전성기인 6세기 말임을 알 수 있다.

정답 설명
① 태조왕이 옥저를 복속한 것은 56년으로, (가) 시기 이전의 사실이다. 고구려의 태조왕은 1세기(56)에 동옥저를 복속하고, 2세기 초에는 현도군을 공격하는 등 활발한 정복 활동을 전개하였다.

오답 분석
모두 (가), (나) 사이 시기의 사실이다.
② 6세기 중엽에 신라의 진흥왕은 인재 양성을 위해 청소년 집단이었던 화랑도를 국가적인 조직으로 개편하였다.
③ 5세기에 고구려의 장수왕은 수도를 평양으로 옮기고(427) 남진 정책을 추진하여 백제의 수도인 한성을 함락시켰다.
④ 6세기 초에 신라의 지증왕은 한화 정책을 추진하여 국호를 '신라'로 정하고, 왕호를 마립간에서 '왕'으로 바꾸었다.

02 일제 강점기 대한민국 임시 정부 난이도 중 ●●○

자료 분석
제시문에서 건국 정신은 삼균 제도의 역사적 근거를 두었다는 내용을 통해 (가)가 대한민국 임시 정부임을 알 수 있다. 대한민국 임시 정부는 건국 강령으로 개인과 개인, 민족과 민족, 국가와 국가 간의 균등을 주장한 조소앙의 삼균주의를 채택하였다.

정답 설명
③ 조선 의용대 화북 지대를 조선 의용군으로 개편한 것은 조선 독립 동맹이다. 조선 독립 동맹은 조선 의용대 화북 지대를 흡수하여 산하 군사 조직인 조선 의용군으로 개편하였다. 한편, 조선 의용군은 중국 공산당의 팔로군과 연합하여 태항산 지역 등에서 항일 전투를 수행하였다.

오답 분석
① 대한민국 임시 정부는 중국 국민당 정부를 따라 충칭으로 이동한 후, 산하 군사 조직으로 한국광복군을 창설하였다.
② 대한민국 임시 정부는 태평양 전쟁이 일어나자 1941년에 일제에 대일 선전 성명서를 발표하고 연합군의 일원으로 참전하였다.
④ 대한민국 임시 정부에는 1942년에 민족 혁명당과 사회주의 계열 단체 인사, 김원봉이 이끄는 조선 의용대의 일부가 합류하였다.

03 조선 전기 평양성 탈환과 주전론 대두 사이의 사실 난이도 중 ●●○

자료 분석
(가)는 명군 도독 이여송이 관군을 거느리고 평양성 밖에 다다라 본성을 포위하였다는 내용을 통해 임진왜란 중 조·명 연합군이 평양성을 탈환(1593)한 사건임을 알 수 있다.

(나)는 화의가 나라를 망친 것은 어제 오늘의 일이 아니라는 내용과 명은 우리나라에는 부모의 나라이고 노적은 부모의 원수라는 내용을 통해 병자호란(1636) 직전에 대두된 주전론임을 알 수 있다.

정답 설명
① (가)와 (나) 사이 시기인 1619년에는 강홍립이 이끄는 조선군은 후금에 항복하였다. 명과 후금 사이에서 중립 외교를 펼치던 광해군은 명이 조선에 군사를 요청하자 강홍립을 파견하면서 상황에 따라 유연하게 대처하도록 명하였다. 이에 강홍립은 조선과 명의 연합군이 후금과의 전투에서 패배하자, 조선군의 출병이 부득이 이루어졌다는 사실을 밝히며 군사를 이끌고 후금에 항복하였다.

오답 분석
② (가) 이전: 신립이 충주에서 일본군에게 패배한 것은 1592년으로, (가) 시기 이전의 사실이다. 신립은 임진왜란 때 충주 탄금대에서 배수의 진을 치고 일본군에게 맞서 싸웠지만 패배하였다.
③ (나) 이후: 인조가 삼전도에 나가 굴욕적인 항복한 것은 1637년으로, (나) 시기 이후의 사실이다. 후금이 국호를 청으로 바꾸고 조선에 군신 관계를 요구해오자, 조선 정부는 주전론과 주화론으로 국론이 분열되었고, 결국 주전론이 우세해지면서 병자호란이 일어났다. 이에 인조는 남한산성으로 피신하여 청군에 대항하였으나, 결국 삼전도에 나가 청 태종 앞에서 굴욕적인 항복을 하고 청과 군신 관계를 맺었다.
④ (가) 이전: 조선 시대에 왜구의 약탈을 근절하고자 대마도를 정벌한 것은 세종 때인 1419년으로, (가) 시기 이전의 사실이다.

04 조선 후기 균역법 시행 이후 재정 보충책   난이도 중 ●●○

자료 분석
제시문에서 갓난아기 장정으로 군적에 올려서 문이 닳도록 찾아와 군포를 바치라고 독촉하였다는 내용을 통해 군역의 폐단으로 나타난 모습임을 알 수 있다. 조선 후기에 군역의 폐단이 심해지자 영조 때 군포를 2필에서 1필로 줄이는 균역법이 시행되었고, 부족한 재정을 보충하기 위해 결작 부과 등 여러 재정 보충책을 시행하였다.

정답 설명
③ 균역법의 시행 결과 양민들은 2필씩 내던 군포를 1필만 내게 되었고, 줄어든 군포의 수입을 보충하기 위해 일부 부유한 양민에게 선무군관이라는 칭호를 주고 군포 1필을 내도록 하였다.

오답 분석
모두 균역법 시행 이후의 재정 보충책과는 관련이 없다.
① 관료전을 지급하고 녹읍을 폐지한 것은 통일 신라의 신문왕이다. 신문왕은 조세 수취는 물론 노동력 징발까지 가능했던 녹읍을 폐지하여 귀족들의 경제적 기반을 약화시키고, 해마다 관등에 따라 관료전을 차등있게 지급하였다.
② 풍흉에 관계 없이 일정하게 토지 1결당 미곡 4~6두의 조세를 거둔 것은 인조 때 실시한 영정법이다.
④ 토지 소유자에게 공납을 쌀·동전 등으로 내게 한 것은 대동법이다. 대동법은 방납의 폐단을 해결하기 위해 시행된 제도로, 공납을 가호가 아닌 토지를 기준으로 토지 소유자에게 쌀, 포, 동전 등을 내게 한 제도이다.

이것도 알면 합격!

균역법

배경	군포 징수의 문란, 농민들의 군포 부담 증가
내용	· 1년에 군포 1필만 부과 · 재정 감소 보완책: 어장세·염세·선박세 부과, 결작(토지 소유자에게 1결당 2두 부과), 선무군관포(일부 부유한 평민층에게 명예직을 수여하고 군포 1필 징수)
결과	농민들의 군포 부담 감소, 결작이 소작농에게 전가되는 문제점 발생

05 고려 시대 광종과 성종 사이의 사실   난이도 중 ●●○

자료 분석
첫 번째 제시문은 노비를 상세히 조사하고 살펴서 옳고 그름을 따져 밝혀내도록 명하였다는 내용을 통해 노비안검법(956)을 시행한 고려 광종 때임을 알 수 있다.
두 번째 제시문은 양민이 된 노비들은 해가 점차 멀어지면 반드시 그 본래의 주인을 가볍게 보고 업신 여기게 된다는 내용과 다시 천민으로 되돌려 부리게 할 것이라는 내용을 통해 노비환천법(987)을 시행한 고려 성종 때임을 알 수 있다.

정답 설명
③ (가) 시기인 976년에는 전시과가 처음으로 제정되었다. 고려 경종 때 전·현직 관리의 인품과 관품을 고려하여 전지와 시지를 지급하는 시정 전시과가 처음 실시되었다.

오답 분석
① (가) 이후: 강조가 정변을 일으킨 것은 고려 목종 때인 1009년으로, (가) 시기 이후의 사실이다. 강조는 목종의 어머니인 천추태후와 김치양이 자신들 사이에서 태어난 자식을 왕으로 세우려 하자, 정변을 일으켜 김치양 일파를 제거하고, 목종을 폐위시킨 후 대량원군(현종)을 왕으로 옹립하였다.
② (가) 이후: 거란이 개경을 점령한 것은 고려 현종 때인 1010년으로, (가) 시기 이후의 사실이다. 거란은 강조의 정변을 구실로 고려를 침략(2차 침입)하였으며, 이때 개경이 함락되는 위기를 맞았다.
④ (가) 이전: 공신들에게 역분전이 지급된 것은 태조 왕건 때인 940년으로, (가) 시기 이전의 사실이다. 태조 왕건 때 고려 건국과 후삼국 통일 과정에서 공을 세운 신하들에게 역분전을 지급하였다.

06 고대 가야   난이도 하 ●○○

자료 분석
제시문에서 김해·고령 등 고분군 7곳이 유네스코 세계 문화유산이 됐다는 내용과 기원 전후부터 562년까지 주로 낙동강 유역을 중심으로 번성한 작은 나라들의 총칭이라는 내용을 통해 (가) 국가가 가야임을 알 수 있다.

정답 설명
③ 골품에 따라 관등이나 관직 승진에 제한이 있었던 나라는 신라이다. 신라는 골품제를 시행하여 각 골품마다 승진할 수 있는 관등의 상한선을 제한하였고, 가옥의 크기, 수레의 크기 등 일상 생활까지 제한하였다.

오답 분석
①, ② 가야는 철이 많이 생산되는 낙동강 하류의 변한 지역에서 철기 문화를 바탕으로 성장하였다. 또한 가야는 생산한 철기를 해상 교역을 통해 주변국인 낙랑, 일본 규슈 등에 수출하였다.
④ 3세기경에 김해 지역의 금관가야를 중심으로 전기 가야 연맹이 결성되었다. 이후 광개토 대왕의 남하로 인해 전기 가야 연맹이 해체되었고, 5세기 후반에 고령 지방의 대가야를 중심으로 후기 가야 연맹이 결성되었다.

07 조선 전기 제1차 왕자의 난과 대마도 정벌 사이의 사실   난이도 중 ●●○

자료 분석
(가)는 정도전, 남은과 심효생 등이 여러 왕자들을 해치려 꾀하다가 성공하지 못하고 참형을 당하였다는 내용을 통해 태조 때 일어난 제1차 왕자의 난(1398)임을 알 수 있다.
(나)는 구주에서 온 왜인만은 구류하라는 것과 이종무를 삼군 도체찰사로 임명하였다는 내용을 통해 세종 때의 대마도 정벌(1419)임을 알 수 있다.

정답 설명
③ (가), (나) 사이 시기인 1414년에 태종은 6조의 업무를 의정부를 거치지 않고 직접 왕에게 재가를 받도록 하는 6조 직계제를 시행하여 국왕 중심의 통치 체제를 강화하였다.

오답 분석
① (나) 이후: 임금에게 유학의 경서를 강론하는 경연이 폐지된 것은 세조 때인 1456년으로, (나) 시기 이후의 사실이다. 세조 때 집현전 일부 학자들이 단종 복위를 도모한 것이 발각되자 집현전을 폐지하고, 경연을 폐지하였다.

② (나) 이후: 홍문관이 설치된 것은 성종 때인 1478년으로, (나) 시기 이후의 사실이다. 홍문관은 집현전을 계승하여 설치된 것으로, 성종 때 경연과 학술·언론 기능이 부여되면서 집현전의 기능을 계승한 언론 기관의 역할을 하게 되었다.

④ (가) 이전: 위화도 회군이 단행된 것은 고려 우왕 때인 1388년으로, (가) 시기 이전의 사실이다. 고려 우왕 때 요동 정벌을 추진하자 이성계는 4불가론을 주장하며 요동 정벌에 반대하였으나, 우왕과 최영의 강요로 요동 정벌이 시행되었다. 이에 요동 정벌을 위해 출병했던 이성계는 위화도에서 군대를 돌려 우왕과 최영을 몰아내고 권력을 장악하였다.

08 선사 시대 삼한 난이도 하 ●○○

자료분석 제시문에서 세력이 강대한 사람은 스스로 신지라 하고, 그 다음은 읍차라 하였다는 내용과 국읍에 한 사람씩 천신의 제사를 주관하게 하는데 이를 천군이라 불렀다는 내용을 통해 (가) 국가가 삼한임을 알 수 있다.

정답설명 ③ 삼한은 여러 개의 소국으로 구성된 연맹체 국가로 마한에는 50여 개의 소국이 있었고, 진한과 변한에는 각각 12개국이 있었다.

오답분석
① 동예: 매년 10월에 무천이라는 제천 행사를 거행하였던 국가는 동예이다.
② 신라: 화백 회의에서 중요한 일을 결정하였던 국가는 신라이다. 신라의 귀족 회의인 화백 회의에서는 만장일치제로 국가 중대사를 결정하였으며, 회의의 의장은 상대등이었다.
④ 부여: 사출도라 불리는 독자적인 영역이 있었던 국가는 부여이다. 부여에는 왕 아래에 가축 이름을 딴 부족장인 마가, 우가, 저가, 구가의 가(加)들이 있었으며, 이들은 저마다 사출도라는 별도의 행정 구획을 통치하였다.

09 고대 광개토 대왕 난이도 중 ●●○

자료분석 제시문에서 신라가 사신을 보내자 왕이 보병과 기병 5만을 보내 신라를 구원하게 하였다는 내용을 통해 밑줄 친 '왕'이 광개토 대왕임을 알 수 있다.

정답설명 ④ 고구려의 광개토 대왕은 활발한 정복 사업을 전개하여 숙신과 비려를 정벌하고, 후연을 공격하여 요동 지역을 포함한 만주 일대를 장악하였다.

오답분석
① 소수림왕: 국립 교육 기관인 태학을 설립하고 율령을 반포한 왕은 고구려의 소수림왕이다.
② 근초고왕: 남쪽으로는 마한을 병합하고 북쪽으로는 고구려의 평양을 공격한 왕은 백제의 근초고왕이다.
③ 내물 마립간: 대군장을 뜻하는 마립간이라는 왕호를 처음 사용한 왕은 신라의 내물 마립간이다. 내물 마립간은 김씨의 독점적인 왕위 세습권을 확립하고, 왕호를 이사금에서 마립간으로 바꾸었다.

10 조선 후기 서인과 남인 난이도 중 ●●○

자료분석 (가)는 효종이 적장자가 아니라는 근거를 들어 왕과 사대부에게 같은 예가 적용되어야 한다는 입장을 내세웠다는 내용을 통해 서인임을 알 수 있다.

(나)는 왕에게는 일반 사대부와 다른 예가 적용되어야 한다고 주장하였다는 내용을 통해 남인임을 알 수 있다.

정답설명 ② 서인은 숙종 때 일어난 경신환국으로 정권을 장악하였다. 경신환국은 숙종 때 서인이 남인인 허적의 서자 허견이 모반을 꾀하였다는 고발을 하고, 이로 인해 남인의 영수인 허적과 윤휴 등이 처형된 사건으로, 서인이 정권을 장악하는 계기가 되었다.

오답분석
① 북인: 인조반정으로 몰락한 것은 북인이다. 북인은 광해군 때 정국을 주도하였으나, 서인이 주도한 인조반정으로 광해군이 폐위되면서 몰락하였다.
③ 서인: 노론과 소론으로 분화된 것은 서인이다. 서인은 경신환국으로 정권을 잡은 후 남인에 대한 처벌을 둘러싸고 강경론을 주장하는 노론과 온건론을 주장하는 소론으로 분화되었다.
④ 노론: 송시열을 중심으로 세력을 확대한 것은 노론이다. 노론은 대의명분과 민생 안정을 강조하였으며, 주자 중심의 성리학을 절대시하였다.

11 조선 후기 천주교 박해 난이도 중 ●●○

정답설명 ④ 순서대로 나열하면 (다) 진산 사건(1791) → (나) 신유박해(1801. 1.) → (가) 황사영 백서 사건(1801. 9.)이 된다.

(다) 진산 사건: 정조 때 진산에서 천주교 신자 윤지충이 그의 모친상에서 신주를 불사르고 천주교 식으로 장례를 치른 사건(진산 사건)이 발각되었다. 이에 정조는 윤지충과 권상연을 사형에 처하고, 진산군은 현으로 강등하라는 명을 내렸다(1791).

(나) 신유박해: 순조 때 정권을 장악한 노론 벽파는 남인 시파를 탄압하기 위해 천주교를 박해하였다. 이 과정에서 청나라 신부인 주문모를 비롯하여 이승훈, 최창현, 홍낙민 등이 서소문 밖에서 참수되었으며, 정약용·정약전 형제를 비롯한 천주교 신자들이 유배를 당하는 신유박해가 일어났다(1801. 1.).

(가) 황사영 백서 사건: 천주교 신자 황사영이 신유박해가 일어나자, 북경에 있는 주교에게 군대를 동원하여 조선에서 신앙과 포교의 자유를 보장받을 수 있도록 도움을 청하는 서신을 보내려 하다가 발각되었다(1801. 9.).

12 근대 일본, 청, 미국 난이도 중 ●●○

자료분석 (가)는 김기수와 김홍집을 수신사로 파견하였다는 내용을 통해 일본임을 알 수 있다.

(나)는 김윤식을 영선사로 삼아 무기 제조 기술 등을 배우는 유학생을 보냈다는 내용을 통해 청임을 알 수 있다.

(다)는 민영익 등을 보빙사로 파견하였다는 내용을 통해 미국임을 알 수 있다.

정답설명 ④ 일본과 청은 갑신정변 이후 톈진 조약을 체결하여 조선에서 양국 군의 공동 철수와 조선 파병 시 상대방 국가에 미리 알릴 것을 합의하였다.

오답분석
① 흥선 대원군을 자국으로 납치한 국가는 청이다. 청은 민씨 정권의 요청을 받아 군대를 파견하여 임오군란을 진압한 이후, 흥선 대원군을 임오군란의 책임자로 지목하여 청으로 납치하였다.
② 조선과 강화도 조약을 맺은 국가는 일본이다. 일본은 조선의 문호를 개방하기 위해 군함 운요호를 조선 연해에 보냈다. 이에 조선의 수비대가 경고 사격을 하자 운요호는 강화도 초지진에 함포 공격을 가하였다(운요호 사건). 이 사건을 계기로 조선은 일본과 강화도 조약(조·일 수호 조규)을 맺었다.

③ 거문도를 불법 점령한 국가는 영국이다. 영국은 러시아의 남하 정책을 저지하기 위해 거문도를 약 2년간(1885~1887) 불법 점령하였다.

13 고려 시대 태조 왕건의 호족 견제 정책   난이도 중 ●●○

자료분석 제시문에서 신라 왕 김부(경순왕)가 항복해 오니 그를 경주의 사심관으로 임명하여 부호장 이하의 관직 등에 관한 일을 맡게 하였다는 내용을 통해 사심관 제도에 대한 설명임을 알 수 있다. 사심관 제도는 태조 왕건이 호족을 견제하기 위해 중앙 고관을 자기 출신지의 사심관으로 임명하여 관할 지역의 치안 및 행정에 대한 업무를 맡겨 지방을 통제한 정책이다.

정답설명 ① 기인 제도는 태조 왕건이 호족을 견제하기 위해 호족의 자제를 수도에 데려와 기인으로 삼고, 출신 지방의 행정과 관련된 업무를 담당하게 한 제도이다.

오답분석 모두 태조 왕건의 호족 견제 정책과 관련이 없다.
② 태조 왕건은 국호를 고구려의 계승자라는 뜻에서 국호를 '고려'라 하여 고구려 계승 의식을 나타내었고, 고구려의 옛 땅을 회복하기 위해 북진 정책을 추진하였다.
③ 정혜쌍수는 지눌이 주장한 불교 이론으로, 선과 교학은 근본적으로 둘이 아니며, 선을 중심으로 교학을 포용하여야 한다는 내용을 담고 있다.
④ 독서삼품과는 신라 원성왕 때 시행된 관리 선발 제도로, 국학의 학생들을 대상으로 하여 유교 경전의 이해 정도를 시험하여 등급을 구분하고 이를 관리 임용에 참고하였다.

👍 이것도 알면 **합격!**

기인 제도

> 국초에 향리의 자제를 뽑아 서울에서 인질로 삼고 또 그 향사(鄕事)의 고문에 대비하니 이를 기인이라 하였다. - 『고려사』

사료 분석 | 기인 제도는 신라의 상수리 제도를 계승한 것으로, 지방 호족의 자제를 수도에 머물게 하며 출신지의 일을 자문하게 한 제도였으나, 실제로는 지방 호족의 자제를 인질로 삼아 호족 세력을 견제하기 위한 것이었다.

14 고려 시대 대간의 역할   난이도 하 ●○○

자료분석 제시문에서 고려 시대 중서문하성의 낭사와 어사대의 관원을 합쳐서 불렀다는 내용을 통해 (가)가 대간임을 알 수 있다.

정답설명 ② 중추원의 추밀과 함께 법제와 격식을 제정한 것은 식목도감이다. 식목도감은 고려의 독자적인 기구로, 중서문하성의 재신과 충추원의 추밀이 모여 대내적인 법제와 격식 및 시행 규정을 담당하는 일종의 입법 기관이었다.

오답분석
① 대간은 왕의 잘못을 논하거나 올바른 정책을 제시하는 간쟁의 역할을 담당하여 왕권을 견제하였다.
③ 대간은 관원을 임명하거나 및 법령의 개정이나 폐지 등을 정할 때 동의 여부에 서명할 수 있는 서경의 역할을 담당하였다.
④ 대간은 잘못된 왕명을 시행하지 않고 되돌려 보내는 봉박의 역할을 담당하였다.

15 근대 동학 농민 운동의 전개 과정   난이도 중 ●●○

정답설명 ④ 순서대로 나열하면 (나) 고부 민란 (1894. 1.) → (가) 집강소 설치(1894. 6.) → (다) 시모노세키 조약 체결(음 1895. 3. 23., 양 1895. 4. 17)이 된다.

- (나) **고부 민란**: 고부 군수 조병갑이 농민들을 동원하여 만석보를 짓고 과중한 세금을 거두는 등의 횡포를 부리자, 전봉준을 중심으로 농민들이 봉기하여 고부 관아를 습격하고 만석보를 허물었다(1894. 1.).
- (가) **집강소 설치**: 제1차 동학 농민 운동 때 전주성을 점령한 동학 농민군은 정부와 전주 화약을 체결하고 전라도 각지에 농민 자치 조직으로 집강소를 설치하였다(1894. 6.).
- (다) **시모노세키 조약 체결**: 전주 화약 이후 조선 정부는 동학 농민 운동의 진압을 명분으로 들어온 청·일 양국 군대의 철수를 요구하였다. 그러나 일본군이 경복궁을 점령하고 청국 군함을 공격하면서 청·일 전쟁을 일으켰다(1894. 6.). 이 전쟁에서 패배한 청은 일본과 시모노세키 조약을 체결하여 일본에 랴오둥(요동)반도를 할양하였다(음 1895. 3. 23., 양 1895. 4. 17).

16 고려 시대 고려사의 전개   난이도 상 ●●●

정답설명 ② 순서대로 나열하면 (나) 교장도감 설치(1086) → (가) 망이·망소이의 난(1176) → (다) 성균관 정비(1367)가 된다.

- (나) **교장도감 설치**: 고려 선종 때 송나라에 다녀온 의천의 건의로 흥왕사에 교장도감을 설치하였다(1086). 의천은 교장도감에서 송과 요 등의 대장경 주석서를 모아 교장(속장경)을 간행하였으며, 교종을 중심으로 선종을 통합하기 위해 해동 천태종을 처음 열어 국청사에 두었다(1097).
- (가) **망이·망소이의 난**: 고려 명종 때 공주 명학소에서 망이와 망소이가 신분 차별에 반대하여 난을 일으켰다(1176). 이에 고려 정부는 이들을 회유하기 위해 명학소를 충순현으로 승격시켜 주었고, 이에 망이가 항복하였으나 다시 명학소의 백성들을 다시 탄압하기 시작하였다.
- (다) **성균관 정비**: 고려 공민왕 때 성균관을 순수한 유교 교육 기관으로 다시 정비하고 이색을 성균(관)대사성으로 삼아 성리학을 연구하게 하였다(1367).

17 고대 대조영과 발해   난이도 중 ●●○

자료분석
- (가)는 본래 고구려의 별종이다는 것과 무리를 이끌고 동쪽으로 가서 동모산에 성을 쌓고 살았다는 내용을 통해 대조영임을 알 수 있다.
- (나)는 대씨가 북쪽 땅을 차지하였다는 내용을 통해 발해임을 알 수 있다.

정답설명 ② 옳은 것을 모두 고르면 ㉢이다.
㉢ 발해는 대인선 때 거란의 야율아보기의 침입으로 수도인 홀한성(상경성)이 함락되면서 멸망하였다.

오답분석
㉠ 대조영이 고구려 출신 인물인 것은 맞지만 왕족 출신은 아니다. 대조영은 고구려가 멸망한 뒤 고구려 유민과 말갈족들을 규합하여 동모산 기슭에서 진국(발해)을 건국하였다.
㉡ **발해 무왕**: 당의 산둥 반도를 공격한 인물은 발해 무왕이다. 무왕은 당이 흑수말갈과의 연결을 시도하며 발해를 견제하자, 장문휴를 보내 당 산둥 반도의 등주를 선제공격하였다.

ⓔ **통일 신라**: 군사 제도로 9서당 10정이 있었던 나라는 통일 신라이다. 한편, 발해는 중앙군으로 10위를 두어 왕궁과 수도의 방어를 담당하게 하였다.

18 고대 진성 여왕 재위 시기의 사실 난이도 중 ●●○

자료분석 제시문에서 왕 3년인 889년에 나라의 창고가 텅 비어 나라의 쓰임이 궁핍하게 되었으므로 왕이 사자를 보내 독촉하자, 도적들이 곳곳에서 벌떼처럼 일어났다는 내용을 통해 밑줄 친 '왕'이 진성 여왕임을 알 수 있다.

정답설명 ② 옳은 것을 모두 고르면 ㉠, ㉢이다.

㉠, ㉢ 진성 여왕 재위 시기에는 정부의 강압적인 조세 징수와 진골 귀족의 농민 수탈 강화 등으로 농민의 불만이 심화되었다. 이러한 상황에서 원종과 애노가 사벌주에서 봉기(889)하였으며, 서남 지방을 중심으로 붉은 바지를 입은 도적인 적고적의 난(896)이 발생하는 등 민란이 전국적으로 발생하였다.

오답분석
ⓒ **헌덕왕**: 김헌창의 반란이 진압된 것은 헌덕왕 때이다. 김헌창은 아버지인 김주원이 왕이 되지 못한 데에 불만을 품고 웅주(공주)에서 국호를 '장안', 연호를 '경운'이라 하여 반란을 일으켰으나 실패하였다.

ⓓ **고려 신종**: 만적이 신분 해방을 주창한 것은 고려 신종 때이다. 신종 때 최고 집권자였던 최충헌의 사노비인 만적은 개경의 공·사노비를 모아 신분 해방과 정권 탈취를 목표로 반란을 모의하였으나, 사전에 발각되어 실패하였다.

19 고려 시대 의천 난이도 중 ●●○

자료분석 제시문에서 문종의 넷째 아들이라는 내용과 송나라로 들어가 황제를 만나 여러 절을 다니며 법을 물었다고 하였다는 내용을 통해 밑줄 친 '후(煦)'가 의천임을 알 수 있다. 의천은 고려 문종의 넷째 아들로, 출가하여 승려가 된 후 송으로 건너가 화엄종과 천태종을 배웠다. 이후 그는 귀국하여 해동 천태종을 개창하였다.

정답설명 ① 의천은 교종과 선종의 사상적 통합을 위해 이론의 연마와 수행을 함께 강조하는 교관겸수를 제창하였다. 또한, 내적인 공부와 외적인 공부를 모두 갖추어 조화를 이루어야 한다는 내외겸전을 주장하기도 하였다.

오답분석
② **혜초**: 『왕오천축국전』을 남긴 인물은 혜초이다. 혜초는 인도와 중앙아시아를 순례한 뒤 그 지역의 풍습, 언어, 종교 등을 기록한 기행문인 『왕오천축국전』을 저술하였다.

③ **혜심**: 유·불 일치설을 주장한 인물은 혜심이다. 혜심은 불교와 유교 모두 도를 추구한다는 점에서 같다는 유·불 일치설을 주장하였으며, 이는 성리학이 고려 사회에 수용될 수 있는 사상적 토대가 되었다.

④ **지눌**: 수선사 결사를 조직한 인물은 지눌이다. 지눌은 명리에 집착하는 당시 불교계의 타락을 비판하고, 승려 본연의 자세인 독경, 선 수행, 노동에 힘쓰자 주장하며 수선사 결사 운동을 전개하였다.

👍 **이것도 알면 합격!**

의천

사상적 토대	원효의 화쟁 사상
교종 통합	흥왕사를 근거지로 삼고 화엄종을 중심으로 교종 통합 시도
교선 통합	· 국청사를 창건하여 천태종 창시 · 이론의 연마와 실천을 모두 강조하는 교관겸수를 제창하여 교종과 선종의 사상적 통합 추구

20 근대 외세의 침략적 접근과 개항 난이도 중 ●●○

정답설명 ③ 순서대로 나열하면 (나) 병인양요(1866) → (가) 오페르트 도굴 사건(1868) → (다) 신미양요(1871) → (라) 강화도 조약 체결(1876)이 된다.

(나) **병인양요**: 프랑스가 병인박해를 빌미로 강화도를 침략하자 양헌수는 정족산성에서 항전하여 프랑스군을 격퇴하였다(병인양요, 1866).

(가) **오페르트 도굴 사건**: 독일 상인 오페르트가 조선에 통상을 요구하였다가 거절당하자, 덕산에 상륙하여 흥선 대원군의 부친인 남연군의 묘를 도굴하여 유해와 부장품을 미끼로 통상을 요구하려고 하였으나 실패하였다(오페르트 도굴 사건, 1868).

(다) **신미양요**: 미국이 제너럴셔먼호 사건(1866)을 구실로 통상 수교를 요구하기 위해 강화도에 침입하여 초지진을 함락하고 광성보를 공격하였다(신미양요, 1871). 이때 어재연이 이끄는 부대가 격렬하게 항전하였으나 전력의 열세로 어재연은 전사하였다.

(라) **강화도 조약 체결**: 운요호 사건(1875)을 계기로 일본인에 대한 치외 법권, 조선의 해안을 자유롭게 측량할 수 있는 해안 측량권, 부산 외 2개의 항구를 개항한다는 내용을 담은 강화도 조약(조·일 수호 조규)이 체결되었다(1876).

21 근대 1900년대의 국권 피탈 조약 난이도 중 ●●○

자료분석 (가)는 대한 정부는 일본 정부가 추천한 일본인 1명을 재정 고문으로 삼아 재무에 관한 사항은 일제 그의 의견을 물어서 시행해야 한다는 내용을 통해 제1차 한·일 협약임을 알 수 있다.

(나)는 한국 정부는 금후 일본국 정부의 중개를 거치지 않고서는 국제적 성질을 가진 어떠한 조약이나 약속을 하지 않을 것을 약속한다는 내용을 통해 을사늑약임을 알 수 있다.

(다)는 러시아는 일본이 한국에서 정치상 군사상 및 경제상의 특수한 이익을 갖는다는 것을 승인한다는 내용을 통해 포츠머스 조약임을 알 수 있다.

정답설명 ③ 일본이 독도를 불법 점령한 것은 러·일 전쟁 중인 1905년 2월로, 포츠머스 조약이 체결(1905. 9.)되기 이전의 사실이다. 일본은 러·일 전쟁 중에 시마네 현 고시 제40호를 공포하여 일방적으로 독도를 일본 영토로 편입하였다.

오답분석 ① 제1차 한·일 협약에 따라 대한 제국의 재정 고문으로 임명된 메가타는 대한 제국의 재정을 일본에 예속시키기 위해 백동화 등을 일본 제일은행권으로 교환하는 화폐 정리 사업을 실시하였다.

② 을사늑약의 체결로 대한 제국의 외교권을 강탈한 일본은 만주 진출을 위해 청과 간도 협약을 체결하여 간도를 청나라의 영토로 인정해주는 대신, 안동(지금의 단동)과 봉천(지금의 선양)을 연결하는 철도 부설권과 푸순 광산 채굴권을 획득하였다.
④ 제1차 한·일 협약(1904) → 포츠머스 조약(1905. 9.) → 을사늑약(1905. 11.) 순서로 조약이 체결되었다.

22 일제 강점기 회사령 시행 시기의 모습 난이도 중 ●●○

자료분석 제시문에서 회사의 설립은 조선 총독의 허가를 받아야 한다는 내용을 통해 회사령임을 알 수 있다. 회사령은 1910년에 제정되어 1920년까지 시행되었다.

정답설명 ② 회사령이 시행되던 시기인 1915년에 대한 광복회가 조직되었다. 대한 광복회는 의병 계열과 애국 계몽 운동 계열이 연합하여 조직된 단체로, 국권 회복과 공화주의 이념에 따라 공화 정치를 실현하는 것을 목표로 하였다. 또한 이 시기에는 헌병 경찰제가 시행되어 헌병 경찰이 대한 광복회와 같은 독립운동 단체를 탄압하였다.

오답분석 모두 회사령이 폐지된 이후의 사실이다.
① 1941년에 국민학교령을 반포하여 소학교의 명칭이 '황국 신민 학교'라는 뜻의 국민학교로 변경되었다.
③ 1925년에 일제는 치안 유지법을 제정하여 식민 체제를 부인하는 반정부·반체제 사상이나 사회주의 단체의 조직, 독립운동가들의 활동을 탄압하였다.
④ 1930년대에 대공황의 여파와 사회주의 확산으로 인해 소작 쟁의가 극심해지자, 조선 총독부는 농민들을 회유하기 위해 농촌 진흥 운동을 시행하였다.

23 조선 후기 홍경래의 난 발생 시기의 사실 난이도 중 ●●○

자료분석 제시문에서 평서 대원수(홍경래)가 급히 격문을 띄워 조정이 관서 지역을 썩은 흙과 같이 버렸으며, 서토의 사람을 '평안도 놈'이라고 한다는 내용을 통해 홍경래의 난임을 알 수 있다. 홍경래의 난은 순조 때 평안도 지역에 대한 부당한 차별 대우와 세도 정치의 폐해에 반발하여 일어났다.

정답설명 ① 홍경래의 난이 일어난 순조 때부터 철종 때까지는 왕실과 혼인을 맺은 안동 김씨, 풍양 조씨와 같은 일부 가문이 정권을 장악하는 세도 정치가 이루어졌다.

오답분석 모두 홍경래의 난이 일어나기 이전에 있었던 사실이다.
②, ④ 정조: 유득공, 박제가, 이덕무 등 서얼 출신 학자들을 규장각 검서관으로 임용하고, 육의전을 제외한 시전 상인들의 금난전권을 철폐한 것은 정조 때이다.
③ 광해군: 대동법을 처음 실시하여 공납을 토지 기준으로 걷은 것은 광해군 때이다. 대동법은 집집마다 토산물을 징수하는 대신 소유한 토지 결수를 기준으로 쌀, 무명, 삼베 등을 납부하도록 한 제도이다.

24 고려 시대 최충헌과 이의민 난이도 중 ●●○

정답설명 ② 최충헌은 모든 국가 업무를 관장하는 최고 권력 기구로 교정도감을 설치하고, 교정도감의 장관인 교정별감의 자리에 올라 국정을 장악하였다. 한편, 교정별감은 최충헌 사후에도 최씨 일가에 대대로 세습되었다.

오답분석 ① 이의민: 하층민 출신의 권력자는 이의민이다. 이의민은 소금장수 아버지와 노비 출신의 어머니를 둔 천민으로, 김보당의 난과 조위총의 난을 진압하는 데 공을 세워 상장군이 되었다. 또한 경대승이 죽은 이후에는 무신 정권의 최고 권력자까지 올랐다.
③ 최충헌: 개혁안인 봉사 10조를 올린 인물은 최충헌이다. 최충헌은 이의민을 제거한 후, 무신 정권 초기의 혼란을 극복하고 국가 기반을 확립할 목적으로 명종에게 봉사 10조라는 사회 개혁안을 올렸다.
④ 최우: 정방을 통해 인사권을 장악한 인물은 최우이다. 최우는 자신의 집에 인사 담당 기구로 정방을 설치하여 관리의 임명과 해임, 승진과 좌천 등의 모든 관직의 인사권을 장악하였다.

25 조선 후기 정조 난이도 중 ●●○

자료분석 제시문에서 현륭원을 수원에 봉안하고 1년에 한 번씩 참배할 준비를 하였다는 내용과 한강을 건널 때 용배를 사용하였으나 배다리의 제도로 개정하였다는 내용을 통해 밑줄 친 '국왕'이 정조임을 알 수 있다.

정답설명 ① 탕평비를 세운 왕은 영조이다. 영조는 성균관 입구에 붕당의 폐단을 경계하라는 내용이 담긴 탕평비를 세워 탕평 정치의 의지를 드러냈다.

오답분석 ② 정조는 국왕의 친위 부대인 장용영을 설치하여 왕권을 강화하고자 하였다.
③ 정조는 종합 무예서인 『무예도보통지』를 간행하였다. 『무예도보통지』는 정조의 명에 따라 이덕무, 박제가, 백동수 등이 편찬한 책으로, 24가지의 전투 기술이 수록되어 있으며 전투 동작을 그림과 글로 설명한 것이 특징이다.
④ 정조는 신진 인물이나 중·하급 관리 중에서 유능한 인사를 재교육하는 초계문신제도를 시행하였다. 초계문신제는 37세 이하의 당하관 중 젊고 유능한 문신들을 선발하여 규장각에 맡겨 교육을 시키고, 40세가 되면 졸업시키는 제도였다.

29회 2023년 법원직 9급

2023년 6월 24일 시행

문제집 134쪽

정답

01	② 근대	14	③ 고대
02	② 일제 강점기	15	④ 선사 시대
03	④ 고려 시대	16	④ 고려 시대
04	③ 근대	17	① 일제 강점기
05	③ 고려 시대	18	② 고대
06	② 조선 후기	19	④ 조선 전기
07	③ 시대 통합	20	③ 조선 후기
08	③ 일제 강점기	21	④ 조선 전기
09	② 근대	22	① 고려 시대
10	④ 고대	23	④ 고대
11	④ 조선 전기	24	③ 현대
12	② 현대	25	② 조선 후기
13	④ 현대		

취약 시대 분석표

시대	맞힌 개수
선사 시대	/ 1
고대	/ 4
고려 시대	/ 4
조선 전기	/ 3
조선 후기	/ 3
근대	/ 3
일제 강점기	/ 3
현대	/ 3
시대 통합	/ 1
총합	/ 25

기출 총평

"합격선 88점, 생소한 개념과 선택지로 까다롭게 출제"

- **난이도**: 시험 전체적인 난이도는 중으로, 제시된 자료의 사건이 있었던 시기의 사실이나 이후의 사실을 묻는 문제들이 많이 출제되어 체감 난이도가 높았습니다.
- **고난도 문제**
  - 09번 을사늑약 이후에 일어난 사건: 이사청이라는 개념이 처음 출제되어 어렵게 느껴졌습니다.
  - 24번 유신 헌법이 적용된 시기의 사실: 유신 헌법이 언제 시행되었는지 월 단위까지 알아야 맞힐 수 있었던 문제였습니다.

01 근대 독립 협회 난이도 중 ●●○

자료 분석
제시문에서 관민이 합심하여 황제권을 공고히 하고, 외국과의 이권에 관한 계약과 조약은 중추원 의장이 함께 날인하여 시행할 것이라는 내용을 통해 헌의 6조의 일부임을 알 수 있으며, 밑줄 친 '이 단체'가 독립 협회임을 알 수 있다. 독립 협회는 정부의 지원을 받아 설립되었으며, 관민 공동회를 개최하고 국정 개혁안인 헌의 6조를 채택하여 고종의 재가를 받았다.

정답 설명
② 옳은 것을 모두 고르면 ㉠, ㉣이다.
- ㉠ 독립 협회는 고종에게 자주 독립을 굳건히 하고 내정 개혁의 단행을 요구하는 '구국 운동 상소문'을 지어 올렸다.
- ㉣ 독립 협회는 러시아의 절영도 조차를 저지하였고, 한러 은행 폐쇄와 러시아 재정 고문 및 군사 교련단 철수 등을 주장하며 러시아의 내정 간섭과 이권 요구에 반대하였다.

오답 분석
- ㉡ 대한 자강회: 고종 강제 퇴위 반대 운동에 앞장선 단체는 대한 자강회이다. 대한 자강회는 고종의 강제 퇴위 반대 운동을 주도하다가 1907년 보안법에 의해 강제 해산되었다.
- ㉢ 보안회: 일제의 황무지 개간권 요구에 반대한 단체는 보안회이다.

02 일제 강점기 토지 조사 사업이 실시된 시기의 모습 난이도 중 ●●○

자료 분석
제시문에서 토지 소유자는 조선 총독이 정하는 기간 내에 주소, 지적, 결수 등을 임시 토지 조사 국장에게 신고하여야 한다는 내용을 통해 토지 조사령임을 알 수 있다. 토지 조사령에 따라 추진된 사업은 토지 조사 사업(1912~1918)이다.

정답 설명
② 토지 조사 사업이 실시된 시기인 1914년에 러시아 연해주의 신한촌에서 권업회의 주도로 이상설과 이동휘를 정·부통령으로 하는 대한 광복군 정부가 조직되었다. 대한 광복군 정부는 시베리아와 만주 지역에서 독립운동을 주도하면서 군사 훈련을 통해 독립 전쟁을 준비하였다.

오답 분석
모두 토지 조사 사업이 실시되지 않았던 시기의 모습이다.
- ① 국민부가 조선 혁명당을 결성한 것은 1929년의 사실이다. 1920년대 후반 민족 유일당 운동의 일환으로 추진된 3부 통합 운동의 결과 양세봉을 중심으로 남만주에서 국민부가 조직되었다. 이후 국민부는 조선 혁명당과 조선 혁명군을 조직하였다.
- ③ 『신여성』, 『삼천리』 등의 잡지가 발행된 것은 1920년대의 사실이다. 1920년대에 『신여성』(1923), 『삼천리』(1929) 등의 잡지들이 발행되어 새로운 패션이나 화장법을 소개하며 유행을 이끌었다.
- ④ 연해주의 한국인이 중앙아시아로 강제 이주된 것은 1937년의 사실이다. 소련은 일본과 전쟁이 발발하면 한국인들이 일본의 첩자 역할을 할 수도 있다는 것을 우려하여 연해주에 거주하고 있던 한국인들을 중앙아시아로 강제 이주시켰다.

03 고려 시대 고려사의 전개 난이도 중 ●●○

정답 설명
④ 순서대로 나열하면 (다) 이자겸 숙청(1126) → (나) 묘청의 난 진압(1136) → (가) 무신 정변(1170)이 된다.
- (다) 이자겸 숙청: 고려 인종 때 이자겸이 척준경과 함께 난을 일으켜 권력을 장악하였으나, 인종은 척준경을 회유하여 이자겸을 제거하였다(1126).

- (나) **묘청의 난 진압**: 고려 인종 때 묘청과 조광이 서경 천도를 주장하면서 반란을 일으켰으나(1135), 김부식이 이끄는 관군의 공격으로 약 1년 만에 진압되었다(1136).
- (가) **무신 정변**: 고려 의종 때 무신 차별에 불만을 가진 정중부, 이의방, 이고 등의 무신들이 보현원에서 왕을 모시던 문관 및 대소 신료들을 살해하고 의종을 모시고 궁으로 돌아왔다. 이후 무신들은 의종을 폐위시키고 명종을 옹립하여 정권을 장악하였다(1170).

04 근대 영남 만인소 사건과 을미의병 사이의 사실 난이도 상 ●●●

자료분석 (가)는 수신사 김홍집이 가져와 유포한 황준헌(황쭌셴)의 사사로운 책자(『조선책략』)를 보고 있다는 내용과 러시아·미국·일본은 같은 오랑캐라는 내용을 통해 1881년에 이만손이 고종에게 올린 영남 만인소임을 알 수 있다.
(나)는 1895년 8월에 발생한 을미사변에 반발하여 의병을 일으킨 유인석이 의병 운동 동참을 위해 각지에 보낸 격문으로, 을미의병 때의 상황임을 알 수 있다.

정답설명 ③ 옳은 것을 모두 고르면 ⓒ, ⓒ이다.
- ⓒ (가), (나) 사이 시기인 1895년 2월에 교육 입국 조서가 반포되었다. 교육 입국 조서는 고종이 교육의 중요성을 강조하며 반포한 조서로, 근대식 학제가 마련되고 한성 사범 학교가 설립되는 계기가 되었다.
- ⓒ (가), (나) 사이 시기인 1885년부터 1887년까지 영국이 러시아의 조선 진출을 견제하기 위해 거문도를 불법으로 점령하였다 (거문도 사건).

오답분석
- ⓐ (나) 이후: 관민 공동회가 개최된 것은 1898년의 사실로, (나) 이후의 사실이다. 관민 공동회는 1898년 10월 28일부터 11월 3일까지 독립 협회가 서울 종로에서 대소관민을 모아 국정 개혁안을 결의하고 이를 추진하기 위해 개최한 집회이다.
- ⓓ (나) 이후: 나철이 대종교를 창시한 것은 1909년의 사실로, (나) 이후의 사실이다. 나철과 오기호는 단군 신앙을 기반으로 단군교를 창시하고, 이후 단군교를 대종교로 개칭하였다.

05 고려 시대 고려 시대의 행정 제도 난이도 중 ●●○

자료분석 제시문에서 향리에게 아들 셋이 있으면 아들 하나는 벼슬하는 것이 허락되었다는 내용과 중방서리, 도병마녹사에 임명되었다는 내용을 통해 고려 시대임을 알 수 있다. 고려 시대에는 향리에게 과거 응시 자격이 부여되었으며, 무신 합좌 기구인 중방, 국방 회의 기구인 도병마사가 있었다.

정답설명 ③ 옳은 것을 모두 고르면 ⓙ, ⓒ이다.
- ⓙ 고려 시대에는 수령이 파견된 주현이 수령이 파견되지 않은 속현의 수보다 적었다. 한편, 고려 시대에 수령이 파견되지 않은 속현에서는 향리가 조세, 공물 징수, 노역 징발 등의 행정 실무를 담당하였다.
- ⓒ 고려 시대 중서문하성의 낭사는 어사대의 관원과 함께 대간으로 불렸다. 대간은 간쟁과 봉박, 서경의 권리를 가지고 있어 왕권을 견제하고 관리들을 감찰하여 정국 운영에서의 견제와 균형이 이루어지도록 하였다.

오답분석
- ⓛ 조선 시대: 모든 군현에 수령이 파견되었던 것은 조선 시대이다. 조선 시대에는 모든 군현에 수령이 파견되면서 속현이 폐지되고, 향·소·부곡의 특수 행정 구역이 소멸되었다.
- ⓔ 조선 시대: 전국을 8도로 나누고 그 아래 부, 목, 군, 현을 둔 것은 조선 시대이다. 한편, 고려 시대에는 전국을 5도와 양계로 나누고, 그 아래에 4도호부(군사적 요충지), 8목(일반 행정 구역)을 두었다.

06 조선 후기 조선 후기의 문화 난이도 중 ●●○

자료분석 제시문에서 조정에서 전황(시중에 동전이 부족해지는 현상)에 대해 걱정하고 있으며, 담배 재배를 철저히 금하여야 한다는 내용을 통해 조선 후기에 대한 내용임을 알 수 있다.

정답설명 ② 옳은 것을 모두 고르면 ⓙ, ⓒ이다.
- ⓙ 조선 후기에는 문화 인식의 폭이 확대되어 백과사전류의 저서가 많이 편찬되었다. 대표적인 서적으로는 이수광의 『지봉유설』, 이익의 『성호사설』, 서유구의 『임원경제지』 등이 있다.
- ⓒ 조선 후기에는 격식에 구애받지 않고 서민들의 감정을 솔직하게 표현하는 사설시조가 유행하였다.

오답분석
- ⓛ 조선 전기: 활자의 주조를 담당하는 관청인 주자소가 설치되어 계미자를 비롯한 다양한 활자를 주조한 것은 태종 때로, 조선 전기의 사실이다.

이것도 알면 합격!
조선 후기의 문학

구분	내용
한글 소설	「홍길동전」·「춘향전」 등을 통해 사회 부조리와 신분 차별의 비합리성 비판
사설 시조	격식의 구애 없이 서민의 감정을 솔직하게 표현
한문학	정약용(삼정의 문란을 폭로하는 한시), 박지원(「양반전」, 「허생전」, 「호질」 등 양반 사회의 허구성 지적) 등
시사 조직	중인층과 서민층이 서인 모임으로 시사(詩社)를 조직하여 문예 활동 전개

07 시대 통합 강화도 난이도 하 ●○○

자료분석 제시문에서 몽골의 대군이 경기 지역으로 침입하자 최이(최우)가 재추 대신들을 모아 놓고 (가) 천도를 의논하였다는 내용을 통해 (가) 지역이 강화도임을 알 수 있다.

정답설명 ③ 옳은 것을 모두 고르면 ⓒ이다.
- ⓒ 강화도에는 『조선왕조실록』 보관을 위한 5대 사고 중 하나인 마니산 사고(정족산 사고)가 세워졌다. 『조선왕조실록』은 세종 때부터 4대 사고(춘추관·성주·충주·전주 사고)에 보관하였으나, 임진왜란 때 전주 사고를 제외한 사고들이 소실되자 광해군 때 5대 사고(춘추관·오대산·태백산·마니산·묘향산 사고)로 옮겨 보관하였다. 이후 마니산 사고에 화재가 발생하여 많은 서적들이 소실되자 새로 정족산 사고를 짓고 역대 실록과 서적 등을 보관하였다.

오답분석
- ⓙ 평양: 동녕부가 설치된 지역은 평양이다. 고려 시대에 몽골이 자비령 이북 지역을 통치하기 위해 1270년에 평양에 동녕부를 설치하였으며, 동녕부는 충렬왕 때인 1290년에 고려에 반환되었다.
- ⓓ 공주: 망이·망소이의 난이 일어난 지역은 공주이다. 고려 시대에 공주 명학소에서 망이와 망소이가 신분 차별에 반대하여 난을 일으켰다.

08 일제 강점기 | 조선어 학회 | 난이도 중 ●●○

자료분석 제시문에서 최현배, 이극로 등이 중심이 되었다는 것과 '표준어 및 외래어 표기법 통일안'을 제정하고 일제가 1942년에 독립운동 단체로 간주하여 회원들을 대거 검거하였다는 내용을 통해 (가) 단체가 조선어 학회임을 알 수 있다.

정답설명 ③ 옳은 것을 모두 고르면 ㉡, ㉢이다.

㉡, ㉢ 조선어 학회는 주시경의 국어 연구를 계승하여 조직된 조선어 연구회가 개편된 단체로, 한글 맞춤법 통일안을 만들어 발표하고 『우리말 큰 사전』의 편찬을 준비하였다. 그러나 일제가 조선어 학회를 독립운동 단체로 간주하여 강제로 해산 시킨 조선어 학회 사건으로 『우리말 큰 사전』 편찬은 중단되었고, 『우리말 큰 사전』은 이후 조선어 학회를 계승한 한글 학회에 의해 완성(1957)되었다.

오답분석 ㉠ 국문 연구소는 대한 제국의 학부에 설치되었던 국문 연구 기관으로, 조선어 학회와는 관련이 없다.

㉣ 『개벽』, 『어린이』 등의 잡지를 발행한 것은 천도교로, 조선어 학회와는 관련이 없다.

👍 이것도 알면 합격!
국어 연구 단체의 활동

구분	내용
국문 연구소 (1907)	· 대한 제국 학부에 설치된 기구 · 지석영, 주시경 등이 국문 정리와 국어 연구
조선어 연구회 (1921)	· 잡지 『한글』 간행 · 가갸날 제정
조선어 학회 (1931)	· 한글 맞춤법 통일안·표준어 제정 · 『우리말 큰 사전』 편찬 시도 → 조선어 학회 사건 (1942)으로 중단
한글 학회 (1949)	『우리말 큰 사전』 편찬(1957)

09 근대 | 을사늑약 이후에 일어난 사건 | 난이도 상 ●●●

자료분석 제시문에서 위협을 받아 강제로 이루어졌으며, 조인을 허가한 적이 없다는 내용과 프랑스 대통령에게 공사관을 이전처럼 다시 설치해주기를 바란다는 내용을 통해 ㉠이 1905년 11월에 체결된 을사늑약임을 알 수 있다. 을사늑약은 고종 황제의 서명도 없이 이완용과 박제순 등 5인의 친일 대신들 찬성만으로 불법적으로 체결되었으며, 대한 제국의 외교권 박탈과 통감부 설치 등을 주요 내용으로 하였다.

정답설명 ② 을사늑약 체결 이후인 1906년에 일본은 개항장 및 필요한 곳에 통감의 지휘 하에 협약과 관련된 사무를 처리하는 이사청을 설치하고 관리를 파견하여 대한 제국에 대한 내정 간섭을 강화하였다.

오답분석 모두 을사늑약 이전의 사실이다.

① 러·일 전쟁에서 일본이 승리한 후 일본과 러시아 사이에서 포츠머스 조약이 체결된 것은 1905년 9월이다. 포츠머스 조약은 일본이 대한 제국의 정치, 군사, 경제 등에 관한 특수 권익을 갖는 것을 러시아가 인정하고, 이를 간섭하지 않는다고 규정한 조약이다.

③ 러시아가 압록강의 벌채 사업을 보호한다는 구실로 용암포를 점령하고 조차를 요구한 것은 1903년이다.

④ 제1차 한·일 협약(한·일 외국인 고문 용빙에 관한 협정서)이 조인된 것은 1904년이다. 제1차 한·일 협약에 따라 일본인 메가타가 대한 제국의 재정 고문으로, 미국인 스티븐스가 외교 고문으로 임명되었다.

10 고대 | 광개토 대왕의 거란 정벌과 장수왕의 한성 함락 사이의 사실 | 난이도 중 ●●○

자료분석 (가)는 영락 5년에 패려를 친히 군사를 이끌고 가서 토벌하였다는 내용을 통해 395년에 광개토 대왕이 거란족의 일부로 추정되는 패려를 정벌한 상황임을 알 수 있다.

(나)는 고구려왕 거련(장수왕)이 병사를 거느리고 한성을 포위하고, 임금(백제 개로왕)이 고구려 병사에게 살해되었다는 내용을 통해 475년에 장수왕이 백제의 수도인 한성을 함락한 상황임을 알 수 있다.

정답설명 ② (가), (나) 시기 사이인 427년에 고구려가 평양으로 천도하였다. 고구려는 장수왕 때 왕권 강화와 적극적인 남하 정책을 추진하기 위하여 국내성에서 평양으로 천도하였다.

오답분석 ① (나) 이후: 신라에 병부가 설치된 것은 법흥왕(514~540) 때로, (나) 이후의 사실이다. 법흥왕은 군사권을 장악하기 위해 중앙 부서로 병부를 설치하였다.

③ (가) 이전: 백제 고이왕이 좌평과 관등제의 기본 골격을 마련한 것은 3세기로, (가) 이전의 사실이다. 고이왕은 중앙 관제를 6좌평제와 16관등제로 정비하고, 관복제(자색·비색·청색)를 도입하였다.

④ (가) 이전: 백제군의 공격으로 고국원왕이 전사한 것은 371년으로 (가) 이전의 사실이다. 백제의 근초고왕은 황해도 지역을 놓고 대립하던 고구려의 평양성을 공격하였고, 이 전투에서 고구려 고국원왕이 전사하였다.

11 조선 전기 | 수령 7사 | 난이도 중 ●●○

자료분석 제시문에서 왕이 수령을 지닌 변징원에게 백성을 다스리는 데 무엇을 먼저 할지에 대하여 묻자 칠사(七事)를 먼저 할 것이라고 대답하는 내용을 통해 (가)가 수령 7사임을 알 수 있다. 수령 7사는 조선 시대에 지방관인 수령이 지방 통치에 힘써야 할 일곱 가지 업무를 제시한 것이다.

정답설명 ④ 옳은 것을 모두 고르면 ㉠, ㉡, ㉢, ㉣이다.

㉠, ㉡, ㉢, ㉣ 수령 7사에서는 백성을 편하게 일하면서 살 수 있게 하여 호구를 늘릴 것과 농사철에 맞추어 씨를 뿌리게 하여 농업과 양잠이 잘되게 할 것을 강조하였다. 또한 부역을 시키는 데 차별이 없이 고르게 할 것, 사송(소송)을 간략하게 할 것 등을 강조하였다.

👍 이것도 알면 합격!
수령 7사

1. 농사철에 맞추어 씨를 뿌리게 할 것(농상성)
2. 유생에게 경전을 교육하고 제술을 시험하여 유학 및 문학에 정진을 도모할 것(학교흥)
3. 사송의 처리를 간편하게 하여 심의와 판결을 신속하게 할 것(사송간)
4. 용모를 잘 관찰하여 간사스럽고 교활한 자를 없앨 것(간활식)
5. 때를 맞춰 군사 훈련을 실시하고 기강을 엄히 할 것(군정수)
6. 백성들을 편하게 일하면서 살 수 있게 하여 사람이 모여 들게 할 것(호구증)
7. 부역을 시키는 데 차별 없이 공평하고 균등하게 부과할 것(부역균)

12 현대 한·미 상호 방위 조약 조인 시기   난이도 중 ●●○

자료분석 제시문에서 상호적 합의에 의하여 미합중국의 육군, 해군과 공군을 대한민국의 영토 내와 그 부근에 배치하는 권리를 대한민국이 허락한다는 내용을 통해 한·미 상호 방위 조약임을 알 수 있다.

(가) 대한민국 정부 수립(1948) ~ 6·25 전쟁 발발(1950)
(나) 6·25 전쟁 발발(1950) ~ 제2차 개정 헌법 공포(1954)
(다) 제2차 개정 헌법 공포(1954) ~ 5·16 군사 정변(1961)
(라) 5·16 군사 정변(1961) ~ 한·일 기본 조약 조인(1965)

정답설명 ② 한·미 상호 방위 조약은 (나) 시기인 1953년에 조인되었다. 한·미 상호 방위 조약은 미국이 휴전에 반대하는 이승만 정부를 안심시키기 위해 체결한 조약이다. 이에 따라 미군의 한반도 주둔과 군사 전략상 필요하다 판단되는 지역에 군사 기지 설치, 한국군의 작전 통제권을 유엔군 사령부에 양도, 유효 기간 없음 등에 합의하였다.

13 현대 김영삼 정부 시기의 사실   난이도 하 ●○○

자료분석 제시문에서 금융 실명제를 실시하여 모든 금융 거래는 실명으로만 이루어질 것이라는 내용을 통해 김영삼 정부 시기임을 알 수 있다.

정답설명 ④ 김영삼 정부 시기인 1996년에 우리나라는 시장 개방 정책의 일환으로 경제 협력 개발 기구(OECD)에 가입하였다.

오답분석
① 박정희 정부: YH 무역 사건이 일어난 것은 1979년으로, 박정희 정부 시기의 사실이다.
② 박정희~전두환 정부: 제4차 경제 개발 계획이 추진된 것은 1977년부터 1981년으로, 박정희 정부 시기부터 전두환 정부 시기의 사실이다.
③ 김대중 정부: 국민 기초 생활 보장법이 시행된 것은 2000년으로, 김대중 정부 시기의 사실이다.

14 고대 고대사의 전개   난이도 하 ●○○

정답설명 ③ 시대순으로 나열하면 (다) 광개토 대왕의 왜군 격퇴(400) → (나) 신문왕의 관료전 지급(687) → (라) 발해 선왕 시기(818~830) → (가) 견훤의 후백제 건국(900)이 된다.

(다) 광개토 대왕의 왜군 격퇴: 광개토 대왕이 신라 내물 마립간의 요청에 따라 군사를 파견하여 신라에 침입한 왜군을 격퇴하였다(400).
(나) 신문왕의 관료전 지급: 통일 신라 신문왕은 관료에게 관등에 따라 차등 있게 토지의 수조권만을 인정하는 관료전을 지급하였다(687).
(라) 발해 선왕 시기: 발해는 선왕 때 대부분의 말갈족을 복속시키고 요동 지역으로 진출하였으며, 남쪽으로는 신라와 국경을 접할 정도로 넓은 영토를 차지하였다. 이후 전성기를 맞은 발해는 당으로부터 해동성국이라 불렸다(818~830).
(가) 견훤의 후백제 건국: 견훤은 전라도 지방의 군사력과 호족 세력을 토대로 완산주(전주)에 도읍을 정하고 후백제를 건국하였다(900).

15 선사 시대 고조선   난이도 하 ●○○

자료분석 제시문에서 백성들에게 금하는 법 8조를 만들어 사람을 죽인 자는 즉시 죽이고, 남에게 상처를 입힌 자는 곡식으로 갚게 하였다는 내용 등을 통해 밑줄 친 '법'이 고조선에서 시행된 8조법임을 알 수 있다.

정답설명 ④ 고조선은 기원전 108년에 한 무제가 보낸 군대의 침공으로 수도인 왕검성이 함락되면서 멸망하였다. 고조선이 위만의 집권 이후 철기 문화를 본격적으로 수용하면서 빠르게 발전하자 이에 위기감을 느낀 한 무제는 대규모 군대를 동원하여 침공하였고, 고조선은 1년여 동안 끈질기게 저항했으나 지배층의 내분으로 멸망하였다.

오답분석
① 고구려: 서옥제의 혼인 풍습이 있었던 나라는 고구려이다.
② 부여: 해마다 12월에 영고라는 제천 행사를 열었던 나라는 부여이다.
③ 삼한: 목지국의 지배자가 왕으로 추대된 나라는 삼한이다.

16 고려 시대 고려 성종 재위 시기의 사실   난이도 중 ●●○

자료분석 제시문은 거란의 1차 침입 당시 서희와 거란의 장수 소손녕의 외교 담판에 대한 내용으로, 당시 왕은 고려 성종이다. 고려 성종 때 거란은 고려가 차지하고 있는 옛 고구려 땅을 내놓을 것과 송과의 외교를 단절하고 자신들과 교류할 것을 요구하며 침입하였다(1차 침입, 993). 이때 서희의 외교 담판으로 고려는 강동 6주를 획득하였다.

정답설명 ④ 고려 성종 재위 시기에는 당의 3성 6부제를 참고하여 중앙 관제를 중서문하성과 상서성의 2성 6부로 정비하였다. 중서문하성은 정책을 계획·결정하였고, 상서성은 6부를 통해 이를 집행하였다.

오답분석
① 태조 왕건: 발해가 멸망한 것은 태조 왕건 재위 시기의 사실이다.
② 고려 인종: 이자겸이 난을 일으킨 것은 고려 인종 재위 시기의 사실이다. 고려 인종 때 이자겸은 왕위를 찬탈하기 위하여 척준경과 함께 난을 일으켰으나, 실패하였다.
③ 고려 문종: 최충이 9재 학당을 설치한 것은 고려 문종 재위 시기의 사실이다.

17 일제 강점기 정체성론 비판   난이도 중 ●●○

자료분석 제시문에서 조선에서 봉건 제도의 존재를 전면적으로 부정했다는 내용을 통해 밑줄 친 ⊙이 일제 강점기 식민 사관인 정체성론임을 알 수 있다. 정체성론은 한국사는 봉건적 단계를 거치지 못하고 고대 단계에 정체되어 있다는 논리로, 일본이 한국을 지배하여 한국의 근대화를 도와야 한다는 주장을 합리화하였다.

정답설명 ① 사회·경제 사학자인 백남운은 『조선사회경제사』를 저술하여 한국사의 발전 과정을 세계사의 보편적 발전 법칙에 따라 체계화함으로써 일제의 식민 사관인 정체성론을 비판하였다.

오답분석
② 이병도, 손진태 등이 진단 학회를 결성하여 『진단학보』를 발간한 것은 실증 사학의 입장에서 역사를 연구한 활동으로, 정체성론 비판과는 관련이 없다.
③ 조선사 편수회 인사들이 청구 학회를 결성한 것은 식민 사관에 입각하여 한국사를 왜곡한 활동으로, 정체성론 비판과는 관련이 없다. 조선사 편수회의 인사들은 학술 연구 단체로 청구 학회를 결성하였으며, 식민 사관을 바탕으로 기관지인 『청구학총』을 발간하는 등 한국사 왜곡에 앞장섰다.

④ 신채호가 대한매일신보에 「독사신론」을 연재한 것은 역사 서술의 주체를 민족으로 설정하여 민족주의 사학의 연구 방법을 제시한 활동으로, 정체성론 비판과는 관련이 없다.

18 고대 의상   난이도 중 ●●○

자료분석 제시문에서 당에서 유학하고 돌아와 '모든 존재가 서로 의존하며 조화를 이루고 있다.'라는 사상을 강조하였다는 내용과 부석사를 중심으로 많은 제자를 양성하였다는 내용을 통해 (가) 인물이 의상임을 알 수 있다.

정답설명 ② 의상은 모든 존재가 상호 의존적인 관계에 있으면서 서로 조화를 이룬다는 화엄 사상의 요지를 간결한 시로 축약한 『화엄일승법계도』를 저술하여 화엄 사상을 정립하였다.

오답분석
① 원효: 『화엄경』의 내용을 쉽게 이해할 수 있도록 무애가를 지어 널리 유행시켜 백성들을 교화하는 등 불교의 대중화에 기여한 인물은 원효이다.
③ 의천: 불교 교단을 통합하기 위해 천태종을 개창한 인물은 의천이다.
④ 혜초: 인도, 중앙아시아 지역을 순례한 뒤 그 지역의 풍습, 언어, 종교 등을 기록한 기행문인 『왕오천축국전』을 저술한 인물은 혜초이다.

19 조선 전기 세종 재위 시기의 사실   난이도 중 ●●○

자료분석 제시문에서 전제상정소에서 전품(토지의 등급)을 6등급으로 나눌 것을 논의하여 임금이 그대로 따랐다는 내용을 통해 전분 6등법이 시행된 세종 때의 사실임을 알 수 있다.

정답설명 ④ 세종 때는 경시서를 통해 불법적인 상행위를 감시하였다. 한편 경시서는 고려 시대에 시전을 관장하기 위해 처음 설치되었으며, 조선 시대까지 계승되었으나 세조 때 평시서로 개칭되었다.

오답분석 모두 세종 재위 시기에는 볼 수 없는 모습이다.
① 중종: 3포 왜란이 일어난 것은 중종 재위 시기의 사실이다. 중종 때 부산포, 제포(내이포), 염포의 3포에 거주하던 왜인들이 조선 정부의 무역 통제에 반발하여 3포 왜란을 일으켰다.
② 고려 시대: 예성강 하류의 무역항인 벽란도에서 송나라 선원과 교역을 한 것은 고려 시대의 사실이다.
③ 효종: 『농가집성』이 편찬된 것은 효종 재위 시기의 사실이다. 한편, 세종 재위 시기에는 우리나라 풍토에 맞는 농법을 정리한 『농사직설』이 편찬되었다.

20 조선 후기 이익   난이도 중 ●●○

자료분석 제시문에서 토지 몇 부를 1호의 영업전으로 한다는 내용과 땅이 많아서 팔고자 하는 자는 영업전 몇 부 이외에는 허락하여 준다는 내용을 통해 이익이 주장한 한전론임을 알 수 있다.

정답설명 ③ 이익은 나라를 좀먹는 6가지 폐단으로 노비 제도, 과거 제도, 양반 문벌 제도, 사치와 미신 숭배, 승려, 게으름을 지적하였다.

오답분석
① 안정복: 중국 중심의 역사인식에서 탈피하여 한국사의 독자적인 정통론을 체계화한 인물은 안정복이다. 안정복은 단군 조선부터 고려 말까지의 역사를 정리한 『동사강목』을 저술하여 삼국을 무통으로 보고, 단군 조선 → 기자 조선 → 마한 → 통일 신라 → 고려로 이어지는 독자적인 정통론을 세웠다.

② 정약용: 『목민심서』와 『경세유표』 등의 저술을 남긴 인물은 정약용이다.
④ 유형원: 신분에 따라 차등 있게 토지를 분배하는 균전론을 내세운 인물은 유형원이다.

21 조선 전기 갑자사화   난이도 중 ●●○

자료분석 제시문에서 왕(연산군)이 어머니 윤씨가 왕비 자리에서 쫓겨나 죽은 것이 성종의 후궁들의 참소 때문이라 여겨 그들을 짓밟았다는 내용을 통해 갑자사화임을 알 수 있다.

정답설명 ③ 갑자사화는 연산군 때 임사홍 등이 왕의 어머니인 폐비 윤씨 사사 사건의 경위를 고발하면서 발생한 사건으로, 연산군은 폐비 윤씨 사사 사건을 주도한 훈구파들을 제거하고 권력을 강화하였다.

오답분석
① 수양 대군(세조)이 조카인 단종을 내쫓고 왕위에 오른 것은 갑자사화와 관련이 없다. 수양 대군은 계유정난을 일으켜 김종서, 황보인, 안평 대군 등을 제거하고 권력을 장악하였다. 이후 수양 대군은 단종의 양위를 받아 세조로 즉위하였다.
② 기묘사화: 조광조를 비롯한 많은 사림이 피해를 입은 것은 기묘사화이다. 기묘사화는 중종 때 조광조가 위훈 삭제 등 급진적인 개혁 정책을 추진하자 이에 반발한 훈구가 조광조가 반역을 모의했다는 '주초위왕' 사건을 꾸며 일으킨 사건이다. 이로 인해 조광조는 사약을 받고 죽었으며, 많은 사림이 정계에서 제거되었다.
④ 이조 전랑의 임명 문제를 둘러싸고 사림 간 대립이 일어난 것은 선조 때 일어난 사실로, 갑자사화와는 관련이 없다.

👍 이것도 알면 합격!

사화의 발생

무오사화 (1498, 연산군)	· 원인: 사림인 김일손이 스승 김종직의 「조의제문」을 『실록』의 초안인 「사초」에 기록한 것을 훈구가 문제로 삼음 · 전개: 연산군이 김일손을 처형하고, 다수의 사림들을 유배 보냄
갑자사화 (1504, 연산군)	· 원인: 연산군의 측근 세력이 폐비 윤씨 사사 사건을 고발함 · 전개: 폐비 윤씨 사사 사건을 주도한 훈구와 이 사건에 연루된 사림이 제거됨
기묘사화 (1519, 중종)	· 원인: 중종이 공신 세력인 훈구를 견제하기 위해 조광조를 비롯한 사림을 등용하였으나, 조광조의 급진적인 개혁 정치로 훈구의 반발이 심화됨 · 전개: 위훈 삭제, 주초위왕 사건을 계기로 조광조 등 사림 세력 제거
을사사화 (1545, 명종)	· 원인: 선대 왕인 인종 외척(대윤, 윤임)과 명종 외척(소윤, 윤원형)의 대립 · 전개: 인종이 즉위하였으나 일찍 죽고 명종이 즉위 → 문정 왕후의 수렴청정, 윤원형(소윤) 집권 → 윤원형 중심의 척신 정치 시작, 사림 숙청

22 고려 시대 | 태조 왕건 재위 기간의 사실 | 난이도 하 ●○○

자료분석 제시문에서 사람들의 추대를 받아 19년 만에 삼한을 통일하였다는 내용과 훈요를 지어 후세에 전하니 귀감으로 삼길 바란다는 내용을 통해 ㉠이 태조 왕건 재위 기간인 918~943년임을 알 수 있다.

정답설명 ① 태조 왕건 재위 기간인 927년에 후백제의 견훤이 신라를 침공하자, 신라는 고려에 구원 요청을 하였다. 이에 고려는 신라에서 철수하는 후백제를 공산에서 공격하였으나 크게 패하였다.

오답분석
② 고려 광종: 노비안검법이 시행된 것은 고려 광종 때의 사실이다.
③ 궁예: 수덕만세라는 연호가 등장한 것은 후고구려 궁예 때의 사실이다. 한편, 태조 왕건 때는 천수라는 독자적인 연호를 사용하였다.
④ 고려 성종: 최승로가 시무 28조를 제시한 것은 고려 성종 때의 사실이다.

23 고대 | 대가야 정벌과 황산벌 전투 사이의 사실 | 난이도 중 ●●○

자료분석
(가)는 진흥왕이 이사부에게 토벌을 명하여 대가야가 모두 항복하였다는 내용을 통해 신라의 대가야 정벌(562)에 대한 내용임을 알 수 있다.
(나)는 백제군이 신라군을 퇴각시켰다는 내용과 계백이 힘이 다하여 죽었다는 내용을 통해 황산벌 전투(660)에 대한 내용임을 알 수 있다.

정답설명 ④ (가), (나) 사이 시기인 612년에 고구려 을지문덕이 수나라 군대를 유인하여 살수에서 크게 격퇴하였다(살수 대첩).

오답분석
① (가) 이전: 백제가 웅진으로 천도한 것은 475년으로, (가) 이전의 사실이다. 백제는 고구려의 침입으로 수도인 한성이 함락되자, 문주왕 때 웅진으로 천도하였다.
② (가) 이전: 고구려 소수림왕이 불교를 수용한 것은 372년으로, (가) 이전의 사실이다.
③ (나) 이후: 신라가 기벌포에서 당군을 물리친 것은 676년으로, (나) 이후의 사실이다.

24 현대 | 유신 헌법이 적용된 시기의 사실 | 난이도 상 ●●●

자료분석 제시문에서 통일 주체 국민회의는 국회의원 정수의 3분의 1에 해당하는 수의 국회의원을 선거한다는 내용을 통해 유신 헌법(제7차 개헌안)임을 알 수 있으며, 유신 헌법은 1972년 12월부터 제8차 개헌이 이루어진 1980년 10월까지 적용되었다.

정답설명 ③ 유신 헌법이 적용된 시기인 1980년 5월에 전두환을 비롯한 신군부 세력이 국정 전반에 대한 실권을 장악하기 위하여 임시 기구로 국가 보위 비상 대책 위원회를 조직하였다. 한편, 같은 해 10월에 전두환이 대통령으로 당선되고 제8차 개헌이 이루어진 이후에 국가 보위 비상 대책 위원회는 국가 보위 입법 회의로 개편되었다.

오답분석 모두 유신 헌법 적용 이전의 사실이다.
① 광주 대단지 사건이 일어난 것은 1971년이다. 광주 대단지 사건은 광주 대단지(지금의 성남시)로 이주한 이주민들이 정부의 무계획적인 도시 정책과 졸속 행정에 반발하며 도시를 점거한 사건이다.
② 7·4 남북 공동 성명이 발표된 것은 1972년 7월이다.
④ 전태일이 근로 기준법 준수를 요구하며 분신한 것은 1970년이다.

25 조선 후기 | 남인 | 난이도 중 ●●○

자료분석 제시문에서 효종이 인조의 제2 장자로서 종묘를 이었으니, 대왕대비께서 효종을 위하여 3년의 상복을 입어야 할 것은 의심할 것이 없다는 것과 효종이 대왕대비에게는 이미 적자이고, 왕위에 올라 존엄한 몸이라는 내용을 통해 밑줄 친 '신'이 속한 붕당이 남인임을 알 수 있다. 남인은 예송 논쟁 때 왕에게는 사대부와 다른 예가 적용되므로, 왕위를 계승한 효종 및 효종비의 장례는 장자의 예법을 따라야 한다고 주장하였다.

정답설명 ② 남인은 희빈 장씨 아들(경종)의 원자(왕의 적장자) 책봉 문제로 발생한 기사환국 때 재집권하였다. 기사환국 때 숙종이 희빈 장씨의 아들을 원자로 책봉하려는 자신의 뜻에 반대한 송시열 등의 서인을 제거하면서 남인이 재집권하였다.

오답분석
① 서인: 노론과 소론으로 분열된 붕당은 서인이다. 서인은 경신환국으로 정권을 잡은 후 남인에 대한 처벌을 둘러싸고 강경파인 노론과 온건파인 소론으로 분열되었다.
③ 북인: 인목 대비의 폐위를 주장한 붕당은 광해군 때 집권한 북인이다.
④ 소론: 성혼의 학파를 중심으로 형성된 붕당은 소론이다. 소론은 윤증을 중심으로 성리학에 대한 탄력적 이해를 시도하였으며, 노론의 성리학 절대화를 비판하며 양명학을 수용하기도 하였다.

30회 2022년 법원직 9급

2022년 6월 25일 시행

문제집 140쪽

정답

01	② 고려 시대	14	② 고대
02	④ 조선 전기	15	② 고려 시대
03	④ 고대	16	④ 고대
04	① 근대	17	② 조선 후기
05	② 현대	18	④ 근대
06	① 시대 통합	19	① 선사 시대
07	① 근대	20	② 일제 강점기
08	③ 조선 전기	21	③ 조선 후기
09	③ 고려 시대	22	③ 시대 통합
10	① 조선 전기	23	③ 고려 시대
11	① 고려 시대	24	② 조선 전기
12	① 일제 강점기	25	① 선사 시대
13	② 조선 전기		

취약 시대 분석표

시대	맞힌 개수
선사 시대	/ 2
고대	/ 3
고려 시대	/ 5
조선 전기	/ 5
조선 후기	/ 2
근대	/ 3
일제 강점기	/ 2
현대	/ 1
시대 통합	/ 2
총합	/ 25

기출 총평

"합격선 92점, 비교적 평이하게 출제됨!"

- **난이도:** 시험의 전체적인 난이도는 하로, 쉬운 시험이었습니다.

- **고난도 문제**
  - 07번 동학 농민군의 백산 봉기와 제2차 봉기 사이의 사실: 각 봉기 때 발표된 격문의 내용을 알고 있어야 풀 수 있어 까다로웠습니다.
  - 24번 수양 대군(세조): 사료는 수양 대군(세조)임을 바로 알 수 있었지만, 정답이 세종 때 수양 대군의 활동에 대한 내용이라 헷갈리는 문제였습니다.

---

01 고려 시대 충렬왕~충정왕 대의 사실   난이도 하 ●○○

정답 설명
② (가) 시기인 충렬왕~충정왕 대에는 일본 원정을 위해 설치된 정동행성 이문소가 내정을 간섭하였다. 정동행성 이문소는 본래 범죄를 단속하는 사법 기관이었으나, 반원 세력을 억압하고 부원 세력을 대변하는 기구로 변질되었고, 공민왕 때 반원 자주 정책의 일환으로 혁파되었다.

오답 분석
① (가) 이전: 서경 유수 조위총이 난을 일으킨 것은 (가) 이전 시기(무신 집권기)인 명종 때이다. 명종 때 서경 유수 조위총은 정중부와 이의방의 타도를 명분으로 서경(평양)을 중심으로 난(1174)을 일으켰으나 실패하였다.

③ (가) 이후: 홍건적의 침입으로 왕이 복주(안동)로 피난한 것은 (가) 이후 시기인 공민왕 때이다. 홍건적의 2차 침입(1361)으로 개경이 함락되면서 공민왕은 복주로 피신하였고, 정세운, 이방실, 안우, 최영, 이성계 등이 홍건적을 격퇴하였다.

④ (가) 이전: 삼별초가 진도와 제주도에서 항쟁을 전개한 것은 (가) 이전 시기인 원종 때이다. 고려 정부가 몽골과 강화를 맺고 개경 환도를 단행하자, 이에 반대하여 강화도에서 봉기한 삼별초는 진도와 제주도로 이동하며 대몽 항쟁을 전개하였다(1270~1273).

👍 이것도 알면 **합격!**

원 간섭기의 내정 간섭

정동행성	· 충렬왕 때 원이 일본 원정을 위해 설치한 기구 · 일본 원정 실패 이후에도 내정 간섭 기구로 존속
이문소	· 정동행성의 부속 관서 · 본래 범죄를 단속하는 사법 기구였으나, 반원 세력 억압과 부원 세력을 대변하는 기구로 변질됨 · 공민왕 때 반원 자주 개혁의 일환으로 혁파되고, 정동행성은 외교를 담당하는 고려 정부의 기구로 변화됨
순마소	반원 인사의 색출과 개경의 치안을 담당하였던 감찰 기구
만호부	원의 영향을 받아 설치된 군사 조직
다루가치	· 원이 고려의 내정을 간섭하기 위해 설치한 것 · 내정 간섭 및 공물 징수를 감독하였던 감찰관

02 조선 전기 유향소   난이도 중 ●●○

자료 분석
제시문에서 향중(향촌 내)에서 권위를 남용하고, 좌수와 별감을 두어 한 고을을 규찰, 관리하게 하였다는 내용을 통해 밑줄 친 '이 기구'가 유향소임을 알 수 있다.

정답 설명
④ 전통적 공동 조직에 유교 윤리를 가미하여 만든 것은 향약이다. 향약은 전통적 공동 조직에 삼강오륜을 중심으로 한 유교 윤리를 가미하여 만든 향촌 자치 규약이었다.

오답 분석
① 유향소는 경재소를 통해 중앙의 통제를 받았다. 경재소는 유향소와 정부 사이의 연락을 담당하던 기구로, 중앙의 현직 고관이 출신 지역의 유향소를 통제하였다.

②, ③ 유향소는 지방 사족이 향촌 자치를 위하여 설치한 기구로, 수령을 보좌하고 향리를 감찰하는 역할을 하였으며 향촌 사회의 풍속을 교화하는 데 기여하였다.

이것도 알면 합격!

유향소의 변천 과정

시기	변천
조선 초기	유향소 설립
태종	중앙 집권화 정책의 일환으로 혁파
세종	유향소 복립
세조	이시애의 난을 계기로 재혁파
성종	유향소 재복립
선조	향청으로 변화

---

03 고대 | 법흥왕　　난이도 하 ●○○

자료분석 제시문에서 왕이 불교를 일으키려고 하였으나 신하들이 불평하자, 이차돈이 자신의 목을 베어 이를 진정시키라고 한 내용을 통해 밑줄 친 '왕'이 법흥왕임을 알 수 있다.

정답설명 ④ 법흥왕은 화백 회의의 주관자이자 귀족들의 대표인 상대등을 설치하여 정치 조직을 강화하였다.

오답분석
① 지증왕: 이사부를 파견하여 우산국(울릉도)을 복속시킨 왕은 지증왕이다.
② 내물 마립간: 고구려 광개토 대왕의 지원으로 왜군을 격파한 왕은 내물 마립간이다.
③ 진흥왕: 고령 지역의 대가야를 정복하여 가야 연맹을 해체시킨 왕은 진흥왕이다.

---

04 근대 | 별기군이 창설된 시기　　난이도 하 ●○○

자료분석
(가) 통리기무아문 설치(1880) ~ 기기창 설치(1883)
(나) 기기창 설치(1883) ~ 군국기무처 설치(1894)
(다) 군국기무처 설치(1894) ~ 원수부 설치(1899)
(라) 원수부 설치(1899) ~ 통감부 설치(1906)

정답설명 ① 별기군은 (가) 시기인 1881년에 창설되었다. 우리나라 최초의 근대적 신식 군대인 별기군은 일본인 교관을 초빙하여 군사 훈련을 실시하였으나, 임오군란(1882)으로 폐지되었다.

---

05 현대 | 남북 기본 합의서와 6·15 남북 공동 선언 사이의 사실　　난이도 중 ●●○

자료분석 (가)는 남과 북은 상대방에 대해 무력을 사용하지 않는다는 것을 통해 노태우 정부 시기인 1991년에 발표된 남북 기본 합의서임을 알 수 있다.
(나)는 남측의 연합제 안과 북측의 낮은 단계의 연방제 안이 서로 공통성이 있다고 인정한다는 것을 통해 김대중 정부 시기인 2000년에 발표된 6·15 남북 공동 선언임을 알 수 있다.

정답설명 ② (가)와 (나) 사이 시기인 1998년에 김대중 정부의 햇볕 정책으로 남북한의 교류와 협력 사업이 확대되면서 금강산 해로 관광이 시작되었다.

오답분석
① (가) 이전: 남북 조절 위원회가 설치된 것은 1972년으로, (가) 이전의 사실이다. 남북 조절 위원회는 7·4 남북 공동 성명(1972)

의 합의 사항들을 추진하기 위해 박정희 정부 때 설치되었다.
③ (나) 이후: 제2차 남북 정상 회담이 개최된 것은 2007년으로, (나) 이후의 사실이다. 노무현 정부 때 제2차 남북 정상 회담을 개최하고 10·4 남북 공동 선언을 발표하였다.
④ (가) 이전: 남북 이산가족 상봉이 최초로 이루어진 것은 1985년으로, (가) 이전의 사실이다. 전두환 정부 때 남북 이산가족 고향 방문이 이루어져 최초의 남북 이산가족 상봉과 남북 예술단 교환 공연이 성사되었다.

---

06 시대 통합 | 우리나라의 토지 제도　　난이도 중 ●●○

정답설명 ① 시행된 순서대로 바르게 나열하면 (가) 역분전(고려 태조 왕건) → (나) 전시과(고려 경종) → (다) 과전법(고려 공양왕) → (라) 공법(조선 세종)이다.

(가) **역분전(고려 태조 왕건)**: 역분전은 고려 태조 왕건 때 시행한 것으로, 후삼국 통일 전쟁에 공이 있는 사람들에게 논공행상의 성격으로 지급하였다.

(나) **전시과(고려 경종)**: 전시과는 관리에게 관직 복무에 대한 대가로 전지와 시지를 지급한 제도로, 경종 때 시정 전시과, 목종 때 개정 전시과, 문종 때 경정 전시과가 시행되었다.

(다) **과전법(고려 공양왕)**: 과전법은 고려 공양왕 때 실권을 장악한 이성계와 혁명파 사대부의 주도하에 시행한 것으로, 경기 지역에 한정하여 전·현직 관리에게 토지(전지)에 대한 수조권을 지급하였다.

(라) **공법(조선 세종)**: 공법은 조선 세종 때 합리적인 조세 수취 방식을 마련하기 위해 시행한 것으로, 토지 비옥도를 기준으로 하는 전분 6등법과 풍흉을 기준으로 하는 연분 9등법이 있었다.

이것도 알면 합격!

전시과와 과전법

구분	전시과	과전법
의미	관리를 등급에 따라 구분하여 직역의 대가로 수조권 지급	
지급	· 전국의 토지를 대상으로 분급(양계 지역 제외) · 전지(농경지)와 시지(임야·땔감을 거둘 수 있는 땅) 지급	· 경기 지역에 한해 분급 · 전·현직 관리에게 전지만 지급
특징	원칙적으로 세습 불가이나, 점차 직역이 세습되면서 수조권도 함께 세습됨	원칙적으로 세습 불가이나, 수신전·휼양전 등의 명목으로 세습됨

---

07 근대 | 동학 농민군의 백산 봉기와 제2차 봉기 사이의 사실　　난이도 중 ●●○

자료분석 제시문 (가)는 동학 농민군의 백산 봉기(1894. 3.) 때 발표한 호남 창의문이고, 제시문 (나)는 제2차 봉기 때 남·북접의 집결(1894. 10.) 직후 발표한 격문이다. 따라서 1894년 3월~10월 사이의 사실을 고르면 된다.

정답설명 ① 옳은 것을 모두 고르면 ㉠, ㉡이다.

㉠, ㉡ 동학 농민군은 1894년 5월에 청·일 양군에 대한 철병 요구와 폐정 개혁을 조건으로 관군과 전주 화약을 체결하였다. 이후 조선 정부는 1894년 6월에 동학 농민군의 요구 사항을 수용하고 자주적 개혁을 추진하기 위해 개혁 기구인 교정청을 설치하였다.

오답
분석
© (가) 이전: 조선 정부가 조병갑을 파면하고 박원명을 신임 고부 군수로 임명한 것은 1894년 2월로, (가) 이전의 사실이다.
② (가) 이전: 동학교도들이 전라도 삼례에서 교조인 최제우의 신원을 요구하는 집회를 벌인 것은 1892년으로, (가) 이전의 사실이다.

이것도 알면 합격!

집강소 설치

> 동학도들은 각 읍에 할거하여 공해(公廨)에 집강소를 세우고 서기와 성찰, 집사, 동몽 등을 두니 완연한 하나의 관청으로 되었다. …… 이른바 고을 군수는 다만 이름이 있을 뿐 행정을 맡아 할 수 없었다. 심지어는 고을 원들을 추방하니 이서배(吏胥輩)들은 모두 동학당에 들어 성명(性命)을 보존하였다. 전봉준은 수천 명의 군중을 끼고 금구 원평에 틀고 앉아 (전라)우도에 호령하였으며 김개남은 수만 명의 군중을 거느리고 남원성을 타고 앉아 (전라)좌도를 통솔하였고 그 밖의 김덕명, 손화중, 최경선 등은 각기 한 지방씩 할거하여 탐학불법을 일삼으니 개남이 가장 심하였다. 전봉준과 같은 사람은 동학도들에 의거하여 혁명을 꾀하고 있었다. - 『갑오약력』

사료 분석 | 전주 화약 이후 동학 농민군은 전라도 일대에 일종의 농민 자치 조직으로 집강소를 설치하고, 농민군의 지도자였던 전봉준, 손화중, 김개남 등의 주도 하에 폐정 개혁을 추진하였다.

08 조선 전기 태종 이방원   난이도 하 ●○○

자료분석
제시문에서 정도전의 난(제1차 왕자의 난)을 진압하였다는 것과, 왕(정종)의 동복아우로 개국에 큰 공로가 있어 세자가 되었다는 것을 통해 밑줄 친 '그'가 태종 이방원임을 알 수 있다.

정답설명
③ 옳은 것을 모두 고르면 ⓒ, ⓔ이다.
ⓒ 태종은 농민의 이탈을 방지하고, 안정적인 조세 징수와 군역 부과를 위해 16세 이상의 남자에게 호패(일종의 신분증)를 가지고 다니게 하는 호패법을 시행하였다.
ⓔ 태종은 6조의 업무를 의정부를 거치지 않고 직접 왕에게 재가를 받도록 하는 6조 직계제를 실시하여 국왕 중심의 통치 체제를 강화하였다.

오답분석
㉠ 인조: 전세를 풍흉에 관계없이 토지 1결당 미곡 4~6두로 고정한 영정법을 도입한 왕은 인조이다.
㉢ 세조~성종: 『경국대전』은 세조 때부터 편찬되기 시작하여 성종 때 완성·반포되었다. 『경국대전』은 「이전」, 「호전」, 「예전」, 「병전」, 「형전」, 「공전」의 6전으로 구성된 조선의 기본 법전이다.

09 고려 시대 고려 예종 재위 기간의 사실   난이도 하 ●○○

자료분석
제시문에서 윤관이 이끄는 별무반을 파견하여 여진을 정벌한 후 동북 9성을 쌓았다는 내용을 통해 밑줄 친 '왕'이 고려 예종임을 알 수 있다.

정답설명
③ 예종 때 국학(국자감) 내에 일종의 장학 재단인 양현고를 설치하여 관학을 진흥시키고 관학의 경제적 기반을 강화하고자 하였다.

오답분석
① 광종: 광덕, 준풍 등의 연호를 사용한 것은 광종 때이다. 광종은 광덕·준풍 등의 독자적인 연호를 사용하여 고려의 자주성을 드러내었다.

② 성종: 최승로가 시무 28조의 개혁안을 제시한 것은 성종 때이다. 성종이 중앙의 5품 이상 관리들에게 그동안의 정치에 대한 비판과 새로운 정책을 제시하도록 하자, 최승로가 성종에게 시무 28조의 개혁안을 제시하였다.
④ 숙종: 의천 등의 건의를 받아들여 주전도감을 설치한 것은 숙종 때이다. 숙종은 주전도감을 설치하고 은병(활구), 삼한통보, 해동통보 등의 화폐를 주조하도록 하였다.

10 조선 전기 조광조의 개혁 정치   난이도 하 ●○○

정답설명
① 조광조는 급진적인 개혁을 추진하였는데, 중종 때 조광조의 건의로 일종의 천거제인 현량과를 실시하여 신진 사림을 등용하였다. 현량과는 중앙과 지방의 관리들이 후보자를 추천하고, 이들을 모아 왕이 참석한 자리에서 시정의 문제에 대한 대책으로 시험을 본 후 관리로 선발하는 제도이다.

오답분석
② 흥선 대원군(근대): 비변사를 폐지한 것은 고종 때 흥선 대원군이다. 흥선 대원군은 국정 전반을 담당하던 비변사를 폐지하고, 의정부와 삼군부의 기능을 부활시켜 각각 정치와 군사의 최고 기관으로 삼았다.
③ 최충(고려 시대): 9재 학당을 설립한 인물은 고려 시대의 유학자 최충이다. 최충은 관직에서 물러난 후에 사학인 9재 학당을 설립하여 유학 교육을 진흥시켰다.
④ 철종(조선 후기): 삼정이정청을 설치한 인물은 철종이다. 철종 때 임술 농민 봉기가 일어나자 정부에서는 삼정의 문제를 해결하기 위하여 삼정이정청을 설치(1862)하였으나, 얼마 지나지 않아 폐지되면서 근본적인 해결책을 마련하지 못하였다.

11 고려 시대 고려 숙종 재위 시기의 사실   난이도 중 ●●○

자료분석
제시된 자료에서 주전도감에서 은병을 만들어 화폐로 사용하였다는 내용을 통해 밑줄 친 '왕'은 고려 숙종임을 알 수 있다.

정답설명
① 옳은 것을 모두 고르면 ㉠, ㉡이다.
㉠, ㉡ 숙종 때 의천이 화폐 주조를 건의하여 주전도감을 설치하였고, 해동통보·삼한통보·해동중보 등의 화폐가 발행되었다.

오답분석
㉢ 원의 화폐인 지원보초가 유통된 것은 원 간섭기이다. 원 간섭기에는 원과의 무역이 활발하게 전개되고, 각종 물품이 교역되는 가운데 원의 화폐인 지원보초가 국내로 유입되어 유통되었다.
㉣ 태종(조선): 저화라고 불린 지폐가 제작되어 사용된 것은 조선 태종 때이다. 고려 공양왕 때 원의 지원보초를 모방하여 우리나라 최초의 지폐인 저화를 제작하였으나, 고려 말 정치적 혼란, 화폐 제도의 문란 등으로 유통되지 못하였다. 이후 조선 태종 때 사섬서에서 다시 제작·사용되었다.

12 일제 강점기 형평 운동   난이도 하 ●○○

자료분석
제시문에서 진주성에서 형평사라는 단체를 조직하여 계급 타파 운동을 개시한다는 내용을 통해 형평 운동에 대한 설명임을 알 수 있다.

정답설명
① 형평 운동은 초기에 백정의 사회적 차별 철폐를 요구하는 신분 해방 운동을 전개하였으며, 이후 사회주의 계열과 연계하여 파업과 소작 쟁의에 참여하는 등 민족 해방 운동으로까지 발전하였다.

| 오답 분석 | ② 제1차 갑오개혁(근대): 공·사 노비 제도가 폐지되는 결과를 가져온 것은 제1차 갑오개혁이다.
③ 망이·망소이의 난 등(고려 시대): 향·부곡·소를 일반 군현으로 승격할 것을 주장한 것은 고려 시대에 일어난 망이·망소이의 난 등이 있다.
④ 홍경래의 난(조선 후기): 평안도 지역에 대한 차별과 지배층의 수탈에 항거한 것은 조선 후기에 일어난 홍경래의 난이다. |

13 조선 전기 임진왜란의 영향   난이도 중 ●●○

| 자료 분석 | 제시문에서 건주의 여진족이 왜적을 무찌르는 데 병력을 지원하겠다고 하였으나, 명이 이를 거절했다는 것을 통해 임진왜란에 대한 내용임을 알 수 있다. |
| 정답 설명 | ② 임진왜란 때 일본은 조선의 우수한 도자기 기술자들을 포로로 잡아갔는데, 이를 바탕으로 일본의 도자기 문화가 크게 발달하게 되었다. |
| 오답 분석 | ① 4군 6진이 개척된 것은 조선 세종 때 실시한 대여진 정책이다.
③ 부산포, 제포, 염포에 왜관이 설치(3포 개항)된 것은 조선 세종 때 실시한 대일본 정책이다.
④ 몽골의 3차 침입: 황룡사 9층 목탑 등의 문화재가 소실된 것은 고려 시대에 있었던 몽골의 3차 침입 때이다. |

14 고대 평양성 전투와 관산성 전투 사이의 사실   난이도 하 ●○○

| 자료 분석 | (가)는 백제 왕(근초고왕)이 고구려 평양성을 공격하여 왕(고국원왕)이 서거하였다는 내용을 통해 고구려 고국원왕이 전사한 평양성 전투(371)임을 알 수 있다.
(나)는 왕(성왕)이 구천에 이르렀는데 신라의 복병이 나타나 그들과 싸우다가 살해되었다는 내용을 통해 백제 성왕이 전사한 관산성 전투(554)임을 알 수 있다. |
| 정답 설명 | ② (가)와 (나) 사이 시기인 427년에 고구려의 장수왕이 국내성에 기반을 둔 5부 귀족 세력을 약화시키기 위해 평양으로 천도하고 적극적인 남하 정책을 추진하였다. |
| 오답 분석 | 모두 (나) 이후의 사실이다.
① 수는 고구려 영양왕(590~618) 때 4차례에 걸쳐 고구려를 침입(598, 612, 613, 614)하였으나 실패하였다.
③ 백제가 나·당 연합군의 공격을 받은 것은 660년이다. 백제는 나·당 연합군의 공격을 받아 수도인 사비성이 함락되었고, 곧이어 웅진에 있던 의자왕이 항복하면서 멸망하였다(660).
④ 당이 매소성 전투에서 신라에 패한 것은 675년이다. 한반도를 지배하고자 하는 당과 신라 사이에서 나·당 전쟁이 발발하였으나, 당은 매소성(675)과 기벌포(676) 전투에서 신라에 패하였다. |

15 고려 시대 고려 시대의 향리   난이도 중 ●●○

| 자료 분석 | 제시문에서 부호장, 호장 등의 벼슬에 오를 수 있다는 내용을 통해 밑줄 친 '이들'이 고려 시대의 향리임을 알 수 있다. |
| 정답 설명 | ② 고려 시대의 향리는 지방관이 파견되지 않은 속현의 호구(戶口)를 관리하고 조세와 공물의 징수, 노역 징발 등의 행정 실무를 담당하였다. |

| 오답 분석 | ① 향리의 자손은 음서의 혜택을 받지 못하였다. 한편, 고려 시대의 음서는 왕족의 후예, 공신의 후손, 5품 이상 고위 관리의 자손을 대상으로 하였다.
③ 신량역천(조선): 수군, 조례, 역졸, 조졸 등으로 칠반천역이라고도 불린 신분은 조선 시대의 신량역천이다. 신량역천은 신분은 양인이지만 천역을 담당한 계층으로, 칠반천역이라고 불리기도 하였다.
④ 향리(조선): 수령의 행정 실무를 보좌하는 세습적인 아전으로 활동한 신분은 조선 시대의 향리이다. 조선 시대의 향리는 고려 시대의 향리와는 달리 수령의 행정 실무를 보좌하는 아전으로 격하되었고, 과거 응시에도 제한이 있어 중앙 관직에 나가기가 어려웠다. |

👍 이것도 알면 합격!

고려와 조선 시대의 향리

구분	고려 시대의 향리	조선 시대의 향리
공통점	· 향직을 세습 · 지방 행정의 실무 담당	
과거 응시	허용	문과 응시가 제한
보수	외역전 지급	보수 없음
역할	· 상층향리(호장·부호장): 속현·향·부곡·소의 실질적인 지배자 · 하층 향리: 지방의 실무를 담당하는 말단 행정직	군현의 6방에 소속되어 수령의 실무를 보좌하는 아전으로 격하됨

16 고대 도교 문화유산   난이도 하 ●○○

| 자료 분석 | 제시문에서 불로장생과 신선이 되기를 추구한다는 것과, 고구려 연개소문이 귀족과 연결된 불교 세력을 억누르기 위해 장려하였다는 것을 통해 (가) 종교는 도교임을 알 수 있다. |
| 정답 설명 | ④ 백제 금동 대향로는 용과 봉황, 연꽃, 그리고 신선이 산다고 하는 삼신산의 74개 봉우리를 통해 불교 및 도교의 이상 세계를 형상화한 문화유산이다. |
| 오답 분석 | ① 제시된 사진은 신라 하대에 선종 불교의 영향을 받아 만들어진 쌍봉사 철감선사 승탑이다. 신라 하대에는 참선을 통한 깨달음을 중요시하는 선종 사상이 확산됨에 따라 승려들의 사리를 봉안하는 승탑(부도)이 유행하였다.
② 제시된 사진은 칠지도로, 4세기 후반 백제 근초고왕 때 만들어 왜왕에게 하사한 것으로 추정되는 칼이다. 칠지도는 백제와 일본의 교류를 보여 주는 유물이다.
③ 제시된 사진은 금동 미륵보살 반가 사유상으로, 삼국 시대에 미륵 사상의 영향을 받아 제작된 문화유산이다. 한편 미륵 사상은 미래에 미륵불이 내려와 중생들을 구제한다는 사상으로, 삼국 시대부터 미륵불을 표현한 불상이 많이 제작되었다. |

17 조선 후기 서인   난이도 하 ●○○

| 자료 분석 | 제시문에서 반정을 주도하여 정권을 잡은 이후, 훈련도감, 어영청, 총융청, 수어청의 병권을 장악하였다는 것을 통해 (가) 붕당이 서인임을 알 수 있다. |

정답설명 ② 옳은 것을 모두 고르면 ㉠, ㉣이다.
㉠ 송시열, 송준길 등 서인은 병자호란 이후 청에 대한 적개심과 문화적인 우월감을 바탕으로 북벌론을 주장하였다.
㉣ 서인은 효종의 왕위 계승에 대한 정통성을 둘러싸고 예송 논쟁으로 남인과 대립하였다. 1차 예송(기해예송, 1659) 때는 효종 사후 자의 대비의 복상 기간을 둘러싸고 남인은 3년설, 서인은 1년설(기년설)을 주장하여 서인의 주장이 받아들여졌다. 한편 2차 예송(갑인예송, 1674) 때는 효종비 사후 자의 대비의 복상 기간을 둘러싸고 남인은 1년설(기년설), 서인은 9개월설(대공설)을 주장하여 남인의 주장이 받아들여졌다.

오답분석 ㉡ 북인: 인목 대비의 폐위를 주장한 붕당은 북인이다. 한편 광해군 때 영창 대군 사사와 인목 대비의 폐위 등을 빌미로 인조반정이 일어났고, 북인이 몰락하고 서인이 정권을 장악하였다.
㉢ 북인: 조식 학파를 중심으로 형성된 붕당은 북인이다. 조식의 학풍을 따르는 문인들로는 곽재우, 정인홍 등이 있었는데, 이들은 주로 북인이 되었다. 북인은 임진왜란 때 의병장으로 활동하였으며, 광해군 집권 시기에 정국을 주도하였다.

18 근대 외세의 침략적 접근 난이도 하 ●○○

정답설명 ④ 일어난 순서대로 바르게 나열하면 (라) 병인양요(1866) → (나) 오페르트 도굴 사건(1868) → (다) 신미양요(1871) → (가) 운요호 사건(1875)이다.
(라) 병인양요: 프랑스가 병인박해를 빌미로 조선을 침략하자 문수산성에서 한성근의 부대가, 정족산성에서 양헌수의 부대가 항전하여 프랑스군을 격퇴하였다(병인양요, 1866). 한편 프랑스군은 퇴각하면서 강화도의 주요 시설을 불태우고 『의궤』 등 외규장각 도서를 약탈해 갔다.
(나) 오페르트 도굴 사건: 독일 상인 오페르트가 조선에 통상을 요구하였다가 거절당하자, 덕산에 상륙하여 흥선 대원군의 부친인 남연군의 묘를 도굴하여 유해와 부장품을 미끼로 통상을 요구하려고 하였으나 실패하였다(오페르트 도굴 사건, 1868).
(다) 신미양요: 미국의 로저스 제독이 제너럴셔먼호 사건(1866)을 구실로 통상 수교를 요구하기 위해 강화도에 침입하여 초지진을 함락하고 광성보를 공격하였다(신미양요, 1871). 이때 어재연이 이끄는 부대가 광성보 등에서 격렬하게 항전하였다.
(가) 운요호 사건: 일본이 조선의 문호를 개방하기 위해 군함 운요호를 조선 연해에 보냈다. 일본의 도발에 대응하여 조선의 수비대가 경고 사격을 하자 운요호는 강화도 초지진에 함포 공격을 가하고, 일본군은 영종도에 상륙하여 관아와 민가를 노략질하였다(운요호 사건, 1875).

19 선사 시대 고구려 난이도 하 ●○○

자료분석 제시문에서 계루부가 왕위를 차지한다는 내용과, 고추가·사자·조의·선인 등의 관직명을 통해 (가) 국가가 고구려임을 알 수 있다.

정답설명 ① 고구려에서는 결혼하면 남자가 여자 집 뒤꼍에 '서옥'이라는 작은 집을 짓고 살다가, 자식을 낳아 장성하면 가족을 데리고 남자 집으로 돌아가는 혼인 풍속인 서옥제가 있었다.

오답분석 ② 삼한: 신성 지역인 소도가 있었던 국가는 삼한이다. 삼한에는 정치적 지배자인 신지, 읍차 등의 군장 외에 제사장인 천군이 존재하여 신성 지역 소도를 다스렸는데, 이를 통해 삼한이 제정 분리 사회였음을 알 수 있다.

③ 부여: 매년 12월에 영고라는 제천 행사를 개최하였던 국가는 부여이다. 고구려에서는 매년 10월에 동맹이라는 제천 행사를 개최하였다.
④ 동예: 읍락의 경계를 중시하여 다른 부족의 생활권을 함부로 침범하면 노비와 소, 말로 변상하게 하는 책화라는 풍습이 있었던 국가는 동예이다.

20 일제 강점기 3·1 운동 난이도 중 ●●○

자료분석 제시문에서 태황제(고종)의 인산날이었다는 것과, 융희제(순종)가 청량리에 이르자 곡 소리와 만세 소리가 폭발하였다는 것을 통해 고종의 인산일을 계기로 일어난 3·1 운동에 대한 내용임을 알 수 있다.

정답설명 ② 3·1 운동은 대한민국 임시 정부의 수립에 영향을 주었다. 3·1 운동을 계기로 독립운동의 구심체 역할을 수행할 단체의 필요성이 대두되었고, 이에 상하이에서 대한민국 임시 정부가 수립되었다.

오답분석 ① 광주 학생 항일 운동: 신간회의 후원으로 확산된 운동은 광주 학생 항일 운동이다. 광주 학생 항일 운동이 확산되자 신간회는 진상 조사단을 파견하였으며, 신간회 광주 지부를 중심으로 학생 투쟁 지도 본부가 설치되어 운동이 더욱 확산되었다.
③ 6·10 만세 운동: 준비 과정에서 천도교와 조선 공산당 등이 연대한 운동은 6·10 만세 운동이다. 한편 6·10 만세 운동의 전개 과정에서 민족 유일당이 결성될 수 있는 기반이 마련되었고, 그 결과 민족 협동 전선인 신간회가 창립되었다.
④ 광주 학생 항일 운동: 한국인 학생과 일본인 학생 사이의 충돌에서 비롯된 운동은 광주 학생 항일 운동이다. 통학 열차 안에서 발생한 한·일 학생 간의 충돌에 대해 일본 경찰이 편파적으로 수사하자, 학생들이 식민 차별 교육 철폐, 한국인 본위의 교육 제도 확립 등을 주장하며 운동을 전개하였다.

21 조선 후기 영조와 정조 난이도 하 ●○○

자료분석 (가)는 이조 전랑의 후임자 천거권과 3사 관리 선발 관행을 혁파한 것과, 성균관 앞에 탕평비를 세웠다는 내용을 통해 영조임을 알 수 있다.
(나)는 초계문신제를 시행한 것과, 육의전을 제외한 시전의 금난전권을 폐지하였다는 것을 통해 정조임을 알 수 있다.

정답설명 ③ 정조는 『경국대전』, 『속대전』 및 그 이후의 법령들을 모아 『대전통편』을 편찬하여 법령을 정비하였다.

오답분석 ① 정조: 장용영을 설치하여 군사권을 장악한 왕은 정조이다. 정조는 국왕의 친위 부대인 장용영을 설치하여 군사권을 장악하고, 왕권을 뒷받침하는 군사적 기반으로 삼았다.
② 숙종: 조선과 청의 국경을 정하는 백두산 정계비를 세운 왕은 숙종이다. 숙종 때 조선과 청은 대표를 파견하여 국경을 확정하고 서쪽으로 압록강, 동쪽으로 토문강을 경계로 하는 백두산 정계비를 세웠다.
④ 철종: 삼정의 문란을 개혁하기 위해 삼정이정청을 설치한 왕은 철종이다. 철종 때 임술 농민 봉기가 일어나자 삼정의 문란을 개혁하기 위해 삼정이정청을 설치하고 농민의 불만을 해결하려 하였다.

22 시대 통합 우리나라의 농서 난이도 중 ●●○

정답 설명
③ 시기순으로 바르게 나열하면 (다)『농상집요』도입 (고려 충정왕) → (라)『농사직설』편찬 (조선 세종) → (가)『금양잡록』편찬 (조선 성종) → (나)『농가집성』편찬 (조선 효종)이다.

- (다) 『농상집요』 도입: 고려 충정왕 때 이암이 원에서 중국 화북 지역의 농사법을 반영한 『농상집요』를 도입하였다.
- (라) 『농사직설』 편찬: 조선 세종 때 정초, 변효문 등이 왕명에 의해 농민들의 실제 경험을 토대로 우리나라 풍토에 맞는 독자적인 농법을 정리한 『농사직설』을 편찬하였다.
- (가) 『금양잡록』 편찬: 조선 성종 때 강희맹이 경기 금양(경기도 시흥 일대) 지역에서 직접 농사지은 경험을 토대로 『금양잡록』을 편찬하였다. 강희맹은 『금양잡록』에서 80여 종의 작물이 가진 특성과 재배법 등을 논하였다.
- (나) 『농가집성』 편찬: 조선 효종 때 신속이 왕명으로 『농사직설』, 『금양잡록』 등 조선의 농서들을 집대성한 『농가집성』을 편찬하였다. 신속은 『농가집성』에서 벼농사 중심의 수전 농법을 소개하여 이앙법의 보급에 공헌하였다.

23 고려 시대 『삼국유사』 난이도 하 ●○○

자료 분석
제시문에서 보각국사 일연이 저술했다는 것과, 왕력·기이·흥법 등으로 구성되어 있으며, 불교사와 관련된 일화를 중심으로 서술하였다는 내용을 통해 밑줄 친 '이 책'이 『삼국유사』임을 알 수 있다.

정답 설명
③ 『삼국유사』에는 단군을 우리 민족의 시조로 설정하여 단군의 건국 이야기가 수록되어 있다.

오답 분석
① 『삼국사기』: 유교적 합리주의 사관에 따라 기전체로 서술된 역사서는 김부식이 편찬한 『삼국사기』이다.
② 『삼국사기』: 현존하는 우리나라의 가장 오래된 역사서는 고려 인종 때인 1145년에 편찬된 『삼국사기』이다.
④ 『사략』: 대의명분을 중시하는 성리학적 유교 사관을 반영한 역사서는 공민왕 때 이제현이 저술한 『사략』이다.

24 조선 전기 수양 대군(세조) 난이도 상 ●●●

자료 분석
제시문에서 황보인, 김종서 등이 역모를 품고 안평 대군과 연결하자 그들을 제거했다는 것과, 집현전을 없애고 경연을 정지한다는 내용을 통해 (가) 인물이 수양 대군(세조)임을 알 수 있다.

정답 설명
② 수양 대군은 세종의 명으로 석가모니의 일대기와 주요 설법을 정리하고, 이를 한글로 번역하여 『석보상절』을 편찬하였다 (1447).

오답 분석
① 원종·충렬왕·공민왕·우왕(고려): 권세가에게 점탈된 토지나 농민을 되찾아 바로잡기 위해 전민변정도감이 처음 설치된 것은 원종 때이다. 이후 전민변정도감은 폐지되었다가 충렬왕, 공민왕, 우왕 때 다시 설치되었다. 전민변정도감은 권문세족의 반대로 설치와 폐지가 반복되었다.
③ 세종(조선): 불교 종파를 선·교 양종으로 병합한 인물은 세종이다.
④ 정철(조선): 정여립 모반 사건을 계기로 기축옥사를 일으킨 인물은 정철이다. 정철은 정여립 모반 사건을 의도적으로 확대하여 반대파인 동인을 대거 제거하였다.

📖 이것도 알면 합격!

한글로 간행된 불교 서적

서적	내용
『석보상절』(세종, 1447)	세종의 명으로 수양 대군(세조)이 소헌 왕후의 명복을 빌기 위해 쓴 석가의 전기
「월인천강지곡」(세종, 1449)	세종이 『석보상절』을 보고 석가의 공덕을 찬양하며 지은 책
『월인석보』(세조, 1459)	세조가 『석보상절』과 「월인천강지곡」을 합본한 것

25 선사 시대 고조선 난이도 하 ●○○

자료 분석
제시된 자료에서 왼쪽 사진은 비파형동검이고, 오른쪽 사진은 북방식 고인돌이다. 이를 통해 (가) 나라는 고조선임을 알 수 있다. 고조선의 세력 범위는 비파형동검과 북방식 고인돌, 미송리식 토기, 거친무늬 거울의 출토 지역을 통해 짐작할 수 있다.

정답 설명
① 고조선은 왕 아래에 상, 대부, 장군 등의 관직을 두었다.

오답 분석
② 동예·옥저: 읍군, 삼로 등의 군장이 피지배층인 하호를 통치하는 나라는 동예와 옥저이다.
③ 고구려: 계루부 출신의 왕이 5부(계루부·소노부·절노부·순노부·관노부)의 대가들과 함께 통치한 나라는 고구려이다.
④ 옥저: 사람이 죽으면 가매장한 다음 뼈만 추려 목곽에 안치하는 골장제의 풍습이 있었던 나라는 옥저이다.

31회
2021년 법원직 9급

2021년 2월 27일 시행

문제집 146쪽

정답

01	③ 일제 강점기	14	① 고대
02	③ 근대	15	③ 근대
03	③ 현대	16	③ 일제 강점기
04	① 조선 전기	17	② 근대
05	① 선사 시대	18	② 고대
06	④ 선사 시대	19	③ 고려 시대
07	③ 선사 시대	20	③ 현대
08	① 일제 강점기	21	① 고려 시대
09	② 현대	22	② 일제 강점기
10	③ 조선 후기	23	② 일제 강점기
11	① 일제 강점기	24	③ 조선 후기
12	② 현대	25	④ 근대
13	③ 고려 시대		

취약 시대 분석표

시대	맞힌 개수
선사 시대	/ 3
고대	/ 2
고려 시대	/ 3
조선 전기	/ 1
조선 후기	/ 2
근대	/ 4
일제 강점기	/ 6
현대	/ 4
시대 통합	/ 0
총합	/ 25

기출 총평

"합격선 92점, 평이하게 출제!"

- **난이도:** 시험 전체적인 난이도는 하로, 쉬운 시험이었습니다.
- **고난도 문제**
  - 01번 국가 총동원법 제정 이후의 사실: 『조선사회경제사』의 저술 연도나 조선 사상범 예방 구금령의 제정 연도를 정확히 알아야 맞힐 수 있었습니다.
  - 11번 대일 선전 포고가 발표된 장소: 대한민국 임시 정부가 충칭에 정착한 이후, 대일 선전 포고를 했다는 사실을 알면 맞힐 수 있는 문제이나, 지도를 제시하여 체감 난이도를 높였습니다.

01 일제 강점기 국가 총동원법 제정(1938) 이후의 사실 난이도 상 ●●●

자료분석 제시문에서 '총동원 업무'라는 내용을 통해 (가)에 들어갈 법령이 국가 총동원법(1938)임을 알 수 있다. 일제는 중·일 전쟁을 시작하면서 조선을 전쟁 물자를 공급하는 병참 기지로 운용하여 전쟁 수행에 필요한 인적·물적 자원을 원활하게 확보하기 위해 국가 총동원법을 제정하였다.

정답설명 ③ 국가 총동원법이 제정된 이후인 1941년에 일제는 조선 사상범 예방 구금령을 제정하여 조선인의 사상을 통제하고, 독립운동가들을 재판 없이 감옥에 구금하였다.

오답분석 모두 국가 총동원법 제정(1938) 이전의 사실이다.
① 중·일 전쟁이 발발한 것은 1937년 7월이다. 일본은 중·일 전쟁을 일으켜 중국 본토를 공격하고, 대륙 침략을 본격화하였다.
② 백남운이 『조선사회경제사』를 저술한 것은 1933년이다. 『조선사회경제사』는 한국의 원시, 고대 사회 경제에 관한 최초의 사회 경제사적 연구서로, 한국사를 세계사적 보편성 속에서 연구하면서 일제의 정체성론을 비판하였다.
④ 양세봉이 이끄는 조선 혁명군이 영릉가 전투에서 승리한 것은 1932년이다. 조선 혁명군은 남만주 일대에서 중국 의용군과 연합 작전을 전개하여 영릉가·흥경성·신개령 전투에서 일본군에 승리하였다.

👍 이것도 알면 합격!

민족 말살 통치 시기에 일제가 제정한 악법

조선 사상범 보호 관찰령(1936)	치안 유지법 위반자 중 집행유예의 언도가 있는 경우나 형의 집행이 종료된 경우에 보호 관찰 처분을 하여 독립운동가에 대한 감시 강화
국가 총동원법 (1938)	전쟁이 발생하였을 때 국방의 목적을 달성하기 위해 인적·물적 자원을 통제·운용
조선 사상범 예방 구금령(1941)	독립운동가는 석방되었더라도 재범의 우려가 있다면 사상범으로 재판 없이 구금 가능

02 근대 정미의병 난이도 중 ●●○

자료분석 제시문에서 일거에 서울로 공격한다는 내용을 통해 자료의 의병이 서울 진공 작전을 시도한 정미의병임을 알 수 있다. 정미의병은 고종 황제의 강제 퇴위와 한·일 신협약의 비밀 각서로 인한 군대 해산에 반발하여 일어났다.

정답설명 ③ 옳은 것을 모두 고르면 ㉡, ㉢이다.
㉡ 정미의병은 13도 창의군을 결성하여 서울 진공 작전을 시도하였다. 13도 창의군은 이인영을 총대장, 허위를 군사장으로 하는 1만여 명의 의병 연합 부대로, 서울 근교까지 진격하였으나 일본군의 반격으로 실패하였다.
㉢ 13도 창의군은 스스로 독립군임을 내세우며 각국 영사관에 의병을 국제법상의 교전 단체로 인정해 줄 것을 요구하였다.

오답분석 ㉠, ㉣ 을미의병: 고종이 해산 권고 조칙을 내리자 대부분 해산하였고, 잔여 세력이 활빈당 등의 무장 결사를 조직한 의병은 을미의병이다. 을미의병은 을미사변과 단발령에 대한 반발로 일어났는데, 아관 파천으로 친일 정권이 무너지면서 단발령이 철회되고 고종이 해산을 권고하는 조칙을 내리자 해산되었다. 한편 을미의병에 가담했던 농민군 중 일부는 활빈당 등을 조직하여 활동하였다.

이것도 알면 합격!

정미의병

배경	고종의 강제 퇴위, 군대 해산(1907)
주도 세력	유생 의병장(이인영·허위) + 평민 의병장(홍범도) + 해산 군인
전개	· 시위대 대대장 박승환의 자결로 시위대와 진위대가 봉기 → 해산 군인의 의병 합류 → 13도 창의군 결성(총 대장 이인영과 군사장 허위) → 서울 주재 각 영사관에 의병을 국제법상 교전 단체로 승인해줄 것을 요청 → 서울 진공 작전 전개(1908. 1.) → 실패 · 일본이 호남 지방 의병 세력을 진압하기 위해 '남한 대토벌' 작전(1909. 9.) 전개 → 국내의 의병 세력이 국외로 이동하여 독립군으로 활동

03 현대 이승만 정부 시기의 사실   난이도 하 ●○○

자료분석 제시문에서 부칙으로 해당 헌법 공포 당시의 대통령에 한해 중임 제한을 적용하지 아니한다는 내용을 통해 1954년에 통과된 사사오입 개헌(제2차 개헌)임을 알 수 있으며, 이 개헌이 통과된 것은 이승만 정부 시기의 사실이다.

정답설명 ③ 이승만 정부 시기에 조봉암이 진보당을 창당하고 평화 통일론을 주장하여 국민들에게 많은 지지를 받자, 이에 위협을 느낀 이승만 정부는 조봉암을 비롯한 진보당 간부들을 북한의 간첩과 내통하였다는 혐의로 구속하였다(진보당 사건, 1958). 이후 진보당은 해체(1958. 2.)되고 조봉암은 간첩 혐의로 처형(1959. 7.) 당하였다.

오답분석 ① 노태우 정부: 소련, 중국과 교류를 확대한 것은 노태우 정부 시기의 사실이다. 노태우 정부는 서울 올림픽을 계기로 소련(1990), 중국(1992) 등과 외교 관계를 수립하는 북방 정책을 추진하였다.

② 박정희 정부: 일본과 국교 정상화를 추진한 것은 박정희 정부 시기의 사실이다. 박정희 정부는 경제 개발 자금을 마련하기 위해 미국의 권고에 따라 비밀리에 한·일 회담(1962)을 열고, 한·일 기본 조약(1965)을 체결하여 일본과의 국교를 정상화하였다.

④ 김영삼 정부: 지방 자치제를 전면적으로 실시한 것은 김영삼 정부 시기의 사실이다. 김영삼 정부는 1995년에 지방 자치 단체장 선거를 시행하여 지방 자치제를 전면적으로 실시하였다.

04 조선 전기 기묘사화와 인조반정 사이의 사실   난이도 중 ●●○

자료분석 (가)는 중종 때 조광조의 개혁에 반발한 훈구 세력들이 '주초위왕' 사건을 꾸며 조광조 일파(사림)를 제거한 기묘사화(1519)이다.
(나)는 서인이 중립 외교와 폐모살제(광해군이 계모인 인목대비를 유폐시키고 이복 동생인 영창 대군을 살해한 사건)를 빌미로 광해군과 북인 정권을 몰아내고 인조를 왕으로 세운 인조반정(1623)이다.

정답설명 ① (가)와 (나) 사이 시기인 선조 대에 정여립 모반 사건과 정철의 건저 문제를 계기로 동인이 남인과 북인으로 분화하였다. 정여립 모반 사건(기축옥사, 1589)으로 동인의 원한을 사게 된 정철이 이후 건저 문제(세자 책봉 문제, 1591)로 선조의 미움을 받아 탄핵되었을 때, 정철에 대한 처벌 문제를 둘러싸고 동인이 온건파인 남인과 강경파인 북인으로 분화하였다.

오답분석 ② (나) 이후: 환국으로 노론과 소론이 갈라선 것은 (나) 이후의 사실이다. 숙종 때의 경신환국(1680) 이후 남인에 대한 처벌을 놓고 서인이 강경파인 노론과 온건파인 소론으로 분리되었다.

③ (나) 이후: 1차 예송(기해예송, 1659)에서 승리한 서인이 집권한 것은 (나) 이후의 일이다. 효종이 죽은 후 인조의 계비인 자의대비의 복상 기간을 둘러싸고 1차 예송이 벌어졌다. 이때 서인은 1년설(기년설), 남인은 3년설을 주장하였는데, 서인의 주장이 받아들여지면서 서인이 집권하게 되었다.

④ (가) 이전: 조광조가 훈구 세력의 위훈 삭제를 주장(1519)한 것은 (가) 이전의 사실이다. 중종 때 조광조 등이 중종반정 공신들 중 거짓 공훈을 삭제하자는 위훈 삭제를 주장하였다. 이를 계기로 조광조 등 신진 사림이 제거되는 기묘사화가 일어났다.

05 선사 시대 신석기 시대의 사회 모습   난이도 하 ●○○

자료분석 제시된 유물은 가락바퀴(왼쪽)와 갈돌과 갈판(오른쪽)으로, 모두 신석기 시대의 대표적인 유물이다.

정답설명 ① 신석기 시대에는 처음으로 농경과 목축이 시작되어 식량을 생산하면서 사람들이 강가나 바닷가에 움집을 지어 거주하는 정착 생활을 하게 되었다.

오답분석 ② 청동기 시대: 권력을 가진 지배자가 등장한 시대는 청동기 시대이다. 청동기 시대에는 잉여 생산물의 분배 과정에서 사유 재산과 계급이 발생하면서 권력을 가진 지배자가 등장하였다.

③ 구석기 시대: 뗀석기를 주로 이용한 시대는 구석기 시대이다. 구석기 시대에는 돌에 타격을 가하거나 다른 물체에 부딪혀서 떼어내는 방법으로 만든 석기인 뗀석기를 사용하였다.

④ 구석기 시대: 주로 동굴에 거주하거나 막집에 살았던 시대는 구석기 시대이다.

06 선사 시대 동예   난이도 하 ●○○

자료분석 제시문에서 남쪽으로는 진한, 북쪽으로는 고구려, 옥저와 맞닿아 있다는 것과 대군장이 없고 후, 읍군, 삼로라는 관직이 있어 하호를 다스린다는 내용을 통해 밑줄 친 '나라'가 동예임을 알 수 있다.

정답설명 ④ 동예는 해마다 10월에 무천이라는 제천 행사를 열었다.

오답분석 ① 부여, 고구려: 1세기 초에 왕호를 사용한 나라는 부여와 고구려이다.

② 옥저: 여자가 어렸을 때 남자 집에 살다가 성장한 후 남자가 여자 집에 예물을 치르고 혼인을 하는 민며느리제라는 혼인 풍습이 있었던 나라는 옥저이다.

③ 삼한: 목지국의 지배자가 왕으로 추대된 나라는 삼한이다. 삼한 중에서 마한의 세력이 가장 컸으며, 마한의 소국 중 하나인 목지국의 지배자가 마한왕 또는 진왕으로 추대되어 삼한 연맹체를 주도하였다.

07 선사 시대 단군 신화   난이도 하 ●○○

정답설명 ③ 단군 신화에서 사람이 되기를 원하는 곰과 호랑이에게 환웅이 쑥과 마늘을 주었다는 내용은 샤머니즘이 아닌 토테미즘과 관련된 내용이다.

오답분석 ① 단군 신화에서 환웅을 하늘의 신 환인의 아들이라고 한 것을 통해, 환웅 부족이 천손 사상을 가지고 부족의 우월성을 과시하였다는 것을 알 수 있다.

② 단군 신화의 풍백, 우사, 운사를 통해 고조선이 바람, 비, 구름 등 농경에 관계되는 일을 주관하는 관리를 두었으며, 날씨를 중요시하는 농경 사회였다는 것을 알 수 있다.
④ 단군 신화에서 단군왕검은 제사장인 단군과 정치적 군장인 왕검의 의미를 가지고 있어, 고조선이 제정일치 사회였음을 알 수 있다.

08 일제 강점기 대한민국 임시 정부 난이도 중 ●●○

정답 설명 ① 옳은 것을 모두 고르면 ㄱ, ㄴ 이다.
ㄱ. 대한민국 임시 정부의 교통국(비밀 통신망)과 연통제(비밀 행정 조직망) 조직은 1921년경 일제에 발각되어 활동이 위축되었고, 곧이어 해체되었다. 이로 인해 임시 정부는 국내와 연락이 어렵게 되고, 자금난을 겪게 되면서 위기 상태에 빠지게 되었다.
ㄴ. 대한민국 임시 정부의 외교 활동 성과가 미흡하자, 외교 활동에 대한 무장 투쟁론자의 비판이 거세지는 등 독립운동의 노선을 둘러싸고 갈등이 심화되었다.

오답 분석 ㄷ. 개조파는 무장 투쟁론자들이 아닌 실력 양성론자 및 외교 독립론자들로 구성되었다. 개조파는 임시 정부를 개편하여 존속시킬 것을 주장하였고, 실력 양성 및 외교 활동을 강조하였다. 한편 무장 투쟁론자들은 임시 정부를 해체하고 새로운 정부를 수립하자고 주장하였다(창조파).
ㄹ. 대한민국 임시 정부는 국민 대표 회의 결렬 이후 이루어진 지도 체제 개편에서 대통령 중심의 집단 지도 체제가 아닌 국무령 중심의 내각 책임제로 전환하였다.

👍 이것도 알면 합격!
대한민국 임시 정부의 노선 구분

창조파	· 임시 정부 해체와 새로운 정부 수립 주장 · 무력 항쟁 강조, 박용만, 신채호 등
개조파	· 임시 정부의 개혁과 존속 주장, 안창호 등 · 실력 양성을 우선으로 하면서 외교 활동 강조
현상 유지파	· 임시 정부를 그대로 유지하자고 주장 · 김구, 이동녕 등

09 현대 조선 건국 준비 위원회 난이도 중 ●●○

자료 분석 제시문에서 일시적 과도기에 있어서 국내 질서를 자주적으로 유지한다는 내용을 통해 조선 건국 준비 위원회가 발표한 강령임을 알 수 있다.

정답 설명 ② 조선 건국 준비 위원회는 조선 인민 공화국의 수립을 선포(1945. 9.)하였다. 조선 건국 준비 위원회는 미군과의 협상에서 유리한 입장을 차지하기 위하여 미군이 한반도에 진주하기 전 국가의 모습을 갖춘 조선 인민 공화국 정부를 수립하였으나, 미 군정의 인정을 받지 못하였다.

오답 분석 모두 조선 건국 준비 위원회와는 관련이 없는 설명이다.
① 이승만 정부: 자유당을 창당한 것은 이승만 정부이다. 이승만 정부는 지지 기반을 형성하기 위해, 여러 우익 단체를 규합하여 임시 수도 부산에서 자유당을 창당(1951)하였다.
③ 독립 촉성 중앙 협의회의 결성을 주도한 것은 이승만 중심의 우파 인사들이다. 이승만은 독립 촉성 중앙 협의회를 통해 자신을 중심으로 좌·우익을 아우르고자 하였으나 좌익 계열은 참여를 거부하였고, 남한의 우익 정당만을 잠정적으로 통합하였다.
④ 38도선을 넘어 북한 지도부와 남북 협상을 가졌던 것은 김구, 김규식 등이다. 김구는 유엔 소총회의 남한 단독 선거 논의에 반발하여 김규식과 함께 북한의 지도자들에게 협상을 제의하였고, 그 결과 평양에서 북한의 김일성, 김두봉과 남북 협상이 개최되었다(1948. 4.).

10 조선 후기 환국과 탕평책 난이도 중 ●●○

자료 분석 제시문에서 (가)는 숙종이 집권 붕당이 바뀔 때마다 상대 당의 인사들을 정계에서 축출하였다는 내용을 통해 환국임을 알 수 있고, (나)는 영조와 정조가 붕당 정치의 폐해를 줄이기 위해 시행하였다는 내용을 통해 탕평책임을 알 수 있다.

정답 설명 ③ 옳은 것을 모두 고르면 ㉡, ㉢ 이다.
㉡ (나)에 들어갈 용어는 탕평책이다. 영조와 정조는 붕당 정치의 폐해를 줄이기 위해 탕평책을 실시하였다. 영조는 온건하고 타협적인 인물들로 구성된 탕평파를 등용하는 완론 탕평을 실시하였으며, 정조는 적극적인 탕평인 준론 탕평을 실시하였다.
㉢ 기사환국(1689) 때 송시열이 죽임을 당하였다. 숙종이 희빈 장씨가 낳은 아들을 원자(세자 책봉을 받기 전인 왕의 적장자)로 정한 것에 송시열 등의 서인들이 반발하자, 숙종은 서인을 정계에서 축출하고 남인을 등용하였다(기사환국). 이 과정에서 송시열은 세자 책봉을 반대하는 상소를 올렸다가 제주도에 유배된 후 사사되었다.

오답 분석 ㉠ (가)에 들어갈 용어는 예송이 아닌 환국이다. 예송은 효종과 효종비 사후 인조의 계비인 자의 대비의 복상 문제로 인해 서인과 남인 사이에 발생한 것으로, 두 차례의 예송 결과 남인의 우세 속에 서인이 공존하는 정국이 경신환국 전까지 유지되었다.
㉣ 탕평책과 5군영 설치는 관련이 없다. 5군영은 탕평책이 실시되기 이전인 숙종 때 금위영이 설치(1682)되면서 완비되었다.

👍 이것도 알면 합격!
환국의 전개 과정

경신환국 (1680)	· 원인: 남인인 허적이 왕실용 천막을 무단으로 사용하여 왕의 불신을 샀고, 때마침 서인이 허적의 서자 허견 등의 역모를 고발함 · 결과: 남인이 몰락하고 서인 집권(서인이 노론과 소론으로 분열)
기사환국 (1689)	· 원인: 희빈 장씨 아들(경종)의 원자 정호 문제 · 결과: 서인(송시열 등)이 처형·축출되고 남인이 정권 장악
갑술환국 (1694)	· 원인: 남인이 인현 왕후 복위 운동을 빌미로 서인을 제거하려다 실패 · 결과: 남인 몰락·서인 재집권, 서인 내부에서는 남인의 처벌을 두고 노론(강경파)과 소론(온건파)의 갈등이 심화됨

11 일제 강점기 대일 선전 성명서가 발표된 장소 난이도 상 ●●●

자료 분석 제시문에서 하나의 전투 단위로서 추축국에 선전한다는 내용을 통해 1941년에 대한민국 임시 정부가 발표한 대일 선전 성명서임을 알 수 있다.

지도는 대한민국 임시 정부의 이동 경로를 나타낸 것으로, 지도에 표시된 지역은 (가)는 충칭, (나)는 류저우, (다)는 창사, (라)는 상하이이다. 대한민국 임시 정부는 1919년 상하이에서 수립되었고, 윤봉길 의사의 훙커우 공원 의거(1932. 4.)로 일본의 탄압이 심해지자 상하이를 떠나 항저우로 이동하였다. 이후 임시 정부는 전장(1935) → 창사(1937) → 광저우(1938) → 류저우(1938) → 치장(1939)을 거쳐 1940년에 중국 국민당 정부가 있는 충칭으로 이동하여 정착하였다.

정답설명 ① 대한민국 임시 정부는 1940년에 충칭에 정착하였고, 산하 부대인 한국광복군을 창설하였다. 이후 1941년에 태평양 전쟁이 일어나자 대한민국 임시 정부는 대일 선전 성명서를 발표하고 연합군의 일원으로 참전하였다.

12 현대 유신 헌법과 제8차 개헌안 난이도 중 ●●○

자료분석 첫번째 제시문은 제8대 대통령 선거에 대한 내용으로, 토론 없이 무기명으로 투표하고, 박정희 후보를 선출했다는 내용을 통해 밑줄 친 ㉠ '이 헌법'이 유신 헌법(제7차 개헌안)임을 알 수 있다.

두번째 제시문은 제12대 대통령 선거에 대한 내용으로, 전두환이 제11대 대통령으로 선출된 이후 여론을 의식하여 개헌을 단행했다는 내용을 통해 밑줄 친 ㉡ '새 헌법'이 제8차 개헌안임을 알 수 있다.

정답설명 ② 유신 헌법에서는 대통령이 국회를 해산할 권한을 갖고 있었다. 이 밖에도 대통령은 국회의원 1/3을 추천할 수 있고, 긴급 조치를 통해 국민의 기본권을 제한할 수 있는 권한이 있었다.

오답분석 ① 유신 헌법에서는 대통령의 중임 제한을 폐지하여 3회 이상 연임이 가능했다.
③ 제8차 개헌안에서 대통령 임기는 5년이 아닌 7년 단임제이다. 대통령의 임기를 5년으로 하는 개헌안은 제9차 개헌안이다.
④ 제8차 개헌안에서는 통일 주체 국민 회의가 아닌 대통령 선거인단에서 대통령을 선출하였다. 통일 주체 국민 회의를 통해 대통령을 선출한 것은 유신 헌법이다.

13 고려 시대 고려 시대의 화폐와 토지 제도의 변천 난이도 하 ●○○

정답설명 ③ 순서대로 나열하면 (나) 시정 전시과 실시(976) - (가) 은병(활구) 주조(1101) - (다) 과전법 실시(1391)가 된다.

(나) 시정 전시과 실시: 경종은 전·현직 관리에게 관등의 높고 낮음에 따라 전지와 시지에 대한 수조권을 지급하는 시정 전시과를 처음으로 시행하였다(976).

(가) 은병(활구) 주조: 숙종은 주전도감을 설치하고 화폐의 유통을 권장하였으며, 은병(활구)이라는 고액의 화폐를 주조하도록 하였다(1101).

(다) 과전법 실시: 신흥 무인 세력과 신진 사대부는 고려 말 공양왕 때 자신들의 경제적 기반을 마련하고자 과전법을 실시하였다(1391). 과전법 체제에서는 경기 지역에 한정하여 전·현직 관리에게 토지에 대한 수조권을 지급하였다.

14 고대 근초고왕의 업적 난이도 하 ●○○

자료분석 제시된 자료에서 백제가 중국의 랴오시(요서) 지방, 산둥(산동) 반도, 일본의 규슈 지방까지 진출하고, 동진, 왜와 교류한 사실을 통해 근초고왕 시기의 상황임을 알 수 있다.

정답설명 ① 옳은 것을 모두 고르면 ㉠, ㉡이다.
㉠ 근초고왕은 남쪽으로 마한을 통합하여 전라도 지역까지 진출하였다.
㉡ 근초고왕은 왕위의 부자 상속을 확립시켰다. 근초고왕은 활발한 정복 사업과 대외 활동을 통한 왕권의 전제화를 바탕으로 왕위의 부자 상속제를 확립하였다.

오답분석 ㉢ 성왕: 중앙 관청을 22부로 확대한 것은 성왕이다. 성왕은 왕실 사무를 맡는 내관(궁내부) 12부와 중앙 정무 기관인 외관(중앙 관청) 10부로 구성된 22부를 정비하였다.
㉣ 고이왕: 좌평 제도와 관등제를 마련한 것은 고이왕이다. 고이왕은 중국의 선진 문물을 받아들여 6좌평제와 16관등제를 정비하고, 관복제(자색, 비색, 청색)를 도입하였다.

15 근대 강화도 조약의 부속 조약 체결 시기 난이도 중 ●●○

자료분석 (ㄱ)은 일본국 인민은 본국의 현행 여러 화폐를 사용해 조선국 인민이 소유한 물품과 교환할 수 있다는 내용을 통해 조·일 수호 조규 부록(1876. 7.)임을 알 수 있다.

(ㄴ)은 조선국 항구에 거주하는 일본 인민은 양미와 잡곡을 수출입할 수 있다는 내용을 통해 조·일 무역 규칙(1876. 7.)임을 알 수 있다.

정답설명 ③ (ㄱ) 조·일 수호 조규 부록과 (ㄴ) 조·일 무역 규칙이 체결된 시기는 (다) 시기인 1876년이다. 1875년 일본 군함이 강화도에 불법 침입하여 포격전을 벌인 운요호 사건이 발생하였고, 일본은 이를 빌미로 조선 정부에 개항을 요구하였다. 결국 조선은 일본과 강화도 조약을 맺어 개항하였으며, 이후 조·일 수호 조규 부록과 조·일 무역 규칙을 체결하였다.

👍 이것도 알면 합격!

강화도 조약의 부속 조약

조·일 수호 조규 부록 (1876. 7.)	· 일본 외교관의 여행 허용, 개항장에서 일본 화폐의 유통 허용 · 일본 상인의 활동 범위 설정(개항장 사방 10리, 간행이정)
조·일 무역 규칙 (조·일 통상 장정, 1876. 7.)	· 양곡(쌀·잡곡)의 무제한 유출 허용 · 일본 수출입 상품에 대한 무관세 규정

16 일제 강점기 사회·경제 사학 난이도 하 ●○○

자료분석 제시문에서 조선 민족의 발전사를 세계사적인 사회 구성의 내면적 발전 법칙에 따른다고 하는 내용을 통해 사회·경제 사학임을 알 수 있다. 사회·경제 사학은 유물 사관에 입각하여 한국사를 세계사적 보편성 위에 체계화하려는 과정에서 식민 사학의 정체성론을 반박하였다.

정답설명 ③ 사회·경제 사학을 연구한 대표적인 인물은 백남운이다. 백남운은 『조선사회경제사』(1933)와 『조선봉건사회경제사』(1937)를 저술하여 한국의 사회·경제 사학 발전에 선구자적인 역할을 하였다.

오답분석 ① 사회·경제 사학은 일선동조론을 유포하지 않았다. 일선동조론은 일본 민족과 조선 민족의 조상이 하나라는 이론으로, 민족 말살 통치 시기에 일제가 식민 사관을 토대로 일선동조론을 주장하여 한국인의 민족 정신을 말살하고자 하였다.
② 사회·경제 사학은 실증 사학의 영향을 받지 않았다. 실증 사학은 역사적 사실을 실증적, 객관적으로 밝히려는 연구 활동이며, 사회·경제 사학은 마르크스의 유물 사관에 입각하여 역사 발전의 원동력을 물질적인 생산력과 생산 관계의 변화로 보는 연구 활동이다.
④ 진단 학회를 결성하여 『진단학보』를 발간한 것은 이병도 등이다. 이들은 청구 학회의 한국사 왜곡에 맞서 진단 학회를 결성하고, 『진단학보』를 발행하는 등 실증 사학의 입장에서 객관적 연구 활동을 전개하였다.

17 근대 흥선 대원군 난이도 하 ●○○

자료분석 제시문에서 만동묘를 철폐하고 서원을 철폐하도록 하였다는 것을 통해 (가) 인물이 흥선 대원군임을 알 수 있다.

정답설명 ② 흥선 대원군은 은결을 색출하고 호포제를 실시하였다. 그는 전정의 문란을 시정하기 위해 양전 사업을 실시하여 은결을 색출하고 세금을 징수함으로써 국가 재정을 확충하였다. 또한 군정의 문란을 시정하기 위해 양반에게도 군포를 징수하는 호포법을 실시하였다.

오답분석
① 고종: 일본에 조사 시찰단을 파견한 인물은 고종이다. 고종은 일본의 정세를 파악하고, 각종 산업 시설을 시찰하기 위해 박정양, 어윤중, 홍영식 등으로 구성된 조사 시찰단을 일본에 파견하였다.
③ 영조: 탕평파를 육성하고 탕평비를 건립한 인물은 영조이다. 영조는 성균관 입구에 붕당의 폐단을 경계하라는 내용이 담긴 탕평비를 세워 탕평 정치의 의지를 드러내고, 온건하고 타협적인 인물을 고루 등용하는 완론 탕평을 시행하였다.
④ 정조: 『대전통편』을 편찬해 통치 체제를 정비한 인물은 정조이다. 정조는 왕조의 통치 규범을 전반적으로 재정리하기 위해 『대전통편』을 편찬하였다.

18 고대 고대사의 전개 난이도 하 ●○○

정답설명 ② 순서대로 나열하면 (나) 온조의 백제 건국(기원전 18) - (다) 고구려 태조왕의 동옥저 정벌(56) - (라) 신라 법흥왕의 율령 반포와 공복 제정(520) - (가) 백제 성왕의 고구려 공격(551)이 된다.
- (나) 온조의 백제 건국: 온조는 기원전 18년에 고구려 계통의 유이민 세력을 이끌고 남하하여, 한강 유역의 토착 세력과 결합해 한강 하류에 도읍하고 백제를 건국하였다.
- (다) 고구려 태조왕의 동옥저 정벌: 고구려 태조왕은 56년에 활발한 정복 활동을 전개하여 동옥저를 정복하는 등 세력을 확대하였다.
- (라) 신라 법흥왕의 율령 반포와 공복 제정: 신라 법흥왕은 520년에 율령을 반포하고 관리의 공복을 제정하여 중앙 집권적인 고대 국가 체제를 완성하였다.
- (가) 백제 성왕의 고구려 공격: 백제 성왕은 여러 차례 고구려를 공격하였으며, 551년에는 신라 진흥왕과 연합하여 고구려가 차지하고 있던 한강 하류 지역을 일시적으로 수복하였다. 그러나, 이후 신라 진흥왕의 배신으로 한강 하류 지역을 신라에 빼앗기게 되었다(553).

19 고려 시대 고려 건국과 후삼국 통일 사이의 사건 난이도 중 ●●○

자료분석 제시문에서 태조가 포정전에서 즉위하여 국호를 고려라 하고 연호를 천수라 한 것은 918년의 일이고, 신검이 두 동생 및 문무 관료와 함께 항복한 것은 936년의 일이다.

정답설명 ③ 왕건이 이끄는 후고구려의 군대가 후백제의 금성(나주)을 함락한 것은 903년으로, 왕건이 고려를 건국하기 이전의 사실이다.

오답분석 모두 (가) 시기의 사건이다.
① 고려군은 930년에 고창에서 견훤의 후백제군을 패퇴시켰고, 이를 계기로 고려가 후삼국의 주도권을 잡게 되었다.
② 신라 경순왕은 중앙 정치의 문란과 지방 통제 기능의 상실, 후백제의 침략 등으로 국가 유지가 어려워지자 935년에 고려의 태조 왕건에게 항복하였다.
④ 934년에 발해국 세자 대광현을 비롯한 수만 명이 고려에 귀화하였고, 고려는 이들을 포용하여 민족 융합 정책을 적극적으로 추진하였다.

👍 이것도 알면 합격!

후삼국 통일 과정

신라 경애왕이 살해됨(927) → 공산 전투(927) → 고창(안동) 전투(930) → 운주(홍성) 전투(934) → 견훤의 금산사 유폐, 경순왕 항복(935) → 일리천(선산) 전투(936) → 후백제 멸망, 후삼국 통일(936)

20 현대 '삼천만 동포에게 읍고함' 발표 시기 난이도 하 ●○○

자료분석 제시문에서 38선을 베고 쓰러질지언정, 단독 정부를 세우는 데 협력하지 않겠다는 내용을 통해 김구가 발표한 '삼천만 동포에게 읍고함'이라는 것을 알 수 있다.
- (가) 8·15 광복(1945. 8.) ~ 정읍 발언(1946. 6.)
- (나) 정읍 발언(1946. 6.) ~ 제2차 미·소 공동 위원회 개최(1947. 5.)
- (다) 제2차 미·소 공동 위원회 개최(1947. 5.) ~ 5·10 총선거(1948. 5.)
- (라) 5·10 총선거(1948. 5.) ~ 대한민국 정부 수립(1948. 8.)

정답설명 ③ 김구가 '삼천만 동포에게 읍고함'을 발표한 것은 (다) 시기인 1948년 2월이다. 제2차 미·소 공동 위원회가 결렬되고 유엔에서 남한만의 단독 선거가 논의되자, 김구는 이에 반발하여 곧바로 '삼천만 동포에게 읍고함'이라는 성명서를 발표(1948. 2.)하였다.

21 고려 시대 신진 사대부 난이도 하 ●○○

자료분석 제시된 자료에서 권문세족 이후에 집권한 고려 지배층인 (가)는 신진 사대부이다. 신진 사대부는 지방 향리 출신으로 공민왕 때부터 신진 사대부가 개혁 주도 세력으로 성장하였다.

정답설명 ① 신진 사대부는 새로운 사상인 성리학을 수용하여 불교의 폐단을 지적하였다.

오답분석 ② 문벌 귀족, 권문세족: 주로 음서를 통해 관직에 진출한 것은 문벌 귀족과 권문세족이다. 문벌 귀족은 과거와 음서를 통해 관직을 독점하였고, 중서문하성과 중추원의 재상이 되어 정국을 주도하였다. 한편 권문세족은 도평의사사, 첨의부, 밀직사 등의 고위 관직을 장악하고 음서를 통해 관직에 진출하여 신분을 세습하였다.

③ **무신, 권문세족**: 권력을 앞세워 대규모 농장을 소유한 것은 무신과 권문세족이다. 정변을 통해 정권을 장악한 무신들과, 원 간섭기에 성장한 권문세족은 대농장을 소유하여 사회 혼란을 야기하였다.

④ **권문세족**: 친원적 성향으로, 도평의사사를 장악한 것은 권문세족이다. 권문세족은 원 간섭기의 대표적인 지배 세력으로, 고위 관직을 독점하고 도평의사사(도당)를 장악하였다.

22 일제 강점기 광주 학생 항일 운동   난이도 하 ●○○

자료분석 제시문에서 검거자를 즉시 우리의 힘으로 구출하자는 내용과 조선인 본위의 교육 제도를 확립하자는 것을 통해 광주 학생 항일 운동(1929) 때의 격문임을 알 수 있다.

정답설명 ② 광주 학생 항일 운동은 전국적으로 확대되어 이듬해까지 동맹 휴학 투쟁이 계속되었고, 여기에 일반 국민과 만주 지역의 민족 학교 학생들, 일본 유학생들까지 가세하여 3·1운동 이후 최대의 민족 항쟁으로 확대되었다.

오답분석 ① **원산 노동자 총파업**: 원산에서 일어난 일제 강점기 최대 규모의 노동 쟁의는 원산 노동자 총파업이다. 원산 총파업은 라이징 선 석유 회사의 일본인 감독이 한국인 노동자를 폭행한 것을 계기로 발생하였다.

③ **물산 장려 운동**: 민족 산업의 보호와 육성을 위해 국산품 애용을 주장한 운동은 물산 장려 운동이다. 1920년 일제가 회사령을 철폐하고, 한·일 간 관세 철폐 움직임이 일어나자, 조만식, 이상재 등의 민족 자본가를 중심으로 평양에서 시작되었다.

④ **6·10 만세 운동**: 순종의 국장일에 학생들이 만세 시위를 벌이고 시민들이 가세한 것은 6·10 만세 운동이다.

23 일제 강점기 1920년대 무장 독립 전쟁의 전개   난이도 중 ●●○

정답설명 ② 순서대로 나열하면 (나) 청산리 대첩(1920. 10.) - (다) 간도 참변(1920. 10.~1921. 5.) - (가) 자유시 이동(1921. 3.~6.) - (라) 3부 통합 운동(1928~1929)이 된다.

(나) **청산리 대첩**: 김좌진이 이끄는 북로 군정서군은 백운평, 천수평, 어랑촌 등 청산리 일대에서 일본군을 상대로 대승을 거두었다(1920. 10.).

(다) **간도 참변**: 일본군은 봉오동 전투와 청산리 대첩 패전에 대한 보복으로 독립군을 비롯한 만주 지역에 거주하는 한인들을 학살하였다(간도 참변).

(가) **자유시 이동**: 일제가 독립군 소탕을 명분으로 간도 참변을 일으키고 독립군을 추격하자 이를 피해 밀산부에 집결한 독립군 부대들은 서일을 총재로 대한 독립 군단을 편성(1920. 12.)하고 러시아 영토인 자유시(스보보드니)로 이동하였다(1921). 그러나 일본과의 마찰을 우려한 러시아 적색군이 독립군의 무장 해제를 요구하였고, 이를 거부한 독립군이 공격을 받아 큰 피해를 입었다.

(라) **3부 통합 운동**: 자유시 참변 이후 만주 지역에서 조직된 참의부, 정의부, 신민부의 3부가 민족 유일당 운동의 일환으로 통합 운동을 전개하여 북만주의 혁신 의회(1928)와 남만주의 국민부(1929)로 재편되었다.

24 조선 후기 조선 후기의 경제 상황   난이도 중 ●●○

자료분석 제시문은 조선 후기의 중상학파 실학자인 박지원이 저술한 「허생전」의 일부로, 매점매석으로 부를 축적하는 허생의 모습을 통해 조선 후기에 등장한 도고의 폐단을 비판하였다.

정답설명 ③ 조선 후기에는 민간 수공업자들이 상인, 공인으로부터 물품 주문과 함께 자금과 원자재를 미리 받아 제품을 생산하는 방식인 선대제 수공업이 성행하였다.

오답분석 ① 조선 후기 지대 납부 방식은 타조법에서 도조법으로 바뀌었다. 타조법은 매년 지주와 소작농이 수확량을 절반씩 나누는 정률 지대 방식이고, 도조법은 소작농이 지주에게 일정 액수의 지대를 납부하는 정액 지대 방식이다.

② 조선 후기에 상품 작물 재배가 늘어난 것은 맞지만, 쌀에 대한 수요는 줄어들지 않고 늘었다. 조선 후기에는 농민 계층의 탈농촌화와 도시의 성장으로 인해 주식인 쌀의 수요가 늘어, 쌀이 장시에서 가장 많이 거래되었다.

④ 조선 후기에는 정부가 광산 경영 전문가인 덕대를 직접 고용하는 것이 아니라, 덕대가 상인 물주의 자본을 바탕으로 혈주(채굴업자), 채굴 노동자, 제련 노동자 등을 고용하여 광물을 채굴하고 제련하였다.

이것도 알면 합격!

조선 후기의 수공업

선대제 수공업	• 민간 수공업자들이 상인·공인으로부터 물품 주문과 함께 자금, 원료를 미리 받아 제품 생산 • 원료의 구입, 제품의 처분에 있어 상업 자본의 지배를 받음
독립 수공업	• 18세기 후반에 이르러 수공업자 가운데서도 독자적으로 제품을 생산·판매하는 독립 수공업자 등장 • 판매를 위한 상품을 생산하는 경우가 증가하면서 수공업자들이 모여 사는 마을인 점촌이 발달

25 근대 포츠머스 조약 체결 시기   난이도 중 ●●○

자료분석 제시문의 내용은 러·일 전쟁(1904~1905)이 종전되고, 포츠머스 조약이 체결(1905. 9.)된 상황이다.

(가) 임오군란(1882) ~ 거문도 사건(1885)

(나) 거문도 사건(1885) ~ 갑오개혁(1894)

(다) 갑오개혁(1894) ~ 대한 제국 설립(1897)

(라) 대한 제국 설립(1897) ~ 국권 강탈(1910)

정답설명 ④ 포츠머스 조약은 (라) 시기인 1905년에 체결되었다. 러·일 전쟁에서 승리한 일본은 미국의 중재 아래 러시아와 포츠머스 조약(1905. 9.)을 맺었다. 포츠머스 조약에서는 일본이 대한 제국의 정치, 군사, 경제 등에 관한 특수 권익을 갖는 것을 러시아가 인정하고, 이를 간섭하지 않는다고 규정하여 사실상 일본이 대한 제국을 지배하는 것을 인정하였다.

32회 2020년 법원직 9급

2020년 2월 22일 시행

문제집 152쪽

정답

01	④ 근대	14	④ 고대
02	① 조선 후기	15	④ 시대 통합
03	③ 현대	16	③ 고려 시대
04	② 고려 시대	17	④ 조선 후기
05	② 조선 후기	18	① 선사 시대
06	③ 근대	19	③ 일제 강점기
07	① 현대	20	① 근대
08	① 조선 후기	21	④ 선사 시대
09	② 조선 전기	22	④ 현대
10	② 시대 통합	23	④ 조선 전기
11	① 조선 후기	24	② 고대
12	① 고려 시대	25	① 고려 시대
13	③ 고려 시대		

취약 시대 분석표

시대	맞힌 개수
선사 시대	/ 2
고대	/ 2
고려 시대	/ 5
조선 전기	/ 2
조선 후기	/ 5
근대	/ 3
일제 강점기	/ 1
현대	/ 3
시대 통합	/ 2
총합	/ 25

기출 총평

"합격선 96점, 매우 쉽게 출제!"

- **난이도:** 시험 전체적인 난이도는 하로, 기존에 출제되었던 개념들이 주로 나와 빠른 시간에 정답을 고를 수 있었던 시험이었습니다.
- **고난도 문제**
  - 07번 이승만 정부의 경제 상황: 잘 출제되지 않는 귀속 재산 처리법 내용이 제시되어 살짝 까다로웠던 문제였습니다.

01 근대 근대 개혁안의 반포 순서   난이도 중 ●●○

자료분석 (가)는 외국과의 조약에 대신과 중추원 의장이 합동으로 서명, 날인할 것을 주장하는 것을 통해 헌의 6조임을 알 수 있다.

(나)는 개국 기원을 사용하고, 조혼을 금지하며, 노비 제도를 혁파한다는 것을 통해 1차 갑오개혁의 법령임을 알 수 있다.

(다)는 흥선 대원군을 귀국시키고 조공의 허례를 폐지한다는 것, 혜상공국을 혁파한다는 것, 모든 재정을 호조에서 관할한다는 것을 통해 갑신정변 때 반포된 14개조 혁신 정강임을 알 수 있다.

정답설명 ④ 순서대로 나열하면 (다) 갑신정변 14개조 혁신 정강 – (나) 1차 갑오개혁 법령 – (가) 헌의 6조이다.

(다) 갑신정변 14개조 혁신 정강은 갑신정변(1884) 때 반포된 것이다. 갑신정변은 김옥균, 박영효 등의 급진 개화파(개화당)가 개화 사상을 바탕으로 조선의 자주 독립과 근대화를 목표로 일으킨 정변이다.

(나) 1차 갑오개혁의 법령은 1차 갑오개혁(1894) 때 반포된 것이다. 1차 갑오개혁은 1894년 6월 일본이 경복궁을 점령하면서 민씨 정권이 붕괴되고, 흥선 대원군을 섭정으로 하는 김홍집 내각이 설립되면서 추진된 일련의 개혁이다.

(가) 헌의 6조는 독립 협회에서 개최한 관민 공동회(1898)에서 채택되었으며, 고종의 재가를 받아 의회 설립 내용을 담은 중추원 관제가 반포되기까지 하였으나, 보수파의 반발로 실행되지는 못하였다.

02 조선 후기 조선 후기 신분제의 동요   난이도 하 ●○○

자료분석 제시된 표를 보면 시간이 흐름에 따라 양반 호의 수가 증가하고 상민 호, 노비 호의 수가 감소하는데, 이를 통해 양반의 수가 증가하고, 상민과 노비의 수가 감소하였던 조선 후기의 모습임을 알 수 있다.

정답설명 ① 옳은 것을 모두 고르면 ㉠, ㉡이다.

㉠ 조선 후기에는 일정 금액을 국가에 납부하면 노비 신분을 면해주는 납속책이라는 정책으로 인해 노비 호의 수가 감소하게 되었다.

㉡ 조선 후기에는 재물을 받고 형식상의 관직 임명장인 공명첩이 발급되어 양반 호의 수가 증가하게 되었다.

오답분석 모두 조선 후기의 신분제 동요와는 관련이 없다.

㉢ 선무군관포는 지방의 토호나 일부 부유한 평민에게 선무군관이라는 명예직을 수여한 후 1년에 군포 1필을 징수하는 것으로, 영조 때에 균역법을 실시하면서 부족한 재정을 보충하기 위하여 시행되었다.

㉣ 서원의 숫자 변화와 신분제의 동요와는 관계가 없다. 서원의 숫자는 조선 후기 영조 때와 흥선 대원군 집권 시기에 큰 폭으로 축소되었다.

👍 이것도 알면 합격!

조선 후기 신분제의 동요

양반층의 분화	붕당 정치의 변질로 어느 한 붕당이 권력을 독점하는 일당 전제화가 전개됨 → 권력을 잡은 일부 양반을 제외한 다수의 양반이 몰락함 → 향반이 되거나 잔반이 됨
상민·노비 수 감소	부농층이 양반 신분을 사거나 족보를 위조 → 양반의 수는 더욱 증가하고, 상민과 노비의 수는 감소함

03 현대 7·4 남북 공동 선언과 남북 기본 합의서 사이의 사실 난이도 중 ●●○

자료분석 (가) 이전의 7·4 남북 공동 선언(1972)은 분단 이후 최초로 남북이 기본 원칙에 합의한 것으로, 한반도 통일이 자주·평화·민족 대단결의 원칙에 입각하여 이루어져야 함을 합의하였다. (가) 이후의 남북 기본 합의서(1991. 12.)는 남북 상호 간에 상대방의 체제를 존중하고 쌍방의 관계가 서로 다른 국가가 아닌 잠정적 특수 관계임을 인정한 합의서이다. 따라서 (가)는 1972년~1991년 12월 사이의 사실임을 알 수 있다.

정답설명 ③ (가) 시기에 노태우 정부는 북방 외교 정책을 추진하여 공산주의 국가와 외교 관계를 형성하였다. 그 일환으로 남북 고위급 회담(1990)이 시작되었고, 남북은 유엔에 동시 가입(1991. 9.)하였다.

오답분석 모두 남북 기본 합의서 이후의 사실이다.
① 김대중 정부 때 분단 이후 최초로 남북 정상 회담(2000)이 개최되었으며, 6·15 남북 공동 선언이 채택되었다. 이때 남북한이 개성 공업 지구 조성에 합의하였으며, 노무현 정부 때인 2003년에 개성 공단 착공식이 열렸다.
② 김대중 정부 시기에는 햇볕 정책을 통하여 남북 교류와 협력 사업이 확대되었고, 이에 1998년에 금강산 해로 관광이 시작되었다.
④ 노태우 정부 때 남북 기본 합의서가 채택된 이후, 남북한은 한반도에 평화를 정착시키자는 취지로 한반도 비핵화 공동 선언(1991. 12. 31.)을 체결하였다.

04 고려 시대 원 간섭기의 사회상 난이도 하 ●○○

자료분석 제시문에서 공녀로 원나라에 끌려갔다는 내용을 통해 원 간섭기임을 알 수 있다. 원 간섭기에는 원나라에서 공녀를 요구하였고, 이에 고려 정부에서는 결혼도감을 설치하여 처녀들을 공녀로 징발하였다.

정답설명 ② 원 간섭기에는 권문세족이라는 정치 세력이 등장하였는데, 이들은 고위 관직을 독점하고, 농민의 토지를 빼앗아 대농장을 확대하는 등 사회 모순을 심화시켰다.

오답분석 모두 원 간섭기 이전의 사실이다.
① 김윤후와 처인부곡민이 몽골군을 물리친 것은 몽골의 2차 침입 때이며, 무신 집권 시기의 사실이다.
③ 김부식이 왕명을 받아 『삼국사기』를 편찬한 것은 1145년(인종)의 일로 고려 문벌 귀족 사회 시기의 사실이다.
④ 윤관이 별무반과 함께 여진 정벌에 나선 것은 고려 예종 때의 일로 고려 문벌 귀족 사회 시기의 사실이다.

05 조선 후기 박제가 난이도 하 ●○○

자료분석 제시문에서 재물을 우물에 비유하고 있는 것을 통해 박제가의 주장임을 알 수 있다. 박제가는 중상학파 실학자로 상공업의 발달, 수레와 선박의 이용 등을 강조하였으며 특히 청에 다녀온 후 청의 문물을 적극적으로 수용할 것을 주장하였다.

정답설명 ② 옳은 것을 모두 고르면 ㉠, ㉢이다.
㉠ 박제가는 상공업의 발달을 위해 수레와 선박의 이용 확대를 주장하였다.
㉢ 박제가는 청과의 통상 강화를 주장하였고, 특히 조선이 무역선을 파견하여 청에서 행해지는 국제 무역에도 참여해야 한다고 주장하였다.

오답분석
㉡ 유수원: 사농공상의 직업적 평등을 주장한 사람은 유수원이다.
㉣ 유형원: 자영농을 육성하여 이들을 바탕으로 농병 일치의 군사 조직과 사농 일치의 교육 제도를 확립해야 한다고 주장한 사람은 유형원이다.

06 근대 러시아 난이도 하 ●○○

자료분석 제시문에서 중국과 친하고, 일본과 맺고, 미국과 이어짐으로써 자강을 도모한다는 내용을 통해 『조선책략』의 내용임을 알 수 있고, (가)는 러시아임을 알 수 있다. 『조선책략』은 청나라의 황쭌셴이 쓴 책으로, 러시아를 막기 위한 방법으로 미국과의 수교를 주장하였다. 『조선책략』은 조선에 유포되자마자 유생 계층의 커다란 반발을 불러 일으켰다.

정답설명 ③ 을미사변 이후 신변의 위협을 느낀 고종은 러시아 공사관으로 피신하였다(아관 파천, 1896. 2.).

오답분석
① 영국: 남해의 요충지인 거문도를 불법 점령한 나라는 영국이다. 갑신정변 이후 청의 간섭이 심해지자 조선은 러시아와 접촉하였고, 이에 영국은 러시아의 남하를 견제하기 위해 거문도를 불법으로 점령하였다(거문도 사건, 1885~1887).
② 프랑스: 자국인 신부의 처형을 구실로 강화도를 침략한 나라는 프랑스이다. 프랑스는 병인박해(1866)에서 프랑스 선교사들이 처형된 것을 구실로 강화도로 군대를 파견하였다(병인양요, 1866. 9.).
④ 미국: 서양 국가 중 최초로 조선과 조약을 체결한 국가는 미국이다. 조선에서는 2차 수신사 김홍집에 의해 『조선책략』이 유포되면서 미국의 역할에 대한 기대감이 상승하였다. 또한 청이 적극적으로 조선과 미국 사이에서 알선을 하면서 조선은 미국과 조약을 체결하였다. 조선과 미국이 체결한 조·미 수호 통상 조약(1882)은 조선과 서양이 맺은 최초의 근대적 조약이며 치외 법권과 최혜국 대우를 규정한 불평등 조약이었다.

07 현대 이승만 정부의 경제 상황 난이도 상 ●●●

자료분석 제시문은 미 군정기에 몰수된 일본인 소유의 농지, 주택, 기업 등의 귀속 재산을 처리하기 위해 제정된 귀속 재산 처리법에 대한 내용으로, 이승만 정부 시기인 1949년 12월에 제정되었다. 이승만 정부는 귀속 재산 처리법을 통해 국·공유 재산으로 지정된 것을 제외한 나머지 귀속 재산을 민간인에게 매각하였다.

정답설명 ① 이승만 정부 시기에는 미국의 원조로 밀, 면화, 원당을 원료로 한 제분·면방직·제당 등의 이른바 삼백 산업이 발달하였다.

오답분석
② 김영삼 정부: 금융 실명제는 김영삼 정부 시기인 1993년에 실시되었다. 금융 실명제는 은행 예금이나 증권 투자 등의 금융 거래를 할 때에 실제 명의로 하여야 하며, 가명이나 무기명 거래는 인정하지 않는 제도이다.
③ 박정희 정부: 수출 100억 달러를 달성한 것은 박정희 정부 때인 1977년의 일이다.
④ 김영삼 정부: OECD(경제 개발 협력 기구)에 회원국으로 가입한 것은 김영삼 정부 때인 1996년의 일이다.

이것도 알면 합격!

시기별 경제 정책

1950년대	전후 복구 및 원조 경제, 소비재 산업 발달, 농지 개혁, 귀속 재산 불하
1960년대	제1·2차 경제 개발 5개년 계획(경공업 중심)
1970년대	제3·4차 경제 개발 5개년 계획(중화학 공업 육성)
1980년대	3저 호황, 국제 무역 수지 흑자 달성
1990년대	금융 실명제 실시, UR 협정 체결, OECD 가입, 외환 위기

이것도 알면 합격!

삼사

구성	· 사헌부: 관리 비리 감찰 · 사간원: 왕에게 간쟁과 논박을 하며 정사 비판 · 홍문관: 문필 활동을 하면서 언론 기능 담당
특징	· 삼사의 언론 활동은 왕, 고관들이 함부로 막을 수 없었고, 이를 위해 풍문거핵(소문에 근거를 두고 탄핵), 불문언근(어떤 발언을 하더라도 출처를 묻지 않음) 등의 규정이 존재하였음 · 권력의 독점과 부정을 방지하기 위한 기구 · 5품 이하 당하관을 임명할 때 양사(사헌부, 사간원)의 대간이 가부를 승인하는 서경권 행사

08 조선 후기 조선 후기의 사회 모습   난이도 중 ●●○

자료분석 제시된 상소에서 적자와 서자의 구별, 영구히 서족이 되어 훌륭한 임금이 다스리는 세상임에도 버려진 사람들이 되었다는 내용을 통해 조선 후기 서얼들의 신분 상승을 위한 상소문임을 알 수 있다. 서얼 출신들이 영조와 정조 시기에 어느 정도 등용되기 시작하였고, 이를 계기로 서얼들은 수 차례에 걸쳐 허통(과거 응시), 통청(청요직 진출), 후사권(가족 내의 권리) 등을 요구하는 집단 상소 운동을 전개하며 차별 철폐를 요구하였다.

정답설명 ① 조선 후기 역관들은 청과의 외교 업무에 종사하면서 서학을 비롯한 외래 문화 수용에 선구적인 역할을 하였다.

오답분석
② 조선 후기에 포구에서의 상품 매매를 중개하며 성장한 것은 덕대가 아니라 객주와 여각이다. 덕대는 조선 후기에 등장한 광산 경영 전문가이다.
③ 혼일강리역대국도지도는 조선 전기 태종 때에 이회, 이무 등이 제작한 지도로 현존하는 동양에서 가장 오래된 세계 지도이다.
④ 서얼들의 신분 상승 운동에 자극을 받은 중인들 역시 조선 후기에 중인에 대한 차별 철폐와 청요직 허통의 요구를 담은 통청 운동을 전개하였으나 실패하였다.

09 조선 전기 조선 시대의 삼사   난이도 하 ●○○

자료분석 조선은 권력의 독점과 부정을 방지하기 위하여 언론 기관인 삼사를 두었다. 삼사는 사헌부, 사간원, 홍문관을 이르는 말로, 삼사의 언론 활동은 고관들은 물론 왕이라도 함부로 막을 수 없었던 특징을 지닌다.

정답설명 ② 옳은 것을 모두 고르면 ㉠, ㉢이다.
㉠ 사간원은 왕에게 간쟁과 논박을 하며 정사를 비판하는 역할을 하는 관서로, 정3품 대사간을 중심으로 운영되었다.
㉢ 사헌부는 관리의 비리를 감찰하는 관서로, 종2품 대사헌을 중심으로 운영되었다.

오답분석
㉡ 승정원은 국왕의 비서 기구로 왕명의 출납을 담당하였으며, 도승지 이하 6명의 승지가 6조를 각각 분담하였다.
㉣ 춘추관은 역사서의 편찬과 보관을 담당한 관서로, 각 관청에서 작성한 업무 일지인 『등록』을 모아 『시정기』를 정기적으로 편찬하였다.

10 시대 통합 토지 제도의 변천   난이도 중 ●●○

정답설명 ② 순서대로 나열하면 (나) 관료전 지급(통일 신라 신문왕, 687) - (가) 녹읍 폐지(통일 신라 신문왕, 689) - (라) 시정 전시과(고려 경종, 976) - (다) 과전법 실시(고려 공양왕, 1391)가 된다.

(나) 관료전 지급: 통일 신라 신문왕은 관료에게 관등에 따라 차등 있게 수조권만을 인정하는 관료전을 지급하였다(687).

(가) 녹읍 폐지: 통일 신라 신문왕은 조세 수취는 물론 노동력 징발까지 가능했던 녹읍을 폐지하여 귀족들의 경제적 기반을 약화시키고, 해마다 관등에 따라 조(租)를 차등있게 지급하였다(689).

(라) 시정 전시과: 고려 경종은 전·현직 관리에게 관등의 높고 낮음에 따라 관리에게 전지와 시지에 대한 수조권을 지급하는 전시과 제도를 처음 시행하였다(976).

(다) 과전법: 신흥 무인 세력과 신진 사대부는 고려 말 공양왕 때 권문세족이 소유하던 대농장을 해체하고, 자신들의 경제적 기반을 마련하고자 과전법을 실시하였다(1391).

11 조선 후기 영조   난이도 하 ●○○

자료분석 제시문에서 균역법을 시행하였고, 형벌 제도를 개선하여 가혹한 형벌을 금지하였다는 내용을 통해 밑줄 친 '그'가 영조임을 알 수 있다. 영조는 균역법을 시행하여 1년에 2필씩 부담하던 군포를 1년에 1필로 경감하였다. 또한 형벌 제도를 개선하여 압슬형, 낙형 등 가혹한 형벌을 금지하였고, 사형수에 대한 삼심제를 엄격하게 시행하였다.

정답설명 ① 옳은 것을 모두 고르면 ㉠, ㉡이다.
㉠ 영조는 준천사를 설치하여 청계천 준설 사업을 추진함으로써 홍수 때 범람을 막아 주거환경을 개선하였다.
㉡ 영조는 『경국대전』 편찬 이후 공포된 새로운 법령을 정리하여 『속대전』을 편찬하였다.

오답분석
㉢ 호조의 사례를 수집하여 정리한 『탁지지』를 편찬한 왕은 정조이다.
㉣ 신진 인물이나 중·하급 관리 중에서 유능한 문신들을 재교육하여 인재를 양성하는 초계문신제를 시행한 왕은 정조이다. 초계문신제는 당하관 중 젊고 유능한 문신들을 선발하여 규장각에 맡겨 교육을 시키고, 40세가 되면 졸업시키는 제도였다.

12 고려 시대 | 묘청과 김부식 난이도 하 ●○○

자료분석 제시문은 묘청의 서경 천도 운동에 대한 신채호의 평가이다. 낭가 및 불교·국풍파·독립당·진취 사상의 대표인 (가)는 묘청, 유교·한학파·사대당·보수 사상의 대표인 (나)는 김부식이다.

정답설명 ① 묘청은 서경 천도와 함께 황제를 칭할 것(칭제 건원)과 금을 정벌할 것을 주장하였다.

오답분석
② 전민변정도감의 설치를 건의한 인물은 공민왕 때의 신돈이다. 신돈은 공민왕에게 전민변정도감의 설치를 건의하고 스스로 판사가 되어 개혁을 실시하였다.
③ 김부식은 유학자로, 그가 활동할 당시에는 성리학이 전래되지 않았다. 고려에 성리학이 전래된 것은 충렬왕 때로 안향에 의해서였다.
④ 김부식은 『삼국유사』가 아닌 『삼국사기』를 편찬하였다. 『삼국유사』는 일연이 충렬왕 때 편찬한 역사서로, 불교사를 중심으로 고대의 민간 설화나 전래 기록을 수록하였으며, 우리의 고유 문화와 전통을 중시하였고, 단군 신화를 수록하였다.

13 고려 시대 | 고려 시대의 토지 제도 난이도 하 ●○○

정답설명 ③ 순서대로 바르게 정리하면 (다) 역분전(태조, 940) → (가) 시정 전시과(경종, 976) → (라) 개정 전시과(목종, 998) → (나) 경정 전시과(문종, 1076)가 된다.

(다) **역분전**: 태조 때 후삼국 통일 과정에서 공을 세운 공신 및 군인 등에게 공로와 인품에 따라 토지를 차등 지급하는 역분전이 시행되었다.
(가) **시정 전시과**: 경종 때 전국의 토지를 대상으로 전·현직 관리에게 관품과 인품을 기준으로 전지와 시지를 지급하는 시정 전시과가 시행되었다.
(라) **개정 전시과**: 목종 때 전·현직 관리에게 인품을 배제하고 관등(18등급)만을 고려하여 전지와 시지를 지급하는 개정 전시과가 시행되었다.
(나) **경정 전시과**: 문종 때 산관은 분급 대상에서 제외되고 현직 관리에게만 토지를 지급하는 경정 전시과가 시행되었다.

14 고대 | 백제 성왕 재위 시기의 업적 난이도 하 ●○○

자료분석 제시문에서 관산성을 공격하였다는 것, 삼년산군의 고간 도도가 급히 쳐서 왕을 죽였다는 것을 통해 (가) 왕이 관산성 전투에서 전사한 백제의 성왕임을 알 수 있다.

정답설명 ④ 백제는 성왕 때 도읍을 사비(부여)로 옮기고, 국호를 남부여로 바꾸었다.

오답분석
① **백제 비유왕, 신라 눌지 마립간**: 고구려 장수왕의 남하 정책에 대항하여 나·제 동맹(433)을 체결한 것은 백제의 비유왕과 신라의 눌지 마립간 때의 사실이다.
② **백제 무령왕**: 백제의 지방 행정 구역인 22담로에 왕족을 파견한 것은 백제 무령왕 때의 사실이다.
③ **신라 진흥왕**: 청소년 집단이었던 화랑도를 국가적 조직으로 개편한 것은 신라 진흥왕 때의 사실이다.

15 시대 통합 | 도자기의 제작 시기 순서 난이도 중 ●●○

자료분석 (가)는 고려 시대의 상감 청자(청자 상감 운학문 매병), (나)는 조선 전기의 분청사기(분청사기 철화어문 항아리), (다)는 조선 후기의 청화 백자(백자 청화매죽문 항아리), (라)는 신석기 시대의 빗살무늬 토기이다.

정답설명 ④ 제작된 시기를 순서대로 바르게 나열하면 (라) 빗살무늬 토기(신석기 시대) – (가) 상감 청자(고려 시대) – (나) 분청사기(조선 전기) – (다) 청화 백자(조선 후기)이다.

(라) **빗살무늬 토기**: 신석기 시기의 대표적인 토기인 빗살무늬 토기는 음식물을 조리하거나 저장하는 데 사용되었다.
(가) **상감 청자**: 상감 기법을 이용하여 무늬를 넣은 청자인 상감 청자는 고려 시대인 12세기 중엽에 만들어졌다. 상감 청자는 13세기 중엽까지 주류를 이루었으나, 원 간섭기 이후 원으로부터 북방 가마의 기술이 도입되면서 청자의 빛깔이 퇴조하였고, 점차 소박한 분청사기로 바뀌어 갔다.
(나) **분청사기**: 조선 전기에는 청자에 백토의 분을 칠하여 푸른색이 흐려진 회청색 도자기인 분청사기가 유행하였다. 분청사기는 안정된 그릇 모양과 소박하고 천진스런 무늬가 어우러져 우리의 멋을 잘 표현하였다.
(다) **청화 백자**: 조선 후기에는 청색 빛깔을 내는 코발트 안료로 무늬를 그리고, 그 위에 투명 유약을 바른 청화 백자가 유행하였다. 청화 백자는 제기와 문방구 등의 생활용품 등의 용도로 많이 제작되었다.

16 고려 시대 | 사학에 대한 고려 정부의 대응 난이도 하 ●○○

자료분석 제시문에서 최충이 사학을 열고 9재를 만들었으며, 이후 사학이 유행하여 사학 12도가 형성되었다는 내용을 통해 고려 중기 사학의 발달에 관한 것임을 알 수 있다. 사학은 유교 경전 교육을 중시하는 국자감과 달리, 과거에서 더 중시되는 제술 과목을 필수로 운영하여 과거를 준비하는 자들에게 더욱 선호되었다. 이렇게 사학이 융성하자 고려 정부는 관학을 진흥시키기 위한 정책을 추진하였다.

정답설명 ③ 고려는 예종 때 관학의 경제 기반을 강화하기 위하여 일종의 장학 재단인 양현고를 설치하였고, 또한 국자감(국학) 내에 전문 강좌인 7재를 설치하였다.

오답분석 모두 고려의 관학 진흥 정책과 관련이 없다.
① 원으로부터 성리학이 수용된 것은 관학 진흥과는 관계가 없다. 성리학은 충렬왕 때 안향에 의해 고려에 전래되었다. 그 후 성리학은 유학자들과 신진 사대부들이 수용하여 합리적이고 윤리적인 사상으로서 새로운 학풍을 이루고 유행하기 시작하였다.
② 『주자가례』와 『소학』이 널리 보급된 것은 16세기 조선 시대 사림들에 의해서이다. 16세기에 사림은 『소학』, 『주자가례』를 보급하고, 『이륜행실도』, 『동몽수지』를 간행하여 성리학적 유교 질서 보급을 위해 노력하였다.
④ 만권당은 충선왕이 원의 수도인 연경에 설치한 학문 연구소로, 관학 진흥책과는 관련이 없다. 충선왕은 왕위를 충숙왕에게 물려주고, 이듬해에 원의 연경(베이징)에 만권당(1314)을 설치하여 조맹부 등 원의 학자와 고려의 이제현 등을 불러 경서를 연구하게 하였다.

이것도 알면 합격!

고려의 관학 진흥책

숙종	국자감에 서적포 설치, 기자 사당 건립
예종	· 전문 강좌인 관학 7재 설치, 장학 재단인 양현고 설치 · 궁중에 청연각·보문각 등 설치
인종	국학의 교육 과정을 경사 6학으로 정비, 지방에 향교 증설
충렬왕	· 공자 사당인 문묘 건립 · 양현고를 보강하기 위해 교육 기금인 섬학전 설치
공민왕	성균관을 순수한 유교 교육 기관으로 개편

17 조선 후기 정약용 난이도 하 ●○○

자료분석 제시문에서 토지를 '여' 단위로 나누어 경작할 것을 주장하는 내용을 통해 정약용이 주장한 여전론임을 알 수 있다.

정답설명 ④ 정약용은 유배지인 강진에서 지방 행정의 개혁 및 수령이 지켜야 할 지침에 대해 정리한 『목민심서』를 저술하였다.

오답분석
① 박지원: 청에 다녀온 후 『열하일기』를 저술한 인물은 박지원이다. 박지원은 이 책에서 청의 문물을 소개하고, 수레와 선박의 이용 및 화폐 유통의 필요성 등을 주장하였다.
② 유형원: 『반계수록』을 저술한 인물은 유형원이다. 유형원은 『반계수록』에서 토지 국유를 전제로 관리, 선비, 농민 등에게 신분에 따라 차등 있게 토지를 지급하는 균전론을 내세워 자영농 육성을 주장하였다.
③ 이익: 『성호사설』을 저술한 인물은 이익이다. 이익은 『성호사설』에서 역사가의 임무는 당시의 시세(時勢)를 정확하게 파악하는 것임과 화폐 사용을 중지할 것을 주장하였다.

18 선사 시대 부여 난이도 하 ●○○

자료분석 제시문에서 쑹화 강 상류의 넓은 평야 지대에서 성장하였고, 농경과 목축이 발달하였으며, 서쪽으로 선비족, 남쪽으로 고구려와 대립하였다는 사실을 통해 (가)가 부여임을 알 수 있다.

정답설명 ① 부여는 매년 12월에 영고라는 제천 행사를 열었다.

오답분석
② 고구려: 서옥제라는 혼인 풍습이 있었던 나라는 고구려이다. 서옥제는 혼인을 정한 뒤 신부 집 뒤꼍에 조그만 집(서옥)을 짓고, 거기서 자식을 낳아 장성하면 아내를 데리고 신랑 집으로 돌아가는 제도이다.
③ 동예: 특산물로 단궁, 과하마, 반어피가 유명했던 나라는 동예이다.
④ 삼한: 신지, 읍차라고 불리는 지배자들이 다스린 나라는 삼한이다. 삼한의 지배자 중 세력이 큰 자는 신지·견지, 세력이 작은 자는 부례·읍차라고 불렀다.

19 일제 강점기 1930년대 한·중 연합 작전 난이도 하 ●○○

정답설명 ③ 일제가 만주 사변(1931)을 일으키고 만주국을 수립하자 이에 한국인과 중국인 사이에서 연합 전선이 형성되었다. 한·중 연합 전선은 북만주와 남만주로 나누어 볼 수 있는데, 북만주 일대에서는 지청천이 이끄는 한국 독립군과 중국 호로군 등이 연합하여 쌍성보·대전자령·사도하자·동경성 전투에서 대승을 거두었다. 남만주 일대에서는 양세봉이 이끄는 조선 혁명군과 중국 의용군이 연합하여 영릉가·흥경성·신개령·통화현 전투에서 크게 승리하였다.

이것도 알면 합격!

1930년대 만주 지역의 독립군 부대

한국 독립군	· 한국 독립당 산하의 부대로, 지청천을 중심으로 활동 · 북만주 일대에서 중국 호로군 등과 연합 작전 수행 · 쌍성보 전투(1932), 동경성 전투(1933), 사도하자 전투(1933), 대전자령 전투(1933)에서 일본군을 크게 격파
조선 혁명군	· 남만주 일대에서 양세봉을 중심으로 활동 · 중국 의용군과 연합 작전 수행 · 영릉가 전투(1932), 흥경성 전투(1933)에서 일본에 대승

20 근대 신민회 난이도 중 ●●○

자료분석 제시문에서 여러 차례 유신이 등장하고, 공화 정체의 독립국으로 함에 목적이 있다는 내용을 통해 (가)가 신민회임을 알 수 있다. 신민회는 안창호, 이승훈, 양기탁 등이 실력 양성을 통한 국권 회복과 공화 정치 체제의 근대 국가 수립을 목표로 조직한 비밀 결사 단체이다.

정답설명 ① 신민회는 해외 독립 운동 기지 건설에 앞장서서 서간도 삼원보에 신한민촌을 건설하였고, 사관 양성 기관으로 신흥 강습소(신흥 무관 학교)를 설립하였다.

오답분석
② 신민회는 의병 투쟁을 지지하고 긍정적인 시각으로 바라보았지만 고종이 퇴위 당한 후 의병 투쟁에 앞장서지는 않았다.
③ 신민회는 입헌 군주제가 아닌 공화 정치 체제의 근대 국가 수립을 목표로 하였다. 입헌 군주제 수립을 목표로 활동한 단체는 독립 협회이다.
④ 신민회와 5적 암살단은 관계가 없다. 5적 암살단은 나철, 오기호 등이 을사늑약 체결에 찬성한 을사오적을 처단하기 위해 결성한 단체이다.

이것도 알면 합격!

신민회의 활동

국내	· 민족 교육 추진: 대성 학교(평양), 오산 학교(정주) 조직 · 민족 산업 육성: 자기 회사 설립(평양), 태극 서관 운영(평양, 대구) · 민족 문화 양성: 대한매일신보 발간, 조선 광문회 후원
국외	독립 기지 건설: 남만주 삼원보(신흥 강습소)

21 선사 시대 고조선 난이도 하 ●○○

자료분석 제시된 자료에서 사람을 죽인 자는 즉시 죽이고, 상해는 곡식으로 배상하며, 도둑질한 자는 노비로 삼고, 용서받으려면 1인당 50만 전을 내야한다는 내용을 통해 고조선의 8조법임을 알 수 있다.

정답설명 ④ 고조선에는 왕 밑에 국무를 관장하던 상이라는 관직이 있었으며, 상 이외에도 경, 대부 등의 관직이 있었다.

오답분석
① 동예: 10월에 무천이라는 제천 행사를 개최한 나라는 동예이다.
② 부여, 고구려: 형이 죽으면 형수를 아내로 삼는 풍습인 형사취수제가 있었던 나라는 부여와 고구려이다.
③ 고구려: 중대한 범죄자는 제가 회의를 열어 사형에 처하고 그 가족을 노비로 삼았던 나라는 고구려이다.

22 현대 3선 개헌 　　　　난이도 하 ●○○

정답설명
④ 박정희 정부는 1969년 10월 제6차 개헌(3선 개헌)을 실시하였는데, 주요 내용은 대통령의 3선을 허용하는 것이었다.

오답분석
① 제6차 개헌은 대통령 직선제를 규정하였다.
② 제6차 개헌은 중임 제한을 철폐한 것이 아니라 대통령의 3선 연임을 허용하였다.
③ 제6차 개헌에서는 국회 단원제를 규정하였다.

23 조선 전기 이황 　　　　난이도 하 ●○○

자료분석
제시문에서 왕이 스스로 노력해야 한다는 점을 강조하였고, 일본에서 '동방의 주자'라고 불렀다는 것을 통해 밑줄 친 '그'가 이황임을 알 수 있다.

정답설명
④ 이황은 선조가 즉위하자 군왕의 도에 대해 설명한 『성학십도』를 올렸다. 이황은 『성학십도』에서 성리학의 원리를 10개의 도식으로 설명하였으며, 군주 스스로 성학을 따를 것(성학군주론)을 주장하였다.

오답분석
① 기호 학파를 형성한 것은 이이의 제자들(조헌, 김장생 등)이다. 이황의 제자들(김성일, 유성룡 등)은 영남 학파를 형성하였다.
② 정제두: 강화 학파를 형성한 사람은 정제두이다. 정제두는 강화도에서 후학을 양성하면서 양명학 연구에 몰두하여 강화 학파를 형성하였다.
③ 이이: 『성학집요』를 저술한 사람은 이이이다. 이이는 『성학집요』에서 현명한 신하가 군주에게 성학을 가르쳐 그 기질을 변화시켜야 한다고 주장하였다.

👍 이것도 알면 합격!

『성학십도』와 『성학집요』

구분	『성학십도』	『성학집요』
저자	이황	이이
내용	군주 스스로가 성학을 따를 것을 제시	현명한 신하가 성학을 군주에게 가르쳐 그 기질을 변화시켜야 한다고 주장

24 고대 선덕 여왕 　　　　난이도 하 ●○○

자료분석
제시문에서 대야성의 패전에서 도독 품석의 아내이자 춘추의 딸이 죽었다는 내용을 통해 밑줄 친 '왕'이 대야성 전투(642) 때의 신라 왕인 선덕 여왕임을 알 수 있다.

정답설명
② 선덕 여왕은 승려 자장의 건의에 따라 황룡사 9층 목탑을 건립하였다.

오답분석
① 진흥왕: 단양 적성비를 세운 왕은 진흥왕이다. 단양 적성비는 진흥왕이 단양의 적성을 점령하고 세운 비석이다.
③ 문무왕: 고구려 부흥 운동을 지원한 왕은 문무왕이다. 문무왕은 고구려 유민들을 옛 백제 땅 금마저(익산)에 자리를 잡게 하고, 안승을 보덕국의 왕으로 책봉하여 고구려 유민을 모아 당의 세력을 축출하는데 이용하였다.
④ 법흥왕: 이차돈의 순교를 계기로 불교를 공인한 왕은 법흥왕이다.

👍 이것도 알면 합격!

선덕 여왕

정치	비담·염종의 난이 발생하였으며, 진덕 여왕 즉위 후 김춘추, 김유신 등이 진압함
문화	· 영묘사, 분황사 창건 · 자장의 건의로 황룡사 9층 목탑 건립 · 현존하는 동양 최고(最古)의 천문대인 첨성대 축조

25 고려 시대 광종의 업적 　　　　난이도 하 ●○○

자료분석
제시문에서 노비를 조사해 옳고 그름을 분명히 하도록 명령하였다는 것을 통해 (가)가 노비안검법을 실시한 광종임을 알 수 있다.

정답설명
① 옳은 것을 모두 고르면 ㉠, ㉡이다.
㉠ 광종은 후주에서 귀화한 쌍기의 건의를 수용하여 문반 관리를 선발하는 과거 제도를 시행하였다.
㉡ 광종은 대내적으로는 황제라 칭하여 국왕의 권위를 높이고, 개경을 황도로, 서경을 서도로 개칭하였다. 또한 광덕, 준풍 등의 독자적인 연호를 사용(칭제 건원)하며 자주 국가로서의 면모를 과시하였다.

오답분석
㉢ 성종: 의창과 상평창을 설립한 왕은 성종이다. 성종은 태조 때 설치된 빈민 구제 기관인 흑창을 확대하여 의창을 설치하였고, 개경·서경·12목에 물가 조절 기관인 상평창을 설치하였다.
㉣ 현종: 전국을 5도 양계로 나눈 왕은 현종이다. 현종은 성종 때 설치된 12목을 군사적 요충지로서의 4도호부와 일반 행정 구역으로서의 8목 체제로 개편하고, 전국을 다시 5도와 양계로 이원화하여 나누었다.

33회 2019년 법원직 9급

2019년 2월 23일 시행

문제집 158쪽

정답

01	③ 근대	14	① 현대
02	① 조선 전기	15	④ 고대
03	③ 조선 후기	16	② 일제 강점기
04	③ 조선 후기	17	③ 선사 시대
05	② 현대	18	② 조선 후기
06	② 시대 통합	19	① 고려 시대
07	③ 근대	20	② 조선 후기
08	① 조선 후기	21	④ 현대
09	② 일제 강점기	22	④ 일제 강점기
10	④ 고려 시대	23	③ 조선 전기
11	③ 고려 시대	24	④ 조선 후기
12	② 현대	25	① 일제 강점기
13	④ 시대 통합		

취약 시대 분석표

시대	맞힌 개수
선사 시대	/ 1
고대	/ 1
고려 시대	/ 3
조선 전기	/ 2
조선 후기	/ 6
근대	/ 2
일제 강점기	/ 4
현대	/ 4
시대 통합	/ 2
총합	/ 25

기출 총평

"합격선 96점, 매우 쉽게 출제!"

- **난이도:** 시험 전체적인 난이도는 하로, 자주 출제되는 개념들이 주로 나와 체감 난이도가 낮았습니다. 사진이나 지도가 제시된 문제들도 나왔으나, 쉬운 선택지로 구성되어 답을 고르기 어렵지 않았습니다.
- **고난도 문제**
  - 25번 일제 강점기의 독립운동가: 의열단의 독립운동가의 활동을 정확히 암기하지 않았다면, 생소한 인물인 남자현과 헷갈려 체감 난이도가 높게 느껴졌을 문제였습니다.

---

01 근대 헌의 6조가 발표된 시기   난이도 중 ●●○

자료분석 제시문에서 외국과의 이권에 관한 조약은 각 대신과 중추원 의장이 합동 날인하여 시행하고, 국가 재정을 탁지부에서 전관하며, 피고의 인권을 존중하자는 내용을 통해 관민 공동회에서 결의한 헌의 6조임을 알 수 있다.

정답설명 ③ 헌의 6조는 독립 협회가 (다) 시기인 1898년 10월에 개최한 관민 공동회에서 결의한 것이다.

👍 이것도 알면 합격!

독립 협회의 활동

자주 국권 운동	1898. 2.	러시아의 절영도 조차 요구 저지
	1898. 3.	만민 공동회를 열어 러시아의 군사 교련단과 재정 고문단을 철수시킴
	1898. 5.	· 러시아의 목포, 증남포 해역 토지 매도 저지 · 프랑스, 독일의 광산 채굴권 요구 저지
	1898. 9.	이권 양도와 관련된 이완용을 제명 처분
자유 민권 운동	1898. 3.	국민의 신체와 재산권 보호 운동 전개
	1898. 10.	언론과 집회의 자유권 쟁취 운동 전개
자강 개혁 운동 (의회 설립 운동)	1898. 10	· 보수파 내각 퇴진, 개혁 내각 수립(박정양 내각 수립) · 관민 공동회를 개최하여 헌의 6조 채택
	1898. 11.	관선 25명, 민선 25명으로 구성된 중추원 관제 반포

02 조선 전기 태종과 세조 사이의 사실   난이도 중 ●●○

자료분석 (가)는 의정부의 여러 일을 나누어 6조에 귀속시켰으며, 의정부는 사대 문서와 중죄수의 심의에 관한 일만 관장하였다는 것을 통해 태종이 실시한 6조 직계제의 내용임을 알 수 있다.

(나)는 상왕(단종)이 어려 내(세조)가 왕통을 물려받았으며, 형조의 사형수를 뺀 모든 서무를 6조에 직계하였다는 것을 통해 세조가 실시한 6조 직계제의 내용임을 알 수 있다.

따라서 태종과 세조 사이의 사실을 고르면 된다.

정답설명 ① (가)와 (나) 사이 시기인 세종 때 압록강 지역에 최윤덕을, 두만강 지역에 김종서를 파견하여 여진을 몰아내고 4군 6진을 개척하였다. 이를 통해 압록강에서 두만강을 경계로 하는 오늘날의 국경선이 확정되었다.

오답분석
② (나) 이후: 다른 사람을 사서 군역을 대신하게 하는 대립의 만연으로 군포 징수제가 점차 확산된 것은 (나) 이후인 15세기 후반~16세기의 사실이다.

③ (나) 이후: 직전법을 폐지하고 관리들에게 녹봉만 지급한 것은 (나) 이후인 명종 때이다. 직전법의 폐지로 수조권에 입각한 토지 지급 방식이 사라지게 되었고 관리들은 녹봉만 지급받게 되었다.

④ (나) 이후: 홍문관을 두어 주요 관리들을 경연에 참여하게 한 것은 (나) 이후인 성종 때이다. 홍문관은 세조 때 단순한 장서 기관으로 설치되었으나, 이후 성종 때 홍문관에 경연과 학술·언론 기능이 부여되면서 집현전의 기능을 계승한 언론 기관의 역할을 하게 되었다.

03 조선 후기 이익　　　난이도 하 ●○○

자료분석 제시문에서 토지 몇 부를 한 집의 영업전으로 하고 오직 영업전의 사고파는 것만을 철저히 살핀다는 내용을 통해 성호 이익이 주장한 토지 개혁론인 한전론에 대한 설명임을 알 수 있다.

정답설명 ③ 성호 이익의 사상과 학문은 후학들에게 이어졌는데, 그의 학맥을 계승한 권철신, 이벽 등의 제자들은 성호 학파를 형성하였으며, 경기 지역의 남인들이 학파의 주류를 이루었다.

오답분석
① 정약용: 한 마을을 단위로 하여 토지를 공동으로 소유·경작하고 그 수확량을 노동량에 따라 분배하자는 여전론을 제안한 인물은 정약용이다.
② 이익은 노론 계열이 아닌 남인 계열의 실학자이다. 이익, 정약용 등의 경기 남인은 중농학파의 주류를 이루었으며, 홍대용, 박지원 등의 노론 계열 인물들은 중상학파의 주류를 이루었다.
④ 박지원: 청에 다녀온 후 『열하일기』를 저술한 인물은 박지원이다. 박지원은 이 책에서 청의 문물을 소개하고, 수레와 선박의 이용 및 화폐 유통의 필요성 등을 주장하였다.

04 조선 후기 조선 후기의 문화　　　난이도 중 ●●○

자료분석 제시문과 사진의 청화 백자는 조선 후기에 유행한 자기 공예품이다. 조선 후기에는 백자가 민간에까지 널리 사용되었으며, 안료를 사용하여 무늬를 넣은 청화 백자·철화 백자 등이 많이 제작되었다.

정답설명 ③ 조선 후기에 서얼이나 노비 출신의 문인들이 등장한 것은 맞지만, 여류 작가 황진이는 조선 전기인 중종 때 활동한 것으로 전해지는 여류 시조 작가이다.

오답분석
① 조선 후기에는 서민의 감정을 그대로 드러낸 판소리, 잡가, 가면극 등이 유행하였다.
② 조선 후기에 실학자인 박지원은 위선적인 양반의 생활을 풍자하는 「양반전」, 「허생전」 등의 한문 소설을 저술하여 양반 사회의 허구성을 지적하였다.
④ 조선 후기의 대표적인 불교 건축물인 김제 금산사 미륵전, 보은 법주사 팔상전, 논산 쌍계사는 화려함과 강한 장식성을 특징으로 한다. 조선 후기에는 양반 지주 및 부농, 상인 등의 경제적 지원으로 화려한 사원 건축물이 많이 건립되었다.

05 현대 좌·우 합작 위원회　　　난이도 중 ●●○

자료분석 제시문에서 위원회의 기본 원칙으로 좌·우 합작을 통한 민주주의 임시 정부의 수립과, 미·소 공동 위원회의 속개를 요청한다는 것을 통해 좌·우 합작 위원회가 발표한 좌·우 합작 7원칙의 내용임을 알 수 있다. 남북 분단의 위기가 고조되는 상황에서 김규식·여운형 등의 중도 세력은 좌·우 합작 위원회를 결성하고 토지 개혁 및 친일파 청산 문제 등에 대한 좌·우익 세력의 의견을 절충하여 좌·우 합작 7원칙을 발표하였다.

정답설명 ② 좌·우 합작 위원회는 중도 좌파인 여운형과 중도 우파인 김규식의 주도로 결성되었다.

오답분석
① 좌·우 합작 위원회는 남한만의 단독 정부 수립을 주장한 이승만의 정읍 발언에 반대하였다. 좌·우 합작 위원회는 미·소 공동 위원회가 결렬되고, 이승만의 정읍 발언으로 남북 분단의 위기감이 고조된 가운데 결성되었다.
③ 좌·우 합작 위원회에 조선 공산당(박헌영)과 한국 민주당(송진우)은 참여하지 않았다.
④ 좌·우 합작 위원회는 좌·우 합작 7원칙에서 모스크바 3국 외상 회의 결정에 따른 민주주의 임시 정부의 수립과, 미·소 공동 위원회의 속개를 요청하였다.

👍 이것도 알면 합격!

좌·우 합작 운동

배경	남한의 단독 정부 수립 운동(정읍 발언)
과정	김규식과 여운형을 비롯한 좌·우익 세력이 좌·우 합작 위원회 조직(1946. 7.) → 좌·우 합작 7원칙 발표(1946. 10.)
결과	냉전 체제 강화로 인한 미 군정의 지원 철회와 여운형의 암살(1947. 7.)로 실패 → 좌·우 합작 위원회 해산(1947. 12.)

06 시대 통합 붕당 정치의 전개　　　난이도 중 ●●○

정답설명 ② 순서대로 나열하면 (나) 사림의 등용(성종) → (다) 사화의 발생(연산군~명종) → (가) 동인의 남·북 분당(선조) → (라) 붕당 정치의 변질(숙종)이다.

(나) **사림의 등용**: 성종은 훈구 세력을 견제하고 왕권을 강화하기 위해 김종직 등 사림 세력을 대거 등용하였다.
(다) **사화의 발생**: 사림 세력이 중앙 정계로 진출해 주로 전랑과 3사의 언관직을 장악하며 훈구 세력을 비판하고 왕권을 견제하자, 연산군~명종 대 사림 세력이 화를 당하는 사화가 발생하였다.
(가) **동인의 남·북 분당**: 선조 때 정여립이 대동계라는 비밀 결사를 조직하고 모반을 준비하였다는 혐의를 받고 처형(정여립 모반 사건, 1589)되었는데, 서인 정철이 사건을 의도적으로 확대하여 많은 동인 계열 인사들이 제거되었다. 이후 건저(建儲) 문제(세자 책봉 문제)로 선조의 미움을 받던 정철이 탄핵되었을 때, 정철에 대한 처벌 문제를 둘러싸고 동인은 강경파인 북인과 온건파인 남인으로 분열되었다.
(라) **붕당 정치의 변질**: 숙종 때 한 붕당을 일거에 내몰고 다른 붕당에게 정권을 위임하는 환국 정치가 전개되었으며, 이로 인해 상호 견제와 비판을 통한 붕당 간의 균형이 무너지고 특정 붕당이 정권을 독점하는 일당 전제화의 추세가 나타났다.

07 근대 제2차 갑오개혁　　　난이도 중 ●●○

자료분석 제시문에서 청·일 전쟁에서 승기를 잡은 일본이 흥선 대원군을 물러나게 하고 군국기무처를 폐지한 후 김홍집·박영효 연립 내각을 구성해 개혁을 단행하였다는 내용을 통해 제2차 갑오개혁임을 알 수 있다.

정답설명 ③ 옳은 것을 모두 고르면 ⓒ, ⓒ이다.
ⓒ 제2차 갑오개혁 때 지방 재판소, 순회 재판소, 고등 재판소 등 재판소를 설치하고 사법권을 행정권에서 분리시켰다.
ⓒ 제2차 갑오개혁 때 8도의 행정 구역을 23부로 개편하였다.

오답분석
㉠ 제1차 갑오개혁: 과거제를 폐지한 것은 제1차 갑오개혁 때이다.
㉢ 을미개혁: 서울에 친위대, 지방에 진위대를 설치한 것은 을미개혁 때이다.

이것도 알면 합격!

제2차 갑오개혁의 정치 개혁

내각제 도입	의정부와 8아문을 내각과 7부로 개편
지방 행정 개편	전국 8도를 23부(337군)로 개편
신식 재판소 설치	· 재판소를 설치하여 사법권을 행정권에서 분리 · 체포·구금·재판 업무는 경찰관과 사법관이 담당

08 조선 후기 | 조선 후기의 경제 상황 난이도 하 ●○○

자료 분석
제시된 자료에서 인정(人丁)에 대한 세를 신포(身布)라 하였다는 내용과, 법이 시행된 지 이미 오래됨에 턱없이 면제된 자가 많아 모자라는 액수는 반드시 평민에게 덧붙여 징수하여 보충하고 있었다는 내용을 통해 군역의 폐단이 발생했던 조선 후기임을 알 수 있다.

정답 설명
① 옳은 것을 모두 고르면 ㉠, ㉡이다.
㉠ 조선 후기에는 지대 납부 방식이 일정 비율로 소작료를 납부하는 타조법에서 일정 액수로 소작료를 납부하는 도조법이 유행하였다.
㉡ 조선 후기에는 밭고랑에 씨를 뿌리는 견종법이 확산되어 농업 생산력이 증대되었다.

오답 분석
㉢ 고려 시대: 삼한통보가 발행되어 사용되었던 시대는 고려 시대이다. 반면 조선 후기에는 상평통보가 발행되어 전국적으로 유통되었다.
㉣ 조선 전기: 조선 전기에는 전문 기술자인 관장(장인)을 공장안에 등록시켜 관리하고 물품을 생산하게 하는 관영 수공업이 발달하였다. 반면에 조선 후기에는 관영 수공업이 점차 쇠퇴하고, 국가에 장인세를 납부하는 대신 자유롭게 생산 활동을 할 수 있는 납포장(納布匠)이 증가하였다. 조선 후기 민간 수공업자들은 장인세만 납부하면 비교적 자유롭게 생산 활동에 종사할 수 있었다.

09 일제 강점기 | 대한민국 임시 정부의 활동 난이도 중 ●●○

자료 분석
제시문에서 삼균 제도를 골자로 한 헌법을 실시하여 정치·경제·교육의 균형을 도모하며 토지와 대생산 기관의 국유화 및 무상 교육 등이 완성되고 보통 선거가 실시된다는 내용을 통해 조소앙의 삼균주의를 바탕으로 작성된 대한민국 임시 정부의 건국 강령(1941)임을 알 수 있다.

정답 설명
② 대한민국 임시 정부 산하의 한국광복군은 미군 전략 정보처(OSS)의 도움을 받아 국내 정진군을 편성하여 국내 진공 작전을 계획하였다(1945). 그러나 이 작전은 예상보다 빠른 일제의 패망으로 실현되지는 못하였다.

오답 분석
① 동북 항일 연군: 함경남도 보천보의 일제 통치 기구를 공격한 세력은 동북 항일 연군이다. 동북 항일 연군 내의 항일 유격대는 함경남도 갑산군 보천보에 침투하여 경찰 주재소, 면사무소 등을 습격하였다(1937).
③ 조선 독립 동맹: 조선 의용군(1942)은 조선 의용대 화북 지대가 개편된 단체로, 조선 독립 동맹 산하의 군대이다. 조선 의용군은 중국 팔로군과 연합 작전을 수행하였으며, 광복 후에는 북한 인민군에 편입되었다.
④ 조선 민족 혁명당 등: 중·일 전쟁이 발발하자 조선 민족 전선 연맹을 결성한 세력은 조선 민족 혁명당 등이다. 민족 혁명당(1935)은 의열단(김원봉) 계열의 독주로 조소앙·지청천 등 민족주의 세력이 이탈한 이후 조선 민족 혁명당으로 개편되었다(1937). 이후 중·일 전쟁이 발발하자 조선 민족 혁명당의 김원봉을 중심으로 중도 좌파 세력들이 결집하여 조선 민족 전선 연맹(1937)이 결성되었고, 산하에 군사 조직인 조선 의용대가 조직되었다(1938).

이것도 알면 합격!

한국광복군의 활동

대일 선전 포고	태평양 전쟁이 일어나자 추축국에 선전 포고를 하고 연합군의 일원으로 참전
미얀마·인도 전선에 파견	영국군과 연합 작전을 수행하였고, 전선에서 포로 심문, 선전 전단의 작성, 암호문 번역 등 담당
국내 진공 작전 계획	· 활동: 미군 전략 정보처(OSS)의 도움을 받아 국내 정진군을 편성하여 특수 훈련을 실시하고, 비행대까지 편성 · 실행 직전에 일본의 무조건 항복으로 무산

10 고려 시대 | 전시과 제도 난이도 중 ●●○

자료 분석
제시문에서 고려의 토지 제도로, 경작하는 토지(전지)와 땔나무를 베어낼 땅(시지)을 과(科, 등급)에 따라 지급하였다는 내용을 통해 (가) 제도가 전시과 제도임을 알 수 있다.

정답 설명
④ 문종 때 경정 전시과를 시행하여 토지 지급 대상을 현직 관리로 제한하였다. 문종 때 관리에게 지급할 토지가 부족해지자, 현직 관리에게만 수조권을 지급하는 경정 전시과를 시행하였다.

오답 분석
① 전시과 제도는 광종이 아닌 경종 때 처음으로 제정되었다.
② 전시과 제도에서 양반전은 문무 관리(양반)에게 관직 복무의 대가로 지급된 토지(과전)로, 이는 원칙적으로 세습이 불가능하였다.
③ 목종 때에는 개정 전시과를 시행하여 인품을 배제하고 관직만을 고려하여 토지를 지급하였다.

11 고려 시대 | 강동 6주 난이도 하 ●○○

자료 분석
제시된 자료에서 표시된 흥화진, 용주, 통주, 귀주, 철주, 곽주를 통해 (가) 지역이 강동 6주임을 알 수 있다.

정답 설명
③ 강동 6주는 고려 시대에 서희가 거란과의 담판으로 획득한 지역이다. 거란은 고려가 차지하고 있는 옛 고구려 땅을 내놓을 것과 송과의 외교를 단절하고 자신들과 교류할 것을 요구하며 고려에 침입하였고(거란의 1차 침입, 993), 이때 서희의 외교 담판으로 고려는 압록강 유역의 강동 6주를 획득하였다(994).

오답 분석
① 두만강 하류: 조선 세종 때 김종서가 여진족을 몰아내고 6진(종성·온성·회령·경원·경흥·부령)을 설치한 지역은 두만강 하류의 함길도(지금의 함경도) 지방이다.
② 철령 이북: 고려 공민왕 때 무력으로 수복한 지역은 철령 이북으로, 화주(영흥) 지역에 설치되었던 원나라의 통치 기구인 쌍성총관부를 공격하여 철령 이북의 땅을 수복하였다.
④ 동북 지방: 윤관이 별무반을 이끌고 여진족을 몰아낸 지역은 동북 지방으로, 이 지역 일대에 9성을 설치하였다.

12 현대 민주화 운동   난이도 중 ●●○

자료분석

(가)는 3·15 부정 선거가 원인이 되어 발생한 4·19 혁명(1960)의 구호이다.

(나)는 신군부 세력의 비상 계엄 확대가 원인이 되어 발생한 5·18 민주화 운동(1980)의 구호이다.

(다)는 굴욕적인 한·일 회담이 원인이 되어 발생한 6·3 항쟁(1964)의 구호이다.

(라)는 전두환 정부가 일체의 개헌 논의를 금지시키는 호헌 조치를 발표한 것이 원인이 되어 발생한 6월 민주 항쟁(1987)의 구호이다.

정답설명

② 5·18 민주화 운동 이후 전두환 등 신군부 세력은 7년 단임제와 선거인단에 의한 대통령 간선제를 골자로 하는 제8차 개헌을 추진하였다. 대통령의 중임 제한이 철폐된 것은 사사오입 개헌(1954, 초대 대통령에 한해 중임 제한 철폐)과 유신 헌법(1972)이다.

오답분석

① 4·19 혁명의 결과 이승만 대통령이 하야하고 허정을 수반으로 하는 과도 정부가 수립되었다.

③ 6·3 항쟁 과정에서 국민들은 굴욕적인 한·일 회담에 반대하고, 박정희 정권의 퇴진을 요구하였다. 그러나 박정희 정부는 비상 계엄령을 선포하고 무력으로 시위를 진압하였다.

④ 6월 민주 항쟁 과정에서 사망한 이한열 등의 희생을 통해 대통령 직선제 개헌을 주요 내용으로 하는 6·29 선언이 발표되었고, 이어서 5년 단임의 대통령 직선제를 내용으로 하는 제9차 개헌이 이루어졌다.

13 시대 통합 고대와 고려 시대의 탑   난이도 중 ●●○

자료분석

(가)는 신라 중대에 제작된 불국사 3층 석탑, (나)는 백제 무왕 때 제작된 익산 미륵사지 석탑, (다)는 신라 하대에 제작된 쌍봉사 철감선사 승탑, (라)는 고려 후기(원 간섭기)에 제작된 경천사지 10층 석탑, (마)는 고려 전기에 제작된 평창 월정사 8각 9층 석탑이다.

정답설명

④ 석탑이 제작된 순서대로 나열하면 (나) 익산 미륵사지 석탑(7세기, 백제 무왕) - (가) 불국사 3층 석탑(신라 중대) - (다) 쌍봉사 철감선사 승탑(신라 하대) - (마) 평창 월정사 8각 9층 석탑(고려 전기) - (라) 경천사지 10층 석탑(고려 후기)이다.

(나) **익산 미륵사지 석탑**: 백제 무왕 때 제작된 익산 미륵사지 석탑은 목탑의 양식을 본떠 만든 석탑으로, 우리나라에 현존하는 가장 오래된 탑이다.

(가) **불국사 3층 석탑**: 신라 중대 경덕왕 때에 제작된 불국사 3층 석탑은 이층 기단 위에 삼층의 탑신부를 얹은 전형적인 통일 신라의 석탑 양식이다.

(다) **쌍봉사 철감선사 승탑**: 신라 하대에 선종의 영향을 받아 제작된 쌍봉사 철감선사 승탑은 전형적인 팔각원당형의 모습을 하고 있다.

(마) **평창 월정사 8각 9층 석탑**: 고려 전기에 제작된 평창 월정사 8각 9층 석탑은 송의 영향을 받은 다각 다층탑이다.

(라) **경천사지 10층 석탑**: 고려 후기(원 간섭기)에 제작된 경천사지 10층 석탑으로, 조선 세조 때 제작된 원각사지 10층 석탑에 영향을 주었다. 한편 이 탑은 1909년경 불법 반출되어 일본으로 건너갔다가 반환된 후 경복궁에 전시되었으며, 2000년대 들어 국립 중앙 박물관으로 자리를 옮겼다.

14 현대 1970년대 박정희 정부의 경제 정책   난이도 하 ●○○

자료분석

제시된 사진에 '100억불 수출의 날'이라는 문구가 적힌 것을 통해 박정희 정부 시기인 1970년대에 세워진 기념물임을 알 수 있다. 박정희 정부 때인 1977년에 연간 수출 총액이 100억 달러를 돌파하였다.

정답설명

① 박정희 정부는 1970년대에 제3·4차 경제 개발 5개년 계획(1972~1981)을 추진하며 수출 주도형의 중화학 공업을 적극적으로 육성하였다.

오답분석

② 1990년대(김영삼 정부): 경제 협력 개발 기구(OECD)에 가입한 것은 김영삼 정부 시기인 1996년의 사실이다.

③ 1950년대(이승만 정부): 미국으로부터 원조 받은 잉여 농산물을 가공하는 이른바 제분(밀가루)·제당(설탕)·면방직(면화)의 삼백 산업을 육성한 것은 이승만 정부 시기인 1950년대의 사실이다.

④ 2000년대 이후: 자유 무역 협정(FTA)을 통해 시장 개방을 확대한 것은 2000년대 이후의 사실이다. 노무현 정부 시기에 한·칠레 자유 무역 협정(2004)과 한·미 자유 무역 협정(2007) 등이 체결된 이래로, 현재까지 세계 각국과의 자유 무역 협정에 대한 협상·체결이 지속적으로 이루어지고 있다.

15 고대 돌무지덧널무덤   난이도 하 ●○○

자료분석

나무널과 나무덧널을 만들고, 그 위에 돌무지를 쌓은 후 봉토를 덮은 무덤은 통일 이전 신라의 대표적인 무덤 양식인 돌무지덧널무덤이다. 대표적인 신라의 돌무지덧널무덤으로는 천마총, 호우총, 서봉총, 황남대총 등이 있다.

정답설명

④ 돌무지덧널무덤은 나무덧널을 돌로 쌓은 후 그 위에 다시 봉토를 쌓았기 때문에 구조상 도굴이 어려웠으며, 많은 양의 부장품(껴묻거리)이 출토되었다.

오답분석

① **벽돌무덤**: 중국 남조의 영향을 받은 무덤 양식은 벽돌무덤으로, 대표적으로 공주 무령왕릉이 있다.

② **돌무지무덤**: 고구려의 초기 무덤 형태는 돌을 정밀하게 쌓아 올린 돌무지무덤으로, 대표적으로 장군총이 있다.

③ 천마도가 출토된 천마총은 돌무지덧널무덤이 맞으나, 천마도는 벽화가 아닌 말의 안장 꾸미개에 그려진 그림이다. 돌무지덧널무덤은 구조상 돌이나 벽돌로 만든 널방이 없어 벽화를 그릴 수 없었다.

16 일제 강점기 토지 조사 사업   난이도 중 ●●○

자료분석

제시문에서 토지 소유자는 조선 총독이 정하는 기간 내에 주소, 씨명, 명칭 등을 임시 토지 조사 국장에게 신고하여야 한다는 내용을 통해 무단 통치 시기인 1912년에 공포된 토지 조사령임을 알 수 있다. 일제는 1910년대에 근대적 토지 소유권 확립이라는 명분 아래 토지 조사령을 반포하여 토지 조사 사업을 시행하였다.

정답설명

② 토지 조사 사업으로 지주의 권리만 인정되었을 뿐, 전통적으로 인정되던 농민의 관습적인 경작권과 도지권, 입회권 등은 인정되지 않았다.

오답분석

① 일제는 토지 조사 사업 과정에서 농민의 관습적인 경작권을 인정하지 않고 지주의 소유권만을 인정하여 지주층을 식민지 체제 내로 포섭하고자 하였다.

③ 토지 조사 사업의 결과 대부분의 농민들은 토지를 빼앗기고 기한부 계약에 의한 소작농으로 전락하였다.

④ 일제는 근대적인 토지 소유권 제도를 확립한다는 명목 아래 토지 조사 사업을 실시하였으나, 실제로는 토지 조사 사업을 통해 식민 통치를 위한 지세를 안정적으로 확보하고, 한국인의 토지를 약탈하며, 지주층을 회유하고자 하였다.

👍 이것도 알면 **합격!**

토지 조사 사업

목적	· 명분: 공정한 지세 확보, 근대적 토지 소유권 확립 · 실상: 안정적인 지세 확보, 토지 약탈, 한국인 지주층 회유 목적
방법	· 임시 토지 조사국 설치(1910) → 토지 조사령 공포(1912) · 기한부 신고주의 원칙으로 운영
내용	신고 기간이 짧고 절차가 복잡하여 미신고 토지가 많았음 → 일제가 이를 약탈
결과	토지 약탈, 토지 불하, 지세 수입 증가, 지주의 권한 강화, 농민의 몰락

17 선사 시대 청동기 시대   난이도 하 ●○○

자료 분석 제시된 유물은 반달 돌칼로, 청동기 시대의 대표적인 유물이다. 반달 돌칼은 벼와 같은 곡식의 이삭을 자를 때 사용되었다.

정답 설명 ③ 청동기 시대에는 농기구의 발달로 농업 생산력이 증가함에 따라 잉여 생산물이 발생하였고, 힘이 센 자가 이것을 개인적으로 소유하면서 사유 재산과 빈부의 격차가 나타나며 계급 사회가 성립되었다.

오답 분석
① 신석기 시대: 농경이 시작되어 조·피·수수 등을 재배한 시대는 신석기 시대이다. 청동기 시대에는 농경이 본격화되었으며, 일부 저습지에서는 벼농사를 짓기 시작하였다.
② 삼국 시대: 불교를 받아들인 시대는 삼국 시대이다. 고구려는 소수림왕 때, 백제는 침류왕 때, 신라는 눌지왕 때 불교를 받아들였으며 신라에서는 법흥왕 때 불교가 공인되었다.
④ 구석기 시대: 주로 동굴이나 바위 그늘에서 생활하거나 강가의 막집에서 살았던 시대는 구석기 시대이다.

18 조선 후기 동학   난이도 중 ●●○

자료 분석 제시문에서 사람이 곧 하늘이며, 사람은 평등하며 차별이 없다는 것을 통해 동학의 인내천 사상에 대한 내용임을 알 수 있다.

정답 설명 ④ 옳은 것을 모두 고르면 ⓒ, ⓔ이다.
ⓒ 동학은 모든 인간은 곧 하늘이라는 인내천 사상과 모든 사람은 마음에 한울님을 모시고 있다는 시천주 사상을 바탕으로 인간의 평등을 강조하며 양반과 상민을 차별하지 않았다.
ⓔ 동학의 제3대 교주인 손병희는 친일 세력과 결별한 후 동학을 천도교로 개칭(1905)하였으며, 일제 강점기인 1920년대에 천도교 계통의 출판 기관인 개벽사에서는 여성 잡지인 『신여성』과 아동 잡지인 『어린이』를 발간하였다(1923).

오답 분석 ㉠ 대종교: 북간도 지역에서 중광단을 결성(1911)한 종교는 단군 신앙을 기반으로 창시된 대종교이다.

ⓒ 임술 농민 봉기는 철종 때 삼정의 문란 등에 반발하여 일어난 농민 봉기로 동학과 관련이 없다. 동학 교도들은 고종 때 일어난 동학 농민 운동(1894)을 주도하였다.

👍 이것도 알면 **합격!**

동학

창시	철종 때 경주 지역 잔반 출신 최제우가 창시(1860)
성격	유교 + 불교 + 도교 + 천주교의 일부 교리 + 민간 신앙 융합
사상	평등 사상(시천주, 인내천 사상), 보국안민(반외세), 후천개벽(반봉건)
확산	민중들의 지지를 받으며 삼남 지방을 중심으로 확산됨
탄압	혹세무민이라는 죄목으로 1대 교주 최제우가 처형됨
교단 정비	2대 교주 최시형이 최제우가 지은 『동경대전』과 『용담유사』를 간행하여 교리를 정리하고 포접제를 통해 교단 조직을 정비함

19 고려 시대 위화도 회군과 고려 멸망 사이의 사건   난이도 중 ●●○

정답 설명 ① 위화도 회군을 통해 권력을 장악한 이성계와 조준 등 혁명파 사대부 세력은 권문세족의 경제적 기반을 약화시키고 신진 사대부의 경제적 기반을 다지기 위해 과전법을 마련하였다(1391).

오답 분석
② 위화도 회군 이전: 전민변정도감은 권문세족에게 점탈된 토지를 되찾아 바로잡기 위해 설치된 임시 개혁 기관으로 위화도 회군 이전에 설치와 폐지를 반복하였다. 전민변정도감은 원종 때 최초로 설치되었고, 충렬왕·공민왕·우왕 때 다시 설치되었다.
③ 이성계 즉위 이후: 제1차 왕자의 난(1398)은 태조 이성계가 이방석을 세자로 책봉한 것에 불만을 품은 이방원(태종)이 사병을 동원하여 이방석과 정도전, 남은 등을 제거한 사건으로, 이성계 즉위 이후의 일이다.
④ 이성계 즉위 이후: 정도전이 중심이 되어 요동 정벌을 추진한 것은 이성계 즉위 이후의 일이다. 태조 때 명과의 외교적 갈등으로 정도전이 요동 정벌을 추진하였으나, 제1차 왕자의 난으로 정도전이 제거되면서 요동 정벌은 중단되었다.

20 조선 후기 대동법   난이도 하 ●○○

자료 분석 제시문에서 밑줄 친 ㉠ 방납은 농민들이 공물로 진상(공상)할 물건을 관청의 서리나 상인들이 대신 납부하고, 농민들에게 몇 배의 대가를 요구하여 이익을 챙기던 폐단으로, 이를 시정하고자 실시한 제도는 대동법이다.

정답 설명 ② 대동법의 시행으로 관청에서 필요한 물품을 대신 구입하여 납부하는 공인이 등장하였으며, 농민들이 대동세 마련을 위해 토산물을 시장에 내다 판매하면서 조선 후기 상품 화폐 경제의 발달에 영향을 주었다.

오답 분석
① 기존의 공물 납부는 가호 기준으로 부과되었기 때문에 호세(戶稅)의 성격이 강하였지만, 대동법의 실시로 공물의 부과 대상이 호에서 토지로 바뀌면서 공납의 전세화가 촉진되었다.
③ 대동법은 토지 소유자에게 토지 1결당 쌀 12두, 혹은 그에 해당하는 삼베나 무명, 동전 등으로 공물을 징수한 제도이다. 한편 인조 때 토지 1결당 쌀 4두를 징수하는 전세 제도인 영정법

이 실시되었으며, 영조 때에는 균역법 시행으로 부족해진 재정을 보충하기 위해 토지 소유자에게 토지 1결당 쌀 2두의 결작을 징수하였다.

④ 균역법: 농민들의 군포 부담이 2필에서 1필로 줄어든 것은 영조 때 실시된 균역법이다.

21 현대 6·15 남북 공동 선언   난이도 하 ●○○

자료분석 제시문에서 남측의 연합제 안과 북측의 낮은 단계의 연방제 안이 공통성이 있다고 인정한다는 내용을 통해 6·15 남북 공동 선언(2000)임을 알 수 있다.

(가) 5·16 군사 정변(1961) ~ 유신 헌법 공포(1972)
(나) 유신 헌법 공포(1972) ~ 전두환 구속(1995)
(다) 전두환 구속(1995) ~ 김대중 대통령 당선(1997)
(라) 김대중 대통령 당선(1997) ~ 개성 공단 조성(착공: 2003/조성: 2004)

정답설명 ④ 6·15 남북 공동 선언은 (라) 시기인 김대중 정부 시기에 발표되었다. 김대중 정부가 남북 관계의 개선을 위한 햇볕 정책을 적극적으로 추진한 결과, 2000년에 평양에서 최초로 남북 정상 회담이 개최되었으며, 6·15 남북 공동 선언이 채택되었다.

22 일제 강점기 신채호   난이도 중 ●●○

자료분석 제시문에서 민중 직접 혁명을 강조하면서, 폭력과 암살, 파괴로써 일본의 통치를 타도하자는 내용을 통해 신채호가 작성한 「조선혁명선언」임을 알 수 있다.

정답설명 ④ 유물 사관에 입각하여 한국사가 세계사의 보편적 발전 법칙에 따라 발전하였음을 강조하면서 식민 사학의 정체성 이론을 반박한 인물은 백남운이다.

오답분석
① 신채호는 「독사신론」을 지어 역사 서술의 주체를 우리 민족으로 설정하여 민족주의 사학의 연구 방향을 제시하였다.
② 신채호는 『을지문덕전』, 『이순신전』 등 우리나라 영웅들의 전기를 저술하면서 민족의 자긍심을 높이고자 하였다.
③ 신채호는 『조선상고사』에서 역사를 아(我)와 비아(非我)의 투쟁으로 인식하였다.

23 조선 전기 명종 재위 시기의 사실   난이도 중 ●●○

자료분석 제시문에서 부득이하게 먹고 살기 위해 도적이 되는 자가 많으며, 권세가의 집에 벼슬을 사려는 자들로 시장을 이룬다는 것을 통해 명종 때 일어난 임꺽정의 난과 관련된 내용임을 알 수 있다. 명종의 즉위로 권력을 잡은 윤원형 등에 의해 전개된 매관매직과 백성에 대한 수탈은 임꺽정의 난이 일어나는 배경이 되었다.

정답설명 ③ 명종 때 명종의 외척인 소윤(윤원형 일파)과 인종의 외척인 대윤(윤임 일파) 간의 다툼으로 소윤에 의해 대윤이 숙청되고, 이에 연루된 사림까지 피해를 입은 을사사화가 발생하였다.

오답분석
① 중종: 위훈 삭제를 감행한 조광조 등의 사림 세력들이 훈구 세력에 의해 제거된 기묘사화는 중종 재위 시기에 일어났다.
② 현종: 자의 대비가 효종과 효종 비의 죽음에 대해 몇 년간 상복을 입을지에 대해 서인과 남인이 두 차례의 예송 논쟁을 벌인 것은 현종 재위 시기이다.

④ 선조: 정여립 모반 사건을 계기로 동인이 남인과 북인으로 나뉜 것은 선조 재위 시기이다.

이것도 알면 합격!
명종 재위 시기의 사실

정치	· 을사사화(대윤 vs 소윤) 발생 · 을묘왜변을 계기로 비변사가 상설 기구화
경제	직전법을 폐지하고 관리들에게 녹봉만 지급
사회	임꺽정의 난 발생

24 조선 후기 정조 재위 시기의 사실   난이도 중 ●●○

자료분석 제시문에서 서얼과 노비에 대한 차별을 완화하였으며, 외교 문서를 정리한 『동문휘고』, 병학서인 『무예도보통지』 등을 편찬하였다는 내용을 통해 밑줄 친 '왕'이 정조임을 알 수 있다.

정답설명 ④ 정조는 수령의 권한을 강화하기 위하여 군현 단위의 향약을 수령이 직접 주관하도록 하였다. 이를 통해 정조는 지방 사족의 향촌 지배를 억제하고 지방에 대한 국가의 통제권을 강화하고자 하였다.

오답분석
① 효종: 청에게 원수를 갚자는 북벌 운동이 전개된 것은 효종 때이다. 이후 북벌론은 현종~숙종 때 윤휴 등의 남인에 의해 제기되기도 하였다.
② 영조: 붕당 정치의 폐단을 없애기 위해 공론의 주재자로 인식되던 산림의 존재를 부정하고 서원을 대폭 정리한 것은 영조이다.
③ 영조: 이조 전랑의 권한을 축소하기 위해 이조 전랑의 후임자 추천권(자대권), 3사 관리 선발권(통청권) 등을 없앤 것은 영조이다.

25 일제 강점기 일제 강점기의 독립운동가   난이도 상 ●●●

정답설명 ① 종로 경찰서에 폭탄을 투척(1923)한 인물은 의열단의 김상옥이다. 김익상은 조선 총독부에 폭탄을 투척(1921)하였다.

오답분석
② 남자현은 만주국의 일본 장교 노부요시를 암살할 계획을 세우고 이동하던 중 체포되어 하얼빈에서 순국하였다(1933).
③ 김원봉은 중국 국민당 정부의 지원을 받아 한커우에서 조선 의용대를 창설하였다(1938). 조선 의용대는 중국 국민당군과 연합하여 일본군에 대한 포로 심문·첩보 활동 등의 활동을 전개하였다.
④ 여운형은 남한만의 단독 정부 수립 움직임에 대응하여 김규식 등 중도 세력과 함께 좌·우 합작 위원회를 조직하고 좌·우 합작 7원칙을 발표(1946)하는 등 통일 정부 수립을 위한 좌·우 합작 운동을 전개하였다.

이것도 알면 합격!
남자현의 활동

· 1919년 만주로 망명한 후 서로 군정서에서 활약
· 1924년 채찬, 이청산 등과 사이토 총독 암살 계획
· 1933년 이규동 등과 주만일본대사 암살을 계획하였으나, 하얼빈에서 붙잡혀 혹형을 받고 석방된 이후 순국

34회 2018년 법원직 9급

2018년 3월 3일 시행

문제집 164쪽

정답

01	① 현대	14	① 조선 후기
02	③ 현대	15	④ 현대
03	④ 고려 시대	16	② 고려 시대
04	④ 근대	17	④ 근대
05	③ 고려 시대	18	② 현대
06	③ 고대	19	④ 고대
07	② 고려 시대	20	① 고대
08	③ 일제 강점기	21	④ 일제 강점기
09	② 조선 후기	22	③ 선사 시대
10	③ 고대	23	① 일제 강점기
11	② 조선 후기	24	② 조선 후기
12	① 시대 통합	25	③ 고대
13	③ 조선 후기		

취약 시대 분석표

시대	맞힌 개수
선사 시대	/ 1
고대	/ 5
고려 시대	/ 4
조선 전기	/ 0
조선 후기	/ 5
근대	/ 2
일제 강점기	/ 3
현대	/ 4
시대 통합	/ 1
총합	/ 25

기출 총평

"합격선 88점, 변별력있게 출제!"

- **난이도**: 시험의 전체적인 난이도는 중으로, 특정 시기의 사건에 대해 묻는 문제가 많이 출제되어 헷갈릴 수 있었습니다.

- **고난도 문제**
  - 08번 이광수의 「민족적 경륜」 발표 시기: 제시된 이광수의 「민족적 경륜」 자료가 생소하여 답을 고르기 어려웠습니다.
  - 15번 박정희 정부 시기의 주요 사건: 박정희 정부 시기의 사건들을 순서대로 파악하고 있어야 풀 수 있었습니다.
  - 20번 장수왕 재위 시기의 상황: 장수왕 재위 시기 삼국과 중국의 역사적 사실을 파악하고 있어야 풀 수 있었습니다.

01 현대 남북 기본 합의서와 6·15 남북 공동 선언 사이의 사실 난이도 중 ●●○

자료분석 (가)는 쌍방의 관계를 잠정적 특수 관계임을 인정한 내용을 통해 노태우 정부 시기인 1991년에 발표된 남북 기본 합의서임을 알 수 있다.
(나)는 남측의 연합제 안과 북측의 낮은 단계의 연방제 안의 공통성을 인정하였다는 내용을 통해 김대중 정부 시기인 2000년에 발표된 6·15 남북 공동 선언임을 알 수 있다.

정답설명 ① (가)와 (나) 사이 시기인 1998년에는 김대중 정부의 햇볕 정책으로 남북한의 교류와 협력 사업이 확대되어 금강산 해로 관광이 처음으로 시작되었다.

오답분석
②, ④ (나) 이후: 개성 공단 건설 사업과 경의선 철로 복원 사업은 (나) 6·15 남북 공동 선언의 결과로 시행되었다. 6·15 남북 공동 선언의 결과 경의선 복구가 시작(2000)되었으며, 노무현 정부 시기에 개성 공단 건설이 본격적으로 시작되었다(2003).
③ (가) 이전: 최초로 남·북 이산가족이 상봉한 것은 1985년으로 (가) 시기 이전의 일이다. 전두환 정부 때 남북 대화가 재개되어 남북 이산가족 고향 방문이 이루어져 최초의 이산가족 상봉과 남북 예술단 교환 공연이 성사되었다.

02 현대 농지 개혁법 난이도 중 ●●○

자료분석 제시된 자료에서 농가가 아니거나 직접 경작하지 않는 농지는 정부가 매수한다는 것과 한 집당 농지가 3정보를 넘지 못한다는 내용을 통해 남한의 농지 개혁법임을 알 수 있다.

정답설명 ③ 농지 개혁법의 시행으로 인해 농민 중심의 토지 제도가 확립되어 자작농이 증가하였으며, 지주제가 점차 소멸하였다.

오답분석
① 농지 개혁법은 이승만 정부 시기인 1949년에 제정되었다. 미 군정 시기에는 신한 공사가 설립되어 일본인 및 일본 법인이 소유한 농지를 관리하였다.
② 농지 개혁법은 무상 분배가 아닌 유상 매수와 유상 분배 방식으로 실시되었다. 이승만 정부는 3정보를 초과하는 지주의 토지를 매입하였으며, 농민에게는 5년간 토지 연평균 수확량의 30%를 상환하는 조건으로 유상 분배하였다.
④ 북한의 토지 개혁은 남한의 농지 개혁법이 제정되기 이전에 시행되었다. 북한에서는 1946년에 무상 몰수·무상 분배 방식으로 토지 개혁이 실시되었으며, 이 영향으로 남한에서 토지 개혁에 대한 요구가 더욱 커졌다. 이에 제헌 국회는 1949년에 농지를 대상으로 한 농지 개혁법을 제정하였다.

👍 **이것도 알면 합격!**

농지 개혁법

배경	북한의 무상 몰수, 무상 분배 원칙의 토지 개혁에 자극 받아 소작농의 토지 분배와 지주제 개혁에 대한 요구 고조
대상	농지에 한정(임야·산림 제외)
시행	1949년 6월에 농지 개혁법이 제정되었으나, 이후 개정되어 1950년부터 농지 개혁이 시행됨
특징	· 3정보 이상의 토지 소유 금지 · 유상 매입(3정보 이상의 농지를 소유한 지주에게 평년 수확량의 1.5배 지불) · 유상 분배(평년 수확량의 30%씩, 5년간 총 150%를 국가에 상환)
결과	· 소작농이 감소하고 자영농이 증가하면서 경자유전의 원칙을 실현 · 6·25 전쟁 당시 남한의 공산화를 막는 데 큰 역할을 함

03 고려 시대 훈요 10조와 시무 28조   난이도 중 ●●○

자료분석
(가)는 후대 왕들이 지켜야 할 정책 방안을 제시한 태조 왕건의 훈요 10조 중 일부분으로, 서경의 중요성을 강조한 항목이다.

(나)는 유교 이념을 바탕으로 국가를 운영할 것을 주장하며 최승로가 성종에게 올린 시무 28조의 일부분으로, 지나친 불교를 억제하고 유교를 고려의 통치 이념으로 삼을 것을 건의하는 내용이다.

정답설명
④ (나) 시무 28조가 작성될 당시의 왕인 고려 성종은 개경에 국자감을 설치하고, 지방에는 향교(향학)를 설치하여 경학 박사와 의학 박사를 파견하였다.

오답분석
① (나) 시무 28조는 (가) 훈요 10조보다 늦게 발표되었다. 훈요 10조는 태조 왕건 때 발표되었고, 시무 28조는 고려 성종 때 최승로가 작성하였다.

② 양현고는 (가) 훈요 10조보다 늦게 설치되었다. 양현고는 고려 예종 때 관학의 경제 기반을 강화하기 위해 설치(1119)된 장학 재단으로, 국학생들을 재정적으로 지원하였다.

③ 과거 제도를 실시한 왕은 태조 왕건이 아닌 광종이다. 광종은 후주 출신 쌍기의 건의를 받아들여 과거제를 실시(958)하고 유교적 소양을 갖춘 인재들을 등용하였다.

04 근대 오페르트 도굴 사건과 조·일 무역 규칙 사이의 사실   난이도 중 ●●○

자료분석
(가) 시기 이전의 제시문에서 덕산 묘소에서 저지른 변고라는 내용을 통해 1868년에 일어난 오페르트 도굴 사건임을 알 수 있고, (가) 시기 이후의 제시문에서는 일본인의 곡물 유출이 허용되었으며, 일본 선박의 항세를 납부하지 않게 되었다는 내용을 통해 1876년에 체결된 조·일 무역 규칙(조·일 통상 장정)임을 알 수 있다. 따라서 (가) 시기는 1868~1876년이다.

정답설명
④ (가) 시기인 1871년에 미국이 제너럴셔먼호 사건(1866)을 구실로 통상을 요구하며 강화도에 침입하였다. 이때 어재연이 이끄는 부대가 광성보에서 항전하였으나, 전력의 열세로 결국 어재연은 전사하였다.

오답분석
모두 조·일 무역 규칙 체결 이후의 일이다.
① 영남 유생들이 『조선책략』의 내용을 비판한 것은 조·일 무역 규칙 체결 이후의 일이다. 2차 수신사(1880)로 일본에 파견되었던 김홍집에 의해 소개된 『조선책략』의 영향으로 조·미 수호 통상 조약이 추진되었다. 이에 이만손을 비롯한 영남 지역의 유생들은 만인소를 올려 반발하였다.

② 원산과 인천이 개항되어 일본과의 무역이 시작된 것은 조·일 무역 규칙 체결 이후의 일이다. 조선은 강화도 조약(조·일 수호 조규)을 통하여 부산 외에 2개 항구를 개항하기로 하였다. 이에 원산(1880), 인천(1883)이 차례로 개항되었다.

③ 통리기무아문이 새로 설치된 것은 조·일 무역 규칙 체결 이후의 일이다. 조선 정부는 1880년에 개화 정책을 추진하는 핵심 기구로 통리기무아문을 설치하였다.

05 고려 시대 의천과 지눌   난이도 하 ●○○

자료분석
(가)는 교(敎)와 선(禪) 어느 한쪽에 치우치지 말고 동시에 수행할 것을 강조한 '교관겸수'에 대한 내용으로서 대각 국사 의천의 주장이다.

(나)는 불교의 타락상을 비판하며 승려 본연의 자세로 돌아가기를 강조하는 『권수정혜결사문』의 내용으로 보조 국사 지눌의 주장이다.

정답설명
③ 지눌은 선종을 중심으로 교종을 포용하고자 선(선종)과 교학(교종)이 근본적으로 하나라는 선교 일치를 주장하였다. 또한 그는 선정과 지혜를 함께 닦아야 한다는 정혜쌍수를 주장하였다.

오답분석
① 요세: 천태종의 신앙 결사체인 백련사를 조직한 승려는 요세이다. 천태종의 승려인 요세는 자신의 행동을 진정으로 참회하는 것을 강조하는 법화 신앙을 중심으로 전라남도 강진의 만덕사에서 백련 결사를 조직하였다.

② 승려 혜거 등을 통해 중국에서 도입한 법안종을 중심으로 선종을 정리하고자 한 인물은 광종이다. 한편 의천은 화엄종을 중심으로 교종 통합을 시도하였다.

④ 혜심: 유교와 불교의 통합을 시도하며 유불 일치설을 주장한 승려는 혜심이다. 혜심은 유불 일치설을 통해 심성의 도야를 강조하여 이후 성리학을 수용할 수 있는 사상적 토대를 마련하였다.

06 고대 통일 신라의 학문과 사상의 전개   난이도 중 ●●○

정답설명
③ 일어난 순서대로 나열하면 (나) 원효의 일심(一心) 사상의 이론적 체계 마련(7세기) → (가) 태학(감) 설립(8세기 중반) → (다) 독서삼품과 실시(8세기 후반) → (라) 최치원의 활약(9세기)이 된다.

(나) 원효는 7세기에 활동한 승려로 '모든 것이 한마음에서 나온다'는 일심(一心) 사상을 바탕으로 여러 종파의 분파 의식을 극복하고자 하였으며, 『십문화쟁론』을 저술하여 화쟁 사상을 주장하였다.

(가) 신라의 경덕왕은 8세기 중반에 국학의 명칭을 태학(감)으로 고치고 박사와 조교를 두어 유학 교육을 장려하였다.

(다) 신라의 원성왕은 788년에 독서삼품과를 실시하여 유교 경전의 이해 수준을 평가한 뒤 특품과 상·중·하품으로 구분하여 이를 관리 임용에 참고하였다.

(라) 최치원은 9세기에 활동한 신라의 6두품 출신 유학자로 당나라로 건너가 빈공과에 급제(874)하였으며, 당나라에서 황소의 난이 일어나자 황소에게 항복할 것을 권하는 글인 「토황소격문」을 지어서 명문장가로 명성을 떨쳤다. 이후 그는 신라로 돌아와 진성 여왕에게 정치·사회적 개혁 방안을 담은 시무 10여 조를 건의하기도 하였다.

07 고려 시대 중서문하성과 삼사   난이도 중 ●●○

자료분석
제시된 자료는 고려의 중앙 정치 기구를 나타낸 것으로, (가)는 중서문하성이고 (나)는 삼사이다.

정답설명
② 중서문하성은 국정을 총괄하고 정책을 심의·결정하였던 고려의 최고 관서로, 장관인 문하시중을 두었으며 재신과 낭사로 구성되었다.

오답분석
① 승선은 왕명의 출납을 담당하던 중추원의 관원이었으며, 대간은 어사대의 관원(대관)과 중서문하성의 낭사(간관)를 합쳐 부르던 말이다. 한편, 대간은 간쟁과 봉박, 서경의 권리를 가지고 있어 왕권을 견제하고 관리들을 감찰하여 정국 운영에서의 견제와 균형이 이루어지도록 하였다.

③ 어사대: 관리의 비리를 감찰한 기구는 어사대이다. 어사대는 관리에 대한 비리를 감찰하고 규찰하는 역할과 풍속 교정 업무 등을 수행하였다.

④ 재신과 추밀이 모인 기구는 도병마사와 식목도감이고, 관리의 임용을 결정하였던 것은 대간이다.

이것도 알면 합격!

고려의 중앙 통치 조직

중서문하성 (재부)	· 중앙 최고 관서로 재신(2품 이상, 국가의 중요 정책 심의, 6부의 판사 겸임)과 낭사(3품 이하, 정책 비판)로 구성 · 문하시중(수상)이 국정 총괄
6부	이부·병부·호부·형부·예부·공부 → 실제 행정 업무 담당
중추원 (추부)	추밀(2품 이상, 군사 기밀 관장, 6부 상서 겸임), 승선(3품, 왕명 출납, 숙위 담당)으로 구성
어사대	관리를 감찰하고 정치의 잘잘못을 논하는 임무
도병마사	국방·군사 문제를 담당하는 회의 기구
식목도감	법의 제정 및 각종 시행 규정을 제정하는 입법 기구

---

08 일제 강점기 이광수의 「민족적 경륜」 발표 시기 난이도 상 ●●●

자료분석 조선 내에서는 허용되는 범위 내에서 정치적 결사를 조직해야 한다는 내용을 통해 이광수가 동아일보에 발표한 「민족적 경륜」임을 알 수 있다.

정답설명 ③ 이광수의 「민족적 경륜」은 (다) 시기인 1924년에 발표되었다. 일제의 식민 지배를 인정하며 일제가 허용하는 범위에서의 한국인의 자치권, 참정권을 획득하자는 주장을 담은 이광수의 「민족적 경륜」의 발표는 민족주의 계열을 타협주의 계열과 비타협주의 계열로 분열시키는 계기가 되었다.

이것도 알면 합격!

민족주의 계열의 분열

타협적 민족주의 계열	· 이광수, 최린 등 · 일본의 식민 지배 인정, 자치권·참정권 획득 운동 전개
비타협적 민족주의 계열	· 이상재, 안재홍 등 · 실력 양성 운동 추진, 타협적 민족주의 비판 · 사회주의와 연대 활동 → 신간회 결성

---

09 조선 후기 대동법 난이도 중 ●●○

자료분석 제시문에서 김육이 건의하였으며, 방납하기 어려움을 원망한다는 내용과 부호들이 이 법의 시행을 좋아하지 않는다는 것을 통해 (가)가 대동법임을 알 수 있다. 대동법은 가호를 기준으로 현물(특산물)을 납부하는 방식 대신 토지의 결수를 기준으로 쌀·포(삼베, 무명)·동전 등으로 공납을 납부하도록 한 수취 제도이다. 대동법의 납부 기준이 토지였기 때문에 토지를 많이 가진 양반 지주층은 대동법의 시행을 반대하였다.

정답설명 ② 대동법의 실시로 국가에서 돈을 받아 관청에 필요한 물품을 대신 구매하여 납품하는 어용 상인인 공인이 등장하게 되었다. 또한 공인의 활동이 활발해지면서 지방의 장시와 상품 화폐 경제가 발달하였다.

오답분석 ① 영정법: 풍흉에 관계없이 전세를 토지 1결당 4~6두로 고정하여 수취하도록 한 제도는 인조 때 실시된 영정법이다.

③ 대동법은 정기적으로 납부하는 상공에만 적용되었기 때문에 대동법이 시행된 이후에도 부정기적으로 납부하는 별공과 진상은 여전히 현물로 납부하였다.

④ 균역법: 지방의 토호나 일부 부유한 평민에게 선무군관이라는 칭호를 수여하고 1년에 군포 1필을 징수하는 선무군관포는 균역법의 시행으로 신설되었다. 영조는 1년에 2필씩 내던 군포를 1필로 감면하는 균역법을 시행한 뒤 부족한 재정을 보충하기 위해 선무군관포를 신설하고, 지주에게 1결당 2두의 미곡을 부과하는 결작을 시행하였다. 또한 어장세, 염세, 선박세 등의 잡세 수입을 국고로 전환하였다.

---

10 고대 김유신 사망과 원종·애노의 난 사이의 사실 난이도 중 ●●○

자료분석 (가)는 나·당 전쟁 시기인 673년에 김유신이 죽기 전 문무왕에게 남긴 유언으로, 삼한(삼국)을 한 집으로 만들었으나 아직 태평한 세상에 이르지 못하였다는 것을 통해 이를 알 수 있다. 이후 신라는 나·당 전쟁에서 승리하여 삼국 통일을 달성하였다(676).

(나)는 원종과 애노가 사벌주(상주)에서 반란을 일으켰다는 것을 통해 진성 여왕 때인 889년에 일어난 원종과 애노의 난에 대한 내용임을 알 수 있다.

정답설명 ③ 궁예가 개성을 수도로 삼고 후고구려를 건국한 것은 901년으로, (나) 이후의 사실이다.

오답분석 모두 673~889년 사이의 사실이다.

① 발해의 장문휴가 무왕의 명으로 산동 반도의 등주를 공격한 것은 732년의 사실이다.

② 장보고의 도움을 받아 민애왕을 몰아내고 신무왕이 즉위한 것은 839년의 사실이다.

④ 발해 문왕이 상경 용천부에서 동경 용원부로 수도를 옮긴 것은 785년경의 사실이다.

---

11 조선 후기 훈련도감 난이도 중 ●●○

자료분석 제시문에서 군사를 훈련시킬 도감의 설치를 명받았다는 것과 조총 쏘는 법과 창·칼 쓰는 기술을 가르치게 하였다는 것을 통하여 훈련도감에 대한 내용임을 알 수 있다. 훈련도감은 임진왜란 기간 중 서애 유성룡의 건의로 설치되어 국왕의 호위와, 궁궐을 수비하는 역할을 담당하였다.

정답설명 ② 훈련도감은 포수(조총)·사수(활)·살수(창·검)의 삼수병으로 조직된 군사 조직으로, 훈련도감 소속 병사들은 장기간을 근무하고 일정 급료를 받는 상비군이었다.

오답분석 ① 5위: 갑사와 정군으로 구성된 것은 조선 전기의 군사 조직인 5위이다. 5위는 궁궐과 수도를 경비하는 조선 전기의 중앙군으로, 정군을 중심으로 직업 군인인 갑사나 특수병으로 구성되었다.

③ 제승방략 체제는 임진왜란 당시 효과를 거두지 못한 지방 방어 체계로 임진왜란 중 설치된 훈련도감과는 관련이 없다. 조선은 임진왜란이 전개되고 있는 상황에서 중앙에는 훈련도감을 설치하였으며, 지방 방어 체계를 진관 체제로 복구하고 지방군을 속오법에 따라 속오군 체제로 정비하였다.

④ 속오군: 신분 구분 없이 노비에서 양반까지 편성된 것은 속오군이다. 속오군은 평상시에는 생업에 종사하다가 농한기에 군사 훈련을 받고, 적이 침입해오면 전투에 동원되는 군사 조직이었다.

12 시대 통합 고려와 조선의 지방 행정 제도   난이도 중 ●●○

자료분석 (가) 시기는 5도 양계를 중심으로 지방 제도가 마련되었다는 내용을 통해 고려 시대임을 알 수 있다.

(나) 시기는 전국을 8도로 나누고, 그 아래에 부·목·군·현을 설치하였다는 내용을 통해 조선 시대임을 알 수 있다.

정답설명 ③ 조선 시대에는 지방 사족들을 중심으로 구성된 향촌 자치 기구인 유향소가 설치되어 수령을 보좌하고, 향리를 규찰하며 향촌의 풍속을 교정하는 역할을 하였다.

오답분석 ① 고려 시대에 5도에 파견된 것은 관찰사가 아닌 안찰사이다. 고려는 5도에 안찰사를 파견하여 도내의 군현을 순찰하게 하였고, 양계에는 병마사를 파견하여 주진군의 지휘권을 부여한 뒤 국경을 수비하였다. 한편 관찰사는 조선 시대에 8도에 파견되어 수령을 지휘·감독하고 백성들의 생활을 살폈다.

② 모든 군현에 수령이 파견된 것은 조선 시대의 사실이다. 고려 시대에는 지방관이 파견된 주군·주현보다 파견되지 못한 속군·속현이 더 많았던 반면, 조선 시대에는 모든 군현에 지방관이 파견되면서 속현이 폐지되고, 향·소·부곡의 특수 행정 구역이 소멸되었다.

④ 조선 시대에 행정·사법·군사권을 행사한 국왕의 대리인은 향리가 아닌 수령이다. 고려 시대의 향리는 지방의 행정 업무를 담당하던 향촌 사회의 실질적인 지배 세력이었으나, 조선 시대에는 향리의 지위가 수령을 보좌하는 세습적인 아전으로 격하되었다.

13 조선 후기 균전론   난이도 하 ●○○

자료분석 제시된 자료에서 중농 학파인 유형원이 『반계수록』에서 주장한 토지 개혁론은 (가) 균전론이다.

정답설명 ③ 유형원이 주장한 균전론은 자영농의 육성을 위해 관리, 선비, 농민 등의 신분에 따라 차등을 두어 토지를 분배하는 것이었다.

오답분석 ① 한전론: 생활에 필요한 최소한의 토지를 영업전으로 설정하고 영업전 이외의 토지의 매매만을 허용하여 점진적으로 토지 소유의 균등을 이루고자 한 것은 이익의 한전론이다.

② 유형원이 주장한 균전론은 신분에 따라 차등 있게 토지를 분배하자는 토지 개혁론이다.

④ 여전제: 한 마을을 단위로 토지를 공동으로 소유하고, 공동으로 경작할 것을 강조한 것은 정약용이 주장한 여전제이다. 정약용은 한 마을을 1여로 편성하고 여장의 감독하에 공동으로 경작한 뒤 노동량에 따라 수확물을 분배하자는 여전제를 주장하였다.

14 조선 후기 이앙법의 결과   난이도 중 ●●○

자료분석 제시문에서 논의 일부에서 모를 기른 후, 모가 자라면 옮겨 심는다는 내용을 통해 이앙법(모내기법)에 대한 설명임을 알 수 있다.

정답설명 ① 이앙법의 시행 결과 농민의 빈부 격차가 심화되었다. 이앙법의 시행으로 노동력 대비 경작할 수 있는 경작지가 넓어지면서 일부 농민은 경영형 부농으로 성장하였다. 반면, 대다수의 농민들은 지주들의 토지 확대, 부세의 부담 등으로 토지를 잃고 소작농이나 임노동자로 전락하는 등 농촌 내 빈부 격차가 심화되었다.

오답분석 ② 이앙법의 시행으로 농사에 필요한 노동력이 절감되면서 넓은 토지를 경영하는 광작이 가능해졌다.

③ 이앙법의 시행으로 볍씨를 키우는 동안 농지에서 보리를 키울 수 있게 되면서 벼와 보리의 이모작이 가능해졌다. 보리는 대개 수취 대상에서 제외되었기 때문에 소작농들 사이에서 보리 농사가 성행하였다.

④ 이앙법의 시행으로 농사에 필요한 노동력이 절감되면서 지주들이 소작을 주는 대신 노비를 이용하거나 머슴을 고용하여 농토를 직접 경영하는 경우가 많아졌다.

이것도 알면 합격!

이앙법(모내기법)

방식	모판을 만들어 싹을 틔운 후 모가 한 움큼 이상 자라면 한 번에 3~5모씩 논에 심는 방법
보급	고려 후기에 도입되었으나, 가뭄에 취약하여 일부 지역에서만 시행됨 → 조선 후기에 수리 시설이 확충되면서 전국적으로 널리 보급됨
결과	· 광작 성행: 노동력이 절감되면서 경작지의 규모를 확대하는 광작이 성행함 → 농민의 빈부 격차 심화 · 벼와 보리의 이모작: 벼농사를 짓는 농지 사용 기간이 줄어들면서 벼와 보리의 이모작이 성행함

15 현대 박정희 정부 시기의 주요 사건   난이도 상 ●●●

정답설명 ④ 순서대로 바르게 나열하면 (나) 한·일 기본 조약 조인(1965) → (가) 브라운 각서 체결(1966) → (다) 전태일 분신 자살 사건(1970) → (마) 제7대 대통령 선거(1971) → (라) 7·4 남북 공동 성명 발표(1972)가 된다.

(나) 한·일 기본 조약 조인: 박정희 정부는 경제 개발을 추진하기 위한 자본과 선진 기술을 확보하고자 한·일 기본 조약에 조인하였다(1965). 한·일 기본 조약을 통해 한·일 양국의 국교가 정상화되었고, 일본은 배상과 사과 대신 독립 축하금 형식으로 우리나라에 무상 자금과 차관을 제공하였다.

(가) 브라운 각서 체결: 박정희 정부는 베트남 전쟁에 한국군을 추가 파병하는 대가로 브라운 각서를 체결하여, 미국으로부터 한국군의 현대화 및 경제 발전에 필요한 원조를 제공받기로 합의하였다(1966).

(다) 전태일 분신 자살 사건: 동대문 평화시장에서 재단사로 일하던 전태일은 근로 기준법 준수를 요구하며 분신 자살하였다(1970).

(마) 제7대 대통령 선거: 대통령 3선을 허용하는 제6차 개헌(1969) 이후에 실시된 제7대 대통령 선거에 신민당의 후보로 김대중이 출마하였다(1971). 그러나 근소한 차이로 민주 공화당의 박정희 후보가 당선되었다.

(라) 7·4 남북 공동 성명 발표: 박정희 정부 때 남북은 7·4 남북 공동 성명을 발표하여 자주·평화·민족적 대단결이라는 통일의 3대 원칙에 합의하였다(1972). 이를 계기로 남북은 상설 직통 전화를 개설하고, 남북 조절 위원회를 설치하였다.

16 고려 시대 만적   난이도 중 ●●○

자료분석 제시문은 최충헌의 사노비였던 만적이 봉기를 일으키면서 주장한 내용이다. 만적은 경계의 난(무신 정변과 김보당의 난) 이후 천민도 높은 벼슬아치가 될 수 있음을 강조하고 신분 해방을 주장하며 반란을 일으키고자 하였다.

정답설명 ② 만적은 개경에서 노비들을 모아서 노비 해방 등을 주장하며 봉기를 계획하였으나 사전에 발각되어 실패하고 말았다.

| 오답분석 | ① 조위총: 서경의 유수로서 반란을 일으킨 인물은 조위총이다. 조위총은 정중부와 이의방을 타도하고자 반란을 일으켜 3년간 항전하였으나 결국 실패로 끝났다.
③ 김사미·효심: 경주 지역 세력과 연합하여 신라 부흥을 주장한 인물은 김사미와 효심이다. 김사미는 운문(청도)에서 효심은 초전(울산)을 중심으로 신라의 부흥을 표방하며 봉기하였다.
④ 망이·망소이: 공주 명학소에서 신분 차별에 반발하여 봉기를 일으킨 인물은 망이·망소이이다. 망이·망소이가 무거운 세금 납부와 신분 차별에 반발하며 봉기를 일으키자, 고려 정부는 명학소를 충순현으로 승격시켜 이들을 회유하고자 하였다. |

17 근대 홍범 14조 반포 이전의 사실   난이도 중 ●●○

자료분석 제시문은 제2차 갑오개혁(1894. 11.~1895. 5.) 때 발표된 홍범 14조의 내용으로, 1894년 12월에 발표되었다. 고종은 홍범 14조에서 청의 종주권을 부인하고, 조세법 개정과 예산 제도의 수립 등을 통한 경제 개혁을 추진할 것을 천명하였다.

정답설명 ④ 청의 연호를 쓰지 않고 개국 기년을 사용한 것은 홍범 14조가 반포되기 이전인 제1차 갑오개혁(1894. 6.~1894. 11.) 때이다.

오답분석 모두 홍범 14조 반포 이후의 사실이다.
① 제2차 갑오개혁 때 발표된 교육 입국 조서에 의해 한성 사범 학교가 설립되었다. 고종은 제2차 갑오개혁 때 교육 입국 조서를 반포한 이후 한성 사범 학교를 설립(1895)하고 외국어 학교 관제를 공포하였다.
② 중앙에 친위대와 지방에 진위대가 설치된 것은 을미개혁(음력 1895. 8.~양력 1896. 2.) 때이다.
③ 지방 행정 체제가 23부에서 13도로 개편된 것은 제2차 갑오개혁 이후인 아관 파천(1896) 시기의 사실이다. 제2차 갑오개혁 때에는 전국의 지방 행정 구역이 8도에서 23부로 개편되었다.

18 현대 김구   난이도 중 ●●○

자료분석 제시문에서 38선을 베고 쓰러질지언정, 단독 정부를 세우는 데 협력하지 않겠다는 내용을 통해 김구가 발표한 '삼천만 동포에게 읍고함'이라는 것을 알 수 있다.

정답설명 ② 김구는 남한만의 단독 정부 수립에 반대하며 5·10 총선거에 불참하였다.

오답분석 ① 송진우, 김성수 등: 충칭 임시 정부를 지지하면서 한국 민주당을 결성한 인물은 송진우, 김성수 등의 민족주의 세력이다.
③ 여운형, 안재홍 등: 조선 건국 준비 위원회를 주도한 인물은 여운형 등의 중도 좌파와 안재홍 등의 중도 우파 세력이다.
④ 이승만: 제헌 국회에서 대한민국의 초대 대통령으로 당선된 인물은 이승만이다.

19 고대 발해 무왕 시기의 사실   난이도 하 ●○○

자료분석 제시문은 장문휴가 이끄는 발해 군대가 당나라의 등주성을 공격한 사건으로 발해 무왕 시기의 사실이다. 무왕은 당나라가 흑수말갈과의 연결을 시도하며 발해를 견제하자 당나라 산둥 지역의 등주를 선제 공격하였다(732). 이에 당나라의 지원 요청을 받은 신라가 발해를 공격하였으나 추위와 눈으로 실패하였다.

정답설명 ④ 무왕은 당나라와 대립하던 돌궐과 우호 관계를 맺고, 일본에 사신을 파견하며 친교를 강화하여 당나라와 신라를 견제하였다.

오답분석 ① 문왕: '대흥'이라는 연호를 사용한 것은 문왕 때이다. 한편 무왕은 '인안'이라는 연호를 사용하였다.
② 문왕: 3성 6부제의 중앙 관제를 정비한 것은 문왕 때이다.
③ 선왕: 전성기를 맞이하여 바다 동쪽의 융성한 나라라는 뜻의 '해동성국'으로 불리었던 것은 선왕 때이다.

20 고대 장수왕 재위 시기의 상황   난이도 상 ●●●

자료분석 제시문에서 고구려의 왕을 고려 대왕이라 하고, 신라의 왕을 동이(東夷, 동쪽의 오랑캐) 매금이라고 칭한 것을 통해 충주(중원) 고구려비의 내용임을 알 수 있다. 기존에는 이 비석이 장수왕이 남진 정책을 기념하기 위해 건립하였다는 학설이 지배적이었으나, 2019년에 광개토 대왕 때 건립되었을 가능성이 제기되며 현재 연구가 진행 중이다.

정답설명 ① 장수왕 재위 시기(413~491)의 사실로 옳은 것을 모두 고르면 ㉠, ㉡이다.
㉠ 장수왕이 재위한 5세기에 중국은 남조와 북조가 대립하던 남북조 시대였다. 장수왕은 서로 대립하고 있던 남북조(남조의 송, 북조의 북연·북위 등)와 각각 교류하는 다면적 외교 정책을 통해 중국을 견제하고 세력을 확대하였다.
㉡ 장수왕은 수도를 국내성에서 평양으로 옮기고 강력한 남하 정책을 추진하였다.

오답분석 ㉢ 백제가 사비로 천도한 것(538)은 성왕 대의 사실로, 이는 고구려 안원왕(531~545) 재위 시기에 해당한다.
㉣ 신라가 왕호를 마립간에서 중국식인 왕으로 바꾼 것(503)은 지증왕 대의 사실로, 이는 고구려 문자왕(491~519) 재위 시기에 해당한다.

👍 이것도 알면 **합격!**

5세기 고구려·백제의 상황

고구려	· 장수왕: 평양 천도(427) · 장수왕: 백제 한성 함락·백제 개로왕 전사(475) · 문자왕: 부여 복속(494)
백제	· 비유왕: 신라 눌지 마립간과 나·제 동맹 체결(433) · 문주왕: 웅진 천도(475) · 동성왕: 신라 소지 마립간과 결혼 동맹 체결(493)

21 일제 강점기 이상설   난이도 하 ●○○

자료분석 제시된 자료에서 헤이그 특사로 임명되었으며, 대한 광복군 정부의 대통령이 되었다는 내용을 통해 이상설임을 알 수 있다.

정답설명 ④ 대한 국민 의회는 1919년에 러시아 연해주의 전로 한족 중앙 총회가 개편되어 설립된 임시 정부로, 1917년에 순국한 이상설과는 관련이 없다.

오답분석 ① 이상설은 러시아 연해주 신한촌에서 권업회를 결성(1911)하였다. 권업회는 신한촌의 의병 계열과 계몽 운동 계열이 합작하여 조직한 자치 기관으로, 권업신문을 발행하고 한민 학교와 대전 학교를 설립하였다.

② 이상설은 이동녕 등과 함께 북간도 용정으로 망명하여, 항일 민족 교육 기관인 서전서숙을 설립(1906)하였다.
③ 이상설은 이범윤, 유인석, 홍범도 등과 함께 러시아 연해주의 신한촌에서 의병들을 규합하여 13도 의군을 조직(1910)하였다. 13도 의군은 신민회의 안창호 등과 공동 전선을 모색하였으며, 고종에게 연해주로 망명할 것을 건의하였다.

22 선사 시대 청동기 시대   난이도 중 ●●○

자료분석 제시된 유적은 청동기 시대에 제작된 것으로 추정되는 고령 장기리 바위그림(양전동 알터 바위그림)으로, 동심원·십자형·삼각형 등의 기하학 무늬가 새겨져 있다. 한편 이 바위그림 유적은 농업의 풍요를 비는 제사 터였을 것으로 추정된다.

정답설명 ③ 청동기 시대에는 잉여 생산물의 분배 과정에서 사유 재산이 발생하고 빈부의 격차가 나타나면서 계급이 분화되었다.

오답분석 ① 구석기 시대: 최초로 예술품이 나타난 것은 구석기 시대이다. 구석기 시대 유적인 공주 석장리와 단양 수양개에서는 고래와 물고기가 새겨진 조각이 발견되어, 구석기 시대에 사냥의 성공을 기원하는 염원이 반영된 예술품이 만들어졌음을 보여준다.
② 신석기 시대: 처음으로 농경이 시작된 것은 신석기 시대이다.
④ 신석기 시대: 씨족들이 모여서 부족 사회를 이룬 것은 신석기 시대이다.

23 일제 강점기 조선 혁명군   난이도 하 ●○○

자료분석 제시문에서 중국 의용군과 연합하여 일제에 대항하여 싸운다는 것을 통해 1930년대에 남만주 지역에서 무장 독립운동을 전개한 조선 혁명군임을 알 수 있다.

정답설명 ① 조선 혁명군은 조선 혁명당의 산하 군사 조직으로, 양세봉을 총사령관으로 하여 활동하였다. 조선 혁명군은 중국 의용군과 연합하여 영릉가·흥경성 전투 등에서 활약하였다.

오답분석 ② 조선 의용대: 1940년대에 옌안으로 이동한 독립군은 조선 의용대이다. 조선 의용대의 일부 세력은 중국 국민당 정부가 항일 투쟁에 소극적인 태도를 보이자, 더욱 적극적인 독립 투쟁을 전개하고자 화북 지역의 옌안으로 이동하여 조선 의용대 화북 지대를 결성하였다. 한편 옌안으로 이동하지 않은 조선 의용대 본대는 김원봉의 지휘 아래 충칭으로 이동하여 한국광복군에 합류하였다(1942).
③, ④ 한국 독립군: 북만주 지역에서 주로 활동하며 쌍성보 전투에서 일본군을 격파한 독립군은 한국 독립군이다. 한국 독립군은 지청천의 지휘 아래 중국 호로군 등과 연합하여 대전자령·사도하자·동경성 전투 등에서 활약하였다.

24 조선 후기 향전   난이도 중 ●●○

자료분석 제시문에서 서리와 품관의 자손인 신향(新鄕)이 구향(舊鄕)과 마찰을 빚었다는 내용을 통해 조선 후기에 향촌 사회의 주도권을 놓고 벌어진 향전에 대한 내용임을 알 수 있다. 조선 후기에 향촌 사회의 주도 세력으로 새로이 등장한 신향은 부농층을 비롯한 중인층 등이 포함된 세력으로, 수령과 타협적인 관계를 유지하며 향촌 사회의 운영을 주도하고자 하였다.

정답설명 ② 수령과 결탁한 부농층은 향촌 사회에서 영향력을 확대하였으나, 향촌 사회를 완전히 장악하지는 못하였다.

오답분석 ① 조선 후기에 납속 등 합법적인 방법으로 신분을 상승시킨 부농층(신향)은 수령과 결탁하여 향안에 이름을 올리거나, 향임직에 진출하였다.
③, ④ 향전의 결과 향촌 사회에서 재지 사족의 힘이 약화되고, 수령을 중심으로 한 관권이 강화되면서 향촌에서 관권의 실제 집행을 맡아보고 있던 향리의 권한이 강화되었다. 이는 세도 정치 시기에 수령과 향리의 농민 수탈이 극심해지는 배경이 되었다.

👍 이것도 알면 합격!

향전

배경	• 향촌 운영을 둘러싸고 구향과 신향의 대립이 격화되어 향권을 둘러싸고 향전이 발생 - 구향: 기존에 향촌 사회를 지배하던 재지 사족 - 신향: 부농층을 비롯하여 향촌에서 소외당한 양반·서얼·중인층이 포함된 세력
전개	• 신향은 수령과 타협적인 관계를 유지하면서 향촌 사회를 장악 • 구향은 촌락 단위로 동약을 실시하고 족적 결합을 강화하여 향촌 내에서의 입지를 유지
결과	• 수령과 향리들의 세력이 강해지며 농민에 대한 수탈이 강화 • 향회가 수령의 부세 자문 기구로 전락

25 고대 고구려사의 전개   난이도 중 ●●○

정답설명 ③ 일어난 순서대로 나열하면 (나) 동옥저 복속과 요동 진출(태조왕, 1세기 후반~2세기 초) → (다) 부족적 성격의 5부를 행정적 성격의 5부로 개편(고국천왕, 2세기 후반) → (가) 낙랑군 축출(미천왕, 313)이다.

- (나) **동옥저 복속과 요동 진출(태조왕)**: 태조왕은 동옥저를 복속(56)하고, 2세기 초에는 현도군을 공격하는 등 요동 지역으로의 진출을 도모하였다.
- (다) **5부 개편(고국천왕)**: 고국천왕(179~197)은 순노부, 소노부, 절노부 등 부족적 전통을 지닌 5부를 동·서·남·북·중의 방위명으로 표기한 행정적 성격의 5부로 개편하여 고구려의 중앙 집권화를 진전시켰다.
- (가) **낙랑군 축출(미천왕)**: 미천왕은 5호 16국 시대의 등장으로 중국이 혼란스러운 틈을 타 요동 지역의 서안평을 점령(311)하였으며, 낙랑군을 축출(313)하고 대방군을 축출(314)하여 대동강 유역을 확보하였다.

공무원시험전문 해커스공무원
gosi.Hackers.com

해커스공무원 8개년 기출문제집
한국사

부록
실력 향상 고난도 기출

1회 2023년 계리직(상용한자 제외)

2회 2020년 국가직 7급

3회 2020년 지방직 7급

1회
2023년 계리직
(상용한자 제외)

2023년 6월 3일 시행

문제집 172쪽

정답

01	② 선사 시대	11	③ 조선 후기
02	② 고대	12	② 조선 후기
03	④ 고대	13	③ 근대
04	① 고대	14	② 근대
05	④ 고려 시대	15	④ 근대
06	① 고려 시대	16	② 근대
07	② 고려 시대	17	④ 일제 강점기
08	③ 고려 시대	18	① 현대
09	④ 조선 전기		
10	① 조선 전기		

취약 시대 분석표

시대	맞힌 개수
선사 시대	/ 1
고대	/ 3
고려 시대	/ 4
조선 전기	/ 2
조선 후기	/ 2
근대	/ 4
일제 강점기	/ 1
현대	/ 1
시대 통합	/ 0
총합	/ 18

기출 총평

"합격선 80점, 생소한 자료와 포인트로 까다롭게 출제!"

- **난이도:** 시험 전체적인 난이도는 상으로, 생소한 자료들이 제시되어 설명하고 있는 대상을 유추하기 까다로운 문제들이 출제되었습니다.
- **고난도 문제**
  - 08번 의천: 의천이 『천태사교의』를 간행하였다는 지엽적인 사실이 선택지로 출제되어 헷갈리는 문제였습니다.
  - 11번 소현 세자: 출제된 적이 없는 소현 세자의 죽음에 대한 자료가 제시되어 자료에서 설명하고 있는 인물이 누구인지 유추하기 어려웠던 문제였습니다.
  - 12번 『택리지』: 『택리지』의 구체적인 내용까지 알아야 맞힐 수 있어 어려웠던 문제였습니다.

---

01 선사 시대 부여의 사회상 난이도 중 ●●○

자료분석 제시문에 은나라 달력으로 정월이 되면 하늘에 제사를 지낸다는 것을 통해 매년 12월 영고를 행하던 부여에 대한 설명임을 알 수 있다.

정답설명 ② 부여는 형벌이 매우 엄하여 남녀가 간음하거나 부인이 투기가 심하면 사형에 처하였다.

오답분석
① 고구려: 무덤은 돌을 쌓아 봉분(돌무지무덤)을 만들고, 주변을 소나무나 잣나무로 둘러쳤던 나라는 고구려이다.
③ 삼한: 국읍마다 천군이 있었고, 별읍에는 소도라는 신성 구역이 설치되었던 나라는 삼한이다. 삼한은 제정 분리 사회로, 정치적 지배자인 군장 외에 제사장인 천군이 종교와 농경에 대한 의례를 주관하였다. 또한 별읍에는 천군이 주관하는 소도라는 신성 구역이 설치되었으며, 이곳은 군장의 세력이 미치지 못하여 죄인이 도망하여 오면 잡아가지 못하였다.
④ 동예: 산천의 경계를 중시하여, 함부로 침범하면 우마(소와 말), 노비 등으로 배상하게 하는 책화의 풍습이 있었던 나라는 동예이다.

👍 이것도 알면 합격!

부여의 법률

> 형벌이 엄하고 각박하여 사람을 죽인 사람은 사형에 처하고, 그 가족은 노비로 삼는다. 도둑질을 하면 물건 값의 12배를 변상하게 하였다. 남녀 간에 음란한 짓을 한 사람이나 질투하는 부인은 모두 죽였다. 투기는 더욱 증오해서 죽인 후 시체를 나라의 남산 위에 버려서 썩게 한다. 친정집에서 시체를 가져가려면 소나 말을 바쳐야 한다. …… 성책(城柵)의 축조는 모두 둥근 형태로 하는데, 마치 감옥과 같았다.
> - 『삼국지』「위서」 동이전

사료 분석 | 부여의 법률로는 1책 12법, 사유 재산과 노비 소유, 그리고 가부장제를 보호하는 규정 등 현재 4조목만이 전해지고 있는데, 고조선의 8조법과 매우 유사하다.

02 고대 고대사의 전개 난이도 중 ●●○

정답설명 ② 시간순으로 나열하면 ⓒ 고국원왕의 전사(371) → ㉣ 고구려의 신라 구원(400) → ㉢ 고구려의 한성 함락(475) → ㉠ 신라의 대가야 정복(562)이 된다.

- ⓒ 고국원왕의 전사: 황해도 지역을 두고 백제 근초고왕과 대립하던 고구려 고국원왕은 백제군의 평양성 공격으로 전사하였다(371).
- ㉣ 고구려의 신라 구원: 신라를 침탈하던 왜병은 신라 내물 마립간의 구원 요청을 받고 온 광개토 대왕의 고구려군에게 격멸당하였다(400).
- ㉢ 고구려의 한성 함락: 고구려는 장수왕 때 강력한 남하 정책을 추진하여 백제의 수도인 한성을 함락하고 개로왕을 죽였다(475).
- ㉠ 신라의 대가야 정복: 신라는 진흥왕 때 이사부가 이끄는 군대가 대가야를 멸망시키고, 낙동강 유역까지 영토를 넓혔다(562).

03 고대 원효 난이도 중 ●●○

자료분석 제시문에서 스스로 소성거사라고 하였다는 것과 무애라는 이름을 붙이고 노래를 지어 세상에 퍼뜨렸다는 내용을 통해 밑줄 친 괄호의 인물이 원효임을 알 수 있다.

정답 설명 ④ 원효는 모든 것이 한마음에서 나온다는 일심 사상을 제창하여 다른 종파 간 사상적 대립과 분파 의식을 극복하고자 하였다.

오답 분석
① 의상: 화엄종의 중심 사찰인 부석사를 창건한 인물은 의상이다. 의상은 당에서 유학하고 돌아와 부석사, 낙산사 등의 사찰을 창건하였고, 모든 만물이 서로 조화를 이루고 있다는 화엄 사상을 정립하였다.
② 원광: 세속오계를 제시하고 호국 불교의 전통을 세운 인물은 원광이다. 원광은 화랑이 지켜야 할 규율인 세속오계(사군이충, 사친이효, 교우이신, 임전무퇴, 살생유택)를 제시하고, 부처의 힘으로 인해 나라가 평안해질 수 있다는 호국 불교의 전통을 세웠다.
③ 자장: 황룡사에 9층 목탑을 세울 것을 왕에게 건의한 인물은 자장이다. 자장은 외적을 물리치고 신라의 위상을 높이기 위해 황룡사 9층 목탑을 세울 것을 선덕 여왕에게 건의하였다.

👍 이것도 알면 합격!

원효의 화쟁 사상

> 열면 헬 수 없고 가없는 뜻이 대종(大宗)이 되고, 합하면 이문(二門) 일심(一心)의 법이 그 요체가 되어 있다. 그 이문 속에 만 가지 뜻이 다 포용되어 조금도 혼란됨이 없으며, 가없는 뜻이 일심과 하나가 되어 혼융된다. …… 펼친다고 번거로운 것이 아니고 합친다고 좁아지는 것도 아니다. 그리하여 수립하되 얻음이 없고 타파하되 잃음이 없다.
> - 『대승기신론소』

사료 분석 | 원효는 모든 것은 한마음에서 온다는 일심 사상을 바탕으로 불교 종파의 이론들도 모두 하나라는 화쟁 사상을 주장하였다.

04 고대 견훤 난이도 중 ●●○

자료 분석
제시문에서 왕경(경주)의 서남쪽 주현(전라도 지방)을 돌아다니며 공격하였다는 것과 무진주(광주)를 습격하였다는 내용을 통해 밑줄 친 괄호의 인물이 견훤임을 알 수 있다.

정답 설명 ① 견훤은 전라도 지방의 군사력과 호족 세력을 기반으로 무진주에서 세력을 키운 뒤 완산주(전주)를 도읍으로 삼아 후백제를 세우고 왕위에 올랐다.

오답 분석
② 궁예: 스스로 미륵불이라고 칭하면서 백성들을 현혹하여 통치를 정당화한 인물은 궁예이다.
③ 왕건: 서해안의 해상 세력으로 활동하던 가문에서 태어난 인물은 왕건이다. 왕건은 서해안으로 흘러드는 예성강을 중심으로 성장한 해상 세력 가문 출신으로, 궁예의 휘하에서 공을 세워 시중의 자리에 올랐다. 이후 그는 궁예를 축출하고 고려를 건국하였다.
④ 김헌창: 국호를 장안, 연호를 경운으로 정하고 반란을 일으킨 인물은 김헌창이다. 김헌창은 아버지인 김주원이 왕이 되지 못한 데에 불만을 품고 웅주(공주)에서 국호를 '장안', 연호를 '경운'이라 하여 반란을 일으켰으나 실패하였다.

05 고려 시대 과거 실시와 시무 28조 건의 사이의 사실 난이도 상 ●●●

자료 분석
(가)는 고려 광종이 쌍기의 건의로 처음 과거 제도를 실시한 958년의 모습이다.
(나)는 최승로가 고려 성종에게 개혁안인 시무 28조를 건의한 982년의 모습이다.

정답 설명 ④ (가)와 (나) 사이 시기인 976년에 처음으로 전시과가 제정되었다. 고려 경종 때 전·현직 관리에게 관품과 인품을 기준으로 전지와 시지에 대한 수조권을 지급하는 시정 전시과를 처음 제정하였다.

오답 분석
① (가) 이전: 광군사가 설치된 것은 947년으로, (가) 이전의 사실이다. 고려 정종(3대) 때 거란의 침략에 대비하기 위해 광군 약 30만을 조직하고 그 지휘부로 광군사를 설치하였다.
② (나) 이후: 국자감이 설치된 것은 992년으로, (나) 이후의 사실이다. 고려 성종 때 유학 교육 기관으로 개경에 일종의 국립 대학인 국자감을 설치하였다.
③ (가) 이전: 노비안검법이 시행된 것은 956년으로, (가) 이전의 사실이다. 고려 광종 때 억울하게 노비가 된 자들을 양인으로 해방시키는 노비안검법을 시행하였다. 노비안검법 시행으로 인해 노비가 양인으로 해방되자 호족 세력의 경제적·군사적 기반이 약화되고, 국가 수입 기반이 확대되어 국가 재정이 확충되었다.

06 고려 시대 고려 숙종 난이도 중 ●●○

자료 분석
제시문에서 '주전도감'과 활구라고 하는 은병을 화폐로 삼았다는 내용을 통해 고려 숙종에 대한 설명임을 알 수 있다. 고려 숙종은 주전도감을 설치하고 화폐의 유통을 권장하였으며, 은병(활구)이라는 고액의 화폐를 주조하도록 하였다.

정답 설명 ① 고려 숙종은 김위제의 건의를 수용하여 남경 건설을 관장하는 남경개창도감을 설치하고, 남경에 궁궐을 짓는 등 도시 건설을 추진하였다.

오답 분석
② 고려 예종: 지방관인 감무를 파견한 왕은 고려 예종이다. 고려 예종은 지방관이 파견되지 못한 속군·속현과 향·소·부곡·장·처 등의 말단 지방 행정 단위에 감무라는 지방관을 파견하였다.
③ 고려 예종: 양현고를 설치한 왕은 고려 예종이다. 고려 예종은 관학을 진흥시키고 관학의 경제적 기반을 강화하기 위해 일종의 장학 재단인 양현고를 설치하였다.
④ 태조 왕건: 『정계』와 『계백료서』를 지은 왕은 태조 왕건이다. 태조 왕건은 『정계』, 『계백료서』를 지어 임금에 대한 신하들의 도리를 강조하고 관리가 지켜야 할 규범을 제시하였다.

👍 이것도 알면 합격!

고려 숙종 재위 시기의 사실

정치	· 별무반 조직(윤관, 신기군·신보군·항마군) · 남경개창도감 설치(김위제)
경제	· 주전도감 설치 · 삼한통보, 해동통보 은병(활구) 주조
문화	· 서적포 설치 · 기자 사당 건립

07 고려 시대 『제왕운기』 난이도 중 ●●○

자료 분석
제시문에서 중국은 반고부터 금국에 이르기까지, 우리나라는 단군으로부터 본조에 이르기까지 기록하여 비교하였으며, 풍영(시가 등을 읊음)으로 시를 지었다는 것을 통해 고려 시대에 이승휴가 저술한 『제왕운기』임을 알 수 있다.

정답 설명 ② 『제왕운기』에서는 예맥과 옥저 등을 모두 단군의 후손으로 서술하여 우리 민족을 단군을 시조로 하는 단일 민족임을 강조하였고, 이를 통해 우리나라의 역사를 중국과 대등하게 파악하려는 자주성을 드러내었다.

오답 분석
① 『본조편년강목』: 편년체와 강목체를 결합하여 서술한 것은 『본조편년강목』이다. 『본조편년강목』은 고려 시대에 민지가 편년체와 강목체를 결합하여 서술한 역사서로, 문덕 대왕(태조 왕건의 증조부)부터 고려 고종까지의 역사를 기록하였다.
③ 『삼국유사』: 불교사를 중심으로 설화와 야사를 많이 서술한 것은 『삼국유사』이다. 『삼국유사』는 고려 시대에 일연이 서술한 역사서로, 불교사를 중심으로 단군 신화 등의 건국 신화와 고대의 민간 설화, 야사들을 수록하였다.
④ 『동사강목』: 독자적인 정통론에 입각하여 마한, 신라를 정통 국가로 서술한 것은 『동사강목』이다. 『동사강목』은 조선 시대에 안정복이 서술한 역사서로, 단군 조선 → 기자 조선 → 마한 → 통일 신라 → 고려로 이어지는 독자적인 정통론을 세워 우리 역사를 체계화 하였다.

08 고려 시대 의천   난이도 상 ●●●

자료 분석 제시문에서 '대각국사'라는 시호를 받았으며 문종의 넷째 아들이라는 내용을 통해 의천에 대한 설명임을 알 수 있다. 의천은 고려 문종의 넷째 아들로 11세에 출가하여 승려가 된 후 송나라로 건너가 화엄종과 천태종을 배웠다. 이후 고려에 귀국하여 해동 천태종을 개창하고 교종과 선종의 대립을 완화하기 위해 노력하였다.

정답 설명 ③ 초조대장경은 거란의 침입을 부처의 힘으로 극복하고자 고려 현종 때부터 약 70여 년간 제작된 대장경으로, 의천과는 관련이 없다. 한편, 의천은 송·요·일본의 불교 자료를 모은 목록인 『신편제종교장총록』을 편찬하고, 이를 바탕으로 초조대장경을 보완하기 위해 흥왕사에서 교장(속장경)을 간행하였다.

오답 분석
① 의천은 지혜로써 사물을 관조(객관적으로 관찰)하는 지관(止觀)을 중시하였는데, 지관은 마음의 번뇌를 멈추고 자신의 진정한 마음을 관찰하는 것을 의미한다.
② 의천은 선종 때 해인사에서 『천태사교의』를 간행하였으며, 숙종 때는 국청사의 초대 주지가 되어 천태교학을 강의하였다.
④ 의천은 교종과 선종의 사상적 통합을 위해 이론의 연마와 수행을 함께 강조하는 교관겸수를 주장하였다. 또한 내적인 공부와 외적인 공부를 모두 갖추어 조화를 이루어야 한다는 내외겸전을 제창하였다.

이것도 알면 합격!

의천의 교단 통합 운동

- 교(敎)를 배우는 이는 대개 안의 마음을 버리고 외면에서 구하고, 선(禪)을 익히는 이는 인연을 잊고 안의 마음을 밝히기를 좋아하니, 모두 한쪽에 치우친 것으로 두 극단에 모두 막힌 것이다.
- 교종을 공부하는 사람은 내적인 것을 버리고 외적인 것만을 구하려는 경향이 강하고, 선종을 공부하는 사람은 외부의 대상을 잊고 내적으로만 깨달으려는 경향이 강하다. 이는 모두 양 극단에 치우친 것이므로, 양자를 골고루 갖추어(내외겸전) 안팎으로 모두 조화를 이루어야 한다.

사료 분석 | 첫 번째 자료는 이론(교종)과 실천(선종)을 함께 강조하는 교관겸수, 두 번째 자료는 내적인 공부(선종)와 외적인 공부(교종)를 모두 갖춘 내외겸전(內外兼全)에 대한 것이다.

09 조선 전기 세종 재위 기간의 사실   난이도 중 ●●○

자료 분석 제시문에서 선명력과 수시력 등의 역법을 참조하여 새로운 역법을 만들게 하였으며, 이 역법이 「내편」과 「외편」으로 구성된 역법을 만들었다는 내용을 통해 『칠정산』에 대한 내용임을 알 수 있으며, 『칠정산』이 편찬된 것은 조선 세종 때이다.

정답 설명 ④ 세종 때는 우리나라 자생 약재를 소개한 약재 이론서인 『향약채취월령』과 동양 의학을 집대성한 의학 백과사전인 『의방유취』 등을 편찬하였다.

오답 분석
① 세조: 『월인석보』를 언해하여 간행하였던 것은 세조 재위 기간의 사실이다. 세조 때는 세종이 지은 「월인천강지곡」과 세조가 수양 대군 시절에 지은 『석보상절』을 합편한 『월인석보』를 한글로 언해하여 간행하였다.
② 중종: 『이륜행실도』를 편찬하여 보급한 것은 중종 재위 기간의 사실이다. 중종 때는 연장자와 연소자, 친구 사이에서 지켜야 할 윤리를 강조한 『이륜행실도』를 편찬하여 보급하였다.
③ 성종: 『국조오례의』와 『경국대전』 등을 완성한 것은 성종 재위 기간의 사실이다. 성종 때는 국가와 왕실의 행사 의식의 절차를 규범화한 『국조오례의』와 세조 때부터 편찬을 시작한 조선의 기본 법전인 『경국대전』 등을 완성하였다.

10 조선 전기 조선 시대 교육 제도   난이도 하 ●○○

정답 설명 ① 옳은 것을 모두 고르면 ㉠, ㉡이다.
㉠ 성균관은 한양에 설치된 조선 왕조 최고의 유학 교육 기관이다. 성균관에서는 명륜당이라는 강학당에서 유학을 가르쳤으며, 대성전에서 공자에게 제사를 지내기도 하였다.
㉡ 조선 시대에 기술 교육은 잡학이라 불렸는데 각 과목별로 해당 관서에서 기술을 가르쳤으며, 지방 기술 교육의 경우 각 지방 관아에서 교육하였다.

오답 분석
㉢ 서원: 훌륭한 유학자들을 제사 지내고, 성리학을 연구하는 사립 교육 기관은 향교가 아닌 서원이다. 한편, 향교는 각 지방에 세워진 국립 교육 기관이다.
㉣ 향교: 국가에서 전국의 모든 군현에 설치하여 종6품의 교수나 종9품의 훈도를 파견하기도 한 것은 서원이 아닌 향교이다.

이것도 알면 합격!

조선 시대의 기술 교육(잡학)

종류	담당 관청	종류	담당 관청
의학	전의감	천문학(음양과)	관상감
역학	사역원	도학	소격서
산학	호조	서학(그림)	도화서
율학	형조	악학	장악원

11 조선 후기 소현 세자   난이도 상 ●●●

자료 분석 제시문에서 본국에 돌아온 지 얼마 되지 않아 병을 얻어 수일 만에 죽었으며, 얼굴빛을 분변할 수 없어서 약물에 중독되어 죽은 사람과 같았다는 내용을 통해 밑줄 친 괄호 안에 들어갈 인물이 소현 세자임을 알 수 있다. 『조선왕조실록』에 의하면 소현 세자는 청에서 귀국한지 얼마 지나지 않아 갑자기 사망하였는데, 이목구비 등에서 출혈이 있었다고 기록하고 있어 은연중에 소현 세자가 독살되었음을 시사하였다.

정답설명 ③ 소현 세자는 청에서 서양인 신부 아담 샬과 교류하면서 서양 문물을 적극 수용하였고, 볼모 생활이 끝나고 조선으로 귀국할 때 서양 문물들을 가지고 들어왔다.

오답분석
① 효종: 청에 복수하고 치욕을 갚기 위해 북벌을 주장한 인물은 효종이다. 한편, 소현 세자는 청의 존재를 인정하면서 청의 왕족 등과 친교를 맺고 양국 관계를 정상화하는 데 노력하였다.
② 홍대용: 청을 왕래하며 얻은 경험으로 『의산문답』 등을 저술한 인물은 홍대용이다. 『의산문답』은 홍대용이 실옹과 허자의 대화 형식을 빌려 지구가 자전한다는 지전설과 지구가 우주의 중심이 아니라 무수한 별 중 하나라는 무한 우주론을 바탕으로 중국 중심의 세계관을 비판한 책이다.
④ 안용복: 에도 막부에게서 울릉도와 독도가 조선 영토임을 확인하는 문서를 받아온 인물은 안용복이다.

👍 이것도 알면 **합격!**

소현 세자의 서양 문물 수용

> "어제 받은 천주상, 천구의, 천문서 및 기타 양학서는 전혀 생각지도 못했던 것으로 깊이 감사 드립니다. …… 이러한 것들은 본국에서는 완전히 암흑이라 해야 할 정도로 모르고 있는데, 지식의 빛이 될 것입니다. …… 제가 고국에 돌아가면 궁궐에서 사용할 뿐만 아니라 이것들을 출판하여 학자들에게 보급할 계획입니다. 그리하면 우리나라가 학문의 전당으로 변하게 될 것입니다."
> – 「아담 샬의 회고록」 중 소현 세자의 편지

사료 분석 | 소현 세자는 볼모로 잡혀 간 청에서 아담 샬과 친분을 맺은 후 서양 문물을 가지고 귀국하여 조선에 서양 문물을 소개하였다.

12 조선 후기 『택리지』 난이도 상 ●●●

자료분석 제시문에서 살 곳을 잡는 데는 지리가 첫째이고, 생리(경제적 이익)가 다음이고, 그다음이 인심이며 다음은 아름다운 산수가 있어야 한다는 내용을 통해 조선 후기 이중환이 지은 『택리지』임을 알 수 있다.

정답설명 ② 『택리지』는 우리나라 각 지역의 자연환경과 물산, 풍속, 인심 등 인문 지리적 특성을 분석하여 어느 지역이 살기 좋은 곳인가를 서술한 책이다.

오답분석
① 최초로 100리 척을 이용한 지도는 동국지도로, 『택리지』에는 수록되어 있지 않다. 동국지도는 조선 후기 영조 때 정상기가 100리를 1척으로 정하여 이전에 비하여 정확하고 과학적으로 제작한 지도이다.
③ 『동국지리지』: 중국의 역사서 등을 참고하여 지리적 관점에서 우리 역사를 체계화한 책은 『동국지리지』이다. 『동국지리지』는 조선 후기 한백겸이 저술한 역사 지리서로, 중국의 역사서 등 여러 고서를 참고하여 삼한의 위치와 고구려의 발상지가 만주 지방임을 최초로 고증하는 등 지리적 관점에서 우리 역사를 체계화하였다.
④ 『여지도서』: 군현별로 채색 읍지도를 첨부하여 읍의 형편을 일목요연하게 파악할 수 있게 한 것은 『여지도서』이다. 『여지도서』는 영조 때 각 읍에서 편찬한 채색 읍지도를 모아 읍의 방리·도로·부세에 관한 조항 등을 정리하여 읍의 형편을 파악할 수 있게 만든 책이다.

👍 이것도 알면 **합격!**

조선 후기의 지리서

지리서	저자	특징
『동국지리지』	한백겸	고구려의 발상지가 만주 지방임을 최초로 고증
『아방강역고』	정약용	백제의 첫 수도가 한성이고 발해의 중심지가 백두산 동쪽임을 고증
『택리지』	이중환	전국의 자연 환경과 물산, 인심, 풍속 등을 정리 → 가거지(사람이 살기 좋은 곳)의 조건 제시

13 근대 흥선 대원군이 추진한 정책 난이도 하 ●○○

정답설명 ③ 옳은 것을 모두 고르면 ㉠, ㉡, ㉢이다.
㉠ 흥선 대원군은 면세·면역의 특권을 누리며 국가 재정을 악화시키고 백성을 수탈해 온 서원을 전국 600여 개 중 47개만 남겨두고 모두 철폐하였다.
㉡ 흥선 대원군은 군정의 문란을 시정하기 위해 양반에게도 군포를 징수하는 호포제를 시행하였다.
㉢ 흥선 대원군은 임진왜란 때 소실된 경복궁을 중건하는 과정에서 공사비 충당을 위해 원납전을 징수하였다. 원납전은 '스스로 원해서 납부하는 돈'이라는 의미로 일종의 기부금이었으나 실제로는 강제로 징수되었다.

오답분석
㉣ 정조: 『대전통편』을 편찬하여 통치 체제를 정비한 인물은 정조이다. 한편, 흥선 대원군은 통치 기강을 바로 세우고자 조선의 법전을 정리한 『대전회통』을 편찬하였다.

👍 이것도 알면 **합격!**

흥선 대원군의 호포제 실시

> 군역에 뽑힌 장정에게 군포를 거두었는데, 그 폐단이 많아서 백성들이 뼈를 깎는 원한을 가졌다. 그런데 사족들은 한평생 한가하게 놀며 신역(身役)이 없었다. …… 그러나 유속(流俗)에 끌려 이행하지 못하였으나 갑자년 초에 흥선 대원군이 강력히 나서서 귀천이 동일하게 장정한 사람마다 세납전(歲納錢) 2민(緡)을 바치게 하니, 이를 동포전(洞布錢)이라고 하였다.
> – 『매천야록』

사료 분석 | 흥선 대원군은 족징(친족에게 징수), 인징(이웃에게 징수) 등 군정의 문란을 바로잡기 위해 개인 단위로 징수하던 군포를 호(가구) 단위로 1년에 1필씩 징수하도록 하는 호포법을 실시하여 양반에게도 군포를 징수하였다.

14 근대 서재필 난이도 중 ●●○

자료분석 제시문에서 모두 언문(한글)으로 써 남녀 상하 귀천이 모두 보게 하고, 구절을 띄어 써 알아보기 쉽도록 하였다는 내용을 통해 밑줄 친 괄호가 독립신문임을 알 수 있으며, 독립신문을 간행한 인물은 서재필이다.

정답설명 ② 서재필은 근대적 자주 독립 국가의 건설을 목표로 윤치호, 남궁억 등과 함께 독립 협회를 설립하여 민중 계몽 운동과 자주 국권 운동을 전개하였다.

오답분석
① 을미사변 이후 신변의 위협을 느낀 고종이 러시아 공사관으로 거처를 옮긴 아관 파천을 주도한 것은 친러파 관료들로, 서재필과는 관련이 없다.
③ 이준, 윤효정 등: 헌정 연구회를 조직한 인물은 이준, 윤효정 등이다. 헌정 연구회는 1905년에 이준과 윤효정 등을 중심으로 조직된 단체로, 독립 협회를 계승하여 입헌 정치의 수립을 목표로 대중 계몽 운동을 전개하였다.
④ 서상돈 등: 국채 보상 운동을 전개한 인물은 서상돈, 김광제 등이다. 국채 보상 운동은 국채를 국민들의 모금으로 갚기 위한 국권 회복 운동으로, 대구에서 서상돈, 김광제 등의 주도로 시작되어 전국민적인 모금 운동으로 전개되었다.

15 근대 을사늑약 체결 이후에 전개된 사실 난이도 중 ●●○

자료분석 제시문에서 일본국 정부는 한국의 외국에 대한 관계 및 서무를 감리 지휘할 것이라는 내용을 통해 일제가 대한 제국의 외교권을 박탈한 을사늑약임을 알 수 있다. 을사늑약은 1905년 11월에 체결되었다.

정답설명 ④ 일본 제일은행권을 본위 화폐로 삼는 화폐 정리 사업이 시작된 것은 1905년 7월로, 을사늑약 체결 이전의 사실이다. 제1차 한·일 협약(1904)에 따라 대한 제국의 재정 고문으로 임명된 메가타는 대한 제국의 재정을 일본에 예속시키기 위해 화폐를 주조하던 전환국을 폐지하고, 백동화 및 엽전을 일본 제일은행권으로 교환하는 화폐 정리 사업을 실시하였다.

오답분석 모두 을사늑약 체결 이후에 전개된 사실이다.
① 일본은 1909년에 만주 진출을 위해 안동(지금의 단둥)과 봉천(지금의 선양)을 연결하는 철도 부설권과 푸순 광산 채굴권을 차지하는 대가로 간도를 청나라의 영토로 인정하는 간도 협약을 청나라와 체결하였다.
② 을사늑약이 체결되자 민종식, 최익현, 신돌석 등이 이에 반발하여 을사의병을 일으켰다. 을사의병 당시 민종식은 충남 정산에서 의병을 일으켜 홍주성을 점령하였고, 최익현은 태인·순창 등에서 활약하였다. 또한 을사의병 때는 평민 출신 의병장인 신돌석이 본격적으로 활약하였다.
③ 을사늑약 체결 이후 통감으로 부임한 이토 히로부미는 한국을 부강시키기 위해서는 자금이 필요하다고 주장하면서 일본에서 차관을 들여올 것을 요구하였다. 이에 따라, 한국 정부는 일본의 은행과 1천만 엔의 차관 도입을 계약하여 1906년 3월부터 차관을 도입하게 되었다.

16 근대 주시경 난이도 중 ●●○

자료분석 제시된 『국어문법』을 쓴 인물은 주시경이다. 주시경은 국어 문법 서적인 『국어문법』, 『말의 소리』 등을 저술하는 등 우리말과 한글에 대한 이론을 전문적으로 연구하여 한글 연구의 근대화와 한글의 대중화에 큰 영향을 주었다.

정답설명 ② 주시경은 지석영 등과 함께 대한 제국의 학부에 설치된 국문 연구 기관인 국문 연구소에서 국문의 정리와 국어의 이해 체계 확립을 위한 연구 활동을 하였다.

오답분석 모두 주시경과 관련이 없는 설명이다.
① 가갸날을 제정한 인물은 조선어 연구회(1921)를 조직한 임경재, 장지영 등이다. 조선어 연구회는 주시경의 제자인 임경재, 장지영 등을 중심으로 조직된 단체로, 가갸날을 제정하고 잡지 『한글』을 간행하여 한글 대중화에 기여하였다.

③ 조선어 학회 사건으로 구속된 인물은 이윤재, 최윤배 등이다. 조선어 학회 사건은 당시 국어(일본어) 상용 정책을 시행하던 일제가 조선어 학회를 독립운동 단체로 간주하여 회원들을 체포·투옥한 사건이다.
④ 한글 맞춤법 통일안의 원안을 작성한 인물은 조선어 학회를 조직한 이윤재, 최현배 등이다. 조선어 학회는 주시경의 국어 연구를 계승하여 조직된 조선어 연구회를 1931년에 개편한 단체로, 한글 맞춤법 통일안과 표준어를 제정하였다. 또한 『우리말 큰 사전』 편찬을 시도하였으나 일제의 방해로 실패하였다.

👍 이것도 알면 합격!

주시경의 활동

연도	내용
1894년	배재 학당 입학
1896년	독립신문 창간에 참여, 철자법 표기 통일을 위해 국문 동식회 조직
1897년	독립신문에 논설 「국문론」 발표
1906년	『대한국어문법』 편찬
1907년	국문 연구소 주임 위원 역임
1908년	국어 연구 학회 조직(조선어 학회의 모체), 『국어문전음학』 편찬
1910년	『국어문법』 편찬

17 일제 강점기 6·10 만세 운동 난이도 중 ●●○

자료분석 제시문에서 대한 제국의 황제(순종)의 장례일에 일어난 운동이라는 것과 교육 용어는 조선어로 하고, 자본·제국주의 일본을 철천의 원수라고 주장하는 내용을 통해 밑줄 친 괄호 운동이 6·10 만세 운동임을 알 수 있다.

정답설명 ④ 6·10 만세 운동은 사회주의자들과 천도교 중심의 민족주의자들이 함께 준비하였으며, 이후 민족 유일당 운동이 전개되는 계기를 마련하였다.

오답분석 ① 3·1 운동: 임시 정부 수립 운동을 촉발한 민족 운동은 3·1 운동이다. 3·1 운동을 계기로 독립운동의 구심체 역할을 수행할 단체의 필요성이 대두되었고, 이에 상하이에서 대한민국 임시 정부가 수립되었다.
② 광주 학생 항일 운동: 신간회가 현장에 진상 조사단을 파견한 민족 운동은 광주 학생 항일 운동이다. 광주 학생 항일 운동이 확산되자 신간회는 진상 조사단을 파견하였으며, 신간회 광주 지부를 중심으로 학생 투쟁 지도 본부가 설치되어 운동이 더욱 확산되었다.
③ 물산 장려 운동: 관세 철폐에 직면하여 자구책으로 시작한 민족 운동은 물산 장려 운동이다. 1920년에 일제가 회사령을 철폐하고, 한·일 간 관세 철폐 움직임이 일어나자 조만식 등의 민족 자본가를 중심으로 평양에서 물산 장려 운동이 시작되었다.

18 현대 여운형　　　　　　　　　　난이도 중 ●●○

자료분석 제시된 5개 항을 주장한 인물은 여운형이다. 조선 총독부는 일제의 패망이 임박하자 민족 지도자들과 협상을 시도하였고, 이에 여운형은 정무총감인 엔도에게 조선 내 일본인들의 무사 귀환을 보장하는 대신 정치·경제범의 석방, 치안 유지 및 건국 사업에 대한 간섭 배제 등을 요구하였다.

정답설명 ① 여운형은 좌·우 합작 위원회를 조직하는 등 좌·우 합작 운동을 주도하여 남·북한의 통일 정부 수립을 추진하였으나 극우 세력에 의해 암살되었다. 한편, 좌·우 합작 위원회는 중심 인물인 여운형이 암살되면서 해산되었다.

오답분석
② 안재홍: 만민공생(모든 사람이 서로 도우며 함께 사는 일)의 신민주주의를 표방한 인물은 안재홍이다. 안재홍은 극좌와 극우를 배격하고 만민공생의 통합된 민족주의 국가 건설을 위해 신민족주의와 신민주주의를 주장하였다.

③ 송진우: 한민당(한국 민주당)을 창당하고 훈정론을 주장한 인물은 송진우이다. 송진우는 광복 이후에 김성수 등 민족주의자들과 함께 한민당을 창당하였으며, 미군이 2년 정도 한국에 머물러 대신 통치하여야 한다는 훈정론을 주장하였다.

④ 박헌영: '8월 테제'에 정치 노선이 집약되어 있는 인물은 박헌영이다. 박헌영은 조선 공산당의 정치 노선으로 '8월 테제(현 정세와 우리의 임무)'를 제시하였다. 8월 테제는 민족의 완전 독립과 토지 문제의 혁명적 해결을 주요 내용으로 하였다.

👍 이것도 알면 합격!

광복 직후 주요 정치 세력

정당	중심 인물	활동
한국 민주당	송진우, 김성수	미군정에 적극 참여·협조, 토지 개혁을 비롯한 개혁 정책과 친일파 처리에 반대, 단독 정부 수립 주도
독립 촉성 중앙 협의회	이승만	반탁 운동 추진, 미·소 공동 위원회 반대, 단독 정부 수립 주도
한국 독립당	김구	임시 정부 계승론 주장, 반탁 운동 추진, 미·소 공동 위원회 참가 거부, 단독 정부 수립 반대
국민당	안재홍	신민족주의 표방, 대한민국 임시 정부 지지
조선 인민당	여운형	미·소 공동 위원회에 적극 협조, 좌·우 합작 운동 추진
조선 공산당	박헌영	• 사회주의자 주도, 초기에 미군정에 협조 → 미 군정과 대립하며 세력이 약화됨 → 남로당 결성 • 모스크바 3국 외상 회의 결정 지지

2회 2020년 국가직 7급

2020년 9월 26일 시행

문제집 176쪽

정답

01	① 선사 시대	11	③ 조선 전기
02	④ 고려 시대	12	① 시대 통합
03	④ 시대 통합	13	④ 조선 후기
04	③ 고대	14	③ 고려 시대
05	③ 근대	15	④ 현대
06	① 시대 통합	16	② 근대
07	③ 시대 통합	17	① 고대
08	① 근대	18	② 시대 통합
09	④ 일제 강점기	19	② 일제 강점기
10	② 근대	20	③ 현대

취약 시대 분석표

시대	맞힌 개수
선사 시대	/ 1
고대	/ 2
고려 시대	/ 2
조선 전기	/ 1
조선 후기	/ 1
근대	/ 4
일제 강점기	/ 2
현대	/ 2
시대 통합	/ 5
총합	/ 20

기출 총평

"합격선 90점, 일부 변별력 있는 문제로 까다롭게 출제!"

- **난이도**: 시험 전체적인 난이도는 중상으로, 시험에 자주 출제되지 않은 고난도의 문제가 2~3문제가 출제되었습니다. 특히 역사적 사실이 정확히 언제 일어났는지 알아야 풀 수 있는 문제들이 출제되어 까다로운 시험이었습니다.

- **고난도 문제**
  - 17번 백제의 관복: 백제의 관등제와 관등에 따른 복색을 정확하게 숙지하고 있지 않으면 정답을 맞히기 어려웠던 문제였습니다.
  - 19번 1941년에 발생한 사건: 동아일보와 조선일보가 폐간된 연도와, 1941년에 발생하였던 사건을 정확하게 알아야 풀 수 있어 까다로운 문제였습니다.

01 선사 시대 청동기 시대의 사회 모습   난이도 하 ●○○

정답 설명 ① 청동기 시대에는 농경의 발달로 잉여 생산물이 증가하면서 개인 간의 빈부 격차와 계급이 발생하였다. 이러한 과정에서 군장이라 불리는 부족장이 출현하여 주변의 약한 부족을 정복하거나 통합하였다.

오답 분석
② 신석기 시대: 빗살무늬 토기를 만들기 시작한 시기는 신석기 시대이다. 신석기 시대에는 식량을 저장하거나 음식을 조리하기 위해 빗살무늬 토기 등을 만들기 시작하였다.
③ 철기 시대: 철제 무기를 사용하여 주변 나라를 정복했던 시기는 철기 시대이다. 철기 시대에는 철제 무기의 사용으로 정복 전쟁이 활발해졌다.
④ 구석기 시대: 주로 동굴에서 사냥과 채집 생활을 영위하였던 시기는 구석기 시대이다. 구석기 시대 사람들은 식량을 찾아 다니는 이동 생활을 하였기 때문에 동굴이나 바위그늘에서 살거나 강가에 막집을 짓고 살았다.

👍 이것도 알면 **합격!**

청동기 시대

시기	한반도에서 기원전 2000년경에서 기원전 1500년경에 시작
도구	• 석기: 반달 돌칼, 돌도끼, 홈자귀 등의 농기구와 간돌검 등의 부장품 • 청동기: 비파형동검, 거친무늬 거울 등 • 토기: 미송리식 토기, 민무늬 토기, 송국리식 토기, 붉은 간 토기 등
경제 생활	밭농사가 본격화되었으며, 일부 저습지를 중심으로 벼농사가 시작
사회	사유 재산 및 계급 발생
무덤 양식	고인돌, 돌무지무덤, 돌널무덤 등
주요 유적	평북 의주 미송리 동굴, 경기 여주 흔암리, 충남 부여 송국리, 울산 검단리

02 고려 시대 광종 대의 사실   난이도 하 ●○○

자료 분석 제시된 자료에서 왕이 노비를 조사하여 그 시비를 가려내게 하고, 그 주인을 등지는 자가 많아졌다는 내용을 통해 광종이 실시한 노비안검법(956)에 대한 설명임을 알 수 있다. 광종은 노비안검법을 실시하여 후삼국 시대의 혼란기에 불법으로 노비가 된 자를 조사하여 양인으로 해방시켜 주었고, 이를 통해 국가의 재정을 확충하고 호족의 경제적·군사적 기반을 약화시키고자 하였다.

정답 설명 ④ 12목에 지방관을 파견한 왕은 광종이 아닌 고려 성종이다. 성종은 최승로의 건의를 수용하여 전국의 주요 지역에 12목을 설치하고, 지방관을 파견하였다.

오답 분석
① 광종 때는 일정 기금을 만들어 그 이자로 빈민을 구제하는 제위보를 설치하여 민생을 안정시켰다.
② 광종 때는 왕권 강화 정책을 뒷받침해 줄 지지 세력을 얻기 위해 불교를 후원하여 귀법사를 창건하였으며, 화엄종 승려인 균여를 주지로 삼아 불교 세력을 통합하고자 하였다.
③ 광종은 스스로를 황제라 칭하였으며, '광덕·준풍' 등 독자적인 연호를 사용하여 고려의 자주성을 드러내었다.

👍 이것도 알면 합격!

5조 정적평 - 광종에 대한 평가

신의 어리석은 생각으로 만약 광종이 처음과 같이 늘 공손하고 아끼며 정사를 부지런히 하였다면, 어찌 타고난 수명이 길지 않고 겨우 향년 50으로 그쳤겠습니까. 더욱이 경신년(광종 11)부터 을해년(광종 26)까지 16년간은 간사하고 흉악한 자가 다투어 나아가고 참소가 크게 일어나 군자는 용납되지 못하고 소인은 뜻을 얻었습니다. 마침내 아들이 부모를 거역하고, 노비가 주인을 고발하고, 상하가 마음이 다르고, 군신이 서로 갈렸습니다. 옛 신하와 장수들은 잇달아 죽음을 당하였고, 가까운 친척이 다 멸망을 하였습니다. - 『고려사』

사료 분석 | 5조란 성종 앞의 다섯 왕(태조, 혜종, 정종, 광종, 경종)을 의미하는 것으로, 5조 정적평은 이들 국왕에 대해 평가한 내용이다. 여기에서 최승로는 광종을 가장 크게 비판하고, 태조를 높이 평가하였다.

03 시대 통합 우리나라의 토지 제도   난이도 중 ●●○

정답설명 ④ 시정 전시과는 인품과 공복을 기준으로 토지를 지급하는 토지 제도로, 목종 때가 아닌 경종 때 시행되었다. 개정 전시과는 인품을 배제하고 공복을 기준으로 지급한 토지 제도로, 목종 때 시행되었다.

오답분석 ① 역분전은 후삼국 통일 과정의 공신들에게 공로에 따라 지급한 토지로, 고려 태조 왕건 때 지급되었다.

② 관료전은 관리들이 직무의 대가로 농지의 세금을 수취할 수 있는 권리를 국가에서 지급 받은 토지로, 신문왕 때 지급되었다. 녹읍은 관리들이 직무의 대가로 수조권뿐만 아니라 노동력도 징발할 수 있는 권리를 국가에서 지급 받은 토지로, 신문왕 때 폐지되었다.

③ 직전제(직전법)는 과전법 체제에서 세습되는 토지가 늘어나 관리들에게 지급할 토지가 부족해지자 현직 관리에게만 수조권을 지급한 토지 제도로, 조선 세조 때 시행되었다.

04 고대 삼국 시대의 주요 사건   난이도 중 ●●○

자료분석
(가) 고구려 진대법 시행(194) ~ 백제 불교 공인(384)
(나) 백제 불교 공인(384) ~ 신라 율령 반포(520)
(다) 신라 율령 반포(520) ~ 고구려 살수 대첩(612)
(라) 고구려 살수 대첩(612) ~ 백제 주류성 함락(663)

정답설명 ③ (다) 시기에 백제의 성왕은 웅진(공주)에서 대외 진출이 편리한 사비(부여)로 천도하고 국호를 남부여로 변경하여 국가의 중흥을 꾀하였다(538).

오답분석 ① (다) 시기에 신라 진흥왕은 후기 가야 연맹의 중심 세력인 고령 지방의 대가야를 병합하였다(562).

② (가) 시기에 고구려 미천왕은 한반도에서 낙랑군을 축출하여 대동강 유역을 확보하였다(313).

④ (다) 시기에 신라 진흥왕은 한강 유역을 장악한 후, 개척한 영토를 순행하고 이를 기념하기 위해 북한산 지역에 순수비를 세웠다. 한편, 북한산 순수비는 555년 또는 568년에 세운 것으로 추정되고 있다.

05 근대 최익현   난이도 중 ●●○

자료분석 제시된 자료에서 비록 왜인이라고 하나 실은 양적이라는 내용을 통해 왜양 일체론을 주장한 최익현임을 알 수 있다.

정답설명 ③ 최익현은 서원 철폐 조치 등에 반대하며 흥선 대원군의 정책을 비판하는 상소를 올렸다. 이로 인해 흥선 대원군이 하야하였으며, 고종이 직접 나라를 다스리게 되었다.

오답분석 ① 김홍집: 『조선책략』을 입수하여 국내에 소개한 인물은 제2차 수신사로 일본에 파견되었던 김홍집이다. 일본에 있는 중국(청나라) 공사관의 외교관인 황쭌셴이 저술한 『조선책략』은 러시아의 남하를 견제하기 위하여 조선에게 중국과 친하게 지내며 미국과 연대하고 일본과의 관계를 돈독히 할 것을 제시하였다.

② 최익현은 을사늑약(을사조약)이 체결되자 제자인 임병찬과 함께 의병을 일으켰지만 관군과 일본군에 의하여 체포되어 1906년에 순국하였다. 독립 의군부는 1912년 임병찬이 조직한 단체로 최익현과는 관련이 없다.

④ 박은식: 박은식은 국혼을 강조하였고, 일제의 침략에 대항하여 한국 독립운동의 역사를 기록한 『한국독립운동지혈사』를 저술하였다.

👍 이것도 알면 합격!

최익현의 활동

1873년	흥선 대원군의 하야와 고종의 친정을 주장하는 상소를 올림(계유상소)
1876년	개항을 반대하며 왜양 일체론을 주장함(지부복궐척화의소)
1906년	전라북도 태인에서 의병을 일으켰으나(을사의병), 순창에서 패배하고 체포되어 쓰시마 섬에서 순국(1906)

06 시대 통합 비변사   난이도 중 ●●○

자료분석 제시된 자료에서 중앙과 지방의 군국 기무를 모두 관장하고, 공조를 제외한 5조 판서와 어영청의 대장, 유수 등이 속해있다는 내용을 통해 다음 관청이 비변사임을 알 수 있다. 비변사는 의정부의 정승, 6조 중 토목·공사를 관장하는 공조를 제외한 5조의 판서 및 참판, 대제학, 군영 대장 등 국가의 주요 관리가 참여하여 국정 전반을 총괄한 기구였다.

정답설명 ① 비변사는 삼포 왜란(1510) 중이 아닌, 명종 때 일어난 을묘왜변(1555) 이후 상설화되었다.

오답분석 ② 비변사는 임진왜란 이후 국가 운영을 담당하는 핵심적인 기구였지만, 흥선 대원군 집권 시기에 사실상 폐지되었다. 왕권을 강화하고자 하였던 흥선 대원군은 비변사의 기능을 축소·폐지하고 의정부의 기능을 회복시켰으며, 삼군부를 부활시켰다.

③ 비변사는 중종 때 발생한 삼포 왜란을 계기로 여진과 왜구의 침입에 대비하기 위해 설치된 임시 기구였다.

④ 비변사는 임진왜란을 계기로 군사 및 정무 전반을 관할하며 기능이 강화되었고, 기존에 국가 정책을 결정하던 의정부와 정책을 실행하던 6조는 유명무실화되었다.

07 시대 통합 의병　　난이도 하 ●○○

정답 설명　③ 정봉수, 이립 등이 의병을 일으켜 후금군에게 타격을 준 것은 병자호란이 아닌 정묘호란 때이다.

오답 분석
① 을사의병: 대한 제국의 외교권을 일본에 빼앗기는 을사조약(을사늑약, 1905)이 체결되자 전국에서 의병이 일어났으며, 신돌석 등과 같은 평민 출신 의병장이 활약하였다.
② 정미의병: 고종이 일본에 의해 강제 퇴위당하고, 대한 제국의 군대가 해산된 이후 이인영, 허위 등의 양반 의병장 중심으로 연합 의병 부대인 13도 창의군이 결성되었다. 이들은 서울 진공 작전을 전개하였으며, 각국 공사관에 격문을 보내 의병을 국제법상의 전쟁 단체로 인정해줄 것을 요구하였다.
④ 임진왜란이 일어나자 전직 관리와 승려 등이 이끄는 의병은 향토 지리에 밝은 이점을 활용하여 일본군에게 타격을 주었다. 대표적인 의병장으로는 곽재우, 고경명 등이 있다.

이것도 알면 합격!

한인 애국단의 의거 활동

이봉창 의거 (1932. 1.)	· 활동: 일본 도쿄에서 일왕 히로히토의 마차에 폭탄 투척 → 실패 · 영향: 이봉창의 의거 실패에 대해 중국 신문이 안타깝다고 보도 → 중국의 신문 보도를 문제 삼아 일본이 상하이 점령(상하이 사변, 1932. 1.)
윤봉길 의거 (1932. 4.)	· 활동: 상하이 사변에서 승리한 일본이 홍커우 공원에서 개최한 전승 축하식에 폭탄 투척 → 일본군 장성과 고관들 살상 · 영향: 만보산 사건(1931. 7.) 이후 나빠졌던 중국인의 반한 감정 완화, 중국 국민당 정부의 임시 정부 지원, 중국 영토 내 무장 독립 투쟁 허용(중국 군관 학교 내에 한인 특별반 설치)

08 근대 통감부 지배 시기에 시행된 정책　　난이도 중 ●●○

자료 분석　통감부는 일제에 의해 설치되었던 식민 통치 기구로 1906년부터 1910년 8월까지 지배하였다.

정답 설명　① 백동화 및 엽전을 신 화폐로 교환하는 화폐 정리 사업은 통감부 지배 이전 시기인 1905년에 시행된 정책이다.

오답 분석　모두 통감부 지배 시기에 시행된 정책이다.
② 통감부는 내장원이 가졌던 홍삼 전매와 역둔토 수입을 국고로 귀속시키는 정책을 실시하였다. 대한 제국 황실 재정을 관리하였던 내장원의 홍삼 전매와 역둔토 수입이 국고로 이관됨에 따라 황실 재정은 사실상 해체되었다.
③ 동양 척식 주식회사는 1908년에 설립된 기관으로, 일본 농민의 한반도 이주와 토지 수탈을 지원하기 위한 목적으로 설치되었다.
④ 토지 가옥 증명 규칙은 1906년에 제정된 것으로, 국내에서 일본인 등 외국인의 부동산 소유를 인정하고 거래를 허용하기 위해 시행되었다.

09 일제 강점기 이봉창의 활동　　난이도 하 ●○○

자료 분석　제시된 자료에서 폭탄 두 개와 동경에 간다는 내용을 통하여 밑줄 친 '선생'이 이봉창임을 알 수 있다.

정답 설명　④ 이봉창은 상하이에서 김구가 조직한 한인 애국단에 참가하였으며, 동경(도쿄)에서 일왕을 향해 폭탄을 투척하였지만 실패하였다(1932. 1.).

오답 분석
① 윤봉길: 홍커우 공원에서 폭탄을 던진 인물은 윤봉길이다. 윤봉길은 천황의 생일과 상하이 사변의 승리를 축하하는 기념식이 열린 상하이 홍커우 공원에서 폭탄을 던져 일본 고위 관료와 군사 지휘관 다수를 살상하였다(1932. 4.).
② 김원봉: 만주에서 의열단을 결성한 인물은 김원봉이다(1919). 의열단은 식민 통치 기구 파괴, 일제 요인 암살을 활동 목표로 삼았던 기관으로, 단원으로는 김지섭, 나석주, 김상옥 등이 있다.
③ 안중근: 만주 하얼빈역에서 초대 통감인 이토 히로부미를 사살한 인물은 안중근이다(1909).

10 근대 대한 제국의 양전 사업　　난이도 하 ●○○

자료 분석　제시된 자료에서 전국 토지 일체에 대한 조사, 소유권을 확인해 주기 위해 지계를 발행하는 사업을 함께 전개했다는 내용을 통해 대한 제국 시기에 실시된 양전 사업임을 알 수 있다.

정답 설명　② 조사한 토지의 지적도와 토지 대장을 작성한 것은 대한 제국의 양전 사업이 아니라 1910년대 일제가 실시한 토지 조사 사업이다.

오답 분석
① 대한 제국은 전국의 토지를 측정하고자 양지아문을 설치해 양전 사업에 착수하였다.
③ 대한 제국은 양전 사업의 일환으로 지계아문을 설치하고 토지를 가진 사람에게 토지의 소유권을 법적으로 인정하는 문서인 지계를 발급하였다.
④ 대한 제국은 양전 사업을 통해 지계를 발급하여 근대적 토지 소유권 제도를 확립하려 하였으나, 러·일 전쟁의 발발(1904) 직후 일본의 간섭으로 중단되었다.

이것도 알면 합격!

광무개혁의 내용

정치	교전소(입법) 설치, 대한국 국제 반포
경제	양전 사업 실시, 식산흥업 정책, 금 본위제 시도, 도량형 개정, 황실 재정 확대, 양잠 사업 실시
사회	실업 학교 설립, 산업 기술을 배우기 위해 유학생 파견, 근대적 시설 확충, 사법 개혁
군사	원수부 설치, 시위대·친위대 등의 군사 수 증강, 무관 학교 설립

11 조선 전기 세종 대에 일어난 사실　　난이도 하 ●○○

자료 분석　제시된 자료에서 고을의 나이 많은 농부에게 묻고, 효과가 입증된 방법을 수집하여 중요한 것을 추려서 편찬한다는 내용을 통해 (가)는 세종 때 편찬된 『농사직설』임을 알 수 있다.

정답 설명　③ 세종 때는 백성과 더불어 즐거움을 함께 나눈다는 뜻을 가진 여민락이라는 음악이 만들어졌으며, 소리의 장단과 높낮이를 표현할 수 있는 「정간보」가 창안되었다.

오답분석
① 숙종: 대보단이 설치된 것은 숙종 때이다. 대보단은 임진왜란 때 조선을 도와준 명나라 황제를 제사 지내기 위하여 창덕궁에 설치되었다.
② 태종: 주자소를 설치하고 구리로 만든 계미자를 주조한 것은 태종 때이다. 세종 때는 경자자, 갑인자 등의 금속 활자가 주조되었다.
④ 광해군: 임진왜란 이후 기유약조를 맺고 일본과의 무역을 허용한 것은 광해군 때이다. 세종 때는 대마도주와 계해약조를 맺어 1년에 무역선 50척, 세사미두 200석으로 무역량을 제한하였다.

👍 이것도 알면 합격!

조선 전기의 음악

세종	· 박연이 아악을 체계화 → 궁중 음악으로 발전 · 여민락 등의 악곡이 제작됨 · 「정간보」 창안(소리의 장단과 높낮이를 표현할 수 있는 새로운 악보)
성종	성현이 『악학궤범』 편찬

12 시대 통합 조선 시대의 경제 정책   난이도 중 ●●○

정답설명 ① 순서대로 나열하면 (가) 경기도에서 대동법 시행(1608, 광해군) → (다) 영정법 시행(1635, 인조) → (라) 신해통공 반포(1791, 정조) → (나) 호포법 시행(1871, 고종)이 된다.

(가) 대동법 시행: 광해군 때 집집마다 토산물을 징수하는 대신, 소유한 토지 결수에 따라 쌀·삼베·무명·동전 등으로 납부하는 대동법이 경기도에서 처음 시행되었다(1608).
(다) 영정법 시행: 인조 때 전세를 풍흉에 관계없이 토지 1결당 미곡 4~6두로 고정한 영정법이 시행되었다(1635).
(라) 신해통공 반포: 정조 때 육의전을 제외한 시전 상인의 금난전권을 폐지하고 자유로운 상업 활동을 보장하는 신해통공이 반포되었다(1791).
(나) 호포법 시행: 고종 때 흥선 대원군이 일반 백성에게만 징수하던 군포를 양반에게도 징수하는 호포법을 시행하였다(1871).

👍 이것도 알면 합격!

조선 후기 수취 체제의 개편

영정법(전세)	· 인조 때 시행(1635) · 정액제: 1결당 4~6두 징수
대동법(공납)	· 광해군 때 시행(1608) · 호(戶) 기준 → 토지 기준 · 현물 납부 → 쌀(1결당 12두)·베·돈 납부
균역법(군역)	· 영조 때 시행(1750) · 2필 → 1필(납부량 경감) · 부족분 보충을 위해 선무군관포, 결작 등 부과

13 조선 후기 임술 농민 봉기   난이도 하 ●○○

자료분석 제시된 자료에서 진주민 수만 명이 무리를 지어 봉기하였다는 내용을 통해 임술 농민 봉기(1862)임을 알 수 있다. 임술 농민 봉기는 진주 지방을 중심으로 점차 전국적으로 확대되었다.

정답설명 ④ 임술 농민 봉기가 발생하자 정부에서는 삼정의 문제를 해결하기 위하여 삼정이정청을 설치(1862)하였으나 곧 폐지되어서 근본적인 해결책을 마련하지 못하였다.

오답분석
① 임술 농민 봉기는 신유박해 이후에 발생한 사건으로 관련이 없다. 신유박해는 1801년 순조 즉위 후 정권을 장악한 노론 벽파가 천주교를 믿는 사람들이 많았던 남인 시파를 탄압하기 위한 목적에서 발생하였다.
② 이필제의 난: 이필제가 난을 주도한 것은 고종 때 일어난 이필제의 난이다. 이필제는 동학 교도로, 동학 제2대 교주 최시형과 함께 교조 신원 운동을 주장하며 경상도 영해에서 봉기하였다(1871).
③ 고부 농민 봉기: 전봉준 등이 사발통문을 보내 봉기를 호소한 것은 고부 군수 조병갑의 수탈로 인해 일어난 고부 농민 봉기이다.

👍 이것도 알면 합격!

임술 농민 봉기(1862, 철종)

원인	삼정의 문란 + 경상 우병사 백낙신의 수탈
전개	· 몰락 양반 출신인 유계춘을 중심으로 봉기 · 경상도 단성에서 시작, 진주를 중심으로 전개되어 이후 전국적인 민란으로 확산
정부 대책	· 선무사와 안핵사를 파견하여 민심 회유 및 주동자 처벌 · 삼정이정청을 설치하여 삼정의 문란을 시정할 것을 약속하는 삼정이정절목 발표
결과	정부 대책에 따라 봉기는 진정되었지만 삼정이정청이 곧 폐지되면서 근본적인 해결책 마련에는 실패

14 고려 시대 동북 9성 축조와 교정도감 설치 사이의 시기   난이도 하 ●○○

자료분석
(가) 윤관이 동북 지방의 여러 지역을 점령하고 9성을 쌓은 것은 1107년의 일이다.
(나) 최충헌이 국정을 총괄하는 최고 정치 기구로 교정도감을 설치한 것은 1209년의 일이다. 따라서 (가)와 (나)의 사이 시기인 1107~1209년까지의 사실을 고르면 된다.

정답설명 ③ 옳은 것을 모두 고르면 ㉡, ㉢이다.
㉡ 이자겸의 난이 발생한 것은 인종 때인 1126년이다. 이자겸은 척준경과 함께 반란을 일으켰으나 실패하였다.
㉢ 묘청의 서경 천도 운동이 발생한 것은 인종 때인 1128년이다. 이자겸의 난 이후 실추된 왕권을 회복하고자 묘청이 서경 천도 운동을 추진하였고, 인종은 묘청의 건의를 받아들여 서경에 대화궁을 건립하였다.

오답분석
㉠ (나) 이후: 최우는 몽골의 과도한 조공 요구에 반발하며 몽골과의 항쟁을 전개하기 위해 강화도로 천도하였다(1232).
㉣ (가) 이전: 강감찬은 현종 때 고려에 침입하였다가 퇴각하는 거란군을 귀주에서 격파하였다(1019).

15 현대 여운형   난이도 하 ●○○

자료분석 제시된 자료에서 조선 총독부 엔도 정무총감을 만나 다섯 가지 요구 사항을 제시하였다는 내용을 통해 (가) 인물이 여운형임을 알 수 있다. 여운형은 일본이 항복하기 전에 조선 총독부 엔도 정무총감을 만나 일본인의 무사 귀환을 보장하는 대신 일본으로부터 치안권과 행정권을 넘겨받기로 하였다.

정답설명 ④ 여운형은 1947년에 암살되어 1948년 평양에서 개최된 전조선 제정당 사회 단체 연석 회의(남북 협상)에 참석하지 못하였다. 당시 회의에 참석한 인물로는 김구, 김규식 등이 있다.

오답분석
① 여운형은 1944년 국내에서 조선 건국 동맹을 결성하여 일제의 패망과 광복에 대비하였으며, 광복 이후 이를 바탕으로 안재홍 등과 함께 조선 건국 준비 위원회를 결성하였다.
② 여운형은 단독 정부 수립론이 제기되자 통일 정부 수립을 위해 김규식과 함께 좌·우 합작 위원회를 조직하여 활동하였다.
③ 여운형은 조선 건국 동맹을 주축으로 군소 정당을 규합하여 조선 인민당을 창당하였다(1945. 11.). 조선 인민당은 민족 역량의 총집결을 강령으로 내세웠으며, 진보적 민주주의를 표방하였다.

👍 이것도 알면 **합격!**

여운형의 활동

1918년	신한청년당 조직
1919년	대한민국 임시 정부 수립에 가담 → 임시 의정원 의원 역임
1944년	조선 건국 동맹 조직 → 조선 건국 준비 위원회로 개편 (1945)
1945년	조선 건국 준비 위원회 결성 → 조선 인민 공화국 선포 (미 군정이 인정하지 않음으로써 제 기능을 발휘하지 못함)
1946년	김규식과 좌·우 합작 위원회 조직

17 고대 백제의 관복   난이도 상 ●●●

정답설명 ① 좌평은 백제의 관등 중 제1품으로 황색이 아닌 자색의 관복을 입었다. 백제는 고이왕 때 16품의 관등과 관리들의 관복을 정비하였으며, 6품 이상은 자색, 7품~11품은 비색, 12품~16품은 청색의 관복을 입도록 하였다. 한편 관리들의 관복 색깔을 자색, 비색, 청색, 황색으로 구분한 나라는 신라이다.

오답분석
② 달솔은 백제의 제2품으로, 자색의 관복을 입었다.
③ 장덕은 백제의 제7품으로, 비색의 관복을 입었다.
④ 문독은 백제의 제12품으로, 청색의 관복을 입었다.

👍 이것도 알면 **합격!**

백제의 중앙 관제

등급	관등명	관복색	장식	등급	관등명	관복색	장식
1	좌평	자색	은제관식	9	고덕	비색	붉은띠
2	달솔			10	계덕		푸른띠
3	은솔			11	대덕		노란띠
4	덕솔			12	문독	청색	
5	한솔			13	무독		
6	나솔			14	좌군		흰띠
7	장덕	비색	자주빛띠	15	진무		
8	시덕		검은띠	16	극우		

16 근대 경부선 철도   난이도 중 ●●○

자료분석 제시된 자료에서 종점이 되는 초량(부산)이라는 내용을 통해 밑줄 친 '철도'가 경부선 철도임을 알 수 있다.

정답설명 ② 한성 전기 회사가 설립된 것은 전등과 전차 등 근대적 시설을 설치하기 위해서이다. 한성 전기 회사는 1898년에 대한 제국 황실과 미국인 콜브란의 합자로 설립되었다.

오답분석 ①, ③, ④ 경부선은 서울과 부산 사이에 부설된 철도로, 일본에 의해 러·일 전쟁 중 군용 철도로 사용하기 위해 개통되었다. 한편, 일본은 경부선 부설에 따른 각종 이권을 획득하고자 군사적 위협을 가하였으며, 부설 공사를 진행하면서 필요한 토지와 그에 딸린 가옥들을 강압적으로 약탈하였다.

👍 이것도 알면 **합격!**

근대의 철도 부설

경인선(1899)	· 1896년 미국이 부설권 획득 · 미국인 모스에 의하여 최초 착공, 일본이 완성
경부선(1905)	· 1898년 일본이 부설권 획득 · 러·일 전쟁 중 일본이 부설(군사적 목적)
경의선(1906)	· 1896년 프랑스가 부설권 획득 → 재정 문제로 부설권 상실 · 대한 제국 정부가 부설권을 회수하여 대한 철도 회사에서 부설을 시도하였으나 실패 · 러·일 전쟁 중 일본이 부설(군사적 목적)
경원선(1914)	일본이 부설

18 시대 통합 충목왕 대에 볼 수 있는 조형물   난이도 중 ●●○

자료분석 제시된 자료에서 10층 석탑으로 원래는 경천사에 세워졌다는 부분과 불법 반출되어 일본으로 건너갔다가 반환되었다는 내용을 통해 개성 경천사지 10층 석탑임을 알 수 있다. 개성 경천사지 10층 석탑은 충목왕 시기인 1348년에 건립되었으며, 조선 세조 때 만들어진 서울 원각사지 10층 석탑에 영향을 주었다.

정답설명 ② 서울 원각사지 10층 석탑은 조선 시대 세조 시기에 만들어진 탑으로 고려 시대 후기인 충목왕 시기에는 볼 수 없는 조형물이다.

오답분석 모두 충목왕 때 볼 수 있는 문화 유산이다.
① 경주 불국사 다보탑은 신라 중대에 만들어진 탑이다.
③ 원주 법천사지 지광국사탑은 고려 시대 중기에 만들어진 탑이다.
④ 논산 관촉사 석조 미륵보살 입상은 고려 시대 초기에 만들어진 불상이다.

👍 이것도 알면 **합격!**

우리나라의 주요 탑

불국사 다보탑	일반적인 석탑과는 다른 특이한 형태로 높은 예술성이 반영됨
불국사 석가탑	전형적인 통일 신라의 석탑 양식
개성 경천사지 10층 석탑	· 원의 영향을 받아 축조됨 · 조선 세조 때 만들어진 서울 원각사지 10층 석탑에 영향을 줌

19 일제 강점기 | 1941년에 발생한 사건 | 난이도 상 ●●●

자료 분석 제시된 자료에서 전해에는 『동아』, 『조선』 두 신문이 폐간(1940)되었다는 내용과 같은 해에 『문장』 폐간호를 받았다는 내용을 통해 밑줄 친 '그 해'는 1941년임을 알 수 있다.

정답 설명 ② 한국 독립당은 1941년에 건국 강령을 발표하였다. 건국 강령은 정치·경제·교육의 균등을 주장한 조소앙의 삼균주의를 기초로 하여 민주 공화정 수립, 보통 선거의 실시 등의 내용을 포함하였다.

오답 분석
① 조선에서 치안 유지법이 시행된 시기는 1925년이다. 일본은 천황제를 부정하는 자나 사회주의자를 탄압하기 위하여 치안 유지법을 제정하였으며, 이를 독립운동을 탄압하는 데 활용하였다.
③ 조선 민족 전선 연맹이 조선 의용대를 조직한 시기는 1938년이다. 조선 의용대는 중국 관내에서 결성된 최초의 한인 무장 부대로, 대일 항전에 참여해 대일 심리전과 후방 공작 활동을 전개하였다.
④ 총독부가 국민 정신 총동원 조선 연맹을 설치한 시기는 1938년이다. 국민 정신 총동원 조선 연맹은 창씨 개명, 전쟁 지원병, 공출과 헌금을 독려하는 전시 동원을 선전하는 단체로, 이후 국민 총력 조선 연맹으로 개편되었다.

👍 이것도 알면 합격!

일제의 언론 탄압

1910년대	언론·출판·결사의 자유를 박탈하여 매일신보를 제외한 대부분의 신문 폐간
1920년대	한글 신문 발간을 허용(조선일보·동아일보)하였지만 실상은 검열·삭제·정간·폐간이 빈번
1930년대	손기정 일장기 삭제 사건(1936, 동아일보)을 계기로 동아일보 탄압
1940년대	조선일보·동아일보 폐간(1940)

20 현대 | 대한민국 정부 승인과 유엔 안전 보장 이사회 소집 사이의 사실 | 난이도 중 ●●○

자료 분석
(가) 제3차 유엔 총회에서 대한민국 정부를 공식적으로 승인하는 결의안이 통과된 것은 1948년 12월의 일이다.
(나) 유엔 안전 보장 이사회가 소집되어 연합국의 6·25 전쟁 참전 결정을 결의한 것은 1950년 6월 27일의 일이다. 따라서 (가)와 (나) 사이의 시기인 1948년 12월~1950년 6월 27일 사이의 사실을 고르면 된다.

정답 설명 ③ 대한민국 정부 수립 후인 1949년 12월에 귀속 재산 처리법이 제정되어 일본인 소유의 토지, 공장 등 귀속 재산을 처리하고자 하였다.

오답 분석
① (가) 이전: 제헌 국회의원들에 의해 3권 분립, 국회의 간접 선거에 의한 대통령 선출 등을 주요 내용으로 하는 제헌 헌법이 공포된 것은 1948년 7월의 일이다.
② (가) 이전: 미 군정에 의해 남조선 과도 입법 의원이 구성된 것은 1946년 12월의 일이다. 남조선 과도 입법 의원은 통일 임시 정부를 구성할 때까지 사용될 법령의 초안을 작성하기 위해 미 군정의 주도로 설립된 기관이다.
④ (가) 이전: 일본인 소유의 토지 분배를 위해 신한 공사가 중앙 토지 행정처로 개편된 것은 1948년 3월의 일이다.

👍 이것도 알면 합격!

귀속 재산 처리법

내용	민간인에게 국·공유 재산으로 지정된 것을 제외한 귀속 재산의 불하 사업을 추진

결과	• 저렴한 불하 가격과 특혜
	  - 불하 가격이 매우 저렴하게 책정
	  - 정부가 재정·금융상의 지원을 해준 점
	  - 급격한 물가 상승으로 인해 귀속 재산이 거의 무상에 가깝게 제공되어 실질적으로 엄청난 정책적 특혜로 작용
	• 재벌 탄생: 불하 과정에서 일어난 부정뿐만 아니라 정경 유착과 같은 부조리를 초래하여 재벌이 탄생

3회
2020년 지방직 7급

2020년 10월 17일 시행

문제집 180쪽

정답

01	③ 선사 시대	11	② 고려 시대
02	③ 고대	12	④ 근대
03	① 시대 통합	13	③ 현대
04	② 근대	14	③ 조선 후기
05	④ 고려 시대	15	④ 일제 강점기
06	④ 시대 통합	16	② 고려 시대
07	③ 일제 강점기	17	② 일제 강점기
08	④ 시대 통합	18	① 고대
09	④ 조선 전기	19	① 고려 시대
10	① 근대	20	② 현대

취약 시대 분석표

시대	맞힌 개수
선사 시대	/ 1
고대	/ 2
고려 시대	/ 4
조선 전기	/ 1
조선 후기	/ 1
근대	/ 3
일제 강점기	/ 3
현대	/ 2
시대 통합	/ 3
총합	/ 20

기출 총평

"합격선 90점, 생소한 자료들로 약간 어렵게 출제!"

- **난이도:** 시험 전체적인 난이도는 중상으로, 약간 어렵게 출제되었습니다. 변별력 있는 고난도 문제가 2문제 출제되었으며, 생소한 지도와 그림이 제시되어 체감 난이도가 높았습니다.

- **고난도 문제**
  - 05번 우왕 대의 사실: 명의 건국과 철령위 설치 통보 등 고려 말의 대외적 상황(원·명 교체기)을 자세히 알지 못하면 틀릴 가능성이 높았던 문제였습니다.
  - 10번 한성순보 창간 이전의 사실: 한성순보가 창간된 연도와 그 전후의 여러 사건들의 연도를 정확하게 알고 있어야 정답을 맞힐 수 있었습니다.

01 선사 시대 고구려   난이도 중 ●●○

자료 분석 제시된 자료에서 큰 산과 깊은 골짜기가 많으며, 사람들이 노략질하기를 좋아한다는 내용을 통해 고구려에 대한 설명임을 알 수 있다. 고구려는 영토의 대부분이 산악 지대였기 때문에 정복 활동을 통해 부족한 식량을 조달하였다.

정답 설명 ③ 고구려는 10월에 추수 감사제인 동맹이라는 제천 행사를 성대하게 치르고, 국동대혈에 모여 제사를 지냈다.

오답 분석
① 옥저: 민며느리제라는 독특한 혼인 풍습이 있었던 나라는 옥저이다. 민며느리제는 남자 집에서 어린 여자 아이를 데려다가 키운 뒤 장성하면 여자 집에 예물을 치르고 혼인시키는 풍습이다.
② 부여: 왕 아래에 가축의 이름을 딴 마가, 우가, 저가 등의 관리가 있었던 나라는 부여이다. 이들은 저마다 사출도라는 별도의 행정 구획을 통치하였다.
④ 동예: 다른 부족의 생활권을 침범하면, 책화라 하여 노비와 소, 말로 변상하게 하는 풍습이 있었던 나라는 동예이다.

이것도 알면 합격!

고구려

건국	부여에서 남쪽으로 내려온 주몽이 만주 졸본 지역에서 건국
정치	· 왕 아래에 상가, 고추가 등의 대가가 있고, 이들은 각기 사자, 조의, 선인 등의 관리를 거느림 · 계루부, 절노부, 소노부, 순노부, 관노부 등이 5부족 연맹체 형성
경제	· 대부분 큰 산과 깊은 계곡으로 이루어진 산악 지대였기 때문에 양식이 부족하여 정복 활동을 통해 식량 조달 · 지배 계층은 집집마다 부경이라는 창고를 두고 피정복민으로부터 획득한 곡식을 저장
제천 행사	· 동맹(10월): 왕과 신하들이 국동대혈에 모여 제사를 지냄 · 조상신 숭배: 건국 시조인 주몽과 그 어머니인 유화 부인에게 제사를 지냄

02 고대 무령왕 재위 기간의 사실   난이도 중 ●●○

자료 분석 제시된 자료는 무령왕릉의 지석에 기록된 내용으로, 밑줄 친 '왕'은 백제 무령왕이다.

정답 설명 ③ 백제 무령왕은 지방에 22담로를 두고 왕족을 파견하여 지방에 대한 통제를 강화하였다.

오답 분석
① 백제 고이왕: 16등급의 관등을 마련하고 공복을 제정한 것은 백제 고이왕 때의 사실이다. 백제 고이왕 때는 6좌평제와 16관등제가 마련되어 중앙 제도가 정비되었고, 자색·비색·청색의 공복이 제정되었다.
② 백제 성왕: 수도를 5부로, 지방을 5방으로 나누어 정비한 것은 백제 성왕 때의 사실이다. 백제 성왕 때는 중앙 관청을 22부로 확대하고, 수도를 5부로, 지방을 5방으로 나누어 정비하였다.
④ 백제 근초고왕: 남으로 마한을 통합하고, 북으로 고구려 평양성을 공격한 것은 백제 근초고왕 때의 사실이다. 백제 근초고왕 때는 남쪽으로 마한을 통합하여 전라도 지역을 차지하였으며, 북으로는 황해도 지역을 놓고 대립하던 고구려의 평양성을 공격하여 고국원왕을 전사시켰다.

이것도 알면 합격!

무령왕

22담로 설치	지방에 22담로를 설치하고 왕족을 파견(지방에 대한 통제 강화)
5경 박사 파견	5경 박사인 단양이와 고안무를 교대로 일본에 파견
대외 관계	중국 남조의 양나라와 수교(무령왕릉이 중국 남조의 영향을 받음)

03 시대 통합 강화도 지역의 역사적 사실   난이도 하 ●○○

자료 분석 제시된 자료에서 동그라미로 표시된 지역은 강화도이다.

정답 설명 ① 지눌이 고려 불교의 개혁을 꿈꿨던 곳은 순천이다. 지눌은 명예와 이익에 집착하는 당시 불교계의 타락상을 비판하며 수선사(순천 송광사)를 중심으로 독경, 선 수행, 노동 등 승려 본연의 자세로 돌아가자는 개혁 운동인 수선사 결사를 제창하였다.

오답 분석 모두 강화도와 관련된 내용이다.

② 병자호란 당시 인조의 둘째 아들인 봉림 대군(효종) 등 일부 왕족은 강화도로 피난하였고, 인조도 강화도로 가려고 하였으나, 길목을 차단당해 남한산성으로 피난하였다. 청나라군의 공격으로 강화도가 함락되고 봉림 대군 등이 포로가 되자, 남한산성에서 항전하던 인조는 청나라에 항복할 것을 결정하고 삼전도로 나아가 청나라 태종 앞에 무릎을 꿇고 굴욕적인 항복을 하였다.

③ 철종은 정조의 이복 동생인 은언군의 손자로, 1844년에 가족과 함께 강화도로 유배되었다. 강화 도령으로 불렸던 철종은 이후 헌종이 대를 이을 자식 없이 죽자 대왕 대비인 순원 왕후의 명으로 갑작스럽게 즉위하게 되었다.

④ 정조 때 설치된 강화도 외규장각에는 『의궤』를 비롯하여 왕실 관련 서적을 보관하였는데, 병인양요 당시 프랑스군이 퇴각하는 과정에서 강화도 외규장각에 보관 중이던 『의궤』 등의 왕실 관련 서적을 약탈하였다. 약탈 당한 『의궤』는 프랑스 국립 도서관에서 박병선에 의해 발견되었고, 이후 우리 정부가 반환을 요구하여 2011년에 대여 형식으로 반환되었다.

이것도 알면 합격!

강화도의 역사

고려 시대	최우의 강화 천도(1232), 팔만대장경 조판, 삼별초의 항쟁(강화도 → 진도 → 제주도)
조선 시대	· 인조 피난(정묘호란), 봉림 대군 등 일부 왕족 피난(병자호란) · 사고(史庫) 설치(마니산 사고 → 정족산 사고), 외규장각 건설(정조)
근대	· 병인양요(1866, 프랑스) → 퇴각 과정에서 외규장각에 보관 중인 『의궤』 약탈 · 신미양요(1871, 미국) → 어재연 부대의 결사 항전 · 운요호 사건(1875) → 강화도 조약 체결(1876)

04 근대 대한 제국   난이도 중 ●●○

자료 분석 제시문은 대한 제국의 헌법인 대한국 국제의 내용으로, 밑줄 친 '대한국'이 대한 제국임을 알 수 있다.

정답 설명 ② 국가 재정을 탁지아문으로 일원화한 것은 대한 제국 수립 이전인 제1차 갑오개혁 때이다(1894). 제1차 갑오개혁에서는 회계와 출납 등 재정에 관한 모든 사무를 탁지아문으로 일원화하였다.

오답 분석
① 대한 제국은 근대적인 토지 소유 제도를 확립하기 위해 양전 사업을 실시하고 토지 소유권 증명서인 지계를 발급하였다.
③ 대한 제국은 1900년에 서북 철도국을 설치하여 서울과 신의주를 연결하는 경의철도 부설을 시도하였다. 그러나 자금난으로 별다른 성과를 거두지 못하였고, 이후 경의철도는 일본에 의해 1906년 개통되었다.
④ 대한 제국은 1899년에 원수부를 설치하여 황제가 육·해군의 통수권을 장악하도록 하였다.

05 고려 시대 우왕 대의 사실   난이도 상 ●●●

자료 분석 제시된 자료에서 『직지심체요절』이 청주 흥덕사에서 1377년 7월에 금속 활자로 인쇄하였다는 내용을 통해 고려 우왕(1374~1388) 때임을 알 수 있다.

정답 설명 ④ 우왕 때인 1387년에 명나라는 철령 이북의 땅이 원나라에 속했던 땅이므로 명나라로 귀속시켜 철령위를 설치하겠다고 고려에 통보하였고, 이에 우왕과 최영은 이성계를 파견하여 요동 정벌을 단행하였다.

오답 분석
① 공민왕: 원나라 황실이 북쪽으로 도망가고 명나라가 건국된 것은 1368년으로 공민왕 때의 사실이다.
② 공양왕: 기존의 토지 문서를 불태워 버리고 과전법이 시행된 것은 1391년으로 공양왕 때의 사실이다. 과전법은 전·현직 관리를 18등급으로 나누고, 경기도 지방에 한정하여 관리들에게 과전에 대한 수조권을 지급한 제도이다.
③ 충숙왕: 충선왕이 원의 수도인 연경에 만권당을 설치한 것은 1314년으로 충숙왕 때의 사실이다. 충선왕이 세운 만권당에서 이제현 등이 원나라의 지식인과 교류하면서 고려에 성리학이 전파될 수 있는 토대가 마련되었다.

이것도 알면 합격!

이성계의 4불가론

> 태조가 대답하기를 "작은 나라가 큰 나라를 거스르는 일이 첫 번째 불가함이고, 여름철에 군사를 동원하는 것이 두 번째 불가함이며, 요동 공격을 틈타 남쪽에서 왜구가 침범할 염려가 있는 것이 세 번째 불가함이고, 무덥고 비가 많이 와 활의 아교가 녹아 무기로 쓸 수 없고 병사들도 전염병에 걸릴 염려가 있는 것이 네 번째 불가함입니다." … (중략)… 최영은 들어가 우왕을 뵙고 아뢰었다. "원하옵건대 딴 말은 듣지 마옵소서." - 『태조실록』

사료 분석 | 이성계는 4불가론을 들어 요동 정벌을 반대하였지만 집권자였던 최영의 명에 따라 결국 출병하였다. 출병한 후 이성계는 압록강의 물이 불자 조정에 회군을 요청하지만 받아들여지지 않았다.

06 시대 통합 시대별 군사 제도   난이도 하 ●○○

정답설명 ④ 시대 순으로 나열하면 (나) 통일 신라의 10정 → (라) 고려 시대의 2군 6위 → (가) 조선 전기의 5위 → (다) 조선 후기의 5군영 체제가 된다.

- (나) **통일 신라의 10정**: 통일 신라에는 지방군으로 10정이 있었다. 10정은 북쪽 국경 지대인 한주(한산주)에만 2정이 배치되었고 나머지 여덟 주에는 각각 1정씩 배치되어 지방 방어를 담당하였다.
- (라) **고려 시대의 2군 6위**: 고려 시대의 2군 6위는 국왕의 친위 부대인 2군과, 수도 및 국경 방어를 담당하는 6위로 구성되었다. 2군은 응양군, 용호군으로 구성되었고, 6위는 좌우위, 신호위, 흥위위, 금오위, 천우위, 감문위로 구성되었다.
- (가) **조선 전기의 5위**: 조선 전기에는 중앙군인 5위를 두어 수도를 방어하게 하였다. 5위는 정군을 중심으로 직업 군인인 갑사나 특수병으로 구성되어 있었다.
- (다) **조선 후기의 5군영 체제**: 조선 후기 숙종 때 군사 조직인 금위영이 설치되면서 훈련도감, 어영청, 총융청, 수어청, 금위영의 5군영 체제가 성립되었다.

👍 이것도 알면 합격!

5군영 설치

훈련도감 (1593, 선조)	· 임진왜란 때 유성룡의 건의로 설치 · 삼수병(포수·사수·살수)으로 구성, 직업적 상비군으로 조직
어영청 (1623, 인조)	· 후금의 침입에 대비하여 설치 · 효종 때 수도 방어와 북벌 담당으로 강화됨
총융청 (1624, 인조)	· 이괄의 난 진압 이후 설치, 경기 지역의 속오군 등을 배치 · 북한산성과 경기 북부의 수비를 담당
수어청 (1626, 인조)	경기 속오군을 중심으로 남한산성 및 경기 남부의 수비를 담당
금위영 (1682, 숙종)	국왕 호위·수도 방어 담당, 기병과 번상병(보병) 등으로 구성

07 일제 강점기 대한 광복회   난이도 중 ●●○

자료분석 제시문에서 의병 계열과 애국 계몽 운동 계열의 비밀 결사가 모여 결성되었으며, 박상진을 총사령으로 하였다는 것을 통해 (가)는 대한 광복회임을 알 수 있다.

정답설명 ③ 북간도에서 무장 독립 단체인 중광단을 조직한 것은 대종교이다. 북간도로 근거지를 옮긴 대종교는 1911년에 서일을 중심으로 의병들을 규합하여 무장 독립 단체인 중광단을 조직하였다.

오답분석 모두 대한 광복회에 대한 설명이다.
① 대한 광복회는 박상진, 채기중 등이 조직한 무장 독립 단체로, 공화제 국가 수립을 지향하였다.
② 대한 광복회는 만주에 무관 학교를 설립하기 위하여 군자금을 모집하였고, 친일파를 공격하는 등의 활동을 전개하였다.
④ 대한 광복회는 1915년 경상북도 대구에서 대한 광복단(풍기 광복단)과 조선 국권 회복단의 일부 인사가 연합하여 결성되었다. 이후 대한 광복회는 각지에 지부를 설치하는 등 전국적인 조직으로 확대되었다.

👍 이것도 알면 합격!

대한 광복회 실천 강령

> 1. 부호의 의연금 및 일인이 불법 징수하는 세금을 압수하여 무장을 준비한다.
> 2. 남북 만주에 군관 학교를 세워 독립 전사를 양성한다.
> 3. 종래의 의병 및 해산 군인과 만주 이주민을 소집하여 훈련한다.
> 4. 중국·러시아 등 여러 나라에 의뢰하여 무기를 구입한다.
>   …(중략)…
> 6. 행형부를 조직하여 일본인 고등관과 우리 한인(韓人) 중 반역분자를 때와 장소에 상관없이 총살한다.
> 7. 무력이 완비되는 대로 일본인 섬멸전을 단행하여 최후 목적의 달성을 기한다.

사료 분석 | 대한 광복회는 독립 전쟁을 수행하기 위해 국내에서 조직된 단체이며, 의병 계열과 계몽 운동 계열이 통합된 단체였다. 대한 광복회의 활동은 이후 1920년대에 전개되는 의열 투쟁의 기반이 되었다.

08 시대 통합 한양(서울)   난이도 하 ●○○

자료분석 제시된 자료에서 숙정문, 돈의문, 흥인지문, 숭례문이 표시된 것을 통해 조선 시대의 수도인 한양(서울)임을 알 수 있다.

정답설명 ④ 정약용이 제작한 거중기 등을 이용하여 약 2년 만에 완성된 것은 한양(서울)이 아닌 수원 화성이다.

오답분석 모두 한양(서울)에 대한 설명이다.
① 고려 문종 때는 풍수지리 사상에 따라 한양 명당설이 대두하였고, 한양이 남경(南京)으로 승격되었다.
② 조선 후기 한양(서울)에서는 종루(鐘樓, 종로), 이현(동대문), 칠패(남대문) 등에서 상업 활동이 이루어졌다.
③ 한양 도성을 설계한 정도전은 경복궁 근정전 등 궁궐 전각(殿閣)과 숭례문(남대문), 흥인지문(동대문), 돈의문(서대문), 숙정문(북대문) 등 도성 성문의 이름을 지었다.

09 조선 전기 임진왜란의 전개 과정   난이도 중 ●●○

정답설명 ④ 시기 순으로 바르게 나열하면 (다) 옥포 해전(1592. 5.) → (가) 진주 대첩(1차 진주성 전투, 1592. 10.) → (마) 평양성 탈환(1593. 1.) → (나) 명량 해전(1597. 9.) → (라) 노량 해전(1598. 11.)이다.

- (다) **옥포 해전**: 이순신이 이끄는 수군은 옥포에서 일본군에 첫 승리를 거두었다(1592. 5.).
- (가) **진주 대첩(1차 진주성 전투)**: 진주 목사 김시민은 진주성을 공격한 왜장 하세가와가 이끄는 일본군의 공격을 막아내었다(1592. 10.).
- (마) **평양성 탈환**: 유성룡과 명나라 장군 이여송이 이끄는 조·명 연합군이 일본군으로부터 평양성을 탈환하였다(1593. 1.).
- (나) **명량 해전**: 이순신이 이끄는 조선 수군은 울돌목(명량)에서 일본군을 격파하였다(1597. 9.).
- (라) **노량 해전**: 이순신은 노량 앞바다에서 본국으로 철수하는 일본군을 공격하여 대승을 거두었으나, 이 전투에서 전사하였다(1598. 11.).

이것도 알면 합격!

임진왜란 주요 전투

연도	월	전투
1592년	4월	충주 탄금대 전투(신립 전사) 패배
	5월	옥포 해전(이순신의 등장) 승리, 사천 해전(거북선 최초 이용) 승리
	7월	한산도 대첩(학익진 전법) 승리
	10월	진주 대첩(1차 진주성 전투) 승리
1593년	1월	조·명 연합군의 평양성 탈환
	2월	행주 대첩 승리
	6월	2차 진주성 전투 패배
1597년	7월	칠천량 전투에서 조선군 대패(원균)
	9월	직산 전투에서 승리, 명량 해전 승리
1598년	11월	일본군 철수, 노량 해전 승리(이순신 전사)

10 근대 한성순보 창간 이전의 사실   난이도 상 ●●●

자료분석 제시된 자료에서 박문국을 설치해 외국의 기사를 폭넓게 번역하고 아울러 국내의 일까지 기재하였다는 것을 통해 1883년에 창간된 한성순보에 대한 내용임을 알 수 있다.

정답설명 ① 『해국도지』가 국내에 소개된 것은 19세기 초반으로, 한성순보가 창간되기 이전의 사실이다. 『해국도지』는 청나라 학자 웨이위앤(위원)이 저술한 세계 지리서로, 1845년에 사신으로 북경을 방문한 권대긍에 의해 처음 소개되었고, 이후 1853년 이래 역관으로 청나라에 파견되었던 오경석에 의해 국내에 유입되었다.

오답분석 모두 한성순보가 창간된 이후의 사실이다.
② 베트남의 역사를 기록한 『월남망국사』는 한성순보 창간 이후인 1906년에 현채에 의해 번역되었다. 현채는 베트남의 역사를 거울로 삼아 우리 민족의 독립 의지를 높이고, 일본의 국권 침탈을 경계하고자 『월남망국사』를 번역하여 간행하였다.
③ 『대한 자강회 월보』를 간행한 대한 자강회는 한성순보 창간 이후인 1906년에 윤효정, 장지연을 중심으로 설립되었다. 대한 자강회는 『월보』를 간행하여 식산 흥업을 강조하고, 국내외의 학문과 소식을 전달하는 등 국민 계몽에 힘썼다.
④ 서재필의 독립신문은 한성순보 창간 이후인 1896년에 처음 발간되었다. 서재필은 독립신문을 한글판과 영문판으로 따로 발간하여 개화 자강의 필요성을 대중에게 전달하고, 외국인에게 국내 사정을 알리고자 하였다.

11 고려 시대 고려 시대에 편찬된 의학 서적   난이도 중 ●●○

자료분석 제시된 자료에서 숭의전이라는 명칭이 조선 시대에 붙여졌으며, 이전 왕조의 태조를 비롯해 신숭겸, 정몽주 등을 배향하였다는 것을 통해 밑줄 친 '이 시대'가 고려 시대임을 알 수 있다.

정답설명 ② 『향약구급방』은 고려 고종 때 편찬된 현존하는 우리나라 최고(最古)의 의학서로, 각종 질병에 대한 처방법과 국산 약재 180여 종을 소개하고 있다.

오답분석 ① 『의방유취』: 조선 전기 세종 때 편찬된 『의방유취』는 중국과 국내 의서들을 참고하여 동학 의학을 집대성한 의학 백과사전이다.
③ 『향약집성방』: 조선 전기 세종 때 편찬된 『향약집성방』은 우리나라 풍토에 맞는 약재와 치료 방법을 정리한 의서이다.
④ 『동의수세보원』: 조선 후기 고종 때 편찬된 『동의수세보원』은 이제마가 사람의 체질을 네 종류(태양인, 태음인, 소양인, 소음인)로 구분하여 치료하는 의학 이론인 사상 의학을 바탕으로 저술한 의서이다.

12 근대 순종 재위 기간에 있었던 사실   난이도 하 ●○○

자료분석 제시문에서 황제가 영원히 가시던 길에 통곡했다는 내용과 동아일보가 발간된 날짜인 1926년 6월이라는 내용을 통해 (가)는 1926년 6월 인산일(장례일)이었던 순종임을 알 수 있으며, 순종의 재위 기간은 1907년 7월~1910년이다.

정답설명 ④ 을사늑약을 체결(1905. 11.)하여 대한 제국의 외교권을 박탈하고, 통감부를 설치(1906)한 것은 고종 재위 기간의 사실이다.

오답분석 모두 순종 재위 기간(1907. 7.~1910)의 사실이다.
① 1908년에 일본은 조선의 토지와 자원을 수탈하고 일본인 농업 이민을 장려할 목적으로 동양 척식 주식회사를 설립하였다.
② 1909년에 일본은 남만주의 안봉선 철도 부설권과 푸순의 탄광 채굴권 등을 획득하는 대가로 간도를 청에 귀속하는 간도 협약을 체결하였다.
③ 1907년 12월에 이인영, 허위 등의 유생 의병장을 중심으로 의병 연합 부대인 13도 창의군이 결성되었다. 13도 창의군은 1908년에 서울 진공 작전을 전개하여 동대문 인근까지 진격하였으나 일본군에 패배하였다.

13 현대 6·25 전쟁 발발 이후부터 정전 협정 체결 이전 사이의 사실   난이도 하 ●○○

정답설명 ③ 초대 대통령에 한하여 중임 제한을 철폐하는 사사오입 개헌안은 정전 협정 체결 이후인 1954년에 국회에서 통과되었다.

오답분석 모두 6·25 전쟁 발발 이후부터 정전 협정 체결 이전 사이에 일어난 사실(1950. 6. 25.~1953. 7.)이다.
① 이승만 정부는 정전 회담에 반대하며 1953년 6월에 반공 포로를 석방하였다.
② 1951년 7월부터 진행된 정전 회담에서는 군사 분계선의 설정과 중립국 감시 기구의 구성, 포로 송환 문제 등이 주요 쟁점으로 논의되었다. 포로 송환 방침에 대해 유엔군 측은 포로의 자유 의사를 존중하는 자유 송환을 주장하였으며, 공산군 측은 무조건 송환을 주장하며 대립하였는데, 이는 정전 협정의 체결이 지연되는 주요 원인이 되었다.
④ 제2대 총선에서 야당이 대거 당선되자 국회에서 치르는 간선제로는 대통령 재임이 힘들다고 생각한 이승만은 1952년에 대통령 직선제를 골자로 하는 여당의 개헌안과 내각 책임제를 골자로 하는 야당 측 개헌안을 발췌하여 절충한 발췌 개헌안을 임시 수도인 부산에서 강압적으로 통과시켰다.

이것도 알면 합격!

정전 회담

정전 제의	전쟁이 확대될 것을 우려한 소련이 정전 제의(1951. 6.)
정전 회담	군사 분계선의 설정, 중립국 감시 기구의 구성, 전쟁 포로 처리 문제 등으로 지체
정전 반대 운동	대한민국 정부와 국민은 국토 분단이 영구화될 것을 우려해 휴전 협정에 격렬하게 반대하였고, 이승만 대통령은 회담의 쟁점이었던 반공 포로를 석방(1953. 6.)
정전 협정 체결	판문점에서 국제 연합군 총사령관 클라크와 북한군 최고 사령관 김일성, 중공 인민 지원군 사령관 팽덕회가 최종 서명함으로써 휴전 협정(정전 협정)이 체결됨(1953. 7.)

14 조선 후기 조선 후기의 농업 변화 난이도 중 ●●○

정답 설명
③ 조선 후기에 고구마 종자는 일본을 통해 유입되었다. 고구마는 1764년 영조 때 일본에 다녀온 조엄을 통해 우리나라에 유입되었고, 이후 『감저보』(1766)와 『감저신보』(1813) 등이 간행되어 고구마의 재배 및 이용 방법 등이 널리 확산되었다.

오답 분석
① 조선 후기의 벼농사에서 이앙법이 널리 보급되면서 김매기 등에 소모되는 노동력이 절감되었으며, 벼와 보리의 이모작이 가능해지면서 수확량이 증가하였다.
② 조선 후기에는 상품의 유통이 활발해지면서 담배, 인삼, 채소 등 높은 소득을 얻을 수 있는 상품 작물을 재배하는 상업적 농업이 발달하였다.
④ 조선 후기 밭농사에서는 밭 이랑과 이랑 사이의 고랑에 거름을 뿌린 후 파종하는 방식인 견종법이 보급되었다.

15 일제 강점기 이상설 난이도 중 ●●○

자료 분석
제시된 자료에서 서전 서숙을 설립하였다는 것과 만국 평화 회의가 열린 헤이그에 특사로 파견되었다는 내용을 통해 이상설에 대한 설명임을 알 수 있다.

정답 설명
④ 이상설은 연해주 블라디보스토크에서 대한 광복군 정부를 조직하였다. 대한 광복군 정부는 시베리아와 만주 지역의 독립운동을 주도하면서 독립 전쟁을 준비하였다.

오답 분석
① 이회영, 이상룡 등: 서간도 지역에서 독립 운동 단체인 경학사를 조직한 인물은 이회영, 이상룡 등이다.
② 임병찬: 독립 의군부를 조직한 인물은 임병찬이다.
③ 박용만, 이승만 등: 미주 지역의 여러 독립 운동 단체를 통합한 대한인 국민회를 조직한 인물은 박용만, 이승만 등이다.

이것도 알면 합격!

이상설의 활동

- 북간도 용정에 서전서숙 설립(1906)
- 네덜란드 헤이그에서 열린 만국 평화 회의에 특사로 파견(1907)
- 블라디보스토크에 성명회(1910), 13도 의군 건설(1910), 권업회 조직(1911)
- 대한 광복군 정부의 정통령에 선임(1914)
- 박은식, 신규식 등과 함께 신한 혁명당 조직(1915)

16 고려 시대 지눌, 최승로, 혜심 난이도 중 ●●○

자료 분석
제시문에서 (가)는 독경, 선 수행, 노동 등 승려 본연의 자세로 돌아가자는 수선사 결사 운동을 전개한 지눌, (나)는 유교를 고려의 통치 이념으로 삼을 것을 건의한 최승로, (다)는 유교와 불교는 다르지 않다고 강조하며, 유·불 일치설을 주장한 혜심에 대한 내용이다.

정답 설명
② 옳게 짝지어진 것을 모두 고르면 ㉠, ㉢이다.
㉠ 지눌은 불교의 세속화에 반대하고 불교 본연의 자세로 돌아가 독경과 참선, 노동에 힘쓸 것을 강조하며 순천 송광사를 중심으로 수선사 결사 운동을 전개하였다.
㉢ 혜심은 유불 일치설을 통해 심성의 도야를 강조하여 이후 성리학 수용의 사상적 토대를 마련하였다.

오답 분석
㉡ 최승로는 성종에게 올린 개혁안인 시무 28조에서 불교 행사인 연등회와 팔관회의 축소를 주장하였으며, 성종이 이를 받아들여 연등회와 팔관회가 폐지되었다.

이것도 알면 합격!

수선사 결사 운동

배경	고려 후기 불교계의 타락 심화
내용	승려 본연의 자세인 독경, 선 수행, 노동에 힘쓰자는 개혁 운동
전개	· 송광사를 중심으로 개혁적 승려들과 지방민이 활발하게 전개 · 지식인층의 호응을 얻음

17 일제 강점기 중·일 전쟁과 한국광복군 창설 사이의 사실 난이도 중 ●●○

자료 분석
(가) 일제가 중·일 전쟁을 일으킨 것은 1937년의 일이다.
(나) 대한민국 임시 정부가 한국광복군을 창설한 것은 1940년의 일이다.

정답 설명
② (가)와 (나) 사이 시기의 사실을 모두 고르면 ㉠, ㉢이다.
㉠ 국가 총동원법은 1938년에 제정되었다. 국가 총동원법은 일제가 전쟁 수행에 필요한 인적, 물적 자원을 원활하게 확보하기 위해 제정한 법률이다.
㉢ 김원봉의 주도로 1938년에 항일 무장 부대인 조선 의용대가 결성되었다. 조선 의용대는 중국 관내에서 결성된 최초의 한인 무장 부대로, 일본군에 대한 포로 심문·첩보 활동 등을 전개하였다.

오답 분석
㉡ (나) 이후: 일제가 병력 동원을 위해 징병제를 실시한 것은 1944년으로, (나) 이후의 사실이다. 징병제를 통해 한국인 청년들이 강제로 군인으로 동원되었다.
㉣ (나) 이후: 여운형이 국내 좌·우익 세력을 모아 비밀 결사 조직인 조선 건국 동맹을 조직한 것은 1944년으로, (나) 이후의 사실이다.

18 고대 나·당 동맹 체결의 배경 난이도 중 ●●○

자료 분석
제시문에서 김춘추가 당 태종에게 군사를 요청하는 내용을 통해 나·당 동맹 체결(648)에 대한 상황임을 알 수 있다.

정답 설명
① 백제의 의자왕이 신라의 대야성(합천)을 비롯한 40여 성을 함락시키자, 위기를 느낀 신라는 김춘추를 고구려에 파견하여 동

맹 체결을 시도하였다. 그러나 고구려와의 동맹에 실패하자 김춘추는 당나라로 건너가 당 태종에게 군사를 요청하고, 나·당 동맹을 체결하였다.

오답분석 모두 나·당 동맹 체결 이후의 사실이다.
② 계백이 이끄는 5천 결사대가 신라 김유신의 공격에 저항한 것은 660년의 사실이다. 백제의 계백은 5천 결사대를 이끌고 황산벌에서 신라 김유신의 공격에 저항하였으나, 결국 패배하였고 백제는 멸망하였다.
③ 대무예(발해 무왕)가 장문휴의 수군을 보내 당나라의 등주(덩저우) 지역을 선제 공격한 것은 732년의 사실이다.
④ 백제 부흥군이 200여 성을 탈취한 것은 백제 멸망(660) 이후의 사실이다. 백제가 멸망한 이후 복신과 도침은 백제 부흥 운동을 전개하였다. 이들은 200여 성을 회복하고, 사비성과 웅진성의 당군을 공격하며 백제 부흥 운동을 전개하였으나, 결국 나·당 연합군에 의해 진압되었다.

19 고려 시대 여진과 고려의 관계 난이도 하 ●○○

자료분석 제시된 자료에서 요(거란) 옆에 위치하고, 고려에 농기구·곡식·포목 등을 수출하고 은·모피·포목 등을 수입한다는 내용을 통해 (가) 나라는 여진임을 알 수 있다.

정답설명 ① 서긍은 (가) 여진의 사신이 아닌 송나라의 사신이다. 송나라의 사신인 서긍은 고려를 방문한 뒤 저술한 『고려도경』에서 고려청자의 우수함을 서술하였다.

오답분석 모두 여진에 대한 설명이다.
② 윤관은 신기군(기병), 신보군(보병), 항마군(승병)으로 구성된 별무반을 이끌어 여진을 몰아내고, 북방 영토를 개척하였다.
③ 여진은 고려에 빼앗긴 동북 9성 지역의 반환을 간청하였고, 고려는 조공을 받는 조건으로 9성을 여진에게 돌려주었다.
④ 여진은 1115년에 금나라를 세웠으며, 요(거란)를 멸망시킨 뒤 고려에 군신 관계를 요구하였다. 당시 집권층이었던 이자겸은 자신의 권력 유지를 위해 금의 사대 요구를 수용하였다.

👍 이것도 알면 **합격!**

고려의 대외 무역

송	• 대외 무역 중 가장 큰 비중을 차지 • 수입품: 비단, 약재 등 주로 왕실과 귀족의 수요품 수입 • 수출품: 종이, 인삼, 나전 칠기 등 수공업품과 토산물 수출
여진·거란	• 수입품: 모피, 말, 은 등 수입 • 수출품: 농기구와 식량 등 수출
일본	• 수입품: 수은, 황, 감귤, 말 등 수입 • 수출품: 식량, 인삼, 서적 등 수출
아라비아 (대식국)	• 벽란도를 통해 무역 • 수입품: 수은, 향료, 산호 등 수입 • 수출품: 금, 비단 등 수출 • 아라비아 상인들을 통해 고려(Corea)라는 이름이 서방 세계에 알려짐

20 현대 금융 실명제 난이도 중 ●●○

자료분석 제시문은 김영삼 정부가 투명한 금융 거래를 위해 시행한 금융 실명제에 대한 내용이다.
(가) 7·4 남북 공동 성명(1972) ~ 남북 기본 합의서 채택(1991)
(나) 남북 기본 합의서 채택(1991) ~ 금강산 해로 관광 사업 시작(1998)
(다) 금강산 해로 관광 사업 시작(1998) ~ 6·15 남북 공동 선언(2000)
(라) 6·15 남북 공동 선언(2000) ~ 10·4 남북 공동 선언(2007)

정답설명 ② 김영삼 정부는 비실명 거래로 인한 부정 거래와 뇌물, 불법 재산 축적 등의 폐해를 개선하기 위하여, 1993년에 모든 금융 거래에 거래 당사자의 본명을 쓰도록 한 제도인 금융 실명제를 실시하였다.

👍 이것도 알면 **합격!**

금융 실명제

> 금융 실명 거래 및 비밀 보장에 관한 긴급 재정 경제 명령
>
> 제1조(목적) 이 명령은 실지명의(實地名義)에 의한 금융 거래를 실시하고 그 비밀을 보장하여 금융 거래의 정상화를 꾀함으로써 경제 정의를 실현하고 국민 경제의 건전한 발전을 도모함을 목적으로 한다.
>
> 제3조(금융 실명 거래)
> ① 금융 회사 등은 거래자의 실지명의(이하 "실명"이라 한다)로 금융 거래를 하여야 한다.
> ② 금융 기관은 긴급 명령 시행 전에 금융 거래 계좌가 개설된 금융 자산(이하 '기존 금융 자산'이라 한다)의 명의인에 대하여는 긴급 명령 시행 후 최초의 금융 거래가 있는 때에 그 명의가 실명인지의 여부를 확인하여야 한다.

사료 분석 | 김영삼 정부는 금융 거래 시 가명이나 차명이 아닌 본인의 실명으로 거래하도록 하는 금융 실명제를 실시하였다.

해커스공무원

**8개년
기출문제집**
한국사

문제집

이 책의 차례

합격으로 이끄는 이 책의 활용법 4
8개년 출제 경향 및 학습 전략 8

Part 1 국가직 9급

1회	2025년 국가직 9급	12
2회	2024년 국가직 9급	16
3회	2023년 국가직 9급	20
4회	2022년 국가직 9급	24
5회	2021년 국가직 9급	28
6회	2020년 국가직 9급	32
7회	2019년 국가직 9급	36
8회	2018년 국가직 9급	40

Part 2 지방직 9급

9회	2025년 지방직 9급	46
10회	2024년 지방직 9급	50
11회	2023년 지방직 9급	54
12회	2022년 지방직 9급	58
13회	2021년 지방직 9급	62
14회	2020년 지방직 9급	66
15회	2019년 지방직 9급	70
16회	2018년 지방직 9급	74

Part 3 서울시 9급

17회	2025년 서울시 9급	80
18회	2024년 서울시 9급	84
19회	2024년 서울시 9급(추가 시험)	88
20회	2023년 서울시 9급	92
21회	2022년 서울시 9급	96
22회	2022년 서울시 9급(추가 시험)	100
23회	2021년 서울시 9급	104
24회	2020년 서울시 9급	108
25회	2019년 서울시 9급	112
26회	2018년 서울시 9급	116

Part 4 법원직 9급

27회	2025년 법원직 9급	122
28회	2024년 법원직 9급	128
29회	2023년 법원직 9급	134
30회	2022년 법원직 9급	140
31회	2021년 법원직 9급	146
32회	2020년 법원직 9급	152
33회	2019년 법원직 9급	158
34회	2018년 법원직 9급	164

[부록] 실력 향상 고난도 기출

1회	2023년 계리직(상용한자 제외)	172
2회	2020년 국가직 7급	176
3회	2020년 지방직 7급	180

정답 한눈에 보기   186
OMR 답안지   191

특별제공

 모바일 자동 채점 + 성적 분석 서비스
(모든 회차에 QR 코드 제공)

 실전 연습이 가능한 OMR 답안지
(문제집 내 수록)

 회독 학습을 위한 회독 학습 점검표
(교재 내 수록)

 다회독에 최적화된 회독용 답안지(PDF)
(해커스 공무원 홈페이지에서 다운로드
gosi.Hackers.com)

 핵심 직렬 추가 기출문제 8회분(PDF)
(해커스 공무원 홈페이지에서 다운로드 gosi.
Hackers.com)

합격으로 이끄는
이 책의 활용법

8개년 기출 34회분으로 문제 풀이 감각 키우기!

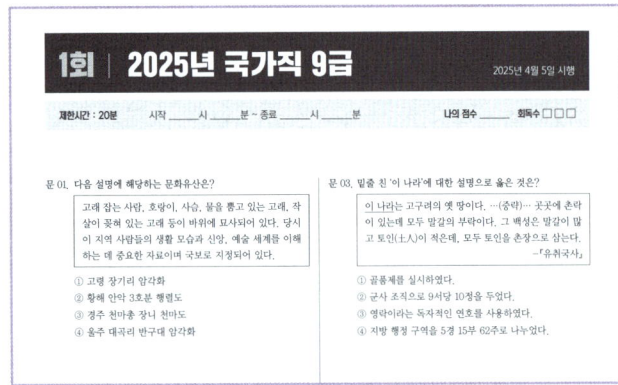

> 2025년~2018년 8개년 기출 34회분
2025년 최신기출을 포함한 4개 직렬(국가직/지방직/서울시/법원직)의 기출문제 34회분을 수록하였습니다. 또한, 실제 기출문제 형태 그대로 수록하여, 문제 풀이 감각을 키울 수 있습니다.

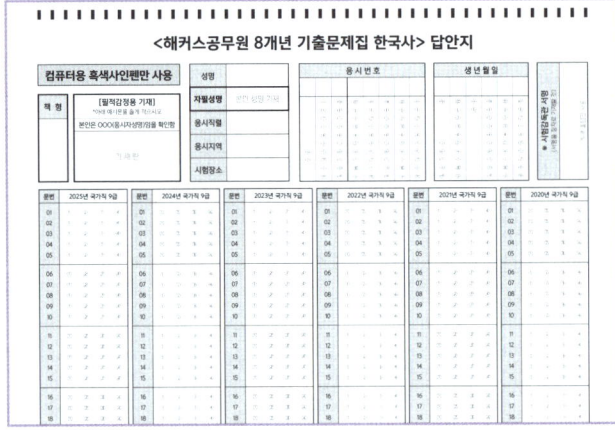

> OMR 답안지
모든 회차에 OMR 답안지를 제공하여 실제 시험처럼 마킹하면서 문제를 풀 수 있습니다.

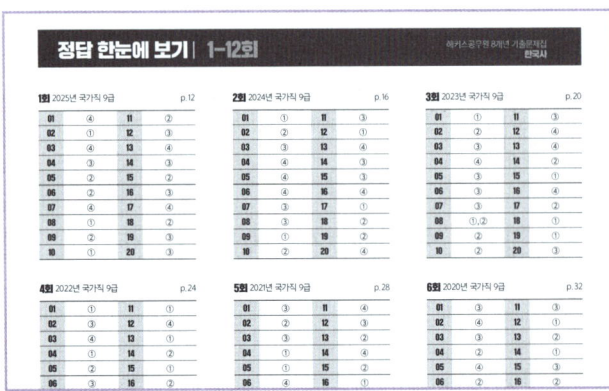

> 정답 한눈에 보기
문제집 뒤에 모든 회차의 정답표를 제공하여, 여러 회차도 한 번에 채점할 수 있습니다.

해커스공무원 8개년 기출문제집
한국사

상세한 해설로 출제 경향 파악 및 약점 보완하기!

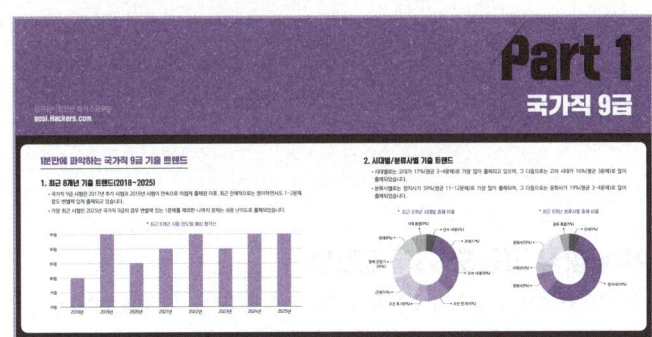

> **1분만에 파악하는 기출 트렌드**

기출 트렌드를 제공하여 각 직렬의 최근 8개년 난이도와 예상 합격선을 빠르게 파악할 수 있습니다.
또한, 시대별·분류사별 출제 경향을 제공해 각 직렬의 출제 경향을 한번에 파악할 수 있습니다.

> **취약 시대 분석표**

각 회차마다 취약 시대 분석표를 제공하여 자신의 취약한 시대를 확인하고 집중 보완할 수 있도록 하였습니다.

> **상세한 해설**

정답의 근거는 물론 자료와 오답에 대한 상세한 설명을 제공하여 한 문제를 풀더라도 여러 문제를 푼 것과 같은 효과를 얻을 수 있습니다.

> **이것도 알면 합격!**

출제 포인트 및 문제와 관련해 또 출제될 가능성이 높은 핵심 개념을 정리하여, 만점 달성에 필요한 심화 학습이 가능합니다.

> **기출 총평**

각 회차에 대한 전반적인 난이도와 이 회차에서 반드시 학습해야 할 고난도 문제들을 함께 정리해 시험의 출제 경향을 더욱 상세하게 파악할 수 있습니다.

합격으로 이끄는 이 책의 활용법

문제 적응력을 높이는 고난도 기출 3회분으로 합격 실력 완성하기!

> **실력 향상 고난도 기출 3회분**

생소한 사료와 개념, 신유형이 포함된 고난도 기출 3회분을 엄선하였습니다. 국가직/지방직 7급, 계리직의 고난도 기출문제를 통해 문제 적응력을 높이고, 지엽적인 개념을 다룬 고난도 문제를 풀어보면서 더욱 완벽하게 시험 대비를 할 수 있습니다.

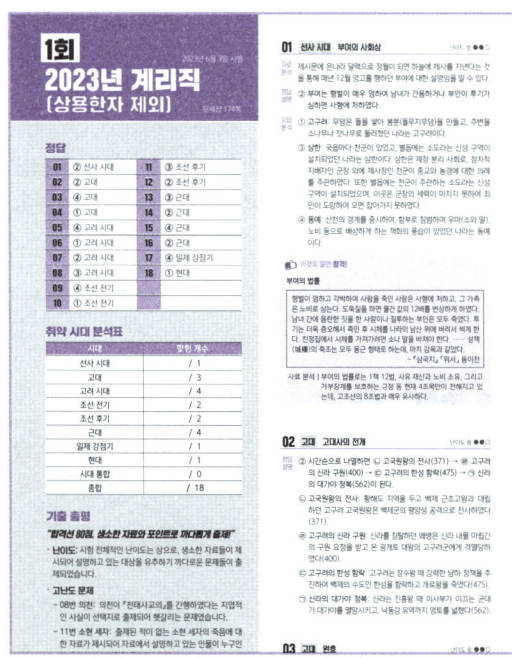

> **상세한 약점 보완 해설**

고난도 기출문제에 대해서도 취약 시대 분석부터 총평까지 상세한 해설을 제공합니다.
또한, 이것도 알면 합격을 통해 심화 개념을 학습하여, 고난도 문제도 대비할 수 있는 합격 실력을 완성할 수 있습니다.

해커스만의 특별 제공으로 합격 실력 200% 끌어올리기!

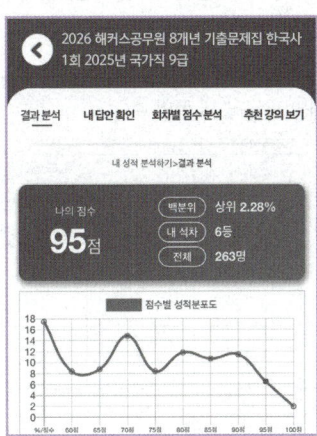

> 모바일 자동 채점 + 성적 분석 서비스

기출문제를 풀고 나서, 20번 또는 25번 아래에 있는 QR 코드를 통해 간편하고 빠르게 모바일로 자동 채점을 할 수 있습니다. 성적 분석 서비스를 통해 나의 취약점이 무엇인지를 한 번에 파악할 수 있고, 현재 나의 점수대가 어디인지 어떤 부분을 보충하면 될 지 알 수 있습니다.

> 회독 학습 점검표

회독 학습 점검표를 통해 효율적으로 회독 학습을 진행할 수 있으며, 반복적으로 틀리는 문제를 파악할 수 있어 취약한 부분에 대해 집중 학습이 가능합니다.

> 회독용 답안지

문제에 표시하지 않고 회독용 답안지에 마킹하면서 기출문제집을 편리하게 회독할 수 있습니다. 추가 회독을 진행하고 싶은 수험생들을 위해 PDF 파일로도 회독용 답안지를 제공합니다.

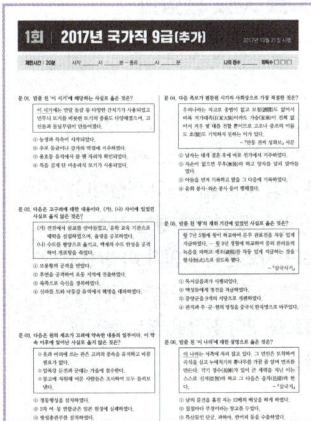
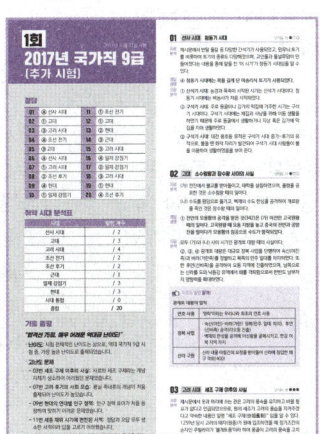

> 추가 기출문제 8회분(PDF)

해커스공무원 사이트에서 추가로 제공되는 국가직/지방직/서울시 등 핵심 직렬의 기출문제 8회분을 풀어보면서 부족한 학습량을 보충할 수 있습니다.

공무원 한국사, 이렇게 출제된다!
8개년 출제 경향 및 학습 전략

01 공무원 한국사 시험 **시대별 출제 비율**

공무원 한국사 시험은 보통 총 20문항으로 구성됩니다. 최근 8개년 공무원 한국사 시험을 분석한 결과 전근대사가 전체의 57%로, 근현대사(36%), 시대 통합(7%)보다 출제 비율이 높았습니다. 그러나 대부분 모든 시대에서 큰 편차 없이 골고루 출제되고 있습니다.

시험 구분	시대별 평균 출제 문항 수									합계
	전근대사					근현대사			시대 통합	
	선사	고대	고려	조선 전기	조선후기	근대	일제강점기	현대		
국가직	1	4	3	2	1	2	3	2	2	20
지방직	1	3	4	2	1	3	3	2	1	20
서울시	1	3	4	1	3	3	2	2	1	20
출제 비율	5%	17%	19%	8%	8%	13%	13%	10%	7%	100%

02 최근 8개년 **공무원 한국사 출제 경향**

정치사 위주의 문제 출제

각 시대별 출제 비중에 큰 차이가 없는 반면, 분류사별로 살펴보면 **정치사가 평균 63% 수준으로 출제**되고 있어서 경제사, 사회사, 문화사에 비해 출제 비중이 매우 높은 편임을 알 수 있습니다.
따라서 **정치사를 최우선적으로 학습**해야 하며, 각 시대별로 정치 상황과 사건의 인과 관계 및 발생 순서 등을 정확하게 암기해야 합니다.

인물사 및 문화유산 문제의 출제 비중 증가

최근 공무원 시험의 주요 직렬에서는 **인물의 활동과 및 문화유산을 묻는 문제의 출제 비중이 증가**하고 있습니다. 주요 인물의 활동과 각 시대의 대표 문화유산의 특징을 구분하여 학습하는 것이 중요합니다.

사료·자료 중심의 문제 출제

공무원 시험의 문제 유형으로는 사료·자료를 제시하고 이를 분석하는 **사료·자료형 문제가 가장 많이 출제**되고 있습니다. 따라서, 기출 문제 풀이를 통해 자주 출제된 사료와 자료는 무엇인지 파악해야 하며, 생소한 사료와 자료가 제시되어도 **핵심 키워드를 찾아 정답을 찾는 능력**을 키우는 학습이 필요합니다.

03 공무원 한국사 분류사별 출제 경향 및 수험 대책

정치

출제 경향
가장 출제 비중이 높은 정치사는 왕의 업적 또는 재위 시기의 사실을 묻는 문제가 높은 비중을 차지하고 있습니다. 또한, 각 시대별로 실시하였던 정책과 사건의 순서를 묻는 문제도 자주 출제됩니다.

수험 대책
① 정치사에서 고난도로 출제되는 부분은 바로 사건의 순서를 고르는 문제입니다. 따라서 흐름을 이해하는 것 뿐만 아니라 사건의 발생 연도를 암기하고, 근현대사의 경우 사건의 월 단위까지 꼼꼼하게 학습해야 합니다.
② 각 시대별로 시행된 제도와 정책들의 시행 시기와 특징을 꼼꼼하게 정리해야 합니다.

경제

출제 경향
시대별 토지 제도와 수취 제도의 특징을 묻는 문제가 높은 비중을 차지하고 있으며, 수취 제도에 대한 문제가 어렵게 출제되기도 합니다. 또한 특정 시대의 화폐나 경제 상황을 묻는 문제도 꾸준히 출제되고 있습니다.

수험 대책
① 토지 제도와 수취 제도별로 시기에 따라서 제도의 시행 배경, 지급 및 수취 기준 등을 관련 사료와 함께 한번에 정리해야 합니다.
② 조선 후기의 경제 상황은 당시의 정치 상황과 연계되어 자주 출제되므로, 조선 후기의 정치 상황과 농업·상업·수공업 등 다양한 경제 상황들을 유기적으로 연결시켜 학습해야 합니다.

사회

출제 경향
주로 특정 시대의 전반적인 사회상에 대해 묻는 문제가 출제됩니다. 특히 원 간섭기의 사회 동요와 조선 후기의 사회 모습에 대해 정리해 두어야 하며, 각 시대별 신분 제도에 대해서도 학습해야 합니다.

수험 대책
① 사회사의 경우 정치·경제사와 함께 통합하여 물어보기도 하므로, 각 시대별로 전체적인 사회의 모습을 파악하고 정치·경제와 연결시키는 학습이 필요합니다.
② 근대 시기의 애국 계몽 운동과 여성 운동, 근대와 일제 강점기의 생활 모습 등을 꼼꼼히 암기해야 만점을 받을 수 있습니다.

문화

출제 경향
승려와 유학자에 대한문제와 각 시기별 서적 중에서도 역사서에 대해 묻는 문제는 꾸준히 출제되고 있습니다. 또한, 조선 후기의 실학자에 대한 문제가 높은 난이도로 출제될 수 있으니 꼼꼼하게 학습해야 합니다.

수험 대책
① 승려 및 유학자의 업적을 꼼꼼히 암기하고, 각 시대별로 성격이 비슷한 역사서를 비교하여 학습해야 합니다.
② 조선 후기 실학자들의 토지 개혁론을 비롯한 사상, 주요 저술 등을 꼼꼼하게 학습해야 합니다.

공무원시험전문 해커스공무원
gosi.Hackers.com

국가직 9급 시험 정보

시험 과목	총 5과목(2026년 시험 기준) - 공통 과목: 국어, 영어, 한국사 - 전문 과목: 행정법총론, 행정학개론(일반 행정직 기준이며, 직렬 및 직류에 따라 전문 과목이 정해짐)
총 문항 수	전체 100문항(1과목 당 20문항)
문제 유형	4지 선다형
시험 시간	총 110분 (5과목 합쳐서 110분이며, 중간에 쉬는 시간 없음)
2025년 9급 일반 행정직 경쟁률	65.7:1
2025년 9급 일반 행정직 합격선	93점(과목별 평균)
시험 접수 및 일정 안내	사이버국가고시센터 (https://www.gosi.kr)

Part 1
국가직 9급

1회	2025년 국가직 9급
2회	2024년 국가직 9급
3회	2023년 국가직 9급
4회	2022년 국가직 9급
5회	2021년 국가직 9급
6회	2020년 국가직 9급
7회	2019년 국가직 9급
8회	2018년 국가직 9급

2025년 국가직 9급

2025년 4월 5일 시행

문 01. 다음 설명에 해당하는 문화유산은?

> 고래 잡는 사람, 호랑이, 사슴, 물을 뿜고 있는 고래, 작살이 꽂혀 있는 고래 등이 바위에 묘사되어 있다. 당시 이 지역 사람들의 생활 모습과 신앙, 예술 세계를 이해하는 데 중요한 자료이며 국보로 지정되어 있다.

① 고령 장기리 암각화
② 황해 안악 3호분 행렬도
③ 경주 천마총 장니 천마도
④ 울주 대곡리 반구대 암각화

문 02. (가)에 해당하는 기구는?

> (가) 은/는 원래 여진족과 왜구의 침입에 대비하기 위해 만든 임시회의 기구였다. 임진왜란을 거치면서 전·현직 정승을 비롯한 주요 관원이 참여하였고, 군사 문제뿐 아니라 외교, 재정, 인사 등 국정 전반을 다루었다. 이로 인해 의정부와 6조의 기능이 축소되었다.

① 비변사   ② 삼군부
③ 상서성   ④ 집사부

문 03. 밑줄 친 '이 나라'에 대한 설명으로 옳은 것은?

> 이 나라는 고구려의 옛 땅이다. …(중략)… 곳곳에 촌락이 있는데 모두 말갈의 부락이다. 그 백성은 말갈이 많고 토인(土人)이 적은데, 모두 토인을 촌장으로 삼는다.
> — 『유취국사』

① 골품제를 실시하였다.
② 군사 조직으로 9서당 10정을 두었다.
③ 영락이라는 독자적인 연호를 사용하였다.
④ 지방 행정 구역을 5경 15부 62주로 나누었다.

문 04. 다음 업적이 있는 왕의 재위 기간에 볼 수 있는 모습은?

> ○ 우리 풍토에 맞는 농서인 『농사직설』을 편찬하였다.
> ○ 최윤덕과 김종서를 파견하여 4군 6진을 개척하였다.

① 송파장에 담배를 사려고 나온 농민
② 금난전권 폐지에 항의하는 시전 상인
③ 전분 6등법을 처음 시행하기 위해 찬반 의견을 묻는 관료
④ 천주교 신자가 되어 어머니 제사를 거부하는 유생

05. 밑줄 친 '왕'의 재위 기간에 있었던 사실로 옳은 것은?

> 왕이 신돈에게 국정을 맡겼다. 신돈은 힘 있는 자들이 나라의 토지와 약한 자들의 토지를 모두 빼앗고 양민을 자신들의 노비로 삼고 있는 현실을 지적하였다. 그리고 관청을 만들어 그 문제를 개혁하려고 했다.

① 사심관 제도를 실시하였다.
② 정동행성 이문소를 폐지하였다.
③ 광덕, 준풍 등의 연호를 사용하였다.
④ 최승로의 시무 28조 건의를 수용하였다.

문 06. 밑줄 친 '이곳'에 대한 설명으로 옳은 것은?

> ○ 이곳의 고인돌 유적은 유네스코 세계 문화유산에 등재되었다.
> ○ 고려 정부는 이곳으로 천도하여 몽골의 침략에 대항하였다.

① 장보고가 청해진을 설치하였다.
② 정묘호란으로 인조가 피신하였다.
③ 원나라가 탐라총관부를 두었다.
④ 영국군이 러시아를 견제한다는 구실로 주둔하였다.

문 07. 다음 설명에 해당하는 기구는?

> 개항 이후 정세 변화에 대응하여 개혁을 추진하기 위해 설립된 기구로 외교, 군사 등 개화와 관련된 정책을 총괄하였다. 또한 그 아래 12사를 두어 실무를 담당하게 하였다.

① 교정청
② 삼정이정청
③ 군국기무처
④ 통리기무아문

문 08. 다음 사건 발생 이후에 있었던 사실로 옳은 것은?

> 노비 만적 등 6인이 개경의 북산에서 나무하다가 공노비와 사노비들을 불러 모의하기를, "정중부의 반란과 김보당의 반란 이후로 고관이 천민에서 노비에서 많이 나왔다. 장상(將相)의 씨가 따로 있으랴!"라고 하였다.

① 정방 설치
② 동북 9성 축조
③ 노비안검법 실시
④ 상수리 제도 시행

문 09. 밑줄 친 '그'에 대한 설명으로 옳은 것은?

> 그는 『양반전』을 지어 양반 사회의 허위의식을 고발하였다. 그는 상공업 진흥에도 관심을 기울여 수레와 선박의 이용 등에 대해서도 주목하였다.

① 효종의 북벌 운동을 지지하였다.
② 『과농소초』에서 한전제를 주장하였다.
③ 화성 건설을 위해 거중기를 설계하였다.
④ 우리 역사를 체계화한 『동사강목』을 저술하였다.

문 10. 다음 사실이 있었던 왕대의 설명으로 옳은 것은?

> ○ 김흠돌의 난을 계기로 진골 귀족 세력 등을 숙청하였다.
> ○ 녹읍을 폐지하여 귀족의 경제적 기반을 약화하고자 하였다.

① 국학을 설립하였다.
② 불교를 공인하였다.
③ 독서삼품과를 시행하였다.
④ 이사부를 보내 우산국을 정벌하였다.

문 11. (가), (나) 사이 시기에 있었던 사실로 옳은 것은?

> (가) 왕이 보병과 기병 5만 명을 보내 신라를 구원하게 하였고, 이에 왜군이 퇴각하였다.
> (나) 백제 왕이 가야와 함께 관산성을 공격하였다. 신주 군주 김무력이 나아가 교전을 벌였고, 비장인 도도가 백제 왕을 죽였다.

① 고구려가 낙랑군을 몰아냈다.
② 신라가 금관가야를 병합하였다.
③ 고구려가 안시성에서 당군을 물리쳤다.
④ 백제가 평양성에서 고국원왕을 전사시켰다.

문 12. 다음 자료를 통해 알 수 있는 단체에 대한 설명으로 옳은 것은?

> 남만주로 집단 이주하려고 기도하고, 조선에서 상당한 재력이 있는 사람들을 그곳에 이주시켜 토지를 사들이고 촌락을 세워, …(중략)… 학교를 세워 민족 교육을 실시하고, 무관 학교를 설립하여 문무를 겸하는 교육을 실시하면서, 기회를 엿보아 독립 전쟁을 일으켜 구한국의 국권을 회복하려고 하였다. - 「105인 사건 판결문」

① 만민 공동회를 개최하였다.
② 민립 대학 설립 운동을 추진하였다.
③ 비밀 결사의 형태로 활동을 전개하였다.
④ 광주 학생 항일 운동이 일어나자 진상 조사단을 파견하였다.

문 13. 밑줄 친 '왕'의 재위 기간에 있었던 사실로 옳은 것은?

> 영의정 이원익은 공물 제도가 방납인에 의한 폐단이 크며, 경기도가 특히 심하다고 생각하였다. 그래서 별도의 관청을 만들어 경기 지역 백성들에게 봄과 가을에 토지 1결마다 8두씩 쌀로 거두고, 이것을 방납인에게 주어 수시로 물품을 구입하여 납부하게 하자고 왕에게 건의하였다. 왕은 그 의견을 받아들였다.

① 삼수병으로 구성된 훈련도감을 설치하였다.
② 조광조 등 사림을 등용하여 훈구 세력을 견제하였다.
③ 유능한 관료를 재교육하는 초계문신 제도를 시행하였다.
④ 일본과 제한된 범위의 무역을 허용하는 기유약조를 맺었다.

문 14. 밑줄 친 '이 개혁'의 내용으로 옳은 것은?

> 이 개혁에 따라 의정부를 내각으로, 8아문을 7부로 고쳤다. 또한 지방 8도는 23부로 개편하였다.

① 외국어 통역관 양성을 위한 동문학을 세웠다.
② 미국인 교사를 초빙한 육영 공원을 창립하였다.
③ 교원 양성을 위해 한성 사범 학교 관제를 발표하였다.
④ 상공 학교와 광무 학교 등의 실업 학교를 설립하였다.

문 15. 밑줄 친 '이 지역'에 있는 문화유산은?

> 백제는 5세기 고구려의 공격으로 한강 유역을 상실하면서 수도가 함락되어 이 지역으로 도읍을 옮겼다.

① 몽촌토성
② 무령왕릉
③ 미륵사지 석탑
④ 용현리 마애여래삼존상

문 16. 밑줄 친 '이 지역'에 대한 설명으로 옳은 것은?

> 이 지역에서 권업회라는 독립운동 단체가 조직되었고, 권업회는 국외 무장 독립 단체들을 모아 대한 광복군 정부라는 독립군 조직을 만들었다.

① 동제사가 창립되었다.
② 경학사가 조직되었다.
③ 한인촌인 신한촌이 형성되었다.
④ 대조선 국민 군단이 창설되었다.

문 17. 밑줄 친 '그'에 대한 설명으로 옳은 것은?

> 그는 문종의 넷째 아들인데, 출가하여 승려가 되었다. 송나라로 유학을 가서 화엄학과 천태학을 공부하였다. 이후 천태학을 부흥시켜 천태종을 창립하였다.

① 유·불 일치설을 주장하였다.
② 백련사에서 결사를 조직하였다.
③ 정혜쌍수의 수행법을 제시하였다.
④ 『신편제종교장총록』을 편찬하였다.

문 18. 다음 글을 쓴 인물에 대한 설명으로 옳은 것은?

> 대저 우리나라가 아시아의 중립국이 된다면 러시아를 방어하는 큰 기틀이 될 것이고, 또 아시아의 여러 대국이 서로 보전하는 정략도 될 것이다. …(중략)… 이는 비단 우리나라만을 위한 것이 아니라 중국의 이익도 될 것이고, 여러 나라가 서로 보전하는 계책도 될 것이니 무엇이 괴로워서 하지 않겠는가.

① 영남 만인소 사건을 주도하였다.
② 미국에 파견된 보빙사의 일원이었다.
③ 제2차 수신사로 『조선책략』을 조선에 가지고 왔다.
④ 왜양 일체론을 내세우며 개항 반대 운동을 전개하였다.

문 19. 다음 강령을 발표한 단체에 대한 설명으로 옳은 것은?

> 1. 부호의 의연금 및 일본인이 불법 징수하는 세금을 압수하여 무장을 준비한다.
> 6. 일본인 고관 및 한국인 반역자를 수시 수처에서 처단하는 행형부를 둔다.
> 7. 무력이 완비되는 대로 일본인 섬멸전을 단행하여 최후 목적의 달성을 기한다.

① 「조선혁명선언」을 활동 지침으로 삼았다.
② 일본에 국권 반환 요구서를 보내려 하였다.
③ 박상진을 총사령으로 하여 공화정체를 지향하였다.
④ 대한민국 임시 정부의 김구가 중심이 되어 창설하였다.

문 20. 밑줄 친 '이 헌법' 공포 이후에 있었던 사실로 옳은 것은?

> 제헌 국회는 "유구한 역사와 전통에 빛나는 우리들 대한국민은 기미 삼일운동으로 대한민국을 건립하여 세계에 선포한 위대한 독립정신을 계승하여 이제 민주 독립 국가를 재건함에 있어서"라고 명시한 이 헌법을 공포하였다.

① 미 군정청이 설치되었다.
② 5·10 총선거가 실시되었다.
③ 반민족 행위 처벌법이 공포되었다.
④ 한국의 독립을 언급한 카이로 회담이 개최되었다.

2회 | 2024년 국가직 9급

2024년 3월 23일 시행

제한시간 : 20분   시작 _____시 _____분 ~ 종료 _____시 _____분   나의 점수 _____   회독수 ☐☐☐

문 01. 밑줄 친 '이 나라'에 대한 설명으로 옳은 것은?

> 5세기 후반 가야의 주도 세력으로 성장한 이 나라는 낙동강 유역이라는 지리적 이점과 풍부한 철을 활용하여 후기 가야 연맹의 맹주가 되었다.

① 진흥왕에 의해 멸망하였다.
② 사비로 천도하고 국호를 남부여로 하였다.
③ 지방 행정 구역을 5경 15부 62주로 나누었다.
④ 평양으로 수도를 옮기고 남진 정책을 추진하였다.

문 02. 고려의 경제 상황에 대한 설명으로 옳은 것은?
① 진대법이라는 구휼 제도를 시행하였다.
② 건원중보가 발행되었으나 널리 이용되지 못하였다.
③ 광산 경영 방식에서 덕대제가 유행하기 시작하였다.
④ 전통적 농업 기술을 정리한 『농사직설』이 편찬되었다.

문 03. 다음 자료에 대한 설명으로 옳은 것은?

> 조선이라는 땅덩어리는 실로 아시아의 요충을 차지하고 있어 그 형세가 반드시 다툼을 불러올 것이다. 조선이 위태로우면 중동(中東)의 형세도 위급해진다. 따라서 러시아가 강토를 공략하려 한다면 반드시 조선이 첫 번째 대상이 될 것이다. …(중략)… 러시아를 막을 수 있는 조선의 책략은 무엇인가? 오직 중국과 친하며, 일본과 맺고, 미국과 연합함으로써 자강을 도모하는 길뿐이다.

① 강화도 조약 체결 이전 조선에 널리 퍼졌다.
② 흥선 대원군이 척화비를 세우는 계기가 되었다.
③ 이만손 등 영남 유생들의 반발을 불러일으켰다.
④ 청에 영선사로 파견된 김윤식에 의해 소개되었다.

문 04. (가)에 들어갈 말로 옳은 것은?

> 정부의 개화 정책이 추진되면서 구식 군인과 도시 하층민이 반발하였다. 제대로 봉급을 받지 못한 구식 군인들이 난을 일으키고 도시 하층민이 여기에 합세하였으나 청군에 의해 진압되었다. 이후 청은 조선에 군대를 주둔시키고 조선의 내정에 개입하였다. 또 (가) 을 체결하여 조선이 청의 속방임을 명문화하고 청 상인의 내륙 진출을 인정받았다.

① 한성 조약
② 톈진 조약
③ 제물포 조약
④ 조·청 상민 수륙 무역 장정

문 05. 위화도 회군 이후에 있었던 사실로 옳지 않은 것은?
① 과전법이 실시되었다.
② 정몽주가 살해되었다.
③ 한양으로 도읍을 이전하였다.
④ 황산 대첩에서 왜구를 토벌하였다.

문 06. 다음의 논설을 작성한 인물에 대한 설명으로 옳은 것은?

> 이 날을 목 놓아 우노라(是日也放聲大哭). …(중략)… 천하만사가 예측하기 어려운 것도 많지만, 천만 뜻밖에 5개조가 어떻게 제출되었는가. 이 조건은 비단 우리 한국뿐 아니라 동양 삼국이 분열할 조짐을 점차 만들어 낼 것이니 이토(伊藤) 후작의 본의는 어디에 있는가?

① 한성순보를 창간하였다.
②『한국통사』를 저술하였다.
③「독사신론」을 발표하였다.
④ 황성신문의 주필을 역임하였다.

문 07. 밑줄 친 '왕'의 재위 기간에 편찬된 서적으로 옳은 것은?

> ○ 왕은 집현전을 계승한 홍문관을 설치하고 중단되었던 경연을 다시 열었다.
> ○ 왕은 훈구 세력을 견제하기 위해 사림 세력을 등용하였다.

①『대전통편』
②『동사강목』
③『동국여지승람』
④『훈민정음운해』

문 08. 밑줄 친 '반란'에 대한 설명으로 옳은 것만을 모두 고르면?

> 웅천주 도독 헌창이 반란을 일으켜, 무진주·완산주·청주·사벌주 네 주의 도독과 국원경·서원경·금관경의 사신 및 여러 군현의 수령들을 위협하여 자신의 아래에 예속시키려 하였다.

> ㄱ. 천민이 중심이 된 신분 해방 운동 성격을 가졌다.
> ㄴ. 반란 세력은 국호를 '장안', 연호를 '경운'이라 하였다.
> ㄷ. 주동자의 아버지가 왕이 되지 못한 것에 대한 불만으로 일어났다.
> ㄹ. 무열왕 직계가 단절되고 내물왕계가 다시 왕위를 차지하는 결과를 가져왔다.

① ㄱ, ㄴ   ② ㄱ, ㄹ   ③ ㄴ, ㄷ   ④ ㄷ, ㄹ

문 09. 다음 사건 이후에 있었던 사실로 옳은 것은?

> 홍서봉 등이 한(汗)의 글을 받아 되돌아왔는데, 그 글에, "대청국의 황제는 조선의 관리와 백성들에게 알린다. 짐이 이번에 정벌하러 온 것은 원래 죽이기를 좋아하고 얻기를 탐해서가 아니다. 본래는 늘 서로 화친하려고 했는데, 그대 나라의 군신이 먼저 불화의 단서를 야기시켰다."라고 하였다.

① 삼전도비가 세워졌다.
② 이괄이 난을 일으켰다.
③ 인조가 강화도로 피난하였다.
④ 정봉수가 용골산성에서 항전하였다.

문 10. (가) ~ (라)를 시기순으로 바르게 나열한 것은?

> (가) 13도 창의군이 결성되었다.
> (나) 지방군은 10정으로 조직하였다.
> (다) 친위 부대인 장용영을 설치하였다.
> (라) 중앙군은 2군 6위제로 운영하였다.

① (나) → (라) → (가) → (다)
② (나) → (라) → (다) → (가)
③ (라) → (나) → (가) → (다)
④ (라) → (나) → (다) → (가)

문 11. 밑줄 친 '이 회의' 이후에 있었던 사실로 옳지 않은 것은?

> 미국, 영국, 소련 3국의 외무 장관이 모인 이 회의에서는 한국의 민주주의적 임시 정부 수립과 이를 위한 미·소 공동 위원회의 설치, 최대 5년간의 신탁통치 방안 등이 결정되었다.

① 5·10 총선거가 실시되었다.
② 좌·우 합작 7원칙이 발표되었다.
③ 조선 건국 준비 위원회가 결성되었다.
④ 반민족 행위 특별 조사 위원회가 구성되었다.

문 12. 밑줄 친 '가람'에 대한 설명으로 옳은 것은?

> 우리 왕후께서는 좌평 사택적덕의 따님으로 지극히 오랜 세월에 선인(善因)을 심어 이번 생에 뛰어난 과보를 받아 만민을 어루만져 기르시고 삼보(三寶)의 동량(棟梁)이 되셨기에 능히 가람을 세우시고, 기해년 정월 29일에 사리를 받들어 맞이하셨다. 원하옵나니, 영원토록 공양하고 다함이 없이 이 선(善)의 근원을 배양하여, 대왕 폐하의 수명은 산악과 같이 견고하고 치세는 천지와 함께 영구하며, 위로는 정법을 넓히고 아래로는 창생을 교화하게 하소서.

① 목탑의 양식을 간직한 석탑이 있다.
② 대리석으로 만든 10층 석탑이 있다.
③ 성주산문을 개창한 낭혜 화상의 탑비가 있다.
④ 돌을 벽돌 모양으로 만들어 쌓은 모전 석탑이 있다.

문 13. 조선 세조 대에 있었던 사실로 옳은 것만을 모두 고르면?

> ㉠ 사병을 혁파하였다.
> ㉡ 집현전을 폐지하였다.
> ㉢ 『경국대전』을 완성하였다.
> ㉣ 6조 직계제를 시행하였다.

① ㉠, ㉡   ② ㉠, ㉢   ③ ㉡, ㉢   ④ ㉡, ㉣

문 14. (가)~(라)는 대한민국 임시 정부와 관련한 사실이다. 이를 시기순으로 바르게 나열한 것은?

> (가) 한인 애국단 창설
> (나) 한국광복군 창설
> (다) 국민 대표 회의 개최
> (라) 주석·부주석제로 개헌

① (가) → (다) → (나) → (라)
② (가) → (라) → (다) → (나)
③ (다) → (가) → (나) → (라)
④ (다) → (나) → (가) → (라)

문 15. (가) 시기에 있었던 사실로 옳은 것은?

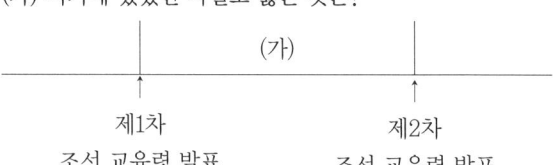

① 경성 제국 대학이 설립되었다.
② 근대 교육 기관인 육영 공원이 설립되었다.
③ 일본에서 2·8 독립선언서가 발표되었다.
④ 보안회의 주도로 일본의 황무지 개간권 반대 운동이 일어났다.

문 16. (가)의 재위 기간에 있었던 사실로 옳은 것은?

> 강조의 군사들이 궁문으로 마구 들어오자, 목종이 모면할 수 없음을 깨닫고 태후와 함께 목 놓아 울며 법왕사로 옮겼다. 잠시 후 황보유의 등이 (가) 을/를 받들어 왕위에 올렸다. 강조가 목종을 폐위하여 양국공으로 삼고, 군사를 보내 김치양 부자와 유행간 등 7인을 죽였다.

① 윤관이 별무반 편성을 건의하였다.
② 외적이 침입하여 국왕이 복주(안동)로 피난하였다.
③ 서희의 외교 담판으로 강동 6주 지역을 획득하였다.
④ 불교 경전을 집대성한 초조대장경 조판이 시작되었다.

문 17. (가)와 (나) 사이의 시기에 있었던 사실로 옳은 것은?

> (가) 순종의 인산일을 기하여 '동양 척식 주식회사를 철폐하라!', '일본인 지주에게 소작료를 바치지 말자!' 등의 격문을 내건 운동이 일어났다.
> (나) 광주에서 한국인 학생과 일본인 학생 사이에 일어난 충돌을 계기로 학생들이 총궐기하는 운동이 일어났다.

① 신간회가 창설되었다.
② 진단 학회가 설립되었다.
③ 진주에서 조선 형평사가 창립되었다.
④ 대구에서 국채 보상 운동이 시작되었다.

문 18. 1930년대에 있었던 사실로 옳은 것은?
① 비밀 결사인 조선 건국 동맹이 결성되었다.
② 중국 관내에서 조선 의용대가 창설되었다.
③ 연해주 지역에 대한 광복군 정부가 설립되었다.
④ 서일을 총재로 하는 대한 독립 군단이 조직되었다.

문 19. 밑줄 친 '이 나라'의 문화유산으로 옳지 않은 것은?

> 송나라 사신 서긍은 그의 저술에서 이 나라 자기의 빛깔과 모양에 대해, "도자기의 빛깔이 푸른 것을 사람들은 비색이라고 부른다. 근래에 와서 만드는 솜씨가 교묘하고 빛깔도 더욱 예뻐졌다. 술그릇의 모양은 오이와 같은데, 위에 작은 뚜껑이 있고 연꽃이나 엎드린 오리 모양을 하고 있다. 또, 주발, 접시, 사발, 꽃병 등도 있었다."라고 하였다.

① 안동 봉정사 극락전
② 구례 화엄사 각황전
③ 예산 수덕사 대웅전
④ 영주 부석사 무량수전

문 20. 다음에서 설명하는 단체는?

> ○ '가갸날'을 제정하였다.
> ○ 기관지인 『한글』을 창간하였다.

① 국문 연구소
② 조선 광문회
③ 대한 자강회
④ 조선어 연구회

3회 | 2023년 국가직 9급

2023년 4월 8일 시행

제한시간: 20분   시작 ___시 ___분 ~ 종료 ___시 ___분   나의 점수 ___   회독수 □□□

문 01. 다음 유물이 사용된 시대에 대한 설명으로 옳은 것은?

> 미송리식 토기, 팽이형 토기, 붉은 간 토기

① 비파형동검이 사용되었다.
② 오수전 등의 화폐가 사용되었다.
③ 아슐리안형 주먹 도끼가 사용되었다.
④ 철이 많이 생산되어 낙랑과 왜에 수출되었다.

문 02. 밑줄 친 '왕'에 대한 설명으로 옳은 것은?

> 16년 겨울 10월, 왕이 질양(質陽)으로 사냥을 갔다가 길에 앉아 우는 자를 보았다. 왕이 말하기를 "아! 내가 백성의 부모가 되어 백성들이 이 지경에 이르게 하였으니 나의 죄로다." …(중략)… 그리고 관리들에게 명하여 매년 봄 3월부터 가을 7월까지 관청의 곡식을 내어 백성들의 식구 수에 따라 차등 있게 빌려주었다가, 10월에 이르러 상환하게 하는 것을 법규로 정하였다.
> － 『삼국사기』

① 낙랑군을 축출하였다.
② 진대법을 시행하였다.
③ 백제의 침입으로 전사하였다.
④ 영락이라는 독자적인 연호를 사용하였다.

문 03. (가)에 대한 설명으로 옳은 것은?

> 신돈이 (가) 을/를 설치하자고 요청하자, …(중략)… 이제 도감이 설치되었다. …(중략)… 명령이 나가자 권세가 중에 전민을 빼앗은 자들이 그 주인에게 많이 돌려주었으며, 전국에서 기뻐하였다.
> － 『고려사』

① 시전의 물가를 감독하는 임무를 담당하였다.
② 국가 재정의 출납과 회계 업무를 총괄하였다.
③ 불법적으로 점유된 토지와 노비를 조사하였다.
④ 부족한 녹봉을 보충하고자 관료에게 녹과전을 지급하였다.

문 04. 다음과 같이 말한 인물에 대한 설명으로 옳은 것은?

> 우리나라가 곧 고구려의 옛 땅이다. 그리고 압록강의 안팎 또한 우리의 지역인데 지금 여진이 그 사이에 몰래 점거하여 저항하고 교활하게 대처하고 있어서 …(중략)… 만일 여진을 내쫓고 우리 옛 땅을 되찾아서 성보(城堡)를 쌓고 도로를 통하도록 하면 우리가 어찌 사신을 보내지 않겠는가?
> － 『고려사』

① 목종을 폐위하였다.
② 귀주에서 거란군을 물리쳤다.
③ 여진을 몰아내고 동북 9성을 쌓았다.
④ 소손녕과 담판하여 강동 6주를 획득하였다.

문 05. 밑줄 친 '이곳'에 대한 설명으로 옳은 것은?

> ○ 장수왕은 남진 정책의 일환으로 수도를 이곳으로 천도하였다.
> ○ 묘청은 이곳으로 수도를 옮길 것을 주장하였다.

① 쌍성총관부가 설치되었다.
② 망이·망소이가 반란을 일으켰다.
③ 제너럴셔먼호 사건이 발생하였다.
④ 1923년 조선 형평사가 결성되었다.

문 06. 다음 전투 이후에 일어난 사건으로 옳은 것만을 모두 고르면?

> 이근행이 군사 20만 명의 대군을 이끌고 매소성(買肖城)에 머물렀다. 우리 군사가 공격하여 달아나게 하고 전마 30,380필을 얻었는데, 남겨놓은 병장기도 그 정도 되었다. -『삼국사기』

> ㉠ 웅진 도독부가 설치되었다.
> ㉡ 김흠돌이 반란을 일으켰다.
> ㉢ 교육 기관인 국학이 설립되었다.
> ㉣ 복신과 도침이 부여풍과 함께 백제 부흥 운동을 일으켰다.

① ㉠, ㉡
② ㉠, ㉣
③ ㉡, ㉢
④ ㉢, ㉣

문 07. 다음 사건을 시기순으로 바르게 나열한 것은?

> (가) 신라의 우산국 복속
> (나) 고구려의 서안평 점령
> (다) 백제의 대야성 점령
> (라) 신라의 금관가야 병합

① (가) - (나) - (다) - (라)
② (가) - (라) - (나) - (다)
③ (나) - (가) - (다) - (라)
④ (나) - (다) - (가) - (라)

문 08. 고려 시대 문화유산에 대한 설명으로 옳지 않은 것은?

① 황해도 사리원 성불사 응진전은 다포 양식의 건물이다.
② 월정사 8각 9층 석탑은 원의 석탑을 모방하여 제작하였다.
③ 여주 고달사지 승탑은 통일 신라의 팔각원당형 양식을 계승하였다.
④ 『직지심체요절』은 세계 기록유산으로 등재된 현존하는 가장 오래된 금속 활자본이다.

문 09. 조선 시대 지도와 천문도에 대한 설명으로 옳지 않은 것은?

① 대동여지도는 거리를 알 수 있도록 10리마다 눈금을 표시하였다.
② 혼일강리역대국도지도는 중국에서 들어온 곤여만국전도를 참고하였다.
③ 천상열차분야지도는 하늘을 여러 구역으로 나누고 별자리를 표시한 그림이다.
④ 동국지도는 정상기가 실제 거리 100리를 1척으로 줄인 백리척을 적용하여 제작하였다.

문 10. (가)에 대한 설명으로 옳지 않은 것은?

> 임진왜란 이후에 우의정 유성룡도 역시 미곡을 거두는 것이 편리하다고 주장하였으나, 일이 성취되지 못하였다. 1608년에 이르러 좌의정 이원익의 건의로 (가) 을/를 비로소 시행하여, 민결(民結)에서 미곡을 거두어 서울로 옮기게 하였다. -『만기요람』

① 장시의 확대에 기여하였다.
② 지주에게 결작을 부과하였다.
③ 공납의 폐단을 막기 위해 실시하였다.
④ 공인에게 비용을 지급하고 필요 물품을 조달하였다.

문 11. (가) 인물이 추진한 정책으로 옳지 않은 것은?

> 선비들 수만 명이 대궐 앞에 모여 만동묘와 서원을 다시 설립할 것을 청하니, (가) 이/가 크게 노하여 한성부의 조례(皁隷)와 병졸로 하여금 한강 밖으로 몰아내게 하고 드디어 천여 곳의 서원을 철폐하고 그 토지를 몰수하여 관에 속하게 하였다.
> ― 『대한계년사』

① 사창제를 실시하였다.
② 『대전회통』을 편찬하였다.
③ 비변사의 기능을 강화하였다.
④ 통상 수교 거부 정책을 추진하였다.

문 12. 다음과 같은 선포문을 발표하면서 성립한 정부의 정책으로 옳지 않은 것은?

> 제1조 대한민국은 민주공화제로 함
> …(중략)…
> 민국 원년 3월 1일 우리 대한민족이 독립을 선언한 뒤 …(중략)… 이제 본 정부가 전 국민의 위임을 받아 조직되었으니 전 국민과 더불어 전심(專心)으로 힘을 모아 국토 광복의 대사명을 이룰 것을 선서한다.

① 독립 공채를 발행하였다.
② 기관지로 독립신문을 발간하였다.
③ 비밀 행정 조직인 연통부를 설치하였다.
④ 재정 확보를 위하여 전환국을 설립하였다.

문 13. 밑줄 친 '나'가 집권하여 추진한 사실로 옳은 것은?

> 나는 우리 국민이 선천적으로 타고난 재질을 최대한으로 활용하여 다각적인 생산 활동을 더욱 활발하게 하고, …(중략)… 공산품 수출을 진흥시키는 데 가일층 노력할 것을 요망합니다. 끝으로 나는 오늘 제1회 수출의 날 기념식에 즈음하여 …(중략)… 이 뜻깊은 날이 자립 경제를 앞당기는 또 하나의 계기가 될 것을 기원합니다.

① 대통령 직선제 개헌을 추진하였다.
② 3·1 민주 구국 선언을 발표하였다.
③ 반민족 행위 특별 조사 위원회를 구성하였다.
④ 베트남 파병에 필요한 조건을 명시한 브라운 각서를 체결하였다.

문 14. 다음과 같이 상소한 인물이 속한 붕당에 대한 설명으로 옳은 것만을 모두 고르면?

> 상소하여 아뢰기를, "신이 좌참찬 송준길이 올린 차자를 보았는데, 상복(喪服) 절차에 대하여 논한 것이 신과는 큰 차이가 있습니다. 장자를 위하여 3년을 입는 까닭은 위로 '정체(正體)'가 되기 때문이고 또 전중(傳重: 조상의 제사나 가문의 법통을 전함)하기 때문입니다. …(중략)… 무엇보다 중요한 것은 할아버지와 아버지의 뒤를 이은 '정체'이지, 꼭 첫째이기 때문에 참최 3년복을 입는 것은 아닙니다."라고 하였다.
> ― 『현종실록』

㉠ 기사환국으로 정권을 장악하였다.
㉡ 인조반정을 주도하여 집권 세력이 되었다.
㉢ 정조 시기에 탕평 정치의 한 축을 이루었다.
㉣ 이이와 성혼의 문인을 중심으로 형성되었다.

① ㉠, ㉡
② ㉠, ㉢
③ ㉡, ㉣
④ ㉢, ㉣

문 15. (나) 시기에 일어난 사실로 옳은 것은?

> (가) 삼포왜란이 발발하였다.
> ↓
> (나)
> ↓
> (다) 임진왜란이 발발하였다.

① 을사사화가 일어났다.
② 『경국대전』이 반포되었다.
③ 『향약집성방』이 편찬되었다.
④ 금속 활자인 갑인자가 주조되었다.

문 16. 다음 법령이 시행된 시기에 있었던 사실로 옳은 것은?

> 제1조 회사의 설립은 조선 총독의 허가를 받아야 한다.
> 제5조 회사가 본령이나 본령에 따라 나오는 명령과 허가 조건을 위반하거나 공공질서와 선량한 풍속에 반하는 행위를 할 때 조선 총독은 사업의 정지, 지점의 폐쇄, 또는 회사의 해산을 명할 수 있다.

① 산미 증식 계획이 폐지되었다.
② 국가 총동원법이 제정되었다.
③ 원료 확보를 위한 남면북양 정책이 추진되었다.
④ 보통학교 수업 연한을 4년으로 정한 조선 교육령이 공포되었다.

문 17. 다음과 같은 결의문에 근거하여 시행된 조치로 옳은 것은?

> 소총회는 …(중략)… 한국 인민의 대표가 국회를 구성하여 중앙 정부를 수립할 수 있도록 선거를 시행함이 긴요하다고 여기며, 총회의 의결에 따라 국제 연합 한국 임시 위원단이 접근할 수 있는 지역에서 결의문 제2호에 기술된 계획을 시행함이 동 위원단에 부과된 임무임을 결의한다.

① 미 군정청이 설치되었다.
② 5·10 총선거가 실시되었다.
③ 좌·우 합작 위원회가 구성되었다.
④ 미·소 공동 위원회가 개최되었다.

문 18. (가), (나) 조약 사이의 시기에 있었던 사실로 옳은 것은?

> (가) 제10관 일본국 인민이 조선국 지정의 각 항구에 머무는 동안에 죄를 범한 것이 조선국 인민에 관계되는 사건일 때에는 일본국 관원이 재판한다.
> (나) 제4관 중국 상인이 조선의 양화진 및 한성에 영업소를 개설할 경우를 제외하고, 각종 화물을 내륙으로 운반하여 상점을 차리고 파는 것을 허가하지 않는다. 단, 내륙 행상이 필요한 경우 지방관의 허가서를 받아야 한다.

① 개항장에서는 일본 화폐가 통용되었다.
② 러시아가 압록강 유역의 산림 채벌권을 획득하였다.
③ 황국 중앙 총상회가 조직되어 상권 수호 운동을 전개하였다.
④ 함경도의 방곡령에 불복하여 일본 상인이 손해 배상을 요구하였다.

문 19. 밑줄 친 '14개 조목'에 해당하는 것만을 모두 고르면?

> 이제부터는 다른 나라를 의지하지 않으며 융성하도록 나라의 발걸음을 넓히고 백성의 복리를 증진하여 자주 독립의 터전을 공고하게 할 것입니다. …(중략)… 이에 저 소자는 <u>14개 조목</u>의 홍범(洪範)을 하늘에 계신 우리 조종의 신령 앞에 맹세하노니, 우러러 조종이 남긴 업적을 잘 이어서 감히 어기지 않을 것입니다.

㉠ 탁지아문에서 조세 부과
㉡ 왕실과 국정 사무의 분리
㉢ 지계 발급을 위한 지계아문 설치
㉣ 대한천일은행 등 금융기관 설립

① ㉠, ㉡
② ㉠, ㉣
③ ㉡, ㉢
④ ㉢, ㉣

문 20. (가) 시기에 볼 수 있었던 모습으로 옳지 않은 것은?

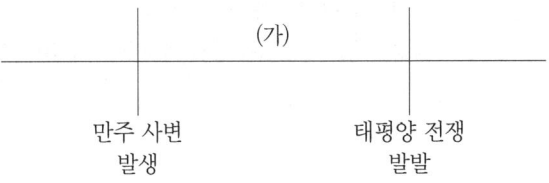

① 소학교에 등교하는 조선인 학생
② 황국 신민 서사를 암송하는 청년
③ 제국신문 기사를 작성하는 기자
④ 쌍성보에서 항전하는 한국 독립당 군인

4회 | 2022년 국가직 9급

2022년 4월 2일 시행

제한시간 : 20분   시작 ____시 ____분 ~ 종료 ____시 ____분   나의 점수 ____   회독수 □□□

문 01. 다음 풍습이 있었던 나라에 대한 설명으로 옳은 것은?

> ○ 가족이 죽으면 시체를 가매장하였다가 나중에 그 뼈를 추려서 가족 공동 무덤인 커다란 목곽에 안치하였다.
> ○ 목곽 입구에는 죽은 자가 먹을 양식으로 쌀을 담은 항아리를 매달아 놓기도 하였다.
> – 『삼국지』「위서」 동이전

① 민며느리제라는 혼인 풍습이 있었다.
② 제가가 별도로 사출도를 다스렸다.
③ 소도라는 신성 구역이 존재하였다.
④ 무천이라는 제천 행사를 열었다.

문 02. 우리나라 유네스코 세계유산에 대한 설명으로 옳지 않은 것은?
① 미륵사지에는 목탑 양식의 석탑이 있다.
② 정림사지에는 백제의 5층 석탑이 남아 있다.
③ 능산리 고분군에는 계단식 돌무지무덤이 있다.
④ 무령왕릉에는 무덤 주인공을 알려주는 지석이 있었다.

문 03. 조선 시대의 관청에 대한 설명으로 옳은 것은?
① 사간원 – 교지를 작성하였다.
② 한성부 – 『시정기』를 편찬하였다.
③ 춘추관 – 외교 문서를 작성하였다.
④ 승정원 – 국왕의 명령을 출납하였다.

문 04. (가)에 대한 설명으로 옳은 것은?

> 3·1 운동 직후에 만들어진 (가) 은/는 연통제라는 비밀 행정 조직을 만들었으며, 국내 인사와의 연락과 이동을 위해 교통국을 두었다. 또 외교 선전물을 간행하여 일제 침략의 부당성을 널리 알리고자 하였다. 그러나 이러한 활동은 뚜렷한 성과를 내지 못하였다. 그러한 가운데 (가) 의 활동 방향을 두고 외교 운동 노선과 무장 투쟁 노선 사이에서 갈등이 빚어지기도 하였다.

① 외교 운동을 위해 미국에 구미 위원부를 설치하였다.
② 비밀 결사 운동을 추진하고자 독립 의군부를 만들었다.
③ 이인영, 허위 등을 중심으로 서울 진공 작전을 추진하였다.
④ 영국인 베델을 발행인으로 한 대한매일신보를 창간하였다.

문 05. 다음 (가), (나) 승려에 대한 설명으로 옳은 것은?

> (가) 중국 유학에서 돌아와 부석사를 비롯한 여러 사원을 건립하였으며, 문무왕이 경주에 성곽을 쌓으려 할 때 만류한 일화로 유명하다.
> (나) 진골 귀족 출신으로 대국통을 역임하였으며, 선덕 여왕에게 황룡사 9층탑의 건립을 건의하였다.

① (가)는 모든 것이 한마음에서 나온다는 일심 사상을 제시하였다.
② (가)는 『화엄일승법계도』를 만들었다.
③ (나)는 『왕오천축국전』이라는 여행기를 남겼다.
④ (나)는 이론과 실천을 같이 강조하는 교관겸수를 제시하였다.

문 06. (가) 왕에 대한 설명으로 옳은 것은?

> 당 현종 개원 7년에 대조영이 죽으니, 그 나라에서 사사로이 시호를 올려 고왕(高王)이라 하였다. 아들 (가) 이/가 뒤이어 왕위에 올라 영토를 크게 개척하니, 동북의 모든 오랑캐가 겁을 먹고 그를 섬겼으며, 또 연호를 인안(仁安)으로 고쳤다.
> — 『신당서』

① 수도를 상경성으로 옮겼다.
② '해동성국'이라고 불릴 만큼 전성기를 이루었다.
③ 장문휴를 시켜 당의 등주(산동성)를 공격하였다.
④ 고구려 유민과 말갈족을 이끌고 동모산에 도읍을 정하였다.

문 07. (가) ~ (라) 국왕 대에 있었던 사실로 옳지 않은 것은?

> 조선 시대 국가를 운영하는 핵심 법전인 『경국대전』은 세조 대에 그 편찬이 시작되어 (가) 대에 완성되었다. 이후 여러 차례의 전쟁으로 혼란에 빠진 국가 체제를 수습하고 새로운 정치·사회적 변화에 대응하기 위해 법전 정비가 필요하게 되었다. 이에 따라 (나) 대에 『속대전』을 편찬하였으며, (다) 대에 『대전통편』을, 그리고 (라) 대에는 『대전회통』을 편찬하였다.

① (가) - 홍문관을 두어 집현전을 계승하였다.
② (나) - 서원을 붕당의 근거지로 인식하여 대폭 정리하였다.
③ (다) - 사도 세자의 무덤을 옮기고 화성을 축조하였다.
④ (라) - 삼정의 문란을 바로잡기 위해 삼정이정청을 설치했다.

문 08. 밑줄 친 '사건'의 명칭은?

> 중종에 의해 등용된 조광조는 현량과를 통해 사림을 대거 등용하였다. 그는 3사의 언관직을 통해 개혁을 추진해 나갔고, 위훈 삭제를 주장하기도 하였다. 이러한 움직임은 반발을 불러일으켰으며, 중종도 급진적인 개혁 조치에 부담을 느껴 조광조 등을 제거하였다. 이 사건으로 사림은 큰 피해를 입었다.

① 갑자사화   ② 기묘사화
③ 무오사화   ④ 을사사화

문 09. (가), (나)에 대한 설명으로 옳은 것은?

> (가) 역사서의 저자는 다음과 같은 글을 지어 왕에게 바쳤다. "성상 전하께서 옛 사서를 널리 열람하시고, '지금의 학사 대부는 모두 오경과 제자의 책과 진한(秦漢) 역대의 사서에는 널리 통하여 상세히 말하는 이는 있으나, 도리어 우리나라의 사실에 대하여서는 망연하고 그 시말(始末)을 알지 못하니 심히 통탄할 일이다. 하물며 신라·고구려·백제가 나라를 세우고 정립하여 능히 예로써 중국과 통한 까닭으로 범엽의 『한서』나 송기의 『당서』에는 모두 열전이 있으나 국내는 상세하고 국외는 소략하게 써서 자세히 실리지 않았다. … (중략) … 일관된 역사를 완성하고 만대에 물려주어 해와 별처럼 빛나게 해야 하겠다.'라고 하셨다."
>
> (나) 역사서에는 다음과 같은 서문이 실려 있다. "부여씨와 고씨가 망한 다음에 김씨의 신라가 남에 있고, 대씨의 발해가 북에 있으니 이것이 남북국이다. 여기에는 마땅히 남북국사가 있어야 할 터인데, 고려가 그것을 편찬하지 않은 것은 잘못이다."

① (가)는 동명왕의 업적을 칭송한 영웅 서사시이다.
② (가)는 불교를 중심으로 고대 설화를 수록하였다.
③ (나)는 만주 지역까지 우리 역사의 범위를 확장하였다.
④ (나)는 고조선부터 고려에 이르는 역사를 체계적으로 정리하였다.

문 10. 다음 주장을 한 실학자가 쓴 책은?

> 토지를 겸병하는 자라고 해서 어찌 진정으로 빈민을 못 살게 굴고 나라의 정치를 해치려고 했겠습니까? 근본을 다스리고자 하는 자라면 역시 부호를 심하게 책망할 것이 아니라 관련 법제가 세워지지 않은 것을 걱정해야 할 것입니다. …(중략)… 진실로 토지의 소유를 제한하는 법령을 세워, "어느 해 어느 달 이후로는 제한된 면적을 초과해 소유한 자는 더는 토지를 점하지 못한다. 이 법령이 시행되기 이전부터 소유한 것에 대해서는 아무리 광대한 면적이라 해도 불문에 부친다. 자손에게 분급해 주는 것은 허락한다. 만약에 사실대로 고하지 않고 숨기거나 법령을 공포한 이후에 제한을 넘어 더 점한 자는 백성이 적발하면 백성에게 주고, 관(官)에서 적발하면 몰수한다."라고 하면, 수십 년이 못 가서 전국의 토지 소유는 균등하게 될 것입니다.

① 『반계수록』   ② 『성호사설』
③ 『열하일기』   ④ 『목민심서』

문 11. (가) 시기에 있었던 사실로 옳은 것은?

> 한국을 식민지로 삼은 일제는 헌병에게 경찰 업무를 부여한 헌병 경찰제를 시행했다. 헌병 경찰은 정식 재판 없이 한국인에게 벌금 등의 처벌을 가하거나 태형에 처할 수도 있었다. 한국인은 이처럼 강압적인 지배에 저항해 3·1 운동을 일으켰으며, 일제는 이를 계기로 지배 정책을 전환했다. 일제가 한국을 병합한 직후부터 3·1 운동이 벌어진 때까지를 (가) 시기라고 부른다.

① 토지 조사령이 공포되었다.
② 창씨개명 조치가 시행되었다.
③ 초등 교육 기관의 명칭이 국민학교로 변경되었다.
④ 전쟁 물자 동원을 내용으로 한 국가 총동원법이 적용되었다.

문 12. 밑줄 친 '그'에 대한 설명으로 옳은 것은?

> 한국 국민당을 이끌던 그는 독립운동 세력을 통합하고자 한국 독립당을 결성해 항일 운동을 주도하였다. 광복 직후 귀국한 그는 정부 수립을 위한 활동을 이어나갔으며, 남한 단독 선거가 결정되자 김규식과 더불어 남북 협상을 위해 평양을 방문하기도 하였다.

① 좌·우 합작 위원회를 구성해 좌·우 합작 7원칙을 발표하였다.
② 광복 직후 안재홍 등과 함께 조선 건국 준비 위원회를 만들었다.
③ 무장 항일 투쟁을 위해 하와이로 건너가 대조선 국민 군단을 결성하였다.
④ 모스크바 3국 외상 회의의 결정 사항이 알려지자 신탁 통치 반대 운동을 펼쳤다.

문 13. 제헌 국회에 대한 설명으로 옳은 것은?
① 반민족 행위 특별 조사 위원회를 구성하였다.
② 한·일 기본 조약 체결에 반대하는 성명을 내놓았다.
③ 통일 3대 원칙이 언급된 7·4 남북 공동 성명을 발표하였다.
④ 통일 주체 국민회의에서 대통령을 뽑는다는 내용의 개헌안을 통과시켰다.

문 14. 밑줄 친 '그'에 대한 설명으로 옳은 것은?

> 고종이 즉위한 직후에 실권을 장악한 그는 러시아를 견제하기 위해 천주교 선교사를 통해 프랑스와 교섭하려 했다. 하지만 천주교를 금지해야 한다는 유생의 주장이 높아지자 다수의 천주교도와 선교사를 잡아들여 처형한 병인박해를 일으켰다. 이후 고종의 친정이 시작됨에 따라 물러난 그는 임오군란이 일어났을 때 잠시 권력을 장악했지만, 청군의 개입으로 곧 물러났다.

① 미국에 보빙사라는 사절단을 파견하였다.
② 전국 여러 곳에 척화비를 세우도록 했다.
③ 국경을 획정하고자 백두산 정계비를 세웠다.
④ 통리기무아문을 설치하고 그 아래에 12사를 두었다.

문 15. 밑줄 친 '이 왕'에 대한 설명으로 옳은 것은?

> 백제 개로왕은 장기와 바둑을 좋아하였는데, 도림이 고하기를 "제가 젊어서부터 바둑을 배워 꽤 묘한 수를 알게 되었으니 개로왕께 알려드리기를 원합니다."라고 하였다. …(중략)… 개로왕이 (도림의 말을 듣고) 나라 사람을 징발하여 흙을 쪄서 성(城)을 쌓고 그 안에는 궁실, 누각, 정자를 지으니 모두가 웅장하고 화려하였다. 이로 말미암아 창고가 비고 백성이 곤궁하니, 나라의 위태로움이 알을 쌓아 놓은 것보다 더 심하게 되었다. 그제야 도림이 도망을 쳐 와서 그 실정을 고하니 이 왕이 기뻐하여 백제를 치려고 장수에게 군사를 나누어 주었다.
> - 『삼국사기』

① 평양으로 도읍을 천도하였다.
② 진대법을 처음으로 시행하였다.
③ 낙랑군을 점령하고 한 군현 세력을 몰아내었다.
④ 신라에 침입한 왜군을 낙동강 유역에서 물리쳤다.

문 16. 다음 설명에 해당하는 문화유산은?

> 이 건물은 주심포 양식에 맞배 지붕 건물로 기둥은 배흘림 양식이다. 1972년 보수 공사 중에 공민왕 때 중창하였다는 상량문이 나와 우리나라에서 가장 오래된 목조 건물로 보고 있다.

① 서울 흥인지문
② 안동 봉정사 극락전
③ 영주 부석사 무량수전
④ 합천 해인사 장경판전

문 17. (가) 단체에 대한 설명으로 옳은 것은?

> 아관 파천 이후 러시아의 영향력이 강화되고 열강의 이권 침탈이 가속화되었다. 이러한 가운데 서재필 등은 (가) 을/를 만들었다. (가) 은/는 고종에게 자주 독립을 굳건히 하고 내정 개혁을 단행하라는 내용이 담긴 상소문을 제출하였으며, 만민 공동회를 개최하여 외국의 간섭과 일부 관리의 부정부패를 비판하였다.

① 교육 입국 조서를 작성해 공포하였다.
② 영은문이 있던 자리 부근에 독립문을 세웠다.
③ 개혁의 기본 강령인 홍범 14조를 발표하였다.
④ 일본에 진 빚을 갚자는 국채 보상 운동을 일으켰다.

문 18. (가) 시기의 사실로 옳지 않은 것은?

```
무신 정권 몰락
    ↓
   (가)
    ↓
 공민왕 즉위
```

① 만권당이 만들어졌다.
② 정동행성이 설치되었다.
③ 쌍성총관부가 수복되었다.
④ 『제왕운기』가 저술되었다.

문 19. 밑줄 친 '이 나라'의 경제 상황에 대한 설명으로 옳지 않은 것은?

> 이 나라에는 관리에게 정해진 면적의 토지에서 조세를 거둘 수 있는 권리를 나누어주는 전시과라는 제도가 있었다. 농민은 소를 이용해 깊이갈이를 하기도 했으며, 시비법의 발달로 휴경지가 점차 줄어들었다. 밭농사는 2년 3작의 윤작법이 점차 보급되었다. 이 나라의 말기에는 직파법 대신 이앙법이 남부 지방 일부에 보급될 정도로 논농사에 변화가 나타났다. 또한 이암에 의해 중국 농서인 『농상집요』도 소개되었다.

① 재정을 운영하는 관청으로 삼사를 두었다.
② 공물 부과 기준이 가호에서 토지로 바뀌었다.
③ 생산량의 10분의 1에 해당하는 조세를 거두었다.
④ '소'라는 행정 구역의 주민이 국가에서 필요로 하는 물품을 생산하였다.

문 20. (가) 시기에 있었던 일로 옳은 것은?

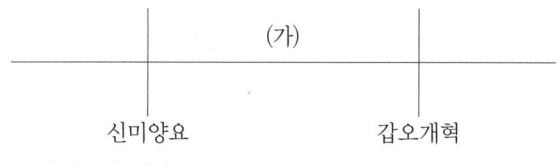

① 을사늑약 체결
② 정미의병 발생
③ 오페르트 도굴 미수 사건
④ 조·미 수호 통상 조약 체결

5회 | 2021년 국가직 9급

2021년 4월 17일 시행

제한시간: 20분   시작 ___시 ___분 ~ 종료 ___시 ___분   나의 점수 ___   회독수 □□□

문 01. 다음 시가를 지은 왕의 재위 기간에 있었던 사실은?

> 펄펄 나는 저 꾀꼬리
> 암수 서로 정답구나
> 외로울사 이 내 몸은
> 뉘와 더불어 돌아가랴

① 진대법을 시행하였다.
② 낙랑군을 축출하였다.
③ 졸본에서 국내성으로 천도하였다.
④ 율령을 반포하여 중앙 집권 체제를 강화하였다.

문 02. 밑줄 친 '유학자'에 대한 설명으로 옳은 것은?

> 풍기 군수 주세붕은 고려 시대 유학자의 고향인 경상도 순흥면 백운동에 회헌사(晦軒祠)를 세우고, 1543년에 교육시설을 더해서 백운동 서원을 건립하였다.

① 해주 향약을 보급하였다.
② 원 간섭기에 성리학을 국내로 소개하였다.
③ 『성학십도』를 저술하여 경연에서 강의하였다.
④ 일본의 동정을 담은 『해동제국기』를 저술하였다.

문 03. 밑줄 친 '왕'에 대한 설명으로 옳은 것은?

> 1919년 3월 1일 탑골 공원에서 민족 대표 33인이 서명한 독립 선언서가 낭독되었다. 이 공원에 있는 탑은 왕이 세운 것으로 경천사 10층 석탑의 영향을 받았다.

① 우리나라 전쟁사를 정리한 『동국병감』을 편찬하였다.
② 우리나라 역대 문장의 정수를 모은 『동문선』을 편찬하였다.
③ 6조 직계제를 실시하여 국왕 중심의 정치 체제를 구축하였다.
④ 한양으로 다시 천도하면서 이궁인 창덕궁을 창건하였다.

문 04. (가) 인물에 대한 설명으로 옳은 것은?

> (가) 이/가 올립니다. "지방의 경우에는 관찰사와 수령, 서울의 경우에는 홍문관과 육경(六卿), 그리고 대간(臺諫)들이 모두 능력 있는 사람을 천거하게 하십시오. 그 후 대궐에 모아 놓고 친히 여러 정책과 관련된 대책 시험을 치르게 한다면 인물을 많이 얻을 수 있을 것입니다. 이는 역대 선왕께서 하지 않으셨던 일이요, 한나라의 현량과와 방정과의 뜻을 이은 것입니다. 덕행은 여러 사람이 천거하는 바이므로 반드시 헛되거나 그릇되는 일이 없을 것입니다."

① 기묘사화로 탄압받았다.
② 「조의제문」을 사초에 실었다.
③ 문정 왕후의 수렴청정을 지지하였다.
④ 연산군의 생모 윤씨를 폐비하는 데 동조하였다.

문 05. 신석기 시대 유적과 유물을 바르게 연결한 것만을 모두 고르면?

> ㉠ 양양 오산리 유적 – 덧무늬 토기
> ㉡ 서울 암사동 유적 – 빗살무늬 토기
> ㉢ 공주 석장리 유적 – 미송리식 토기
> ㉣ 부산 동삼동 유적 – 아슐리안형 주먹 도끼

① ㉠, ㉡
② ㉠, ㉣
③ ㉡, ㉢
④ ㉢, ㉣

문 06. (가) 시기에 신라에서 있었던 사실은?

고구려의 침입으로 한성이 함락되자,
수도를 웅진으로 옮겼다.
↓
(가)
↓
성왕은 사비로 도읍을 옮겼다.

① 대가야를 정복하였다.
② 황초령 순수비를 세웠다.
③ 거칠부가 『국사』를 편찬하였다.
④ 이차돈의 순교를 계기로 불교가 공인되었다.

문 07. 시기별 대외 교류에 관한 설명으로 옳지 않은 것은?
① 백제: 노리사치계가 일본에 불경과 불상을 전하였다.
② 통일 신라: 장보고가 청해진을 설치하여 해상권을 장악하였다.
③ 고려: 예성강 하구의 벽란도가 국제항으로 번성하였다.
④ 조선: 명과의 교류에서 중강 개시와 책문 후시가 전개되었다.

문 08. 우리나라 세계 유산과 세계 기록유산에 대한 설명으로 옳은 것만을 모두 고르면?

㉠ 공주 송산리 고분군에는 전축분인 6호분과 무령왕릉이 있다.
㉡ 양산 통도사는 금강계단 불사리탑이 있는 삼보 사찰이다.
㉢ 남한산성은 병자호란 때 인조가 피난했던 산성이다.
㉣ 『승정원일기』는 역대 왕의 훌륭한 언행을 『실록』에서 뽑아 만든 사서이다.

① ㉠, ㉡
② ㉡, ㉢
③ ㉠, ㉡, ㉢
④ ㉠, ㉢, ㉣

문 09. 다음은 발해 수도에 대한 답사 계획이다. 각 수도에 소재하는 유적에 대한 탐구 내용으로 옳은 것만을 모두 고르면?

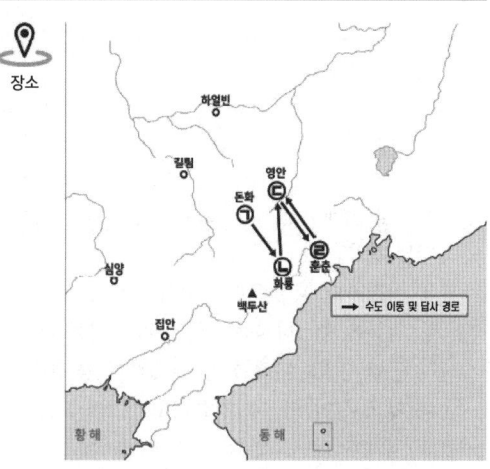

탐구 내용
㉠ 정효 공주 무덤을 찾아 벽화에 그려진 인물들의 복식을 탐구한다.
㉡ 용두산 고분군을 찾아 벽돌무덤의 특징을 탐구한다.
㉢ 오봉루 성문터를 찾아 성의 구조를 당의 장안성과 비교해 본다.
㉣ 정혜 공주 무덤을 찾아 고구려 무덤과의 계승성을 탐구한다.

① ㉠, ㉡
② ㉠, ㉣
③ ㉡, ㉢
④ ㉢, ㉣

문 10. 다음 상소문을 올린 왕대에 있었던 사실은?

석교(釋敎)를 행하는 것은 수신(修身)의 근본이요, 유교를 행하는 것은 이국(理國)의 근원입니다. 수신은 내생의 자(資)요, 이국은 금일의 요무(要務)로서, 금일은 지극히 가깝고 내생은 지극히 먼 것인데도 가까움을 버리고 먼 것을 구함은 또한 잘못이 아니겠습니까.

① 양경과 12목에 상평창을 설치하였다.
② 균여를 귀법사 주지로 삼아 불교를 정비하였다.
③ 국자감에 7재를 두어 관학을 부흥하고자 하였다.
④ 전지(田地)와 시지(柴地)를 지급하는 경정 전시과를 실시하였다.

문 11. 이승만 정부의 경제 정책으로 옳지 않은 것은?
① 한·미 원조 협정을 체결하였다.
② 농지 개혁에 따른 지가 증권을 발행하였다.
③ 제분, 제당, 면방직 등 삼백 산업을 적극 지원하였다.
④ 제1차 경제 개발 5개년 계획을 추진하였다.

문 12. 중·일 전쟁 이후 조선 총독부가 시행한 민족 말살 정책이 아닌 것은?
① 아침마다 궁성 요배를 강요하였다.
② 일본에 충성하자는 황국 신민 서사를 암송하게 하였다.
③ 공업 자원의 확보를 위하여 남면북양 정책을 시행하였다.
④ 황국 신민 의식을 강화하고자 소학교를 국민학교로 개칭하였다.

문 13. 밑줄 친 '조약'에 대한 설명으로 옳지 않은 것은?

> 1905년 8월 4일 오후 3시, 우리가 앉아있는 곳은 새거모어 힐의 대기실. 루스벨트의 저택이다. 새거모어 힐은 루스벨트의 여름용 대통령 관저로 3층짜리 저택이다. …(중략)… 대통령과 마주하자 나는 말했다. "감사합니다. 각하. 저는 대한 제국 황제의 친필 밀서를 품고 지난 2월에 헤이 장관을 만난 사람입니다. 그 밀서에서 우리 황제는 1882년에 맺은 조약의 거중조정 조항에 따른 귀국의 지원을 간곡히 부탁했습니다."

① 영사 재판권이 인정되었다.
② 임오군란을 계기로 체결되었다.
③ 최혜국 대우 조항이 포함되었다.
④ 『조선책략』의 영향을 받았다.

문 14. 고려 시대 향리에 대한 설명으로 옳은 것만을 모두 고르면?

> ㉠ 부호장 이하의 향리는 사심관의 감독을 받았다.
> ㉡ 상층 향리는 과거로 중앙 관직에 진출할 수 있었다.
> ㉢ 일부 향리의 자제들은 기인으로 선발되어 개경으로 보내졌다.
> ㉣ 속현의 행정 실무는 향리가 담당하였다.

① ㉠
② ㉠, ㉡
③ ㉡, ㉢, ㉣
④ ㉠, ㉡, ㉢, ㉣

문 15. 밑줄 친 '이 농법'에 대한 설명으로 옳은 것만을 모두 고르면?

> 대개 이 농법을 귀중하게 여기는 이유는 다음과 같다. 두 땅의 힘으로 하나의 모를 서로 기르는 것이고, …(중략)… 옛 흙을 떠나 새 흙으로 가서 고갱이를 씻어 내어 더러운 것을 제거하는 것이다. 무릇 벼를 심는 논에는 물을 끌어들일 수 있는 하천이나 물을 댈 수 있는 저수지가 꼭 필요하다. 이러한 것이 없다면 볏논이 아니다.
> — 『임원경제지』

> ㉠ 세종 때 편찬된 『농사직설』에도 등장한다.
> ㉡ 고랑에 작물을 심도록 하였다.
> ㉢ 『경국대전』의 수령 칠사 항목에서도 강조되었다.
> ㉣ 직파법보다 풀 뽑는 노동력을 절약할 수 있었다.

① ㉠, ㉡
② ㉠, ㉣
③ ㉡, ㉢
④ ㉢, ㉣

문 16. 밑줄 친 '헌법'이 시행 중인 시기에 일어난 사건은?

> 이 헌법은 한 사람의 집권자가 긴급 조치라는 형식적인 법 절차와 권력 남용으로 양보할 수 없는 국민의 기본 인권과 존엄성을 억압하였다. 그리고 이러한 권력 남용에 형식적인 합법성을 부여하고자 …(중략)… 입법, 사법, 행정 3권을 한 사람의 집권자에게 집중시키고 있다.

① 부·마 민주 항쟁이 일어났다.
② 국민 교육 헌장을 선포하였다.
③ 7·4 남북 공동 성명이 발표되었다.
④ 한·일 협정 체결을 반대하는 6·3 시위가 있었다.

문 17. 밑줄 친 '회의'에서 있었던 사실은?

> 본 회의는 2천만 민중의 공정한 뜻에 바탕을 둔 국민적 대화합으로 최고의 권위를 가지고 국민의 완전한 통일을 공고하게 하며, 광복 대업의 근본 방침을 수립하여 우리 민족의 자유를 만회하며 독립을 완성하기를 기도하고 이에 선언하노라. …(중략)… 본 대표 등은 국민이 위탁한 사명을 받들어 국민적 대단결에 힘쓰며 독립운동이 나아갈 방향을 확립하여 통일적 기관 아래에서 대업을 완성하고자 하노라.

① 대한민국 건국 강령이 상정되었다.
② 박은식이 임시 대통령으로 선출되었다.
③ 민족 유일당 운동 차원에서 조선 혁명당이 참가하였다.
④ 임시 정부를 대체할 새로운 조직을 만들자는 주장이 나왔다.

문 18. 다음 법령에 따라 시행된 사업에 대한 설명으로 옳은 것은?

> 제1조 토지의 조사 및 측량은 본령에 따른다.
> 제4조 토지 소유자는 조선 총독이 정한 기간 내에 주소, 성명 또는 명칭 및 소유지의 소재, 지목, 자번호, 사표, 등급, 지적, 결수를 임시 토지 조사 국장에게 신고해야 한다. 단 국유지는 보관 관청이 임시 토지 조사 국장에게 통지해야 한다.

① 농상공부를 주무 기관으로 하였다.
② 역둔토, 궁장토를 총독부 소유로 만들었다.
③ 토지 약탈을 위해 동양 척식 회사를 설립하였다.
④ 춘궁 퇴치, 농가 부채 근절을 목표로 내세웠다.

문 19. 개항기 무역에 대한 설명으로 옳지 않은 것은?

① 개항장에서 조선인 객주가 중개 활동을 하였다.
② 조·청 무역 장정으로 청국에서의 수입액이 일본을 앞질렀다.
③ 일본 상인은 면제품을 팔고, 쇠가죽·쌀·콩 등을 구입하였다.
④ 조·일 통상 장정의 개정으로 곡물 수출이 금지되기도 하였다.

문 20. 밑줄 친 '그'에 대한 설명으로 옳은 것은?

> 군역에 뽑힌 장정에게 군포를 거두었는데, 그 폐단이 많아서 백성들이 뼈를 깎는 원한을 가졌다. 그런데 사족들은 한평생 한가하게 놀며 신역(身役)이 없었다. …(중략)… 그러나 유속(流俗)에 끌려 이행되지 못하였으나 갑자년 초에 그가 강력히 나서서 귀천이 동일하게 장정 한 사람마다 세납전(歲納錢) 2민(緡)을 바치게 하니, 이를 동포전(洞布錢)이라고 하였다. —『매천야록』

① 만동묘 건립을 주도하였다.
② 군국기무처 총재를 역임하였다.
③ 통리기무아문을 폐지하고 5군영을 부활하였다.
④ 탕평 정치를 정리한 『만기요람』을 편찬하였다.

문 01. (가) 시기의 생활상에 대한 설명으로 옳은 것은?

> 1935년 두만강 가의 함경북도 종성군 동관진에서 한반도 최초로 (가) 시대 유물인 석기와 골각기 등이 발견되었다. 발견 당시 일본에서는 (가) 시대 유물이 출토되지 않은 상황이었다.

① 반달 돌칼을 이용하여 벼를 수확하였다.
② 넓적한 돌 갈판에 옥수수를 갈아서 먹었다.
③ 사냥이나 물고기잡이 등을 통해 식량을 얻었다.
④ 영혼 숭배 사상이 있어 사람이 죽으면 흙 그릇 안에 매장하였다.

문 02. (가) 인물에 대한 설명으로 옳은 것은?

> 신종 원년 사노비 만적 등이 북산에서 땔나무를 하다가 공사의 노비들을 모아 모의하기를, "우리가 성 안에서 봉기하여 먼저 (가) 등을 죽인다. 이어서 각각 자신의 주인을 죽이고 천적(賤籍)을 불태워 삼한에서 천민을 없게 하자. 그러면 공경장상이라도 우리가 모두 할 수 있을 것이다."라고 하였다.

① 정방을 설치하여 인사권을 장악하였다.
② 치안 유지를 위해 야별초를 설립하였다.
③ 이의방을 제거하고 권력을 장악하였다.
④ 봉사 십조를 올려 사회 개혁안을 제시하였다.

문 03. 조선 전기 문화에 대한 설명으로 옳은 것은?
① 『어우야담』을 비롯한 야담·잡기류가 성행하였다.
② 유서(類書)로 불리는 백과사전이 널리 편찬되었다.
③ 『동문선』이 편찬되어 우리 문학의 독자성을 강조하였다.
④ 중인층을 중심으로 시사가 결성되어 문학 활동을 벌였다.

문 04. 다음 자료에 나타난 사상에 대한 설명으로 옳은 것은?

> 군신, 부자, 부부, 붕우, 장유의 윤리는 인간의 본성에 부여된 것으로서 천지를 통하는 만고불변의 이치이고, 위에 존재하는 것으로서 도(道)가 됩니다. 이에 대해 배, 수레, 군사, 농사, 기계가 국민에게 편리하고 나라에 이롭게 하는 것은 외형적인 것으로서 기(器)가 됩니다. 신이 변혁을 꾀하고자 하는 것은 기(器)이지 도(道)가 아닙니다.

① 왜양일체론(倭洋一體論)을 주장하였다.
② 근대 문물 수용의 사상적 기반이 되었다.
③ 갑신정변 주도 세력의 견해를 대변하였다.
④ 우등한 사회가 열등한 사회를 지배하는 것이 당연하다고 보았다.

문 05. (가)에 들어갈 기관으로 옳은 것은?

> 5월에 조서를 내리기를 "개경 내의 사람들이 역질에 걸렸으니 마땅히 (가) 을/를 설치하여 이들을 치료하고, 또한 시신과 유골은 거두어 묻어서 비바람에 드러나지 않게 할 것이며, 신하를 보내어 동북도와 서남도의 굶주린 백성을 진휼하라."라고 하였다. - 『고려사』

① 의창
② 제위보
③ 혜민국
④ 구제도감

문 06. 밑줄 친 '이 지역'에 대한 설명으로 옳은 것은?

> 장수왕은 군사 3만을 거느리고 백제를 침공하여 왕도인 이 지역을 함락시켜, 개로왕을 살해하고 남녀 8천 명을 사로잡아 갔다.

① 망이, 망소이가 반란을 일으켰다.
② 고려 문종 대에 남경이 설치되었다.
③ 보조국사 지눌이 수선사 결사를 주도하였다.
④ 고려 태조가 북진 정책의 전진 기지로 삼았다.

문 07. 다음 사건이 일어난 왕의 재위 기간에 있었던 사실로 옳은 것은?

> 그들 조선군은 비상한 용기를 가지고 응전하면서 성벽에 올라 미군에게 돌을 던졌다. 창칼로 상대하는데 창칼이 없는 병사들은 맨손으로 흙을 쥐어 적군 눈에 뿌렸다. 모든 것을 각오하고 한 걸음 한 걸음 다가드는 적군에게 죽기로 싸우다 마침내 총에 맞아 죽거나 물에 빠져 죽었다.

① 군포에 대한 양반들의 면세특권이 폐지되었다.
② 금난전권을 제한하려는 통공 정책이 시작되었다.
③ 결작세가 신설되면서 지주들의 부담이 증가하였다.
④ 영정법이 제정되어 복잡한 전세 방식이 일원화되었다.

문 08. (가)~(라)에 해당하는 사실로 옳지 않은 것은?

(가)	(나)	(다)	(라)
낙랑군 축출	광개토대왕릉비 건립	살수 대첩 승리	안시성 전투 승리	고구려 멸망

① (가) – 백제 침류왕이 불교를 받아들였다.
② (나) – 고구려 영양왕이 요서 지방을 선제 공격하였다.
③ (다) – 백제가 신라 대야성을 공격하여 함락시켰다.
④ (라) – 신라가 매소성에서 당군을 격파하였다.

문 09. 밑줄 친 '이 책'에 대한 설명으로 옳은 것은?

> 신(臣)이 이 책을 편수하여 바치는 것은 …(중략)… 중국은 반고부터 금국에 이르기까지, 동국은 단군으로부터 본조(本朝)에 이르기까지 처음 일어나게 된 근원을 간책에서 다 찾아보아 같고 다른 것을 비교하여 요점을 취하고 읊조림에 따라 장을 이루었습니다.

① 성리학적 유교 사관이 반영되어 대의명분을 강조하였다.
② 국왕, 훈신, 사림이 서로 합의하여 통사 체계를 구성하였다.
③ 원 간섭기에 중국과 구별되는 우리 역사의 독자성을 강조하였다.
④ 왕명으로 단군 조선에서 고려 말까지의 역사를 노래 형식으로 정리하였다.

문 10. 다음 그래프에 표시된 시기에 일어난 사회 현상으로 옳지 않은 것은?

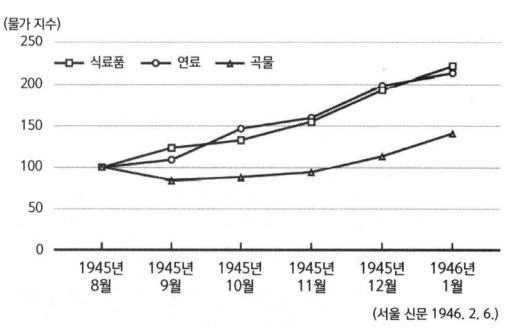

(서울 신문 1946. 2. 6.)

① 해외로부터 귀환인이 급증하여 식량이 부족했다.
② 38도선 분할 점령 이후 식료품 부문의 생산이 크게 위축되었다.
③ 미 군정이 재정 적자를 메우기 위해 화폐를 과도하게 발행했다.
④ 미곡 수집제 폐지, 토지 개혁 실시를 주장하는 대규모 시위가 일어났다.

문 11. 밑줄 친 '왕'의 재위 기간에 있었던 사실로 옳은 것은?

> 나라 안의 여러 군현에서 공부(貢賦)를 바치지 않으니 창고가 비어 버리고 나라의 쓰임이 궁핍해졌다. 왕이 사신을 보내어 독촉하자, 이로 말미암아 곳곳에서 도적이 벌떼처럼 일어났다. 이때 원종과 애노 등이 사벌주에 응거하여 반란을 일으켰다.

① 발해가 멸망하였다.
② 국학을 설치하였다.
③ 최치원이 시무책 10여 조를 건의하였다.
④ 장보고의 건의에 따라 청해진이 설치되었다.

문 12. 독도가 대한민국의 영토임을 알 수 있는 자료로 옳은 것만을 모두 고르면?

> ㉠ 일본의 『은주시청합기』(1667년)
> ㉡ 일본의 삼국접양지도(1785년)
> ㉢ 일본의 태정관 지령문(1877년)
> ㉣ 일본의 시마네 현 고시(1905년)

① ㉠, ㉡, ㉢
② ㉠, ㉡, ㉣
③ ㉠, ㉢, ㉣
④ ㉡, ㉢, ㉣

문 13. (가)에 대한 설명으로 옳은 것은?

> 문화 통치의 일환으로 한글 신문의 발행이 허용되었다. 이에 따라 (가) 이/가 창간되었다. (가) 은/는 자치 운동을 모색하던 이광수의 「민족적 경륜」을 실어 비판 받기도 하였으나, '일장기 말소 사건'으로 일제로부터 정간 처분을 받기도 하였다.

① 한글 보급 운동에 앞장서『한글원본』을 만들었다.
② 브나로드 운동이라는 농촌 계몽 운동을 전개하였다.
③ 『개벽』, 『신여성』, 『어린이』 등의 잡지를 발행하였다.
④ 신간회가 결성되자 신간회 본부와 같은 역할을 하게 되었다.

문 14. (가) 인물에 대한 설명으로 옳은 것은?

> 김춘추가 당나라에 들어가 군사 20만을 요청해 얻고 돌아와서 (가) 을/를 보며 말하기를, "죽고 사는 것이 하늘의 뜻에 달렸는데, 살아 돌아와 다시 공과 만나게 되니 얼마나 다행한 일입니까?"라고 하였다. 이에 (가) 이/가 대답하기를, "저는 나라의 위엄과 신령함에 의지하여 두 차례 백제와 크게 싸워 20성을 빼앗고 3만여 명을 죽이거나 사로잡았습니다. 그리고 품석 부부의 유골이 고향으로 되돌아왔으니 천행입니다."라고 하였다.
> ― 『삼국사기』

① 황산벌에서 백제군을 물리쳤다.
② 화랑이 지켜야 할 세속 오계를 제시하였다.
③ 진덕 여왕의 뒤를 이어 신라 왕으로 즉위하였다.
④ 당에서 숙위 활동을 하다가 부대총관이 되어 신라로 돌아왔다.

문 15. (가), (나) 신분층에 대한 설명으로 옳지 않은 것은?

> 오래도록 막혀 있으면 반드시 터놓아야 하고, 원한은 쌓이면 반드시 풀어야 하는 것이 하늘의 이치다. (가) 와/과 (나) 에게 벼슬길이 막히게 된 것은 우리나라의 편벽된 일로 이제 몇백 년이 되었다. (가) 은/는 다행히 조정의 큰 성덕을 입어 문관은 승문원, 무관은 선전관에 임명되고 있다. 그런데도 우리들 (나) 은/는 홀로 이 은혜를 함께 입지 못하니 어찌 탄식조차 없겠는가?

① (가)의 신분 상승 운동은 (나)에게 자극을 주었다.
② (가)는 수 차례에 걸친 집단 상소를 통해 관직 진출의 제한을 없애 줄 것을 요구하였다.
③ (나)에 해당하는 인물로는 정조 때 규장각 검서관으로 등용된 유득공, 박제가, 이덕무 등이 있다.
④ (나)는 주로 기술직에 종사하며 축적한 재산과 탄탄한 실무 경력을 바탕으로 신분 상승을 추구하였다.

문 16. 다음 자료에 나타난 사상에 대한 설명으로 옳은 것은?

> 사람이 곧 하늘이라. 그러므로 사람은 평등하며 차별이 없나니, 사람이 마음대로 귀천을 나눔은 하늘을 거스르는 것이다. 우리 도인은 차별을 없애고 선사의 뜻을 받들어 생활하기를 바라노라.

① 이 사상에 대해 순조 즉위 이후 대탄압이 가해졌다.
② 이 사상을 바탕으로 『동경대전』과 『용담유사』가 편찬되었다.
③ 이 사상을 근거로 몰락한 양반의 지휘 아래 평안도에서 난이 일어났다.
④ 이 사상을 근거로 단성에서 시작된 농민 봉기는 진주로 이어졌다.

문 17. 다음은 우리나라 경제 성장 과정을 시간 순으로 나열한 것이다. (가)에 들어갈 내용으로 옳은 것은?

> 수출액 100억 달러를 돌파하다.
> ↓
> 제2차 석유 파동으로 경제가 침체에 빠지다.
> ↓
> (가)
> ↓
> 경제 협력 개발 기구에 가입하다.

① 제3차 경제 개발 5개년 계획이 실시되다.
② 저금리, 저유가, 저달러의 3저 호황을 경험하다.
③ 베트남 파병을 시작하고 브라운 각서를 체결하다.
④ 일본과 대일 청구권 문제에 합의하고 한·일 기본 조약을 체결하다.

문 18. 다음 법령이 실시된 기간에 있었던 사실로 옳은 것은?

> 제1조 국체를 변혁 또는 사유 재산제를 부인할 목적으로 결사를 조직하거나 그 정을 알고 이에 가입하는 자는 10년 이하의 징역 또는 금고에 처함
> 제2조 전조의 제1항의 목적으로 그 목적한 사항의 실행에 관하여 협의한 자는 7년 이하의 징역 또는 금고에 처함

① 조선 태형령이 공포되었다.
② 경성 제국 대학이 설립되었다.
③ 물산 장려 운동이 시작되었다.
④ 학도 지원병 제도가 실시되었다.

문 19. 다음 사실이 있었던 시기의 향촌 사회에 대한 설명으로 옳지 않은 것은?

> 황해도 봉산 사람 이극천이 향전(鄕戰) 때문에 투서하여 그와 알력이 있는 사람들을 무고하였는데, 내용이 감히 말할 수 없는 문제에 저촉되었다.

① 향전의 전개 속에서 수령의 권한이 강화되었다.
② 신향층은 수령과 그를 보좌하는 향리층과 결탁하였다.
③ 수령은 경재소와 유향소를 연결하여 지방 통치를 강화하였다.
④ 재지 사족은 동계와 동약을 통해 향촌 사회에 대한 영향력을 유지하려 하였다.

문 20. 다음 자료가 발표된 이후의 사실에 해당하지 않는 것은?

> 우리는 3천만 한국 인민과 정부를 대표하여 삼가 중·영·미·소·캐나다 기타 제국의 대일 선전이 일본을 격패케 하고 동아를 재건하는 가장 유효한 수단이 됨을 축하하여 이에 특히 다음과 같이 성명한다.
> 1. 한국 전 인민은 현재 이미 반침략 전선에 참가하였으니 한 개의 전투 단위로서 추축국에 선전한다.
> 2. 1910년의 합방 조약과 일체의 불평등 조약의 무효를 거듭 선포하며 아울러 반(反) 침략 국가인 한국에 있어서의 합리적 기득권익을 존중한다.
> …(중략)…
> 5. 루스벨트·처어칠 선언의 각조를 견결히 주장하며 한국 독립을 실현키 위하여 이것을 적용하여 민주 진영의 최후 승리를 축원한다.

① 한국광복군은 김원봉이 이끌던 조선 의용대의 병력을 통합하였다.
② 영국군의 요청에 따라 인도, 미얀마 전선에 한국광복군이 파견되었다.
③ 조선 독립 동맹은 조선 의용대 화북 지대를 기반으로 조선 의용군을 조직하였다.
④ 대한민국 임시 정부는 김구를 주석으로 하는 단일 지도 체제를 만들고 대한민국 건국 강령을 제정하였다.

문 01. 청동기 시대의 유적과 유물에 대한 설명으로 옳은 것은?
① 연천 전곡리에서는 사냥 도구인 주먹도끼가 출토되었다.
② 창원 다호리에서는 문자를 적는 붓이 출토되었다.
③ 강화 부근리에서는 탁자식 고인돌이 발견되었다.
④ 서울 암사동에서는 곡물을 담는 빗살무늬 토기가 나왔다.

문 02. (가), (나)의 나라에 대한 설명으로 옳은 것은?

> (가) 음력 12월에 지내는 제천 행사가 있는데, 이를 영고라고 한다. 이때에는 형옥을 중단하고 죄수를 풀어 주었다.
> (나) 해마다 10월 하늘에 제사를 지내는데, 밤낮으로 술 마시며 노래 부르고 춤추니 이를 무천이라고 한다.
> — 『삼국지』

① (가) - 5부가 있었으며, 계루부에서 왕위를 차지하였다.
② (가) - 정치적 지배자로 신지, 읍차 등이 있었다.
③ (나) - 죄를 지은 사람이 소도에 들어가면 잡아가지 못하였다.
④ (나) - 다른 부족의 영역을 침범하면 책화라 하여 노비나 소, 말로 변상하였다.

문 03. (가) 왕의 시기에 일어난 사실로 옳은 것은?

> 이자겸, 척준경이 말하기를 "금이 예전에는 작은 나라여서 요와 우리나라를 섬겼으나, 지금은 갑자기 흥성하여 요와 송을 멸망시켰다. …(중략)… 작은 나라로서 큰 나라를 섬기는 것은 선왕의 도이니, 마땅히 우선 사절을 보내야 합니다." 라고 하니 (가) 이/가 그 의견을 따랐다.
> — 『고려사』

① 도평의사사를 중심으로 정치를 주도하였다.
② 성리학을 수용하면서 『주자가례』를 보급하였다.
③ 서경에 대화궁을 짓게 하고 칭제건원을 주장하였다.
④ 몽골의 침략에 대응하기 위해 강화도로 도읍을 옮겼다.

문 04. 밑줄 친 ⊙ 이후에 일어난 사실로 옳지 않은 것은?

> 상쾌한 아침의 나라라는 뜻을 지닌 조선은 일본의 총칼 아래 민족정신을 무참하게 유린당했다. …(중략)… 조선 민족은 독립 항쟁을 줄기차게 계속하였다. 그 중에서도 중요한 것은 ⊙1919년의 독립 만세 운동이었다.
> — 네루, 『세계사 편력』

① '암태도 소작 쟁의'가 일어났다.
② '정우회 선언'이 발표되었다.
③ 임병찬이 독립 의군부를 조직하였다.
④ 조선 민립 대학 기성회가 창립되었다.

문 05. 밑줄 친 '성상(聖上)'대에 편찬된 서적에 대한 설명으로 옳은 것은?

> 세조가 신하들에게 말씀하시기를, "법의 과목(科目)이 너무 번잡하고 앞뒤가 맞지 않았기 때문에 상세히 살펴 다듬어 자손만대의 성법(成法)을 만들고자 한다."라고 하셨다. 형전(刑典)과 호전(戶典)은 이미 반포되어 시행하고 있으나 나머지 네 법전은 미처 교정을 마치지 못했다. 이에 성상(聖上)께서 세조의 뜻을 받들어 여섯 권의 법전을 완성하게 하여 중외에 반포하셨다.

① 『동국병감』은 고조선에서 고려 말까지의 전쟁을 정리한 병서이다.
② 『동몽선습』은 중국과 우리나라의 역사를 담은 아동 교육서이다.
③ 『삼강행실도』는 모범적인 효자·충신·열녀를 다룬 윤리서이다.
④ 『국조오례의』는 국가의 여러 행사에 필요한 의례를 정비한 의례서이다.

문 06. (가) 토지 제도에 대한 설명으로 옳은 것은?

> 비로소 직관(職官)·산관(散官) 각 품(品)의 ㅣ (가) ㅣ을/를 제정하였는데, 품계의 높고 낮은 것은 논하지 않고 다만 인품만 가지고 그 등급을 결정하였다.
> ― 『고려사』

① 4색 공복을 기준으로 문반, 무반, 잡업으로 나누어 지급 결수를 정하였다.
② 산관이 지급 대상에서 제외되었으며 무반의 차별 대우가 개선되었다.
③ 전임 관료와 현임 관료를 대상으로 경기 지방에 한하여 지급하였다.
④ 고려의 건국 과정에서 충성도와 공로에 따라 차등 지급되었다.

문 07. (가), (나) 시기에 있었던 사실로 옳은 것은?

① (가) ― 시전 상인을 중심으로 황국 중앙 총상회가 조직되었다.
② (가) ― 신민회는 일제가 날조한 105인 사건으로 와해되었다.
③ (나) ― 함경도 관찰사 조병식이 곡물 수출을 막는 방곡령을 내렸다.
④ (나) ― 일제의 황무지 개간권 요구를 반대하기 위해 보안회가 창설되었다.

문 08. (가) 왕대의 사실에 대한 설명으로 옳은 것은?

> ㅣ (가) ㅣ은/는 흑수말갈이 당과 통하려고 하자 군사를 동원하여 흑수말갈을 치게 하였다. 또한 일본에 사신 고제덕 등을 보내 "여러 나라를 관장하고 여러 번(蕃)을 거느리며, 고구려의 옛 땅을 회복하고 부여의 옛 습속을 지니고 있다."라고 하여 강국임을 자부하였다.

① 국호를 진국에서 발해로 바꾸었다.
② 신라는 급찬 숭정을 발해에 사신으로 보냈다.
③ 대흥이라는 독자적인 연호를 사용하였다.
④ 장문휴가 당의 등주를 공격하였다.

문 09. 다음 전투를 이끈 한국인 부대에 대한 설명으로 옳은 것은?

> 아군은 사도하자에 주둔 병력을 증강시키면서 훈련에 여념이 없었다. 새벽에 적군은 황가둔에서 이도하 방면을 거쳐 사도하로 진격하여 왔다. 그런데 적군은 아군이 세운 작전대로 함정에 들어왔고, 이에 일제히 포문을 열어 급습함으로써 적군은 응전할 사이도 없이 격파되었다.

① 양세봉이 총사령관이었다.
② 미쓰야 협정이 체결되기 직전까지 활약하였다.
③ 한국 독립당의 산하 부대로 동경성 전투도 수행하였다.
④ 조선 민족 전선 연맹이 중국 국민당의 지원을 받아 창설하였다.

문 10. 밑줄 친 ㉠~㉣과 관련된 임란 이후 경제에 대한 설명으로 옳지 않은 것은?

> ㅇ ㉠서울 안팎과 번화한 큰 도시에 파·마늘·배추·오이 밭 따위는 10묘의 땅에서 얻은 수확이 돈 수만을 헤아리게 된다. 서도 지방의 ㉡담배 밭, 북도 지방의 삼 밭, 한산의 모시밭, 전주의 생강 밭, 강진의 ㉢고구마 밭, 황주의 지황 밭에서의 수확은 모두 상상등전(上上等田)의 논에서 나는 수확보다 그 이익이 10배에 이른다.
>
> ㅇ 작은 보습으로 이랑에다 고랑을 내는데, 너비 1척, 깊이 1척이다. 이렇게 한 이랑, 즉 1묘 마다 고랑 3개와 두둑 3개를 만들면, 두둑의 높이와 너비는 고랑의 깊이와 너비와 같아진다. 그 뒤 ㉣고랑에 거름 재를 두껍게 펴고, 구멍 뚫린 박에 조를 담고서 파종한다.

① ㉠ ― 신해통공을 반포하여 육의전의 금난전권을 폐지하였다.
② ㉡ ― 인삼과 더불어 대표적인 상업 작물로 재배되었다.
③ ㉢ ― 『감저보』, 『감저신보』에서 재배법을 기술하였다.
④ ㉣ ― 밭농사에서 농업 생산력의 발전을 가져온 농법이었다.

문 11. 단군에 대한 인식을 설명한 것으로 옳지 않은 것은?
① 이승휴의 『제왕운기』에서는 우리 역사를 단군부터 서술하였다.
② 홍만종의 『동국역대총목』은 단군 정통론의 입장에서 기술하였다.
③ 이규보의 『동명왕편』은 단군의 건국 과정을 다루고 있다.
④ 「기미 독립 선언서」에는 '조선 건국 4252년'으로 연도를 표기하였다.

문 12. 다음 내용이 실린 사서에 대한 설명으로 옳은 것은?

> 제왕이 장차 일어날 때는 하늘의 명령과 상서로운 기운을 받아서 반드시 보통 사람과는 다른 점이 있으니, 그런 뒤에야 능히 큰 변화를 타서 제왕의 지위를 얻고 대업을 이루었다. …(중략)… 삼국의 시조들이 모두 신이(神異)한 일로 탄생했음이 어찌 괴이하겠는가. 이것이 책 첫머리에 「기이(紀異)」편이 실린 까닭이며, 그 의도도 여기에 있는 것이다.

① 불교 승려의 전기를 수록한 고승전이다.
② 불교 중심의 고대 민간 설화를 수록하였다.
③ 고조선부터 고려 말까지의 역사를 정리하였다.
④ 유교적 사관에 기초하여 기전체로 서술하였다.

문 13. (가)의 체결 이후에 일어난 사실로 옳은 것은?

> 청군과 일본군의 개입으로 사태가 악화되자 농민군은 폐정 개혁을 제시하며 정부와 (가) 을/를 맺었다. 이에 따라 농민군은 해산하였다.

① 농민군이 황토현에서 감영군을 격파하였다.
② 고부 군수 조병갑이 만석보를 쌓아 수세를 강제로 거두었다.
③ 안핵사 이용태가 농민을 동학도로 몰아 처벌하였다.
④ 남접군과 북접군이 논산에서 합류하여 연합군을 형성하였다.

문 14. (가) 시기의 경제 상황에 대한 설명으로 옳은 것은?

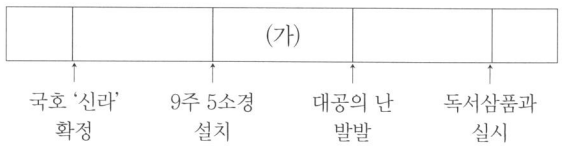

① 백성에게 정전을 처음으로 지급하였다.
② 시장을 감독하는 관청인 동시전을 신설하였다.
③ 백성의 구휼을 위하여 진대법을 제정하였다.
④ 청주(菁州)의 거로현을 국학생의 녹읍으로 삼았다.

문 15. 우리나라 문화유산에 대한 설명으로 옳지 않은 것은?
① 개성 경천사지 10층 석탑은 원의 석탑을 본떠 만들어졌다.
② 영주 부석사 무량수전은 주심포식 목조 건물이다.
③ 부여 정림사지 5층 석탑에서는 백제 무왕의 왕후가 넣은 사리기가 발견되었다.
④ 김제 금산사 미륵전은 다층 건물이나 내부가 하나로 통한다.

문 16. (가) 교육 기관에 대한 설명으로 옳은 것은?

> 주세붕이 비로소 (가) 을/를 창건할 적에 세상에서 자못 의심했으나, 그의 뜻은 더욱 독실해져 무리들의 비웃음을 무릅쓰고 비방을 극복하여 전례 없던 장한 일을 이루었습니다. …(중략)… 최충, 우탁, 정몽주, 길재, 김종직, 김굉필 같은 이가 살던 곳에 (가) 을/를 건립하게 될 것입니다. - 『퇴계집』

① 지방의 군현에 있던 유일한 관학이다.
② 선비와 평민의 자제에게 『천자문』 등을 가르쳤다.
③ 성적 우수자는 문과의 초시를 면제해 주었다.
④ 학문 연구와 선현의 제사를 위해 설립된 사설 교육 기관이다.

문 17. (가), (나)가 설명하는 조약을 옳게 짝지은 것은?

(가) 강화도 조약에 이어 몇 달 뒤 체결되었다. 양곡의 무제한 유출을 가능하게 한 규정과 일본 정부에 소속된 선박은 항세를 납부하지 않는다는 규정이 들어 있었다.
(나) 김홍집이 일본에서 황준헌의 『조선책략』을 가져 오면서 그 내용의 영향으로 체결되었으며, 청의 적극적인 알선이 있었다. 거중조정 조항과 최혜국 대우의 규정이 포함되어 있었다.

	(가)	(나)
①	조·일 무역 규칙	조·미 수호 통상 조약
②	조·일 무역 규칙	조·러 수호 통상 조약
③	조·일 수호 조규 부록	조·미 수호 통상 조약
④	조·일 수호 조규 부록	조·러 수호 통상 조약

문 18. 다음은 어떤 인물에 대한 연보이다. 밑줄 친 ㉠~㉣의 설명으로 옳은 것은?

1566년(31세)	㉠사간원 정언에 제수되다.
1568년(33세)	㉡이조 좌랑이 되었으나 외할머니 이씨의 병환 소식을 듣고 사퇴하다.
1569년(34세)	동호 독서당에 머물면서 『동호문답』을 찬진하다.
1574년(39세)	㉢승정원 우부승지에 제수되어 「만언봉사」를 올리다.
1575년(40세)	㉣홍문관 부제학에서 사퇴하고 『성학집요』를 편찬하다.

① ㉠ - 왕명을 출납하면서 왕의 비서 기관의 업무를 하였다.
② ㉡ - 삼사의 관리를 추천하는 권한이 있었다.
③ ㉢ - 왕의 정책을 간쟁하고 관원의 비행을 감찰하였다.
④ ㉣ - 서적 출판 및 간행의 업무를 전담하였다.

문 19. 다음 글의 저자에 대한 설명으로 옳은 것은?

무릇 동양의 수천 년 교화계(敎化界)에서 바르고 순수하며 광대 정밀하여 많은 성현들이 전해주고 밝혀 준 유교가 끝내 인도의 불교와 서양의 기독교와 같이 세계에 큰 발전을 하지 못함은 어째서이며…(중략)… 유교계에 3대 문제가 있는지라. 그 3대 문제에 대하여 개량하고 구신(求新)을 하지 않으면 우리 유교는 흥왕할 수가 없을 것이다.

① '조선얼'을 강조하며 '조선학 운동'을 펼쳤다.
② '나라는 형(形)이고 역사는 신(神)'이라고 주장하였다.
③ 주석·부주석 체제하의 대한민국 임시 정부에서 주석을 역임하였다.
④ 「독사신론」에서 민족을 역사 서술의 주체로 설정하고 사대주의를 비판하였다.

문 20. (가)~(라)를 시기 순으로 바르게 나열한 것은?

(가) 좌·우 합작 7원칙이 발표되었다.
(나) 조선 건국 준비 위원회가 결성되었다.
(다) 모스크바 3국 외상 회의가 개최되었다.
(라) 김구와 김규식이 남북 협상을 제의하였다.

① (나) → (가) → (라) → (다)
② (나) → (다) → (가) → (라)
③ (다) → (가) → (나) → (라)
④ (다) → (나) → (가) → (라)

8회 | 2018년 국가직 9급

2018년 4월 7일 시행

제한시간: 20분   시작 ___시 ___분 ~ 종료 ___시 ___분   나의 점수 ___   회독수 □□□

문 01. 시대별 지방 행정 제도에 대한 설명으로 옳은 것은?
① 통일 신라 – 촌의 행정은 촌주가 담당하였다.
② 발해 – 전국 330여 개의 모든 군현에 수령을 파견하였다.
③ 고려 – 촌락 지배 방식으로 면리제가 확립되었다.
④ 조선 – 향리 통제를 위하여 사심관을 파견하였다.

문 02. 다음 (갑)과 (을)의 담판 이후에 있었던 (을)의 활동으로 옳은 것은?

> (갑) 그대 나라는 신라 땅에서 일어났고 고구려 땅은 우리의 소유인데 그대들이 침범했다.
> (을) 아니다. 우리야말로 고구려를 이은 나라이다. 그래서 나라 이름도 고려라 했고, 평양에 도읍하였다. 만일 땅의 경계로 논한다면 그대 나라 동경도 모두 우리 강역에 들어 있는 것인데 어찌 침범이라 하겠는가.

① 9성 설치
② 귀주 대첩
③ 강동 6주 경략
④ 천리장성 축조

문 03. 밑줄 친 ⊙의 결과에 해당하는 사실로 옳은 것은?

> (영락) 6년 병신(丙申)에 왕이 직접 수군을 이끌고 백제를 토벌하였다. (백제왕이) 우리 왕에게 항복하면서 "지금 이후로는 영원히 노객(奴客)이 되겠습니다."라고 맹세하였다. …(중략)… ⊙10년 경자(庚子)에 왕이 보병과 기병 5만 명을 보내어 신라를 구원하게 하였다.

① 고구려가 신라 내정 간섭을 강화하였다.
② 백제가 고구려의 평양성을 공격하였다.
③ 신라가 관산성 전투에서 백제 성왕을 살해하였다.
④ 금관가야가 가야 지역의 중심 세력으로 대두하였다.

문 04. (가)와 (나)를 주장한 각 인물에 대한 설명으로 옳은 것은?

> (가) 우리는 남방만이라도 임시 정부 혹은 위원회 같은 것을 조직하여 38도선 이북에서 소련이 철퇴하도록 세계 공론에 호소해야 할 것이다.
> (나) 나는 통일된 조국을 달성하려다 38도선을 베고 쓰러질지언정 일신의 구차한 안일을 위하여 단독 정부를 세우는 데는 협력하지 아니하겠다.

① (가) – 5·10 총선거에 불참하였다.
② (가) – 좌우 합작 7원칙을 지지하였다.
③ (나) – 탁치 반대 국민 총동원 위원회를 조직하였다.
④ (나) – 남조선 과도 입법 의원의 의장을 역임하였다.

문 05. 다음 (가)에 대한 설명으로 옳지 않은 것은?

> 예전에 성종이 [(가)] 시행에 따르는 잡기가 정도(正道)에 어긋나는데다가 번거롭고 요란스럽다 하여 이를 모두 폐지하였다. …(중략)… 이것을 폐지한 지가 거의 30년이나 되었는데, 이때에 와서 정당문학 최항이 청하여 이를 부활시켰다.

① 국제 교류의 장이었다.
② 정월 보름에 개최되었다.
③ 토속 신에게 제사를 지냈다.
④ 훈요 10조에서 시행할 것을 강조하였다.

문 06. 다음과 같이 주장한 인물에 대한 설명으로 옳은 것은?

> 달은 하나이나 냇물의 갈래는 만 개가 된다. …(중략)… 나는 그 냇물이 세상 사람들이라는 것을 안다. 빛을 받아 비추어서 드러나는 것은 사람들의 상이다. 달이라는 것은 태극이요, 태극은 나이다.

① 『해동농서』를 편찬하도록 하였다.
② 갑인예송에서 왕권을 강조하며 기년복을 주장하였다.
③ 이순신에게 현충이라는 시호를 내리고 강감찬 사당을 건립하였다.
④ 민간의 광산 개발 참여를 허용하는 설점수세제를 처음 실시하였다.

문 07. 밑줄 친 '국왕'의 재위 기간에 있었던 일로 옳은 것은?

> 지금 국왕께서 풍속을 바꾸려는 데에 뜻이 있으므로 신은 지극하신 뜻을 받들어 완악한 풍속을 고치고자 합니다. …(중략)… 『이륜행실(二倫行實)』로 말하면 신이 전에 승지가 되었을 때에 간행할 것을 청했습니다. 삼강이 중한 것은 아무리 어리석은 부부라도 모두 알고 있으나, 붕우·형제의 이륜에 이르러서는 평범한 사람들이 제대로 모르는 경우가 있습니다.

① 주세붕이 백운동 서원을 세웠다.
② 김시습이 『금오신화』를 저술하였다.
③ 『국조오례의』가 편찬되고 『동국여지승람』이 만들어졌다.
④ 문화와 제도를 유교식으로 갖추기 위해 집현전을 창설하였다.

문 08. 다음의 법률에 근거하여 실시된 식민지 정책으로 옳지 않은 것은?

> 제4조 정부는 전시에 국가 총동원상 필요하다고 인정될 때에는 칙령이 정하는 바에 따라서 제국 신민을 징용하여 총동원 업무에 종사하도록 할 수 있다.
> 제7조 정부는 칙령이 정하는 바에 따라 노동 쟁의의 예방 혹은 해결에 관한 명령, 작업소 폐쇄, 작업 혹은 노무의 중지 …(중략)… 등을 명할 수 있다.

① 물자 통제령을 공포하여 배급제를 확대하였다.
② 육군 특별 지원병령을 제정하여 지원병을 선발하였다.
③ 금속류 회수령을 제정하여 주요 군수 물자를 공출하였다.
④ 국민 징용령을 공포하여 강제적인 노무 동원을 실시하였다.

문 09. (가) 시기에 해당되는 사실로 옳은 것은?

> 방금 안핵사 이용태의 보고에 따르면 "죄인들이 대다수 도망치는 바람에 조사하지 못하였다."라고 하였다.
> - 『승정원일기』

↓

(가)

↓

> 전봉준은 금구 원평에 앉아(전라)우도에 호령하였으며, 김개남은 남원성에 앉아 좌도를 통솔하였다.
> - 『갑오약력』

① 논산에서 남·북접의 동학군이 집결하였다.
② 우금치 전투에서 동학군이 일본군과 격전을 벌였다.
③ 동학 교도가 궁궐 앞에서 교조 신원을 주장하는 집회를 열었다.
④ 백산에서 전봉준이 보국안민을 위해 궐기하라는 통문을 보냈다.

문 10. (가) 기구가 존속한 시기의 사람들이 볼 수 있었던 사실로 적절한 것은?

> 지주는 조선 총독이 정하는 기간 내에 (가) 혹은 그것의 출장소 직원에게 신고해야 한다. 만약 제출을 태만히 하거나 제출서를 제출하지 않을 시에는 당국에서 해당 토지에 대해 소유권의 유무 등을 조사하다가 소유자를 알지 못하는 경우에 지주가 없는 것으로 간주하여 국유지로 편입할 수 있다.

① 조선 청년 연합회에 출입하는 일본인 고문
② 신문에 연재 중인 소설 『무정』을 읽는 학생
③ 연초 전매 제도에 따라 조합에 수매되는 담배
④ 의열단에 가입하는 신흥 무관 학교 출신 청년

문 11. 밑줄 친 '이 지도'에 대한 설명으로 옳지 않은 것은?

> 1402년 제작된 이 지도는 조선 학자들에 의해 제작된 세계 지도이다. 권근의 글에 의하면 중국에서 수입한 '성교광피도'와 '혼일강리도'를 기초로 하고, 우리나라와 일본의 지도를 합해서 제작하였다고 한다.

① 유럽과 아프리카 대륙까지 묘사하였다.
② 중국이 세계의 중심이라는 중화 사상이 반영되었다.
③ 이 지도의 작성에는 이슬람 지도학의 영향이 있었다.
④ 우리나라에 해당하는 부분은 백리척을 사용하여 과학화에 기여하였다.

문 12. 다음 왕의 재위 기간에 있었던 사실로 옳은 것은?

> ○ 왕 원년: 소판 김흠돌, 파진찬 흥원, 대아찬 진공 등이 반역을 도모하다가 사형을 당하였다.
> ○ 왕 9년: 달구벌로 서울을 옮기려다 실현하지 못하였다.
> ―『삼국사기』

① 사방에 우역을 설치하였다.
② 수도에 서시와 남시를 설치하였다.
③ 국학을 설치하여 유학을 교육하였다.
④ 관료에게 지급하는 녹읍을 부활하였다.

문 13. 다음은 발해사에 대한 중국과 러시아 입장이다. 한국사의 입장에서 이를 반박하는 증거로 적절한 것은?

> ○ 중국: 소수 민족 지역의 분리 독립 의식을 약화시키려고, 국가라기보다는 당 왕조에 예속된 지방 민족 정권 차원에서 본다.
> ○ 러시아: 중국 문화보다는 중앙 아시아나 남부 시베리아의 영향을 강조하여 러시아의 역사에 편입시키려 한다.

① 신라와의 교통로
② 상경성 출토 온돌 장치
③ 유학 교육 기관인 주자감
④ 3성 6부의 중앙 행정 조직

문 14. 신라 문무왕의 유언이다. 밑줄 친 ㉠~㉣의 내용과 부합하지 않는 것은?

> 과인은 운수가 어지럽고 전쟁을 하여야 하는 때를 만나서 ㉠서쪽을 정벌하고 ㉡북쪽을 토벌하여 영토를 안정시켰고, ㉢배반하는 무리를 토벌하고 ㉣협조하는 무리를 불러들여 멀고 가까운 곳을 모두 안정시켰다.
> ―『삼국사기』

① ㉠ - 태자로서 참전하여 백제를 멸망시켰다.
② ㉡ - 당나라 군대와 함께 고구려를 멸망시켰다.
③ ㉢ - 백제 부흥 운동을 주도한 복신을 공격하였다.
④ ㉣ - 임존성에서 저항하던 지수신의 투항을 받아주었다.

문 15. 다음은 대한 제국 시기에 설립된 어느 회사에 관한 내용이다. 밑줄 친 '이 회사'에 대한 설명으로 옳은 것은?

> ○ 이 회사의 고금(股金, 주권)은 액면 50원씩이고, 총 1천만 원을 발행하고, 주당 불입금은 5년간 총 10회 5원씩 나눠서 낸다.
> ○ 이 회사는 국내 진황지 개간, 관개 사무와 산림천택(山林川澤), 식양채벌(殖養採伐) 등의 사무 이외에 금·은·동·철·석유 등의 각종 채굴 사무에 종사한다.

① 종로의 백목전 상인이 주도가 된 직조 회사였다.
② 역둔토나 국유 미간지를 약탈하려는 국책 회사였다.
③ 황무지 개간권 요구에 대응하여 설립된 특허 회사였다.
④ 외국 상인과의 상권 경쟁을 위해 시전 상인이 만든 척식 회사였다.

문 16. 조선 성리학의 학설이나 동향을 시기순으로 바르게 나열한 것은?

┌───┐
│ ㉠ 현실 세계를 구성하는 기를 중시하여 경장(更張)을 │
│   주장하였다.   │
│ ㉡ 우주를 무한하고 영원한 기로 보는 '태허(太虛)설' │
│   을 제기하였다.   │
│ ㉢ 정지운의 『천명도』 해석을 둘러싸고 사단칠정 논쟁 │
│   이 시작되었다.   │
│ ㉣ 향약 보급 운동과 함께 일상에서의 실천 윤리가 담긴 │
│   『소학』을 중시하였다.   │
└───┘

① ㉡ → ㉠ → ㉣ → ㉢
② ㉡ → ㉣ → ㉠ → ㉢
③ ㉣ → ㉡ → ㉢ → ㉠
④ ㉣ → ㉢ → ㉡ → ㉠

문 17. 일제 강점기 조선인의 생활 모습으로 옳지 않은 것은?
① 도시 외곽의 토막촌에는 빈민이 살았다.
② 번화가에서 최신 유행의 모던 걸과 모던 보이가 활동하였다.
③ 몸뻬를 입은 여성들이 근로 보국대에서 강제 노동을 하였다.
④ 상류층이 한식 주택을 2층으로 개량한 영단 주택에 모여 살았다.

문 18. (가)와 (나)는 외국과 맺은 각서이다. 두 각서 사이에 있었던 사실로 옳은 것은?

┌───┐
│ (가) 일본 측은 한국 측에 무상 원조 3억 달러, 유상 원 │
│   조(해외 경제 협력 기금) 2억 달러, 그리고 수출입 │
│   은행 차관 1억 달러 이상을 제공한다.   │
│ (나) 미국 정부가 한국과 약속했던 1억 5천만 달러 규모 │
│   의 차관 공여와 더불어 …(중략)… 한국의 경제 발 │
│   전을 돕기 위한 추가 AID 차관을 제공한다.   │
└───┘

① 경부 고속 국도가 개통되었다.
② 마산에 수출 자유 지역이 건설되었다.
③ 국가 기간 산업인 울산 정유 공장이 가동되었다.
④ 유엔의 지원으로 충주에 비료 공장을 설립하였다.

문 19. 다음은 고려 시대 진화의 시이다. 이 시인과 교류를 통해 자부심을 공유한 인물의 작품은?

┌───┐
│ 서쪽 송나라는 이미 기울고 북쪽 오랑캐는 아직 잠자고 │
│ 있네. 앉아서 문명의 아침을 기다려라, 하늘의 동쪽에 │
│ 서 태양이 떠오르네.   │
└───┘

① 『삼국사기』   ② 『동명왕편』
③ 『제왕운기』   ④ 『삼국유사』

문 20. 다음 해외 견문 기록을 시기 순으로 바르게 나열한 것은?

┌───┐
│ ㉠ 『표해록』   ㉡ 『열하일기』   │
│ ㉢ 『서유견문』   ㉣ 『해동제국기』   │
└───┘

① ㉠ → ㉡ → ㉣ → ㉢
② ㉠ → ㉣ → ㉢ → ㉡
③ ㉣ → ㉠ → ㉡ → ㉢
④ ㉣ → ㉢ → ㉠ → ㉡

공무원시험전문 해커스공무원
gosi.Hackers.com

지방직 9급 시험 정보

시험 과목	총 5과목(2026년 시험 기준) - 공통 과목: 국어, 영어, 한국사 - 전문 과목: 행정법총론, 행정학개론(일반 행정직 기준이며, 직렬 및 직류에 따라 전문 과목이 정해짐)
총 문항 수	전체 100문항(1과목 당 20문항)
문제 유형	4지 선다형
시험 시간	총 110분 (5과목 합쳐서 110분이며, 중간에 쉬는 시간 없음)
2025년 9급 일반 행정직 경쟁률	평균: 19.1:1 최고: 60.5:1(대구)
2025년 9급 일반 행정직 합격선	평균: 85점(과목별 평균) 최고: 92점(부산, 과목별 평균)
시험 접수 및 일정 안내	지방자치단체 인터넷 원서접수센터 (https://local.gosi.go.kr)

해커스공무원 8개년 기출문제집
한국사

Part 2
지방직 9급

9회 2025년 지방직 9급
10회 2024년 지방직 9급
11회 2023년 지방직 9급
12회 2022년 지방직 9급
13회 2021년 지방직 9급
14회 2020년 지방직 9급
15회 2019년 지방직 9급
16회 2018년 지방직 9급

9회 | 2025년 지방직 9급

2025년 6월 21일 시행

제한시간 : 20분   시작 ___시 ___분 ~ 종료 ___시 ___분   나의 점수 ___   회독수 □□□

문 01. 신석기 시대에 대한 설명으로 옳은 것만을 모두 고르면?

> ㉠ 갈돌과 갈판을 사용하여 곡물이나 열매를 갈았다.
> ㉡ 반달 돌칼을 사용하여 농작물을 수확하였다.
> ㉢ 뼈바늘을 사용하여 옷이나 그물을 만들었다.
> ㉣ 벼농사를 널리 짓게 되었다.

① ㉠, ㉢   ② ㉠, ㉣
③ ㉡, ㉢   ④ ㉡, ㉣

문 02. (가) 나라에 대한 설명으로 옳은 것은?

> 옛 (가) 의 풍속에는 비가 오는 것이 고르지 않아 곡식이 익지 않으면, 문득 왕에게 그 잘못을 돌려 "마땅히 바꾸어야 한다." 또는 "마땅히 죽여야 한다."라고 말하였다.
> - 『삼국지』 위서 동이전

① 읍락의 우두머리들이 스스로 '삼로(三老)'라고 불렀다.
② 마가(馬加)와 우가(牛加) 등 가축의 이름을 딴 관리가 있었다.
③ 사람이 질병으로 죽으면 살던 집을 버리고 다시 새집을 지었다.
④ 다른 읍락의 산천을 침범하면 노비와 소, 말 등으로 배상하게 하였다.

문 03. 다음 외교 문서를 작성한 나라에 대한 설명으로 옳지 않은 것은?

> 무예가 알립니다. "고(구)려의 옛 터전을 회복하고, 부여의 유속(遺俗)을 가지게 되었습니다."

① 당의 등주를 공격하였다.
② 행정 구역을 5경 15부 62주로 나누었다.
③ 집사부 장관인 시중이 왕명을 받들어 행정을 총괄하였다.
④ '인안' 등의 연호를 사용하고 국왕을 '황상'이라고 부르기도 하였다.

문 04. 밑줄 친 '국왕'의 업적으로 옳지 않은 것은?

> 이차돈이 국왕에게 아뢰기를 "신이 거짓으로 왕명을 전하였다고 문책하여 신의 머리를 베시면 만민이 모두 굴복하고 감히 왕명을 어기지 못할 것입니다."라고 하였다. …(중략)… 옥리(獄吏)가 이차돈의 머리를 베니 하얀 젖이 한 길이나 솟았다.

① 율령을 반포하고 상대등을 설치하였다.
② 병부를 설치하고 금관가야를 병합하였다.
③ '건원'이라는 독자적인 연호를 사용하였다.
④ 국호를 '신라'로 정하고 우산국을 정벌하였다.

문 05. (가) 시기에 일어난 고구려 관련 사건은?

| 태학 설립 | → | (가) | → | 평양 천도 |

① 동옥저를 정벌하였다.
② 전연의 침입으로 도성이 함락되었다.
③ 후연을 격파하고 요동 지역을 차지하였다.
④ 백제의 수도 한성을 함락하고 개로왕을 살해하였다.

문 06. (가) 국왕의 업적으로 옳지 않은 것은?

(가) 은/는 김부(金傅)를 경주의 사심관으로 임명하여 부호장(副戶長) 이하의 관직 등에 관한 일을 맡게 하였다. 이에 여러 공신들 역시 이를 본받아 자기 주(州)의 사심이 되었으니, 사심관이 이로부터 비롯되었다.

① 기인 제도를 시행하였다.
② 발해 유민을 받아들였다.
③ 개경을 '황도'라고 불렀다.
④ 훈요 10조를 남겼다.

문 07. 다음 대화가 오고 간 시기는?

소손녕: 그대 나라는 신라 땅에서 일어났고, 고구려 땅은 우리 땅인데 너희들이 쳐들어와 차지하였다.
서희: 우리는 고구려를 계승하여 나라 이름을 고려라 하였다. 땅의 경계를 논한다면 그대 나라의 동경도 모두 우리 땅이다.

	(가)	(나)	(다)	(라)	
고려 건국		귀주 대첩	무신 정변	개경 환도	위화도 회군

① (가)
② (나)
③ (다)
④ (라)

문 08. 밑줄 친 '국왕'에 대한 설명으로 옳은 것은?

이달에 국왕이 친히 언문 28자를 지었는데, 그 글자는 옛 글자를 모방하였고, 초성·중성·종성으로 조합해야 한 음절이 이루어졌다. 무릇 문자로 기록한 것과 말로만 전해지는 것을 모두 쓸 수 있으며, 글자는 비록 쉽고 간단하지만 무궁무진한 표현이 가능하니, 이를 '훈민정음'이라고 한다.

① 『경국대전』을 반포하였다.
② 『삼강행실도』를 편찬하였다.
③ 『국조오례의』를 간행하였다.
④ 『동국여지승람』을 편찬하였다.

문 09. (가) 인물에 대한 설명으로 옳은 것은?

(가) 은/는 무신 집권기 불교의 세속화를 비판하면서 불교 본연의 정신을 확립하자는 결사 운동을 주도하여 수선사를 결성하였다. 그는 깨달음을 얻은 뒤에도 수행을 게을리하지 않아야 한다는 돈오점수를 내세웠다.

① 천태종을 창시하였다.
② 임제종을 도입하였다.
③ 교종의 입장에서 선종을 통합하려 하였다.
④ 정혜쌍수라는 실천 수행 방법을 제시하였다.

문 10. 밑줄 친 '국왕'의 정책으로 옳은 것은?

국왕은 성균관 앞에 "두루 사귀되 편당을 짓지 않는 것이 군자의 공정한 마음이요, 편당을 짓고 두루 사귀지 않는 것은 소인의 사사로운 마음이다."라는 내용을 새긴 탕평비를 세웠다.

① 균역법을 실시하였다.
② 수원 화성을 건설하였다.
③ 초계문신제를 시행하였다.
④ 『대전회통』을 편찬하였다.

문 11. (가) 인물에 대한 설명으로 옳은 것은?

> (가) 은/는 삼가 두 번 절하고 아뢰옵니다. …(중략)… 성학(聖學)에는 강령이 있고, 심법(心法)에는 지극히 요긴한 것이 있습니다. …(중략)… 이것을 합하여 『성학십도』를 만들어서 각 그림 아래에 또한 외람되게 신의 의견을 덧붙여서 조심스럽게 꾸며 올립니다.

① 한전론을 주장하여 토지 소유를 균등하게 하려고 하였다.
② (가)의 학문은 김장생 등에게 이어져 기호 학파가 형성되었다.
③ (가)의 학문은 유성룡 등에게 이어져 영남 학파가 형성되었다.
④ 여전제를 주장하여 토지를 마을 단위로 공동소유하게 하였다.

문 12. 다음 조약이 체결된 이후에 있었던 사실이 아닌 것은?

> 제1조 한국 정부는 시정 개선(施政改善)에 관하여 통감의 지도를 받을 것.
> 제4조 한국 고등관리의 임면(任免)은 통감의 동의를 받아 이를 집행할 것.
> 제5조 한국 정부는 통감이 추천한 일본인을 한국 관리로 임명할 것.

① 고종이 강제 퇴위당하였다.
② 대한 제국의 군대가 해산되었다.
③ 안중근이 이토 히로부미를 저격하였다.
④ 이른바 '남한 대토벌 작전'이 전개되었다.

문 13. 다음 조약에 대한 설명으로 옳은 것은?

> 제9관 수입 또는 수출되는 각 화물이 해관을 통과할 때는 응당 본 조약에 첨부된 세칙에 따라 관세를 납부해야 한다.
> 제37관 조선국에서 가뭄과 홍수, 전쟁 등으로 인하여 국내에 양식이 결핍할 것을 우려하여 일시 쌀 수출을 금지하려고 할 때에는 1개월 전에 지방관이 일본 영사관에게 통지하여 미리 그 기간을 항구에 있는 일본 상인들에게 전달하여 일률적으로 준수하는 데 편리하게 한다.

① 갑신정변의 영향으로 체결되었다.
② 최혜국 대우에 관한 내용을 담고 있다.
③ 일본 경비병의 공사관 주둔을 명시하였다.
④ 부산 외 2곳에 개항장이 설치되는 결과를 가져왔다.

문 14. 밑줄 친 '내'에 대한 설명으로 옳은 것만을 모두 고르면?

> 내가 원하는 우리 민족의 사업은 결코 세계를 무력으로 정복하거나 경제력으로 지배하려는 것이 아니다. 오직 사랑의 문화, 평화의 문화로 우리 스스로 잘 살고 인류 전체가 의좋게 즐겁게 살도록 하는 일을 하자는 것이다. 어느 민족도 일찍이 그러한 일을 한 이가 없었으니 그것은 공상이라고 하지 말라.

㉠ 대한민국 임시 정부 주석을 지냈다.
㉡ 상하이에서 한인 애국단을 조직하였다.
㉢ 조선 의용대를 창설하여 항일 무장 투쟁을 전개하였다.
㉣ 조선 혁명군을 지휘하여 영릉가 전투를 승리로 이끌었다.

① ㉠, ㉡
② ㉠, ㉢
③ ㉡, ㉣
④ ㉢, ㉣

문 15. 다음 선언으로 시작된 운동에 대한 설명으로 옳은 것은?

> 우리는 지금 우리 조선이 독립국이고 조선인이 자주민임을 선언하노라. 이를 세계 여러 나라에 알려 인류 평등의 대의를 분명히 밝히고, 이를 후손에게 대대로 전하여 민족 자존의 정당한 권리를 영원히 누릴 수 있도록 하노라.

① 형평 운동과 같은 연도에 발생하였다.
② 신간회에서 진상 조사단을 파견하였다.
③ 이 운동 이후 일제는 이른바 '문화 통치'로 통치 방식을 바꾸었다.
④ 운동 준비 과정에서 민족주의 세력과 사회주의 세력이 연대하였다.

문 16. 유네스코 세계 문화유산으로 등재된 것만을 모두 고르면?

㉠ 경복궁
㉡ 남한산성
㉢ 석촌동 고분군
㉣ 가야 고분군

① ㉠, ㉢
② ㉠, ㉣
③ ㉡, ㉣
④ ㉢, ㉣

문 17. (가)에 대한 설명으로 옳지 않은 것은?

> 대한민국 임시 정부는 대한민국 원년에 정부가 공포한 군사 조직법에 의거하여 …(중략)… (가) 을/를 조직하고 …(중략)… 공동의 적인 일본 제국주의자들을 타도하기 위해 연합군의 일원으로 항전을 계속한다.

① 중국군과 연합하여 쌍성보 전투에서 승리했다.
② 조선 의용대가 합류하여 군사력이 한층 더 강화되었다.
③ 중국 충칭에서 국민당 정부의 지원을 받아 창설되었다.
④ 영국군의 협조 요청으로 미얀마, 인도 전선에 파견되었다.

문 18. 다음 조약이 체결되고 난 이후에 일어난 일은?

> 제2조 당사국 중 어느 한 나라의 정치적 독립 또는 안전이 외부로부터의 무력 공격에 의하여 위협을 받고 있다고 어느 당사국이든지 인정할 때에는 언제든지 당사국은 서로 협의한다.
> 제4조 상호적 합의에 의하여 미합중국의 육군, 해군, 공군을 대한민국의 영토 내와 그 부근에 배치하는 권리를 대한민국은 이를 허가하고 미합중국은 이를 수락한다.

① 판문점에서 정전 협정이 체결되었다.
② 베트남에 한국군 전투 부대가 파견되었다.
③ 이승만 대통령이 반공 포로를 석방하였다.
④ 유엔군 총사령관 맥아더가 인천 상륙 작전을 감행하였다.

문 19. (가) 국가에 대한 설명으로 옳지 않은 것은?

> 제1조 지계아문은 한성부와 13도 각 부·군의 산림, 토지, 전답, 가옥의 계권(契券)을 바로잡기 위해 임시로 설치할 것.
> 제10조 산림, 토지, 전답, 가옥은 (가) 인(人) 이외에는 소유주가 될 수 없을 것임. 단, 각 개항장 내에서는 이러한 제한이 없을 것임.

① '광무'라는 연호를 사용하였다.
② 교육 입국의 조서를 반포하였다.
③ 구본신참의 원칙하에 개혁을 추진하였다.
④ 서대문과 청량리 사이에 전차를 부설하였다.

문 20. (가)~(라)를 시기가 이른 것부터 바르게 나열한 것은?

> (가) 어재연의 부대가 광성보에서 미국군에게 패하였다.
> (나) 양헌수의 부대가 정족산성에서 프랑스군을 물리쳤다.
> (다) 독일인 오페르트가 남연군의 묘를 도굴하려다 실패하였다.
> (라) 미국 상선 제너럴셔먼호가 평양 부근까지 들어와 통상을 요구하였다.

① (가) → (나) → (다) → (라)
② (나) → (라) → (가) → (다)
③ (다) → (나) → (가) → (라)
④ (라) → (나) → (다) → (가)

10회 | 2024년 지방직 9급

2024년 6월 22일 시행

문 01. 신석기 시대에 대한 설명으로 옳지 않은 것은?

① 가락바퀴와 뼈바늘로 옷이나 그물을 만들었다.
② 군장이 죽으면 그의 권력을 상징하는 고인돌을 만들었다.
③ 동물 뼈나 조개껍데기로 된 목걸이나 팔찌를 만들어 착용하였다.
④ 일부 지역에서는 농경이 시작되어 조, 피, 수수 등을 재배하였다.

문 02. 다음과 같은 법이 있었던 국가에 대한 설명으로 옳지 않은 것은?

> ○ 사람을 죽이면 즉시 사형에 처한다.
> ○ 남에게 상처를 입히면 곡식으로 배상한다.
> ○ 남의 물건을 훔친 자는 그 집의 노비로 삼는데, 스스로 죄를 면제받고자 하는 자는 50만을 내야 한다.

① 동맹이라는 제천 행사가 있었다.
② 상, 대부, 장군 등의 관직을 두었다.
③ 위만이 준왕을 몰아내고 왕이 되었다.
④ 중국의 한과 한반도 남부 사이에서 중계 무역을 하였다.

문 03. (가) 국가에 대한 설명으로 옳은 것은?

> (가) 의 호암사에는 정사암이란 바위가 있다. 나라에서 장차 재상을 의논할 때에 뽑을 후보 서너 명의 이름을 써서 상자에 넣고 봉해서 바위 위에 두었다. 얼마 후에 열어 보고 이름 위에 도장이 찍힌 자국이 있는 사람을 재상으로 삼았다. 이런 까닭에 정사암이라 했다.
> - 『삼국유사』

① 6좌평과 16관등제를 마련하였다.
② 태학이라는 교육 기관을 설립하였다.
③ 인안이라는 독자적인 연호를 사용하였다.
④ 골품에 따라 관등이나 관직 승진에 제한이 있었다.

문 04. (가)에 해당하는 인물로 옳은 것은?

> (가) 은/는 중앙아시아와 인도 지역의 다섯 천축국을 순례하고 각국의 지리, 풍속, 산물 등에 관한 기행문을 남겼다. 이 기행문은 중국의 둔황 막고굴에서 발견되었으며 현재 프랑스 국립도서관에 있다.

① 원광
② 원효
③ 의상
④ 혜초

문 05. (가)에 해당하는 기구로 옳은 것은?

> 비로소 (가) 을 설치했다. 판사 최무선의 말을 따른 것이다. 이때에 원나라의 염초 장인 이원이 최무선과 같은 동네 사람이었다. 최무선이 몰래 그 기술을 물어서 집의 하인들에게 은밀하게 배워서 시험하게 하고 조정에 건의했다. -『고려사절요』

① 교정도감
② 대장도감
③ 식목도감
④ 화통도감

문 06. (가) 문화유산에 대한 설명으로 옳은 것은?

> (가) 은/는 1377년 청주 흥덕사에서 인쇄한 것이다. 독일 구텐베르크가 인쇄한 책보다 70여 년 앞서 간행된 것으로 밝혀졌다. 현재 유네스코 세계 기록 유산으로 등재되어 있다.

① 최윤의 등이 지은 의례서를 인쇄한 것이다.
② 몽골의 침략을 물리치려는 염원을 담고 있다.
③ 현존하는 금속활자본 중에서 가장 오래된 것이다.
④ 우리나라 풍토에 맞는 처방과 약재 등이 기록되어 있다.

문 07. 병인양요에 대한 설명으로 옳지 않은 것은?
① 프랑스 함대가 강화부를 점령하였다.
② 외규장각이 소실되었고 『의궤』 등을 약탈당했다.
③ 어재연이 강화도 광성보 전투에서 전사하였다.
④ 프랑스 선교사와 천주교도가 처형당한 것이 원인이 되었다.

문 08. 밑줄 친 '이 의거'를 일으킨 단체에 대한 설명으로 옳은 것은?

> 김구는 상하이 각 신문사에 편지를 보내 자신이 이 의거의 주모자임을 스스로 밝혔다. 이 편지에서 김구는 윤봉길이 휴대한 폭탄 두 개는 자신이 특수 제작하여 직접 건넨 것이며, 일본 민간인을 포함하여 다른 나라 사람이 무고한 피해를 입지 않도록 신중을 기하라고 당부하였음을 강조하였다.

① 이봉창이 단원으로 활동하였다.
② 고종의 밀명을 받아 결성되었다.
③ 「조선혁명선언」을 활동 지침으로 삼았다.
④ 일제가 날조한 105인 사건으로 와해되었다.

문 09. 다음 주장을 내세운 민족 운동은?

> 1. 오늘날 우리의 이 행동은 정의와 인도 그리고 생존과 존엄함을 지키기 위한 민족적 요구에서 나온 것이니, 오직 자유로운 정신을 발휘할 것이며 결코 배타적 감정으로 치닫지 말라.
> 1. 마지막 한 사람까지 마지막 한순간까지 민족의 정당한 의사를 마음껏 발표하라.
> 1. 일체의 행동은 무엇보다 질서를 존중하며, 우리의 주장과 태도를 어디까지나 떳떳하고 정당하게 하라.

① 3·1운동
② 6·10 만세 운동
③ 물산 장려 운동
④ 민립 대학 설립 운동

문 10. 다음 결의 사항을 실현하기 위해 일어난 사건에 대한 설명으로 옳은 것은?

> 1. 고부성을 격파하고 군수 조병갑의 목을 베어 매달 것
> 1. 군기창과 화약고를 점령할 것
> 1. 군수에게 아첨하여 백성을 침탈한 탐욕스러운 아전을 쳐서 징벌할 것
> 1. 전주 감영을 함락하고 서울로 곧바로 향할 것

① 혜상공국 폐지 등의 정강을 발표하였다.
② 집강소를 설치하고 폐정 개혁을 시도하였다.
③ 별기군에 비해 차별을 받던 구식 군인들이 일으켰다.
④ 13도 창의군을 조직하고 서울 진공 작전을 추진하였다.

문 11. 다음 상소문이 올라간 국왕 대에 있었던 사실로 옳은 것은?

> 불교는 몸을 닦는 근본이며 유교는 나라를 다스리는 근원입니다. 몸을 닦는 것은 내생을 위한 것이며 나라를 다스리는 일은 곧 오늘의 할 일입니다. 오늘은 극히 가깝고 내생은 지극히 먼 것이니, 가까운 것을 버리고 먼 것을 구하는 일이 그릇된 일이 아니겠습니까.

① 개경에 나성을 쌓았다.
② 전시과 제도를 처음 실시하였다.
③ 전국의 주요 지역에 12목을 설치하였다.
④ 노비안검법을 실시하여 호족 세력을 약화시켰다.

문 12. 밑줄 친 '왕'의 재위 기간에 있었던 사실로 옳은 것은?

> 당초에 강홍립 등이 압록강을 건너게 된 것은 왕이 명 조정의 지원군 요청을 거부하기 어려워 출사시킨 것이었다. 우리나라는 애초부터 그들을 원수로 대하지 않아 싸울 뜻이 없었다. 그래서 왕이 강홍립에게 비밀리에 명령을 내려 오랑캐와 몰래 통하게 하였던 것이다.

① 전국에 대동법을 실시하였다.
② 허준이 『동의보감』을 편찬하였다.
③ 자의 대비의 복상 문제로 예송이 일어났다.
④ 청과 국경을 정하기 위해 백두산 정계비를 세웠다.

문 13. (가), (나)에 해당하는 건축물을 옳게 짝지은 것은?

> (가) 은 고려 시대 건축물이며 배흘림 기둥과 주심포 양식으로 단아하면서도 세련된 아름다움을 담고 있다.
> (나) 은 우리나라에 남아 있는 조선 시대 건축물 중 유일한 5층 목탑이다.

　　　　(가)　　　　　　　　(나)
① 영주 부석사 무량수전　　김제 금산사 미륵전
② 영주 부석사 무량수전　　보은 법주사 팔상전
③ 합천 해인사 장경판전　　김제 금산사 미륵전
④ 합천 해인사 장경판전　　보은 법주사 팔상전

문 14. (가)~(라)를 시기 순으로 바르게 나열한 것은?

> (가) 지주에게 결작이라 하여 토지 1결당 미곡 2두씩을 부담시켰다.
> (나) 전세를 풍흉에 관계없이 토지 1결당 미곡 4~6두로 고정시켰다.
> (다) 조세는 토지 1결당 수확량 300두의 10분의 1 수취를 원칙으로 삼았다.
> (라) 조세를 토지 비옥도와 풍흉의 정도에 따라 1결당 최고 20두에서 최하 4두로 하였다.

① (다) → (라) → (가) → (나)
② (다) → (라) → (나) → (가)
③ (라) → (다) → (가) → (나)
④ (라) → (다) → (나) → (가)

문 15. 다음과 같이 주장한 인물에 대한 설명으로 옳은 것은?

> 이용할 줄 모르니 생산할 줄 모르고, 생산할 줄 모르니 백성은 나날이 궁핍해지는 것이다. 비유하건대, 대체로 재물은 우물과 같다. 퍼내면 가득 차고, 버려두면 말라 버린다. 그러므로 비단을 입지 않아서 나라에 비단 짜는 사람이 없게 되면, 여공이 쇠퇴한다. 쭈그러진 그릇을 싫어하지 않고 기교를 숭상하지 않아서 공장이 숙련되지 못하면 기예가 망하게 된다.

① 청과의 통상과 수레의 이용을 주장하였다.
② 양명학을 연구하여 강화 학파를 형성하였다.
③ 토지의 매매를 제한하는 한전론을 주장하였다.
④ 지전설을 주장하여 중국 중심의 세계관을 비판하였다.

문 16. 다음 창립 취지문을 발표한 단체에 대한 설명으로 옳은 것은?

> 우리 사회에서도 여성 운동이 제기된 것은 또한 이미 오래되었다. 그러나 회고하여 보면 여성 운동은 거의 분산되어 있었다. 그것에는 통일된 조직이 없었고 통일된 목표와 정신도 없었다. …(중략)… 우리가 실제로 우리 자체를 위해, 우리 사회를 위해 분투하려면 우선 조선 자매 전체의 역량을 공고히 단결하여 운동을 전반적으로 전개하지 않으면 아니 된다.

① 호주제 폐지 운동을 전개하였다.
② 여학교 설립을 주장하는 「여권통문」을 발표하였다.
③ 어린이날을 제정하고 잡지 『어린이』를 창간하였다.
④ 봉건적 인습 타파, 여성 노동자의 임금 차별 철폐 등을 주장했다.

문 17. 다음 법령이 반포된 시기는?

제1조 대한국은 세계 만국에 공인된 자주 독립한 제국이다.
제2조 대한 제국의 정치는 이전으로부터 500년이 내려왔고 이후로도 만세에 걸쳐 변치 않을 전제정치이다.
제3조 대한국 대황제는 무한한 군권을 향유하니 공법에서 말한바 자립 정체이다.
제4조 대한국 신민이 대황제가 향유하는 군권을 침해할 행위가 있으면 신민의 도리를 잃은 자로 인정할 것이다.

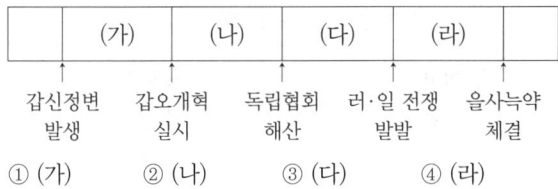

갑신정변 발생 / 갑오개혁 실시 / 독립협회 해산 / 러·일 전쟁 발발 / 을사늑약 체결

① (가)　② (나)　③ (다)　④ (라)

문 18. (가)~(라)의 사건을 시기 순으로 바르게 나열한 것은?

(가) 남쪽 지방에서 반란군이 봉기하였다. 가장 심한 자들은 운문을 거점으로 한 김사미와 초전의 효심이었다. 이들은 유랑민을 불러 모아 주현을 습격하여 노략질하였다.
(나) 진주의 난민들이 소동을 일으킨 것은 오로지 전 우병사 백낙신이 탐욕을 부려 수탈하였기 때문입니다. …(중략)… 이에 민심이 들끓고 노여움이 일제히 폭발해서 전에 듣지 못하던 변란으로 나타난 것입니다.
(다) 여러 주·군에서 공물과 조세를 보내지 않아 나라의 씀씀이가 궁핍하게 되었으므로 왕이 사자를 보내 독촉하였다. 이로 인해 도적들이 곳곳에서 벌떼처럼 일어났다. 원종과 애노 등이 사벌주를 근거지로 반란을 일으켰다.
(라) 평서 대원수는 급히 격문을 띄우노라. …(중략)… 조정에서는 서쪽 땅을 더러운 흙처럼 버렸다. 심지어 권세 있는 집의 노비들도 서쪽 사람을 보면 반드시 평안도 놈이라 일컫는다. 서쪽 땅에 있는 자로서 어찌 억울하고 원통하지 않겠는가.

① (가) → (다) → (나) → (라)
② (가) → (다) → (라) → (나)
③ (다) → (가) → (나) → (라)
④ (다) → (가) → (라) → (나)

문 19. (가), (나) 사이에 있었던 사실로 옳지 않은 것은?

(가) 조선은 오랫동안 제후국으로서 중국에 대해 정해진 전례가 있다는 것은 다시 의논할 여지가 없다. …(중략)… 이번에 제정한 수륙 무역 장정은 중국이 속방을 우대하는 뜻이니만큼, 다른 조약 체결국들이 모두 똑같은 이익을 균점하도록 하는 데 있지 않다.
(나) 제1조 청국은 조선국이 완전무결한 독립 자주국임을 확인한다. 아울러 조선의 청에 대한 공물 헌납 등은 장래에 완전히 폐지한다.
제4조 청국은 군비 배상금으로 은 2억 냥을 일본국에 지불할 것을 약정한다.

① 영국이 거문도를 점령하였다.
② 한·청 통상 조약이 체결되었다.
③ 김옥균 등이 갑신정변을 일으켰다.
④ 청과 일본 사이에 전쟁이 발발하였다.

문 20. 다음 법령에 의해 실시된 정책에 대한 설명으로 옳은 것은?

제1조 본법은 헌법에 의거하여 농지를 농민에게 적정히 분배함으로써 …(중략)… 농민 생활의 향상 내지 국민 경제의 균형과 발전을 기함을 목적으로 한다.
제12조 농지의 분배는 농지의 종목, 등급 및 농가의 능력 기타에 기준한 점수제에 의거하되 1가당 총 경영 면적 3정보를 초과하지 못한다.

① 한국 민주당과 지주층의 반발로 중단되었다.
② 주택 개량, 도로 및 전기 확충 등도 추진하였다.
③ 유상 매수, 유상 분배의 방식으로 시행되었다.
④ 자작농이 감소하고 소작농이 증가하는 결과를 낳았다.

11회 | 2023년 지방직 9급

2023년 6월 10일 시행

제한시간: 20분   시작 ___시 ___분 ~ 종료 ___시 ___분   나의 점수 _____   회독수 □□□

문 01. 밑줄 친 '주먹도끼'가 사용된 시대에 대한 설명으로 옳은 것은?

> 이 유적은 경기도 연천군 한탄강 언저리에 넓게 위치하고 있다. 이곳에서 아슐리안 계통의 주먹도끼가 다량으로 출토되어 더욱 많은 관심이 집중되었다. 이곳에서 발견된 주먹도끼는 그 존재 유무로 유럽과 동아시아 문화가 나뉘어진다고 한 모비우스의 학설을 무너뜨리는 결정적 증거가 되었다.

① 동굴이나 바위 그늘, 강가의 막집 등에서 살았다.
② 내부에 화덕이 있는 움집이 일반적인 주거 형태였다.
③ 토기를 만들어 음식을 조리하거나 식량을 저장하였다.
④ 구릉에 마을을 형성하고 그 주변에 도랑을 파고 목책을 둘렀다.

문 02. (가) 군사 조직에 대한 설명으로 옳은 것은?

> 고려 정부는 몽골과 강화를 맺고 개경으로 환도하였다. 대몽 항전에 적극적이었던 (가) 은/는 개경 환도를 반대하고 반란을 일으켰다. 이어 진도로 근거지를 옮기면서 항쟁을 전개하였다.

① 포수, 사수, 살수의 삼수병으로 편제되었다.
② 윤관의 건의로 편성된 기병 중심의 부대였다.
③ 도적을 잡기 위해 설치한 야별초에서 시작되었다.
④ 양계 지방에서 국경 지역 방어를 맡았던 상비적인 전투 부대였다.

문 03. 다음과 같은 주장을 한 인물은?

> 일단 강화를 맺고 나면 저 적들의 욕심은 물화를 교역하는 데 있습니다. …(중략)… 저들이 비록 왜인이라고 하나 실은 양적(洋賊)입니다. 강화의 일이 한번 이루어지면 사학(邪學)의 서적과 천주의 상(像)이 교역하는 가운데 섞여 들어갈 것입니다.

① 박규수   ② 최익현
③ 김홍집   ④ 김윤식

문 04. 다음에서 설명하는 신문은?

> ○ 서재필이 정부 지원을 받아 창간하였다.
> ○ 한글판을 발행하여 서양의 문물과 제도를 소개하였다.
> ○ 영문판을 발행하여 국내 사정을 외국인에게도 전달하였다.

① 제국신문   ② 독립신문
③ 한성순보   ④ 황성신문

문 05. (가), (나)에 들어갈 왕의 업적으로 옳은 것은?

> 삼국의 역사서로는 고구려에 『유기』가 있었는데, 영양왕 때 이문진이 이를 간추려 『신집』 5권을 편찬하였다. 백제에서는 (가) 시기에 고흥이 『서기』를, 신라에서는 (나) 시기에 거칠부가 『국사』를 편찬하였다.

① (가) - 국호를 남부여로 바꾸었다.
② (가) - 동진으로부터 불교를 받아들여 공인하였다.
③ (나) - 화랑도를 국가적 조직으로 개편하였다.
④ (나) - 병부를 처음으로 설치하여 군권을 장악하였다.

문 06. 다음 문화재와 이를 통해 알 수 있는 내용의 연결이 옳지 않은 것은?
① 사택지적비 – 백제가 영산강 유역까지 영역을 확장하였다.
② 임신서기석 – 신라에서 청년들이 유교 경전을 공부하였다.
③ 충주 고구려비 – 고구려가 5세기에 남한강 유역까지 진출하였다.
④ 호우명 그릇 – 5세기 초 고구려와 신라가 밀접한 관계를 맺고 있었다.

문 07. 밑줄 친 '곽재우'에 대한 설명으로 옳지 않은 것은?

> 여러 도에서 의병이 일어났다. …(중략)… 도내의 거족(巨族)으로 명망 있는 사람과 유생 등이 조정의 명을 받들어 의(義)를 부르짖고 일어나니 소문을 들은 자들은 격동하여 원근에서 이에 응모하였다. …(중략)… 호남의 고경명·김천일, 영남의 곽재우·정인홍, 호서의 조헌이 가장 먼저 일어났다. – 『선조수정실록』

① 홍의장군이라 칭하였다.
② 의령을 거점으로 봉기하였다.
③ 행주산성에서 일본군을 크게 무찔렀다.
④ 익숙한 지리를 활용한 기습 작전으로 일본군에 타격을 주었다.

문 08. 다음과 같은 취지로 전개된 운동에 대한 설명으로 옳은 것은?

> 지금 우리들은 정신을 새로이 하고 충의를 떨칠 때이니, 국채 1,300만 원은 우리 대한 제국의 존망에 직결된 것입니다. 이것을 갚으면 나라가 보존되고 이것을 갚지 못하면 나라가 망할 것은 필연적인 사실이나, 지금 국고에서는 도저히 갚을 능력이 없으며, 만일 나라에서 갚지 못한다면 그때는 이미 삼천리 강토는 내 나라 내 민족의 소유가 못 될 것입니다. – 대한매일신보

① 조선 형평사를 조직하였다.
② 조선 물산 장려회를 조직하였다.
③ 신사 참배 거부 운동을 전개하였다.
④ 1907년 대구에서 시작되어 전국으로 확산되었다.

문 09. (가), (나)에 들어갈 말을 바르게 연결한 것은?

> 조선 시대 과거 제도에는 문과·무과·잡과가 있었는데, 이 가운데 문과를 가장 중시하였다. 『경국대전』에 따르면 문과 시험 업무는 (가) 에서 주관하고, 정기 시험인 식년시는 (나) 마다 실시하는 것이 원칙이었다.

	(가)	(나)
①	이조	2년
②	이조	3년
③	예조	2년
④	예조	3년

문 10. 다음 원칙이 발표된 이후에 있었던 사실로 옳지 않은 것은?

> ○ 조선의 민주 독립을 보장한 삼상 회의 결정에 의하여 남북을 통한 좌우 합작으로 민주주의 임시 정부를 수립할 것
> ○ 토지 개혁에 있어서 몰수, 유조건 몰수, 체감매상 등으로 토지를 농민에게 무상으로 나누어 주며, …(중략)… 민주주의 건국 과업 완수에 매진할 것
> ○ 입법 기구에 있어서는 일체 그 권능과 구성 방법 운영에 관한 대안을 본 합작 위원회에서 작성하여 적극적으로 실행을 기도할 것

① 3·15 부정 선거에 대항하여 4·19 혁명이 일어났다.
② 친일파를 청산하기 위한 반민족 행위 처벌법이 공포되었다.
③ 제헌 국회에서 대통령에 이승만, 부통령에 이시영을 선출하였다.
④ 임시 민주 정부 수립을 논의하기 위해 제1차 미·소 공동 위원회가 개최되었다.

문 11. 밑줄 친 '그'에 대한 설명으로 옳은 것은?

> 그는 화엄종을 중심으로 교종을 통합하고 해동 천태종을 창시하여 선종까지 포섭하려 하였다. 그러나 그의 사후에 교단은 다시 분열되었고, 권력층과 밀착되어 타락하는 양상까지 나타났다.

① 이론적인 교리 공부와 실천적인 수행을 아우를 것을 주장하였다.
② 참선과 독경은 물론 노동에도 힘을 쓰자고 하면서 결사를 제창하였다.
③ 삼국 시대 이래 고승들의 전기를 정리하여 『해동고승전』을 편찬하였다.
④ 백련사를 결성하여 극락왕생을 기원하는 참회와 염불 수행을 강조하였다.

문 12. (가) 시기에 있었던 사실로 옳지 않은 것은?

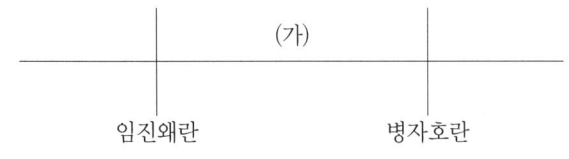

① 인조반정이 발생하였다.
② 영창 대군이 사망하였다.
③ 강홍립이 후금에 항복하였다.
④ 청에 인질로 끌려갔던 봉림 대군이 귀국하였다.

문 13. 여름 휴가를 맞아 강화도로 답사 여행을 떠나고자 한다. 다음 중 유적(지)과 주제의 연결이 옳지 않은 것은?

유적(지)	주제
① 외규장각	동학 농민 운동
② 고려궁지	대몽 항쟁
③ 고인돌	청동기 문화
④ 광성보	신미양요

문 14. 조선 시대 붕당의 상황에 대한 설명으로 옳지 않은 것은?
① 선조 대 - 사림이 동인과 서인으로 분열하였다.
② 광해군 대 - 북인이 집권하였다.
③ 인조 대 - 남인이 정권을 독점하였다.
④ 숙종 대 - 서인이 노론과 소론으로 갈라졌다.

문 15. 조선 세종 대에 있었던 사실로 옳지 않은 것은?
① 갑인자를 주조하였다.
② 화통도감을 설치하였다.
③ 역법서인 『칠정산』을 편찬하였다.
④ 간의를 만들어 천체를 관측하였다.

문 16. 다음과 같은 강령을 발표한 단체의 활동으로 옳은 것은?

> 一. 우리는 정치적, 경제적 각성을 촉진함
> 一. 우리는 단결을 공고히 함
> 一. 우리는 기회주의를 일체 부인함

① 조선 민립 대학 기성회를 창립하였다.
② 파리 강화 회의에 대표를 파견하였다.
③ 6·10 만세 운동을 사전에 계획하였다.
④ 광주 학생 항일 운동이 일어나자 조사단을 파견하였다.

문 17. 다음 글을 쓴 인물에 대한 설명으로 옳은 것은?

> 세상에서 동명왕의 신이(神異)한 일을 많이 말한다. …(중략)… 지난 계축년 4월에 『구삼국사』를 얻어 동명왕 본기를 보니 그 신기한 사적이 세상에서 얘기하는 것보다 더하였다. 그러나 처음에는 믿지 못하고 귀신이나 환상이라고만 생각하였는데, 두세 번 반복하여 읽어서 점점 그 근원에 들어가니 환상이 아닌 성스러움이며, 귀신이 아닌 신성한 이야기였다.

① 사실의 기록보다 평가를 강조한 강목체 사서를 편찬하였다.
② 단군부터 고려 충렬왕 때까지의 역사를 서사시로 기록하였다.
③ 단군 신화와 전설 등 민간에서 전승되는 자료를 광범위하게 수록하였다.
④ 김부식의 『삼국사기』에 동명왕의 신이한 사적이 생략되어 있다고 평하였다.

문 18. 1910년대에 있었던 사실로 옳은 것은?
① 중국 화북 지방에서 조선 독립 동맹이 결성되었다.
② 만주에서 참의부, 정의부, 신민부 등 3부가 조직되었다.
③ 임병찬이 주도한 독립 의군부는 항일 운동을 전개하였다.
④ 조선 혁명군이 양세봉의 지휘 아래 영릉가에서 일본군을 격파하였다.

문 19. 다음 주장을 한 인물에 대한 설명으로 옳은 것은?

> 우리 조선의 역사적 발전의 전 과정은 가령 지리적 조건, 인종학적 골상, 문화 형태의 외형적 특징 등 다소의 차이는 인정되더라도, 다른 문화 민족의 역사적 발전 법칙과 구별되어야 하는 독자적인 것이 아니다. 세계사적인 일원론적 역사 법칙에 의해 다른 민족과 거의 같은 궤도로 발전 과정을 거쳐왔다.

① 민족 정신으로서 조선 국혼을 강조하였다.
② 민족주의 사학을 계승하여 조선의 얼을 강조하였다.
③ 마르크스 유물 사관을 바탕으로 한국사를 연구하였다.
④ 진단 학회를 조직하여 문헌 고증을 중시하는 실증주의 사학을 정립하였다.

문 20. 6·25 전쟁 중 있었던 사실로 옳지 않은 것은?
① 국군과 유엔군이 인천 상륙 작전을 감행하였다.
② 대통령 직선제를 포함한 발췌 개헌안이 국회에서 통과되었다.
③ 이승만 정부가 북한 송환을 거부하는 반공 포로를 석방하였다.
④ 미국이 한반도를 미국의 태평양 지역 방위선에서 제외한다는 애치슨 선언을 발표하였다.

문 01. 밑줄 친 '그'에 대한 설명으로 옳은 것은?

> 이날 소정방이 부총관 김인문 등과 함께 기벌포에 도착하여 백제 군사와 마주쳤다. …(중략)… 소정방이 신라군이 늦게 왔다는 이유로 군문에서 신라 독군 김문영의 목을 베고자 하니, 그가 군사들 앞에 나아가 "황산 전투를 보지도 않고 늦게 온 것을 이유로 우리를 죄주려 하는구나. 죄도 없이 치욕을 당할 수는 없으니, 결단코 먼저 당나라 군사와 결전을 한 후에 백제를 쳐야겠다."라고 말하였다.

① 살수에서 수의 군대를 물리쳤다.
② 김춘추의 신라 왕위 계승을 지원하였다.
③ 청해진을 설치하고 해상 무역을 전개하였다.
④ 대가야를 정벌하여 낙동강 유역을 확보하였다.

문 02. 다음 사건이 있었던 시기의 신라 국왕에 대한 설명으로 옳은 것은?

> 이찬 이사부가 하슬라주 군주가 되어, '우산국 사람이 우매하고 사나워서 위엄으로 복종시키기는 어려우니 계책을 써서 굴복시키는 것이 좋겠다.'라고 생각하였다. 이에 나무로 사자 모형을 많이 만들어 배에 나누어 싣고 우산국 해안에 이르러, 속임수로 통고하기를 "만약에 너희가 항복하지 않는다면 곧바로 이 맹수들을 풀어 너희를 짓밟아 죽이겠다."라고 하였다. 그 나라 사람이 두려워 즉시 항복하였다.

① 독서삼품과를 실시하였다.
② 국호를 '신라'로 확정하였다.
③ 관료전을 지급하고 녹읍을 폐지하였다.
④ 장문휴를 보내 당의 등주를 공격하였다.

문 03. 밑줄 친 '이 나라'에 대한 설명으로 옳은 것은?

> ○ 이 나라에서 귀하게 여기는 것에는 태백산의 토끼, 남해부의 다시마, 책성부의 된장, 부여부의 사슴, 막힐부의 돼지, 솔빈부의 말, 현주의 베, 옥주의 면, 용주의 명주, 위성의 철, 노성의 쌀 등이 있다. ─ 『신당서』
> ○ 이 나라의 땅은 영주(營州)의 동쪽 2천 리에 있으며, 남으로는 신라와 서로 접한다. 월희말갈에서 동북으로 흑수말갈에 이르는데, 사방 2천 리, 호는 십여만, 병사는 수만 명이다. ─ 『구당서』

① 중앙에 6좌평의 관제를 마련하였다.
② 9서당 10정의 군사 조직을 갖추었다.
③ 지방을 5경 15부 62주로 편성하였다.
④ 제가 회의에서 국가의 중대사를 결정하였다.

문 04. 밑줄 친 '왕'의 업적으로 옳은 것은?

> 풍토에 따라 곡식을 심고 가꾸는 법이 다르니, 고을의 경험 많은 농부를 각 도의 감사가 방문하여 농사짓는 방법을 알아본 후 아뢰라고 왕께서 명령하셨다. 이어 왕께서 정초와 변효문 등을 시켜 감사가 아뢴 바 중에서 꼭 필요하고 중요한 것만을 뽑아 『농사직설』을 편찬하게 하셨다.

① 공법을 제정하였다.
② 한양으로 도읍을 옮겼다.
③ 『경국대전』을 완성하였다.
④ 조광조를 등용하여 개혁 정치를 실시하였다.

문 05. 밑줄 친 '이들'에 해당하는 것은?

> 이들의 과거 응시와 벼슬을 제한한 것은 우리나라의 옛 법이 아니다. 그런데 『경국대전』을 편찬한 뒤부터 이들을 금고(禁錮)하였으니, 아직 백 년이 채 되지 않는다. 또한 다른 나라에 이러한 법이 있다는 말은 듣지 못했다. 경대부(卿大夫)의 자식인데 오직 어머니가 첩이라는 이유만으로 대대로 이들의 벼슬길을 막아, 비록 훌륭한 재주와 쓸만한 자질이 있어도 이를 발휘할 수 없게 하였으니, 참으로 안타깝다.

① 향리   ② 노비   ③ 서얼   ④ 백정

문 06. 밑줄 친 '왕'의 재위 기간에 있었던 일로 옳은 것은?

> ○ 평농서사 권신(權信)이 대상(大相) 준홍(俊弘)과 좌승(佐丞) 왕동(王同) 등이 반역을 꾀한다고 참소하자 왕이 이들을 내쫓았다.
> ○ 왕이 쌍기의 건의를 받아 처음으로 과거를 실시하였다. 시(詩)·부(賦)·송(頌) 및 시무책을 시험하여 진사를 뽑았으며, 더불어 명경업·의업·복업 등도 뽑았다.

① 노비안검법을 제정하였다.
② 전민변정도감을 설치하였다.
③ 토지 제도로서 전시과를 시행하였다.
④ 12목을 설치하고 지방관을 파견하였다.

문 07. 다음 글은 어떤 사건이 일어났을 때 발표되었는가?

> 1. 마산, 서울 기타 각지의 데모는 주권을 빼앗긴 국민의 울분을 대신하여 궐기한 학생들의 순수한 정의감의 발로이며 부정과 불의에는 언제나 항거하는 민족 정기의 표현이다.
> ⋯(중략)⋯
> 3. 합법적이고 평화적인 데모 학생에게 총탄과 폭력을 거리낌 없이 남용하여 참극을 빚어낸 경찰은 자유와 민주를 기본으로 한 대한민국의 국립 경찰이 아니라 불법과 폭력으로 권력을 유지하려는 일부 정부 집단의 사병이다.   – 대학 교수단 4·25 선언문

① 4·19 혁명
② 5·18 민주화 운동
③ 6·3 시위
④ 6·29 민주화 선언

문 08. 밑줄 친 '이 시기'에 있었던 사실로 옳은 것은?

> 이 시기의 불교 조각은 지역에 따라 다양하게 제작되었다. 처음에는 하남 하사창동의 철조 석가여래 좌상과 같은 대형 철불이 많이 제작되었다. 또한 덩치가 큰 석불이 유행하였는데, 논산 관촉사 석조 미륵보살 입상이 대표적이다. 이 불상은 큰 규모에 비해 조형미는 다소 떨어지지만, 소박한 지방 문화의 모습을 잘 보여 준다.

① 성골 출신의 국왕이 재위하였다.
② 지방 세력으로 호족이 존재하였다.
③ 풍양 조씨 등 특정 가문이 정권을 장악하였다.
④ 성리학에 투철한 사림 세력이 정국을 주도하였다.

문 09. 역사서에 대한 설명으로 옳은 것만을 모두 고르면?

> ㉠ 김부식의 『삼국사기』에는 단군 신화가 수록되어 있다.
> ㉡ 이규보의 『동명왕편』은 고구려 계승 의식을 강조하였다.
> ㉢ 안정복의 『동사강목』은 기사본말체로 역사를 서술하였다.
> ㉣ 유득공의 『발해고』에는 남북국이라는 용어가 사용되었다.

① ㉠, ㉡
② ㉠, ㉢
③ ㉡, ㉣
④ ㉢, ㉣

문 10. 밑줄 친 '나'가 국왕으로 재위하던 기간에 있었던 일은?

> 팔순 동안 내가 한 일을 만약 나 자신에게 묻는다면 첫째는 탕평책인데, 스스로 '탕평'이란 두 글자가 부끄럽다.
> 둘째는 균역법인데, 그 효과가 승려에게까지 미쳤다.
> 셋째는 청계천 준설인데, 만세에 이어질 업적이다.
> ⋯(하략)⋯
> – 『어제문업(御製問業)』

① 장용영이 창설되었다.
② 나선 정벌이 단행되었다.
③ 홍경래의 난이 발생하였다.
④ 『동국문헌비고』가 편찬되었다.

문 11. (가) 시기에 있었던 사실로 옳은 것은?

> 을미사변
> ↓
> (가)
> ↓
> 러·일 전쟁

① 독립문이 건립되었다.
② 통감부가 설치되었다.
③ 동양 척식 주식회사가 설립되었다.
④ 임진왜란 때 소실된 경복궁이 중건되었다.

문 12. 밑줄 친 '왕'의 재위 기간에 있었던 일로 옳은 것은?

> 왕의 어릴 때 이름은 모니노이며, 신돈의 여종 반야의 소생이었다. 어떤 사람은 "반야가 낳은 아이가 죽어서 다른 아이를 훔쳐서 길렀는데, 공민왕이 자신의 아들이라고 칭하였다."라고 하였다. 왕은 공민왕이 죽은 뒤 이인임의 추대로 왕위에 올랐다. 이후 이인임, 염흥방, 임견미 등이 권력을 잡아 극심하게 횡포를 부렸다.

① 이종무가 왜구의 소굴인 대마도를 정벌하였다.
② 삼별초가 반란을 일으켜 대몽 항쟁을 계속하였다.
③ 쌍성총관부를 공격해 철령 이북 지역을 수복하였다.
④ 요동 정벌을 위해 출병한 이성계가 위화도에서 회군하였다.

문 13. 다음과 관련된 운동에 대한 설명으로 옳은 것은?

① 가뭄과 홍수로 인해 중단되었다.
② 조선 총독부의 회사령에 맞서기 위해 전개되었다.
③ 일부 사회주의자는 자본가 계급을 위한 운동이라고 비판하였다.
④ 조선에 사는 일본인이 일본 자본에 대항하기 위해 일으켰다.

문 14. 다음과 같은 대통령 선출 방식이 포함된 헌법의 내용으로 옳지 않은 것은?

> 제39조 ① 대통령은 통일 주체 국민회의에서 토론 없이 무기명 투표로 선거한다.
> ② 통일 주체 국민회의에서 재적 대의원 과반수의 찬성을 얻은 자를 대통령 당선자로 한다.

① 대통령은 국회를 해산할 수 있다.
② 대통령의 임기는 7년으로 하며, 중임할 수 없다.
③ 대법원장은 대통령이 국회의 동의를 얻어 임명한다.
④ 대통령은 국정 전반에 걸쳐 필요한 긴급 조치를 할 수 있다.

문 15. 다음 사건을 시기순으로 바르게 나열한 것은?

> (가) 신라의 한강 유역 확보
> (나) 관산성 전투
> (다) 백제의 웅진 천도
> (라) 고구려의 평양 천도

① (가) → (라) → (나) → (다)
② (나) → (다) → (가) → (라)
③ (다) → (나) → (가) → (라)
④ (라) → (다) → (가) → (나)

문 16. (가) 인물에 대한 설명으로 옳은 것은?

> 군대를 이끌고 통주성 남쪽으로 나가 진을 친 (가) 은/는 거란군에게 여러 번 승리를 거두었다. 하지만 자만하게 된 그는 결국 패해 거란군의 포로가 되었다. 거란의 임금이 그의 결박을 풀어 주며 "내 신하가 되겠느냐?"라고 물으니, (가) 은/는 "나는 고려 사람인데 어찌 너의 신하가 되겠느냐?"라고 대답하였다. 재차 물었으나 같은 대답이었으며, 칼로 살을 도려내며 물어도 대답은 같았다. 거란은 마침내 그를 처형하였다.

① 묘청의 난을 진압하였다.
② 별무반의 편성을 건의하였다.
③ 목종을 폐위하고 현종을 옹립하였다.
④ 거란과 협상하여 강동 6주 지역을 고려 영토로 확보하였다.

문 17. 밑줄 친 '저'에 대한 설명으로 옳은 것은?

> 올해 초가을에 비로소 저는 책을 완성하여 그 이름을 『성학집요』라고 하였습니다. 이 책에는 임금이 공부해야 할 내용과 방법, 정치하는 방법, 덕을 쌓아 실천하는 방법과 백성을 새롭게 하는 방법이 실려 있습니다. 또한 작은 것을 미루어 큰 것을 알게 하고 이것을 미루어 저것을 밝혔으니, 천하의 이치가 여기에서 벗어나지 않을 것입니다. 따라서 이것은 저의 글이 아니라 성현의 글이옵니다.

① 예안 향약을 만들었다.
② 『동호문답』을 저술하였다.
③ 백운동 서원을 건립하였다.
④ 왕자의 난 때 죽임을 당했다.

문 18. 밑줄 친 '나'에 대한 설명으로 옳은 것만을 모두 고르면?

> 오늘날 사람은 모두 법에 의하여 생활하고 있는데 실제로 사람을 죽인 자가 벌을 받지 않고 생존할 도리는 없는 것이다. …(중략)… 나는 한국의 의병이며 지금 적군의 포로가 되어 와 있으므로 마땅히 만국공법에 의해 처단되어야 할 것으로 생각한다.

㉠ 일본에서 순국하였다.
㉡ 한인 애국단 소속이었다.
㉢ 『동양평화론』을 집필하였다.
㉣ 연해주에서 의병 투쟁을 전개하였다.

① ㉠, ㉡
② ㉠, ㉣
③ ㉡, ㉢
④ ㉢, ㉣

문 19. 다음 조항을 포함한 법률에 대한 설명으로 옳지 않은 것은?

> 제1조 일본 정부와 통모하여 한·일 합병에 적극 협력한 자, 한국의 주권을 침해하는 조약 또는 문서에 조인한 자와 이를 모의한 자는 사형 또는 무기 징역에 처하고, 그 재산과 유산의 전부 혹은 2분의 1 이상을 몰수한다.

① 이 법률은 제헌 국회에서 제정되었다.
② 이 법률은 농지 개혁법이 제정된 후 제정되었다.
③ 이 법률에 의해 반민특위와 특별 재판부가 구성되었다.
④ 이 법률에 의해 친일 경력을 지닌 고위 경찰 간부가 체포되었다.

문 20. 다음 글은 (가)의 부탁을 받고 (나)가 지은 것이다. (가)와 (나)에 대한 설명으로 옳은 것은?

> 우리는 '외교', '준비' 등의 미련한 꿈을 버리고 민중 직접 혁명의 수단을 취함을 선언하노라. 조선 민족의 생존을 유지하자면 강도 일본을 쫓아내야 하고, 강도 일본을 쫓아내려면 오직 혁명으로써만 가능하니, 혁명이 아니고는 강도 일본을 쫓아낼 방법이 없는 바이다.

① (가)는 조선 의용대를 결성하였고, (나)는 '국혼'을 강조하였다.
② (가)는 신흥 무관 학교를 세웠고, (나)는 형평사를 창립하였다.
③ (가)는 조선 건국 동맹을 조직하였고, (나)는 식민 사학의 한국사 정체성론을 반박하였다.
④ (가)는 황포 군관 학교에서 훈련받았고, (나)는 민족주의 역사 서술의 기본 틀을 제시하였다.

13회 | 2021년 지방직 9급

문 01. 다음에 해당하는 나라에 대한 설명으로 옳은 것은?

> ○ 은력(殷曆) 정월에 지내는 제천 행사는 나라에서 여는 대회로 날마다 먹고 마시고 노래하고 춤추는데, 이를 영고라 하였다. 이때 형옥을 중단하고 죄수를 풀어주었다.
> ○ 국내에 있을 때의 의복은 흰색을 숭상하며, 흰 베로 만든 큰 소매 달린 도포와 바지를 입고 가죽신을 신는다. 외국에 나갈 때는 비단 옷·수 놓은 옷·모직 옷을 즐겨입는다.
> — 『삼국지』「위서」동이전

① 사람이 죽으면 뼈만 추려 가족 공동 무덤인 목곽에 안치하였다.
② 읍군이나 삼로라고 불린 군장이 자기 영역을 다스렸다.
③ 가축 이름을 딴 마가, 우가, 저가, 구가 등이 있었다.
④ 천신을 섬기는 제사장인 천군이 있었다.

문 02. (가) 나라에 대한 설명으로 옳은 것은?

> 북쪽 구지에서 이상한 소리로 부르는 것이 있었다. …(중략)… 구간(九干)들은 이 말을 따라 모두 기뻐하면서 노래하고 춤을 추었다. 자줏빛 줄이 하늘에서 드리워져서 땅에 닿았다. 그 줄이 내려온 곳을 따라가 붉은 보자기에 싸인 금으로 만든 상자를 발견하고 열어보니, 해처럼 둥근 황금알 여섯 개가 있었다. 알 여섯이 모두 변하여 어린아이가 되었다. …(중략)… 가장 큰 알에서 태어난 수로(首露)가 왕위에 올라 (가) 를/을 세웠다.
> — 『삼국유사』

① 해상 교역을 통해 우수한 철을 수출하였다.
② 박, 석, 김씨가 교대로 왕위를 계승하였다.
③ 경당을 설치하여 학문과 무예를 가르쳤다.
④ 정사암 회의를 통해 재상을 선발하였다.

문 03. (가)에 들어갈 기구로 옳은 것은?

> 고려 시대 중서문하성과 중추원의 고위 관료들은 도병마사와 (가) 에서 국가의 중요한 일을 논의하였다. 도병마사에서는 국방과 군사 문제를 다루었고, (가) 에서는 제도와 격식을 만들었다.

① 삼사   ② 상서성
③ 어사대   ④ 식목도감

문 04. (가)에 대한 설명으로 옳은 것은?

> 건국 초부터 북진 정책을 추진한 고려는 발해를 멸망시킨 (가) 를/을 견제하고 송과 친선 관계를 맺었다. 이에 송과 대립하던 (가) 는/은 고려를 경계하여 여러 차례 고려에 침입하였다.

① 강조의 정변을 구실로 고려를 침략하였다.
② 고려에 동북 9성을 돌려달라고 요구하였다.
③ 다루가치를 배치하여 고려의 내정을 간섭하였다.
④ 쌍성총관부를 두어 철령 이북의 땅을 지배하였다.

문 05. (가)에 들어갈 기구로 옳은 것은?

> ○ 무릇 관직을 받은 자의 고신(임명장)은 5품 이하일 때는 (가) 과/와 사간원의 서경(署經)을 고려하여 발급한다.
> ○ (가) 는/은 시정(時政)을 논하고, 모든 관원을 규찰하며, 풍속을 바르게 하는 등의 일을 맡는다.
> — 『경국대전』

① 사헌부   ② 교서관
③ 승문원   ④ 승정원

문 06. 밑줄 친 '그'에 대한 설명으로 옳은 것은?

> 그가 왕에게 아뢰었다. "삼교는 솥의 발과 같아서 하나라도 없어서는 안 됩니다. 지금 유교와 불교는 모두 흥하는데 도교는 아직 번성하지 않으니, 소위 천하의 도술(道術)을 갖추었다고 할 수 없습니다. 엎드려 청하오니 당에 사신을 보내 도교를 구해 와서 나라 사람들을 가르치게 하소서."
> — 『삼국사기』

① 당나라와 동맹을 체결하였다.
② 천리장성의 축조를 맡아 수행하였다.
③ 수나라의 군대를 살수에서 격퇴하였다.
④ 남진 정책을 추진하여 한성을 점령하였다.

문 07. (가) 인물에 대한 설명으로 옳은 것은?

> (가) 가/이 귀산 등에게 말하기를 "세속에도 5계가 있으니, 첫째는 충성으로써 임금을 섬기는 것, 둘째는 효도로써 어버이를 섬기는 것, 셋째는 신의로써 벗을 사귀는 것, 넷째는 싸움에 임하여 물러서지 않는 것, 다섯째는 생명 있는 것을 죽이되 가려서 한다는 것이다. 그대들은 이를 실행함에 소홀하지 말라."라고 하였다.
> — 『삼국사기』

① 모든 것이 한마음에서 나온다는 일심 사상을 제시하였다.
② 화엄 사상을 연구하여 『화엄일승법계도』를 작성하였다.
③ 왕에게 수나라에 군사를 청하는 글을 지어 바쳤다.
④ 인도를 여행하여 『왕오천축국전』을 썼다.

문 08. (가), (나)에 들어갈 이름을 바르게 연결한 것은?

> (가) 는/은 『북학의』를 저술하여 청의 선진 기술을 적극적으로 수용할 것과 상공업 육성 등을 역설하였다. 한편, (나) 는/은 중국 및 일본의 방대한 자료를 참고하여 『해동역사』를 편찬함으로써, 한·중·일 간의 문화 교류를 잘 보여주었다.

	(가)	(나)
①	박지원	한치윤
②	박지원	안정복
③	박제가	한치윤
④	박제가	안정복

문 09. 다음 사건을 시기 순으로 바르게 나열한 것은?

> (가) 정중부와 이의방이 정변을 일으켰다.
> (나) 최충헌이 이의민을 제거하고 권력을 잡았다.
> (다) 충주성에서 천민들이 몽골군에 맞서 싸웠다.
> (라) 이자겸이 척준경과 더불어 난을 일으켰다.

① (가) → (나) → (라) → (다)
② (가) → (다) → (나) → (라)
③ (라) → (가) → (나) → (다)
④ (라) → (가) → (다) → (나)

문 10. (가) 지역에 대한 설명으로 옳은 것은?

> 나는 삼한(三韓) 산천의 음덕을 입어 대업을 이루었다. (가) 는/은 수덕(水德)이 순조로워 우리나라 지맥의 뿌리가 되니 대업을 만대에 전할 땅이다. 왕은 춘하추동 네 계절의 중간달에 그곳에 가 100일 이상 머물러서 나라를 안녕케 하라.
> — 『고려사』

① 이곳에 대장도감을 설치하여 재조대장경을 만들었다.
② 지눌이 이곳에서 수선사 결사 운동을 펼쳤다.
③ 망이·망소이가 이곳에서 봉기하였다.
④ 몽골이 이곳에 동녕부를 두었다.

문 11. 다음 내용의 역사서에 대한 설명으로 옳은 것은?

> 왕께서는 "우리나라 사람들은 유교 경전과 중국 역사에 대해서는 자세히 말하는 사람이 있으나 우리나라의 사실에 이르러서는 잘 알지 못하니 매우 유감이다. 중국 역사서에 우리 삼국의 열전이 있지만 상세하게 실리지 않았다. 또한, 삼국의 고기(古記)는 문체가 거칠고 졸렬하며 빠진 부분이 많으므로, 이런 까닭에 임금의 선과 악, 신하의 충과 사악, 국가의 안위 등에 관한 것을 다 드러내어 그로써 후세에 권계(勸戒)를 보이지 못했다. 마땅히 일관된 역사를 완성하고 만대에 물려주어 해와 별처럼 빛나도록 해야 하겠다."라고 하셨습니다.

① 불교를 중심으로 신화와 설화를 정리하였다.
② 유교적인 합리주의 사관에 따라 기전체로 서술되었다.
③ 단군 조선을 우리 역사의 시작으로 본 통사이다.
④ 진흥왕의 명을 받아 거칠부가 편찬하였다.

문 12. 밑줄 친 '이 왕'에 대한 설명으로 옳은 것은?

> 문무왕이 왜병을 진압하고자 감은사를 처음 창건하려 했으나, 끝내 못하고 죽어 바다의 용이 되었다. 뒤이어 즉위한 이 왕이 공사를 마무리하였다. 금당 돌계단 아래에 동쪽을 향하여 구멍을 하나 뚫어 두었으니, 용이 절에 들어와서 돌아다니게 하려고 마련한 것이다. 유언에 따라 유골을 간직해 둔 곳은 대왕암(大王岩)이라고 불렀다.
> ─ 『삼국유사』

① 건원이라는 독자적인 연호를 사용하였다.
② 국학을 설립하여 유학을 교육하였다.
③ 백성에게 처음으로 정전을 지급하였다.
④ 진골 출신으로서 처음 왕위에 올랐다.

문 13. 밑줄 친 '왕'의 재위 기간에 있었던 사실로 옳은 것은?

> 왕은 노론과 소론, 남인을 두루 등용하였으며 젊은 관료들을 재교육하기 위해 초계문신제를 시행하였다. 또 서얼 출신의 유능한 인사를 규장각 검서관으로 등용하였다.

① 동학이 창시되었다.
② 『대전회통』이 편찬되었다.
③ 신해통공이 시행되었다.
④ 홍경래의 난이 발생하였다.

문 14. (가) 인물에 대한 설명으로 옳은 것은?

> 철종이 죽고 고종이 어린 나이로 왕이 되자, 고종의 아버지인 (가) 가/이 실권을 장악하였다. (가) 는/은 임진왜란 때 불탄 후 방치되어 있던 경복궁을 중건하였다. 이때 원납전이라는 기부금을 징수하는 일이 벌어졌으며 당백전이라는 화폐도 발행되었다.

① 대한국 국제를 만들어 공포하였다.
② 서원을 대폭 줄이는 정책을 추진하였다.
③ 우정총국 개국 축하연을 이용해 정변을 일으켰다.
④ 황쭌셴의 『조선책략』을 가져와 널리 유포하였다.

문 15. (가) 단체의 활동에 대한 설명으로 옳은 것은?

> 탑골 공원에 모인 수많은 학생과 시민이 독립 선언식을 거행하고 만세를 부르며 거리를 행진하였다. 이후 만세 시위는 전국으로 확산하였다. 이 운동을 계기로 독립운동가 사이에는 독립운동을 더욱 조직적으로 전개하자는 공감대가 형성되어 (가) 가/이 만들어졌다. (가) 는/은 구미 위원부를 설치하는 등 적극적으로 독립 운동을 펼쳐 나갔다.

① 대동 단결 선언을 발표하였다.
② 국내와의 연락을 위해 교통국을 두었다.
③ 독립군을 양성하기 위해 신흥 무관 학교를 설립하였다.
④ 『조선혁명선언』을 강령으로 삼아 의열 투쟁을 전개하였다.

문 16. (가) 시기에 있었던 사실로 옳은 것은?

> 평양의 관민이 제너럴셔먼호를 불태웠다.
> ↓
> (가)
> ↓
> 미군이 광성보를 공격해 점령하였다.

① 고종이 홍범 14조를 발표하였다.
② 일본의 운요호가 초지진을 포격하였다.
③ 오페르트가 남연군의 묘 도굴을 시도하였다.
④ 차별 대우에 불만을 품은 군인이 임오군란을 일으켰다.

문 17. 밑줄 친 '이 단체'에 대한 설명으로 옳은 것은?

> 1920년대 국내에서는 일본과 타협해 실익을 찾자는 자치 운동이 대두하였다. 비타협적인 민족주의자들은 이를 경계하면서 사회주의 세력과 연대하고자 하였다. 사회주의 세력도 정우회 선언을 발표해 비타협적 민족주의 세력과 제휴를 주장하였다. 그 결과 비타협적 민족주의 세력과 사회주의 세력은 1927년 2월에 이 단체를 창립하고 이상재를 회장으로 추대하였다.

① 조선 물산 장려회를 조직해 물산 장려 운동을 펼쳤다.
② 고등 교육 기관을 설립하기 위해 민립 대학 설립 운동을 시작하였다.
③ 문맹 퇴치와 미신 타파를 목적으로 브나로드 운동을 전개하였다.
④ 광주 학생 항일 운동의 진상을 조사하고 이를 알리는 대회를 개최하고자 하였다.

문 18. 다음과 같은 내용이 담긴 조약에 대한 설명으로 옳은 것은?

> 일본 정부는 그 대표자로 한국 황제 밑에 1명의 통감을 두되, 통감은 전적으로 외교에 관한 사항을 관리하기 위하여 경성에 주재하고 친히 한국 황제를 만날 수 있는 권리를 가진다. 또한, 일본 정부는 한국의 개항장 및 일본 정부가 필요하다고 인정하는 지역에 이사관을 설치할 권리를 가지며, 이사관은 통감의 지휘하에 종래 재(在)한국 일본 영사에게 속하였던 모든 권리를 집행한다.

① 조선 총독부를 설치한다는 조항이 포함되어 있다.
② 헤이그 특사 사건 직후 일제의 강요로 체결되었다.
③ 방곡령 시행 전에 미리 통보해야 한다는 합의가 실려 있다.
④ 일본의 중재 없이 국제적 성격을 가진 조약을 체결할 수 없다는 내용이 담겨 있다.

문 19. (가)에 대한 설명으로 옳은 것은?

> 1945년 12월 모스크바에서 미국, 소련, 영국의 외무 장관들은 한국 문제를 논의하였다. 이 회의에서 미국, 소련, 영국, 중국이 최장 5년간 신탁 통치를 시행한다는 합의가 이루어졌다. 또 미국과 소련이 (가) 를/을 개최해 민주주의 임시 정부 수립 문제에 대해 논의하기로 했다. 이 합의에 따라 1946년 3월 서울에서 (가) 가/이 시작되었다.

① 미·소 양측의 의견 차이로 결렬되었다.
② 조선 건국 준비 위원회를 조직하는 성과를 냈다.
③ 민주 공화제를 핵심으로 한 제헌 헌법을 만들었다.
④ 유엔 감시하의 총선거로 정부를 수립한다는 결정을 내렸다.

문 20. (가) 시기에 있었던 사실로 옳은 것은?

```
|————————————|————————————|
         4·19 혁명이 일어나다.    (가)    유신 헌법이 공포되다.
```

① 반민족 행위 처벌법이 제정되다.
② 7·4 남북 공동 성명이 발표되다.
③ 남북한이 유엔에 동시 가입하다.
④ 5·18 민주화 운동이 일어나다.

14회 | 2020년 지방직 9급

2020년 6월 13일 시행

제한시간 : 20분   시작 ____시 ____분 ~ 종료 ____시 ____분   나의 점수 ____   회독수 ☐☐☐

문 01. 밑줄 친 '왕'의 재위 기간에 있었던 사실로 옳은 것은?

> 이찬 이사부가 왕에게 "국사라는 것은 임금과 신하들의 선악을 기록하여, 좋고 나쁜 것을 만대 후손들에게 보여주는 것입니다. 이를 책으로 편찬해 놓지 않는다면 후손들이 무엇을 보고 알겠습니까?"라고 아뢰었다. 왕이 깊이 동감하고 대아찬 거칠부 등에게 명하여 선비들을 널리 모아 그들로 하여금 역사를 편찬하게 하였다.
> — 『삼국사기』

① 정전 지급
② 국학 설치
③ 첨성대 건립
④ 북한산 순수비 건립

문 02. 다음 정책을 시행한 국왕 대에 있었던 사실로 옳은 것은?

> ○ 광덕, 준풍 등의 연호를 사용하였다.
> ○ 개경을 고쳐 황도라 하고 서경을 서도라고 하였다.

① 노비안검법을 시행하였다.
② 전시과 제도를 시행하였다.
③ 개경에 국자감을 설립하였다.
④ 12목을 설치하고 지방관을 파견하였다.

문 03. 다음과 같은 활동을 펼친 인물에 대한 설명으로 옳은 것은?

> ○ 대한매일신보에 애국적인 논설을 썼다.
> ○ 유교 개혁의 뜻을 담은 「유교구신론」을 집필하였다.

① 적극적인 의열 활동을 위해 한인 애국단을 만들었다.
② 일본의 침략상을 폭로하는 『한국통사』를 저술하였다.
③ 실증 사학의 입장에서 연구하는 진단 학회를 조직하였다.
④ 김원봉의 요청을 받아들여 「조선혁명선언」을 작성하였다.

문 04. (가) 단체로 옳은 것은?

> [(가)] 발기취지(發起趣旨)
> 인간 사회는 많은 불합리를 산출한 동시에 그 해결을 우리에게 요구하고 있다. 여성 문제는 그 중의 하나이다. …… 과거의 조선 여성 운동은 분산되어 있었다. 그것에는 통일된 조직이 없었고 통일된 지도 정신도 없었고 통일된 항쟁이 없었다. …… 우리는 우선 조선 자매 전체의 역량을 공고히 단결하여 운동을 전반적으로 전개하지 아니하면 아니 된다. — 『동아일보』, 1927. 5. 11.

① 근우회
② 신간회
③ 신민회
④ 정우회

문 05. 다음 글에서 설명하고 있는 문화유산은?

> 이곳은 원래 성종의 형인 월산대군(月山大君)의 집이 있던 곳으로, 선조가 임진왜란 뒤 임시 거처로 사용하면서 정릉동 행궁으로 불리었고, 광해군 때는 경운궁이라 하였다. 아관 파천 후 고종이 이곳에 머물렀다. 주요 건물로는 중화전, 함녕전, 석조전 등이 있다.

① 경복궁
② 경희궁
③ 창덕궁
④ 덕수궁

문 06. 밑줄 친 '이 나라'에서 볼 수 있는 모습으로 적절한 것은?

> 이 나라는 대군왕이 없으며, 읍락에는 각각 대를 잇는 장수(長帥)가 있다. …… 이 나라의 토질은 비옥하며, 산을 등지고 바다를 향해 있어 오곡이 잘 자라며 농사 짓기에 적합하다. 사람들의 성질은 질박하고, 정직하며 굳세고 용감하다. 소나 말이 적고, 창을 잘 다루며 보전(步戰)을 잘한다. 음식, 주거, 의복, 예절은 고구려와 흡사하다. 그들은 장사를 지낼 적에는 큰 나무 곽(槨)을 만드는데 길이가 십여 장(丈)이나 되며 한쪽 머리를 열어 놓아 문을 만든다. ─『삼국지』 위서 동이전

① 민며느리를 받아들이는 읍군
② 위만에게 한나라의 침입을 알리는 장군
③ 5월에 씨를 뿌리고 하늘에 제사를 지내는 천군
④ 국가의 중요한 일을 논의하고 있는 마가와 우가

문 07. 다음 사건이 일어난 왕의 재위 기간에 대한 설명으로 옳은 것은?

> 임꺽정은 양주 백정으로, 성품이 교활하고 날래고 용맹스러웠다. 그 무리 수십 명이 함께 다 날래고 빨랐는데, 도적이 되어 민가를 불사르고 소와 말을 빼앗고, 만약 항거하면 몹시 잔혹하게 사람을 죽였다. 경기도와 황해도의 아전과 백성들이 임꺽정 무리와 은밀히 결탁하여, 관에서 잡으려 하면 번번이 먼저 알려주었다.

① 동인과 서인의 붕당이 형성되었다.
② 문정 왕후가 수렴청정하며 불교를 옹호하였다.
③ 삼포에서 4~5천 명의 일본인이 난을 일으켰다.
④ 조광조가 내수사 장리의 폐지, 소격서 폐지 등을 주장하였다.

문 08. 밑줄 친 '이 부대'에 대한 설명으로 옳은 것은?

> 윤관이 아뢰기를, "신이 적의 기세를 보건대 예측하기 어려울 정도로 굳세니, 마땅히 군사를 쉬게 하고 군관을 길러서 후일을 기다려야 할 것입니다. 또 신이 싸움에서 진 것은 적은 기병(騎兵)인데 우리는 보병(步兵)이라 대적할 수가 없었기 때문입니다."라 하였다. 이에 그가 건의하여 처음으로 이 부대를 만들었다.

① 정종 2년에 설치되었다.
② 귀주 대첩에서 큰 활약을 하였다.
③ 여진족에 대처하기 위해 조직되었다.
④ 응양군, 용호군, 신호위 등의 2군과 6위로 편성되었다.

문 09. 밑줄 친 '이 나라'에 대한 설명으로 옳은 것은?

> 이 나라는 삼한의 종족이며, 지금의 고령에 있었다. 건원 원년(479)에 그 국왕 하지(荷知)는 사신을 보내 남제에 공물을 바쳤다. 남제에서는 국왕 하지에게 "보국장군 본국왕"을 제수하였다.

① 관산성 전투에서 국왕이 전사하였다.
② 울릉도를 정복해서 영토로 편입하였다.
③ 호남 동부 지역까지 세력을 확장하였다.
④ 신라를 도와 낙동강 유역에 진출한 왜를 격파하였다.

문 10. 다음 설명에 해당하는 발해 왕의 재위 기간에 통일 신라에서 일어난 상황으로 옳은 것은?

> ○ 대흥이란 독자적인 연호를 사용하였다.
> ○ 수도를 중경 → 상경 → 동경으로 옮겼다.
> ○ 일본에 보낸 외교문서에 천손(하늘의 자손)이라 표현하였다.
> ○ 당과 친선 관계를 맺으며 당의 문물을 도입하여 체제를 정비하였다.

① 녹읍 폐지
② 청해진 설치
③ 『삼대목』 편찬
④ 독서삼품과 설치

문 11. 밑줄 친 '그'의 저술로 옳은 것은?

서울의 노론 집안에서 태어난 그는 『양반전』을 지어 양반 사회의 허위를 고발하였다. 그는 또한 한전론을 주장하였으며, 상공업 진흥에도 관심을 기울여 수레와 선박의 이용 등에 대해서도 주목하였다.

① 『북학의』
② 『과농소초』
③ 『의산문답』
④ 『지봉유설』

문 12. (가) 시기에 있었던 일로 옳은 것은?

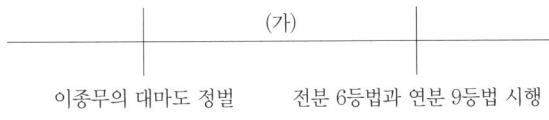

① 과전법 공포
② 이시애의 반란
③ 『농사직설』 편찬
④ 정도전의 요동 정벌 추진

문 13. (가) 시기에 있었던 일로 옳은 것은?

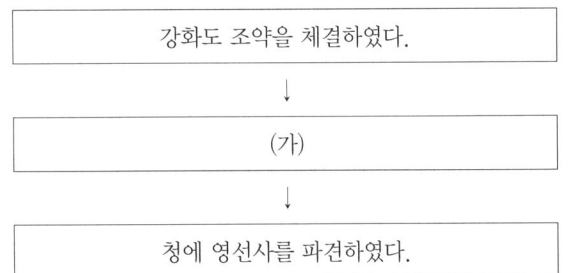

① 군국기무처를 두고 여러 건의 개혁안을 처리하였다.
② 개화 정책을 추진할 기구로 통리기무아문을 설치하였다.
③ 국정 개혁의 기본 방향을 담은 홍범 14조를 공포하였다.
④ 구본신참의 개혁 원칙을 정하고 대한국 국제를 선포하였다.

문 14. 세계유산으로 등재된 것이 아닌 것은? (2019년 12월 31일 기준)
① 종묘
② 화성
③ 한양 도성
④ 남한산성

문 15. 다음과 같은 주제로 토론회를 개최한 단체에 대한 설명으로 옳은 것은?

일자	주제
1897. 8. 29.	조선에 급선무는 인민의 교육
1897. 9. 5.	도로 수정하는 것이 위생에 제일 방책
⋮	⋮
1897. 12. 26	인민의 귀로 듣고 눈으로 보는 것을 개명케 하려면 우리나라 신문이며 다른 나라 신문지들을 널리 반포하는 것이 제일 긴요함

① 헌정 연구회의 활동을 계승하여 월보를 간행하고 지회를 설치하였다.
② 국민 계몽을 위해 회보를 발간하고 만민 공동회 등 대규모 집회를 열었다.
③ 보부상 중심의 단체로 황권 강화를 통한 부국강병을 행동 지침으로 삼았다.
④ 일본이 황무지 개간을 구실로 토지를 약탈하려 하자 대중적 반대 운동을 벌였다.

문 16. 밑줄 친 '그'의 활동으로 옳은 것은?

> 경술년(1910)에 여러 형제들이 모여서 같이 만주로 갈 준비를 하였다. …… 그(1867~1932)는 1만여 석의 재산과 가옥을 모두 팔고 큰집, 작은 집이 함께 압록강을 건너 떠났다. 그는 만주에서 독립군 양성 기관인 신흥 강습소를 설립하였다.

① 조선어 학회 사건으로 옥고를 치렀다.
② 독립운동 단체인 경학사를 조직하였다.
③ 3·1 운동 민족 대표 33인 중 한 명이었다.
④ '삼균주의'에 입각한 한국 국민당을 결성하였다.

문 17. 밑줄 친 '새 헌법'에 대한 설명으로 옳은 것은?

> 정부에서는 6월 15일 국회에서 통과된 개헌안을 이송받자 이날 긴급 국무회의를 소집하고 정식으로 이를 공포하였다. 이로써 개정된 새 헌법은 16일 0시를 기해 효력을 발생케 되었다. 새 헌법이 공포됨으로써 16일부터는 실질적인 내각 책임 체제의 정부를 갖게 되었으며 허정 수석국무위원은 자동으로 국무총리가 된다.
> — 『경향신문』, 1960. 6. 16.

① 임시 수도 부산에서 개정되었다.
② '사사오입'의 논리로 통과되었다.
③ 통일 주체 국민회의 설치를 규정한 조항이 있다.
④ 민의원과 참의원으로 구성된 국회 조항이 있다.

문 18. 다음 사건 이후에 일어난 일로 옳은 것은?

> 개경을 떠나 피난 중인 왕이 안성현을 안성군으로 승격시켰다. 홍건적이 양광도를 침입하자 수원은 항복하였는데, 작은 고을인 안성만이 홀로 싸워 승리함으로써 홍건적이 남쪽으로 내려오지 못하게 하였기 때문이다.

① 화약 무기를 사용해 진포 해전에서 승리하였다.
② 처인성 전투에서 적의 장수 살리타를 사살하였다.
③ 기철 일파를 제거하고 쌍성총관부의 관할 지역을 수복하였다.
④ 적의 침략을 물리치기 위한 염원에서 팔만대장경을 만들었다.

문 19. (가)와 (나) 사이의 시기에 있었던 일로 옳은 것은?

> (가) 남인들이 대거 관직에서 쫓겨나고 허적과 윤휴 등이 처형되었다.
> (나) 인현 왕후가 복위되고 노론과 소론이 정계에 복귀하였다.

① 송시열과 김수항 등이 처형당하였다.
② 서인과 남인이 두 차례에 걸쳐 예송을 전개하였다.
③ 서인 정치에 한계를 느낀 정여립이 모반을 일으켰다.
④ 청의 요구에 따라 조총 부대를 영고탑으로 파견하였다.

문 20. 다음의 사건을 시기 순으로 바르게 나열한 것은?

> (가) 제헌 국회가 구성되어 헌법을 제정하였다.
> (나) 여운형과 김규식은 좌·우 합작 위원회를 조직하였다.
> (다) 조선 건국 동맹을 기반으로 조선 건국 준비 위원회가 조직되었다.
> (라) 민주주의 임시 정부 수립을 논의하기 위해 제1차 미·소 공동 위원회가 열렸다.

① (가) - (다) - (나) - (라)
② (나) - (다) - (라) - (가)
③ (다) - (라) - (나) - (가)
④ (라) - (나) - (가) - (다)

15회 | 2019년 지방직 9급

문 01. (가), (나) 국가에 대한 설명으로 옳은 것은?

> (가) 그 나라의 혼인 풍속에 여자의 나이가 열 살이 되면 서로 혼인을 약속하고, 신랑 집에서는 (그 여자를) 맞이하여 장성하도록 길러 아내로 삼는다. (여자가) 성인이 되면 다시 친정으로 돌아가게 한다. 여자의 친정에서는 돈을 요구하는데, (신랑 집에서) 돈을 지불한 후 다시 신랑 집으로 돌아온다.
> (나) 은력(殷曆) 정월에 하늘에 제사를 지내며 나라에서 대회를 열어 연일 마시고 먹고 노래하고 춤추는데, 영고(迎鼓)라고 한다. 이때 형옥(刑獄)을 중단하여 죄수를 풀어 주었다.

① (가) - 무천이라는 제천 행사가 있었다.
② (가) - 계루부 집단이 권력을 장악하였다.
③ (나) - 사출도라는 구역이 있었다.
④ (나) - 철이 많이 생산되어 낙랑과 왜에 수출하였다.

문 02. (나) 시기에 발생한 사건으로 옳은 것은?

> (가) 백제 왕이 병력 3만 명을 거느리고 평양성을 공격해 왔다. 왕이 출병하여 막다가 날아오는 화살에 맞아 서거하였다.
> ↓
> (나)
> ↓
> (다) 왕이 보병과 기병 5만 명을 보내 신라를 구원하게 하였다. (고구려 군이) 남거성을 통해 신라성에 이르렀는데 그곳에 왜가 가득하였다. 관군이 도착하자 왜적이 퇴각하였다.

① 태학을 설립하고 율령을 반포하였다.
② 평양으로 도읍을 옮기고 한성을 함락하였다.
③ 관구검이 이끄는 위나라 군대의 침략을 받았다.
④ 왕이 직접 말갈 병사를 거느리고 요서 지방을 공격하였다.

문 03. 통일 신라의 경제 상황에 대한 설명으로 옳지 않은 것은?
① 왕경에 서시전과 남시전이 설치되었다.
② 어아주, 조하주 등 고급 비단을 생산하여 당나라에 보냈다.
③ 촌락의 토지 결수, 인구 수, 소와 말의 수 등을 파악하였다.
④ 시비법과 이앙법 등의 발달로 농민층에서 광작이 성행하였다.

문 04. 다음 서적을 편찬된 시기순으로 바르게 나열한 것은?

> ㉠ 『의방유취』
> ㉡ 『동의보감』
> ㉢ 『향약구급방』
> ㉣ 『향약집성방』

① ㉠ → ㉡ → ㉢ → ㉣
② ㉠ → ㉢ → ㉡ → ㉣
③ ㉢ → ㉠ → ㉣ → ㉡
④ ㉢ → ㉣ → ㉠ → ㉡

문 05. 삼국 시대 문화에 대한 설명으로 옳지 않은 것은?
① 선덕 여왕 때에 첨성대를 세웠다.
② 목탑 양식의 미륵사지 석탑이 건립되었다.
③ 가야 출신의 우륵에 의해 가야금이 신라에 전파되었다.
④ 사신도가 그려진 강서대묘는 돌무지무덤으로 축조되었다.

문 06. 다음과 같은 글을 남긴 국왕의 업적에 해당하는 것은?

> 우리 동방은 옛날부터 중국의 풍속을 흠모하여 문물과 예악이 모두 그 제도를 따랐으나, 지역이 다르고 인성도 각기 다르므로 꼭 같게 할 필요는 없다. 거란은 짐승과 같은 나라로 풍속이 같지 않고 말도 다르니 의관 제도를 삼가 본받지 말라.
> ― 『고려사』에서

① 물가 조절을 위해 상평창을 설치하였다.
② 기인·사심관제와 함께 과거제를 실시하였다.
③ 혼인 정책과 사성 정책을 통해 호족을 포섭하였다.
④ 광군 30만을 조직하여 거란의 침략에 대비하였다.

문 07. 다음 ㉠~㉣에 들어갈 인물을 바르게 연결한 것은?

> ○ (㉠)는/은 『신편제종교장총록』을 편찬하였다.
> ○ (㉡)는/은 원의 불교인 임제종을 들여와서 전파시켰다.
> ○ (㉢)는/은 강진에 백련사를 결사하여 법화 신앙을 내세웠다.
> ○ (㉣)는/은 『목우자수심결』을 지어 마음을 닦고자 하였다.

	㉠	㉡	㉢	㉣
①	수기	보우	요세	지눌
②	의천	각훈	요세	수기
③	의천	보우	요세	지눌
④	의천	요세	각훈	수기

문 08. 다음 정책을 추진한 국왕 대에 있었던 사실로 옳은 것은?

> 옛적에 관가의 노비는 아이를 낳은 지 7일 후에 입역(立役)하였는데, 아이를 두고 입역하면 어린 아이에게 해로울 것이라 걱정하여 100일간의 휴가를 더 주게 하였다. 그러나 출산에 임박하여 일하다가 몸이 지치면 미처 집에 도착하기 전에 아이를 낳는 경우가 있다. 만일 산기에 임하여 1개월 간의 일을 면제하여 주면 어떻겠는가. 가령 저들이 속인다 할지라도 1개월까지야 넘길 수 있겠는가. 상정소(詳定所)로 하여금 이에 대한 법을 제정하게 하라.

① 사형의 판결에는 삼복법을 적용하였다.
② 주자소를 설치하여 계미자를 주조하였다.
③ 국방력 강화를 위해 진관 체제를 실시하였다.
④ 도평의사사를 개편하여 의정부를 설치하였다.

문 09. 밑줄 친 '그'에 대한 설명으로 옳은 것은?

> 그는 중국 유학을 마치고 귀국한 다음, 국왕에게 황룡사에 9층탑을 세울 것을 건의했다. 그가 9층탑 건립을 건의한 데에는 주변 나라의 침입을 막고자 하는 호국 정신이 담겨 있다.

① 화랑이 지켜야 할 세속오계를 지었다.
② 대국통으로 있으면서 계율을 지키는 일에 힘을 보탰다.
③ 통일 이후의 사회 갈등을 통합으로 이끄는 화엄 사상을 강조하였다.
④ 일심(一心) 사상을 주장하여 불교 교리의 대립을 극복하고자 하였다.

문 10. 다음 자료에 나타난 상황과 관련 있는 사건은?

> 경성에는 종묘, 사직, 궁궐과 나머지 관청들이 또한 하나도 남아 있는 것이 없으며, 사대부의 집과 민가들도 종루 이북은 모두 불탔고 이남만 다소 남은 것이 있으며, 백골이 수북이 쌓여서 비록 치우고자 해도 다 치울 수 없다. 경성의 수많은 백성들이 도륙을 당했고 남은 이들도 겨우 목숨만 붙어 있다. 굶어 죽은 시체가 길에 가득하고 진제장(賑濟場)에 나아가 얻어먹는 자가 수천 명이며 매일 죽는 자가 60~70명 이상이다.
> ― 성혼, 『우계집』에서

① 병자호란
② 임진왜란
③ 삼포왜란
④ 이괄의 난

문 11. 밑줄 친 '그'에 대한 설명으로 옳지 않은 것은?

> 그와 남은이 임금을 뵈옵고 요동을 공격하기를 요청하였고, 그리하여 급하게 『진도(陣圖)』를 익히게 하였다. 이보다 먼저 좌정승 조준이 휴가를 받아 집에 있을 때, 그와 남은이 조준을 방문하여, "요동을 공격하는 일은 지금 이미 결정되었으니 공(公)은 다시 말하지 마십시오."라고 말하였다.

① 만권당에서 원의 학자들과 교류하였다.
② 맹자의 역성 혁명론을 조선 건국에 적용하였다.
③ 한양 도성의 성문과 궁궐 등의 이름을 지었다.
④ 『경제문감』을 저술하여 재상 중심의 정치를 주장하였다.

문 12. 조약 (가), (나) 사이 시기의 경제 상황으로 옳은 것은?

(가)	(나)
○ 조선국 항구에 머무르는 일본은 쌀과 잡곡을 수출·수입할 수 있다. ○ 일본국 정부에 소속된 모든 선박은 항세(港稅)를 납부하지 않는다.	○ 입항하거나 출항하는 각 화물이 세관을 통과할 때에는 세칙에 따라 관세를 납부해야 한다. ○ 조선 정부가 쌀 수출을 금지하고자 할 때에는 반드시 먼저 1개월 전에 지방관이 일본 영사관에게 통고해야 한다.

① 메가타 재정 고문이 화폐 정리 사업을 시도하였다.
② 혜상공국의 폐지 등을 주장한 정변이 발생하였다.
③ 양화진에 청국인 상점을 허용하는 조약이 체결되었다.
④ 함경도 방곡령 사건으로 일본과 외교적 마찰이 일어났다.

문 13. 대한 제국 시기에 추진된 정책으로 옳지 않은 것은?
① 시위대와 진위대를 증강하였다.
② 독립신문의 창간을 지원하였다.
③ 화폐 제도의 개혁과 중앙 은행의 창립을 추진하였다.
④ 황실 재정을 담당하는 내장원의 기능을 확대하였다.

문 14. 조선 후기 서학과 관련한 설명으로 옳지 않은 것은?
① 이승훈이 북경에서 영세를 받았다.
② 윤지충 사건을 계기로 하여 기해박해가 일어났다.
③ 안정복이 천주교를 비판하는 『천학문답』을 저술하였다.
④ 최초의 한국인 신부 김대건이 귀국하여 포교 중 순교하였다.

문 15. 다음과 같은 강령을 발표한 조직의 활동으로 옳은 것은?

> 건국 시기의 헌법상 경제체계는 국민 각개의 균등 생활 확보 및 민족 전체의 발전 그리고 국가를 건립 보위함과 연환(連環)관계를 가진다. 그러므로 다음에 나오는 기본 원칙에 따라서 경제 정책을 집행하고자 한다.
> 가. 규모가 큰 생산기관의 공구와 수단 …(중략)… 은행·전신·교통 등과 대규모 농·공·상 기업 및 성시(城市)공업 구역의 주요한 공용 방산(房産)은 국유로 한다.
> 나. 적이 침략하여 점령 혹은 시설한 일체 사유 자본과 부역자의 일체 소유자본 및 부동산은 몰수하여 국유로 한다.

① 이승만을 대통령, 이시영을 부통령으로 선출하였다.
② 자유시 참변을 겪고 러시아 적군에 무장 해제를 당하였다.
③ 좌·우 합작 위원회를 구성하고 좌·우 합작 7원칙을 발표하였다.
④ 미군 전략 정보국(OSS) 지원 아래 국내 진공 작전을 준비하였다.

문 16. 다음 선언문의 강령에 따라 활동한 단체에 대한 설명으로 옳은 것은?

> 민중은 우리 혁명의 대본영(大本營)이다. 폭력은 우리 혁명의 유일한 무기이다. 우리는 민중 속으로 가서 민중과 손을 맞잡아 끊임없는 폭력 - 암살, 파괴, 폭동 - 으로써 강도 일본의 통치를 타도하고 우리 생활에 불합리한 일체의 제도를 개조하여 인류로써 인류를 압박하지 못하며, 사회로써 사회를 박탈하지 못하는 이상적 조선을 건설할지니라.

① 임시 정부 활동에 활기를 불어넣고자 결성하였다.
② 청산리 지역에서 일본군과 접전을 벌여 대승을 거두었다.
③ 한국 독립당, 조선 혁명당 등과 함께 민족 혁명당을 결성하였다.
④ 원산에서 일본인이 한국인 노동자를 구타한 사건을 계기로 총파업을 일으켰다.

문 17. 밑줄 친 ㉠, ㉡에 대한 설명으로 옳은 것은?

> 신고산이 우르르 함흥차 가는 소리에
> ㉠지원병 보낸 어머니 가슴만 쥐어뜯고요
> …(중략)…
> 신고산이 우르르 함흥차 가는 소리에
> ㉡정신대 보낸 어머니 딸이 가엾어 울고요

① ㉠ - 학생들도 모집 대상이었다.
② ㉠ - 처음에는 징병제에 따라 동원되기 시작하였다.
③ ㉡ - 국민 징용령에 근거한 조직이었다.
④ ㉡ - 물자 공출 장려를 목표로 결성되었다.

문 18. 밑줄 친 '이때' 재위한 국왕 대에 있었던 사실로 옳은 것은?

> 이때 거두어들인 돈을 '스스로 내는 돈'이라는 뜻에서 원납전이라 하였다. 그런데 백성들은 입을 삐쭉거리면서 '원납전 즉 원망하며 바친 돈이다.' 라고 하였다.
> — 『매천야록』에서

① 세한도가 제작되었다.
② 삼정이정청이 설치되었다.
③ 삼군부가 부활되고 삼수병이 강화되었다.
④ 비변사 당상들이 중요한 권력을 장악하였다.

문 19. 다음 법령과 관련한 설명으로 옳은 것은?

> 제5조 정부는 다음에 의하여 농지를 취득한다.
>   1. 다음의 농지는 정부에 귀속한다.
>   (가) 법령 및 조약에 의하여 몰수 또는 국유로 된 토지
>   (나) 소유권의 명의가 분명하지 않은 농지

① 농지 이외 임야도 포함되었다.
② 신한 공사가 보유하던 토지를 분배하였다.
③ 중앙 토지 행정처가 분배 업무를 주무하였다.
④ 분배 받은 농민은 평년 생산량의 30%를 5년간 상환하였다.

문 20. 다음은 1960년대 어느 일간지에 실린 사설이다. 밑줄 친 '파병'에 대한 설명으로 옳은 것만을 모두 고르면?

> 우리는 원했든 원하지 않았든 이미 이 전쟁에 직접적인 관계를 맺었고 파병을 찬반(贊反)하던 국민이 이젠 다 힘과 마음을 합해서 파병된 용사들을 성원하고 있거니와 근대 전쟁이 전투하는 사람만의 전쟁이 아니라 온 국민이 참가하는 '총력전'이라는 것을 알고 이 전쟁의 승리를 위해 모든 국민의 단합을 호소하는 바이다.

〈보기〉
㉠ 발췌 개헌안 통과에 영향을 주었다.
㉡ 브라운 각서를 체결하는 이유가 되었다.
㉢ 1960년대 경제 개발 계획의 추진에 기여하였다.
㉣ 한·미 상호 방위 원조 협정을 체결하는 계기가 되었다.

① ㉠, ㉡
② ㉠, ㉢
③ ㉡, ㉢
④ ㉢, ㉣

16회 | 2018년 지방직 9급

2018년 5월 19일 시행

문 01. 다음은 각 유물과 그것이 사용되던 시기의 사회 모습에 대한 설명이다. 옳은 것만을 모두 고르면?

> ㉠ 슴베찌르개 – 벼농사를 짓기 시작하였고 나무로 만든 농기구를 사용하였다.
> ㉡ 붉은 간 토기 – 거친무늬 거울을 사용하여 제사를 지내거나 의식을 거행하였다.
> ㉢ 반달 돌칼 – 농사를 짓기 시작했지만 아직 지배와 피지배 관계는 발생하지 않았다.
> ㉣ 눌러찍기무늬 토기 – 가락바퀴와 뼈바늘을 이용하여 옷이나 그물을 만들어 사용하였다.

① ㉠, ㉡
② ㉠, ㉢
③ ㉡, ㉣
④ ㉢, ㉣

문 02. 다음과 같은 불교 사상의 영향을 받아 만들어진 문화재는?

> 이 불교 사상은 개인적 정신 세계를 추구하는 경향이 강하였기 때문에 지방에서 독자적인 세력을 이루어 성주나 장군을 자처하던 자들로부터 큰 호응을 받았다.

① 성덕 대왕 신종
② 쌍봉사 철감선사탑
③ 경천사지 십층 석탑
④ 금동 미륵보살 반가 사유상

문 03. 밑줄 친 '이곳'에서 일어난 일로 옳은 것은?

> 고려 정종 때 이곳으로 천도 계획을 세웠으나 실현되지 못했고, 문종 때 이곳 주위에 서경기 4도를 두었다.

① 이곳에서 현존 세계 최고의 『직지심체요절』이 간행되었다.
② 지눌이 이곳을 중심으로 수선사 결사 운동을 전개하였다.
③ 조위총이 정중부 등의 타도를 위해 이곳에서 반란을 일으켰다.
④ 강조가 군사를 이끌고 이곳으로 들어와 김치양 일파를 제거하였다.

문 04. 밑줄 친 '운동'에 대한 설명으로 옳은 것은?

> 조선 사람은 조선 사람이 만든 물건만 쓰고 살자고 하는 운동이 일어나고 있다. 그렇게 하면 조선인 자본가의 공업이 일어난다고 한다. …(중략)… 이 운동이 잘 되면 조선인 공업이 발전해야 하지만 아직 그렇지 않다. …(중략)… 이 운동을 위해 곧 발행된다는 잡지에 회사를 만들라고 호소하지만 말고 기업을 하는 방법 같은 것을 소개해야 한다.
> – 「개벽」

① 조선 총독부가 회사령을 폐지하는 계기가 되었다.
② 원산 총파업을 계기로 조직적으로 전개될 수 있었다.
③ 조만식 등에 의해 평양에서 시작되어 전국으로 확산되었다.
④ 조선 노농 총동맹의 적극적 참여로 대중적인 기반이 확충되었다.

문 05. (가) 시기에 해당되는 사실로 옳은 것만을 〈보기〉에서 모두 고르면?

> 문무왕이 왕위에 올랐다.
> ↓
> (가)
> ↓
> 신라가 기벌포에서 당의 수군을 격파하였다.

〈보기〉
㉠ 신라가 안승을 고구려왕에 봉했다.
㉡ 당나라가 신라를 계림 대도독부로 삼았다.
㉢ 신라가 황산벌 전투에서 백제군을 무찔렀다.
㉣ 보장왕이 요동 지역에서 고구려 부흥을 꾀했다.

① ㉠, ㉡
② ㉠, ㉢
③ ㉡, ㉣
④ ㉢, ㉣

문 06. 삼국 시대의 정치 제도에 대한 설명으로 옳은 것만을 모두 고르면?

> ㉠ 삼국의 관등제와 관직 제도 운영은 신분제에 의하여 제약을 받았다.
> ㉡ 고구려는 대성(大城)에는 처려근지, 그 다음 규모의 성에는 욕살을 파견하였다.
> ㉢ 백제는 도성에 5부, 지방에 방(方)-군(郡) 행정 제도를 시행하였다.
> ㉣ 신라는 10정 군단을 바탕으로 영역을 확장하고 삼국 통일을 이룩하였다.

① ㉠, ㉡
② ㉠, ㉢
③ ㉡, ㉣
④ ㉢, ㉣

문 07. 성격이 유사한 것끼리 옳게 짝지은 것은?
① 대대로-대내상
② 중정대-승정원
③ 2성 6부-5경 15부
④ 기인 제도-녹읍 제도

문 08. 다음 각 문화재에 대한 설명으로 옳지 않은 것은?
① 화엄사 각황전은 다층식 외형을 지녔다.
② 수덕사 대웅전은 주심포 양식의 건물이다.
③ 부석사 무량수전은 배흘림 기둥을 갖고 있다.
④ 덕수궁 석조전은 서양 고딕 양식의 건물이다.

문 09. 다음에서 설명하는 인물의 저술로 옳은 것은?

> ○ 종래의 조선 농학과 박물학을 집대성하였다.
> ○ 전국 주요 지역에 국가 시범 농장인 둔전을 설치하여 혁신적 농법과 경영 방법으로 수익을 올려서 국가 재정을 보충할 것을 제안했다.

① 『색경』
② 『산림경제』
③ 『과농소초』
④ 『임원경제지』

문 10. 고려에서 행한 국가 제사에 대한 설명으로 옳지 않은 것은?
① 태조 때에 환구단(圜丘壇)에서 풍년을 기원하는 제사를 올렸다.
② 성종 때에 사직(社稷)을 세워 지신과 오곡 신에게 제사를 지냈다.
③ 숙종 때에 기자(箕子) 사당을 세워 국가에서 제사하였다.
④ 예종 때에 도관(道觀)인 복원궁을 세워 초제를 올렸다.

문 11. 밑줄 친 '대의(大義)'를 이루기 위해 효종이 한 일로 옳은 것은?

> 병자년 일이 완연히 어제와 같은데, 날은 저물고 갈 길은 멀다고 하셨던 성조의 하교를 생각하니 나도 모르게 눈물이 솟는구나. 사람들은 그것을 점점 당연한 일처럼 잊어가고 있고 대의(大義)에 대한 관심도 점점 희미해져 북녘 오랑캐를 가죽과 비단으로 섬겼던 일을 부끄럽게 생각지 않고 있으니 그것을 생각한다면 그 아니 가슴 아픈 일인가. -『조선왕조실록』

① 남한산성을 복구하고 어영청을 확대하였다.
② 훈련별대를 정초군과 통합하여 금위영을 발족시켰다.
③ 명과 후금 사이에서 실리를 추구하는 중립 외교 정책을 펼쳤다.
④ 호위청, 총융청, 수어청 등의 부대를 창설하여 국방력을 강화하였다.

문 12. 대한 제국 정부가 시행한 정책으로 옳은 것은?
① 별기군을 폐지하고 5군영을 복구하였다.
② 양전 사업을 시행하고자 양지아문을 설치하였다.
③ 통리기무아문을 설치하여 개화 정책을 추진하였다.
④ 화폐 제도를 은 본위제로 개혁하고자 신식 화폐 발행 장정을 공포하였다.

문 13. ㉠ 조직에 대한 설명으로 옳은 것은?

> 1922년 3월, 중국 상하이에서 (㉠)이/가 일본 육군 대장 타나카 기이치(田中義一)를 암살하고자 한 사건이 발생했다. 이때 체포된 독립운동가들은 일본 경찰에 인도되어 심문을 받게 되었는데, 그 심문 과정에서 (㉠)에 속한 김익상이 1921년 9월 조선총독부 건물에 폭탄을 던진 의거의 당사자라는 사실이 밝혀졌다.

① 공화주의를 주창하는 내용의 대동 단결 선언을 작성해 발표하였다.
② 이 조직에 속한 이봉창이 일왕이 탄 마차 행렬에 폭탄을 던졌다.
③ 일부 구성원을 황푸 군관 학교에 보내 군사 훈련을 받도록 하였다.
④ 새로 부임하는 사이토 조선 총독에게 폭탄을 투척하는 의거를 일으켰다.

문 14. 다음과 같은 특징을 가진 조선 후기 역사서는?

> ○ 단군으로부터 고려에 이르기까지의 우리 역사를 치밀한 고증에 입각하여 엮은 통사이다.
> ○ 마한을 중시하고 삼국을 무통(無統)으로 보는 입장에서 우리 역사를 체계화하였다.

① 허목의 『동사』
② 유계의 『여사제강』
③ 한치윤의 『해동역사』
④ 안정복의 『동사강목』

문 15. 다음 사건을 발생한 순서대로 바르게 나열한 것은?

> ㉠ 이순신이 명량에서 일본 수군을 격파하였다.
> ㉡ 의주로 피난했던 국왕 일행이 한성으로 돌아왔다.
> ㉢ 권율이 행주산성에서 일본군의 공격을 격파하였다.
> ㉣ 원균이 이끄는 조선 수군이 칠천량에서 크게 패배하였다.

① ㉡ → ㉢ → ㉠ → ㉣
② ㉡ → ㉢ → ㉣ → ㉠
③ ㉢ → ㉡ → ㉠ → ㉣
④ ㉢ → ㉡ → ㉣ → ㉠

문 16. 고려 전기의 문산계와 무산계에 대한 설명으로 옳지 않은 것은?
① 중앙 문반에게 문산계를 부여하였다.
② 성종 때에 문산계를 정식으로 채택하였다.
③ 중앙 무반에게 무산계를 제수하였다.
④ 탐라의 지배층과 여진 추장에게 무산계를 주었다.

문 17. 밑줄 친 '그'에 대한 설명으로 옳은 것은?

> 그는 신민회 회원으로 활동하면서 해서 교육 총회에 가담해 교육 사업에 힘을 기울였으며, 안악 사건에 연루되어 일제 경찰에 체포되었다. 1923년에 열린 국민 대표 회의에서 창조파와 개조파가 대립했을 때, 그는 국민 대표 회의의 해산을 명하는 내무부령을 공포하였다. 그 뒤 그는 한국 국민당을 조직하는 등 독립운동 정당을 만들기 위해 노력하였다.

① 평양에서 열린 남북 협상 회의에 참석하였다.
② 조선 민족 혁명당을 조직하고 조선 의용대를 이끌었다.
③ 안재홍과 함께 조선 건국 준비 위원회를 주도적으로 조직하였다.
④ 대통령 직선제를 골자로 하는 발췌 개헌안을 국회에 제출하였다.

문 18. ㉠ 부대에 대한 설명으로 옳은 것은?

> (㉠)은/는 1933년에 중국인 부대와 연합하여 동경성 전투 등을 치르며 큰 전과를 올렸고, 대전자령에서는 일본군을 기습 공격하여 승리를 거두었다.

① 하와이에 대조선 국민 군단을 창설하였다.
② 양세봉의 지휘하에 흥경성 전투에 참여하였다.
③ 만주 지역에서 활동했던 한국 독립당의 산하 조직이었다.
④ 중국 의용군과 연합하여 영릉가 전투에서 일본군을 물리쳤다.

문 19. 밑줄 친 '이 협약'에 대한 설명으로 옳은 것은?

> 일제는 군대를 증강해 강압적 분위기를 조성한 다음 친일 내각과 이 협약을 체결했다. 이 협약을 체결할 때, 일제는 대한 제국 군대의 해산을 요구해 관철시켰다. 이때 해산된 군인의 상당수는 일본군과 격전을 벌인 후 의병 부대에 합류하였다.

① 고종이 헤이그에 특사를 파견하는 계기가 되었다.
② 최익현이 의병 운동을 처음 시작한 원인이 되었다.
③ 재정 고문 메가타가 화폐 정리 사업을 실시하는 근거가 되었다.
④ 통감이 추천하는 일본인을 한국 관리에 임명한다는 내용을 담고 있다.

문 20. 다음 합의문에 대한 설명으로 옳은 것은?

> 쌍방은 오랫동안 서로 만나보지 못한 결과로 생긴 남북 사이의 오해와 불신을 풀고 긴장의 고조를 완화시키며 나아가서 조국 통일을 촉진시키기 위하여 다음과 같은 문제들에 완전한 견해의 일치를 보았다.
> 1. 쌍방은 다음과 같은 조국 통일 원칙들에 합의를 보았다.
>   첫째, 통일은 외세에 의존하거나 외세의 간섭을 받음이 없이 자주적으로 해결하여야 한다.
>   둘째, 통일은 서로 상대방을 반대하는 무력행사에 의거하지 않고 평화적 방법으로 실현하여야 한다.
>   …(중략)…
> 4. 쌍방은 지금 온 민족의 거대한 기대 속에 진행되고 있는 남북 적십자 회담이 하루빨리 성사되도록 적극 협조하는 데 합의하였다.
>   …(후략)…

① 남북 기본 합의서와 동시에 작성된 문서이다.
② 남북 조절 위원회를 구성하기로 합의한 내용이 담겨 있다.
③ 분단 후 최초로 열린 남북 정상 회담의 결과로 발표된 성명서이다.
④ 금강산 관광 사업을 추진하기로 결정했다는 내용이 수록되어 있다.

공무원시험전문 해커스공무원
gosi.Hackers.com

서울시 9급 시험 정보

시험 과목	총 5과목(2026년 시험 기준) - 공통 과목: 국어, 영어, 한국사 - 전문 과목: 행정법총론, 행정학개론(일반 행정직 기준이며, 직렬 및 직류에 따라 전문 과목이 정해짐)
총 문항 수	전체 100문항(1과목 당 20문항)
문제 유형	4지 선다형
시험 시간	총 110분 (5과목 합쳐서 110분이며, 중간에 쉬는 시간 없음)
특이사항	2020년부터의 서울시 9급 문제는 인사혁신처가 아닌 서울시에서 자체 출제한 특수직렬(방호직, 시설관리직 등) 문제입니다.
시험 접수 및 일정 안내	지방자치단체 인터넷 원서접수센터 (https://local.gosi.go.kr)

해커스공무원 8개년 기출문제집
한국사

Part 3
서울시 9급

17회 2025년 서울시 9급
18회 2024년 서울시 9급
19회 2024년 서울시 9급(추가 시험)
20회 2023년 서울시 9급
21회 2022년 서울시 9급
22회 2022년 서울시 9급(추가 시험)
23회 2021년 서울시 9급
24회 2020년 서울시 9급
25회 2019년 서울시 9급
26회 2018년 서울시 9급

17회 | 2025년 서울시 9급

2025년 6월 21일 시행

제한시간: 20분   시작 ___시 ___분 ~ 종료 ___시 ___분   나의 점수 ___   회독수 ☐☐☐

문 01. 〈보기 1〉을 통해 알 수 있는 당시의 사회상을 〈보기 2〉에서 모두 고른 것은?

〈보기 1〉
창원 다호리 고분군은 기원전 1세기 무렵에 조성된 것으로 추정된다. 1호 목관묘의 널 아래에서는 한(漢)나라의 청동 거울, 오수전, 붓, 청동검 등과 함께 쇠도끼, 철검, 쇠투겁창, 쇠꺾창, 따비, 쇠낫 등이 출토되었다.

〈보기 2〉
㉠ 문자가 전래되어 사용되고 있었다.
㉡ 독자적으로 화폐를 주조하여 사용하였다.
㉢ 철제 농기구를 사용하여 농사를 지었다.
㉣ 지배층의 무덤으로 고인돌이 축조되었다.

① ㉠, ㉡
② ㉠, ㉢
③ ㉡, ㉢
④ ㉡, ㉣

문 02. 〈보기〉의 나라에 대한 설명으로 가장 옳지 않은 것은?

〈보기〉
그 나라 사람들은 정주 생활을 하며, 궁실과 창고 및 감옥이 있다. 산릉(山陵)과 넓은 연못이 많아서 동이 지역에서는 가장 넓고 평탄하다. 토질은 5곡(穀)이 자라기에는 적당하지만 5과(果)는 나지 않는다. …… 그 나라의 옛 풍속에는 가뭄이나 장마가 계속되어 5곡이 영글지 않으면 그 허물을 왕에게 돌려 '왕을 마땅히 바꾸어야 한다'라고 하거나 '죽여야 한다'라고 하였다.

① 12월에 영고라는 제천 행사를 열었다.
② 집마다 부경이라는 작은 창고가 있었다.
③ 도둑질한 자에게 12배로 배상하게 하였다.
④ 여러 가(加)들이 별도로 사출도를 주관하였다.

문 03. 백제에 대한 설명으로 가장 옳지 않은 것은?
① 고이왕 때 관등제를 정비하고 백관의 공복을 제정했다.
② 근초고왕 때 고구려의 평양성을 함락하고 고국원왕을 전사시켰다.
③ 무령왕 때 신라와 혼인 동맹을 맺어 고구려에 대항하였다.
④ 성왕 때 사비로 천도하고 국호를 남부여라 하였다.

문 04. 〈보기〉의 (가)에 대한 설명으로 가장 옳은 것은?

〈보기〉
삼가 살펴보니 우리 (가) 께서 왕위에 오르신 그 시기는 난세에 해당하였고 운수는 천년에 합치하였습니다. 처음에 내란을 평정하고 흉악한 무리를 정벌할 때, 하늘이 임시로 그 일을 맡을 군주를 내어 그의 손을 빌리었고, 그 뒤에 도참비기의 예언에 따라 천명을 받고서 왕의 자리에 오르니 사람들이 (가) 의 덕망을 알고서 따르고 복종하였습니다. 곧 신라가 스스로 멸망하였고 고려가 다시 일어나는 운을 타서 고향을 떠나지 않고 곧 대궐을 지었습니다. 그리고 요하(遼河)와 패수(浿水)의 놀란 파도를 진정시키고 진한(秦韓)의 옛 땅을 얻어 열아홉 해 만에 천하를 통일하였으니, 공적은 더없이 높고 덕망은 한없이 크다고 할 수 있습니다.

① 광군사를 설치하고 광군 30만 명을 조직하여 거란의 침입에 대비하였다.
② 쌍기의 건의에 따라 과거 제도를 실시하여 신진 관리를 채용하였다.
③ 불법으로 노비가 된 자를 조사하는 노비안검법을 실시하였다.
④ 『정계』와 『계백료서』를 지어 관리가 지켜야 할 규범을 제시하였다.

문 05. 다음 중 시기상 가장 늦게 일어난 일은?
① 만적의 난
② 이자겸의 난
③ 망이·망소이의 난
④ 묘청의 서경 천도 운동

문 06. ⟨보기⟩의 조선 시대 기관에 대한 설명으로 옳은 것을 모두 고른 것은?

⟨보기⟩
㉠ 사헌부는 관리들의 비리를 감찰하는 기관이다.
㉡ 사간원은 국왕에게 간쟁하고 봉박, 서경권을 행사하였다.
㉢ 홍문관은 경연을 주관하며 왕의 자문을 담당하였다.
㉣ 위의 세 기관을 합쳐서 '삼사'라고 하여 권력의 독점이나 부정을 방지하려고 하였다.

① ㉠, ㉡
② ㉠, ㉡, ㉢
③ ㉡, ㉢, ㉣
④ ㉠, ㉡, ㉢, ㉣

문 07. ⟨보기⟩의 밑줄 친 '왕'에 대한 설명으로 옳은 것은?

⟨보기⟩
왕은 6조 직계제를 시행하여 국왕이 직접 행정을 장악하였다. 또한, 호패법을 실시하여 인구를 파악하고 사회 질서를 유지하고자 했으며, 창덕궁을 건립하였다.

① 사병을 혁파하여 왕권을 강화하였다.
② 비변사를 설치하여 국방 체제를 정비하였다.
③ 『경국대전』을 반포하여 통치 체제를 정비하였다.
④ 집현전을 확대·개편하여 학문과 문화를 발전시켰다.

문 08. 고려의 지방 통치 제도에 대한 설명으로 가장 옳은 것은?
① 태조 대 전국에 걸쳐 지방관을 파견하였다.
② 군사적으로 중요한 북쪽 지역에는 계수관을 두어 병마사를 파견하였다.
③ 전국을 8도로 구획하여 안찰사를 파견하였다.
④ 성종 대에 12목을 설치하였다.

문 09. ⟨보기⟩의 (가)~(다)에 대한 설명으로 가장 옳지 않은 것은?

⟨보기⟩
(가) 경종 1년(976) 11월에 처음으로 직관과 산관 각 품의 전시과를 제정하였다.
(나) 목종 1년(998) 12월에 문무 양반과 군인들의 전시과를 개정하였다.
(다) 문종 30년(1076) 12월에 양반 전시과를 경정하였다.

① (가)는 인품을 지급 기준으로 고려하였다.
② (나)는 산관이 지급 대상에서 완전히 제외되었다.
③ (다)는 (나)보다 무반에 대한 대우가 상승하였다.
④ (나)와 (다)는 지급 대상을 18과로 구분하였다.

문 10. ⟨보기⟩에서 균역법의 시행으로 감소된 재정을 보충하는 방법에 해당하는 것은?

⟨보기⟩
㉠ 지주에게 토지 1결당 미곡 4두를 부담시켰다.
㉡ 어장세, 염전세, 선박세 등 잡세 수입으로 보충하게 하였다.
㉢ 공인이라는 어용 상인을 통해 필요한 물품을 사서 납부하게 하였다.
㉣ 일부 상류층에 선무군관이라는 칭호를 주고 군포 1필을 납부하게 하였다.

① ㉠, ㉡
② ㉠, ㉢
③ ㉡, ㉢
④ ㉡, ㉣

문 11. 조선 숙종 재위 시기에 있었던 사실로 가장 옳지 않은 것은?
① 즉위 초 서인이 2차 예송 논쟁에서 승리하여 집권하였다.
② 서인은 남인 허적이 역모를 꾸몄다고 고발하여 정계에서 축출하였다.
③ 장희빈이 낳은 왕자를 원자로 정하는 과정에서 서인이 몰락하고 남인이 집권했다.
④ 폐위된 인현 왕후 복위 과정에서 남인이 몰락하고 노론과 소론이 집권했다.

문 12. 대한민국 임시 정부의 상하이 시기 활동에 해당하지 않는 것은?
① 한인 애국단의 윤봉길이 홍커우 공원 의거를 일으켰다.
② 삼균주의에 바탕한 대한민국 건국 강령을 선포하였다.
③ 임시 사료 편찬회를 통해 『한·일관계 사료집』을 편찬하였다.
④ 워싱턴에 구미 위원부를 설치하여 대미 외교 활동을 전개하였다.

문 13. 〈보기 1〉의 사건이 발생한 시기를 〈보기 2〉의 연표에서 옳게 고른 것은?

〈보기 1〉
375년 2월에 처음으로 초문사를 창건하여 순도를 머무르게 하였다. 또 이불란사를 창건하여 아도를 머무르게 하였다. 이것이 해동 불교의 시작이다.

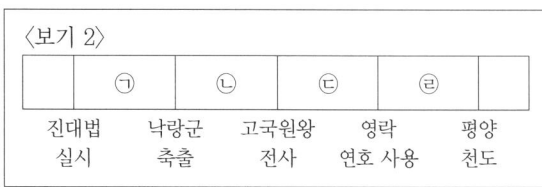

① ㉠
② ㉡
③ ㉢
④ ㉣

문 14. 〈보기〉의 조치가 시행된 결과로 가장 옳은 것은?

〈보기〉
구(舊) 백동화의 품질, 무게, 문양, 모양이 매우 양호하여 화폐로 인정받을 만한 것은 한 개당 금(金) 2전 5리의 비율로 새로운 화폐로 교환한다. 이 기준에 합당하지 않은 부정 백동화는 개당 금 1전의 가격으로 정부에서 사들인다. 만약 매수를 원하지 않는 경우 정부에서 절단하여 돌려준다.

① 보안회의 반대 시위로 철회되었다.
② 일본 화폐가 국내에서 처음으로 유통되었다.
③ 일본의 제일은행권이 법정 통화가 되었다.
④ 동양 척식 주식회사가 설립되어 많은 토지를 점유하였다.

문 15. 〈보기 1〉과 관련된 사건이 발생한 시기를 〈보기 2〉의 연표에서 옳게 고른 것은?

〈보기 1〉
흥선 대원군 부친의 유품들을 수중에 넣는다면 그것을 통해 그와 거래할 수 있고, 그렇게 되면 그는 부친의 유품들을 되찾기 위해 어떠한 요구든지 기꺼이 받아들이게 될 것이다. 따라서 그는 조약을 체결하여 나라를 개방하겠다는 열의의 증거로 사절을 보내라는 열강들의 요구에 귀 기울일 수밖에 없을 것이다.

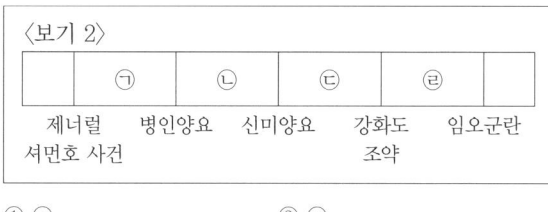

① ㉠
② ㉡
③ ㉢
④ ㉣

문 16. 〈보기〉의 내용을 공포한 이후에 일어난 사건에 해당하는 것은?

〈보기〉
제1조 대한국은 세계 만국에 공인된 자주 독립한 제국이다.
제2조 대한 제국의 정치는 500년간 전래되었고, 앞으로 만세토록 불변할 전제정치이다.
제3조 대한국 대황제는 무한한 군권을 향유하니 공법에 이른바 정체를 스스로 정함이라.

① 지계아문을 설치하여 지계를 발급하였다.
② 박문국에서 한성순보를 발행하였다.
③ 우편 제도가 도입되어 우정국이 설치되었다.
④ 최초의 서양식 병원인 광혜원을 설립하였다.

문 17. 〈보기〉의 발표 이후에 일어난 일로 가장 옳은 것은?

〈보기〉
좌·우 합작 위원회 합작 원칙

본 위원회의 목적을 달성하기 위하여 기본 원칙을 아래와 같이 의논하여 정함

1) 조선의 민주 독립을 보장한 삼상 회의 결정에 의하여 남북을 통한 좌우 합작으로 민주주의 임시 정부를 수립할 것
2) 미·소 공동 위원회 속개를 요청하는 공동 성명을 발표할 것

① 이승만의 정읍 발언
② 제1차 미·소 공동 위원회 개최
③ 김구의 '삼천만 동포에게 읍고함' 발표
④ 조선 건국 준비 위원회의 조선 인민 공화국 선포

문 18. 〈보기〉의 밑줄 친 '이 나라'에 대한 설명으로 가장 옳은 것은?

〈보기〉
• 영국은 이 나라를 견제하기 위해 조선의 거문도를 불법 점령하였다.
• 명성 황후 시해 사건 이후 고종은 이 나라의 공사관으로 처소를 옮겼다.
• 일본은 한반도에서의 주도권을 차지하기 위해 이 나라와 전쟁을 치렀다.

① 병인양요를 일으켰다.
② 신미양요를 일으켰다.
③ 절영도 조차를 요구하였다.
④ 황무지 개간권을 요구하였다.

문 19. 〈보기〉의 격문이 발표된 민족 운동에 대한 설명으로 가장 옳은 것은?

〈보기〉
슬프도다. 이천삼백만 형제자매들이여, 오늘에 있어 융희 황제에 대해 궁검(弓劍)을 사이에 두고 통곡한다는 것이 과연 어떠한 감동에서 나온 것인가. 사선(死線)에 함몰된 비애로써 우리 모두 울어보자. …… 형제여! 자매여! 눈물을 그치고 절규하자! 전 세계의 피압박민족과 무산자 대중은 모두 함께 정의의 깃발을 들고 우리와 함께 보조를 맞춰 나갈 것이다.

① 일제가 문화 통치를 표방하는 계기가 되었다.
② 민족 말살 통치에 대한 불만을 배경으로 일어났다.
③ 민족 자결주의의 영향을 받아 고종의 인산일에 일어났다.
④ 민족주의계와 사회주의계가 연대하는 계기가 되었다.

문 20. 〈보기〉의 사건을 시간순으로 바르게 나열한 것은?

〈보기〉
㉠ 사사오입 개헌
㉡ 진보당 사건 발생
㉢ 발췌 개헌
㉣ 3·15 부정 선거

① ㉠ - ㉡ - ㉢ - ㉣
② ㉠ - ㉢ - ㉡ - ㉣
③ ㉢ - ㉠ - ㉡ - ㉣
④ ㉢ - ㉡ - ㉠ - ㉣

문 01. 〈보기〉의 사건을 시간 순으로 바르게 나열한 것은?

〈보기〉
㉠ 장수왕은 백제의 수도 한성을 점령한 후 한강 유역을 차지하였다.
㉡ 진흥왕은 고구려와 백제를 모두 공격하여 한강 유역을 차지하였다.
㉢ 근초고왕은 마한의 여러 소국을 복속시키고 고구려의 평양성을 공격하였다.
㉣ 가야 연맹은 중앙 집권 국가로 발전하지 못하였고, 마지막으로 대가야가 신라에 병합됨으로써 해체되었다.

① ㉠ - ㉡ - ㉢ - ㉣
② ㉡ - ㉢ - ㉣ - ㉠
③ ㉢ - ㉠ - ㉡ - ㉣
④ ㉣ - ㉢ - ㉠ - ㉡

문 02. 〈보기〉 이후 발생한 사건으로 가장 옳은 것은?

〈보기〉
나라 안의 모든 주군(州郡)에서 공물과 부세를 보내지 않아, 창고가 텅텅 비어 나라 재정이 궁핍하였다. 왕이 사신을 보내 독촉하니 곳곳에서 도적이 벌떼처럼 일어났다. 이때 원종(元宗)과 애노(哀奴) 등이 사벌주를 근거지로 하여 반란을 일으켰다.

① 견훤이 경주를 침략하고 경순왕을 옹립하였다.
② 당나라가 문무왕의 동생 김인문을 신라 왕으로 임명하고 군대를 동원하였다.
③ 백제 의자왕이 신라의 서쪽 지역을 공격하여 대야성 등 40여 성을 함락시켰다.
④ 혜공왕을 마지막으로 무열왕계가 단절되었다.

문 03. 〈보기〉의 사건을 시간 순으로 바르게 나열한 것은?

〈보기〉
㉠ 장문휴의 수군으로 당의 산둥 지방을 공격하였다.
㉡ 정혜 공주 묘, 정효 공주 묘를 만들었다.
㉢ 전성기를 맞이하여 중국인들이 해동성국이라 불렀다.

① ㉠ - ㉡ - ㉢
② ㉠ - ㉢ - ㉡
③ ㉡ - ㉠ - ㉢
④ ㉢ - ㉠ - ㉡

문 04. 〈보기〉에서 무신 정변 이후 나타난 사건을 옳게 짝지은 것은?

〈보기〉
㉠ 최충헌이 교열도감을 설치하여 권력 기관으로 삼았다.
㉡ 일부 무신들은 왕실과 혼인을 시도하였다.
㉢ 서방이 설치되어 행정 실무 능력을 갖춘 문신들이 등용되었다.
㉣ 정변을 축하하기 위해 연산에 개태사를 세웠다.

① ㉠, ㉡
② ㉠, ㉢
③ ㉡, ㉢
④ ㉡, ㉣

문 05. 〈보기〉의 사료에 해당하는 국가에 대한 설명으로 가장 옳은 것은?

〈보기〉
12월에 지내는 제천 행사는 국중 대회로 날마다 마시고 먹고 노래하고 춤춘다. 이름을 '영고'라 하였다. 이때는 형옥을 중단하고 죄수를 풀어주었다. 형이 죽으면 형수를 아내로 삼는다. 여름에 사람이 죽으면 모두 얼음을 넣어 장사 지낸다. 사람을 죽여서 순장하는데 많을 때는 백 명 가량이나 된다. - 『삼국지』「위서」 동이전

① 국읍에 천군을 두어 천신에 대한 제사를 주관하였다.
② 국왕을 중심으로 가장 유력한 대가인 우가, 마가, 저가, 구가 등이 주요 국가 정책을 논의하였다.
③ 혼인 풍속으로 민며느리제가 있었다.
④ 왕 아래 상가, 대로, 패자, 고추가 등의 관료 조직이 있었다.

문 06. 고려 시대에 대한 설명으로 가장 옳지 않은 것은?
① 전민변정도감에서 노비 소유권 소송을 처리했다.
② 응방을 통해 왕실에서 경제적 이익을 추구하였다.
③ 전시과 제도를 통해 관료에게 전지와 시지를 지급하였다.
④ 호장은 국가에서 경제적 보수를 받지 않았다.

문 07. <보기 1>과 <보기 2> 사이에 발생한 사건으로 가장 옳지 않은 것은?

<보기 1>
몽고군이 이르니 우종주와 유홍익은 양반들과 더불어 모두 성을 버리고 도망치고 말았다. 다만 노비군과 천민들이 힘을 합하여 몽고군을 물리쳤다.
— 『고려사절요』

<보기 2>
6월 원나라 연호인 지정을 쓰지 않고 교지를 내렸다.
— 『고려사』

① 화통도감을 설치하여 각종 화약 무기를 제조했다.
② 일본 원정을 위해 정동행성이 설치되었다.
③ 새로운 지배 세력으로 권문세족이 출현했다.
④ 『삼국유사』, 『제왕운기』 등의 역사서가 편찬되었다.

문 08. <보기>의 글이 작성된 시대의 정책으로 가장 옳지 않은 것은?

<보기>
7조 왕이 백성을 다스린다고 해서 집집마다 가거나 날마다 그들을 살펴보는 것은 아닙니다. 그러므로 수령을 나누어 보내어 백성의 이익과 손해를 살피게 하는 것입니다. …… 요청하건대 외관을 두시옵소서.
— 시무 28조

① 5도 양계를 기틀로 한 지방 제도를 마련하였다.
② 향촌의 안정을 도모하기 위해 오가작통제와 호패법이 시행되었다.
③ 군현을 지방관이 파견되는 주현과 파견되지 않는 속현으로 구분하였다.
④ 향·부곡·소는 향리가 행정 업무를 담당하였다.

문 09. <보기>의 글이 작성된 시기의 학문에 대한 설명으로 가장 옳은 것은?

<보기>
하늘에서 본다면 어찌 안과 밖의 구별이 있겠느냐? 그러니 각각 자기 나라 사람끼리 서로 사랑하고, 자기 임금을 높이며, 자기 나라를 지키고, 자기 풍속을 좋게 여기는 것은 중국이나 오랑캐나 마찬가지다.
— 『의산문답』

① 정약용은 중국이 세계의 중심이라는 세계관을 거부하고 지구 자전설을 주장했다.
② 박지원은 서양 서적을 참고하여 거중기 등 건축 기계를 제작했다.
③ 홍대용은 청나라에 다녀와 쓴 『열하일기』에서 청 문물을 소개했다.
④ 이긍익은 우리나라 역대 문화를 백과사전식으로 정리하였다.

문 10. <보기>의 (가) 시기에 대한 설명으로 가장 옳지 않은 것은?

<보기>
(가) (이)란 종래의 붕당 정치가 변질된 형태인 일당 전제화마저 거부하고 특정 가문이 권력을 독점하는 정치 형태를 말한다. 순조, 헌종, 철종의 3대 60여 년 동안 왕정과 왕권은 이름뿐이었다. 정권은 안동 김씨 또는 풍양 조씨 등 외척의 사유물이 되었다.

① 인간주의, 평등주의를 부르짖은 동학이 농촌 사회를 중심으로 교세를 확장했다.
② 부유한 농민들은 군포를 피하기 위해 양반 신분을 위조하거나 사들였다.
③ 지방민의 불만이 평안도와 삼남 지방에서 민중 봉기로 표출되었다.
④ 노비 인구를 제도적으로 줄이기 위한 노비종모법이 확정되었다.

문 11. 조선과 후금의 관계에 대한 설명으로 가장 옳은 것은?
① 후금은 조선에 숙질 관계를 요구했다.
② 조선은 후금의 사신 용골대를 참수하고 항전 의지를 보였다.
③ 후금은 시장을 열어 교역할 것을 조선에 요구했다.
④ 후금이 황제를 칭하자 조선은 명과 연합하여 선전 포고를 하였다.

문 12. 조선 후기 노비제에 대한 설명으로 가장 옳지 않은 것은?
① 균역법 실시 이후 공노비의 신공은 점진적으로 감소되어 노가 1필로 줄고, 비의 신공은 폐지되었다.
② 공노비의 신공과 양인의 군역 부담이 동일해지면서 공노비 유지의 실익이 없어졌다.
③ 노비의 해방과 양인의 확대가 종모법을 통해 촉진되었다.
④ 1894년 노비 세습제가 폐지되었다.

문 13. 〈보기〉의 내용을 주도한 세력이 취한 정책으로 가장 옳지 않은 것은?

〈보기〉
1. 외국인에게 의지하지 말고 관민이 합심하여 황제권을 공고히 할 것.
2. 외국과의 이권에 관한 계약과 조약은 해당 부처의 대신과 중추원 의장이 함께 날인하여 시행할 것.
3. 재정은 탁지부에서 전담하여 맡고 예산과 결산을 국민에게 공포할 것.

① 독립신문을 발간하고 독립문을 건설하였다.
② 태양력과 '건양' 연호를 사용하고 단발령을 실시하였다.
③ 중대한 범죄는 공판하되 피고의 인권을 존중할 것을 주장하였다.
④ 만민 공동회를 열어 러시아의 내정 간섭을 규탄하였다.

문 14. 〈보기〉의 (가)에 들어갈 나라에 대한 설명으로 가장 옳은 것은?

〈보기〉
(가) 은/는 본래 우리와 혐의가 없는 나라입니다. 공연히 남의 말만 듣고 틈이 생기게 된다면 우리의 위신이 손상될 뿐 아니라, 이를 구실로 침략해 온다면 장차 이를 어떻게 막을 것입니까?
– 『일성록』, 영남 만인소

① 거문도를 불법 점령하였다.
② 일본과 포츠머스 강화 조약을 맺었다.
③ 외규장각의 문서와 문화재를 약탈하였다.
④ 제너럴셔먼호 사건을 구실로 광성보를 공격하였다.

문 15. 〈보기〉의 사설이 나온 이후 일어난 사실로 가장 옳지 않은 것은?

〈보기〉
오호라! 저 개, 돼지만도 못한 소위 우리 정부 대신이란 자들이 영달과 이득을 바라고 거짓된 위협에 겁을 먹고서 머뭇거리고 벌벌 떨면서 달갑게 나라를 파는 도적이 되어, 4천 년 강토와 5백 년 종사를 남에게 바치고 2천만 목숨을 몰아 다른 사람의 노예로 만들었으니, …… 아! 원통하고 분하도다. 우리 남의 노예가 된 2천만 동포여! 살았느냐? 죽었느냐? 단군 기자 이래 4천 년 국민 정신이 하룻밤 사이에 별안간 망하고 끝났도다! 아! 원통하고 원통하도다! 동포여 동포여!

① 헤이그에서 열린 제2차 만국 평화 회의에 특사가 파견되었다.
② 초대 통감으로 이토 히로부미가 임명되었다.
③ 일본이 러시아와의 전쟁을 개시했다.
④ 일본이 대한 제국 군대를 강제로 해산시켰다.

문 16. <보기>에서 일제 강점기 민족 해방 운동에 대한 설명으로 옳은 것을 모두 고른 것은?

<보기>
㉠ 민족 유일당 운동의 결과 「조선의 농민 및 노동자의 임무에 관한 테제」가 발표되었다.
㉡ 고종의 밀칙을 받아 대한 독립 의군부가 조직되었다.
㉢ 신채호는 「조선혁명선언」에서 민중 직접 혁명론을 주장했다.
㉣ 「대한민국건국강령」은 안창호의 삼균주의를 이론적 틀로 삼았다.

① ㉠, ㉡
② ㉠, ㉣
③ ㉡, ㉢
④ ㉢, ㉣

문 17. <보기>의 강령을 발표한 독립운동 세력에 대한 설명으로 가장 옳지 않은 것은?

<보기>
본 당은 혁명적 수단으로써 원수이며 적인 일본의 침탈 세력을 박멸하여 5천 년 독립 자주해 온 국토와 주권을 회복하고 정치, 경제, 교육의 평등에 기초를 둔 진정한 민주 공화국을 건설하여 국민 전체의 생활 평등을 확보하고 나아가 세계 인류의 평등과 행복을 촉진한다.

① 의열단을 중심으로 조선 혁명당, 한국 독립당 등이 참여하여 만들었다.
② 민족주의 계열과 사회주의 계열이 만든 중국 관내 최대 규모의 통일전선 정당이었다.
③ 민주 공화국 수립, 토지 국유화 등을 내걸고 항일 운동을 전개하였다.
④ 김구 등 임시 정부를 고수하려는 세력이 탈당하면서 통일전선 정당으로서의 성격이 약해졌다.

문 18. <보기>의 자료가 공포된 이후에 일어난 일로 가장 옳지 않은 것은?

<보기>
유구한 역사와 전통에 빛나는 우리들 대한 국민은 기미 3·1 운동으로 대한민국을 건립하여 세계에 선포한 위대한 독립 정신을 계승하여 이제 민주 독립 국가를 재건함에 있어서 정의, 인도와 동포애로써 민족의 단결을 공고히 하며 모든 사회적 폐습을 타파하고 민주주의 제제도를 수립하여 정치, 경제, 사회, 문화의 모든 영역에 있어서 각인의 기회를 균등히 하고 능력을 최고도로 발휘케 하며 각인의 책임과 의무를 완수케 하여……

① 제주 4·3 사건이 발생했다.
② 친일 청산을 위해 '반민특위'가 설치되었다.
③ 북한에 조선 민주주의 인민 공화국이 수립되었다.
④ '유상 매수, 유상 분배'의 원칙에 따라 농지 개혁이 실시되었다.

문 19. <보기>의 사건을 시간 순으로 바르게 나열한 것은?

<보기>
㉠ 5·18 민주화 운동   ㉡ 12·12 군사 반란
㉢ 부마 민주 항쟁   ㉣ 4·13 호헌 조치

① ㉢ - ㉠ - ㉡ - ㉣
② ㉢ - ㉡ - ㉠ - ㉣
③ ㉣ - ㉡ - ㉢ - ㉠
④ ㉣ - ㉢ - ㉡ - ㉠

문 20. <보기>의 사건을 시간 순으로 나열할 때 세 번째에 해당하는 사건은?

<보기>
㉠ 남북 기본 합의서 채택
㉡ 6·15 남북 공동 선언
㉢ 남북 동시 유엔 가입
㉣ 남북 조절 위원회 설치

① ㉠
② ㉡
③ ㉢
④ ㉣

19회 | 2024년 서울시 9급 (추가 시험)
2024년 2월 24일 시행

제한시간: 20분   시작 ___시 ___분 ~ 종료 ___시 ___분   나의 점수 ___   회독수 ☐☐☐

문 01. <보기>에서 청동기 시대에 대한 설명으로 옳은 것을 모두 고른 것은?

<보기>
㉠ 청동기가 보급된 이후에도 농기구는 주로 돌이나 나무로 만들었다.
㉡ 명도전, 오수전 등이 출토되어 우리나라와 중국의 교역이 활발했음을 알 수 있다.
㉢ 비파형동검과 미송리형 토기를 만들었다.
㉣ 청동기 시대에는 마을 주변에 방어를 위해 목책이나 환호를 둘렀다.

① ㉠, ㉡, ㉢
② ㉠, ㉡, ㉣
③ ㉠, ㉢, ㉣
④ ㉡, ㉢, ㉣

문 02. <보기>의 (가)에 들어갈 단체의 이름으로 가장 옳은 것은?

<보기>
이 시기의 독립운동은 대체로 무력 항쟁을 기본으로 하여 독립군을 양성하거나 지원하는 방법을 택했다. 그러나 독립 후의 국가에 대해서는 대한 제국의 회복을 주장하는 측과 주권재민의 공화국을 건설하려는 측의 노선 차이가 있었다. 대한 제국의 회복을 추구하는 대표적 단체는 (가) 를 들 수 있는데, 한말에 최익현과 더불어 의병 전쟁에 참가한 바 있던 임병찬이 주도한 이 단체는 전라도 지역을 중심으로 활동하였다.

① 신민회
② 대한 광복회
③ 독립 의군부
④ 대한 광복군 정부

문 03. <보기>의 사건을 시간 순으로 바르게 나열한 것은?

<보기>
㉠ 서희는 거란과 담판을 해 강동 6주를 확보하였다.
㉡ 강조의 정변을 구실로 거란이 침입해 왔다.
㉢ 개경이 함락되자 현종이 나주로 피난하였다.
㉣ 강감찬이 이끄는 고려군이 귀주 대첩에서 거란군을 격파하였다.

① ㉠ - ㉡ - ㉢ - ㉣
② ㉠ - ㉣ - ㉡ - ㉢
③ ㉡ - ㉠ - ㉣ - ㉢
④ ㉡ - ㉢ - ㉣ - ㉠

문 04. <보기>의 (가)~(라)에 대한 설명으로 가장 옳은 것은?

<보기>
조선 왕조 개창 당시 관리의 경제적 기반을 보장하기 위해 (가) 을/를 시행하였다. 이는 경기 지방의 토지를 대상으로 했으며, 관리 사후 지급받은 토지를 국가에 반납하는 것이었다. 하지만 관리 사후 아내가 재혼하지 않았으면 그 전부 혹은 일부를 (나) (으)로 지급했으며, 부모가 모두 죽고 자손이 20세 미만이면 이들의 부양을 위해 (다) (으)로 주어졌다. 이후 세조는 이러한 제도를 고쳐 (라) 을/를 시행하여, 그 지급 대상을 축소했다.

① (가)는 '과전법'으로, 현직 관리에게만 지급한 것이다.
② (나)는 '전시과'로, 전지와 시지를 나누어 주는 것이다.
③ (다)는 '구분전'으로, 수조권을 지급하는 것이다.
④ (라)는 '직전법'으로, 그 시행에 따라 수신전이 폐지되었다.

문 05. 〈보기〉에서 서적과 인물에 대한 설명으로 옳은 것을 모두 고른 것은?

〈보기〉
㉠ 한용운은 『조선 불교 유신론』을 지어 불교를 한층 현대적이고 사회 개혁적인 방향으로 개혁하려고 했다.
㉡ 장지연은 『동사강목』을 지어 서양식 역사 서술 체계를 적극 도입하였는데 이를 신사체(新史體)라 불렀다.
㉢ 신채호는 「독사신론」 등의 사론을 발표하여 만주와 부여족을 중심에 둔 새로운 역사 체계를 세우기 시작했다.
㉣ 『말의 소리』를 지은 주시경은 국어연구학회를 창립하였는데, 이것이 뒷날 조선어 연구회의 모체가 되었다.

① ㉠, ㉡, ㉢
② ㉠, ㉡, ㉣
③ ㉠, ㉢, ㉣
④ ㉡, ㉢, ㉣

문 06. 〈보기〉의 사건을 시간 순으로 바르게 나열한 것은?

〈보기〉
㉠ 고국천왕이 을파소를 국상으로 등용하여 진대법을 실시했다.
㉡ 백제가 평양성 전투에서 고국원왕을 전사시켰다.
㉢ 신라가 대가야를 병합했다.
㉣ 신라가 우산국을 복속시켜 영토에 편입했다.

① ㉠ - ㉡ - ㉢ - ㉣
② ㉠ - ㉡ - ㉣ - ㉢
③ ㉡ - ㉠ - ㉢ - ㉣
④ ㉡ - ㉢ - ㉠ - ㉣

문 07. 〈보기〉의 글을 쓴 인물에 대한 설명으로 가장 옳은 것은?

〈보기〉
이 모임이 파한 연후에 마땅히 명예와 이익을 버리고 산림에 은둔하여 동사(同社)를 결성하고 항상 선정을 익히고 지혜를 고르게 하기에 힘쓰고 예불과 독경을 하고 나아가서는 노동하기에도 힘쓰자. 각기 소임에 따라 경영하고 인연에 따라 심성을 수양하여 한평생을 자유롭게 지내며, 멀리 달사와 진인의 고행을 좇는다면 어찌 기쁘지 않으리오.

① 불교사를 중심으로 설화와 야사를 수록한 역사책을 저술하였다.
② 돈오점수와 정혜쌍수를 바탕으로 결사 운동을 전개하였다.
③ 천태종을 개창하였고, 교종을 중심으로 선종을 통합하고자 하였다.
④ 통일 신라 이전 고승 30여 명의 전기를 지었다.

문 08. 〈보기〉의 특별 담화문을 발표한 대통령의 재임 시기에 있었던 사실로 가장 옳은 것은?

〈보기〉
"광역 및 기초 단체장과 의원을 뽑는 이번 선거를 계기로, 우리나라는 전면적인 지방 자치를 실시하게 됩니다. …… 지방 자치는 주민 개개인의 건설적 에너지가 지역 발전으로 수렴이 되고, 나아가서 국가 발전으로 이바지하는 데 참뜻이 있습니다."

① 금융 실명제를 실시하고, 하나회를 해체하였다.
② 여소 야대 정국을 돌파하기 위하여 3당 합당을 하였다.
③ 평양에서 남북 정상 회담을 갖고 6·15 남북 공동 선언을 발표하였다.
④ 친일 반민족 행위 진상 규명 위원회를 조직하였다.

문 09. 〈보기〉의 단체에 대한 설명으로 가장 옳은 것은?

〈보기〉
안창호, 양기탁, 이승훈이 중심이 되어 조직한 비밀 결사 단체로, 국권을 회복한 뒤 공화정체의 국가를 수립하고자 하였다. 이를 위해서는 실력 양성에 온 힘을 쏟아야 한다고 규정하고 무엇보다 국민을 새롭게 할 것을 주장하였다.

① 일본의 황무지 개간권 요구 반대
② 교육·산업 진흥을 위한 지회 설치
③ 대성 학교, 오산 학교 설립
④ 금주·금연을 통한 모금 운동 전개

문 10. 〈보기〉의 정책을 실시한 왕에 대한 설명으로 가장 옳은 것은?

〈보기〉
• 창덕궁에 규장각을 설치하고 개혁 정치의 중심 공간으로 삼았다.
• 화성을 건설하고 자주 화성 행차에 나섰다.
• 시전 상인의 금난전권을 폐지하는 신해통공을 추진하였다.

① 『병학통』과 『무예도보통지』를 편찬하였다.
② 『속대전』과 『속오례의』 등을 편찬하여 문예 부흥의 기틀을 마련하였다.
③ 백두산 아래에 정계비를 설치하여 청나라와 경계선을 정하였다.
④ 1760년 청계천 준설 사업을 실시하였다.

문 11. 〈보기〉의 (가)~(다)에 들어갈 사건을 시간 순으로 바르게 나열한 것은?

〈보기〉
병인박해 - (가) - 문수산성·정족산성 전투 - (나) - 신미양요 - (다)

	(가)	(나)	(다)
①	제너럴셔먼호 사건	척화비 건립	오페르트 도굴 사건
②	제너럴셔먼호 사건	오페르트 도굴 사건	척화비 건립
③	오페르트 도굴 사건	제너럴셔먼호 사건	척화비 건립
④	오페르트 도굴 사건	척화비 건립	제너럴셔먼호 사건

문 12. 〈보기〉의 밑줄 친 ㉠, ㉡에 대한 설명으로 가장 옳지 않은 것은?

〈보기〉
• 대원군이 이 ㉠변란으로 인하여 다시 정권을 잡았으며, 크고 중요한 벼슬자리가 많이 바뀌었다. …… 대세를 좇는 무리들은 다시 운현궁으로 돌아오니 수레와 말이 구름과 같았다. 민씨 일가는 모두 숨어서 나타나지 못했다. …… 왕후는 충주에 있으면서 몰래 사람을 보내 소식을 보냈으며, 민태호에게 밀사를 보내 청국 정부에 급박함을 알리도록 명하였다.
• "가히 아까운 일이다. 일류 재사(才士)가 일본인에게 팔려 이러한 ㉡큰일을 저질렀다." …… "저들 일본인이 어찌 다른 나라의 백성을 위하여 남의 아름다운 덕을 진실로 도와 이루고자 하는 사람이겠는가 …… 김옥균이 망명하여 도쿄에 있으면서 다시 거사를 도모하려 했으나 저들은 이내 추방하여 오가사와라 섬에 유폐시켰으니 어찌 그를 아껴서 도와준다고 하겠는가."

① ㉠의 책임을 물어 청은 흥선 대원군을 자국으로 압송하였다.
② ㉠의 결과, 조선은 일본과 제물포 조약을 체결하여 배상금을 지불하였다.
③ ㉡의 영향으로 청과 일본은 향후 조선에 군대 파병 시 서로 알린다는 내용의 톈진 조약을 체결하였다.
④ ㉡의 결과, 조선은 청과 조·청 상민 수륙 무역 장정을 체결하여 청이 조선에 간섭하는 근거가 되었다.

문 13. 〈보기〉의 (가) 왕의 재위 기간에 발생한 일로 가장 옳은 것은?

〈보기〉
기록에 의하면 지금으로부터 1,800여 년 전 (가) 13년에 이 섬을 정벌하여 조선의 영토로 삼은 것이 오늘 우리 땅이 되게 된 시초인 것만은 틀림없다. 그 당시 이 섬은 우산국이라는 별개의 독립한 나라였는데, 육지로 가장 가까운 곳이 수로(水路) 400리 가량 떨어진 강원도 울진뿐인데 충무공같은 해상의 전략가나 군함도 없이 이 우산국을 쳐서 무찌른 당시 이야기가 흥미롭다.
-『별건곤』

① 불교를 공인하였다.
② 마한을 복속시켰다.
③ 왕호를 중국식 호칭인 '왕'으로 정하였다.
④ 남진 정책을 펼쳐 국내성에서 평양으로 천도하였다.

문 14. 〈보기〉의 나라에 대한 설명으로 가장 옳은 것은?

〈보기〉
10월에 지내는 제천 행사는 국중 대회로서 동맹이라 부른다. 그 나라의 풍속에 혼인을 할 때에는 말로 미리 정한 다음, 여자 집에서 본채 뒤에 작은 집을 짓는데 그 집을 서옥이라 부른다.

① 함경도 동해안 지역에 위치하였으며, 민며느리제, 가족 공동 무덤이 있었다.
② 5부족 연맹체로, 왕 아래 대가들이 사자, 조의, 선인 등을 거느렸다.
③ 단궁, 과하마, 반어피가 유명하였고, 제천 행사로는 무천이 있었으며, 족외혼, 책화 등의 풍습이 있었다.
④ 왕 아래 가, 우가, 저가, 구가 등이 사출도를 다스렸다.

문 15. 조선 시대의 과학 기술과 관련된 설명으로 가장 옳지 않은 것은?
① 측우기를 사용하여 강우량을 측정하였다.
② 휴대용으로 작은 앙부일구를 제작하였다.
③ 당시 동아시아 의학을 종합한 의서인『의방유취』가 편찬되었다.
④ 향약을 이용하여 처방할 수 있는 방법을 기록한『향약구급방』이 편찬되었다.

문 16. <보기>의 내용과 관련된 시기에 있었던 사실로 가장 옳은 것은?

<보기>
다른 한편으로 지방 자치를 실시하여 민의 창달의 길을 강구하고, 교육 제도를 개정하여 교화 보급의 신기원을 이루었고, 게다가 위생 시설의 개선을 촉진하였다. …… 일본인과 조선인 사이의 차별 대우를 철폐하고 동시에 조선인 소장층 중 유력자를 발탁하는 방법을 강구하여, 군수·학교장 등에 발탁된 자가 적지 않다.

① 치안 유지법 제정
② 보통학교 명칭을 소학교로 개칭
③ 조선 사상범 보호 관찰령 제정
④ 조선 형사령·조선 태형령 제정

문 17. 원(元) 간섭기에 대한 설명으로 가장 옳은 것은?
① 원의 도움으로 정치도감의 개혁은 성공하였다.
② 국왕 측근 세력이 응방을 통해 관리의 인사를 담당하였다.
③ 고려의 풍속을 바꾸지 않는다는 원칙에 따라 왕실 용어도 그대로 유지되었다.
④ 친원 세력은 고려를 원의 행성(行省)으로 만들고자 시도하였다.

문 18. <보기>에서 조선 후기 실학과 북학에 관한 설명으로 옳은 것을 모두 고른 것은?

<보기>
㉠ 유형원은 농촌 사회의 안정을 위해 토지 재분배가 필요하다고 주장했다.
㉡ 이익은 전라도 부안의 우반동에서 제자들을 양성했다.
㉢ 18세기 중엽 이후 청나라를 배우자는 학풍을 '북학'이라 한다.
㉣ 박지원은 농업 관계 저술인 『과농소초』를 펴내기도 했다.
㉤ 홍대용은 『우서』에서 지구 자전설을 주장하고, 다른 별들에도 우주인이 있을 수 있다는 것을 피력했다.

① ㉠, ㉡, ㉤
② ㉠, ㉢, ㉣
③ ㉡, ㉢, ㉣
④ ㉡, ㉣, ㉤

문 19. <보기>의 (가)~(라) 시기에 있었던 사실을 옳게 짝지은 것은?

<보기>

(가)	(나)	(다)	(라)	
고려 건국	후삼국 통일	노비안검법 실시	시정 전시과 시행	거란의 1차 침입

① (가) – 역분전 지급
② (나) – 12목 설치
③ (다) – 과거제 도입
④ (라) – 광군 설치

문 20. <보기>의 사건을 시간 순으로 바르게 나열한 것은?

<보기>
㉠ 윤보선이 대통령으로 취임하였다.
㉡ 내각 책임제 개헌안이 의결되어 총선거가 실시되었다.
㉢ 이승만 대통령의 하야로 허정 과도 정부가 구성되었다.
㉣ 마산 시민들이 3·15 부정 선거 규탄 시위를 전개하였다.

① ㉢ – ㉡ – ㉠ – ㉣
② ㉢ – ㉡ – ㉣ – ㉠
③ ㉣ – ㉢ – ㉠ – ㉡
④ ㉣ – ㉢ – ㉡ – ㉠

문 01. 청동기 시대에 대한 설명으로 가장 옳지 않은 것은?
① 금속 도구가 만들어지면서 석기 농기구는 사라지고 농업이 발전하였다.
② 동검, 청동 거울, 청동 방울 등을 제작하였다.
③ 생산력이 발전하면서 사유 재산제와 계급이 발생하였다.
④ 일상 생활에서 민무늬 토기가 이용되었다.

문 02. 〈보기〉의 유물·유적에 대한 설명으로 가장 옳지 않은 것은?

〈보기〉

(가) 무령왕릉

(나) 영광탑

(다) 강서 대묘

(라) 미륵사지 석탑

① (가) - 중국 남조의 영향을 받은 벽돌무덤이다.
② (나) - 발해 때 세워진 5층 벽돌 탑이다.
③ (다) - 도교의 영향을 받은 벽화가 그려져 있다.
④ (라) - 『무구정광대다라니경』이 발견되었다.

문 03. 〈보기〉의 ㉠에 들어갈 것으로 가장 옳은 것은?

〈보기〉
고종 12년(1225)에 최우(崔瑀)가 자신의 집에 ㉠ 을 두고 백관의 인사를 다루었는데 문사(文士)를 뽑아 이에 속하게 하고 필자적(必者赤)이라 불렀다.
– 『고려사』

① 교정도감　　② 도방
③ 중방　　　　④ 정방

문 04. 〈보기〉의 ㉠에 들어갈 책으로 가장 옳은 것은?

〈보기〉
세종이 예문제학 정인지 등에 명하여 ㉠ 을/를 지었다. 처음에 고려 최성지가 충선왕을 따라 원나라에 들어가서 『수시력』을 얻어 돌아와서 추보하여 사용하였다. 그러나 일월교식(일식과 월식이 같이 생기는 것)과 오행성이 움직이는 도수에 관해 곽수경의 산술을 알지 못하였다. 조선이 개국해서도 역법은 『수시력』을 그대로 썼다. 『수시력』에 일월교식 등이 빠졌으므로 임금이 정인지·정초·정흠지 등에게 명하여 추보하도록 하니 ……
– 『연려실기술』

① 『향약채취월령』　　② 『의방유취』
③ 『농사직설』　　　　④ 『칠정산내외편』

문 05. 〈보기 1〉의 밑줄 친 '이 왕'이 시행한 정책을 〈보기 2〉에서 모두 고른 것은?

〈보기 1〉
이 왕은 반대 세력을 무력으로 제압하고 자신의 신변을 보호하기 위한 친위 부대로 장용영을 설치하였다. 장용영은 기존에 국왕의 호위를 담당하던 숙위소를 폐지하고 새롭게 조직을 갖추어 편성된 부대다.

〈보기 2〉
㉠ 탕평의 의지를 반영하여 성균관 입구에 탕평비를 세웠다.
㉡ 상공업을 진흥시키기 위해 통공 정책을 단행하였다.
㉢ 젊은 관료의 재교육을 위해 초계문신제도를 시행하였다.

① ㉡　　　　　　② ㉢
③ ㉡, ㉢　　　　④ ㉠, ㉡, ㉢

문 06. 〈보기〉의 내용과 시기적으로 가장 먼 것은?

〈보기〉
신고산이 우루루 화물차 가는 소리에
금붙이 쇠붙이 밥그릇마저 모조리 긁어 갔고요
어랑어랑 어허야
이름 석 자 잃고서 족보만 들고 우누나

① 조선 식량 관리령을 시행하여 곡물을 강제로 공출하였다.
② 여자 정신 근로령을 통해 여성에 대한 강제 동원이 이루어졌다.
③ 기업 정비령과 기업 허가령을 시행하여 기업 통제를 강화하였다.
④ 어업령, 삼림령 광업령 등을 제정하여 각종 자원을 독점하기 시작하였다.

문 07. 〈보기〉는 광복 전후의 사건들을 나열한 것이다. 사건을 시간순으로 바르게 나열한 것은?

〈보기〉
㉠ 카이로 선언
㉡ 모스크바 3국 외상 회의
㉢ 포츠담 선언
㉣ 얄타 회담
㉤ 5·10 총선거

① ㉠ → ㉢ → ㉣ → ㉡ → ㉤
② ㉠ → ㉣ → ㉢ → ㉡ → ㉤
③ ㉣ → ㉠ → ㉢ → ㉤ → ㉡
④ ㉣ → ㉢ → ㉠ → ㉤ → ㉡

문 08. 〈보기〉의 밑줄 친 '나'에 대한 설명으로 가장 옳은 것은?

〈보기〉
지금 농사를 하고자 하는 사람은 토지를 얻고, 농사를 하지 않는 사람은 토지를 얻지 못하도록 한다. 즉 여전(閭田)의 법을 시행하면 나의 뜻을 이룰 수 있을 것이다. …… 무릇 1여의 토지는 1여의 사람들로 하여금 공동으로 경작하게 하고, 내 땅 네 땅의 구분 없이 오직 여장의 명령만을 따른다. 매 사람마다의 노동량은 매일 여장이 장부에 기록한다. 가을이 되면 무릇 오곡의 수확물을 모두 여장의 집으로 보내어 그 식량을 분배한다. 먼저 국가에 바치는 공세를 제하고, 다음으로 여장의 녹봉을 제하며, 그 나머지를 날마다 일한 것을 기록한 장부에 의거하여 여민들에게 분배한다.

① 『북학의』를 저술하였다.
② 『성호사설』을 저술하였다.
③ 『반계수록』을 저술하였다.
④ 『목민심서』를 저술하였다.

문 09. 〈보기〉의 밑줄 친 '이 사건'에 대한 설명으로 가장 옳지 않은 것은?

〈보기〉
(가) 전에는 개화당을 꾸짖는 자도 많이 있었으나, 개화가 이롭다는 것을 말하면 듣는 사람들도 감히 크게 반대하지 않았다. 그런데 이 사건을 겪은 뒤부터 조정과 민간에서 모두 "이른바 개화당이라고 하는 자들은 충의를 모르고 외국인과 연결하여 나라를 팔고 겨레를 배반하였다."라고 말하고 있다.
 -『윤치호 일기』
(나) 임오군란 이후부터 청은 우리나라에 자주 내정 간섭을 하였다. 나는 청나라 당으로 지목되었고, 청국이 우리의 자주권을 침해하는 데 분노해 이 사건을 일으켰던 이는 일본 당으로 지목되었다. 그 후 일이 허사로 돌아가자 세상은 그를 역적이라 하였는데, 나는 정부에 몸을 담고 있어 그를 공격할 수밖에 없었다. 그러나 그 마음은 결코 다른 나라에 있지 않았고, 애국하는 데 있었다. -『속음청사』

① 이 사건을 진압한 청은 조선과 조·청 상민 수륙 무역 장정을 체결하였다.
② 우정총국의 낙성 축하연을 기회로 정변을 일으켜 새로운 정부를 수립하였다.
③ 이 사건의 주모자들은 청과 종속 관계를 청산하여 자주독립을 확고히 하고자 하였다.
④ 이 사건 이후 청과 일본은 톈진 조약을 체결해 향후 조선으로 군대 파견 시 상대국에게 알리도록 하였다.

문 10. 〈보기〉의 밑줄 친 '법'에 대한 설명으로 가장 옳은 것은?

〈보기〉
12월에 새 왕이 즉위하자, 대사헌(大司憲) 조준(趙浚) 등이 또 상소하여 토지 제도에 대해 논하여 말하기를, "하늘이 재앙을 내린 것을 후회하시어 흉악한 무리들을 이미 멸망시켰으며 신돈(辛旽)이 이미 제거되었으니, 마땅히 사전(私田)을 모두 없애 이 민(民)이 부유하고 장수하는 영역을 여는 것, 이것이 그 기회입니다. …… 이를 규정된 법으로 정하셔서 백성과 더불어 다시 시작하십시오. ……"라고 하였다.
3년 5월 도평의사사(都評議使司)에서 토지를 지급하는 법을 정할 것을 청하니, 그 의견대로 하였다.

① 전지와 시지를 지급하였다.
② 경기 지역의 토지만 지급하였다.
③ 현직 관리에게만 토지를 지급하였다.
④ 토지에 부과하는 세금을 4~6두로 고정하였다.

문 11. 〈보기〉의 제도를 시행한 국가에 대한 설명으로 가장 옳은 것은?

〈보기〉
나라에서 장차 재상을 뽑을 때에 후보 서너 명의 이름을 써서 상자에 넣고 봉해 이를 호암사에 있는 바위에 두었다. 얼마 뒤에 가지고 와서 열어보고 이름 위에 도장이 찍혀 있는 사람을 재상으로 삼았다.

① 지방 통치를 위해 욕살과 처려근지를 파견하였다.
② 전국을 5방으로 나누고 그 책임자를 방령이라고 불렀다.
③ 각 주에 정을 두고 진골 출신의 장군이 지휘하였다.
④ 제5관등 이상의 귀족들이 모여 주요 국사를 처리하였다.

문 12. 〈보기 1〉의 사건이 있었던 시대의 화폐를 〈보기 2〉에서 모두 고른 것은?

〈보기 1〉
왕이 명령하기를, "백성들을 부유하게 하고 나라에 이익을 가져오게 하는 데 돈보다 중요한 것은 없다. 그러므로 이제 비로소 금속을 녹여 돈을 만드는 법령을 제정한다. …… 부서에서 만든 돈 15,000꾸러미를 재추와 문무 양반과 군인들에게 나누어 주어 돈 통용의 시초로 삼고 돈에 새기는 글은 해동통보라 한다. ……"라고 하였다.

〈보기 2〉
㉠ 조선통보 ㉡ 해동중보
㉢ 십전통보 ㉣ 삼한통보

① ㉠, ㉢
② ㉠, ㉣
③ ㉡, ㉢
④ ㉡, ㉣

문 13. 〈보기〉에서 동학 농민군의 폐정 개혁 12개 조항으로 옳지 않은 것을 모두 고른 것은?

〈보기〉
㉠ 횡포한 부호를 엄히 다스린다.
㉡ 불량한 유림과 양반의 무리를 징벌한다.
㉢ 외국인에게 의지하지 말고 관민이 협력하여 전제 황권을 공고히 한다.
㉣ 무명의 잡세는 모두 폐지한다.
㉤ 중대 범죄를 공판하되 피고의 인권을 존중한다.

① ㉠, ㉢
② ㉢, ㉤
③ ㉠, ㉡, ㉣
④ ㉡, ㉢, ㉤

문 14. 〈보기〉의 기록은 독립 운동에 참여한 인물의 회고록이다. 이 인물이 소속된 단체로 가장 옳은 것은?

〈보기〉
나는 목숨을 걸고 탈출하여 …… 충칭으로 가는 길에 6,000리 장정의 길에 나섰고 …… 이범석 장군의 부관이 되어 시안에 있는 제2지대로 찾아가서 OSS 특별 훈련을 받았다. 국내 지하 공작원으로 진입하려고 하던 때에 투항을 맞이하였다.

① 조선 의용군
② 한인 애국단
③ 한국광복군
④ 동북 항일 연군

문 15. 〈보기〉의 내용이 발표된 이후의 일제 정책으로 가장 옳은 것은?

〈보기〉
1. 우리는 황국 신민이다. 충성으로써 군국(君國)에 보답한다.
2. 우리들 황국 신민은 서로 믿고 아끼고 협력하여 단결을 공고히 한다.
3. 우리들 황국 신민은 괴로움을 참고 몸과 마음을 굳세게 하는 힘을 길러 황도(皇道)를 선양한다.

① 토지 조사 사업을 실시하였다.
② 치안 유지법을 제정하였다.
③ 조선 사상범 예방 구금령을 제정하였다.
④ 공업화로 인한 일본 내 식량 부족 문제 해결을 위한 산미 증식 계획을 실시하였다.

문 16. 〈보기〉의 ㉠ 인물에 대한 설명으로 가장 옳은 것은?

〈보기〉
6월 27일에 사람들이 말하기를, ㉠ 의 교역선 2척이 단산포(旦山浦)에 도착했다고 한다. …… 28일 당의 천자가 보내는 사신들이 이곳으로 와 만나보았다. …… 밤에 ㉠ 의 견대당매물사(遣大唐賣物使)인 최훈(崔暈) 병마사(兵馬使)가 찾아와서 위문하였다.
— 『입당구법순례행기』

① 『화랑세기』를 저술하였다.
② 당의 등주를 공격하였다.
③ 적산 법화원을 건립하였다.
④ 웅천주를 근거지로 반란을 일으켰다.

문 17. 〈보기〉의 조약이 체결된 해에 일어난 사건으로 가장 옳은 것은?

〈보기〉
제3국의 침해나 내란으로 인하여 대한 제국 황실의 안녕과 영토 보전에 위험이 있을 경우 대일본 제국 정부는 신속하게 상황에 따라 필요한 조치를 취할 수 있다. 그리고 대한 제국 정부는 이러한 대일본 제국의 행동이 용이하도록 충분한 편의를 제공한다. 대일본 제국 정부는 앞 조관의 목적을 성취하기 위하여 군사 전략상 필요한 지점을 상황에 따라 수용할 수 있다.

① 일본이 제물포에 있는 러시아 군함을 공격하며 러·일 전쟁을 일으켰다.
② 일본이 불법으로 독도를 자국 영토로 편입하였다.
③ 일본이 대한 제국 군대를 강제 해산시켰다.
④ 일본이 헤이그 특사 파견을 빌미 삼아 고종을 강제 퇴위시켰다.

문 18. 〈보기〉의 인물이 활동하던 시기에 해당하는 설명으로 가장 옳은 것은?

〈보기〉
• 새로 창건한 귀법사의 주지가 되었다.
• 불교 대중화에 관심이 있어 보현십원가를 지었다.
• 화엄학에 대한 주석서를 쓰는 등 화엄 교학을 정비하였다.

① 강조를 토벌한다는 명분으로 거란이 침략하였다.
② 대장경에 대한 주석서인 교장을 간행하였다.
③ 중국에 승려들을 보내 법안종을 수용하였다.
④ 현화사를 창건하였다.

문 19. 〈보기〉의 사건을 시간순으로 바르게 나열한 것은?

〈보기〉
㉠ 이여송이 거느린 5만여 명의 명나라 지원군이 조선군과 합하여 평양성을 탈환하였다.
㉡ 왜군이 총공격을 가해오자 이순신 함대는 한산도 앞바다로 적을 유인하여 대파하였다.
㉢ 권율이 행주산성에서 1만여 명의 병력으로 전투를 벌여 3만여 명의 병력으로 공격해 온 일본군을 물리쳤다.
㉣ 진주에서 목사 김시민이 3,800여 명의 병력으로 2만여 명의 일본군을 맞아 성을 방어하는 데 성공했다.

① ㉡ → ㉣ → ㉠ → ㉢
② ㉡ → ㉣ → ㉢ → ㉠
③ ㉣ → ㉡ → ㉠ → ㉢
④ ㉣ → ㉡ → ㉢ → ㉠

문 20. 대한민국 임시 정부가 〈보기〉의 체제 개편을 하기 이전에 한 활동으로 가장 옳은 것은?

〈보기〉
대한민국 임시 정부는 헌법을 개정하여 집단 지도 체제인 국무위원제를 채택했다. 즉, 5~11인의 국무위원 가운데 한 사람을 주석으로 선출하되, 주석은 대통령이나 국무령과 같이 특별한 권한을 갖지 않고 다만 회의를 주재하는 권한만 갖게 했다.

① 이승만을 탄핵하고 박은식을 임시 대통령으로 추대했다.
② 조소앙의 삼균주의에 기초한 건국 강령을 반포하였다.
③ 의열 투쟁을 전개하고자 한인 애국단을 조직하였다.
④ 한국 국민당을 조직하여 정당 정치를 운영하였다.

21회 | 2022년 서울시 9급

문 01. 〈보기〉의 밑줄 친 '이 시대'와 가장 관련이 없는 것은?

〈보기〉
이 시대에는 농경이 더욱 발달하여 조, 기장, 수수 등 다양한 잡곡이 재배되었다. 한반도 남부 지역에는 벼농사도 보급되었다. 한편 돼지와 같은 가축을 우리에 가두고 기르는 일도 흔해졌다. 사람들은 농경이 이루어지는 강가나 완만한 구릉에 마을을 이루어 살았다. 농경의 발달로 생산력이 늘어나자 인구가 늘어나고 빈부 차이와 계급이 발생하였다. 또한 식량을 둘러싼 집단 간의 싸움이 자주 일어나면서 마을에는 방어 시설이 만들어지기도 하였다.

① 고인돌
② 반달 돌칼
③ 민무늬 토기
④ 슴베찌르개

문 02. 〈보기〉의 정책을 실시한 신라의 왕에 대한 설명으로 가장 옳은 것은?

〈보기〉
- 병부를 설치하여 왕이 직접 병권을 장악하고, 상대등을 설치하여 재상의 지위를 부여하였다.
- 김해 지역의 금관가야를 정복하여 낙동강으로 진출하는 길을 열었다.

① 백제 성왕과 동맹하여 고구려가 장악했던 한강 유역을 차지했다.
② 우산국으로 불리던 울릉도를 정복하여 영토로 편입하였다.
③ 백관의 공복을 제정하여 귀족을 관료로 등급화시켰다.
④ 신라 역사상 최대 영역을 확보했다.

문 03. 문화 통치 시기 일제의 조선 통치에 대한 설명으로 가장 옳은 것은?

① 토지 조사 사업을 실시하여 근대적 토지 소유 관계를 확립하고, 식민지 지주 소작제를 수립하였다.
② 식량 생산을 대폭 늘려 일본으로 더 많은 쌀을 가져가기 위해 이른바 산미 증식 계획을 세워 추진하였다.
③ 일본 자본가들의 과잉 자본을 조선에 투자하고, 전쟁에 필요한 필수품 조달을 위해 군수 공업을 위주로 하는 공업화 정책이 추진되었다.
④ 우리 민족을 일본 국민으로 동화시키기 위해 민족 말살 정책을 추진했다.

문 04. 〈보기〉의 상황을 한국 전쟁의 전개 과정에 따라 순서대로 바르게 나열한 것은?

〈보기〉
㉠ 유엔군이 인천 상륙 작전에 성공하였다.
㉡ 중국군이 대규모 병력을 파견하기 시작하였다.
㉢ 판문점 부근에서 휴전 회담이 열리기 시작하였다.
㉣ 이승만 정부가 반공 포로 석방 조치를 실행하였다.

① ㉠ → ㉡ → ㉢ → ㉣
② ㉠ → ㉢ → ㉣ → ㉡
③ ㉡ → ㉠ → ㉢ → ㉣
④ ㉡ → ㉣ → ㉠ → ㉢

문 05. 고려 시대 왕들의 교육 제도 정비 내용으로 가장 옳은 것은?

① 숙종 대에 서적포라는 국립 출판사를 두어 책을 간행하였다.
② 예종 대에는 사립 학교 구재(九齋)를 설치하였다.
③ 문종은 양현고라는 장학 재단을 설치하여 운영하였다.
④ 고려의 국립 대학 국자감은 충선왕 대에 국학으로 개칭되었다.

문 06. 조선 시기의 과거 제도에 대한 설명으로 가장 옳지 않은 것은?

① 생원과 진사를 선발하는 사마시의 1차 시험(초시)에서는 합격자의 수를 각 도의 인구 비율로 배분하였다.
② 문과의 정기 시험에는 현직 관원도 응시할 수 있었고, 합격하면 관품을 1~4계 올려주었다.
③ 조선 시기에는 고려 시기와 달리 과거를 보지 않고 관직으로 진출할 수 있는 음서 제도가 폐지되었다.
④ 무과 식년시는 3년에 한 번씩 시행했고, 서얼도 응시할 수 있었다.

문 07. 〈보기〉의 ㉠에 들어갈 단체의 활동에 대한 설명으로 가장 옳지 않은 것은?

〈보기〉
1896년 4월 7일에 창간된 이 신문은 1899년 12월 4일 폐간될 때까지 약 3년 8개월 동안 발간되었다. 최초의 민간 신문인 동시에 처음으로 한글 전용과 띄어쓰기를 시도하며 한글판, 영문판을 발행하였다. ㉠ 와/과 만민 공동회의 정치적 활동을 옹호하고 대변하였다.

① 대한국 국제를 반포하였다.
② 반러 운동을 적극적으로 전개하였다.
③ 독립문 건립과 독립 공원 조성을 추진하였다.
④ 계몽적, 사회적, 정치적 주제의 토론회를 개최하였다.

문 08. 〈보기〉는 어느 동포의 강제 이주에 대한 회고록이다. 이 동포가 강제 이주되기 전에 거주하던 '㉠ 지역'에 대한 설명으로 가장 옳은 것은?

〈보기〉
우즈베키스탄의 늪지대에 내팽개쳐진 고려인들은 땅굴 속에서 겨울을 난 후 늪지를 메워 목화 농사를 해야만 했다. 그러나 우리 가족을 먹여 살릴 삼촌 두 명은 농장에서 일한 경험도 없는 데다, ㉠ 에 살 때 광부 일을 했기 때문에 일자리를 찾아 탄광 도시 카라칸다로 갔다. …… 고려인들의 주식인 쌀은 물론이고 간장, 된장도 전혀 구할 수가 없었다. 할 수 없이 우즈베키스탄 사람들이 먹는 보리빵으로 끼니를 때웠다. 그것도 아주 부족했다.

① 일제는 독립군을 토벌한다는 명목으로 조선인 마을을 파괴하였으며, 경신참변을 일으켜 조선인들을 대량 살육하기도 하였다.
② 1905년 이후 민족 운동가들이 독립운동을 위한 정치적 망명을 시작해 여러 곳에 한인 집단촌이 형성되고 많은 민족 단체와 학교가 설립되었으며, 항일 의병 및 독립운동이 활발히 전개되었다.
③ 1923년 대지진이 발생했는데, 조선인들이 우물에 독을 탔다는 유언비어가 퍼져 적어도 6,000여 명의 조선인이 학살당하였다.
④ 태평양 전쟁 발발 후에는 수백 명의 조선인 청년들이 미군에 입대하여 일본군과 싸웠다.

문 09. 〈보기〉와 관련된 왕에 대한 설명으로 가장 옳은 것은?

〈보기〉
• 종친을 정치에 참여시켜 왕실의 울타리를 튼튼하게 만들었다.
• 진관 체제를 실시하여 변방 중심의 방어 체제를 전국적인 지역 중심 방어 체제로 바꾸었다.
• 퇴직 관료에게도 지급하던 과전을 현직 관료에게만 지급하는 직전법으로 바꾸었다.
• 호적 사업과 호패법을 강화하고 보법을 실시하였다.

① 왕자들의 권력 투쟁이 일어난 경복궁을 피하여 응봉산 자락에 창덕궁을 새로 건설하였다.
② 이종무를 파견하여 왜구의 소굴인 쓰시마(대마도)를 정벌하게 하였다.
③ 조카를 몰아내고 왕위를 차지했으나, 왕권을 안정시키고 중앙 집권 체제를 강화하는 데 기여하였다.
④ 『경국대전』 편찬을 완료하여 반포하고, 우리나라 통사인 『동국통감』 편찬을 완료했다.

문 10. 〈보기〉에 해당하는 기관으로 가장 옳은 것은?

〈보기〉
• 1894년 국정 전반에 걸쳐 개혁을 수행하기 위해 신설된 기관
• 3개월 동안 개혁 법령을 토의, 공포한 입법 기구
• 총재 김홍집을 비롯하여 유길준 등 개혁 관료들이 주도

① 교전소
② 집강소
③ 군국기무처
④ 삼정이정청

문 11. 〈보기〉에서 설명하는 기록물에 해당하는 것은?

〈보기〉
- 조선 후기 국정 운영 내용을 매일 정리한 기록이다.
- 국왕의 일기 형식으로 작성되었다.
- 유네스코 세계 기록유산으로 등재되었다.

① 『승정원일기』
② 『비변사등록』
③ 『조선왕조실록』
④ 『일성록』

문 12. 〈보기〉의 내용과 직접적인 관련이 가장 없는 것은?

〈보기〉
조선은 실로 아시아의 요충을 차지하여 지리적으로 반드시 쟁탈의 대상이 될 것인 바, 조선이 위태로워지면 중앙 및 동아시아의 정세도 날로 위급해질 것이므로 러시아가 영토를 확장하려 한다면 반드시 조선으로부터 시작할 것이다. …… 그렇다면, 오늘날 조선의 책략은 러시아를 막는 일보다 더 급한 것이 없을 것이다. 러시아를 막는 책략은 무엇인가? 중국과 친하고 일본과 맺고, 미국과 연결함으로써 자강을 도모할 따름이다.

① 이만손 등이 만인소를 올렸다.
② 일본과 제물포 조약을 체결하였다.
③ 고종은 척사윤음을 내려 유생들의 불만을 달랬다.
④ 청나라 사람 황준헌이 작성한 『조선책략』의 내용이다.

문 13. 고려의 중앙 정치 제도에 대한 설명으로 가장 옳지 않은 것은?
① 중서문하성과 추밀원의 합좌 기구인 식목도감은 국가의 재정회계를 관장하였다.
② 상서성의 6부가 각기 국무를 분담하였지만, 중서문하성에 강하게 예속되어 있었다.
③ 추밀원은 추부라고도 불렸는데 군기를 관장하고 왕명을 출납하는 등 중요한 기능을 담당했다.
④ 고려는 중서성과 문하성을 합해 중서문하성이라는 단일 기구를 만들어 정치의 최고 관부로 삼았다.

문 14. 〈보기〉의 사건을 시간순으로 바르게 나열한 것은?

〈보기〉
㉠ 고구려의 평양 천도
㉡ 백제군의 평양성 공격
㉢ 고구려의 낙랑군·대방군 축출
㉣ 위군의 침략으로 환도성 함락

① ㉠ → ㉡ → ㉢ → ㉣
② ㉡ → ㉠ → ㉣ → ㉢
③ ㉢ → ㉣ → ㉠ → ㉡
④ ㉣ → ㉢ → ㉡ → ㉠

문 15. 〈보기 1〉에서 나타나는 폐단을 해결하기 위한 정책과 관련하여 바르게 서술한 것을 〈보기 2〉에서 모두 고른 것은?

〈보기 1〉
여러 도감에 바치는 물품은 각 고을에서 현물로 바치려 해도 여러 궁방에서 방납하는 것을 이롭게 여겨 각 고을에다 협박을 가하여 손을 쓸 수 없도록 합니다. 그러고는 그들의 사물(私物)로 자신에게 납부하게 하고 억지로 높은 값을 정하는데 거위나 오리 한 마리의 값이 소나 말 한 마리이며 조금만 시일을 지체하면 갑절로 징수합니다.
– 『선조실록』

〈보기 2〉
㉠ 풍흉에 관계없이 토지 1결당 4~6두의 세금을 징수했다.
㉡ 공물을 토지의 결수에 따라 쌀, 무명, 동전 등으로 납부하게 했다.
㉢ 이 정책의 실시로 정부에 관수품을 조달하는 공인이 등장했다.

① ㉠
② ㉡
③ ㉠, ㉡
④ ㉡, ㉢

문 16. <보기>의 조선 후기 호락 논쟁에 대한 설명 중 성격이 다른 것은?

<보기>
㉠ 조선을 중화로, 청을 오랑캐로 보는 명분론으로 이어진다.
㉡ 조선 후기 실학 운동으로 이어지는 사상적 기반이 되었다.
㉢ 주로 충청도 지역의 학자들이 중심이 되었다.
㉣ 대표적인 학자로는 한원진이 있다.

① ㉠ ② ㉡ ③ ㉢ ④ ㉣

문 17. <보기>의 선언문이 발표된 이후에 일어난 변화로 가장 옳은 것은?

<보기>
오늘 우리는 전 세계 이목이 우리를 주시하는 가운데, 40년 독재 정치를 청산하고 희망찬 민주 국가를 건설하기 위한 거보를 전 국민과 함께 내딛는다. 국가의 미래요 소망인 꽃다운 젊은이를 야만적인 고문으로 죽여 놓고 그것도 모자라 뻔뻔스럽게 국민을 속이려 했던 현 정권에게 국민의 분노가 무엇인지를 분명히 보여주고, 국민적 여망인 개헌을 일방적으로 파기한 4·13 폭거를 철회시키기 위한 민주 장정을 시작한다.

① 해방 이후 단절되었던 일본과의 국교가 정상화되었다.
② 내각 책임제와 양원제 국회를 특징으로 하는 개헌이 이루어졌다.
③ 장기적인 경제 발전을 위해 경제 개발 5개년 계획을 수립하였다.
④ 연임이 안 되는 임기 5년의 대통령을 직선제로 선출하게 되었다.

문 18. <보기>의 밑줄 친 '왕'의 재위 기간에 일어난 일이 아닌 것은?

<보기>
재위 12년 신미년에 왕이 거칠부 및 대각찬 구진, 각찬 비태, 잡찬 탐지, 잡찬 비서, 파진찬 노부, 파진찬 서력부, 대아찬 비차부, 아찬 미진부 등 여덟 장군에게 명하여 백제와 더불어 고구려를 공격하도록 하였다. 백제인들이 먼저 평양을 공격하여 깨뜨리자, 거칠부 등은 승기를 타서 죽령 바깥, 고현 이내의 10군을 빼앗았다. - 『삼국사기』

① 대가야를 정벌하여 가야 연맹을 소멸시켰다.
② 인재를 양성하기 위하여 화랑도를 국가적 조직으로 개편하였다.
③ 자장의 건의를 받아들여 황룡사 9층 목탑을 건립하였다.
④ 신라의 역사를 정리하여 『국사』를 편찬하였다.

문 19. <보기>에서 일제 강점기의 의식주 변화에 해당하는 것을 모두 고른 것은?

<보기>
㉠ 음식 조리 과정에서 왜간장, 조미료 등을 사용하였다.
㉡ 도시 인구 급증의 후유증으로 토막(土幕)집이 등장하였다.
㉢ 일제 말 여성들이 일본식 노동복인 몸뻬의 착용을 강요당하였다.
㉣ 경성의 경우, 북촌에는 조선인이, 남촌에는 일본인이 주로 거주하였다.

① ㉠, ㉢
② ㉠, ㉣
③ ㉡, ㉢, ㉣
④ ㉠, ㉡, ㉢, ㉣

문 20. <보기>에서 ㉠에 들어갈 나라에 대한 설명으로 가장 옳은 것은?

<보기>
신(臣) 아무개가 아룁니다. 본국 숙위원의 보고를 접하니, 지난 건녕 4년 7월에 ㉠ 의 하정사(賀正使)인 왕자 대봉예가 호소문을 올려 그들이 우리보다 위에 있도록 허락해 주기를 청하였다고 합니다. 삼가 칙지를 받들건대, "나라 이름의 선후는 본래 강약을 따져서 칭하는 것이 아니다. 조정 제도의 등급을 지금 어떻게 성쇠를 가지고 고칠 수가 있겠는가. 그동안의 관례대로 함이 당연하니, 이 지시를 따르도록 하라."라는 내용이었습니다.
- 『고운집』

① 마진, 태봉 등의 국호를 사용하였다.
② 당으로부터 해동성국이라는 칭호를 들었다.
③ 백제의 부흥을 내걸고 완산주에 도읍을 정했다.
④ 지금의 황해도 지역에 패강진이라는 군진을 개설하였다.

문 01. 〈보기〉의 밑줄 친 '이 나라'에 대한 설명으로 가장 옳은 것은?

〈보기〉
이 나라에서는 해마다 10월이면 하늘에 제사를 지내는데, 주야로 술을 마시며 노래를 부르고 춤추니 이를 무천이라 한다. 또 호랑이를 신으로 여겨 제사 지낸다.

① 마가, 우가, 저가 등 관직을 두었다.
② 철이 많이 생산되어 왜, 낙랑 등에 수출하였다.
③ 소노부를 비롯한 5부가 정치적 자치력을 갖고 있었다.
④ 다른 읍락을 함부로 침범하면 노비, 소 등으로 변상하는 책화가 있었다.

문 02. 조선 시대 지방 행정에 대한 설명으로 가장 옳지 않은 것은?
① 전국 모든 군현에 수령이 파견되었다.
② 향리는 6방으로 나누어 실무를 맡았다.
③ 중앙에서 유향소를 통해 경재소를 통제하였다.
④ 인구를 늘리는 것이 수령의 중요한 임무 중 하나였다.

문 03. 〈보기〉는 백제 어느 왕대의 사실이다. 백제의 이 왕과 대립하였던 고구려의 왕은?

〈보기〉
겨울 11월에 왕이 돌아가셨다. 옛 기록[古記]에 다음과 같이 전한다. "백제는 나라를 연 이래 문자로 일을 기록한 적이 없는데 이때에 이르러 박사(博士) 고흥(高興)을 얻어 『서기(書記)』를 갖추게 되었다."

① 동천왕
② 장수왕
③ 문자명왕
④ 고국원왕

문 04. 〈보기〉 내용의 발표에 대한 설명으로 가장 옳은 것은?

〈보기〉
우리보다 먼저 문명 개화한 나라들을 보면 남녀 평등권이 있는지라. 어려서부터 각각 학교에 다니며, 각종 학문을 다 배워 이목을 넓히고, 장성한 후에 사나이와 부부의 의를 맺어 평생을 살더라도 그 사나이에게 조금도 압제를 받지 아니한다. 이처럼 대접을 받는 것은 다름 아니라 그 학문과 지식이 사나이 못지않은 까닭에 그 권리도 일반과 같으니 어찌 아름답지 않으리오.

① 평양의 양반 부인들이 발표하였다.
② 발표를 계기로 찬양회가 조직되었다.
③ 교육 입국 조서 발표의 배경이 되었다.
④ 이 발표에 따라 한성 사범 학교가 설립되었다.

문 05. 〈보기〉의 정책이 실시된 왕대에 대한 설명으로 가장 옳은 것은?

〈보기〉
재위 9년 봄 정월에 교를 내려 내외 관료의 녹읍을 폐지하고, 1년 단위로 조(租)를 차등 있게 하사하는 것을 항식(恒式)으로 삼았다.

① 독서삼품과를 실시하였다.
② 유교 교육을 강화하기 위해 국학을 설치하였다.
③ 국학을 태학감으로 고치고 박사와 조교 등을 두었다.
④ 국학에 공자와 10철 등의 화상을 안치하여 유교 교육을 강화하였다.

문 06. <보기>의 밑줄 친 '이 단체'에 대한 설명으로 가장 옳은 것은?

<보기>
이 단체는 조선 국권 회복단의 박상진이 풍기 광복단과 제휴하여 조직하였다. 무력 투쟁을 통한 독립을 목표로 하였고, 군자금 모집, 독립군 양성, 무기 구입, 친일 부호 처단 등 활동을 전개하였다.

① 독립군 양성을 위한 신흥 강습소를 설치하였다.
② 블라디보스토크에 최초의 임시 정부를 수립하였다.
③ 무력 항쟁의 의지를 담은 대한 독립 선언서를 발표하였다.
④ 공화주의 이념에 따라 공화 정치를 실현하는 것을 목표로 하였다.

문 07. <보기>에서 (가)의 인명과 그의 저술을 옳게 짝지은 것은?

<보기>
진성왕 8년(894) 봄 2월에 __(가)__ 이 시무 10여 조를 올리자, 왕이 이를 좋게 여겨 받아들이고 아찬으로 삼았다.

① 김대문 - 『화랑세기』
② 김대문 - 『계원필경』
③ 최치원 - 『제왕연대력』
④ 최치원 - 『한산기』

문 08. <보기>의 밑줄 친 인물이 왕으로 즉위하여 활동하던 기간에 있었던 사실로 가장 옳은 것은?

<보기>
개경으로 돌아온 강조(康兆)는 김치양 일파를 제거함과 동시에 국왕마저 폐한 후 살해하였다. 이 같은 소용돌이 속에서 대량원군이 임금으로 즉위하였다.

① 부모의 명복을 빌기 위해 현화사(玄化寺)를 창건했다.
② 거란의 침입에 대비하기 위하여 광군 30만을 조직했다.
③ 강동 6주의 땅을 고려 영토로 편입시켰다.
④ 재조대장경의 각판 사업에 착수했다.

문 09. <보기>의 내용 중 옳은 것을 모두 고른 것은?

<보기>
㉠ 정상기는 최초로 백 리를 한 자로 축소한 동국여지도를 만들어 우리나라의 지도 제작 수준을 한 단계 높였다.
㉡ 국어에 대한 연구도 활발하여 신경준의 『고금석림』과 유희의 『언문지』가 나왔다.
㉢ 유득공은 『동사강목』을 지어 고조선부터 고려 말까지의 우리 역사를 체계적으로 정리하였다.
㉣ 이중환의 『택리지』는 각 지역의 경제 생활까지 포함하여 집필되었다.
㉤ 허준의 『동의보감』은 우리나라뿐 아니라 중국 및 일본의 의학 발전에 큰 영향을 끼쳤는데, 예방 의학에 중점을 둔 것이다.

① ㉠, ㉡
② ㉡, ㉤
③ ㉢, ㉣
④ ㉣, ㉤

문 10. <보기>와 관련된 왕에 대한 설명으로 가장 옳은 것은?

<보기>
• 불교의 힘으로 나라를 세웠으므로 사찰을 서로 빼앗지 말 것.
• 사찰을 지을 때에는 도선의 풍수 사상에 맞게 지을 것.
• 연등회와 팔관회를 성실하게 지킬 것.
• 농민의 요역과 세금을 가볍게 하여 민심을 얻고 부국안민을 이룰 것.

① 중국에서 귀화한 쌍기의 건의에 따라 과거(科擧) 제도를 시행하였다.
② 귀순한 호족에게 성(姓)을 내려주어 포섭하였다.
③ 경제 개혁을 수행하여 전시과(田柴科)를 실시하였다.
④ 관료 제도를 안정시키기 위해 공복(公服)을 등급에 따라 제정하였다.

문 11. 〈보기〉의 (가)에 들어갈 군대로 가장 옳은 것은?

〈보기〉
"제가 전날에 패한 원인은 적들이 모두 말을 탔고, 우리는 보병으로 전투한 까닭에 대적할 수 없었기 때문입니다."라고 하자, 이때 비로소 __(가)__ 을/를 만들기로 하였다.
– 『고려사』

① 광군
② 도방
③ 별무반
④ 삼별초

문 12. 〈보기〉의 조선의 천주교 전파 상황을 순서대로 바르게 나열한 것은?

〈보기〉
㉠ 이승훈이 북경에서 서양 신부에게 영세를 받고 돌아왔다.
㉡ 윤지충이 모친상 때 신주를 불사르고 천주교 의식을 행하였다.
㉢ 이수광이 『지봉유설』에서 마테오 리치의 『천주실의』를 소개하였다.
㉣ 황사영이 북경에 있는 프랑스인 주교에게 군대를 동원하여 조선에서 신앙과 포교의 자유를 보장받을 수 있도록 청하는 서신을 보내려다 발각되었다.

① ㉠ → ㉡ → ㉣ → ㉢
② ㉠ → ㉢ → ㉣ → ㉡
③ ㉢ → ㉠ → ㉡ → ㉣
④ ㉢ → ㉡ → ㉠ → ㉣

문 13. 〈보기〉의 법을 한국에 적용한 이후 일본이 벌인 일로 가장 옳지 않은 것은?

〈보기〉
• 정부는 전시에 국가 총동원상 필요할 때는 정하는 바에 따라 제국 신민을 징용하여 총동원 업무에 종사하게 할 수 있다.
• 정부는 전시에 국가 총동원상 필요할 때는 칙령이 정하는 바에 따라 물자의 생산·수리·배급·양도 및 기타의 처분·사용·소비·소지 및 이동에 관해 필요한 명령을 내릴 수 있다.

① 학도 지원병제와 징병제를 시행하였다.
② 헌병 경찰 제도를 실시하였다.
③ 국민 징용령을 공포하였다.
④ 여자 근로 정신령을 만들었다.

문 14. 〈보기〉의 글에 대한 설명으로 가장 옳지 않은 것은?

〈보기〉
우리나라는 실로 신종 황제의 은혜를 입어 임진왜란 때 나라가 폐허가 되었다가 다시 존재하게 되었고 백성은 거의 죽었다가 다시 소생하였으니, 우리나라의 나무 한 그루와 풀 한 포기와 백성의 터럭 하나하나에도 황제의 은혜가 미치지 않은 것이 없습니다. 그런즉 오늘날 크게 원통해 하는 것이 온 천하에 그 누가 우리와 같겠습니까?

① 송시열이 제출하였다.
② 효종에게 올린 글이다.
③ 북벌 정책에 대해 논하였다.
④ 청의 문물 수용을 건의하였다.

문 15. 〈보기〉의 글을 저술한 인물에 대한 설명으로 가장 옳지 않은 것은?

〈보기〉
옛 사람이 이르기를, 나라는 없어질 수 있으나 역사는 없어질 수 없다고 하였으니, 그것은 나라는 형체이고 역사는 정신이기 때문이다. 이제 한국의 형체는 허물어졌으나, 정신만이라도 오로지 남아 있을 수 없는 것인가.

① 「유교구신론」을 써서 유교의 개혁을 주장하였다.
② 식민 사학 중 정체성론의 근거를 무너뜨리는 데에 기여하였다.
③ 대한민국 임시 정부의 2대 대통령을 역임하였다.
④ 『한국독립운동지혈사』를 저술하였다.

문 16. <보기>에서 역사적 사건을 시간순으로 바르게 나열한 것은?

<보기>
㉠ 임오군란   ㉡ 강화도 조약
㉢ 갑신정변   ㉣ 톈진 조약

① ㉠ → ㉡ → ㉢ → ㉣
② ㉠ → ㉣ → ㉡ → ㉢
③ ㉡ → ㉠ → ㉢ → ㉣
④ ㉡ → ㉢ → ㉠ → ㉣

문 17. <보기>에서 이름과 활동을 옳게 짝지은 것은?

<보기>
㉠ 이제현 – 만권당에서 원의 학자들과 교류하였다.
㉡ 안향 – 공민왕이 중영한 성균관의 대사성이 되었다.
㉢ 이색 – 충렬왕 때 고려에 성리학을 본격적으로 소개하였다.
㉣ 정몽주 – 역사서 『사략』을 저술하였다.

① ㉠   ② ㉡   ③ ㉢   ④ ㉣

문 18. <보기 1>의 선언문을 발표한 정부 시기에 있었던 사실을 <보기 2>에서 모두 고른 것은?

<보기 1>
남과 북은 … 쌍방 사이의 관계가 나라와 나라 사이의 관계가 아닌 통일을 지향하는 과정에서 잠정적으로 형성되는 특수 관계라는 것을 인정하고, …
제1조 남과 북은 서로 상대방의 체제를 인정하고 존중한다.
제4조 남과 북은 상대방을 파괴·전복하려는 일체 행위를 하지 아니한다.

<보기 2>
㉠ 남북한 동시 유엔(UN) 가입
㉡ 서울 올림픽 개최
㉢ 금융 실명제 실시
㉣ 6·29 선언

① ㉠, ㉡
② ㉡, ㉢
③ ㉡, ㉣
④ ㉢, ㉣

문 19. <보기>의 밑줄 친 '이 조직'의 활동으로 가장 옳지 않은 것은?

<보기>
김원봉이 이끈 이 조직은 1920년대에 국내와 상하이를 중심으로 활발한 의거 활동을 전개하였다.

① 독립지사들에게 잔인한 고문을 일삼던 종로 경찰서에 폭탄을 던져 큰 피해를 주었다.
② 동양 척식 주식회사에 들어가 그 간부를 사살하고 경찰과 시가전을 벌이기도 하였다.
③ 상하이 홍커우 공원에서 열린 일본군의 상하이 점령 축하 기념식장에 폭탄을 던져 일본군을 살상하였다.
④ 일제 식민 지배의 중심 기관인 조선 총독부에 폭탄을 던졌다.

문 20. <보기>의 (가) 기구에 대한 설명으로 가장 옳은 것은?

<보기>
임시로 (가) 를 설치하였는데, … 이것은 일시적인 전쟁 때문에 설치한 것으로서, 국가의 중요한 모든 일을 다 맡긴 것은 아니었다. 그런데 오늘에 와서 … 의정부는 한갓 헛이름만 지니고 6조는 모두 그 직임을 상실하였다.

① 오직 군사 문제만을 다루었다.
② 고종 대에 폐지되었다.
③ 세종 대에 설치되었다.
④ 임진왜란이 끝난 후 위상이 추락하였다.

문 01. <보기>에서 설명하는 시대의 문화유산으로 옳은 것은?

<보기>
- 주로 움집에서 거주하였다.
- 유적은 주로 큰 강이나 해안 지역에서 발견된다.
- 농경 생활을 시작하였고, 조·피 등을 재배하였다.

① 고인돌
② 세형동검
③ 거친무늬 거울
④ 빗살무늬 토기

문 02. <보기>는 대한민국 헌법 개정을 시기 순으로 나열한 것이다. (가)와 (나)에 들어갈 내용으로 옳은 것은?

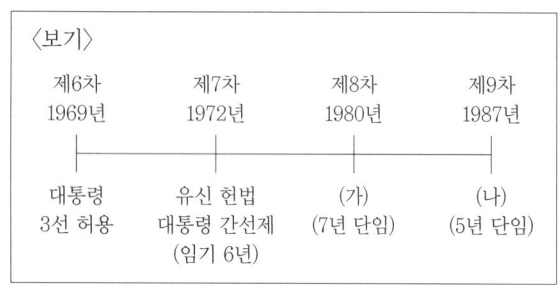

	(가)	(나)
①	대통령 간선제	대통령 직선제
②	대통령 직선제	대통령 직선제
③	대통령 간선제	대통령 간선제
④	대통령 직선제	대통령 간선제

문 03. <보기>의 밑줄 친 '이 법'을 제정한 왕의 업적으로 옳은 것은?

<보기>
임진왜란 이후 군역 대신 군포를 징수하여 1년에 2필을 납부하게 하였다. 그런데 군적이 제대로 정리되지 않았고, 지방관의 농간까지 겹쳐 실제 납부액이 훨씬 많았다. 이에 이 법을 제정하여 군포 부담을 절반으로 줄여 주었다.

① 『속대전』을 편찬하였다.
② 『대전통편』을 편찬하였다.
③ 『대전회통』을 편찬하였다.
④ 『경국대전』을 편찬하였다.

문 04. <보기>는 동학 농민 전쟁에 관련된 주요 사건을 표로 나타낸 것이다. 청·일 전쟁이 발발된 시기는?

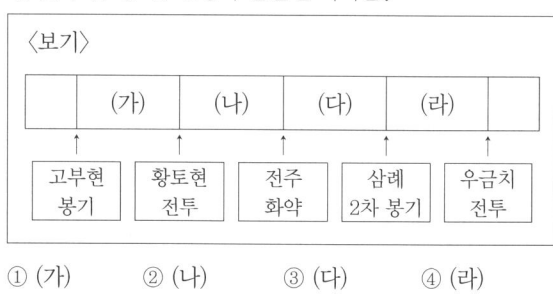

① (가) ② (나) ③ (다) ④ (라)

문 05. <보기>의 사건이 있었던 시기의 사실로 가장 옳은 것은?

<보기>
가을 9월에 고구려 왕 거련(巨璉)이 군사 3만 명을 이끌고 왕도(王都) 한성을 포위하였다. 왕은 성문을 닫고 나가 싸우지 않았다. …… 왕은 곤궁하여 어찌할 바를 모르다가, 기병 수십을 거느리고 성문을 나가 서쪽으로 도망쳤다. 고구려인이 쫓아가 그를 살해하였다.
− 『삼국사기』

① 성왕이 신라군에게 살해되었다.
② 신라가 건원이라는 연호를 사용하였다.
③ 을지문덕이 살수에서 수의 군대를 물리쳤다.
④ 고구려가 중국의 남·북조와 동시에 교류하였다.

문 06. <보기>에서 발해 문화가 고구려를 계승하였음을 보여주는 문화유산을 모두 고른 것은?

<보기>
㉠ 온돌 장치   ㉡ 벽돌무덤
㉢ 굴식 돌방무덤 ㉣ 주작대로

① ㉠, ㉡
② ㉠, ㉢
③ ㉡, ㉣
④ ㉢, ㉣

문 07. <보기>의 (가)~(라)에 대한 설명으로 가장 옳은 것은?

<보기>
(가) 한국광복군   (나) 한인 애국단
(다) 한국 독립군   (라) 조선 혁명군

① (가) - 미 전략 사무국(OSS)과 협력하여 국내 진공 작전을 계획하였다.
② (나) - 중국 관내 최초의 한인 무장 부대로, 중국 국민당 정부의 지원을 받았다.
③ (다) - 양세봉이 이끄는 군대로, 영릉가 전투와 흥경성 전투에서 일본군을 격퇴하였다.
④ (라) - 지청천이 이끄는 군대로, 항일 중국군과 함께 쌍성보 전투, 동경성 전투 등에서 일본군을 격퇴하였다.

문 08. <보기>와 같이 기록된 고려 무신 정권기 집권자는?

<보기>
경주 사람이다. 아버지는 소금과 체(篩)를 파는 것을 업(業)으로 하였고, 어머니는 연일현(延日縣) 옥령사(玉靈寺)의 노비였다. … 그는 수박(手搏)을 잘했기에 의종의 총애를 받아 대정에서 별장으로 승진하였고, … 그가 무신 정변 때 참여하여 죽인 사람이 많으므로 중랑장(中郞將)으로 임명되었다가 얼마 후 장군으로 승진하였다.
－『고려사』 권128, 반역전

① 최충헌   ② 김준   ③ 임연   ④ 이의민

문 09. <보기>의 법령이 실시된 시기에 일어난 민주화 운동으로 가장 옳은 것은?

<보기>
모두 9차례 발표된 법령으로 마지막으로 선포된 9호에 따르면 헌법을 부정·반대 또는 개정을 요구하거나 이를 보도하면 영장 없이 체포할 수 있었다. 이로 인해 많은 학생, 지식인, 야당 정치인, 기자 등이 구속되었다.

① 3선 개헌 반대 운동이 일어났다.
② 3·1 민주 구국 선언이 발표되었다.
③ 민주 헌법 쟁취 국민 운동 본부가 결성되었다.
④ 신민당이 직선제 개헌을 위한 서명 운동을 전개하였다.

문 10. <보기>의 밑줄 친 '왕'이 재위하던 시기에 대한 설명으로 가장 옳은 것은?

<보기>
왕이 명령하여 노비를 안검하고 시비를 살펴 분별하게 하였다. (이 때문에) 종이 그 주인을 배반하는 자가 헤아릴 수 없을 정도였다. 이 때문에 윗사람을 능멸하는 기풍이 크게 행해지니, 사람들이 모두 원망하였다. 왕비가 간절히 말렸는데도 듣지 않았다.

① 서경 천도를 추진하였다.
② 광덕, 준풍 등의 연호를 사용하였다.
③ 지방관을 파견하고 향리 제도를 마련하였다.
④ 기인 제도를 최초로 실시하여 호족들을 통제하였다.

문 11. 〈보기〉의 (가), (나) 문서에 대한 설명으로 가장 옳지 않은 것은?

〈보기〉
(가) 대한 제국의 정치는 이전으로 보면 500년 전래 하시고 이후로 보면 만세에 걸쳐 불변하오실 전제 정치니라.
(나) 외국인에게 의부 아니하고 관민이 동심합력하여 전제 황권을 견고케 할 것.

① (가)에서는 입법·사법·행정의 모든 권력이 황제에게 있음을 천명하였다.
② (나)에서는 정부의 예산과 결산을 인민에게 공표할 것을 주장하였다.
③ (나)를 수용한 고종은 조칙 5조를 반포하였다.
④ (가)에 따른 전제 정치 선포에 반발하며 독립 협회는 의회 개설 운동을 전개하였다.

문 12. 〈보기〉의 (가), (나) 시기 사이에 있었던 사실로 가장 옳은 것은?

〈보기〉
(가) 고구려는 백제를 선제 공격하였다가 패하고 고국원왕이 전사하는 위기를 맞았다.
(나) 왜의 침입을 받은 신라를 구원하기 위해 원병을 보내고 낙동강 하류까지 진출하였다.

① 수도를 평양성으로 천도하였다.
② 낙랑군을 축출하고 대동강 유역을 차지하였다.
③ 요서 지역에 대해 선제 공격을 감행하였다.
④ 태학을 설립하고 율령을 반포하여 체제 안정화 정책을 실시하였다.

문 13. 〈보기〉의 (가) 인물에 대한 설명으로 가장 옳은 것은?

〈보기〉
• 태조는 정예 기병 5천 명을 거느리고 공산(公山) 아래에서 ___(가)___ 을/를 맞아서 크게 싸웠다. 태조의 장수 김락과 신숭겸은 죽고 모든 군사가 패하였으며, 태조는 겨우 죽음을 면하였다.
• ___(가)___ 이/가 크게 군사를 일으켜 고창군(古昌郡)의 병산 아래에 가서 태조와 싸웠으나 이기지 못하였다. 전사자가 8천여 명이었다.

① 오월에 사신을 보내 교류하였다.
② 송악에서 철원으로 도읍을 옮겼다.
③ 기훤, 양길의 휘하에서 세력을 키웠다.
④ 예성강을 중심으로 성장한 해상 세력이다.

문 14. 〈보기〉의 사건들을 일어난 순서대로 바르게 나열한 것은?

〈보기〉
㉠ 동아일보와 조선일보가 창간되었다.
㉡ 동경 유학생들이 2·8 독립 선언을 하였다.
㉢ 순종의 국장일에 만세 시위 사건이 일어났다.
㉣ 조선어 학회가 한글 맞춤법 통일안을 발표하였다.

① ㉠ - ㉢ - ㉡ - ㉣
② ㉡ - ㉠ - ㉢ - ㉣
③ ㉢ - ㉣ - ㉡ - ㉠
④ ㉣ - ㉠ - ㉢ - ㉡

문 15. 〈보기〉의 사건들을 일어난 순서대로 바르게 나열한 것은?

〈보기〉
㉠ 남인이 제2차 예송을 통해 집권하였다.
㉡ 노론과 소론이 민비를 복위하는 과정을 거쳐 집권하였다.
㉢ 서인은 허적이 역모를 꾸몄다고 고발하여 남인을 축출하고 집권하였다.
㉣ 남인은 장희빈이 낳은 왕자가 세자로 책봉되는 과정을 거쳐 집권하였다.

① ㉠ - ㉢ - ㉣ - ㉡
② ㉡ - ㉣ - ㉢ - ㉠
③ ㉢ - ㉠ - ㉡ - ㉣
④ ㉣ - ㉢ - ㉠ - ㉡

문 16. <보기>에서 고려 시대 회화 작품을 모두 고른 것은?

<보기>
㉠ 고사관수도   ㉡ 부석사 조사당 벽화
㉢ 예성강도   ㉣ 송하보월도

① ㉠, ㉢
② ㉠, ㉣
③ ㉡, ㉢
④ ㉡, ㉣

문 17. <보기>에 나타난 사건과 시기상 가장 먼 것은?

<보기>
처음 충주 부사 우종주가 매양 장부와 문서로 인하여 판관 유홍익과 틈이 있었는데, 몽골군이 장차 쳐들어온다는 말을 듣고 성 지킬 일을 의논하였다. 그런데 의견상 차이가 있어서 우종주는 양반별초를 거느리고, 유홍익은 노군과 잡류별초를 거느리고 서로 시기하였다. 몽골군이 오자 우종주와 유홍익은 양반 등과 함께 다 성을 버리고 도주하고, 오직 노군과 잡류만이 힘을 합하여 쳐서 이를 쫓았다.

① 처인성에서 몽골 장수를 사살하였다.
② 진주의 공·사 노비와 합주의 부곡민이 합세하였다.
③ 수도를 강화도로 옮기고 주민을 산성과 섬으로 피난시켰다.
④ 몽골군이 경주의 황룡사 9층탑을 불태웠다.

문 18. <보기>의 제도가 처음 시행된 시기의 군사 제도에 대한 설명으로 가장 옳은 것은?

<보기>
경성과 지방의 군사에 보인을 지급하는데 차등이 있다. 장기 복무하는 환관도 2보를 지급한다. 장정 2인을 1보로 하고, 갑사에게는 2보를 지급한다. 기병, 수군은 1보 1정을 준다. 보병, 봉수군은 1보를 준다. 보인으로서 취재에 합격하면 군사가 될 수 있다.

① 중앙군을 5군영으로 편성하였다.
② 2군 6위가 중앙과 국경을 수비하였다.
③ 지방군은 진관 체제를 바탕으로 조직되었다.
④ 양반부터 노비까지 모두 속오군에 편입시켰다.

문 19. <보기>와 같은 주장을 편 인물에 대한 설명으로 가장 옳은 것은?

<보기>
토지 소유를 제한하는 법령을 세우십시오. 모년 모월 이후부터 제한된 토지보다 많은 자는 더 가질 수 없고, 그 법령 이전부터 소유한 것은 비록 광대한 면적이라 해도 불문에 부치며, 그 자손에게 분급해 주는 것은 허락하고, 혹시 사실대로 하지 않고 숨기거나 법령 이후에 제한을 넘어 더 점유한 자는 백성이 적발하면 백성에게 주고, 관아에서 적발하면 관아에서 몰수하십시오. 이렇게 한다면 수십 년이 못 가서 전국의 토지는 균등하게 될 것입니다.
— 「한민명전의」

① 『북학의』를 저술하여 청 문물의 수용을 역설하였다.
② 「양반전」, 「호질」 등을 지어 놀고먹는 양반을 비판하였다.
③ 화폐 제도의 문제점을 지적하며 폐전론을 주장하였다.
④ 마을 단위로 토지를 공동 경작하여 분배할 것을 제안하였다.

문 20. <보기>의 자료와 관련된 개혁의 내용으로 가장 옳은 것은?

<보기>
• 청나라에 의존하는 생각을 끊어버리고 자주 독립의 터전을 튼튼히 세운다.
• 왕실에 관한 사무와 나라 정사에 관한 사무는 반드시 분리시키고 서로 뒤섞이지 않는다.
• 조세나 세금을 부과하는 것과 경비를 지출하는 것은 모두 탁지아문에서 관할한다.
• 의정부와 각 아문의 직무와 권한을 명백히 제정한다.
• 지방 관제를 빨리 개정하여 지방 관리의 직권을 제한한다.

① 지방에 진위대를 설치하고, 건양이라는 연호를 제정하였다.
② 내각 제도를 수립하고, 인민 평등권 확립과 조세 개혁 등을 추진하였다.
③ 의정부를 내각으로 개편하고, 지방 제도를 8도에서 23부로 바꾸었다.
④ 전라도 53군에 자치적 민정 기구인 집강소가 설치되었다.

24회 | 2020년 서울시 9급

2020년 6월 13일 시행

문 01. 〈보기〉의 밑줄 친 '그'의 저술로 가장 옳은 것은?

〈보기〉
그는 당나라로 가던 도중 진리는 마음 속에 있음을 깨닫고 유학을 포기하였다. 여러 종파의 갈등을 보다 높은 수준에서 융화, 통일시키려 하였으므로, 훗날 화쟁국사(和諍國師)로 추앙받았다.

① 『해동고승전』
② 『대승기신론소』
③ 『왕오천축국전』
④ 『화엄일승법계도』

문 02. 〈보기〉의 개헌 시기를 순서대로 바르게 나열한 것은?

〈보기〉
㉠ 대통령 3회 연임 허용
㉡ 대통령 직선제 및 5년 단임
㉢ 대통령 직선제, 국회 양원제
㉣ 대통령은 통일 주체 국민회의에서 간선

① ㉠ - ㉡ - ㉣ - ㉢
② ㉡ - ㉢ - ㉠ - ㉣
③ ㉢ - ㉠ - ㉣ - ㉡
④ ㉣ - ㉡ - ㉢ - ㉠

문 03. 〈보기〉의 글을 쓴 학자의 주장에 대한 설명으로 가장 옳은 것은?

〈보기〉
검소하다는 것은 물건이 있어도 남용하지 않는 것을 말하는 것이지 자신에게 물건이 없다 하여 스스로 단념하는 것을 말하는 것이 아니다. 지금 우리나라 안에는 구슬을 캐는 집이 없고 시장에 산호 따위의 보배가 없다. 또 금과 은을 가지고 가게에 들어가도 떡을 살 수 없는 형편이다. …… 이것은 물건을 이용하는 방법을 모르기 때문이다. 이용할 줄 모르니 생산할 줄 모르고, 생산할 줄 모르니 백성은 나날이 궁핍해지는 것이다.

① 균전론을 내세워 사농공상 직업에 따라 토지를 분배하여 자영농을 육성할 것을 주장하였다.
② 상공업을 육성하고 선박, 수레, 벽돌 등 발달된 청의 기술을 적극적으로 수용하자고 제안하였다.
③ 처음에는 여전론, 이후에는 정전제를 내세워 자영농 육성을 위한 토지 제도 개혁을 주장하였다.
④ 통일 신라와 발해가 병립한 시기를 남북국 시대로 설정하여 발해를 우리 역사의 체계 속에 적극적으로 포용하였다.

문 04. 조선 후기 광업에 대한 설명으로 가장 옳지 않은 것은?
① 정부의 통제 정책으로 잠채가 사라졌다.
② 자본과 경영이 분리된 생산 방식이었다.
③ 청과의 무역으로 은의 수요가 증가하였다.
④ 17세기 이후 민간인의 광산 채굴을 허용하였다.

문 05. 고려의 지방 제도에 대한 설명으로 옳은 것을 〈보기〉에서 모두 고른 것은?

〈보기〉
㉠ 양계 지역은 계수관이 관할하였다.
㉡ 수령이 파견된 주현보다 수령이 파견되지 않은 속현의 수가 많았다.
㉢ 성종 때 12목이 설치되었다.
㉣ 향·소·부곡 등의 특수 행정 조직이 있었다.

① ㉠, ㉡, ㉢
② ㉠, ㉡, ㉣
③ ㉠, ㉢, ㉣
④ ㉡, ㉢, ㉣

문 06. 〈보기〉의 ㉠에 해당하는 인물에 대한 설명으로 가장 옳은 것은?

〈보기〉
㉠ 의 노비인 만적 등 여섯 명이 북산(北山)에 나무하러 갔다가 공사(公私) 노비들을 모아 놓고 말하기를, "장군과 재상이 어찌 타고난 씨가 따로 있겠는가? 때만 만나면 누구나 될 수 있는 것이다. 우리라고 어찌 뼈 빠지게 일만 하고 채찍 아래에서 고통만 당하겠는가?"라고 하였다. (중략) "각자 자기 주인들을 때려 죽이고 노비 문서를 불태워버리자. 이로써 이 나라에 다시는 천인이 없게 하면, 공경장상을 우리들이 모두 차지할 수 있을 것이다."라고 하였다.

① 교정도감을 설치하여 국정을 장악하는 한편 도방을 통해 군사적 기반을 강화하였다.
② 노비안검법을 실시하여 억울하게 노비가 된 자를 해방하였다.
③ 풍수지리설을 앞세워 서경 천도를 적극 추진하였다.
④ 딸들을 왕에게 시집 보내어 권력을 잡고 척준경과 함께 난을 일으켰다.

문 07. 〈보기〉의 사설이 발표되는 계기가 된 사건에 대한 설명으로 가장 옳은 것은?

〈보기〉
…… 그러나 슬프도다. 저 개돼지만도 못한 이른바 우리 정부의 대신이란 자들은 자기 일신의 영달과 이익이나 바라면서 위협에 겁먹어 머뭇대거나 벌벌 떨며 나라를 팔아먹는 도적이 되기를 감수하였던 것이다. 아, 4,000년의 강토와 500년의 사직을 다른 나라에 갖다 바치고, 2,000만 국민을 타국의 노예가 되게 하였으니, …… 아! 원통한지고, 아! 분한지고. 우리 2,000만 타국인의 노예가 된 동포여! 살았는가, 죽었는가? 단군, 기자 이래 4,000년 국민정신이 하룻밤 사이에 갑자기 망하고 말 것인가. 원통하고 원통하다. 동포여! 동포여!

① 친러 성향의 내각이 수립되어 러시아의 정치적 간섭이 강화되었고, 열강의 이권 침탈도 심해졌다.
② 러·일 전쟁 승리 이후 일본은 대한 제국의 외교권을 박탈하는 조약을 체결하여 대한 제국을 일본의 보호국으로 만들었다.
③ 일본은 헤이그 특사 파견을 문제 삼아 고종 황제를 강제로 퇴위시키고, 대한 제국의 군대를 해산하는 조약을 체결했다.
④ 총리 대신 이완용과 조선 통감 데라우치 사이에 조약이 체결되어 국권을 상실하였다.

문 08. 〈보기〉의 고려 토지 제도 (가)~(라) 각각에 대한 설명으로 가장 옳지 않은 것은?

〈보기〉
(가) 조신(朝臣)이나 군사들의 관계(官階)를 따지지 않고 그 사람의 성품, 행동의 선악(善惡), 공로의 크고 작음을 보고 차등 있게 역분전을 지급하였다.
(나) 경종 원년 11월에 비로소 직관(職官), 산관(散官)의 각 품(品)의 전시과를 제정하였다.
(다) 목종 원년 12월에 양반 및 군인들의 전시과를 개정하였다.
(라) 문종 30년에 양반 전시과를 다시 개정하였다.

① (가) - 후삼국 통일 전쟁에 공이 있는 사람들에게 지급하였다.
② (나) - 인품을 반영하여 토지를 지급하였다.
③ (다) - 실직이 없는 산관은 토지 지급 대상에서 제외되었다.
④ (라) - 현직 관리에게만 토지가 지급되고, 문·무관의 차별이 거의 사라졌다.

문 09. 〈보기〉의 정책이 시행된 왕대에 대한 설명으로 가장 옳은 것은?

〈보기〉
백성들이 육전[육의전(六矣廛)] 이외에는 허가받은 시전 상인들과 같이 장사를 할 수 있도록 하셨다. 채제공이 아뢰기를 "(전략) 마땅히 평시서(平市署)로 하여금 20, 30년 사이에 새로 벌인 영세한 가게 이름을 조사해 내어 모조리 없애도록 하고, 형조와 한성부에 분부하여 육전이 아니라면 난전이라 하여 잡혀 오는 자들을 처벌하지 말도록 할 뿐만 아니라 잡아 온 자를 처벌하시면, 장사하는 사람들은 서로 매매하는 이익이 있을 것이고 백성들도 가난에 대한 걱정이 없어질 것입니다. 그 원망은 신이 스스로 감당하겠습니다."라고 하니 왕께서 따랐다.

① 법령을 정비하여 『속대전』을 편찬하였다.
② 청과 국경선을 정하고 백두산 정계비를 세웠다.
③ 조세 제도를 개편하여 영정법을 시행하였다.
④ 인재를 양성하기 위해 초계문신제를 시행하였다.

문 10. ⟨보기⟩에서 설명하는 책의 제목으로 가장 옳은 것은?

⟨보기⟩
- 1433년(세종 15)에 편찬되었다.
- 각종 병론(病論)과 처방을 적었다.
- 전통적인 경험에 기초했다.
- 조선의 약재를 중시했다.

① 『향약집성방』　　② 『동의보감』
③ 『금양잡록』　　　④ 『칠정산』

문 11. ⟨보기 1⟩의 밑줄 친 '이 법'에 대한 옳은 설명을 ⟨보기 2⟩에서 모두 고른 것은?

⟨보기 1⟩
영의정 이원익이 아뢰기를, "각 고을에서 바치는 공물이 각급 관청의 방납인들에 의해 중간에서 막혀 물건 하나의 가격이 몇 배 또는 몇 십 배, 몇 백 배가 되어 그 폐단이 이미 고질화되었습니다. 그러니 지금 마땅히 별도로 하나의 청을 설치하여 이 법을 시행하도록 하소서." 라고 하니 왕이 따랐다.

⟨보기 2⟩
㉠ 이 법이 실시된 뒤 현물 징수가 완전히 없어졌다.
㉡ 처음에는 경기도에서 시험적으로 시행되었다.
㉢ 과세 기준을 가호 단위에서 토지 결수로 바꾸었다.
㉣ 풍흉의 정도에 따라 조세 액수를 조정하였다.

① ㉠, ㉡　　② ㉠, ㉢
③ ㉡, ㉢　　④ ㉢, ㉣

문 12. ⟨보기⟩의 유물들이 발견되는 시대에 대한 설명으로 가장 옳은 것은?

⟨보기⟩
- 이른 민무늬 토기　- 덧무늬 토기
- 눌러찍기무늬 토기　- 빗살무늬 토기

① 세형동검, 잔무늬 거울 등을 사용하였다.
② 고인돌과 돌널무덤을 사용하였다.
③ 공주 석장리 유적과 청원 두루봉 동굴 유적이 대표적인 유적지이다.
④ 갈돌과 갈판 등 간석기를 사용하였다.

문 13. ⟨보기⟩에서 설명하는 나라의 법률로 가장 옳지 않은 것은?

⟨보기⟩
은력(殷曆) 정월에 하늘에 제사를 지내며 나라에서 대회를 열어 연일 마시고 먹고 노래하고 춤추는데, 영고(迎鼓)라고 한다. 이때 형옥(刑獄)을 중단하여 죄수를 풀어주었다. － 『삼국지』 권30, 「위서」 30 오환선비동이전

① 남에게 상처를 입힌 자는 곡식으로 갚게 했다.
② 도둑질을 하면 그 물건의 12배를 변상케 했다.
③ 형벌이 매우 엄하여 사람을 죽인 사람은 사형에 처하고 그 집안 사람은 노비로 삼았다.
④ 남녀 간에 간음을 하거나 투기하는 부인은 모두 죽였다.

문 14. ⟨보기⟩의 글을 쓴 인물의 주장과 같은 입장에 대한 설명으로 가장 옳은 것은?

⟨보기⟩
우리 조선의 역사적 발전의 전 과정은 가령, 지리적 조건, 인종학적 골상, 문화 형태의 외형적 특징 등에서 다소의 차이는 인정되더라도, 외관적인 소위 특수성은 다른 문화 민족의 역사적 발전 법칙과 구별되어야 하는 독자적인 것은 아니며, 세계사적·일원론적인 역사 법칙에 의해 다른 여러 민족과 거의 같은 궤도로 발전 과정을 거쳐온 것이다.

① 민족 정신을 강조하여 우리의 고유한 특색과 전통을 찾았다.
② 신채호와 박은식의 사학을 계승하였다.
③ 역사학의 주관적 해석을 배제하고 문헌 고증을 중시하였다.
④ 한국사의 발전 과정을 사회·경제 사학의 관점에서 서술하였다.

문 15. ⟨보기⟩의 사건들을 시간 순으로 바르게 나열한 것은?

⟨보기⟩
㉠ 신라 - 건원(建元)이라는 독자적인 연호를 만들었다.
㉡ 가야 - 대가야가 멸망하면서 가야 연맹이 완전히 해체되었다.
㉢ 고구려 - 낙랑군을 완전히 몰아내고 대동강 유역을 확보하였다.
㉣ 백제 - 수도인 한성이 함락되고 왕이 죽자 도읍을 웅진으로 옮겼다.

① ㉠ - ㉡ - ㉢ - ㉣　　② ㉡ - ㉢ - ㉣ - ㉠
③ ㉢ - ㉠ - ㉡ - ㉣　　④ ㉣ - ㉢ - ㉠ - ㉡

문 16. <보기>의 밑줄 친 '왕'에 대한 설명으로 가장 옳은 것은?

<보기>
왕이 행차에서 돌아와 그 대나무로 피리를 만들어 월성의 천존고(天尊庫)에 간직하였다. 이 피리를 불면 적병이 물러가고 병이 나으며, 가뭄에는 비가 오고 장마에는 날씨가 개며, 바람이 잦아지고 물결이 평온해졌다. 이를 만파식적으로 부르고 나라의 보물이라 칭하였다.
– 『삼국유사』

① 녹읍을 부활시켰다.
② 9주 5소경을 설치하였다.
③ 정전을 지급하였다.
④ 고구려 부흥 운동을 지원하였다.

문 17. <보기>의 조약이 체결된 이후에 일어난 사건으로 가장 옳지 않은 것은?

<보기>
<제1관> 조선국은 자주국으로서 일본국과 평등한 권리를 보유한다.
<제7관> 조선의 연해 도서는 지극히 위험하므로 일본의 항해자가 자유로이 해안을 측량함을 허가한다.

① 만동묘가 철폐되었다.
② 이범윤이 간도 시찰원으로 파견되었다.
③ 통리기무아문이 설치되었다.
④ 영남 유생들이 만인소를 올렸다.

문 18. <보기>의 조선 시대 사건을 시간 순으로 바르게 나열한 것은?

<보기>
㉠ 기묘사화   ㉡ 을묘왜변
㉢ 계유정난   ㉣ 무오사화

① ㉠ - ㉡ - ㉢ - ㉣
② ㉡ - ㉢ - ㉣ - ㉠
③ ㉢ - ㉣ - ㉠ - ㉡
④ ㉣ - ㉠ - ㉡ - ㉢

문 19. <보기>는 동학 농민군이 제시한 「폐정 개혁안」 12개조 중 일부이다. 이 중 갑오개혁에 반영된 것을 모두 고른 것은?

<보기>
㉠ 무명의 잡다한 세금은 일체 거두지 않는다.
㉡ 토지는 균등히 나누어 경작한다.
㉢ 왜와 통하는 자는 엄중히 징벌한다.
㉣ 젊어서 과부가 된 여성의 재혼을 허용한다.

① ㉠, ㉡
② ㉠, ㉣
③ ㉡, ㉢
④ ㉢, ㉣

문 20. <보기>의 독립운동 단체 결성 시기를 순서대로 바르게 나열한 것은?

<보기>
㉠ 조선 의용대   ㉡ 의열단
㉢ 참의부   ㉣ 대한 광복회
㉤ 근우회

① ㉠ - ㉡ - ㉢ - ㉤ - ㉣
② ㉡ - ㉢ - ㉤ - ㉠ - ㉣
③ ㉢ - ㉣ - ㉤ - ㉡ - ㉠
④ ㉣ - ㉡ - ㉢ - ㉤ - ㉠

문 01. 고조선을 주제로 한 학술 대회를 개최할 경우, 언급될 내용으로 가장 적절하지 않은 것은?
① 위만의 이동과 집권 과정
② 진대법과 빈민 구제
③ 범금 8조(8조법)에 나타난 사회상
④ 비파형동검 문화권과 국가의 성립

문 02. 〈보기〉에서 백제의 발전 과정을 순서대로 바르게 나열한 것은?

〈보기〉
㉠ 6좌평제와 16관등제 및 백관의 공복을 제정하였다.
㉡ 고구려의 평양성을 공격하였다.
㉢ 지방에 22담로를 설치하였다.
㉣ 불교를 받아들여 통치 이념을 정비하였다.

① ㉠ → ㉡ → ㉢ → ㉣
② ㉠ → ㉡ → ㉣ → ㉢
③ ㉡ → ㉣ → ㉢ → ㉠
④ ㉣ → ㉡ → ㉢ → ㉠

문 03. 〈보기〉에서 밑줄 친 '이 나라'에 대한 설명으로 가장 옳은 것은?

〈보기〉
천지가 개벽한 뒤로 이곳에는 아직 나라가 없고 또한 왕과 신하도 없었다. 단지 아홉 추장이 각기 백성을 거느리고 농사를 지으며 살았다. …… 아홉 추장과 사람들이 노래하고 춤추면서 하늘을 보니 얼마 뒤 자주색 줄이 하늘로부터 내려와서 땅에 닿았다. 줄 끝을 찾아보니 붉은 보자기에 금빛 상자가 싸여 있었다. 상자를 열어 보니 황금색 알 여섯 개가 있었다. …… 열 사흘째 날 아침에 다시 모여 상자를 열어 보니 여섯 알이 어린 아이가 되어 있었다. 용모가 뛰어나고 바로 앉았다. 아이들이 나날이 자라 십수 일이 지나니 키가 9척이나 되었다. 얼굴은 한 고조, 눈썹은 당의 요 임금, 눈동자는 우의 순 임금과 같았다. 그달 보름에 맏이를 왕위에 추대하였는데, 그가 곧 이 나라의 왕이다. - 『삼국유사』

① 중국 동진으로부터 불교를 받아들여 왕실의 권위를 높였다.
② 재상을 뽑을 때 정사암에 후보 이름을 써서 넣은 상자를 봉해두었다.
③ 큰일이 있을 때에는 반드시 화백 제도를 통해 여러 사람의 의견을 따랐다.
④ 철기를 만들 때 사용하는 덩이쇠를 화폐와 같은 교환 수단으로 이용하기도 하였다.

문 04. 발해의 사회 모습에 대한 설명으로 가장 옳지 않은 것은?
① 주민은 고구려 유민과 말갈인으로 구성되었다.
② 중앙 문화는 고구려 문화를 바탕으로 당의 문화가 가미된 형태를 보였다.
③ 당, 신라, 거란, 일본 등과 무역하였는데, 대신라 무역의 비중이 가장 컸다.
④ 유학 교육 기관인 주자감을 설치하여 귀족 자제에게 유교 경전을 가르쳤다.

문 05. 삼국의 사회·문화에 관한 설명으로 가장 옳지 않은 것은?
① 고구려는 영양왕 때 이문진이 『유기』를 간추려 『신집』 5권을 편찬했다.
② 백제의 승려 원측은 당나라에 가서 유식론(唯識論)을 발전시켰다.
③ 신라의 진흥왕은 두 아들의 이름을 동륜 등으로 짓고 자신은 전륜성왕으로 자처했다.
④ 백제 말기에는 미래에 중생을 구제한다는 미륵 신앙이 유행하기도 하였다.

문 06. 고려 시대 군사 제도에 대한 설명으로 가장 옳지 않은 것은?
① 북방의 양계 지역에는 주현군을 따로 설치하였다.
② 2군(二軍)인 응양군과 용호군은 왕의 친위 부대였다.
③ 6위(六衛) 중의 감문위는 궁성과 성문 수비를 맡았다.
④ 직업 군인인 경군에게 군인전을 지급하고 그 역을 자손에게 세습시켰다.

문 07. 〈보기〉의 (가), (나)와 같은 건의를 받은 국왕에 대한 설명으로 가장 옳은 것은?

〈보기〉
(가) 우리 태조께서는 나라를 통일한 뒤에 외관을 두고자 하였으나, 대개 초창기이므로 일이 번거로워 겨를이 없었습니다. 이제 가만히 보건대, 향호가 매양 공무를 빙자하여 백성을 침해하여 횡포를 부리어 백성이 견디지 못하니, 청컨대 외관을 두도록 하십시오.
(나) 겸손한 마음을 가지고 항상 조심하고 두려워하며 신하를 예로써 대우할 때 신하는 충성으로써 임금을 섬기는 것입니다.

① 호족과의 혼인 정책을 적극적으로 추진하였다.
② 노비안검법을 실시하여 호족의 경제력을 약화시켰다.
③ 양현고를 설치하고 보문각과 청연각을 세워 유학을 진흥시켰다.
④ 연등회를 축소하고 팔관회를 폐지하여 국가적인 불교 행사를 억제하였다.

문 08. 고려 시대 불교계의 동향과 관련된 설명으로 가장 옳지 않은 것은?
① 백련 결사를 제창한 요세는 참회와 수행에 중점을 두는 등 복잡한 이론보다 종교적 실천을 강조했다.
② 재조대장경은 고려 전기에 만들어졌던 대장경 판목이 거란의 침입으로 불타버렸기 때문에 무신 집권기에 다시 만든 것이다.
③ 각훈은 삼국 시대 이래 승려들의 전기를 정리하여 『해동고승전』을 지었다.
④ 지눌은 깨달음과 더불어 실천을 강조하는 돈오점수를 주장했다.

문 09. 〈보기〉에서 밑줄 친 '그'가 활동하던 시대 상황에 대한 설명으로 가장 옳지 않은 것은?

〈보기〉
그가 북산에서 나무하다가 공, 사노비를 불러 모아 모의하기를, "나라에서 경인, 계사년 이후로 높은 벼슬이 천한 노비에게서 많이 나왔으니, 장수와 재상이 어찌 씨가 따로 있으랴. 때가 오면 누구나 할 수 있는데, 우리들이 어찌 고생만 하면서 채찍 밑에 곤욕을 당해야 하겠는가?"라고 하니, 여러 노비들이 모두 그렇게 여겼다.
— 『고려사』

① 최충의 9재 학당을 비롯한 사학 12도가 융성하였다.
② 경주 일대에서 고려 왕조를 부정하는 신라 부흥 운동이 일어났다.
③ 정혜쌍수와 돈오점수를 주장하는 수선 결사 운동이 전개되었다.
④ 소(所)의 거주민은 금, 은, 철 등 광업품이나 수공업 제품을 생산하여 바치기도 하였다.

문 10. 조선 태종 대의 주요 정책에 대한 설명으로 가장 옳은 것은?
① 사섬서를 두어 지폐인 저화를 발행하였다.
② 상평통보를 발행하여 화폐 경제를 촉진하였다.
③ 지계를 발급하여 토지 소유권을 공고히 하였다.
④ 연분 9등법과 전분 6등법을 시행하여 조세 제도를 개편하였다.

문 11. 〈보기〉와 같은 폐단을 해결하기 위해 실시한 제도에 대한 설명으로 가장 옳지 않은 것은?

〈보기〉
각 고을에서 공물을 상납하려 할 때 각 관청의 사주인들이 여러 가지로 농간을 부려 좋은 것도 불합격 처리를 하기 때문에 바칠 수가 없게 되었습니다. 이리하여 사주인은 자기가 갖고 있는 물품으로 관청에 대신 내고 그 고을 농민들에게는 자기가 낸 물건 값을 턱없이 높게 쳐서 열 배의 이득을 취하니, 이것은 백성의 피와 땀을 짜내는 것입니다. ―『선조실록』

① 광해군 시기에 실시하였다.
② 토지 결수를 기준으로 1결당 쌀 12두를 납부하게 하였다.
③ 왕실과 관청에서 필요한 수요품을 구해 납품하는 덕대가 등장하였다.
④ 물품 구매와 상품 수요가 증가하면서 상품 화폐 경제가 한층 발전하였다.

문 12. 〈보기〉의 토지 개혁안을 주장한 조선 후기 실학자를 옳게 짝지은 것은?

〈보기〉
㉠ 지금 농사를 하고자 하는 사람은 토지를 얻고, 농사를 하지 않는 사람은 토지를 얻지 못하도록 한다. 즉 여전(閭田)의 법을 시행하면 나의 뜻을 이룰 수 있을 것이다. …… 무릇 1여의 토지는 1여의 사람들로 하여금 공동으로 경작하게 하고, 내 땅 네 땅의 구분 없이 오직 여장의 명령만을 따른다. 매 사람마다의 노동량은 매일 여장이 장부에 기록한다. 가을이 되면 무릇 오곡의 수확물을 모두 여장의 집으로 보내어 그 식량을 분배한다. 먼저 국가에 바치는 공세를 제하고, 다음으로 여장의 녹봉을 제하며, 그 나머지를 날마다 일한 것을 기록한 장부에 의거하여 여민들에게 분배한다.
㉡ 국가는 마땅히 한 집의 재산을 헤아려 전(田) 몇 부(負)를 한정하여 1호(戶)의 영업전(永業田)을 삼기를 당나라의 조제(租制)처럼 해야 한다. 그렇다고 해서 많이 소유한 자의 것을 줄이거나 빼앗지 않고, 모자라게 소유한 자라고 해서 더 주지 않는다. 돈이 있어 사고자 하는 자는 비록 천백 결(結)이라도 모두 허가하고, 토지가 많아 팔고자 하는 자도 단지 영업전 몇 부 이외에는 역시 허가한다.

　　　㉠　　　　㉡　　　　㉠　　　　㉡
① 정약용　이익　② 박지원　유형원
③ 정약용　유형원　④ 이익　박지원

문 13. 〈보기〉의 의서(醫書)를 편찬된 순서대로 바르게 나열한 것은?

〈보기〉
㉠ 『동의보감(東醫寶鑑)』
㉡ 『마과회통(麻科會通)』
㉢ 『의방유취(醫方類聚)』
㉣ 『향약구급방(鄕藥救急方)』

① ㉠ - ㉡ - ㉢ - ㉣
② ㉢ - ㉣ - ㉡ - ㉠
③ ㉣ - ㉢ - ㉠ - ㉡
④ ㉣ - ㉢ - ㉡ - ㉠

문 14. 조선 후기 지도 편찬에 대한 설명으로 가장 옳지 않은 것은?
① 김정호는 대동여지도를 편찬하기 이전에 이미 청구도 등을 제작하였다.
② 정상기는 백리척을 이용하여 동국지도를 제작하였다.
③ 모눈 종이를 이용한 정밀한 지도도 제작되었다.
④ 대동여지도가 완성되자 나라의 기밀을 누설시킬 우려가 있다고 하여 판목은 압수·소각되었다.

문 15. 위정척사 운동에 대한 설명으로 가장 옳지 않은 것은?
① 최익현은 왜양 일체론을 내세우며 개항 반대 운동을 전개하였다.
② 이항로는 척화 주전론을 주장하며 통상 반대 운동을 전개하였다.
③ 기정진 등 영남 유생들이 만인소를 올려 『조선책략』을 들여온 김홍집의 처벌을 요구하였다.
④ 홍재학은 주화매국의 신료를 처벌하고 서양 물품과 서양 서적을 불태울 것을 주장하였다.

문 16. <보기>의 밑줄 친 (가) 국가에 대한 설명으로 가장 옳은 것은?

<보기>
정부는 __(가)__ 공사의 서울 부임에 답례할 겸 서구의 근대 문물을 시찰하기 위해 1883년 __(가)__ 에 보빙사를 파견하였다. 보빙사의 구성원은 민영익, 홍영식, 서광범 등 11명이었다.

① 삼국 간섭에 참여하였다.
② 용암포를 강제 점령하고 조차를 요구하였다.
③ 거문도를 불법으로 점령하였다.
④ 운산 금광 채굴권을 차지하였다.

문 17. <보기>의 협약 이후 일어난 사실로 가장 옳지 않은 것은?

<보기>
제1조 한국 정부는 시정 개선에 관하여 통감의 지도를 받는다.
제2조 한국의 법령 제정 및 중요한 행정상의 처분은 미리 통감의 승인을 거친다.
제4조 한국 고등 관리의 임면은 통감의 동의로써 이를 시행한다.
제5조 한국 정부는 통감이 추천하는 일본인을 한국 관리에 임명한다.

① 각 부의 차관에 일본인이 임명되어 이른바 차관 정치가 시작되었다.
② 대한 제국 군대가 해산되었다.
③ 사법권과 경찰권을 빼앗겼다.
④ 만국 평화 회의에 이상설 등이 파견되었다.

문 18. <보기>에서 일제 강점기의 사건을 발생한 순서대로 바르게 나열한 것은?

<보기>
㉠ 물산 장려 운동   ㉡ 3·1 운동
㉢ 광주 학생 항일 운동   ㉣ 6·10 만세 운동

① ㉠ → ㉡ → ㉢ → ㉣
② ㉠ → ㉢ → ㉡ → ㉣
③ ㉡ → ㉠ → ㉣ → ㉢
④ ㉡ → ㉣ → ㉢ → ㉠

문 19. <보기> 선언문의 발표 후에 있었던 사건으로 가장 적합하지 않은 것은?

<보기>
상아의 진리탑을 박차고 거리에 나선 우리는 질풍과 같은 역사의 조류에 자신을 참여시킴으로써 이성과 진리, 그리고 자유의 대학 정신을 현실의 참담한 박토에 뿌리려 하는 바이다. …(중략)… 무릇 모든 민주주의 정치사는 자유의 투쟁사다. 그것은 또한 여하한 형태의 전제로 민중 앞에 군림하던 '종이로 만든 호랑이'같이 헤슬픈 것임을 교시한다. …(중략)… 근대적 민주주의의 근간은 자유다. …(하략)
- 서울대학교 문리과대학 학생 일동

① 이승만 대통령이 하야하였다.
② 장면 정권이 수립되었다.
③ 민족 자주 통일 중앙 협의회가 조직되었다.
④ 조봉암이 진보당을 결성하였다.

문 20. <보기>와 같은 내용의 헌법으로 개정된 이후 발생한 사건으로 가장 옳은 것은?

<보기>
제39조 대통령은 통일 주체 국민회의에서 토론 없이 무기명 투표로 선거한다.
제40조 통일 주체 국민회의는 국회의원 정수의 1/3에 해당하는 수의 국회의원을 선거한다.
제43조 대통령은 조국의 평화적 통일을 위한 성실한 의무를 진다.

① 굴욕적인 한·일 회담에 반대하는 학생 시위가 전개되었다.
② 재야 인사들이 명동 성당에 모여 '3·1 민주 구국 선언'을 발표하였다.
③ 친일파 청산을 위해 반민족 행위 특별 조사 위원회를 설치하였다.
④ 민생 안정을 위해 농가 부채 탕감, 화폐 개혁 등을 실시하였다.

문 01. 고려의 문화에 대한 설명 중 가장 옳은 것은?
① 고려의 귀족 문화를 대표하는 백자는 상감 기법을 이용한 것이다.
② 고려는 세계 최초로 금속 활자를 발명하였다.
③ 팔만대장경판은 거란의 침입을 물리치기 위한 염원을 담아 만든 것이다.
④ 고려는 불교 국가여서 유교 문화가 발전하지 못하였다.

문 02. 조선 전기에 편찬된 서적으로 가장 옳지 않은 것은?
① 『본조편년강목』
② 『의방유취』
③ 『삼국사절요』
④ 『농사직설』

문 03. 〈보기〉의 통일 신라 시대의 경제 제도를 시간 순으로 바르게 나열한 것은?

〈보기〉
㉠ 중앙과 지방의 여러 관리에게 매달 주던 녹봉을 없애고 다시 녹읍을 주었다.
㉡ 중앙과 지방 관리들의 녹읍을 폐지하고 해마다 조(租)를 차등 있게 주었으며 이를 일정한 법으로 삼았다.
㉢ 처음으로 백성들에게 정전(丁田)을 지급하였다.
㉣ 교서를 내려 문무 관료들에게 토지를 차등 있게 주었다.

① ㉡ → ㉠ → ㉣ → ㉢
② ㉡ → ㉣ → ㉠ → ㉢
③ ㉣ → ㉢ → ㉡ → ㉠
④ ㉣ → ㉡ → ㉢ → ㉠

문 04. 무신 집권기 지방민과 천민의 동요에 대한 설명으로 가장 옳지 않은 것은?
① 조위총은 백제 부흥을 위해 봉기하였다.
② 망이·망소이의 난은 일반 군현이 아닌 소에서 일어났다.
③ 경주를 중심으로 한 지역에서는 신라 부흥을 내걸고 반란이 일어나기도 했다.
④ 만적은 노비 해방을 내세우며 반란을 모의하였다.

문 05. 〈보기〉의 사건을 시간 순으로 바르게 나열한 것은?

〈보기〉
㉠ 아관 파천
㉡ 전주 화약 체결
㉢ 홍범 14조 발표
㉣ 군국기무처 설치

① ㉠ → ㉢ → ㉡ → ㉣
② ㉡ → ㉣ → ㉢ → ㉠
③ ㉢ → ㉠ → ㉣ → ㉡
④ ㉣ → ㉡ → ㉠ → ㉢

문 06. 1965년 6월 22일 체결된 한·일 기본 조약에 대한 설명으로 가장 옳은 것은?

> 제2조: 1910년 8월 22일 및 그 이전에 대한 제국과 일본 제국 간에 체결된 모든 조약 및 협정이 이미 무효임을 확인한다.
> 제3조: 대한민국 정부가 국제 연합 총회의 결의 제195(Ⅲ)호에 명시된 바와 같이 한반도에 있어서의 유일한 합법 정부임을 확인한다.

① 위안부 문제가 주요한 의제로 논의되었다.
② 조약에 반대하여 학생들이 6·10 민주 항쟁을 일으켰다.
③ 조약 협의를 위해 중앙 정보부장 이후락이 특사로 파견되었다.
④ 재일 교포의 법적 지위 및 대우에 관한 협정도 함께 체결되었다.

문 07. 고려 시대의 경제 생활에 대한 설명으로 옳은 것을 〈보기〉에서 모두 고른 것은?

〈보기〉
㉠ 성종은 건원중보를 만들어 전국적으로 사용하게 하려 했으나 성공하지 못하였다.
㉡ 고려 후기 관청 수공업이 쇠퇴하면서 민간 수공업이 발달하였다.
㉢ 예성강 어귀의 벽란도는 고려의 국제 무역항이었다.
㉣ 원 간섭기에는 원의 지폐인 보초가 들어와 유통되기도 하였다.

① ㉠, ㉡, ㉢
② ㉠, ㉢, ㉣
③ ㉡, ㉢, ㉣
④ ㉠, ㉡, ㉢, ㉣

문 08. 〈보기〉의 조선 시대의 국방 정책을 시간 순으로 바르게 나열한 것은?

〈보기〉
㉠ 서울 주변의 네 유수부가 서울을 엄호하는 체제를 구축하였다.
㉡ 금위영을 발족시켜 5군영 제도가 성립되었다.
㉢ 하멜이 가져온 조총 기술을 도입하여 서양식 무기를 제조하였다.
㉣ 수도 방어 체계를 강화하고 『수성윤음』을 반포하였다.

① ㉠ → ㉡ → ㉢ → ㉣
② ㉡ → ㉣ → ㉠ → ㉢
③ ㉢ → ㉡ → ㉣ → ㉠
④ ㉣ → ㉢ → ㉠ → ㉡

문 09. 구석기 시대 사람들의 생활상에 대한 설명으로 가장 옳은 것은?
① 대체로 동굴이나 바위 그늘에서 생활하였으며 불을 사용할 줄 알았다.
② 단양 수양개, 연천 전곡리, 공주 석장리 등 강가에 살던 사람들은 주로 고기 잡이와 밭농사를 하며 생활하였다.
③ 이 시기의 대표적인 무덤 형식은 고인돌과 돌널무덤이다.
④ 주먹 도끼, 가로날 도끼, 민무늬 토기 등의 도구를 사용했다.

문 10. 통일 신라에 대한 설명으로 가장 옳은 것은?
① 통일 후에는 주로 진골 귀족으로 구성된 9서당을 왕국이 장악함으로써 왕실이 주도하는 교육 제도를 구축하였다.
② 불교가 크게 융성한 통일 신라의 수도인 경주에서는 주로 천태종이 권력과 밀착하며 득세하였다.
③ 신라 중대 때는 주로 원성왕의 후손들이 즉위하면서 비교적 강력한 왕권을 행사하였다.
④ 넓어진 영토를 관리하기 위해 지방 행정을 구획하였는데, 5소경도 이에 해당한다.

문 11. 〈보기〉에서 제시된 인물의 공통점으로 가장 옳은 것은?

〈보기〉
㉠ 김운경 ㉡ 최치원 ㉢ 최언위 ㉣ 최승우

① 고려 출신으로 당나라에서 유학했다.
② 7세기와 8세기에 활약했던 신라의 대문장가이다.
③ 숙위 학생으로 당 황제의 호위 무사가 되었다.
④ 당나라의 빈공과에 급제한 후 귀국하였다.

문 12. 〈보기〉의 어록을 남긴 인물의 활동으로 가장 옳은 것은?

〈보기〉
"대전자령의 공격은 이천만 대한 인민을 위하여 원수를 갚는 것이다. 총알 한 개 한 개가 우리 조상 수천 수만의 영혼이 보우하여 주는 피의 사자이니 제군은 단군의 아들로 굳세게 용감히 모든 것을 희생하고 만대 자손을 위하여 최후까지 싸우라."

① 화북 조선 독립 동맹의 주석으로 선출되어 활동하였다.
② 조선 혁명군을 이끌고 영릉가 전투에서 대승을 거두었다.
③ 한국 독립군을 이끌고 쌍성보 전투에서 일본군을 격파하였다.
④ 조선 의용대를 결성하고 대적 심리전 등에서 크게 활약하였다.

문 13. 〈보기〉의 빈칸에 공통적으로 해당하는 국가와 관련하여 고려 시대에 발생한 일로 가장 옳은 것은?

〈보기〉
• 모든 관리들을 소집해 ☐☐을/를 상국으로 대우하는 일의 가부를 의논하게 하자 모두 불가하다고 했으나, 이자겸과 척준경만이 찬성하고 나섰다.
• ☐☐은/는 전성기를 맞아 우리 조정이 그들의 신하임을 칭하도록 하고자 하였다. 여러 의견들이 뒤섞여 어지러운 가운데, 윤언이가 홀로 간쟁하여 말하기를 …… 여진은 본래 우리 조정 사람들의 자손이기 때문에 신하가 되어 차례로 우리 임금께 조공을 바쳐왔고, 국경 근처에 사는 사람들은 모두 우리 조정의 호적에 올라있는 지 오래 되었습니다. 우리 조정이 어찌 거꾸로 그들의 신하가 될 수 있겠습니까?

① 이 국가의 침입으로 인해 국왕은 나주로 피난하였다.
② 묘청 일파는 이 국가의 정벌을 주장하였다.
③ 이 국가와 함께 강동성에 포위된 거란족을 격파하였다.
④ 이 국가의 침략에 대비하여 광군을 설치하였다.

문 14. 〈보기 1〉의 (가)와 (나)가 발표된 시기의 사이에 있었던 사실을 〈보기 2〉에서 모두 고른 것은?

〈보기 1〉
(가) 첫째, 통일은 외세에 의존하거나 외세의 간섭을 받음이 없이 자주적으로 해결하여야 한다.
둘째, 통일은 서로 상대방을 반대하는 무력 행사에 의거하지 않고 평화 방법으로 실현하여야 한다.
셋째, 사상과 이념, 제도의 차이를 초월하여 우선 하나의 민족으로서 민족적 대단결을 도모하여야 한다.

(나) 1. 남과 북은 나라의 통일 문제를 그 주인인 우리 민족끼리 서로 힘을 합쳐 자주적으로 해결한다.
2. 남과 북은 남측의 연합제 안과 북측의 낮은 단계의 연방제 안이 서로 공통성이 있다고 인정한다.

〈보기 2〉
㉠ 금강산 관광이 시작되었다.
㉡ 남북 조절 위원회를 설치하였다.
㉢ 경의선과 동해선 철도가 연결되었다.
㉣ 남과 북이 동시에 유엔에 가입하였다.

① ㉠, ㉡, ㉢
② ㉠, ㉡, ㉣
③ ㉠, ㉢, ㉣
④ ㉡, ㉢, ㉣

문 15. 조선 시대의 대외 관계에 대한 설명으로 가장 옳은 것은?
① 태조는 북방의 여진족을 몰아내고 4군 6진을 개척하였다.
② 왜란이 끝난 후 조선은 일본에 통신사를 파견하여 국교 재개를 요청하였다.
③ 조선 후기 북학 운동의 한계를 느낀 지식인들은 북벌 운동을 전개하였다.
④ 조선 후기 중국과의 외교와 무역에 은이 대거 소비되면서 은광이 활발하게 개발되었다.

문 16. 두 차례의 양요에 대한 설명으로 가장 옳은 것은?
① 어재연이 이끄는 조선군은 프랑스군을 상대로 승리를 거두었다.
② 미국 상선 제너럴셔먼호는 평양 주민을 약탈하였다.
③ 양헌수 부대는 광성보 전투에서 결사 항전하였으나 퇴각하였다.
④ 박규수는 화공 작전을 펴서 프랑스 군대를 공격하였다.

문 17. 조선 시대 신분제에 대한 설명으로 가장 옳지 않은 것은?
① 중앙 관직에 진출할 수 있던 고려 시대의 향리와 달리 조선의 향리는 수령을 보좌하는 아전으로 격하되었다.
② 유교의 적서 구분에 의해 서얼에 대한 차별이 심했기 때문에 서얼은 관직에 진출하지 못하였다.
③ 뱃사공, 백정 등은 법적으로는 양인으로 취급되기도 했으나 노비처럼 천대받으며 특수 직업에 종사하였다.
④ 순조는 공노비 중 일부를 양인으로 해방시켜 주었다.

문 18. 근대 교육 기관에 대한 설명으로 가장 옳지 않은 것은?
① 배재 학당: 선교사 아펜젤러가 서울에 설립한 사립 학교이다.
② 동문학: 정부가 설립한 외국어 교육 기관으로 통역관을 양성하였다.
③ 경신 학교: 고종의 교육 입국 조서에 따라 설립된 관립 학교이다.
④ 원산 학사: 함경도 덕원 주민들이 기금을 조성하여 설립한 학교이다.

문 19. 왕의 수신 교과서인 『성학십도』를 집필한 인물에 대한 설명으로 가장 옳은 것은?
① 아동용 수신서인 『동몽선습』을 편찬하였다.
② 그의 학설을 따르는 이들이 처음에는 서인을 형성하였다.
③ 기(氣)보다는 이(理)를 중시했고, 예안 향약을 만들었다.
④ 『주자대전』의 중요 부분을 발췌하여 『주자문록』을 편찬하였다.

문 20. 대한민국의 민주화 여정에 대한 설명으로 가장 옳은 것은?
① 1960년대: 장기 집권을 획책한 박정희의 사사오입 개헌에 맞서 학생들과 재야 인사들이 그 반대 투쟁을 전개하였다.
② 1970년대: 유신 개헌을 통해 평화적으로 민주화를 추진할 수 있는 법률적 기틀을 제공하였다.
③ 1980년대: 6월 민주 항쟁을 통해 군사 정권을 종식시키고 선거를 통해 문민 정부가 출범하였다.
④ 1990년대: 대선 결과에 따라 평화적 정권 교체가 실현되었다.

공무원시험전문 해커스공무원
gosi.Hackers.com

법원직 9급 시험 정보

시험 과목	총 8과목(2026년 시험 기준) - 법원사무직렬: 헌법, 국어, 한국사, 영어, 민법, 민사소송법, 형법, 형사소송법 - 등기사무직렬: 헌법, 국어, 한국사, 영어, 민법, 민사소송법, 상법 (총론, 회사편), 부동산등기법
총 문항 수	전체 200문항(1과목 당 25문항)
문제 유형	4지 선다형
시험 시간	총 200분 (8과목 합쳐서 200분이며, 오전/오후로 나누어 4과목씩 실시함)
2025년 9급 법원사무직 경쟁률	9.6:1
2025년 9급 법원사무직 합격선	78.5점(과목별 평균)
시험 접수 및 일정 안내	대한민국 법원 시험정보 (http://exam.scourt.go.kr)

Part 4
법원직 9급

27회 2025년 법원직 9급
28회 2024년 법원직 9급
29회 2023년 법원직 9급
30회 2022년 법원직 9급
31회 2021년 법원직 9급
32회 2020년 법원직 9급
33회 2019년 법원직 9급
34회 2018년 법원직 9급

문 01. 다음 밑줄 친 '이 선거'에 대한 설명으로 가장 옳은 것은?

> 이 우표는 1948년에 실시된 선거를 기념하여 만들어진 것입니다. 이 선거는 우리 역사상 최초로 실시된 보통 선거라는 의미가 있습니다.

① 임기 4년의 국회의원을 선출하였다.
② 김구, 김규식은 선거 불참을 선언하였다.
③ 이 선거로 이승만이 대통령에 선출되었다.
④ 18세 이상 모든 국민에게 투표권이 부여되었다.

문 02. 다음 (가) 나라가 남긴 문화유산으로 가장 옳은 것은?

> 고령군은 원래 (가) 이다. 시조 이진아시왕(伊珍阿豉王)부터 도설지왕(道設智王)까지 16대 520년간 유지되었다. 진흥 대왕이 이를 공격해 없애고 그 지역을 군으로 삼았는데, 경덕왕이 고령군으로 개칭하였다.

① 산수문전

지산동 고분군

② 임신서기석

③

④ 금동 연가 7년명 여래 입상

문 03. 다음 자료를 통해 알 수 있는 의병에 대한 설명으로 가장 옳은 것은?

> 이번에 춘천 등지에서 백성이 소란을 피운 것은 8월 20일 사변 때 쌓인 울분 때문임을 알 수 있다. 나라의 역적을 이미 법에 의해 처단하였고 나머지 무리도 차례로 처벌할 것이니, 옛 울분을 풀 수 있을 것이다. 해당 지방에 주둔하는 군대는 반드시 이 조칙을 춘천부에 모여 있는 백성에게 보여, 각자 백성으로 돌아가 생업에 편안히 종사하도록 해야 할 것이다. 아울러 너희 군대의 무관과 병졸은 즉시 돌아오도록 하라.

① 양반 유생이 주도하였다.
② 초대 통감을 사살하였다.
③ 서울 진공 작전을 전개하였다.
④ 외교권 박탈에 항의하여 일어났다.

문 04. 다음 (가), (나)와 같은 행정 구역에 대한 설명으로 가장 옳은 것은?

> • 명종 6년 망이의 고향인 (가) 을/를 충순현으로 승격시켜 그들을 달래었다.
> • 고종 42년 충주의 (나) 이/가 몽골군을 막는 데 공을 세워 현으로 승격시켰다.

① 군사적인 특수 지역에 설치되었다.
② 일반 군현에 비해 세금 부담이 컸다.
③ 원주, 청주 등 다섯 곳에 설치되었다.
④ 지역 순찰을 위해 안찰사가 파견되었다.

문 05. 다음 밑줄 친 '사건'과 관련된 내용으로 가장 옳은 것은?

> 사건의 발단은 조선의 사실상 마지막 황제인 고종의 인산일을 이틀 앞둔 날에 시작되었다. 그러나 소요의 기미가 있는데, 설사 독립운동과 같은 사건이 한국에서 일어나더라도 이에 대해 일체의 보도를 하지 말라는 경찰청장의 통고문을 접수한 것이 이보다 앞선 1월 28일의 일이었다. 2월 14일에도 한국인의 독립 선언문 보도 금지 명령이 내려졌다. 2월 19일 재팬 클로니클지는 보도 금지된 사실과 선언문을 배포한 사람들이 비밀 재판을 받고 1년간의 징역을 선고받은 사실을 담은 기사를 크게 보도하였다.

① 신간회가 진상 조사단을 파견하였다.
② 광주에서 시작되어 전국으로 확대되었다.
③ 민족 유일당 운동을 추진하는 계기가 되었다.
④ 대한민국 임시 정부가 수립되는 계기가 되었다.

문 06. 다음 자료의 사건이 일어났을 당시의 무신 집권자에 대한 설명으로 가장 옳지 않은 것은?

> 김윤후는 일찍이 승려가 되어 백현원에 살았는데 몽골병이 오자 처인성으로 난을 피하였다. 몽골의 원수 살리타이가 쳐들어와서 처인성을 공격하자 김윤후가 그를 활로 쏴 죽였다. 왕이 그 공을 가상히 여겨 상장군을 제수하였으나, 김윤후는 공을 다른 사람에게 양보하여 말하기를, "싸울 때를 당하여 나는 활과 화살이 없었는데 어찌 감히 헛되이 무거운 상을 받으리오" 하고 굳이 사양하고 받지 않았다. 이에 (훨씬 낮은 계급인) 섭낭장으로 고쳐 제수하였다.

① 사병 조직인 도방을 확대하였다.
② 정방을 설치하여 인사권을 장악하였다.
③ 수도를 강화도로 옮겨 몽골에 항전하였다.
④ 서방을 두어 능력 있는 문신들에게 자문하였다.

문 07. 다음 헌법이 적용된 시기에 있었던 사실로 가장 옳은 것은?

> 제39조 ① 대통령은 대통령 선거인단에서 무기명 투표로 선거한다.
> 제40조 ① 대통령 선거인단은 국민의 보통·평등·직접·비밀선거에 의하여 선출된 대통령 선거인으로 구성한다.

① 10월 유신이 단행되었다.
② 베트남 파병이 이루어졌다.
③ 지방 자치제가 전면 실시되었다.
④ 언론사에 보도 지침이 하달되었다.

문 08. 다음 두 민주화 운동의 공통점으로 가장 옳은 것은?

> • 3·15 부정 선거와 김주열 사망으로 인해 이승만 정부에 대한 항의 시위가 전국적으로 확산되었다.
> • 전두환 정부의 독재에 반대하고 호헌 철폐를 요구하는 전국적 시위의 결과 6·29 선언이 발표되었다.

① 비상 계엄이 선포되었다.
② 유신 체제에 저항하였다.
③ 헌법 개정으로 이어졌다.
④ 대통령이 하야하는 결과를 가져왔다.

문 09. 다음 제도를 시행한 왕에 대한 설명으로 가장 옳은 것은?

> • 5월에 교서를 내려 문무 관료들에게 토지를 차등 있게 하사하였다.
> • 봄 정월에 중앙과 지방 관리들의 녹읍을 폐지하고 해마다 조를 차등 있게 주고 이를 일정한 법으로 삼았다.

① 삼국 통일을 완성하였다.
② 김흠돌의 난을 진압하였다.
③ 단양 신라 적성비를 세웠다.
④ 국정을 총괄하는 상대등을 두었다.

문 10. 다음 밑줄 친 '이 기구'와 관련된 내용으로 가장 옳은 것은?

> 요즈음 큰 일이건 작은 일이건 이 기구에서 모두 다룹니다. 의정부는 한갓 이름뿐이고 6조는 할 일을 모두 빼앗기고 말았습니다. 이름은 변방 방비를 위해서라고 하면서 과거나 왕비와 후궁 간택까지도 모두 여기서 처리합니다.

① 3사 관리의 추천권을 가지고 있었다.
② 사헌부, 홍문관과 함께 3사로 불렸다.
③ 3포 왜란 이후 임시 기구로 설치되었다.
④ 서얼 출신 학자들이 검서관에 등용되었다.

문 11. 다음 자료와 관련 있는 나라에 대한 설명으로 가장 옳은 것은?

> 다른 사람을 죽인 자는 즉시 죽이고, 남에게 상처를 입힌 자는 곡물로 배상하게 한다. 도둑질할 자는 재산을 몰수하고 노비로 삼으며, 용서를 받고자 하는 자는 1인당 50만 전을 내게 한다. …… 부인은 정숙하고 신의가 있어서 음란하지 않았다. - 『한서』 「지리지」

① 국가의 중대사는 제가 회의에서 논의되었다.
② 가축 이름을 딴 제가가 별도로 사출도를 다스렸다.
③ 읍락을 함부로 침범하면 노비와 소, 말로 배상하게 하였다.
④ 중국과 한반도 남부 사이에서 중계 무역으로 이익을 얻었다.

문 12. 다음 밑줄 친 '단체'와 관련된 내용으로 가장 옳은 것은?

> 백정 박성춘이 "이 사람은 바로 대한에서 가장 천한 사람이고 무식합니다. 그러나 임금께 충성하고 나라를 사랑하는 뜻은 대강 알고 있습니다. …… 관리와 백성이 힘을 합하여 우리 대황제의 훌륭한 덕에 보답하고 국운이 영원토록 무궁하게 합시다."라고 연설하니 사람들이 박수갈채를 보내고 단체 회원들이 각자 자신의 의견을 말한 후 …… 먼저 6개 조항을 만민에게 돌려 찬성을 받고 대신들도 모두 가(可)자 아래 서명하였다.

① 러시아의 절영도 조차 요구를 저지하였다.
② 일제의 황무지 개간권 요구를 저지하였다.
③ 을사오적을 처단하기 위한 목표를 지녔다.
④ 고종의 강제 퇴위를 반대하는 시위를 주도하였다.

문 13. 다음 연설문을 발표한 정부의 통일 노력으로 가장 옳은 것은?

> 오늘은 이 땅에서 처음으로 민주적 정권 교체가 실현되는 자랑스러운 날입니다. 또한 민주주의와 경제를 동시에 발전시키려는 정부가 마침내 탄생하는 역사적인 날이기도 합니다. …… 민주주의와 시장경제가 조화를 이루면서 함께 발전하게 되면 정경 유착이나 관치금융, 그리고 부정부패는 일어날 수 없습니다.

① 개성 공업 지구가 조성되었다.
② 7·4 남북 공동 성명을 합의하였다.
③ 6·15 남북 공동 선언이 채택되었다.
④ 남북한이 동시에 유엔에 가입하였다.

문 14. 다음 조선 시대 (가), (나) 교육 기관에 대한 설명으로 가장 옳은 것은?

- (가) 에는 양인 이상의 신분이면 누구나 입학할 수 있었으며, 생원·진사시를 준비하는 교육을 받았다. 동학, 서학, 남학, 중학이 있었다.
- (나) 은/는 성현에 대한 제사와 유생의 교육, 주민의 교화를 위해 부·목·군·현에 하나씩 설치되었다. 이에 대한 관리를 수령 7사에 포함시켜 수령의 평가 기준으로 삼았다.

① (가)는 한성에 설치되었다.
② (가)는 풍기 군수 주세붕에 의해 처음 세워졌다.
③ (나)는 흥선 대원군 때 전국에 47개소만 남기고 폐지되었다.
④ (나)에 입학하기 위해서는 생원 또는 진사의 지위를 지녀야 했다.

문 15. 다음 밑줄 친 '대책'에 해당하는 내용으로 옳은 것을 〈보기〉에서 모두 고른 것은?

양역(良役)의 절반을 감하라고 명하였다. 임금이 명정전에 나아가 말하기를, "결포(結布)는 이미 정해진 세율이 있으니 결코 더 부과하기가 어렵고, 호포(戶布)가 조금 나을 것 같아 1필을 감하고 호전(戶錢)을 걷기로 하였으나 마음은 매우 불쾌하다. …… 호포나 결포나 모두 문제가 있기 마련이다. 이제는 1필을 감하는 정사로 온전히 돌아가야 할 것이니, 1필을 감한 대책을 경들은 잘 강구하라."

〈보기〉
㉠ 원납전을 징수하였다.
㉡ 선무군관포를 거두었다.
㉢ 삼정이정청을 설치하였다.
㉣ 어염선세를 국고로 전환하였다.

① ㉠, ㉡ ② ㉠, ㉢ ③ ㉡, ㉣ ④ ㉢, ㉣

문 16. 다음 밑줄 친 '이 나라'에 대한 설명으로 가장 옳은 것은?

정부가 이 나라와 통상 조약을 체결하려 하자 위정 척사 운동이 절정에 이르렀다. 전국의 유생들은 정부가 황쭌셴의 『조선책략』에 따라 서양과 통교하려 한다고 여겨 이를 반대하는 상소를 올렸다.

① 운요호 사건을 일으켰다.
② 삼국 간섭에 참여하였다.
③ 외규장각 도서를 약탈하였다.
④ 포츠머스 조약을 중재하였다.

문 17. 다음 (가) 인물이 집권한 시기에 있었던 사실로 가장 옳은 것은?

(가) 이/가 정방(政房)을 자기 집에 설치하고 학문하는 선비들을 선발하여 여기에 소속시켰다. 그가 벼슬자리에 올릴 사람을 결정하여 의견을 달아 올리면, 왕은 그 명단에 다만 점을 찍어 임명할 뿐이었다.

① 명종이 즉위하였다.
② 교정도감이 처음 설치되었다.
③ 도방이 처음 조직되었다.
④ 이연년 형제가 난을 일으켰다.

문 18. 다음 〈보기〉의 사건 중 첫 번째와 세 번째로 일어난 사건을 순서대로 나열한 것으로 옳은 것은?

〈보기〉
㉠ 조선과 청은 군신 관계를 맺었다.
㉡ 강홍립의 군대가 명에 파견되었다.
㉢ 서인 세력은 인조를 왕으로 세웠다.
㉣ 가도에 주둔하던 명의 모문룡이 제거되었다.

① ㉠, ㉡ ② ㉡, ㉢ ③ ㉡, ㉣ ④ ㉢, ㉣

문 19. (가)~(라)는 다음의 토지 제도를 처음 시행한 왕이다. (가)~(라) 왕에 대한 설명으로 가장 옳지 않은 것은?

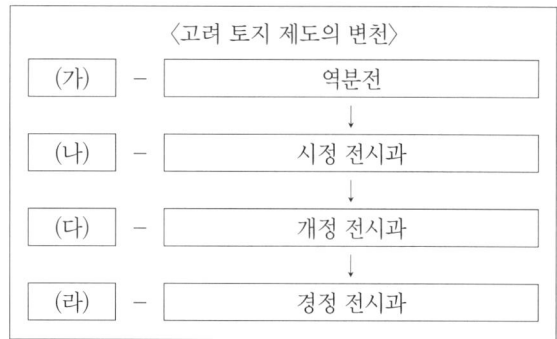

① (가)는 훈요 10조를 남겼다.
② (나)는 사색 공복 제도를 제정하였다.
③ (다)는 강조의 정변으로 폐위되었다.
④ (라)는 이자연의 딸을 왕비로 맞았다.

문 20. 다음 (가)의 공포일과 (나)의 발표일 사이에 있었던 사실로 가장 옳지 않은 것은?

(가)
제31조 입법권은 국회가 행한다. 국회는 민의원과 참의원으로 구성한다.
제55조 대통령과 부통령의 임기는 4년으로 한다. 단, 재선에 의하여 1차 중임 할 수 있다. 대통령이 궐위된 때에는 부통령이 대통령이 되고 잔임 기간 중 재임한다.
부칙 이 헌법 공포 당시의 대통령에 대하여는 제55조 제1항의 단서의 제한을 적용하지 아니한다.

(나)
1. 반공을 국시의 제1의로 삼을 것
4. 국가 자주 경제 재건에 총력을 기울일 것
6. 과업이 성취되면 정권을 이양하고 본연의 임무에 복귀할 준비를 갖출 것

① 진보당 사건이 일어났다.
② 국민 교육 헌장을 제정하였다.
③ 윤보선이 대통령에 당선되었다.
④ 내각 책임제로 헌법이 개정되었다.

문 21. 다음 (가) 부대에 대한 설명으로 가장 옳은 것은?

1931년 12월 [(가)]의 지휘부는 길림성 자위군 총지휘관과 만나 연합 전선을 결성할 것을 합의하고, 이듬해 카오펑린 부대와 합작하여 쌍성보를 공격하였다. 연합군은 이 전투에서 많은 물자를 노획하는 성과를 거두었으나 중국인 부대 내부에서 반란이 일어나 후퇴하였다. 전열을 재정비한 연합군은 쌍성보를 다시 공격하여 일본군을 섬멸하였다.

① 지청천의 지휘 아래 활동하였다.
② 흥경성 전투에서 승리를 거두었다.
③ 동북 항일 연군 내 한인들이 결성하였다.
④ 중국 화북에서 조선 의용군으로 개편되었다.

문 22. 다음 (가)~(다) 사건을 일어난 순서대로 바르게 나열한 것은?

(가) 진성 여왕 3년 나라 안의 여러 주·군에서 조세와 공물을 보내지 않아 나라의 창고가 텅 비고 쓸쓸이가 궁핍하게 되었으므로 왕이 사자를 보내어 독촉하였다. 이 때문에 곳곳에서 도적들이 벌떼처럼 일어났다. 이에 원종과 애노 등이 사벌주(상주)를 근거지로 반란을 일으켰다.
(나) 3월 웅천주 도독 헌창이 그의 아버지 주원이 왕이 되지 못한 것을 이유로 반란을 일으켜 나라 이름을 장안이라 하고 …… 여러 군사가 성을 에워싸고 열흘 동안 공격하여 성이 장차 함락되려 하자 헌창은 화를 면할 수 없음을 알고 스스로 죽었다.
(다) 이찬 김지정이 난을 일으켜 무리를 모아 궁궐을 에워싸고 침범했다. 여름 4월에 상대등 김양상이 이찬 경신과 함께 군사를 일으켜 김지정 등을 죽였으나, 왕(혜공왕)과 왕비는 반란군에게 살해되었다.

① (가) - (나) - (다)
② (나) - (가) - (다)
③ (다) - (가) - (나)
④ (다) - (나) - (가)

문 23. 다음 (가), (나) 시기의 사이에 일어난 사실로 가장 옳은 것은?

> (가) 7조 국왕이 백성을 다스림은 집집마다 가서 돌보고 날마다 이를 살피는 것이 아닙니다. 그러므로 수령을 나누어 보내어 가서 백성의 이익과 손해를 살피게 하는 것입니다. …… 이제 제가 보건대 향리의 토호들이 늘 공무를 빙자해 백성들을 침해하고 학대하므로 백성들이 명령을 감당하지 못하니, 청컨대 외관을 두소서.
>
> (나) 서경 임원역의 땅은 음양가들이 말하는 대화세(명당)에 해당합니다. 이곳에 궁궐을 짓고 옮기면 천하를 다스릴 수 있습니다. 또한 금이 예물을 가져와 스스로 항복할 것이요, 주변 서른여섯 나라가 모두 머리를 조아릴 것입니다.

① 만적이 신분 해방 운동을 시도하였다.
② 강감찬이 귀주에서 거란군을 물리쳤다.
③ 노비안검법이 실시되어 양민의 수가 늘어났다.
④ 도평의사사는 중앙의 최고 권력 기구로 기능하였다.

문 24. 다음 자료가 발표된 정부의 시기에 있었던 사실로 가장 옳은 것은?

> 최근 한국 경제는 대기업 연쇄 부도에 따른 대외 신인도 하락으로 국제 금융 시장에서 단기 자금 만기 연장의 어려움 등 외화 차입의 곤란으로 일시적인 유동성 부족 사태에 직면하게 되었습니다. …… 정부는 금융 시장의 안정이 확고히 정착되게 하기 위해 …… 국제 통화 기금 자금 지원을 요청하기로 하였습니다.

① 전태일 분신 사건이 일어났다.
② 다문화 가족 지원법이 제정되었다.
③ 경제 협력 개발 기구에 가입하였다.
④ 국민 기초 생활 보장법을 제정하였다.

문 25. 다음 (가)~(라)를 시기순으로 바르게 나열한 것은?

> (가) 신립이 충주에 이르러 여러 장수의 의견을 따르지 않고 들판에서 싸우려고 하였다. 적의 복병이 아군의 후방을 포위하여 아군이 대패하였다.
>
> (나) 아군이 왜적을 유인하여 한산 앞바다로 끌어냈다. 아군이 학익진을 쳐 일시에 나란히 진격하며 …… 왜적들을 무찌르고 적선 63척을 불살라버렸다.
>
> (다) 적이 수만 명의 대군을 출동시켜 새벽에 행주산성을 포위하였다. 요새 안이 두려움에 사로잡혔는데, 권율이 거듭 영을 내려 진정시켰다. …… 적이 결국 패해 후퇴하였다.
>
> (라) 국왕의 행차가 서울로 돌아왔으나 성안은 타다 남은 건물 잔해와 시체로 가득하였고, 밖에서는 곳곳에서 도적들이 일어났다.

① (가) - (나) - (다) - (라)
② (나) - (다) - (가) - (라)
③ (다) - (나) - (라) - (가)
④ (라) - (가) - (다) - (나)

문 01. (가), (나) 사이의 시기에 있었던 사실로 가장 옳지 않은 것은?

(가)    (나)

① 태조왕이 옥저를 복속하였다.
② 진흥왕이 화랑도를 개편하였다.
③ 장수왕이 남진 정책을 추진하였다.
④ 지증왕이 국호를 '신라'로 정하였다.

문 02. (가)에 대한 설명으로 가장 옳지 않은 것은?

| (가) | 건국 강령 |

1. 우리나라는 우리 민족이 반만년 이래로 같은 말과 글과 국토와 주권과 경제와 문화를 가지고 공동한 민족 정기를 길러온, 우리끼리 형성하고 단결한 고정적 집단의 최고 조직임.
2. 우리나라의 건국 정신은 삼균 제도의 역사적 근거를 두었으니 …… 이는 사회 각 계급·계층이 지력과 권력과 부력의 향유를 균평하게 하여 국가를 진흥하며 태평을 보전 유지하라고 한 것이니, 홍익인간과 이화세계하자는, 우리 민족의 지켜야 할 최고의 공리임.

① 충칭에서 정규군인 한국광복군을 창설하였다.
② 1941년 일제에 대일 선전 성명서를 발표하였다.
③ 조선 의용대 화북 지대를 조선 의용군으로 개편하였다.
④ 민족 혁명당과 사회주의 계열 단체 인사가 합류하였다.

문 03. (가)와 (나) 사이에 있었던 사실로 가장 옳은 것은?

(가) 명군 도독 이여송이 대병력의 관군을 거느리고 곧바로 평양성 밖에 다다라 제장에게 부서를 나누어 본성을 포위하였습니다. …… 조선의 장군들이 군사를 거느리고 가서 매복하고 함께 대로로 나아가니 왜적들은 사방으로 도망가다가 복병의 요격을 입었습니다.
(나) 화의가 나라를 망친 것은 어제 오늘의 일이 아니고 옛날부터 그러하였으나 오늘날처럼 심한 적은 없었습니다. 명은 우리나라에는 부모의 나라이고 노적은 우리나라에는 부모의 원수입니다. …… 어찌 차마 이런 시기에 다시 화의를 제창할 수 있겠습니까?

① 강홍립이 이끄는 조선군은 후금에 항복하였다.
② 신립 장군은 충주에서 일본군에게 패배하였다.
③ 인조는 삼전도에 나가 굴욕적인 항복을 하였다.
④ 조선은 왜구의 약탈을 근절하고자 대마도를 정벌하였다.

문 04. 밑줄 친 '방법'에 대한 설명으로 가장 옳은 것은?

남편은 세상을 떴으나 뱃속에 아기가 있었지요. …… 포대기에 쌓인 갓난아기 장정으로 군적에 올려서 문이 닳도록 찾아와 군포를 바치라고 독촉하고 이제는 아기를 업고 관가에 점호를 받으러 갔다오. …… 점호라고 받고 돌아오니 아기는 이미 죽어 있었지요.

이 시에서 나타낸 조세제도를 감면한 뒤 발생한 재정 부족 문제를 해결한 방법은 무엇일까요?

① 관료전을 지급하고 녹읍을 폐지하였다.
② 풍흉에 관계 없이 일정하게 조세를 거두었다.
③ 부유한 양민에게 선무군관포를 내게 하였다.
④ 토지 소유자에게 공납을 쌀·동전 등으로 내게 하였다.

문 05. (가) 시기에 해당하는 사실로 가장 옳은 것은?

> 노비를 상세히 조사하고 살펴서 옳고 그름을 따져 밝혀 내도록 명하였다. 주인을 배반하는 노비들이 이루 다 셀 수 가 없을 정도였다. 이로 말미암아 상전을 능멸하는 풍조가 크게 일어나 사람들이 모두 탄식하고 원망하므로 왕비가 간절하게 간언하였으나, 왕이 받아들이지 않았다.

↓

(가)

↓

> 가을 7월. 교(敎)하기를, "양민이 된 노비들은 해가 점차 멀어지면 반드시 그 본래의 주인을 가벼이 보고 업신여기게 된다. …… 만약 그 주인을 욕하는 자가 있으면, 다시 천민으로 되돌려 부리게 할 것이다."라고 하였다.

① 강조가 정변을 일으켰다.
② 거란이 개경을 점령하였다.
③ 전시과가 처음으로 제정되었다.
④ 공신들에게 역분전이 지급되었다.

문 06. (가) 국가에 대한 설명으로 가장 옳지 않은 것은?

> 김해·고령 등 (가) 고분군 7곳, 유네스코 세계 문화유산 됐다.
>
> 유네스코 "고대 문명의 주요 증거"
> 한반도 남부에 남아있는 유적 7곳을 묶은 고분군이 유네스코 세계 문화유산 됐다. …… (가) 은/는 기원 전후부터 562년까지 주로 낙동강 유역을 중심으로 번성한 작은 나라들의 총칭이다.
> — 2023. 9. 18. ㅁㅁ 일보

① 낙동강 하류의 변한 지역에서 성장하였다.
② 철기를 활발히 생산하여 주변국에 수출하였다.
③ 골품에 따라 관등이나 관직 승진에 제한이 있었다.
④ 금관가야를 중심으로 전기 가야 연맹이 결성되었다.

문 07. (가), (나) 사이 시기에 있었던 사실로 가장 옳은 것은?

> (가) 봉화백(奉化伯) 정도전·의성군(宜城君) 남은과 부성군(富城君) 심효생(沈孝生) 등이 여러 왕자들을 해치려 꾀하다가 성공하지 못하고 형벌에 복종하여 참형을 당하였다.
> (나) 상왕이 말하기를, "만일 물리치지 못하고 항상 침노만 받는다면, 한(漢)나라가 흉노에게 욕을 당한 것과 무엇이 다르겠는가. …… 구주(九州)에서 온 왜인만은 구류하여 경동하는 일이 없게 하라. 또 우리가 약한 것을 보이는 것은 불가하니, 후일의 환이 어찌 다함이 있으랴." 하고, 곧 이종무를 삼군 도체찰사로 명하여, 중군을 거느리게 하였다.

① 경연이 폐지되었다.
② 홍문관이 설치되었다.
③ 6조 직계제가 시행되었다.
④ 위화도 회군이 단행되었다.

문 08. (가) 국가에 대한 설명으로 가장 옳은 것은?

> (가) 에는 각각 우두머리가 있어서 세력이 강대한 사람은 스스로 신지라 하고, 그 다음은 읍차라 하였다. …… 귀신을 믿기 때문에 국읍에 각각 한 사람씩 세워 천신의 제사를 주관하게 하는데, 이를 천군이라 부른다.
> — 『삼국지』「위서 동이전」

① 무천이라는 제천 행사가 있었다.
② 화백 회의에서 중요한 일을 결정하였다.
③ 여러 개의 소국으로 구성된 연맹체였다.
④ 사출도라 불리는 독자적인 영역이 있었다.

문 09. 밑줄 친 '왕'에 대한 설명으로 가장 옳은 것은?

> 신라가 사신을 보내 왕에게 말하기를 "왜인이 그 국경에 가득 차 성을 부수었으니, 노객은 백성된 자로서 왕에게 귀의하여 분부를 청합니다." 라고 하였다. …… 10년(400)에 보병과 기병 5만을 보내 (신라를) 구원하게 하였다.

① 태학을 설립하고 율령을 반포하였다.
② 마한을 병합하고 평양을 공격하였다.
③ 마립간이라는 왕호를 처음 사용하였다.
④ 요동을 포함한 만주 일대를 장악하였다.

문 10. (가), (나) 집단에 대한 설명으로 가장 옳은 것은?

> 효종의 사망과 관련하여 인조의 계비 자의 대비의 복제(服制)가 쟁점이 되었다. (가) 은/는 효종이 적장자가 아니라는 근거를 들어 왕과 사대부에게 같은 예가 적용되어야 한다는 입장을 내세웠다. 반면 (나) 은/는 왕에게는 일반 사대부와 다른 예가 적용되어야 한다고 주장하였다.

① (가) – 인조반정으로 몰락하였다.
② (가) – 경신환국으로 정권을 장악하였다.
③ (나) – 노론과 소론으로 분화되었다.
④ (나) – 송시열을 중심으로 세력을 확대하였다.

문 11. (가)~(다) 사건을 일어난 순서대로 옳게 나열한 것은?

> (가) 황사영 백서 사건이 일어났다.
> (나) 이승훈이 최창현·홍낙민 등과 함께 서소문 밖에서 참수되었다.
> (다) 윤지충과 권상연을 사형에 처하고, 진산군(珍山郡)은 현(縣)으로 강등하라는 명이 내려졌다.

① (가) – (나) – (다)
② (나) – (가) – (다)
③ (다) – (가) – (나)
④ (다) – (나) – (가)

문 12. (가)~(다) 국가에 대한 설명으로 가장 옳은 것은?

> 조선은 김기수와 김홍집을 수신사로 (가) 에 파견하였다. (나) 에는 김윤식을 영선사로 삼아 무기 제조 기술 등을 배우는 유학생을 보냈다. 또한 조선은 민영익 등을 보빙사로 (다) 에 파견하였다.

① (가) – 흥선 대원군을 자국으로 납치하였다.
② (나) – 조선과 강화도 조약을 맺었다.
③ (다) – 거문도를 불법 점령하였다.
④ (가)와 (나) – 톈진 조약을 체결하였다.

문 13. 다음 정책과 같은 목적으로 시행된 것은?

> 신라 왕 김부가 항복해 오니 그를 경주의 사심관으로 임명하여 부호장 이하의 관직 등에 관한 일을 맡게 하였다. 이에 여러 공신들 역시 이를 본받아 각각 자기 주의 사심관이 되게 하였다.

① 기인 제도
② 북진 정책
③ 정혜쌍수
④ 독서삼품과

문 14. (가)에 들어갈 내용으로 가장 옳지 않은 것은?

> ○○: 고려 시대 중서문하성의 낭사와 어사대의 관원을 합쳐서 불렀다. 이들은 (가) 의 역할을 담당하였다.
> ─『한국사용어사전』

① 왕의 잘못을 논하는 간쟁
② 중추원의 추밀과 함께 법제와 격식 제정
③ 관원 임명시 동의 여부에 서명할 수 있는 서경
④ 잘못된 왕명을 시행하지 않고 되돌려 보내는 봉박

문 15. (가)~(다)를 일어난 순서대로 가장 옳게 나열한 것은?

> (가) 전라도 각지에 집강소가 설치되었다.
> (나) 고부에서 만석보가 허물어졌다.
> (다) 청과 일본이 시모노세키 조약을 체결하였다.

① (가) - (나) - (다)
② (가) - (다) - (나)
③ (나) - (다) - (가)
④ (나) - (가) - (다)

문 16. (가)~(다) 사건이 일어난 순서대로 바르게 나열된 것은?

> (가) 이미 우리 고향을 현으로 승격하고 또 수령을 두어 어루만지고 위로하더니, 돌이켜 다시 군대를 일으켜 토벌하러 와서 우리 어머니와 아내를 옥에 가두었으니 그 뜻은 어디에 있는가?
> (나) 의천이 불전과 경서 1,000권을 바치고, 또 흥왕사에 교장도감을 둘 수 있기를 아뢰었다. 요와 송에서 책을 사들여 4,000권에 이를 정도로 많았는데 죄다 간행하였으며, 천태종을 처음 열어 국청사에 두었다.
> (다) 성균관을 다시 정비하고 이색을 판개성부사 겸 성균대사성으로 삼았다. …… 이색이 다시 가르치는 방법을 정하고 매일 명륜당에 앉아서 경전을 나누어 수업하였는데, 강의를 마치면 함께 논쟁하느라 지루함을 잊을 정도였다.

① (가) - (나) - (다)
② (나) - (가) - (다)
③ (나) - (다) - (가)
④ (다) - (나) - (가)

문 17. (가), (나)에 대한 설명으로 옳은 것만으로 연결된 것은?

> • (가) 은/는 본래 고구려의 별종이다. …… 무리를 이끌고 동쪽으로 가서 계루부의 옛 땅을 차지하고 동모산에 성을 쌓고 살았다.
> • 부여씨가 망하고 고씨가 망하게 되니 김씨가 그 남쪽 땅을 차지하고 대씨가 그 북쪽 땅을 차지하여 (나) 라 하였다. 이것을 남북국이라 한다.

〈보기〉
㉠ (가) 은/는 고구려의 왕족 출신이다.
㉡ (가) 은/는 당의 산둥 반도를 공격하였다.
㉢ (나) 은/는 거란의 침략으로 멸망하였다.
㉣ (나) 의 군사 제도로 9서당 10정이 있었다.

① ㉠
② ㉢
③ ㉠, ㉢
④ ㉡, ㉣

문 18. 밑줄 친 '왕'이 다스리던 시기에 있었던 사실로 가장 옳은 것을 〈보기〉에서 모두 고른 것은?

> ○ 왕 3년(889) 나라 안의 여러 주(州)·군(郡)에서 공물과 조세를 보내지 않아 나라의 창고가 텅 비어 나라의 씀씀이가 궁핍하게 되었으므로 왕이 사자를 보내 독촉하였다. 이로 말미암아 도적들이 곳곳에서 벌떼처럼 일어났다.

〈보기〉
㉠ 적고적의 난이 발생하였다.
㉡ 김헌창의 반란이 진압되었다.
㉢ 만적이 신분 해방을 주장하였다.
㉣ 원종과 애노가 사벌주에서 봉기하였다.

① ㉠, ㉢
② ㉠, ㉣
③ ㉡, ㉢
④ ㉡, ㉣

문 19. 밑줄 친 '후(煦)'에 대한 설명으로 가장 옳은 것은?

> 후(煦)는 문종의 넷째 아들로서 송나라 황제와 이름이 같으므로 그것을 피하여 자(字)로 행세하였다. 문종이 여러 아들에게, "누가 승려가 되어 복전(福田)의 이익을 짓겠느냐?" 라고 물으니 후(煦)가, "상(上)의 명령대로 하겠다." 하고, 출가하여 영통사(靈通寺)에 거처하였다. 그는 송나라에 들어가 법을 구하려 했으나 문종이 허락하지 않았다. 하지만 후(煦)는 송나라로 들어가 황제를 만나 여러 절을 다니며 법을 묻겠다고 하였다.

① 교관겸수를 제창하였다.
② 『왕오천축국전』을 남겼다.
③ 유·불 일치설을 주장하였다.
④ 수선사 결사를 조직하였다.

문 20. (가)~(라) 사건이 일어난 순서대로 바르게 나열된 것은?

> (가) 삼가 말하건대 남의 무덤을 파는 것은 예의가 없는 행동에 가깝지만 무력을 동원하여 백성들을 도탄 속에 빠뜨리는 것보다 낫기 때문에 하는 수 없이 그렇게 하였습니다.
> (나) 정족산성 수성장 양헌수가 …… 우리 군사들이 좌우에 매복했다가 일제히 총탄을 퍼부었습니다. 저들은 죽은 자가 6명이고 아군은 죽은 자가 1명입니다.
> (다) 흉악한 적들을 무찌르다가 수많은 총알을 고슴도치의 털처럼 맞아서 순직하였으니 …… 죽은 진무중군 어재연에게 특별히 병조판서와 지삼군부사의 관직을 내리노라.
> (라) 일본국 인민이 조선국의 각 항구에서 머무르는 동안 죄를 범한 것이 조선국 인민과 관계되는 사건일 때에는 모두 일본국 관원이 심판한다.

① (가) – (나) – (다) – (라)
② (가) – (다) – (라) – (나)
③ (나) – (가) – (다) – (라)
④ (나) – (다) – (라) – (가)

문 21. (가)~(다)에 대한 설명으로 가장 옳지 않은 것은?

> (가) 대한 정부는 일본 정부가 추천한 일본인 1명을 재정 고문으로 삼아 대한 정부에 용빙하여 재무에 관한 사항은 일체 그의 의견을 물어서 시행해야 한다.
> (나) 한국 정부는 금후 일본국 정부의 중개를 거치지 않고서는 국제적 성질을 가진 어떠한 조약이나 약속을 하지 않을 것을 약속한다.
> (다) 러시아는 일본이 한국에서 정치상 군사상 및 경제상의 특수한 이익을 갖는다는 것을 승인하고 일본 정부가 한국에서 필요하다고 인정하는 지도, 보호 및 감리의 조치에 대해 방해하거나 간섭하지 않을 것을 약속한다.

① (가) 조약 체결로 메가타는 화폐 정리 사업을 실시하였다.
② (나) 조약 체결로 청과 일본간의 간도 협약이 체결되었다.
③ (다) 조약 이후 일본은 독도를 불법 점령하였다.
④ (가) – (다) – (나) 순서로 조약이 체결되었다.

문 22. 다음 법령이 시행되던 시기의 모습으로 가장 옳은 것은?

> 제1조 회사의 설립은 조선 총독의 허가를 받아야 한다.
> 제2조 조선 밖에서 설립된 회사가 한국에 본점 또는 지점을 설치하고자 하는 경우, 조선 총독의 허가를 받아야 한다.
> 제3조 조선 밖에서 설립되어 조선에서 사업을 운영하는 것을 목적으로 하는 회사가 그 사업을 경영하는 경우, 조선에 본점 또는 지점을 설립하여야 한다.

① 국민학교에 등교하는 학생의 모습
② 대한 광복회를 체포하려는 헌병 경찰의 모습
③ 치안 유지법에 의해 구금되는 독립운동가의 모습
④ 농촌 진흥 운동을 홍보하는 조선 총독부 직원의 모습

문 23. 다음 사건이 있었던 시기에 대한 설명으로 가장 옳은 것은?

> 평서 대원수는 급히 격문을 띄우노니 관서 지역의 부로 자제와 공사천민은 모두 이 격문을 들으라. …… 조정에서는 관서 지역을 썩은 흙과 같이 버렸다. 심지어 권세 있는 집의 노비들도 서토 사람만 보면 반드시 '평안도 놈'이라고 말한다. 어찌 억울하고 원통하지 않은 자 있겠는가. …… 이제 격문을 띄워 먼저 여러 고을의 군후에게 알리노니, 절대로 동요하지 말고 성문을 활짝 열어 우리 군대를 맞으라.

① 왕실과 혼인을 맺은 일부 가문이 정권을 장악하였다.
② 유득공 등 서얼들을 규장각 검서관으로 임용하였다.
③ 대동법을 처음 실시하여 공납을 토지 기준으로 걷었다.
④ 육의전을 제외한 시전 상인들의 금난전권을 철폐하였다.

문 24. 밑줄 친 '㉠, ㉡'에 대한 설명으로 가장 옳은 것은?

> 이지영이 장군이 되었다. 그가 최충수 집의 비둘기를 빼앗았는데, 최충수가 화가 나서 그 형인 ㉠최충헌에게 그 사실을 아뢰고 ㉡이의민 부자를 죽이자고 하니, 최충헌이 그렇게 하자고 하였다. 이의민이 미타산 별장에 갔을때, 최충헌 등이 가서 그를 죽이고 머리를 저자에 내걸었다. 당시 이지순은 대장군이었고, 이지광은 장군이었는데, 변란의 소식을 듣고 가동을 이끌고 길에서 싸웠다.
> – 『고려사』

① ㉠ – 하층민 출신의 권력자였다.
② ㉠ – 교정도감을 설치하여 국정을 장악하였다.
③ ㉡ – 개혁안 봉사 10조를 올렸다.
④ ㉡ – 정방을 통해 인사권을 장악하였다.

문 25. 밑줄 친 '국왕'에 대한 설명으로 가장 옳지 않은 것은?

> 국왕은 현륭원(顯隆園)을 수원에 봉안하고 1년에 한 번씩 참배할 준비를 하였다. 옛 규례에는 한강을 건널 때 용배[龍舟]를 사용하였으나, 그 방법이 불편한 점이 많다 하여 배다리의 제도로 개정하고 묘당으로 하여금 그 세목을 만들어 올리게 하였다. 그러나 뜻에 맞지 않았기에 국왕은 주교지남(舟橋指南)을 편찬하였다.

① 탕평비를 세웠다.
② 장용영을 설치하였다.
③ 『무예도보통지』를 간행하였다.
④ 초계문신제도를 시행하였다.

문 01. 밑줄 친 '이 단체'의 활동으로 옳은 것을 〈보기〉에서 모두 고른 것은?

> 정부의 지원을 받아 설립된 이 단체는 고종에게 아래의 문서를 재가 받았어요.
>
> 1. 외국인에게 의지하지 말고 관민이 합심하여 황제권을 공고히 할 것.
> 2. 외국과의 이권에 관한 계약과 조약은 해당 부처의 대신과 중추원 의장이 함께 날인하여 시행할 것.
> ……

〈보기〉
㉠ '구국 운동 상소문'을 지었다.
㉡ 고종 강제 퇴위 반대 운동에 앞장섰다.
㉢ 일제의 황무지 개간권 요구에 반대하였다.
㉣ 러시아의 내정 간섭과 이권 요구에 반대하였다.

① ㉠, ㉡   ② ㉠, ㉣   ③ ㉡, ㉢   ④ ㉢, ㉣

문 02. 다음 법령에 따라 추진된 사업이 실시되었던 시기의 모습으로 가장 옳은 것은?

> 1. 토지의 조사 및 측량은 이 영에 의한다.
> …(중략)…
> 4. 토지의 소유자는 조선 총독이 정하는 기간 내에 그 주소, 성명·명칭 및 소유지의 소재, 지목, 자번호, 사방의 경계표, 등급, 지적, 결수를 임시 토지 조사 국장에게 신고하여야 한다. 다만, 국유지는 보관 관청에서 임시 토지 조사 국장에게 통지하여야 한다.

① 국민부가 조선 혁명당을 결성하는 모습
② 러시아에 대한광복군 정부가 조직되는 모습
③ 『신여성』, 『삼천리』 등의 잡지가 발행되는 모습
④ 연해주의 한국인이 중앙아시아로 강제 이주 되는 모습

문 03. (가)~(다) 사건을 일어난 순서대로 가장 바르게 나열한 것은?

> (가) 이고 등이 임종식, 이복기, 한뢰를 비롯하여 왕을 모시던 문관 및 대소 신료들을 살해하였다. 정중부 등이 왕을 모시고 궁으로 돌아왔다.
> (나) 김부식이 군대를 모아서 서경을 공격하였다. 서경이 함락되자 조광은 스스로 불에 뛰어들어 죽었다.
> (다) 최사전의 회유에 따라 척준경은 마음을 돌려 계책을 정하고 이자겸을 제거하였다.

① (나) - (가) - (다)
② (나) - (다) - (가)
③ (다) - (가) - (나)
④ (다) - (나) - (가)

문 04. (가), (나) 시기 사이에 있었던 사실만을 〈보기〉에서 모두 고른 것은?

> (가) 수신사 김홍집이 가져와 유포한 황준헌의 사사로운 책자를 보노라면, …… 러시아·미국·일본은 같은 오랑캐입니다. ……
> (나) 이미 국모의 원수를 생각하며 이를 갈았는데, …… 이에 감히 먼저 의병을 일으키고서 마침내 이 뜻을 세상에 포고하노라. ……

〈보기〉
㉠ 관민 공동회가 개최되었다.
㉡ 교육 입국 조서가 반포되었다.
㉢ 영국이 거문도를 불법 점령하였다.
㉣ 나철이 대종교를 창시하였다.

① ㉠, ㉡   ② ㉠, ㉣   ③ ㉡, ㉢   ④ ㉢, ㉣

문 05. 다음 사실이 있었던 시대에 대한 내용으로 옳은 것을 〈보기〉에서 모두 고른 것은?

> 엄수안은 영월군의 향리로 키가 크고 담력이 있었다. 나라의 법에 향리에게 아들 셋이 있으면 아들 하나는 벼슬하는 것이 허락되어서, 엄수안은 관례에 따라 중방서리로 보임되었다. 원종 때 과거에 급제하여 도병마녹사에 임명되었다.

〈보기〉
㉠ 주현이 속현보다 적었다.
㉡ 모든 군현에 수령이 파견되었다.
㉢ 중서문하성의 낭사는 어사대와 함께 대간으로 불렸다.
㉣ 전국을 8도로 나누고 그 아래 부·목·군·현을 두었다.

① ㉠, ㉡   ② ㉡, ㉣   ③ ㉠, ㉢   ④ ㉢, ㉣

문 06. 다음 주장이 제기된 시기의 문화적 특징으로 옳은 것을 〈보기〉에서 모두 고른 것은?

> 폐를 끼치는 것으로는 담배만한 것이 없습니다. 추위를 막지도 못하고 요깃거리도 못 되면서 심는 땅은 반드시 기름져야 하고 흙을 덮고 김매는 수고는 대단히 많이 드니 어찌 낭비가 아니겠습니까? 그리고 장사치들이 왕래하며 팔고 있어 이에 쓰는 돈이 적지 않습니다. 조정에서 전황(錢荒)에 대해 걱정하고 있는데, 그 근원을 따져 보면 여기에서 비롯된 것이 아니라고는 장담할 수 없습니다. 만약 담배 재배를 철저히 금한다면 곡물을 산출하는 땅이 더욱 늘어나고 농사에 힘쓰는 백성들이 더욱 많아질 것입니다.

〈보기〉
㉠ 문화 인식의 폭이 확대되어 백과사전류의 저서가 편찬되었다.
㉡ 격식에 구애받지 않고 감정을 표현하는 사설시조가 유행하였다.
㉢ 주자소가 설치되어 계미자를 비롯한 다양한 활자를 주조하였다.

① ㉠   ② ㉠, ㉡   ③ ㉡   ④ ㉡, ㉢

문 07. (가) 지역에 대한 설명으로 옳은 것을 〈보기〉에서 모두 고른 것은?

> 몽골의 대군이 경기 지역으로 침입하자 최이가 재추 대신들을 모아 놓고 (가) 천도를 의논하였다. 사람들은 옮기기를 싫어하였으나 최이의 세력이 두려워서 감히 한마디도 발언하는 자가 없었다. 오직 유승단이 "작은 나라가 큰 나라를 섬기는 것은 도리에 맞는 일이니, 예로써 섬기고 믿음으로써 사귀면 그들도 무슨 명목으로 우리를 괴롭히겠는가? 성곽과 종사를 내버리고 섬에 구차히 엎드려 세월을 보내면서 장정들을 적의 칼날에 죽게 만들고, 노약자들을 노예로 잡혀가게 하는 것은 국가를 위한 계책이 아니다."라고 반대하였다.

〈보기〉
㉠ 동녕부가 설치되었다.
㉡ 『조선왕조실록』 사고가 세워졌다.
㉢ 망이·망소이의 난이 일어났다.

① ㉠   ② ㉠, ㉡   ③ ㉡   ④ ㉡, ㉢

문 08. (가) 단체에 대한 설명으로 옳은 것을 〈보기〉에서 모두 고른 것은?

> 최현배, 이극로 등이 중심이 된 (가) 은/는 '표준어 및 외래어 표기법 통일안'을 제정하는 등 한글 표준화에 기여하였다. 이에 일제는 1942년 (가) 을/를 독립운동 단체로 간주하여 회원들을 대거 검거하였다. 일제는 이들을 고문하여 자백을 강요하였고 이윤재, 한징이 옥사하였다.

〈보기〉
㉠ 국문 연구소를 설립하였다.
㉡ 한글 맞춤법 통일안을 만들었다.
㉢ 『우리말 큰 사전』 편찬을 준비하였다.
㉣ 『개벽』, 『어린이』 등의 잡지를 발행하였다.

① ㉠, ㉡   ② ㉠, ㉢   ③ ㉡, ㉢   ④ ㉢, ㉣

문 09. ⊙ 이후에 일어난 사건으로 가장 옳은 것은?

> 대한 제국 대황제는 대프랑스 대통령에게 글을 보냅니다. 일본은 우리나라에 ⊙불의한 일을 자행하였습니다. 다음은 그에 대한 증거입니다. 첫째, 우리 정무대신이 조인하였다고 운운하는 것은 정당하지 않으며 위협을 받아 강제로 이루어진 것입니다. 둘째, 저는 조인을 허가한 적이 없습니다. 셋째, 정부회의 운운이나 국법에 의거하지 않고 회의를 한 것이며 일본인들이 강제로 가둔 채 회의한 것입니다. 상황이 그런즉 이른바 조약이 성립되었다고 일컫는 것은 공법을 위배한 것이므로 의당 무효입니다. 당당한 독립국이 이러한 일로 국체가 손상당하였으므로 원컨대 대통령께서는 즉시 공사관을 이전처럼 우리나라에 다시 설치해주시기를 바랍니다.

① 포츠머스 조약이 체결되었다.
② 이사청에 관리가 파견되었다.
③ 러시아가 용암포를 점령하고 조차를 요구하였다.
④ 제1차 한·일 협약(한·일 외국인 고문 용빙에 관한 협정서)이 조인되었다.

문 10. (가), (나) 시기 사이에 있었던 사실로 가장 옳은 것은?

> (가) 영락 5년 왕은 패려(稗麗)가 …… 하지 않는다고 생각하고 친히 군사를 이끌고 가서 토벌하였다. 부산(富山)·부산(負山)을 지나 염수(鹽水) 가에 이르렀다. 600~700영(營)을 격파하니, 노획한 소·말·양의 수가 헤아릴 수 없이 많았다.
> (나) 고구려왕 거련(巨璉)이 병사 3만 명을 거느리고 한성을 포위하였다. 고구려 사람들이 병사를 네 방면의 길로 나누어 협공하고 또 바람을 이용해서 불을 질러 성문을 태우니, 성 밖으로 나가 항복하려는 자도 있었다. 임금은 기병 수십 명을 거느리고 성문을 나가 서쪽으로 달아났는데, 고구려 병사에게 살해되었다.

① 신라에 병부가 설치되었다.
② 고구려가 평양으로 천도하였다.
③ 고이왕이 좌평과 관등제의 기본 골격을 마련하였다.
④ 백제군의 공격으로 고국원왕이 전사하였다.

문 11. (가)에 들어갈 내용으로 옳은 것을 〈보기〉에서 모두 고른 것은?

> 평택 현감 변징원이 하직하니, 임금이 그를 내전으로 불러 만났다. 임금이 변징원에게 "그대는 이미 수령을 지냈으니, 백성을 다스리는 데 무엇을 먼저 하겠는가?"라고 물었다. 이에 변징원이 "마땅히 칠사(七事)를 먼저 할 것입니다."라고 하였다. 임금이 "칠사라는 것은 무엇인가?"라고 질문하니, 변징원이 대답하기를,
> _____(가)_____
> — 『성종실록』

〈보기〉
㉠ 호구를 늘리는 것입니다.
㉡ 농상(農桑)을 성하게 하는 것입니다.
㉢ 역을 고르게 부과하는 것입니다.
㉣ 사송(詞訟)을 간략하게 하는 것입니다.

① ㉠
② ㉠, ㉡
③ ㉠, ㉡, ㉢
④ ㉠, ㉡, ㉢, ㉣

문 12. 다음 조약이 조인된 시기를 연표에서 가장 옳게 고른 것은?

> 제3조 각 당사국은 타 당사국의 행정 지배하에 있는 영토와 각 당사국이 타 당사국의 행정 지배하에 합법적으로 들어갔다고 인정하는 금후의 영토에 있어서 타 당사국에 대한 태평양 지역에 있어서의 무력 공격을 자국의 평화와 안전을 위태롭게 하는 것이라 인정하고 공통한 위험에 대처하기 위하여 각자의 헌법상의 수속에 따라 행동할 것을 선언한다.
> 제4조 상호적 합의에 의하여 미합중국의 육군, 해군과 공군을 대한민국의 영토 내와 그 부근에 배치하는 권리를 대한민국은 이를 허여하고 미합중국은 이를 수락한다.

(가)	(나)	(다)	(라)
대한민국 정부 수립	6·25 전쟁 발발	제2차 개정 헌법 공포	5·16 군사 정변	한·일 기본 조약 조인

① (가) ② (나) ③ (다) ④ (라)

문 13. 다음 연설을 한 대통령의 집권기에 일어난 사실로 가장 옳은 것은?

> 저는 이 순간 엄숙한 마음으로 헌법 제76조 제1항의 규정에 의거하여,「금융 실명 거래 및 비밀보장에 관한 대통령 긴급 명령」을 반포합니다. …… 금융 실명제에 대한 우리 국민의 합의와 개혁에 대한 강렬한 열망에 비추어 국회의원 여러분이 압도적인 지지로 승인해 주실 것을 믿어 의심치 않습니다. 친애하는 국민 여러분, 드디어 우리는 금융 실명제를 실시합니다. 이 시간 이후 모든 금융거래는 실명으로만 이루어집니다. 금융 실명제가 실시되지 않고는 이 땅의 부정부패를 원천적으로 봉쇄할 수가 없습니다.

① YH 무역 사건이 일어났다.
② 제4차 경제 개발 계획이 추진되었다.
③ 국민 기초 생활 보장법이 시행되었다.
④ 한국이 경제 협력 개발 기구(OECD)에 가입하였다.

문 14. (가)~(라)를 시대순으로 가장 바르게 연결한 것은?

> (가) 견훤이 후백제를 건국하였다.
> (나) 신문왕이 관료전을 지급하였다.
> (다) 광개토 대왕이 왜군을 격퇴하였다.
> (라) 선왕 시기에 '해동성국'으로 불렸다.

① (가) → (다) → (나) → (라)
② (나) → (다) → (라) → (가)
③ (다) → (나) → (라) → (가)
④ (라) → (나) → (다) → (가)

문 15. 밑줄 친 '법'을 시행한 나라에 대한 설명으로 가장 옳은 것은?

> 백성들에게 금하는 법 8조를 만들었다. 사람을 죽인 자는 즉시 죽이고, 남에게 상처를 입힌 자는 곡식으로 갚는다. 도둑질한 자는 노비로 삼는다. 용서받고자 하는 자는 한 사람마다 50만 전을 내야 한다. …… 여자들은 모두 정숙하여 음란하고 편벽된 짓을 하지 않았다.
> – 『한서』

① 서옥제라는 혼인 풍습이 있었다.
② 해마다 영고라는 제천 행사를 열었다.
③ 목지국의 지배자가 왕으로 추대되었다.
④ 한 무제가 보낸 군대의 침공으로 멸망하였다.

문 16. 다음 사건이 일어난 왕의 시기에 있었던 사실로 가장 옳은 것은?

> 소손녕: 그대 나라는 신라 땅에서 일어났고, 고구려 땅은 우리 땅인데 너희들이 쳐들어와 차지하였다.
> 서 희: 우리는 고구려를 계승하여 나라 이름을 고려라 하였다. 땅의 경계를 논한다면 그대 나라의 동경도 다 우리 땅이다.

① 발해가 멸망하였다.
② 이자겸이 난을 일으켰다.
③ 최충이 9재 학당을 설치하였다.
④ 중앙 관제를 2성 6부로 정비하였다.

문 17. ㉠을 비판한 사례로 가장 옳은 것은?

> 근세 조선사에서 유형원·이익·이수광·정약용·서유구·박지원 등 이른바 '현실학파(現實學派)'라고 불려야 할 우수한 학자가 배출되어, 우리의 경제학적 영역에 대한 선물로 남겨준 업적이 결코 적지 않다. …… ㉠<u>후쿠다 도쿠조(福田德三)는 조선에서 봉건 제도의 존재를 전면적으로 부정했다</u>는 점에서 그에 승복할 수 없는 것이다.

① 백남운이 『조선사회경제사』를 저술하였다.
② 이병도, 손진태 등이 『진단학보』를 발간하였다.
③ 조선사 편수회 인사들이 청구 학회를 결성하였다.
④ 신채호가 대한매일신보에 「독사신론」을 연재하였다.

문 18. (가) 인물에 대한 설명으로 가장 옳은 것은?

> 당에서 유학하고 돌아온 (가) 은/는 '모든 존재가 서로 의존하며 조화를 이루고 있다.'라는 사상을 강조하여 통일 직후 신라 사회를 통합하는 데 큰 역할을 하였다. 또한 (가) 은/는 부석사를 중심으로 많은 제자를 양성하여 교단을 형성하고 각지에 사찰을 세웠다. 또한, 현세에서 겪는 고난을 구제받고자 하는 관음 신앙을 전파하였다.

① 무애가를 지어 불교 대중화에 기여하였다.
② 『화엄일승법계도』를 지어 화엄 사상을 정립하였다.
③ 불교 교단을 통합하기 위해 천태종을 개창하였다.
④ 인도와 중앙아시아를 여행하고 『왕오천축국전』을 저술하였다.

문 19. 다음 사건이 일어난 시기에 볼 수 있는 모습으로 가장 옳은 것은?

> 전제상정소에서 다음과 같이 논의하였다. "우리나라의 지질의 고척(膏塉)이 남쪽과 북쪽이 같지 아니합니다. 하지만 그 전품(田品)의 분등(分等)을 8도를 통한 표준으로 계산하지 않고 있습니다. 다만 1도(道)로써 나뉘었기 때문에 납세의 경중(輕重)이 다릅니다. 부익부 빈익빈이 심해지니 옳지 못한 일입니다. 여러 도의 전품을 통고(通考)하여 6등급으로 나눈다면 전품이 바로잡힐 것이며 조세도 고르게 될 것입니다." 임금은 이를 그대로 따랐다.

① 3포 왜란으로 입은 피해를 걱정하는 어부
② 벽란도에서 송나라 선원과 흥정하는 상인
③ 『농가집성』의 내용을 읽으며 공부하는 농부
④ 불법적인 상행위를 감시하는 경시서 관리

문 20. 다음 주장을 펼친 인물에 대한 설명으로 가장 옳은 것은?

> 국가는 마땅히 한 집의 생활에 맞추어 재산을 계산해서 토지 몇 부(負)를 1호의 영업전으로 한다. 땅이 많은 자는 빼앗아 줄이지 않고 미치지 못하는 자도 더 주지 않으며, 돈이 있어 사고자 하는 자는 비록 천백 결이라도 허락하여 주고, 땅이 많아서 팔고자 하는 자는 다만 영업전 몇 부 이외에는 허락하여 준다.

① 한국사의 독자적인 정통론을 체계화하였다.
② 『목민심서』와 『경세유표』 등의 저술을 남겼다.
③ 나라를 좀먹는 여섯 가지의 폐단을 지적하였다.
④ 신분에 따라 차등 있게 토지를 분배하는 균전론을 내세웠다.

문 21. 다음 사건과 관련 있는 내용으로 가장 옳은 것은?

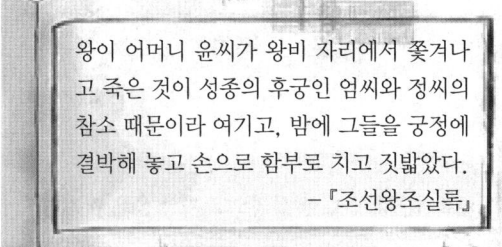

> 왕이 어머니 윤씨가 왕비 자리에서 쫓겨나고 죽은 것이 성종의 후궁인 엄씨와 정씨의 참소 때문이라 여기고, 밤에 그들을 궁정에 결박해 놓고 손으로 함부로 치고 짓밟았다.
> — 『조선왕조실록』

① 수양 대군이 단종을 내쫓고 왕위에 올랐다.
② 조광조를 비롯한 많은 사림이 피해를 입었다.
③ 연산군이 훈구파들을 제거하고 권력을 강화하였다.
④ 이조 전랑의 임명 문제를 둘러싸고 사림 간 대립이 일어났다.

문 22. ㉠ 기간에 일어난 사실로 가장 옳은 것은?

> 임금이 대광 박술희에 말하였다. "짐은 미천한 가문에서 일어나 그릇되게 사람들의 추대를 받아 몸과 마음을 다하여 노력한 지 19년 만에 삼한을 통일하였다. 외람되게 ㉠25년 동안 왕위에 있었으니 몸은 이미 늙었으나 후손들이 사사로운 정에 치우치고 욕심을 함부로 부려 나라의 기강을 어지럽힐까 크게 걱정된다. 이에 훈요를 지어 후세에 전하니 바라건대 아침저녁으로 살펴 길이 귀감으로 삼기 바란다."

① 공산 전투가 전개되었다.
② 노비안검법이 시행되었다.
③ 수덕만세라는 연호가 등장하였다.
④ 최승로가 시무 28조를 제시하였다.

문 23. (가), (나) 시기 사이에 있었던 사실로 가장 옳은 것은?

> (가) 진흥왕이 이사부에게 토벌을 명하고 사다함에 보좌하게 하였다. …… 이사부가 군사를 이끌고 다다르자, 대가야가 모두 항복하였다. — 『삼국사기』
> (나) 백제군 한 사람이 1,000명을 당해냈다. 신라군은 이에 퇴각하였다. 이와 같이 진격하고 퇴각하길 네 차례에 이르러, 계백은 힘이 다하여 죽었다. — 『삼국사기』

① 백제가 웅진으로 천도하였다.
② 소수림왕이 불교를 수용하였다.
③ 신라가 기벌포에서 당군을 물리쳤다.
④ 고구려가 수나라 군대를 살수에서 격퇴하였다.

문 24. 다음 헌법이 적용된 시기에 일어난 사실로 가장 옳은 것은?

> 제38조 ① 대통령은 통일에 관한 중요 정책을 결정하거나 변경함에 있어서, 국론 통일을 위하여 필요하다고 인정할 때에는 통일 주체 국민회의의 심의에 붙일 수 있다.
> ② 제1항의 경우에 통일 주체 국민회의에서 재적 대의원 과반수의 찬성을 얻은 통일 정책은 국민의 총의로 본다.
> 제40조 통일 주체 국민회의는 국회의원 정수의 3분의 1에 해당하는 수의 국회의원을 선거한다.

① 광주 대단지 사건이 일어났다.
② 7·4 남북 공동 성명이 발표되었다.
③ 국가 보위 비상 대책 위원회가 조직되었다.
④ 전태일이 근로 기준법 준수를 요구하며 분신하였다.

문 25. 밑줄 친 '신'이 속한 붕당에 대한 설명으로 가장 옳은 것은?

> 소현 세자가 일찍 세상을 뜨고 효종이 인조의 제2 장자로서 종묘를 이었으니, 대왕대비께서 효종을 위하여 3년의 상복을 입어야 할 것은 예제로 보아 의심할 것이 없는데, 지금 그 기간을 줄여 1년으로 했습니다. 대체로 3년의 상복은 장자를 위하여 입는데 그가 할아버지, 아버지의 정통을 이을 사람이기 때문입니다. 지금 효종으로 말하면 대왕대비에게는 이미 적자이고, 또 왕위에 올라 존엄한 몸인데, 그의 복제에서는 3년 상복을 입을 수 없는 자와 동등하게 되었으니, 어디에 근거를 둔 것인지 신(臣)은 모르겠습니다.

① 노론과 소론으로 분열되었다.
② 기사환국을 통해 재집권하였다.
③ 인목 대비의 폐위를 주장하였다.
④ 성혼의 학파를 중심으로 형성되었다.

30회 | 2022년 법원직 9급

2022년 6월 25일 시행

제한시간 : 20분   시작 _____시 _____분 ~ 종료 _____시 _____분   나의 점수 _____   회독수 □□□

문 01. (가) 시기에 있었던 사실로 가장 옳은 것은?

〈○○ 왕조 계보도〉

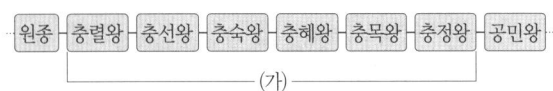

① 서경 유수 조위총이 난을 일으켰다.
② 정동행성 이문소가 내정을 간섭하였다.
③ 홍건적의 침입으로 왕이 복주로 피신하였다.
④ 삼별초가 진도와 제주도에서 항쟁을 전개하였다.

문 02. 밑줄 친 '이 기구'에 대한 설명으로 가장 옳지 않은 것은?

> • 앞서 이 기구의 사람들이 향중(鄕中)에서 권위를 남용하여 불의한 짓을 행하니, 그 폐단이 많았습니다. 그래서 선왕께서 폐지하였던 것입니다. 간사한 아전을 견제하고 풍속을 바로잡는 것은 수령이 해야 할 일인데, 만약 모두 이 기구에 위임한다면 수령은 할 일이 없지 않겠습니까?
> • 전하께서 다시 이 기구를 세우고 좌수와 별감을 두도록 하였는데, 나이가 많고 덕망이 높은 자를 추대하여 좌수로 일컫고, 그 다음으로 별감이라 하여 한 고을을 규찰하고 관리하게 하였다.
> — 『성종실록』

① 경재소를 통해 중앙의 통제를 받았다.
② 향촌 사회의 풍속을 교화하는 데 기여하였다.
③ 수령을 보좌하고 향리를 감찰하는 역할을 하였다.
④ 전통적 공동 조직에 유교 윤리를 가미하여 만들었다.

문 03. 밑줄 친 '왕'에 대한 설명으로 가장 옳은 것은?

> 이때에 이르러 왕 또한 불교를 일으키려고 하였으나, 여러 신하들이 믿지 않고 이런저런 불평을 많이 하였으므로 왕이 근심하였다. …… 이차돈이 왕에게 아뢰기를, "바라건대 하찮은 신의 목을 베어 여러 사람들의 논의를 진정시키십시오."라고 하였다. — 『삼국사기』

① 이사부를 파견하여 우산국을 복속시켰다.
② 광개토 대왕의 지원으로 왜군을 격파하였다.
③ 대가야를 정복하여 가야 연맹을 해체시켰다.
④ 상대등을 설치하여 정치 조직을 강화하였다.

문 04. 다음 군대가 창설된 시기를 연표에서 옳게 고른 것은?

> 개항 후 국방을 강화하고 근대화하기 위하여 윤웅렬이 중심이 되어 5군영으로부터 80명을 선발하여 별기군을 창설하였다. 또한 서울의 일본 공사관에 근무하는 공병 소위 호리모토를 교관으로 초빙하였다.

	(가)	(나)	(다)	(라)	
통리기무아문 설치		기기창 설치		군국기무처 설치		원수부 설치		통감부 설치

① (가)   ② (나)   ③ (다)   ④ (라)

문 05. (가), (나) 사이 시기에 있었던 사실로 가장 옳은 것은?

> (가) 남과 북은 상대방에 대하여 무력을 사용하지 않으며 상대방을 무력으로 침략하지 아니한다. …… 민족 전체의 복리 향상을 도모하기 위하여 자원의 공동 개발, 민족 내부 교류로서의 물자 교류, 합작 투자 등 경제 교류와 협력을 실시한다.
> (나) 남과 북은 나라의 통일을 위한 남측의 연합제 안과 북측의 낮은 단계의 연방제 안이 서로 공통성이 있다고 인정하고 앞으로 이 방향에서 통일을 지향시켜 나가기로 하였다.

① 남북 조절 위원회가 설치되었다.
② 금강산 관광 사업이 시작되었다.
③ 제2차 남북 정상 회담이 개최되었다.
④ 남북 이산가족 상봉이 최초로 이루어졌다.

문 06. (가)~(라) 제도를 시행된 순서대로 바르게 나열한 것은?

> (가) 그 사람의 성품과 행동의 선악, 공로의 크고 작음을 참작하여 역분전을 차등 있게 주었다.
> (나) 문무의 백관으로부터 부병(府兵)과 한인(閑人)에 이르기까지 과(科)에 따라 받지 않은 자가 없었으며, 또한 과에 따라 땔나무를 베어낼 땅도 지급하였다.
> (다) 경기는 사방의 근본이니 마땅히 과전을 설치하여 사대부를 우대한다. 무릇 경성에 거주하여 왕실을 시위(侍衛)하는 자는 직위의 고하에 따라 과전을 받는다.
> (라) 경상도·전라도·충청도는 상등, 경기도·강원도·황해도 3도는 중등, 함길도·평안도는 하등으로 삼으며 …… 각 도의 등급과 토지 품질의 등급으로써 수세하는 수량을 정한다.

① (가) – (나) – (다) – (라)
② (가) – (나) – (라) – (다)
③ (나) – (가) – (다) – (라)
④ (나) – (다) – (라) – (가)

문 07. (가), (나) 격문이 발표된 사이의 시기에 있었던 사실로 옳은 것을 〈보기〉에서 모두 고른 것은?

> (가) 우리가 의로운 깃발을 들어 이곳에 이름은 그 뜻이 결코 다른 데 있지 아니하고 창생을 도탄 속에서 건지고 국가를 반석 위에 두고자 함이다. 안으로는 양반과 탐학한 관리의 목을 베고 밖으로 횡포한 강적의 무리를 내몰고자 함이다.
> (나) 일본 오랑캐가 분란을 야기하고 군대를 출동하여 우리 임금님을 핍박하고 우리 백성들을 뒤흔들어 놓았으니 어찌 차마 말할 수 있겠습니까. …… 지금 조정의 대신들은 망령되이 자신의 몸만 보전하고자 위로는 임금님을 협박하고 아래로는 백성들을 속이며 일본 오랑캐와 내통하여 삼남 백성들의 원망을 샀습니다.

〈보기〉
㉠ 조선 정부가 개혁 기구인 교정청을 설치하였다.
㉡ 동학 농민군과 관군이 전주 화약을 체결하였다.
㉢ 조선 정부가 조병갑을 파면하고 박원명을 고부 군수로 임명하였다.
㉣ 동학교도들이 전라도 삼례에서 교조 신원을 요구하는 집회를 벌였다.

① ㉠, ㉡　② ㉠, ㉣　③ ㉡, ㉢　④ ㉢, ㉣

문 08. 밑줄 친 '그'에 대한 설명으로 옳은 것을 〈보기〉에서 모두 고른 것은?

> 참찬문하부사 하륜 등이 청하였다. "정몽주의 난에 만일 그가 없었다면, 큰일이 거의 이루어지지 못하였을 것이고, 정도전의 난에 만일 그가 없었다면, 또한 어찌 오늘이 있었겠습니까? …… 청하건대, 그를 세워 세자를 삼으소서." 임금이 말하기를, "경 등의 말이 옳다." 하고, 드디어 도승지에게 명하여 도당에 전지하였다. "…… 나의 동복(同腹)아우인 그는 개국하는 초에 큰 공로가 있었고, 또 우리 형제 4, 5인이 성명(性命)을 보전한 것이 모두 그의 공이었다. 이제 명하여 세자를 삼고, 또 내외의 여러 군사를 도독하게 한다."

〈보기〉
㉠ 영정법을 도입하였다.
㉡ 호패법을 시행하였다.
㉢ 『경국대전』을 편찬하였다.
㉣ 6조 직계제를 실시하였다.

① ㉠, ㉡　② ㉠, ㉢　③ ㉡, ㉣　④ ㉢, ㉣

문 09. 밑줄 친 '왕'의 재위 기간에 있었던 사실로 가장 옳은 것은?

> 왕은 윤관이 이끄는 별무반을 파견하여 여진을 정벌한 후 동북쪽에 9개의 성을 쌓아 방어하도록 하였다.

① 광덕, 준풍이라는 연호를 사용하였다.
② 최승로가 시무 28조의 개혁안을 제시하였다.
③ 양현고를 설치하여 관학을 진흥시키고자 하였다.
④ 의천 등의 건의를 받아들여 주전도감을 설치하였다.

문 10. 밑줄 친 '개혁'의 사례로 가장 옳은 것은?

사진 속 건물은 조광조의 학문과 덕행을 추모하기 위해 설립된 심곡서원이다. 그는 사림의 여론을 바탕으로 왕도 정치를 실현하기 위한 개혁을 추진하였으나 훈구 대신들의 반발로 사사되었다. 그러나 선조 때 사림이 정치 주도권을 장악하면서 신원되었고, 그를 추모하는 서원이 여러 곳에 설립되었다.

① 현량과 실시
② 비변사 폐지
③ 9재 학당 설립
④ 삼정이정청 설치

문 11. 밑줄 친 '왕'의 재위 시기에 있었던 사실로 옳은 것을 <보기>에서 모두 고른 것은?

> 주전도감에서 왕에게 아뢰기를 "나라의 백성이 돈을 사용하는 것의 유리함을 이해하고 그것을 편리하다고 생각하게 되었으니 이 사실을 종묘에 고하십시오."라고 하였다. 이 해에 또 은병도 만들어 화폐로 사용하였는데, 그 제도는 은 한 근으로 만들되 우리나라의 지형을 따서 만들었고, 민간에서는 활구라고 불렀다.

<보기>
㉠ 해동통보가 발행되었다.
㉡ 의천이 화폐 주조를 건의하였다.
㉢ 원의 화폐인 지원보초가 유통되었다.
㉣ 저화라고 불린 지폐가 제작되어 사용되었다.

① ㉠, ㉡   ② ㉠, ㉢   ③ ㉡, ㉣   ④ ㉢, ㉣

문 12. 자료에 나타난 운동에 대한 설명으로 가장 옳은 것은?

> 진주성 내 동포들이 궐기하여 형평사라는 단체를 조직하여 계급 타파 운동을 개시할 것이라고 한다. …… 어떤 자는 고기를 먹으면서 존귀한 대우를 받고, 어떤 자는 고기를 제공하면서 비천한 대우를 받는다. 이는 공정한 천리(天理)에 따를 수 없는 일이다.

① 백정에 대한 차별 철폐를 요구하였다.
② 공·사 노비 제도가 폐지되는 결과를 가져왔다.
③ 향·부곡·소를 일반 군현으로 승격할 것을 주장하였다.
④ 평안도 지역에 대한 차별과 지배층의 수탈에 항거하였다.

문 13. 자료를 통해 알 수 있는 전쟁의 영향으로 가장 옳은 것은?

> 건주(建州)의 여진족이 왜적을 무찌르는 데 2만 명의 병력을 지원하겠다고 하자, 명군 장수 형군문이 허락하려 하였다. 그러나 명 사신 양포정은 만약 이를 허락한다면 명과 조선의 병력, 조선의 산천 형세를 여진족이 알게 될 수 있다고 하여 거절하였다.

① 4군 6진이 개척되었다.
② 일본의 도자기 문화가 발달하였다.
③ 부산포, 제포, 염포에 왜관이 설치되었다.
④ 황룡사 9층 목탑 등 문화재가 소실되었다.

문 14. (가), (나) 시기 사이에 있었던 사실로 가장 옳은 것은?

> (가) 왕 41년 겨울 10월, 백제 왕이 군사 3만 명을 거느리고 평양성을 공격하였다. 왕이 군사를 이끌고 방어하다가 화살에 맞았다. 23일에 왕이 죽었다. 고국 언덕에 장사 지냈다.
> ― 『삼국사기』, 고구려본기
>
> (나) 왕 32년 가을 7월, 왕이 신라를 습격하기 위하여 직접 보병과 기병 50명을 거느리고 밤에 구천에 이르렀는데, 신라의 복병이 나타나 그들과 싸우다가 왕이 난병들에게 살해되었다. 시호를 성이라 하였다.
> ― 『삼국사기』, 백제본기

① 수가 고구려를 침입하였다.
② 고구려가 평양으로 천도하였다.
③ 백제가 나·당 연합군의 공격을 받았다.
④ 당이 매소성 전투에서 신라에 패하였다.

문 15. 밑줄 친 '이들'에 대한 설명으로 가장 옳은 것은?

> 이들의 첫 벼슬은 후단사이며, 두 번째 오르면 병사(兵史)·창사(倉史)가 되고, 세 번째 오르면 주·부·군·현의 사(史)가 되며, 네 번째 오르면 부병정(副兵正)·부창정(副倉正)이 되며, 다섯 번째 오르면 부호정(副戶正)이 되고, 여섯 번째 오르면 호정이 되며, 일곱 번째 오르면 병정·창정이 되고, 여덟 번째 오르면 부호장이 되고, 아홉 번째 오르면 호장(戶長)이 된다. ― 『고려사』

① 자손이 음서의 혜택을 받았다.
② 속현의 조세와 공물의 징수, 노역 징발 등을 담당하였다.
③ 수군, 조례, 역졸, 조졸 등으로 칠반천역이라고도 불렸다.
④ 수령의 행정 실무를 보좌하는 세습적인 아전으로 활동하였다.

문 16. (가) 종교가 반영된 문화유산의 사례로 가장 적절한 것은?

> 불로장생과 신선이 되기를 추구하는 (가) 은/는 삼국에 전래되어 귀족 사회를 중심으로 유행했으며 예술에도 많은 영향을 주었다. 7세기 고구려의 연개소문은 귀족과 연결된 불교 세력을 억누르기 위해 (가) 을/를 장려하는 정책을 펼쳤다.

①  ②  ③  ④

문 17. (가) 붕당에 대한 설명으로 옳은 것만을 〈보기〉에서 모두 고른 것은?

> (가) 은/는 반정을 주도하여 정권을 잡은 이후 훈련도감을 비롯하여 새로 설치된 어영청, 총융청, 수어청의 병권을 장악하여 권력 유지의 기반으로 삼았다.

〈보기〉
㉠ 북벌론을 주장하였다.
㉡ 인목 대비의 폐위를 주장하였다.
㉢ 조식 학파를 중심으로 형성되었다.
㉣ 예송 논쟁으로 남인과 대립하였다.

① ㉠, ㉡ ② ㉠, ㉣ ③ ㉡, ㉢ ④ ㉢, ㉣

문 18. (가)~(라) 사건이 일어난 순서대로 바르게 나열된 것은?

> (가) 운요호가 강화도의 초지진을 포격하고 군대를 영종도에 상륙시켜 살인과 약탈을 자행하였다.
> (나) 독일 상인 오페르트가 덕산군에 상륙하여 남연군의 무덤을 도굴하다가 실패하고 돌아갔다.
> (다) 미군이 강화도의 초지진을 함락하고 광성보를 공격하였다.
> (라) 프랑스군이 강화도의 주요 시설을 불태우고 외규장각 도서를 약탈하였다.

① (가) → (나) → (라) → (다)
② (나) → (라) → (가) → (다)
③ (다) → (나) → (가) → (라)
④ (라) → (나) → (다) → (가)

문 19. (가) 국가에 대한 설명으로 가장 옳은 것은?

> (가) 에서는 본래 소노부에서 왕이 나왔으나 점점 미약해져서 지금은 계루부에서 왕위를 차지하고 있다. 절노부는 대대로 왕실과 혼인을 하였으므로 그 대인은 고추가(古鄒加)의 칭호를 더하였다. 모든 대가(大加)들은 스스로 사자·조의·선인을 두었는데, 그 명단을 모두 왕에게 보고하여야 한다. …… 감옥은 없고 범죄자가 있으면 제가들이 모여서 평의하여 사형에 처하고 처자는 몰수하여 노비로 삼는다.
> – 『삼국지』, 「위서」 동이전

① 혼인 풍속으로 서옥제가 있었다.
② 신성 지역인 소도가 존재하였다.
③ 영고라고 하는 제천 행사를 개최하였다.
④ 읍락의 경계를 중시하여 책화라는 풍습이 있었다.

문 20. 자료에 나타난 민족 운동에 대한 설명으로 가장 옳은 것은?

> 동대문 밖에서 다시 한번 일대 시위 운동이 일어났다. 이날은 태황제의 인산날이었으므로 망곡하러 모인 군중이 수십만이었다. 인산례(因山禮)가 끝나고 융희제(순종)와 두 분의 친왕 이하 여러 관료와 궁속들이 돌아오다가 청량리에 이르렀다. 이때 곡소리와 만세 소리가 일시에 폭발하여 천지가 진동하였다.

① 신간회의 후원으로 확산되었다.
② 대한민국 임시 정부 수립에 영향을 주었다.
③ 준비 과정에서 천도교와 조선 공산당 등이 연대하였다.
④ 한국인 학생과 일본인 학생 사이의 충돌에서 비롯되었다.

문 21. (가), (나) 국왕에 대한 설명으로 가장 옳은 것은?

- (가) 은/는 붕당의 이익을 대변하던 이조 전랑의 후임자 천거권과 3사 관리 선발 관행을 혁파하고, 탕평 의지를 내세우기 위해 성균관 앞에 탕평비를 세웠다.
- (나) 은/는 초계문신제를 실시하여 개혁 세력을 육성하였으며, 통공 정책을 실시하여 육의전을 제외한 시전의 금난전권을 폐지하였다.

① (가) - 장용영을 설치하여 군사권을 장악하였다.
② (가) - 조선과 청의 국경을 정하는 백두산 정계비를 세웠다.
③ (나) - 『대전통편』을 편찬하여 법령을 정비하였다.
④ (나) - 삼정의 문란을 개혁하기 위해 삼정이정청을 설치하였다.

문 22. 다음 사실을 시기순으로 바르게 나열한 것은?

- (가) 강희맹이 경기 지역의 농사 경험을 토대로 『금양잡록』을 편찬하였다.
- (나) 신속이 벼농사 중심의 수전 농법을 소개한 『농가집성』을 편찬하였다.
- (다) 이암이 중국 화북 지역의 농사법을 반영한 『농상집요』를 도입하였다.
- (라) 정초, 변효문 등이 왕명에 의해 우리나라 풍토에 맞는 농법을 정리한 『농사직설』을 편찬하였다.

① (가) → (다) → (나) → (라)
② (나) → (다) → (라) → (가)
③ (다) → (라) → (가) → (나)
④ (다) → (라) → (나) → (가)

문 23. 밑줄 친 '이 책'에 대한 설명으로 가장 옳은 것은?

이 책은 보각국사 일연의 저서로 왕력(王歷)·기이(紀異)·흥법(興法)·탑상(塔像)·의해(義解)·신주(神呪)·감통(感通)·피은(避隱)·효선(孝善) 등 9편목으로 구성되어 있다. 여러 고대 국가의 역사, 불교 수용 과정, 탑과 불상, 고승들의 전기, 효도와 선행 이야기 등 불교사와 관련된 일화를 중심으로 서술한 것이 특징이다.

① 기전체 형식으로 서술되었다.
② 현존하는 가장 오래된 역사서이다.
③ 단군의 건국 이야기가 수록되었다.
④ 대의명분을 중시하는 성리학적 사관을 반영하였다.

문 24. (가) 인물에 대한 설명으로 가장 옳은 것은?

- 황보인, 김종서 등이 역모를 품고 몰래 안평 대군과 연결하고, 환관들과 은밀히 내통하여 날짜를 정하여 반란을 꾀하고자 하였다. 이에 (가) 와 정인지, 한확, 박종우, 한명회 등이 그 기미를 밝혀 그들을 제거하였다.
- (가) 이/가 명하기를, "집현전을 없애고, 경연을 정지하며, 거기에 소장하였던 서책은 모두 예문관에서 관장하게 하라."라고 하였다.

① 전민변정도감을 설치하였다.
② 『석보상절』을 한글로 번역하여 편찬하였다.
③ 불교 종파를 선·교 양종으로 병합하였다.
④ 정여립 모반 사건을 계기로 기축옥사를 일으켰다.

문 25. (가) 나라에 대한 설명으로 가장 옳은 것은?

(가) 의 문화 및 세력 범위를 추정할 수 있는 유물들

① 상, 대부, 장군 등의 관직을 두었다.
② 읍군, 삼로 등이 하호를 통치하였다.
③ 계루부 출신의 왕이 5부의 대가들과 함께 통치하였다.
④ 사람이 죽으면 가매장한 다음 뼈만 추려 목곽에 안치하였다.

31회 | 2021년 법원직 9급

2021년 2월 27일 시행

제한시간: 20분   시작 ___시 ___분 ~ 종료 ___시 ___분   나의 점수 ___   회독수 □□□

문 01. (가)에 들어갈 법령이 제정된 이후의 사실로 가장 옳은 것은?

> (가)
> 제4조 제국 신민을 징용하여 총동원 업무에 종사하게 할 수 있다. 단 병역법의 적용을 방해하지 않는다.
> 제7조 노동 쟁의의 예방 혹은 해결에 관하여 필요한 명령을 내리거나 작업소의 폐쇄, 작업 혹은 노무의 중지 등 노동 쟁의에 관한 행위의 제한 혹은 금지를 행할 수 있다.
> 제8조 물자의 생산·수리·배급·양도 기타의 처분, 사용·소비·소지 및 이동에 관하여 필요한 명령을 내릴 수 있다.

① 중국 본토에서 중·일 전쟁이 발발하였다.
② 백남운이 『조선사회경제사』를 저술하였다.
③ 조선 사상범 예방 구금령이 제정·공포되었다.
④ 양세봉의 조선 혁명군이 영릉가 전투에서 승리하였다.

문 02. 자료의 의병에 대한 설명으로 옳은 것을 〈보기〉에서 모두 고른 것은?

> 군사장은 미리 군비를 신속히 정돈하여 철통과 같이 함에 한 방울의 물도 샐 틈이 없는지라. 이에 전군에 명령을 전하여 일제히 진군을 재촉하여 동대문 밖으로 진격할 때, 대군은 긴 뱀의 형세로 천천히 전진하게 하고, …… 3백 명을 인솔하고 선두에 서서 동대문 밖 삼십 리 되는 곳에 나아가 전군이 모이기를 기다려 일거에 서울로 공격하여 들어가기로 계획하더니, 전군이 모이는 시기가 어긋나고 일본군이 갑자기 진격해 오는지라. 여러 시간을 격렬히 사격하다가 후원군이 이르지 않아 할 수 없이 퇴진하였다.

〈보기〉
㉠ 고종이 해산 권고 조칙을 내리자 대부분 해산하였다.
㉡ 13도 창의군을 결성하여 서울 진공 작전을 시도하였다.
㉢ 각국 영사관에 교전 단체로 인정해 줄 것을 요구하였다.
㉣ 의병 잔여 세력이 활빈당 등의 무장 결사를 조직하였다.

① ㉠, ㉡   ② ㉠, ㉣   ③ ㉡, ㉢   ④ ㉢, ㉣

문 03. 다음 개헌이 이루어진 정부 시기에 있었던 사실로 가장 옳은 것은?

> 제55조 대통령과 부통령의 임기는 4년으로 한다. 단, 재선에 의하여 1차 중임할 수 있다. 대통령이 궐위된 때에는 부통령이 대통령이 되고 잔임 기간 중 재임한다.
> 부 칙 이 헌법 공포 당시의 대통령에 대하여는 제55조 제1항 단서의 제한을 적용하지 아니한다.
> — 대한민국 관보 제1228호

① 소련, 중국과 교류를 확대하였다.
② 일본과 국교 정상화를 추진하였다.
③ 진보당 사건으로 조봉암을 처형하였다.
④ 지방 자치제를 전면적으로 실시하였다.

문 04. (가), (나) 사이의 시기에 있었던 사실로 가장 옳은 것은?

> (가) 기묘사화가 일어나 사림이 피해를 입었다.
> (나) 서인이 반정을 일으켜 정권을 장악하였다.

① 동인이 남인과 북인으로 분화하였다.
② 환국을 거치며 노론과 소론이 갈라섰다.
③ 1차 예송에서 승리한 서인이 집권하였다.
④ 조광조가 훈구 세력의 위훈 삭제를 주장하였다.

문 05. 다음 유물들이 대표하는 시기의 사회 모습으로 가장 옳은 것은?

① 처음으로 농경이 시작되었다.
② 권력을 가진 지배자가 등장하였다.
③ 뗀석기를 주로 이용하였다.
④ 주로 동굴에 거주하거나 막집에 살았다.

문 06. 밑줄 친 '나라'에 대한 설명으로 가장 옳은 것은?

> 이 나라는 남쪽으로는 진한과 북쪽으로는 고구려, 옥저와 맞닿아 있고, 동쪽으로는 큰 바다에 닿았으니 오늘날 조선 동쪽이 모두 그 지역이다. 호수는 2만이다. …… 대군장이 없고 한 시대 이래로 후, 읍군, 삼로라는 관직이 있어 하호를 다스렸다.
> – 『삼국지』「위서」 동이전

① 1세기 초 왕호를 사용하였다.
② 민며느리제라는 혼인 풍습이 있었다.
③ 목지국의 지배자가 왕으로 추대되었다.
④ 해마다 무천이라는 제천 행사를 열었다.

문 07. 밑줄 친 ㉠~㉣에 대한 해석으로 적절하지 않은 것은?

> 옛날 ㉠환인의 아들 환웅이 천부인 3개와 3,000명의 무리를 이끌고 태백산 신단수 밑에 내려왔는데, 이 곳을 신시라 하였다. 그는 ㉡풍백, 우사, 운사로 하여금 인간의 360여 가지의 일을 주관하게 하였는데 그 중에서 곡식, 생명, 질병, 형벌, 선악 등 다섯 가지 일이 가장 중요한 것이었다. 이로써 인간 세상을 교화시키고 인간을 널리 이롭게 하였다. 이 때 ㉢곰과 호랑이가 사람이 되기를 원하므로 환웅은 쑥과 마늘을 주고 …… 곰은 금기를 지켜 21일 만에 여자로 태어났고 환웅과 혼인하여 아들을 낳았다. 이가 곧 ㉣단군왕검이었다.

① ㉠ - 천손 사상으로 부족의 우월성을 과시했다.
② ㉡ - 고조선의 농경 사회 모습이 반영되어 있다.
③ ㉢ - 특정 동물을 수호신으로 여기는 샤머니즘이 존재했다.
④ ㉣ - 정치적 지배자와 제사장이 일치된 사회였음을 알 수 있다.

문 08. 밑줄 친 ㉠~㉣에 대한 설명으로 옳은 것을 <보기>에서 모두 고른 것은?

> 대한민국 임시 정부는 1921년을 고비로 ㉠위기 상태에 빠졌다. 임시 정부 내에서 ㉡독립운동의 노선을 둘러싼 갈등도 나타났다. 각계의 독립운동 지도자들은 이 국면을 타개하고자 국민 대표 회의를 열어 독립운동의 새로운 방향을 모색하였다. 하지만 임시 정부의 진로 문제를 놓고 ㉢개조파와 창조파가 대립하여 회의는 결렬되었다. 이후 ㉣지도 체제가 개편되었지만 대한민국 임시 정부는 한동안 침체 상태에 빠졌다.

<보기>
ㄱ. ㉠ - 교통국과 연통제 조직이 일제에 발각되었다.
ㄴ. ㉡ - 외교 활동에 대한 무장 투쟁론자의 비판이 거세졌다.
ㄷ. ㉢ - 주로 외교론을 비판하는 무장 투쟁론자들로 구성되었다.
ㄹ. ㉣ - 헌법을 고쳐 대통령 중심의 집단 지도 체제로 전환하였다.

① ㄱ, ㄴ   ② ㄱ, ㄹ   ③ ㄴ, ㄷ   ④ ㄷ, ㄹ

문 09. 다음 강령을 발표한 단체에 대한 설명으로 가장 옳은 것은?

> • 우리는 완전한 독립 국가 건설을 기함.
> • 우리는 전 민족의 정치적, 경제적, 사회적 기본 요구를 실현할 수 있는 민주주의 정권 수립을 기함.
> • 우리는 일시적 과도기에 있어서 국내 질서를 자주적으로 유지하며 대중 생활의 확보를 기함.

① 자유당을 창당하였다.
② 조선 인민 공화국의 수립을 선포하였다.
③ 독립 촉성 중앙 협의회의 결성을 주도하였다.
④ 38도선을 넘어 북한 지도부와 남북 협상을 가졌다.

문 10. (가), (나)에 대한 설명으로 옳은 것을 <보기>에서 모두 고른 것은?

> 숙종 때에 이르러 여러 차례 (가) 이/가 발생하면서 붕당 간의 대립은 더욱 격화되었다. 숙종은 집권 붕당이 바뀔 때마다 상대 당의 인사들을 정계에서 축출하였다. 숙종 말년에 노론과 소론은 왕위 계승을 놓고 대립하였을 뿐만 아니라 왕권을 위협하기까지 하였다. 이후 연이어 즉위한 영조와 정조는 붕당 정치의 폐해를 줄이기 위해 (나) 을/를 시행하였다.

<보기>
㉠ (가)에 들어갈 용어는 예송이다.
㉡ (나)에 들어갈 용어는 탕평책이다.
㉢ (가)의 과정에서 송시열이 죽임을 당하였다.
㉣ (나)의 정책을 펴기 위해 5군영을 설치하였다.

① ㉠, ㉡   ② ㉠, ㉢   ③ ㉡, ㉢   ④ ㉢, ㉣

문 11. 지도의 (가)~(라) 중 다음 성명서가 발표된 장소로 옳은 것은?

> 1. 한국의 전체 인민은 현재 이미 반침략 전선에 참가해오고 있으며, 이제 하나의 전투 단위로서 추축국에 선전한다.
> 2. 1910년 한일 '병합'과 일체의 불평등 조약은 무효이며, 아울러 반침략 국가가 한국에서 합리적으로 얻은 기득권익이 존중될 것임을 거듭 선포한다.
> 3. 한국, 중국과 서태평양에서 왜구를 완전히 몰아내기 위하여 최후의 승리를 거둘 때까지 혈전한다.

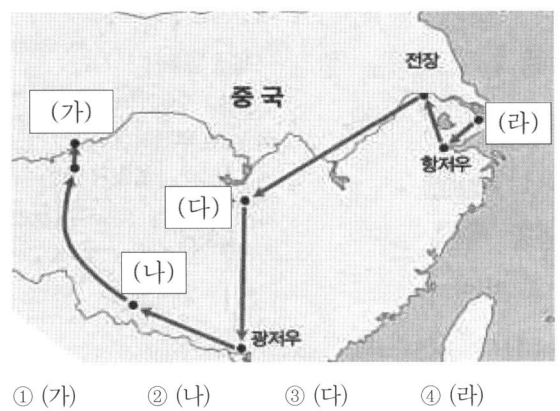

① (가)   ② (나)   ③ (다)   ④ (라)

문 12. 밑줄 친 ㉠, ㉡의 내용으로 옳은 것은?

> • 투표는 ㉠이 헌법 제39조의 규정에 따라 토론 없이 무기명으로 투표용지에 후보자 성명을 기입하는 방법으로 진행되었다. 투표 결과는 찬성 2,357표, 반대는 한 표도 없이 무효 2표로 박정희 후보를 선출하였다.
> • 집권 준비를 마친 전두환은 통일 주체 국민 회의를 통해 제11대 대통령으로 선출되었다. 그러나 국민의 반발과 악화된 국제 여론을 의식하여 개헌을 단행하였다. ㉡새 헌법에 따라 실시된 선거에서 전두환은 다시 대통령에 당선되었다.

① ㉠ - 대통령의 연임을 3회까지만 허용한다.
② ㉠ - 대통령이 국회를 해산할 권한을 갖는다.
③ ㉡ - 대통령의 임기는 5년으로 한다.
④ ㉡ - 통일 주체 국민 회의에서 대통령을 선출한다.

문 13. (가)~(다)를 일어난 순서대로 바르게 나열한 것은?

> (가) 은병을 만들어 화폐로 썼는데, 은 한 근으로 만들되 우리나라 지형을 본떴다. 민간에서는 활구라 불렀다.
> (나) 원년 11월에 처음으로 직관과 산관 각 품의 전시과를 제정하였는데, 관품의 높고 낮음은 따지지 않고 단지 인품으로만 이를 정하였다.
> (다) 도평의사사에서 상서하여 과전을 지급하는 법을 정할 것을 청하니, 그 의견을 따랐다. …… 경기는 사방의 근본이므로 마땅히 과전을 두어 사대부를 우대한다.

① (가) - (나) - (다) ② (가) - (다) - (나)
③ (나) - (가) - (다) ④ (나) - (다) - (가)

문 14. 이 시기 백제왕의 업적으로 옳은 것을 〈보기〉에서 모두 고른 것은?

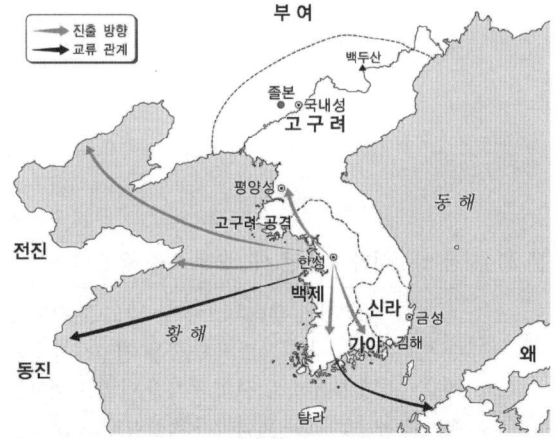

〈보기〉
㉠ 남으로 마한을 통합하였다.
㉡ 왕위의 부자 상속이 확립되었다.
㉢ 중앙 관청을 22부로 확대하였다.
㉣ 좌평 제도와 관등제를 마련하였다.

① ㉠, ㉡ ② ㉠, ㉣ ③ ㉡, ㉢ ④ ㉢, ㉣

문 15. (ㄱ), (ㄴ) 조약이 체결된 시기로 옳은 것은?

> (ㄱ) 제7관 일본국 인민은 본국의 현행 여러 화폐를 사용해 조선국 인민이 소유한 물품과 교환할 수 있다. 조선국 인민은 그 교환한 일본국의 여러 화폐로 일본국에서 생산한 여러 가지 화물을 구매할 수 있다.
> (ㄴ) 제6칙 이후 조선국 항구에 거주하는 일본 인민은 양미와 잡곡을 수출입할 수 있다.

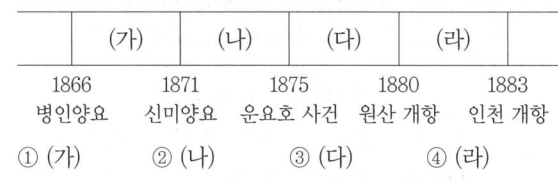

① (가) ② (나) ③ (다) ④ (라)

문 16. 다음 자료의 주장을 한 일제 강점기 역사 연구 활동에 대한 설명 중 가장 옳은 것은?

> 조선 민족의 발전사는 그 과정이 아시아적이라고 하더라도 사회 구성의 내면적 발전 법칙 그 자체는 오로지 세계사적인 것이며, 삼국 시대의 노예제 사회, 통일 신라기 이래의 동양적 봉건 사회, 이식 자본주의 사회는 오늘날에 이르기까지 조선 역사의 단계를 나타내는 보편사적인 특징이다.

① 일선동조론을 유포하였다.
② 실증 사학의 영향을 받았다.
③ 대표적인 인물로 백남운이 있다.
④ 진단 학회를 결성하여 『진단학보』를 발간하였다.

문 17. (가) 인물에 대한 설명으로 가장 옳은 것은?

> 8도의 선비들이 서원을 건립하여 명현을 제사하고 ······ 그 폐단이 백성의 생활에 미쳤다. (가) 은/는 만동묘를 철폐하고 폐단이 큰 서원을 각 도에 명하여 철폐하도록 하였다. 선비들 수만 명이 대궐 앞에 모여 만동묘와 서원을 다시 설립할 것을 청하니, (가) 이/가 크게 노하여 한성부의 조례와 병졸로 하여금 한강 밖으로 몰아내게 하고 ······ 드디어 1천여 개소의 서원을 철폐하고 그 토지를 몰수하여 관에 속하게 하였다. 이 때문에 선비들의 기운이 크게 막혔다.

① 일본에 조사 시찰단을 파견하였다.
② 은결을 색출하고 호포제를 실시하였다.
③ 탕평파를 육성하고 탕평비를 건립하였다.
④ 『대전통편』을 편찬해 통치 체제를 정비하였다.

문 18. (가)~(라)를 일어난 순서대로 바르게 나열한 것은?

> (가) 성왕이 군사를 보내 고구려를 공격하였다.
> (나) 온조는 한강 하류에 이르러 도읍을 정하였다.
> (다) 태조왕이 동옥저를 정벌하고 빼앗아 성읍으로 삼았다.
> (라) 법흥왕이 율령을 반포하고, 처음으로 관리의 공복을 정하였다.

① (가) - (나) - (다) - (라)
② (나) - (다) - (라) - (가)
③ (나) - (가) - (라) - (다)
④ (다) - (가) - (나) - (라)

문 19. (가) 시기에 발생한 사건으로 가장 옳지 않은 것은?

> 태조가 포정전에서 즉위하여 국호를 고려라 하고 연호를 고쳐 천수라 하였다. ─『고려사』

⇩

(가)

⇩

> 고려군의 군세가 크게 성한 것을 보자 갑옷을 벗고 창을 던져 견훤이 탄 말 앞으로 와서 항복하니 이에 적병이 기세를 잃어 감히 움직이지 못하였다. ······ 신검이 두 동생 및 문무 관료와 함께 항복하였다. ─『고려사』

① 고려군이 고창에서 견훤의 후백제군을 패퇴시켰다.
② 신라의 경순왕은 스스로 나라를 고려에 넘겨주었다.
③ 왕건이 이끄는 군대가 후백제의 금성을 함락하였다.
④ 발해국 세자 대광현과 수만 명이 고려에 귀화하였다.

문 20. 다음 성명서가 발표된 시점으로 가장 옳은 것은?

> 마음 속의 38선이 무너지고야 땅 위의 38선도 철폐될 수 있다. ······ 나는 통일된 조국을 건설하려다 38선을 베고 쓰러질지언정, 일신의 구차한 안일을 위하여 단독 정부를 세우는 데는 협력하지 않겠다.

	(가)	(나)	(다)	(라)	
8·15 광복		정읍 발언	제2차 미·소 공동 위원회 개최	5·10 총선거	대한민국 정부 수립

① (가) ② (나) ③ (다) ④ (라)

문 21. (가) 세력에 대한 설명으로 가장 옳은 것은?

> ▶ 고려 지배층의 변화 ◀
> 호족 〉 문벌귀족 〉 무신 〉 권문세족 〉 (가)

① 성리학을 통해 불교의 폐단을 지적하였다.
② 주로 음서를 통하여 관직에 진출하였다.
③ 권력을 앞세워 대규모 농장을 소유하였다.
④ 친원적 성향의 이들은 도평의사사를 장악하였다.

문 22. 다음 격문과 관련이 깊은 역사적 사건에 대한 설명으로 가장 옳은 것은?

> 검거자를 즉시 우리의 힘으로 구출하자.
> 교내에 경찰관 침입을 절대 반대하자.
> 조선인 본위의 교육 제도를 확립하자.
> 민족 문화와 사회 과학 연구의 자유를 획득하자.
> 전국 학생 대표자회의를 개최하라.

① 원산에서 일제 강점기 최대 규모의 노동 쟁의를 일으켰다.
② 전국으로 확대되어 이듬해까지 동맹 휴학 투쟁이 계속되었다.
③ 민족 산업의 보호와 육성을 위해 국산품 애용 등을 주장하였다.
④ 순종의 국장일에 학생들이 만세 시위를 벌이고 시민들이 가세하였다.

문 23. (가)~(라)를 일어난 순서대로 바르게 나열한 것은?

> (가) 서일을 총재로 조직된 대한 독립 군단은 일본군을 피해 러시아 영토인 자유시로 집결하였다.
> (나) 김좌진이 이끄는 북로 군정서군이 백운평 전투와 천수평, 어랑촌 전투에서 대승을 거두었다.
> (다) 일본군이 청산리 대첩 패전에 대한 보복으로 간도 동포를 무차별로 학살하였다.
> (라) 참의부, 정의부, 신민부의 3부가 혁신 의회와 국민부로 재편되었다.

① (가) – (나) – (다) – (라)
② (나) – (다) – (가) – (라)
③ (나) – (라) – (가) – (다)
④ (라) – (다) – (나) – (가)

문 24. 자료에 해당하는 시기의 경제 상황에 대한 설명으로 가장 옳은 것은?

> "내 조금 시험해 볼 일이 있어 그대에게 만 금(萬金)을 빌리러 왔소." 하였다. 변씨는 "그러시오."하고 곧 만 금을 내주었다. …… 대추, 밤, 감, 배, 석류, 귤, 유자 등의 과실을 모두 두 배 값으로 사서 저장하였다. 허생이 과실을 몽땅 사들이자 온 나라가 잔치나 제사를 치르지 못하게 되었다. 그런지 얼마 아니 되어서 두 배 값을 받은 장사꾼들이 도리어 열 배의 값을 치렀다.

① 지대 납부 방식이 타조법으로 바뀌었다.
② 상품 작물 재배가 늘면서 쌀에 대한 수요가 줄었다.
③ 상인 자본이 장인에게 돈을 대는 선대제가 성행하였다.
④ 정부에서 덕대를 직접 고용해 광산 개발을 주도하였다.

문 25. 다음의 상황이 전개된 시기를 연표에서 옳게 고른 것은?

> 일본은 러시아의 발틱 함대를 격파하고 승기를 잡았지만, 전쟁 비용이 거의 바닥이 나고 있었다. 러시아도 국민의 봉기로 혼란에 빠져들고 있었다. 이에 양국은 한국에서 일본의 정치, 군사, 경제 등에 관한 특수 권익을 인정하는 내용의 포츠머스 조약을 체결하였다.

	(가)		(나)		(다)		(라)	
임오군란		거문도 사건		갑오개혁		대한 제국 설립		국권 강탈

① (가) ② (나) ③ (다) ④ (라)

문 01. (가)~(다)가 반포된 순서대로 바르게 나열한 것은?

> (가) 2. 모든 정부와 외국과의 조약에 관한 일은 각부 대신과 중추원 의장이 합동으로 서명, 날인하여 시행할 것.
> 4. 중대 범죄는 공개 재판을 시행하되, 피고가 죄를 자백한 후에 시행할 것.
> (나) 1. 이후 국내외 공사(公私)문서에 개국 기원을 사용한다.
> 6. 남자 20세, 여자 16세 이하의 조혼을 금지한다.
> 8. 공사 노비법을 혁파하고 인신 매매를 금지한다.
> (다) 1. 흥선 대원군을 빨리 귀국시키고 종래 청에 행하던 조공의 허례를 폐지한다.
> 9. 혜상공국을 혁파한다.
> 12. 모든 재정은 호조에서 관할한다.

① (가) - (다) - (나)
② (나) - (다) - (가)
③ (다) - (가) - (나)
④ (다) - (나) - (가)

문 02. 〈표〉와 같은 변화가 나타나게 된 원인에 대한 탐구 활동으로 옳은 것을 〈보기〉에서 모두 고른 것은?

〈표〉 (단위: %)

시기	양반 호	상민 호	노비 호	합계
1729년	26.29	59.78	13.93	100
1765년	40.98	57.01	2.01	100
1804년	53.47	45.61	0.92	100
1867년	65.48	33.96	0.56	100

〈보기〉
㉠ 납속의 혜택에 대하여 조사해본다.
㉡ 공명첩을 구입한 사람들의 신분을 조사해본다.
㉢ 선무군관포의 부과 대상에 대하여 조사해본다.
㉣ 서원 숫자의 변화를 조사해본다.

① ㉠, ㉡ ② ㉠, ㉢ ③ ㉡, ㉢ ④ ㉡, ㉣

문 03. (가)에 들어갈 사실로 가장 옳은 것은?

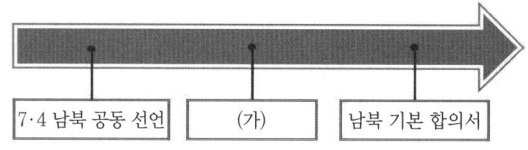

7·4 남북 공동 선언 → (가) → 남북 기본 합의서

① 개성 공업 지구가 조성되었다.
② 최초로 금강산 관광이 시작되었다.
③ 남북한이 동시에 유엔에 가입하였다.
④ 남북한이 비핵화 공동 선언을 체결하였다.

문 04. 다음과 같은 상황이 나타난 시기에 볼 수 있는 모습으로 가장 옳은 것은?

> 옹주는 지극히 예뻐하던 딸이 공녀로 가게 되자 근심하고 번민하다가 병이 생겼다. 결국 지난 9월에 세상을 떠나니 나이가 55세였다. 우리나라의 자녀들이 서쪽 원나라로 끌려가기를 거른 해가 없다. 비록 왕실의 친족과 같이 귀한 집안이라도 숨기지 못하였으며 어미와 자식이 한번 이별하면 만날 기약이 없다.
> - 수령 옹주 묘지명

① 몽골군을 물리치는 김윤후와 처인부곡민
② 농민의 토지를 빼앗아 농장을 확대하는 권문세족
③ 왕명을 받아 『삼국사기』를 편찬하는 김부식
④ 별무반과 함께 여진 정벌에 나서는 윤관

문 05. 다음과 관련된 인물의 주장으로 옳은 것을 〈보기〉에서 모두 고른 것은?

> 비유컨대, 재물은 대체로 우물과 같은 것이다. 퍼내면 차고, 버려두면 말라 버린다. 그러므로 비단 옷을 입지 않아서 나라에 비단을 짜는 사람이 없게 되면 여공이 쇠퇴하고, 찌그러진 그릇을 싫어하지 않고 기교를 숭상하지 않아서 장인이 작업하는 일이 없게 되면 기예가 망하게 된다.

〈보기〉
㉠ 수레와 선박의 이용을 확대해야 한다.
㉡ 사농공상은 직업적으로 평등해야 한다.
㉢ 청에서 행해지는 국제 무역에 참여해야 한다.
㉣ 자영농을 중심으로 군사와 교육 제도를 재정비해야 한다.

① ㉠, ㉡
② ㉠, ㉢
③ ㉡, ㉢
④ ㉢, ㉣

문 06. (가)에 대한 다음 설명 중 가장 옳은 것은?

> 조선 땅은 실로 아시아의 요충을 차지하고 있어 열강들이 서로 차지하려고 할 것이다. 조선이 위태로우면 중국도 위급해진다. (가) 이/가 영토를 넓히고자 한다면 반드시 조선이 첫 번째 대상이 될 것이다. …… 그렇다면 오늘날 조선이 세워야 할 책략으로 (가) 을/를 막는 것보다 더 급한 일이 없다. (가) 을/를 막는 책략은 무엇인가? 중국과 친하고, 일본과 맺고, 미국과 이어짐으로써 자강을 도모할 뿐이다.

① (가)는 남해의 전략적 요충지인 거문도를 불법 점령하였다.
② (가)는 자국인 신부의 처형을 구실로 강화도를 침략하였다.
③ (가)의 공사관으로 을미사변 이후 신변의 위협을 느낀 고종이 피신하였다.
④ (가)와 조선은 서양 국가 중에 최초로 조약을 체결하였다.

문 07. 다음 법령이 반포되었을 당시의 경제적 상황으로 가장 옳은 것은?

> 제2조 본 법에서 귀속 재산이라 함은 … 대한민국 정부에 이양된 일체의 재산을 지칭한다. 단, 농경지는 따로 농지 개혁법에 의하여 처리한다.
> 제3조 귀속 재산은 본 법과 본 법의 규정에 의하여 발하는 명령이 정하는 바에 의하여 국용 또는 공유 재산, 국영 또는 공영 기업체로 지정되는 것을 제외하고는 대한민국의 국민 또는 법인에게 매각한다.
> - 귀속 재산 처리법

① 삼백 산업이 발달하였다.
② 금융 실명제가 실시되었다.
③ 수출 100억 달러를 달성하였다.
④ OECD 회원국으로 가입하였다.

문 08. 다음 상소가 작성되었던 시기에 볼 수 있었던 모습으로 가장 옳은 것은?

> 작위의 높고 낮음은 조정에서만 써야 할 것이고 적자와 서자의 구별은 한 집안에서만 통용되어야 할 것입니다. …… 공사천 신분이었다가 면천된 이들은 벼슬을 받기도 하고 아전이었다가 관직을 받은 이들은 높은 자리에 오르기도 하는데 저희들은 한번 낮아진 신분이 대대로 후손에게 이어져 영구히 서족이 되어 훌륭한 임금이 다스리는 세상임에도 그저 버려진 사람들이 되어 있습니다.

① 외래 문화 수용에 선구적 역할을 한 역관
② 포구에서 상품 매매를 중개하며 성장한 덕대
③ 왕의 명령으로 혼일강리역대국도지도를 제작하는 관리
④ 대규모 통청 운동으로 중앙 관직 진출이 허락된 기술직 중인

문 09. 다음 밑줄 친 부분과 관련 깊은 통치 기구에 해당하는 것을 〈보기〉에서 모두 고른 것은?

> 유교 이념에 바탕을 둔 정치를 강조한 조선은 국정 운영 과정에서 왕권과 신권의 조화를 추구하는 한편, 권력이 어느 한편으로 집중되는 문제를 막기 위한 체제를 갖추어 나갔다.

〈보기〉
㉠ 사간원   ㉡ 승정원
㉢ 사헌부   ㉣ 춘추관

① ㉠, ㉡   ② ㉠, ㉢
③ ㉡, ㉢   ④ ㉡, ㉣

문 10. (가)~(라)를 실시된 순서대로 바르게 나열한 것은?

> (가) 신문왕 때 녹읍이 폐지되었다.
> (나) 신문왕 때 관료전이 지급되었다.
> (다) 공양왕 때 과전법이 실시되었다.
> (라) 경종 때 시정 전시과를 실시하였다.

① (가) - (나) - (라) - (다)
② (나) - (가) - (라) - (다)
③ (다) - (라) - (나) - (가)
④ (라) - (가) - (나) - (다)

문 11. 밑줄 친 '그'에 대한 설명으로 옳은 것을 〈보기〉에서 모두 고른 것은?

> 그는 균역법을 시행하여 백성들에게 큰 부담이 되었던 군역 부담을 줄여주었고, 형벌 제도를 개선하여 가혹한 형벌을 금지하였다.

〈보기〉
㉠ 청계천 정비   ㉡ 『속대전』 편찬
㉢ 『탁지지』 편찬 ㉣ 초계문신제 실시

① ㉠, ㉡   ② ㉠, ㉢
③ ㉡, ㉢   ④ ㉡, ㉣

문 12. (가), (나)에 대한 다음 설명으로 가장 옳은 것은?

> 이 싸움은 낭가 및 불교 대 유교의 싸움이며, 국풍파 대 한학파의 싸움이다. 또 독립당 대 사대당의 싸움이고, 진취 사상 대 보수 사상의 싸움이다. (가)은/는 전자의 대표요, (나)은/는 후자의 대표였다. 이 싸움에서 (가)이/가 패하고 (나)이/가 승리하였으므로, 조선의 역사가 사대적이고 보수적인 유교에 정복되고 말았다.

① (가)는 금을 정벌할 것을 주장하였다.
② (가)는 전민변정도감 설치를 건의하였다.
③ (나)는 당시 대표적인 성리학자였다.
④ (나)는 『삼국유사』를 편찬하였다.

문 13. 고려 시대 (가)~(라)의 토지 제도가 시행된 순서대로 바르게 정리한 것은?

> (가) 관등과 인품을 기준으로 지급하였다.
> (나) 현직 관리만을 대상으로 지급하였다.
> (다) 공신의 공로에 따라 차등 지급하였다.
> (라) 관등에 따라 18등급으로 구분하여 지급하였다.

① (가) → (나) → (다) → (라)
② (나) → (가) → (라) → (다)
③ (다) → (가) → (라) → (나)
④ (라) → (다) → (나) → (가)

문 15. (가)~(라)를 제작된 시기의 순서대로 바르게 나열한 것은?

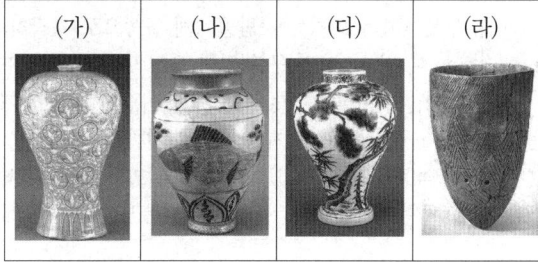

① (라) - (가) - (다) - (나)
② (라) - (나) - (다) - (가)
③ (라) - (다) - (가) - (나)
④ (라) - (가) - (나) - (다)

문 14. (가) 왕 재위 시기 업적으로 가장 옳은 것은?

> [(가)] 왕이 관산성을 공격하였다. 각간 우덕과 이찬 탐지 등이 맞서 싸웠으나 전세가 불리하였다. 신주의 김무력이 주의 군사를 이끌고 나가서 교전하였는데, 비장인 삼년산군(충북 보은)의 고간 도도가 급히 쳐서 [(가)] 왕을 죽였다.
> – 『삼국사기』「신라본기」

① 나·제 동맹을 체결하였다.
② 22담로에 왕족을 파견하였다.
③ 화랑도를 국가적 조직으로 개편하였다.
④ 국호를 남부여로 바꾸었다.

문 16. 다음 자료와 관련된 고려 정부의 대응으로 가장 옳은 것은?

> 최충이 후진들을 모아 열심히 교육하니, 유생과 평민이 그의 집과 마을에 차고 넘치게 되었다. 마침내 9재로 나누었다. …… 이를 시중 최공의 도라고 불렀다. 의관자제로서 과거에 응시하려는 자들은 반드시 먼저 이 도에 속하여 공부하였다. …… 세상에서 12도라고 일컬었는데, 최충의 도가 가장 성하였다.

① 원으로부터 성리학을 수용하였다.
② 『주자가례』와 『소학』을 널리 보급하였다.
③ 국학에 처음으로 양현고를 설치하였다.
④ 만권당을 짓고 유명한 학자들을 초청하였다.

문 17. 다음 주장을 한 인물에 대한 설명으로 가장 옳은 것은?

> 무릇 1여의 토지는 사람들에게 공동으로 경작하게 하고, 내 땅 네 땅의 구분 없이 오직 여장의 명령만을 따른다. 매 사람의 노동량은 매일 여장이 장부에 기록한다. …… 국가에 바치는 공세를 제하고, 다음으로 여장의 녹봉을 제하며, 그 나머지를 날마다 일한 것을 기록한 장부에 의거하여 여민들에게 분배한다.

① 『열하일기』를 저술하였다.
② 『반계수록』을 저술하였다.
③ 『성호사설』을 저술하였다.
④ 『목민심서』를 저술하였다.

문 18. (가)에 대한 다음 설명으로 가장 옳은 것은?

> (가) 은/는 쑹화 강 상류의 넓은 평야 지대에서 성장하여, 농경과 목축이 발달하였으며, 서쪽으로는 북방 유목 민족인 선비족과, 남쪽으로는 고구려와 대립하였다. 1세기 경에 이르면 왕권이 안정되고 영역도 사방 2000여 리에 달하였다.

① 매년 12월에 영고라는 제천 행사를 열었다.
② 서옥제라는 혼인 풍습이 있었다.
③ 특산물로 단궁, 과하마, 반어피가 유명하였다.
④ 신지, 읍차라고 불리는 지배자들이 다스렸다.

문 19. 지도에 표시된 전투가 일어났던 시기를 연표에서 옳게 고른 것은?

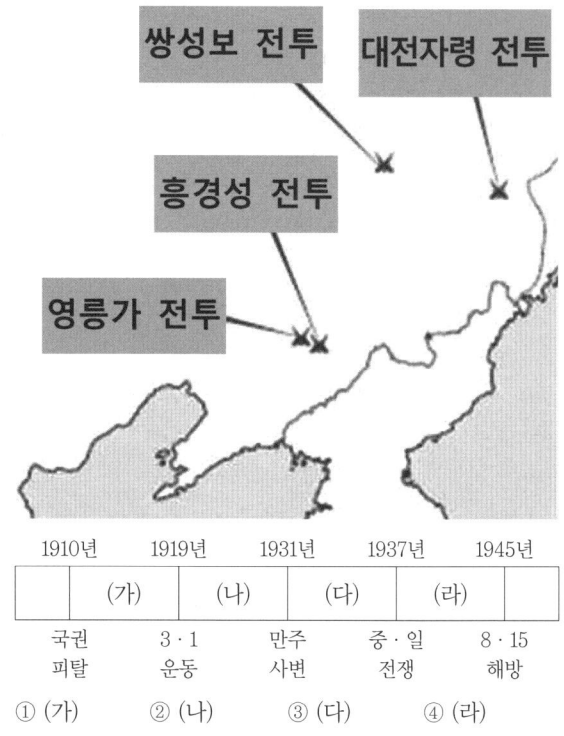

1910년	1919년	1931년	1937년	1945년
	(가)	(나)	(다)	(라)
국권 피탈	3·1 운동	만주 사변	중·일 전쟁	8·15 해방

① (가) ② (나) ③ (다) ④ (라)

문 20. (가)에 대한 설명으로 가장 옳은 것은?

> (가) 의 목적은 한국의 부패한 사상과 습관을 혁신하여 국민을 유신케 하며, 쇠퇴한 발육과 산업을 개량하여 사업을 유신케 하며, 유신한 국민이 통일 연합하여 유신한 자유 문명국을 성립케 한다고 말하는 것으로서, 그 깊은 뜻은 열국 보호 하에 공화 정체의 독립국으로 함에 목적이 있다고 함.
> — 일본 헌병대 기밀 보고(1908)

① 해외 독립 운동 기지 건설에 앞장섰다.
② 고종이 퇴위 당하자 의병 투쟁에 앞장섰다.
③ 입헌 군주제 수립을 목표로 활동하였다.
④ 5적 암살단을 조직하였다.

문 21. 다음 자료와 관련된 나라에 대한 설명으로 가장 옳은 것은?

> 대개 사람을 죽인 자는 즉시 죽이고, 남에게 상처를 입힌 자는 곡식으로 배상한다. 도둑질한 자가 남자면 그 집의 노, 여자면 비로 삼는다. 단, 스스로 용서받고자 하는 자는 1인당 50만 전을 내야 한다.

① 10월에 무천이라는 제천 행사를 개최하였다.
② 형이 죽으면 형수를 아내로 삼는 풍습이 있었다.
③ 중대한 범죄자는 제가 회의를 열어 사형에 처했다.
④ 왕 밑에서 국무를 관장하던 상이라는 관직이 있었다.

문 22. (가)에 들어갈 내용으로 가장 옳은 것은?

> 3차 개헌(1960. 6.) - 의원 내각제, 양원제 채택
> 5차 개헌(1962. 12.) - 대통령 직선제
> 6차 개헌(1969. 10.) - (가)
> 7차 개헌(1972. 12.) - 대통령 권한 강화

① 대통령 간선제
② 중임 제한 철폐
③ 국회 양원제 규정
④ 대통령의 3선 허용

문 23. 밑줄 친 '그'에 대한 설명으로 가장 옳은 것은?

> 그의 사상은 사림이 구체제를 비판하고 훈척과 투쟁하던 시기를 바탕으로 하고 있다. 또한 왕 스스로가 인격과 학식을 수양하기 위해 부단히 노력해야 한다는 점을 강조하였다. 그의 사상이 일본에 전파되면서 일본에서는 그를 '동방의 주자'라고 부르기도 하였다.

① 기호 학파를 형성하였다.
② 강화 학파를 형성하였다.
③ 『성학집요』를 저술하였다.
④ 『성학십도』를 저술하였다.

문 24. 밑줄 친 '왕'의 활동으로 가장 옳은 것은?

> 대야성의 패전에서 도독 품석의 아내도 죽었는데, 그녀는 춘추의 딸이었다. …… 왕에게 나아가 아뢰기를, "신이 고구려에 가서 군사를 청해 원수를 갚고 싶습니다."라고 하니 왕이 허락했다.
> – 『삼국사기』

① 단양 적성비를 세웠다.
② 황룡사 9층 목탑을 건립하였다.
③ 고구려 부흥 운동을 지원하였다.
④ 이차돈의 순교를 계기로 불교를 공인하였다.

문 25. (가)의 업적으로 옳은 것을 〈보기〉에서 모두 고른 것은?

> (가) 7년(956)에 노비를 조사해서 옳고 그름을 분명히 밝히도록 명령하였다. 이 때문에 주인을 배반하는 노비들을 도저히 억누를 수 없었으므로, 주인을 업신여기는 풍속이 크게 유행하였다.
> – 『고려사』

〈보기〉
㉠ 과거제를 시행하였다.
㉡ 개경을 황도로 칭하였다.
㉢ 의창과 상평창을 설립하였다.
㉣ 전국을 5도 양계로 나누었다.

① ㉠, ㉡
② ㉠, ㉢
③ ㉡, ㉢
④ ㉡, ㉣

33회 | 2019년 법원직 9급

문 01. 다음 자료가 발표된 시기를 연표에서 옳게 고른 것은?

> 1. 외국인에게 의지하지 말고 관민이 한마음으로 힘을 합하여 전제 황권을 견고하게 할 것
> 2. 외국과의 이권에 관한 조약은 각 대신과 중추원 의장이 합동 날인하여 시행할 것
> 3. 국가 재정을 탁지부에서 전관하고 예산과 결산을 국민에게 공포할 것
> 4. 중대 범죄를 공판하되 피고의 인권을 존중할 것
> 5. 칙임관(勅任官)을 임명할 때는 정부의 자문을 받아 다수의 의견에 따를 것
> 6. 정해진 규칙을 실천할 것

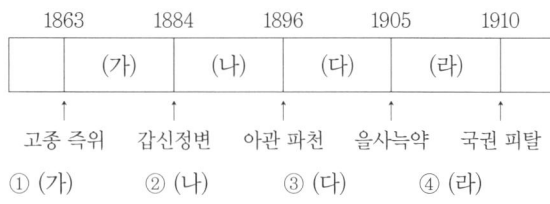

① (가) ② (나) ③ (다) ④ (라)

문 02. (가), (나) 사이의 시기에 있었던 사실로 가장 옳은 것은?

> (가) 의정부의 여러 일을 나누어 6조에 귀속시켰다. …… 처음에 왕은 의정부의 권한이 막중함을 염려하여 이를 없앨 생각이 있었지만, 신중히 여겨 서둘지 않았다가 이때에 이르러 단행하였다. 의정부가 관장한 일은 사대 문서와 중죄수의 심의에 관한 것뿐이었다.
> (나) 상왕이 나이가 어려 무릇 조치하는 바는 모두 대신에게 맡겨 논의 시행하였다. 지금 내가 명을 받아 왕통을 물려 받아 군국 서무를 아울러 자세히 듣고 헤아려 다 조종의 옛 제도를 되살린다. 지금부터 형조의 사형수를 뺀 모든 서무는 6조가 저마다 직무를 맡아 직계한다.

① 4군 6진을 개척하였다.
② 대립의 만연으로 군포 징수제가 점차 확산되었다.
③ 직전법을 폐지하고 관리들에게 녹봉만 지급하였다.
④ 홍문관을 두어 주요 관리들을 경연에 참여하게 하였다.

문 03. 다음 개혁안을 주장한 인물에 대한 설명으로 가장 옳은 것은?

> 국가는 마땅히 한 집의 재산을 헤아려서 토지 몇 부를 한 집의 영업전으로 하여 당나라의 제도처럼 한다. 땅이 많은 자는 빼앗아 줄이지 않고 모자라는 자도 더 주지 않는다. 돈이 있어 사고자 하는 자는 비록 1,000결이라도 허락해 준다. …… 오직 영업전 몇 부 안에서 사고파는 것만을 철저히 살핀다. …… 사는 자는 다른 사람의 영업전을 빼앗은 죄로 다스리고, 구입한 자는 값을 따지지 않고 그 땅을 다시 돌려준다.

① 여전론을 제안하였다.
② 노론 계열의 실학자이다.
③ 성호 학파를 형성하였다.
④ 『열하일기』를 저술하였다.

문 04. 밑줄 친 '이 시기'에 관한 다음 설명 중 가장 옳지 않은 것은?

청화 백자
까치호랑이문 항아리

이 시기에는 형태가 단순하고 꾸밈이 거의 없는 것이 특색인 백자가 유행하였고, 흰 바탕에 푸른 색깔로 그림을 그린 청화 백자도 많이 만들어졌다. 특히, 청화 백자는 문방구, 생활용품 등의 용도로 많이 제작되었다.

① 판소리, 잡가, 가면극이 유행하였다.
② 위선적인 양반의 생활을 풍자하는 「양반전」, 「허생전」 등의 한문 소설이 유행하였다.
③ 서얼이나 노비 출신의 문인들이 등장하였고, 황진이와 같은 여류 작가들도 활동하였다.
④ 김제 금산사 미륵전, 보은 법주사 팔상전, 논산 쌍계사 등이 이 시기를 대표하는 불교 건축물이다.

문 05. 밑줄 친 '위원회'에 대한 설명으로 가장 옳은 것은?

> 본 위원회의 목적을 달성하기 위하여 기본 원칙을 아래와 같이 의정함.
> 1. 조선의 민주 독립을 보장한 삼상 결정에 의하여 남북을 통한 좌우 합작으로 민주주의 임시 정부를 수립할 것.
> 2. 미소 공동 위원회 속개를 요청하는 공동 성명을 발표할 것.
> 3. 토지 개혁에 있어 몰수, 유조건 몰수, 체감 매상 등으로 토지를 농민에게 무상으로 분여하여 적정 처리하고, 중요 산업을 국유화하여 ……
> 4. 친일파 민족 반역자를 처리할 조례를 본 합작 위원회에서 입법 기구에 제안하여 …… 실시하게 할 것

① 이승만의 정읍 발언을 지지하였다.
② 여운형과 김규식 등이 주도하였다.
③ 조선 공산당과 한민당이 참여하였다.
④ 모스크바 3국 외상 회의 결정에 반대하였다.

문 06. (가)~(라)를 일어난 순서대로 바르게 나열한 것은?

> (가) 정여립 모반 사건을 계기로 사림 세력이 갈라졌다.
> (나) 공신들을 견제하기 위해 지방의 사림을 대거 등용하였다.
> (다) 언론을 장악하고 왕권을 견제하던 사림 세력을 탄압하였다.
> (라) 일당 전제화에 따라 공론보다 개인이나 가문의 이익을 우선시하였다.

① (가) - (다) - (라) - (나)
② (나) - (다) - (가) - (라)
③ (다) - (가) - (나) - (라)
④ (라) - (가) - (나) - (다)

문 07. 다음 밑줄 친 '개혁'의 내용으로 옳은 것을 〈보기〉에서 고른 것은?

> 청·일 전쟁에서 승기를 잡은 일본은 조선의 내정에 적극 간섭하기 시작하였다. 흥선 대원군을 물러나게 하고 군국기무처를 폐지하였으며, 김홍집·박영효 연립 내각을 구성하고 개혁을 단행하였다.

〈보기〉
㉠ 과거제를 폐지하였다.
㉡ 재판소를 설치하였다.
㉢ 8도를 23부로 개편하였다.
㉣ 친위대, 진위대를 설치하였다.

① ㉠, ㉡
② ㉠, ㉣
③ ㉡, ㉢
④ ㉢, ㉣

문 08. 다음 시기의 경제 상황으로 옳은 것을 〈보기〉에서 고른 것은?

> 나라 제도로서 인정(人丁)에 대한 세를 신포(身布)라 하였는데 충신과 공신의 자손에게는 모두 신포가 면제되어 있었다. 이 법이 시행된 지도 이미 오래됨에 턱없이 면제된 자가 많았다. 그 모자라는 액수는 반드시 평민에게 덧붙여 징수하여 보충하고 있었다. 대원군은 이를 수정하고자 동포(洞布)라는 법을 제정하였다.

〈보기〉
㉠ 도조법의 유행
㉡ 견종법의 확산
㉢ 삼한통보의 유통
㉣ 관영 수공업의 발달

① ㉠, ㉡
② ㉠, ㉢
③ ㉡, ㉢
④ ㉢, ㉣

문 09. 다음과 같은 건국 강령을 발표한 세력의 활동으로 가장 옳은 것은?

> 삼균 제도를 골자로 한 헌법을 실시하여 정치와 경제와 교육의 민주적 시설로 실제상 균형을 도모하며 전국의 토지와 대생산 기관의 국유가 완성되고 전국의 학령 아동 전체가 고급 교육의 면비수학(무상 교육)이 완성되고 보통 선거가 구속 없이 완전히 실시되어 …… 자치 조직과 행정 조직과 민중 단체와 민중 조직이 완비되어 삼균 제도가 배합 실시되고 경향 각층의 극빈 계급에게 물질과 정신상 생활 정도와 문화 수준이 제고 보장되는 과정을 건국의 제2기라 함.

① 함경남도 보천보의 일제 통치 기구를 공격하였다.
② 미국 전략 정보처(OSS)와 협력하여 국내 진공 작전을 계획하였다.
③ 화북 지방에서 조선 의용군을 결성하여 일제에 저항하였다.
④ 중·일 전쟁이 발발하자 조선 민족 전선 연맹을 결성하였다.

문 10. (가) 제도와 관련된 설명으로 가장 적절한 것은?

> 고려의 토지 제도는 대체로 당(唐)의 제도를 모방하였다. 경작하는 토지의 수를 헤아리고 그 비옥함과 척박함을 나누어, 문무의 백관으로부터 부병(府兵)과 한인(閑人)에 이르기까지 과(科)에 따라 받지 않은 자가 없었으며, 또한 과에 따라 땔나무를 베어낼 땅도 지급하였으니, 이를 일컬어 __(가)__ 라고 하였다.
> — 『고려사』

① 광종 때 처음으로 만들어졌다.
② 양반전은 원칙적으로 세습이 허용되었다.
③ 목종 때에는 인품을 기준으로 토지를 지급하였다.
④ 문종 때에는 지급 대상을 현직 관리로 제한하였다.

문 11. (가) 지역에 대한 설명으로 가장 옳은 것은?

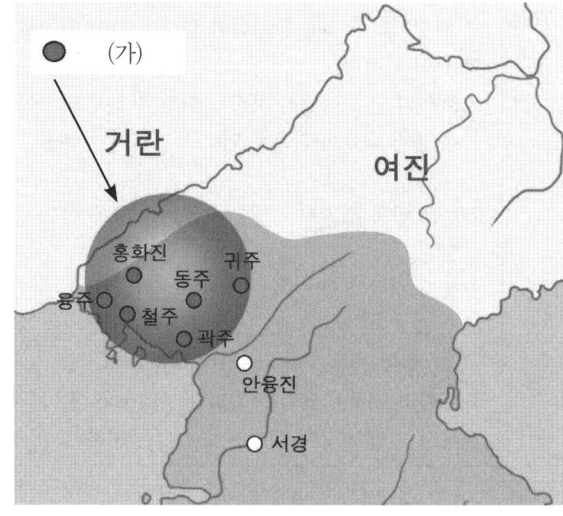

① 김종서가 6진을 설치하였다.
② 공민왕 때 무력으로 수복하였다.
③ 서희가 거란과의 담판으로 획득하였다.
④ 윤관이 별무반을 이끌고 여진족을 몰아내었다.

문 12. (가)~(라)에 해당하는 구호와 관련된 설명이 잘못된 것은?

> (가) 3·15 부정 선거 다시 하라!
> (나) 계엄령 해제하고 신군부 퇴진하라!
> (다) 굴욕적인 대일 외교 결사 반대한다!
> (라) 호헌 철폐, 대통령 직선제 개헌 쟁취하자!

① (가) - 이승만이 하야하는 계기가 되었다.
② (나) - 종신 집권이 가능한 대통령제로 개헌했다.
③ (다) - 한·일 회담에 반대하고 정권의 퇴진을 요구했다.
④ (라) - 이한열 등의 희생을 통해 직선제 개헌에 성공했다.

문 13. (가)~(마)가 제작된 시기의 순서대로 바르게 묶은 것은?

① (가) - (나) - (다) - (라) - (마)
② (나) - (가) - (다) - (라) - (마)
③ (가) - (나) - (마) - (다) - (라)
④ (나) - (가) - (다) - (마) - (라)

문 14. 다음과 같은 기념물이 만들어지던 시기에 추진되었던 정부의 경제 정책으로 가장 적절한 것은?

① 중화학 공업을 적극 육성하였다.
② 경제 협력 개발 기구(OECD)에 가입하였다.
③ 미국의 잉여 농산물을 가공하는 삼백 산업을 육성하였다.
④ 자유 무역 협정(FTA)을 통해 시장 개방을 확대하였다.

문 15. 다음 그림의 무덤 양식과 관련된 설명으로 가장 옳은 것은?

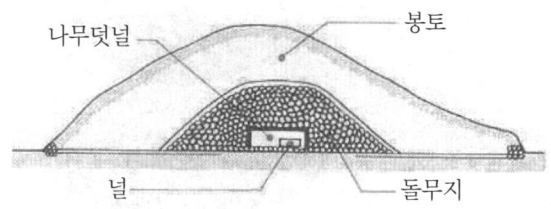

① 중국 남조의 영향을 받았다.
② 고구려의 초기 무덤 형태이다.
③ 천마도가 벽화로 그려져 있다.
④ 도굴이 어려워 많은 양의 부장품이 출토되었다.

문 16. 다음 정책과 관련된 설명으로 가장 잘못된 것은?

(제1조) 토지의 조사 및 측량은 본령에 의한다.
(제4조) 토지 소유자는 조선 총독이 정하는 기간 내에 주소, 씨명, 명칭 및 소유지의 소재, 지목 자번호(字番號), 사표(四標), 등급, 지적, 결수(結數)를 임시 토지 조사 국장에게 신고해야 한다. 단, 국유지는 보관 관청이 임시 토지 조사 국장에게 통지해야 한다.

① 지주의 토지 소유권은 강화되었다.
② 농민의 관습적 경작권이 인정되었다.
③ 기한부 계약에 따라 소작인이 증가했다.
④ 지세를 안정적으로 확보하기 위해 시행되었다.

문 17. 다음 유물이 대표하는 시기의 사회 모습으로 가장 옳은 것은?

① 농경이 시작되었다.
② 불교를 받아들였다.
③ 계급 사회가 성립되었다.
④ 주로 동굴이나 막집에서 살았다.

문 18. 다음 종교와 관련 있는 것을 〈보기〉에서 고른 것은?

> 사람이 곧 하늘이라, 그러므로 사람은 평등하며 차별이 없나니, 사람이 마음대로 귀천을 나눔은 하늘을 거스르는 것이다. 우리 도인은 차별을 없애고 선사의 뜻을 받들어 생활하기를 바라노라.

〈보기〉
㉠ 중광단을 결성하였다.
㉡ 임술 농민 봉기를 주도했다.
㉢ 양반과 상민을 차별하지 않는다.
㉣ 잡지 『신여성』과 『어린이』를 발간하였다

① ㉠, ㉡ ② ㉠, ㉢
③ ㉡, ㉢ ④ ㉢, ㉣

문 19. (가) 시기에 일어난 사건으로 가장 옳은 것은?

| 이성계, 위화도 회군 |
↓
| (가) |
↓
| 공양왕 폐위, 이성계 즉위(1392) |

① 과전법 실시
② 전민변정도감 설치
③ 제1차 왕자의 난 발생
④ 정도전의 요동 정벌 추진

문 20. 밑줄 친 ㉠의 폐단을 시정하고자 실시한 제도와 관련된 설명으로 가장 옳은 것은?

> 정인홍이 아뢰기를 "민생이 곤궁한 것은 공상할 물건은 얼마 되지도 않는데 ㉠방납으로 모리하는 무리에게 들어가는 양이 거의 3분의 2가 넘고, 게다가 수령이 욕심을 부리고 아전이 애를 먹여서 그 형세가 마치 삼분오열로 할거하듯 하니 민생이 어찌 곤궁하지 않겠습니까."
> ―『선조실록』

① 공납의 호세화가 촉진되었다.
② 상품 화폐 경제의 발달에 영향을 주었다.
③ 영조 대에 토지 1결당 쌀 4두를 징수하였다.
④ 농민들의 군포 부담이 2필에서 1필로 줄어들었다.

문 21. 다음 선언이 발표된 시기를 (가)~(라) 중 찾으시오.

> 2. 남과 북은 나라의 통일을 위한 남측의 연합제와 북측의 낮은 단계의 연방제 안이 공통성이 있다고 인정하고 이 방향에서 통일을 지향시켜 나가기로 하였다.
> 4. 남과 북은 경제 협력을 통하여 민족 경제를 균형적으로 발전시키고, 사회, 문화, 체육, 보건, 환경 등 제반 분야의 협력과 교류를 활성화하여 서로의 신뢰를 다져나가기로 하였다.

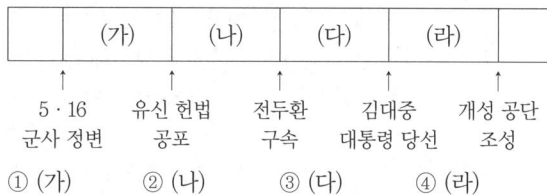

5·16 군사 정변 / 유신 헌법 공포 / 전두환 구속 / 김대중 대통령 당선 / 개성 공단 조성

① (가) ② (나) ③ (다) ④ (라)

문 22. 자료의 내용을 작성한 인물의 활동 내용이 잘못된 것은?

> 우리는 '외교', '준비' 등의 미련한 꿈을 버리고 민중 직접 혁명의 수단을 취함을 선언하노라. 조선 민족의 생존을 유지하자면 강도 일본을 내쫓을지며, 강도 일본을 내쫓을지면 오직 혁명으로써 할 뿐이니, 혁명이 아니고는 강도 일본을 내쫓을 방법이 없는 바이다. 우리는 민중 속에 가서 민중과 손을 잡아 끊임없는 폭력, 암살, 파괴, 폭동으로써 강도 일본의 통치를 타도하고 … (생략)

① 「독사신론」을 지어 식민 사관을 비판했다.
② 「을지문덕전」을 간행하여 자주 정신을 일깨웠다.
③ 역사를 '아(我)'와 비아(非我)'의 투쟁'으로 해석했다.
④ 유물 사관으로 식민 사학의 정체성 이론을 반박했다.

문 23. 자료의 'ㅇㅇ왕'의 재위 시기에 있었던 일로 가장 옳은 것은?

> 사신은 논한다. …… 저들 도적이 생겨나는 것은 도적질하기를 좋아해서가 아니다. 굶주림과 추위에 몹시 시달리다가 부득이 하루라도 더 먹고 살기 위해 도적이 되는 자가 많기 때문이다. 그렇다면 백성을 도적으로 만든 자가 과연 누구인가? 권세가의 집은 공공연히 벼슬을 사려는 자들로 시장을 이루고 무뢰배들이 백성을 약탈한다. 백성이 어찌 도적이 되지 않겠는가? – 「ㅇㅇ실록」

① 위훈 삭제를 감행한 사림 세력들이 제거되었다.
② 대비의 복상 문제로 두 차례 예송이 전개되었다.
③ 외척 간의 세력 다툼으로 을사사화가 발생하였다.
④ 정여립 모반 사건을 계기로 동인은 남인과 북인으로 나뉘었다.

문 24. 밑줄 친 왕의 재위 시기에 있었던 사실로 가장 옳은 것은?

> 왕은 서얼과 노비에 대한 차별을 완화하였으며, 민생의 안정과 문화 부흥에도 힘썼다. 또, 전통 문화를 계승하면서 중국과 서양의 과학 기술을 받아들였다. 그 밖에, 외교 문서를 정리한 「동문휘고」, 병법서인 「무예도보통지」등을 편찬하여 문물 제도를 재정비하였다.

① 북벌 운동이 전개되었다.
② 산림의 존재를 부정했다.
③ 3사의 관리 추천권을 없앴다.
④ 수령이 향약을 주관하여 권한이 강화되었다.

문 25. <보기> 활동과 관련하여 학생들이 설정한 탐구 주제와 선정한 인물이 가장 잘못 연결된 것은?

<보기>
- 탐구 목표: 인물을 통해 우리나라의 역사를 이해한다.
- 탐구 절차: 탐구 주제 설정 → 대상 인물 선정 → 관련 자료 수집 → 보고서 작성·발표

	탐구 주제	인물
①	종로 경찰서에 폭탄을 투척하다!	김익상
②	하얼빈에서 순국한 여성 독립운동가!	남자현
③	조선 의용대, 중국 국민당과 연합하다!	김원봉
④	통일 정부 수립을 위해 좌·우 합작 운동을 펼치다!	여운형

문 01. 다음 (가), (나)의 선언문 사이의 시기에 있었던 사실로 가장 옳은 것은?

> (가) 남과 북은 …… 쌍방의 관계가 나라와 나라 사이의 관계가 아닌 통일을 지향하는 과정에서 잠정적으로 형성되는 특수 관계라는 것을 ……
> 제1조 남과 북은 서로 상대방의 체제를 인정하고 존중한다.
> 제9조 남과 북은 상대방에 대해 무력을 사용하지 않으며 상대방을 무력으로 침략하지 아니한다.
>
> (나) 1. 나라의 통일 문제를 우리 민족끼리 서로 힘을 합쳐 자주적으로 해결해 나가기로 하였다.
>   2. 나라의 통일을 위한 남측의 연합제 안과 북측의 낮은 단계의 연방제 안이 서로 공통성이 있다고 인정하고, 이 방향에서 통일을 지향하기로 하였다.

① 금강산 관광이 시작되었다.
② 개성 공단 건설 사업이 시작되었다.
③ 최초로 남·북 이산가족이 상봉하였다.
④ 경의선 철로 복원 사업이 착공되었다.

문 02. 다음 법령에 대한 설명으로 옳은 것은?

> 제5조 정부는 아래에 의하여 농지를 취득한다.
>   1. 아래의 농지는 정부에 귀속한다.
>   (가) 법령 내지 조약에 의하여 몰수 또는 국유로 된 농지
>   (나) 소유권의 명의가 분명치 않은 농지
>   2. 아래의 농지는 적당한 보상으로 정부가 매수한다.
>   (가) 농가 아닌 자의 농지
>   (나) 자경(自耕)하지 않는 자의 농지
> 제12조 농지의 분배는 농지의 종목, 등급 및 농가의 능력 기타에 기준한 점수제에 의거하되 1가당 총 경영 면적 3정보를 초과하지 못한다.

① 미 군정 시기에 제정되었다.
② 유상 매수·무상 분배의 방식으로 실시되었다.
③ 법령이 실시되어 자작농이 크게 증가하였다.
④ 이에 영향을 받아 북한에서도 토지 개혁 법령이 제정되었다.

문 03. (가), (나)에 대한 설명으로 옳은 것은?

> (가) 5조 - 나는 삼한 산천 신령의 도움을 받아 왕업을 이루었다. 서경은 수덕이 순조로워 우리나라 지맥의 근본이 되니 만대 왕업의 땅이다. 1년에 100일 이상 머물러 왕실의 안녕을 이루어야 할 것이다.
> - 『고려사』
>
> (나) 20조 - 불교는 몸을 닦는 근본이며 유교는 나라를 다스리는 근원이니, 몸을 닦는 것은 내생을 위한 것이며, 나라를 다스리는 일은 곧 오늘의 할 일입니다. 오늘은 극히 가깝고 내생은 지극히 먼 것이니, 가까운 것을 버리고 먼 것을 구하는 일이 그릇된 일이 아니겠습니까?
> - 『고려사』

① (나)가 (가)보다 먼저 발표되었다.
② (가)를 발표할 당시 양현고를 설치하였다.
③ (가)를 발표한 왕이 과거 제도를 실시하였다.
④ (나)가 작성될 당시의 왕이 국자감을 설치하였다.

문 04. (가) 시기에 발생한 사건으로 옳은 것은?

> 너희 나라와 우리나라의 사이에는 애당초 소통이 없었고, 또 서로 은혜를 입거나 원수 진 일도 없었다. 그런데 이번 덕산 묘소에서 저지른 변고야말로 어찌 인간의 도리상 차마 할 수 있는 일이겠는가?
>
> ↓
>
> (가)
>
> ↓
>
> 조약 체결 이후 조선국 항구에 거주하는 일본인은 쌀과 잡곡을 수출, 수입할 수 있게 되었으며, 일본국 소속의 선박은 항세를 납부하지 않게 되었다.

① 영남 유생들은 『조선책략』의 내용을 비판하였다.
② 원산과 인천이 개항되어 일본과의 무역이 시작되었다.
③ 정부는 통리기무아문을 새로 설치하여 정국을 운영하였다.
④ 어재연이 이끄는 부대가 전력의 열세로 결국 함락 당하였다.

문 05. (가), (나)를 주장한 승려들에 관한 설명으로 옳은 것은?

(가) 교(敎)를 배우는 이는 대개 안의 마음을 버리고 외면에서 구하고, 선(禪)을 익히는 이는 인연을 잊고 안의 마음을 밝히기를 좋아하니, 모두 한쪽에 치우친 것으로 두 극단에 모두 막힌 것이다.

(나) 지금의 불교계를 보면, 아침 저녁으로 하는 일들이 비록 부처의 법에 의지하였다고 하나, 자신을 내세우고 이익을 구하는 데 열중하여 세속의 일에 골몰한다. 도덕을 닦지 않고 옷과 밥만 허비하니, 비록 출가하였다고 하나 무슨 덕이 있겠는가?

① (가) - 천태종의 신앙 결사체인 백련사를 조직하였다.
② (가) - 중국에서 도입한 법안종을 중심으로 선종을 정리하였다.
③ (나) - 선을 중심으로 교학을 포용하고자 하였다.
④ (나) - 유교와 불교의 통합을 시도하며 유불 일치설을 주장하였다.

문 06. (가)~(라)를 일어난 순서대로 바르게 나열한 것은?

(가) 국학을 태학(감)으로 고치고 학문을 장려하였다.
(나) 원효는 모든 것이 한마음에서 나온다는 일심 사상의 이론적 체계를 마련하였다.
(다) 유교 경전에 대한 이해 수준에 따라 관리를 채용하는 독서삼품과를 실시하였다.
(라) 최치원은 빈공과에 합격한 뒤에 황소를 격퇴하는 글을 써서 당에서 명문장가로 유명해졌다.

① (가) → (나) → (다) → (라)
② (가) → (다) → (나) → (라)
③ (나) → (가) → (다) → (라)
④ (나) → (가) → (라) → (다)

문 07. (가), (나)에 관한 설명으로 옳은 것은?

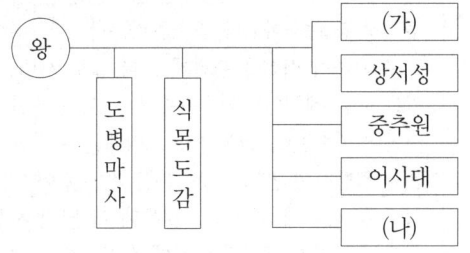

① (가) - 소속 관원인 승선은 대간으로 불렸다.
② (가) - 국정을 총괄하고 정책을 심의·결정하는 최고 관서이다.
③ (나) - 관리의 비리를 감찰하는 기구이다.
④ (나) - 재신과 추밀이 모여 관리 임용을 결정하였다.

문 08. 다음 주장이 발표된 시기로 옳은 것은?

지금의 조선 민족에게는 왜 정치적 생활이 없는가? …… 일본이 조선을 병합한 이래로 조선인에게는 모든 정치 활동을 금지한 것이 첫째 원인이다. …… 지금까지 해 온 정치적 운동은 모두 일본을 적대시하는 운동뿐이었다. 이런 종류의 정치 운동은 해외에서나 할 수 있는 일이고, 조선 내에서는 허용되는 범위 내에서 일대 정치적 결사를 조직해야 한다는 것이 우리의 주장이다.
— 이광수, 동아일보

	(가)	(나)	(다)	(라)	
1912		1919	1923	1927	1929
조선 태형령 제정		3·1 운동 발생	민립 대학 설립 기성회 조직	신간회 설립	광주 학생 항일 운동 발생

① (가)
② (나)
③ (다)
④ (라)

문 09. (가) 세금 제도에 관한 설명으로 옳은 것은?

> 우의정 김육이 아뢰다. "…(중략)… (가) 는/은 역을 고르게 하여 백성을 편안케 하니 실로 시대를 구할 수 있는 좋은 계책입니다. …(중략)… 다만 교활한 아전은 명목이 간단함을 싫어하고 모리배들은 방납하기 어려움을 원망하여 반드시 헛소문을 퍼뜨려 어지럽게 할 것입니다. 삼남에는 부호가 많은데 이 법의 시행을 부호들이 좋아하지 않으나 국가에서 법령을 시행할 때에는 마땅히 소민들이 원하는 대로 해야 합니다."

① 풍흉에 관계없이 1결당 쌀 4~6두씩을 내게 하였다.
② (가)의 실시로 공인이라는 특허 상인이 등장하게 되었다.
③ (가) 시행 이후에는 현물 납부가 완전히 사라지게 되었다.
④ (가)의 시행으로 줄어든 재정을 보충하고자 선무군관포가 신설되었다.

문 10. 다음 (가), (나) 사이의 시기에 있었던 사실로 옳지 않은 것은?

> (가) 대왕을 도와 조그마한 공을 이루어 삼한을 한 집으로 만들었으며, 백성들은 두 마음이 없게 되었습니다(三韓爲一家 百姓無二心). 비록 아직 태평한 세상에 이르지는 못하였으나 조금 편안한 상태는 되었습니다.
> (나) 원종과 애노 등이 사벌주에서 반란을 일으키니 왕이 나마(관직명) 영기에게 명하여 잡게 하였으나 영기가 적진을 쳐다보고는 두려워하여 나아가지 못하였다.

① 발해의 장문휴가 산둥 반도를 공격하였다.
② 장보고의 도움을 받아 신무왕이 즉위하였다.
③ 궁예가 개성을 수도로 삼고 후고구려를 건국하였다.
④ 발해 문왕이 상경 용천부에서 동경 용원부로 수도를 옮겼다.

문 11. 다음 군사 조직에 대한 설명으로 가장 옳은 것은?

> 국왕의 행차가 서울로 돌아왔으나, …… 이때에 임금께서 도감을 설치하여 군사를 훈련시키라고 명하시고 나를 그 책임자로 삼으시므로, …… 얼마 안 되어 수천 명을 얻어 조총 쏘는 법과 창, 칼 쓰는 기술을 가르치게 하였다. 또 당번을 정하여 궁중을 숙직하게 하고, 국왕의 행차가 있을 때 이들로써 호위하게 하니 민심이 점차 안정되었다.
> – 『서애집』

① 갑사와 정군으로 구성되었다.
② 포수, 사수, 살수로 조직되었다.
③ 제승방략 체제에 맞는 군사 조직이었다.
④ 신분 구분 없이 노비에서 양반까지 편성되었다.

문 12. (가), (나) 시기의 지방 행정 제도에 대한 설명으로 옳은 것은?

> (가) 5도 양계를 중심으로 지방 제도가 마련되었다.
> (나) 전국을 8도로 나누고, 그 아래에 부·목·군·현을 설치하였다.

① (가) – 5도에 관찰사가 파견되었다.
② (가) – 모든 군현에 수령이 파견되었다.
③ (나) – 유향소를 설치하여 수령을 보좌하였다.
④ (나) – 향리는 행정·사법·군사권을 행사하는 국왕의 대리인이다.

문 13. (가) 정책에 대한 설명으로 옳은 것은?

> 중농 학파인 유형원은 토지 개혁을 주장하였는데, 『반계수록』에서 자영농을 육성하는 방법으로 (가) 을/를 주장하였다.

① 영업전을 설정하여 최소한의 농민 생활을 보장하고자 하였다.
② 신분 차별 없이 모든 사람에게 균등한 토지 분배를 강조하였다.
③ 관리, 선비, 농민 등에게 차등을 두어 토지를 분배할 것을 주장하였다.
④ 한 마을을 단위로 토지를 공동 소유하고 공동 경작할 것을 강조하였다.

문 14. 다음 농법의 결과로 나타난 현상으로 옳지 않은 것은?

> 가물 때도 마르지 않는 무논을 가려 2월 하순에서 3월 상순까지에 갈아야 한다. 그 무논의 10분의 1에 모를 기르고 나머지 9분에는 모를 심을 수 있게 준비한다. 먼저, 모를 기를 자리를 갈아 법대로 잘 다듬고 물을 빼고서 부드러운 버드나무 가지를 꺾어다 두껍게 덮은 다음 밟아 주며, 바닥을 볕에 말린 뒤 물을 댄다. …… 모가 4촌(寸) 이상 자라면 옮겨 심을 수 있다.

① 농민 수입의 증가로 농촌 내 빈부 격차가 줄어들었다.
② 농사에 필요한 노동력이 절감되어 광작이 가능해졌다.
③ 벼·보리의 이모작이 가능해져 보리 농사가 성행하였다.
④ 머슴을 고용하여 농토를 직접 경영하는 지주가 생겨났다.

문 15. (가)~(마)를 일어난 순서대로 바르게 나열한 것은?

> (가) 브라운 각서 체결
> (나) 한·일 기본 조약 조인
> (다) 전태일 분신 자살 사건
> (라) 7·4 남북 공동 성명 발표
> (마) 김대중의 제7대 대통령 선거 출마

① (가) → (나) → (다) → (라) → (마)
② (가) → (다) → (나) → (마) → (라)
③ (나) → (가) → (다) → (라) → (마)
④ (나) → (가) → (다) → (마) → (라)

문 16. 다음의 봉기를 일으킨 주동자에 관한 설명으로 옳은 것은?

> 경계 이후 공경대부는 천예 속에서 많이 나왔다. 장상의 종자가 어찌 따로 있겠는가? 때가 오면 누구나 할 수 있는 것이다. 우리가 어찌 상전의 채찍 밑에서 힘겨운 일에 시달리기만 하겠는가? (중략) 모두 자신의 주인을 죽이고 천예들의 호적을 불살라서 삼한에 천인이 없게 하면 공경과 장상은 우리 모두 할 수 있다.
> – 『고려사』

① 서경의 유수로서, 정권 탈취를 목적으로 하였다.
② 개경에서 노비들을 모아서 노비 해방을 주장하였다.
③ 경주 지역 세력과 연합하여 신라 부흥을 주장하였다.
④ 공주 명학소에서 신분 차별에 반발하여 봉기를 일으켰다.

문 17. 다음 자료가 반포되기 이전에 실시된 정책으로 옳은 것은?

> 1. 청에 의존하는 생각을 버리고 자주 독립의 기초를 세운다.
> 2. 왕위 계승의 법칙과 종친·외척과의 구별을 명확히 한다.
> 6. 납세는 법으로 정하고 함부로 세금을 거두지 않는다.
> 9. 왕실과 관청의 1년 회계를 계획한다.

① 한성 사범 학교가 설립되었다.
② 중앙에 친위대, 지방에 진위대를 설치하였다.
③ 지방 행정 체제를 23부에서 13도로 개편하였다.
④ 청의 연호를 쓰지 않고 개국 기년을 사용하였다.

문 18. 다음 자료를 주장한 인물에 관한 설명으로 옳은 것은?

> 미 군정 아래에서 육성된 그들은 경찰을 시켜 선거를 독점하도록 배치하고 인민의 자유를 유린하고 있다. (중략) 나는 통일된 조국을 건설하려다 38선을 베고 쓰러질지언정, 일신의 구차한 안일을 위하여 단독 정부를 세우는 데는 협력하지 않겠다.

① 한국 민주당을 결성하였다.
② 5·10 총선거에 불참하였다.
③ 건국 준비 위원회를 주도하였다.
④ 제헌 국회에서 대통령으로 당선되었다.

문 19. 다음의 사건이 벌어진 시기의 상황으로 가장 적절한 것은?

> 당나라 수군의 거점인 등주성에 한바탕 난리가 벌어졌다. 장문휴가 이끄는 발해 군대가 등주성을 기습했기 때문이다. 등주 자사까지 전사했다는 소식에 당 조정은 신라에 군사 지원을 요청하였다. 신라군은 발해를 공격했지만 추위와 폭설로 철수할 수밖에 없었다.

① '대흥'이라는 연호를 사용하였다.
② 3성 6부제의 중앙 관제를 정비하였다.
③ 전성기를 맞이하여 '해동성국'이라고 불리웠다.
④ 돌궐·일본과 친교를 강화하며 당·신라에 맞섰다.

문 20. 다음 자료의 시기에 해당하는 상황으로 옳은 것을 〈보기〉에서 모두 고른 것은?

> 고려 대왕 상왕공과 신라 매금은 세세토록 형제같이 지내기를 원하며 수천(守天)하기 위해 동으로 …… 동이 매금의 옷을 내려 주었다.

〈보기〉
㉠ 중국에서 남북조가 대립하였다.
㉡ 고구려는 남하 정책을 추진하였다.
㉢ 백제는 수도를 사비로 천도하였다.
㉣ 신라는 왕호를 중국식으로 바꾸었다.

① ㉠, ㉡
② ㉡, ㉢
③ ㉢, ㉣
④ ㉠, ㉢

문 21. 다음 인물에 대한 설명으로 옳지 않은 것은?

> 1907년 헤이그 만국 평화 회의 밀사로 임명되었다.
> 1909년 밀산 한흥동에 독립 운동 기지를 건설하였다.
> 1914년 대한 광복군 정부의 대통령이 되었다.

① 권업회를 결성하였다.
② 서전서숙을 설립하였다.
③ 13도 의군에 참여하였다.
④ 대한 국민 의회를 조직하였다.

문 22. 다음 유적이 형성된 시기에 대한 설명으로 가장 옳은 것은?

① 최초의 예술품이 나타났다.
② 처음으로 농경이 시작되었다.
③ 사유 재산과 계급이 발생하였다.
④ 씨족들이 모여서 부족 사회를 이루었다.

문 23. 다음 합의문을 작성한 독립군에 관한 설명으로 옳은 것은?

> 중국(의용군)과 한국 양국의 군민은 한마음 한 뜻으로 일제에 대항하여 싸우고, 인력과 물자는 서로 나누어 쓰며, 합작의 원칙하에 국적에 관계없이 그 능력에 따라 항일 공작을 나누어 맡는다.

① 양세봉을 중심으로 활동하였다.
② 1940년대에 옌안으로 이동하였다.
③ 북만주 지역에서 주로 활동하였다.
④ 쌍성보 전투에서 일본군을 격파하였다.

문 24. 다음 사회 현상에 대한 설명으로 옳지 않은 것은?

> 영덕의 오래된 가문은 모두 남인이며, 이른바 신향(新鄕)은 모두 서리와 품관의 자손으로 자칭 서인이라고 하는 자들이다. 근래 신향이 향교를 주관하면서 구향(舊鄕)과 마찰을 빚었다. - 『승정원일기』

① 부농층은 수령과 결탁하여 향안에 이름을 올렸다.
② 수령과 결탁한 부농층은 향촌 사회를 완전히 장악하였다.
③ 향전은 수령과 향리의 권한이 강해지는 결과를 가져왔다.
④ 세도 정치 아래에서 농민 수탈이 극심해지는 배경이 되었다.

문 25. (가)~(다)를 일어난 순서대로 옳게 나열한 것은?

> (가) 낙랑군을 축출하여 대동강 유역을 확보하였다.
> (나) 요동 지역으로 진출을 도모하고, 동옥저를 복속하였다.
> (다) 순노부, 소노부 등의 5부를 행정 단위 성격의 5부로 개편하였다.

① (가) → (나) → (다)
② (가) → (다) → (나)
③ (나) → (다) → (가)
④ (다) → (나) → (가)

공무원시험전문 해커스공무원
gosi.Hackers.com

부록
실력 향상 고난도 기출

1회 2023년 계리직 (상용한자 제외)
2회 2020년 국가직 7급
3회 2020년 지방직 7급

문 01. 다음 풍속이 있었던 나라의 사회상으로 옳은 것은?

> 은나라 달력으로 정월이 되면 하늘에 제사를 지낸다. 온 나라 사람들이 모여서 연일 먹고 마시고 노래하고 춤을 춘다. …(중략)… 이때는 형옥을 판단하고, 가두었던 죄수들을 풀어준다.
> — 『삼국지』

① 무덤은 돌을 쌓아 만들고, 소나무나 잣나무로 둘러쳤다.
② 남녀가 간음하거나 부인이 투기가 심하면 사형에 처하였다.
③ 국읍마다 천군이 있었고, 별읍에는 소도라는 신성 구역이 설치되었다.
④ 산천의 경계를 중시하여, 함부로 침범하면 우마 등으로 배상하게 하였다.

문 02. 〈보기〉의 사건들을 시간순으로 옳게 나열한 것은?

〈보기〉
㉠ 이사부가 이끄는 신라군이 대가야를 멸망시켰다.
㉡ 백제군의 평양성 공격으로 고국원왕이 전사하였다.
㉢ 고구려군이 백제 한성을 함락하고 개로왕을 죽였다.
㉣ 신라를 침탈하던 왜병이 고구려군에게 격멸당하였다.

① ㉡ - ㉢ - ㉣ - ㉠
② ㉡ - ㉣ - ㉢ - ㉠
③ ㉣ - ㉡ - ㉠ - ㉢
④ ㉣ - ㉢ - ㉡ - ㉠

문 03. 밑줄 친 ( )의 인물에 대한 설명으로 옳은 것은?

> ( )은/는 이미 계를 어겨 아들 총(聰)을 낳은 후에는 세속의 옷으로 바꿔 입고 스스로 소성거사라고 하였다. 우연히 광대들이 춤출 때 쓰는 큰 박을 얻었는데, 모양이 괴상하였다. 그 모양을 본떠서 도구를 제작하여, 『화엄경』의 "일체 무애인(無㝵人)은 한 번에 생사를 벗어난다."라는 구절에 나오는 무애라는 이름을 붙이고, 노래를 지어 세상에 퍼뜨렸다.
> — 『삼국유사』

① 화엄종의 중심 사찰인 부석사를 창건하였다.
② 세속오계를 제시하고 호국 불교의 전통을 세웠다.
③ 황룡사에 9층 목탑을 세울 것을 왕에게 건의하였다.
④ 종파 간 대립을 극복하기 위해 일심 사상을 제창하였다.

문 04. 밑줄 친 ( )의 인물에 대한 설명으로 옳은 것은?

> 왕의 총애를 받는 이들이 곁에 있으면서 정권을 훔쳐 제 마음대로 하니 기강이 문란해졌다. 게다가 기근까지 겹치자 백성이 떠돌아다니고 도적이 곳곳에서 봉기하였다. 이에 ( )은/는 몰래 왕위를 넘겨다보는 마음을 갖고, 무리를 불러 모아 왕경의 서남쪽 주현을 돌아다니며 공격하였다. 이르는 곳마다 메아리처럼 호응하여 한 달 만에 무리가 5,000명에 달하니, 드디어 무진주를 습격하였다.
> — 『삼국사기』

① 완산주를 도읍 삼아 나라를 세우고 왕위에 올랐다.
② 스스로 미륵불이라고 칭하면서 통치를 정당화하였다.
③ 서해안의 해상 세력으로 활동하던 가문에서 태어났다.
④ 국호를 장안, 연호를 경운으로 정하고 반란을 일으켰다.

문 05. (가)와 (나) 사이의 시기에 있었던 사실로 옳은 것은?

> (가) 처음으로 과거를 설치하고, 한림학사 쌍기에게 명하여 진사(進士)를 뽑았다.
> — 『고려사』
>
> (나) 최승로가 상서하기를, "태조께서 통합한 후 외관(外官)을 두려고 하셨지만 대개 초창기였으므로 겨를이 없었습니다. …(중략)… 청컨대 외관을 두소서."라고 하였다.
> — 『고려사』

① 광군사가 설치되었다.
② 국자감이 설치되었다.
③ 노비안검법이 시행되었다.
④ 처음으로 전시과가 제정되었다.

문 06. 다음 정책을 시행한 왕에 대한 설명으로 옳은 것은?

> 주전도감(鑄錢都監)에서 아뢰기를, "나라 사람들이 비로소 동전 화폐 사용의 이로움을 알아 편리하게 되었으니 바라건대 종묘에 고하소서."라고 하였다. 이 해에 또한 은병(銀瓶)을 사용하여 화폐로 삼았는데, 그 제도는 은 1근으로 만들되 우리나라 지형을 본뜬 것으로 속칭 활구(闊口)라고 하였다.
> — 『고려사』

① 남경을 건설하였다.
② 감무를 파견하였다.
③ 양현고를 설치하였다.
④ 『정계』와 『계백료서』를 지었다.

문 07. 밑줄 친 ( )에 대한 설명으로 옳은 것은?

> 신이 (　　　)을/를 삼가 편수하여 두 권으로 나누어 깨끗이 써서 바칩니다. …(중략)… 예로부터 지금까지 황제들이 이어온 역사, 즉 중국은 반고로부터 금까지, 동국은 단군으로부터 우리 본조까지 그 시작한 근원을 책에서 두루 찾아내어, 같고 틀림을 비교하여 그 요긴함을 추려 풍영(諷詠)으로 시를 지으니 서로 계승하고 주고받으며 일어남이 손바닥을 가리키듯 분명합니다.

① 편년체와 강목체를 결합하여 서술하였다.
② 예맥, 옥저 등을 모두 단군의 후손으로 서술하였다.
③ 불교사를 중심으로 설화와 야사를 많이 서술하였다.
④ 정통론에 입각하여 마한, 신라를 정통 국가로 서술하였다.

문 08. 빈칸에 들어갈 내용으로 옳지 않은 것은?

> 은하: '대각국사'라는 시호를 받은 인물에 대해 말해 보자.
> 다영: 문종의 넷째 아들로 11세에 출가했어.
> 서정: _____

① 지혜로써 사물을 관조하는 지관을 중시했어.
② 『천태사교의』를 간행하고 천태교학을 강의했어.
③ 송과 요의 대장경을 수집하여 초조대장경을 편찬했어.
④ 이론 연마와 수행을 함께 강조하는 교관겸수를 주장했어.

문 09. 밑줄 친 '왕'의 재위 기간에 있었던 사실로 옳은 것은?

> 왕이 이순지, 김담 등에게 명하여 선명력과 수시력 등의 역법을 참조하여 새로운 역법을 만들게 하였다. 이 역법은 「내편」과 「외편」으로 구성되었다.

① 『월인석보』를 언해하여 간행하였다.
② 『이륜행실도』를 편찬하여 보급하였다.
③ 『국조오례의』와 『경국대전』 등을 완성하였다.
④ 『향약채취월령』과 『의방유취』 등을 편찬하였다.

문 10. 〈보기〉에서 조선 시대 교육 제도에 대한 설명으로 옳은 것을 모두 고른 것은?

> 〈보기〉
> ㉠ 성균관은 조선 왕조 최고의 교육 기관이다.
> ㉡ 기술 교육은 잡학이라 불렀는데 해당 관서에서 가르쳤다.
> ㉢ 향교는 훌륭한 유학자들을 제사 지내고, 성리학을 연구하는 사립 교육 기관이다.
> ㉣ 국가에서 전국의 모든 군현에 서원을 설치하여 종6품의 교수나 종9품의 훈도를 파견하기도 하였다.

① ㉠, ㉡
② ㉢, ㉣
③ ㉠, ㉡, ㉢
④ ㉠, ㉡, ㉣

문 11. 밑줄 친 ( )의 행적에 대한 설명으로 옳은 것은?

> (_____)은/는 본국에 돌아온 지 얼마 되지 않아 병을 얻었고, 병이 난지 수일 만에 죽었다. 온몸이 전부 검은 빛이었고, 이목구비의 일곱 구멍에서는 모두 선혈이 흘러나왔다. 검은 천으로 그 얼굴 반쪽만 덮어놓았으나, 곁에 있는 사람도 그 얼굴빛을 분변할 수 없어서 약물에 중독되어 죽은 사람과 같았다.
> - 『조선왕조실록』

① 청에 복수하고 치욕을 갚기 위해 북벌을 주장하였다.
② 청을 왕래하며 얻은 경험으로 『의산문답』 등을 저술하였다.
③ 서양인 신부 아담 샬과 교류하면서 서양 문물을 들여왔다.
④ 에도 막부에게서 울릉도와 독도가 조선 영토임을 확인하는 문서를 받아왔다.

문 12. 다음 내용이 실린 책에 대한 설명으로 옳은 것은?

> 대저 살 곳(可居地)을 잡는 데는 지리(地理)가 첫째이고, 생리(生利)가 다음이다. 그다음은 인심(人心)이며, 다음은 아름다운 산수(山水)가 있어야 한다. 이 네 가지 중 하나라도 모자라면 살기 좋은 땅이 아니다.

① 최초로 100리 척을 이용한 지도를 수록하였다.
② 우리나라 각 지역의 인문 지리적 특성을 제시하였다.
③ 중국의 역사서 등을 참고하여 지리적 관점에서 우리 역사를 체계화하였다.
④ 군현별로 채색 읍지도를 첨부하여 읍의 형편을 일목요연하게 파악할 수 있게 하였다.

문 13. 〈보기〉에서 흥선 대원군이 추진한 정책을 모두 고른 것은?

> 〈보기〉
> ㉠ 서원 철폐   ㉡ 호포제 시행
> ㉢ 원납전 징수   ㉣ 『대전통편』 편찬

① ㉠, ㉡
② ㉢, ㉣
③ ㉠, ㉡, ㉢
④ ㉡, ㉢, ㉣

문 14. 밑줄 친 ( )를 간행한 인물의 활동으로 옳은 것은?

> 우리가 (_____)을/를 오늘 처음으로 출판하는데, 조선에 있는 내외국인민에게 우리 주의를 미리 말하여 아시게 하노라. …(중략)… 우리가 이 신문 출판하기는 취리(取利)하려는 것이 아닌 고로 값을 헐하도록 하였고, 모두 언문으로 쓰기는 남녀 상하 귀천이 모두 보게 함이요, 또 구절을 띄어 쓰는 것은 알아보기 쉽도록 함이다.
> - 창간호 논설

① 아관 파천을 주도하였다.
② 독립 협회를 설립하였다.
③ 헌정 연구회를 조직하였다.
④ 국채 보상 운동을 전개하였다.

문 15. 다음 상황 이후에 전개된 사실로 옳지 않은 것은?

> 제1조 일본국 정부는 재동경 외무성을 경유하여 금후 한국의 외국에 대한 관계 및 서무를 감리 지휘할 것이며, 일본국의 외교 대표자 및 영사는 외국에 재류하는 한국의 신민 및 이익을 보호할 것이다.
> …(중략)…
> 제5조 일본국 정부는 한국 황실의 안녕과 존엄을 유지하기를 보증한다.

① 일본은 청과 간도 협약을 맺었다.
② 민종식, 최익현, 신돌석 등이 각각 의병 부대를 조직하였다.
③ 한국 정부는 일본의 은행과 1천만 엔의 차관 도입을 계약하였다.
④ 일본 제일은행권을 본위 화폐로 삼는 화폐 정리 사업이 시작되었다.

문 16. 다음은 1910년에 초판이 발행된 『국어문법(國語文法)』이다. 이 저서를 쓴 인물에 대한 설명으로 옳은 것은?

① 가갸날을 제정하였다.
② 국문 연구소에서 활동하였다.
③ 조선어 학회 사건으로 구속되었다.
④ 한글 맞춤법 통일안의 원안 작성에 참여하였다.

문 17. 밑줄 친 ( ) 운동에 대한 설명으로 옳은 것은?

> 다음은 대한 제국 황제의 장례일에 일어난 (　　　) 운동 당시 등장한 격문들의 내용이다.
> ○ 대한 독립 만세!
> ○ 일체 납세를 거부하자.
> ○ 언론·출판·집회의 자유를!
> ○ 교육 용어는 조선어로!
> ○ 우리의 철천의 원수는 자본·제국주의 일본이다.

① 임시 정부 수립 운동을 촉발하였다.
② 신간회가 현장에 진상 조사단을 파견하였다.
③ 관세 철폐에 직면하여 자구책으로 시작하였다.
④ 사회주의자들과 민족주의자들이 함께 준비하였다.

문 18. 다음 5개 항을 주장한 인물에 대한 설명으로 옳은 것은?

> 1항 전국적으로 정치범과 경제범을 즉시 석방할 것.
> 2항 3개월간의 식량을 확보해 줄 것.
> 3항 치안 유지와 건국 운동을 위한 정치 운동에 대하여 절대로 간섭하지 말 것.
> 4항 학생과 청년을 조직·훈련하는 데 대하여 간섭하지 말 것.
> 5항 노동자와 농민을 건국 사업에 동원하는 데 대하여 절대로 간섭하지 말 것.

① 좌·우 합작을 주도하다가 암살당하였다.
② 만민공생의 신민주주의를 표방하였다.
③ 한민당을 창당하고 훈정론을 주장하였다.
④ 그의 정치 노선은 '8월 테제'에 집약되어 있다.

2회 | 2020년 국가직 7급

문 01. 청동기 시대의 사회 모습으로 옳은 것은?
① 계급이 발생하고 부족장이 출현하였다.
② 빗살무늬 토기를 만들기 시작하였다.
③ 철제 무기로 주변 나라를 정복하였다.
④ 주로 동굴에서 사냥과 채집 생활을 영위하였다.

문 02. 밑줄 친 '왕'대 사실로 옳지 않은 것은?

> 왕이 노비를 조사하여 그 시비를 가려내게 하자, (노비들이) 그 주인을 등지는 자가 많아지고, 윗사람을 능멸하는 풍조가 성행하였다. 사람들이 모두 탄식하고 원망하자, 대목 왕후가 간곡히 간(諫)하였으나 받아들이지 않았다.
> — 『고려사』

① 제위보를 설치하였다.
② 귀법사를 창건하였다.
③ 준풍 등 연호를 사용하였다.
④ 12목에 지방관을 파견하였다.

문 03. 우리나라 토지 제도에 대한 설명으로 옳지 않은 것은?
① 태조 왕건은 역분전을 지급하였다.
② 신문왕은 관료전을 지급하고 녹읍을 폐지하였다.
③ 세조는 현직 관리에게만 과전을 지급하는 직전제를 시행하였다.
④ 목종은 인품과 공복을 기준으로 토지를 지급하는 시정 전시과를 시행하였다.

문 04. (가)~(라) 시기에 있었던 사실로 옳은 것은?

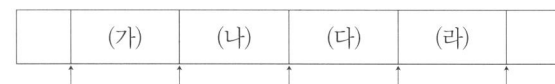

(가)	(나)	(다)	(라)
↑고구려 진대법 시행	↑백제 불교 공인	↑신라 율령 반포	↑고구려 살수 대첩	↑백제 주류성 함락

① (가) - 신라가 대가야를 병합하였다.
② (나) - 고구려가 한반도에서 낙랑군을 축출하였다.
③ (다) - 백제가 사비로 천도하였다.
④ (라) - 신라가 북한산에 순수비를 세웠다.

문 05. 다음 주장을 펼친 인물에 대한 설명으로 옳은 것은?

> 일단 강화를 맺고 나면 저 적들의 욕심은 물화를 교역하는 데 있습니다. 저들의 물화는 모두 지나치게 사치하고 기이한 노리개이고 손으로 만든 것이어서 그 양이 무궁합니다. …(중략)… 저들은 비록 왜인이라고 하나 실은 양적입니다. 강화가 한번 이루어지면 사학의 서적과 천주의 초상화가 교역하는 속에서 들어올 것입니다.

① 『조선책략』을 입수하여 국내에 소개하였다.
② 임병찬과 함께 독립 의군부를 조직하려고 하였다.
③ 서원 철폐 조치 등에 반대하면서 흥선 대원군을 탄핵하였다.
④ 일제의 침략상을 고발한 『한국독립운동지혈사』를 저술하였다.

문 06. 다음 관청에 대한 설명으로 옳지 않은 것은?

> 중앙과 지방의 군국 기무를 모두 관장한다. …(중략)… 도제조(都提調)는 현임과 전임 의정이 겸임한다. 제조는 정수가 없으며, 왕에게 아뢰어 차출하되 이조·호조·예조·병조·형조의 판서, 훈련도감과 어영청의 대장, 개성·강화의 유수(留守), 대제학이 예겸(例兼)한다. 4명은 유사당상(有司堂上)이라 부르고 부제조가 있으면 예겸하게 한다. 8명은 팔도구관당상(八道句管堂上)을 겸임한다.
> — 『속대전』

① 삼포 왜란 중에 상설화되었다.
② 흥선 대원군 집권 시기에 사실상 폐지되었다.
③ 본래 외적의 침입에 대비한 임시 기구였다.
④ 임진왜란을 계기로 군사 및 정무 전반을 관할하였다.

문 07. 의병에 대한 설명으로 옳지 않은 것은?
① 을사조약이 체결되자 신돌석 등 평민 출신 의병장이 활약하였다.
② 군대 해산 이후 13도 창의군이 결성되어 서울 진공 작전을 개시하였다.
③ 병자호란 때에 정봉수, 이립 등이 의병을 일으켜 후금군에게 타격을 주었다.
④ 임진왜란 때에 전직 관리와 사림, 승려 등이 이끈 의병은 일본군에게 타격을 주었다.

문 08. 통감부 지배 시기에 시행된 정책으로 옳지 않은 것은?
① 백동화 및 엽전을 신 화폐로 교환하는 화폐 정리 사업을 개시하였다.
② 내장원이 가졌던 홍삼 전매와 역둔토 수입을 국고로 귀속시켰다.
③ 일본 농민의 이주와 토지 수탈을 지원하고자 동양 척식 주식회사를 설립하였다.
④ 토지 가옥 증명 규칙을 제정하여 매매·저당 등의 법적 기초를 마련하였다.

문 09. 밑줄 친 '선생'의 활동으로 옳은 것은?

> 그 길로 함께 안공근의 집에 가서 선서식을 하고 폭탄 두 개와 300원을 주면서 "선생은 마지막 가시는 길이니 이 돈을 아끼지 말고 동경(東京) 가시기까지 다 쓰시오. 동경에 도착하여 전보를 치면 다시 돈을 보내드리리다."라고 말했다. 그리고 기념사진을 찍기 위해 사진관으로 갔는데, 사진을 찍을 때 내 얼굴에 자연 슬픈 기색이 있었던지 그가 나를 위로하면서 "저는 영원한 쾌락을 누리고자 이 길을 떠나는 것이니 서로 기쁜 얼굴로 사진을 찍으십시다."라고 하였다. 나 역시 미소를 띠고 사진을 찍었다.

① 홍커우 공원에서 폭탄을 던졌다.
② 만주에서 의열단을 결성하였다.
③ 하얼빈에서 이토 히로부미를 사살하였다.
④ 상하이에서 한인 애국단에 참가하였다.

문 10. 자료에 나타난 정부의 정책에 대한 설명으로 옳지 않은 것은?

> 종래의 양전처럼 농지의 비척(肥瘠)이나 가옥의 규모를 조사하는 것에만 그치지 않고, 전국 토지 일체에 대한 조사를 목표로 지질과 산림·천택, 수풀과 해변, 도로에 이르기까지 광범위하게 조사하였다. 나아가 전국 토지의 정확한 규모와 소재를 파악하는 한편 소유권을 확인해주기 위해 지계(地契)를 발행하는 사업을 함께 전개하였다.

① 양지아문에서 양전 사업을 착수하였다.
② 조사한 토지의 지적도와 토지 대장을 작성하였다.
③ 지계아문에서 지계 발급 사무를 맡았다.
④ 러·일 전쟁 발발 직후 일본의 간섭으로 중단되었다.

문 11. (가)를 편찬한 왕대에 일어난 사실로 옳은 것은?

> S# 15. 어전회의
> 국왕: 짐이 오랫동안 농사에 관심을 두고 있어 옛 글의 농사짓는 방법에도 관심이 있었소. 그런데, 옛 글에 있는 방법으로 농사를 지으니 지방에 따라 농사가 잘되는 곳과 안 되는 곳이 있다는 보고가 있었소. 짐의 생각으로는 지방마다 풍토가 달라 곡식을 심고 가꾸는 데 각기 맞는 방법이 있을 것 같은데, 이를 알아낼 방도를 말해 보시오.
> 신하 1: 여러 도의 감사에게 명하여 고을의 나이 많은 농부에게 물어 이미 그 효과가 입증된 것을 아뢰도록 하는 것이 어떨까 합니다.
> 국왕: 아주 좋은 생각이오. 그렇게 수집된 것 중 중요한 것을 추려서 편찬하고 책의 제목을 (가) (이)라고 하는 것이 어떻겠소?
> 신하 2: 어명을 받들어 책을 편찬하도록 하겠습니다.
> 국왕: 편찬된 책은 각도의 감사와 2품 이상에게 나누어 주어 백성에 도움이 되게 하라.

① 대보단을 설치하였다.
② 구리로 만든 계미자를 주조하였다.
③ 「여민락」 등을 짓고 정간보를 창안하였다.
④ 기유약조를 맺고 일본과의 무역을 허용하였다.

문 12. 다음 정책을 시행한 시기를 시대순으로 바르게 나열한 것은?

> (가) 경기도에 처음으로 대동법을 시행하였다.
> (나) 종래 상민에게만 거두었던 군포를 양반에게도 징수하였다.
> (다) 풍년과 흉년에 관계없이 전세를 고정시키는 영정법을 시행하였다.
> (라) 신해통공으로 육의전을 제외한 시전의 금난전권을 폐지하였다.

① (가) → (다) → (라) → (나)
② (가) → (라) → (나) → (다)
③ (다) → (가) → (라) → (나)
④ (다) → (라) → (나) → (가)

문 13. 다음 사건에 대한 설명으로 옳은 것은?

> 진주민 수만 명이 머리에 흰 수건을 두르고 손에는 나무 몽둥이를 들고 무리를 지어 진주 읍내에 모여 서리들의 가옥 수 십 호를 불사르고 부수어서, 그 움직임이 결코 가볍지 않았다. 우병사가 해산시키려고 장시에 나갔다. 그때 흰 수건을 두른 백성들이 그를 빙 둘러싸고 백성의 재물을 횡령한 조목, 그리고 아전들이 세금을 포탈하고 강제로 징수한 일들을 여러 번 문책하였다. 그 능멸하고 핍박함이 조금도 거리낌이 없었다.

① 신유박해를 시작하게 된 계기가 되었다.
② 이필제가 난을 주도하였다.
③ 전봉준 등이 사발통문을 보내 봉기를 호소하였다.
④ 삼정이정청을 설치하게 된 배경이 되었다.

문 14. (가), (나) 사건 사이에 있었던 사실로 옳은 것만을 모두 고르면?

> (가) 윤관이 여진을 공격하여 동북 지방의 여러 지역을 점령하고 9성을 쌓아 군사를 주둔시켰다.
> (나) 최충헌이 정권을 장악한 이후 교정도감을 설치하였다.

> ㉠ 강화로 천도하였다.
> ㉡ 이자겸의 난이 발생하였다.
> ㉢ 묘청 등이 서경 천도 운동을 일으켰다.
> ㉣ 강감찬이 퇴각하는 거란군을 귀주에서 격파하였다.

① ㉠, ㉡ ② ㉠, ㉣ ③ ㉡, ㉢ ④ ㉢, ㉣

문 15. (가) 인물에 대한 설명으로 옳지 않은 것은?

> 아침 8시, (가) 은/는 조선 총독부 엔도 정무총감을 만나 다섯 가지 요구 사항을 제시하였다.
> 첫째, 전국에 구속되어 있는 정치·경제범을 즉시 석방하라.
> 둘째, 3개월간의 식량을 확보하여 달라.
> 셋째, 치안 유지와 건설 사업에 아무 간섭하지 말라.
> 넷째, 학생 훈련과 청년 조직에 대해 간섭하지 말라.
> 다섯째, 전국 사업장에 있는 노동자를 우리들의 건설 사업에 협력시키며 아무 괴로움을 주지 말라.
> – 매일신보

① 건국 동맹을 결성하여 일제의 패망과 광복에 대비하였다.
② 김규식과 함께 좌·우 합작 위원회를 조직하여 활동하였다.
③ 민족 역량의 총집결을 강령으로 하는 조선 인민당을 결성하였다.
④ 평양에서 개최된 전조선 제정당 사회 단체 연석 회의에 참석하였다.

문 16. 밑줄 친 '철도'에 대한 설명으로 옳지 않은 것은?

> 그 종점이 되는 초량 등은 혹시 그럴 수도 있으므로 괴이할 것이 없으나 중간 장시나 향촌의 참(站)에는 화물이 풍부하지 않고 탑승객이 많지 않은데 어찌 그 부지로 20만 평이나 쓰는가. 이는 일본인의 식민 계략이니, … (중략)… 또한 본 철도 선로가 완성되면 물산 제조와 정치상 사업이 진보하여 얼마간 확장되는 면이 있겠으나 일본의 식민 욕심은 이 때문에 더욱 절실해질 것이다.
> – 황성신문, 1901년 10월 7일

① 군용 철도 명목으로 개통되었다.
② 부설을 위하여 한성 전기 회사가 설립되었다.
③ 부설 과정에서 한국인의 토지와 가옥이 강압적으로 수용되었다.
④ 일본은 부설에 따른 각종 이권을 획득하고자 군사적 위협을 가하였다.

문 17. 다음 가상의 기사에서 (가)에 해당하는 관등은?

□□시(군)에서는 백제 문화 재현 행사를 준비 중이다. 행사를 위해 백제 고이왕 재위 27년에 제정한 관등제와 관복 관련 기록을 기초로 하여 백제 관리가 관복을 입은 모습을 그린 추정도가 사전에 공개되었다. 그림의 왼쪽부터 1품 좌평(佐平)은 황색(黃色), 2품 달솔(達率)은 자색(紫色), 7품 장덕(將德)은 비색(緋色), 12품 문독(文督)은 청색(靑色)의 관복을 입은 것으로 묘사했다. 하지만 전문가인 엄○○ 교수는 해당 자료를 보고 이 중 (가) 의 복색은 『삼국사기』에 기록된 백제 관리의 복색이 아니라고 지적하였다.

① 좌평
② 달솔
③ 장덕
④ 문독

문 18. (가) 왕대에 볼 수 없었던 조형물은?

대리석으로 만든 10층 석탑으로 원래는 경천사에 세워졌다. 이후 원위치에서 불법 반출되어 일본으로 건너갔다가 반환되는 우여곡절을 겪기도 했다. 이 석탑은 표면에 새겨진 명문에 의하여 (가) 왕대에 건립된 것으로 알려져 있다.

① 불국사 다보탑
② 원각사 10층 석탑
③ 법천사 지광국사탑
④ 관촉사 석조 미륵보살 입상

문 19. 밑줄 친 '그 해'에 발생한 사건으로 옳은 것은?

그 해에는 이미 나의 앞에는 한 발자국 내어 디딜 땅조차 없었다. 그 때문에 사회로 나선 나의 첫 발길은 오대산으로 더 깊이 들어가는 것이었다. …(중략)… 전해에는 『동아』,『조선』 두 신문의 폐간을 보았고, 그 해에는 다시 『문장』 폐간호를 절간에서 받아 보게 되었다.
- 조지훈,『화동 시절의 추억』

① 조선에 치안 유지법이 시행되었다.
② 한국 독립당이 건국 강령을 발표하였다.
③ 조선 민족 전선 연맹이 조선 의용대를 조직하였다.
④ 총독부가 국민 정신 총동원 조선 연맹을 설치하였다.

문 20. (가), (나) 사건 사이에 있었던 사실로 옳은 것은?

(가) UN 한국 위원단이 총선거 감시와 협의를 할 수 있었던 그 지역에서 효과적으로 통제 및 사법권을 보유한 합법 정부가 수립되었으며, …(중략)… 한국 위원단은 지난번 한국 인민의 자유로 표현된 의사에 기초하여 장차의 대의정부 발전에 유용한 감시와 협의를 수행할 것이다.

(나) 안전 보장 이사회는 …(중략)… 북한군의 대한민국에 대한 무력 공격이 평화 파괴를 조성한다고 단정하였다. 이 지역에서 그 무력 공격을 격퇴하고 국제적 평화와 안전을 회복시키기 위하여 필요한 원조를 대한민국에 제공하도록 국제연합 제 회원국에게 권고하였다.

① 제헌 헌법이 공포되었다.
② 남조선 과도 입법 의원이 구성되었다.
③ 귀속 재산 처리를 위한 귀속 재산 처리법이 제정되었다.
④ 일본인 토지의 분배를 위해 중앙 토지 행정처가 발족되었다.

3회 | 2020년 지방직 7급

문 01. 다음에 해당하는 나라에 대한 설명으로 옳은 것은?

> 큰 산과 깊은 골짜기가 많고 평원과 연못이 없다. 사람들이 계곡을 따라 사는데 골짜기 물을 식수로 마셨다. 좋은 농경지가 없어서 부지런히 농사를 지어도 배를 채우기가 부족하다. 사람들의 성품은 흉악하고 급하며 노략질하기를 좋아하였다. — 『삼국지』

① 민며느리제라는 독특한 혼인 풍습이 있었다.
② 왕 아래에 가축의 이름을 딴 마가, 우가, 저가 등의 관리가 있었다.
③ 10월에 제천 행사를 성대하게 치르고, 국동대혈에 모여 제사를 지냈다.
④ 다른 부족의 생활권을 침범하면, 책화라 하여 노비와 소, 말로 변상하게 하였다.

문 02. 밑줄 친 '왕'의 재위 기간에 있었던 사실로 옳은 것은?

> 영동대장군인 백제 사마왕은 나이가 62세 되는 계묘년 5월 임진일인 7일에 돌아가셨다. 을사년 8월 갑신일인 12일에 안장하여 대묘에 올려 모시며, 기록하기를 이처럼 한다.

① 16등급의 관등을 마련하고, 공복을 제정하였다.
② 수도는 5부, 지방은 5방으로 나누어 정비하였다.
③ 왕족을 파견하여 지방에 대한 통제를 강화하였다.
④ 남으로 마한을 통합하고, 북으로 고구려 평양성을 공격하였다.

문 03. 다음 지도 속 동그라미로 표시한 지역의 역사 문화를 홍보하기 위한 기획서를 작성하고자 한다. 이 기획서의 제목으로 옳지 않은 것은?

① 지눌, 이곳에서 꿈꾼 고려 불교의 개혁
② 병자호란, 그 쓰라린 패배의 현장
③ 철종, 국왕이 될 줄 몰랐던 시골 소년의 이야기
④ 『의궤』, 프랑스에서 다시 찾은 조선의 문화재

문 04. 밑줄 친 '대한국'에 대한 설명으로 옳지 않은 것은?

> 제1조 대한국은 세계 만국에 공인된 자주 독립한 제국이다.
> …(중략)…
> 제9조 대한국 대황제는 각 조약국에 사신을 파송(派送) 주재하게 하고 선전(宣戰), 강화 및 제반 약조를 체결한다. 공법에 이른바 사신을 자체로 파견하는 것이다.
> — 『대한국 국제』

① 양전 사업을 실시하고 지계(地契)를 발급하였다.
② 국가 재정은 탁지아문으로 일원화하였다.
③ 서북 철도국을 설치하여 경의철도 부설을 시도하였다.
④ 원수부를 설치하여 황제가 군의 통수권을 장악하였다.

문 05. 다음 문화 유산이 간행된 왕대에 대한 설명으로 옳은 것은?

> 『직지심체요절』은 백운화상이 저술한 책을 청주 흥덕사에서 1377년 7월에 금속 활자로 인쇄한 것이다. 1972년 '세계 도서의 해'에 출품되어 세계 최고의 금속 활자본으로 공인되었다. 이 책은 이러한 가치를 인정받아 2001년 9월에 유네스코 세계 기록유산으로 등재되었다.

① 원 황실은 북쪽으로 도망가고 명이 건국되었다.
② 기존의 토지 문서를 불태워 버리고 과전법을 시행하였다.
③ 원에 만권당을 설치하여 고려와 원의 지식인들이 교류하였다.
④ 명은 철령위를 설치한다고 고려에 통보하였다.

문 06. 다음의 군사 제도를 시대 순으로 바르게 나열한 것은?

> (가) 중앙군인 5위를 두어 궁궐과 수도를 방어하게 하였다.
> (나) 10정을 두었는데, 9주 가운데 8주에 1정씩 배치하고, 국경 지대인 한주(漢州)에는 2개의 정을 두었다.
> (다) 금위영이 설치되면서 5군영 체제가 갖추어졌다.
> (라) 국왕의 친위 부대인 2군, 수도 및 국경 방어를 담당하는 6위로 구성되었다.

① (가) → (라) → (나) → (다)
② (가) → (라) → (다) → (나)
③ (나) → (가) → (다) → (라)
④ (나) → (라) → (가) → (다)

문 07. (가)에 대한 설명으로 옳지 않은 것은?

> (가) 은/는 의병 계열과 애국 계몽 운동 계열의 비밀 결사가 모여 결성된 조직으로, 총사령 박상진을 중심으로 독립군 양성을 목적으로 하였다.

① 공화제 국가 수립을 지향하였다.
② 군자금을 모집하고 친일파를 공격하였다.
③ 북간도에서 무장 독립 단체인 중광단을 조직하였다.
④ 경상도 일대에서 결성되어 전국 조직으로 확대하였다.

문 08. 다음 도시에 대한 설명으로 옳지 않은 것은?

① 고려 문종 때에 남경(南京)으로 승격되었다.
② 종루(鐘樓), 이현, 칠패 등에서 상업 활동이 이루어졌다.
③ 정도전은 궁궐 전각(殿閣)과 도성 성문 등의 이름을 지었다.
④ 성곽은 거중기 등을 이용하여 약 2년 만에 완성되었다.

문 09. 임진왜란의 주요 사건을 시기 순으로 바르게 나열한 것은?

> (가) 김시민이 진주성에서 일본군을 저지하였다.
> (나) 조선 수군이 명량 해전에서 크게 승리하였다.
> (다) 이순신이 옥포 해전에서 승리하였다.
> (라) 조·명 연합 수군이 노량 해전에서 승리하였다.
> (마) 조·명 연합군이 평양성을 탈환하였다.

① (가) → (다) → (마) → (라) → (나)
② (가) → (마) → (다) → (나) → (라)
③ (다) → (가) → (나) → (마) → (라)
④ (다) → (가) → (마) → (나) → (라)

문 10. 다음 신문 창간 이전의 사실로 옳은 것은?

> 박문국을 설치하고 관리를 두어 외국의 기사를 폭넓게 번역하고 아울러 국내의 일까지 기재하여 국중(國中)에 알리는 동시에 열국에까지 널리 알리기로 하고 …(중략)… 견문을 넓히고, 여러 가지 의문점을 풀어주고, 장사의 이익에도 도움을 주고자 하였으니 …(하략)…
> – 『순보서(旬報序)』

① 세계 정세를 전하는 『해국도지』가 소개되었다.
② 베트남 역사에 관련한 『월남망국사』가 번역되었다.
③ 식산 흥업을 강조한 『대한 자강회 월보』가 간행되었다.
④ 국내외 정보를 제공한 독립신문이 서재필에 의해 발간되었다.

문 11. 밑줄 친 '이 시대'에 편찬된 의학 서적으로 옳은 것은?

> 숭의전이라는 명칭은 조선 시대에 붙여졌다. 숭의전에서는 이전 왕조인 이 시대 태조를 비롯한 여러 명의 왕을 제향하고, 신숭겸과 정몽주 등을 비롯한 여러 명의 공신을 배향하였다. 경기도 연천군에 있는 숭의전지(崇義殿址)는 사적으로 지정되었다.

① 『의방유취』
② 『향약구급방』
③ 『향약집성방』
④ 『동의수세보원』

문 12. (가) 재위 기간에 있었던 사실이 아닌 것은?

> (가) 황제가 영원히 가시던 길에 엎드려 크게 통곡하던 우리는 …(중략)… 우리 민족의 새로운 기백과 책동이 발발하기를 간절히 기대하는 바이다.
> – 동아일보 1926년 6월 12일

① 일본은 동양 척식 주식회사를 설립하였다.
② 일본이 간도를 청에 귀속하는 협약을 체결하였다.
③ 유생 의병장 중심으로 13도 창의군을 결성하였다.
④ 대한 제국의 외교권을 박탈하고 통감부를 설치하였다.

문 13. 6·25 전쟁 발발 이후부터 정전 협정 체결 이전까지 발생한 일로 옳지 않은 것은?

① 이승만 정부는 반공 포로를 석방하였다.
② 유엔군 측은 자유 의사에 따른, 포로 송환 방침을 제안하였다.
③ 초대 대통령에 한하여 중임 제한을 철폐하는 개헌안이 관철되었다.
④ 대통령 간선제를 직선제로 바꾸는 '발췌 개헌안'이 통과되었다.

문 14. 조선 후기의 농업 변화에 대한 설명으로 옳지 않은 것은?

① 벼농사에서 이앙법이 널리 보급되면서 노동력이 절감되고 수확량이 늘어났다.
② 담배, 인삼, 채소 등 상품 작물을 재배하는 상업적 농업이 발달하였다.
③ 고구마 종자는 청(淸)에 파견된 연행사가 가져왔다.
④ 밭에서의 재배 방식으로 견종법(畎種法)이 보급되었다.

문 15. 다음 설명에 해당하는 인물에 대한 설명으로 옳은 것은?

> ○ 항일 민족 교육의 요람인 서전서숙을 설립하였다.
> ○ 만국 평화 회의가 열린 헤이그에 특사로 파견되었다.

① 경학사를 조직하였다.
② 독립 의군부를 조직하였다.
③ 대한인 국민회를 조직하였다.
④ 대한 광복군 정부를 조직하였다.

문 16. (가)~(다)와 설명이 옳게 짝지어진 것만 모두 고르면?

> (가) 명예와 이익을 버리고 산림에 은둔하여 항상 선정을 익히고 지혜를 고루하기에 힘쓰며, 예불과 독경을 하고 나아가서는 노동에도 힘을 쏟자.
> (나) 불교를 행하는 것은 몸을 닦는 근본이며, 유교를 행하는 것은 나라를 다스리는 근원이니 몸을 닦는 것은 내생을 위한 것이며, 나라를 다스리는 것은 오늘의 할 일입니다.
> (다) 나는 옛날 공의 문하에 있었고 공은 지금 우리 수선사에 들어왔으니, 공은 불교의 유생이요, 나는 유교의 불자입니다. …(중략)… 유교와 불교는 다름이 없다고 보아야 하지 않겠습니까?

> ㉠ (가) – 불교의 세속화에 반대하고 불교 본연의 자세를 찾으려 하였다.
> ㉡ (나) – 불교 행사를 장려하는 구실이 되었다.
> ㉢ (다) – 성리학 수용의 사상적 토대를 마련하였다.

① ㉠, ㉡   ② ㉠, ㉢   ③ ㉡, ㉢   ④ ㉠, ㉡, ㉢

문 17. (가), (나) 사건 사이에 있었던 사실로 옳은 것만을 모두 고르면?

> (가) 일제는 중·일 전쟁을 일으켰다.
> (나) 대한민국 임시 정부는 한국광복군을 창설하였다.

> ㉠ 국가 총동원법이 제정되었다.
> ㉡ 징병제로 한국인 청년들이 군인으로 끌려갔다.
> ㉢ 항일 무장 부대인 조선 의용대가 결성되었다.
> ㉣ 비밀 결사 조직인 조선 건국 동맹이 조직되었다.

① ㉠, ㉡
② ㉠, ㉢
③ ㉡, ㉢
④ ㉢, ㉣

문 18. 다음 상황이 나타나게 된 역사적 배경으로 옳은 것은?

> (진덕 여왕 2년) 당 태종이 김춘추에게 (나에게) 할 말이 있는가 하기에 김춘추가 말하였다. "신의 나라는 바다 모퉁이에 치우쳐 있으면서도 천자의 조정을 섬긴 지 여러 해가 되었습니다. 그런데 백제는 강하고 교활하여 여러 번 침략을 해왔는데, 더구나 왕년에는 대대적으로 군사를 거느리고 깊이 쳐들어와 수십 성을 함락했습니다. …(중략)… 만약 폐하께서 당나라 군사를 빌려 주어 흉악한 것을 잘라 없애지 않는다면 우리 나라 인민은 모두 포로가 될 것이며, 산 넘고 바다 건너 행하는 조회도 다시는 바랄 수 없을 것입니다."라고 하였다. 태종이 매우 옳다고 여겨서 군사 출동을 허락하였다.
> — 『삼국사기』

① 백제군이 대야성을 함락하였다.
② 계백이 이끄는 5천 결사대가 저항하였다.
③ 대무예가 당나라의 등주(登州) 지역을 선제 공격하였다.
④ 백제 부흥군이 200여 성을 탈취하였다.

문 19. (가)와 고려의 관계에 대한 설명으로 옳지 않은 것은?

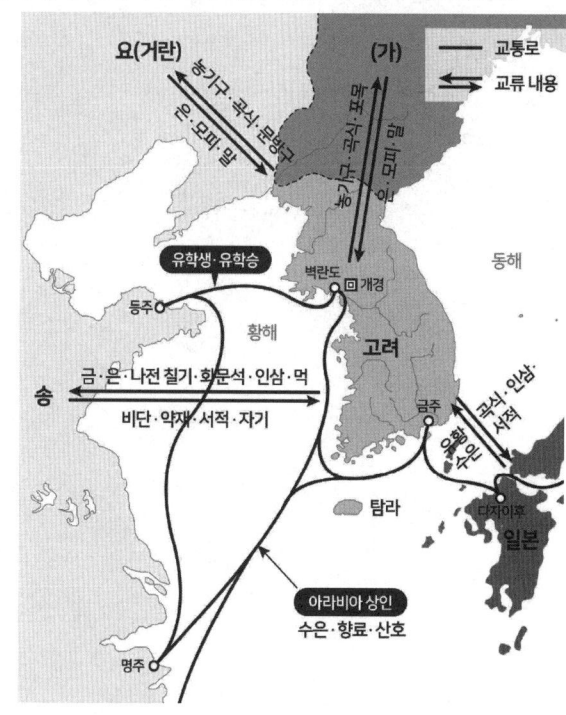

① (가) 사신인 서긍은 『고려도경』에서 고려 청자의 우수함을 서술하였다.
② 윤관은 별무반을 이끌어 (가)를 몰아내고, 북방 영토를 개척하였다.
③ (가)가 빼앗긴 지역의 반환을 간청하자, 고려는 조공을 받는 조건으로 돌려주었다.
④ (가)는 1115년 나라를 세운 뒤 고려에 군신 관계를 요구하였다.

문 20. 다음 담화가 발표된 시기는?

> 금융 실명제가 실시되지 않고는 이 땅의 부정부패를 원천적으로 봉쇄할 수가 없습니다. …(중략)… 금융 실명제 없이는 건강한 민주주의도, 활력이 넘치는 자본주의도 꽃피울 수가 없습니다.

	(가)	(나)	(다)	(라)	
7·4 남북 공동 성명		남북 기본 합의서 채택		금강산 해로 관광 사업 시작		6·15 남북 공동 선언		10·4 남북 공동 선언

① (가) ② (나) ③ (다) ④ (라)

공무원시험전문 해커스공무원
gosi.Hackers.com

해커스공무원 8개년 기출문제집
한국사

정답
한눈에 보기

정답 한눈에 보기 | 1-12회

1회 2025년 국가직 9급 p.12

01	④	11	②
02	①	12	③
03	④	13	④
04	③	14	③
05	②	15	②
06	②	16	③
07	④	17	④
08	①	18	②
09	②	19	③
10	①	20	③

2회 2024년 국가직 9급 p.16

01	①	11	③
02	②	12	①
03	③	13	④
04	④	14	③
05	④	15	③
06	④	16	④
07	③	17	①
08	③	18	②
09	①	19	②
10	②	20	④

3회 2023년 국가직 9급 p.20

01	①	11	③
02	②	12	④
03	③	13	④
04	④	14	②
05	③	15	①
06	③	16	④
07	③	17	②
08	①,②	18	①
09	③	19	①
10	②	20	③

4회 2022년 국가직 9급 p.24

01	①	11	①
02	③	12	④
03	④	13	①
04	①	14	②
05	②	15	①
06	③	16	②
07	④	17	②
08	②	18	③
09	③	19	②
10	③	20	④

5회 2021년 국가직 9급 p.28

01	③	11	④
02	②	12	③
03	③	13	②
04	①	14	④
05	①	15	②
06	④	16	①
07	④	17	④
08	③	18	②
09	①	19	②
10	①	20	③

6회 2020년 국가직 9급 p.32

01	③	11	③
02	④	12	①
03	③	13	②
04	②	14	①
05	④	15	③
06	②	16	②
07	①	17	②
08	④	18	④
09	③	19	③
10	④	20	④

7회 2019년 국가직 9급 p.36

01	③	11	③
02	④	12	②
03	③	13	④
04	③	14	①
05	④	15	③
06	①	16	④
07	①	17	①
08	④	18	②
09	③	19	②
10	①	20	②

8회 2018년 국가직 9급 p.40

01	①	11	④
02	③	12	③
03	①	13	②
04	③	14	④
05	②	15	③
06	①	16	③
07	③	17	④
08	③	18	②
09	④	19	②
10	②	20	③

9회 2025년 지방직 9급 p.46

01	①	11	③
02	②	12	①
03	③	13	②
04	④	14	①
05	③	15	③
06	③	16	④
07	①	17	①
08	③	18	②
09	④	19	②
10	①	20	④

10회 2024년 지방직 9급 p.50

01	②	11	③
02	①	12	②
03	①	13	②
04	④	14	②
05	④	15	①
06	③	16	④
07	③	17	③
08	①	18	④
09	①	19	②
10	②	20	③

11회 2023년 지방직 9급 p.54

01	①	11	①
02	③	12	④
03	②	13	①
04	②	14	③
05	③	15	②
06	①	16	④
07	③	17	④
08	④	18	③
09	②	19	②
10	④	20	④

12회 2022년 지방직 9급 p.58

01	②	11	①
02	②	12	④
03	③	13	③
04	①	14	②
05	③	15	④
06	①	16	③
07	①	17	②
08	④	18	④
09	③	19	②
10	④	20	④

정답 한눈에 보기 | 13-24회

13회 2021년 지방직 9급 p.62

01	③	11	②
02	①	12	②
03	④	13	③
04	①	14	②
05	①	15	②
06	②	16	③
07	③	17	④
08	③	18	④
09	③	19	①
10	④	20	②

14회 2020년 지방직 9급 p.66

01	④	11	②
02	①	12	③
03	②	13	②
04	①	14	③
05	④	15	②
06	①	16	②
07	②	17	④
08	③	18	①
09	③	19	①
10	④	20	③

15회 2019년 지방직 9급 p.70

01	③	11	①
02	①	12	③
03	④	13	②
04	④	14	②
05	④	15	④
06	①	16	③
07	③	17	①
08	①	18	④
09	②	19	④
10	②	20	③

16회 2018년 지방직 9급 p.74

01	③	11	①
02	②	12	②
03	③	13	③
04	③	14	④
05	①	15	④
06	②	16	③
07	①	17	①
08	④	18	③
09	④	19	④
10	①	20	②

17회 2025년 서울시 9급 p.80

01	②	11	①
02	②	12	②
03	③	13	③
04	④	14	③
05	①	15	②
06	④	16	①
07	①	17	③
08	④	18	③
09	②	19	④
10	④	20	③

18회 2024년 서울시 9급 p.80

01	③	11	③
02	①	12	④
03	①	13	②
04	③	14	②
05	②	15	②
06	④	16	③
07	①	17	④
08	②	18	①
09	④	19	②
10	④	20	①

19회 2024년 서울시 9급(추가 시험) p.84

01	③	11	②
02	③	12	④
03	①	13	③
04	④	14	②
05	③	15	④
06	②	16	①
07	②	17	④
08	③	18	②
09	③	19	③
10	①	20	④

20회 2023년 서울시 9급 p.88

01	①	11	②
02	④	12	④
03	④	13	②
04	④	14	③
05	③	15	③
06	④	16	③
07	②	17	①
08	④	18	③
09	①	19	①
10	②	20	①

21회 2022년 서울시 9급 p.92

01	④	11	④
02	③	12	②
03	②	13	①
04	①	14	③
05	①	15	④
06	③	16	②
07	①	17	④
08	③	18	③
09	③	19	④
10	③	20	②

22회 2022년 서울시 9급(추가 시험) p.96

01	④	11	③
02	③	12	③
03	④	13	②
04	②	14	④
05	②	15	②
06	④	16	③
07	③	17	①
08	①	18	①
09	④	19	③
10	②	20	②

23회 2021년 서울시 9급 p.100

01	④	11	④
02	①	12	④
03	①	13	①
04	③	14	②
05	④	15	①
06	②	16	③
07	①	17	③
08	④	18	②
09	②	19	②
10	②	20	③

24회 2020년 서울시 9급 p.108

01	②	11	③
02	③	12	④
03	②	13	①
04	①	14	④
05	④	15	③
06	①	16	②
07	②	17	④
08	③	18	②
09	④	19	②
10	①	20	④

정답 한눈에 보기 | 25-34회

25회 2019년 서울시 9급 p.112

문항	답	문항	답
01	②	11	③
02	②	12	①
03	④	13	③
04	③	14	④
05	②	15	③
06	①	16	④
07	④	17	④
08	②	18	③
09	①	19	④
10	①	20	②

26회 2018년 서울시 9급 p.116

문항	답	문항	답
01	②	11	④
02	①	12	③
03	④	13	②
04	①	14	②
05	②	15	④
06	④	16	②
07	④	17	②
08	③	18	③
09	①	19	③
10	④	20	④

27회 2025년 법원직 9급 p.80

문항	답	문항	답	문항	답
01	②	11	④	21	①
02	③	12	①	22	④
03	①	13	③	23	②
04	②	14	①	24	③
05	④	15	③	25	①
06	①	16	④		
07	④	17	④		
08	②	18	③		
09	②	19	②		
10	③	20	②		

28회 2024년 법원직 9급 p.128

문항	답	문항	답	문항	답
01	①	11	④	21	③
02	③	12	④	22	②
03	①	13	①	23	①
04	①	14	②	24	②
05	①	15	④	25	①
06	③	16	②		
07	①	17	②		
08	③	18	②		
09	④	19	①		
10	②	20	③		

29회 2023년 법원직 9급 p.134

문항	답	문항	답	문항	답
01	②	11	④	21	③
02	②	12	②	22	①
03	④	13	④	23	④
04	①	14	③	24	③
05	①	15	④	25	②
06	②	16	④		
07	③	17	①		
08	③	18	②		
09	②	19	④		
10	②	20	③		

30회 2022년 법원직 9급 p.140

문항	답	문항	답	문항	답
01	②	11	①	21	③
02	④	12	①	22	②
03	④	13	③	23	③
04	①	14	②	24	②
05	②	15	②	25	①
06	①	16	④		
07	①	17	②		
08	③	18	④		
09	③	19	①		
10	①	20	②		

31회 2021년 법원직 9급 p.146

문항	답	문항	답	문항	답
01	③	11	①	21	①
02	③	12	②	22	②
03	③	13	③	23	②
04	①	14	①	24	③
05	①	15	③	25	④
06	④	16	③		
07	①	17	②		
08	①	18	②		
09	②	19	②		
10	③	20	③		

32회 2020년 법원직 9급 p.148

문항	답	문항	답	문항	답
01	④	11	①	21	④
02	①	12	①	22	④
03	②	13	②	23	④
04	②	14	④	24	②
05	②	15	④	25	①
06	③	16	③		
07	①	17	④		
08	②	18	①		
09	②	19	②		
10	②	20	①		

33회 2019년 법원직 9급 p.150

문항	답	문항	답	문항	답
01	③	11	③	21	④
02	①	12	②	22	④
03	③	13	④	23	②
04	②	14	③	24	③
05	③	15	④	25	①
06	②	16	②		
07	③	17	③		
08	①	18	①		
09	②	19	①		
10	④	20	②		

34회 2018년 법원직 9급 p.164

문항	답	문항	답	문항	답
01	①	11	②	21	④
02	③	12	③	22	③
03	④	13	③	23	①
04	④	14	①	24	②
05	④	15	④	25	③
06	③	16	②		
07	②	17	④		
08	③	18	②		
09	②	19	④		
10	③	20	①		

정답 한눈에 보기 | 부록 1-3회

부록 1회 2023년 계리직(상용한자 제외)   p.172

01	②	11	③
02	②	12	②
03	④	13	③
04	①	14	②
05	④	15	④
06	①	16	②
07	②	17	④
08	③	18	①
09	④		
10	①		

부록 2회 2020년 국가직 7급   p.176

01	①	11	③
02	④	12	①
03	④	13	④
04	③	14	③
05	③	15	④
06	①	16	②
07	③	17	①
08	①	18	②
09	④	19	②
10	②	20	③

부록 3회 2020년 지방직 7급   p.180

01	③	11	②
02	③	12	④
03	①	13	③
04	②	14	③
05	④	15	④
06	④	16	②
07	③	17	②
08	④	18	①
09	④	19	①
10	①	20	②

공무원시험전문 해커스공무원
gosi.Hackers.com

<해커스공무원 8개년 기출문제집 한국사> 답안지

<해커스공무원 8개년 기출문제집 한국사> 답안지

〈해커스공무원 8개년 기출문제집 한국사〉 답안지

〈해커스공무원 8개년 기출문제집 한국사〉 답안지

<해커스공무원 8개년 기출문제집 한국사> 답안지

<해커스공무원 8개년 기출문제집 한국사> 답안지